John Dominic Crossan
Der historische Jesus

JOHN DOMINIC CROSSAN

Der historische Jesus

Aus dem Englischen von
Peter Hahlbrock

VERLAG C.H.BECK MÜNCHEN

Die Deutsche Bibliothek – CIP-Einheitsaufnahme

Crossan, John Dominic:
Der historische Jesus / John Dominic Crossan. Aus dem Engl.
von Peter Hahlbrock. – München : Beck, 1994
ISBN 3 406 38514 1

ISBN 3 406 38514 1

Satz: Fotosatz Otto Gutfreund GmbH, Darmstadt
Druck und Bindung: Ebner Ulm
Gedruckt auf alterungsbeständigem (säurefreiem),
aus chlorfrei gebleichtem Zellstoff hergestelltem Papier
Printed in Germany

Inhalt

Dritter Teil
Das Reich ohne Mittler

Anhang

VORSPIEL

Jesu Evangelium

Im Anfang war die Ausführung; nicht das Wort allein, nicht die Tat allein, beides, Wort und Tat, von Anfang an für alle Zeit einander entsprechend. Er kommt, noch unbekannt, in einen Weiler in Untergaliläa. Die kalten, harten Augen der Bauern, die sich lange genug mit dem Lebensnotwendigen haben begnügen müssen, um genau zu wissen, wo die Armut aufhört und das Elend anfängt, beobachten ihn. Er sieht aus wie ein Bettler, doch vermißt man bei ihm den unterwürfig niedergeschlagenen Blick, die winselnde Stimme und den schlurfenden Gang des Bettlers. Er redet vom Reich Gottes, und wenn sie sich auch davon nicht viel versprechen, hören sie ihm doch zu, hauptsächlich wohl aus Neugier. Sie wissen Bescheid über Macht und Herrschaft, Imperien und Königreiche, aber was sie davon wissen, betrifft Steuern und Schulden, Hunger und Krankheit, Unterdrückung des Landmanns, dämonische Besessenheit. Was denn, so wollen sie wissen, haben das lahme Kind, die blinde Verwandte, die arme von einem Dämon gequälte Seele, die zwischen den Gräbern am Ortsrand ihre Verzweiflung herausschreit, von Gottes Reich zu hoffen? Jesus geht mit ihnen zu den Gräbern hinaus, und in der Stille nach der Teufelsaustreibung hören die Bauern ihm von neuem zu, wobei ihre anfängliche Neugier der Habgier, Furcht und Verlegenheit weicht. Wie es die Ehre gebietet, hat man ihn ins Haus des Dorfoberhaupts eingeladen. Statt dessen zieht er die Gastfreundschaft der Frau vor, der er den Teufel ausgetrieben hat. Das ist zwar ungehörig, aber es wäre unklug, einem Teufelsbanner ungehöriges Benehmen anzukreiden, einen Zauberer zu bekritteln. Jedenfalls würde das Dorf diese Macht an das Umland zu vermakeln in der Lage sein, sich der Vertretung dieses Gottesreichs annehmen können, als der Ort, wo andere Heilung suchen, als der Wallfahrtsort, dem Ehren und Protektion so reichlich zur Verfügung stehen würden, daß – wer weiß? – vielleicht sogar für die geheilte Frau selbst etwas davon zu erübrigen sein möchte. Aber am nächsten Tag geht er fort, und jetzt fragen sie sich laut, was das soll, dieses Gottesreich, in dem die Regeln der Schicklichkeit nicht gelten, dieses Reich nicht nur für Arme, wie sie selbst, sondern für die Elenden. Andere sagen, daß die schlimmsten und mächtigsten Dämonen nicht in kleinen Dörfern, sondern in gewissen Großstädten zu finden sind. Vielleicht hat sich der ausgetriebene Teufel dahin begeben, sagen sie, nach Sepphoris oder Tiberias, wenn nicht gar nach Jerusalem oder Rom, wo man wegen der Menge der an diesen Orten bereits niedergelassenen Konkurrenten seine Ankunft kaum bemerken würde. Wieder andere sagen nichts und erwägen die Möglichkeit, Jesus nachzufolgen, ehe er sich zu weit entfernt.

Nicht einmal Jesus selbst hatte sofort seine Aufgabe so verstanden, wie er sie nun erfüllte. Er hatte sich von Johannes taufen lassen und dessen Botschaft angenommen, daß in kürze Gottes Gericht zu gewärtigen sei. Aber der Jordan, mit dessen Wasser Johannes taufte, bildete die Grenze des Gelobten Landes; die Taufe im Wasser dieses Flusses symbolisierte von alters her den Ausgang aus der Knechtschaft und die Ankunft in der Freiheit. Herodes Antipas wußte dieses Zeichen zu lesen, las die implizierte Bedrohung seiner Herrschaft und ließ den Täufer enthaupten. Das Jüngste Gericht ließ auf sich warten. Jesus fand nun seine eigene Stimme und predigte fortan Gott nicht länger als den künftigen Weltenrichter, sondern als den Spender gegenwärtigen Heils. Jenen ersten Nachfolgern aus den Dörfern Untergaliläas, die ihn fragten, wie sie ihm die Befreiung von Dämonen und Heilung von Leiden vergelten könnten, gab er eine einfache Antwort; eine Antwort freilich, die zu beherzigen so schwer wie sie leicht zu verstehen war. Ihr seid geheilte Heiler, sagte er, so bringt das Reich nun anderen, denn ich bin nicht dessen Patron oder Schirmherr und ihr seid nicht seine Makler. Es ist, war und wird immer für alle, die es begehen, erhältlich sein. Kleidet euch wie ich als Bettler, aber bettelt nicht. Bringt ein Wunder und bittet um einen Tisch. Diejenigen, die ihr heilt, müssen euch in ihre Häuser aufnehmen.

Was da verheißen und gefordert wurde, war eine Erneuerung der Gesellschaft von unten auf der Basis der Gleichheit, wo einer des anderen Krankheit heilte und von dem Geheilten als Gegenleistung nur erwartet wurde, daß er den Heiler an seinem Tisch mitessen ließe. Diese prinzipielle Verbindung der Magie mit dem gemeinsamen Mahl, des Wunders mit dem Essen am gleichen Tisch, des frei gespendeten Heils mit der offenen Tischgenossenschaft war eine Herausforderung nicht nur der strengen jüdischen Reinheitsgesetze oder des im ganzen Mittelmeerraum etablierten patriarchalischen und patronalen Herrschaftssystems mit seinem Gesetz von Ehre und Schande, sondern überhaupt des Beharrens jedweder Gesellschaft auf der gegenseitigen Abgrenzung ihrer Teile, der Bedingung ihrer hierarchischen Gliederung. Nicht eine politische Revolution wurde da gefordert, aber eine viel tiefer als jede bloß politisch reichende gesellschaftliche Umwälzung in Aussicht genommen. Zwischen Heiden und Juden, Frauen und Männern, Sklaven und Freien, Armen und Reichen sollte kein Unterschied gemacht werden in Gottes Reich. Dabei wurden diese

Unterscheidungen kaum theoretisch in Frage gestellt, vielmehr blieben sie einfach praktisch unberücksichtigt. Was Jesus geschehen sollte, war vermutlich ebenso leicht vorauszusagen wie das, was Johannes, dem Täufer, schon geschehen war. Es muß damit zu rechnen gewesen sein, daß die politische und religiöse Obrigkeit schließlich gegen den Verkünder der beunruhigenden Botschaft einschreiten würde. Was er sagte und tat, war damals so unannehmbar wie heute, in seinem Land so wie in unserem oder irgendeinem anderen. Doch ist uns die Folge der unmittelbar auf sein Ende hinauslaufenden Vorkommnisse nicht durch mehrere unabhängige Zungen verbürgt, und wenn auch das, was wir von seinem Leben wissen, uns den Tod, den er starb, plausibel macht, können wir doch nicht mit Gewißheit sagen, was in den letzten Tagen vor seiner Verurteilung zum Kreuzestod geschah. Es kann wohl angenommen werden, daß Jesus die vollkommen legitime Mittlerfunktion des Tempels, dessen reiche Pracht er in jenen Tagen vielleicht zum ersten und einzigen Mal erblickte, im Namen des unmittelbaren Gottesreichs durch einen symbolischen Akt zu zerstören trachtete. Ein solcher Akt, zumal in der erregten Atmosphäre des Paschafestes begangen, bei dem die Juden die Befreiung aus der ägyptischen Gefangenschaft feierten, wäre völlig hinreichend gewesen, dem Täter die Verurteilung zum Kreuzestod zuzuziehen. Auch war er ja nicht jemand, der Verbindungen gehabt hätte, auf die man hätte Rücksicht nehmen müssen – er war ein Niemand, nur ein Bauer aus Galiläa. Nichts hinderte also die Obrigkeit, kurzen Prozeß mit ihm zu machen.

Was nicht hätte vorhergesagt werden können und nicht ohne weiteres zu erwarten war, war daß das Ende nicht das Ende war. Diejenigen, die zuerst durch seine Schau und sein Beispiel göttliche Macht erfahren hatten, fuhren nach seinem Tode in dieser Erfahrung fort, die nun die Grenzen des Raums und der Zeit überschritt. Gegen Ende des 1. nachchristlichen Jahrhunderts berichtete ein in dieser Sache vorsichtige Neutralität wahrender jüdischer Geschichtsschreiber: «... als Pilatus, auf die Anzeige der ersten Männer bei uns, ihn mit dem Kreuz bestraft hatte, ließen die, die ihn zu Anfang geliebt hatten, nicht von ihm. (...) Und bis auf diesen Tag ist das Volk der Christianer, wie sie nach jenem benannt werden, nicht ausgestorben.»

Zu Beginn des folgenden Jahrhunderts stellte ein das Treiben jenes Volks zutiefst mißbilligender römischer Geschichtsschreiber fest: «Der, von welchem dieser Name ausgegangen, Christus, war unter der Regierung des Tiberius vom Prokurator Pontius Pilatus hingerichtet worden, und der für den Augenblick unterdrückte verderbliche Aberglaube brach nicht nur in Judäa, dem Vaterlande dieses Unwesens, sondern auch in Rom, wo von allen Seiten alle nur denkbaren Greuel und Abscheulichkeiten zusammenfließen, wieder aus.»

Die Nachfolger Jesu selbst, die zunächst vor dem Schrecken der Kreuzigung geflohen waren, behaupteten schließlich, daß der Gekreuzigte von den Toten auferstanden sei. So erzählten sie, was zweien von ihnen, einem Mann, dessen Name genannt wird, und einer ungenannten Person, die vielleicht eine Frau war, auf dem Wege nach Emmaus begegnete. Traurig und niedergeschlagen waren die beiden aus Jerusalem fortgegangen. Der Fremde, dem sie den Grund ihrer Traurigkeit verrieten, tadelte sie und erklärte ihnen, daß sie, wenn sie glaubten, was die Propheten geredet hatten, hätten wissen müssen, was Christus erwartete. In Emmaus angekommen, luden die beiden den Fremden ein, mit ihnen zu Abend zu essen. Und als er das Brot nahm, dankte, es brach und ihnen gab, erkannten sie ihn und gingen getröstet nach Jerusalem zurück. Man kann in dieser Erzählung eine symbolische Zusammenfassung der ersten Jahre christlichen Lebens und Denkens lesen. Die Begegnung auf dem Weg nach Emmaus hat niemals stattgefunden. Aber sie kann immer und überall stattfinden.

Wenn aber gefragt wird, welche der Worte, die ihm zugeschrieben werden, der historische Jesus wirklich gesprochen habe, so kann eine Zusammenstellung derselben immerhin versucht werden. Doch sollte man beim Lesen dieser Worte bedenken, daß sie nichts sind ohne die Taten, zu denen sie auffordern, ein Programm, das auszuführen, eine Partitur, die es zu spielen gilt.

Tragt keinen Geldbeutel, keine Tasche, keine Sandalen bei euch. Wenn ihr in ein Haus kommt, eßt, was sie euch geben, heilt die Kranken und sagt zu ihnen: Nahe zu euch gekommen ist die Herrschaft Gottes.

Bittet, dann wird euch gegeben; sucht, dann werdet ihr finden; klopft an, dann wird euch geöffnet.

Das Reich Gottes kommt nicht so, daß man es an äußeren Zeichen erkennen könnte. Man kann auch nicht sagen: Seht, hier ist es!, oder: Dort ist es! Denn: Das Reich Gottes ist (schon) mitten unter euch.

Wer Ohren hat zum Hören, der höre.

Wer euch aufnimmt, der nimmt mich auf, und wer mich aufnimmt, nimmt den auf, der mich gesandt hat.

Wer seine Frau aus der Ehe entläßt und eine andere heiratet, begeht Ehebruch; auch wer eine Frau heiratet, die von ihrem Mann aus der Ehe entlassen worden ist, begeht Ehebruch.

Was in eurem Mund hineinkommen wird, wird euch nicht verunreinigen; aber was aus eurem Mund herauskommt, das wird euch verunreinigen.

Diese Kleinen, die Milch bekommen, gleichen denen, die ins Königreich eingehen.

Ihr seid das Licht der Welt.

Kein Prophet ist angenehm auf seinem Dorf. Kein Arzt heilt die, die ihn kennen.

Jede Sünde und Lästerung wird den Menschen vergeben werden.

. . ., rief eine Frau aus der Menge zu ihm: Selig die Frau, deren Leib dich getragen und deren Brust dich genährt hat. Er aber erwiderte: Selig sind vielmehr die, die das Wort Gottes hören und es befolgen.

Vergebt und euch wird vergeben werden.

So werden die Letzten die Ersten sein und die Ersten die Letzten.

Nichts ist verhüllt, was nicht enthüllt wird, und nichts ist verborgen, was nicht bekannt wird.

Ein Sämann ging aufs Feld, um zu säen. Als er säte, fiel ein Teil der Körner auf den Weg, und Vögel kamen und fraßen sie. Ein anderer Teil fiel auf felsigen Boden, wo es nur wenig Erde gab, und ging sofort auf, weil das Erdreich nicht tief war; als aber die Sonne hochstieg, wurde die Saat versengt und verdorrte, weil sie keine Wurzeln hatte. Wieder ein anderer Teil fiel in die Dornen, und die Dornen wuchsen und erstickten die Saat, und sie brachten keine Frucht. Ein anderer Teil schließlich fiel auf guten Boden und brachte Frucht; die Saat ging auf und wuchs empor und trug dreißigfach, ja sechzigfach und hundertfach.

Das Reich Gottes ist wie ein Senfkorn, das ein Mann in seinem Garten in die Erde steckte; es wuchs und wurde zu einem Baum, und die Vögel des Himmels nisteten in seinen Zweigen.

Niemand zündet ein Licht an und stellt es in einen versteckten Winkel oder stülpt ein Gefäß darüber, sondern man stellt es in einen Leuchter, damit alle, die eintreten, es leuchten sehen.

Seid daher klug wie die Schlangen und arglos wie die Tauben.

Wer hat, dem wird gegeben werden; wer aber nicht hat, dem wird auch noch weggenommen, was er hat.

Selig sind die Armen.

Wer mein Jünger sein will, der verleugne sich selbst, nehme sein Kreuz auf sich und folge mir nach.

Ein Mann legte einen Weinberg an, verpachtete ihn an Winzer und reiste für längere Zeit in ein anderes Land. Als nun die Zeit dafür gekommen war, schickte er einen Knecht zu den Winzern, damit sie ihm seinen Anteil am Ertrag des Weinbergs ablieferten. Die Winzer aber prügelten ihn und jagten ihn mit leeren Händen fort. Darauf schickte er einen anderen Knecht; auch ihn prügelten und beschimpften sie und jagten ihn mit leeren Händen fort. Er schickte noch einen dritten Knecht; aber auch ihn schlugen sie blutig und warfen ihn hinaus. Da sagte der Besitzer des Weinbergs; Was soll ich tun? Ich will meinen geliebten Sohn zu ihnen schicken. Vielleicht werden sie vor ihm Achtung haben. Als die Winzer den Sohn sahen, überlegten sie und sagten zueinander: Das ist der Erbe; wir wollen ihn töten, damit das Erbgut uns gehört.

Selig seid ihr, wenn sie euch schmähen.

Ich werde diesen Tempel zerstören und niemand wird ihn wieder aufbauen können.

Die Ernte ist groß, aber es gibt nur wenig Arbeiter. Bittet also den Herrn der Ernte, Arbeiter für seine Ernte auszusenden.

Was habt ihr denn sehen wollen, als ihr in die Wüste hinausgegangen seid? Ein Schilfrohr, das im Wind schwankt? Oder was habt ihr sehen wollen, als ihr hinausgegangen seid? Einen Mann in feiner Kleidung? Leute die vornehm gekleidet sind und üppig leben, findet man in den Palästen der Könige. Oder was habt ihr sehen wollen, als ihr hinausgegangen seid? Einen Propheten? Ja, ich sage euch: Ihr habt sogar mehr gesehen als einen Propheten.

Sobald ihr im Westen Wolken aufsteigen seht, sagt ihr: Es gibt Regen. Und es kommt so. Und wenn der Südwind weht, dann sagt ihr: Es wird heiß. Und es trifft ein. Ihr Heuchler! Das Aussehen der Erde und des Himmels könnt ihr deuten. Warum könnt ihr dann die Zeichen dieser Zeit nicht deuten?

Sie zeigten Jesus ein Goldstück und sagten zu ihm: Die Kaiserlichen fordern von uns die Steuern. Er sprach zu ihnen: Gebt, was dem Kaiser gebührt, dem Kaiser! Gebt, was Gott gebührt, Gott!

Selig die Trauernden.

Wer sein Leben zu bewahren sucht, wird es verlieren; wer es dagegen verliert, wird es gewinnen.

Wer nicht gegen euch ist, der ist für euch.

Der Mensch gleicht einem verständigen Fischer, der sein Netz ins Meer warf und es wieder aus dem Meer herauszog, als es voller kleiner Fische war. Unter ihnen fand der verständige Fischer einen großen guten Fisch. Da warf er alle die kleinen Fische wieder hinunter ins Meer und wählte den großen Fisch ohne Bedenken.

Ich warf Feuer über die Welt, und siehe, ich bewahre es, bis sie anbrennt.

Meint ihr, ich sei gekommen, um Frieden auf die Erde zu bringen? Nein, sage ich euch, nicht Frieden, sondern Spaltung. Denn von nun an wird es so sein: Wenn fünf Menschen im gleichen Haus leben, wird Zwietracht herrschen: Drei werden gegen zwei stehen und zwei gegen drei, der Vater gegen den Sohn und der Sohn gegen den Vater, die Mutter gegen die Tochter und die Tochter gegen die Mutter, die Schwiegermutter gegen ihre Schwiegertochter und die Schwiegertochter gegen die Schwiegermutter.

Mit dem Reich Gottes ist es so, wie wenn ein Mann Samen auf seinen Acker sät; dann schläft er und steht wieder auf, es wird Nacht und wird Tag, der Samen keimt und wächst, und der Mann weiß nicht, wie. Die Erde bringt von selbst ihre Frucht, zuerst den Halm, dann die Ähre, dann das volle Korn in der Ähre. Sobald aber die Frucht reif ist, legt er die Sichel an; denn die Zeit der Ernte ist da.

Warum siehst du den Splitter im Auge deines Bruders, aber den Balken in deinem eigenen Auge bemerkst du nicht? . . . Zieh zuerst den Balken aus deinem Auge; dann kannst du versuchen, den Splitter aus dem Auge deines Bruders herauszuziehen.

Eine Stadt, die man auf einen hohen Berg baute und die befestigt ist, kann nicht fallen und wird nicht verborgen bleiben können.

Was ich euch im Dunkeln sage, davon redet am hellen Tag, und was man euch ins Ohr flüstert, das verkündet von den Dächern.

Und wenn ein Blinder einen Blinden führt, werden beide in eine Grube fallen.

Es kann aber auch keiner in das Haus eines starken Mannes einbrechen und ihm den Hausrat rauben, wenn er den Mann nicht vorher fesselt; erst dann kann er sein Haus plündern.

Sorgt euch nicht um euer Leben und darum, daß ihr etwas zu essen habt, noch um euren Leib und darum, daß ihr etwas anzuziehen habt. Das Leben ist wichtiger als die Nahrung und der Leib wichtiger als die Kleidung. Seht auf die Raben: Sie säen nicht und ernten nicht, sie haben keinen Speicher und keine Scheune; denn Gott ernährt sie. ... Seht euch die Lilien an: Sie arbeiten nicht und spinnen nicht. Doch ich sage euch: Selbst Salomo war in all seiner Pracht nicht gekleidet wie eine von ihnen. ... Euch jedoch muß es um das Reich gehen; dann wird euch das andere dazugegeben.

Wehe ihnen, den Pharisäern! denn sie gleichen einem Hunde, der auf der Krippe der Rinder schläft; denn weder ißt er, noch läßt er die Rinder essen.

Von Adam bis zu Johannes dem Täufer ist unter den von Frauen Geborenen keiner höher als Johannes der Täufer, daß seine Augen nicht brechen. Ich sagte aber: wer unter euch klein werden wird, wird das Königreich erkennen und sich über Johannes erheben.

Kein Sklave kann zwei Herren dienen; er wird entweder den einen hassen und den andern lieben, oder er wird zu dem einen halten und den andern verachten.

Niemand, der alten Wein getrunken hat, will neuen.

Niemand näht ein Stück neuen Stoff auf ein altes Kleid. ... Auch füllt niemand neuen Wein in alte Schläuche.

Wenn jemand zu mir kommt und seinen Vater und seine Mutter nicht haßt, so kann er nicht mein Jünger sein. Und wer seine Brüder und Schwestern nicht haßt, kann nicht mein Jüngr sein.

Mit dem Himmelreich ist es wie mit einem Mann, der guten Samen auf seinen Acker säte. Während nun die Leute schliefen, kam sein Feind, säte Unkraut unter den Weizen und ging wieder weg. Als die Saat aufging und sich die Ähren bildeten, kam auch das Unkraut zum Vorschein. Da gingen die Knechte zu dem Gutsherrn und sagten: Herr, hast du nicht guten Samen auf deinen Acker gesät? Woher kommt dann das Unkraut? Er antwortete: Das hat ein Feind von mir getan. Da sagten die Knechte zu ihm: Sollen wir gehen und es ausreißen? Er entgegnete: Nein, sonst reißt ihr zusammen mit dem Unkraut auch den Weizen aus. Laßt beides zusammen wachsen bis zur Ernte. Wenn dann die Zeit der Ernte da ist, werde ich den Arbeitern sagen: Sammelt zuerst das Unkraut und bindet es in Bündel, um es zu verbrennen; den Weizen aber bringt in meine Scheune.

Ein reicher Mann hatte viele Besitztümer. Er sprach: Ich werde meine Besitztümer benutzen, daß ich säe und ernte und pflanze und meine Scheuern mit Früchte fülle, damit ich nicht an irgendetwas Mangel leide. Das ist es, was er in seinem Herzen dachte. Und in jener Nacht starb er.

Ein Mann hatte Gäste, und als er das Abendessen bereitet hatte, sandte er seinen Knecht, daß er die Gäste riefe. Er kam zu dem ersten und sprach zu ihm: Mein Herr ruft dich. Er sprach: Kaufleute schulden mir Geld; sie kommen zu mir am Abend; ich werde gehen und ihnen Aufträge geben; ich sage das Abendessen ab. Er ging zu einem anderen und sagte zu ihm: Mein Herr ruft dich. Er sprach zu ihm: Ich kaufte ein Haus, und sie bitten mich einen Tag; ich werde keine Muße haben. Er kam zu einem anderen und sprach zu ihm: Mein Herr ruft dich. Er sprach zu ihm: Mein Freund wird Hochzeit feiern, und ich werde das Hochzeitsmahl ausrichten, ich werde nicht kommen können; ich sage das Abendessen ab. Er kam zu einem anderen und sprach: Mein Herr ruft dich. Er sprach zu ihm: Ich kaufte ein Dorf; ich gehe die Pacht holen; ich werde nicht kommen können; ich sage ab. Der Knecht kam zurück und sagte seinem Herrn: Die, die du zum Abendessen riefst, sagten ab. Der Herr sprach zu seinem Knechte: Gehe hinaus auf die Straßen, bringe die, die du finden wirst, damit sie das Abendessen erhalten.

Selig die hungern.

Ein Mensch sprach zu ihm: Sag meinen Brüdern, daß sie die Sachen meines Vaters mit mir teilen. Er sprach zu ihm: O Mensch, wer machte mich zum Teiler?

Das Königreich des Vaters gleicht einem Kaufmann, der eine Warenladung hat. Als er eine Perle fand, da verkaufte jener Kaufmann der klug war, die Warenladung und kaufte sich allein die Perle.

Die Füchse haben ihre Höhlen und die Vögel ihre Nester; der Menschensohn aber hat keinen Ort, wo er sein Haupt hinlegen kann.

Weshalb wascht ihr die Außenseite des Bechers? Begreift ihr nicht, daß, der die Innenseite schuf, auch die Außenseite schuf?

Wenn ihr Geld habt, gebt nicht auf Zinsen, sondern gebt dem, von dem ihr es nicht zurückbekommen werdet.

Das Königreich des Vaters ist gleich einer Frau. Sie nahm ein wenig Sauerteig, verbarg ihn in dem Teig und machte davon große Brote.

Die Jünger sagten zu ihm: Deine Brüder und deine Mutter stehen draußen. Er sagte zu ihnen: Meine Brüder und meine Mutter sind diese, welche den Willen Gottes tun.

Sie sprachen zu ihm: Komm, wir wollen heute beten und fasten! Jesus sprach: Welches ist denn die Sünde, die ich tat, oder worin waren sie mir überlegen? Aber wenn der Bräutigam aus dem Brautgemach herauskommt, dann mögen sie fasten und beten.

Das Königreich gleicht einem Hirten, der hundert Schafe hat. Eines von ihnen verirrte sich, das größte. Da ließ er die neunundneunzig und suchte nach diesem einen, bis er es fand. Als er sich erfolgreich abgemüht hatte, sagte er zu dem Schafe: Ich liebe dich mehr als die neunundneunzig.

Mit dem Himmelreich ist es wie mit einem Schatz, der in einem Acker vergraben war. Ein Mann entdeckte ihn, grub ihn aber wieder ein. Und in seiner Freude verkaufte er alles, was er besaß, und kaufte den Acker.

Und die Pharisäer und ihre Schriftgelehrten murrten gegenüber seinen Jüngern und sprachen: Warum eßt und trinkt ihr mit den Zöllnern und Sündern.

Liebt eure Feinde und betet für die, die euch verfolgen.

Jesus trieb einen Dämon aus, der stumm war. Als der Dämon den Stummen verlassen hatte, konnte der Mann reden. Alle Leute staunten. Einige von ihnen aber sagten: Mit Hilfe von Beelzebul, dem Anführer der Dämonen, treibt er die Dämonen aus. ... Doch er sagte zu ihnen: Jedes Reich, das in sich gespalten ist, wird veröden, und ein Haus ums andere stürzt ein. Wenn also der Satan mit sich selbst im Streit liegt, wie kann sein Reich dann Bestand haben? Ihr sagt doch, daß ich die Dämonen mit Hilfe von Beelzebul austreibe.

Wenn ich die Dämonen durch Beelzebul austreibe, durch wen treiben eure Anhänger sie aus? Sie selbst also sprechen euch das Urteil. Wenn ich aber die Dämonen durch den Finger Gottes austreibe, dann ist das Reich Gottes schon zu euch gekommen.

Nehmt euch in acht vor den Schriftgelehrten! Sie gehen gern in langen Gewändern umher, lieben es, wenn man sie auf den Straßen und Plätzen grüßt, und sie wollen in der Synagoge die vordersten Sitze und bei jedem Festmahl die vordersten Plätze haben.

Das Salz ist gut; wenn aber das Salz salzlos wird, womit wollt ihr es würzen?

Wenn dich einer auf die rechte Wange schlägt, dann halt ihm auch die andere hin. Und wenn dich einer vor Gericht bringen will, um dir das Hemd wegzunehmen, dann laß ihm auch den Mantel. Und wenn dich einer zwingen will, eine Meile mit ihm zu gehen, dann geh zwei mit ihm.

Ein anderer aber, einer seiner Jünger, sagte zu ihm: Herr, laß mich zuerst heimgehen und meinen Vater begraben! Jesus erwiderte: Folge mir nach; laß die Toten ihre Toten begraben!

Wieder ein anderer sagte: Ich will dir nachfolgen, Herr. Zuvor aber laß mich von meiner Familie Abschied nehmen. Jesus erwiderte ihm: Keiner, der die Hand an den Pflug gelegt hat und nochmals zurückschaut, taugt für das Reich Gottes.

Ich sende euch wie Schafe mitten unter die Wölfe.

Oder ist einer unter euch, der seinem Sohn einen Stein gibt, wenn er um ein Brot bittet, oder eine Schlange, wenn er um einen Fisch bittet? Wenn nun ihr schon, die ihr böse seid, euren Kindern gebt, was gut ist, wieviel mehr wird euer Vater im Himmel denen Gutes geben, die ihn bitten.

Verkauft man nicht fünf Spatzen für ein paar Pfennig? Und doch vergißt Gott nicht einen von ihnen. Bei euch sind aber sogar die Haare auf dem Kopf alle gezählt. Fürchtet euch nicht! Ihr seid mehr wert als viele Spatzen.

Denn wo euer Schatz ist, da ist auch euer Herz.

Seit den Tagen Johannes des Täufers bis heute wird dem Himmelreich Gewalt angetan; die Gewalttätigen reißen es an sich. Denn bis hin zu Johannes haben alle Propheten und das Gesetz (über diese Dinge) geweissagt.

Da trat Petrus zu ihm und fragte: Herr, wie oft muß ich meinem Bruder vergeben, wenn er sich gegen mich versündigt? Siebenmal? Jesus sagte zu ihm: Nicht siebenmal, sondern siebenundsiebzigmal.

Es ist wie mit einem Mann, der auf Reisen ging: Er rief seine Diener und vertraute ihnen sein Vermögen an. Dem einen gab er fünf Talente Silbergeld, einem anderen zwei, wieder einem anderen eines, jedem nach seinen Fähigkeiten. Dann reiste er ab. Sofort begann der Diener, der fünf Talente erhalten hatte, mit ihnen zu wirtschaften, und er gewann noch fünf dazu.

Ebenso gewann der, der zwei erhalten hatte, noch zwei dazu. Der aber, der das eine Talent erhalten hatte, ging und grub ein Loch in die Erde und versteckte das Geld seines Herrn. Nach langer Zeit kehrte der Herr zurück, um von den Dienern Rechenschaft zu verlangen. Da kam der, der die fünf Talente erhalten hatte, brachte fünf weitere und sagte: Herr, fünf Talente hast du mir gegeben; sieh her, ich hab noch fünf dazugewonnen. Sein Herr sagte zu ihm: Sehr gut, du bist ein tüchtiger und treuer Diener. Du bist im kleinen ein treuer Verwalter gewesen, ich will dir eine große Aufgabe übertragen. Komm, nimm teil an der Freude deines Herrn! Dann kam der Diener, der zwei Talente erhalten hatte, und sagte: Herr, du hast mir zwei Talente gegeben; sieh her, ich habe noch zwei dazugewonnen. Sein Herr sagte zu ihm: Sehr gut, du bist ein tüchtiger und treuer Diener. Du bist im kleinen ein treuer Verwalter gewesen, ich will dir eine große Aufgabe übertragen. Komm, nimm teil an der Freude deines Herrn! Zuletzt kam auch der Diener, der das eine Talent erhalten hatte, und sagte: Herr, ich wußte, daß du ein strenger Mann bist; du erntest, wo du nicht gesät hast, und sammelst, wo du nicht ausgestreut hast; weil ich Angst hatte, hatte ich dein Geld in der Erde versteckt. Hier hast du es wieder. Sein Herr antwortete ihm: Du bist ein schlechter und fauler Diener! Du hast doch gewußt, daß ich ernte, wo ich nicht gesät habe, und sammle, wo ich nicht ausgestreut habe. Hättest du mein Geld wenigstens auf die Bank gebracht, dann hätte ich es bei meiner Rückkehr mit Zinsen zurückerhalten. Darum nehmt ihm das Talent weg und gebt es dem, der die zehn Talente hat.

Da sagte Jesus: Die Könige herrschen über ihre Völker, und die Mächtigen lassen sich Wohltäter nennen. Bei euch aber soll es nicht so sein, sondern der Größte unter euch soll werden wie der Kleinste, und der Führende soll werden wie der Dienende. Welcher von beiden ist größer: Wer bei Tisch sitzt oder wer bedient? Natürlich der, der bei Tisch sitzt. Ich aber bin unter euch wie der, der bedient.

Eher geht ein Kamel durch ein Nadelöhr, als daß ein Reicher in das Reich Gottes gelangt.

Liebe deinen Bruder wie deine Seele! Hüte ihn wie deinen Augapfel.

Werdet Vorübergehende.

Unmöglich, daß ein Mensch auf zwei Pferden reite und zwei Bogen spanne.

Selig der gelitten hat!

Spalte Holz, ich bin dort. Hebt den Stein auf und ihr werdet mich dort finden.

Das Königreich des Vaters gleicht einer Frau, die ein Gefäß mit Mehl trägt und einen weiten Weg geht. Das Ohr des Gefäßes zerbrach; das Mehl strömte hinter ihr auf den Weg; aber sie merkte es nicht; sie hatte kein Unheil wahrgenommen. Als sie in ihr Haus gelangt war, setzte sie das Gefäß ab und fand es leer.

Das Königreich des Vaters gleicht einem Menschen, der einen Vornehmen töten will. Er zog das Schwert aus seiner Scheide und durchbohrte die Wand, um zu erkennen, ob seine Hand stark genug wäre. Dann tötete er den Vornehmen.

Wenn du deine Opfergabe zum Altar bringst und dir dabei einfällt, daß dein Bruder etwas gegen dich hat, so laß deine Gabe dort vor dem Altar liegen; geh und versöhne dich zuerst mit deinem Bruder, dann komm und opfere deine Gabe.

Schwört überhaupt nicht, weder beim Himmel, denn er ist Gottes Thron, noch bei der Erde, denn sie ist der Schemel für seine Füße, noch bei Jerusalem, denn es ist die Stadt des großen Königs. Auch bei deinem Haupte sollst du nicht schwören; denn du kannst kein einziges Haar weiß oder schwarz machen. Euer Ja sei ein Ja, euer Nein ein Nein; alles andere stammt vom Bösen.

Denn wer sich selbst erhöht, wird erniedrigt, und wer sich selbst erniedrigt, wird erhöht werden.

Mit dem Himmelreich ist es deshalb wie mit einem König, der beschloß, von seinen Dienern Rechenschaft zu verlangen. Als er nun mit der Abrechnung begann, brachte man einen zu ihm, der ihm zehntausend Denare schuldig war. Weil er aber das Geld nicht zurückzahlen konnte, befahl der Herr, ihn mit Frau und Kindern und allem, was er besaß, zu verkaufen und so die Schuld zu begleichen. Da fiel der Diener vor ihm auf die Knie und bat: Hab Geduld mit mir! Ich werde dir alles zurückzahlen. Der Herr hatte Mitleid mit dem Diener, ließ ihn gehen und schenkte ihm die Schuld. Als nun der Diener hinausging, traf er einen anderen Diener seines Herrn, der ihm hundert Denare schuldig war. Er packte ihn, würgte ihn und rief: Bezahl, was du mir schuldig bist! Da fiel der andere vor ihm nieder und flehte: Hab Geduld mit mir! Ich werde es dir zurückzahlen. Er aber wollte es nicht, sondern ging weg und ließ ihn ins Gefängnis werfen, bis er die Schuld bezahlt habe. Als die übrigen Diener das sahen, waren sie sehr betrübt; sie gingen zu ihrem Herrn und berichteten ihm alles, was geschehen war. Da ließ ihn sein Herr rufen und sagte zu ihm: Du elender Diener! Deine ganze Schuld habe ich dir erlassen, weil du mich so angefleht hast. Hättest du nicht auch mit jenem, der gemeinsam mit dir in meinem Dienst steht, Erbarmen haben müssen, so wie ich mit dir Erbarmen hatte? Und in seinem Zorn übergab er ihn den Folterknechten, bis er die ganze Schuld bezahlt habe.

Denn mit dem Himmelreich ist es wie mit einem Gutsbesitzer, der früh am Morgen sein Haus verließ, um Arbeiter für seinen Weinberg anzuwerben. Er einigte sich mit den Arbeitern auf einen Denar für den Tag und schickte sie in seinen Weinberg. Um die dritte Stunde ging er wieder auf den Markt und sah andere dastehen, die keine Arbeit hatten. Er sagte zu ihnen: Geht auch in meinen Weinberg! Ich werde euch geben, was recht ist. Und sie gingen. Um die sechste und um die neunte Stunde ging der Gutsherr wieder auf den Markt und machte es ebenso. Als er um die elfte Stunde noch einmal hinging, traf er wieder einige, die dort herumstanden. Er sagte zu ihnen: Was steht ihr hier den ganzen Tag untätig herum? Sie antworteten: Niemand hat uns angeworben. Da sagte er zu ihnen: Geht auch ihr in meinen Weinberg! Als es nun Abend geworden war, sagte der Besitzer des Weinbergs zu seinem Verwalter: Ruf die Arbeiter, und zahl ihnen den Lohn aus, angefangen bei den letzten, bis hin zu den ersten. Da kamen die Männer, die er um die elfte Stunde angeworben hatte, und jeder erhielt einen Denar. Als dann die ersten an der Reihe waren, glaubten sie, mehr zu bekommen. Aber auch sie erhielten nur einen Denar. Da begannen sie, über den Gutsherrn zu murren, und sagten: Diese letzten haben nur eine Stunde gearbeitet, und du hast sie uns gleichgestellt; wir aber haben den ganzen Tag über die Last der Arbeit und der Hitze ertragen. Da erwiderte er einem von ihnen: Mein Freund, dir geschieht kein Unrecht. Hast du nicht einen Denar mit mir vereinbart? Nimm dein Geld und geh! Ich will dem letzten ebensoviel geben wir dir.

Manche sind von Geburt an zur Ehe unfähig, manche sind von den Menschen dazu gemacht, und manche haben sich selbst dazu gemacht – um des Himmelreiches willen.

Ein Mann hatte zwei Söhne. Er ging zum ersten und sagte: Mein Sohn, geh und arbeite heute im Weinberg! Er antwortete: Ja, Herr!, ging aber nicht. Da wandte er sich an den zweiten Sohn und sagte zu ihm dasselbe. Dieser antwortete: Ich will nicht. Später aber reute es ihn, und er ging doch. Wer von beiden hat den Willen seines Vaters erfüllt?

Ein Mann ging von Jerusalem nach Jericho hinab und wurde von Räubern überfallen. Sie plünderten ihn aus und schlugen ihn nieder; dann gingen sie weg und ließen ihn halbtot liegen. Zufällig kam ein Priester denselben Weg herab; er sah ihn und ging weiter. Auch ein Levit kam zu der Stelle; er sah ihn und ging weiter. Dann kam ein Mann aus Samarien, der auf der Reise war. Als er ihn sah, hatte er Mitleid, ging zu ihm hin, goß Öl und Wein auf seine Wunden und verband sie. Dann hob er ihn auf sein Reittier, brachte ihn zu einer Herberge und sorgte für ihn. Am anderen Morgen holte er zwei Denare hervor, gab sie dem Wirt und sagte: Sorge für ihn, und wenn du mehr für ihn brauchst, werde ich es dir bezahlen, wenn ich wiederkomme.

Wenn einer von euch einen Freund hat und um Mitternacht zu ihm geht und sagt: Freund, leih mir drei Brote; denn einer meiner Freunde, der auf Reisen ist, ist zu mir gekommen, und ich habe ihm nichts anzubieten! Wird dann etwa der Mann drinnen antworten: Laß mich in Ruhe, die Tür ist schon verschlossen, und meine Kinder schlafen bei mir; ich kann nicht aufstehen und dir etwas geben? Ich sage euch: Wenn er schon nicht deswegen aufsteht und ihm seine Bitte erfüllt, weil er sein Freund ist, so wird er doch wegen seiner Zudringlichkeit aufstehen und ihm geben, was er braucht.

Ein Mann hatte in seinem Weinberg einen Feigenbaum; und als er kam und nachsah, ob er Früchte trug, fand er keine. Da sagte er zu seinem Weingärtner: Jetzt komme ich schon drei Jahre und sehe nach, ob dieser Feigenbaum Früchte trägt, und finde nichts. Hau ihn um! Was soll er weiter dem Boden seine Kraft nehmen? Der Weingärtner erwiderte: Herr, laß ihn dieses Jahr noch stehen; ich will den Boden um ihn herum aufgraben und düngen. Vielleicht trägt er doch noch Früchte; wenn nicht, dann laß ihn umhauen.

Wenn einer von euch einen Turm bauen will, setzt er sich dann nicht zuerst hin und rechnet, ob seine Mittel für das ganze Vorhaben ausreichen? Sonst könnte es geschehen, daß er das Fundament gelegt hat, dann aber den Bau nicht fertigstellen kann. Und alle, die es sehen, würden ihn verspotten und sagen: Der da hat einen Bau begonnen und konnte ihn nicht zu Ende führen. Oder wenn ein König gegen einen anderen in den Krieg zieht, setzt er sich dann nicht zuerst hin und überlegt, ob er sich mit seinen zehntausend Mann dem entgegenstellen kann, der mit zwanzigtausend gegen ihn anrückt? Kann er es nicht, dann schickt er eine Gesandtschaft, solange der andere noch weit weg ist, und bittet um Frieden.

Oder wenn eine Frau zehn Drachmen hat und eine davon verliert, zündet sie dann nicht die Lampe an, fegt das ganze Haus und sucht unermüdlich, bis sie das Geldstück findet? Und wenn sie es gefunden hat, ruft sie ihre Freundinnen und Nachbarinnen zusammen und sagt: Freut euch mit mir; ich habe die Drachme wiedergefunden, die ich verloren hatte.

Ein Mann hatte zwei Söhne. Der jüngere von ihnen sagte zu seinem Vater: Vater gib mir das Erbteil, das mir zusteht. Da teilte der Vater das Vermögen auf. Nach wenigen Tagen packte der jüngere Sohn alles zusammen und zog in ein fernes Land. Dort führte er ein zügelloses Leben und verschleuderte sein Vermögen. Als er alles durchgebracht hatte, kam eine große Hungersnot über das Land, und es ging ihm sehr schlecht. Da ging er zu einem Bürger des Landes und drängte sich ihm auf; der schickte ihn aufs Feld zum Schweinehüten. Er hätte gern seinen Hunger mit den Futterschoten gestillt, die die Schweine fraßen; aber niemand gab ihm davon. Da ging er in sich und sagte: Wie viele Tagelöhner meines Vaters haben mehr als genug zu essen, und ich komme hier vor Hunger um. Ich will aufbrechen und zu meinem Vater gehen und zu ihm sagen: Vater ich habe mich gegen den Himmel und gegen dich versündigt. Ich bin nicht mehr wert, dein Sohn zu sein; mach mich zu einem deiner Tagelöhner. Dann brach er auf und ging zu seinem Vater. Der Vater sah ihn von weitem kommen, und er hatte Mitleid mit ihm. Er lief dem Sohn entgegen, fiel ihm um den Hals und küßte ihn. Da sagte der Sohn: Vater, ich habe mich gegen den Himmel und gegen dich versündigt; ich bin nicht mehr wert, dein Sohn zu sein. Der Vater aber sagte zu seinen Knechten: Holt schnell das beste Gewand, und zieht es ihm an, steckt ihm einen Ring an die Hand, und zieht ihm Schuhe an. Bringt das Mastkalb her, und schlachtet es; wir wollen essen und fröhlich sein. Denn mein Sohn war tot und lebt wieder; er war verloren und ist wiedergefunden worden. Und sie begannen, ein fröhliches Fest zu feiern. Sein älterer Sohn war unterdessen auf dem Feld. Als er heimging und in die Nähe des Hauses kam, hörte er Musik und Tanz. Da rief er einen der Knechte und fragte, was das bedeuten solle. Der Knecht antwortete: Dein Bruder ist gekommen, und dein Vater hat das Mastkalb schlachten lassen, weil er ihn heil und gesund wiederbekommen hat. Da wurde er zornig und wollte nicht hineingehen. Sein Vater aber kam heraus und redete ihm gut zu. Doch er erwiderte dem Vater: So viele Jahre schon diene ich dir, und nie habe ich gegen deinen Willen gehandelt; mir aber hast du nie auch nur einen Ziegenbock geschenkt, damit ich mit meinen Freunden ein Fest feiern konnte. Kaum aber ist der hier gekommen, dein Sohn, der dein Vermögen mit Dirnen durchgebracht hat, da hast du für ihn das

Mastkalb geschlachtet. Der Vater antwortete ihm: Mein Kind, du bist immer bei mir, und alles, was mein ist, ist auch dein. Aber jetzt müssen wir uns doch freuen und ein Fest feiern; denn dein Bruder war tot und lebt wieder; er war verloren und ist wiedergefunden worden.

Ein reicher Mann hatte einen Verwalter. Diesen beschuldigte man bei ihm, er verschleudere sein Vermögen. Darauf ließ er ihn rufen und sagte zu ihm: Was höre ich über dich? Leg Rechenschaft ab über deine Verwaltung! Du kannst nicht länger mein Verwalter sein. Da überlegte der Verwalter: Mein Herr entzieht mir die Verwaltung. Was soll ich jetzt tun? Zu schwerer Arbeit tauge ich nicht, und zu betteln schäme ich mich. Doch – ich weiß, was ich tun muß, damit mich die Leute in ihre Häuser aufnehmen, wenn ich als Verwalter abgesetzt bin. Und er ließ die Schuldner seines Herrn, einen nach dem anderen, zu sich kommen und fragte den ersten: Wieviel bist du meinem Herr schuldig? Er antwortete: Hundert Faß Öl. Da sagte er zu ihm: Nimm deinen Schuldschein und schreib «fünfzig». Dann fragte er einen anderen: Wieviel bist du schuldig? Der antwortete: Hundert Sack Weizen. Da sagte er zu ihm: Nimm deinen Schuldschein und schreib «achtzig».

Es war einmal ein reicher Mann, der sich in Purpur und feines Leinen kleidete und Tag für Tag herrlich und in Freuden lebte. Vor der Tür des Reichen aber lag ein armer Mann namens Lazarus, dessen Leib voller Geschwüre war. Er hätte gern seinen Hunger mit dem gestillt, was vom Tisch des Reichen herunterfiel. Statt dessen kamen die Hunde und leckten an seinen Geschwüren. Als nun der Arme starb, wurde er von den Engeln in Abrahams Schoß getragen. Auch der Reiche starb und wurde begraben. In der Unterwelt, wo er qualvolle Schmerzen litt, blickte er auf und sah von weitem Abraham, und Lazarus in seinem Schoß. Da rief er: Vater Abraham, hab Erbarmen mit mir, und schick Lazarus zu mir; er soll wenigstens die Spitze seines Fingers ins Wasser tauchen und mir die Zunge kühlen, denn ich leide große Qual in diesem Feuer. Abraham erwiderte: Mein Kind, denk daran, daß du schon zu Lebzeiten deinen Anteil am Guten erhalten hast, Lazarus aber nur Schlechtes. Jetzt wird er dafür getröstet, du aber mußt leiden. Außerdem ist zwischen uns und euch ein unüberwindlicher Abgrund, so daß niemand von hier zu euch oder von dort zu uns kommen kann, selbst wenn er wollte.

In einer Stadt lebte ein Richter, der Gott nicht fürchtete und auch auf keinen Menschen Rücksicht nahm. In der gleichen Stadt lebte auch eine Witwe, die immer wieder zu ihm kam und sagte: Verschaff mir Recht gegen meinen Feind! Lange wollte er nichts davon wissen. Dann aber sagte er sich: Ich fürchte zwar Gott nicht und nehme auch auf keinen Menschen Rücksicht; trotzdem will ich dieser Witwe zu ihrem Recht verhelfen, denn sie läßt mich nicht in Ruhe. Sonst kommt sie am Ende noch und schlägt mich ins Gesicht.

Zwei Männer gingen zum Tempel hinauf, um zu beten; der eine war ein Pharisäer, der andere ein Zöllner. Der Pharisäer stellte sich hin und sprach leise dieses Gebet: Gott, ich danke dir, daß ich nicht wie die anderen Menschen bin, die Räuber, Betrüger, Ehebrecher oder auch wie dieser Zöllner dort. Ich faste zweimal in der Woche und gebe dem Tempel den zehnten Teil meines gesamten Einkommens. Der Zöllner aber blieb ganz hinten stehen und wagte nicht einmal, seine Augen zum Himmel zu erheben, sondern schlug sich an die Brust und betete: Gott, sei mir Sünder gnädig! Ich sage euch: Dieser kehrte als Gerechter nach Hause zurück, der andere nicht.

Und noch einmal: Man sollte beim Lesen dieser Worte bedenken, daß sie nichts sind ohne die Taten, zu denen sie auffordern, ein Programm, das es auszuführen, eine Partitur, die es zu spielen gilt. Dieses Buch ist ein Bericht über ihre erste Instrumentation und Uraufführung. Am Ende wie am Anfang, heute wie damals, ist die Ausführung alles.

PROLOG

Der Historische Jesus

> «Der Versuch, Jesus selbst zu finden, gleicht dem Bemühen des Atomphysikers, ein submikroskopisches Teilchen zu lokalisieren und dessen Ladung zu bestimmen. Direkt ist das Teilchen nicht sichtbar, doch bewahrt die fotografische Platte die Spuren der größeren Partikel, die es in Bewegung gesetzt hat. Indem der Physiker diese Spuren zu ihrem gemeinsamen Ursprung verfolgt und die Kraft berechnet, die erforderlich war, jene Partikel auf die beobachtete Weise zu bewegen, kann er die unsichtbare Ursache der Bewegung orten und beschreiben. Freilich sind historische Zusammenhänge komplexer als physikalische. Die Linien, die von den entwickelten Legenden auf die ursprüngliche Gestalt zurückführen, können nicht mit mathematischer Genauigkeit gezogen werden. Die Einwirkung unbekannter Faktoren auf das sichtbare Ergebnis lassen sich nicht ausschließen. Infolgedessen können Schlüsse aus diesem nie mehr als Wahrscheinlichkeit beanspruchen; aber ‹Wahrscheinlichkeit› ist doch, wie Bischof Butler sagte, ‹so recht des Lebens Wegweiserin›.»
>
> Morton Smith, *Jesus the Magician*, 1978, S. 6

Die neueste Forschung über den historischen Jesus befindet sich in einer paradoxen Situation. Es hat immer Historiker gegeben, die meinten, sich aus historiographischen Gründen dem historischen Jesus nicht nähern zu können. Von jeher haben Theologen theologische Bedenken dagegen geltend gemacht. Und nicht wenige Gelehrte haben uneingestandener theologischer Bedenken wegen die historischen Probleme unlösbar finden wollen. Wenn sich aber der historische Jesus derart lange verbarg, weil man sich kein Bild von ihm zu machen wagte, kann man an der Möglichkeit, seine Gestalt zu erkennen, heute zweifeln, weil neuerdings fähige und sogar sehr bedeutende Gelehrte so viele einander ganz unähnliche Bilder Jesu gezeichnet haben.

Diese verwirrende Vielfalt unterschiedlicher Darstellungen fand schon vor einigen Jahren Daniel J. Harrington bemerkenswert (1987b). Bei einer Erörterung von Jesu Judentum charakterisiert er sieben verschiedene Auffassungen Jesu aus der neueren Literatur und findet, daß die Unterschiede durch den jeweils verschiedenen jüdischen Zusammenhang bedingt sind, in dem die einzelnen Autoren den historischen Jesus sehen. Da begegnet man bei S. G. F. Brandon (1967) Jesus als politischem Revolutionär, bei Morton Smith (1978) als Magier, bei Geza Vermes (1981, 1984) als galiläischem Charismatiker, bei Bruce Chilton (1984) als galiläischem Rabbi, bei Harvey Falk (1985) als Nachfolger Hillels oder Protopharisäer, Essener ist er bei dem nämlichen Harvey Falk (1985) und eschatologischer Prophet bei E. P. Sanders (1985).

Nicht jede dieser Auffassungen ist gleichermaßen überzeugend. Dennoch bleibt ihre Vielfalt verwirrend. Selbst in der gleichen Absicht, Jesus vor dem ihm entsprechenden jüdischen Hintergrund ins Auge zu fassen, scheint jeder Betrachter einen anderen Jesus zu erblicken. Verschiedene der genannten Werke – und andere, die hätten genannt werden können, wie die Darstellungen Borgs (1984) oder Horsleys (1987) – enthalten Erkenntnisse, die bei jeder zukünftigen Synthese zu berücksichtigen sein werden. Aber die Unterschiedlichkeit der Bilder, die sie von Jesus bieten, irritiert. Man kann sich des Verdachts nicht erwehren, daß bei der Forschung über das Leben Jesu unter dem Vorwand der historischen Untersuchung Theologie getrieben wird und die Forscher statt der vorgeblichen Biographie Jesu Autobiographien verfassen.

Die oft nicht miteinander in Einklang zu bringenden Ergebnisse der gegenwärtigen Forschung über das Leben Jesu wecken Zweifel an der Forschungsmethode. In diesem Forschungszweig bedient man sich gegenwärtig noch der Methode, die in der Archäologie schon zu Schliemanns Zeiten in Mißkredit kam, der Methode, mehr oder weniger auf gut Glück in die Tiefe zu graben und von allem, was dabei zum Vorschein kommt, nur das zu beachten, was einem gefällt. Man betreibt, mit einem Wort, Schatzgräberei. Ohne wissenschaftliche Stratigraphie aber, ohne genaue Bestimmung des Fundorts in der ihm entsprechenden chronologischen Schicht, kann man nahezu jedes beliebige Fundstück auf nahezu jede beliebige Weise deuten. Man hat deshalb bei dieser Art von Schatzgräberei in der Jesus-Überlieferung, die weder den chronologischen Zusammenhang berücksichtigt noch erläutert, warum ein Sachverhalt einem anderen vorzuziehen ist, den Eindruck, daß die Forscher schon im voraus wissen, welches Ergebnis ihre Suche haben wird.

In Anbetracht dessen war mir, als ich mit der Arbeit an diesem Buch begann, sehr deutlich bewußt, daß die Ergebnisse meiner Untersuchung nur dann dem Vorwurf der Subjektivität entgehen, wenn es mir gelingt, nach einer Methode zu verfahren, die eine größere Objektivität der Ergebnisse verbürgt. Ich hoffe, daß mir das nach der Methode, die hier kurz charakterisiert sei, gelungen ist.

Die Methode, nach der ich vorgehe, läßt sich in drei Arbeitsschritte gliedern, die jeweils selbst triadisch aufgebaut sind. Die erste Triade befaßt sich mit dem Wechselspiel einer makrokosmischen, einer mesokosmischen und einer mikrokosmischen Argumentationsebene. Auf der makrokosmischen Ebene kommen kulturübergreifende und epochenüberschreitende Argumente der *Sozialanthropologie* zur Anwendung. Auf der mesokosmischen Ebene geht es um hellenistische und griechisch-römische *Geschichte* und auf der mikrokosmischen um die *literarische Überlieferung* spezieller Sprüche und Taten, Geschichten und Anekdoten, Bekenntnisse und Deutungen, die Jesus direkt betreffen. Zur wirksamen Beglaubigung einer fraglichen Aussage bedarf es idealerweise, daß sie Bestätigung auf allen drei Ebenen findet, der anthropologischen, historischen und literarischen. Ich lege auf diesen Punkt allergrößten Wert. Die drei Argumentationsebenen sind völlig gleichberechtigt, und ihr Zusammenwirken muß wechselseitig sein.

Falls eine Aussage auch nur in einer dieser Ebenen den geforderten Kriterien nicht genügt, soll sie ihren Anspruch auf Glaubwürdigkeit verwirkt haben. Ich habe also stets versucht, meine Untersuchung auf allen drei Ebenen zugleich zu führen. So habe ich bei der Erörterung des Heilens Jesu in dem Kapitel über «Magie und Mahl» (dem 13., das vielleicht das wichtigste meines Buches ist) eine Vielzahl anthropologischer Studien berücksichtigt, angefangen von Ioan Lewis' Untersuchung über Ekstatische Religion (1971) bis zu Allan Youngs Arbeit über Anthropologien der Krankheiten und Leiden (1982) sowie Peter Worsleys Studie über Nichtwestliche Heilkundesysteme (1982); andererseits habe ich historische Untersuchungen befragt, etwa diejenige von John Hull über hellenistische Magie und die synoptische Tradition (1974) und David Aunes über die Magie im frühen Christentum (1980). Bei der Diskussion über das Essen Jesu im gleichen Kapitel sind ebenfalls sowohl anthropologische Studien berücksichtigt worden, wie diejenige von Peter Farb und George Armelagos über die Anthropologie des Essens (1980), als auch historische, wie Dennis Smiths Studie über gesellschaftliche Verpflichtungen bei gemeinsamen Mahlzeiten (1980). Aber angesichts der anthropologischen und historischen Ebenen darf natürlich die literarische nie aus den Augen verloren werden, das heißt, in dem Bemühen, das Gewebe der Überlieferung von Jesus aus Bewahrtem, Verwandeltem und Erfundenem zu durchschauen, sollte die Hauptaufmerksamkeit immer der Textüberlieferung gelten, die nach den Kriterien der chronologischen Schichtung und der Quantität der unabhängigen Zeugnisse zu beurteilen ist.

Außer an den schon genannten habe ich mich an verschiedenen anderen anthropologischen Modellen und Typologien orientiert, so an Gerhard Lenskis *Power and Privilege. A Theory of Social Stratification* (1966), Ted Robert Gurrs *Why Men Rebel* (1970) sowie Bryan Wilsons

Magic and the Millennium: A Sociological Study of Religious Movements of Protest Among Tribal und Third-World Peoples (1973), doch nützen beim Studium des historischen Jesus offenbar die besten anthropologischen Modelle nichts, wenn man die Texte der ihn betreffenden Überlieferung nicht zu erschließen weiß.

Doch ehe ich auf mein Verfahren bei der Erschließung dieser Texte eingehe, ein Hinweis auf die Schwierigkeiten dieses Unternehmens. Daß es solche überhaupt gibt, mag den mit den Texten nicht vertrauten Leser verwundern. Haben wir nicht vier Lebensbeschreibungen dieses Sohns einfacher Leute aus einem Dorf in Galiläa, von Matthäus, Markus, Lukas und Johannes, Männern, die sämtlich in unmittelbarer oder mittelbarer Verbindung mit ihm standen und innerhalb von etwa fünfundsiebzig Jahren nach seinem Tod schrieben? Wissen wir damit von ihm nicht ebensoviel, oder mehr, wie von dem zeitgenössischen römischen Kaiser Tiberius, von dem uns zwar ebenfalls vier Biographien überliefert sind, doch nur eine – diejenige des Velleius Paterculus – von einem Autor, der ihn persönlich kannte, während die Verfasser der übrigen drei, nämlich Tacitus, Sueton und Dio Cassius, zwischen fünfundsiebzig bis zweihundert Jahre nach seinem Tode schrieben? Weshalb also begegnet die Forschung über das Leben Jesu besonderen Schwierigkeiten?

Diese Schwierigkeiten liegen, ganz abgesehen von der Existenz anderer, nicht mit ihnen harmonierender Dokumente, vor allem in der Natur der überlieferten vier Biographien selbst. Liest man die vier Texte hintereinander von Anfang bis Ende, vermitteln sie einen recht überzeugenden Eindruck von Einheit, Harmonie und Übereinstimmung. Liest man sie aber nebeneinander und vergleicht einzelne Episoden in den verschiedenen Fassungen, fallen deren Abweichungen voneinander mehr auf als die Übereinstimmungen. Schon um die Mitte des 2. Jahrhunderts waren heidnischen Gegnern der Christen, wie Celsus, und christlichen Apologeten, wie Justin, Tatian und Marcion, die Widersprüche zwischen den Evangelisten – und seien es nur die zwischen Matthäus und Lukas – sehr wohl bewußt. Auf den beiden naheliegendsten Wegen suchten die letzteren diese störende Vielfalt zu vereinheitlichen: Marcion wollte alle Evangelien bis auf eins verwerfen, Justin und dessen Schüler Tatian suchten die unterschiedlichen Fassungen miteinander in Einklang zu bringen. Im Grunde wird heute noch so verfahren. Problem: Es gibt zwei Fassungen des Vaterunser. Lösung: Man halte sich an Matthäus und lasse Lukas unberücksichtigt. Problem: Christi Geburt wird auf zweierlei Weise erzählt. Lösung: Man lasse die Hirten und die Weisen aus dem Morgenlande gemeinsam zur Krippe kommen.

Doch hat im Laufe der letzten zweihundert Jahre die vergleichende

Erforschung der Evangelien zu bestimmten Resultaten und Schlüssen geführt. Zunächst ist einzuräumen, daß es Evangelien auch außerhalb des Neuen Testaments gibt. Sodann ist erwiesen, daß die vier kanonischen Evangelien unter den überhaupt vorhandenen in einem Prozeß ausgewählt wurden, bei dem man andere nicht nur wegen ihres Inhalts, sondern auch wegen ihrer Form ausschied. Drittens hat sich gezeigt, daß die Bewahrung, Entwicklung und Neuschöpfung von Nachrichten über Jesus wie bei den außerkanonischen auch bei den kanonischen Quellen miteinander einhergehen. Viertens konnte man ermitteln, daß die verschiedenen Fassungen nicht das Ergebnis der voneinander abweichenden Erinnerungen der Verfasser sind, sondern vielmehr voneinander abweichenden Deutungen Jesu entsprechen, also unterschiedliche theologische Lehrmeinungen bestätigen sollen. Schließlich und endlich gab die andauernde Gegenwart des auferstandenen Jesus und die bleibende Erfahrung des Heiligen Geistes den Überlieferern der Nachrichten von Jesus eine schöpferische Freiheit, die wir ihnen nie zuzuschreiben wagen würden, wenn nicht auf der Hand läge, daß sie ganz unbefangen von ihr Gebrauch gemacht haben. Selbst wenn etwa Matthäus oder Lukas das Evangelium des Markus als Quelle von Nachrichten dafür benutzen, was Jesus sagte und tat, was andere taten und zu Jesus sagten, bedienen sie sich des entnommenen Materials mit erstaunlicher Freiheit, lassen aus und fügen hinzu, um endlich das Übernommene dem eigenen Bericht anzuverwandeln, der die jeweils eigene theologische Deutung Jesu ausspricht. Die Evangelien sind weder Geschichtsschreibung noch Biographie, nicht einmal nach den Maßstäben der Antike, die im Vergleich zu unseren tolerant waren; sie sind vielmehr genau das, als was sie schließlich bezeichnet wurden: Gute Botschaften – Vervielfältigung der guten Botschaft in der Vielfalt der Anschauungen des Guten.

In der Überlieferung der Jesus betreffenden Texte sind also drei Schichten voneinander zu unterscheiden. Die Schicht des Bewahrten: der Worte, die Jesus gesprochen, der Taten, die er getan, der Leiden, die er gelitten hat. Die Schicht des Entwickelten: der auf neue Situationen, neue Probleme angewandten Lehren Jesu. Endlich die Schicht der Neuschöpfungen: nicht nur von einzelnen Sprüchen und Geschichten, sondern vor allem von größeren Zusammenhängen, in denen das Material der Überlieferung neuen Sinn annahm. Im 1. und frühen 2. Jahrhundert, sagt Helmut Köster (1983, S. 77), müssen sehr viel mehr als die uns bekannten Evangelien im Umlauf gewesen sein, und er weist darauf hin, daß wir Fragmente von mindestens einem Dutzend haben, denen anzusehen sei, daß damals jeder die Geschichte von Jesus so faßte, redigierte, revidierte und komponierte, wie es ihm angemessen schien. Und damit ist das Problem der Textüberlieferung über das Leben Jesu im Umriß skizziert. Es gilt, die Schichten so sauber wie möglich voneinander zu scheiden, um einigermaßen sicherzugehen, die des Bewahrten zu identifizieren und zu erfahren, was Jesus wirklich gesagt und getan hat, und des weiteren zu erkennen, wie die christliche Gemeinde diese Überlieferung entwickelt und umgestaltet hat. Denn keineswegs gilt es, die dem Wirken der Gemeinde entsprechenden Schichten abzutragen, um sie zu verwerfen. Als Teile der Überlieferung sind auch sie wertzuhalten; die Jünger Jesu waren keine Papageien, sondern denkende Menschen.

Aufgrund dieser Einschätzung meiner Aufgabe ergibt sich die zweite Triade meines methodischen Ansatzes. Als ersten Schritt habe ich versucht, ein *Inventar* der Überlieferung aufzustellen, ein Verzeichnis aller in Frage kommenden kanonischen und außerkanonischen Quellen. Deren historische Stellung und literarische Abhängigkeit habe ich nach bestem Wissen zu bestimmen unternommen, nicht um Streit darüber auszuschließen – denn jede dieser Bestimmungen wird umstritten sein –, sondern um meinen Standpunkt in den diesbezüglichen Kontroversen offenzulegen.

Der zweite Schritt führt zu einer *Stratifikation:* Jeder Text wird also so genau wie möglich datiert und einer von vier zeitlichen Schichten zugeordnet, die zwischen den Jahren 30 und 60, 60 und 80, 80 und 120 oder 120 und 150 n. Chr. (siehe die Aufstellung im Anhang I) angenommen werden.

Der dritte Schritt ist die Feststellung der *Beglaubigung.* Zu diesem Zweck wird zunächst die Zahl der Zeugnisse festgestellt, die für jeden Komplex innerhalb des so geschilderten Inventars vorliegen. Dabei gilt es zu ermitteln, wie viele von den Zeugnissen, die für ein bestimmtes Wort oder Ereignis bürgen, als *unabhängig* eingeschätzt werden können. Denn auf die Unabhängigkeit der Zeugnisse kommt es natürlich an. Wenn etwa eine Geschichte bei Matthäus, Markus, Lukas und Johannes steht, ist sie uns vierfach bezeugt. Aber von wie vielen unabhängigen Zeugen? Vielleicht von zweien, Markus und Johannes, vielleicht nur von einem, nämlich nur von Markus (siehe die Aufstellung im Anhang I).

In der dritten Triade schließlich geht es um die methodengemäße Handhabung dieses Inventars, nachdem es erst einmal entsprechend einer chronologischen Hierarchie der Schichtung und einer Hierarchie der Beglaubigung durch eine kleinere oder größere Zahl unabhängiger Textzeugen geordnet worden ist. Als erster Punkt wird die *Schichtenfolge* ins Auge gefaßt. Die Untersuchung hat jeweils von der ersten Schicht auszugehen und von dieser zur zweiten, dritten und vierten Zeitschicht fortzuschreiten. Damit gewinnt die erste Schicht natürlich besondere Bedeutung, denn Daten und Nachrichten aus dieser Schicht stammen aus der größten zeitlichen Nähe zum historischen Jesus. Das beglaubigt sie freilich nicht automatisch, theoretisch könnte ein Zeugnis aus der vierten Schicht glaubwürdiger sein als aus der ersten. Dennoch muß die methodische Voraussetzung gemacht werden, daß die Autorität der Zeugnisse der ältesten Schicht derjenigen der späteren überlegen ist. Und deshalb habe ich mich bei den in diesem Buch vorgetragenen Meinungen fast ausschließlich auf Zeugnisse aus der ältesten Schicht gestützt. Zwar habe ich im ‹Vorspiel› und im Anhang I aus allen vier Schichten Worte und Geschichten zitiert und verzeichnet, die meines Erachtens dem historischen Jesus zuzuschreiben sind, doch möchte ich betonen, daß ich auch die Auswahl derjenigen aus der zweiten, dritten und vierten Schicht aufgrund der bei der Untersuchung der Zeugnisse aus der ersten und ältesten Schicht gewonnenen Erkenntnisse getroffen habe.

Das zweite Element meiner letzten Triade betrifft die *Hierarchie der Beglaubigung.* Die größte Autorität wird den Nachrichten aus der ältesten Schicht zugestanden, die durch die meisten unabhängigen Zeugen verbürgt sind. Demnach verdient eine von, sagen wir, sieben unabhängigen Zeugen verbürgte Nachricht aus der ersten Schicht auf jeden Fall, sehr ernst genommen zu werden. Denn wenn auch theoretisch nicht ausgeschlossen werden kann, daß schon Nachrichten aus der ältesten Schicht Fortentwicklungen oder Neuschöpfungen bieten, mache ich die methodische Voraussetzung, daß alles aus der ältesten Schicht Bezeugte auf Jesus selbst zurückgeht, es sei denn, es gäbe im Einzelfall spezifische Gründe, daran zu zweifeln.

Der letzte Punkt in der dritten Triade besagt die *Nichtberücksichtigung des nur einmal Bezeugten.* Sicherheitshalber wird nichts nur einmal Bezeugtes in Betracht gezogen, selbst wenn das fragliche Zeugnis in die älteste Schicht einzuordnen ist. Etwas, das von mindestens zwei unabhängigen Zeugen der frühesten Periode berichtet wird, kann jedenfalls nicht die Erfindung des einen oder anderen dieser beiden sein. Was aber nur ein Berichterstatter bezeugt, mag sehr wohl dessen eigene Schöpfung sein. Noch einmal sei darauf hingewiesen, daß die Voraussetzung dieser Bewertung der Quellen methodisch ist. Denn die Möglichkeit, daß eine nur von einem Zeugen aus der dritten Schicht überlieferte Nachricht den historischen Jesus so nahe betrifft wie eine von fünf unabhängigen Zeugen aus der ältesten Schicht bestätigte, kann selbstverständlich theoretisch nicht ausgeschlossen werden. Als ich vor über zwanzig Jahren begann, auf diesem Gebiet zu forschen, zog ich sehr weitreichende Schlüsse aus der nur bei Lukas 10,29–37 berichteten Geschichte vom guten Samariter (die hier in der noch zu erläuternden Form «447 *Der gute Samariter* [3/1]» katalogisiert ist). Ich sehe noch heute keinen Anlaß, diese Schlußfolgerungen zu revidieren, und das Bild Jesu, zu dem ich in diesem Buch gelange, straft das nicht Lügen, was sich mir damals (1973) zeigte. Ich meine aber, daß es methodisch unklug war, so viel Gewicht auf eine nur von einem einzigen Zeugen aus der dritten Schicht überlieferte Erzählung zu legen. Denn statt bei 447 *Der gute Samariter* [3/1] hätte ein anderer bei Matthäus 10,23 (der hier unter der Bezeichnung «405 *Städte Israels* [3/1]» katalogisierten Stelle) ansetzen können. Zur Vorsicht gegenüber den nur durch ein einziges Zeugnis verbürgten Nachrichten mahnt auch deren große Zahl. Mein Inventar verzeichnet insgesamt 522 Überlieferungseinheiten oder -komplexe. 180 von diesen sind mehrfach von unabhängigen Zeugen verbürgt, 33 vielfach (von vier oder mehr Zeugen), 42 dreifach, 105 doppelt. Für 342 gibt es nur ein einziges Zeugnis. Mithin sind zwei Drittel der im Anhang I verzeichneten Nachrichten von Jesus nur aus einer Quelle überliefert.

Mein Klassifikationssystem sei hier an einem Beispiel erläutert. An 20. Stelle meines Verzeichnisses, Anhang IB, findet man den folgenden Eintrag:

20 *Das Reich und die Kinder* [1/4]
(1) Thomasevangelium 22,1–2
(2) Markus 10,13–16 = Matthäus 19,13–15 = Lukas 18,15–17
(3) Matthäus 18,3
(4) Johannes 3,1–10

Den Gegenstand eines solchen Eintrags bezeichne ich als *Komplex*. Der hier angeführte Komplex hat vier Quellen, ist, wie die Zahlen in runden Klammern ausweisen, vierfach unabhängig bezeugt. Er besteht aus insgesamt sechs Zeugnissen. Doch untersuche ich hier weniger einzelne Zeugnisse als vielmehr Komplexe. Anstatt zu fragen, ob etwa Jesus gesagt hat, was Matthäus 18,3 schreibt, frage ich also, ob das Wesentliche der in diesem Komplex überlieferten Aussage auf Jesus zurückgeht, wenn auch einzelnes davon Ergebnis späterer Entwicklung und Neuschöpfung sein mag, hier also, ob Jesus, in welchen Worten auch immer, irgendeine Verbindung des Gottesreichs mit Kindern vorgenommen hat. Die Form, in der ich den Komplex katalogisiere und jedesmal, wenn ich auf ihn zu sprechen komme, zitiere, gibt Auskunft über die relative Autorität der Aussage, die er überliefert. Die vor den gewählten Titel des Komplexes gestellte Zahl – im betrachteten Fall 20 – nennt die Stelle des Komplexes in dem nach zeitlichen Schichten und Quantität der unabhängigen Zeugnisse geordneten Verzeichnis, das der Leser im Anhang I findet. Von den nachgestellten Zahlen, hier [1/4], verweist die vor dem Schrägstrich stehende Zahl auf die zeitliche Schicht, in welcher der Komplex bezeugt ist, die hinter dem Schrägstrich auf die Zahl der unabhängigen Zeugnisse für den

Komplex Gottesreich und Kinder. Ich gehe methodisch von der Annahme aus, daß, je niedriger die Zahl vor dem Schrägstrich und je höher die nach demselben ist, desto besser beglaubigt der derart ausgewiesene Komplex ist. Ob meiner Einschätzung nach ein bestimmter Komplex auf Jesus selbst zurückgeht oder nicht, verraten dem Leser die den Ordnungszahlen der Komplexe in meinem Verzeichnis nachgestellten Plus- oder Minuszeichen. Gewisse Komplexe, bei denen sich meines Erachtens die Frage, ob dieselben von Jesus selbst (+) oder nicht (−) gemacht worden sind, erübrigt, habe ich mit ± bezeichnet.

Daraus ist, wie ich hoffe, ersichtlich, daß meine Methode nicht bloß vorgeblich objektiv ist, denn bei dem geschilderten Verfahren verlangt fast jeder Schritt eine gewissenhafte und begründete Entscheidung. Es ist mir nicht um unerreichbare Objektivität zu tun, sondern um erreichbare Ehrlichkeit. Ich bitte also meine Kollegen, die Form des Verfahrens gelten zu lassen oder, wenn sie es ablehnen, durch eine bessere Methode zu ersetzen. Freilich garantiert eine Einigung über die Verfahrensweise noch keineswegs, daß bei gleichem Verfahren jeder zum gleichen Ergebnis gelangt. Ich weiß, daß man, auch wenn man dem von mir vorgeschlagenen Muster folgt, zu einer anderen Ordnung und Beurteilung der Texte als der von mir gefundenen gelangen und aus dieser Ordnung und Beurteilung ein anderes Bild Jesu gewinnen kann, als ich es hier gebe. Doch wäre nichtsdestoweniger zu wünschen, daß man zukünftig bei der Forschung über den historischen Jesus nach einer gemeinsamen Methode verführe, anstatt Ergebnisse zu präsentieren, die nur in Bausch und Bogen angenommen oder abgelehnt werden können.

Um dem Leser die Mühe zu erleichtern, dem Gang meiner Untersuchung Schritt für Schritt zu folgen, habe ich die wichtigsten Stellen der Primärliteratur, auf denen meine Schlußfolgerungen basieren, im Wortlaut zitiert, zumal oft der Vergleich des Wortlauts der Quellen erhellend ist. Bei Josephus zum Beispiel ist es erforderlich, die beiden gewöhnlich voneinander abweichenden Berichte zu zitieren, die er über fast jedes Ereignis der ersten drei Viertel des 1. Jahrhunderts verfaßt hat. Aus der Sekundärliteratur zitiere ich nur Autoren, denen ich verpflichtet bin und deren Lektüre ich meinen Lesern zur ferneren Beschäftigung mit den jeweils angesprochenen Problemen empfehlen möchte, keinen, dem ich etwa nur beweisen wollte, daß er irrt.

Und nun ein letztes Wort des Dankes. Es gilt dem Department of Religious Studies, dem College of Liberal Arts and Sciences und der Verwaltung der DePaul University, die mir im Wintersemester 1988/1989 den für die Arbeit an diesem Buch erbetenen Urlaub gewährte.

ERSTER TEIL

Das Reich der Mittler

«Dein Augenmerk, Römer, Deine Kunst sei, die Welt zu regieren, Friedensgesetze Völkern zu geben, Besiegte zu schonen, Stolze zu beugen.»

Vergil, *Aeneis* VI, 851–853 (Deutsch von Joseph Spitzenberger, 1796)

«Die Stadt Rom war niemals ein bedeutender Handelsplatz... Vielleicht hat in der Geschichte des Westens keine größere Stadt so wenig kommerzielles und ökonomisches Gewicht wie das antike, mittelalterliche und moderne Rom.»

William I. Davisson und James E. Harper, *European Economic History*, Bd. 1, 1972, S. 175

«Von dem Augenblick an, da Rom Hauptstadt eines Imperiums wurde, bis auf den heutigen Tag, war die Existenz der Stadt parasitär, lebte sie von Geschenken, Renten, Steuern, Tribut. Deswegen ist jedoch Rom nicht weniger, sondern nur auf andere Weise städtisch als Genua.»

Sir Moses Finley, *The Ancient Economy*, 1973, S. 125

«Rom versuchte nicht nur, die großen Menschenmengen, die die Stadt bevölkerten, zu verwalten, sondern überdies auch deren in anderer Hinsicht entarteten Massenkultur einen angemessen städtischen Rahmen zu bieten, der imperiale Herrlichkeit widerspiegeln sollte. Will man den Beitrag Roms zur städtischen Kultur untersuchen, muß man sich auf eine schwere Prüfung der eigenen Empfindsamkeit gefaßt machen: Um zu genießen, was da schätzenswert ist, muß man die Augen offen halten, aber des Gestanks wegen sollte man sich die Nase zuhalten, und wenn einen die Schreie der Angst und des Schreckens stören, am besten auch die Ohren. Vor allem aber muß man sein Herz auf Eis legen und jeder Regung der Zärtlichkeit und des Mitgefühls mit wahrhaft römischer Unerschütterlichkeit begegnen. In Rom ist alles größer als anderswo: Nicht zuletzt die Korruption und das Böse.»

Lewis Mumford, *The City in History*, 1961, S. 214

1. Damals und jetzt

«Die Stimmen, die aus dem Altertum zu uns sprechen, sind überwiegend die einer gebildeten Minderheit, Stimmen der Eliten. Die modernen Stimmen, die deren Erzählen fortsetzen, sind überwiegend diejenigen weißer, bürgerlicher, männlicher Bewohner Europas und Nordamerikas. Diese Männer können imperialistische, autoritäre Sklavenhaltergesellschaften rühmen, und sie tun das. Die Altertumswissenschaft wird oft fern der wirklichen Welt betrieben, hygienisch frei von Werturteilen – von den Werturteilen der stummen Massen, jener 95 Prozent, die wußten, wie es um sie bestellt war, die im dunklen bleiben und den Geschichtsschreibern unsichtbar.

Die Bauern sind kein Teil der alphabetischen Welt, die im Mittelpunkt der allermeisten Rekonstruktionen der alten Geschichte steht. Tatsächlich waren die Landleute, die *pagani*, nicht einmal Teil der Welt der armen, aber in Städten wohnenden Christen. Ihr Analphabetismus und Provinzialismus verbirgt sich fast gänzlich dem historischen Rückblick.»

Thomas F. Carney, *The Shape of the Past*, 1975, S. 231, Anmerkung 123

Das 1. Jahrhundert der christlichen Ära zu erkennen, wie es eigentlich gewesen ist, fällt uns aus mehreren Gründen schwer. Zunächst weil uns aus der Vergangenheit fast ausschließlich die Stimmen von Männern erreichen, die unter den Gesichtspunkten der Reichen und Mächtigen die Anschauungen einer gebildeten und kultivierten Minderheit überliefern. Diese bereits sehr verengten Anschauungen aber sind uns nur in einer Auswahl überliefert, die teils das Interesse der Herrschenden späterer Zeiten, teils aber auch der Zufall der Zeitläufte getroffen hat. Und die derart lückenhaften Zeugnisse der Vergangenheit werden dann stets von einer Gegenwart gewürdigt, die ihre eigenen Gesichtspunkte hat und, wie sehr sie auch gegen perspektivische Täuschungen auf der Hut sein mag, immer unbewußt geneigt ist, den eigenen Standpunkt zu verabsolutieren.

Was wir an demographischer Statistik für die Welt der Vergangenheit aufstellen können, soll uns deshalb nicht als Beweis für irgend etwas, sondern als Warnung vor übereilten Schlüssen dienen. Bruce Malina spricht von Klassen und Massen. «Die vorindustrielle Stadt hatte nur zehn Prozent der Gesamtbevölkerung unter direkter und unmittelbarer Kontrolle. Und von diesen zehn Prozent, aus denen die vorindustrielle Stadtbevölkerung bestand, machte die Elite oder Oberschicht vielleicht weniger als zwei Prozent aus» (1987, S. 72). Thomas Carney schreibt von Tod und Steuern. Vom Tod: «Wir sind an eine Gesellschaft gewöhnt, in der die Säuglingssterblichkeit sehr gering ist. Solange wir unter dreißig sind, liegt der Tod glücklicherweise unserer Erfahrung gewöhnlich ziemlich fern. Erst in den hohen Fünfzigern oder Sechzigern, wenn nicht später, fangen die Leute an, in größerer Zahl zu sterben. In der vorindustriellen Gesellschaft aber starb wahrscheinlich ein Drittel der lebend geborenen Kinder, ehe sie das sechste Lebensjahr vollendeten. Sechzig Prozent der lebend Geborenen wurden keine sechzehn Jahre alt, fünfundsiebzig nicht älter als sechsundzwanzig, neunzig starben vor ihrem sechsundvierzigsten Geburtstag. Sehr wenige, vielleicht nur drei von Hundert, wurden älter als sechzig» (S. 88). Von den Steuern: «Im allgemeinen wurden die Steuereinkünfte an die Verwaltungsbeamten verteilt, die meist ihren offiziellen Gewinn in großen Landgütern anlegten. Die Besteuerung war gewöhnlich rückwirkend ... Bestenfalls bewahrten die Verwalter die Steuerbasis, selten leisteten sie etwas zu deren Entwicklung, häufiger zerstörten sie sie ... Tatsächlich nahmen sie sich einen größeren Anteil als die Eliten in früheren, primitiveren Gesellschaften oder in den späteren industriellen» (S. 341).

Wie können wir also auch nur versuchen, uns das Gesicht eines Menschen vorzustellen, der vor ungefähr zweitausend Jahren als Kind armer Leute auf dem Lande geboren wurde, in Galiläa, als Jude, unter römischer Herrschaft? Einige Auskunft geben die vergleichenden Studien von Anthropologen und Soziologen. Manches kann man den Entdeckungen der Archäologen entnehmen. Endlich sind uns aber auch, hauptsächlich aus ägyptischen Archiven, Dokumente erhalten geblieben, in denen einfache Bauern ein individuelles Nachleben bewahren, das Leuten aus dieser Schicht gewöhnlich ihrer Armut und Schriftunkundigkeit wegen nicht vergönnt ist.

Ein freundliches Meer in feindlicher Landschaft

Drei knappe Urteile, scharf wie mediterrane Schatten: «Das Mittelmeer ist ein Paradoxon: Ein freundliches Meer, umgeben von feindlicher Landschaft», sagt Jane Schneider (S. 3). «Alle mediterranen Gesellschaften sind dem Meer zugewandt – und ihren Feinden und Kunden an dessen jenseitigem Ufer», findet Julian Pitt-Rivers (1977, S. IX). «Im Herzen der mediterranen Geschichte wirken diese Zwänge: die Armut, die Ungewißheit des morgigen Tages», diagnostiziert Fernand Braudel (Bd. 1, S. 224). Doch können wir von einer Sozial- und Kulturanthropologie des Mittelmeerraums nur unter Voraussetzungen sprechen, die wir nicht machen sollten, ohne uns ihrer Begründung sorgfältig zu vergewissern.

Zunächst muß die Existenz eines einheitlichen Mittelmeerraumes angenommen werden, dessen Bewohnern die anthropologische Untersuchung spezifisch mediterrane Eigenarten nachweisen könnte. John Davis sieht die Einheit der mittelmeerischen Kultur nur historisch, durch den Völkerverkehr hergestellt. Sein Buch *The People of the Mediterranean* beschreibt gleich zu Beginn diese Einheit als bestehend aus «jenen Institutionen, Sitten und Gebräuchen, die sich bei den sehr verschiedenen Völkern, welche rings um das Mittelmeer miteinander in Berührung gekommen sind, im vieltausendjährigen Umgang und Handel miteinander gebildet haben» (S. 13). Und auf dieses Urteil kommt er am Schluß zurück. «Jahrtausendelang haben die Völker am Mittelmeer einander nicht aus dem Wege gehen können. Sie haben erobert, kolonisiert, bekehrt. Sie haben Handel getrieben, einander verwaltet und untereinander geheiratet – die Berührungen waren dauerhaft und unvermeidlich» (S. 255).

In seiner Rezension von Davis' Werk hat Jeremy Boissevain eingewendet, daß die historische Einheit des Mittelmeerraums durch die tiefer liegende ökologische bedingt sei. «Das Mittelmeer ist mehr als nur ein Verkehrsraum, Gelegenheit zu Handelsbeziehungen und Eroberungen. Trotz seiner materialistischen Analyse des Ehrbegriffs hat Davis meines Erachtens die offenkundigsten materialistischen Parameter übersehen, die zusammen den spezifischen Charakter der Region bedingen: Das Meer, das Klima, die Bodenbeschaffenheit und die Produktionsweise ... Diese materialistischen Parameter in einen vergleichenden historischen Rahmen gestellt, bieten eine Basis, auf der verschiedene für die mediterranen Gesellschaften charakteristische Unterschiede und Ähnlichkeiten nutzbringend miteinander verglichen werden können ... Die Menschen des Mittelmeerraums haben sehr viel mehr getan als nur miteinander verkehrt und Handel getrieben ... Männer und Frauen rings um das Mittelmeer haben auch hart daran gearbeitet, ähnliche Probleme der Produktion unter vergleichbaren physischen Bedingungen zu lösen» (Boissevain et al., S. 83).

David Gilmore hat in einer erbetenen Erwiderung sowohl auf Davis' Buch als auch auf Boissevains Kritik dem letzteren vorgeworfen, es versäumt zu haben, aus Fernand Braudels groß angelegter und großartiger Untersuchung über das Mittelmeer und die mittelmeerische Welt im Zeitalter Philipps II. *(La Méditerranée et le Monde Méditerranéen à l'Èpoque de Philippe II),* deren ganzer erster Teil, ‹La part du milieu›, die ökologischen Bedingungen des Mittelmeerraums behandelt, die wichtigste Lehre zu ziehen. Braudel weise nämlich nach, daß der Mittelmeerraum nicht einfach ökologisch homogen ist, daß seine diesbezügliche Einheit vielmehr auf dem überall an den Ufern des Mittelmeers bestehenden landschaftlichen Gegensätzen zwischen schroffen Gebirgen und fruchtbaren Flußtälern beruht. Dieser allgegenwärtige Gegensatz zwischen unzugänglichen Gebirgen und landwirtschaftlich nutzbaren Tälern bestimme das Wesen der mediterranen Ökosysteme. Im ganzen Mittelmeerraum finde man in den Randgebirgen unabhängige, egalitäre Gemeinschaften von Bauern und Hirten, in den angrenzenden Ebenen aber etwas ganz anderes, das Latifundium, das große Gut, die für den Markt produzierende Landwirtschaft, – wo oft Tagelöhner unter harten Bedingungen tätig sind (Boissevain et al., S. 88).

In seinem Beitrag zur Diskussion der Thesen von Davis und Boissevain macht Thomas Crump auf einige weitere Bedingungen der behaupteten ökologischen Einheit des Mittelmeerraums aufmerksam. «Mit Recht verweist Boissevain auf die von Braudel erörterten geophysischen Faktoren, doch läßt er drei entscheidende soziokulturelle Faktoren außer acht, die der Region ihren besonderen Charakter geben. Der erste und vielleicht wichtigste von diesen ist, daß fast jedes Land im Mittelmeerraum irgendwann in der Vergangenheit – meist vor mehr als dreihundert Jahren – eine sehr viel größere Rolle gespielt hat, als es heute in Anspruch nehmen kann... Der zweite Faktor ist, daß die allgemeine hierarchische Struktur der mediterranen Gesellschaften ihre Basis immer in den Städten hatte... Der dritte Faktor ist, daß seit über 2000 Jahren jede mittelmeerische Gesellschaft von einiger Bedeutung über eine Schriftsprache verfügt» (Boissevain et al., S. 86).

Es scheint also, daß wir eine für den ganzen Mittelmeerraum charakteristische Gesellschaftsform postulieren können, die aufgrund der überall innerhalb dieses Raums ähnlichen geographischen und ökologischen Gegebenheiten und Bedingungen, durch die Vermittlung ähnlicher technischer Ausrüstung und Wirtschaftsformen, zu ähnlichen politischen Institutionen und einer, wenn auch von Ort zu Ort und von Zeit zu Zeit variablen, so dennoch unverkennbar gemeinsamen Kultur gelangt ist.

Den Nachweis dieser Gemeinsamkeit allerdings kann nur eine vergleichende Sozial- und Kulturanthropologie erbringen, der eine ins einzelne gehende Feldforschung, mit detaillierten Ethnographien etwa andalusischer Bauern, griechischer Hirten, bestimmter Berber- oder Beduinenstämme, das Vergleichsmaterial liefert.

Solche Ethnographien erhellen natürlich zunächst nur gegenwärtige Zustände. Bedeutende Anregungen zu kulturanthropologischen Forschungen im Mittelmeerraum gab nach dem Zweiten Weltkrieg der in Oxford lehrende Anthropologe E. E. Evans-Pritchard, der 1949 eine auch religionssoziologisch sehr interessante Monographie über die Senussi der Cyrenaika veröffentlichte. Julian Pitt-Rivers forschte in den

Jahren 1949 bis 1952 in der Sierra de Cádiz. Mittelpunkt seines Forschungsgebiets war das Dorf Grazalema, das er aus Gründen der Diskretion in dem Buch *The People of the Sierra*, in dem er 1954 das Ergebnis seiner Beobachtungen über die ‹Menschen des Gebirges› veröffentlichte, Alcalá nannte.

Nun wird man das Grazalema der fünfziger Jahre unseres Jahrhunderts nicht ohne weiteres mit, zum Beispiel, dem Nazaret der Antike vergleichen können, nur weil beide Bergdörfer im Mittelmeerraum liegen und eine Bevölkerung von etwa 2000 Einwohner haben. Ehe man solche Vergleiche über die Zeiten hinweg anstellen kann, müssen die Daten aus Andalusien mit zeitgenössischen Angaben über andere Orte im Mittelmeergebiet verglichen werden in dem Bemühen, Konstanten innerhalb des ganzen Gebiets zu erhalten, die bis in die Gegenwart reichen. Erst wenn solche Konstanten für die Gegenwart gesichert sind, wird man darangehen können, von der Gegenwart auf die Vergangenheit zu schließen.

In einem Bericht über den im Jahre 1982 neuesten Stand der Forschung zur Anthropologie des Mittelmeerraums hat David Gilmore als gegenwärtig nachweisbare kulturelle Konstanten im fraglichen Raum die folgenden genannt: «Eine starke Bevorzugung des städtischen Lebens; dementsprechende Geringschätzung des bäuerlichen Lebens und der Handarbeit; scharf ausgeprägte soziale, geographische und ökonomische Schichtung; politische Instabilität und schwache Staatlichkeit; ‹atomistisches› Gemeinschaftsgefühl; strenge Geschlechtertrennung; eine Neigung der einzelnen, sich auf den kleinstmöglichen Verwandtschaftsverband zu verlassen (Kernfamilien und Verwandte in gerader Linie); Tendenz zu wechselnden, rein individuell gewählten Koalitionen; ein Ehre- und Schandesyndrom, das sowohl die Geschlechtlichkeit als auch den persönlichen Ruf definiert.» Weiter findet Gilmore bei dieser Übersicht: «Der Lokalpatriotismus der meisten Dorfbewohner ist stark ausgeprägt, und Rivalitäten zwischen benachbarten Dörfern sind üblich ... Es gibt die Geselligkeit und gegenseitige Abhängigkeit im täglichen Leben, die für kleine, dicht bevölkerte Stadtviertel charakteristisch sind ... Man gibt einander spöttische Spitznamen ... Weitverbreitet ist der Glaube an den bösen Blick» (1982, S. 178–179). Später bezeichnet Gilmore diesen Glauben als «wahrscheinlich eine der wenigen wahren mediterranen Konstanten» und meint: «Er gehört sicherlich auch zu den ältesten kontinuierlich überlieferten religiösen Vorstellungen des Mittelmeerraums» (1982, S. 198). Im übrigen findet er, daß sowohl nördlich als auch südlich des Mittelmeers bei den Bewohnern seiner Küsten die institutionalisierte Religion eine große Rolle spielt und viel auf Priester, Heilige und Gottesmänner gegeben wird. Bezeichnend für die Gesellschaften des Mittelmeerraums ist desgleichen der nur bei vier Prozent der Weltkulturen übliche Brauch, den Töchtern eine Mitgift in die Ehe zu geben, sowie die Tatsache, daß auf der mikropolitischen Ebene die Macht nicht von Institutionen verwaltet wird, sondern Besitz von Personen ist, weshalb in diesem Bereich Beteiligung an der Macht in Klientenverhältnissen zu mächtigen Patronen gesucht wird (1982, S. 179).

Man kann nun allerdings versuchen, die derart skizzierte, allen Kulturen des Mittelmeers gegenwärtig gemeinsame Physiognomie auch bei den antiken Vorgängerinnen aufzuspüren. Dies bedeutet freilich, daß man die anthropologische Feldforschung an lebenden Personen notwendig mit der Arbeit an Texten in Bibliotheken vertauschen muß. Der Versuch, Beobachtungen moderner Anthropologen auf antike Zeugnisse zu übertragen, ist gleichwohl meines Wissens weitaus seltener durchgeführt worden als umgekehrt.

Die ätzende Kritik, mit der 1977 John Davis die seines Erachtens unseriöse Verwendung historischen Materials in einer Arbeit seines Fachgenossen Julian Pitt-Rivers über den mediterranen Ehrbegriff bedachte, macht die Gefahren sichtbar, in die man sich bei solchen interdisziplinären Streifzügen begibt. «Ein Kuddelmuddel... eine begriffliche Konfusion, die historische Ereignisse, Literatur von der Art, die Literaturkritiker interessiert, und Folklore zusammen nimmt, um damit zu veranschaulichen, was immer nun die allgemeine Struktur realiter sein mag», fand Davis in jener Arbeit (S. 253) und tadelte streng «die elegante Verwendung historischer und literarischer Quellen, was, in einer auf Zuverlässigkeit der Methoden bedachten Zeit» (wie mutmaßlich der gegenwärtigen) «einer sorgfältigen und kritischen Analyse der Denkungsarten bedürfte, die der Einführung entlegenen Materials zugrunde liegen» (S. 257). Andererseits warf Davis seinen Kollegen vor, die Geschichte nicht zur Kenntnis zu nehmen, und das zu tun, hatte sich schließlich Julian Pitt-Rivers zweifellos bemüht.

Bei einer im gleichen Jahr wie Davis' Attacke gegen seine «elegante Verwendung historischer und literarischer Quellen» veröffentlichten Arbeit über «Das Schicksal Sichems und die Politik der sexuellen Beziehungen» ist Pitt-Rivers unbeirrt noch entschiedener vom Jetzt auf das Damals zurückgegangen. Bei dieser Arbeit nämlich führten ihn seine Untersuchungen zur Definition einer spezifisch mediterranen Sexualität vom Ort seiner Feldforschung in der Sierra de Cadiz in die Vergangenheit zum schlimmen Schicksal jenes Sichem, welches man in Genesis 34 nachlesen kann. Er folgte dabei der Intuition, daß die Frage nach den Grenzen der Endogamie und der Exogamie an vielen Stellen des Buches Genesis aufscheine, daß viele von dessen Geschichten zu fragen schienen: «Wie eng verwandt muß man sein, um ein Volk zu bilden, und wie anders muß man sein, um einander heiraten zu können. Anderes Geschlecht? Andere Familie? Anderes Volk?» (1977, S. 154). Die Nomaden der Frühzeit beantworteten diese Fragen anders als später die seßhaft und politisch unabhängig gewordenen Söhne Jakobs in Sichem. In den Kapiteln 12, 20 und 26 der Genesis findet man berichtet, wie die Patriarchen Abraham und Isaak durchaus willens waren, ihre Frauen – als ihre angeblichen «Schwestern» – seßhaften Machthabern zu überlassen im Austausch für Aufenthaltserlaubnis und Weiderecht, «was eine bei vielen Nomadenvölkern übliche Form sexueller Gastfreundschaft ist, die ihnen dazu dient, Beziehungen zu seßhaften Völkern anzuknüpfen» (1977, S. 159). Jakobs Söhne vertreten dieser Liberalität ganz entgegengesetzte Prinzipien. Zwei bemerkenswerte Neuerungen gegenüber dem älteren Brauch enthält der Bericht in Genesis 34. Nicht nur überläßt man jetzt nicht mehr den Fremden in sexueller Gastfreundschaft die eigenen Frauen, man gibt diesen nicht einmal mehr die Töchter zur Ehe. Das ist eine Neuerung. Die andere ist, daß als die Hüter des neuen Prinzips die Männer der jungen Generation auftreten, nicht die Väter der Mädchen, sondern deren Brüder. Und so vernichten denn Simeon und Levi Sichem und seine Stadt, anstatt ihm ihre Schwester Dina zur Frau zu geben, obwohl Sichem eingewilligt hatte, sich und alles, was in seiner Stadt männlich war, zu beschneiden. Jakob tadelt die Söhne deswegen, aber sie behalten das letzte Wort: «Durfte er unsere Schwester wie eine Dirne behandeln?» (Genesis 34,31). Andererseits ist bemerkenswert, daß die Söhne Jakobs den mit der Schärfe des Schwerts erwürgten Sichemiten nicht nur allen sonstigen Besitz, sondern auch die Weiber nahmen (Genesis 34,29). So ist die hier befolgte Politik der sexuellen Beziehungen im Grunde die gleiche wie die in den Beispielen aus den Kapiteln 12, 20, 26 der Genesis. Die Überlegenen nehmen die Frauen der Unterlegenen, geben diesen aber die eigenen nicht zum Tausch. Was sich von Genesis 26 zu Genesis 34 geändert hat, ist die Rolle, die die jüdischen Patriarchen dabei spielen. War Isaak in Gerar dem Abimelech noch unterlegen, so konnten Simeon und Levi Sichem und dessen Vater Hamor ihre Überlegenheit beweisen.

Pitt-Rivers, der aufgrund vergleichender anthropologischer Untersuchungen diese Weigerung, Frauen auszutauschen, für einen besonderen Charakterzug aller Kulturen des Mittelmeerraums hält, meint deshalb, daß der Bericht in Genesis 34 «in der verhüllten Weise solcher Legenden eine Wahrheit über den Ursprung der mediterranen Zivilisation enthält» (1977, S. 171), und erklärt denn auch, daß das Schicksal Sichems nicht nur von «der sexuellen Revolution» künde, «aus welcher der mediterrane Ehrbegriff hervorging», sondern als «Ausgangspunkt der Geschichte der mediterranen Zivilisation überhaupt verstanden werden» könne (1977, S. 186).

Wie dem auch sei, sein Verfahren scheint legitim. Es scheint möglich und lehrreich, eine hypothetische mediterrane Konstante, wie die Politik der Geschlechtsehre, vergleichend nicht nur bei den verschiedenen gegenwärtigen Anrainern des Mittelmeers, sondern auch bei deren antiken Vorfahren – einerseits im täglichen Leben etwa eines andalusischen Dorfes also und andererseits in den Texten der Bibel – zu studieren. Und die Anthropologie kann uns bei dem Bemühen nützlich sein, uns das Leben der einfachen Leute vorzustellen, die vor langer Zeit ihre Welt erfüllten, aber in der Literatur kaum Spuren hinterlassen haben.

In den Augen der anderen

Die Grabschrift der Larcia Horaea, die Freigelassene einer anderen Freigelassenen und Gattin des Sohns ihrer vormaligen Besitzerin war und vor Ende des 1. Jahrhunderts der christlichen Ära starb, erklärt lapidar auch im übertragenen Sinn: «Mein letzter Tag hat sein Urteil gefällt; der Tod entriß mir die Seele, aber nicht die Ehre meines Lebens» (Lefkowitz und Fant, S. 135). Neuerdings liest man bei Jeremy Beckett die Überzeugung, daß vielleicht die Verfeinerung des Ehrbegriffs die bisher eindrucksvollste Leistung der mediterranen Anthropologie darstelle (Boissevain et al., S. 85). Nach drei Mittelmeerkonferenzen in den Jahren zwischen 1959 und 1963 gab 1965 John G. Peristiany eine Sammlung von Aufsätzen heraus, die unter dem Titel *Honour and Shame*, wie der Untertitel ‹The Values of Mediterranean Society› verrät, den Anspruch erheben, von den ‹Werten der mediterranen Gesellschaft› zu handeln. Die einzelnen Aufsätze berichteten größtenteils, bis auf eine literarische Untersuchung, von ethnographischer Feldforschung, und die Verfasser hatten den fraglichen Werten nachgespürt bei seßhaften Bauern, transhumanten Hirten und Wüstennomaden, an der nördlichen Mittelmeerküste entlang von Andalusien bis nach Griechenland und Zypern, und an der südlichen Küste von Algerien bis Ägypten, bei Christen und Muslimen also.

Was bedeuten Ehre und Schande für jene Anrainer des Mittelmeers, für die Ehre ein grundlegender Wert ist? Mit Hinsicht auf die «People of the Sierra» in Andalusien, deren Überzeugungen und Verhalten er in den frühen fünfziger Jahren studiert hat, sagt Julian Pitt-Rivers: «Ehre ist der Wert einer Person in ihren eigenen Augen, aber auch in den Augen ihrer Gesellschaft. Sie ist eines Mannes Einschätzung seiner eigenen Würdigkeit, sein Anspruch auf Stolz. Sie ist aber auch die Anerkennung dieses Anspruchs, seine ihm von der Gesellschaft bestätigte Vortrefflichkeit, sein Recht auf Stolz» (Peristiany, S. 21 = Pitt-Rivers, 1977, S. 1). Das ist deutlich, wenn auch sehr allgemein. Diese

Definition des Begriffs würde man sich wohl gefallen lassen, wo immer von Ehre die Rede ist.

In einem der anderen Aufsätze der genannten Sammlung findet man das Charakteristische des mediterranen Ehrbegriffs schärfer herausgearbeitet. Pierre Bourdieu, der dessen Geltung in den späten fünfziger Jahren bei den Berbern in der algerischen Kabylei beobachtet hat, sagt: «Die Ehre ist die Basis des Moralgesetzes eines Individuums, das sich selbst immer mit den Augen anderer sieht, das der anderen zu seiner Existenz bedarf, denn es hat ein Bild von sich selbst, das nicht unterscheidbar ist von dem, das er für andere abgibt... Achtbarkeit, das Gegenteil von Schändlichkeit, ist die Eigentümlichkeit einer Person, die andere Leute benötigt, um die eigene Identität zu erfassen und deren Bewußtsein eine Art von Verinnerlichung der anderen ist, da diese für ihn die Rolle der Zeugen und Richter spielen... Wer die Ehre verloren hat, existiert nicht mehr. Er hört auf, für andere zu existieren und hört zugleich damit auch für sich selbst zu existieren auf» (Peristiany, S. 211–212). Und obwohl natürlich die Bedingungen von Ehre und Schande für Männer und Frauen verschieden sind, gilt das Gesagte innerhalb der untersuchten Gesellschaften für Frauen ebensowohl wie für Männer.

In seiner Einleitung zu der hier besprochenen Sammlung versucht der Herausgeber, eine vom ethnographischen Detail abstrahierte allgemeine Hypothese über Gruppen und Gesellschaften zu geben, für die Ehre und Schande moralische Begriffe sind. Dabei macht er die folgende, höchst bemerkenswerte Beobachtung: «Es ist unmöglich über Ehre und Schande bei diesen sechs mediterranen Gesellschaften zu lesen», sagt er, «ohne des öfteren in Gedanken abzuschweifen und unwillkürliche Vergleiche anzustellen mit ritterlichen *gesta*, mit Jugendbanden und dergleichen. Was ist diesen Gruppen gemeinsam? Das scheint mir der springende Punkt des Problems zu sein.» Er beantwortet die aufgeworfene Frage wie folgt: «Die hier gesammelten Aufsätze gestatten vielleicht eine vorläufige, probeweise erstellte Antwort. Ehre und Schande sind ständiger Gegenstand der Sorge von Individuen in kleinen exklusiven Gesellschaften, in denen der persönliche Verkehr von Angesicht zu Angesicht gegenüber dem anonymen weit überwiegt und wo die soziale Persönlichkeit des Handelnden so bedeutsam ist wie sein Amt. Innerhalb der kleinsten Solidaritätsgruppen dieser Gesellschaften, gleichviel ob es sich dabei um kleine oder große Familien oder Sippen handelt, sind die Tätigkeitsbereiche klar definiert, überlappen nicht und provozieren keine Konkurrenz. Doch außerhalb dieser Gruppen verhält es sich umgekehrt. Dort kann das Individuum seiner Ehre nie vollkommen gewiß sein... In dieser unsicheren Welt, wo jeder gegen jeden steht und nichts auf guten Glauben angenommen werden kann, ist das Individuum ständig gezwungen, sich zu beweisen und durchzusetzen. Ob als Vertreter seiner Gruppe oder im Verfolg seiner ganz eigenen individualistischen Interessen steht jeder dauernd in der Öffentlichkeit, muß ständig um die öffentliche Meinung von seinesgleichen bemüht sein, um von diesen für würdig gehalten zu werden.» (S. 11).

Diese Hypothese aber soll, wie Peristiany eingangs ausdrücklich gesagt hat, den Ehrbegriff nicht nur mittelmeerischer Nomaden, Hirten und Bauern, sondern ebenso der Ritter aus König Artus' Tafelrunde und moderner Jugendbanden erklären.

Und gerade diese allgemeine Anwendbarkeit scheint mir eine Schwäche des Erklärungsversuchs von Peristiany zu sein. Denn wie kann ein so allgemein menschliches Verhalten als eigentümlich gerade für die Kultur der Völker des Mittelmeerraums angesehen werden? Das Eigentümliche gerade des mediterranen Ehrbegriffs scheint mir David Gilmore in der Einleitung zu der 1987 von ihm herausgegebenen Aufsatzsammlung zu eben diesem Thema, das schon mehr als zwanzig Jahre früher Peristianys Autoren beschäftigte (*Honor and Shame and the Unity of the Mediterranean*, «Ehre und Schande und die Einheit des Mittelmeerraums»), genauer getroffen zu haben: «Mediterrane Ehre», heißt es da, «ist libidinös besetzter guter Ruf; und es ist dieser erotisierte Aspekt der Ehre, der freilich für die, die sie suchen, nur implizit und unbewußt vorhanden sein mag, an dem der Beobachter die regionale Eigentümlichkeit erkennen mag.» Wie seine Autoren meint auch Gilmore, daß jener Ehrbegriff zu den Konstanten gehört, die die «Einheit des Mittelmeers» konstituieren. «Die mediterrane Einheit beruht mindestens teilweise auf den Ur-Werten von Ehre und Schande, und diese Werte sind zutiefst verbunden mit Sexualität und Macht, mit Beziehungen nur unter Männern, aber auch zwischen den Geschlechtern.»

Deshalb erklärt er: «Wenn ein geschlechterbezogenes Ehre- und Schande-Moralsystem eine mediterrane Welt definiert, dann hat man es bei dieser Kategorie nicht einfach mit einem Fall von Schmetterlingssammeln zu tun, sondern mit einem gegenseitig intelligiblen Rahmenwerk moralischer Alternativen, durch das die Menschen miteinander kommunizieren und sich einer Identität sowohl mit der Gruppe als auch innerhalb derselben vergewissern» (1987, S. 3, 16, 17). Wie Gilmore bestimmt auch im letzten Aufsatz der Sammlung Stanley Brandes das Eigentümliche des mittelmeerischen Ehrbegriffs: «Was die mediterranen Wertsysteme, die mediterranen Begriffe von Ehre und Schande vorzüglich auszeichnet, ist deren starke Bezogenheit auf die Sexualität. Das unterscheidet sie von den vergleichbaren Begriffen anderer Völker» (etwa der Japaner) (Gilmore, 1987, S. 125).

In seiner 1977 veröffentlichten Übersicht über die Anthropologie des Mittelmeerraums, wie sie sich damals darstellte, behauptet John Davis: «Drei Hauptformen der Schichtung sind im Mittelmeerraum zu beobachten: Bürokratie, Klasse, Ehre. Jede von diesen ist mehr oder weniger direkt auf die Verteilung des Reichtums bezogen. Es handelt sich bei diesen Formen um Idealtypen zum Zwecke der Analyse. In der politischen Wirklichkeit sind sie miteinander verquickt und von wechselnder Wichtigkeit. Diesen Formen der Schichtung entsprechen angemessene Arten der politischen Repräsentation, die man allerdings, da auch sie in dem Durcheinander des wirklichen politischen Lebens nur selten rein vorkommen, gleichfalls nur idealtypisch isolieren kann: das Beharren auf Bürgerrechten, Klassenkampf, das Patronat» (S. 76).

Anschaulich dargestellt findet man die von Davis katalogisierten drei Systeme der Schichtung in Peristianys Bericht über seine Forschungen in dem griechischen Bergdorf Alona auf Zypern Mitte der fünfziger Jahre. Wenn ein Bewohner dieses Dorfes mit einem Beamten der Regierung zu tun hat, zeigt sich: «Im unpersönlichen Verkehr zwischen dem Bürger und dem Beamten beanspruchen den *philotimo* (Ehrgeiz) des letzteren einzig dessen eigene amtliche Interessen, und diese verlangen die Betonung der Würde des Amts und das Beharren auf dem sozialen Abstand des Beamten vom Bürger» (Peristiany, 1965, S. 178). Daß andererseits Reichtum Anspruch auf hohen Rang verleiht, liegt auf der Hand. Wenn etwa ein Auswanderer, der es in der Stadt zu etwas gebracht hatte, ins Dorf zurückkehrte, beobachtete Peristiany, daß der Betreffende erwartete, durch diesen Erfolg sein Ansehen im Dorf gesichert zu haben, ja, daß sein finanzieller Erfolg ihn über die Grade der dörflichen Hierarchie stellte (S. 178). Dennoch, fand Peristiany, ließen sich die Dörfler bei der Einordnung der Individuen in die Hierarchie von Ehre und Schande durch deren Stellung in der Hierarchie der Ämter oder des Reichtums nie irre machen. Abschließend vergleicht Peristiany Ehre und Ehrlichkeit. «Die Sorge um die Ehre bezieht sich auf das Gesetz einer exklusiven und agonistischen Mikrosozietät, das Bemühen um Ehrlichkeit erfüllt den Anspruch einer inklusiven, egalitären Makrosozietät. Verpflichtet ist man im ersten Fall denen, mit denen man die Ehre teilt. Im zweiten Fall, mit Hinsicht auf die ungriechische Gesellschaft im großen Ganzen, ist man allen Mitbürgern, ja sogar allen Menschen verpflichtet... Die Ehre ist aktiv. Die Ungewißheit ihres Besitzes und mithin die Notwendigkeit, sich dieses Besitzes immer neu zu vergewissern, provoziert Taten, mitunter Heldentaten. Die Ideale der Ehrlichkeit und Gleichheit fördern eine passive Anpassung und entsprechen eher einer Pflichtauffassung, die vom einzelnen zwar Rücksicht auf vieles, aber nicht allzuviel erwartet» (S. 189–190).

Vergleicht man die auf Begriffen von Ehre und Schande beruhende soziale Schichtung mit Schichtungen, die entweder einer Hierarchie von Ämtern oder einer Staffelung des Einkommens und Besitzes entsprechen, erhebt sich die Frage, wozu die erste dient. Weshalb existiert neben den relativ objektiv begründeten Systemen, die nach dem Maß der Kontrolle von Gütern und Dienstleistungen klassifizieren, noch dieses subjektive oder besser intersubjektive des Ansehens, der Ehre oder Schande?

In einem faszinierenden Aufsatz über «Wachsamkeit und Jungfräulichkeit: Ehre, Schande und Zugang zu Wirtschaftsquellen» hat 1971 Jane Schneider eine Antwort auf diese Frage versucht. Sie führt die bei Mittelmeervölkern so verbreitete Sorge um die Ehre auf die ökologischen Gegebenheiten dieses Wirtschaftsraums zurück. «Anders als in Mittelasien stand im Mittelmeerraum die Weidewirtschaft schon Jahrhunderte vor der industriellen Revolution in Konkurrenz zum Ackerbau, der ihr in zunehmendem Maße den Boden streitig machte. Da Schiffstransport leicht zu bewerkstelligen war, wurden auch trockene und gebirgige Gebiete in großem Stil landwirtschaftlich genutzt, die unter anderen Umständen den Hirten als Weideland zur Verfügung gestanden und höchstens einzelne, verstreute autochthone bäuerliche Gemeinden ernährt hätten. Insbesondere am weniger trockenen europäischen Ufer des Meeres produzierten Landbesitzer auf großen Flächen Weizen für die Ausfuhr nur wegen der Leichtigkeit, mit der man ihn verschiffen konnte... So konkurrierten auf weiten Strecken im Mittelmeerraum Weidewirtschaft und Ackerbau lange um die gleichen Ressourcen, auf eine Weise, welche die beiden Wirtschaftsformen entsprechenden Gemeinschaftstypen fragmentierte und die Grenze zwischen ihnen verwischte. Da ein ordnend eingreifender Staat fehlte, entwickelten die Hirtengemeinschaften und die Gemeinschaften der unter den Hirten ansässigen Ackerbauern ihre eigenen Mittel der sozialen Kontrolle – die Gesetze von Ehre und Schande –, die auf die heftigen Konflikte antworteten, die äußerer Druck innerhalb und zwischen den Gemeinschaften hervorrief» (S. 3). Die harte Ideologie von Ehre und Schande entspräche demnach also harten ökologischen Voraussetzungen, wo beschränkte und unstabile natürliche Ressourcen nur beschränkte und unstabile soziale Einheiten bestehen lassen. Über Hirtengesellschaften – gleichviel, ob diese auf großen Gebieten nomadisieren oder zwischen zwei bestimmten Zonen Transhumanz treiben – waltet, was man ‹Schneiders Gesetz› nennen möchte. «Je verwundbarer und bedrängter eine pastorale Gesellschaft ist, desto kleiner und voneinander unabhängiger sind deren wirtschaftliche Grundeinheiten» (S. 6). Denn, sagt Jane Schneider, bedenkt man die Schwierigkeiten, mit denen Hirtengesellschaften im Mittelmeerraum zu kämpfen hatten – extreme Temperaturen, Stürme, Dürre, Unsicherheit der Wanderwege, Bedrohung durch Räuber und Raubtiere –, wird man gerne zugeben, daß, wer unter diesen Schwierigkeiten überleben wollte, egoistisch sein mußte ... weshalb denn auch bei den Hirten des Mittelmeerraums Selbstsucht als Tugend gefeiert wurde» (S. 5).

Als ich die Beschreibungen der von Ehre und Schande regierten Gesellschaften in Peristianys Sammlung zum ersten Mal las, fragte ich mich, weshalb wohl irgendeine menschliche Gruppe sich ein derartiges Gesetz gefallen ließe, das nur ständige Instabilität, Unsicherheit, Spannung und Streitsucht zu garantieren schien. Aber man muß, um es recht zu verstehen, bei der Beurteilung des Verhältnisses zwischen dem Gesetz und der scheinbar von diesem regierten Realität wohl umgekehrt von der Realität ausgehen, wie dies Jane Schneider tut, wenn sie darauf hinweist, daß, «je schwieriger es ist, große Strecken Weideland und ausreichende Wasserversorgung zu finden, und dementsprechend auch schwieriger, zu wissen, wo man sich in Zukunft hinwenden wird, desto schwieriger ist es auch, irgendeine über den Familienverband hinausgehende Organisation aufrechtzuerhalten» (S. 6). Das Wirken dessen, was ich als ‹Schneiders Gesetz› bezeichnet habe, daß nämlich bei zunehmendem äußeren Druck auf die pastorale Gesellschaftsform deren innere Organisation notwendig abnimmt, zeigt sich im Vergleich unter den uns bekannten verschiedenen Hirtenvölkern. «Man kann sich eine Skala vorstellen, die das vorherrschend die Weidewirtschaft praktizierende Mittelasien über das Mittelmeer mit dem vorherrschend Ackerbau treibenden westlichen Europa umfaßt. Von den Pferde züchtenden und Kamele reitenden Nomaden Asiens käme man auf dieser Skala zu den Kamele züchtenden und Pferde reitenden Nomaden des Nahen Ostens, und über die transhumanten Schaf- und Geißhirten Nordafrikas und Osteuropas endlich nach Italien und Spanien zu den Schäfern und Ziegenhirten einerseits und den Eigentümern großer Herden andererseits (die im Gegensatz zu Schäfern und Ziegenhirten zwar hohen sozialen Status genießen, aber nicht eigentlich Angehörige einer pastoralen Gesellschaft, sondern nur Spezialisten innerhalb einer Agrargesellschaft sind). Untersucht man aber die soziale Organisation der auf dieser Skala angeordneten pastoralen Gesellschaften, findet man, daß deren Komplexität abnimmt in dem Maße, in dem das Übergewicht der agrarischen Gesellschaften in ihrem Lebensraum zunimmt» (S. 7).

Die daraus resultierende Abkapselung kleiner Familienverbände bringt aber ein unvermeidliches Problem mit sich. Zwar kann man sich nämlich vorstellen, daß eine einzelne große Kernfamilie, auf sich selbst gestellt, imstande sein möchte, ihre Herden zusammenzuhalten und ihr Recht auf das für ihre Zwecke hinreichende Weideland zu behaupten – insofern also fähig wäre, sich selbst zu genügen –, doch bliebe sie nichtsdestoweniger auf andere angewiesen zur Sicherung ihrer Fortpflanzung. Denn Frauen für ihre Söhne und Männer für ihre Töchter muß sie wohl oder übel außerhalb von sich selbst suchen.

Inwiefern tangiert dieses Problem das diesen Leuten so teure Problem der Ehre? «Als politisches Phänomen kann Ehre mit jeder menschlichen Gruppe, von der Kernfamilie bis zum Nationalstaat, verknüpft sein. Das Problem der Ehre wird dringlich, wenn die Gruppe durch die Konkurrenz äquivalenter Gruppen bedroht ist. Am dringlichsten stellt es sich, wenn kleine partikularistische Gruppen – wie Familien, Sippen oder Banden – die wichtigsten Machteinheiten bilden und auf den Territorien, die sie kontrollieren, mehr oder weniger vorherrschend sind. Die Sorge um die Ehre wächst auch, wenn umstrittene Ressourcen zur Umverteilung anstehen, ohne daß vorher dafür Modalitäten festgelegt wären, oder wenn kein dauerhaftes Recht gewisser Machteinheiten auf bestimmte, genau begrenzte Erbteile besteht, das heißt, wenn die Grenzen zur Disposition stehen. Endlich wächst die Besorgnis um die Ehre, wenn die Definition der Gruppe problematisch wird, wenn es schwierig wird, die sozialen Abgrenzungen aufrechtzuerhalten und die Loyalitäten im Inneren fragwürdig werden. Schande, das Gegenteil von Ehre, wird insbesondere gefürchtet, wenn zu den umstrittenen Ressourcen Frauen gehören und das Betragen der Frauen die Ehre sozialer Gruppen verbürgt. Wie alle Ideologien ergänzen auch Ehre und Schande die institutionellen Einrichtungen zur Verteilung der Macht und der Herstellung von Ordnung in der Gesellschaft» (S. 2).

Eine Familie oder Gruppe kann ihre Geschäfte sehr wohl unter der Voraussetzung *homo homini lupus* betreiben und sich den Nachbarn gegenüber benehmen, als hätten sie es mit Wölfen zu tun. Was aber, wenn Ehepartner benötigt werden? Wenn zum Beispiel nur zwei Kernfamilien die ganze Welt für sich hätten, könnten sie miteinander nach Herzenslust und um alles, was etwa ihre Herzen begehrten, konkurrieren, außer um Ehepartner. Über diesen Austausch müßten sie sich ins Einvernehmen setzen.

Ich nehme freilich an, daß auch zum Austausch von Ehepartnern ein nonkooperatives System denkbar wäre. Von den Hirtenvölkern und pastoralen Gesellschaften des Mittelmeerraums sagt Jane Schneider, Frauen seien bei ihnen «umstrittene Ressourcen, ganz wie Schafe», und an anderer Stelle sagt sie, daß «Frauen bei diesen Leuten umstrittene Ressourcen, ganz wie Weiden und Wasserstellen», seien, «in solchem Maße, daß Entführungen, Fluchten, Frauenraub, zumindest in der Vergangenheit, häufig vorgekommen zu sein scheinen» (S. 20, 18). Doch ist das ein kaum befriedigendes System und eine kaum befriedigende Erklärung, denn Frauen, selbst wenn man sie als umkämpfte Ressource oder Wirtschaftsquelle nehmen will, sind doch eine sehr besondere und sogar einzigartige Wirtschaftsquelle. Die Zukunft der Familie wird schließlich von der Individualität der Gattin des Sohnes bestimmt, wohl kaum aber von der Eigenart eines Schafs, eines Brunnens oder einer Weide. Man bedarf daher der Mittel und Wege nicht nur, um sich dieses Gut zu verschaffen, sondern auch sich der Qualität desselben zu vergewissern. Daher die fast mythologische Wichtigkeit der Jungfräulichkeit im mediterranen Ehrenkodex. Nach Jane Schneiders Auffassung dient die hohe Wertschätzung der Jungfräulichkeit dem Abbau von Spannungen innerhalb der Familie zwischen Brüdern, sogar zwischen Söhnen und Vätern, denn die gemeinsame Sorge um die Reinheit ihrer Frauen wirkt einigend. Doch erschöpft sich darin die Nützlichkeit der bewußt hohen Wertschätzung zweifellos nicht. Die Jungfräulichkeit ist das lebende Symbol und inkarnierte Emblem der abgekapselten Kampfbereitschaft der Gruppe. Es ist unter diesen Umständen leicht, die Bedeutung der jungfräulichen Maria zu verstehen. Sie ist genau, was man sich wünscht, aber nicht haben kann: Mutterschaft ohne Verlust der Jungfräulichkeit, Nachkommen ohne die Notwendigkeit geschlechtlicher Beziehungen und daher Konkurrenz um Ressourcen ohne die Notwendigkeit der Kooperation zur Erlangung der wichtigsten von allen. Was man aber statt dessen hat, beschreibt Julian Pitt-Rivers so: «Wenn es heißt: Wir führen Krieg mit den Leuten, die unsere Töchter und deren Töchter wir heiraten, bedeutet das, daß wir, als Individuen, unsere Töchter Angehörigen der Gruppe zu Frauen geben, mit denen wir, als Kollektiv, in Konfliktbeziehungen stehen. Die beiden Beziehungstypen, kollektive Feindlichkeit und Affinität durch Eheverbindungen, sind die gegensätzlichen Aspekte einer Ambivalenz, und der zweite disqualifiziert den ersten, insofern er ihn um der langfristigen Interessen der Abkömmlinge aus diesen Mischehen willen in seiner Wirksamkeit begrenzt» (1977, S. 123).

Ehre und Schande können also als Ideologie kleiner, abgesonderter und unstabiler Gruppen definiert werden, die untereinander ständig um lebensnotwendige Ressourcen konkurrieren, ohne daß sich eine von ihnen die umstrittenen Ressourcen dauerhaft sichern könnte, die aber, wenn auch nur widerwillig genötigt, miteinander kooperieren zur Erlangung der wertvollsten aller Ressourcen, heiratsfähiger Frauen.

Kann denn aus Nazaret etwas Gutes kommen?

Man vergleiche die Auskünfte über Nazaret, die man in der Literatur findet, mit dem, was die Funde der Archäologen über den Ort verraten. Von den christlichen Quellen absehend, referiert Jack Finegan das Zeugnis der Literatur: «Josua 19,10–15 gibt eine Liste der Städte des Stammes Sebulon, in welcher Nazaret aber nicht erscheint. Josephus, der während des jüdischen Krieges für militärische Operationen in dieser Gegend verantwortlich war ... nennt die Namen von 45 galiläischen Städten, aber Nazaret erwähnt auch er nicht. Auch im Talmud, der 63 galiläische Städte erwähnt, sucht man diesen Namen vergeblich» (S. 27). Aus jüdischen literarischen Texten ist mithin über eine Zeitspanne von fast anderthalb Jahrtausenden nichts zu erfahren.

Die erste Erwähnung des Namens Nazaret in einem nichtchristlichen Text hat man in Cäsarea im August 1962 ausgegraben. Man fand sie im Fragment einer Inschrift auf einem Stück dunkelgrauen Marmors. Die Inschrift ist um die Wende vom 3. zum 4. Jahrhundert der christlichen Ära in den Stein gemeißelt worden. Es hat damit die folgende Bewandtnis: Im Jahre 70 n. Chr., während des ersten römisch-jüdischen Krieges, wurde von dem zukünftigen Kaiser Titus der Tempel in Jerusalem vollkommen zerstört, und am Ende des dritten römisch-jüdischen Krieges im Jahre 135 wurden die geschlagenen Juden aus dem Gebiet von Jerusalem, das von Kaiser Hadrian in Aelia Capitolina umbenannt wurde, verbannt. Die überlebenden Priester, von altersher in vierundzwanzig Gruppen eingeteilt, die einander in geregelter Folge wöchentlich beim Tempeldienst ablösten, wurden schließlich in verschiedenen Städten und Dörfern Galiläas angesiedelt. Eine Liste der inzwischen traditionellen Aufenthaltsorte dieser verschiedenen Abteilungen der Tempelpriesterschaft meißelte man in die Wand der um das Jahr 300 erbauten Synagoge von Cäsarea. Aus dieser Liste stammt das oben erwähnte Fragment. Es heißt darin: «Die achtzehnte Staffel der Priester (mit Namen) Hapizzez (erhielt als Aufenthaltsort) Nazaret.» Sowohl die Zuweisung der Tempelpriesterschaft an die verschiedenen Gemeinden als auch die Inschrift in der Synagoge dienten zweifellos dem Zweck, das Andenken des zweiten Tempels und die Erwartung des zukünftigen dritten wachzuhalten (Vardaman; Avi-Yonah). Doch die Archäologen haben von dem alten Nazaret mehr zutage gefördert als diese späte Erwähnung des Städtchens in einem nichtchristlichen Text.

In den Jahren 1955 bis 1960 hat Bellarmino Bagatti O. F. M. in Nazaret unter der zerstörten älteren Kirche der Verkündigung und auf dem ebenfalls im Besitz seines Ordens befindlichen nach Nordosten zur St.-Josephs-Kirche hin gelegenen Gelände Grabungen durchgeführt. Zusammenfassend sagt er über seine Entdeckungen: «In chronologischer Folge haben wir: Gräber der mittleren Bronzezeit (um 2000–1500 v. Chr.); Silos mit Keramik der mittleren Eisenzeit (um 900–539 v. Chr.); und dann, in ununterbrochener Folge, Keramik und Bauten von der hellenistischen Periode (um 332–63 v. Chr.) bis in die Neuzeit» (Bagatti, Bd. 1, S. 29–32). Die Zeugnisse aus vorhellenistischer Zeit waren allerdings vergleichsweise dürftig. Größere Reste gab es erst von einer Siedlung des 2. vorchristlichen Jahrhunderts, was darauf hinzuweisen scheint, daß in jener Zeit das Dorf neu begründet wurde. Demnach wäre Nazaret – seit dieser Wiedergründung ununterbrochen bewohnt – im 1. Jahrhundert der christlichen Ära knapp zweihundert Jahre alt gewesen (Meyers und Strange, S. 57; 184, Anm. 36). Die Wiedergründung von Nazaret wird im Zuge der Expansion erfolgt sein, die spät im 2. vorchristlichen Jahrhundert, nach der Eroberung der griechischen Stadt Samaria, die den Zugang zur Ebene von Jesreel und nach Galiläa kontrolliert hatte, die Hasmonäer von Jerusalem aus betrieben.

Die von Bagatti und anderen Forschern vor ihm entdeckten Gräber werden alle außerhalb des Dorfes angelegt gewesen sein, und die Fundorte markieren in etwa dessen Umfang für uns. Die von Bagatti (Bd. 1, S. 29) und Finegan (S. 27) veröffentlichten Pläne geben zu erkennen, wie klein dieser war und daß die Grabungen Bagattis den Ortskern des alten Nazaret erfaßt haben müssen. Die überwiegende Mehrzahl der Gräber sind Kammern, in deren Wände horizontale Schächte gehöhlt sind; die Toten wurden mit dem Kopf voran in diese Schächte geschoben. Solche Schacht- oder Nischengräber werden lateinisch als *loculi-*, hebräisch als *kokim*-Gräber bezeichnet. Eins dieser Gräber in der Nekropole von Nazaret wies zu beiden Seiten der Grabkammer je sechs derartige Schächte auf und einen dreizehnten an der rückwärtigen Wand. Bei seiner Entdeckung 1923 fand man darin Geräte, die bewiesen, daß das Grab während der ersten fünfhundert Jahre der christlichen Ära kontinuierlich in Gebrauch war und daß also das Dorf, obwohl es unter dem Krieg des Jahres 70 litt, niemals verlassen wurde (Bagatti, Bd. 1, S. 237). Die Form der Grabanlage ist bemerkenswert, weil, wie Jack Finegan feststellt, seit etwa dem Jahre 200 v. Chr. die Juden sich daran gewöhnten, ihre Toten fast ausschließlich in solchen Schachtgräbern zu bestatten, so daß man den Typus des *kokim*-Grabes als die sozusagen kanonische Form der jüdischen Familienbegräbnisstätte ansehen kann (S. 28, 185). Mithin verrät uns diese Entdeckung der Archäologen, daß Nazaret in römischer Zeit ein jüdisches Dorf gewesen war.

Innerhalb des antiken Ortskerns fand Bagatti auch viele Grotten und Zisternen, Ölpressen und Ölkrüge, Mühlsteine und Getreidesilos. Daraus ist zu schließen, daß Nazaret vorwiegend von der Landwirtschaft lebte. Funde, die darauf hingewiesen hätten, daß der Ort ehemals reich war, gab es nicht (Meyers und Strange, S. 56).

Es bedarf freilich zur Charakteristik dieses jüdischen Dorfs unter römischer Herrschaft noch einiger näherer Bestimmungen. Nazaret liegt am südlichen Rand Untergaliläas. Die Höhenzüge Untergaliläas mit Erhebungen bis zu etwa 500 Meter verlaufen in ostwestlicher Richtung und teilen das Land in drei von Süden nach Norden ansteigende Staffeln. Aber das viel höhere Gebirge Obergaliläas, dessen höchster Berg 1200 Meter mißt, isoliert dieses Gebiet, während das Bergland Untergaliläas vergleichsweise leicht zugänglich ist (Freyne, 1980a, S. XVI, 9–16). «Man kann sich deshalb fragen», meint Eric Meyers, «ob die schlechte Meinung der späteren Weisen über die Bewohner Galiläas im 1. Jahrhundert ebenso wie einige diesbezügliche Gemeinplätze des Neuen Testaments sich nicht eher auf die der hellenistischen Kultur angepaßtere Bevölkerung des südlichen Berglands bezogen als auf die mutmaßlich dem Judentum treueren Bauern Obergaliläas» (1975–1976, S. 97; siehe auch 1979, S. 689–699). Der Höhenzug, auf dem das alte Nazaret etwas über 400 Meter hoch gelegen war, ist zudem der südlichste und liegt der Jesreel-Ebene am nächsten. Weiter nördlich allerdings findet man die Dörfer meist an den Abhängen nur wenig über der Talsohle erbaut, das alte Nazaret dagegen stand fast auf dem Kamm der ersten Hügelkette Galiläas. Die Gründer des Dorfs konnten dort bauen, weil des weicheren und poröseren Steins dieser Hügel wegen dort schon wenig unter der Kammhöhe Quellen entspringen (Freyne, 1980a, S. 11). Aufgrund dieser Höhenlage kann man also trotz der leichten Zugänglichkeit des Orts von einer gewissen Abgeschiedenheit Nazarets sprechen.

Ian Hopkins, der die politische Geographie des römischen Palästina untersucht hat, findet, daß dort im Umkreis jeder größeren Stadt eine Anzahl kleinerer Städte lagen, die ihrerseits Hauptorte waren, deren jeder seinerseits von Dörfern umgeben war. Dieses Siedlungsmuster entsprach den Bedürfnissen des Handels und der Verwaltung (S. 19). In Untergaliläa stand als größere Stadt an der Spitze einer solchen Hierarchie Bethsean – Scythopolis –, zu der als kleinere Städte Sepphoris und Tiberias, als Marktflecken Kafarnaum und Magdala – Taricheä – gehörten. Nazaret, ein Dorf, lag indessen der Stadt Sepphoris näher als einem dieser Marktflecken.

Aulus Gabinius, der von 57 bis 55 v. Chr. Prokonsul von Syrien war, gliederte Palästina in fünf Verwaltungsbezirke und bestimmte Sepphoris zur Hauptstadt des galiläischen Bezirks, womit er vermutlich der seinerzeit bereits gegebenen Bedeutung der Stadt Rechnung trug. Im Jahre 4 v. Chr., während der Aufstände nach dem Tode Herodes des Großen, war Sepphoris offensichtlich die Hochburg der Rebellen in Untergaliläa. Judas, der Sohn des Ezekias, bemächtigte sich dort des königlichen Zeughauses, und zur Strafe ließ der damalige Landpfleger von Syrien, Quinctilius Varus, die Stadt zerstören und die Bewohner in die Sklaverei verkaufen. Als im Jahre 3 v. Chr. Herodes Antipas Galiläa und Peräa als sein Erbteil empfing, befestigte er «Sepphoris, die Zierde von Galiläa» (wie man in Josephus' *Jüdischen Altertümern* 18,2 berichtet findet) «und weihte die Stadt dem Caesar». Sie scheint seine Hauptstadt gewesen zu sein, bis er, mutmaßlich zwischen 17 und 20 n. Chr., am Westufer des Sees Gennesaret eine vollkommen neue Stadt erbaute, die er dem regierenden Kaiser zu Ehren Tiberias nannte. Diese Stadt, in der er eine vorwiegend jüdische Bevölkerung ansiedelte, die jedoch eine vollkommen griechische Verfassung erhielt, sollte fortan die Hauptstadt des Tetrarchen Antipas sein, während Sepphoris seine frühere Bedeutung einbüßte. Felix jedoch, der zwischen 52 und 60 n. Chr. als römischer Prokurator im Lande war, kehrte das Verhältnis wieder um. Als im Jahre 66 der erste römisch-jüdische Krieg ausbrach, blieb Sepphoris, eine strategisch wichtige und vorwiegend von Juden bewohnte Stadt, den Römern treu ergeben, teils weil man sich dort der Verwüstung der Stadt nach ihrer Beteiligung an dem Aufstand des Judas erinnerte, teils weil man den Römern die Wiedererhebung in den Rang einer Hauptstadt dankte. Josephus sagt ausdrücklich, daß die Einwohner von Sepphoris «als einzige aus dieser Landschaft friedlich gesinnt waren» (*Jüdischer Krieg*, 3, 2). Tiberias andererseits neigte eher den Aufständischen zu und entging schließlich der Zerstörung nur, weil es sich dann doch den Streitkräften Vespasians noch eben rechtzeitig ergab. Sepphoris aber blieb, wie Seán Freyne in einem Überblick über die Geschichte Galiläas zwischen Alexander dem Großen und Hadrian findet, «im Herzen des fruchtbaren Galiläa eine jüdische aristokratische Stadt, die ihre Vorrangstellung ursprünglich den Römern verdankte und nie vergaß, daß sie des andauernden Wohlwollens der Römer bedurfte, um diese Stellung zu behaupten. Dies erklärt die Haltung, die die Bürger von Sepphoris während des Aufstands einnahmen und ebenso, daß die Galiläer die Bürger von Sepphoris verabscheuten, obwohl deren religiöse Überzeugungen den ihren ganz ähnlich waren» (1980a, S. 128).

Sepphoris, sagt Josephus (*Leben*, 346), «liegt mitten in Galiläa, ist von vielen Dörfern umgeben», doch er nennt, wie schon bemerkt, das nur sieben Kilometer südlich der Stadt gelegene Nazaret ausdrücklich nicht. Jedenfalls aber darf man sich Nazaret trotz seiner Höhenlage nicht als einsames Bergdorf vorstellen, vielmehr war es, wie die anderen Dörfer in der Umgebung von Sepphoris, Satellit einer Provinzhauptstadt «von erheblicher Bedeutung im späteren Altertum» (Meyers, Netzer und Meyers, S. 4). Die Hauptstraße in westöstlicher Richtung führte von Ptolomais am Mittelmeer über Sepphoris nach Tiberias am See Genesaret. Ptolomais lag außerdem an der Via Maris, der Küstenstraße, der ältesten Handelsstraße Palästinas, über die kosmopolitische Einflüsse auch Sepphoris und die umliegenden Orte erreichten. In Sepphoris selbst endete überdies eine von Jerusalem herkommende Gebirgsstraße. Trotz seiner isolierten Hanglage lag also das nur sieben Kilometer von Sepphoris entfernte Nazaret der weiten Welt nicht allzu fern. Denn nicht nur wurde man in Sepphoris durch die skizzierten Verkehrsverbindungen über die Vorgänge in der weiten Welt auf dem laufenden gehalten, es befanden sich dort auch, wie Andrew Overman mitteilt, «Gerichte, eine Festung, ein Theater mit zwischen drei- und viertausend Sitzplätzen, einen Palast, auf der Akropolis gar eine von Kolonnaden begleitete Straße, zwei Stadtmauern, zwei Märkte, Archive, eine königliche Bank und das Zeughaus ... sowie eine etwa 30 000 Seelen zählende Bevölkerung» (S. 164).

Overman weist uns auch darauf hin, daß schon die bisher vorliegenden, noch nicht sehr umfassenden Grabungsergebnisse eine ganz ungewöhnlich dichte Besiedlung Untergaliläas zu Beginn des 1. Jahrhunderts der christlichen Ära verraten. Er glaubt, das Gebiet zu den dichtest besiedelten im ganzen Römischen Reich rechnen zu können. «Niemand konnte in irgendeinem Dorf Untergaliläas leben, ohne den Einfluß der Stadt zu spüren ...» Das Leben in Untergaliläa im 1. Jahrhundert war seines Erachtens so verstädtert und städtisch wie in der Nähe der Reichshauptstadt selbst (S. 165, 168). Gestützt auf die Ergebnisse der Forschungen Martin Goodmans meint andererseits Douglas Edwards, daß in Untergaliläa wohl auch kein bedeutender kultureller Gegensatz zwischen ländlichen Enklaven mit bäuerlicher, aramäisch sprechender, konservativ jüdischer Bevölkerung und den Städten mit hellenisierter Bevölkerung bestand: «Die Feindschaft, die Tiberias und Sepphoris auf sich zogen, war das Ergebnis politischer Meinungsverschiedenheiten, nicht kultureller Gegensätze. Zwischen Stadt und Land bestand ein kulturelles Kontinuum» (S. 181–182).

So mag denn der Name des Dorfes Nazaret in der nichtchristlichen Literatur der ersten Jahrhunderte nach Christi Geburt nicht zu finden sein, aber der Ort war der damals modernen Welt nicht so fern wie früher manchmal angenommen wurde. «Die Isolation, in der man sich die Galiläer vorstellt», sagt Eric Meyers, «gibt keineswegs ein zutreffendes Bild der Umstände, unter denen Jesus von Nazaret aufwuchs, an einer der verkehrsreichsten Handelsstraßen des alten Palästina, nahe der Verwaltungshauptstadt einer römischen Provinz» (1979, S. 698). Und Thomas Longstaff stellt fest: «Es ist nicht länger möglich, sich Jesus als einen einfachen Bauern aus Nazaret vorzustellen oder die Jünger als galiläische Hinterwäldler zu beschreiben. Das Leben dieser Männer und vieler Menschen, die ihnen nachfolgten, stand zweifellos unter dem Einfluß der allgegenwärtigen römischen Stadt» (S. 14).

Vergiß mich nicht

Neben der Literatur, die hauptsächlich die Weltanschauung einer Elite – wenngleich einer oft nur sehr relativen und sogar umstrittenen Elite – bewahrt, sind uns aus dem Altertum schriftliche Dokumente auch der alltäglichen Geschäfte einfacher Leute hinterblieben, zumal in Ägypten, bei dessen Verwaltung viel Schriftverkehr anfiel, von dem sich dank des dortigen trockenen Klimas eine Menge erhalten hat. Papyrus-Dokumente werden gefunden bei der Ausgrabung städtischer und dörflicher Abfallhaufen, von denen manche zehn Meter hoch sind, in den Trümmern eingestürzter alter Gebäude und endlich in Gräbern und Grabstätten, sagt John White, nach dessen Schätzung schon im Jahre 1981 allein aus römischer Zeit nicht weniger als etwa 25 000 Papyri bereits veröffentlicht waren, während mindestens die doppelte Menge noch der Veröffentlichung harrte (S. 4–5). Die so ans Licht des 20. Jahrhunderts gekommenen Reste antiker Archive erhellen hier und da die Dunkelheit, die uns die Lebensumstände der Leute verbirgt, von denen die Literatur nicht handelt. Einige der Schriftstücke, die man um die letzte Jahrhundertwende in Mittelägypten am Westufer des Nils bei dem heutigen Ort al-Bahnasa aus dem Abfallhaufen des antiken Oxyrhynchos gegraben hat, mögen das hier exemplarisch veranschaulichen. Bei dem ersten handelt es sich um den Brief eines Arbeiters aus Alexandria an eine in Oxyrhynchos verbliebene Frau:

> «Hilarion sendet seiner Schwester Alis viele Grüße, desgleichen an Frau Berous und an Apollonarion. Wisse, daß wir noch in Alexandria sind. Macht Euch keine Sorgen, wenn sie alle zurückkommen, und ich in Alexandria bleibe. Ich bitte Dich dringend, Dich um das Kind zu kümmern, und sollte ich meinen Lohn erhalten, werde ich ihn Dir schicken. Wenn Du mit einem Sohn schwanger gehen solltest, wenn das Kind ein Knabe ist, laß es sein, ist es aber ein Mädchen, wirf es fort. Du hast zu Aphrodisias gesagt: ‹Vergiß mich nicht.› Wie kann ich Dich vergessen? Ich bitte dich deshalb, Dir keine Sorgen zu machen. 29. Jahr des Caesar, Payni 23.»
> (White, S. 111–112; siehe auch Hunt und Edgar, Bd. 1, S. 294–295; Davis, 1933, S. 1–7)

Das Datum dieses Briefes entspricht dem 18. Juni des Jahres 1 unserer Zeitrechnung. Hilarion war nach ägyptischem Brauch mit seiner Schwester Alis verheiratet. Frau Berous war beider Mutter, und sie hatten schon einen Sohn, Apollonarion. Hilarion und einige Gefährten hatten die Heimat verlassen und in Alexandria Arbeit gefunden. Die schwangere Alis, die offenbar schon des längeren nichts mehr von ihrem Mann gehört hatte, hatte den Aphrodisias gebeten, ihm zu sagen, er möge sie nicht vergessen. Und so schrieb ihr Hilarion den Brief, der 1900 Jahre später aus dem Abfallhaufen von Oxyrhynchos zum Vorschein kam. Wir wissen nicht, ob Alis einen Knaben gebar, der ihrem Mann willkommen gewesen wäre, oder ein Mädchen, das sie hätte beseitigen sollen, ob sie selber ihre Schwangerschaft überlebte oder nicht. Was in jenem Brief steht, ist alles, was wir von Alis, Hilarion und ihrer Familie wissen.

Anders verhält es sich im zweiten hier zu betrachtenden Fall. Da liegt in mehreren Schriftstücken die fast vollständige Lebensgeschichte eines Handwerkers vor. Denn in den beiden ersten Bänden der veröffentlichten Oxyrhynchos-Papyri findet man immer wieder direkt oder indirekt einen Weber namens Tryphon erwähnt. Dieser Tryphon war nicht nur Zeitgenosse Jesu, er gehörte auch etwa der gleichen sozialen Schicht an wie dieser. Was uns die Papyri aber von Tryphons Lebensumständen verraten, gibt uns einen Begriff davon, was für einen Mann seines Standes seinerzeit das gewöhnliche Leben war.

Augustus ließ in Ägypten auf alle Männern zwischen vierzehn und sechzig, mit Ausnahme der Angehörigen privilegierter Gruppen, eine Kopfsteuer erheben. Auf den Steuerlisten mußten deshalb immer außer dem Namen auch das Alter der Erfaßten verzeichnet sein. Und auf einer solchen Steuerliste begegnet uns der Name jenes Tryphon zum ersten Mal. Zur Zeit der Erstellung des Dokuments – zwischen den Jahren 11 und 12 der christlichen Ära – war er eben drei Jahre alt. Sein Urgroßvater väterlicherseits, der ältere Didymus, wird nur namentlich aufgeführt und war mutmaßlich bereits verstorben. Tryphons mit ihm gleichnamiger Großvater väterlicherseits lebte noch und war, der Angabe in der Liste zufolge, damals vierundsechzig Jahre alt. Dieser ältere Tryphon scheint das damalige Haupt der Großfamilie gewesen zu sein, deren steuerpflichtige männliche Angehörige sämtlich in seinem Hause wohnten. Mit seiner Frau Timotos hatte er drei Söhne, den damals siebenunddreißigjährigen jüngeren Didymus, den zweiunddreißigjährigen Dionysius und den älteren Thoönis, der damals einundzwanzig Jahre alt war. Dionysius und seine Frau Thamounion waren die Eltern des jüngeren Tryphon um das Jahr 8 der christlichen Ära zur Welt gekommen sein muß. Auf der ebenfalls erhaltenen Steuerliste für das folgende Steuerjahr finden wir neben dem nun vierjährigen Tryphon einen einjährigen Bruder desselben namens Thoönis verzeichnet (P. Oxy., 288, 314; Grenfell und Hunt, Bd. 2, S. 280–306).

Die nächsten diese Familie betreffenden Dokumente haben wir aus den frühen zwanziger Jahren des 1. Jahrhunderts. Um das Jahr 21 ließ Tryphon, höchstwahrscheinlich der gleichnamige Großvater unseres Helden, ein Horoskop für ein Individuum stellen, das um 10.00 Uhr vormittags am 28. September während der Regierungszeit des Kaisers

Tiberius geboren wurde. Da ein Riß des Pergaments das Jahr der Regierungszeit unleserlich macht, könnte theoretisch das Geburtsjahr des Betreffenden ein beliebiges zwischen 15 und 37 n. Chr. gewesen sein. Man darf aber vielleicht die Vermutung wagen, daß das Horoskop die Aussichten des Onnophris ermitteln sollte, des um das Jahr 21 geborenen jüngsten Enkels des älteren Tryphon, Sohns von Dionysius und Thamounion und Bruders des jüngeren Tryphon. Wie dem aber auch sei, jedenfalls zahlte der jüngere Tryphon inzwischen schon Steuern. Wir haben seine Steuerquittungen für die Jahre 22 bis 25, in denen diejenigen seines Vaters für die Jahre 24 und 25 enthalten sind. Vater und Sohn zahlten vier verschiedene Steuern. Die erste und wichtigste von diesen war die Handwerkssteuer, die sie als Weber zahlen mußten. Diese Steuer wurde von allen Gewerbetreibenden erhoben, und zwar gleichermaßen von Frauen und Männern und anscheinend schon vor deren Vollendung des vierzehnten Lebensjahrs. Tryphon der Jüngere zahlte jedenfalls wenigstens einen Teil der Webersteuer, schon ehe er als Vierzehnjähriger auch die Kopfsteuer zahlen mußte. Bald schon zahlte er ebensoviel Handwerkssteuer wie sein Vater oder sogar mehr als dieser. Man nehme etwa seine Angaben für das 10. Regierungsjahr des Tiberius (23–24 nach unserer Rechnung). Tryphon, zwischen fünfzehn und sechzehn Jahre alt, zahlte in mehreren Raten eine Webersteuer in Höhe von 39,75 Drachmen (P. Oxy., 288, 311; Grenfell und Hunt, Bd. 2, S. 280–284, 304). Im gleichen Jahr waren überdies drei andere Steuern zu zahlen.

> «Im zehnten Jahr des Tiberius Caesar Augustus am 13 Mecheir wurde über den Wechsler Diogenes von Tryphon, dem Sohn des Dionysius, einschließlich der Transportkosten an Kopfsteuer im Hippodromviertel die Summe von 8 Drachmen bezahlt sowie am 24. des Monats Pharmouthi von dem nämlichen Kopfsteuer in Höhe von 4 Drachmen. Am 21 Paum, *dies Augustus*, Schweinesteuer in Höhe von 2 Drachmen 1½ Oboli. Am 16. Epeiph Dammsteuer, 6 Drachmen betragend.» (P. Oxy., 288; Grenfell und Hunt, Bd. 2, S. 280–284; Hunt und Edgar, Bd. 2, S. 482–485)

Die Kopfsteuer für den Oxyrhynchitischen Gau betrug damals 16 Drachmen, war aber für Bewohner der Hauptstadt auf die Summe von 12 Drachmen ermäßigt. Die Deichsteuer wurde als einzige in der ganzen Provinz von jedem in gleicher Höhe erhoben und diente nach den Ermittlungen Naphtali Lewis' zum Ankauf von Verpflegung und Baumaterial. Sie war nicht durch den von den Bauern geforderten Arbeitsdienst beim Deichbau abzugelten, sondern zusätzlich zu bezahlen. Weniger klar ist Lewis zufolge der Verwendungszweck der Schweinesteuer. Diesbezüglich könne man nur Vermutungen anstellen, meint er. Möglicherweise sollte sie die Versorgung der griechischen und römischen Tempel mit Opfertieren sicherstellen und die ägyptischen Bauern nötigen, ein Tier zu züchten, das ihre Religion sie als unrein zu verabscheuen lehrte (S. 170–171). Aus der Schweinesteuerpflicht unseres Tryphon geht jedoch nicht hervor, daß er etwa selbst Schweine hielt.

Insgesamt beliefen sich Tryphons Steuerzahlungen für das 10. Regierungsjahr des Tiberius auf 60 Drachmen. Das entspricht auf dem von Naphtali Lewis aufgestellten Preisindex für Waren und Dienstleistungen in Ägypten des 1. Jahrhunderts einem Sold für 20 Tage Legionärsdienst oder vierzig Tage Heimarbeit (S. 208).

Irgendwann zu Beginn der dreißiger Jahre des Jahrhunderts heiratete Tryphon die Demetrous, aber wie ein zerrissener Papyrus, der zwischen 30 und 35 n. Chr. zu datieren ist, bezeugt, war die Ehe nicht glücklich.

> «An Alexandris, Strategus, von Tryphon, Sohn des Dionysius, aus der Stadt Oxyrhynchos. Ich heiratete Demetrous, Tochter des Heraclides und sorgte für meine Frau auf eine Weise, die meine Mittel überstieg. Doch wurde sie unzufrieden mit unserer Verbindung und verließ schließlich das Haus unter Mitnahme mir gehöriger Besitztümer, deren Verzeichnis hier angehängt ist. Ich bitte deshalb, daß sie Ihnen vorgeführt werden möge, um das ihr Zustehende zu erhalten und mir mein Eigentum zurückzugeben. Diese Bittschrift soll andere Forderungen, die ich gegen sie habe oder noch haben könnte, nicht erledigen. Die gestohlenen Gegenstände sind: ein ... im Wert von 40 Drachmen ...»
> (P. Oxy., 282; Grenfell und Hunt, Bd. 2, S. 272–273, Tafel 7)

Das Verbum im Original des Dokuments verrät, daß an der Mitnahme der Gegenstände, die Tryphon zurückfordert, mehrere Personen beteiligt waren, was nach Meinung der Herausgeber des Dokuments darauf hinweist, daß Demetrous Unterstützung hatte, sehr wahrscheinlich von ihrer Mutter. Wir werden von Tochter und Mutter noch mehr erfahren.

Das nächste Dokument, das von Tryphon spricht, läßt die Möglichkeit erkennen, daß der Grund von Demetrous' Unzufriedenheit dessen Interesse an einer anderen Frau namens Saraeus gewesen sein könnte. Jedenfalls schloß am 22. Mai des Jahres 36 Tryphon mit dieser den folgenden Vertrag:

> «Thryphon, Sohn des Dionysius, ein Perser der Epigone, entbietet der Saraeus, Tochter des Apion, unter der Vormundschaft des Onnophris, Sohns des Antipater, Grüße. Ich bestätige hiermit, im Sera-

päum in Oxyrhynchos durch die Bank des Sarapion, Sohns des Kleandrus ... eine Summe in Höhe von 72 Silberdrachmen von Dir empfangen zu haben ... in Anbetracht derer ich (in unsere Ehe) eingewilligt habe. Und ich werde Dir die 72 Silberdrachmen erstatten (bis zum 27. Oktober des Jahres 36). Wenn ich Dir die Summe nicht bis zum angegebenen Termin erstatte, erkenne ich mich als verpflichtet, Dir noch einmal die Hälfte der geschuldeten Summe zusätzlich zu dieser zu zahlen. Und Du sollst berechtigt sein, Dich für den geschuldeten Betrag an mir und an all meinem Hab und Gut schadlos zu halten, wie einem Gerichtsurteil entsprechend ...»
(P. Oxy., 267; Grenfell und Hunt, Bd. 2, S. 243–247)

Die beiden schlossen auf diese Weise eine amtlich nicht legitimierte Ehe, kamen also überein, fürs erste ohne regelrechten Ehevertrag zusammen zu leben und besiegelten diese Übereinkunft mit einem Darlehen der Saraeus an Tryphon. Eine Mitgift auf Widerruf für eine Ehe auf Widerruf sozusagen. Da Tryphon sich auf eine fünfmonatige Frist zur Rückzahlung des Darlehens einließ und sich, im Falle er diese Frist nicht einhielt, bereit erklärte, eine Strafe in Höhe der Hälfte der geschuldeten Summe zu zahlen, kann man annehmen, daß ihm an dieser Versuchsehe noch mehr lag als der Saraeus und ihrer Familie. Der Versuch scheint erfolgreich gewesen zu sein, denn Saraeus forderte ihr Darlehen zum stipulierten Termin nicht zurück. Statt dessen findet sich unter dem diesbezüglichen Vertrag die Bemerkung, daß die «Mitgift» der Saraeus am 9. Juni des Jahres 43 erstattet wurde. Im Lichte der noch zu besprechenden weiteren Dokumente aus der Mülldeponie von Oxyrhynchos in Mittelägypten vermute ich, daß die beiden nach sieben Jahren wußten, daß sie für einander bestimmt waren, und sich entschlossen zu heiraten. Die Rückgabe des Darlehens mag zu den Voraussetzungen des nun neu zu schließenden Ehevertrages gehört haben.

Der uns vorliegende ursprüngliche Vertrag verrät uns noch weitere interessante Einzelheiten über die Vertragspartner. Zunächst mußte ein gewisser Leon unterschreiben «im Namen des Tryphon, der selbst nicht schreiben konnte». Auch Saraeus und ihr Vormund Onnophris waren Analphabeten. Außerdem wird Tryphon als «ein Perser der Epigone» bezeichnet. Diese Bezeichnung gilt gewöhnlich bedürftigen Leuten, denen Darlehen zu ziemlich harten und in gewisser Hinsicht erniedrigenden Bedingungen gewährt wurden, da den so bezeichneten das traditionelle Recht der Ägypter, Zuflucht in einem Tempel zu suchen, nicht zustand. Es scheint, daß nur Schuldner veranlaßt wurden, sich als «Perser der Epigone» zu erkennen zu geben, und die in den Verträgen als solche bezeichneten sind ausnahmslos kleine Leute (Tcherikover et al., Bd. 1, S. 51).

Ein aus dem gleichen Jahr 36 stammendes Dokument resümieren die Herausgeber der Oxyrhynchos-Papyri, ohne es im Wortlaut wiederzugeben. Es handelt sich um einen Lehrvertrag, geschlossen zwischen Thamounion im Verein mit ihrem Sohn Tryphon und Abarus, einem Weber, dem die Erstgenannte ihren Sohn Onnophris für zwei Jahre in die Lehre gibt (P. Oxy., 322; Grenfell und Hunt, Bd. 2, S. 306). Ich vermute, daß Tryphons Vater Dionysius bereits verstorben war und er für seinen damals noch nicht vierzehnjährigen Bruder Onnophris (der den Namen seines Großvaters mütterlicherseits erhalten hatte) und für seine Mutter die Rolle des Familienoberhaupts übernehmen mußte (P. Oxy., 275; Grenfell und Hunt, S. 262–264, Anm. zu Zeile 17).

Auch aus dem folgenden Jahr gibt es zwei Tryphon betreffende Texte, deren Inhalt die Herausgeber der Papyri nur kurz paraphrasiert haben. Das erste beschreiben sie als «Gesuch an Sotas, Strategus, von Tryphon, in dem dieser Klage führt wegen eines Überfalls der Demetrous und ihrer Mutter auf seine Frau Saraeus» (P. Oxy., 315; Grenfell und Hunt, Bd. 2, S. 306). Aufgrund der oben beschriebenen Familienverhältnisse braucht man über die Klage des Tryphon nicht mehr viele Worte zu verlieren. Der zweite Text wird beschrieben als «Bestätigung der Thamounis, Tochter des Onnophris, Perserin der Epigone, ein Darlehen in Höhe von 16 Drachmen aus der Hand ihres Sohnes Tryphon empfangen zu haben». In diesem Jahr scheinen ungeachtet der Feindseligkeit seiner ersten Gattin und vielleicht dank seiner nunmehrigen Lebensgefährtin die Geschäfte des Webers einen gewissen Aufschwung genommen zu haben. Wenig später wurde eine Vereinbarung zwischen Tryphon und Saraeus über die Erziehung ihrer neugeborenen Tochter aufgesetzt, von der nur die Anfänge von 27 Zeilen erhalten sind (P. Oxy., 321; Grenfell und Hunt, Bd. 2, S. 306). In jener Zeit waren die beiden vor dem Gesetz noch unverheiratet, und so bedurfte es eines Abkommens über die Erziehung der gemeinsamen Tochter. Doch wird auch dieses Abkommen, wie das erste über ihr Zusammenleben, durch den einige Jahre später geschlossenen Ehebund hinfällig geworden sein.

Im Jahre 44 (inzwischen war Tryphon seit zwei Jahren mit seiner Saraeus verheiratet) hatte Thamounion Gelegenheit, wegen ihres Sohns Thoönis an die Behörde zu schreiben.

«Von Thamounion, Tochter des Onnophris aus der Stadt Oxyrhynchus, im Verein mit ihrem Vormund Sarapion, Sohn des Sarapion. Mein Sohn Thoönis, Sohn des Dionysius, der kein Handwerk hat, gemeldet im Distrikt Temouenouthis, ist vor einiger Zeit verzogen. Weshalb ich darum bitte, seinen Namen auf die Liste der verzogenen Personen zu setzen ... und ich schwöre ..., daß besagte Be-

hauptung den Tatsachen entspricht und daß Thoönis mittellos ist..., wenn ich wahr schwöre, möge es mir wohl ergehen, wenn aber falsch, geschehe das Gegenteil.»
(P. Oxy., 251; Grenfell und Hunt, Bd. 2, S. 203–204)

Für die steuerliche Veranlagung waren Melderegister erforderlich, die wirklich über den Aufenthalt der Steuerpflichtigen Auskunft gaben, weshalb jeder, der irgendwo auszog, sich abzumelden hatte. Doch obwohl Thoönis zur fraglichen Zeit schon etwa vierunddreißig Jahre alt war, mußte die Formalität seine Mutter für ihn erledigen. Offenbar war die ganze Familie zuvor schon umgezogen, denn zwanzig Jahre zuvor hatte Tryphon seine Steuern als Bewohner des Hippodrom-Viertels bezahlt. Nun wohnte sie ja, wie in dem zitierten Dokument angegeben, im Temouenouthis-Distrikt. Diese Distrikte waren übrigens mehr als nur einzelne Straßen und die angrenzenden Häuser, aber nicht groß genug, um als Stadtviertel bezeichnet werden zu können. Denn in Oxyrhynchos gab es mindestens vierzehn solcher Distrikte (Grenfell und Hunt, Bd. 2, S. 189–190).

Wir haben aus den Jahren 45–50 mehrere Steuerquittungen für den nun wie seine Mutter im Temouenouthis-Distrikt seiner Vaterstadt wohnhaften Tryphon. Sie betreffen die vier Steuern, die schon zwanzig Jahre zuvor erhoben waren, die Handwerks-, Kopf-, Schweine- und Damm- (oder Deich-)Steuer.

Doch haben wir überdies aus dem Jahre 49 auch ein Dokument, dem zu entnehmen ist, daß unser Held sich nicht nur über Steuern den Kopf zu zerbrechen hatte. Einige Jahre zuvor war Tryphon und Saraeus ein zweiter Sohn geboren worden, dem sie den Namen Apion gaben. In dem genannten Jahr strengte ein Mann namens Pesouris, vor Gericht vertreten durch Aristocles, einen Rechtsstreit gegen Saraeus an, die ihrerseits einen gewissen Theon zum Anwalt nahm. Der Text ist aus dem Protokoll der Verhandlung vor der Strategus Tiberius Claudius Pasion, dem Haupt der Gau- und Gerichtsbarkeitsverwaltung von Oxyrhynchos.

«Vor Gericht, Pesouris gegen Saraeus.

Aristocles, Anwalt für Pesouris, sagte: ‹Pesouris, mein Klient... las aus dem Rinnstein ein Findelkind auf, einen Knaben namens Heraclas. Er gab diesen der Beklagten in Pflege. Diese Amme war da für den Sohn des Pesouris. Sie erhielt ihren Lohn für das erste Jahr, sobald er fällig wurde; sie erhielt den Lohn auch für das zweite Jahr. Zum Beweis meiner Behauptung kann ich ihre Quittungen über die erhaltenen Beträge vorlegen. Da sie das Findelkind aber hungern ließ, nahm Pesouris es ihr fort. Daraufhin spähte Saraeus eine Gelegenheit aus, ins Haus meines Klienten einzudringen und das Kind zu rauben. Sie rechtfertigt nun diese Tat mit der Behauptung, das Kind sei frei geboren. Ich habe hier erstens den Vertrag mit der Amme. Ich habe desgleichen zweitens ihre Quittung für erhaltenen Lohn. Ich verlange deren Anerkennung.›

Saraeus: ‹Ich stillte mein eigenes Kind, und das diesen Leuten gehörige Findelkind wurde mir zur Pflege gegeben. Ich erhielt von ihnen meinen vollen Lohn von 8 Statern. Dann starb das Findelkind, und ich behielt den erhaltenen Lohn. Jetzt wollen sie mir mein eigenes Kind wegnehmen.›

Theon: ‹Wir haben die auf das Findelkind bezüglichen Papiere.›

Der Strategus: ‹Da nach seinen Zügen zu urteilen, das Kind der Saraeus zu gehören scheint, verfüge ich, wenn sie und ihr Mann schriftlich erklären wollen, daß das ihnen von Pesouris anvertraute Findelkind gestorben ist, in Übereinstimmung mit den Entscheidungen (nämlich den Gesetzen) unseres Herrn, des Präfekten, daß sie, sobald sie das erhaltene Geld zurückgezahlt hat, ihr eigenes Kind zurückerhalten soll.›»

(P. Oxy., 37; Grenfell und Hunt, Bd. 1, S. 79–81).

Die Tatsachen sind klar genug. Pesouris, der sich an Stelle seines unfreien Findelkinds Heraclas den freigeborenen Apion angeeignet hatte, mußte, von der energischen Saraeus beklagt, das Kind zurückgeben. Er gab sich damit aber noch nicht geschlagen, wie die Eingabe an den Präfekten von Ägypten beweist, die sich Tryphon nicht lange nach dieser Gerichtsverhandlung von einem öffentlichen Schreiber aufsetzen ließ.

«An Gnaeus Vergilius Capito, von Tryphon, Sohn des Dionysius, aus der Stadt Oxyrhynchos. Syrus (nämlich Pesouris), Sohn des Syrus, gab meiner Frau Saraeus, Tochter des Apion ... ein Findelkind namens Heraclas in Pflege, das er auf der Straße gefunden hatte. Das Findelkind starb, und Syrus versuchte, meinen kleinen Sohn Apion in die Sklaverei zu entführen. Daraufhin wandte ich mich an Pasion, den Strategus des Gaus, welcher mir in Übereinstimmung mit dem von Dir, meinem Wohltäter, Angeordneten, das Kind wiederzugeben befahl. Syrus jedoch weigert sich, sich dem Urteil zu fügen und behindert mich in meinem Gewerbe. Ich komme deshalb zu Dir, mein Bewahrer, um mein Recht zu erhalten. Lebewohl.»

(P. Oxy., 38; Grenfell und Hunt, Bd. 1, S. 81–82)

Ohne weiteres kann ein armer Mann sich mit einer Bittschrift an den Präfekten wenden. Schwierig ist es nur, beim Präfekten Gehör zu finden. Zwei ebenso wie der Text seines Schreibens an Gnaeus Vergilius auf der städtischen Mülldeponie von Oxyrhynchos gefundene Dokumente geben einem zu verstehen, daß dieses Schreiben nach Alexandria nicht die Wirkung zeitigte, die sich Tryphon davon versprach. Denn bei dem ersten dieser beiden zwischen 50 und 51 datierbaren Dokumente handelt es sich den Herausgebern der Oxyrhynchos-Papyri zufolge um ein Bruchstück eines von Tryphon abermals an den Strategus seines Heimatgaus, Tiberius Claudius Pasion, gerichteten Bittschrift; bei dem zweiten um den «Schluß einer wahrscheinlich an den Strategus gerichteten Bittschrift des Tryphon, in welcher dieser Klage führt wegen eines Überfalls auf sich selbst und seine Frau Saraeus seitens einer Frau und anderer ungenannter Personen» (P. Oxy., 316, 324; Grenfell und Hunt, Bd. 2, S. 306). Ich nehme an, daß hinter diesem Überfall Pesouris steckte, der mutmaßlich ebensowenig geneigt war, in seiner Sache klein beizugeben, wie früher Tryphons erste Gattin Demetrous in ihrer.

Ein Jahr später, 52, stellte Gnaeus Vergilius unseren Helden vom Militärdienst frei. Denn unter dessen Papieren fand man zwei Abschriften der folgenden Bescheinigung:

> «Befreiung vom Militärdienst gewährt Gn. Vergilius Capito, Präfekt von Ober- und Unterägypten, dem Tryphon, Sohn des Dionysius, Weber, der an grauem Star und Kurzsichtigkeit leidet, aus der Hauptstadt Oxyrhynchos. Die Untersuchung wurde in Alexandria vorgenommen.»
> (P. Oxy., 38 = 317; Grenfell und Hunt, Bd. 1, S. 83 = Bd. 2, S. 306)

Tryphons Sehkraft hatte wohl unter der Überanstrengung seiner Augen durch sein Handwerk gelitten. Doch zwei Jahre, nachdem ihm die schlechten Augen immerhin zur Befreiung vom Militärdienst verholfen hatten, kaufte er zum Preise von 20 Silberdrachmen von Ammonius, Sohn des Ammonius, einen Webstuhl, drei Weberellen weniger zwei Spannen messend, und zwei Walzen und zwei Bäume enthaltend (P. Oxy., 264; Grenfell und Hunt, Bd. 2, S. 234–235). Der Webstuhl mag für seinen Sohn Apion bestimmt gewesen sein, denn für das Jahr 56 bezahlte Apion im Themouenouthis-Distrikt der Stadt die übliche Handwerkssteuer in Höhe von 36 Drachmen (P. Oxy., 310; Grenfell und Hunt, Bd. 2, S. 304). Ich kann mir nicht vorstellen, daß er damals bereits das 14. Lebensjahr vollendet hatte; dem sonst hätte Pesouris bei dem Rechtsstreit sieben Jahre zuvor, als er Tryphons Sohn für sein Findelkind halten wollte, einen Siebenjährigen mit einem Säugling verwechseln müssen. Es ist wohl anzunehmen, daß auch Apion wie seinerzeit sein Vater Tryphon mit dem Weberhandwerk begann und also handwerkssteuerpflichtig wurde, ehe er das Alter erreichte, von dem an man die Kopfsteuer entrichten mußte.

Es ist zu vermuten, daß Mitte der fünfziger Jahre Tryphons Heimindustrie die Produktion verdoppelte, da nun trotz nachlassender Sehkraft er selbst und neben ihm zudem sein Sohn Apion am Webstuhl arbeiteten. Jedenfalls konnte Tryphon im Jahre 55 ein halbes Haus kaufen.

«Tryphon, Sohn des Dionysius, etwa... Jahre alt, von mittlerer Größe, hell, mit langem Gesicht und leichtem Schielen und einer Narbe am rechten Handgelenk, hat von dem Vetter seiner Mutter Thamounis, dem Pnepheros, Sohn des Papontos, ebenfalls in Oxyrhynchos wohnhaft, etwa 65jährig, mittlerer Größe, hell, mit langem Gesicht und einer Narbe über den... Augenbrauen sowie einer weiteren auf dem rechten Knie (das Dokument wurde auf der Straße aufgesetzt), die Hälfte eines von seiner Mutter ererbten Hauses mit allen Eingängen und Ausgängen und allem Zubehör, welches gelegen ist beim Serapäum von Oxyrhynchos im südlichen Teil der Temegenouthis genannten Straße, westlich der zur Schäferstraße führenden Gasse, und nördlich sowie südlich von öffentlichen Straßen begrenzt wird, nördlich aber von dem Haus vorerwähnter Thamounis, der Mutter des Tryphon, des Käufers, westlich vom Hause der Tausiris, Schwester des Pnepheros, des Verkäufers, getrennt durch eine Sackgasse, für die Summe von 32 Kupfertalenten käuflich erworben. Und Pnepheros verbürgt sich, Tryphon das Halbteil, welches in jeder Hinsicht unwiderruflich verkauft ist, mit allem Zugesicherten auch zu überlassen.»
(P. Oxy., 99; Grenfell und Hunt, Bd. 1, S. 161–163)

Bemerkenswert ist an dieser Urkunde zunächst der Kaufpreis, der hier nicht in Silber, sondern in Kupfermünzen angegeben ist. Ein Talent war 6000 Drachmen wert, 32 Kupfertalente also 192 000 Kupferdrachmen. Doch waren in jener Zeit 450 Kupferdrachmen nur eine Silberdrachme wert. Der Kaufpreis belief sich mithin auf 426 Silberdrachmen. Zehn Prozent der Summe waren außerdem als Verkaufssteuer zu entrichten. Weiter ist von Interesse, daß die beiden zukünftigen Teileigentümer des Objekts der Transaktion Mitglieder der eigenen engeren Verwandtschaft als Nachbarn haben würden. Auch die Erwähnung der Schäferstraße verdient bemerkt zu werden. Wie schon erwähnt, hatte im Jahre 54 Tryphon einen Webstuhl von einem gewissen Ammonius, Sohn des Ammonius, gekauft. Nun haben wir aus dem gleichen Jahr einen Brief des jüngeren Ammonius an den Vater mit der Bitte um die Angabe, wie viele Lämmer in seiner Herde seit der letzten Mitteilung darüber noch geworfen worden seien (P. Oxy., 297; Grenfell und Hunt, Bd. 2, S. 297–298). Aus der Anfrage scheint hervorzugehen, daß diese Weber keine Leineweber, sondern Wollweber waren, und als

Beweis, daß auch Tryphon, der einen Webstuhl von jenem Ammonius kaufte, Wollweber war, mag vielleicht überdies gelten, daß seine Familie in der Nähe der Schäferstraße wohnte. Naphtali Lewis sagt, daß Ägypten vorzüglich für die Papyrusherstellung und die Leineweberei berühmt war, und bezeichnet die ägyptischen Leineweber als die Aristokraten ihres Handwerks (S. 134–135). Als Wollweber hätte unser Tryphon dieser Aristokratie nicht angehört.

In den zwischen 55 und 59 datierten Dokumenten, die uns des weiteren über Tryphons Geschäfte unterrichten, sind Darlehen verzeichnet, von denen er eins gab und drei aufnahm. Im Jahre 57 lieh er einem gewissen Dioscorus, Sohn des Zenodorus, «Perser der Epigone», eine Summe von 52 Drachmen zu den gleichen harten Bedingungen, wie sie ihm zwanzig Jahre zuvor von Saraeus auferlegt worden waren. Für den Fall, daß der Schuldner den Betrag nicht binnen der vereinbarten Frist von drei Monaten zurückzahlte, sollten außer einer Säumnisgebühr in Höhe der Hälfte des geschuldeten Betrags noch «angemessene Zinsen für die Zahlungsverzögerung» fällig werden. Dazu ist es anscheinend gekommen, denn Tryphon legte eine Kopie des Dokuments einem Brief an seinen Freund Ammonais bei, in dem er diesen bat, die Schuld sobald wie möglich einzutreiben (P. Oxy., 269; Grenfell und Hunt, Bd. 2, S. 250–252). Andererseits nahm, wie gesagt, Tryphon selbst während jener Jahre mehrere Darlehen auf. Im Jahre 55 lieh er sich kurzfristig 104 Drachmen von einem gewissen Thoönis, Sohn des Thoönis, mutmaßlich einem Verwandten, der jedoch nicht identisch war mit Tryphons gleichnamigem Bruder. Wir haben eine Steuerquittung des fraglichen Thoönis, aus der hervorgeht, daß er kein Weber war (P. Oxy., 289; Grenfell und Hunt, Bd. 2, S. 284–288). Wie dieses Darlehen zahlte Tryphon auch das im Jahre 59 von Antiphanes, Sohn des Heraclas, erhaltene in Höhe von 160 Drachmen pünktlich zurück (P. Oxy., 318, 306; Grenfell und Hunt, Bd. 2, S. 306, 304). Schließlich borgten sich von einer gewissen «Tryphaena, mit ihrem Schwiegersohn Dionysius» unser «Tryphon, Saraeus und Onnophris, der Bruder Tryphons» 314 Drachmen, die sie der Gläubigerin ebenfalls rechtzeitig erstatteten (P. Oxy., 320; Grenfell und Hunt, Bd. 2, S. 305–306).

Das letzte Tryphon betreffende Dokument ist aus dem Jahre 66. Dabei handelt es sich um einen Lehrvertrag ähnlich dem, der einst für Tryphons Bruder Onnophris mit dem Weber Abarus abgeschlossen worden war. In den seither vergangenen dreißig Jahren ist aber offenbar alles ein wenig teurer geworden, und der Vertrag sollte auch nicht, wie jener ältere, für zwei Jahre, sondern nur für ein Jahr gelten.

> «Tryphon bestätigt, daß er dem Ptolomäus seinen Sohn Thoönis, dessen Mutter Saraeus, die Tochter des Apion ist, und der noch

nicht volljährig ist, in die Lehre gibt für die Frist eines Jahres von diesem Tage an, daß er ihm diene und gehorche allen Anordnungen, die ihm Ptolomäus geben möge in Betreff der Webkunst und all den dazugehörigen Künsten, in denen Ptolomäus Kenntnis hat. Nahrung und Kleidung für den Knaben während dieser ganzen Zeit wird sein Vater Tryphon stellen, der auch die Steuern für denselben entrichten wird unter der Bedingung, daß ihm Ptolomäus monatlich 5 Drachmen für die Lebensmittel zahle und nach Ablauf der gesamten Frist die Summe von 12 Drachmen für Kleidung.»
(P. Oxy., 275; Grenfell und Hunt, Bd. 2, S. 262–264)

Der Lehrherr war eigentlich verpflichtet, den Lehrling zu beköstigen. Da aber Thoönis wie sein Onkel Onnophris während der Lehrzeit bei den Eltern wohnen blieb, zahlte der Lehrherr dem Vater das in dem Vertrag festgesetzte Kostgeld für den Knaben. Tage, die der Knabe dem Dienst etwa fernbleiben sollte, mußte er nachdienen, und im Falle er vor Ende der vereinbarten Lehrzeit die Werkstatt des Meisters verließ, wurde eine Konventionalstrafe von 100 Drachmen fällig, die an den Meister und das Schatzamt zu zahlen war. Wie aus dem Text des Vertrages hervorgeht, war Thoönis schon steuerpflichtig, obwohl er als ‹nicht volljährig› bezeichnet wird. Es scheint also, daß man die Handwerkssteuer zahlen mußte, wann immer man in einem Handwerk zu arbeiten begann, gleichviel wie alt man war.

Wie ich eingangs sagte, war Tryphon ein Zeitgenosse Jesu und gehörte mehr oder weniger der gleichen sozialen Schicht an. Deshalb hier, noch ehe wir zu Beginn des 2. Kapitels auf Gerhard Lenskis Beobachtung, daß in der sozialen Hierarchie agrarischer Gesellschaften Handwerker unter Bauern rangieren, zu sprechen kommen, ein Wort über Weber und Zimmerleute. Bei der Erörterung der sozialen Beziehungen im Römischen Reich während der ersten drei Jahrhunderte der christlichen Ära bemerkt Ramsay MacMullen, daß eines Mannes Abstammung allgemein bekannt und meist schon aus seinem Namen abzulesen war. «Hieß einer ‹Weber› oder ‹Zimmermann›, war er plebejischer Herkunft» (1974, S. 107–108). Später, in dem seinem Buch über die ‹Feinde der römischen Ordnung› angehängten ‹Lexikon des Snobismus›, verzeichnet er eine Reihe von Ausdrücken, «in denen sich die Vorurteile der gebildeten Oberschicht gegen die Unterschicht aussprechen» (1974, S. 139–140; siehe auch 17–18, 198, Anm. 82). Zu diesen gehören unter anderen die Berufsbezeichnungen «Wollweber» *(eriourgos)* und «Leineweber» *(linourgos)* sowie «Zimmermann» *(tektōn)*, als welchen man mit eben diesem griechischen Wort bei Markus 6,3 Jesus und bei Matthäus 13,55 Joseph bezeichnet findet. Wer «Weber» oder «Zimmermann» hieß, stammte meist nicht nur von Webern und Zimmerleuten ab, sondern war auch selbst einer. «Gewöhnlich nahm man die Arbeit an, die einem die Familie überlieferte» (1974, S. 98). Übrigens spricht aus all den Beschuldigungen, die seit vielen Jahrhunderten den Bauern von ihren gebildeten Verächtern und aristokratischen Unterdrückern an den Kopf geworfen werden, nicht nur Snobismus, sondern auch etwas Wahrheit. Bauern, so lesen wir, sind dumm, träge, unehrlich, langsam, faul und gleichgültig. Doch hat James Scott aufgrund seiner Erfahrung bei der Feldforschung unter Bauern in Malaysia um 1980 die Meinung geäußert, daß solche herabsetzenden Charakterisierungen zwar die Phänomene richtig beschreiben, dabei aber verkennen, daß das getadelte Verhalten eine Strategie der Schwachen ist und eine «Zähigkeit der Selbsterhaltung» zum Ausdruck bringt. «Trotz, Ironie, kleine Akte der Verweigerung» und dergleichen sind «Zeugnis eines Geists und einer Praxis, die das Schlimmste verhütet und etwas Besseres verspricht» (1985, S. 350). Oder, ein Beispiel aus einer anderen Welt: In Donegal, gegen Ende des vergangenen Jahrhunderts, fragt ein verirrter englischer Jäger einen irischen Bauern: «Sind die Herrschaften hier vorbeigekommen, guter Mann?» «Allerdings, Euer Ehren.» «Und wann?» «Vor ungefähr dreihundert Jahren, Euer Ehren.» Ein kleiner Sieg, gewiß, aber ob wahr oder erfunden, diese Geschichte wird nun schon seit hundert Jahren in Irland erzählt.

Jedenfalls erlauben uns die Tryphon-Papyri und Zehntausende von ähnlichen Dokumenten eine unmittelbare Anschauung der langvergangenen Lebenswelten sehr, sehr gewöhnlicher Leute, Männer und Frauen, Bauern und Arbeiter. Und sie fordern dazu heraus, die in ihnen zutage tretenden Konstanten der bäuerischen und plebejischen Existenz aus Ägypten nach Palästina zu verfolgen.

2. Krieg und Frieden

> «Da die Vorsehung ... unser Leben mit dem höchsten Gut geschmückt hat, mit Augustus ... und in ihrer Wohltätigkeit uns und denen, die nach uns kommen werden, gewährt hat» (einen Retter), «der dem Krieg Einhalt geboten hat und alles ordnen wird ... mit dem Ergebnis, daß der Geburtstag unseres Gotts den Anfang guter Botschaft für die Welt seinetwegen bezeichnete ... dieserhalb ... verfügen die Griechen in Asien, daß das neue Jahr für alle Städte am 23. September beginne ... und der erste Monat soll gehalten werden als des Caesars Monat, beginnend am 23. September, dem Geburtstag Caesars.»
>
> Verfügung der Kalenderumstellung auf Marmorstelen in den asiatischen Tempeln Roms und des Augustus (Danker, S. 217)

Sehr unterschiedliche Anschauungen über den ermordeten Julius Caesar und Oktavian, seinen Adoptivsohn und Erben, den zukünftigen Augustus, sowie über den Charakter der Julio-Claudianischen Dynastie, die jene begründeten, offenbaren zwei epische Gedichte. In seiner zwischen 29 und 19 v. Chr. verfaßten *Aeneis* schuf Vergil eine Mythologie des neuen Prinzipats:

> «Wird ein trojanischer Cäsar von edlen Ahnen entsprießen,
> Dessen Herrschaft das Weltmeer, den Ruhm die Sterne begrenzen:
> Ilius ist's, ein Heldenname vom großen Julius.
> Ruhig nimmst du ihn einst, mit Orients Beute beladen,
> In den hohen Olymp auf: Auch ihm wird man Opfer geloben,
> Wird die Pforte des Krieges gesperrt.»
> (Vergil, *Aeneis*, I, 286–294; deutsch von Joseph Spitzenberger, 1796)

Lukans *Bürgerkrieg* dagegen, in den sechziger Jahren des 1. nachchristlichen Jahrhunderts verfaßt, in der Zeit, da jene Dynastie mit Nero ins Verderben taumelte, beschwor eine Ideologie der verlorenen Republik:

> «Caesar kann niemand mehr dulden, der über ihm, Pompeius niemand, der neben ihm steht. Uns ist versagt zu wissen, wer mit mehr Recht zu den Waffen griff; beide können sich auf große Richter berufen: für die Sache des Siegers erklärten sich die Götter, für die des Besiegten Cato.»
> (Lukan, *Der Bürgerkrieg*, I, S. 125–128; deutsch von Georg Luck, 1985)

Es gehörte Mut zu der Behauptung, die Sache Julius Caesars, des Augustus und des Prinzipats hätten nur die Sieg spendenden Götter gerechtfertigt, die des Brutus und des Cassius aber Cato, der Heilige der Rechtschaffenheit und Märtyrer der Freiheit. Um so mehr als Lukan sie wagte, nachdem er in der Zueignung seines Gedichts Nero unter den Göttern genannt hatte. Wirklich kostete ihn denn auch die Dichtung, zu der ihn die Geschichte inspirierte, Neros Gunst, und die Verschwörung, zu der ihn die Dichtung inspirierte, mußte er mit dem Leben bezahlen. Neros Befehl gehorchend, öffnete er sich im Bade die Pulsadern. Das freilich geschah fast ein Jahrhundert, nachdem bei Aktium Antonius von Oktavian besiegt worden war. Wie aber erlebten die Zeitgenossen die von Augustus hergestellte *Pax Romana*?

Ein Schrein des augusteischen Friedens

Zwischen 13 und 9 v. Chr. ließ Augustus auf dem *Campus Martius*, dem Marsfeld, wo bereits sein kaiserliches Mausoleum stand, die *Ara Pacis Augustae* errichten. Die Einfriedung dieses Altars des augusteischen Friedens zeigte in Reliefskulptur an der Südwand Szenen, in deren Mittelpunkt Augustus und die kaiserliche Familie standen, während an der Nordwand der Senat und das Volk von Rom dargestellt waren. Die Skulpturen an der Westwand rekapitulierten von Aeneas bis zu Romulus und Remus die historische Mythologie der Stadt Rom, diejenigen an der Ostwand aber deren kosmische Mythologie, verkörpert in den Gestalten der Terra Mater und der Roma (*Cambridge Ancient History*, Bd. 10, Plan 2 nach S. 581).

In diesem Programm gibt es nur eine einzige Anspielung auf den Krieg, und die bemerkt man nur bei näherem Zusehen. Unter den Gestalten der kaiserlichen Familie in der Südostecke der Einfriedung ist ein Mann, der statt der Toga Soldatentracht trägt. Der Dargestellte ist mutmaßlich Drusus, der Bruder des Tiberius, der, während die Reliefs geschaffen wurden, in Germanien Krieg führte und den römischen Machtbereich bis zur Elbe erweiterte, wo er in dem Jahr, in dem der Altar geweiht wurde, starb (*Cambridge Ancient History*, Tafelband 4, S. 116–117). Doch wird diese Anspielung auf einen fernen Krieg mehr als aufgewogen durch die Darstellung der zahlreichen, sich des augusteischen Friedens erfreuenden Kinder der kaiserlichen Familie und des römischen Volkes. Die Terra Mater, das beherrschende Symbol des augusteischen Friedens, läßt jede Bedrohung des Friedens als belanglos erscheinen (Rostowtzew, Bd. 1, S. 44; *Cambridge Ancient History*, Tafelband 4, S. 120–121).

Diese Mutter Erde ist in dem Fries als gewandete, sitzende Frau dargestellt. Sie hat zwei Kinder im Schoß und ist von Symbolen der Fruchtbarkeit umgeben. Hinter ihr, zur Rechten und Linken, sind

Kornähren und Mohnkapseln abgebildet. Rechts und links ihr zu Füßen erblickt man eine ruhende Kuh und ein trinkendes Schaf. Zu beiden Seiten leisten ihr, die eine auf einem Schwan, die andere auf einem Meeresdrachen reitend, zwei Frauen Gesellschaft, die entweder Flüsse und Meere oder Luft und Wasser verkörpern. Der augusteische Frieden hat nicht Rom allein, sondern dem ganzen Erdkreis Fruchtbarkeit und Sicherheit beschert und, der Obhut eines kriegerisch gerüsteten Herrschers entrissen, der nährenden Mutter zurückgegeben.

Die Darstellung war natürlich das, was wir als Propaganda zu bezeichnen gewöhnt sind. Doch spricht eine ganz ähnliche Einschätzung des augusteischen Zeitalters aus einem etwa zur gleichen Zeit wie die *Ara Pacis* errichtetem Monument, bei dem es sich nicht um ein Denkmal zum Ruhme des Herrschers, sondern um ein Zeugnis der ehelichen Liebe handelt: aus der Grabschrift, die ein römischer Witwer der verstorbenen Gattin verfaßte.

Diese Grabschrift, nach Nicholas Horsfalls Urteil die bei weitem längste, bekannte lateinische Inschrift, die einer Privatperson gewidmet ist (S. 85) und das eindrucksvollste Zeugnis ehelicher Liebe, das wir aus der späteren griechisch-römischen Welt haben, wie Gregory Horsley (Bd. 3, S. 35) versichert, war ursprünglich die Grabrede des Witwers, gehalten irgendwann in den letzten beiden Jahrzehnten vor der Zeitenwende. Von diesem typisch römischen Genre der *laudatio funebris* sind uns an die fünfzig Beispiele erhalten, in denen die Verstorbenen stets von einem Familienangehörigen oder politischen Weggefährten gepriesen werden (siehe dazu Kierdorf, S. 137–149). Der Text der während der Begräbnisfeier gehaltenen Rede wurde später in Marmor gehauen und am Grabmal angebracht. So auch in dem vorliegenden Fall. Leider ist auf den beiden Marmorplatten, die ihn tragen, der fragliche Text nicht vollständig erhalten. Namen findet man in den erhaltenen Bruchstücken nicht genannt, und die früher vorgenommene Identifizierung des Ehepaars als Q. Lucretius Vespillo, der im Jahre 19 v. Chr. Konsul war, und dessen Gattin Turia, überzeugt heute nicht mehr, so daß wir bekennen müssen, den Namen der Frau, an welche die sogenannte *laudatio Turiae* wirklich gerichtet war, einstweilen nicht zu kennen. Dies jedenfalls ist die einhellige Meinung von Marcel Durry, 1950, Erik Wistrand, 1975, und Nicholas Horsfall, 1983, der Forscher, die sich zuletzt mit der Inschrift beschäftigt haben.

Das von Pompejus, Crassus und Caesar gebildete erste Triumvirat endete bekanntlich mit dem Tode des Crassus in der unglücklichen Schlacht gegen die Parther bei Carrhae im Jahre 53 v. Chr., und im Jahre 49 v. Chr. brach zwischen dessen überlebenden Angehörigen, Pompejus – der bis zu deren Tod im Jahre 54 v. Chr. mit Caesars Tochter Julia verheiratet war – und Caesar der Bürgerkrieg aus. In dem erhaltenen Bruchstück der Grabrede erinnert der Redner die Verstorbene an jene schlimme Zeit:

> «Verwaist warst du plötzlich vor dem Tag deiner Hochzeit, da deine Eltern in einer verlassenen Einöde gleichzeitig ermordet wurden. Dank dir vor allem – denn ich war in die Provinz Makedonien gegangen, der Mann deiner Schwester, Gaius Cluvius, in die Provinz Africa – blieb der Tod deiner Eltern nicht ungesühnt.»
> (Sogenannte *Laudatio Turiae*, I, 3–6; deutsch von Dieter Flach, 1991)

Braut und Bräutigam hatten gegen Caesar die Partei des Pompejus ergriffen, zu ihrem Unglück, wie sich zeigte, als ein Jahr später bei Pharsalus in Thessalien Pompejus von Caesar geschlagen wurde und wenig später an einem ägyptischen Strand durch Mörderhand den Tod fand.

Der Witwer ruft der Abgeschiedenen in Erinnerung, wie sie ihm auf der Flucht und im Exil beistand, «... als du alles Gold und die Perlen, die du dir angelegt hattest, mir übergabst», und schließlich an die Statthalter des sich im Ausland befindlichen Caesar appellierte, die von diesem ausdrücklich versprochene Begnadigung für den Bräutigam in die Tat umzusetzen, so daß dieser bald darauf (mutmaßlich 49 oder 48 v. Chr.) heimkehren und Hochzeit feiern konnte.

Doch andere einstige Parteigänger des Pompejus machten von Caesars Gnade anderen Gebrauch. Auch Brutus und Cassius, die Anführer der Verschwörer, die Caesar an den Iden des März des Jahres 44 v. Chr. ermordeten, waren von Caesar begnadigte und sogar begünstigte ehemalige Pompejaner. Antonius, Lepidus und Oktavian, der Adoptivsohn und designierte Erbe des Ermordeten, bewiesen schon bei der Gründung ihres – des zweiten – Triumvirats, daß sie aus dem Fehler, der Caesar das Leben gekostet hatte, gelernt hatten und nicht daran dachten, ihn zu wiederholen. Und so stellten die Rächer Caesars im Jahre 43 v. Chr., noch ehe sie Brutus und Cassius in Griechenland angriffen, Proskriptionslisten auf. Diese Proskription der Feinde des neuen Triumvirats verschaffte nicht nur der Rachsucht der Anhänger Caesars Genugtuung und befriedigte, da natürlich die Proskribierten enteignet wurden, überdies die Habgier der betrunkenen Schauspieler, Possenreißer und Schmeichler, mit denen sich (wie Plutarch in dessen *Vita*, 21, erzählt) Marcus Antonius umgab, sondern verbreitete Furcht und Schrecken bei allen Römern. So herrschte Uneinigkeit darüber, welche Männer umgebracht werden sollten, da jeder der drei seine Feinde aus dem Wege geräumt, seine Verwandten aber gerettet wissen wollte, doch einigten sie sich schließlich darauf, keinen zu verschonen, den einer von ihnen tot sehen wollte. Unter diesen Umständen mußte jeder, der mit Pompejus gegen Caesar gekämpft hatte und dann von diesem begnadigt worden war, das Schlimmste befürchten. Der Redner am Grabe seiner Gattin hat offenbar damit rechnen müssen. Er spielt auf seine damaligen Schwierigkeiten nur in dunklen Wendungen an. «Wozu soll ich jetzt unsere vertraulichen und verborgenen Beratungen, unsere heimlichen Gespräche ausgraben?» sagte er. «Wie ich, von überraschenden Nachrichten zu augenblicklichen und drohenden Gefahren aus dem Versteck gerufen, dank deiner Ratschläge gerettet wurde? Wie du nicht duldetest, daß ich mein Leben allzu wagemutig blindlings aufs Spiel setzte, mir vielmehr ... sichere Schlupfwinkel verschafftest ...?» (II, 4–10, Flach, S. 68–69). Vielleicht hatte der Witwer sein Leben durch die Flucht ins Lager der Mörder Caesars allzu wagemutig aufs Spiel setzen wollen. Ihn davon abzubringen, wäre seine Frau allerdings gut beraten gewesen. Im Herbst des Jahres 42 v. Chr. starben nach der Niederlage ihrer Truppen in den beiden Schlachten bei Philippi Cassius und Brutus durch eigene Hand, und damit war jede Hoffnung auf eine Wiederherstellung der Republik gestorben. Sieben Jahre später wurde auch Sextus Pompejus geschlagen und hingerichtet, der nur für die Rehabilitierung seines Vaters Krieg geführt hatte. Der Redner am Grabe hat, dem guten Rat seiner Frau folgend, Zuflucht nicht bei den Feinden seiner Feinde gesucht, sondern sich von der Eheliebsten verstecken lassen. Diese hat dabei das eigene Leben riskiert und auch die Familie ihrer Schwester in Gefahr gebracht. Anscheinend willigte diese ein, den Verfolgten auf einem ihrer Güter zu verbergen. Die Gattin des damals Proskribierten hoffte, ihn so lange vor den Mördern verbergen zu können, bis es ihr gelänge, die Aufhebung des Mordbefehls durch den Nachweis zu erwirken, daß ihn keine Schuld am Tode Caesars träfe und er mit den Gegnern des neuen Triumvirats nichts zu schaffen habe. Es gelang denn auch irgendwie, dem Versteckten ein gutes Leumundszeugnis Oktavians, der ebenso wie Antonius zur fraglichen Zeit noch in Griechenland weilte, zu verschaffen. Lepidus aber, der in Italien regierende Triumvir, weigerte sich, den Gnadenerlaß des Kollegen anzuerkennen, da er ihn zweifellos als Einmischung Oktavians in seine Angelegenheiten auffaßte. Nur der Mut und die Beständigkeit der Gattin bewahrten schließlich den Proskribierten dennoch vor dem ihm von Lepidus zugedachten Schicksal. Zweimal hat sie also dem Redner das Leben gerettet, wie unter dem ersten Triumvirat so auch unter dem zweiten.

Schließlich hat sie sich in den nun folgenden ruhigeren und glücklicheren Zeiten erboten, seinem Glück das eigene zu opfern. Denn da ihre Ehe kinderlos blieb, bot sie ihm an, sich von ihm scheiden zu lassen – ohne die Gütergemeinschaft, die ihm das Verfügungsrecht über ihren Besitz gab, aufzuheben –, auf daß er eine andere Frau heiraten und mit dieser Kinder haben könnte, die sie wie ihre eigenen zu behandeln willens war.

> «Ich muß gestehen, ich geriet so sehr in Wallung, daß ich den Verstand verlor, war über dein Vorhaben so entsetzt, daß ich mich kaum wieder faßte. Uns mit dem Gedanken der Trennung zu tragen, bevor uns das Schicksal sein Gesetz aufzwänge – wie konnte dir etwas in den Sinn kommen, wodurch du zu meinen Lebzeiten aufhören würdest, meine Gattin zu sein, während du mir, als ich schon fast aus dem Leben verbannt war, unverbrüchlich treu geblieben warst!»
> (II, 40–43; deutsch von Dieter Flach, 1991)

Gegen Ende der Grabrede klagt der Witwer um die ihm Entrissene in Worten, denen auch der mit römischen Gebräuchen nicht Vertraute anhört, daß sie nicht bloß vorschriftsmäßig sind.

> «Hätte nur unsere Ehe, soweit es unser beider Alter gestattete, so lange fortdauern können, bis ich als der Ältere – dies wäre gerechter gewesen – zu Grabe getragen worden wäre und du mir den letzten Dienst erwiesen hättest. Ich nämlich käme, überlebtest du mich, aus dem kinderlosen Dasein heraus, hattest du mir doch die fehlende Tochter ersetzt.
>
> Vor mir ereilt hat dich das Schicksal. Übertragen hast du mir die Trauer aus Sehnsucht nach dir und mir keine Kinder hinterlassen, die mich Unglücklichen umsorgen könnten . . .
>
> Die Früchte deines Lebens werden mir nicht verloren gehen. Wenn mir dein bleibender Ruhm vor Augen tritt, möchte ich, gefestigt in meiner Zuversicht wie auch belehrt durch deine Verfügungen, dem Schicksal trotzen, das mir nicht alles entriß, sondern zuließ, daß sich mit meinen Preisungen die Erinnerung an dich verstärkt. Doch meine ruhige Verfassung habe ich mit dir verloren. Wenn ich daran denke, wie du meine Gefahren erspähtest und abwehrtest, werde ich von meinem Unglück überwältigt und kann meinem Versprechen nicht treu bleiben.»
> (I, 51–62)

Anstatt einzuwilligen, daß sie sich von ihm scheiden ließe, um ihm neben einer fruchtbaren Frau «die Dienste und Zuneigung einer Schwester und Schwiegermutter zu erweisen», wie sie es ihm vorschlug, hat er sie als seine Tochter in sein Testament eingesetzt, was ihren Erbanspruch und ihren Rang erhöhte. Doch vergeblich. Sie starb vor ihm.

Dieser großartige Text, in dem das Politische und das Private, das Soziale und das Persönliche so ergreifend ineinander verschlungen sind und der einem wohl zur Warnung vor allzu platten Verallgemeinerungen über den Charakter der römischen patriarchalischen Familie dienen sollte, macht uns nebenher klar, daß viele Römer gute Gründe hatten, den von der augusteischen Propaganda erhobenen Anspruch gelten zu lassen. «Nachdem die Welt befriedet, das Gemeinwesen wiederhergestellt war, waren uns ruhige und glückliche Zeiten vergönnt», sagt der Redner (II, 25–26; Flach, S. 69–70). So konnte selbst ein Republikaner und pompejanischer Aristokrat den Herrschaftsantritt des Augustus beschreiben.

Mittellos, ohne väterlichen Besitz

Schatten auf das helle Bild des augusteischen Friedens fallen in den Versen der augusteischen Dichter Vergil, Horaz und Properz, die alle drei in den Bürgerkriegen ihren Besitz verloren hatten. Daß sie innere Unruhen und Parteienkämpfe verabscheuten, war kein Wunder. Sie hatten erlebt, was dabei herauskam, und es war ihnen lebhaft erinnerlich.

Publius Vergilius Maro, an den Iden des Oktober im Jahre 70 v. Chr. bei Mantua geboren, wäre fast umgebracht worden, als er sich im Jahre 42 v. Chr. der Enteignung seines Landguts durch die Sieger von Philippi zu widersetzen versuchte.

> «Lucidas, o, nun haben wir's doch noch erlebt, was wir nie und nimmer geglaubt, daß der Fremdling als Herr unseres Gütchens uns sagte:
> ‚Das gehört nun *mir*; zieht ab, ihr früheren Siedler!›
> Niedergeschlagen und traurig, da Zufall alles zu Fall bringt,
> liefern wir jenen – bekomm's ihm übel! – jetzt diese Böcklein.»
> (Vergil, *Bucolica*, IX, 2–6; deutsch von Johannes und Maria Götte, 1972)

Quintus Horatius Flaccus, fünf Jahre jünger als Vergil, aus dem Süden Italiens gebürtig, schloß sich in Griechenland den Republikanern an und kämpfte dann bei Philippi auf der falschen Seite. Doch konnte er sich aus der Niederlage retten und entkam nach Italien. Inzwischen war dort jedoch sein Vater gestorben und sein väterliches Erbteil ein Raub der Sieger geworden. Seine damalige Lage beschrieb er um das Jahr 20 v. Chr. in einem Versbrief an Julius Florus, einen Freund, der zum Gefolge des Tiberius gehörte. Bemerkenswert an dieser Beschreibung ist, daß dabei des Antonius, des eigentlichen Siegers in der entscheidenden zweiten Schlacht bei Philippi, diskreterweise mit keinem Wort gedacht wird.

«Ich war des Kampfes unkundig, doch des Bürgerkrieges Wogen trugen mich zu den Waffen, die freilich den Armeen des Caesar Augustus nicht standhalten sollten. Philippi entließ mich daraus. Mit gestutzten Schwingen haftete ich am Boden, mittellos, ohne väterlichen Besitz in der Stadt und auf dem Lande. Armut trieb mich an, kühn Verse zu machen.»
(Horaz, *Epistulae*, 2, 2, 47–52; deutsch von Bernhard Kytzler, 1992)

Sextus Propertius, der jüngste der drei – er wurde um das Jahr 50 v. Chr. in Umbrien, wahrscheinlich in Assisi geboren – war noch ein Kind, als ihm geschah, was er sich in einer seiner Elegien in Erinnerung ruft.

«Und deines Vaters Gebeine hast du so früh schon bestattet,
Und in dem eigenen Gut wurdest du selber verkürzt;
Denn während zahlreiche Stiere dir sonst den Boden beackert,
Raubte die Meßrute dir arg den gepflegten Besitz.»
(Properz, *Elegien*, IV, 1, 127–130; deutsch von Rudolf Helm, 1965)

Drei Dichter aus verschiedenen Gegenden Italiens, keiner gebürtiger Römer, doch alle drei enteignet und ihres Erbteils beraubt von den Siegern des Bürgerkriegs. Drei Dichter aber auch, die dann C. Cilnius Maecenas unter seine mäzenatischen Fittiche nahm. Maecenas war «die Feder des Augustus», wie Marcus Agrippa dessen «Schwert» war, und wie dieser seinem Herrn bei der Reichsverwaltung und im Felde diente, ging jener demselben bei diplomatischen, propagandistischen und allgemein kulturpolitischen Projekten zur Hand. Drei Dichter, mit anderen Worten, die Oktavian fast vernichtet hätte, Augustus aber errettete.

Ovid, der vierte große Dichter des augusteischen Zeitalters, der, jünger als diese drei, sie lange überlebte, war weder in Gefahr gewesen, von Augustus vernichtet zu werden, noch hatte er ihm seine Errettung zu danken. Deshalb vielleicht wendete er im Jahre 1 v. Chr. sein Talent lieber an die elegante Tändelei der *Liebeskunst*, anstatt dichtend das augusteische Programm militärischer und moralischer Aufrüstung zu unterstützen, was unter rein literarischen Gesichtspunkten vermutlich als weise Entscheidung gewürdigt zu werden verdient. In diesem Buch aber findet man, sehr unpassend eingeschoben in die Erörterung der Möglichkeiten, bei Gladiatorenkämpfen und auf Festen Liebesgeschichten anzuzetteln, eine Auslassung von rund vierzig Versen über den damals bevorstehenden Feldzug des Gaius Julius Caesar gegen die Parther. Darin heißt es:

«Schenkt ihm nun auf seinem Zug eure Macht, Vater Mars, Vater Caesar,
Du, der ein Gott du bist, du, der du künftig es wirst.

Sieh, ich verheiße den Sieg und will mein Gelübde durch Verse
Einlösen; preisen will ich dich in erhabenem Stil.»
(Ovid, *Ars Amatoria,* I, 203–206; deutsch von Niklas Holzberg, 1988)

Dieser Erguß «scheußlicher politischer Schmeichelei» ist politisch so unklug, poetisch so platt und prophetisch so falsch, daß man fast geneigt ist, ihn für eine absichtliche Parodie derartiger kriecherischer Huldigungen zu halten (Humphries, S. 7). Die dichterische Antizipation des zukünftigen Triumphs des Gaius als einer – wie der Zusammenhang nahelegt – guten Gelegenheit, Mädchen aufzugabeln, dürfte Augustus kaum komisch gefunden haben. Und als dann statt des von dem Dichter so leichtfertig prophezeiten Triumphs in Rom nur eine Leichenfeier für die aus Lykien in die Heimat überführten sterblichen Überreste des jüngsten Gaius Julius Caesar stattfinden konnte, wird das Mißvergnügen des trauernden Großvaters, der daran gedacht hatte, diesen Enkel als seinen Erben einzusetzen, noch um einiges zugenommen haben. Gegen Ende des Jahres 8 n. Chr. wurde der Dichter durch kaiserliche Order ohne Gerichtsverfahren nach Tomis am Schwarzen Meer verbannt. Der Grund war vorgeblich eben jene damals schon seit zehn Jahren veröffentlichte frivole *Liebeskunst,* tatsächlich scheint aber ein Sittenskandal, über den Ovid zuviel wußte, seine Entfernung aus der Hauptstadt wünschenswert gemacht zu haben. Aber wie dem auch sei: Alle seine Bemühungen, eine Revision des Urteils zu erreichen, blieben vergebens, und nach zehn Jahren der Verbannung starb er in der Einsamkeit fern der guten Gesellschaft, deren Liebling er gewesen war.

Auf Perser und Briten

Die Aufrichtigkeit der drei staatstragenden Dichter des augusteischen Zeitalters anzuzweifeln fällt einem heute leicht, leichter als man es sich machen sollte. Denn priesen sie den augusteischen Frieden wirklich nur, weil Augustus ihnen den enteigneten Landbesitz zurückgegeben hatte? Ezra Pound rühmte in seiner *Homage to Sextus Propertius* spöttisch auch den Dichter der *Aeneis.*

«Auf den aktischen Marschen ist Vergil Polizeichef des Phöbus.
Er kann Caesars große Schiffe auflisten
Ilions Rüstungen entzücken ihn
Er schwenkt die trojanischen Waffen des Aeneas.
Und wirft Nachschub auf lavinianische Strände.
Platz da, ihr römischen Autoren, räumt die Straßen, o, ihr Griechen
Denn eine viel größere Iliade ist im Bau (und auf kaiserlichen Befehl)
Räumt die Straßen, o, ihr Griechen.»
(Ezra Pound, *Homage to Sextus Propertius,* 1934, S. 34)

Der Spott ist billig. Allerdings feiert Vergil den Augustus. Aber die *Aeneis* ist dennoch nichts weniger als die Lobhudelei eines Hofschranzen. Immerhin ist der billige Spott des jungen Pound geeignet, den Leser, der sich auf dessen alte Tage besinnt, daran zu erinnern, daß es unter allen Umständen riskant ist, Poesie und Politik zu vermengen.

Nicht unaufrichtig, gegen Bezahlung, priesen die Dichter des augusteischen Zeitalters die Politik des Augustus. Vergil, Horaz und Propertius verfochten die neue Ordnung aus tiefer Überzeugung. Sie wußten, daß, wie sie persönlich, ganz Italien, ja das ganze Römische Reich deren Segen erfuhr. Dennoch liest man selbst bei ihnen zwischen den Zeilen, daß dieser Segen seine Grenzen hatte.

Zu Anfang wollten sie den Segen grenzenlos. Im Jahre 40 v. Chr. war Caesar seit vier Jahren tot, schon bei Philippi gerächt und in Rom unter die Götter versetzt. Oktavian und Antonius hatten sich in Brindisi miteinander versöhnt, und ihr Bündnis besiegelt hatte die Vermählung des Antonius mit Oktavians Halbschwester Oktavia. Vergil widmete C. Asinius Pollo, einem der Konsuln dieses Jahres und sein Gönner, bevor Maecenas sich seiner annahm, eine Deutung des neuen Weltjahrs. Da ist von einem neugeborenen oder bald zur Geburt berufenen Knaben die Rede, der in der Kraft des Vaters die vollkommen befriedete Welt beherrschen wird, eine Welt, wo weder Krieg noch Handel, Industrie oder Ackerbau mehr vonnöten sein werden, weil allen alles von selbst reifen wird.

> «Dann, wenn schon zum Mann dich gestählt dein kräftiges Alter,
> läßt auch der Schiffer freiwillig das Meer, die segelnde Fichte
> tauscht nicht Waren mehr aus: überall trägt alles die Erde.
> Nicht mehr duldet der Boden den Karst, der Weinberg die Sichel,
> jetzt auch löst die Stiere vom Joch der kräftige Pflüger.
> Nicht mehr lernt nun trügerisch bunt sich färben die Wolle,
> nein, schon wechselt von selbst im Wiesengrunde der Widder
> lieblich in glühenden Purpur sein Vlies und goldenen Safran.
> Scharlach kleidet nun ganz von selbst die weidenden Lämmer.»
> (Vergil, *Bucolica*, IV, 37–45; deutsch von Johannes und Maria Götte, 1972)

Man kann sich wohl fragen, an welches Kind der Dichter dachte, ob er überhaupt irgendeinem Kind von Fleisch und Blut eine so paradiesische Zukunft zutraute. Zweifellos aber ist die Zukunft, die er in diesen Versen beschwört, paradiesisch. In dem neuen Weltjahr wird das goldene Zeitalter wiederkehren, ohne Mühe wird man die Früchte der Erde ernten, und ohne darum kämpfen zu müssen, wird jeder sich behaglichen Wohlstands erfreuen. Und das ist das Bild des augusteischen Zeitalters, das die über fünfundzwanzig Jahre später geschaffenen Reliefs der *Ara Pacis* den Römern vorstellten.

Doch schon zehn Jahre, nachdem Vergil das neue Weltjahr so zuversichtlich gedeutet hatte, gab es Gelegenheit zu Gedichten, die verraten, daß mit dem Anbruch des da verheißenen Weltfriedens so bald nicht zu rechnen ist. Bei Aktium war die Schlacht geschlagen worden, die Oktavian die Alleinherrschaft im Römischen Reich sicherte, eine Schlacht, bei der sich niemand mit Ruhm bedeckt hatte. Denn bekanntlich überließ ja Antonius, der fliehenden Kleopatra nachsegelnd, seinem Gegner den Sieg, als interessierte er selbst sich nicht dafür. Nichtsdestoweniger bot sich eine mythologische Überhöhung des Ereignisses an, da es ja folgenreich war. Dabei legten aber die Dichter nun ihr Augenmerk nicht auf den Weltfrieden, den zu eröffnen dieser Sieg geeignet scheinen mochte, vielmehr deuteten sie den Kampf zweier römischer Bürgerkriegsanführer als Entscheidungsschlacht zwischen der römischen Zivilisation, die dabei von Oktavian zum Siege geführt wurde, und der asiatischen Barbarei, deren Verlockungen der unselige Antonius erlegen war.

Properz, der sich einst scherzend anheischig gemacht hatte, das, was er mit seiner Cynthia im Bette trieb, nach homerischem Muster zu besingen –

«Ringt sie gar, nackt mit mir, wenn ich das Gewand ihr entzogen,
oh, dann sing' ich sogar schier Iliaden davon.»
(Properz, *Elegien*, II, 1, 13–14; deutsch von Rudolf Helm, 1965)

– schrieb zuerst von Aktium, freilich nicht aus politischem Interesse, sondern um seiner ungetreuen Cynthia den Fall des unglücklich verliebten Antonius als warnendes Beispiel hinzustellen.

«Denk' an Antonius: eben erfüllt' er mit hohlem Geklirre
Aktiums Bucht, mit dem Heer, das ja dem Tode geweiht,
Schmähliche Liebe gebot ihm, die eilenden Kiele zu wenden
Und am Ende der Welt Rettung zu suchen in Flucht.»
(Properz, *Elegien*, II, 16, 37–40; deutsch von Jacob Binder, 1928)

Doch im 4. Buch seiner *Elegien* bekennt der Dichter als Priester des von Augustus zum Gedenken an den Sieg bei Aktium auf dem Palatin errichteten Apollo-Tempels, den Namen Caesars verherrlichen zu wollen.

«Beim Athamanischen Strand biegt ein der Hafen des Phoebus,
Wo des Ionischen Meers Rauschen verstummt in der Bucht,
Für die Julische Flotte die Flut, die von Aktium kündet,

Ohne Beschwer für die Fahrt, wie es der Schiffer gewünscht.
Hier traf sich die Mannschaft der Welt; die fichtenen Riesen
Standen im Meer, doch nicht gleich war für die Ruder das Glück.
War doch die eine der Flotten dem Teukrer Quirinus verfallen,
Römische Spieße, gelenkt – schmachvoll! – von weiblicher Hand.
Segelgeschwellt, in Jupiters Schutz, dort das Schiff des Augustus
Und das Heer, das des Siegs lang schon gewohnt für sein Land.»
(Properz, *Elegien*, IV, 6, 15–24; deutsch von Rudolf Helm, 1965)

Der Untergang des Antonius war demnach von vornherein höheren Orts beschlossene Sache, weil seine Liebe nicht nur schmählich war, sondern ihn auch dem Vaterland entfremdete: Den abtrünnigen Römer straft der als Schutzgott Roms unter dem Namen Quirinus angerufene Romulus.

Bei Vergil dann findet man den Gegensatz zwischen dem Verteidiger römischer Gesittung und dem asiatisch entarteten Antonius in vollends unmißverständlicher Deutlichkeit herausgearbeitet.

«Hier der Caesar Augustus, die Italer führend zum Kampfe,
mit den Vätern, dem Volk, den Penaten, den mächtigen Göttern,
ragend auf hohem Heck . . .

Drüben mit Fremdvolks Macht Antonius, bunt seine Waffen,
Sieger bei Völkern des Morgens, am Strande des Roten Meeres,
führt Ägypten und Kräfte des Orients her und das ferne
Baktra: es folgt ihm – Frevel und Schmach! – die ägyptische Gattin.

. . . Die Fürstin
ruft inmitten der Schlacht ihre Scharen mit heimischer Klapper,
sieht noch nicht das Schlangenpaar androhen im Rücken.
Götterfratzen jeglicher Art und der Beller Anubis
schwingen gegen Neptunus und Venus und gegen Minerva
ihre Geschosse.»
(Vergil, *Aeneis,* VIII, 678–700; deutsch von Johannes und Maria Götte, 1972)

Das ist besser, viel besser: als Mythos wie als Propaganda. Unsere Götter gegen die Götterfratzen jeglicher Religion. Unser Volk gegen des Fremdvolks Macht. Unser Augustus gegen die klappernde Ägypterin.

Aber war denn die bei Aktium abgewendete Bedrohung der römischen gesitteten Welt, deren Properz, Vergil nicht unähnlich, gedenkt –

«Ha, des verbuhlten Kanopus verbuhltere Königin wagt' es
. . . Jupiter, dir das Gebell des Anubis entgegenzustellen
Und mit Geboten des Nil unserem Tiber zu drohn,

Römischen Tubaklang mit der Isisklapper zu schrecken...»
(Properz, *Elegien*, III, 11, 37–43; deutsch von Jacob Binder, 1928)

– war denn diese den inneren Frieden von außen störende Gefahr die einzige und letzte, die zu bannen Augustus berufen war? Die *Pax Romana*, der römische Frieden, hatte ringsum seine Grenzen, und die Dichter feierten den Fürsten, der diese Grenzen nicht nur gegen barbarische Einfälle sicherte, sondern das Reichsgebiet kontinuierlich vergrößerte. Man höre Horaz, der den Caesar anrief, als in den Jahren zwischen 27 und 25 v. Chr. davon die Rede war, daß Augustus gegen Britannien zu ziehen beabsichtige, während der derzeitige Präfekt Ägyptens, Aelius Gallus, eine Expedition nach Arabien führte:

«Beschütze Caesar, der zu ziehen sich anschickt zum Rande
der Welt zu den Briten, und der Jünglinge frische
Schar, ein Schrecken den östlichen Landen und dem Roten Meere.

Weh, weh – der Narben und der Frevel Schmach
an den Brüdern! Was haben wir je gescheut, wir, ein hartes
Geschlecht? Unversucht, welchen Frevel
gelassen? Wovon hat ihre Hand die Jugend
aus Furcht vor den Göttern zurückgehalten! Welche
Altäre geschont? O daß du auf neuem
Amboß schmiedetest, da es so stumpf, wider Massageten und Araber unser Schwert!»
(Horaz, *Oden*, I, 35, 29–40; deutsch von Bernhard Kytzler, 1992)

Der augusteische Frieden ist eine Realität, die selbst auf dem fruchtbaren Land gedeihende Früchte trug; der nicht allein in Rom und in den Städten Italiens wachsende Wohlstand ist unleugbar. Aber an den Grenzen des Reiches ist Krieg. Vielleicht bewahrt nur der Krieg an den Grenzen den Frieden im Innern. Man höre, was Horaz von Apoll erwartete:

«Er wird Krieg voll Tränen, er das Elend des Hungers
und der Seuche vom Volk und vom Princeps Caesar auf
Perser und Briten
wenden, bewegt durch eure Gebete!»
(Horaz, *Oden*, I, 21, 13–16; deutsch von Bernhard Kytzler, 1992)

Über hundert Jahre später ist bei Tacitus zu lesen, was die mit solchen frommen Wünschen bedachten Briten dazu gesagt haben mochten. Denn in der Biographie seines Schwiegervaters, Gnaeus Julius Agricola, der zwischen 77 und 84 n. Chr. römischer Statthalter in Britannien war, legt er dem Führer der Briten, Calgacus, eine Rede in den Mund, in welcher dieser vor der entscheidenden Schlacht gegen die

Truppen des Agricola sein Heer zur Verteidigung der Heimat aufrief:

> «Plünderer des Erdballs, durchstöbern sie, nachdem den alles Verwüstenden die Länder fehlten, jetzt auch noch das Meer: ist der Feind begütert, sind sie habgierig, ist er arm, ehrsüchtig, sie, die nicht der Orient, nicht der Okzident gesättigt hat. Als einzige von allen begehren sie Schätze und Mangel mit gleicher Leidenschaft. Stehlen, Morden, Rauben nennen sie mit falschem Namen Herrschaft und Frieden, wo sie eine Wüste schaffen.
>
> Kinder und Verwandte, so hat es die Natur gewollt, sind für jeden das liebste: die werden durch die Aushebungen davongeschleppt, um anderswo zu dienen. Frauen und Schwestern werden, auch wenn sie der Willkür des Feindes entgehen, unter dem Namen von Freunden und Gästen befleckt. Güter und Vermögen werden für den Tribut, Acker und Ernte für die Getreideabgabe, die Körper selber und Hände, um Wälder und Sümpfe gangbar zu machen, unter Schlägen und Kränkungen aufgerieben. Für die Knechtschaft geborene Sklaven werden einmal verkauft und obendrein noch von den Herren selber unterhalten. Britannien kauft seine Dienstbarkeit täglich neu, nährt sie jeden Tag neu.»
>
> (Tacitus, *Agricola*, 30–31; deutsch von Karl Büchner, 1955)

Der augusteische Frieden war ein römischer und italienischer Frieden, der auf einen römischen und italienischen Bürgerkrieg folgte. Und wie dieser Krieg auch etliche außerhalb Italiens gelegene Provinzen verwüstet hatte, so genossen dann auch diese den danach einkehrenden Frieden. Doch nie reichte dieser Frieden so weit wie der in Vergils Hirtengedicht verheißene. Er beglückte das Innere des Römischen Reichs, doch nicht die jenseits von dessen Grenzen wohnenden Völker. Rom war zu einer Einsicht gelangt, die sich später noch anderen Imperien als nützlich erweisen sollte, der nämlich, daß man innere Unruhen nach außen abschieben, den Krieg aus der Gesellschaft an die Landesgrenzen verlagern und in diesem Zustand dann Gesetz und Ordnung herrschen sehen, ja ihn sogar Frieden nennen kann.

3. Sklave und Patron

«Klasse also, im wesentlichen eine Beziehung, ist vor allem der kollektive soziale Ausdruck der *Tatsache der Ausbeutung* (und natürlich des Widerstands dagegen). Die Teilung der Gesellschaft in ökonomische Klassen ist ihrer Natur nach die Art und Weise, in welcher die Ausbeutung verwirklicht wird, so daß die besitzenden Klassen von den besitzlosen leben. Ich gebe zu, daß das Wort ‹Ausbeutung›, so wie ich es verwende, oft tadelnd klingen mag; aber im wesentlichen ist der Ausdruck ‹wertfrei› und bedeutet nur, daß eine besitzende Klasse von der Arbeit der Produktion befreit ist kraft ihrer Fähigkeit, sich von dem Überschuß zu erhalten, den sie den primären Produzenten entziehen durch Zwang oder durch Überredung oder (wie in den meisten Fällen) durch eine Mischung von beidem.»

G. E. M. de Ste. Croix, *Karl Marx and the History of Classical Antiquity*, 1975, S. 26

Man spricht von Sklaven und Herren oder von Klienten und Patronen, doch habe ich im Titel dieses Kapitels dem Sklaven in voller Absicht den Patron gegenübergestellt. Denn der Patron, der Mäzen, der Gönner war auf den Sklaven angewiesen. «Die häßliche Tatsache», sagt nämlich sehr treffend Thomas Carney, «war, daß bei dem damaligen niedrigen Niveau der Technologie im Altertum irgend jemand verzichten mußte – auf eigenes Familienleben, materielles Auskommen, die einfachste Menschenwürde und Lebensraum –, um die Produktion eines Überschusses zu besorgen. Die absolute Macht über einen anderen Menschen, das unanfechtbare Recht, einen anderen als menschliches Werkzeug oder Lustobjekt zu behandeln, entmenscht beide Seiten eines solchen Verhältnisses. Das ist es, was Sklaverei, und zwar jede Form der Sklaverei ausmacht. Als Institution ergänzt sie das Patronat aufs beste. Aus diesen beiden Institutionen im Verein resultiert zum großen Teil der autoritäre Charakter der Gesellschaften des Altertums mit ihren hierarchischen Standesordnungen» (S. 214–215). Im übrigen waren in Rom die ersten Klienten freigelassene Sklaven und deren ehemalige Herren die ersten Patrone; und dies ursprüngliche Verhältnis warf auf das neue vermutlich seine Schatten.

Soziale Schichten in Agrargesellschaften

Gerhard Lenski hat eine Theorie der sozialen Schichtung aufgestellt, die als kulturübergreifendes Modell «für den Verteilungsprozeß in menschlichen Gesellschaften» dienen soll, «den Prozeß, in welchem knappe Werte verteilt werden» (S. X), das heißt, wo entschieden wird, wer den materiellen oder ökonomischen Überschuß erhält. Wenn zum Beispiel zehn Menschen je zehn Produktionseinheiten produzieren, jeder aber nur acht zum Überleben braucht, somit jeder zwei Einheiten Überschuß hat, sind leicht zwei extreme Formen der gesellschaftlichen Aneignung dieses Überschusses denkbar: Gesellschaft A, wo jeder über zwei Einheiten Überschuß verfügt, und Gesellschaft B, wo neun Menschen nur das eben Lebensnotwendige erhalten, während einem einzigen zwanzig Einheiten Überschuß zufallen.

Eine der großen Tugenden der Theorie Gerhard Lenskis ist, daß sie die beiden Hauptperspektiven, deren sich die Sozialwissenschaften bedienen, die konservative funktionalistische und die revolutionäre konfliktorientierte Sichtweise, gleichermaßen in Anspruch nimmt, und zwar so, daß die Einsichten, die die eine wie die andere ermöglicht, einander ergänzen. «Konflikttheoretiker suchen, wie die Bezeichnung sagt, den Ursprung und Grund sozialer Ungleichheit im Kampf um begehrte und knappe Güter und Dienstleistungen. Während die Funktionalisten die von allen Angehörigen einer Gesellschaft geteilten gemeinsamen Interessen betonen, betonen die Konflikttheoretiker die trennenden partikularen Interessen. Während die Funktionalisten die gemeinsamen Vorteile hervorheben, die allen Gliedern der Gesellschaft aus den sozialen Beziehungen erwachsen, richtet sich die Aufmerksamkeit der Konflikttheoretiker auf die Tatsachen der Herrschaft und Ausbeutung. Wo Funktionalisten die Grundlage der sozialen Einheit im Konsens, der Übereinstimmung aller finden, beruht diese nach Ansicht der Konflikttheoretiker auf Zwang. Wie aber Funktionalisten menschliche Gesellschaften als soziale Systeme auffassen, sind dieselben für Konflikttheoretiker nur die Bühne, auf der Kämpfe um Macht und Privilegien stattfinden» (S. 16–17). Lenski sucht, wie gesagt, eine Synthese der aus diesen unterschiedlichen Perspektiven resultierenden Ansichten, und gerade diesem Bemühen verdankt das von ihm vorgestellte Modell seinen besonderen Wert.

Lenski teilt die menschlichen Gesellschaften primär nach technologischen und sekundär nach ökologischen Gesichtspunkten in Jäger und Sammler, einfachen und komplexeren Landbau Betreibende, Agrar- und Industriegesellschaften. Gesellschaften aller dieser Typen bestanden noch, als Sozialanthropologen die wissenschaftliche Untersuchung ihrer Besonderheiten und Unterschiede in Angriff nahmen. Das

Römische Reich war Lenskis Typologie zufolge eine Agrargesellschaft gewesen, zu deren Errungenschaften «die Erfindung des Pflugs» gehörte sowie «die Entdeckung der Möglichkeit, Zugtiere anzuspannen und der Grundlagen der Metallurgie (was den Gebrauch von geschmiedeten eisernen Pflugscharen ermöglichte); desgleichen die Erfindung des Rades und des Segels, die beide den Reise- und Güterverkehr sehr erleichterten» (S. 190). Mit diesen Errungenschaften unterscheidet sich die Agrargesellschaft von der einfachen Hortikultur- (oder Landbau-)Gesellschaft, die nur den Grabstock kennt, und von der fortgeschrittenen Gesellschaft dieses Typs, wo man die Hacke, eiserne Werkzeuge, Terrassenbau, Bewässerung und Düngung kennt. Dennoch sind natürlich auch die Errungenschaften der Agrargesellschaft noch relativ bescheiden neben denen der Industriegesellschaft, «wo die benützten Rohstoffe sehr viel mannigfaltiger sind, ganz andere Energiequellen zur Verfügung stehen und die Werkzeuge sehr viel komplexer und wirksamer sind» (S. 298).

Man kann selbstverständlich Lenskis Modell im ganzen oder im einzelnen kritisieren, aber jedenfalls lehrt es einen, sich zu hüten, die Selbstverständlichkeiten der hochentwickelten Industriegesellschaft auch für die Agrargesellschaft vorauszusetzen. «Eine Tatsache wird jedem Betrachter von Agrargesellschaften auffallen, insbesondere wenn er diese mit Gesellschaften anderer Typen vergleicht», sagt Lenski. «Dies ist die Tatsache *ausgeprägter gesellschaftlicher Ungleichheit*. Ohne Ausnahme findet man bei reifen Agrarwirtschaften ausgesprochene Unterschiede an Macht, Privilegien und Ehren. Diese Unterschiede sind größer als die selbst bei den am strengsten geschichteten Hortikulturgesellschaften Afrikas und der Neuen Welt gegebenen und gehen weit hinaus über diejenigen, die man bei einfachen Landbau- oder Jäger- und Sammlergesellschaften findet» (S. 210).

Agrargesellschaften haben, Lenskis Einteilung zufolge, neun Klassen, aber ein Abgrund trennt die fünf oberen von den vier unteren. Der *Herrscher* konstituierte eine eigene Klasse, denn «alle agrarischen Herrscher zählten fast das gesamte Land in ihren Reichen zu ihrem Besitz» (S. 215–216). Unter diesem stand die *regierende Klasse*. Diese bestand aus etwa einem Hundertstel der Bevölkerung, aber, sagt Lenski, «auf der Basis der zur Verfügung stehenden Daten kann man annehmen, daß die regierenden Klassen in Agrargesellschaften mindestens ein Viertel des Volkseinkommens erhielten und daß die regierende Klasse und der Herrscher zusammen gewöhnlich nicht weniger als die Hälfte desselben erhielten» (S. 228). Die *Gefolgsklasse* umfaßte etwa fünf Hundertstel der Bevölkerung und diente in verschiedenen Funktionen: als Schreiber oder Verwaltungsbeamte, Soldaten oder Heerführer der politischen Elite, die dieser Gefolgsleute als Klasse unbedingt bedufte, auf jeden einzelnen von ihnen aber ohne weiteres verzichten konnte. Die *Händlerklasse* stand der regierenden Klasse auf der Ebene des Markts, nicht der Autorität, gegenüber. Die Händler waren vermutlich aus den niedrigeren Klassen aufgestiegen, «aber in ziemlich jeder reifen Agrargesellschaft gelang es den Händlern, sich einen erheblichen Teil des Volksvermögens anzueignen und in einigen Fällen auch ein gewisses Maß politischer Macht» (S. 250). Die *Priesterklasse*, «die letzte, doch nicht geringste der privilegierten Klassen von Agrargesellschaften», besaß zum Beispiel im Ägypten des 12. Jahrhunderts v. Chr. 15 Prozent des Landes, ebenso verhielt es sich im 18. Jahrhundert n. Chr. in Frankreich (S. 256–257). Je nach Zeit, Ort und Religion «fungierte die Priesterklasse mehr oder weniger als Erhalterin der alten Umverteilungsethik primitiver Gesellschaften, wo die Akkumulation von Gütern in Privathand als eine Form gemeinschaftlicher Versicherung, nicht eigentlich zu privater Bereicherung, gedient hatte» (S. 266).

Auf der anderen Seite des oben erwähnten Abgrunds, der die oberen von den unteren Klassen scheidet, stand vor allem die *Bauernschaft*, die große Mehrheit der Bevölkerung. Abstrakt formuliert: «Die Bürde des Unterhalts für den Staat und die privilegierten Klassen fiel auf die Schultern des gemeinen Volks und insbesondere der Bauern, die die überwiegende Mehrheit der Bevölkerung bildeten» (S. 266). Im konkreten Beispiel betrachtet: «Im 16. Jahrhundert schaffte Tojotomi Hidejoschi, der damalige Regent Japans, alle Steuern ab außer der Landsteuer, die er auf zwei Drittel der Ernten festsetzte. Das ist wahrscheinlich der deutlichste Hinweis auf den Umfang der Einnahmen der ‹politischen Eliten› in einem durchschnittlichen Agrarstaat» (S. 267). Kraß und brutal ausgedrückt: «Die große Mehrheit der politischen Elite war bestrebt, sich die Energien der Bauernschaft weitestgehend dienstbar zu machen, indem sie dieser nur eben das absolut Lebensnotwendige ließ» (S. 270).

Die *Handwerkerschaft* umfaßte etwa fünf Prozent der Bevölkerung. «In den meisten Agrargesellschaften bildete sich die Handwerkerklasse ursprünglich aus landlosen Bauern, nicht erbenden Bauerssöhnen, und wurde ständig aus dieser Quelle aufgefrischt.» Doch müsse, sagt Lenski, betont werden, «daß trotz des Überlappens des Vermögens und Einkommens der Bauern- und Handwerkerklasse das mittlere Einkommen der Handwerker anscheinend nicht so groß war wie das der Bauern» (S. 278). Dementsprechend war natürlich ihre Stellung in der Hierarchie der Macht und Privilegien. Die *Unreinen und erniedrigten Klassen*, wie die Unberührbaren der Hindugesellschaft, waren diejenigen, deren Herkommen oder Beschäftigungen von der großen Masse der Bauern und Handwerker gering geschätzt wurden. Türhüter, Bergleute, Prostituierte zum Beispiel oder der chinesische Rikschah-Kuli, der trotz seines romantischen Bilds in früheren westlichen Filmen über den Fernen Osten nur eine begrenzte Arbeitsfähigkeit von knapp fünf Jahren hatte (S. 281). Endlich gab es da noch die *entbehrliche Klasse,* der zu normalen Zeiten zwischen fünf und zehn Prozent der Bevölkerung angehörten. «Dazu rechneten kleine Diebe und Räuber, Bettler, unterbeschäftigte Wanderarbeiter und alle, die für ihren Lebensunterhalt allein auf ihre Schlauheit und die Wohltätigkeit der Bessergestellten angewiesen waren» (S. 281). Die Entbehrlichen waren nicht einfach Asoziale aus innerer Veranlagung oder gar eigenem Willen, sondern existierten bloß, wie ihre schreckliche Bezeichnung andeutet, weil «trotz hoher Säuglingssterblichkeit, gelegentlich praktizierter Kindestötung und der Erwachsenensterblichkeit durch Krieg, Hunger und Krankheiten die Agrargesellschaften gewöhnlich mehr Menschen produzierten, als die herrschenden Klassen brauchen konnten» (S. 281–282).

Am Ende seiner Erörterung dieser neun Klassen faßt Lenski deren Ergebnis in einer graphischen Darstellung zusammen (S. 284). Zwei Eigentümlichkeiten dieser Darstellung fallen sofort ins Auge. Man hat es dabei nicht mit dem klassischen Bild einer Pyramide der Macht zu tun. Das Gebilde ruht vielmehr auf sehr breiter, aber ziemlich flacher Basis und ragt über dieser auf wie eine oben angespitzte Fahnenstange. Überdies sind die an dieser Fahnenstange markierten Schichten nach oben wie nach unten nicht alle horizontal begrenzt. Manche von ihnen sind nach oben ausgebeult, so daß Angehörige einer niedrigeren Schicht, wenn sie gut gestellt sind, besser gestellt sein mögen als schlechtgestellte Angehörige der nächsthöheren Schicht. Dazu aber ist anzumerken, daß es zwischen den Klassen allerdings «erhebliche Mobilität» gab, doch daß «in allen diesen Gesellschaften auf lange Sicht der soziale Abstieg sehr viel häufiger vorkam als der soziale Aufstieg» (S. 289–290).

Paradoxe der römischen Sklaverei

Wollen wir uns die Lage der Sklaven im augusteischen Zeitalter vorstellen, müssen wir uns auf ein weites Spektrum mehrdeutiger und ambivalenter Erscheinungen einstellen. In der Landwirtschaft und insbesondere auf Plantagen beschäftigte Sklaven hatten zweifellos ein elenderes Leben als Haussklaven. Marcus Portius Cato, der Urgroßvater des späteren stoischen Heiligen und Märtyrers der Republik gleichen Namens, gab in einem Handbuch der Landwirtschaft, das er um 160 v. Chr. verfaßte, dem Landwirt den folgenden Rat:

«... alte Ochsen, entwöhnte Kälber, entwöhnte Lämmer, Wolle, Häute, den alten Wagen, altes Eisengerät, einen alten Sklaven, einen kränklichen Sklaven und was sonst überflüssig ist, verkaufe er. Ein Hausvater muß verkaufslustig, nicht kauflustig sein.»
(Marcus Portius Cato, *De Agricultura*, 2, 7; deutsch von Otto Schönberger, 1980)

Und Marcus Terentius Varro, von Caesar einst rehabilitiert, obwohl er auf der Seite des Pompejus gekämpft hatte, weshalb ihn das zweite Triumvirat der Sympathien mit den Mördern Caesars verdächtigte und proskribierte, überlebte auch diese Verfolgung und verfaßte um 37 v. Chr., als er schon annähernd achtzig Jahre alt war, seinerseits eine Abhandlung über den Landbau. Darin heißt es:

«Nun zu den Mitteln, mit denen das Land gepflügt wird... bei diesen werden von etlichen drei unterschieden: Eine Klasse von Werkzeugen, die sprachbegabt ist, eine stimmbegabte und eine stumme; wobei die sprachbegabten Werkzeuge die Sklaven sind, die stimmbegabten das Zugvieh und das stumme die Fahrzeuge.»
(Varro, *De agri cultura*, 1, 17)

In diesen Handbüchern findet man die Existenz der in der Landwirtschaft beschäftigten Sklaven aus der Sicht der Herren beschrieben. Wie aber sah sie für die Sklaven selbst aus? Zwischen Cato und Varro gab es zum Beispiel 135 v. Chr. und 104 v. Chr. auf den von Sklaven bestellten Landgütern Siziliens zwei große, jeweils drei Jahre dauernde Sklavenaufstände. Diodorus Siculus, der, wie sein Beiname sagt, selbst Sizilianer war, hat in seiner zu Zeiten Caesars verfaßten Weltgeschichte die Umstände geschildert, die den ersten Aufstand veranlaßten. Diese Schilderung hat er vielleicht dem Geschichtswerk des Poseidonius von Apameia, eines älteren Zeitgenossen, entnommen.

«Die Sizilianer... begannen, Sklaven in großen Mengen zu kaufen, deren Leiber, sobald sie in Scharen von den Sklavenmärkten herbeigeschafft waren, sie mit Besitzzeichen brandmarkten... Doch behandelten sie dieselben in ihrem Dienste sehr hart und ließen ihnen nur die geringste Pflege zukommen und gaben ihnen an Nahrung und Kleidung nur eben das mindeste... Die Sklaven, durch ihre Leiden bedrückt und häufig beleidigt und grundlos geschlagen, konnten ihre Behandlung nicht ertragen.»
(Diodorus Siculus, *Historische Bibliothek*, 34–35, 2.1, 2.4)

Das ist das eine Extrem, die unmenschliche Brutalität der Landwirtschaftssklaverei auf den Latifundien, den großen, ganz mit Sklavenkraft bewirtschafteten Landgütern.

Das andere Extrem ist etwa die Lage eines Tiro, der Ciceros Sklave und dann Freigelassener, Sekretär und endlich Biograph war, der jene Hunderte von Briefen für die Nachwelt bewahrte, von denen D. R. Shackleton Bailey (ein späterer Biograph Ciceros) bemerkt, daß sie «niemals für die Öffentlichkeit bestimmt» waren und daß uns aus dem Altertum nichts diesen Briefen Vergleichbares erhalten sei, denn Plato, Seneca und Plinius hätten ihre Briefe in Hinsicht auf eine spätere Veröffentlichung geschrieben, «... in den Briefen Ciceros aber sehen wir den römischen Konsul, nach jeder vernünftigen Schätzung einen der bemerkenswertesten Männer seiner ereignisreichen Zeit, ohne seine Toga» (S. XII).

Im April des Jahres 53 v. Chr., als Cicero auf seinem Landgut in Cumae, nördlich von Puteoli, an der Küste Campaniens weilte, war Tiro, der mutmaßlich in Tusculum, auf dem südöstlich nicht weit von Rom gelegenen Besitz seines Herrn, zurückgeblieben war, schwer krank. In der Woche vom 10. bis zum 17. April schrieb Cicero seinem Tiro vier Briefe, die ein außergewöhnlich inniges Verhältnis zwischen Herrn und Sklaven bezeugen, denn damals war Tiro noch Ciceros Sklave, wenn er auch bald seine Freiheit und einen neuen Namen, nämlich den seines Patrons und Wohltäters, erhalten und fortan Marcus Tullius Tiro heißen sollte.

Als Cicero von Tiros Krankheit erfuhr, schickte er sofort einen Boten ab, um sich näher zu erkundigen. Noch ehe jedoch sein Bote zurückgekehrt war, schickte er diesem einen Brief hinterher:

> «Tullius grüßt Tiro.
>
> Ich will glauben, daß Du alles für mich getan hast, wenn ich Dich wieder gesund sehe. Mit höchster Sorge warte ich auf Menanders Kommen, den ich zu Dir geschickt habe. Sieh bitte zu, daß Du wieder gesund wirst, und wenn Du Dich ordentlich erholt hast, dann komm zu mir! Leb wohl!»
>
> (Cicero, *Ad Familiares*, 16, 1; deutsch von Helmut Kasten, 1964)

Kaum hatte Cicero diesen Brief expediert, als ein gewisser Andricus mit Nachrichten von dem Kranken bei ihm eintraf, woraufhin der besorgte Sklavenhalter seinem ersten Brief gleich einen zweiten folgen ließ.

> «Tullius grüßt Tiro
>
> Andricus ist einen Tag später hier eingetroffen, als ich erwartete, und so habe ich die letzte Nacht voller Angst und Elend verbracht. Aus Deinem Brief erfahre ich nichts Genaues, wie Du Dich befindest; immerhin bin ich beruhigt. Ich finde an nichts Vergnügen, mag auch nicht arbeiten, ehe ich dich nicht wiederhabe, mag ich nichts

anfassen. Dem Arzt laß versprechen, was er an Honorar fordert. Ich habe dementsprechend an Ummius geschrieben.

Wie ich höre, leidest Du an Melancholie, und der Arzt sage, das sei überhaupt der Anlaß Deiner Krankheit. Hol' gefälligst Deine Gelehrsamkeit und Bildung, um deretwillen Du mir so lieb bist, aus dem Schlafe! Du mußt jetzt seelisch gesunden, damit auch der Leib gesunden kann. Tu das bitte um Deinet- und meinetwillen!

Acastus kannst Du dabehalten, um so bessere Aufwartung wirst du haben. Erhalt Dich mir! Der Termin zur Erfüllung meines Versprechens naht, ja, ich werde ihn sogar vorverlegen, wenn Du wieder da bist. Eins ums andere Mal: Leb wohl!»

(Cicero, *Ad Familiares*, 16, 2; deutsch von Helmut Kasten, 1964)

Wüßte man nicht, daß das, was Tullius dem Tiro versprochen hatte, die Freilassung war, man würde nicht glauben, den Brief eines Herrn an seinen Sklaven gelesen zu haben. Zwei Tage später brachte ein gewisser Aegypta bessere Nachrichten vom Krankenbett, und Tullius antwortete:

«Aegypta ist heute, am 12. April, bei mir eingetroffen. Zwar meldete er mir, Du seiest völlig fieberfrei und befändest Dich wohl, aber daß er sagt, Du habest mir nicht schreiben können, macht mir doch Sorge, um so mehr, als Hermia, der eigentlich auch heute hätte eintreffen müssen, nicht gekommen ist. Ich bin außerordentlich beunruhigt über Deinen Zustand; wenn Du mir diese Unruhe nimmst, werde ich Dich von allen Sorgen befreien.

Ich würde Dir noch mehr schreiben, wenn ich annehmen dürfte, daß Du schon ohne Beschwerden lesen kannst. Nimm all Deinen Verstand, von dem ich sehr viel halte, zusammen und erhalte Dich mir und Dir! Pflege Dich mit aller Sorgfalt! Leb wohl!

(PS) Eben kommt Hermia. Ich habe Deinen Brief mit wackelnden Buchstaben erhalten, kein Wunder bei einer so schweren Krankheit. Ich schicke Dir Aegypta; er ist nicht ungebildet und scheint Dich zu mögen. Der soll bei Dir bleiben. Außerdem einen Koch, dessen Du Dich bedienen magst. Leb wohl!»

(Cicero, *Ad Familiares*, 16, 3; deutsch von Helmut Kasten, 1964)

Den letzten Brief in dieser Reihe richtete Tullius an Tiro in der Hoffnung, ihn bald, noch vor Ende des Monats, in Formiae, einem etwas weiter nördlich als Cumae gelegenen Küstenort, von seiner Krankheit gänzlich genesen wiederzusehen.

«Ja, ich möchte wohl, Du kämest zu mir, aber ich fürchte die Reise. Du bist schwer krank gewesen und vom Fasten, Abführen und durch die Krankheit selbst herunter. Schwere Krankheiten bringen ja meist schwere Unpäßlichkeiten mit sich, wenn etwas versehen wird, und zu den zwei Tagen, die Du nach hier unterwegs sein wirst, kommen sofort fünf für die Rückreise.

Ich gedenke, am 28. auf dem Formianum zu sein. Sieh zu, mein Tiro, daß ich Dich dort gesund antreffe... Mein Versprechen wird termingerecht erfüllt; ich habe Dir ja gesagt, was ein gegebenes Wort bedeutet. Mach nur, daß Du gesund wirst! Ich bin bereit! Leb' wohl!

Auf dem Cumanum, den 17. April.»

(Cicero, *Ad Familiares,* 16, 4; deutsch von Helmut Kasten, 1964)

Das Versprechen der baldigen Freilassung wird wiederholt, und Cicero erklärt, er sei bereit *(nos adsumus)* – ein juristischer Terminus, der bedeutet, daß er bereitstehe, Tiro in Freiheit zu entlassen, sobald dieser sich dazu in der Lage fühlt.

Eine antiökonomische Ideologie

Thomas Carneys hervorragendes Buch *The Shape of the Past* untersucht «die führenden Sektoren oder vorherrschenden Institutionen der alten Welt – Bürokratie, städtisches Leben, Ökonomie und Militär» (S. XVI), wobei er aber die Ökonomie von den drei anderen Bereichen in auffälliger Weise absondert. Die Unterschiede zwischen den antiken und den modernen Ausprägungen aller vier Bereiche werden festgestellt. So in betreff der Bürokratie: Während mindestens in der Theorie die moderne staatliche Bürokratie eine rational geplante Organisation zum Zwecke der möglichst effizienten und produktiven Leistung der Verwaltungsarbeit sei, habe es im Altertum keinen Begriff einer Bürokratie als eines rational eingesetzten, politisch neutralen Instruments im Dienste der Öffentlichkeit gegeben. Bürokraten des Altertums seien Beamte zur Verwaltung einer Bevölkerung von Untertanen im Interesse eines Herrschers gewesen (S. 72–73). Den Unterschied zwischen einer Stadt der Antike und einer modernen Stadt nennt er «immens»; zwischen beiden habe es eine ganze Reihe von Übergangsformen gegeben (S. 86). Über das Kriegswesen sagt er: «Im Altertum wurde ein hohes Maß an Scharfsinn auf die Kriegsführung verwandt, während wirtschaftliche Angelegenheiten nur wenig oder nur mäßige Beachtung fanden. Im Mittelalter verhielt sich das genau umgekehrt.» Und an anderer Stelle: «Das Kriegswesen beherrschte die Aufmerksamkeit der Alten in demselben Maße wie wirtschaftliche Angelegenheiten die Menschen in Industriegesellschaften beschäftigen» (S. 275, Anm. 15; S. 236). Doch dieser immensen Unterschiede zwischen antiker und moderner Bürokratie, Stadt und Armee ungeachtet setzt er hier, wo er auf die «‚Economics' in Antiquity» zu sprechen kommt, die ‹Ökomie› der Alten in Anführungsstriche, als hätten diese, strenggenommen, dergleichen überhaupt nicht gekannt (S. 137). Weshalb hielt er die antike Ökonomie der modernen für unähnlicher als die Bürokratie, Städte und Armeen der Antike den vergleichbaren Institutionen in der Moderne?

Carney selbst erläutert die Anführungsstriche, mit denen er die Ökonomie der Alten als uneigentliche hinstellt, nirgends ausdrücklich. Aber der Leser seines Buches ist, wenn er die dem fraglichen Kapitel vorangehenden in Erinnerung hat, auf die vor Mißverständnissen warnenden Zeichen vorbereitet. Das augusteische Zeitalter des Römischen Reiches war eine Epoche ungeheurer kommerzieller Aktivität, und diese fand im Widerspruch zu einer im Grunde antiökonomischen herrschenden Ideologie statt. Schon ehe er auf die Wirtschaft insbesondere zu sprechen kommt, hat Carney den Leser diesbezüglich verständigt: «Autoritäre Denkweisen beherrschten diese hierarchisch geordnete und machtbesessene Gesellschaft, besonders bei der militärischen Elite. Desgleichen ein antiökonomisches Ethos: Große Landgüter, die einem den Lebensstil eines Edelmanns erlaubten, stellten die einzige Form des Vermögens dar, die gesellschaftlich als wünschenswert galt ... Der Lebensstil der Großen beruhte auf Landbesitz. Dieser Lebensstil brachte Werte hervor wie den des Prachtaufwands (der ‹conspicuous consumption›), die ... implizit jede unternehmerische und innovative Tätigkeit abwerteten ... Historisch gesehen scheint der große Schritt vorwärts, der die Menschheit zum Industrialismus führte, mit der Entwicklung einer die unternehmerische Initiative unterstützenden Haltung bei den Eliten einhergegangen zu sein ... Reichtum wurde nicht weniger habgierig gesucht als in irgendeiner kapitalistischen Gesellschaft, aber von dessen Mehrung durch Steigerung der Produktion hatte man keine Ahnung, nahm vielmehr nur, was zu kriegen war. Kapital bildete man im Altertum, indem man es jemand anderem wegnahm, entweder als Kriegsbeute oder als von der arbeitenden bäuerlichen Bevölkerung erpreßte Steuer ... Unternehmerisches Denken hatte keine Fürsprecher im Altertum ... Die vorindustrielle Gesellschaft hat in der Tat keine Wirtschaftslehre hervorgebracht» (S. 61, 93, 95, 97, 99). Man denke also an all die Theorie, an all das Denken und die Lehre, die das Altertum auf die Redekunst verwandte, und dann denke man an all das Anti-Denken, das im Altertum der Wirtschaft galt.

Zwei Beispiele dieser antiken Anti-Wirtschaftslehre mögen hier genügen, zumal es sich dabei um klassische Formulierungen dieses Ethos handelt. Der schon oben zitierte Marcus Portius Cato eröffnete 160 v. Chr. seine Abhandlung über den Ackerbau mit der Erklärung:

«(1) Mag sein, daß es manchmal besser ist, durch Handel nach Vermögen zu streben, wenn es nicht so gefährlich wäre, und ebenso, Wucher zu treiben, wenn es nur ehrenhaft wäre. Unsere Voreltern haben es so gehalten und so in den Gesetzen verordnet, daß ein Dieb ums Doppelte, der Wucherer ums Vierfache gestraft werde. Als einen wieviel schlechteren Bürger sie den Wucherer ansahen als den Dieb, läßt sich hieraus ermessen. (2) Und einen rechten Mann wenn sie lobten, lobten sie ihn so: als einen rechten Bauern und guten Landwirt; man glaubte, der werde am höchsten gelobt, der so gelobt wurde. (3) Den Kaufmann aber halte ich für einen tüchtigen und auf Erwerb bedachten Mann, doch ist er, wie ich oben sagte, der Gefahr und dem Unglück ausgesetzt. (4) Aber aus den Bauern gehen die tapfersten Männer und die tüchtigsten Krieger hervor, und der ehrlichste und dauerhafteste Gewinn kommt heraus und der am wenigsten dem Neid ausgesetzte, und am wenigsten schlechte Gedanken haben die, welche mit dieser Arbeit beschäftigt sind.»
(Marcus Portius Cato, *De Agricultura,* Praefatio; deutsch von Otto Schönberger, 1980)

Hier haben wir eine deutlich artikulierte Hierarchie, die auch eine moralische Rangordnung ist: Bauer, Händler, Dieb, Wucherer. «Dieses herrschende Wertsystem ist als ‹Catonismus› bezeichnet worden und ist charakteristisch für eine konservative Oberschicht von Gutsbesitzern. Folgende Komponenten sind dabei auszumachen ... Beharren auf den strengen Tugenden der Vorfahren ... moralische Erneuerung ... militaristische Ziele und Werte ... antiintellektuell und antikosmopolitisch ... verachtet Ausländer ... feindliche Einstellung zu Handel und Kommerz ... hemmt die Entwicklung der Arbeit und schafft Voraussetzungen, unter denen der Industriekapitalismus kaum eine Chance hat ... Catonistische Anschauungen scheinen im Altertum stets Beifall gefunden zu haben; keine Stimme erhob sich je dagegen zur Verteidigung einer Kaufmanns- und Geschäftsethik. Kaufleute und Handwerker erfreuten sich im allgemeinen keiner hohen Wertschätzung, sprach- und machtlos entwickelten sie kein eigenes Ethos; statt dessen akzeptierten sie notgedrungen die niedrige Einstufung des eigenen Standes seitens der hervorragend artikulierten dominanten Kultur der Elite ... Die Geschäftstüchtigkeit hatte keine Fürsprecher unter den Philosophen der Antike» (Carney, S. 101, 219).

Das gleiche System moralischer Werte findet man Hunderte von Jahren nach Cato in einer Abhandlung Ciceros formuliert. Cicero verfaßte diese Abhandlung *De Officiis* in seinen letzten düsteren Lebensjahren, in denen er nichts Besseres zu tun hatte, als derart theoretisch ‹von den Pflichten› zu handeln. Dies geschah in Form eines Briefes an seinen Sohn Marcus, der damals mit dem ganzen Eifer eines nicht zu knapp mit Geldmitteln versehenen Studienanfängers fern der Heimat in Athen Philosophie studierte. Hier beurteilt Cicero die verschiedenen «Künste und Erwerbszweige» nicht, wie er ausdrücklich erklärt, aus eigenem Ermessen, sondern «der Überlieferung» entsprechend. Bemerkenswert sind insbesondere die Gründe, auf welche er die vermutlich althergebrachte Einschätzung stützt.

> «Was nun die Künste und Erwerbszweige anlangt, welche als eines Freien würdig zu gelten haben, welche schmutzig sind, darüber haben wir etwa folgendes der Überlieferung entnommen. Zuerst finden die Erwerbszweige keine Billigung, die dem Hasse der Menschen begegnen, wie die der Zöllner, wie die der Wucherer. Eines Freien aber nicht würdig und schmutzig ist der Erwerb aller Tagelöhner, deren Arbeitsleistung, nicht Fertigkeiten gekauft werden. Bei ihnen ist eben der Lohn ein Handgeld der Dienstbarkeit. Als schmutzig haben zu gelten auch die, welche von den Kaufleuten die Ware einhandeln, um sie sofort wieder zu verkaufen. Sie würden nämlich nichts verdienen, wenn sie nicht ausgiebig lügen würden. Nichts ist aber schimpflicher als Unsolidheit. Und alle Handwerker betätigen sich in einer schmutzigen Kunst. Denn eine Werkstatt kann nichts Freies haben. Und am wenigsten sind die Künste zu billigen, die Dienerinnen der Genüsse sind, ‹Fischhändler, Fleischer, Köche, Geflügelhändler, Fischer›, wie Terenz sagt. Füg noch hinzu, wenn du Lust hast, Parfümverkäufer, Tänzer und alles, was mit dem Würfelspiel zusammenhängt. Die Künste aber, in denen eine größere Klugheit am Werke ist oder kein geringer Nutzen erstrebt wird, wie die Heilkunst, die Baukunst, wie die Wissenschaft von ehrenvollen Dingen, die sind für diejenigen, deren Stand sie zukommen, ehrenhaft. Der Handel aber hat, wofern er klein ist, als schmutzig zu gelten. Wenn er aber groß ist und Mittel hat, vieles von allen Seiten herbeischafft und vieles ohne Betrügerei zuteilt, ist er nicht wohl zu tadeln. Und auch wenn er sich gesättigt hat an Erwerb oder, besser, sich begnügt und, wie oft von hoher See in den Hafen, so sich aus dem Hafen selber aufs Land und die Besitzungen begeben hat, scheint er mit dem besten Recht gelobt werden zu können. Von allen Dingen aber, aus denen irgendein Erwerb gezogen wird, ist nichts besser als der Landbau, nichts ergiebiger, nichts angenehmer, nichts eines Menschen, nichts eines Freien würdiger.» (Cicero, *De Officiis*, 1,150–151; deutsch von Karl Büchner, 1953).

Die eines Freien unwürdigen Tätigkeiten werden in absteigender Ordnung aufgezählt: die der Zöllner, Wucherer, Handarbeiter, Kleinhändler, Handwerker, Köche, Gastwirte und Unterhaltungskünstler. Die achtenswerten freien Berufe sind in ansteigender Ordnung genannt: Ärzte, Architekten und Lehrer, dann Kaufleute, aber nur Großhändler und vor allem solche, die den Gewinn in der Landwirtschaft anlegen. Denn die allerwerteste Beschäftigung ist die Landwirtschaft, die man freilich nicht etwa als Pächter oder gar als Landarbeiter treibt, sondern als Grundherr auf ererbtem Besitz.

Wenn die römischen Eliten die Geschäfte derart verachteten – nicht freilich den Gewinn – und den Handel theoretisch herabsetzten – obgleich dessen Früchte auch ihnen mundeten –, darf man fragen, woher die im Zeitalter des Augustus einsetzende Expansion des Handels ihren Antrieb bezog? Und bei der Suche nach einer Antwort auf diese Frage stößt man unvermeidlich auf den unsterblichen Trimalchio.

Die Leidenschaft des Froschkönigs für Handelsgeschäfte

Von Tiro wissen wir, weil er die an ihn gerichteten Briefe Ciceros aufbewahrt hat. Einen anderen Freigelassenen hören wir selbst reden, und obwohl dieser strenggenommen kein Zeuge der realen Wirtschaftsgeschichte, sondern die Kunstfigur eines Dichters ist, erfahren wir von ihm viel Wissenswertes über das Wirtschaftsleben im Altertum und das mediterrane Klientenwesen.

Petronius, geboren in den zwanziger Jahren des 1. Jahrhunderts der christlichen Ära, und entweder Titus oder Gaius geheißen, war Statthalter in Bithynien und bekleidete in den Jahren 60 und 61 vorübergehend das Amt eines Konsuls. Zeitweilig als dessen *arbiter elegantiae* in der Gunst Neros, fiel er bei dem Kaiser in Ungnade, als sein Feind Gaius Ofonius Tigellinus im Jahre 62 einer der beiden Präfekten der kaiserlichen Leibwache wurde. Wie der Dichter des Epos vom *Bürgerkrieg*, Lukan, der Beteiligung an Pisos Verschwörung gegen Nero beschuldigt, sah er sich vier Jahre später genötigt, Selbstmord zu begehen. Er starb in Cumae, wo Cicero um das Leben seines Tiro gebangt hatte.

Seinen Nachruhm verdankt er aber nicht seinem politischen Wirken oder seinem zeitweiligen Einfluß auf die Moden der römischen Gesellschaft, sondern einem unter seinem Namen überlieferten Roman, der die Sitten dieser Gesellschaft satirisch spiegelt. Da erzählt ein junger Mann namens Encolpius die Abenteuer, die er in Gesellschaft seines Freundes Ascyltos, eines Knaben namens Giton und eines ältlichen Dichters und Landstreichers namens Eumolpus auf der Suche nach Unterhalt und Unterhaltung erlebt. Treffend hat Jack Lindsay, Übersetzer des Romans ins Englische, denselben als den einzigen auf uns gekommenen realistischen Roman des Altertums bezeichnet (Lindsay,

S. 7). Leider sind von diesem *Satyricon* nur Bruchstücke erhalten. Ziemlich vollständig haben wir aber die Schilderung eines Gastmahls im Hause eines gewissen Trimalchio, und dieser, ein steinreicher Freigelassener, nutzt dabei gern die Gelegenheit, seine Gäste wissen zu lassen, wer er ist und wo er herkommt. Das Gastmahl findet zwar zu Zeiten Neros statt, und so sieht der Leser, wie es zu Neros Zeiten bei solchen Gastmählern zuging, doch was Trimalchio von seinem Werdegang mitteilt, schildert die vorangegangene augusteische Epoche. So sagt denn Michail Iwanowitsch Rostowzew von Trimalchio, daß die aktive Phase seines Lebens zweifellos noch zu Lebzeiten des Augustus anzusetzen sei und daß Leute seines Schlages im Wirtschaftsleben des augusteischen Zeitalters führend gewesen seien (S. 57). Petronius übertreibt natürlich die eitle Prahlerei des Emporkömmlings, aber der Typus ist zweifellos nach dem Leben gezeichnet. Paul Veyne vertritt diese Auffassung in einem ausgezeichneten Artikel. «Obwohl es eine Fiktion ist, muß dieses Leben ernstgenommen werden. Wir würden sogar vorschlagen, Trimalchio als eine real existierende Person aufzufassen und seine biographischen Angaben zu den historischen Daten seiner Zeit zu rechnen. Das *Satyricon* wird sich dann als im wesentlichen realistisch und sogar typisch erweisen; es ist ein ausgezeichnetes historisches Dokument» (S. 213).

Eine mythologisch überhöhte Zusammenfassung von Trimalchios Aufstieg zu den Höhen, auf denen er gegenwärtig wohnte, sahen seine Gäste schon an die Wände der Eingangshalle seines Haues gemalt. Aber gegen Ende des Gastmahls verbreitet der große Mann sich darüber mit Behagen auch mündlich:

> «Als ich aus Kleinasien kam, war ich nicht größer als wie dieses Kandelaber ist. Kurz und gut, alle Tage habe ich mich immer an ihm gemessen und mir, um schneller einen Bart am Schnabel zu haben, die Lippen aus der Öllampe eingerieben. Trotzdem habe ich vierzehn Jahre den Schatz vom Prinzipal gemacht. Es ist ja keine Schande, was der Herr befiehlt. Ich stellte trotzdem auch die Prinzipalin zufrieden. Ihr wißt, was ich meine: ich schweige, weil ich keiner von den Protzen bin. Im übrigen, wie es der Himmel so will, bin ich Herr im Haus geworden und habe, stellt euch vor, meinem Prinzipal den Kopf verdreht. Wozu viel reden? Als Miterben hat er mich neben dem Kaiser eingesetzt, und ich habe ein Vermögen wie ein Fürst gekriegt. Aber keiner hat nie genug. Ich habe zu Handelsgeschäften Lust bekommen. Um euch nicht lange aufzuhalten: fünf Schiffe habe ich gebaut, Wein geladen – und damals wog er Gold auf –, nach Rom geschickt. Es war, als hätte ichs bestellt: alle Schiffe sind gekentert, Tatsache, kein Theater. An einem Tag hat Neptun

dreißig Millionen geschluckt. Denkt ihr, ich hätte schlapp gemacht? Weiß Gott, mir ist dieser Schaden egal gewesen, so wie gar nicht geschehen. Ich habe andere machen lassen, größer und besser und einträglicher, so daß keiner da war, der mich nicht einen Leistungsmenschen nannte. Ihr wißt, ein großes Schiff kann Großes leisten. Ich habe wieder Wein geladen, Speck, Bohnen, Parfüm, Sklavenware. An diesem Punkt hat Fortunata ein gutes Werk getan; nämlich ihren ganzen Schmuck, die ganze Garderobe hat sie verkauft und mir hundert Goldstücke in die Hand gedrückt. Das war die Hefe für mein Vermögen. Schnell kommt, was der Himmel will. Mit einer einzigen Fahrt habe ich zehn Millionen zusammengehamstert. Sofort habe ich alle Grundstücke eingelöst, die meinem früheren Herrn gehört hatten. Ich baue ein Haus, kaufe Knechte ein, Packtiere; was ich anfaßte, setzte alles an wie eine Wabe. Nachdem ich so weit war, daß ich mehr hatte als meine ganze Gemeinde hat – Strich darunter! Ich bin aus dem Handelsgeschäft ausgestiegen und habe angefangen, unter Freigelassenen Bank zu halten.»
(Petronius, *Satyricon*, 75–76; deutsch von Konrad Müller und Wilhelm Ehlers, 1965)

Vom Sklaven zum Buchhalter und Gutsverwalter, vom Lustknaben zum Rechnungsführer und dann weiter vom Erben und Unternehmer zum Landbesitzer und Geldleiher. Man denkt an Carneys lakonischen Kommentar. «Die Geschichte des Altertums hallt wider von den blutigen Errungenschaften der arischen Kriegereliten. Aber es waren die verachteten Levantiner, Aramäer, Syrer und Griechlein, die die wirtschaftlichen Helden des Altertums stellten» (S. 197).

Es ist deshalb nicht allzu überrraschend, daß der seinem Herrn auf die angedeutete doppelte Weise verbundene Trimalchio in dessen Testament seine Freiheit erhielt und als Erbe seines Herrn auch römischer Bürger wurde. Doch war Trimalchio nicht nur ein Freigelassener, er war sogar mehr als ein reicher Freigelassener; nämlich, wie Paul Veyne (S. 224) erklärt, ein «unabhängiger Freigelassener». Das Testament seines Patrons erwähnt keinen anderen Erben als den aus Höflichkeit und Vorsicht eingesetzten Kaiser. Mutmaßlich war die ehemalige Herrin schon vor dem Herrn verstorben, so daß aus der Familie seines Patrons niemand überlebte, der noch irgendwelche Ansprüche an Trimalchio stellen könnte. Er ist frei, reich und schuldet niemandem Rücksicht. Vielleicht war dieser Status eines Freigelassenen zu jener Zeit, nachdem die Bürgerkriege die adligen Familien dezimiert hatten, nicht so selten und ungewöhnlich, wie man meinen sollte.

Beim Tode seines Patrons hätte sich Trimalchio auf den ihm zugefallenen Gütern einem Leben der Muße widmen können. Statt dessen handelte er der herrschenden Ideologie zuwider, derzufolge in der Antike, wie Carney uns in Erinnerung ruft, das Land, nicht das Kapital von ausschlaggebendem Gewicht war (S. 181, 182), und verkaufte seinen ganzen ererbten Landbesitz, um sich flüssiges Kapital zu verschaffen. Auch das mag bei Männern seines Schlages nicht so ungewöhnlich gewesen sein, wie es scheint. Aber ob das nun bei dem Typus des Geschäftsmanns der augusteischen Zeit überhaupt oder nur bei dem von Petronius porträtierten Individuum gilt, sicher ist, daß Trimalchio schon lange, ehe dieser fällig wurde, dem Geist des Kapitalismus gehorchte.

Sein nächster Schritt war nicht weniger kühn. Anstatt mit anderen eine Gesellschaft zu bilden, baute er seine eigenen Schiffe und kaufte seine eigene Ladung, und zwar verfrachtete er fünf Schiffsladungen Wein, der damals in Rom mit Gold aufgewogen wurde, aus Campanien in Richtung des Hafens der Hauptstadt. So setzte er sein gesamtes Kapital auf einmal ein und verlor alles. Er sagt, daß er bei dem unglückseligen Sturm, in dem seine Schiffe sanken, 30 Millionen Sesterzen verlor. Auf die gleiche Höhe bezifferte er dann allerdings auch das Vermögen, das er zu hinterlassen gedenkt. Petronius hatte wohl eine Vorliebe für gerade diesen Betrag als Symbol für eine Menge Geld oder für den gesamten Besitz eines Mannes. So heißt es bei ihm von einem gewissen Titus, daß ihm 30 Millionen in den Schoß fielen, als es seinem Vater an den Kragen ging, und Eumolpus hatte angeblich 30 Millionen in afrikanischen Landgütern angelegt. Demnach hatte Trimalchio bei jenem Sturm das beim Verkauf seines Erbes erlöste Kapital restlos verloren. Wenn ihm nicht seine Frau Fortunata (die ein leichtes Mädchen war, ehe sie eine schwerreiche Frau wurde) was vorgeschossen hätte, hätte er keine zweite Chance gehabt.

Interessant ist, daß er trotz der schlechten Erfahrung, die er damit gemacht hatte, beim Seehandel blieb. Schiffe wollte er sogar auf seinem Grabstein haben. «Sei du so gut und bilde auch Segelschiffe in voller Fahrt ab», weist er den mit der Herstellung beauftragten Künstler an (*Satyricon*, 71). Er hatte den richtigen Riecher. Denn wirklich waren, wie ihm jeder moderne Wirtschaftshistoriker sagen würde, die römischen Straßen für seine Zwecke nicht die besten Mittel. «Die ausgezeichneten römischen Straßen wurden für militärische Zwecke gebaut. Natürlich waren sie auch zu kommerziellen Zwecken nutzbar, aber die Straßenführung nahm auf die Interessen von Kaufleuten nirgends sonderliche Rücksicht, denn die römischen Straßen verbanden zwei Punkte stets in möglichst gerader Linie, ohne sich etwa im Gebirge lange bei Serpentinen aufzuhalten, die Fuhrwerken die Überwindung der Steigungen erleichtert hätten. Das Straßennetz sollte auch das Hinterland nicht mit schiffbaren Flüssen verbinden, sondern das

Zentrum des Imperiums mit dessen zu verteidigenden Grenzen. Überhaupt war der Warentransport auf dem Landweg wenig bequem. Pferde wurden kaum benützt, denn das Hufeisen war unbekannt oder doch ungebräuchlich, und das römische Geschirr würgte das Gespann. Schätzungen zufolge konnte mit solchem Geschirr kein Pferdegespann mehr als 500 Kilogramm schwere Lasten ziehen. Mit modernem Geschirr schafft das ein einziger Esel. Dem römischen Wagen fehlten Lenkscheit und Zugriemen, und er war deshalb schwer zu lenken. Da er über Bremsen ebensowenig verfügte, war das Fahren auf Steigungen mit einem solchen Wagen nicht nur beschwerlich, sondern auch gefährlich. Man verstand nicht, Zugtiere beiderseits einer Deichsel nebeneinander zu spannen. Es wurde deshalb mehr auf Packtieren transportiert als auf Wagen oder Karren (Davisson und Harper, S. 238). Sir Moses Finley, ein anderer Spezialist der antiken Wirtschaftsgeschichte, weist darauf hin, daß die Mängel, die den Wert der römischen Militärstraßen für den Handelsverkehr minderten, auch deren rein militärischen Wert beschränkten, denn, sagt er, «römische Heere konnten auf diesen Straßen weite Strecken marschieren; doch konnten sie über diese Straßen nicht aus der Ferne mit Nachschub an Verpflegung, Waffen und Munition versorgt werden». Denn was den Kaufmann behinderte, behinderte natürlich auch den Troß der Armeen. «Der Ochse war im Altertum das wichtigste Zugtier, neben ihm taten das Maultier und der Esel Dienst, während das Pferd kaum Verwendung fand. Ochse, Maultier und Esel sind alle drei langsam und hungrig. Den Angaben für Transportkosten in Diokletians Erlaß über Höchstpreise (vom Ende des 3. Jahrhunderts) ist zu entnehmen, daß eine 1200 Pfund-Wagenladung Weizen schon über eine Entfernung von 300 englischen Meilen ihren Preis verdoppelte, während Getreidefracht auf dem Seeweg von einem Ende des Mittelmeers zum anderen (von den Risiken einmal abgesehen) weniger kostete als 75 Meilen Straßentransport» (S. 128, 126).

Trimalchios Unternehmungsgeist mußte also nicht allein über eine antiökonomische und wirtschaftsfeindliche Ideologie triumphieren, sondern auch über ein durch viele technische Mängel behindertes Transportwesen. Trimalchio entschloß sich, von den Risiken abzusehen und entschied sich für den Seeweg.

Und dann tat er etwas sehr Konventionelles. Nachdem er seinen ganzen ererbten Landbesitz verkauft und den Erlös als Risikokapital eingesetzt und verloren hatte, beim zweiten großen Geschäft aber glücklicher gewesen und wieder zu Geld gekommen war, zog er sich von den Geschäften zurück und legte seinen ganzen Gewinn in Landbesitz an. Während des Gastmahls ist von diesem Landbesitz immer und immer wieder die Rede:

«Sofort habe ich alle Grundstücke eingelöst, die meinem früheren Herrn gehört hatten ... Er selber hat Grundstücke, so weit der Habicht fliegt ... was euch jetzt das Wasser im Munde zusammenlaufen läßt, gedeiht alles auf dem Landgut von mir, das ich selber noch gar nicht kenne. Es soll an meine Besitzungen bei Terracina und Tarent grenzen. Jetzt will ich Sizilien an meine Grundstückchen anschließen, um, falls ich einmal auf Afrika gehen möchte, durch eigenes Gebiet zu segeln ... wenn es mir nur noch gelingt, meine Ländereien mit Apulien zusammenzuschließen, habe ich in meinem Leben genug erreicht.»
(*Satyricon*, 37, 48, 76, 77)

Zuletzt und mithin vermutlich von Anfang an zielte also auch Trimalchio nicht auf Kapital, sondern auf Land, setzte das ererbte Land aufs Spiel, nur um noch mehr Land zu erwerben. Nun betätigte er sich nicht mehr als Händler, sondern als Gutsbesitzer und Geldleiher. So war er, wie ihn Paul Veyne treffend nennt, nur ein «Interimskapitalist» (S. 232).

Bei Betrachtung seines Lebenslaufes fällt einem ein frappierender Unterschied zwischen damaligen und heutigen Zuständen auf, ein Unterschied zwischen Rängen und Klassen, zwischen Klassen und Revolutionen.

Die juristische und gesetzmäßige Formulierung der römischen Ständeordnung setzte an deren Spitze über den Ritterstand den Senatorenstand. Doch als Augustus Kaiser wurde, erhoben er, der aus dem Ritterstand gebürtig war, und seine Dynastie sich hoch über die Senatorenaristokratie, und da fortan also die Macht nicht mehr beim höchsten Stand lag, waren die Tage der Senatorenaristokratie gezählt. Senatoren mit Anspruch auf Macht im Staate wurden eine vom Aussterben bedrohte Spezies. Die untersten Ränge der Gesellschaft besetzten die Freien, die Freigelassenen und die Sklaven. Doch auch hier, wie an der Spitze der Gesellschaft, entsprachen die realen Machtverhältnisse, wobei die Macht in diesem Bereich der Gesellschaft die des Reichtums war, nicht überall der Standesordnung. Ein Freigelassener konnte wie Trimalchio mit einem Federstrich zum Millionär und zum römischen Bürger gemacht werden. Kraft seines Reichtums konnte es ihm sogar einfallen, sich Leuten aus dem Senatorenstand überlegen zu fühlen. Allerdings war er gut beraten, Vorsicht walten zu lassen. Auch die allzu reichen Freigelassenen waren eine Spezies, die vom Aussterben bedroht war. Schließlich hatten diese Erschütterungen der starren Standesordnung niemals die Ausbildung einer Mittelklasse zur Folge. Die Zeit war noch nicht reif dafür, und also gab es, wie Sir Moses Finley feststellt, «zwischen der landbesitzenden Aristokratie und den

Armen keine mächtige kapitalistische Klasse» (S. 49). Ramsay MacMullen würdigt diesen Sachverhalt mit einigem Staunen. «Wie können die Römer nur so blind sein? Sie müssen doch bemerkt haben, daß sie, Besitz durch Eroberungen anhäufend, einen gigantischen Markt geschaffen hatten. Irgend jemandem müßte doch eigentlich aufgefallen sein, daß die stark anwachsenden Städte Italiens schon in der letzten Zeit der Republik außerordentliche günstige Gelegenheiten zu Geschäften boten, insbesondere dem Handel mit Luxusgütern, den Dienstleistungsgewerben und Handwerken. Aber nein, mit unbelehrbarem Konservatismus wandten sich die Römer dem Landbau zu, und selbst vergleichsweise bescheiden begüterte Leute ließen sich nicht dazu herab, eine Waffenfabrik oder Walkmühle zu betreiben. Das so entstandene Vakuum füllten alsbald griechische Freigelassene ... Die Sitten und Wertvorstellungen von Leuten wie Trimalchio, die als Stadträte in der Provinz erheblichen Einfluß hatten, wirkten tief ein auf die Kultur der Kaiserzeit» (1974, S. 126).

Sir Ronald Syme schrieb ein großes Werk über Augustus, das er unter dem Titel *The Roman Revolution* veröffentlichte. Der Titel ist irreführend, insofern damals eine Revolution im marxistischen Sinn nicht stattfand, wie Davisson und Harper feststellen: «Im marxistischen Denken ist eine Revolution – als klassisches Beispiel einer solchen kann die französische gelten – der Akt, mit dem eine emporgekommene Klasse gewaltsam die Kontrolle des Staates und seines Machtapparats übernimmt. Marx erklärte den Aufstieg einer neuen Klasse durch einen Wandel in den Produktionsverhältnissen. Demnach unterschied sich die neue herrschende Klasse von der entmachteten, indem sie andere Einkommensquellen hatte als diese. So war etwa die französische Revolution eine bürgerliche und brachte Leute an die Macht, deren Vermögen nicht auf Landbesitz gründete, sondern aus Handel und Industrie floß» (S. 187). Zu einer derartigen Umwälzung kam es in Rom nicht. Trimalchio, der millionenschwere Freigelassene, lebte wie die Landbesitzer aus dem Ritter- und Senatorenstand. An Reichtum war er ihresgleichen, wenn auch sein Lebensstil nur eine Parodie des ihren war. Aber damit gab er sich zufrieden. Er war ein kleiner Kaiser in seinem eigenen kleinen Reich. Freilich war fraglich, wie lange die soziale Anomalie, die Freigelassene seiner Art verkörperten, geduldet werden würde. Er gehörte nicht der Mittelklasse an, denn eine solche gab es im Altertum nicht. Eine Mittelklasse, die durch Geldmittel, gemeinsames Ethos und politische Macht gekennzeichnet gewesen wäre, existierte nicht. Hinsichtlich der gesellschaftlichen Entwicklung waren Emporkömmlinge wie Trimalchio nur, wie Paul Veyne sie charakterisiert, «verirrte Seelen in Sackgassen», «totgeborene Kapitalisten», «abgetriebene Bourgeoisie» (S. 227, 230–231). Dennoch – man sehe hinweg über die Banalität der poetischen Klischees Trimalchios, über die geschmacklose Prahlerei, in der er sich als Gastgeber gefiel, nachdem er sich von den Geschäften zurückgezogen hatte, um die konventionelle Rolle des Landbesitzers zu spielen, und bedenke nur, daß er einst sein ganzes Land zu Geld gemacht hat. Das nämlich war der Augenblick, in dem Petronius und sein Trimalchio mit der Zukunft geliebäugelt haben, die ihnen noch zu fern war, als daß sie sie schon hätten fest ins Auge fassen können.

Eine Landkarte der Patronatsgesellschaft

Wenn es im Altertum nicht wie heutzutage eine Mittelklasse gab, wie war die Struktur der Gesellschaften des Altertums beschaffen? Thomas Carney charakterisiert die Unterschiede zwischen moderner und antiker Gesellschaftsstruktur sehr deutlich. Die Gesellschaft des Altertums, sagt er, kannte statt der Klassenschichtung das Patronat. Mithin ist sie nicht als Pyramide monolithisch vorzustellen, sondern als ein Nebeneinander vieler kleiner Pyramiden, an deren Spitzen je eine einflußreiche Familie thronte. Denn der Klient jedes Machthabers war selbst ein mächtiger Mann, der seinerseits Klienten anzog, welche wiederum ihren Anhang hatten und so fort. So erhoben sich nebeneinander die verschiedenen Machtpyramiden, die für eine Patronatsgesellschaft typisch sind und sie von der geschichteten Klassengesellschaft, wie wir sie heute kennen, unterscheiden (S. 63, 90, 171). Wie die Römer an Land dachten, wo wir an Kapital denken, war für sie das Patronat, was uns die Investition ist.

Das Patronats- und Klientenwesen zeigt sich in den Erfahrungen eines Tiro oder eines Trimalchio von der besten Seite. Das Verhältnis zwischen Patron und Klienten scheint humaner zu sein als das zwischen Herrn und Sklaven und Gelegenheit dazu zu geben, in dem früheren Verhältnis geschehenes Unrecht auszugleichen. Doch das Patronat durchdrang die ganze Gesellschaft, und die Auswirkungen des Klientenwesens waren vielleicht korrumpierender, als es auf den ersten Blick scheint. «Eine erstaunliche Anzahl der erhaltenen Briefe so einflußreicher Männer wie Cicero, der jüngere Plinius und M. Cornelius Fronto – über achtzig Schreiben Ciceros, fast zwanzig von Fronto und fünfzehn von denen, die Plinius an den Kaiser Trajan richtete – sind Empfehlungsschreiben für ihre Freunde und Klienten und erbitten Ämter, Beförderungen oder andere Privilegien für diese», wundert sich G. E. M. de Ste. Croix. «Ganze Städte konnten sich der Gunst erfreuen, die einer ihrer Bürger beim Kaiser oder einem hochgestellten Mann erwirkte; und Stadtgemeinden adoptierten deshalb manchmal Dutzende von prominenten Persönlichkeiten als ihre Patrone» (1954, S. 40).

So sei hier anhand der Korrespondenz prominenter Persönlichkeiten ein kartographischer Abriß der Patronatsgesellschaft versucht, deren markante Züge während der zwei Jahrhunderte, aus denen uns die zu würdigenden Briefe überkommen sind, im wesentlichen unverändert blieben.

Der Kontakt mit dem Patron kann entweder unmittelbar oder mittelbar sein. Tiro und Trimalchio verkehrten unmittelbar mit ihren Herren und Patronen. Häufig wurden aber die Dienste eines Mittlers oder Maklers in Anspruch genommen. Dieser war im Altertum freilich nie eine unpersönliche und neutrale, nie eine bloß bürokratische Instanz. Wenn wir im gegebenen Zusammenhang von Mittlern oder Maklern sprechen, müssen wir den Begriff immer im Rahmen der «dyadischen Struktur des Klientenwesens» verstehen, die Carl Landé charakterisiert hat, innerhalb welcher «das einzige für die Definition wesentliche Element ist, daß die Beziehung zwei Individuen in direkte persönliche Verbindung miteinander bringt» (Schmidt et al., S. XIII–XIV). Ein Makler in diesem Sinne ist also einer, der in einer doppelten Zweierbeziehung steht, einerseits als Klient zu einem Patron, andererseits als Patron zu einem Klienten.

Marcus Cornelius Fronto, der als größter Redner der ersten Hälfte des 2. Jahrhunderts n. Chr. gilt, war zugleich Freund und Tutor des Marcus Annius Verus und des Lucius Verus, den Adoptivsöhnen und designierten Erben des Kaisers Antoninus Pius, der von 138 bis 161 n. Chr. regierte. Um das Jahr 150 benötigte Fronto eine Gunst des Kaisers, doch anstatt sie von diesem direkt zu erbitten, wandte er sich deswegen an Marcus:

> «An meinen Herrn.
>
> Saenius Pompeianus, den ich schon in vielen Fällen verteidigt habe, seitdem er die Steuern der Provinz Africa gepachtet hat, ist mir aus vielen Gründen ein Beistand in meinen Angelegenheiten. Ich empfehle ihn Ihnen, so daß Sie, wenn seine Abrechnung von unserem Herrn, Ihrem Vater geprüft wird, geneigt sein mögen, sowohl durch meine Empfehlung als durch Ihre beständige Übung, ihm jene bezeichnende Freundlichkeit zu erweisen, die Sie gewöhnlich allen zeigen. Leben Sie wohl, mein gütigster Herr.»
>
> (Fronto, *Ad M. Caes.* V, 34)

Nur der mißtrauische moderne Leser wird, wenn er von jenen früheren Ankagen gegen Pompeianus liest und zur Kenntnis nimmt, daß Fronto sich für dessen Bestehen bei der bevorstehenden Rechnungsprüfung von seiner, Frontos, Empfehlung und von der gewöhnlichen Freundlichkeit des Marcus mehr verspricht als von der Sorgfalt und Rechtschaffenheit des Empfohlenen, Verdacht schöpfen, daß der

Mann die Fürsprache des Prinzen wohl bitter nötig gehabt haben möchte.

Nachdem Marcus im Jahre 161 Kaiser geworden war (als welcher er den Namen Marcus Aurelius führte), wandte sich Fronto mit seinen Bitten nicht länger an ihn, sondern an den Bruder, bevorzugte also weiterhin die indirekte vermittelte Annäherung an den Herrscher. So schrieb er im Jahre 166 an den Herrn Verus Augustus ausdrücklich:

> «Ich habe es vorgezogen, alle Gnaden, die ich von meinem Herrn, Ihrem Bruder, zu erbitten gehabt, durch Sie zu erbitten und zu erhalten.»
> (Fronto, *Ad Verum Imp.* II, 8).

Direkt oder indirekt konnte die Beziehung zwischen Patron und Klienten auch horizontal oder vertikal sein, je nachdem ob es sich dabei um eine Beziehung unter sozial Gleichgestellten handelte oder nicht. Da bei der Erörterung des Wesens der Patronatsgesellschaft gewöhnlich der höhere Stand des Patrons und der niedrigere des Klienten vorausgesetzt wird, mag erwähnenswert sein, daß das Verhältnis zwischen Patron und Klienten auch unter Gleichgestellten stattfinden konnte, besonders zu Beginn des Prinzipats.

So waren etwa Cicero und Manius Acilius Glabrio einander gleichgestellt. Dem Patron-Klienten-Verhältnis entsprach zwischen ihnen keine dauernde hierarchische Ungleichheit, es handelte sich dabei vielmehr um eine delikate wechselseitige Verpflichtetheit des einen gegen den anderen. Höflicher – und auch treffender – wird das Verhältnis in einem solchen Fall als *amicitia*, Freundschaft, bezeichnet, doch darf man dem Begriff natürlich nicht ganz die Bedeutung geben, die er heutzutage hat. Die Freundschaft zwischen Cicero und Acilius begann vermutlich in den fünfziger Jahren des 1. Jahrhunderts v. Chr., als Cicero Acilius zweimal erfolgreich in Fällen verteidigte, bei denen eine Verurteilung für den Angeklagten die Todesstrafe zur Folge hätte haben können.

> «Acilius hat mir viel zu verdanken – ich habe ihn zweimal in einem Kapitalprozeß verteidigt, ohne daß er Einbuße an Vermögen erlitten hätte –, und er ist auch kein undankbarer Mensch und mir sehr ergeben.»
> (Cicero, *Ad Familiares*, 7, 30; deutsch von Helmut Kasten, 1964)

Cicero wird bei den erwähnten Gelegenheiten dem Acilius für den geleistesten Rechtsbeistand keine Rechnung geschickt haben. Denn das hätte gegen die Regel der *amicitia* verstoßen, und die gegenseitige Schuldigkeit, woraus diese bestand, aufgehoben. Das wechselseitige Geben und Nehmen und die daraus resultierende gegenseitige Verpflichtetheit zwischen sozial Gleichgestellten, die einander ihre Schulden nie bezahlen konnten, weil dieselben letztlich unberechenbar blieben, lieferte den moralischen Zement für das Gebäude der Patronatsgesellschaft. Das Netzwerk der Patrone, Vermittler und Klienten war ständiger Ausbreitung fähig, und die Personen, die es miteinander verknüpfte, konnten es stets allseitig weiterknüpfen.

Im Jahre 45 v. Chr., in der Zeit also zwischen Caesars Sieg über Pompejus (48 v. Chr.) und seiner Ermordung (44 v. Chr.), war der Pompejaner Cicero soeben, von Caesar begnadigt, nach Rom zurückgekehrt, der Parteigänger Caesars Acilius aber amtierte als Prokonsul in Achaia. Dorthin schrieb ihm nun Cicero. Die Briefe ermahnten den Freund, seine Schuldigkeit zu tun, allerdings erbat sich Cicero Vergünstigungen nicht für sich selbst, sondern für andere Freunde. So erweiterte sich das Netz der Patronatsbeziehungen, indem Cicero nun zwischen dem zu Macht und Einfluß gelangten Acilius und seinen eigenen Klienten vermittelte. Nicht weniger als zehn Briefe allein dieses Jahres 45 v. Chr. empfehlen dem Acilius sizilianische Freunde Ciceros. Ein Beispiel mag hier genügen, ein Schreiben, in dem Cicero einräumt, daß er in Sizilien besonders viele gute Freunde hat:

> «Cicero an Manius Acilius Glabrio, Prokonsul.
>
> In der Gemeinde Halesa – die eine sehr kultivierte und ausgezeichnete Gemeinde ist – bin ich durch die Bande der Gastfreundschaft und der Vertrautheit mit den beiden Clodii verbunden, M. Archagathus und C. Philo. Ich fürchte aber, weil ich so viele Leute besonders empfehle, verdächtigt zu werden, alle meine Empfehlungen mit gleichem Nachdruck vorzubringen, nur um mich beliebt zu machen, obwohl, was Sie betrifft, ich sowohl als alle meine Freunde durch das, was Sie tun, reichlich zufriedengestellt werden. Aber es liegt mir doch viel daran, Sie davon zu überzeugen, daß mir diese Familie und diese Angehörigen derselben durch alte Freundschaft, gegenseitige Dienste und gegenseitiges Wohlwollen ganz besonders eng verbunden sind. Aus diesem Grunde bitte ich Sie mit mehr als gewöhnlichem Ernst, für diese alles nur irgend mögliche zu tun, insoweit Ihre Ehre und Stellung es gestatten. Wenn Sie das tun, werde ich Ihnen äußerst dankbar sein.»
>
> (Cicero, *Ad Familiares*, 13, 32)

In seiner ausgezeichneten Untersuchung über das persönliche Patronat während des Prinzipats fragt sich denn auch Richard Saller, wie oft wohl Acilius dem Cicero gefällig sein mußte, ehe er hoffen konnte, sich aller Schuld entledigt zu haben (S. 16).

Das Beispiel einer vertikalen Beziehung – auch sie vermittelt – finden wir zwischen einem gewissen Harpocras und dem Kaiser Trajan. Die Angelegenheit, um die es dabei ging, mag dem modernen Leser trivial oder sogar absurd vorkommen. Der Vermittler, der sich beim Kaiser für diesen Harpocras, seinen Masseur, verwandte, war Plinius der Jüngere. Vier diesbezügliche Briefe sind erhalten, aus denen ich die bemerkenswertesten Passagen zitiere:

«C. Plinius an Kaiser Trajan.

Herr, im vergangenen Jahre habe ich, von einer schweren, nahezu lebensgefährlichen Krankheit heimgesucht, einen Masseur hinzugezogen. Diesem Masseur kann ich angemessen Dank für seine Besorgnis und seinen Eifer nur mit Hilfe Deiner Huld abstatten. Deshalb bitte ich Dich, ihm das römische Bürgerrecht zu verleihen. Er ist nämlich Peregrine, von einer Peregrinen freigelassen. Er selbst heißt Harpocras, seine Gebieterin war Thermuthis, Frau des Theo, die schon seit langem tot ist.»

«C. Plinius an Kaiser Trajan.

Ich danke Dir, Herr, daß Du ... meinem Masseur Harpocras das römische Bürgerrecht unverzüglich bewilligt hast. Als ich aber Deiner Verfügung gemäß sein Alter und Vermögen angab, wurde ich von kompetenter Seite darauf hingewiesen, daß ich für ihn als Ägypter vorerst das alexandrinische Bürgerrecht, dann erst das römische hätte beantragen müssen. Ich glaubte jedoch, zwischen Ägyptern und sonstigen Peregrinen bestehe kein Unterschied, und hatte mich deshalb damit begnügt, Dir mitzuteilen, daß er von einer Peregrinen freigelassen worden und seine Gebieterin schon längst gestorben sei. Diese meine Unwissenheit bedauere ich durchaus nicht, führt sie doch dazu, daß ich mich Dir für denselben Mann mehr als einmal verpflichtet fühlen darf.

Um auf gesetzmäßige Weise in den Genuß Deiner Wohltat zu kommen, bitte ich Dich also, ihm sowohl das alexandrinische wie auch das römische Bürgerrecht zu verleihen. Sein Lebensalter und sein Vermögen habe ich, damit Dein Gnadenakt nicht wieder Verzögerung erleidet, Deinen Freigelassenen angegeben, an die Du mich verwiesen hattest.»

«Trajan an Plinius.

Das alexandrinische Bürgerrecht verleihe ich gemäß dem Brauch meiner Vorgänger grundsätzlich nur in Ausnahmefällen. Da Du aber für Deinen Masseur Harpocras bereits das römische Bürgerrecht erlangt hast, kann ich es nicht über mich gewinnen, Dir nicht auch diese Bitte zu gewähren. Du wirst mir nur noch angeben müssen, aus welchem Gau er ist, damit ich Dir ein Schreiben an meinen Freund Pompeius Planta, den Präfekten von Ägypten, zustellen kann.»

«C. Plinius an Kaiser Trajan.

Ich kann nicht in Worte fassen, Herr, welche Freude Du mir mit Deinem Schreiben bereitet hast, aus dem ich ersehe, daß Du meinem Masseur auch das alexandrinische Bürgerrecht bewilligt hast, obwohl Du es gemäß dem Brauch Deiner Vorgänger grundsätzlich nur in Ausnahmefällen gewährst. Hier teile ich Dir mit, daß Harpocras dem memphitischen Gau angehört. Ich bitte Dich also, huldreichster Kaiser, mir das versprochene Schreiben an Deinen Freund Pompeius Planta, den Präfekten von Ägypten, zuzustellen.»

(Gaius Plinius Caecilius Secundus, *Briefe*, 10, 5, 6, 7, 10; deutsch von Helmut Kasten, 1968)

Hier wurde also der Herrscher des Römischen Reichs persönlich bemüht, zugunsten eines Mannes, der eine Kunst, die Massage, praktizierte, die noch der Onkel des Bittstellers, der ältere Plinius, für nicht viel mehr als Scharlatanerie hielt. Man kann in dem diesbezüglichen Briefwechsel einen absurden Auswuchs des Patronatswesens sehen.

Nicht in allen Fällen handelte es sich, wie in den bisher betrachteten, bei den Klienten und Nutznießern der erbetenen Protektion um Einzelpersonen. Wie schon bemerkt, suchten sich auch Stadtgemeinden mächtige Patrone. In einem mutmaßlich zwischen 157 und 161 n. Chr. verfaßten Brief rät Fronto seiner Heimatstadt Cirta in Numidien zur Adoption einflußreicher Patrone:

«Fronto an die Triumvirn und Senatoren von Cirta.

Ich aber rate Ihnen zu, Patrone zu wählen und Entschließungen in diesem Sinne zu richten an diejenigen, die gegenwärtig bei Gericht in höchstem Ansehen stehen, zuvor Aufidius Victorinus, den Sie werden auf die Liste Ihrer Bürger setzen können, wenn die Götter meine Pläne befördern, denn ich habe meine Tochter mit ihm verlobt und hätte auch weder, meine Nachkommen betreffend, in meinem eigenen Interesse, noch, hinsichtlich ihres ganzen Lebens, im Interesse meiner Tochter einen besseren zum Schwiegersohn wählen können, als einen Mann von solchem Charakter und so großer Beredsamkeit. Sodann werden Sie auch Servilius Silanus, einen ausgezeichneten und sehr beredten Mann, durch die Verleihung des Bürgerrechts als Patron gewinnen, denn er stammt aus dem benachbarten und befreundeten Gemeinwesen Hippo Regius. Sie können desgleichen nicht fehl gehen, wenn Sie, in Anbetracht seines Charakters und seiner Beredsamkeit, Postumius Festus als Patron wählen, der ebenfalls aus unserer Provinz und aus einem nicht weit entfernten Gemeinwesen gebürtig ist.»

(Fronto, *Ad Amicos*, II, 11)

Das Geflecht der Patronatsverhältnisse verband also nicht nur als Patrone und Klienten Individuen gleichen oder ungleichen Standes, sondern auch Individuen und Kollektive, in welcher Verbindung dann die Klienten Vereine, Stadtgemeinden oder auch größere Gemeinwesen sein mochten. Insbesondere bestanden, wie mehrere der hier vorgeführten Beispiele erkennen lassen, Bande des Patronats auch zwischen den Provinzen und der Hauptstadt, zwischen provinziellen und römischen Aristokraten.

Um die Funktion des Patronats in der römischen Gesellschaft richtig zu würdigen, muß man gewisse Eigentümlichkeiten der römischen Verhältnisse in Betracht ziehen. So gab es, wie Richard Saller feststellt, in Rom zur Zeit des Prinzipats keine Institution, die die Ausbildung und Prüfung von Kandidaten für Verwaltungsämter organisiert hat, wie etwa die öffentlichen Examina in China oder die Palastschulen im Osmanischen Reich; die römischen Kaiser waren deshalb auf ein Netzwerk privater Verbindungen angewiesen, über welches ihnen geeignete Anwärter zur Kenntnis gebracht werden konnten. Der vorhandene Beamtenapparat gab dem Kaiser zwar die Möglichkeit, sich amtlich an seine Untertanen zu wenden, es gab aber kaum formale unpersönliche Mechanismen, welche die Untertanen in Anspruch nehmen konnten, um ihrerseits Eingaben an den Kaiser zu richten. Deshalb wurden Gesuche, die in einem Staat mit ausgeprägter Bürokratie den Instanzenweg genommen hätten, im Römischen Reich durch das Netzwerk des Patronats vermittelt (S. 205–206). Andererseits fanden es, nach den Beobachtungen von Arthur Hands, die römischen Edelleute nützlich, Freundschaften mit ihresgleichen zu unterhalten, weil es, obwohl die damalige römische Wirtschaft bereits eine Geldwirtschaft war, doch noch immer eine ganze Anzahl von zur Bequemlichkeit und Sicherheit des einzelnen erforderlichen Dienstleistungen gab, die nicht für Geld käuflich waren. Die ‹Freunde› im römischen Adel leisteten einander Dienste, für die sich uns heute Bankiers, Rechtsanwälte, Hoteleigentümer, Versicherer und andere anbieten (S. 32–33). Saller wiederum weist aber mit Nachdruck darauf hin, daß Patronats- und Klientenbeziehungen zwischen provinziellen und römischen Aristokraten (wie sie uns am besten bezeugt sind) keineswegs die einzigen waren, die im Römischen Reich bestanden; daß es vielmehr solche Beziehungen auch zwischen Landbesitzern und ihren Arbeitern gab; daß im Römischen Reich die Bedingungen reif waren für die Ausbreitung des Patronats und Klientenwesens kreuz und quer durch alle Stände, wenn uns auch leider über Patronatsbeziehungen zu den unteren Klassen wenig Zeugnisse vorlägen, was um so bedauerlicher sei, als gerade diese Beziehungen die grundlegende ökonomische und soziale Infrastruktur des Elitepatronats geliefert hätten (S. 194).

So war also das Netz des Patronats und Klientenwesens, das alle darin miteinander Verbundenen einander verpflichtete, und zwar so, daß die gegenseitige Schuld nie ganz ausgeglichen werden konnte, weil immer ein unberechenbarer Rest davon blieb, im römischen Mittelmeerraum das nordische Beziehungsgeflecht, das die Gesellschaft im Innersten zusammenhielt. Zwar mochte auch zwischen Klienten und Patronen Geld die Hände wechseln – wie wenn ein Sklave seine Freiheit kaufte –, aber es wurde allerseits vorausgesetzt, daß die guten Dienste eines Patrons mit Geld nicht zu bezahlen waren. Weshalb im alten Rom nicht eigentlich das Geld, sondern das Patronat und die Beziehungen die Welt regierten.

Das Fundament des politischen Lebens

Man stelle sich also nun zwei mehr oder weniger ideale Typen der Gesellschaft vor: Eine *Patronats*gesellschaft, deren moralischer Ideologie zufolge man das beste Recht hat, sich Ämter und Vergünstigungen durch Inanspruchnahme eines einflußreichen Vermittlers zu verschaffen, und eine *universale* Gesellschaft, wo theoretisch jeder das Recht hat, alles Derartige bei einer zuständigen Behörde zu beantragen. Im ersten Fall, demjenigen des Römischen Reichs zum Beispiel, war es eine moralische Pflicht, Einfluß geltend zu machen und in Anspruch zu nehmen. Die Kaiser brauchten ihn, die Moralisten priesen ihn, und zahllose Inschriften rühmten ihn öffentlich dem einen oder anderen nach. Auch in universalen Gesellschaften wie der unsrigen werden manchmal Beziehungen geltend gemacht und in Anspruch genommen, aber deren Einfluß wird nach Möglichkeit verschwiegen und geleugnet.

Doch stellt Carl Landé, der zwischen «Gruppenpolitik» und «dyadischer Politik» unterscheidet, von denen er die erstere auf allgemeine Gesetze, die letztere auf persönliche Beziehungen gestützt sieht, fest, daß die «Gruppenpolitik» in seinem Sinne von den demokratischen Regierungen des heutigen westlichen Europa und nördlichen Amerika praktiziert werde, das von ihm beschriebene «dyadische Modell» aber in reiner Form in keinem modernen Staate zu finden ist (Schmidt et al., 1977, S. 506, 509). Das läßt auf eine Entwicklung vom patronalen und persönlichen zum universalen und allgemeinen System schließen, auf einen Fortschritt von Dyaden zu Gruppen, von einer Gesellschaft unter Einfluß zu einer Gesellschaft unter dem Gesetz. Es legt auch die Annahme nahe, daß Universalismus unter unpersönlichem Gesetz die der modernen Industriegesellschaft einzig angemessene Verfassung ist. Doch mag es wohl auch Industrie-Patronats-Gesellschaften geben, wie zum Beispiel die japanische ...

Patronat und Klientenwesen sind ebensowenig wie die Begriffe von Ehre und Schande nur bei den Gesellschaften des Mittelmeerraums anzutreffen. Doch sind auch sie zutiefst charakteristisch für das allen diesen Gesellschaften Gemeinsame. «Vom Großmarkt in Athen bis in die Wüste der westlichen Cyrenaika und die Ebenen des südöstlichen Portugals nehmen Männer die Haltung der Unterordnung an, um Zugang zu Ressourcen zu erhalten – Informationen über den Markt, Wasser, Milchpulver von einer wohltätigen Stiftung. Unterwerfung unter einen Patron ist häufiger und verbreiteter im Mittelmeergebiet als Bürokratie oder Faschismus oder Kommunismus oder irgendeine Spielart der Demokratie: Sie regiert entweder ohne diese oder auch zusammen mit ihnen... Sie ist das Fundament des politischen Lebens in den meisten der mediterranen Gemeinschaften, die bisher von Anthropologen studiert worden sind» (John Davis, S. 146–147). Auffällig an dieser Charakteristik des in den Gesellschaften des Mittelmeerraums noch heute praktizierten Patronats durch einen Anthropologen ist, daß er die von den Römern des Altertums als *amicitia* bezeichnete Spielart des Patronats unter sozial Gleichgestellten bei den modernen Anrainern des Mittelmeers entweder als nicht bemerkenswert erachtet oder, im Gegenteil, überhaupt nicht vorgefunden hat.

Tatsächlich wird in neueren Untersuchungen des Patronats und Klientenwesens gewöhnlich der unterschiedliche Machtbesitz des Patrons einerseits, des Klienten andererseits betont. So sagt Ernest Gellner: «Das Patronat ist asymmetrisch, setzt Machtungleichheit voraus; es neigt dazu, ein ausgedehntes System zu bilden; auf Dauer angelegt zu sein, jedenfalls nicht beschränkt auf eine einzige isolierte Transaktion; ein besonderes Ethos zu besitzen; und, obwohl nicht immer illegal oder unmoralisch, doch außerhalb der offiziell verkündeten Moral der fraglichen Gesellschaft zu stehen.» John Waterbury meint ebenfalls: «Die wesentliche Eigentümlichkeit von Patron-Klienten-Beziehungen ist, daß sie asymmetrisch sind, da nachweislich ein Teilnehmer darin immer mächtiger oder angesehener ist als der andere» (Gellner und Waterbury, S. 4, 329). Shlomo Eisenstadt und Louis Roniger gehen sogar noch weiter und behaupten, daß für die Patron-Klienten-Beziehung eine Reihe von paradoxen Situationen bezeichnend sei: «Unter diesen sind die wichtigsten: eine ziemlich seltsame Kombination von Ungleichheit und Asymmetrie an Macht mit einer anscheinend gegenseitiger Solidarität, die in Begriffen persönlicher Identität und interpersonaler Gefühle und Verpflichtungen ausgedrückt wird; eine Kombination potentiellen Zwangs und möglicher Ausbeutung mit freiwilligen Beziehungen und gegenseitigen Verpflichtungen; eine Kombination der Betonung derartiger gegenseitiger Verpflichtungen und Solidarität mit dem irgendwie illegalen oder halblegalen Aspekt des Verhältnisses» (Eisenstadt und Lemarchand, S. 277 = Eisenstadt und Roniger, S. 50–51, 1980 = S. 49, 1984). Diese Paradoxa stellen aber ein der Beziehung inhärentes moralisches Problem sehr deutlich heraus.

James Scott hat deshalb in den beiden 1977 veröffentlichten programmatischen Sammelbänden zu diesem Thema im Zusammenhang mit dem Patronat von «Ausbeutung» gesprochen. In dem einen stellte er mit dem Titel seines Beitrags die provozierende Frage: «Patronat oder Ausbeutung» (Gellner und Waterbury, S. 21), in dem anderen fragte er differenzierend: «Wann sind vertikale Ehrerbietungsstrukturen legitim und wann sind sie als ausbeuterisch zu betrachten?» (Schmidt et al., S. 496). Auch Anthony Halls Beitrag zu der letztgenannten Sammlung kommt auf das moralische Problem zu sprechen. Er schlug vor, zu unterscheiden «zwischen Patron-Klienten-Verhältnissen, die auf freiwilliger Akzeptanz traditioneller Werte seitens der Untergeordneten beruhen (patrimoniale Beziehungen) und solchen, die für ihren Bestand auf zunehmend deutlichere Unterdrückungsmaßnahmen der Mächtigen angewiesen sind, weil deren Legitimität im Schwinden ist (repressive Beziehungen)». Demnach wären Patron-Klienten-Verhältnisse der ersten Art moralisch unbedenklich, nicht dagegen die der letzteren. Doch bei seiner Schilderung der im nordöstlichen Brasilien bestehenden patrimonialen Beziehungen sagt Hall, daß sie «zum großen Teil auf der allgemeinen Akzeptanz des herrschenden sozio-ökonomischen Systems und der Wertstruktur, die ihre Ausbeutung ermöglichte, seitens der Massen der Landbevölkerung beruhten». Denn «solange wie das System des Patronats ihnen den Lebensunterhalt sicherte, verhielten sie sich dem Herrn gegenüber loyal» (Schmidt et al., S. 511). So haben wir, bei Lichte besehen, schließlich zwei Haupttypen des Patronats, deren einer ausbeuterisch, der andere repressiv ist, oder, wenn man will, der eine mit sanftem Druck unterdrückt, der andere mit roher Gewalt.

In seinem 1982 veröffentlichten, äußerst nützlichen Überblick über die Anthropologie des Mittelmeerraums bemerkt David Gilmore, daß alle mediterranen Gesellschaften «unterkapitalisierte Agrargesellschaften» seien. «Charakteristisch ist die scharfe Trennung der sozialen Schichten und die sowohl relative als auch absolute Knappheit natürlicher Wirtschaftsquellen. Es gibt wenig soziale Mobilität. Die Macht ist in wenigen Händen hochkonzentriert, und die bürokratischen Funktionen des Staats sind schwach entwickelt. Diese Bedingungen sind natürlich ideal für die Entwicklung von Patron-Klienten-Bindungen und einer Abhängigkeitsideologie ... Patronatsverhältnisse liefern eine schlüssige ideologische Unterstützung für soziale Ungleichheit und Abhängigkeit im gesamten Mittelmeergebiet.» Wenn also manche Gelehrte sich ein «einfaches Modell vertikaler Integration durch das

Patronat» vorstellen, demzufolge «das Patronat als ein Modus der Klassenintegration erscheint», fassen es andere im Gegenteil krasser als ein «Herrschaftsinstrument der Elite» auf und deuten es als «aufgezwungenes Abhängigkeitsverhältnis, das die zugrunde liegende Ausbeutung und Beherrschung maskiert» (S. 192–193). Das gleiche Urteil gilt dem Verhältnis zwischen Nationen, von denen eine die Rolle des Patrons für die andere spielt. René Lemarchand behauptet, daß «die von den Macht-Asymmetrien in den und zwischen den Nationen aufgeworfenen Fragen das Wesentliche des ‹Entwicklungs- oder Unterentwicklungssyndroms› ausmachen.» «Wenn hier», sagt René Lemarchand weiter, «diese Fragen in klientelistischen Begriffen formuliert werden, soll damit der Beitrag der Abhängigkeitstheorie zu unserem Verständnis des modernen Wirtschaftsimperialismus nicht verkleinert, sondern vielmehr nur eine alternative Perspektive vorgeschlagen werden, in der man die Beziehung der Dritte-Welt-Eliten zum internationalen System betrachten kann» (Eisenstadt und Lemarchand, S. 29).

Ob also in der antiken oder in der modernen Welt, zwischen Individuen oder Nationen, überall ist das Verhältnis zwischen Patron und Klienten bestenfalls eines der Ausbeutung, schlimmstenfalls eines der Unterdrückung. Wie das Verhältnis zwischen Herrn und Sklaven ist es mutmaßlich (und hoffentlich) ein aussterbendes Phänomen, selbst wenn, wie im Fall der Sklavenhalterschaft zu beobachten war, die Todeszuckungen noch Jahrhunderte andauern sollten.

Im Himmel wie auf Erden

Patronats- und Klientenwesen sind bisher hauptsächlich als Typus der sozialen Beziehungen und der politischen Organisation betrachtet worden. Doch sie können wie die Erde auch den Himmel organisieren. Sie können religiös und theologisch ebensogut wie sozial und politisch sein und sind gewöhnlich, wo sie überhaupt existieren, beides. So definiert Anthony Hall den Begriff ‹Patron› als Bezeichnung einer «Person mit Macht, Status, Autorität und Einfluß . . . Arbeitgeber, zeremonieller Schirmherr oder sogar Schutzheiliger, jedoch nur in Hinsicht auf eine weniger mächtige Person, die deren Schutz und Hilfe in Anspruch nehmen kann» (Schmidt et al., S. 510). Zu der nämlichen Sammlung hat James Scott einen Artikel beigetragen, in dem er unter anderem das «religiöse Klientenwesen» behandelt. «Die Beziehung zwischen einem ‹Heiligen›, Propheten oder religiösen Lehrer und seinen Anhängern kann oft als Patron-Klienten-Beziehung aufgefaßt werden, ungeachtet der Tatsache, daß Gnade und göttliche Eingebung die materiellen Ressourcen des Patrons ergänzen. In manchen Gesellschaften können religiöse Patronatsnetzwerke so etwas wie eine

‹Schatten-Sozialstruktur› bilden, die mit den weltlichen Formen der Autorität in Konflikt gerät. In anderen wiederum wurde das religiöse Klientenwesen die vorherrschende Weise der Autoritätsausübung» (Schmidt et al., S. 49). Schließlich zeigt in einem faszinierenden Vergleich zwischen Politik und Religion bei den heutigen Maltesern Jeremy Boissevain, daß «die Beziehung zwischen sozialem und politischem Wandel offen zutage liegt in der Kongruenz zwischen sterblichen und unsterblichen Patronen und Mittlern». Denn: «Beide Typen scheinen in Zeiten floriert zu haben, in denen die Macht in den Händen weniger konzentriert war, ökonomische und politische Ungewißheit herrschte und verbreitete Armut Abhängigkeit zur Folge hatte ... in Malta wie anderswo in Europa sind gegenwärtig die Heiligen auf dem Rückzug» (Gellner und Waterbury, S. 94).

Diese Verbindung des sterblichen Patronats mit dem unsterblichen, des politischen Klientenwesens mit dem religiösen, besteht im Mittelmeerraum von altersher. In einem glänzenden Artikel hat G. E. M. de Ste. Croix nachgewiesen, daß «die drei Hauptstadien in der Evolution des Begriffs Suffragium» denjenigen der politischen Geschichte Roms wie auch der Frühgeschichte der katholischen Kirche entsprechen (1954, S. 33, 48).

In der Republik bedeutete das Wort das Votum freier Bürger, wenn auch natürlich schon damals die Stimmen im gegebenen Fall gekauft oder die Bürger auf andere Weise veranlaßt worden sein mochten, so oder so zu stimmen. Doch gegen Ende des 2. Jahrhunderts der christlichen Ära hatte das Wort *suffragium* die Bedeutung «Einfluß, Interesse, Patronat eines mächtigen Mannes» angenommen (1954, S. 38). Ein derartiges Patronat beruhte idealerweise auf der moralischen Verpflichtung zu Gegenseitigkeit, doch der Verfall dieser ethischen Voraussetzung brachte es mit sich, daß endlich der Einfluß eines Patrons käuflich und mit barem Geld bezahlbar wurde. Zu guter Letzt, und zwar nicht später als gegen Ende des 5. Jahrhunderts, verstand man unter dem Wort *suffragium* nicht mehr nur den Einfluß, den ein großer Mann geltend machen konnte, sondern auch die Summe baren Geldes, oder was man sonst aufwenden mußte, um sich diesen Einfluß zu verschaffen (1954, S. 47). Das aber ist nur die politische Seite der Geschichte. Derselben entspricht nämlich eine religiöse. Die historische Evolution des Begriffs *suffragium* im Verhältnis zur irdischen Macht im römischen Imperialismus spiegelt sich im Verhältnis zur himmlischen Macht in der katholischen Christenheit. In der ersten Bedeutung, als Votum, findet der Begriff Verwendung bei den Bischofswahlen etwa um die Mitte des 3. Jahrhunderts. «In der frühen christlichen Kirche war die einzige Art, auf welche die Masse der Laien mitunter hoffen konnten, entscheidenden Einfluß zu nehmen, die Stimmabgabe bei der Bischofswahl. Doch in der kirchlichen wie in der weltlichen Sphäre ging die Entwicklung dahin, die Bestimmung von unten (insoweit es diese gab) durch Bestimmung von oben zu ersetzen; und schließlich verlor die Laienschaft die Stimme, die sie in der ersten Zeit gehabt zu haben scheint. St. Cyprian, der in den letzten zehn Jahren vor seinem Märtyrertod im Jahre 258 Bischof von Karthago war, bedient sich im Zusammenhang mit der Bischofswahl wiederholt der Wendungen *suffragium plebis* oder *populi* oder *omnium;* doch, verschiedener, ziemlich mehrdeutiger Ausdrücke ungeachtet, dachte er dabei zweifellos nicht an ein allgemeines Stimmrecht, vielmehr entschied das *iudicium* der versammelten Bischöfe die Wahl – in Gegenwart der Laienschaft, deren *suffragium* nur durch die Akklamation ausgedrückt werden konnte ... Cyprian ist offenbar der erste Autor, von dem wir Kenntnis haben, der dieses Verfahren bei der Bischofswahl als das einzig richtige empfahl» (1954, S. 35–36). Die Zustimmung der Laienschaft zur Bischofswahl scheint bis ins 5. Jahrhundert für erforderlich gehalten worden zu sein, und noch in der zweiten Hälfte des 4. Jahrhunderts wurden sehr hervorragende Bischöfe, wie der hl. Martin von Tours und der hl. Ambrosius von Mailand, allein durch die Akklamation der Gemeinden gewählt. Doch in der Mitte des 6. Jahrhunderts gehörte die Mitwirkung der Laien bei der Bischofswahl bereits der Vergangenheit an.

Auch die zweite Phase der Entwicklung des Begriffs *suffragium* ist im religiösen Anwendungsbereich desselben nachzuweisen. «Im späten 4. Jahrhundert sprach man bereits von dem Wirken der Apostel und Märtyrer zugunsten der Gläubigen als von dem *patrocinium;* in den Schriften des hl. Ambrosius, später des Prudentius, des hl. Augustinus, hl. Paulus von Nola und anderen, ist von den Märtyrern als den mächtigsten *patroni* die Rede ... der Ausdruck *suffragium* nimmt dann in der alltäglich gebrauchten religiösen Terminologie die Bedeutung ‹Fürsprache› an. Wie man den irdischen Patron bittet, seinen Einfluß beim Kaiser geltend zu machen, wird der himmlische Patron, der Heilige, gebeten, seinen Einfluß beim Allmächtigen zugunsten des Bittenden zu verwenden ... Wie in der irdischen mochte es auch in der himmlischen Sphäre hoffnungslos sein, um das Erbetene unvermittelt einzukommen, denn selbst von dem Allmächtigen konnte kaum erwartet werden, daß er die richtige Entscheidung traf, wenn man sich ihm nicht durch einen einflußreichen Mittler empfehlen konnte» (1954, S. 46). Heidnische Römer, die in der Welt des irdischen Patronats und Klientenwesens aufgewachsen waren, dürften wohl, wenn sie sich im 4. Jahrhundert zum Christentum bekehrten, dessen himmlische Welt nicht allzu fremdartig gefunden haben.

Schließlich die dritte Bedeutung, in der *suffragium* soviel war wie Bestechungsgeld. «Vom 5. Jahrhundert an hören wir oft von Simonie, dem Verkauf und Kauf kirchlicher Ämter und geistlicher Gaben, einem Vergehen, das die Kirche während des heidnischen Reichs nicht sonderlich geplagt zu haben scheint, das nun aber gang und gäbe wurde. Es braucht uns daher nicht zu überraschen, daß wir die korrupten Praktiken, die nun zur Erlangung der Bischofswürde nicht selten angewandt wurden, als *suffragium* bezeichnet finden... Auch hier finden wir also die unerfreulichen Sitten der weltlichen Sphäre in die himmlische übertragen» (1954, S. 47).

Schließlich sah man dann die unerfreulichen Sitten der weltlichen Sphäre durch das Muster der himmlischen begründet, die ursprünglich wiederum nach dem Muster der weltlichen Sphäre gebildet worden war, so daß der Kreis sich schloß. Denn bei der Erörterung der ideologischen Differenzen, die noch gegenwärtig Protestanten von Katholiken trennen, sagt Jeremy Boissevain von den letzteren: «Die Wichtigkeit von Mittelspersonen insbesondere im politischen Bereich ist schlagend ausgedrückt in einem Sprichwort, das man von Maltesern und Sizilianern oft zu hören kriegt. – ‹Ohne den Beistand von Heiligen kommt man nicht in den Himmel› –, denn in beiden Kulturen werden politische Patrone als ‹Heilige› bezeichnet» (1974, S. 80). Zuerst wurden also die Heiligen als Patrone bezeichnet und schließlich die Patrone als Heilige.

All das findet sich überraschenderweise in einer Betrachtung des stoischen Philosophen Epiktet, der von etwa 55 bis 135 n. Chr. lebte:

> «Ein Mann hat gehört, daß eine Straße, auf der er reisen muß, von Räubern unsicher gemacht wird. Er wagt es nicht, sich allein auf den Weg zu machen, sondern wartet auf Gesellschaft, diejenige eines Gesandten oder eines Quaestors oder eines Prokonsuls, und wenn er sich ihnen angeschlossen hat, reist er die Straße in Sicherheit. So handelt in dieser Welt der weise Mann. Aber er spricht zu sich: ‹Es gibt viele Räuberbanden, Tyrannen, Stürme, Schwierigkeiten, Verluste des Teuersten. Wo soll der Mensch Zuflucht suchen? Zu dem und dem, dem reichen Mann, dem Prokonsul? Und was hat er davon? Dieser selbst wird ausgeraubt, seufzt und sorgt sich. Ja und was ist, wenn mein Reisegefährte sich gegen mich kehrt und mich beraubt? Was soll ich tun? Ich werde ein Freund Caesars werden. Niemand wird mir Unrecht tun, wenn ich sein Gefährte bin. Doch was muß ich alles erdulden und erleiden, um sein Freund zu werden! Und die vielen Male und die vielen Leute, von denen ich zuvor beraubt werden muß! Und dann, selbst wenn ich endlich sein Freund werde, ist auch er sterblich! Und sollte er unter irgendwelchen Umständen mein Feind werden, wohin sollte ich mich wenden? In eine Wildnis? Doch dringt nicht auch dorthin das Fieber?

> Was soll also aus mir werden? Ist es unmöglich, einen Reisegefährten zu finden, der sicher, treu, stark und des Verrats unverdächtig ist?› So denkt der Mensch und kommt zu dem Gedanken, daß er, wenn er sich Gott anschließt, sicher durch die Welt kommen wird.»
> (Epiktet, *Dissertationes*, 4.1,91–98)

Dies ist nicht so sehr eine Parallele des irdischen und des himmlischen Patronats als vielmehr eine einzige Kette von Patronatsbeziehungen, die ohne Bruch von der Erde bis in den Himmel reicht. Und man muß mit Barbara Levick einräumen, daß diese Stelle aus Epiktet «zu Betrachtungen über den schnellen Fortschritt des Monotheismus in der Gesellschaft des Imperiums» anregt. Vielleicht ist das der Grund, daß «das Christentum einem kraft eigener Verdienste und Bemühungen und durch einen unbestechlichen Mittler Zugang zu einer zuverlässigen Autorität verschaffte» (S. 151). Doch wenn man, hoffentlich ohne sich damit des ethnozentristischen moralischen Imperialismus schuldig zu machen, der Meinung sein kann, daß das irdische Patronat und Klientenwesen keineswegs die ideale Methode ist, menschliche Beziehungen zu organisieren, sind vielleicht auch deren himmlische Entsprechungen nicht gerade ideal. Ob im Himmel wie auch auf Erden oder auf Erden wie im Himmel mögen systemische Beziehungsmodelle wie diejenigen des Herrn und Sklaven oder des Patrons und Klienten zu einer Welt gehören, deren Verschwinden man nicht beklagen würde.

4. Armut und Freiheit

«Die Kyniker suchten Glück in der Freiheit. Der kynische Begriff der Freiheit forderte Freiheit von Begierden, von Furcht, Zorn, Trauer und anderen Gemütsregungen, von religiöser und moralischer Kontrolle, von der Autorität der Stadt oder des Staats oder der Beamten, von der Rücksicht auf die öffentliche Meinung, Freiheit auch von Sorge um Besitz, von der Beschränkung auf einen festen Wohnsitz und der Sorge um Weib und Kinder und den Unterhalt derselben ... Die Kyniker spotteten über die Sitten und Gebräuche der anderen, hielten sich aber an die eigenen Regeln sehr streng. Der Kyniker zeigte sich nirgends ohne seinen Ranzen, seinen Stab und seinen Mantel, welchen er nach kynischem Brauch stets schmutzig und zerlumpt trug, und zwar so, daß er die linke Schulter unbedeckt ließ. Schuhe trug er niemals und das Haupt- und Barthaar stets lang und ungekämmt.»

Farrand Sayre, *The Greek Cynics*, 1948, S. 7, 18

«Der Freiheitsbegriff des Kynismus faßt Freiheit als solche von Zwängen: Freiheit von der Sorge um Nahrung, Kleidung, Haus, Heim, Ehe, Kinder usw.; Freiheit von allen Bindungen, die Moral, Gesetz, Staat, das Gemeinschaftsleben überhaupt, dem Individuum zumuten mögen; des weiteren Freiheit von Leidenschaften, Ehrgeiz, intellektuellen, kulturellen und religiösen Ansprüchen usw.; und schließlich sogar Freiheit vom Leben selbst, mit dem Recht, es freiwillig zu verlassen, wenn das Bedürfnis nach Freiheit das erforderlich macht ... Doch das Problem wird beträchtlich schwieriger, wenn wir nach positiven Dingen suchen.»

Ragner Höistad, *Cynic Hero and Cynic King*, 1984, S. 15–16

Vittorio Lanternari und Bryan Wilson haben faszinierende Untersuchungen über religiöse Bewegungen bei den Naturvölkern und in der Dritten Welt veröffentlicht. Besonders nützlich ist das Werk des letzteren, der diese Bewegungen in sieben Haupttypen unterteilt, wobei das sich in ihnen äußernde unterschiedliche *Verhalten* der Menschen *zur Welt* ausschlaggebend ist, wenn sie erkennen müssen, daß die Erlösung vom Bösen nicht mehr mit den Hilfsmitteln der überlieferten Religion erreichbar ist. Ohne zu leugnen, daß wie das Böse auch die Erlösung von ihm in verschiedenen Richtungen gefunden und gesucht werden kann, und einen Gottesbegriff voraussetzend, der die übliche

Bezeichnung des höchsten Wesens nur als «Hilfsbegriff für jedwede übernatürliche Macht, gleichviel wie diese Macht in der jeweiligen Kultur aufgefaßt und bezeichnet werden mag», verstanden wissen will, bildet er aus diesen sieben Typen des *Verhaltens zur Welt* drei Gruppen, je nachdem welches Glied des Verhältnisses von der Wahrnehmung des betreffenden Typs bevorzugt wird (S. 22–26).

Die erste Gruppe bilden die von Wilson als *Konversionisten* bezeichneten Sektierer. Diese betonen, als Subjektivisten, das *Verhalten* zur Welt. Sie glauben, «Gott wird uns wandeln». Da die Welt verdorben ist, weil die Menschen verdorben sind, ist Erlösung nur möglich durch eine «tiefgefühlte übernatürlich bewirkte Verwandlung des Selbst». Die nächste Gruppe bilden zwei Typen, die als *Relationisten* vor allem die Art des Verhaltens *zur* Welt wichtig nehmen. Von diesen glauben die *Manipulationisten,* «Gott gebietet uns, unsere Wahrnehmung zu ändern». Die Menschen müssen also lernen, «ihr Verhältnis zur Welt zu ändern, die Welt anders zu sehen». Die *Thaumaturgisten* glauben, «Gott wird besondere Gunstbeweise geben und besondere Wunder tun». Menschen, die dieses Verhalten zur Welt bevorzugen, «fassen den Begriff der Erlösung sehr viel enger als die Vorerwähnten, partikularistisch, persönlich, lokal und magisch. Diese Auffassung ist nicht leicht zu verallgemeinern, zu organisieren und zu ideologisieren.» Die verbleibenden vier Typen haben miteinander gemeinsam, daß es sich bei allen um Verhaltensweisen handelt, die die Menschen, die zu ihnen neigen und die in den Brennpunkt ihres Interesses *die Welt* setzen, zu *Objektivisten* machen. Die *Revolutionisten* glauben, «Gott wird die Welt umwälzen». Ihres Erachtens ist das Heil nur zu erwarten von der Zerstörung der Welt, der natürlichen, aber insbesondere der sozialen Ordnung. Dieses Verhalten erwartet einen unmittelbar bevorstehenden Eingriff Gottes ins Weltgeschehen, bei dem die Mitwirkung der Menschen gefordert sein mag oder nicht. *Introversionisten* andererseits glauben, «Gott gebietet uns, die Welt zu verlassen». Sie ist so unverbesserlich schlecht, daß man sich gänzlich aus ihr zurückziehen muß, entweder allein oder im Verein mit einer «abgetrennten Gemeinschaft, die um die eigene Heiligkeit und Abgrenzung von der weiteren Gesellschaft besorgt ist». *Reformisten* glauben, «Gott ruft uns auf, die Welt zu verbessern». Diese Haltung ist derjenigen, die hinter weltlichen Reformprogrammen steht, sehr ähnlich, nur werden dabei «übernatürlich gewährte Einsichten in die Methoden, nach denen die gesellschaftliche Verfassung zu verbessern sei, vorausgesetzt». *Utopisten* endlich glauben, «Gott ruft uns auf, die Welt neu zu erbauen». Dabei werden «gottgegebene Prinzipien» dieses Wiederaufbaus angenommen. Doch während das Verhalten der *Utopisten* zur Welt radikaler ist als das der *Reformisten,* glauben sie im Gegensatz zu den *Revolutioni-*

sten, daß bei der erwarteten Wandlung der Welt die Menschen selbst mit Hand anlegen müssen.

Ich halte Wilsons Typologie auch zur Klassifizierung religiöser Bewegungen des Altertums für tauglich und meine, im 1. Jahrhundert der christlichen Ära eine starke Neigung zu Verhalten des *introversionistischen* Typs zu erkennen. Wenn man sich die mediterrane Zivilisation vorstellt, regiert einerseits von Ehre und Schande, andererseits von Patronat und Klientenwesen, beide Systeme mit horizontalen und vertikalen, menschlichen und göttlichen Dimensionen, kann man zugleich beginnen, sich «die vollkommenste mögliche Abkehr» von der so beschaffenen Welt vorzustellen. Es erhebt sich allerdings damit die Frage, wo man in dem Fall seinen Standpunkt beziehen könnte? Wohin man sich aus der griechisch-römischen Zivilisation zurückziehen könnte?

Diogenes oder Dädalus

«Um die Mitte des 1. Jahrhunderts unserer Ära waren Elemente der kynischen und der stoischen Glaubenssätze», wie Cora Lutz versichert (S. 28, Anm. 127), «in der Lehre der beliebten Philosophen schon recht gut miteinander vermischt.» Der Begründer des Kynismus war Diogenes, der aus Sinope, einer Stadt in der Mitte der südlichen Küste des Schwarzen Meers, gebürtig war und von etwa 400 bis ungefähr 320 v. Chr. lebte. Als Kyniker oder «hündischen» Philosophen findet man diesen Diogenes von Aristoteles bezeichnet, der damit aber einen wohl längst gebräuchlichen Spottnamen verwendet. «Hündisch» schien den Leuten die herausfordernde Schamlosigkeit, mit der Diogenes vorsätzlich alle menschlichen Anstandsregeln, Sitten und Gebräuche in den Wind schlug und alles in voller Öffentlichkeit zu tun pflegte, «sowohl was die Demeter betrifft, wie auch die Aphrodite», wie Diogenes Laertius es diskret ausdrückte (Leben und Meinungen berühmter Philosophen, 6.69). Der Begründer des Stoizismus, Zeno, war aus Kition an der südöstlichen Küste von Zypern gebürtig und lebte von etwa 333 bis ungefähr 264 v. Chr. Die von ihm begründete Schule hat ihren Namen von dem Gebäude, in dem er lehrte, der bunten Säulenhalle, *Stoa poikile,* auf der Agora von Athen. Kyniker und Stoiker suchten beide das Glück der inneren Freiheit und des persönlichen Selbstgenügens, doch während die Stoiker den Abstand von der Welt nur empfahlen, forderten die Kyniker die Abkehr von ihr. Insofern die beiden Bewegungen aufeinander einwirkten, besonders durch ihre Beliebtheit beim Volke, war Kynismus praktischer und radikaler Stoizismus, Stoizismus aber theoretischer und gemäßigter Kynismus. Man nehme zum Beispiel den Fall des Philosophen Seneca.

Lucius Annaeus Seneca, Seneca der Jüngere, stoischer Philosoph, Schriftsteller und Multimillionär, lebte von etwa 4 v. Chr. bis 65 n. Chr. Als Erzieher des nachmaligen Kaisers Nero ist seine Verantwortung für kaiserliche Tugenden und Laster umstritten, doch wurde ihm zuletzt befohlen, wegen angeblicher Beteiligung an der von Gaius Calpurnius Piso angeführten Verschwörung gegen Nero Selbstmord zu begehen. Trotz seines enormen Reichtums war er empfänglich für den Einfluß des kynischen Philosophen Demetrius, der von 51 bis 65 n. Chr. sein Hausgenosse war, in den Jahren, da Seneca seine *Epistulae Morales* verfaßte, moralische Abhandlungen in Form von Briefen an seinen Freund Gaius Lucilius. Man kann den Unterschied zwischen der theoretischen Leidenschaftslosigkeit des Stoikers Seneca (‚Ich habe alles, aber es ist mir gleichgültig›) und der praktizierten Besitzlosigkeit des Kynikers Demetrius (‚Ich habe nichts, aber es ist mir gleichgültig›) in der folgenden Geschichte erkennen, die Seneca in seinem Buch *Über die Wohltaten* von Demetrius erzählt:

> «Als ihm ... Kaiser Gaius (Caligula) 200 000 Sesterzen schenkte, wies er sie lachend zurück in der Meinung, diese Summe sei es nicht einmal wert, sich dessen zu rühmen, daß man sie nicht entgegengenommen habe ... ‹Wenn er›, sagte er, ‹mich in Versuchung zu führen beschlossen hatte, hätte er mich mit seiner gesamten Herrschaft auf die Probe stellen müssen.›»
> (Seneca, *De Beneficiis*, 7,11; deutsch von Manfred Rosenbach, 1989)

So trachteten die Stoiker danach zu leben, als besäßen sie nicht, die wirklich besitzlosen Kyniker aber so, als besäßen sie. Aber wie immer Seneca sich nun mit seinem enormen Reichtum abfand, aus dem folgenden spricht der Einfluß seines kynischen Hausgenossen:

> «Wie – ich bitte dich – paßt es zusammen, daß du Diogenes bewunderst *und* Daidalos? Wer von ihnen scheint dir weise zu sein? Der die Säge ausgedacht hat oder jener, der, als er einen Jungen aus der hohlen Hand Wasser trinken sah, sofort seinen Becher aus seinem Ranzen holte und ihn zerbrach mit dieser Schelte seiner selbst: ‹Wie lange habe ich Dummkopf überflüssiges Gepäck gehabt?› Der sich in einem Faß zusammenrollte und darin wohnte? ... Wenn ihn das Menschengeschlecht anhören wollte, so wird es erfahren, der Koch ist ihm so überflüssig wie der Soldat ... Nicht wirst du vermissen Künstler: Folge der Natur.»
> (Seneca, *Epistulae morales*, 90,14–16; deutsch von Manfred Rosenbach, 1987)

«Betrachtet man den Kynismus gegen Ende des augusteischen Zeitalters», findet Donald Dudley, «ist ihm nicht anzusehen, daß er bald wiederaufleben und dann noch mindestens weitere fünfhundert Jahre lang gelehrt werden sollte. Doch die Geschichte schickte sich damals an, sich zu wiederholen, insoweit sie das überhaupt jemals tut. Das heißt, daß die Bedingungen, die nach dem Tode Alexanders die Ausbreitung des Kynismus begünstigt hatten, in den frühen Jahren des 1. Jahrhunderts der christlichen Ära wiederkehrten. Das kaiserliche System hatte zwar das Funktionieren der Verwaltung erheblich verbessert, aber die Politik jedes Interesses beraubt; kosmopolitische Gesinnung und Gesittung griffen um sich. Luxus war verbreiteter denn je, selbst der Stoizismus hatte sich damit kompromittiert. Es gab eine Nachfrage nach einem einfacheren praktischen Glauben, die der Kynismus befriedigen sollte. Die ‹Löwentracht› des Diogenes sollte wieder würdige Träger finden. Der Kynismus sollte nicht wiedergeboren werden, aber neu belebt» (S. 124).

Es handelte sich dabei um das Bestreben, vor der Kultur Zuflucht bei der Natur zu suchen, Diogenes nachzufolgen, nicht Dädalus. Der Kynismus lehnte die Zivilisation ab. Gerade diese Haltung aber empfahl sich höchst kultivierten und zivilisierten Leuten wie dem vornehmen Seneca, dem das eigene Unbehagen in der Kultur schmerzlich bewußt war. Denn wie fragwürdig auch die vermeintliche Autorität der Natur bei näherem Zusehen werden mochte, die Berufung auf sie ermöglichte dem Unzufriedenen die radikale Kulturkritik, auf die es ihm letztlich ankam. Diese Kulturkritik war nun zwar nicht direkt revolutionär, insofern sie nicht offen für politischen Umsturz agitierte, doch ist freilich jede Äußerung der Unzufriedenheit mit den bestehenden Verhältnissen Tadel an den politischen. In dem oben zitierten Brief an Lucilius liest man (90,10), «Stroh deckte Freie, unter Marmor und Gold haust die Knechtschaft». Die Zweideutigkeit der Aussage läßt nichts zu wünschen übrig. War es, politisch betrachtet, die von Marmor und Gold symbolisierte Tyrannenherrschaft, welche die Bürger zu Knechten machte? Oder bewirkte schon jene Abhängigkeit vom Luxus, die Leute an den Tag legen, die mehr als ein Dach über dem Kopf haben wollen, knechtische Gesinnung, die nach Tyrannenherrschaft ruft?

Die Kyniker kritisieren nicht irgendeine Tyrannenherrschaft, nicht einmal die griechisch-römische Zivilisation im besonderen, sondern die Kultur überhaupt. So konnte Kaiser Julian, der von 331 bis 363 n. Chr. lebte, in seiner *Rede an die ungebildeten Kyniker* durchaus anerkennend über die kynische Philosophie schreiben, obwohl er mit einigen ihrer Vertreter seine Schwierigkeiten hatte:

«Der Kynismus ist ein Zweig der Philosophie und keineswegs der unbedeutendste oder am wenigsten ehrenvolle, sondern einer der

edelsten ... In gewisser Weise scheint er eine universale Philosophie zu sein und die natürlichste von allen; und deshalb kein besonderes Studium zu erfordern.»
(Julian, *An die ungebildeten Kyniker;* Wright, 2, 8–9, 22–23)

Als «universale Philosophie» würdigt im Epilog zu seiner Geschichte des Kynismus (1937) auch Donald Dudley dessen Lehren, indem er auf ganz ähnliche einerseits bei den Mystikern des Ostens, andererseits im abendländischen Mönchtum und im modernen Anarchismus hinweist (S. 209–213). Die Universalität des kynischen Verhaltens zur Welt ist ersichtlich auch daraus, daß die von Bryan Wilson als *Introversionismus* beschriebene Haltung gewisser zeitgenössischer religiöser Bewegungen, welche «die entschiedenste mögliche Abkehr von der Welt» fordern, in der Antike von den Kynikern ebenso praktiziert wurde wie von den Anhängern der Bewegungen des 19. und 20. Jahrhunderts, bei denen Wilson sie beobachtete. Und wenn auch gewisse historische Verbindungen zwischen den Lehren der indischen Gymnosophisten und denen des Diogenes von Sinope oder zwischen den Praktiken der Kyniker und denen der christlichen Bettelmönche zweifellos nachweisbar sind, bedurften doch die Kyniker als Gegner der Konventionen wohl nirgends und zu keiner Zeit des Unterrichts und besonderen Studiums. Die Ablehnung der gegebenen Kultur ist eine der Möglichkeiten, die der menschliche Geist immer und unter allen Umständen hat. Ich glaube übrigens des weiteren, daß wenn auch in Wilsons Typologie der *Introversionismus* als «Wendung nach innen» gekennzeichnet ist, als Bewegung also, die nicht, wie etwa die utopistische, eine Veränderung der Welt anstrebt, diese zutreffende Einordnung uns nicht hindern sollte, die Tatsache im Auge zu behalten, daß keine radikale Verneinung der bestehenden Verhältnisse, selbst wenn sie in der Meinung erfolgt, daß an diesen nichts zu ändern sei, als unpolitisch gelten kann.

Frei unter Vater Zeus

Musonius Rufus, gebürtiger Etrusker, aber überzeugter stoischer Kosmopolit, lebte von etwa 30 bis 100 n. Chr. und ist als «Apostel moralischer Freiheit» und als «römischer Sokrates» bezeichnet worden (Lutz, S. 3–4). Ohne die althergebrachten Geschlechterrollen insgesamt in Frage zu stellen, war er immerhin schon der Meinung, daß «auch Frauen Philosophie studieren» sollten, da Frauen ebenso wie Männer Vernunft, Sinne und Körper hätten sowie die natürliche «Neigung» zu Tugend, Güte und Gerechtigkeit (Lutz, S. 38–41). Und nachdem er die Frage: «Sollten Töchter die gleiche Erziehung empfangen wie Söhne?»

bejaht hatte, setzte er sich mit den Einwänden auseinander, die von jeher gegen solche Gleichbehandlung vorgebracht werden:

> «Da wird vielleicht einer sagen: ‹Willst du etwa auch, daß die Männer ebenso wie die Frauen spinnen lernen sollen und die Frauen ebenso wie die Männer Gymnastik treiben?› – Das werde ich freilich nicht fordern. Ich behaupte vielmehr – da bei den Menschen die Männer von Natur das stärkere Geschlecht sind, die Frauen das schwächere –, daß man jeder der beiden Naturanlagen die für sie förderlichsten Leistungen zuweisen muß, die schweren dem stärkeren, die leichteren dem schwächeren Geschlecht. Daher paßt das Spinnrad besser für die Frauen als für die Männer und ebenso der Haushalt! Dagegen die Gymnastik mehr für Männer als für Frauen wie auch das Leben unter freiem Himmel. Zuweilen werden freilich auch einzelne Männer leichtere und mehr für Frauen passende Arbeiten vernünftigerweise verrichten wie auch Frauen härtere und mehr den Männern anstehende Arbeiten auf sich nehmen, wenn es die körperlichen Verhältnisse so fordern oder Zwang der Umstände oder die Forderung der Stunde. Denn alle menschlichen Arbeiten und Verrichtungen bleiben ein gemeinsames Arbeitsfeld für beide Geschlechter, sind Männer und Frauen gemeinsam, und keine einzige ist nur für das eine Geschlecht durch den Naturzwang reserviert. Doch sind einige geeigneter für die einen, andere für die anderen Naturanlagen. Daher nennt man die einen Werke der Männer, die anderen die der Frauen. Die aber, welche in den Bereich der sittlichen Tugend fallen, die geziemen – das kann man mit Recht behaupten – in gleicher Weise beiden Geschlechtern, wenn wir behaupten, daß auch die Tugenden keinem der beiden Geschlechter mehr als dem anderen geziemen.»
> (Musonius Rufus, Fragment 4; deutsch von Wilhelm Capelle, 1948)

Wie er so die Gleichheit von Männern und Frauen betonte, setzte Musonius auch in politischer Hinsicht die Gleichheit der Menschen voraus, und es verdient vielleicht in diesem Zusammenhang die Tatsache erwähnt zu werden, daß er zweimal aus Rom verbannt wurde, einmal von Nero und noch einmal von Vespasian. Seine Überzeugung, «daß Könige Philosophie studieren sollten», hatte eine ihm selbst durchaus bewußte kühne Konsequenz. Denn wenn der wahre König Philosoph sein sollte, war dann nicht vielleicht der Philosoph der wahre König?

> «Ich für meine Person bin überzeugt, daß der ideale König notwendig zugleich Philosoph und der wahre Philosoph zugleich zur Königsherrschaft befähigt ist... Wenn er aber nicht viele Anhänger

hat, die auf ihn hören und ihm folgen, darum braucht ihm doch nicht die Gabe, wie ein König zu herrschen, abzugehen. Denn es genügt schon, über seine Freunde zu herrschen oder über Weib und Kind oder sogar, beim Zeus, nur über sich selbst.»
(Musonius Rufus, Fragment 4; deutsch von Wilhelm Capelle, 1948)

Jeder kann ein König sein, und nur wer sich selbst beherrschen kann, ist wahrhaft königlich. Das Königtum der Freien im Reich der Freien wird den Zwängen der politischen und der kaiserlichen Herrschaft gegenübergestellt. «Hat jemals», fragt der Redner rhetorisch, «irgend jemand größere Freiheit der Rede bewiesen, und war etwa irgendeiner seiner Zeitgenossen überhaupt in irgendeiner Hinsicht freier als Diogenes?»

Seine unvergleichliche und unübertreffliche Freiheit demonstrierte Diogenes niemals schlagender als bei Gelegenheit seiner Begegnung mit Alexander, die, als dieser im Jahre 336 v. Chr. den Isthmus von Korinth besuchte, um sich mit Abgesandten der griechischen Staaten zu treffen und seinen Einfall nach Asien vorzubereiten, tatsächlich stattgefunden haben könnte (Sayre, S. 59). Man kam oft darauf zu sprechen, auch bei Cicero in Tusculum:

«Aber Diogenes war als Kyniker unbefangener, und als ihn Alexander fragte, was er brauche, sagte er: ‹Nur, daß Du ein wenig aus der Sonne gehst.› Offenbar stand er ihm im Weg, als er sich wärmen wollte.»
(Cicero, *Gespräche in Tusculum*, 5,92; deutsch von Olof Gigon, 1951)

Man muß sich vergegenwärtigen nicht nur, wie diese Anekdote im Kreise der Nachfolger des Diogenes wirkte, sondern auch, wie sie die Nachahmer Alexanders beeindruckt haben mag. Erwies sich doch bei diesem Wortwechsel des Königs mit dem Bettler der letztere als der wahre König. Die subversive Tendenz des Kynismus hat einer der Schüler des Musonius Rufus, der hier bereits am Ende des vorigen Kapitels zu Worte gekommene Epiktet, ganz deutlich zum Vorschein gebracht.

Epiktet stammte aus Hierapolis in Phrygien. «Er war der einzige griechische Philosoph», sagt W. A. Oldfather, der moderne Herausgeber seiner Schriften, «der trotz der monistischen und deterministischen Postulate seiner Philosophie seinen Gott so lebhaft auffaßte wie die Verfasser des Neuen Testaments und fast so vertraut wie der Gründer der Christenheit selbst» (Oldfather, Bd. 1, S. VII–VIII). Epiktet, als Sklave geboren, Sohn einer Sklavin, hielt lebenslänglich die Freiheit für das höchste aller Güter. Er lebte von etwa 55 bis 135 n. Chr. Sein Herr, Epaphroditus, Neros Sekretär, ein Freigelassener, gestattete ihm, die Vorlesungen des Musonius Rufus zu hören und gab ihm später auch die Freiheit. Wie die anderen in der Hauptstadt lehrenden Philosophen wurde er im Jahre 89 von Domitian verbannt. Er gründete eine Schule in Nikopolis, der von Augustus zum Gedenken an seinen Sieg bei Aktium an der Westküste Griechenlands erbauten Stadt. Und da er, wie Sokrates, nichts Schriftliches hinterließ, kennt man seine Lehre nur aus den Nachschriften seines Schülers Flavius Arrianus (dem wir auch die beste erhaltene Geschichte Alexanders des Großen verdanken).

Epiktet war Stoiker, doch in den Nachschriften seiner Gespräche findet man Diogenes weit häufiger genannt als Zeno. Und ‹über den Beruf des Kynikers› spricht er, wie es ein Kyniker kaum rühmender hätte tun können:

> «Und wie ist es möglich, daß ein Mann, der nichts hat, der nackt ist, ohne Haus und Herd, schmutzig, ohne einen Sklaven, ohne eine Stadt, ein Leben führen kann, das so leicht hinfließt? Seht, Gott hat euch einen Mann geschickt, der euch zeigt, daß das möglich ist. Seht mich an, der ich ohne Stadt bin, ohne Haus, ohne Besitz, ohne einen Sklaven; ich schlafe auf der Erde; ich habe keine Frau, keine Kinder, kein *praetorium*, sondern nur Erde und Himmel und einen armen Mantel. Und was fehlt mir denn? Bin ich nicht sorgenfrei? Bin ich nicht ohne Furcht? Bin ich nicht frei? Wann hat einer von euch mich den Gegenstand meines Begehrens verfehlen sehen? Oder erlebt, daß ich hineingeriet, in was ich zu vermeiden trachtete? Habe ich mich jemals über Gott oder Menschen beschwert? Habe ich jemals einen Menschen angeklagt? Hat mich irgend jemand von euch jemals mit betrübter Miene erblickt? Und wie begegne ich denen, vor denen ihr euch fürchtet und die ihr bewundert? Behandle ich sie nicht wie Sklaven? Wer glaubt, wenn er mich sieht, nicht seinen Herrn und Meister zu sehen?»
> (Epiktet, *Dissertationes*, 3.22,45–49)

Bemerkenswert ist, wie zwanglos der Philosoph von der Armut zur Freiheit, zur königlichen Art übergeht. Hier redet Epiktet vom Beruf des Kynikers wie ein Kyniker: Armut ist Voraussetzung der Freiheit und die Freiheit Beweis wahren Königtums. Doch zu allen drei Begriffen erklärt Epiktet sich, um Mißverständnissen vorzubeugen, näher.

Was die Armut angeht, meint er, so müsse man sich hüten, die Äußerlichkeiten des Kynismus für das Wesentliche desselben zu halten. Zwar rät er den Kynikern nicht, ihre Armut zu verstecken. Aber er weist darauf hin, daß der ärmliche Aufzug des Philosophen aus dessen innerer Einstellung zum Besitz folgen sollte – und daß es vor allem auf diese innere Einstellung ankommt.

> «Bedenkt also die Sache sorgfältig; sie ist nicht, wie ihr glaubt. Ich trage jetzt schon einen groben Mantel und werde also auch dann noch einen haben. Ich habe jetzt schon ein hartes Bett, und das werde ich auch dann noch haben; ich werde mir einen Ranzen umhängen und einen Stab nehmen und anfangen umherzuwandern und von denen zu betteln, die ich treffe, und sie zu beschimpfen ... Wenn ihr euch die Sache so vorstellt, macht lieber einen großen Bogen darum; laßt die Finger davon, denn sie ist nichts für euch ...
>
> Würdig eines wahren Kynikers, sagt der Philosoph, ist die innere Ablehnung aller vermeintlichen Bedürfnisse, aber leider ist das nicht allen bewußt, die sich als Kyniker ausgeben.
>
> Nein, sagt ihr, was den Kyniker ausmacht, ist der verächtliche Ranzen, ein Stab und große Kiefer; alles zu verschlingen, was man ihm gibt, oder es beiseite zu bringen, oder taktlos die Leute zu beschimpfen, die ihm begegnen, oder seine schöne Schulter zur Schau zu stellen.»
>
> (Epiktet, *Dissertationes*, 3.22,9–10, 50)

Offensichtlich sind bei dieser Gelegenheit Epiktets Hörer Leute, deren Aufzug sich von dem der Kyniker nicht sonderlich unterscheidet, weil sie arm sind und nichts Besseres anzuziehen haben. Und er ist bemüht, ihnen klarzumachen, daß zum wahren Kyniker mehr gehört, als nur nichts Anständiges anzuziehen und nie genug zu essen zu haben.

Freiheit ist denn auch die Konsequenz nicht der Armut und der Erniedrigung an sich, sondern nur jener inneren Einstellung, die dem wahren Kyniker die Kraft verleiht, Armut und Erniedrigung auf die leichte Schulter zu nehmen.

> «Denn auch das ist ein hübscher Faden im Gewebe des Lebens, das der Kyniker führt; denn er muß sich allerdings prügeln lassen wie ein Esel, und während er geprügelt wird, muß er die Männer, die ihn prügeln, lieben, als wäre er ihrer aller Vater und Bruder. Aber das ist nicht eure Art. Wenn jemand euch prügelt, stellt euch in die Mitte und schreit: O Caesar, was muß ich leiden unter deinem friedlichen Regiment? Gehen wir vor den Prokonsul! Aber was ist einem Kyniker Caesar, oder ein Prokonsul, oder sonst jemand anderer als der, welcher ihn in die Welt geschickt hat, und dem er dient, nämlich Zeus? ...
>
> Nun muß nämlich den Geist geduldigen Ertragens der Kyniker in einem solchen Maße besitzen, daß dies gemeine Volk ihn für gefühllos und einen Stein halten wird. Niemand beschimpft ihn, niemand schlägt ihn, niemand beleidigt ihn, sondern er selbst

hat seinen Körper preisgegeben, daß ihn jeder nach Gutdünken benütze.»
(Epiktet, *Dissertationes*, 3.22,54–56.100)

Diese Stelle hat manche älteren Übersetzer in einige Verlegenheit gebracht. So räumt Elizabeth Carter zwar die Ähnlichkeit mit Matthäus 5, 39–44 ein, bemerkt aber, «daß Christus höhere Beleidigungen und Herausforderungen nennt und von *allen* seinen Jüngern fordert, was Epictetus nur als die Pflicht von ein oder zwei *außerordentlichen* Personen als solchen beschreibt» (Rouse, S. 260, Anm. 11). Was schlicht nicht wahr ist.

Schließlich, das wahre Königtum betreffend: Bemerkenswert ist, daß im Text 3.22,34, 57 das Zepter des Zeus und der Stab des Diogenes mit dem gleichen griechischen Wort bezeichnet werden.

«Wo werdet ihr mir einen Freund des Kynikers finden? ... Er muß sein Zepter und sein Königreich mit ihm teilen ...

Seht, in welche Not wir unseren Kyniker bringen (wenn er heiratet), wie wir ihm sein Königreich wegnehmen ...

Und doch soll das Königtum (oder Königreich) des Kynikers nicht als hinreichende Entschädigung (für die Ehelosigkeit) gelten.»
(Epiktet, *Dissertationes*, 3.22, 63, 75, 79)

Armut, Freiheit und Königtum also, weil der Kyniker «von Zeus zu den Menschen gesandt ward, teils als Bote ... und teils ... als Kundschafter» (3.22,23–24), so daß er auf Erden wandelt als «einer, der an der Regierung des Zeus teilhat».

Mein Schuh die Fußsohle

Abraham Malherbe weist warnend darauf hin, daß die kynischen Stoiker es einem schwermachen, zwischen dem eigentlichen kynischen und dem stoischen Gedankengut zu unterscheiden. Er empfiehlt deshalb das Studium der kynischen Briefe, die er als «wertvolle, aber vernachlässigte Quelle für die Geschichte des Kynismus» bezeichnet, und von denen er sagt: «Die Mehrzahl dieser Briefe ist während des augusteischen Zeitalters geschrieben, vorgeblich von den Altvorderen der Sekte, wie Anthistenes, Diogenes und Krates, oder von Weisen, die tatsächlich keine Kyniker waren, wie Anacharsis, Heraklit, Hippokrates und Sokrates sowie dessen Schüler, die in den ihnen zugeschriebenen Briefen aber kynische Anschauung vortragen. Der Wert dieser Briefe folgt aus der Tatsache, daß es sich dabei um kynische Schriften handelt, die Zeugnisse eben der Zeit sind, in welcher der Kynismus zu neuem Leben erwachte ... Das Bild des Kynismus, das sich aus diesen Briefen ergibt, ist von einer reichen Mannigfaltigkeit, die uns nötigt, stoische Autoren nur mit der gebotenen Zurückhaltung als Autoritäten in Fragen des Kynismus gelten zu lassen» (S. 2–3). F. Gerald Downing stellt diese Briefe betreffend fest: «Die kynischen Episteln sind fiktive Briefe der frühen kynischen Lehrer und anderer für die kynische Sache rekrutierter Weiser (Heraklit, Sokrates). Die Briefe scheinen zu den verschiedensten Zeiten geschrieben zu sein, manche lange vor Beginn der christlichen Ära, andere zur Zeit der Anfänge des Christentums, wieder andere erst im 2. Jahrhundert unserer Zeitrechnung. Im großen und ganzen liest man in diesen Briefen einen radikalen, strengen, weniger literarischen und also vielleicht ‹populistischeren› Kynismus als in unseren anderen Quellen» (1988, S. 192).

Einen dieser Briefe (Pseudo-Anacharsis 5, Malherbe 144–145, 42–43) findet man schon vollständig von Cicero in den Tusculanischen Gesprächen zitiert, die in den letzten Monaten der Diktatur Caesars, im Herbst des Jahres 45 v. Chr., stattfanden:

> «Meine Kleidung ist ein skythischer Überwurf, mein Schuh die Fußsohle, mein Bett die Erde, meine Delikatessen der Hunger ...» (Pseudo-Anacharsis 5; Malherbe 42–43 = Cicero, *Gespräche in Tusculum*, 5,90; deutsch von Olof Gigon, 1951)

Der skythische Fürst Anacharsis, der vorgebliche Verfasser des Schreibens, hatte in alter Zeit auf der Suche nach Weisheit Griechenland besucht, was ihn bei der Rückkehr in die Heimat den Kopf gekostet hatte, wie Herodot (Historien, 4,76) berichtet, «weil er fremde Sitten angenommen und mit Griechen verkehrt hatte». In Griechenland dagegen wurde er schon von den ältesten Kynikern als edler Wilder und unverdorbener Naturmensch gefeiert, als Muster also (wenn man so sagen darf) kynischer Gesittung.

Denn vor allem war der Kynismus weniger philosophische Theorie als vor allem Lebensart. «Wenn man aber sagt», schreibt Leif Vaage, «daß der griechisch-römische Kynismus hauptsächlich eine Lebensweise war, sagt man, daß vor allem ihre Lebensweise die griechisch-römischen Kyniker charakterisierte. Diese Lebensweise sah, kurz zusammengefaßt, so aus: Die gewöhnliche kynische Uniform bestand aus Mantel, Tasche und Stab. Als barfüßige Landstreicher und Bettler schliefen sie am Boden in Bädern und anderen öffentlichen Gebäuden, tranken Wasser und aßen Gemüse. Meist waren sie auf dem Marktplatz zu finden» (1987, S. 374–375). Vermutlich trugen sie auch Haupt- und Barthaar lang und ungepflegt. Dabei handelte es sich natürlich um einen bewußt antisozialen Symbolismus, und eine Uniform trugen die Kyniker nur in dem Sinne, daß sie einmütig durch ihren Aufzug ihre Verachtung der anständigen Leute zu symbolisieren bestrebt waren.

Was sie für sich wollten war, wie Vaage betont, «Selbstgenügsamkeit», «Freiheit von dem System der Begierden, das nach ihrer Anschauung die griechisch-römische Kultur knechtete»; und so übten sie «Aufrichtigkeit» und «Schamlosigkeit», damit aber implizite oder explizite Kritik an den typischen Werten der griechisch-römischen Zivilisation» (1987, S. 375–380).

Von der kynischen Antikleiderordnung liest man viel in den apokryphen Diogenes-Briefen, insbesondere in einer frühen Sammlung derselben, die Malherbe (S. 17) ins 1. Jahrhundert v. Chr. oder sogar noch früher datiert. So etwa:

> (An Hicetas) «Gräme dich nicht Vater, daß man mich einen Hund nennt, und ich einen doppelten groben Mantel anlege, einen Ranzen über der Schulter trage und einen Stab in der Hand halte ... da ich derart zwar nicht in Übereinstimmung mit der Meinung der Leute lebe, doch gemäß der Natur, frei unter Zeus ...»
>
> (An Apolexis) «Ich habe die meisten Dinge, die meinen Ranzen beschwerten, schon beiseite gelegt. Seitdem ich lernte, daß ausgehöhltes Brot mir als Teller dienen kann, die Hände als Becher ...»
>
> (An Antipater) «Wie ich höre, sagst du, daß es nichts Ungewöhnliches ist, einen doppelten, zerlumpten Mantel zu tragen und einen Ranzen zu schleppen. Nun gebe ich zu, daß daran allerdings nichts Außergewöhnliches ist, daß es aber alles gut ist, wenn man's in bewußter Absicht tut ...»
>
> (An Anaxilaus) «Ich habe kürzlich erkannt, daß ich Agamemnon bin, denn als Zepter habe ich meinen Stab, als Königsmantel meinen doppelten zerlumpten Mantel, und mein lederner Ranzen kann mir wohl als Schild dienen ...»
>
> (An Agesilaus) «Das Leben hat genügend Vorrat in einem Ranzen ...»
>
> (An Krates) «Bedenke, daß ich dich in deine lebenslängliche Armut einweihte ... nimm den zerlumpten Mantel als Löwenhaut, den Stab als Keule, den Ranzen als Land und Meer, woraus du genährt wirst. Denn so würde der Geist des Herakles mächtiger als jede Wendung des Glücks, sich in dir regen.»
>
> (Pseudo-Diogenes 7,13, 15, 19, 22, 26; Malherbe 98–119)

Wie man sieht, waren nach der kynischen Antikleiderordnung mindestens Mantel, Ranzen und Stab doch einigermaßen *de rigueur*. Aber den Verzicht auf Schuhwerk feierte, nach dem Muster des edlen Wilden Anacharsis, sogar der mit dem Kynismus nur sympathisierende Musonius Rufus.

> «... ein Untergewand zu haben ist besser, als zweier zu bedürfen, und besser als eins zu haben ist es, gar keines zu brauchen, sondern nur ein Obergewand. Und besser als Sandalen an den Füßen zu haben ist es, barfuß zu gehen, für den, der es vertragen kann. Ist doch, scheint es, das ‹Untergebundensein› ähnlich dem Gebundensein, denn die ‹Ungebundenheit› gewährt den Füßen eine gewisse Freiheit und leichte Beweglichkeit, wenn sie darin geübt sind.»
> (Musonius Rufus, Fragment 19; deutsch von Wilhelm Capelle, 1948)

Das Argument ist pragmatisch, und mit stoischer Mäßigung plädiert der Philosoph für den Verzicht auf Schuhwerk, aber was er sagt, läuft schließlich doch auf die Empfehlung hinaus, barfuß zu gehen. Auch Sokrates hatte ja niemals Schuhe seine Füße fesseln lassen, wenn man einem der ihm spätestens im 1. nachchristlichen Jahrhundert zugeschriebenen Briefe glauben darf:

> «Ich habe ein Leben der Armut gewählt... Ich weise gern nicht nur Geschenke lebender Freunde zurück, sondern auch Verstorbener, die mich in ihrem Testament bedacht haben... Ich begnüge mich mit der einfachsten Nahrung und dem gleichen Kleid sommers wie winters, und Schuhe trage ich überhaupt nicht.»
> (Pseudo-Sokrates 6; Malherbe 232–233)

Dennoch kam es mit ihren zerlumpten Mänteln, Bettelsäcken, Stäben, bloßen Füßen und ungepflegten Bärten den Kynikern nicht so sehr darauf an, einer wie der andere auszusehen, sondern vielmehr anders als die anderen, die anständigen Leute.

Die Kyniker waren nicht nur aus eigenem Willen bettelarm, sondern verschmähten auch den festen Wohnsitz, wie schon der Wanderstab bewies, der zur kynischen Standardausrüstung gehörte. Viele Kyniker waren, wie es schon dem Diogenes ein Orakel geboten haben soll, Wanderprediger gegen die bestehende staatliche Ordnung. So auch Dio von Prusa, den man Chrysostom, Goldmund, nannte. Er stammte aus Bithynien und hörte dann in Rom Musonius Rufus. Im Jahre 82 n. Chr. wurde er von Domitian sowohl aus Rom als auch aus seiner Heimat Bithynien verbannt. Während seiner vierzehnjährigen Verbannung predigte er, wo er hinkam, vom idealen Königtum. So redete er zum Beispiel in der Rolle des Diogenes Alexander dem Großen ins Gewissen: «Strebe also, du Unbesonnener, nicht danach, König zu sein, ehe du verständig bist» –, und es scheint, wenn man ihn reden hört, daß er sich auch zu dieser Rolle passend kleidete: «Wenn ihr aber einen verwahrlosten Mann, der seine Kleider eng um den Leib geschlungen hat, für sich allein daherkommen seht, einen Mann, der an erster Stelle sich selbst prüft und schilt, bei ihm sucht keine Schmeicheleien...», sagt er einmal (33,14); ein andermal: «Natürlich ist mir auch nicht entgangen, daß Leute in meiner Aufmachung gewöhnlich Kyniker genannt werden... ja, man spricht ihnen sogar jeden gesunden Menschenverstand ab und hält sie für eine Art armer Verrückter...» (34, 2). Und dann: «Ich möchte nur, daß man mir nicht mit Argwohn begegnet und nicht einer den anderen fragt, wer ich sei und woher ich komme. Sonst könnte man vielleicht vermuten, ich sei einer der klugen Alleswisser und mein langes Haar als Beweis dafür nehmen» (35,2 – bei der Gelegenheit legt er Wert auf die Feststellung, daß die «lange Mähne» an sich und ohne flankierende Maßnahmen noch keine «gerechte, wahrhaft überlegte und vernünftige Lebensführung» garantiert). Schließlich beklagte er einmal, daß die Leute, die angesichts der seltsamen Trachten fremder Völker keine Miene verziehen, «erblicken sie aber jemand ohne Leibrock, nur im Übergewand, mit langem Haar und Bart», sich die Gelegenheit nicht entgehen lassen, den Mann zu verspotten und zu beschimpfen. «Dabei wissen sie doch ganz genau, daß dies die den sogenannten Philosophen eigentümliche und gewissermaßen sogar vorgeschriebene Kleidung ist» (Dion Chrysostomos, Sämtliche Reden; deutsch von Winfried Elliger, 1967).

Offenbar sprach Dion da aus eigener Erfahrung. Gewundert haben kann ihn die Reaktion der anständigen Leute auf das vorschriftsmäßige Philosophenkostüm aber eigentlich nicht, denn er wird wohl gewußt haben, daß «das Auftreten und die Botschaft der Kyniker nicht darauf berechnet war, den Beifall der römischen besseren Klassen zu gewinnen», wie in seiner Untersuchung über den Wanderprediger als gesellschaftliche Gestalt im Römischen Reich Walter Liefeld uns versichert. «Sie beleidigten die römische *gravitas*, agitierten bei den niederen Klassen und tadelten unumwunden Herrscher, die dem kynisch-stoischen Ideal des Königtums nicht genügten. Diese politische Aktivität führte nicht nur zur Verfolgung einzelner, sondern machte die Wanderprediger im allgemeinen verdächtig» (S. 162). Und das führt uns zur Klassenfrage.

Unter der Fahne des Hundes

Ronald Hock findet bei einer Untersuchung der Quellen, aus denen der Apostel Paulus seinen Lebensunterhalt bestritt, daß der Streit darüber, wie der Philosoph Brot verdienen sollte, schon begann, als Sokrates den Sophisten vorwarf, sich für ihren Unterricht bezahlen zu lassen. Im 1. Jahrhundert n. Chr. gab es Philosophen, die sich Honorare zahlen ließen (namentlich Stoiker und Aristoteliker), bettelnde Philosophen (vor allem Kyniker), Philosophen, die (wie es die Epikuräer eingeführt hatten) Jahresgehälter erhielten. Diese gebräuchlichen

Praktiken wurden aber in gewissem Maße getadelt und angefochten. So lehnten es einige Philosophen der kynischen Schule ab zu betteln, und wollten deshalb ihren Unterhalt lieber mit ihrer Hände Arbeit verdienen (1974, S. 84).

Bei der Würdigung der Alternativen des Bettelns oder Arbeitens für die Kyniker ist aber zweierlei zu berücksichtigen. Zunächst, daß die Kyniker, wie auch in den bereits zitierten, dem Diogenes zugeschriebenen Briefen zu lesen ist, über eine Ideologie der Bettelei verfügten, die kynisches Betteln von gewöhnlichem unterschied:

> (An Metrokles) «Sei kühn, nicht nur hinsichtlich deines Gewandes, Namens und Lebensstils, sondern auch dabei, deinen Unterhalt von den Leuten zu erbetteln, denn das ist nicht im mindesten schändlich ... es ist wohlgetan zu betteln, wenn man nichts umsonst haben will oder im Austausch für etwas Schlechteres, sondern wenn vielmehr das Betteln zur Errettung aller geschieht; das heißt, wenn man Dinge von den Leuten erbittet, die in Übereinstimmung mit der Natur sind, und wenn man es tut in der Absicht, die gleichen Dinge zu tun wie Herakles, der Sohn des Zeus, und fähig ist, selbst etwas viel Besseres zu geben, als man empfängt ... Sokrates pflegte zu sagen, daß die Weisen nicht betteln, sondern zurückfordern, denn ihnen gehört alles ebenso wie den Göttern. Und dies versuchte er aus den Voraussetzungen zu schließen, daß die Götter die Herren aller Dinge sind, daß Freunde alles gemeinsam besitzen und daß der Weise ein Freund Gottes ist. Deshalb wirst du nur erbetteln, was dir gehört.»
>
> (An Krates) «Bitte selbst die Bildsäulen auf dem Markt um Brot, sobald du hinkommst. Das ist in gewissem Sinne eine gute Übung, denn du wirst die Menschen hartherziger finden als die Bildsäulen.» (Pseudo-Diogenes 10,11; Malherbe 102–105)

Während aber Bettelei derart zu rechtfertigen war, bedurfte andererseits auch die Arbeit der Rechtfertigung, denn, wie Ronald Hock (1974, S. 22) erklärt, kann nicht bezweifelt werden, daß die Griechen und ganz besonders die Philosophen die Handarbeit verachteten. Handarbeit war demnach nicht weniger als die Bettelei für den Philosophen eine gegen die etablierte Kultur gerichtete Provokation, eine bewußte Ablehnung der hierarchischen sozialen Werte. Das ist ganz offenbar, wenn Musonius Rufus (Fragmente 11) die ideale philosophische Schule nicht in der Stadt, sondern auf dem Lande, um einen Weisen geschart, sieht, «der mit den Händen arbeitet gerade wie ein Bauer».

Wenn aber in der griechisch-römischen Gesellschaft auch die ehrliche Arbeit dem kynischen Philosophen nicht ohne weiteres die Achtung der anständigen Leute gewann, war er dabei wenigstens sicher vor Verdächtigung seiner erklärten Motive, die er sich, wenn er bettelte, «um alle zu erretten», immer wieder gefallen lassen mußte.

Lukian, gebürtig aus Samosata am oberen Euphrat, lebte von etwa 120 bis 180 n. Chr. Seine witzigen und satirischen Schriften verfolgten, nach dem Urteil der Sachverständigen (Harmon et al., Bd. 1, S. VIII), nicht das Ziel, die Gesellschaft zu reformieren oder zu tadeln, sondern wollten nichts weiter als amüsieren. Bei Gelegenheit brachte er es sehr wohl über sich, einen Kyniker zu bewundern, wie sein Bericht über den Zeitgenossen Demonax verrät. Dieser freilich schien zwar wie die anderen im Äußerlichen dem Diogenes nachzueifern:

> «Indessen trieb er dies nicht so weit, daß er in seiner Lebensweise etwas Besonderes affektiert hätte, um Aufsehen zu erregen und von dem großen Haufen angestaunt zu werden, sondern er aß und trank wie alle anderen Leute, beachtete in allem die gemeinen Gesetze der Anständigkeit und führte sich zu Hause und öffentlich wie ein anderer Bürger auf, ohne irgendwelchen Hochmut.»
> (Lukian, *Demonax*, 5; deutsch von Christoph Martin Wieland, 1789)

Mithin hatte dieser Demonax nicht allzu viel von dem, womit die Kyniker ihren Spottnamen verdienten, provozierte die anständigen Leute nicht schon durch seine Erscheinung und sein Gebaren. Wie dies zum Beispiel ein anderer tat, jener Peregrinus Proteus, von dem wir bei Lukian nicht so Schmeichelhaftes lesen. Peregrinus war ein Wanderprediger, anfangs ein christlicher, denn in Palästina hatten ihn die Christen bekehrt – und später auch exkommuniziert –, sodann ein kynischer. «Er hatte sich inzwischen die Haare lang wachsen lassen und ging gewöhnlich in einem schmutzigen Mantel von grobem Tuch, mit einem Ranzen auf den Schultern und einem Stecken in der Hand.» Endlich kündigte er, aus Rom verbannt, bei den olympischen Spielen des Jahres 161 n. Chr. an, daß er sich bei den folgenden öffentlich den Tod geben würde. Dies, wie er erklärte, «den Menschen zum Besten, damit er sie den Tod verachten und auch das Schrecklichste mit Geduld ertragen lehre». Lukian berichtet das in seiner Schrift *Das Lebensende des Peregrinus,* schärft aber dem Leser ein, daß dieser Absichtserklärung seines Erachtens nicht zu trauen sei und ruft endlich dem Toten nach, daß er «für Wahrheit niemals weder Sinn noch Achtung hatte, sondern alles, was er in seinem ganzen Leben sprach und tat, bloß deswegen tat, um sich einen Namen zu machen und von dem großen Haufen angestaunt zu werden und ... von dieser törichten Leidenschaft so sehr besessen war, daß er sogar ins Feuer sprang, um seinen Ruhm davonzutragen, dessen Genuß er sich durch dieses Mittel selbst auf ewig raubte». Den Beweis dafür, daß der todesverachtende Philosoph statt aus den von ihm selbst genannten aus den ihm von Lukian unterstellten Motiven handelte, bleibt der Tadler des Peregrinus dem Leser schuldig. Luke Johnson (S. 432) weist uns darauf hin, daß bei Polemiken im Altertum der Gegner stets als Liebhaber des Vergnügens, des Geldes und des Ruhmes hingestellt wurde. Und daß Lukian gegen den ihm mißliebigen Peregrinus nur vorbrachte, was man seinen Gegnern damals immer und unbesehen nachsagte, mag den Widerspruch erklären, in dem zu seinem Urteil das eines Zeitgenossen steht, des Aulus Gellius, der in seinen *Attischen Nächten* erzählt:

> «Als ich mich in Athen befand, machte ich die Bekanntschaft des Weltweisen Peregrinus, eines ernsten und gesetzten Mannes, dem man später den Beinamen Proteus gab, und der ausserhalb der Stadt in einer Herberge verkehrte. Da ich ihn häufig aufsuchte, vernahm ich aus seinem Munde in der That viel nützliche und tugendhafte Lehren.»
> (Aulus Gellius, *Noctes atticae*, 12.11.1; deutsch von Fritz Weiss, 1875)

Lukian mochte die Kyniker nicht, und je kynischer sie waren, desto weniger mochte er sie. Wenigstens diesbezüglich hat der Leser seines Berichts von dem Markt, wo die Vertreter der verschiedenen philosophischen Sekten sich den Käufern empfehlen, absolut Gewißheit. Denn man höre, wie er da den Diogenes die kynische Philosophie anpreisen hörte:

> «Diogenes: Ich werde damit anfangen, dir die Üppigkeit auszuziehen, dich mit der Dürftigkeit zusammenzusperren und in einen groben Kittel zu kleiden. Dann sollst du mir arbeiten, bis du keinen Arm mehr fühlst, und auf dem harten Boden schlafen und Wasser trinken und dich mit dem ersten besten, was dir der Zufall zuwirft, sättigen lernen. Dein Vermögen, falls du welches hast, wirfst du, wenn du mir folgst, ins Meer, du kümmerst dich nicht um Weib und Kinder noch um Vaterland; alles, was die Menschen treiben und worauf sie Wert legen, hältst du für Narrenpossen; du verläßt dein väterliches Haus und wohnst in einem Grabmal oder in einem zerfallenen Turme oder auch nur in einer Tonne. Übrigens muß dein Schnappsack immer von Lupinen und auf beiden Seiten vollgeschriebenen Büchern strotzen. Wenn du erst einmal so weit bist, wirst du dich glücklicher schätzen als den Perser König; und solltest du auch in den Fall kommen, ausgepeitscht oder auf die Folter gezogen zu werden, so wirst du gleichgiltig dabei sein, als ob es dich nicht schmerzte.
>
> Die wesentlichsten Eigenschaften aber, die du besitzen mußt, sind diese: Du mußt frech und trotzig und einem jeden ohne Aus-

nahme, vom Fürsten bis zum gemeinsten Manne, Grobheiten ins Gesicht sagen. Denn das wird aller Augen auf dich ziehen und dir den Namen eines hochgemuten Mannes verschaffen. Deine Sprache muß etwas Barbarisches und der Ton deiner Stimme etwas Knurriges und Hündisches haben; dein Gesicht muß in Falten gezogen sein und dein Gang wie sich zu einem solchen Gesichte schickt: mit einem Worte, alles wild und tierisch. Aller Scham, Anständigkeit und Bescheidenheit mußt du auf immer den Abschied geben und keinen Begriff davon haben, wie man über etwas erröten kann. Du erscheinst überall, wo die meisten Menschen beisammen sind, willst aber gerade dort allein und für dich sein und erkennst niemand, weder Einheimische noch Fremde, für deinen Freund; denn dies würde deiner königlichen Unabhängigkeit auf einmal ein Ende machen. Verrichte ungescheut vor aller Welt Augen, was niemand selbst im Verborgenen tun möchte, und wenn du der Venus opferst, so geschehe es immer auf die lächerlichste Art. Endlich, wenn du des Possenspiels müde bist, so iß einen rohen Polyp oder einen Tintenfisch auf und stirb. Dies ist die Glückseligkeit, die ich dir garantieren kann! ...

Dafür aber ist sie auch ohne alle Mühe zu erhalten und steht zu allen Zeiten in eines jeden Gewalt. Denn du brauchst dazu weder Gelehrsamkeit von Räsonnement noch andere solche Possen, sondern gehst unter allen Wegen, die zum Ruhme führen, den kürzesten. Du kannst der gemeinste Kerl ohne alle Erziehung und Kenntnisse, ein Gerber, ein Heringskrämer, ein Zimmermann oder ein Geldmäkler sein, das wird dich nicht hindern, ein Wundermann in den Augen des Volkes zu werden, wenn du nur unverschämt und frech genug bist und tapfer schimpfen gelernt hast.»
(Lukian, *Der Verkauf der philosophischen Sekten,* 9–11; deutsch von Christoph Martin Wieland, 1789)

Der Käufer ersteigert den Kyniker für zwei Oboli, weil er möglicherweise zum Bootsführer oder Gärtner taugte. Der satirischen Absicht des Verfassers ungeachtet scheint mir die vorgebliche Charakterisierung des Kynismus durch den als Marktschreier für sein Produkt auftretenden Diogenes die umfassendste und treffendste zu sein, die wir aus dem Altertum haben. Bezeichnend für die Gesinnung des Verfassers finde ich aber, daß der Kynismus zuletzt angepriesen wird als Philosophie, die auch «dem gemeinsten Kerl ohne alle Erziehung und Kenntnisse», mit einem Wort, der Arbeiterklasse, zur Verfügung steht.

Die Philosophie, mit der Lukian es selber hält, führt in einem anderen seiner komischen Dialoge gerade deswegen Klage gegen den Kynismus vor Zeus und Apollo:

«Diejenigen, über die ich mich beklage, sind ein Pack schlechter pöbelhafter Kerle, die ... entweder geborene Sklaven gewesen sind, oder um Taglohn gearbeitet, oder sonst niedrige Handwerke getrieben, geschustert, gezimmert, Kleider gereinigt oder Wolle gekrämpelt hatten ... Bei dem Handwerk, das sie gelernt hatten, war nicht viel zu verdienen; dabei brachten sie mit aller ihrer Mühe und Arbeit kaum das Leben davon. Einige von ihnen drückte sogar die Sklavenkette, und das schien ihnen vollends ganz unerträglich zu sein. Sie überlegten die Sache hin und her, und da sie keinen anderen Ausweg sahen, warfen sie endlich, in der Schiffersprache zu reden, den Notanker aus und gründeten den Erfolg ihres Unternehmens – auf ihre Dummheit. Mit dieser und ihren vielvermögenden Gehilfinnen, Verwegenheit, Unwissenheit und Unverschämtheit, rückten sie nun rüstig ins Feld, nachdem sie sich mit einem tüchtigen Vorrat von neuen Schmähungen und Grobheiten versehen hatten ... Und nun, glaubten sie, fehle ihnen nichts, als sich im äußerlichen Kostüm mir und meinen Freunden so ähnlich zu machen als sie könnten ... und es braucht freilich keine großen Anstalten, um einen alten Mantel und einen Schnappsack umzuhängen, einen Knüttel in der Hand zu tragen und ... allen Leuten Sottisen zu sagen.»
(Lukian, *Die entlaufenen Sklaven*, 12–14; deutsch von Christoph Martin Wieland, 1789)

Wenn das so weitergeht, warnt die Philosophie, «wird niemand länger Lust haben, den Hammer, die Axt und die Schusterahle zu führen», denn es werden alle aus ihren Werkstätten laufen, um «unter der Fahne des Hundes» zu dienen.

Aber wie berechtigt sind die Klagen der lukianischen Philosophie gegen den Kynismus der kleinen Leute? Waren proletarische Philosophen tatsächlich unaufrichtiger und häufiger bei allem, was sie redeten, nur auf den eigenen Vorteil bedacht, als solche, die den besseren Ständen angehörten? Bei der Erörterung des Kynismus im 2. Jahrhundert n. Chr. folgt Donald Dudley Lukian in der Annahme, daß sich in jener Zeit «eine große Menge Schwindler» der Bewegung anschloß (S. 144). Aber warum sollten, wenn der «Kynismus als ‹Philosophie des Proletariats›» (S. 147) verdächtigt wird, nicht auch die Motive jenes Dion Chrysostomos hinterfragt werden, der nach vierzehnjährigem Exil «von der kynischen Landstreicherei ließ, um ein Freund Trajans zu werden, eine Person von beträchtlichem Einfluß in den Angelegenheiten seiner heimischen Provinz Bithynien, sowie eine Art inoffizieller, aber einflußreicher Mittler zwischen der römischen Regierung und den griechischen Staaten im allgemeinen» (S. 148)?

Ich will nicht sagen, daß Dion nicht prinzipientreu war oder unaufrichtig Tugenden lehrte, auf die selber Anspruch zu machen ihm gar nicht einfiel; und ich würde dessen auch Seneca nicht beschuldigen. Aber auch Peregrinus nicht. Und Unterklassenkyniker waren weder aufrichtiger noch unaufrichtiger als Oberklassenkyniker. Wenn aber Angehörige der Unterklassen den Kynismus annahmen, wurden sie von den gebildeten Oberklassen doppelt verächtlich gemacht, einmal wegen ihrer Philosophie und noch einmal wegen ihrer Klasse.

ZWEITER TEIL

Erhebung gegen die Mittler

«...sondern des großen Gottes, den nicht Hände von Menschen gebildet haben, stummen, aus Stein gehauenen Götzen ähnlich. Denn auch als Haus hat er nicht einen im Tempel niedergesetzten Stein, ganz taub und stumm, schmerzvollen Schimpf und Schaden der Menschen, sondern welches man von der Erde nicht sehen noch messen kann mit sterblichen Augen, nicht gebildet von sterblicher Hand...»

Die sibyllinischen Orakel, 4,6–11; deutsch von Friedrich Blaß, 1900

«Was geschieht, wenn die Struktur der Gesellschaft so ist, daß ein Teil der Gesellschaft sich von der Teilnahme an den Mitteln der Erlösung systematisch ausgeschlossen, innerhalb der gegebenen Situation unfähig fühlt, es zu schaffen, unfähig, die Rettung zu erreichen? An diesem Punkt dürfen wir erwarten, Strategien zur Eröffnung eines Durchbruchs zur Macht zu finden. Die Art dieser Strategien wird abhängig sein vom Typus der Gesellschaft und den Formen des wahrgenommenen Mangels. Politische Revolution, Kreuzzüge, Hexerei und Chiliasmus sind einige der Möglichkeiten. Wenn chiliastische Aktivitäten und Bewegungen erscheinen, werden sie sich nach einem bestimmbaren Muster entwickeln.»

Sheldon R. Isenberg, *Power Through Temple and Torah in Greco-Roman Palestine*, 1975, S. 28

«Die enge Verbindung zwischen dem Tempel und dem Sektenwesen wird sichtbar auch in der Tatsache, daß die wichtigen Stadien der Entwicklung des jüdischen Sektenwesens mit den wichtigen Stadien der Geschichte des zweiten Tempels übereinkommen. Sekten traten in unbestimmten Formen während der persischen Periode auf, als der neu erbaute Tempel seine Legitimität zu beweisen bemüht war. Voll entwickelt kamen sie zum Vorschein im 2. Jahrhundert v. Chr., nachdem der Tempel von Ephiphanes geschändet und von den Makkabäern gereinigt worden war. Die Sekten verschwanden nach dem Jahre 70 der christlichen Ära, weil die Zerstörung des Tempels einen der Hauptbrennpunkte des Sektierertums beseitigte (...)

Im alten Judentum fand sektiererische Entfremdung, gleich welchen Ursprungs, Ausdruck im allgemeinen in Polemik gegen die zentralen Institutionen der Gesellschaft (namentlich den Tempel), ihre Autoritätsgestalten (namentlich die Priester) und ihre religiösen Praktiken (namentlich das Reinheitsgebot, den Sabbat und das Eherecht). Das Hauptanliegen der Sektierer war nicht Theologie, sondern Praxis.»

Shaye J. D. Cohen, *From the Maccabees to the Mishna*, 1987, S. 132, 168

5. Edelmann und Geschichtsschreiber

«Flavius Josephus, oder Joseph ben Matthias, ... zweifellos die wichtigste Einzelquelle für die Geschichte des jüdischen Volkes während des ersten Jahrhunderts u. Z.»

Harald W. Attridge, *Compendia Rerum Judicarum ad Novum Testamentum*, 2.2., S. 185

«Josephus ist vielleicht historisch am unzuverlässigsten, wenn er selbst bei den Ereignissen, die er beschreibt, eine aktive Rolle gespielt hat.»

David M. Rhoads, *Israel in Revolution*, 1976, S. 15

«Josephus ... kann erfinden, übertreiben, überbetonen, verzerren, unterdrücken, vereinfachen oder, gelegentlich, die Wahrheit sagen. Oft können wir nicht bestimmen, wo das eine aufhört und das andere anfängt.»

Shaye J. D. Cohen, *Josephus in Galilee and Rome*, 1979, S. 18

Knapp faßte im 5. Buch seiner *Historien* Publius Cornelius Tacitus, Senator, Konsul, Provinzstatthalter, Redner und Geschichtsschreiber, der es nie an Vorsicht fehlen ließ und immer Aristokrat blieb, die ersten sechzig Jahre römisch-jüdischer Beziehungen zusammen:

«Als erster Römer hat Cn. Pompeius die Judäer bezwungen und mit dem Recht des Siegers den Tempel betreten. Seitdem verbreitete sich die Kunde, drinnen befinde sich kein Götterbild, die Stätte sei leer, und mit ihrem Geheimkult habe es nichts auf sich. Die Mauern von Hierosolyma wurden niedergerissen, nur das Heiligtum blieb stehen. Als dann in unserem Bürgerkrieg die Provinzen des Orients in die Hand des M. Antonius übergegangen waren, bemächtigte sich der Partherkönig Pacorus Judäas, wurde aber von P. Ventidius Bassus getötet, und die Parther wurden über den Euphrat zurückgeworfen. Die Judäer unterwarf C. Sosius, die Königsherrschaft wurde von Antonius an Herodes übergeben und von dem Sieger Augustus erweitert. Nach dem Tode des Herodes hatte, ohne erst den Cäsar abzuwarten, ein gewisser Simo sich den Königstitel angemaßt. Er wurde von Quintilius Varus, der Syrien verwaltete, bestraft, und über das gemaßregelte Volk regierten nach der Aufteilung des Landes in drei Bezirke die Söhne des Herodes.»
(Tacitus, *Historien*, 5,9; deutsch von Walther Sontheimer, 1959)

Diese drei Söhne des Herodes, die einzeln zu nennen Tacitus sich die Mühe spart, waren Herodes Archelaus, der Ethnarch von Idumäa, Judäa und Samaria von 4. v. Chr. bis 6 n. Chr., als die Römer ihn nach Gallien exilierten und zur Regierung seiner Territorien einen Prokurator einsetzten; Herodes Antipas, der Tetrarch von Galiläa und Peräa von 4. v. Chr. bis 39 n. Chr., als die Römer auch ihn nach Gallien ins Exil schickten und einen Herodier der folgenden Generation, Agrippa I., an seine Stelle setzten; sowie Philippus, der Tetrarch des Nordostens, von 4. v. Chr. bis 33 oder 34 n. Chr., in welchem Jahr er nach einer friedlichen Herrschaft über seine größtenteils nichtjüdischen Untertanen nicht von den Römern, sondern vom Tode abgesetzt wurde. Nachdem so auf die oder jene Weise die Herodier der ersten Generation das Land verlassen hatten, regierten dieses – mit Ausnahme einer kurzen Zwischenzeit, in der von 41 bis 44 n. Chr. Herodes Agrippa I. noch einmal das ganze Reich seines Großvaters unter seiner Herrschaft vereinte – römische Prokuratoren Palästina, in dessen innere Angelegenheiten aber rechtlich und militärisch einzugreifen der Legat von Syrien und dessen Legionen jederzeit bereitstanden.

Wenigstens haltet die geschichtliche Wahrheit in Ehren

Josephus, ein Sproß des jüdischen Priesteradels, 37 n. Chr. in Jerusalem geboren, kam im Jahre 64 nach Rom, um die Freilassung einiger Standesgenossen bei Nero zu erwirken, spielte dann in dem bei seiner Rückkehr ausbrechenden jüdischen Aufstand gegen die Römer in Galiläa eine führende Rolle und ergab sich schließlich im Jahre 67 Vespasian. Da er diesem die Kaiserwürde geweissagt hatte, wurde er von ihm freigelassen, als diese Weissagung sich im Jahre 69 erfüllte. Im Jahre 70 war er als Dolmetscher des Titus bei der Belagerung und Eroberung von Jerusalem zugegen. Nach dem Kriege lebte er in Rom, begünstigt von den Kaisern der neuen Dynastie der Flavier – von Vespasian (der 69 bis 79 regierte), danach von Titus und von Domitian (die von 79 bis 81 und von 81 bis 96 regierten). Um die Jahrhundertwende scheint er gestorben zu sein. Josephus hat an dem ersten römisch-jüdischen Krieg, dessen Geschichte wir von ihm berichtet haben, also nicht nur teilgenommen, sondern war Zeuge der Ereignisse sowohl von der jüdischen als auch von der römischen Seite. Dennoch trauen die Gelehrten, deren Urteile ich am Anfang dieses Kapitels zitiert habe, seiner Darstellung nicht ohne weiteres. Wie also findet man bei der Lektüre dieses Historikers, dem einerseits nicht aufs Wort zu glauben ist, während andererseits sicher ist, daß es falsch wäre, ihm kein Wort zu glauben, die Wahrheit, die bei ihm zu lesen ist?

Das erste Werk des Josephus war *Der jüdische Krieg*, von dem er Teile bereits zwischen 75 und 79 dem Kaiser Vespasian vorgelegt hatte und dessen erste sechs Bücher unter Titus zwischen 79 und 81 veröffentlicht wurden, während das siebente unter Domitian erschien, mutmaßlich in den frühen achtziger Jahren des 1. Jahrhunderts. Danach folgte ein wesentlich umfangreicheres, doch literarisch weniger gelungenes Werk, die zwanzig Bücher der *Jüdischen Altertümer*, die vollständig in einer ersten Ausgabe in den Jahren 93 und 94 veröffentlicht wurden. Das *Leben*, der kurze autobiographische Anhang dieses Werkes, wurde demselben vielleicht erst in der revidierten zweiten Ausgabe hinzugefügt, die der ersten vermutlich schon vor 96 folgte. Sein letztes Werk, *Gegen Apion* oder *Über das Altertum der Juden*, in zwei Büchern, entstand vermutlich bereits unter dem neuen Kaiser Nerva zwischen 96 und 98.

Schon die Reihenfolge dieser Arbeiten kann einen Hinweis auf die beiden Hauptschwierigkeiten geben, denen begegnet, wer sie als Quellen zur Geschichte der Zeit des Josephus benützen will. Zunächst ist da ein Gesinnungswandel des Historikers zu berücksichtigen, der den *Jüdischen Krieg* als «römischer Apologet» schrieb, später aber *Vom Altertum der Juden* als «religiöser Nationalist» handelte (wie Shaye Cohen 1979, S. 240, bemerkt). Nach seiner ersten Veröffentlichung hätte man die fernere Entwicklung seines Denkens kaum prophezeien können.

Den *Jüdischen Krieg* (dessen Prolog wir die Titel dieses und des folgenden Abschnitts unserer Erörterung entnehmen) schrieb Josephus als Klient und Pensionär des Kaisers und in der Absicht, die Taten der Römer zu verteidigen, insbesondere die Zerstörung des Tempels und die Verwüstung von Jerusalem während des Krieges der Jahre 66 bis 74. Kein Angehöriger des Hochadels beider Seiten hat sich das mindeste zuschulden kommen lassen. Auf römischer Seite glänzt Titus zugleich durch Heldenmut und Milde und kann seine Auffassung in drei großen Reden darlegen (3,472–484; 6,34–53; 6,328–350). Auf der jüdischen Seite hingegen versuchten der Herodier Agrippa II. und die Hohepriester Ananus und Jesus den Krieg zu beenden und die Stadt zu retten, zu welchem Ende auch jeder von ihnen eine Rede halten durfte (2,345–407; 4,162–192; 4,239–269). Da ihnen, wie es die Historiker seinerzeit alle hielten, Josephus selbst diese Reden geschrieben hatte, finden wir in ihnen die Tendenz des Werks am offensten ausgesprochen. Hier, vorgeblich in den Worten der handelnden Figuren, offenbart sich der Geschichtsschreiber am unverhülltesten als Apologet des römischen Imperialismus und des jüdischen Adels; wie er freilich auch bei anderer Gelegenheit bekennt.

«Dies alles habe ich nicht in der Absicht erzählt, um die Römer zu loben, vielmehr um die Besiegten zu trösten und zur Warnung für die Empörungslustigen.»
(Josephus, *Der jüdische Krieg,* 3,108; deutsch von Otto Michel und Otto Bauernfeind, 1959)

Man vergleiche das mit der Sammlung römischer Verordnungen zum Schutz jüdischer Rechte und Bräuche in den *Jüdischen Altertümern* 16,160–173, wo der Historiker abschließend bemerkt:

«Diese Verfügungen musste ich hier anführen, um den Griechen, in deren Hände dieses mein Geschichtswerk vorzugsweise gelangen wird, zu zeigen, dass wir früher aller möglichen Auszeichnungen teilhaftig geworden sind und von keiner Obrigkeit an der Befolgung unserer Satzungen gehindert wurden, vielmehr unter dem Schutze der Behörden unsern Gottesdienst unbehelligt haben ausüben können.»
(Josephus, *Jüdische Altertümer,* 16,174; deutsch von Heinrich Clementz, 1901)

Endlich ist sein letztes Werk, *Gegen Apion,* eine kraftvolle Polemik nicht nur gegen den speziellen alexandrinischen Verleumder des Judentums und der Juden, dessen Name im Titel steht, sondern auch gegen alle von früheren hellenistischen Autoren verbreiteten Irrtümer über die Religion und das Volk des Josephus. Zugleich ist es eine entschiedene Apologie für das Judentum.

«Deshalb darf ich kühn behaupten, dass wir gar viele und herrliche Tugenden bei anderen eingeführt haben. Denn nichts ist vortrefflicher als unwandelbare Frömmigkeit, nichts ein deutlicheres Zeichen der Gerechtigkeit als der Gehorsam gegen die Gesetze. Und was könnte es nützlicheres geben als gegenseitige Eintracht, infolge deren es weder im Unglück zur Trennung noch im Glück zu übermütigen Zänkereien kommt, und als jene Gesinnung, die im Kriege Todesverachtung, im Frieden Lust an Handwerk und Ackerbau, überhaupt aber die Überzeugung bewirkt, dass Gottes Vorsehung alles in der Welt regiert?»
(Josephus, *Gegen Apion,* 2,4; deutsch von Heinrich Clementz, 1901)

Natürlich darf man von «Gesinnungswandel» bei Josephus nicht sprechen in der Meinung, daß er anfänglich proromisch, später antirömisch, oder zuerst antijüdisch, in der Folge aber projüdisch gewesen wäre. Auf seine Weise ist er immer zugleich prorömisch und projüdisch gewesen und hat seine Haltung in dieser Hinsicht nie geändert. Doch er begann in dem Bemühen, die Römer vor den Juden zu rechtfertigen, und endete in dem Bestreben, die Juden vor den Römern zu rechtfertigen. Bei jedem einzelnen seiner Texte muß man stets und sorgfältig berücksichtigen, welches dieser beiden Anliegen dem Historiker bei der Abfassung wohl gerade nähergelegen haben mag. Zugegebenermaßen handelt es sich durchweg um geringfügige Auslassungen, Hinzufügungen und Änderungen, um feinste Betonungsverschiebungen, die zu beachten sind, doch ist gerade an ihnen die Entwicklung von Josephus' Denken abzulesen.

Die zweite Hauptschwierigkeit ergibt sich im Grund aus dieser ersteren, ist ein Aspekt derselben und betrifft die Würdigung gewisser Widersprüche zwischen dem *Jüdischen Krieg*, den *Jüdischen Altertümern* und dem *Leben* des Josephus. Denn das Werk über den jüdischen Krieg beschreibt nicht nur die Ereignisse der Jahre 66 bis 74 n. Chr., sondern beginnt mit einem Rückblick auf die Vorgeschichte des Krieges von 175 v. Chr. bis 66 n. Chr. Da er später in den *Jüdischen Altertümern* dieselben von der Erschaffung der Welt bis zum Ausbruch des Krieges im Jahre 66 n. Chr. zu referieren unternahm, kam er dabei notgedrungen auf diese Vorgeschichte zurück: 1,31–2, 279 des *Jüdischen Kriegs* behandeln die gleichen Ereignisse wie 12,237–20, 258 der *Jüdischen Altertümer*, eben die Zeit zwischen 175 v. Chr. und 66 n. Chr.

Es gibt aber in den Schriften des Josephus noch eine weitere solche Paralleldarstellung. Justus von Tiberias, ein anderer jüdischer Geschichtsschreiber, dessen Motive während des Kriegs und dessen Absichten nach Ende desselben vielleicht ebenso ambivalent waren wie die des Josephus, griff diesen, vermutlich nach dem Tode Agrippas II., in den frühen neunziger Jahren heftig an: Josephus habe während der Jahre 66–67 in Galiläa als brutaler und geldgieriger Tyrann geherrscht, der gegen ihren Willen andere zur Rebellion zwang und für die Erhebung der Stadt Tiberias gegen Rom die Hauptverantwortung trug. Justus scheint damit die Wiederherstellung der Vorherrschaft seiner Vaterstadt bezweckt zu haben, die diese in den fünfziger Jahren an Sepphoris hatte abgeben müssen; wie ihm schon während des Krieges am meisten an der Zerstörung von Sepphoris und der Erhöhung von Tiberias gelegen gewesen sein mochte. Jedenfalls verteidigte sich Josephus gegen die Anwürfe dieses Lokalpatrioten mit seinem *Leben*, bei dem es sich, abgesehen von einigen nicht direkt darauf bezüglichen autobiographischen Angaben am Anfang und zum Schluß, um eine Darstellung seiner Tätigkeit als Anführer der Rebellion in Galiläa, einen Rechenschaftsbericht also, handelt. Da er von den Ereignissen dieser Jahre schon im *Jüdischen Krieg* 2,430–3, 114 berichtet hatte, bieten die Abschnitte 20–411 dieses *Lebens* eine dazu parallele Darstellung.

Vergleicht man diese Parallelstellen, findet man Zweifel an der historischen Objektivität des Historikers bestätigt. Tatsächlich gründet das hier eingangs zitierte sehr negative Urteil Shaye Cohens auf eine Analyse eben dieser Parallelstellen. Dennoch findet man ausgerechnet in dessen glänzendem Buch Hinweise darauf, wie man Josephus' Werke trotz oder gerade wegen seines Autors gewinnbringend lesen kann.

Wenn Josephus, wie berichtet, eine bereits erzählte Geschichte von neuem zu erzählen Ursache hatte, begnügte er sich nicht immer mit einer bloßen Revision des früher schon Geschriebenen. Statt dessen ging er meist auf die Quellen zurück, aus denen er seine erste Erzählung geschöpft hatte, und bearbeitete diese seinem gegenwärtigen Zweck entsprechend neu. Der eingehenden Analyse Shaye Cohens zufolge ist er dabei so verfahren: Die Geschichte der Hasmonäer von 142 bis 37 v. Chr. in den *Jüdischen Altertümern*, 13,225–14,491 ist im wesentlichen eine Revision der Darstellung im *Jüdischen Krieg*, 1,51–357. Der folgende Bericht über die Regierungszeit Herodes' des Großen von 37 bis 4. v. Chr. in den *Jüdischen Altertümern* aber ist nicht nur eine Revision der früheren Fassung im *Jüdischen Krieg*, 1,358–2, 117, sondern eine Neufassung der ursprünglichen Quelle. Ebenso ist Josephus bei seiner zweiten Darstellung der Ereignisse vom Tode Herodes des Großen 4. v. Chr. bis zum Ausbruch des Krieges im Jahre 66 n. Chr. verfahren. *Jüdische Altertümer*, 18,1–20,251 ist nicht nur eine Revision von *Jüdischer Krieg*, 2,118–276, sondern aus mehreren Quellen geschöpft, von denen eine auch in die frühere Darstellung eingegangen ist. Allerdings ist der kurze Abschnitt über Gessius Florus, den letzten der Prokuratoren vor Ausbruch des Krieges in den Jahren 64 bis 66 n. Chr., direkt aus dem *Jüdischen Krieg* (2,277–279) in die *Jüdischen Altertümer* (20,252–257) übernommen. Auch die Darstellung der Tätigkeit des Josephus in Galiläa während der Jahre 66 und 67 n. Chr. ist, wie man sie in seinem *Leben* findet, nicht nur eine Revision seines Berichts über dieselbe im *Jüdischen Krieg* (2,430–3,114), sondern eine Neufassung der ursprünglichen Quelle. Diese Quelle war vermutlich ein chronologischer Abriß, wie ihn sich die hellenistischen Historiker anzufertigen pflegten, ehe sie an die literarische Bearbeitung ihres Stoffes gingen. Es ist natürlich auch möglich, daß ein solches selbstgefertigtes *hypomnema* die gemeinsame Quelle für die Geschichte der Jahre 4. v. Chr. bis 66 n. Chr. im *Jüdischen Krieg*, 2,118–276, und in den *Jüdischen Altertümern*, 18,1–20,251, war (Cohen 1979, S. 51–66). Das klingt sehr kompliziert, empfiehlt aber eine einfache Maßregel. Wenn man bei Josephus zwei Fassungen der gleichen Geschichte liest, etwa die der Jahre des 1. Jahrhunderts der christlichen Ära, die hier hauptsächlich interessieren, sollte man nicht etwa nach Geschmack eine der beiden Fassungen bevorzugen oder gar beide miteinander zu vereinigen suchen, sondern jede kritisch als Fassung einer ursprünglichen

Quelle lesen, die ein von Josephus selbst gefertigter chronologischer Abriß oder das Werk eines anderen sein mag, doch je nach den unterschiedlichen Anliegen vom Verfasser des *Jüdischen Krieges* und der *Jüdischen Altertümer* unterschiedlich ausgewertet worden ist.

Shaye Cohens einsichtsvolle Studie des Josephus gibt noch zu einem weiteren Schluß Gelegenheit. Cohen zitiert das Urteil eines anderen Historikers, demzufolge «Thukydides ein so bemerkenswert objektiver Historiker» war, «daß er selbst dem Leser das Material zur Widerlegung seiner eigenen Meinung liefert», und bemerkt, auch Josephus mache selbst Angaben, die es einem gestatten, seine Darstellung zu bestreiten, doch sei das in seinem Falle «ein Zeichen von Schlampigkeit und Unfähigkeit und nicht von Gewissenhaftigkeit und Objektivität» (1979, S. 181). Daß Josephus nicht die Statur des Thukydides hat, sei zugegeben, wenn auch sehr wahrscheinlich ist, daß der jüdische Geschichtsschreiber, der im 1. Jahrhundert n. Chr. beschrieb, wie sein Volk in einem unglücklichen Krieg gegen die Römer unterlag, bemüht war, sich an dem Athenienser, der im 5. Jahrhundert v. Chr. beschrieben hatte, wie die Athenienser in einem unglücklichen Krieg von den Spartanern geschlagen wurden, ein Beispiel zu nehmen. Worauf es uns ankommt, ist aber, daß, gleichviel ob aus Objektivität oder Subjektivität, Gewissenhaftigkeit oder Schlampigkeit, Josephus Angaben macht, die hinreichend voneinander abweichen, um uns zu gestatten, ihn kritisch von Anfang bis Ende gegen ihn selbst zu lesen. Im folgenden habe ich deshalb die synthetisierenden Paraphrasen vermieden, mit denen so viele Gelehrte Josephus den je eigenen Vorlieben dienstbar machen, und zitiere, wo immer er zwei Fassungen eines Berichts bietet, beide, um nach Möglichkeit die bedeutsamen Unterschiede zwischen ihnen zu erklären und Schlüsse nur aus solchen Analysen zu ziehen.

Ich kann meine eigenen Gefühle nicht verbergen

Es ist deshalb der Wahrheitsfindung nicht damit gedient, daß man Josephus als Lakaien der Flavier hinstellt und, jedes seiner Worte bezweifelnd, nur übernimmt, was einem selber gerade paßt; auch geht es nicht an, ihn als jüdischen Verräter abzuqualifizieren. Man lese etwa die beiden folgenden Bemerkungen, die die Lage und seelische Verfassung des Historikers während der Belagerung von Jerusalem beleuchten:

> «Ich ... geriet zu wiederholten Malen in Lebensgefahr, weil nicht nur die Juden mich aus Rache in ihre Gewalt zu bekommen suchten, sondern auch die Römer jeden Verlust, den sie erlitten, meinem

Verrat zuschrieben und von Caesar verlangten, daß er mich als Verräter bestrafe.»
(Josephus, *Leben*, 75; deutsch von Heinrich Clementz, 1901)

«Denn ich möchte gewiß niemals ein Gefangener sein und unter solchen Umständen leben, daß ich dabei meine Abstammung aufgeben und das Erbe der Väter vergessen müßte.»
(Josephus, *Der jüdische Krieg*, 6,107; deutsch von Otto Michel und Otto Bauernfeind, 1969)

Auch die Römer wollten also jeden Verlust, den sie erlitten, dem Verrat des Mannes zuschreiben, der ihres Erachtens schon zuvor seine eigenen Leute verraten hatte. Dennoch wird man wohl sein Bekenntnis zu seiner Abstammung und seine Treue zum Erbe seiner Väter nicht anzweifeln dürfen.

Wenn auch Josephus im ganzen und konsequent kritisch gelesen werden muß, müssen dabei stets seine jeweiligen Absichten gesucht, seine Vorurteile berücksichtigt werden; jene eigenen Gefühle, die er, wie er in der Vorrede zum *Jüdischen Krieg* gesteht, nicht verbergen kann. Josephus' Absichten, Vorurteile und Gefühle sind von zweierlei Art und haben zweierlei Grund: den religiös-politischen, der auch immer Beachtung gefunden hat, und den sozioökonomischen, der eine gründlichere Untersuchung verdient, als ihm bisher zuteil geworden ist.

Und Gott . . . stehe jetzt zu Italien

Die religiösen und politischen Vorurteile oder Voraussetzungen des Historikers des *Jüdischen Krieges* liegen natürlich auf der Hand und sind durch die überlieferte prophetische Geschichtsschreibung der Bibel gerechtfertigt. Was ihnen gegenwärtig seitens der Römer widerfährt, wie früher seitens des Ägypter oder der Assyrer, der Babylonier, Perser, Griechen oder Syrer, ist den Juden nur erklärlich als Teil der strafenden und rettenden Pläne Gottes (CRINT, 2,2,203–206).

Die theologische Einstellung des Josephus zum Römischen Reich im allgemeinen und der Dynastie der Flavier im besonderen ist vollkommen klar und schlüssig und wird im Laufe seiner Erzählung des jüdischen Krieges wiederholt ausgesprochen. «Und die Makedonier, die heute noch . . . die Schicksalsgöttin, die mit Alexander die Saat der Weltherrschaft für sie ausstreute, vor Augen haben . . ., huldigen denen, zu denen diese Göttin übergegangen ist . . .», wird da von den Juden gesagt (3,360). Und: «Beistand Gottes . . . kommt auch den Römern zu, denn ohne Gottes Hilfe hätte unmöglich ein so großes Reich entstehen können» (2,391). Anläßlich der Entsendung Vespasians nach

Palästina durch Nero bemerkt der Historiker: «Vielleicht hatte Gott zudem im Blick auf das Ganze alles schon so im voraus geordnet» (3,6). Dann: «Da nun aber aller Orten das Glück nach Vespasians Wunsch viel Boden gewann ... drängte sich diesem der Gedanke auf, daß er nicht ohne göttliche Voraussicht den Oberbefehl habe gewinnen können, sondern daß eine gerechte Entscheidung des Geschicks ihm die Weltherrschaft zugewandt habe» (4,622).

In Alexandria war dann Titus seinem Vater Vespasian, nach dem Urteil des Historikers, «bei der ordnungsgemäßen Übernahme der ihnen soeben von Gott anvertrauten Regierungsgewalt behilflich» (5,2). Er selbst habe den in Jerusalem belagerten Religionsgenossen vorgehalten, berichtet Josephus, daß das Glück sich überall den Römern zugeneigt habe «und Gott, der unter den Völkern die Herrschaft von einem zum anderen übergehen lasse, stehe jetzt zu Italien» (5,367). Und da sie sich seinen Mahnungen verschlossen, habe er ihnen zugerufen: «Mir schaudert zwar, die Taten Gottes vor unwürdigen Ohren auszusprechen. Trotzdem sollt ihr aber hören und somit wissen, daß ihr nicht nur gegen die Römer, sondern auch gegen Gott Krieg führt» (5,378). Und so weiter: «Es ist daher meine Überzeugung, daß die Gottheit aus dem Heiligtum gewichen ist und sich auf die Seite derer gestellt hat, mit denen ihr Krieg führt» (5,412).

Zu beachten ist, daß natürlich Josephus, der ja Griechisch, für heidnische Leser, schrieb, zwar mitunter die «Schicksalsgöttin» nannte oder «das Geschick», auch «das Glück», nichtsdestoweniger aber immer, auch mit solchen Umschreibungen, stets den jüdischen Gott meinte. Dieser nämlich hatte sich, wie Josephus an der zitierten Stelle ausdrücklich sagt, seiner Überzeugung nach von den aufständischen Juden abgewandt und die Partei der Römer ergriffen. Auch diese Überzeugung findet man in der Geschichte des *Jüdischen Krieges* wieder und wieder ausgesprochen: «Ich glaube aber, daß Gott sich schon damals wegen der verbrecherischen Menschen selbst auch vom Heiligtum abgekehrt hatte und es verhinderte, daß der Krieg an jenem Tage ein Ende nahm», heißt es nach dem Bericht von der Niederlage des Cestius im November 66 n. Chr. (2,539). Daß Johannes von Gischala dem Titus in Galiläa entkam, war, nach Josephus' Dafürhalten, «offensichtlich Gottes Fügung, der den Johannes für das Verderben Jerusalems erhalten wollte» (4,104). Auch das Ende des ehemaligen Hohepriesters sah der Geschichtsschreiber so vom Höchsten angeordnet: «... sie meinten ... Ananos habe seine Augen überall und beaufsichtige stündlich die Wachen. Das war tatsächlich in allen bisherigen Nächten der Fall gewesen, unterblieb jedoch in dieser, und zwar nicht auf Grund einer Fahrlässigkeit des Ananos, sondern weil das Schicksal es so lenkte, daß er selbst und alle seine Wachen zugrunde gehen sollten» (4,297). Nach dem Tode des Ananos war die Sache der Belagerten offensichtlich verloren. «...ich glaube, weil Gott die Stadt wegen ihrer Befleckung zum Untergang verurteilt hatte und den Tempel durch Feuer vollständig reinigen wollte, darum raffte er die hinweg, die diesem Heiligtum in so großer Liebe anhingen» (4,323).

Gott hat also nicht nur jetzt die Römer zur Weltherrschaft berufen, er hat auch, der Verbrechen der Revolutionäre wegen, die Zerstörung von Jerusalem verfügt.

Was Josephus selbst betrifft, so gibt es auch für ihn wie für die Römer und seine jüdischen Zeitgenossen ein Muster in der alten Geschichte, das er im jüdischen Krieg sich wiederholen sieht. Der zweite Tempel wird am gleichen Tage fallen, an dem fast siebenhundert Jahre früher der erste gefallen ist. Die Römer sind dabei die Babylonier. Titus ist Nebukadnezar. Josephus aber ist Jeremias – und er betet zu Gott:

> «Da es dir gefällt, daß das Volk der Juden, das du geschaffen hast, in die Knie sinkt und alles Glück zu den Römern übergegangen ist, und du ferner meine Seele erwählt hast, die Zukunft anzusagen, so übergebe ich mich aus freien Stücken den Römern und bleibe am Leben. Ich rufe dich zum Zeugen an, daß ich diesen Schritt nicht als Verräter, sondern als dein Diener tue» (3,351–354).

Und er spricht zu seinem Volk:

> «Als der König der Babylonier diese Stadt belagerte, ließ sich unser König Sedekias gegen die Weissagungen des Jeremia auf einen Kampf ein. Dabei wurde er selbst gefangengenommen und mußte mit ansehen, wie die Stadt samt dem Tempel der Zerstörung anheimfiel. Und doch – wieviel gemäßigter als eure Anführer war jener König und das ihm unterstellte Volk als ihr? Als Jeremia laut ausrief, das Volk mache sich Gott durch seine Verfehlungen gegen ihn zum Feinde und werde in Gefangenschaft geraten, wenn es die Stadt nicht übergäbe, da hat weder der König noch das Volk das Leben des Jeremia angetastet. Aber ... ihr schmäht und schießt auf mich, der ich euch Ratschläge zu eurer Rettung gebe» (5,391–393).

Und so kam der vorbestimmte Tag:

> «...den Tempel hatte Gott jedoch schon längst zum Feuer verurteilt, und in den Umläufen der Zeiten war jetzt der schicksalhaft bestimmte Tag herbeigekommen, nämlich der 10. des Monats Loos, an welchem der Tempel auch schon ehemals vom König der Babylonier in Brand gesteckt worden war» (6,250).

Was damals geschah, geschah von neuem:

> «Man muß sich jedoch sehr über die Genauigkeit im Umlauf der Zeiten wundern, die in diesem Schicksal zu erkennen ist: paßte es doch, wie ich schon erwähnt habe, den Monat und sogar den gleichen Tag ab, an welchem der Tempel einstmals von den Babyloniern in Brand gesetzt worden war» (6,268).

Diese religiösen und politischen Grundannahmen des Josephus sind in seinen Schriften, insbesondere im *Jüdischen Krieg,* dem die vorstehenden Zitate sämtlich entnommen sind, deutlich ausgesprochen und schon von vielen Autoren zutreffend gewürdigt worden. Gleiche Aufmerksamkeit aber verdienen und haben bislang nicht erhalten die sozioökonomischen Grundannahmen des Historikers des *Jüdischen Krieges.*

Tyrannen und ihre Mordbrennerbanden

Die sozioökonomischen Vorurteile des Josephus sind aber sehr relevant, weil, wie David Rhoads bei der Charakterisierung des Krieges als Konsequenz aus einer seit dem Jahre 6 n. Chr. bestehenden revolutionären Situation bemerkt, «der Krieg nicht nur eine nationale Erhebung gegen Rom war, sondern auch ein Klassenkrieg unter Juden» (S. 178). Shaye Cohen weist ebenfalls hin auf «die Tatsache, daß der Konflikt auch ein Bürgerkrieg zwischen den höheren und niederen Klassen war...» (1979, S. 189, Anm. 19) und führt bei anderer Gelegenheit aus: «Der große Aufstand 66 bis 77 n. Chr. war zum großen Teil, besonders in den frühen Phasen, ein Bürgerkrieg zwischen Juden – zwischen den Reichen und den Armen, zwischen den oberen und den unteren Klassen, zwischen Städtern und Landbewohnern» (1988, S. 222). Das war er sogar bis zum bitteren Ende. «Der bedeutsame Punkt hier ist», Tessa Rajak zufolge, «daß Josephus, wenn er auch vorübergehend auf seiten der jüdischen Rebellen kämpfte, ein Gefühl der Identifikation mit den jüdischen Unterdrückten und Enterbten ebensowenig verspürte, wie es jemals die Oberklassen anderer Gesellschaften anderswo mit den ihrigen empfunden zu haben scheinen» (S. 85).

In einer ganzen Reihe von hinreißenden Artikeln und Büchern hat während des letzten Jahrzehnts Richard Horsley die von der Rhetorik des Josephus verschleierten, doch hinter diesen Schleiern noch immer erkennbaren sozioökonomischen Realitäten ans Licht gezogen und untersucht. Von Josephus urteilt er im allgemeinen, dieser sei «gegen die einfachen Leute eingenommen, ihnen sogar feindlich gesinnt», seine Werke «selbstglorifizierend, prorömisch, die jüdische Elite rechtfertigend, jedenfalls antirevolutionär und in der Wirkung antibäuerlich»

(Horsley und Hanson, S. XIX–XX). Insbesondere ist Josephus seines Erachtens «ein voreingenommener Zeuge, der die Führer und Anhänger der Volksbewegung in Galiläa, die er als Vertreter der Regierung aus Jerusalem unter seine Kontrolle zu bringen versuchte, aus tiefster Seele verachtete» (Horsley, 1988, S. 183).

Wenn man Josephus liest, ist also immer zu berücksichtigen, daß ihn nicht nur seine religiös-politischen Überzeugungen nötigen, dem Aufstand feindlich gesinnt zu sein, sondern daß ihn überdies seine sozioökonomischen Vorurteile dazu bestimmen, die Mitwirkung der unteren Klassen daran, etwa sogar in führender Rolle, besonders übel aufzunehmen. Mein Interesse gilt hier nicht vorrangig der sozialen Lage zur Zeit des ersten römisch-jüdischen Krieges in den späten sechziger Jahren des 1. Jahrhunderts n. Chr., sondern vielmehr derjenigen an dessen Anfang. Doch Horsleys nicht hoch genug zu schätzende Arbeit hat mich davon überzeugt, daß Jesus zunächst vor dem Hintergrund der sozialen Unruhen in der bäuerlichen Bevölkerung Palästinas gewürdigt werden muß, die man schon hundert Jahre nachweisen kann, ehe sie in dem Aufstand gegen Rom zum ersten fürchterlichen Ausbruch kamen. In den folgenden Abschnitten dieses Kapitels werde ich also auf Horsleys Spuren versuchen, die Zusammensetzung der in den sozialen Unruhen jener Zeit wirkenden Kräfte zu analysieren, unter besonderer Berücksichtigung des Beitrags der niederen Klassen und der Landbevölkerung. Und zu diesem Zweck werde ich Josephus gegen den Strich und gegen ihn selbst lesen. Zuvor jedoch ist erforderlich, daß wir uns von dem jüdischen Aristokraten Josephus noch einmal dem römischen Aristokraten Tacitus zuwenden.

Sub Tiberio Quies

Bei seiner Beschreibung der Beziehungen zwischen dem kaiserlichen Rom und den Juden Palästinas, deren Verschlechterung endlich zum Kriegsausbruch führte, behandelte Tacitus nur gewisse ausgewählte Vorkommnisse – drei in den *Historien*, eines in den *Annalen*.

> «Nach dem Tode des Herodes hatte, ohne erst den Cäsar abzuwarten, ein gewisser Simo sich den Königstitel angemaßt. Er wurde von Quintilius Varus, der Syrien verwaltete, bestraft, und über das gemaßregelte Volk regierten nach der Aufteilung des Landes in drei Bezirke die Söhne des Herodes. Unter Tiberius herrschte Ruhe. Dann befahl ihnen C. Cäsar, sein Bild im Tempel aufzustellen. Aber sie griffen lieber zu den Waffen. Diesen Aufstand beendigte der Tod des Cäsars. Claudius überließ nach dem Tode der Könige oder nach der Einschränkung ihrer Stellung die judäische Provinz römischen

Rittern oder Freigelassenen, von denen Antonius Felix in jeglicher Form von Grausamkeit und Willkür das Recht eines Königs in dem Geiste eines Sklaven ausübte. Dennoch hielten die Judäer geduldig bis zu dem Prokuratur Gessius Florus aus. Unter ihm brach der Krieg aus.»
(Tacitus, *Historien*, 5,9–10; deutsch von Walther Sontheimer, 1959)

«Inzwischen verleitete Felix die Juden durch unzeitige Maßnahmen zu weiteren Übergriffen, und er fand einen Schüler in der Schurkerei in Ventidius Cumanus. Als aber die Metzeleien überhandnahmen, mußten römische Soldaten sich ins Mittel legen und erlitten dabei Verluste. Es wäre zu einem regelrechten Kriege in der Provinz gekommen, wenn nicht der syrische Statthalter Quadratus eingeschritten wäre.»
(Tacitus, *Annalen*, 12,54; deutsch von August Horneffer, 1964)

Die letzten fünf römischen Prokuratoren in Palästina waren im 1. Jahrhundert n. Chr. Ventidius Cumanus (48–52), Antonius Felix (52–60), Parcius Festus (60–62), Lucceius Albinus (62–64) und Gessius Florus (64–66). Für den Augenblick sehe ich hier von der problematischen Reihenfolge des Cumanus auf Felix in den *Annalen* des Tacitus ab, um zunächst zwei Hauptfragen zu erörtern, die sich aus den beiden zitierten Texten ergeben.

Als Grund für den Ausbruch des römisch-jüdischen Krieges nennt Tacitus nur die Untaten der römischen Prokuratoren, deren Amtszeit dem Beginn der Feindseligkeiten im Sommer des Jahres 66 n. Chr. unmittelbar voranging. Er tadelt namentlich Felix und Florus und nennt später als des ersteren «Schüler in Schurkerei» noch Cumanus. Tacitus ist also willens, die Schuld an dem Krieg den Römern zu geben. Ausgenommen von dieser Schuld war natürlich der Senatorenstand, dem er selbst angehörte, denn es war kaiserliche Übung, zur Regierung Palästinas Leute, die nur dem Ritterstand angehörten, einzusetzen, ja, im Falle des Felix hatte man sich nicht gescheut, einen Freigelassenen zum Prokurator zu machen. So bedarf es wiederholter Interventionen des syrischen Legaten, eines Statthalters, der dem Senatorenstand angehörte, in Palästina die Ordnung wiederherzustellen. Selbst wenn man das Vorurteil des Geschichtsschreibers gegen Beamte niederen Standes in Rechnung stellt, braucht man nicht zu bezweifeln, daß die schlechte Verwaltung des Landes durch die seit 48 n. Chr. amtierenden Prokuratoren zum Ausbruch des Krieges erheblich beigetragen hat.

Die zweite Frage, die hier zu erörtern ist, wirft des Tacitus berühmte Behauptung auf: «Unter Tiberius herrschte Ruhe.» Wie ruhig war in den Jahren 14 bis 37 n. Chr. Palästina wirklich? Man beachte, wie Tacitus bei der Rekapitulation der Ereignisse in Palästina verfährt. Er schreitet fort von Kaiser zu Kaiser, erwähnt Unruhen in Palästina aber nur, wenn diese das Eingreifen des römischen Legaten in Syrien mit den Kräften der drei, später vier am Euphrat stationierten Legionen erforderlich machten. Die römischen Prokuratoren in Palästina, denen nur Hilfstruppen zur Verfügung standen, werden überhaupt nur im Zusammenhang mit solchen Unruhen erwähnt. Tacitus berichtet also nur von jenen kleineren Aufständen, die dann zum Ausbruch des Krieges führten.

Zunächst waren da die Unruhen nach dem Tode des Herodes im Jahre 4. v. Chr., die von Quinctilius Varus mit drei Legionen und Hilfstruppen blutig unterdrückt wurden. Mit zwei Legionen warf im Jahre 41 n. Chr. der damalige römische Statthalter in Syrien, Petronius, den Aufstand nieder, der ausbrach, wie Tacitus versichert, weil C. Caesar, Caligula, von den Juden verlangte, daß sie sein Standbild in ihren Tempel stellten. Dann, im Jahre 52 n. Chr., unter Claudius, machte der Aufstand der Juden gegen den schurkischen Prokurator Cumanus das Eingreifen des Ummidius Quadratus aus Syrien erforderlich. Endlich kam es im Jahre 66 n. Chr. unter Nero zu der Erhebung gegen den Prokurator Florus, und, nachdem die Juden den mit einer Legion aus Syrien zur Wiederherstellung der Ruhe im Lande herbeigeeilten Cestius Gallus geschlagen hatten, zum Krieg. Wenn daher Tacitus erklärt, «sub Tiberio quies», will er damit nur sagen, daß zur Regierungszeit dieses Kaisers in Palästina keine Unruhen vorkamen, die zu beruhigen eine Intervention des syrischen Legaten mit seinen Legionen nötig war. Daß in Palästina «Ruhe» herrschte, heißt, daß zur fraglichen Zeit die Prokuratoren mit der Unruhe im Lande, die sie etwa stifteten, ohne auswärtige Unterstützung selber fertig wurden, und daß diese Unruhe deshalb für die römische Geschichte oder für Tacitus nicht von Interesse war. Und das heißt nicht, daß unter Tiberius alles friedlich war oder daß es keine soziale Unruhe gab im Palästina der Jahre 14 bis 37 n. Chr. Es wird gut sein, sich dessen beim Folgenden zu erinnern.

6. Visionär und Lehrer

> «Die nahöstlichen und mediterranen Typen der Apokalyptik sind zweifellos die literarisch am höchsten entwickelten ... Wenn wir indessen unser Blickfeld erweitern, werden wir bemerkenswerte phänomenologische Parallelen in den Kulturen Amerikas, Afrikas und Ozeaniens finden, die kaum durch die Annahme einer frühen historischen Verbindung mit dem obengenannten Gebiet oder einer Diffusion erklärt werden können ... Die Revitalisierung mythischen Materials und dessen Umdeutung im Hinblick auf die zeitgenössische Situation ist ein wiederkehrender Zug bei solchen Bewegungen.»
>
> Tord Olsson, *The Apocalyptic Activity,* in: Hellholm, 1979

Auf dem internationalen Kolloquium über Apokalyptik, das im August 1979 in Uppsala stattfand, sagte der über diesem Kapitel zitierte Tord Olsson weiter: «Bei Sichtung der Daten aus den Gebieten der Sozialanthropologie und vergleichenden Religionswissenschaften können wir beobachten, daß apokalyptische Weltanschauungen regelmäßig aktualisiert werden in Konflikt- oder Krisensituationen oder im Kontext der Furcht vor solchen Situationen. Zu einer typischen derartigen Situation kommt es, wenn die soziale Organisation, einschließlich des Zugangs zu den Zentren der Macht, von einem Rückgang der Kommunikation innerhalb des Systems betroffen ist, so daß die kulturelle Integration einer bestimmten Gruppe gefährdet ist. Dieser Rückgang ist zweifellos der wirkende Faktor bei einem Wandlungsprozeß, in dem eine Gruppe in eine organisatorische und kulturelle Nische gedrängt wird. Eine Situation anderen Typs entsteht, wenn die kulturelle Integrität einer Gemeinschaft äußeren Einflüssen ausgesetzt ist, zum Beispiel in der Form von Krieg, Kolonialismus und politischer oder religiöser Propaganda» (Hellholm, S. 30–31). Drei wichtige Lehren sind aus Olssons im Kulturvergleich gewonnenen Beobachtungen zu ziehen. Zunächst die, daß Apokalyptik eine mögliche Reaktion auf einen in die Tiefe gehenden Angriff gegen die eigene kulturelle Integrität sein mag, Abwehrverhalten angesichts einer zugleich religiös-politischen und sozioökonomischen Bedrohung. Zweitens, daß diese Bedrohung real oder eingebildet sein mag; daß, was zählt, die Wahrnehmung ist. Und drittens, daß die Gefahr aus dem Inneren der Gesellschaft oder von außen befürchtet werden kann. Apokalyptisches Verhalten mag die Reaktion einer Gruppe sein, die einst Macht und

Status hatte, nun aber innerhalb einer sich wandelnden Gesellschaft sich an den Rand gedrängt und ihrer Rechte beraubt fühlt. Es kann aber auch die Reaktion einer ganzen kolonisierten Gesellschaft innerhalb einer imperialen Situation sein.

Apokalyptisches Verhalten wird gewöhnlich als Chiliasmus (oder Millenarismus) bezeichnet, auch in der vergleichenden sozialen Anthropologie, wo die Bezeichnung die Phänomene strenggenommen nicht trifft. «Streng genommen», sagt deshalb auch Sylvia Thrupp in der Einleitung zur Veröffentlichung der im April 1960 in Chicago bei einer Konferenz über «Millennial Dreams in Action» gehaltenen Vorträge die Ergebnisse der Konferenz resümierend, «streng genommen kann als Chiliasmus nur die Erwartung des tausendjährigen Reiches der jüdisch-christlichen Tradition bezeichnet werden. Wir verwenden den Begriff jedoch in übertragenem Sinne zur Bezeichnung jeder Erwartung eines vollkommenen Zeitalters, eines neuen vollkommenen Landes. Je nachdem, wie die Zeit in das Schema des Kosmos eingefügt wird, erscheint das Erwartete in unterschiedlicher Gestalt. Das vollkommene Zeitalter mag sich ereignen durch einen Akt der Regeneration, durch den die Zeit sozusagen zurückgewendet und der harmonische Zustand wiederhergestellt wird, in dem die Welt begann. Es mag etwas von dieser Frische des Anfangs haben, obwohl mit ihm die Zeit nicht von neuem beginnt, sondern zuende geht. Dieses Zeitalter mag vorgestellt werden als von bestimmter, unbestimmter oder variabler Dauer, es mag sogar als Teil eines Zyklus von Zeitaltern begriffen werden oder als glückselige Ewigkeit nach der Zeit» (Thrupp, S. 12). In seinem Vortrag über mittelalterlichen Chiliasmus definierte bei dieser Konferenz Norman Cohn als chiliastisch «jede religiöse Bewegung, die von der Vorstellung einer Erlösung inspiriert ist, die sein soll a) kollektiv, in dem Sinne, daß die Gläubigen sich ihrer als Gruppe erfreuen werden; b) irdisch, in dem Sinne, daß sie hier auf Erden verwirklicht werden soll, nicht in einem überirdischen Himmel; c) unmittelbar bevorstehend, in dem Sinne, daß sie bald und plötzlich kommen soll; d) total, in dem Sinne, daß sie das Leben auf Erden vollkommen verwandeln wird, so daß der neue Zustand nicht nur besser als der gegenwärtige, sondern die Vollkommenheit selbst sein wird; e) durch Kräfte bewirkt, die bewußt als übernatürliche angesehen werden» (Thrupp, S. 31).

Antihellenistische Apokalyptik muß deshalb in diesem weiteren Rahmen des Chiliasmus der vergleichenden Anthropologie gesehen werden, denn, wie Samuel Eddy es ausgedrückt hat, «zu Prophezeiungen nehmen die Geschlagenen überall Zuflucht» (S. 335). In seiner Analyse der vorderasiatischen Reaktion auf den griechischen Imperialismus fand Eddy, «daß zwar der Antihellenismus in den verschiedenen Ländern nicht gleich stark war, daß aber der Widerstand, wo er stattfand, gewöhnlich ähnliche Formen annahm. Ägypten, Persien und Judäa prophezeiten übereinstimmend den Sturz der griechischen Herrschaft und griffen dann auch zu den Waffen, um diesen Traum zu verwirklichen ... Es gab drei Hauptmotive für religiösen Widerstand, und diese waren miteinander verzahnt. Zunächst war da das Bestreben, die nationale Selbständigkeit wiederherzustellen als Selbstzweck; sodann das Bestreben, nationale Selbständigkeit wiederherzustellen als Mittel zur Beendung sozialer Unordnung und ökonomischer Ausbeutung; endlich das Bestreben, nationale Selbständigkeit wiederherzustellen zum Schutz des Gesetzes und der Religion» (S. 324, 330).

Eddy unterschied auch «vier Grundtypen des Widerstands: passiven, militanten, messianischen und proselytischen» (S. 335). Passiver Widerstand erschien in allen bedrängten Kulturen und nahm Zuflucht zu archaischen Legenden von den ältesten Helden der eigenen Überlieferung. Militanter Widerstand ist am besten belegt in Palästina und Ägypten, kam aber vielleicht auch in Persien vor. Er war immer von messianischem Widerstand begleitet, der die Intervention eines göttlichen Wesens herbeirief, das die Griechen vertreiben und im Lande nicht nur den Normalzustand wiederherstellen, sondern einen paradiesischen schaffen sollte. Proselytenmachender Widerstand kam nur in Persien und Palästina vor, wo versucht wurde, Ungläubige, wenn nicht anders möglich, sogar mit Gewalt zum Glauben an den erwarteten messianischen Sieg zu bekehren. Nach Eddys Beobachtungen treten aber diese vier Grundtypen des Widerstands überall auf, wo eine beherrschende fremde Kultur die alte einheimische zu zerstören oder zu verändern droht. «Die Reaktion der amerikanischen Indianer auf den amerikanischen Imperialismus zum Beispiel war die gleiche», erklärt er. «Die Indianer erlitten den Verlust der Unabhängigkeit, ökonomisches Elend und den Zusammenbruch ihrer Gesellschaftsordnung, und sie erlebten nativistische Erweckungsbewegungen, die passiven Widerstand im andauernden Glauben an die indianische Kultur predigten, sie leisteten militanten Widerstand in kriegerischen Erhebungen wie in den von dem Propheten und von Tecumseh angeführten, sie folgten messianischen Bewegungen, deren Führer hohe moralische Anforderungen stellten, wie denjenigen im pazifischen Nordwesten, und begannen sogar, unter Ihresgleichen Proselyten zu machen wie im Falle der indianischen ‹Shaker› und des Peyote-Kults» (S. 340).

Die Nützlichkeit einer solchen Typologie bei der Analyse von religiös-politischen Reaktionen auf kulturelle Überwältigung, übermächtige militärische Überlegenheit, niederdrückende ökonomische Ausbeutung und entwürdigende soziale Diskriminierung wird noch offensichtlicher, wenn man Eddys vierfach gefaßte in die oben resümierte siebenfache Bryan Wilsons überführt. So sind dessen abschließende Bemerkungen zum Typus der «revolutionistischen» oder chiliastischen Reaktionen auf den Kolonialismus äußerst wichtig zum einfühlenden Verständnis solcher Reaktionen. «Der Chiliasmus», sagt nämlich Wilson, «verspricht stets sozialen Wandel, und obwohl die Erwartung immer enttäuscht wird, wird sie doch durch die Verheißung bewußt und regt nicht selten die Menschen zu dem Versuch an, das Millennium aus eigenen Kräften zu schaffen. Das neue Zeitalter bricht nicht an, aber die zu dessen Vorbereitung dienende Arbeit, Organisation und die Zukunft vorwegnehmende (oder Urzeit wiederherstellende) Ethik haben wichtige Konsequenzen. Der Rahmen für eine neue Ordnung ist geschaffen ... ein neuer Begriff der sozialen Organisation des Kollektivs taucht auf. Die Vorstellung des sozialen Wandels ist begriffen. Die Gottheiten, die bisher die alten Bräuche aufrecht erhalten hatten, werden jetzt – plötzlich – Protagonisten des Wandels (selbst wenn es sich bei diesem Wandel um die Wiederherstellung eines Urzustands handeln soll). Wenn Menschen den Ahnen oder den Geistern plötzlich zutrauen, einen Wandel der Zustände einzuleiten, haben sie einen radikalen Bewußtseinswandel erlebt. Dieser Wandel hat seine Wurzeln vielleicht mehr im Chiliasmus, trotz der prinzipiellen Unerfüllbarkeit der Hoffnungen, die in chiliastische Verheißungen gesetzt werden, als in sonst irgendeinem historischen Phänomen» (S. 494–495).

Bei unserer Analyse der jüdischen Apokalyptik werden wir also bemüht sein, diese im weitesten Rahmen als Sonderfall des Chiliasmus zu würdigen, der Gegenstand der vergleichenden Sozialanthropologie ist; des näheren als Sonderfall des Widerstands der Völker Vorderasiens gegen den Kulturimperialismus des Hellenismus; und endlich in seiner Besonderheit als Phänomen der Auseinandersetzung zwischen Juden und Heiden in der griechisch-römischen Epoche. Dabei darf einerseits nicht vergessen werden, daß die Juden weder damals noch später die einzigen waren, die bei antikolonialer Apokalyptik Zuflucht suchten, und daß andererseits nicht alle Juden, vielleicht nicht einmal die Mehrheit der Juden, sich auf den chiliastischen Traum einließen oder mit dessen Träumern auch nur sympathisierten.

Das Kommen des fünften Königreichs

Schreiber und Lehrer gehören in der oben resümierten Typologie der sozialen Schichtung in Agrargesellschaften, die wir Gerhard Lenski verdanken, nicht zur Regierungsklasse, sondern zur Gefolgsklasse. Ihre Stärke, die von bloßer Schriftkenntnis bis zur höchsten Schriftgelehrtheit reichte, lag in ihren bürokratischen, organisatorischen und pädagogischen Fähigkeiten. Ihre Schwäche war ihre totale Abhängigkeit von der regierenden Klasse. Und als Experten in der überlieferten Schriftkultur waren sie im allgemeinen konservativ und auf Erhaltung der etablierten Hierarchie bedacht, wenn nicht gerade die überlieferte Schriftkultur, deren Hüter sie waren, selbst ein Element egalitärer Sozialkritik enthielt, wie das bei der jüdischen Überlieferung der Fall war. Man lese etwa die bitteren sozioökonomischen Invektiven gegen die herrschende Klasse im Buch Henoch (1 Henoch 91–107) aus dem frühen 2. Jahrhundert v. Chr. (APAT, 2, S. 217 ff.).

Was aber in den siebziger Jahren jenes Jahrhunderts geschah, entsprach so gar nicht den hochgespannten Erwartungen, die in dem dramatischen vorangegangenen Jahrzehnt die Menschen begeistert hatten. Das Alter der Frommen war nicht nahe herangekommen an die tausend Jahre, die im *Buch der Jubiläen,* 23,27, verheißen waren. Der Teufel hatte kein Ende genommen, noch war die Traurigkeit mit ihm hinweggenommen worden, wie es die *Himmelfahrt Moses,* 10,1, versprach. Keineswegs hatte jene friedliche Vereinigung aller Schafe, Tiere und Vögel stattgefunden zur Freude des Herrn, die das Buch Henoch, 90,33, vorausgesehen hatte. Tatsächlich gekommen waren zuerst die Makkabäer und dann die Römer. Und so wurden im Lichte dieser neuen Tatsachen die apokalyptischen Visionen, chiliastischen Träume und transzendenten Hoffnungen neu geschrieben oder neu gelesen.

Und ihr König ist der Gesalbte des Herrn

Die achtzehn mehr lehrhaften als liturgischen Psalmen, die als *Psalmen Salomos* bekannt sind, wurden diesem König, dem Sohn Davids, schon von den Juden zugeschrieben, die sie irgendwann um die Mitte des 1. Jahrhunderts v. Chr. verfaßten. Es gibt darin Anspielungen auf datierbare Ereignisse, insbesondere wird in den Psalmen 2, 8 und 17 auf Pompejus hingewiesen, der, ins Land gerufen zur Vermittlung zwischen den verfeindeten Hasmonäern Judas Aristobulus II. und Johannes Hyrkanus II., den ersteren nach einer dreimonatigen Belagerung des Tempels im Herbst 63 v. Chr. überwältigte und den letzteren wieder einsetzte, allerdings ohne Königstitel und mit einer Tributpflicht belastet. Aufgrund solcher Indizien kann man die Psalmen auf die Jahre zwischen 63 und 48 v. Chr. oder doch nur wenig später datieren. Als wirkliche Verfasser dieser fingierten «Psalmen Salomos» hat man Pharisäer oder gar Essener identifizieren wollen, doch ist es wohl das beste, auf den Versuch einer näheren Identifizierung zu verzichten und sie als das Werk von Schriftgelehrten mit starker didaktischer Neigung zu nehmen.

Auf jeden Fall herrschte, selbst wenn Pompejus inzwischen eines unrühmlichen Todes gestorben war, noch immer Rom über Palästina. Diejenigen, die sich hinter der Maske Salomos verbergen, scheinen eine Erhebung gegen Rom nicht zu planen. Sie sind nicht notwendigerweise Pazifisten, aber sicherlich Realisten. Durch die militärische Übermacht Roms aller eigenen Macht beraubt, wenden sie sich von neuem dem alten chiliastischen Traum zu. Die Erlösung soll kommen von einem Führer, der, obgleich menschlich und auf Erden wirkend, von einer Aura der Göttlichkeit umgeben ist. Er ist sündenlos, vollkommen tugendhaft, und durch sein Wort allein, ohne Einsatz von Gewaltmitteln, wird er ein gereinigtes Israel wiederherstellen, das die gereinigten Nationen einer gereinigten Erde beherrschen wird.

> «Sieh zu, Herr, und richte ihnen auf ihren König, den Sohn Davids, in der Zeit, die du ausersehen, o Gott, über Israel, deinen Knecht, zu herrschen. Und er wird Heidenvölker ihm fronen lassen und seinem Joch ... und in seinen Tagen ist kein Unrecht unter ihnen, denn alle sind sie heilig, und ihr König ist der Gesalbte des Herrn. Denn er wird nicht auf Pferd und Wagen und Bogen hoffen, noch wird er sich aufhäufen Gold oder Silber zum Kriege, und er wird seine Hoffnung für den Tag des Krieges nicht auf die vielen des Krieges versammeln ... Denn er wird die Erde schlagen durch das Wort seines Mundes in Ewigkeit ...»
> (*Psalmen Salomos,* 17,21.29.32–33.35; deutsch von Svend Holm-Nielsen, 1977)

Man bemerke übrigens, daß die beiden ‹messianischen Titel› des Erwarteten, «Sohn Davids» und «der Gesalbte» (Messias), in dieser Bedeutung hier zum ersten Mal in der jüdischen Literatur gebraucht werden, der letztere sogar zum ersten und letzten Mal. Und dieser erwartete messianische Führer wird keine Gewalt anwenden, weder irdische kriegerische noch die überirdische der himmlischen Heerscharen. Die schreckliche Ironie ist, daß die chiliastischen Hoffnungen in Daniels Traumgesicht die Engel hatten kommen sehen und statt ihrer dann die Hasmonäer gekommen waren, während nun die Sänger der Psalmen Salomos den Gesalbten des Herrn, den Sohn Davids erwarteten und statt seiner den abscheulichen Herodes, Antipaters Sohn, hinnehmen mußten. Dennoch sollte man gewiß die wiederholte Enttäuschung solcher Visionen einer vollkommenen Welt, die einem so tiefen Bedürfnis des menschlichen Herzens entgegenkommen, daß die Menschen dergleichen immer wieder beschwören, nicht zum Gegenstand schadenfrohen Spotts machen, sondern bedauern. Bestenfalls hielten solche Visionen eine Hoffnung auf vollkommene Gerechtigkeit wach, in der kleinere, aber reale Gewinne erzielt werden konnten, wenn mit der Zeit Mittel und Wege, Strategien und Taktiken langsam und unter Schmerzen erlernt wurden; schlimmstenfalls verführten sie die Menschen zu dem Glauben, daß Mittel und Wege, Strategien und Taktiken nicht länger erforderlich wären.

Unser Blut wird gerächt sein vor dem Herrn

Die Himmelfahrt Moses entstand nach dem Dafürhalten von George Nickelsburg spät im Jahre 67 v. Chr., doch wurden die Kapitel 6 und 7 dem Werk erst wesentlich später hinzugefügt. Die ursprüngliche Apokalypse offenbarte die chiliastische Hoffnung angesichts des syrischen Kolonialismus und der jüdischen Kollaboration. Die hinzugefügten Kapitel tragen den bösen Zeiten der Herrschaft der Hasmonäer und der Herodier Rechnung und erneuerten die Verheißung des Millenniums angesichts der von römischem Kolonialismus und jüdischer Kollaboration beherrschten späteren Gegenwart. Die so revidierte Fassung datiert wahrscheinlich aus den Monaten oder Jahren nach dem Tode des Herodes (Nickelsburg 1981, S. 213), also etwa innerhalb des ersten Jahrzehnts des 1. Jahrhunderts n. Chr.

> «Dann werden sich Könige als Herrscher über sie erheben, und man wird sie zu Hohepriestern Gottes berufen; doch sie werden Gottlosigkeit verüben vom Allerheiligsten aus. Und es folgt ihnen ein frecher König, der nicht aus dem Geschlecht der Priester stammen wird ... Und er wird Gericht unter ihnen halten wie die Ägypter unter ihnen getan haben, 34 Jahre lang ... Und er wird Söhne zeugen, die in seiner Nachfolge kürzere Zeit herrschen werden. In ihre Gebiete werden Kohorten kommen und des Abendlands mächtiger König, der sie erobern wird. Und sie werden sie in Gefangenschaft führen, und einen Teil ihres Tempels wird er mit Feuer verbrennen, einige um ihre Ansiedlung herum kreuzigen.»
> (*Himmelfahrt Moses*, 6,1–2.6–9; deutsch von Egon Brandenburger, 1976)

Die Könige, die man zu Hohepriestern Gottes berufen wird, sind die Hasmonäer, der freche König, der ihnen folgt, ist Herodes. Der Schluß bezieht sich auf die Aufstände nach dessen Tod, die, wie wir später noch mehr im einzelnen sehen werden, niedergeschlagen wurden von Quinctilius Varus, dem syrischen Legaten, und seinem Finanzminister, dem interimistischen Prokurator in Judäa, Sabinus, der dabei einen Teil des Tempels niederbrannte. Dennoch fehlt auch nach dieser aktualisierten Vorgeschichte des prophezeiten Millenniums bei der Schilderung von dessen Kommen jeder Hinweis auf dazu etwa erforderliche menschliche oder göttliche Gewaltanwendung.

Der Menschensohn, dem Gerechtigkeit gehört

Von Henoch heißt es Genesis 5,24: «Henoch war seinen Weg mit Gott gegangen, dann war er nicht mehr da; denn Gott hatte ihn aufgenommen.» Dieser Entrückung wegen hat man ihm später verschiedene überweltliche Entdeckungen und Offenbarungen zugeschrieben. Das älteste der drei ihm zugeschriebenen Bücher ist 1. Henoch, das äthiopische Henochbuch, eine Kompilation von fünf Büchern, die vom 3. Jahrhundert v. Chr. bis zum Ende des 1. Jahrhunderts n. Chr. wuchs und sich entwickelte:

1. *Das Buch der Späher* (1–36): 3. Jahrhundert v. Chr.
2. *Das Buch der Gleichnisse* (37–71): frühes 1. Jahrhundert n. Chr.
3. *Das Buch der astronomischen Schriften* (72–82): 3. Jahrhundert v. Chr.
4. *Das Buch der Traumgesichte* (83–90): 164–160 v. Chr.
5. *Das Buch des Henochbriefs* (91–107): Frühes 2. Jahrhundert v. Chr.

Der erste hier zu betrachtende Text ist das zuletzt verfaßte dieser fünf Bücher, das *Buch der Gleichnisse Henochs.* Die Komposition, die drei Offenbarungsreden enthält (Henoch 38–44, 45–57, 58–59), und nach dem ursprünglichen Schluß (70) noch einen später hinzugefügten (71), ist wahrscheinlich «um die Zeitenwende», wie Nickelsburg annimmt (1981, S. 223), entstanden, spätestens «im frühen oder mittleren 1. Jahrhundert v. Chr.», wofür Collins sich ausspricht (1984a, S. 143).

Der Seher Henoch empfängt sein Gesicht nicht als Offenbarung der zukünftigen Geschichte, sondern in Ansehung der gegenwärtigen himmlischen Sphären. Vergewisserung gibt nicht die Einsicht in die Unvermeidlichkeit des Aufstiegs und Falls der Reiche, sondern in die Beständigkeit der himmlischen Ordnung, der zufolge Sonne, Mond und Sterne auf den ihnen bestimmten Bahnen kreisen. Wie in den beiden ältesten Teilen des Henochbuchs, dem *Buch der astronomischen Schriften* und dem *Buch der Späher,* so spricht auch in diesem jüngsten nicht Zuversicht in eine offenbarte Zeit und Geschichte, was ja bei anderen jüdischen Apokalypsen der Fall ist, sondern in die kosmische Ordnung.

Demnach wäre irdische Disharmonie eine Konsequenz der Störung der kosmischen. Der Krieg der Menschen auf Erden und der Engel im Himmel sind dieser Anschauung zufolge Aspekte eines und desselben kosmischen Ringens zwischen Gutem und Bösem, und das Jüngste Gericht wird schließlich über Menschen und Engel gleichermaßen hereinbrechen; wie dies von Gott bestimmt ward, da die bösen Engel rebellierten, am Anfang der Geschichte. Und da, wie Anfang und Ende der Umlaufbahnen der Gestirne, im Himmel auch Anfang und Ende der Geschichte zugleich sichtbar sind, hat Henoch im Himmel die wiederhergestellte Ordnung, auf die man hier noch wartet, schon gesehen.

In den *Psalmen Salomos,* 17–18, erscheint eine einzige Gestalt, die das Millennium herbeiführen wird, der «Sohn Davids», der «Gesalbte». Die *Himmelfahrt Moses* stellt keine derartige Gestalt vor, doch in dem *Buch der Gleichnisse* erscheint in deren Rolle der «Erwählte». Er wird Gottes Jüngstes Gericht abhalten. George Nickelsburg sagt, daß er Titel, Attribute und Funktionen jenes «wie eines Menschen Sohn» in Daniels Traumgesicht Erscheinenden (Daniel 7,13), des von Jesaja prophezeiten «Dieners des Herrn» und des Davidischen Messias miteinander vereinigt. Nickelsburg weist übrigens in diesem Zusammenhang darauf hin, daß «Menschensohn» an sich kein Titel sei, sondern nur eine semitische Weise zu sagen, daß einer ein Mensch ist, weshalb die Bezeichnung fast immer näher bestimmt werde: «dieser Menschensohn» oder «der Menschensohn, der Gerechtigkeit hat» (1981, S. 215). Diese Gestalt «wie ein Menschensohn» ist mehr als die Personifizierung des Volkes Gottes oder selbst ein Streiter für dessen Sache. Sie ist sein mythisches Äquivalent, sein himmlischer Archetypus, sein ewiges Komplement. Bemerkenswert ist auch, daß der «Sohn Davids» der *Psalmen Salomos,* «der Gesalbte des Herrn», eine vollkommen friedliche und jedem offene Welt beherrschen wird, der «Menschensohn», der «Erwählte» des *Buchs der Gleichnisse* aber vor dem Ende der Geschichte über Gute und Böse richten, seine nur den Guten verheißene Welt also sehr exklusiv sein wird. Es ist deshalb möglich, daß die Gruppe, für die in diesem Buch Henoch spricht, sogar innerhalb des Judentums eine Sekte bildete.

Ging sodann die höchste Macht auf die Römer über

Die Traumgesichte des persischen *Bahman Yasht* (Eddy, S. 343–349) und des jüdischen Buches Daniel (Collins, 1984a, S. 21–26) stellten eine Folge von vier Weltmächten vor, und in beiden erschien das, was Rückblick auf die bisherige Geschichte war, als apokalyptische Ankündigung der Zukunft. Für den persischen Seher waren diese vier Weltreiche die der Assyrer, Meder, Perser und Griechen, und ihnen sollte ein fünftes folgen, in dem der Erlöserkönig Ahura Mazda und das persische Volk herrschen würden. Für den jüdischen Seher hingegen sollte auf die Reiche der Babylonier, Meder, Perser und Griechen als fünftes eines folgen, in dem Jahwe, die himmlischen Heerscharen und das jüdische Volk herrschen würden.

Doch das fünfte Reich kam weder als persische noch als jüdische Wiedergeburt, sondern als römische Kolonisierung. Und Rom verschmähte die Gelegenheit nicht, die Prophezeiungen der Kolonisierten zur propagandistischen Unterstützung der eigenen historischen Mission zu verwenden. Im Jahre 30 n. Chr. schrieb Caius Velleius Paterculus:

> «Aemilius Sura schreibt in seiner römischen Chronologie: Als erstes von allen Völkern haben die Führer der Assyrer die Weltherrschaft innegehabt, dann kamen die Meder, darauf die Perser und schließlich die Makedonen. Durch den Sieg über die beiden Könige Philipp und Antiochos, die makedonischen Ursprungs waren – nicht lange nach der Überwindung Karthagos – ging sodann die höchste Macht auf die Römer über.»
> (C. Velleius Paterculus, *Historia Romana,* 1,6; deutsch von Marion Griebel, 1989)

Sura muß das in den ersten Jahrzehnten des 2. Jahrhunderts v. Chr. geschrieben haben, als die kriegstechnische Überlegenheit der römischen Legion über die makedonische Phalanx diese neue Wendung des Ganges der Weltgeschichte zur Folge hatte.

Gegen Ende des 1. Jahrhunderts n. Chr. konnte sogar ein jüdischer Autor den Römern konzedieren, daß Rom das fünfte Reich sei, wenn er auch davon nicht eben so schwärmen mochte, wie wenn es das erwartete gewesen wäre. *Das vierte sibyllinische Orakel,* eine religiös-politische Prophezeiung gegen die Makedonier, die vielleicht schon im 3. Jahrhundert v. Chr. und möglicherweise von einem nichtjüdischen Verfasser in Umlauf gebracht worden war, erschien von neuem in der Bearbeitung eines Juden nach der Zerstörung des Tempels im Jahre 70 n. Chr. Nach dem ursprünglichen Orakel über die vier Reiche (4,49–101) fügte der Bearbeiter vor der endlichen Verheißung des Millenniums am Ende der Geschichte (4,173–192) eine Würdigung der römischen Hegemonie ein (4,102–172). Darin heißt es: «Nach Syrien aber wird ein Fürst Roms kommen, der, mit Feuer den Tempel von Solyma verbrennend und viele Menschenmörder zugleich, das große breitstraßige Land der Juden verderben wird» (*Sibyllinische Orakel,* 4,125–127; deutsch von Friedrich Blaß, 1901).

Anstatt der erwarteten kosmischen Theokratie Jahwes und der Rechtfertigung des treuen jüdischen Volkes hatte das fünfte Reich nach der Herrschaft der Griechen nur die der Römer gebracht. Das Jüngste Gericht und die Erfüllung der Hoffnung auf das Reich am Ende der Geschichte waren ein weiteres Mal vertagt.

Kein Herr außer Gott

Hier erhebt sich die Frage: Weshalb kommen die chiliastischen Hoffnungen der Juden seiner Zeit bei Josephus kaum zur Sprache?

Josephus hatte einen sehr besonderen und sehr persönlichen Grund, in seinen Schriften auf die Endzeiterwartungen seiner Religionsgenossen nicht näher einzugehen. Daß er im Jahre 67 n. Chr. die Erhebung Vespasians zum Kaiser prophezeit hatte und diese Prophezeiung wenig später durch das Ereignis bestätigt worden war, hatte ihm das Leben gerettet. Diese Prophezeiung, von der er im *Jüdischen Krieg* berichtet (3,399–402) und deren auch die römischen Geschichtsschreiber Suetonius und Cassius Dio gedenken («Einer der vornehmen Kriegsgefangenen, Josephus, beteuerte, als man ihn in Fesseln legte, immer wieder, er werde binnen kurzem vom gleichen Vespasian wieder befreit werden, aber dann sei dieser bereits Kaiser», berichtet Sueton, *Vespasian* (5.). Diese Prophezeiung beinhaltete, daß Vespasian der den Juden verheißene Endzeitherrscher war. «Im ganzen Orient war der alte, sich hartnäckig behauptende Glaube verbreitet, es sei vom Schicksal bestimmt, daß in dieser Zeit Leute aus Judäa die Herrschaft erlangen würden. Wie die Ereignisse nachher zeigten, bezog sich diese Voraussage auf einen römischen Kaiser; die Juden bezogen sie aber auf sich, machten einen Aufstand...», erzählt Sueton in seinem *Leben Vespasians* (4.). Er hätte sich auf Josephus berufen können, denn in dessen *Jüdischem Krieg* ist zu lesen:

> «Was sie aber am meisten zum Krieg aufstachelte, war eine zweideutige Weissagung, die sich in den heiligen Schriften fand, daß in jener Zeit einer aus ihrem Land über die bewohnte Erde herrschen werde. Dies bezogen sie auf einen aus ihrem Volk, und viele Weise täuschten sich in ihrem Urteil. Der Gottesspruch zeigt vielmehr die Herrscherwürde des Vespasian an, der in Judäa zum Kaiser ausgerufen wurde.»
> (Josephus, *Der jüdische Krieg*, 6,312–313)

Daß Josephus die zweideutige Weissagung richtiger deutete als seine Religionsgenossen, die im Vertrauen auf ihr falsches Verständnis noch gegen die Römer gekämpft hatten, als der Tempel schon brannte, rettete ihm in Galiläa das Leben. So ist von ihm kaum zu erwarten, daß er näher ausführt, worin die messianische Erwartung der irregeleiteten Rebellen bestand. Doch werden wir finden, daß etwas davon auch bei ihm zu lesen ist, wenn auch meist nur zwischen den Zeilen. Denn ich glaube, daß man die von Josephus beschriebenen Aufstände der Anhänger der «vierten Sekte» oder der Sikarier als aktivistische Manifestationen der Apokalyptik oder des Messianismus zu verstehen hat.

Diese Aufstände, von denen jetzt zu handeln ist, und die Prophezeiungen, von denen oben die Rede war, stehen in Zusammenhang. Es ist die Gefolgsklasse, die sich in beiden den bestehenden Verhältnissen widersetzte, in Wort und Tat, in passivem Widerstand und aktivem Terrorismus. Und ihr Schlachtruf war: Kein Herr außer Gott.

Die vierte Philosophenschule

Herodes Archelaus regierte als Ethnarch von Idumäa, Judäa und Samaria nur vom Tode seines Vaters, Herodes des Großen, im Jahre 4 v. Chr. bis 6 n. Chr., als die Römer ihn absetzten und statt seiner einen römischen Prokurator aus dem Ritterstand über seine ehemaligen Staaten setzte. Coponius, der erste *praefectus*, wurde im Jahre 6 n. Chr. ernannt, während als *legatus augusti pro praetore* P. Sulpicius Quirinius, der dem Senatorenadel angehörte, Landpfleger von Syrien war. Dieser Wechsel der Verwaltung machte eine Volkszählung, Besitzaufnahme und Steuerschätzung in den annektierten Gebieten Palästinas erforderlich. Und zu dieser Zeit, unter der Verwaltung des Coponius, erhob sich ein gewisser Galiläer namens Judas und hetzte seine Landsleute gegen die Römer auf, indem er sie Feiglinge schimpfte, weil sie diesen Steuern zahlten und sterbliche Herren duldeten, obwohl doch Gott allein ihr Herr sei. Dieser Mann, sagt Josephus, habe als Lehrer eine eigene Sekte gegründet, die mit anderen ihrer Art nichts gemein hatte. Denn unter den Juden gebe es drei philosophische Sekten. Die Anhänger der ersten würden Pharisäer genannt, die der zweiten Sadduzäer und die der dritten Essäer (Josephus, *Der jüdische Krieg*, 2,117–118).

Man darf nach der Darstellung des Josephus annehmen, daß diese drei traditionellen philosophischen Sekten, die Josephus seinen hellenistischen Lesern vorstellt, indem er die Pharisäer (2,162–163, 166a) mit den Stoikern, die Sadduzäer (2,164–165, 166b) mit den Epikuräern und die Essäer (oder Essener) mit den Pythagoräern vergleicht, nichts Rebellisches, Gefährliches oder Subversives an sich hatten. Die Absicht des Historikers, die politische Harmlosigkeit dieser drei Sekten oder Schulen von Weisheitsfreunden in seinem Vaterlande zur Geltung zu bringen, wird deutlich durch die Ausführlichkeit, mit der er, wenn er schließlich auch einräumt, «daß die Pharisäer die erste Schule darstellen» (2,162), an erster Stelle die Essener behandelt, die jeden, der sich ihnen anschließen wollte, schwören ließen, daß er «Treue gegen jedermann und besonders gegen die Obrigkeit üben wolle, weil niemand Gewalt habe, ohne daß sie ihm von Gott verliehen sei». Judas und seine Anhänger jedenfalls, deren politisches Gebaren sich so sehr von dem, das die Essener lehrten, unterscheidet, können mit keiner der drei offiziellen Sekten oder Schulen in Verbindung gebracht werden, wenn man Josephus glauben darf. Da dieser aber andererseits die Lehren jenes Judas nicht sonderlich wichtig zu nehmen scheint, kann man bei der Lektüre seines *Jüdischen Krieges* an der fraglichen Stelle auch meinen, nur von einer vorübergehenden Mode des Jahres 6 n. Chr. zu lesen.

Auf die drei jüdischen philosophischen Sekten oder Schulen kommt Josephus in seinem späteren Werk, den *Jüdischen Altertümern,* noch zweimal zurück.

Einmal im 13. Buch, in dessen 5. Kapitel er, ohne daß der Zusammenhang seiner Erzählung der Kämpfe der Makkabäer gegen die Feldherrn des Demetrius von Syrien dies offensichtlich erforderlich machte, einen Abschnitt einschiebt, der dem Leser mitteilt, daß es «um diese Zeit» (um 140 v. Chr.) «bei den Juden drei Sekten» gab und den unterschiedlichen Schicksalsbegriff dieser drei Richtungen erklärt, wonach die Essener lehrten, alles stehe unter der Macht des Verhängnisses, die Sadduzäer überhaupt nichts vom Verhängnis wissen wollten, die Pharisäer aber, zwischen beiden extremistischen Richtungen die Mitte haltend, die Ansicht vertraten, «daß manches, aber nicht alles das Werk des Verhängnisses sei» (*Jüdische Altertümer,* 13,171–173). Doch zum zweiten Mal kommt Josephus in den *Jüdischen Altertümern* auf diese unterschiedlichen Richtungen an der Stelle seines historischen Berichts zu sprechen, die genau der entspricht, bei der er sie schon im *Jüdischen Krieg* zur Sprache brachte, nämlich bei der Erzählung der Ereignisse in Judäa nach der Entsendung des Prokurators Coponius. Diesmal spricht er aber bemerkenswert anders davon als bei jener ersten Gelegenheit. Während nämlich dort von Judas dem Galiläer, dem Gründer der vierten Sekte, nur zwei der insgesamt fünfzig Abschnitte der Erörterung handeln, sind er und seine Anhänger hier der Gegenstand von zehn der insgesamt zweiundzwanzig Abschnitte der entsprechenden Würdigung der unterschiedlichen Sekten der Juden. Seine neue Lehre ist hier auch offensichtlich für den Verfasser nicht nur der Anlaß, die verschiedenen theologisch-philosophischen Richtungen innerhalb des Judentums zu behandeln, sondern der eigentliche Gegenstand des Interesses. Denn nachdem Josephus eingangs (18,4–10) von Judas gesprochen und dann die Anschauungen der Pharisäer, Sadduzäer und Essener referiert hat, kommt er (18,23–25) auf Judas zurück, und zwar in merklich anderem Ton, als er zunächst angeschlagen hatte. Aber man urteile selbst. So führt Josephus den Gründer der vierten Sekte diesmal ein:

> «Der Gaulaniter Judas dagegen, der aus der Stadt Gamala gebürtig war, reizte in Gemeinschaft mit dem Pharisäer Sadduk das Volk durch die Vorstellung zum Aufruhr, die Schätzung bringe nichts

> anderes als offenbare Knechtschaft mit sich, und so forderten sie das gesamte Volk auf, seine Freiheit zu schützen. *Denn jetzt sei die beste Gelegenheit gegeben, sich Ruhe, Sicherheit und dazu auch noch Ruhm zu verschaffen. Gott aber werde nur dann bereit sein, ihnen zu helfen, wenn sie ihre Entschlüsse tatkräftig ins Werk setzten und das besonders, je wichtiger diese ihre Entschlüsse seien und je unverdrossener sie dieselben ausführten.* Derartige Reden wurden mit dem größten Beifall aufgenommen, und so dehnte sich das tollkühne Unternehmen bald ins Ungeheuerliche aus. Kein Leid gab es, von dem infolge der Hetzarbeit jener beiden Männer unser Volk nicht heimgesucht worden wäre. Ein Krieg nach dem anderen brach aus, und es konnte nicht fehlen, daß die Juden unter den beständigen Angriffen schwer litten. Ihre wahren Freunde, die ihnen hätten beistehen können, hatten sie verloren; Räuber machten das Land unsicher, und viele der edelsten Männer wurden ermordet; angeblich um der Freiheit willen, in Wahrheit aber nur aus Beutegier. So kam es zu Aufständen und öffentlichem Blutvergießen, wobei bald die Bürger in der Sucht, keinen von der Gegenpartei am Leben zu lassen, sich gegenseitig mordeten, bald die Feinde niedergemacht wurden ... so wurde die Neuerungssucht und das Rütteln an den althergebrachten Einrichtungen den Übeltätern selbst zum Verderben. Judas und Sadduk nämlich, die eine vierte Philosophenschule gegründet und bereits zahlreiche Anhänger um sich versammelt hatten, brachten nicht nur augenblicklich den Staat in grenzenlose Verwirrung, sondern säten auch für die Zukunft durch Lehren, die bis dahin kein Mensch je gehört hatte, all das Unheil, das bald anfing, Wurzel zu treiben.»
> (Josephus, *Jüdische Altertümer,* 18,4–9)

Durch das hier kursiv gesetzte, von dem Geschichtsschreiber offensichtlich für das Verständnis hellenistischer Leser formulierte Resümee («dazu auch noch Ruhm zu verschaffen») der Predigt des Judas und seines Gesellen, scheint bei näherem Zusehen gleichwohl die chiliastische Motivation der Aufrührer noch durch. Andererseits deutet die hier erwähnte Beteiligung eines Pharisäers an der Gründung jener «vierten Philosophenschule» dem Leser an, daß dieselbe offenbar mit den anderen doch nicht so gar nichts gemein hatte, wie Josephus im *Jüdischen Krieg* glauben machen wollte. Überdies spricht er hier von den Lehren Judas' und Sadduks so, als hätten diese der Geschichte der folgenden sechzig Jahre die Richtung gegeben. Das erweckt den Anschein, als hätten die beiden ein revolutionäres Programm entworfen, das allen judäischen Rebellen vorgeschwebt hätte, von dem Widerstand gegen die Steuerveranlagung des Jahres 6 n. Chr. bis zum Krieg gegen Rom im Jahre 66. Dieser Anschein entspricht jedoch nicht den anderswoher bekannten Tatsachen, und auch des Josephus eigene Angaben an anderer Stelle stützen dies nicht. Neuartig freilich durfte er des Judas Aufruf zum Widerstand gegen die Fremdherrschaft wohl nennen, denn inzwischen herrschten ja schon seit sechshundert Jahren wechselnde fremde Herren in Judäa. Doch hätte sich Judas bei seinem Entschluß, zum Widerstand gegen die Volkszählung und Schätzung aufzurufen, sehr wohl auf das 2. Buch Samuel berufen können, wo (Kapitel 24) ja zu lesen ist, daß Gott die von König David befohlene Volkszählung mit Pestilenz strafte, was seinerzeit schon tausend Jahre her war und ihn womöglich berechtigt hätte, seine Philosophie für älter als die der drei anderen Sekten auszugeben. Aber ob nun die Lehren Judas' und Sadduks neuartig zu nennen waren oder nicht, von größerem Interesse ist natürlich die Behauptung des Geschichtsschreibers, daß aus ihnen alles hervorging, was während der folgenden sechzig Jahre das Land in Aufruhr versetzte. Und dieser Behauptung kann man entschieden widersprechen. Sie ist bestenfalls als erzählerische Vereinfachung der wirklichen Vorgänge aufzufassen.

Überraschend ist angesichts der Vorwürfe, die Josephus mit dieser Behauptung gegen die Gründer der «vierten Philosophenschule» erhebt, denn auch, was er sagt, als er nach einer Charakteristik der drei anderen zu einer Würdigung der Eigenart dieser vierten Schule kommt:

> «Außer diesen drei Schulen nun gründete jener Galiläer Judas eine vierte, deren Anhänger in allen anderen Stücken mit den Pharisäern übereinstimmen, dabei aber mit großer Zähigkeit an der Freiheit hängen und Gott allein als ihren Herrn und König anerkennen. *Sie unterziehen sich auch jeder möglichen Todesart und machen sich selbst nichts aus dem Morde ihrer Verwandten und Freunde, wenn sie nur keinen Menschen als Herrn anzuerkennen brauchen. Da ihre Hartnäckigkeit indes allgemein durch Augenschein bekannt ist, glaube ich von weiteren Bemerkungen über sie absehen zu können. Ich brauche ja nicht zu fürchten, daß meine Worte keinen Glauben finden; viel eher müßte ich besorgen, daß mir nicht genug Worte zu Gebote stehen, um solchen Heldenmut und solche Standhaftigkeit zu schildern.* Diese Tollkühnheit war es, die das Volk in Aufruhr brachte, als der Landpfleger Gessius Florus durch den Mißbrauch seiner Amtsgewalt dasselbe so zur Verzweiflung trieb, daß es von den Römern abfiel.»
> (Josephus, *Jüdische Altertümer*, 18,23–25)

Demnach unterscheiden sich die Anhänger jener vierten Schule von den Pharisäern also nur durch ihren unbändigen Freiheitswillen, dem sie standhaft das eigene und das Leben ihrer Freunde und Verwandten opfern, was dem Geschichtsschreiber eine gewisse Bewunderung denn doch abzunötigen scheint, und ihre Tollkühnheit steckte das Volk erst an, nachdem der römische Landpfleger es durch Mißbrauch seiner Amtsgewalt zur Verzweiflung getrieben hatte. Das zwischen Tadel und Bewunderung zum Vorschein kommende ambivalente Verhältnis des Josephus zu der vierten Philosophie entspricht dem ähnlich unentschiedenen Verhältnis zu den Sikariern, das er im *Jüdischen Krieg* offenbart, von deren Treiben er nämlich mit Abscheu spricht, um dann gleichwohl ihr heroisches Sterben zu rühmen.

Zum letzten Mal gedenkt Josephus der unterschiedlichen Richtungen im Judentum seiner Zeit in seiner Selbstbiographie.

> «Im Alter von sechzehn Jahren fasste ich den Entschluss, unsere Sekten zu prüfen, deren es, wie ich des öfteren auseinandergesetzt habe, drei giebt: Pharisäer, Sadducäer und Essener. Ich glaube nämlich dadurch die beste herausfinden zu können, dass ich sie alle kennen lernte. Unter harten Abtötungen und zahlreichen Mühseligkeiten durchlief ich die drei Sekten, und als ich dann meinen Wissensdrang noch immer nicht für befriedigt hielt, wurde ich der eifrige Schüler eines gewissen Banus, der, wie ich vernahm, in der Wüste lebte, Kleider von Baumrinde trug, wildwachsende Kräuter ass und zur Reinigung sich öfters am Tage wie in der Nacht mit kaltem Wasser wusch. Bei ihm brachte ich drei Jahre zu und kehrte, nachdem meine Absicht erreicht war, in die Stadt zurück. Im neunzehnten Lebensjahre begann ich dann die öffentliche Laufbahn als Anhänger der Pharisäersekte, welche den griechischen Stoikern nahe kommt.»
> (Josephus, *Leben*, 10–12)

Abgesehen davon, daß Josephus hier einen gewissermaßen typisch hellenistischen Bildungsgang, allerdings mit ungewöhnlicher Geschwindigkeit, absolviert haben will, ist bemerkenswert, daß hier wieder nur drei philosophische Sekten des Judentums genannt sind. Allerdings hat nach dieser Darstellung Josephus den größten Teil seiner Studien bei einem keiner der drei genannten Sekten angehörigen Lehrer gemacht, den er allerdings nicht als Vertreter irgendeiner vierten, sondern unter seinem persönlichen Namen vorstellt. Für den antiken Leser muß der Verdacht gleichwohl nahegelegen haben, daß es sich bei diesem Banus um einen Lehrer der im 18. Buch der *Jüdischen Altertümer* (als dessen Anhang das *Leben* ja zuerst veröffentlicht wurde) charakterisierten «vierten Philosophie» handelte. Neuerdings (1983) hat sich Tessa Rajak immerhin die Frage gestellt, ob nicht «dieser Aufenthalt bei Banus ihn nicht nur mit einer religiösen Gemeinschaft auf der Suche nach Reinheit wie der Qumran-Sekte in Kontakt gebracht haben könnte, sondern mit einer Gruppe politischer Aktivisten», allerdings nur, um zu schließen: «Wenn aber des Josephus Gefährten in der Wüste wirklich irgendwelchen revolutionären Ideen huldigten, kann er Bekanntschaft mit diesen dort nur gemacht haben, um sie kategorisch abzulehnen» (S. 38–39). Allerdings, wenn man nicht annehmen will, daß es sich bei seiner Versicherung, er sei schon in den fünfziger Jahren Pharisäer gewesen, um eine bloße Zweckbehauptung seines reiferen Alters in den neunziger Jahren des 1. Jahrhunderts n. Chr. handelt, mag diese frühe Bekehrung zu der nach seinem eigenen Bekunden vernünftigsten der jüdischen philosophischen Schulen eine bewußte Entscheidung gegen den Aufruhr gewesen sein, den er vielleicht in der Wüste gepredigt hörte.

Was Judas, den Galiläer, betrifft, dessen Beiname uns verrät, daß er mutmaßlich nicht in seiner Heimat agitierte, sondern wohl in Jerusalem lehrte, wo ihn die Angabe seiner Herkunft wohl von anderen Männern gleichen Namens unterscheiden sollte, so verrät uns Josephus nicht, was letztlich aus ihm wurde, und wir wüßten weiter nichts von ihm, hieße es nicht kurz und bündig in der Apostelgeschichte (5,37): «Nach ihm trat in den Tagen der Volkszählung Judas, der Galiläer, auf; er brachte viel Volk hinter sich und verleitete es zum Aufruhr. Auch er kam um, und alle seine Anhänger wurden zerstreut.» Obwohl Josephus der Wirksamkeit dieses Judas so weitreichende Folgen zuschrieb, daß man meinen könnte, mit seinen Lehren habe er noch sechzig Jahre später die Juden zum Krieg gegen die Römer angestiftet, kommt doch der Wahrheit wohl David Rhoads näher, der meint: «Der Aufstand Judas', des Galiäers, in Judäa im Jahre 6 der christlichen Ära, war verhältnismäßig klein und wirkungslos» (S. 59). Der Aufstand war sicherlich chiliastisch inspiriert, denn viel spricht für die Annahme von Richard Horsley, daß «hinter der verschleierten hellenistischen» Sprache des Josephus die Ideen der jüdischen Apokalyptik liegen (1979b, S. 443). Horsley hat überdies die Vermutung geäußert, daß die Ideologie des Judas von Galiläa «nicht gewaltsamen und nicht revolutionären Widerstand» forderte (1987, S. 89). Auch diese Vermutung ist wahrscheinlich richtig, wenigstens könnte in der Situation von 6. n. Chr. Judas sehr wohl zu passivem Widerstand aufgerufen haben, anstatt offenen Aufstand zu predigen, wenn auch die Römer solche feinen Unterschiede vermutlich nicht zu würdigen gewußt hätten. Josephus also scheint diesem Judas, indem er ihn als Stifter einer vierten philosophischen Sekte oder Schule innerhalb des Judentums bezeichnete und die Lehren dieser Schule oder Sekte für alle zukünftige Unruhe im Lande verantwortlich machte, eine Wichtigkeit zugeschrieben haben, die dem Mann in Wirklichkeit nicht zukam.

Die Söhne Judas des Galiläers

Ob Judas von Galiläa nun wichtiger genommen worden war, als es seiner historischen Rolle entsprach, oder nicht, wichtig ist, daß er einer Ideologie anhing und daß er Söhne hatte. Von 6 bis 41 n. Chr. war nur Judäa unter direkter römischer Verwaltung. Dann kam es, wie das ganze Land, von 41 bis 44 n. Chr. vorübergehend unter die Herrschaft des Herodes Agrippa I. Bei dessen Tod stellten die Römer das ganze Land unter direkte römische Verwaltung. Die ersten Präfekten, die jetzt als Prokuratoren bezeichnet wurden, waren von 44 bis 46 Cuspius Fadus und während der Jahre 46 bis 48 n. Chr. der abtrünnige Jude Tiberius Julius Alexander, ein Neffe des Philosophen Philo. So verfügte der damalige Kaiser Claudius:

> «Als Statthalter sandte er dorthin Cuspius Fadus und später Tiberius Alexander. Beide konnten in Ruhe über das Volk herrschen, weil sie seine ihm eigentümlichen Sitten nicht verletzten.»
> (Josephus, *Der jüdische Krieg*, 2,220)

> «Auf Fadus folgte Tiberius Alexander, der ... den väterlichen Gebräuchen und Satzungen nicht treu blieb. Unter Tiberius dauerte die ... Hungersnot ... noch an. Alexander liess auch Jakobus und Simon, die Söhne des Galiläers Judas, der, wie schon in einem der vorhergehenden Bücher erwähnt, während der Einschätzung des Quirinius das Volk zum Aufruhr verleitete, ans Kreuz schlagen.»
> (Josephus, *Jüdische Altertümer*, 20,100–102)

Von Jakob und Simon wissen wir sonst nichts, und Josephus bringt ihre Hinrichtung mit den Lehren ihres Vaters ausdrücklich ja weder an der zitierten Stelle noch anderswo in Verbindung. Wir können also nicht sagen, ob sie Lehrer waren oder welcher Tätigkeit sie sonst nachgingen, auch wo sie wirkten, ob in Galiläa oder Judäa, wissen wir nicht. Wir können allerdings vermuten, daß sie irgend etwas taten, das die Römer ihnen als Rebellion auslegten. Und wie ihr Vater seine Stimme erhob, als die Römer zuerst Judäa unter direkte römische Verwaltung stellten, so taten es offenbar die Söhne, als die römische Verwaltung auf das ganze Land ausgedehnt wurde. Man darf sich deshalb wohl fragen, ob nicht doch die Söhne den Ideen ihres Vaters anhingen. Und ob sich die Tätigkeit der Gekreuzigten noch auf den passiven Widerstand beschränkt hat, den anscheinend ihr Vater anriet.

Verborgene Dolche und verborgene Gesichter

Selbst wo Josephus die Lehre des Judas als «vierte Philosophie» bezeichnete, gab er deren Anhängern keinen Namen, der sie an die Seite der Pharisäer, Sadduzäer und Essener gestellt hätte. Aber wo der Geschichtsschreiber in seiner Vorgeschichte des *Jüdischen Krieges* von der Amtszeit des Prokurators Felix berichtet (52–60 v. Chr.), kommt er zum ersten Mal auf eine Gruppe von Terroristen zu sprechen, die er die «sicarii» (Meuchelmörder) nennt; und angesichts dessen, was man da vom Treiben dieser Leute erfährt, kann man sich fragen, ob sie nicht vielleicht von den Ideen jener, die «keinen Herrn außer Gott» anerkennen wollten, inspiriert waren. Josephus berichtet nämlich, daß Felix als erstes nach seinem Amtsantritt der Räuberbande des Eleazar das Handwerk legte (von der wir weiter unten noch zu reden haben werden), fährt dann aber fort:

> «Nachdem das Land auf diese Weise gesäubert war, machte sich in Jerusalem eine andere Art von Räubern bemerklich, die man Sikarier nannte. Sie begingen am hellen Tage und mitten in der Stadt Morde, mischten sich besonders an Festtagen unter das Volk und erstachen ihre Gegner mit kleinen Dolchen, die sie unter ihrer Kleidung versteckt trugen. Stürzten ihre Opfer zu Boden, so beteiligten sich die Mörder an den Kundgebungen des Unwillens und waren durch dieses unbefangene Benehmen gar nicht zu fassen. Der erste, der von ihnen erdolcht wurde, war der Hohepriester Jonathan, und in der Folgezeit häuften sich die Morde von Tag zu Tag derart, daß die Furcht vor ihnen mehr Entsetzen verbreitete als die Unglücksfälle selbst, da wie in der Schlacht niemand auch nur einen Augenblick vor dem Tode sicher war. Schon von fern witterte man Feinde, ja selbst den Freunden, denen man begegnete, traute man nicht mehr, und doch kamen trotz aller argwöhnischen Vorsicht immer neue Morde vor – so groß war ihre Gewandtheit und ihre Fertigkeit, sich unsichtbar zu machen.»
> (Josephus, *Der jüdische Krieg*, 2,254–257)

So tauchte um die Mitte der fünfziger Jahre des 1. Jahrhunderts in Jerusalem eine Bedrohung der öffentlichen Sicherheit auf, die sich von der, die der römische Prokurator von den Landstraßen gerade glücklich abgewendet hatte, deutlich unterschied. Denn die Sikarier, die die *sica*, den Dolch, im Gewande führten, waren keine Wegelagerer und Räuber wie die Leute Eleazars (von denen wir, wie gesagt, noch zu reden haben werden), sondern heimliche Mörder in aller Öffentlichkeit. Ihre Taktik gleicht derjenigen der Terroristen, die wir aus dem Fernsehen kennen. Sie schlugen am liebsten an Festtagen zu. Denn die großen Feste sicherten ihnen zugleich die größte Anonymität und die größte Öffentlichkeit. Feste waren ja das einzige Massenmedium, über das man in ihrer Zeit verfügen konnte. Zweifellos eine kleine Gruppe, verbreiteten die Sikarier, wie Josephus gewiß sehr treffend bemerkt, Schrecken, der in gar keinem Verhältnis zu der Zahl ihrer Morde stand. Ihr erstes Opfer war nicht Ananias, der Sohn des Nebedäus, der zwischen 47 und 59 das Amt des Hohepriesters innehatte, sondern der ehemalige Hohepriester Jonathan, der zwischen 36 und 37 amtiert hatte, aber wahrscheinlich noch immer der mächtigste Mann der Ananus-Familie war. Wie wir wissen, ist «Terrorismus die Waffe der Schwachen». Richard Horsley zitiert diese Erkenntnis Brian Croziers beim Vergleich des antiken mit dem modernen Terrorismus: «Er ist besonders gut geeignet für die Kämpfe kolonisierter Völker gegen die Fremdherrschaft, da ‹normale› und ‹legitime› Zwangsmaßnahmen nicht in deren Macht stehen. Die Versuchung, Terrorakte zu verüben, ist natürlich besonders groß für kleine Verschwörergruppen, die keine Machtbasis im Volke haben. Häufig richten sich solche Akte hauptsächlich gegen Volksgenossen, die mit den Fremden kollaborieren oder wenigstens kooperieren» (1979b, S. 439). So war das erste Opfer der Sikarier nicht Felix, der römische Prokurator, sondern Jonathan, der jüdische Hohepriester. Neu waren übrigens nicht die verborgenen Dolche der Mörder, sondern ihre verborgenen – in der Menge verborgenen – Gesichter. Denn in den *Jüdischen Altertümern* (15,281) berichtet Josephus, daß schon zur Ermordung Herodes des Großen zehn Bürger sich verschworen und Dolche in ihren Gewändern verbargen. Herodes' Geheimpolizei war offenbar tüchtiger als diejenige Julius Caesars, denn die Verschwörung wurde rechtzeitig aufgedeckt und das Attentat verhindert.

Erstaunlicherweise ist nun aber des Josephus Parallelbericht über die Sikarier in den *Jüdischen Altertümern* vollkommen anders als der im *Jüdischen Krieg*. Diesem zweiten Bericht zufolge waren die Sikarier nämlich nicht eine neue Art politischer Überzeugungstäter, sondern zur Beseitigung des Jonathan bei den Räubern, die das Land unsicher machten, gedungene Mörder. An der Ermordung Jonathans aber wäre, nach diesem zweiten Bericht, keinem anderen mehr gelegen als dem Prokurator Felix.

> «Er bestach also durch Zusicherung einer großen Geldsumme den vertrautesten von Jonathans Freunden, einen Bürger von Jerusalem mit Namen Doran, den Jonathan durch gedungene Mörder töten zu lassen. Doran ging auf den Vorschlag ein und lieferte den Hohepriester wirklich in die Hände der Meuchler. Einige von diesen nämlich zogen mit Dolchen unter den Kleidern nach Jerusalem, als wollten sie dort Gott anbeten, mischten sich dann unter Jonathans Diener-

> schaft und machten ihn nieder. Und da man den Mord ruhig geschehen ließ, kamen in der Folge die Räuber an Festtagen mit großer Dreistigkeit zur Stadt, verteilten sich, den Dolch im Gewande, unter dem Volk und stachen bald ihre eigenen Feinde, bald andere nieder, gegen die sie sich für Geld dingen ließen, und das nicht nur in der Stadt, sondern öfters sogar auch im Tempel. Denn selbst die Heiligkeit dieses Orts vermochte ihrem Blutdurst keine Schranken zu setzen. Deshalb hat auch Gott, wie ich glaube, im Zorn über solche Greuel seine Hand von Jerusalem weggezogen und, weil er den Tempel nicht mehr als seine unbefleckte Wohnstätte anerkannte, die Römer gegen uns herangeführt, über die Stadt das läuternde Feuer geschickt und uns mit Weib und Kind der Sklaverei preisgegeben, um uns durch Unglück zur Erkenntnis unserer Schuld zu bringen.»
> (Josephus, *Jüdische Altertümer,* 20,163–166)

Das wird man wohl als tendenziöse Revision der ersten Fassung der Geschichte und mit der dementsprechenden Skepsis lesen müssen. Diese zweite Fassung stimmt mit dem offenbaren Bestreben des Verfassers der *Jüdischen Altertümer* überein, den größten Teil der Schuld am Ausbruch des jüdischen Krieges bei den römischen Prokuratoren der letzten Jahre vor Kriegsausbruch zu suchen. Hiernach hatte also eigentlich Felix die Sikarier auf den Plan gerufen, und sie hatten dann die Zerstörung des Tempels verschuldet. Felix hatte Wegelagerer in die Stadt geholt und Terroristen aus ihnen gemacht, weil er Jonathan umbringen lassen wollte. Das ist so unwahrscheinlich, daß man sich die Sikarier betreffend wohl am besten eher an die Darstellung des *Jüdischen Krieges* (2,254–257) hält, ohne die Revision derselben durch den Verfasser der *Jüdischen Altertümer* zu berücksichtigen. Tatsächlich müssen nämlich die Sikarier von ländlichen Wegelagerern streng unterschieden werden. Das Wirkungsgebiet der ersteren war die Stadt, das der letzteren das Land. Die ersteren waren Mörder, die letzteren Räuber. Die Sikarier suchten die Anonymität, die Räuber Ruhm. Die Sikarier verbreiteten Schrecken, die Räuber forderten den Zorn heraus. Der größte Unterschied zwischen den einen und den anderen war aber der Klassenunterschied. Denn während die Sikarier Angehörige der Gefolgsklasse, Schriftgelehrte und Lehrer waren, waren die Räuber meist analphabetische Bauern und Schäfer aus der Bauernklasse.

Welchen Anteil hatten nun die Sikarier an dem Aufstand gegen Rom? Insofern man einen Anfang desselben bestimmen kann, begann der erste römisch-jüdische Krieg mit einer Spaltung des jüdischen Priesteradels, einer Auseinandersetzung innerhalb der herrschenden Klasse des Landes. Eleazar, Sohn des Ananias, der von 47 bis 59 n. Chr. Hohepriester gewesen war, war Hauptmann des Tempels (und damit mehr oder weniger im Rang eines stellvertretenden Hohepriesters) im Jahre 66. Er bewog die niedere Priesterschaft, die zweimal täglich für den Kaiser und das römische Volk gebrachten Opfer einzustellen. Der Grund dafür war nicht allein antirömische Stimmung. Es ging dabei um das Prinzip, das Josephus im *Jüdischen Krieg* (2,409–417) formuliert, wo es heißt: «Sie sollten von Nichtjuden keine Gaben oder Opfer mehr annehmen.» Das heißt, der Tempel sollte gereinigt und die heidnische Beteiligung am Gottesdienst beendet werden. Daraufhin brach in Jerusalem sofort ein Bürgerkrieg aus, bei dem die westliche obere Stadt von denen gehalten wurde, die diese Provokation der Römer mißbilligten, und diese Partei hatte die wichtigsten Priester zu Anführern, während der Tempel und die südlich gelegene untere Stadt von Eleazar und denen, die sich ihm angeschlossen hatten, behauptet wurden. Wie im *Jüdischen Krieg* (2,424) zu lesen ist, war die Lage zwischen den Gegnern eine Woche lang unentschieden.

Nun liest man bei Josephus an drei Stellen des 2. Buchs des *Jüdischen Krieges* Angaben, die sich meines Erachtens alle auf das gleiche Ereignis beziehen, und zwar eines, das den ferneren Gang der Dinge entscheidend lenkte.

1. «In jener Zeit rotteten sich diejenigen, die am meisten zum Kriege drängten, zusammen, zogen vor eine Burg namens Masada, nahmen sie durch Handstreich, machten die römische Besatzung nieder und legten eine andere aus ihren Reihen hinein.»

2. «Am folgenden Tag war das Fest des Holztragens, bei dem die Sitte herrschte, daß alle Holz zum Altar herbeibringen, damit dem Feuer niemals die Nahrung ausgehe, denn es brennt immer, ohne zu verlöschen. Da schlossen nun die Aufrührer ihre Gegner von der Teilnahme am Gottesdienst aus; einen großen Haufen von Sikariern aber, der sich mit dem wehrlosen Volk eingeschlichen hatte – so nannte man jene Räuber, die unter ihren Gewändern Schwerter trugen –, nahmen sie in ihre Reihen auf und führten den Angriff um so heftiger.»

3. «Zu gleicher Zeit war ein gewisser Manaem – der Sohn des Judas, der der ‹Galiläer› genannt wurde, ein sehr bedeutender Gelehrter, der einst zur Zeit des Quirinius die Juden geschmäht hatte, daß sie nicht nur Gott, sondern auch noch den Römern untertan sein wollten – mit seinen nächsten Freunden nach Masada gezogen, hatte dort das Zeughaus des Herodes aufgebrochen und außer seinen Landsleuten auch noch andere Räuber bewaffnet, um diese als Leibgarde zu verwenden. Nun kam er wie ein König nach Jerusalem zurück, wurde Führer des Aufstandes und übernahm den Oberbefehl bei der Belagerung.»

(Josephus, *Der jüdische Krieg*, 2,408, 425, 433–434)

Wenn man, wie ich meine, die beiden ersten Stellen im Lichte der dritten lesen kann und in allen dreien vom gleichen Ereignis die Rede ist, wird ganz deutlich, was da geschah. Manaem (oder Menachem), ein Sohn oder vielleicht Enkel des Galiläers Judas, führte seine Sikarier zum Angriff gegen Masada, eine starke, gut mit Vorräten versehene Festung der Herodier am südwestlichen Ufer des Toten Meers. Nach deren Eroberung bewaffnete er die Bauern der umliegenden Gegend und kehrte mit der so gewonnenen Streitmacht nach Jerusalem zurück – «wie ein König», schreibt Josephus, woraus man vielleicht schließen darf, daß er messianische Ansprüche erhob. Zunächst war er notgedrungen gegen die adelige Antikriegspartei mehr oder weniger mit Eleazar verbündet. Zwar war es offenbar die Ankunft dieser neuen und nun gut bewaffneten Streitkräfte, die Eleazar das Übergewicht über die Antikriegspartei verschaffte. Gleichwohl dachte Eleazar nicht daran, die Revolution dem Manaem (oder Menachem) zu überlassen, dessen Anhänger inzwischen Ananias und dessen Bruder Hesekias ergriffen und getötet hatten.

> «Die Männer um Eleazar jedoch empörten sich gegen Manaem und machten untereinander Bemerkungen in der Weise: Sie seien aus Liebe zur Freiheit von den Römern abgefallen und dürften diese deshalb nicht einem einfachen Mann aus dem Volk preisgeben und einen Gewaltherrscher dulden, der, selbst wenn er keine Gewalttat beginge, doch seiner Herkunft nach weit unter ihnen stünde. Denn wenn es auch notwendig sei, daß einer die Führung des Ganzen in die Hand nehme, so komme sie doch jedem anderen mehr als diesem Menschen zu. Sie trafen nun eine Verabredung und griffen ihn im Tempel an, als er stolz und im Schmuck königlicher Kleidung zum Gebet hinaufschritt, wobei ihm eine Schar bewaffneter Eiferer folgte ... Nur wenige konnten sich dadurch retten, daß sie heimlich nach Masada entkamen, unter ihnen war Eleazar, der Sohn Jairs, ein Verwandter Manaems, der später den Oberbefehl in Masada führte. Auch Manaem selbst war zum sogenannten Ophel geflohen; dort hatte er sich feige versteckt, doch man fing ihn lebendig, zog ihn ans Licht und tötete ihn unter viel Foltern, ebenso auch die unter ihm stehenden Anführer und den schlimmsten Handlanger der Schrekkensherrschaft, Absolom.»
> (Josephus, *Der jüdische Krieg,* 2,442–448)

Der Standesdünkel, der aus der Bemerkung der Männer um Eleazar über den «einfachen Mann aus dem Volke», der «seiner Herkunft nach tief unter ihnen stünde», spricht, mag den Männern oder Josephus zuzuschreiben sein, jedenfalls hört man da die *regierende Klasse* über die *Gefolgsklasse* reden. Denn der Adel fühlt sich nicht nur höheren

Standes als die Bauern, sondern irgendwo jenseits der Welt, in der diese leben. Ein adeliger Priester kann sich jedoch durchaus genötigt fühlen, einen vorwitzigen Lehrer auf seinen Platz zu verweisen. Daß Josephus jenem Manaem feindlich gesonnen war, ist nicht nur dem Ton anzuhören, in dem er dessen Schicksal erzählt, sondern auch der Tatsache zu entnehmen, die er in seinem *Leben* (21) berichtet, nämlich daß er im Innenhof des Tempels Zuflucht suchte, bis Manaem und die Anführer der Räuberbande getötet waren. Der Adel hatte die Führung des Krieges gegen einen Teil seiner selbst – und die Römer – wieder uneingeschränkt in der Hand.

Die überlebenden Sikarier zogen sich auf die Festung Masada zurück und nahmen an dem Krieg, in dem sie nicht führen konnten, nicht weiter Anteil. Im *Jüdischen Krieg* findet man sie fortan nur noch hin und wieder erwähnt, so gelegentlich ihres Angriffs auf das nahe bei Masada gelegene Engaddi (4,399–400), wo von Simon bar Gioras vergeblichem Versuch berichtet wird, sie von neuem als Verbündete zu gewinnen (4,503–508), oder dort, wo beschrieben wird (7,409–419), wie etliche von ihnen, die nach Ägypten entkommen waren und dort «gewisse hochgestellte Juden» angegriffen hatten, von den Juden Alexandrias an die Römer ausgeliefert wurden. Schließlich, nachdem sie nicht einmal während der letzten verzweifelten Tage Jerusalems auch nur den geringsten Widerstand geleistet hatten, töteten sie ihre Familien und sich selbst, ehe es Flavius Silva im Jahre 73 oder 74 gelang, ihre Festung Masada einzunehmen. Auch davon liest man bei Josephus.

Und in dem Bericht über ihr Ende stellt er den Zusammenhang zwischen den Überzeugungen und Taten der Sikarier und den Lehren des Judas von Galiläa, den er früher schon behauptet hat, noch einmal ins Licht.

> «An der Spitze der Sikarier, die die Festung besetzt hielten, stand Eleazar, ein machtvoller Mann. Er war ein Nachkomme jenes Judas, von dem bereits weiter oben berichtet wurde, daß er zu der Zeit, als Quirinius zur Festsetzung der Steuer nach Judäa gesandt worden war, eine nicht geringe Zahl von Juden dazu verleitet hatte, sich der Schätzung zu widersetzen. Damals hatten sich nämlich die Sikarier geschlossen gegen diejenigen gestellt, die bereit waren, sich den Römern zu unterwerfen. Sie verfuhren mit ihnen ganz in der Weise, als seien sie Feinde, indem sie ihren Besitz raubten und davonschleppten und ihre Häuser in Brand steckten. Dabei behaupteten sie, daß sich diese Volksgenossen nicht von den Heiden unterschieden in der Weise, wie sie unwürdig die von den Juden so heftig umkämpfte Freiheit fahrenließen und eingestandenermaßen die Knechtschaft unter den Römern hinnahmen. Tatsächlich aber wurde

solches von ihnen nur als Vorwand gesagt zur Verhüllung ihrer Grausamkeit und Habsucht; das erwiesen sie deutlich in ihren Handlungen. Denn gerade gegen diejenigen Mitbürger, die sich ihnen beim Abfall angeschlossen und sie im Kriege gegen die Römer unterstützt hatten, richteten sich von seiten der Sikarier besonders schlimme Schandtaten. Und wiederum, wenn sie darin überführt wurden, daß der Vorwand erlogen war, behandelten sie die Volksgenossen, die ihnen um ihrer Schlechtigkeit willen nur allzu gerechte Vorwürfe machten, noch schändlicher.»
(Josephus, *Der jüdische Krieg*, 7,252–258)

Aber kann man dieser Darstellung trauen? Daß schon die Anhänger jenes Judas von Galiläa Sikarier waren, könnte unserem Geschichtsschreiber so passen, ist aber wohl kaum wirklich der Fall gewesen.

Tatsächlich war Judas von Galiläa, der im Jahre 6 n. Chr. von sich reden machte, der Vater zweier Männer, die vierzig Jahre später von den Römern gekreuzigt wurden. Und in der Tat lehrte Manaem wie einst Judas, keinen Herrn außer Gott zu achten, denn in einer Rede, die Josephus dem Eleazar zuschreibt (*Der jüdische Krieg*, 7,323) ruft dieser dazu auf, weder den Römern noch sonst wem zu dienen, nur Gott allein; und von den Sikariern, welche die Juden Alexandrias an die Römer auslieferten, berichtet der Geschichtsschreiber, daß sie sich selbst auf der Folter noch weigerten, Caesar ihren Herrn zu nennen. Nichtsdestoweniger weist nichts darauf hin, daß sich die Sikarier besonders auf Judas von Galiläa beriefen, und daß dieser die Sikarier als seine Erben anerkannt hätte, kann man bezweifeln. Höchstwahrscheinlich rief er zu passivem Widerstand auf. Ob seine Söhne, Judas und Simon, bereits Gewalt angewendet haben, bleibt ungeklärt, die Sikarier jedenfalls taten es und bedienten sich der (inzwischen, wenn nicht schon damals) klassischen Strategien des Terrorismus. Doch begannen sie erst ein gutes halbes Jahrhundert nach dem Auftreten des Judas von Galiläa Schrecken zu verbreiten. Ihre Ideologie war immer elitär und städtisch, eine Weltanschauung gelehrter Lehrer. Nur der tendenziöse Versuch des Josephus, alle von ihm mißbilligten Aufständischen als Angehörige eines und desselben undifferenzierten Räuberpacks hinzustellen, konnte David Rhoads zu dem Fehlschluß verführen, daß «die Sicarii Revolutionäre aus der ländlichen Unterschicht Judäas» gewesen seien (S. 121).

Josephus zeigt sich den Sikariern gegenüber ähnlich ambivalent, wie wir ihn bei der Beurteilung der von ihm so bezeichneten «vierten Sekte» fanden (*Jüdische Altertümer*, 18,4–10 und 18,23–25), was ja nur konsequent ist, da Josephus die Sikarier für Anhänger dieser, wie er meinte, von Judas dem Galiläer gegründeten Sekte hielt. Am Ende seiner Geschichte des jüdischen Krieges finden wir den Angehörigen des jüdischen Priesteradels, der das Treiben der Terroristen stets verabscheute, voller Bewunderung für das heldenhafte und standhafte Sterben der Verteidiger von Masada und der Ausgelieferten in Alexandria. Freilich erlaubte ihm das lange Durchhalten der Verteidiger von Masada nicht, seine Geschichte des jüdischen Krieges mit dem Triumph der Flavier in Rom zu beschließen (7,116–162), sondern mit dem heroischen Sterben der jüdischen Sikarier auf Masada und in Alexandrien (7,275–419). Wie so viele Terroristen nach ihnen scheiterten die Sikarier in der Realität, aber triumphierten in der Legende.

7. Bauer und Protestierer

> «Da ihnen Beteiligung an der Gestaltung ihres eigenen Lebens nicht gestattet wird, kommt es vor, daß sich kolonisierte Völker tiefer in ihre eigenen kulturellen oder religiösen Überlieferungen zurückziehen. Ihre religiösen Überlieferungen und Riten werden ihnen zunehmend wichtig als einzige noch unter ihrer eigenen Kontrolle stehende Dimension ihres Lebens. Um sich auf diese Weise einen Anschein von Würde zu bewahren, neigen sie dazu, sich an ihre unterschiedlichen religiösen Überlieferungen, Regeln und Rituale zu klammern, die ihnen Symbole ihrer früheren Freiheit und Selbstbestimmung sind. Zugleich wächst ihre Empfindlichkeit gegen Verletzungen dieser Symbole.»
>
> Richard A. Horsley, *Jesus and the Spiral of Violence*, 1987, S. 128

Das Buch, dem das Motto zu diesem Kapitel entnommen ist, behandelt die «Spirale der Gewalt» in kolonialen und imperialen Situationen. Es unterscheidet ein erstes Stadium der *Ungerechtigkeit*, die die strukturelle Gewalt des Kolonialismus und die institutionelle Gewalt des Imperialismus selbst darstellt. Darauf folgt die Reaktion der Eingeborenen als *Protest und Widerstand*, die von der passiven Verweigerung über Streiks und Demonstrationen bis zur Bandenbildung und zum Terrorismus gehen kann. Das dritte Stadium ist *Repression*, die ihrerseits von der Einschüchterung durch Schikanen über die Einkerkerung und Folterung bis zur Tötung gehen kann. Endlich kommt es zur *Revolte*, wenn die Repression ins Unerträgliche eskaliert (S. 24–26).

Diese Spirale der Gewalt betrifft überdies nicht nur die kleine Minderheit der Oberschicht, sondern die breite Mehrheit, die die Unterschichten ausmachen. Von nun an und im ganzen zweiten Teil des Buches wird mein Interesse hauptsächlich dieser Mehrheit gelten, wobei ich die Untersuchung von deren Belangen auf die Arbeiten Richard Horsleys gestützt führen werde, der im Laufe des letztvergangenen Jahrzehnts eine sehr überzeugende Typologie der Volksbewegungen im Römischen Palästina des 1. Jahrhunderts n. Chr. erarbeitet hat. Ich zitiere zwei seiner Feststellungen als programmatische Hinweise auf das Folgende. «Zwei Ereignisse, die um die Mitte des 1. Jahrhunderts u. Z. im jüdischen Palästina stattfanden», sagt er, «waren von großer Bedeutung für die folgende Geschichte: Wirken und Tod des Jesus von Nazaret und der große jüdische Aufstand der Jahre 66–70 ... Bei diesen beiden Ereignissen war die jüdische Bauernschaft die dynamische Kraft, die ursprüngliche Quelle des historischen Wandels und seiner Verzweigungen ... und doch wurde bis vor kurzem von modernen westlichen Autoren angenommen, daß der gemeine Mann kaum Einfluß auf den Gang der Geschichte gehabt habe. Insofern die Existenz von Bauern überhaupt zur Kenntnis genommen wurde, wird allgemein geglaubt, daß diese einfach sehr konservative schlichte Gemüter waren, die immer an ihren hergebrachten Bräuchen festhielten und ‹im Fortgang der Zeiten so dahinvegetierten›» (Horsley und Hanson, S. XI–XIII). Und noch knapper: «Gewöhnliche Leute fanden nur Eingang in die literarischen historischen Quellen, wenn sie der Elite Ärger machten» (Horsley, 1988, S. 83). Und doch, ganz gleich wie wichtig auch die Große Tradition des Adels sein mochte, sowohl an sich als auch für die Kleine Tradition der Bauernschaft, so ist doch die letztere direktester, unmittelbarster und erster Hintergrund für einen Bauern oder bäuerlichen Handwerker wie Jesus von Nazaret. Ich wende mich deshalb jetzt ganz bewußt von der gesellschaftlichen Elite, mit der ich mich im letzten Kapitel befaßt habe, ab und widme mich im folgenden der Betrachtung der bäuerlichen Gesellschaft.

Im Fortgang der Zeiten dahinvegetieren

Die klassische Definition der bäuerlichen Gesellschaft hat 1948 A. L. Kroeber in seiner monumentalen «Anthropologie» gegeben. «Bauern sind ohne Frage Landbevölkerung», erklärt er da, «doch leben sie in Beziehung auf Marktflecken; sie bilden ein Klassensegment einer größeren Bevölkerung, die gewöhnlich auch städtische Zentren, manchmal hauptstädtische Metropolen enthält. Sie stellen Teil-Gesellschaften mit Teil-Kulturen dar. Es fehlt ihnen die Isolierung, die politische Autonomie und die Selbstgenügsamkeit von Stammesbevölkerungen; doch ihre lokalen Einheiten bewahren viel von ihrer alten Identität, Integration und Bindung an Boden und Kulte» (S. 284). Die Bauernschaft als größerer Gesellschaftstyp wird hier also nicht nur in Hinsicht auf ländlichen Wohnsitz und Ackerbau definiert, sondern im Hinblick auf die Struktur der größeren Gesellschaft, der sie angehört. Ein klassischer Text von Robert Redfield, einige Jahre später (1956) erschienen, gibt eine ähnlich janusgesichtige Definition: «Wir betrachten die Landbevölkerung in alten Zivilisationen als jene Landleute, die das Land kontrollieren und kultivieren, um ihren Lebensunterhalt zu gewinnen, sowie als Teil einer überlieferten Lebensweise; sie ihrerseits richten sich nach dem Adel oder nach Städtern, deren Lebensweise wie die ihre ist, doch in zivilisierterer Form, und werden von ihnen beeinflußt» (S. 31).

Die Lage der Bauernschaft erscheint in diesen beiden Beschreibungen relativ erträglich, keineswegs in dem Lichte, in dem wir sie in Lenskis Typologie der Gesellschaftsstruktur von Agrarstaaten und Imperien auf landwirtschaftlicher Grundlage geschildert sahen. Zwei Definitionen aus der Mitte der sechziger Jahre sagen wesentlich deutlicher, was Bauern davon haben, «Teil» von größeren gesellschaftlichen Gebilden zu sein, etwa zu vorindustriellen Städten oder Agrarimperien zu gehören oder «vom Adel oder Städtern beeinflußt» zu werden. Statt von Teilhabe spricht George Foster (1967) von Ausbeutung: «Wenn das primäre Kriterium zur Definition der bäuerlichen Gesellschaft strukturell ist – die Beziehung zwischen Dorf und Stadt (oder Staat) –, ist klar, daß gerade diese Beziehung das größte Interesse verdient. Die Beziehungen, in denen die bäuerliche Gesellschaft steht, haben zahlreiche Aspekte, darunter soziale, religiöse, rechtliche, historische und emotionale. Doch im großen Ganzen scheint uns der kritische gemeinsame Nenner zu sein, daß Bauern sehr wenig Kontrolle über die Bedingungen haben, die ihr Leben beherrschen ... Bauern sind nicht nur arm, wie schon oft bemerkt worden ist, sie sind auch relativ machtlos» (Potter et al., S. 8).

Doch erst Eric Wolfs im gleichen Jahr (1966) wie Lenskis Typologie veröffentlichte Monographie weist nachdrücklich darauf hin, daß die Teilhabe der Bauern an einer umfassenden Gesellschaft in deren Ausbeutung durch eine Oberschicht besteht. «In primitiven Gesellschaften wird der Überschuß direkt unter Gruppen oder Gruppenangehörigen ausgetauscht. Bauern aber sind bodenständige Landwirte, deren Überschüsse einer herrschenden Gruppe von Machthabern zur Verfügung gestellt werden, die diese zur Aufrechterhaltung ihres eigenen Lebensstandards benützt und den Rest an gesellschaftliche Gruppen verteilt, die keine Landwirtschaft treiben, aber im Austausch gegen ihre speziellen Güter und Dienstleistungen ernährt werden müssen ... Nur wo der Landwirt in eine Gesellschaft mit einem Staat integriert ist – das heißt, erst wenn er den Anforderungen und Sanktionen von Machthabern außerhalb seiner sozialen Schicht ausgesetzt ist –, kann man zutreffend von der Existenz einer Bauernschaft sprechen» (S. 3–4, 11). Sowohl Lenski als auch Wolf fassen also die Bauernschaft in Abhängigkeit von einer größeren Macht auf, die, sei es nun eine Stadt, ein Staat oder Reich, sich den landwirtschaftlichen Überschuß selbst aneignet.

Sollte jemand noch Illusionen hinsichtlich des Nutzens dieses Arrangements für die Bauern haben, kann ihn vielleicht das von Wolf gegebene folgende Beispiel davon befreien: Der Ertrag einer 40 Morgen großen Landwirtschaft in Mecklenburg bezifferte sich während des 14. und 15. Jahrhunderts auf jährlich 10 000 Pfund Korn. Davon wurden 3400 Pfund als Saatgut zurückgelegt und 2800 Pfund an die vier Pferde verfüttert. Von den verbleibenden 4000 Pfund wurden 2700 als Pacht an den Gutsherrn abgeführt. So blieben der bäuerlichen Familie für ihren eigenen Unterhalt zuletzt nur 1300 Pfund, mithin pro Kopf eine tägliche Ration von 1600 Kalorien (S. 9). Da das physiologische Minimum zwischen 2000 und 3000 Kalorien liegt, mußte jene Familie also einen guten Teil ihres Mindestkalorienbedarfs noch anderswoher als aus dem Ertrag ihrer Felder decken.

George Dalton, ein Wirtschaftsanthropologe, ist zwar 1972 der Meinung, daß, wer verallgemeinernde Thesen erstellen will, die für alle Bauern der Vergangenheit und der Gegenwart ebenso in Europa wie in Asien, Lateinamerika, der Karibik und im Nahen Osten zutreffen sollen, sich notwendig auf Kroebers Definition beschränken muß (S. 404), erklärt dann aber über diese hinausgehend, «daß Bauern an allen Orten und zu allen Zeiten Angehörige eines niederen Standes sind». Und weiter: «Traditionell ist die niedere Stellung der Bauernschaft rechtlich strukturiert und durch die Abhängigkeit der Bauern von den Landbesitzern gewährleistet» (S. 406). Man sollte deshalb in Hinsicht auf die den Bauern immer wieder gemachten Standardvorwürfe – daß sie mißtrauisch, aggressiv, passiv, dickköpfig und dumm seien – darüber nachdenken, wie denn innerhalb eines solchen Systems strukturierter Inferiorität vernünftiges Verhalten aussehen sollte. Wir werden uns hier mit zwei Beispielen begnügen müssen. In einem zu Recht berühmt gewordenen Artikel schrieb George Foster 1965: «Das Modell kognitiver Orientierung, das mir bäuerliches Verhalten am ehesten plausibel macht, ist das der ‹Vorstellung des begrenzten Guten›. Unter der ‹Vorstellung des begrenzten Guten› verstehe ich, daß große Bereiche bäuerlichen Verhaltens so eingerichtet sind, daß die Vermutung naheliegt, daß Bauern ihre sozialen, ökonomischen und natürlichen Umwelten – ihre gesamte Umgebung – so betrachten, als gäbe es darin alle wünschenswerten Dinge wie Land, Reichtum, Gesundheit, Freundschaft und Liebe, Männlichkeit und Ehre, Respekt und Status, Macht und Einfluß, Sekurität und Sicherheit, nur in begrenzter Quantität, und es herrsche daran, zumindest für den Bauern, beständiger Mangel.» Doch nicht nur existieren diese und alle anderen «guten Dinge» bloß in beschränkter und begrenzter Menge, «es liegt auch nicht in der Macht des Bauern, die erhältlichen Quantitäten zu steigern» (Potter et al., S. 304). Die Vorstellung der beschränkten Verfügbarkeit des Guten scheint durchaus rational, wenn einem die Kalorienzuteilung auf das Minimum reduziert und der einem abgeforderte Überschuß auf das Maximum festgesetzt wird. So sagt denn Eric Hobsbawm: «Die normale Strategie der traditionellen Bauernschaft ist Passivität. Die Strategie ist nicht unwirksam, denn sie bedient sich der größten Stärken der Bauernschaft, ihrer Masse und der Unmöglichkeit, sie auf die Dauer zu irgend etwas zu zwingen; sie macht sich auch eine taktisch günstige Situation zunutze, die darin besteht, daß es einer traditionellen Bauernschaft am besten paßt, wenn sich überhaupt nichts ändert. Eine gemeinschaftlich organisierte traditionelle Bauernschaft, verstärkt durch funktional nützliche Langsamheit, Unempfindlichkeit und Dummheit – scheinbare oder reale –, ist eine mächtige Kraft» (1973a, S. 13).

Es ist hier von Wichtigkeit, sich der Arbeit James Scotts zu erinnern. Es ist deshalb wichtig, weil ich von nun an auf antike schriftliche Zeugnisse von bäuerlichen Protestdemonstrationen, Aufständen und Revolten angewiesen sein werde. Solche Ereignisse werden von der Geschichtsschreibung nur berücksichtigt, wenn sie schon ein Maß an Intensität erreicht haben, das auch den elitären Beobachter nötigt, sie zur Kenntnis zu nehmen. Dennoch gilt, was Scott hinsichtlich der heutigen Bauernschaft Malaysias so überzeugend nachgewiesen hat, auch für die mediterranen Bauern des Altertums. «Die untergeordneten Klassen haben sich im Laufe der bisherigen Geschichte den Luxus einer offenen, organisierten, politischen Tätigkeit nur selten leisten können. Oder, besser gesagt, solche Tätigkeit war gefährlich, wenn nicht selbstmörderisch für sie ... Bei aller Wichtigkeit, die ihnen zukommt, wenn sie stattfinden, kommen doch Bauernaufstände, geschweige denn Revolutionen, nur alle Jubeljahre vor. Die meisten werden ohne große Umstände niedergeschlagen ... Aus diesen Gründen schien es mir wichtiger das zu verstehen, was wir vielleicht die *alltäglichen* Formen bäuerlichen Widerstands nennen können – den prosaischen, aber ständigen Kampf zwischen den Bauern und jenen, die versuchen, Arbeitsleistung, Nahrung, Steuern, Pacht und Zins aus dem Bauernstand zu ziehen. Die meisten Formen dieses Kampfes gehen nicht bis zu kollektiver Widersetzlichkeit. Ich denke dabei an die gewöhnlichen Waffen relativ machtloser Gruppen: Bummelei, Verstellung, Desertion, vorgetäuschte Leistung, Dieberei, vorgebliche Unwissenheit, Verleumdung, Brandstiftung, Sabotage und so weiter. Diese ... Formen des Klassenkampfes ... bedürfen kaum der Koordination oder Planung; sie bedienen sich des stillschweigenden Verständnisses und formloser Vernetzungen; häufig stellen sie eine Form individueller Selbsthilfe dar, normalerweise wird dabei die direkte symbolische Konfrontation mit der Autorität vermieden ... Wenn über die Anwendung solcher Strategien hinaus donquichotteske Heldentaten vollbracht werden, ist das gewöhnlich ein Zeichen großer Verzweiflung» (1985, S. XV–XVI; siehe auch 1990). Überdies ist zu beachten, was Scott schon in einem früheren Artikel festgestellt hat: «Die Kleine Tradition (der Bauernschaft) ist nicht nur eine provinzielle Version der Großen Tradition (nämlich der Geschichte der herrschenden Klasse). Vielmehr ist die Kleine Tradition oft das Muster einer ‹Schattengesellschaft› – Muster einer strukturellen, stilistischen und normativen Opposition zu der politisch religiösen Tradition der herrschenden Eliten» (1977, S. 211). Diese Analysen sind bei der Lektüre des zweiten Teils dieses Buchs ständig zu berücksichtigen. Denn wie und wo auch immer Josephus vom Protest der Bauern spricht, können wir doch sicher sein, daß er uns bestenfalls die Spitze des Eisbergs zeigt, zumal wenn diese schon zu bedrohlicher Größe angewachsen ist. «Die untergeordneten Klassen, insbesondere die Bauern», gibt nämlich Scott zu bedenken, «sind meist auf dem Niveau der Ideologie radikaler als auf der Ebene des Verhaltens, wo sie durch die tägliche Machtausübung der Herrschenden wirksamerem Zwang unterliegen» (1985, S. 331; siehe auch 304–350 passim).

Die Drohung eines Agrarstreiks

Zu untersuchen sind sieben Fälle, die ich zur leichteren Übersicht im Anhang 2 zusammengestellt und in den Quellen nachgewiesen habe. Der erste Fall ereignete sich im Jahre 4 v. Chr. nach dem Tode Herodes' des Großen, aber ehe dessen Sohn Archelaus nach Rom ging, um seine Ansprüche bei Caesar geltend zu machen und schließlich die Herrschaft über Idumäa, Judäa und Samaria zu erhalten.

> «Archelaus ... betrat den Tempel ... begrüßte die Menge von einem goldenen Thron aus, der auf einer hohen Tribüne stand ... Er werde sich bemühen, sich ihnen gegenüber in jeder Beziehung als besserer Herrscher zu erweisen, als sein Vater gewesen war. Die Menge war darüber sehr erfreut und versuchte sofort, seine Gesinnung durch hochgeschraubte Forderungen auf die Probe zu stellen. Die einen riefen, er solle die Steuern ermäßigen, andere, er möge die Zölle abschaffen, wieder andere, er solle die Gefangenen freilassen. Bereitwillig stimmt er, um die Menge sich geneigt zu machen, allen Forderungen zu.»
> (Josephus, *Der jüdische Krieg*, 2,4 = *Jüdische Altertümer*, 17,204–205)

Die beiden Fassungen dieses Berichts sind einander so ähnlich, daß sich die doppelte Zitierung erübrigt. Wegen der besonderen Lage, in der sich Archelaus bei dieser Gelegenheit befand, fanden die Leute für ihre Forderungen Gehör. Aus solchen Protestkundgebungen resultierte dann aber das Massaker am Osterfest des Jahres 4 v. Chr.

Zwei verschiedene Fälle, einer unter Juden und einer unter Samaritern, werden aus der Amtszeit des Pontius Pilatus (zwischen 26 und 36 n. Chr.) berichtet. Hier sollen uns nur die jüdischen Fälle beschäftigen. Der samaritanische, der die Amtsenthebung des Pilatus zur Folge hatte, wird weiter unten im Zusammenhang mit der chiliastischen Prophetie erörtert werden.

Der erste Fall ist der, bei dem es um die Feldzeichen mit den Kaiserbildern ging. Er muß sich bald nach des Pilatus Amtsantritt im Winter 26/27 n. Chr. ereignet haben. Ich bin übrigens der Meinung, daß es sich bei dem in Philos *Gesandtschaft an Gaius* (199–305) angesprochenen Fall der «bildlosen Schilde» um den gleichen Fall in anderer Darstellung handelt. Die Unterschiede zwischen den Berichten des Josephus und des Philo erklären sich leicht aus den unterschiedlichen Zusammenhängen, in denen einerseits Josephus, andererseits Philo – der den schurkischen Pilatus dem gütigen Tiberius gegenüberstellt – die Sache zur Sprache bringen. Ich folge hier der Fassung des Josephus.

> «Als Pilatus von Tiberius nach Judäa gesandt worden war, ließ er die Kaiserbilder, die ‹Feldzeichen› genannt werden, nachts verhüllt nach Jerusalem hineinbringen. Am kommenden Tag brachte dies bei den Juden eine sehr große Unruhe hervor; die in die Nähe der Zeichen kamen, wurden nämlich durch den Anblick zutiefst bestürzt, waren sie doch überzeugt, ihre Gesetze würden mit Füßen getreten, denn diese verbieten es, daß in der Stadt ein Bildnis aufgestellt wird.»
> (Josephus, *Der jüdische Krieg*, 2,169)

> «Als der jüdische Landpfleger Pilatus sein Heer aus Caesarea nach Jerusalem in die Winterquartiere geführt hatte, liess er, um seine Missachtung gegen die jüdischen Gesetze an den Tag zu legen, das Bild des Caesars auf den Feldzeichen in die Stadt tragen, obwohl doch unser Gesetz alle Bilder verbietet. Aus diesem Grunde hatten die früheren Landpfleger stets die Feldzeichen ohne dergleichen Verzierungen beim Einzug der Truppen in die Stadt vorantragen lassen. Pilatus war der erste, der ohne Vorwissen des Volkes zur Nachtzeit jene Bildnisse nach Jerusalem bringen und dort aufstellen liess.»
> (Josephus, *Jüdische Altertümer*, 18,56)

Das einfache Volk Jerusalems ging nach Caesarea, wobei sich ihm auf dem Weg Scharen von Landleuten anschlossen, und flehte Pilatus an, die anstößigen Bilder fortbringen zu lassen. Er weigerte sich, und sie warfen sich «rings um seinen Palast auf ihr Angesicht und verharrten fünf Tage und ebenso viele Nächte in dieser Haltung, ohne von der Stelle zu weichen» (*Der jüdische Krieg*, 2,171; in den *Jüdischen Altertümern* sagt Josephus nur lakonisch, daß das Volk nicht aufhörte, Pilatus zu bedrängen). Um diesen Sitzstreik zu brechen, versteckte Pilatus seine Soldaten im Stadium, ließ die Demonstranten zu einer Audienz dort hinkommen und drohte ihnen dann mit dem Tode, falls sie sich nicht unterwürfen. Da sie alle wie aus einem Munde erklärten, zum Tode bereit zu sein, hielt Pilatus es für klüger nachzugeben, anstatt so viele Menschen umbringen zu lassen.

Der zweite Fall betraf den Tempelschatz. Er kann nicht genau datiert werden, aber Josephus führt ihn gewissermaßen als Parallelstück zu dem eben besprochenen ein. Da die Demonstrationen in Caesarea und in Jerusalem bei ihm eine Art Diptychon bilden, kann nicht ausgeschlossen werden, daß er das zweite Ereignis unter Mißachtung des historischen Zusammenhangs aus rein literarischen Erwägungen dem ersten an die Seite gestellt hat.

> «Einige Zeit später gab er den Anlaß zu neuen Unruhen, da er den Tempelschatz, der Korban genannt wird, für eine Wasserleitung verbrauchte; man führte aber das Wasser aus einer Entfernung von 400 Stadien heran ... Pilatus hatte diese Unruhe der Juden im voraus vermutet und eine Anzahl von Soldaten, zwar bewaffnet, aber als Zivilisten verkleidet, unter die Menge gemischt und ihnen den Befehl gegeben, vom Schwert keinen Gebrauch zu machen, die Schreier aber mit Knüppeln zu bearbeiten.»
> (Josephus, *Der jüdische Krieg*, 2,175–176)

> «Pilatus machte auch den Versuch, das Wasser einer zweihundert Stadien von Jerusalem entfernten Quelle in die Stadt zu leiten, und beschloss dazu Tempelgelder zu verwenden. Dieser Plan missfiel aber den Juden, und es liefen Tausende von Menschen zusammen, die mit lautem Geschrei begehrten, er solle davon Abstand nehmen, wobei es übrigens, wie das bei einem gemischten Haufen zu geschehen pflegt, ohne Schimpfereien und Beleidigungen nicht abging. Pilatus schickte deshalb eine starke Abteilung Soldaten in jüdischer Tracht, die unter ihren Kleidern Knittel versteckt hatten ... und diese fielen mit grösserem Ungestüm, als es in der Absicht des Pilatus lag, über ruhige Bürger wie über Aufständische her.»
> (Josephus, *Jüdische Altertümer*, 18,60–62)

In der zweiten Fassung der Erzählung ist die jüdische Verkleidung der Soldaten nicht mehr sinnvoll begründet. Man darf deshalb annehmen, daß der erste Bericht, demzufolge Pilatus die als Juden verkleideten Soldaten sich schon von vorneherein unter die Menge mischen ließ, den Tatsachen besser entspricht. Dies läßt darauf schließen, daß er aus dem zuerst berichteten Fall der Feldzeichen mit den Kaiserbildern gelernt hatte. Damals hatte er der Menge plötzlich bewaffnetes Militär gegenübergestellt, das ihm angesichts der Todesverachtung der Menge schließlich nichts genützt hatte. Nun plante er, durch eine

Überraschungstaktik die Menge offenbar zu einer Panikreaktion zu provozieren. Ich möchte deshalb annehmen, daß wirklich, wie Josephus behauptet, die Sache mit dem Tempelschatz kurz nach dem Aufruhr über die Feldzeichen passierte, also kurz nach dem Amtsantritt des Pilatus.

Aber die Protestdemonstrationen gegen Pilatus in den zwanziger und dreißiger Jahren des Jahrhunderts waren harmlos gegen den Aufruhr, den zwischen 39 und 41 n. Chr. die Anordnung des Kaisers Gaius Caligula verursachte, ein Bild seiner selbst im Tempel aufzustellen. «Dieser Protest gegen den Plan des Gaius, seine Statue im jüdischen Tempel aufzustellen, war fraglos», wie Richard Horsley versichert, «der größte und am weitesten verbreitete Aufruhr während der ganzen Periode zwischen der Einsetzung der direkten römischen Verwaltung und dem Ausbruch des großen Aufstands im Jahre 66» (1987, S. 114). Die Geschichte von «Caligulas Standbild» wird nicht nur zweimal von Josephus, im *Jüdischen Krieg* (2,185–203) und in den *Jüdischen Altertümern* (18,261–309), erzählt, sondern auch von Philo in dessen Bericht über seine *Gesandtschaft an Gaius* (203–348), und zusammengenommen verraten einem die drei Berichte eine Menge Einzelheiten.

Alle drei Texte berichten übereinstimmend, daß Caligula, der ein Bild seiner selbst als des fleischgewordenen Zeus (eigentlich Jupiter, aber unsere Zeugen schrieben ja alle griechisch) im Tempel in Jerusalem aufgestellt wissen wollte, dem neuen Legaten von Syrien, Petronius, befahl, zu diesem Zweck zwei Legionen nach Judäa zu führen. Diese beiden Legionen, etwa 12 000 Mann (falls sie den vollen Mannschaftsstand hatten), waren die Hälfte der in Antiochia zum Schutz der östlichen Grenzen des Reichs stationierten Truppen. Auch Varus hatte seinerzeit, im Jahre 4 v. Chr. zwei Legionen nach Süden geführt, um die in Jerusalem und überall in Palästina nach dem Tode des Herodes ausgebrochenen Aufstände niederzuschlagen. Da Petronius offenbar mit Widerstand gegen die Anordnung des Kaisers rechnete, brach er sofort nach Süden auf und legte seine Truppen in Ptolemais an der phönizischen Küste, genau westlich von Galiläa, ins Winterquartier (39/40 v. Chr.; siehe Schürer/Vermes, 1, S. 397). Soweit stimmen unsere Zeugnisse überein, im folgenden weichen aber Philo und Josephus auf interessante Weise voneinander ab.

> «Er holte aber auch die geistlichen und weltlichen Führer der Juden zusammen ... Er meinte nämlich, hätte er erst ihren Starrsinn gebrochen, könne er mit ihrer Hilfe die übrige Masse ganz davon abbringen, Widerstand zu leisten. Darin irrte er aber, wie zu erwarten war. Man berichtet, daß sie unter der Wucht der ersten Sätze seiner ungewöhnlichen Unheilsansprache plötzlich erstarrt und

sprachlos dastanden, ihren Tränen wie Bächen freien Lauf ließen, sich Bart- und Kopfhaar rauften ... Sobald aber die Bewohner der heiligen Stadt und des übrigen Landes von dem Anschlag hörten, strömten sie wie auf ein Signal zusammen ... brachen in Massen auf, ließen Städte, Dörfer und Häuser leer zurück und machten sich in geschlossenem Zuge auf den Weg nach Phönizien, dem augenblicklichen Aufenthalt des Petronius ... Man teilte sie aber in sechs Abteilungen, auf der einen Seite Greise, junge Männer und Knaben, auf der anderen alte Frauen, Frauen und Mädchen.»
(Philo, *Die Gesandtschaft an Caligula,* 222–225; Werke in deutscher Übersetzung, Bd. 7, 1964, S. 232–233)

Philo zufolge also wandte sich Petronius an die geistlichen und weltlichen Führer der Juden, die Massen handelten dann aber aus eigenem Antrieb. Die Führer klagen, aber die Massen machen sich offenbar spontan und ohne geistliche oder weltliche Führer aus Jerusalem auf den Weg nach Ptolemais; unterwegs schließen sich ihnen noch Scharen von Bauern an. So daß dann «die Masse der Juden» sich, wie Philo sagt, «unvermutet näherte wie eine Wolke und ganz Phönizien bedeckte» (226; Bd. 7, S. 233). Die Männer wiesen Petronius darauf hin, daß sie unbewaffnet kämen, ihre Frauen und Kinder mitgebracht hätten und Rom sowie dem Kaiser treu ergeben wären. «Jedoch», sagten sie, «wenn wir dich nicht rühren können, so weihen wir uns selbst dem Untergang, um im Leben nicht eine Schande sehen zu müssen, die schlimmer ist als der Tod» (229–233; Bd. 7, S. 234f.). Angesichts so massiven passiven Widerstands beschloß Petronius, von der Ausführung des erhaltenen Befehls einstweilen abzusehen, und schrieb dem Kaiser – nicht wahrheitsgetreu, daß er dem gewaltlosen Widerstand der jüdischen Massen wich –, sondern

«... daß einerseits das Kunstwerk einer angemessenen Herstellungsdauer bedürfe, andererseits die Jahreszeit gewichtige und einleuchtende Gründe für einen Aufschub bedinge, die auch Gaius selbst nicht anerkennen könnte, sondern anerkennen müßte. Denn das Korn und andere Halmfrüchte stünden vor der Ernte. Er fürchte, die Leute würden, verzweifelt über die Verwerfung ihrer Tradition, ihr Leben gering achten und die Felder verwüsten oder das Getreide in den Bergen und Ebenen anzünden.»
(Philo, *Die Gesandtschaft an Caligula,* 249; Bd. 7, S. 238)

Bei Philo spricht Petronius zuerst zur jüdischen Obrigkeit, die auf seinen Befehl zu ihm kam, und dann zu der Menge, die sich ungerufen bei ihm einfand. Und die Menge bewegt ihn, von der Ausführung des kaiserlichen Gebots einstweilen abzusehen und Caligula fürs erste hinzuhalten. Bei Josephus aber verhandelt Petronius erst, nachdem die Massen ihn mit ihren Bitten bestürmt hatten, mit den jüdischen geistlichen und weltlichen Führern, damit sie zwischen ihm und dem Volk vermittelten:

> «Die Juden versammelten sich mit Weib und Kind in der Ebene von Ptolemais und baten Petronius inständig zunächst für die väterlichen Gesetze und dann erst für sich selbst. Im Blick auf ihre große Zahl und ihr Flehen gab er nach, ließ die Standbilder und die Truppen in Ptolemais zurück, reiste nach Galiläa und rief das Volk und alle Vornehmen nach Tiberias zusammen.»
> (Josephus, *Der jüdische Krieg*, 2,192–193)

> «Von den Juden aber kamen viele Tausende nach Ptolemais zu Petronius und baten ihn, er möge sie doch nicht zwingen, ihr väterliches Gesetz zu übertreten ... Petronius ... zog mit seinen Freunden und seiner Dienerschaft nach Tiberias ... Die Juden aber ... gingen dem Petronius abermals in einer Stärke von vielen Tausenden auf dem Wege nach Tiberias entgegen.»
> (Josephus, *Jüdische Altertümer*, 18,263, 269)

Beide Berichte des Josephus, der kürzere im *Jüdischen Krieg* und der viel längere in den *Jüdischen Altertümern*, stimmen mit dem des Philo insofern überein, als auch in ihnen zu lesen ist, daß die Juden auf den Bittgang zu Petronius ihre Frauen und Kinder mitnahmen und erklärten, lieber sterben zu wollen als mitansehen zu müssen, was der Kaiser befohlen habe. Es handelt sich demnach bei der Darstellung des massiven gewaltlosen Widerstands der jüdischen Bevölkerung also wohl nicht um eine Verfälschung der geschilderten Tatsachen durch Josephus, der damit etwa beabsichtigt haben könnte, die einfachen Leute gegen den Verdacht, den Römern schon damals bewaffneten Widerstand geleistet zu haben, in Schutz zu nehmen. Daraus können wir schließen, daß Josephus auch von den beiden früheren Fällen den Tatsachen entsprechend berichtet hat. In allen drei Fällen hatten es die Römer mit massiver unbewaffneter und gewaltloser Verweigerung des Gehorsams zu tun, der so weit ging, daß die Verweigerer sich lieber töten lassen wollten als nachzugeben.

Sehr interessant ist nun der landwirtschaftliche Aspekt dieses Geschehens, der von den beiden Autoren angedeutet wird, allerdings auf unterschiedliche Weise. Philo zufolge spielten sich die Auseinandersetzungen zur Erntezeit ab, und man mußte befürchten, daß die Leute die Felder anzündeten. Josephus dagegen berichtet, daß die kritische Zeit die Zeit der Aussaat war, und man fürchtete, die Bauern würden sich, wenn Petronius nicht nachgab, weigern, ihre Felder zu bestellen

– daß die Bauern also, wie wir heute sagen würden, zu streiken drohten. Meines Erachtens handelt es sich dabei nicht um zwei verschiedene Phasen der Auseinandersetzung, und deshalb ist die Darstellung des Josephus der des Philo als die wahrscheinlichere vorzuziehen:

> «Petronius ... sah, daß das Land in Gefahr war, ohne Saat zu bleiben, denn zur Zeit der Aussaat hatte das Volk schon 50 Tage untätig bei ihm zugebracht.»
> (Josephus, *Der jüdische Krieg,* 2,200)

> «In dieser Notlage begaben sich Aristobulus, der Bruder des Königs Agrippa, Helkias der Grosse und die übrigen Vornehmen aus diesem Geschlecht nebst den Edelsten der Juden zu Petronius und beschworen ihn, er möge doch, da er den Starrsinn des Volkes sehe, dasselbe nicht zur Verzweiflung treiben, sondern dem Caesar berichten, wie sehr sich die Juden gegen die Aufstellung der Bildsäule sträubten, wie sie die Bestellung des Landes vernachlässigten und sich zur Wehr setzten, und ... dass die unterlassene Landbestellung notwendigerweise Räubereien zur Folge haben müsse, weil die Entrichtung der Abgaben dadurch unmöglich gemacht werde.»
> (Josephus, *Jüdische Altertümer,* 18,273–274)

Daraufhin hatte Petronius ein Einsehen, berief die Juden nach Tiberias, wo sie sich zu Zehntausenden einfanden, versicherte ihnen, daß er nichts in seiner Macht Stehendes, den Kaiser von der gegen ihr Gesetz verstoßenden Anordnung abzubringen, unterlassen werde, und damit «entließ er die Versammlung und forderte die Ältesten auf, das Volk zum Ackerbau anzuhalten und ihm Hoffnung auf eine bessere Zukunft zu machen» (*Jüdische Altertümer,* 18,284).

Unterdessen hatte in Rom Agrippa I. Caligula davon überzeugt, daß er eines Standbilds seiner selbst im Tempel in Jerusalem zu seinem höheren Ruhm nicht bedürfe, doch der Brief, der den deswegen an Petronius ergangenen Befehl widerrief, kreuzte sich mit dessen eigenem Schreiben, das den Kaiser von seines Beamten eigenmächtiger Weigerung, das Standbild nach Jerusalem zu bringen, unterrichtete. Daraufhin befahl Caligula Petronius, Selbstmord zu begehen, und dieser kam mit dem Leben nur davon, weil im folgenden Frühjahr Caligula ermordet wurde.

Bemerkenswert ist dieser Vorfall nicht allein wegen der achtbaren Menschlichkeit, die der römische Beamte dabei bewies, sowie wegen des bedauerlichen Mangels an Verantwortlichkeit der jüdischen Eliten ihrem Volk gegenüber, sondern vor allem, weil das Volk bei dieser Gelegenheit der Obrigkeit zeigte, daß es auch ohne Führung zweckmäßig zu handeln verstand. Die Männer kamen mit Frauen und Kindern, so daß von vornherein klar war, daß sie keinen bewaffneten Aufstand beabsichtigten. Dann belagerten sie den römischen Statthalter in einer friedlichen Demonstration vierzig oder fünfzig Tage lang, offenbar entschlossen, die Demonstration fortzusetzen, bis Petronius nachgab. Sie erklärten auch, sich lieber hinschlachten zu lassen als die Aufstellung des Standbilds im Tempel hinzunehmen. Schließlich versäumten sie über ihrer Demonstration die Aussaat, und die adeligen Grundbesitzer unterließen es nicht, den Römer auf die gefährlichen Konsequenzen dieses Versäumnisses hinzuweisen.

Wie wir noch sehen werden, ernteten, obwohl es fürs erste gelang, die Ruhe wiederherzustellen, die adeligen Herren dennoch nur Ärger – mit den Banditen. Für den Augenblick ist das Maß an politischem Bewußtsein zu würdigen, an strategischer und taktischer Planung, an Massenkontrolle, das erforderlich war für das Gelingen dieses «Bauernstreiks», als welchen Richard Horsley die konzertierte Aktion des Volks von Jerusalem und der Landbevölkerung, insbesondere im Hinblick auf die Vorgänge in Galiläa, sehr treffend bezeichnet (1986a, S. 39). Ein Zeichen des Himmels, welches sich zeigte, nachdem Petronius eingelenkt hatte, scheint geeignet, den agrikulturellen Hintergrund des gesamten Unternehmens zu betonen.

> «Kaum nämlich hatte er seine Rede an die Juden beendigt, als Gott wider alles Erwarten einen heftigen Platzregen niederfallen liess, obgleich der Tag heiter gewesen war und keine Vorboten von Regen sich am Himmel gezeigt hatten. Die Juden waren um so mehr erstaunt, als das ganze Jahr hindurch Dürre geherrscht hatte, sodass man allseitig selbst dann nicht auf Regen hoffte, wenn der Himmel einmal mit Wolken überzogen war.»
> (Josephus, *Jüdische Altertümer*, 18,285)

Zweifellos hätten die Bauern sich schließlich kaum durchgesetzt, hätte ihnen in Petronius nicht ein verständiger und menschlicher Römer gegenübergestanden, hätte nicht Agrippa I. in Rom interveniert und wäre nicht, ehe er es sich wieder anders überlegen konnte, Caligula ermordet worden. Dennoch hatten sie ohne Führung durch die *regierende* Klasse einen großartig orchestrierten Plan passiven Widerstands entwickelt und durchgeführt. Die Frage, ob die Operation ausschließlich als eine Angelegenheit der *bäuerlichen* Klasse anzusehen ist oder ob nicht doch Schriftgelehrte und Lehrer aus der *Gefolgs*klasse im Hintergrund daran mitwirkten, soll fürs erste offenbleiben.

Nach Caligula herrschte von 41 bis 54 n. Chr. Claudius. Während seiner Regierungszeit kam es unter der Statthalterschaft des Cumanus, zwischen 48 und 52 n. Chr., in Palästina zweimal zu friedlichen Protestdemonstrationen, von denen wir wissen. Eine dritte Protestdemonstration, die sich schließlich zur Revolte auswuchs und die militärische Intervention des Legaten von Syrien erforderlich machte, werden wir weiter unten noch näher erörtern.

Übrigens floß Blut auch bei dem ersten der beiden Zwischenfälle, die ohne Eingreifen der Legionen aus Syrien beigelegt werden konnten.

> «Als sich nämlich die Menge zum Fest der ungesäuerten Brote in Jerusalem versammelt und die römische Kohorte auf dem Dach der Säulenhalle um das Heiligtum Aufstellung genommen hatte – an den Festtagen bewachen sie immer in voller Bewaffnung das versammelte Volk, damit es keinen Aufstand beginne –, da erhob ein Soldat sein Gewand, bückte sich und kehrte in unanständiger Weise den Juden das Gesäß zu, zugleich gab er einen Laut von sich, der dieser Haltung entsprach.»
> (Josephus, *Der jüdische Krieg*, 2,224)

> «Als das sogenannte Paschafest, an dem wir nur ungesäuertes Brot zu essen pflegen, bevorstand und eine ungeheure Menschenmenge zu demselben herbeiströmte, befürchtete Cumanus, es möchten Unruhen entstehen, und gab deshalb einer Kohorte Soldaten den Befehl, in Wehr und Waffen die Säulenhallen des Tempels zu besetzen, um etwa ausbrechende Ruhestörungen gleich zu unterdrücken. Das hatten auch die früheren Landpfleger an Festtagen stets angeordnet. Am vierten Tag des Festes nun liess sich ein Soldat beifallen, im Angesicht des Volkes seine Schamteile zu entblössen.»
> (Josephus, *Jüdische Altertümer*, 20,108)

Die durch die blasphemische Beleidigung erzürnte Menge begann, den Statthalter selbst zu schmähen und mit Steinen zu werfen. Da dieser in dem Bemühen, sie zu besänftigen, keinen Erfolg hatte, ließ er, so sagt Josephus, die gesamte Streitmacht zu den Waffen rufen und in die Festung Antonia rücken, die den Tempel an der Nordseite überragte. Als die Leute aber die Soldaten sahen, versuchten sie, in panischer Furcht zu fliehen, und in den engen Straßen entstand ein Gedränge, bei dem Tausende ums Leben kamen (wenn auch vielleicht nicht gerade 30 000, wie Josephus im *Jüdischen Krieg* angibt, vielleicht nicht einmal 20 000, wie man in seinen *Jüdischen Altertümern* liest).

Der zweite hier zu betrachtende Zwischenfall ereignete sich wenig später während einer Strafexpedition gegen etliche Dörfer, die Cumanus verdächtigte, Räubern Unterschlupf gewährt zu haben.

> «Bei dieser Gelegenheit fand nun ein Soldat in einem der Dörfer das heilige Gesetz, er zerriß die Rolle und warf sie ins Feuer. Die Juden gerieten darüber so außer Fassung, als stünde ihr ganzes Land in Flammen, und von ihrem Gotteseifer wie durch mechanische Ge-

walt getrieben, strömten sie alle auf die erste Kunde von dem Vorfall hin in Caesarea bei Cumanus zusammen und flehten inständig, er solle doch ja den, der Gott und ihr Gesetz so geschändet habe, nicht ungestraft davonkommen lassen.»
(Josephus, *Der jüdische Krieg*, 2,229–231)

«Bei dieser Plünderung nun fand ein Soldat in einem Dorf die moysaischen Gesetze und zerriss das Buch vor aller Augen unter den mannigfältigsten Verhöhnungen und Schmähungen. Sowie die Juden dies vernahmen, rotteten sie sich zusammen, zogen nach Caesarea, wo Cumanus sich aufhielt, und baten ihn, er möge doch nicht etwa ihnen, sondern Gott, dessen Gesetz so unwürdig behandelt worden sei, Genugthuung verschaffen. Denn sie wollten lieber ihr Leben dahingeben, als ihre heimischen Gesetze so geschmäht wissen.»
(Josephus, *Jüdische Altertümer*, 20,115–116)

Ob sie wirklich glaubten, dem Statthalter das eigene Martyrium anbieten zu müssen, wenn er den schuldigen Soldaten nicht bestrafen lassen wolle, oder ob die – nur in dem Bericht der *Jüdischen Altertümer* – referierte Erklärung bloß ihre Verzweiflung angesichts der Untat ausdrückte, jedenfalls ließ Cumanus beiden Berichten zufolge den Schuldigen auf der Stelle enthaupten.

Einen letzten derartigen Zwischenfall berichtet Josephus aus der Regierungszeit des Kaisers Nero. Er ereignete sich wahrscheinlich am Passahfest des Jahres 65 n. Chr. unter Florus, dem letzten römischen Statthalter vor Ausbruch des Krieges.

«Solange nun Cestius Gallus als Statthalter der Provinz in Syrien blieb, hatte keiner den Mut, sich bei ihm mit einer Gesandtschaft über Florus zu beklagen. Als er aber unmittelbar vor dem Fest der ungesäuerten Brote nach Jerusalem kam, umdrängte ihn die Menge, nicht weniger als drei Millionen an der Zahl, und bat flehentlich, er möge doch Erbarmen haben mit dem Unglück des Volkes; sie brachen zugleich in Klagerufe über Florus, den Verderber des Landes, aus.»
(Josephus, *Der jüdische Krieg*, 2,280)

Diese letzte friedliche Protestkundgebung, deren Teilnehmerzahl freilich in Wirklichkeit kaum so hoch gewesen sein dürfte, wie der Geschichtsschreiber um der Wirkung willen angibt, zeitigte nur Versprechungen, zu wenige und zu spät.

Von insgesamt sieben Protestkundgebungen haben wir also Kenntnis. Eine richtete sich gegen das Vermächtnis des Herodes und wandte sich an Archelaus; zwei gegen ihn selbst gerichtete erlebte Pilatus kurz nach 26 n. Chr.; eine wandte sich an Petronius, war gegen Caligula gerichtet und fand im Winter 40/41 oder im Frühjahr 41 statt; zwei von einzelnen römischen Soldaten provozierte mußte Cumanus beruhigen; und die letzte, gegen den Statthalter Florus im Jahre 65, sollte den Legaten Gallus bewegen, dessen schlechtes Regiment zu beenden. Nur im ersten und im letzten Fall standen sozioökonomische Interessen auf dem Spiel. Die übrigen Streitfälle waren sämtlich religiös-politisch motiviert. Doch für das einfache Volk ist der religiöse Protest wohl die einzig mögliche Gegenwehr gegen soziale, ökonomische oder politische Unterdrückung gewesen. Tatsächlich wird wohl, was Jean-Pierre Lémonon über den Fall der Feldzeichen mit den Kaiserbildern bemerkt, auf die Gesamtheit dieser friedlichen Protestkundgebungen zutreffen: Daß Josephus die Treue der Juden ihren alten Traditionen gegenüber nur dazu benutzt, «den antirömischen Charakter der jüdischen Demonstration zu verbergen» (S. 152). Auf jeden Fall waren alle diese Demonstrationen gewaltlos, alle hatten spezifische Anliegen, und von den sieben erreichten vier, was sie erreichen wollten, ohne Blutvergießen. Bei Archelaus und Petronius waren die Demonstrationen erfolgreich; bei Pilatus und Cumanus gewannen die Demonstranten in einem Fall und verloren im anderen; bei Gallus war schon nichts mehr zu erreichen, weil die Zeit für friedliche Demonstrationen abgelaufen war.

8. Magier und Prophet

«Neue thaumaturgische Bewegungen stellen eine abweichende religiöse Antwort dar – eine sektiererische religiöse Antwort –, hauptsächlich wegen der Neuheit ihres Rituals und ihrer Organisationsformen. Sie werden zu einer Protestkundgebung gegen die herkömmliche religiöse Praxis – die selbst schon höchst thaumaturgisch ist –, weil sie neue Maßnahmen und oft neue Konzeptionen des Sozialverbands gegen die alten stellen. Als ‹Protest› sind solche neuen Bewegungen stillschweigende Abkehr von der nicht mehr angemessen scheinenden herkömmlichen Religionsausübung, mehr als deren ausdrückliche Verurteilung. Ihre Praxis allerdings läuft oft genug auf ein mindestens zeitweiliges Verwerfen der älteren Prozeduren hinaus und damit zugleich auf die Ablehnung derjenigen, die diese kontrollieren ... Thaumaturgischer Glaube ist nicht nur die ursprünglichere religiöse Ausrichtung, er ist auch hartnäckiger als der Chiliasmus. Die vielen kleinen Enttäuschungen durch die ihr Ziel verfehlende Magie verstören die Gläubigen weniger als die eine große, immer wiederkehrende Enttäuschung beim Ausbleiben des Millenniums, und es sind diese auch leichter wegzuerklären.»

Bryan Wilson, *Magic and the Millennium,* 1973, S. 192, 492–493

In Bryan Wilsons Typologie religiös-politischen Protests bei kolonisierten Völkern treten nicht nur thaumaturgische oder magische, sondern auch chiliastische und revolutionäre Propheten auf, einfacher ausgedrückt, Magier und Propheten. Deshalb wäre es unklug anzunehmen, daß der Magier, obwohl er sich unmittelbar nur darum bemüht, den elenden Zustand von Individuen und nicht die Verhältnisse zu ändern, für politisch uninteressiert oder neutral zu halten sei. Jedenfalls stellt die Tätigkeit von Magiern, ganz gleich welche bewußten Absichten sie verfolgen und kundgeben, in vieler Hinsicht eine äußerst radikale Herausforderung jedes etablierten religiös-politischen Systems dar, gleichviel ob dieses einheimisch oder kolonial ist. «Einen Hinweis auf den Widerstand des Volkes gegen die Idee, daß die Gleichung von Ressourcen und Bedürfnissen ein für alle Mal im Himmel festgeschrieben und in einem starren System von heiligen Zahlen (Kalender) und Orten (Tempel) auf die Erde übertragen worden ist, findet sich» (nach Meinung Gildas Hamels) «vielleicht in der großen Wichtigkeit, die ‹heiligen› oder ‹frommen› Männern beigelegt wird. Ihre Taten, nämlich Gebete und Wunder, hatten immer die Eigentümlichkeit, ‹unzeitgemäß› zu sein, jedenfalls nicht den vorgeschriebenen Weg zu Gott zu benützen. Sie bewiesen sogar Hybris gegen Gott (oder die Götter), indem sie, ohne die Gefahr für ihr Leben und ihre geistige Gesundheit zu scheuen, mit den göttlichen Mächten unmittelbar in Verkehr traten, um Regen, eine Heilung oder andere materielle Vorteile zu erlangen» (S. 206).

Hier ein Wort zur Terminologie. Wilson bezeichnet solche Individuen als «Thaumaturgen», was der Ungebräuchlichkeit des Ausdrucks in anderen als religionshistorischen Zusammenhängen wegen den Vorzug hat, nicht die Vorurteile zu provozieren, die unvermeidlich auf den Plan gerufen würden, wenn er etwa von «Zauberern» oder «Wundertätern» spräche. Geza Vermes, dem dieses Kapitel viel schuldet, nennt die fraglichen Personen «Charismatiker» oder «heilige Männer». Auch diese Bezeichnungen sind nicht verletzend oder anstößig, weil sie so allgemein und unbestimmt sind. Ich bevorzuge die üblichere Bezeichnung «Magier», trotz einiger Schwierigkeiten, die dieser Begriff mit sich bringt. Er wird hier nicht pejorativ gebraucht, sondern beschreibt einen Menschen, der die göttliche Macht unmittelbar durch ein persönliches Wunder statt durch ein in der Gemeinschaft ausgeführtes Ritual zum Erscheinen bringt. Wenn auch der Übergang zwischen beiden zweifellos fließend ist, kann man doch den Unterschied zwischen Magie und Ritual wohl so bestimmen, daß, während das Ritual die transzendente Macht auf abstrakte, zeremonielle, liturgische, symbolische Weise vergegenwärtigt, Magie dieselbe konkret, physisch, sinnlich erfahrbar auf die Erde holt. Betrug und Täuschung können sich beim Ritual so gut wie bei der Magie einschleichen, doch ist nicht, wie es das Vorurteil will, aller Zauber von vornherein faul. «Magie» steht hier als Bezeichnung eines authentischen religiösen Phänomens, und daß dasselbe mißbraucht werden kann, entwertet meines Erachtens die Praxis der Magie ebensowenig wie andere religiöse Handlungen durch den Nachweis, daß dabei Mißbrauch vorkommt, diskreditiert werden können. Gleichviel wie man die Tätigkeit der hier in Frage stehenden Personen nun nennen will – sie suchen, außerhalb der Institutionen, die der Gemeinschaft den Zugang zur göttlichen Macht vermitteln, persönlichen oder direkten Zugang zu dieser in der Absicht, sich ihrer zu bedienen.

Elija und Elischa

Orakelhafte politische Prophetie und volkstümliche wunderwirkende Magie praktizierten der Mann Gottes Elija und dessen Jünger Elischa, deren Geschichte in den beiden Büchern von den Königen erzählt ist, die von der blutigen Ablösung der Dynastie Omris durch diejenige Jehus handeln und von der nicht weniger blutigen Verdrängung der Verehrung Baals durch diejenige Jahwes (1. Könige 16 – 2. Könige 10).

Hier haben wir es mit einer Überlieferung aus dem Norden des Landes zu tun und aus einer Zeit, da die Aufspaltung der unter David und Salomo vereinigten Monarchie in das südliche Reich Juda und das nördliche Reich Israel noch nicht lange zurücklag. Überdies finden sich in den Erzählungen, vor allem von Elija, doch auch in dem, was von Elischa berichtet wird, unverkennbare Anklänge an die Erzählungen von Mose im Buche Exodus, die, wie immer sie gedacht gewesen sein mögen, jedenfalls in der Absicht der Verfasser gelegen haben müssen.

So wird Elija wunderbar von Engeln gespeist mit einem gerösteten Brot und einem Krug Wasser. «Da stand er auf, aß und trank und wanderte, durch diese Speise gestärkt, vierzig Tage und vierzig Nächte bis zum Gottesberg Horeb.» Eine Reise durch die Wildnis, wunderbare Speisung und dann eine Begegnung mit Gott auf dem Berge Sinai oder, wie die nördliche Überlieferung ihn nennt, Horeb. Und der Ähnlichkeiten sind noch mehr. Man vergleiche die Berichte über die Begegnungen beider Propheten mit Gott auf dem Gipfel des heiligen Berges.

> «...begann es zu donnern und zu blitzen. Schwere Wolken lagen über dem Berg, und gewaltiger Hörnerschall erklang. Das ganze Volk im Lager begann zu zittern. (...) Der ganze Sinai war in Rauch gehüllt, denn der Herr war im Feuer auf ihn herabgestiegen. Der Rauch stieg vom Berg auf wie Rauch aus einem Schmelzofen. Der ganze Berg bebte gewaltig, und der Hörnerschall wurde immer lauter. Mose redete, und Gott antwortete im Donner.»
> (Exodus 19,16–19)

> «Da zog der Herr vorüber: Ein starker, heftiger Sturm, der die Berge zerriß und die Felsen zerbrach, ging dem Herrn voraus. Doch der Herr war nicht im Sturm. Nach dem Sturm kam ein Erdbeben. Doch der Herr war nicht im Erdbeben. Nach dem Beben kam ein Feuer. Doch der Herr war nicht im Feuer. Nach dem Feuer kam ein sanftes, leises Säuseln. Als Elija es hörte, hüllte er sein Gesicht in den Mantel, trat hinaus und stellte sich an den Eingang der Höhle.»
> (1. Könige 19,11–13)

Die Stimme, die aus dem sanften Sausen (aus dem, wer will, eine Parodie auf die von Mose gehörte Posaune, deren Ton immer stärker wurde, heraushören kann) zu Elija sprach, befahl jedoch harte Maßnahmen: Elija sollte Hasael zum König über Syrien salben und Jehu zum König über Israel und Elischa zum Propheten an seiner Statt. «So wird es geschehen: Wer dem Schwert Hasaels entrinnt, den wird Jehu töten. Und wer dem Schwert Jehus entrinnt, den wird Elischa töten.» Die angeordnete Umwälzung wird denn auch erst von dem letzteren, den Elija weisungsgemäß als seinen Jünger annimmt (1. Könige 19,19–21) und als seinen Nachfolger einsetzt (2. Könige 2,1–4), vollbracht. Erst Elischa erhält Gelegenheit, Hasael die Herrschaft über Syrien zu prophezeien, die dieser denn auch kurz darauf erhält (2. Könige 8,13–15), und Jehu zum König von Israel zu salben (2. Könige 9,1–10).

Weiter ist im Hinblick auf Mose als Vorbild bemerkenswert, daß Elija sein Prophetenamt am Jordan an seinen Jünger Elischa weitergibt. Während aber Mose das gelobte Land nicht betrat, sondern in Moab begraben wurde, wird Elija wie Henoch lebenden Leibes in den Himmel entrückt. Vorher aber gehen beide über den Jordan. «Hier nahm Elija seinen Mantel, rollte ihn zusammen und schlug mit ihm auf das Wasser. Dieses teilte sich nach beiden Seiten, und sie schritten trockenen Fußes hindurch.» Als dann Elischa, der den Mantel des Entrückten und sein Amt geerbt hat, allein über den Jordan ins Gelobte Land zurückkehrt, liest man (2. Könige 2,1–14), er «nahm den Mantel (Elijas) ... schlug mit ihm auf das Wasser ... Als er auf das Wasser schlug, teilte es sich nach beiden Seiten, und Elischa ging hinüber.» Was also Gott am Roten Meer durch Mose und am Jordan durch Josua für das ganze Volk Israel bewirkt hatte, geschah nun durch Elija und Elischa allein für sie selbst (vgl. Exodus 14–15 und Josua 3).

Schließlich prophezeite Elischa den Königen von Israel und Juda während ihres Kriegszugs gegen Mescha, den König der Moabiter, in der Wüste Edom, daß ein trockenes Flußbett dort sich wunderbar mit Wasser füllen werde, was in der Tat geschah (2. Könige 3,3–20).

Mit diesen Parallelen zu der Geschichte, die im Buche Exodus erzählt wird, werden Elija und Elischa als Fortsetzer der mosaischen Befreiungstradition im Norden ausgewiesen, deren man hier vielleicht deshalb bedurfte, weil die mosaische Überlieferung inzwischen als zu sehr mit dem Tempel im Süden, in Jerusalem, in Verbindung gebracht wurde. Aber, abgesehen davon, hat die nördliche Tradition auch bemerkenswerte Eigentümlichkeiten.

Das zeigt sich, wo sie das Problem des Regens berührt. In Palästina regnet es, wie Gildas Hamel mitteilt, nur während der von Oktober bis April dauernden Regenzeit, hauptsächlich im Dezember, Januar und Februar, so daß dreiviertel des alljährlichen Regens gegen Ende Februar schon gefallen sind (S. 209). Im gesamten Mittelmeerraum, besonders aber in Palästina, hängt viel davon ab, daß der Regen zur rechten Zeit fällt, daß er in der richtigen Menge fällt und daß er in der richtigen Weise fällt. Stundenlanger heftiger Regen im September, nach Monaten der Trockenheit, zum Beispiel, droht, den fruchtbaren

Boden wegzuschwemmen. Zu fürchten ist, daß zu wenig fiele, ebenso, daß es zuviel davon gäbe, vorzeitiger Regen war genauso schlecht, wie wenn der Regen zu lange auf sich warten ließ. Deshalb galt dem Regen stets die größte Sorge. Auch Kriege und Pestilenzen waren natürlich zu befürchten, aber nur dann und wann, während der Regen eine ständige Sorge war. Regen war das Leben selbst. Wer den Regen in der Hand hatte, hatte das Leben selbst in der Hand.

So betete Salomo bei der Einweihung des Tempels in Jerusalem:

> «Wenn der Himmel verschlossen ist und kein Regen fällt, weil sie gegen dich gesündigt haben, und wenn sie dann an diesem Ort beten, deinen Namen preisen und von ihrer Sünde lassen, weil du sie demütigst, so höre du sie im Himmel! Vergib deinen Knechten und deinem Volk Israel ihre Sünden. (...) Spende Regen deinem Land, das du deinem Volk zum Erbbesitz gegeben hast.»
> (1. Könige 8,35–36; siehe auch 2. Chronik 6,26–27)

Da der Tempel der Ort war, wo Himmel und Erde in Verbindung standen, war der Tempel auch der Ort, wo für bewiesene Frömmigkeit oder wenigstens Reue angesichts begangener Sünden Regen gewährt wurde. Aber nun kam (wie in 1. Könige 17,1 zu lesen ist) Elija und erklärte: «So wahr der Herr, der Gott Israels, lebt, in dessen Dienst ich stehe: in diesen Jahren sollen weder Tau noch Regen fallen, es sei denn auf mein Wort hin.» Und nachdem er später auf dem Berg Karmel die Machtlosigkeit Baals bloßgestellt und die 450 Propheten Baals mit eigener Hand erschlagen hatte, sagte er, nun solle es regnen, und es kam ein großer Regen (1. Könige 18,41–45). Die Erzählung impliziert die Frage, ob denn, was für den Süden der Tempel, für den Norden Elija zu leisten vermag?

Eigentümlich für die nördliche Tradition, die uns in den Büchern von den Königen vorliegt, sind überhaupt die zahlreichen Wunder, die von den Propheten Elija und Elischa berichtet werden. Bei diesen handelt es sich aber nicht nur um öffentliche zum Nutzen aller wie das Regenmachen, vielmehr geschehen zwischen der öffentlichen Erklärung seiner Macht über das Wetter und deren offensichtlicher Anwendung noch mehrere Wunder. So wird er in der Wüste wunderbar von Raben gespeist, vermehrt wunderbar das Öl der Witwe von Sarepta und erweckt deren Sohn von den Toten, ehe es so weit kommt, daß er zu Ahab sagen kann: «Geh hinauf, iß und trink; denn ich höre das Rauschen des Regens.» Elija hat also von Gott die Macht, die Folgen der Sünde von den Menschen abzuwenden. Denn wie auch Salomos Gebet bei der Einweihung des Tempels bekennt, weiß man, daß Gott den Menschen Regen und Nahrung zu Zeiten verweigert wegen ihrer Sünden; und nach dem Tode ihres Sohnes sagte die Witwe von Sarepta zu Elija: «Was habe ich mit dir zu schaffen, Mann Gottes? Du bist nur zu mir gekommen, um an meine Sünden zu erinnern und meinem Sohn den Tod zu bringen» (1. Könige 17,18). Elija aber erweckt ihren Sohn von den Toten. Wie das Ritual des Tempels vermag also, der Tradition zufolge, die uns in den Büchern von den Königen vorliegt, auch die Magie des Propheten die Folgen der Sünde von den Menschen abzuwenden.

Wunder über Wunder vollbringt dann bei erhabenen historischen und bei privaten, manchmal lächerlichen Gelegenheiten im Fortgang der Geschichte Elijas Nachfolger Elischa. Abgesehen von dem Wasser, das wunderbar das Heer der Könige Israels und Judas in der Wüste Edom tränkt, besorgt er die Heilung Naamans, des Feldhauptmanns des Königs von Syrien, vom Aussatz (2. Könige 5,1–14), prophezeit die Aufhebung der Belagerung von Samaria durch das wunderbar erschreckte Heer des Königs von Syrien (2. Könige 6–7), und Hasaels Bestimmung, nach dem baldigen Tode Ben-Hadads als nächster über Syrien zu herrschen (2. Könige 8,7–15). Andererseits beweist er, wie gesagt, seine wunderwirkende Kraft auch bei geringfügigeren Anlässen. So verwandelt er, schon ganz am Anfang seiner Laufbahn, auf die berichtete wunderbare Weise, von jenseits des Jordans zurückkehrend, das ungesunde Wasser von Jericho in gesundes (2. Könige 2,19–22); hetzt sein Fluch zwei Bären auf eine Schar ihn verspottender Kinder, deren von den Bären zweiundvierzig zerrissen werden (2. Könige 2,23–35); macht er wunderbar in Gilgal einen verdorbenen Gemüseeintopf genießbar (2. Könige 4,38–41); vermehrt er auf wunderbare Weise zwanzig Gerstenbrote, so daß hundert Mann davon satt werden und noch übriglassen (2. Könige 4,42–44); macht, daß eine in den Jordan gefallene eiserne Axt an die Wasseroberfläche zurückkehrt (2. Könige 6,4–6). Eine Reihe seiner Wunder verraten, daß, was Elija tat, auch er vermochte. So vermehrte auch er wie vor ihm Elija wunderbar das Öl einer armen Witwe (2. Könige 4,1–7), versprach der reichen Gattin eines alten Mannes den ersehnten Sohn, und als der ihr glücklich Geborene dann im Knabenalter starb, erweckte er ihn von den Toten (2. Könige 4,8–37).

Die Erzählung von Elija und Elischa begründet eine nördliche Tradition der Prophetie, die sich von der besser bekannten südlichen deutlich unterscheidet. Die beiden sind nicht nur Propheten ebenso der Tat wie des Worts. Was sie besonders auszeichnet ist vielmehr, daß ihr Wirken sich nicht nur auf nationale und internationale Angelegenheiten erstreckt, sondern auch auf die persönlichen Anliegen einzelner. Und sie heilen nicht nur Reiche, sondern auch sehr arme Leute. Dabei verbinden sie Magie und Prophetie, und als prophetische Magier oder magische Propheten entwickeln und bestärken sie diese Verbindung, die freilich schon im Wirken des Moses angelegt war, so daß dabei die magische Komponente deutlicher zum Vorschein kommt.

Rabbinisierte Magier

An die Erzählungen von Elija und Elischa knüpft eine weiterführende Tradition innerhalb der hebräischen Bibel nicht an. Der Grund dafür ist offensichtlich. War doch der Tempel mit seiner Priesterschaft der Ort, wo Sünden vergeben, Regen gewährt und Heilungen ermöglicht wurden. Dennoch fehlt es nicht an Hinweisen aus dem Jahrhundert vor der christlichen Ära und dem ersten derselben, daß Regenmacher und Wunderheiler in Palästina auch in dieser Zeit noch gebraucht wurden. Freilich muß man, um diese Hinweise richtig zu deuten, die rabbinischen Schriften so lesen, wie Josephus zu lesen ist, will man von ihm erfahren, was er lieber verschweigt, nämlich gegen den Strich.

Honi im Kreis

Im Jahre 65 v. Chr., als sich die Herrschaft der Hasmonäer zum Ende neigte, belagerte Hyrkanus II., einer der beiden Söhne des Alexander Jannäus, seinen Bruder Aristobulus II. im Tempel. Dabei spielte ein gewisser Honi eine sehr unglückliche Rolle, was man bei Josephus (der den Mann Onias nennt), folgendermaßen berichtet findet:

> «Nur ein gewisser Onias, ein gerechter und Gott wohlgefälliger Mann, der, als er einst bei einer Dürre Gott um Regen gebeten hatte, augenblicklich erhört worden war, verbarg sich, weil er noch kein Ende des Streites absah. Die Juden aber ergriffen ihn, führten ihn ins Lager und verlangten von ihm, er solle, wie er einst durch sein Gebet der Dürre ein Ende gemacht habe, so jetzt über Aristobulus und dessen Anhänger den Fluch herabrufen. Da er nun trotz seines Bittens und Sträubens von der Menge genötigt wurde, trat er in die Mitte und rief aus: ‹O Gott, König des Weltalls, da die jetzt um mich Stehenden dein Volk und die Belagerten deine Priester sind, so bitte ich dich, du wolltest weder den einen noch den anderen gewähren, was sie über ihre Gegner herabflehen.› Als er so geredet hatte, töteten ihn einige Bösewichter aus den umstehenden Juden mit Steinwürfen.»
> (Josephus, *Jüdische Altertümer*, 14,22–24)

Man beachte, daß Josephus den frommen Mann, mit dessen Weigerung, die von den Belagerern eingeschlossenen Priester zu verfluchen, er selbstverständlich sympathisierte, mehr als Beter denn als Magier darzustellen bemüht ist. Uns sollen hier aber weniger die Umstände seines Märtyrertodes als vielmehr diejenigen interessieren, unter denen er einst bei einer Dürre Gott um Regen gebeten hatte und augenblicklich erhört worden war. Denn da stand er offenbar in der Nachfolge des Elija.

Diese Umstände aber findet man sehr detailliert geschildert in der *Mischna*, der um das Jahr 200 n. Chr. in Palästina von Juda dem Patriarchen abgeschlossenen Aufzeichnung des bis dahin mündlich überlieferten jüdischen Religionsgesetzes. Der Titel dieser Sammlung bedeutet soviel wie «Wiederholung», nämlich des Gesetzes durch das Studium und die Überlieferung, weshalb auch die Lehrer, in deren Obhut das Gesetz gegeben war, als «Wiederholer» *(tannaim)* bezeichnet wurden. Die *Mischna* ist in dreiundsechzig Traktate gegliedert, die in sechs Abteilungen geordnet sind; bei Zitaten aber pflegt man nur das Traktat anzugeben.*

Die in der *Mischna, Taanijot* 3,8 überlieferte Geschichte ist Gegenstand erhellender Untersuchungen bei Adolf Büchler (1922, S. 196–264), bei Geza Vermes (1973, 1981, S. 69–72), endlich bei William Scott Green, der sich in einem Artikel über «Palästinensische Heilige: Charismatische Führerschaft und rabbinische Tradition» zu diesem Zweck sehr überzeugend der Methoden Jacob Neusners bediente (1979, passim). Ich folge den Erkenntnissen Greens und beginne mit seiner Einsicht, daß dieser Bericht erklärungsbedürftig ist, da er der einzige in der *Mischna* ist, der eine Wundertat eines Weisen der Vergangenheit zur Sprache bringt, wie ja überhaupt wunderwirkende Kräfte im frühen rabbinischen Judentum wenig Platz hatten, und somit die Frage aufwirft, weshalb gerade diese Wundertat in der *Mischna* Berücksichtigung fand. Die stratigraphische Analyse des Texts wird die Bedingungen, unter denen dies möglich war, darlegen.

Hier ist der Text. Ich habe Greens alphabetische Kennzeichnung der Teile leicht vereinfacht und dem Wortlaut (in Klammern) einige kurze Erläuterungen hinzugefügt:

A. «Über jede Not, die über die Allgemeinheit kommt, trompetet man, außer bei einem Überfluß an Regen.» (Um den Anschein zu vermeiden, man traue dem in Genesis 9,11 überlieferten Versprechen nicht, «daß hinfort nicht mehr alles Fleisch verderbt soll werden mit dem Wasser der Sintflut».)

B. «Es geschah, daß man zu Honi, dem Kreiszieher, sagte: Bete, daß Regen falle!»

C. «Er sagte zu ihnen: Geht und holt die Öfen für Passa herein, damit sie nicht aufweichen.»

* Es gibt keine einheitliche Umschrift des Hebräischen. Die hier gewählte Transkription folgt jeweils den verwendeten Textausgaben in deutscher Sprache.

D. «Und er betete, aber es fiel kein Regen.»
E. «Er zog einen Kreis und stellte sich hinein»
F. «und sagte: Herr des Himmels, deine Söhne haben sich an mich gewandt; denn ich bin wie ein Sohn des Hauses vor dir.»
G. «Ich schwöre bei deinem großen Namen, daß ich nicht von hier weiche, bis daß du dich über deine Kinder erbarmst.»
H. «Es begann der Regen zu tröpfeln.»
I. «Er sagte: Nicht darum habe ich gebeten, sondern um Regen für Gruben, Zisternen und Höhlen.»
J. «Er fiel mit Macht.»
K. «Er sagte: Nicht darum habe ich gebeten, sondern um Regen des Erbarmens, des Segens und der Ergiebigkeit.»
L. «Er fiel ordentlich»
M. «bis die Israeliten zum Tempelberg wegen des Regens hinaufgingen.»
N. «Man sagte zu ihm: Wie du um ihn gebetet hast, daß er falle, so bete, daß er aufhöre.»
O. «Er sagte zu ihnen: Geht und seht, ob der Stein der Irrenden sich aufgelöst hat!» (Und nur im Falle die Regenflut so groß wäre, will er sagen, würde ich wagen, darum zu beten, daß sie aufhörte.)
P. «Er sandte zu ihm Schim'on ben Schatah.»
Q. «Er sagte zu ihm: Es wäre nötig, dich zu bannen, aber kann ich dir das antun? Denn du verhältst dich vor Gott, wie sich ein Sohn seinem Vater gegenüber verhält, und er tut ihm nach seinem Willen.»
R. «Und über dich sagt die Schrift: ‹Es freue sich dein Vater und deine Mutter, und es frohlocke deine Gebärerin!›»
(*Mischna, Taanijot* 3,8; Green, S. 626–627; deutsch von Dietrich Correns in G. Beer und O. Holtzmann, S. 85–91)

Bei diesem Text sind mindestens drei Hauptschichten zu unterscheiden.

Die älteste Schicht der Honi betreffenden Überlieferung geben die C sowie E–L bezeichneten Abschnitte. Die Erklärung, die diese Erzählung ursprünglich einleitete, ist, wie wir noch sehen werden, durch die hier mit B bezeichnete ersetzt worden und so für uns verloren. Wie immer aber auch die Bitte um Regen in dieser ursprünglichen Erklärung formuliert gewesen sein mag, in dem C bezeichneten Abschnitt ist uns die zuversichtliche Antwort erhalten: Macht euch auf starken Regen gefaßt. Der Hinweis auf die Öfen für Passah ist bemerkenswert hinsichtlich der klimatischen Bedingungen, unter denen Honi sein Wunder wirkte, sagt doch Gildas Hamel: «Nisan (April) war der Monat des letzten Regens ... dieser Frühlingsregen war von entscheidender

Bedeutung für die Ernte, denn er bewirkte, daß die Ähren des Weizens sich bildeten und entwickelten» (S. 213). Ursprünglich folgten die Abschnitte E–L unmittelbar auf C, denn die innere Konsequenz der Erzählung auf dieser Strecke schließt jede Möglichkeit eines glücklichen Zufalls aus und beweist, daß Honi genau den Regen machen kann, der just erforderlich ist. Hier gebärdet sich auch der Regenmacher spielerisch wie ein Erstgeborener, mit dem Gott anderen Umgang pflegt als mit seinen übrigen Kindern. Doch es sind dann der magische Kreis und der Schwur, nicht daraus zu weichen, die Gott zwingen zu handeln, wenn nicht, bei Ausbleiben des erbetenen Regens, Honi, den Kreis verlassend, sich eines Meineids schuldig und Gott zum Mitwirkenden bei diesem Verbrechen machen soll. Wir beginnen also, wie William Scott Green feststellt, mit einem «alten jüdischen magischen Ritus» (S. 635).

Dann allerdings folgt (P, Q, R) der erste Schritt zur Verwandlung des Regenzauberers in einen Rabbiner. Da offenbar die Überlieferung von Honis Wundertat sich zu großer Beliebtheit beim Volke erfreute, als daß man sie einfach hätte übergehen können, wurde durch den Zusatz dieser Textabschnitte ein erster Versuch unternommen, die Gestalt des Magiers zu domestizieren. Dieser Zusatz gewährt Honis außerordentlicher Tat eine etwas widerwillige und nicht ganz so entschiedene Anerkennung. Doch da Schim'on ben Schatah es ist, der Honi zu bannen droht, ein Pharisäer, den die spätere rabbinische Überlieferung als einen ihrer ersten Lehrer in Anspruch nahm, wird Honi selbst «ein Angehöriger der pharisäischen und so des weiteren auch der rabbinischen Gruppe» (Green, S. 638). Und der zweite Unterabschnitt des Zusatzes (R), das Zitat aus den Sprüchen Salomos, billigt Honis Tat sogar mit einem Schriftwort. Ich kann mir kaum vorstellen, daß die Rabbiner die Erzählung von dieser Tat ohne einen derartigen Zusatz hätten passieren lassen, der die Tat als gewissermaßen vom Rabbinat autorisiert auswies. Ich halte es deshalb nicht für erforderlich, nach einem über den, genau das zu gewährleisten, hinausgehenden Zweck dieses Textabschnitts P, Q, R zu fragen. Doch wenn auch der Zusatz von P, Q, R zu der Erzählung C, E–L die Person des Magiers in den Kreis des Pharisäertums zieht und mit der Autorität der Schrift bestätigt, war doch noch weit mehr erforderlich, seine Tat zu rechtfertigen.

Der ganze Abschnitt A–R bildet die dritte Schicht der Textbearbeitung. Die Feststellung A am Anfang liefert den Gegenstand der Gesetzeserörterung. Zu dieser aber kommt es in dem Abschnitt M, N, P, wo erklärt ist, daß man zwar um Regen bitten kann, nicht aber, daß es aufhören möge zu regnen. Daß diese Erklärung ursprünglich nicht das Mindeste mit der Geschichte von Honi zu tun hatte, ist aus inneren und äußeren Indizien zu schließen. Zieht man nur den Text selbst in

Betracht, findet man, daß Honi einen vollkommen wünschenswerten und willkommenen Regen bewirkt hat, keineswegs den zerstörerischen Wolkenbruch, den die Erörterung M, N, O voraussetzt. Überdies aber erscheint das in M, N, O enthaltene Stück Gesetzesüberlieferung auch in der *Tosefta* (oder «Ergänzung») der *Mischna*, die in parallele Ordnungen und Abhandlungen gegliedert ist, aber Interpretationen enthält, die dieser maßgeblichen Sammlung *baraita* oder «äußerlich» sind. Diese parallele Sammlung rabbinischer Gesetze wurde nach der *Mischna*, mutmaßlich gegen Ende des 3. Jahrhunderts der christlichen Ära, veröffentlicht. Und sie enthält eine unabhängige Fassung des hier interessierenden Textabschnitts.

A. «Zu einem gewissen frommen Mann *(hasid)* sprachen sie: ‹Bete, daß es regnet.›»
B. «Er betete und es regnete.»
C. «Sie sagten zu ihm: ‹Ebenso wie du gebetet hast, daß es möge regnen, bete nun, daß der Regen fortgeht.›»
D. «Er sagte zu ihnen: ‹Geht und seht, ob ein Mann auf dem Keren Ofel (ein hoher Felsen) steht und den Fuß in dem Bach Qidron näßt. (Dann) werden wir beten, daß der Regen aufhöre.›»
E. «Wahrlich, es ist gewiß, daß der Allmächtige nie wieder eine Flut über die Welt bringen wird,»
F. «denn es ist gesagt, ‹Es wird nie wieder eine Flut geben.›» (Genesis 9,11)
(*Tosefta, Taanith* 2,13; Neusner ad locum)

Hier wirkt durch sein Gebet – und nicht durch Magie – und betet um Regen, doch nicht um das Aufhören des Regens, ein würdiger Vertreter der *hasidim*, jener streng gesetzestreuen Frommen, die «in der rabbinischen Literatur stets durch Übererfüllung der ethischen Gebote und extrem strenge Beachtung der Gesetzesvorschriften gekennzeichnet» sind (Green, S. 631).

Aber Honi war kein Hasid, und Honis Gebet war nicht pietistisch, sondern magisch, oder war vielmehr, bei Lichte besehen, kein Gebet, sondern magische Beschwörung. Die Bitte um ein Gebet im Abschnitt B des *Mischna*-Textes gleicht ganz derjenigen im Abschnitt A des *Tosefta*-Textes, und wenn man es im Gedenken an die Fassung des Josephus auch für möglich halten kann, daß sie ein Gebet erbaten und Magie erhielten, ist vermutlich anzunehmen, daß die ursprüngliche Bitte erst später durch die heute in B vorliegende ersetzt wurde. In der uns vorliegenden Fassung der *Mischna* wird die im Abschnitt C geäußerte Zuversicht des Regenmachers als Hochmut aufgefaßt und das Gebet, von dem im Abschnitt D berichtet ist, wird von Gott nicht erhört. Man beachte jedoch, daß von B über D bis M, N, O Honis Tätigkeit durchweg als Gebet angesprochen wird. Wenn also in der zweiten Schicht eine gewisse zweideutige Billigung seiner Magie sich aussprach, finden wir diese Magie in der dritten Schicht gänzlich in ein Gebet umgewandelt.

Weitere Einzelheiten über Honi finden wir in den beiden Fassungen des *Talmud*, Werken, in denen zu der Aufzeichnung der Religionsgesetze, der *Mischna*, die *Gemara* kommt, Niederschrift der Diskussionen über die *Mischna*, die in den Jahrhunderten nach der Vollendung derselben von *Amoraim* (oder «Sprechern») geführt wurden. Der *Jerusalemische* oder *Palästinensische Talmud* wurde im frühen 5. Jahrhundert n. Chr. kompiliert und enthält Kommentare zu neununddreißig der dreiundsechzig Traktate der *Mischna*. Der *Babylonische Talmud* wurde vom 5. bis zum 7. Jahrhundert n. Chr. in Babylon kompiliert, und obwohl er nur Kommentare zu sechsunddreißig und einem halben der Traktate der *Mischna* enthält, ist er doch zwischen vier- und fünfmal so lang wie der palästinensische.

Zunächst ist auffällig, daß die Aneignung Honis und seiner Tat durch die rabbinische Überlieferung im *Babylonischen Talmud* noch weiter fortgeschritten ist in der von der *Mischna* gegebenen Richtung. Hier findet man den von Honi beschriebenen Kreis gedeutet als den Standpunkt des Propheten Habakuk (2,1): «Ich will auf meinem Wachtturm stehen,/ ich stelle mich auf den Wall und spähe aus, um zu sehen, was er mir sagt,/ was er auf meine Klage entgegnet.» Zweimal wird er als «Rabbi» angeredet. Er erklärt ganz nach Art eines Rabbi (nämlich Lehrers): «Es ist mir überliefert ...», und er vollzieht das vorschriftsmäßige Opferritual des Tempels, um den übermäßig fallenden Regen zu beenden. Seine Taten bestätigen das in Ijob 22,28–30 Gesagte: «Beschließt du etwas, dann trifft es ein,/ und Licht überstrahlt deine Wege. Wer hochmütig redet, den duckt er,/ doch hilft er dem, der die Augen senkt. Er rettet den, der schuldlos ist;/ durch deiner Hände Reinheit wird er gerettet.» Und dann hört man ihn gar über den Psalmenvers, «als der Herr das Los der Gefangenen Zions wendete, da waren wir alle wie Träumende» (Psalm 126,1) meditieren, so daß er «bei seinem Eintritt in das Lehrhaus alle Fragen zu beantworten» pflegte, «die die Jünger hatten». Bemerkenswert ist auch, daß die Feststellung des Schim'on ben Schatah, Honi habe sich gegen Gott betragen wie ein ungezogener Sohn, hier noch weiter ausgeführt ist.

> «Er spricht zu ihm: ‹Vater› (Abba) ‹führe mich warm baden; gib mir Nüsse, Mandeln, Pfirsiche und Granatäpfel›, und er gewährt ihm alles.»
> (*Babylonischer Talmud, Taa'nith* 23a; Goldschmidt Bd. 3, S. 715)

Es geschah zwei Mal, daß Gott in der rabbinischen Literatur als «Abba» angeredet wurde. Dies war das erste Mal, auf das zweite Mal werden wir in Kürze zu sprechen kommen.

Dann hören wir von Honi noch, daß zwei seiner Enkel sich wie er als Regenmacher betätigen, was beweist, daß solcher Zauber mindestes noch im 1. Jahrhundert n. Chr. gebräuchlich war. Eine der diesbezüglichen Geschichten des *Babylonischen Talmud* handelt von Abba Hilqija, dem Sohnessohn Honis, des Kreiszeichners. Als die Jünger zu ihm kommen und ihn bitten, «daß er um Regen flehe», führt er allerlei befremdliche Handlungen aus, die später als verschlüsselte Tugendlehre erklärt und so gegen den Verdacht, es hätte sich dabei um magische Operationen gehandelt haben können, in Schutz genommen werden. Und noch ehe die Jünger ihre Bitte vorbringen können, sagt Honis Enkel zu seiner Frau:

> «Ich weiß, daß die Rabbanan wegen des Regens gekommen sind; wollen wir auf den Söller gehen und um Erbarmen flehen; wenn der Heilige, gepriesen sei er, vielleicht gnädig ist und Regen kommt, so soll man dies nicht uns zugute halten.»
> (*Babylonischer Talmud, Taa'nith* 23ab; Goldschmidt Bd. 3, S. 716)

Die andere Geschichte handelt von Honis Tochtersohn Hanan ha-Nehba, und auch in ihr liest man, daß der Wundertäter sich fromm weigerte, eigene magische Kräfte geltend zu machen:

> «Hanan der Versteckte war ein Sohn der Tochter Honi des Kreiszeichners, und wenn man des Regens bedurfte, schickten die Rabbanan Schulkinder zu ihm, die ihn an den Rockschößen faßten und riefen: Vater, Vater, gib uns Regen! Darauf sprach er: Herr der Welt, tue es um derer willen, die zwischen einem Vater, der Regen gibt, und einem Vater, der keinen Regen gibt, nicht zu unterscheiden wissen.»
> (*Babylonischer Talmund, Taa'nith* 23b; Goldschmidt Bd. 3, S. 717)

Rede und Gegenrede zeigen, wie der Magier sich seinem Ruf entzieht und unter rabbinische Autorität begibt. Die Schulkinder bitten Hanan nicht, daß er um Regen beten möge, sondern sagen, «Abba, Abba, gib uns Regen», verlangen also unumwunden ein Wunder, wie es in der ältesten Schicht der Überlieferung von Honi verlangt wurde. Und dann bittet Hanan um Regen in Worten, die zugleich um Nachsicht bitten für jene, die einem Vater wie ihm selbst eine Kraft zutrauen, die allein der allmächtige Vater besitzt. Und dies ist die zweite und letzte Gelegenheit, bei der man Gott in der rabbinischen Literatur als «Abba» angeredet findet. Und auch hier redet ein Wundertäter, den schließlich doch die kindliche Gewißheit auszeichnet, vom allmächtigen Vater erlangen zu können, was er begehrt.

Dennoch, Honi, den Magier, und seine Erben hat die rabbinische Überlieferung nach und nach in Pharisäer, *hasidim*, und letztlich in Rabbiner verwandelt. Wenn schon in der *Mischna* Honi als Rabbi unter Rabbinern begegnet, so ist er für den *Babylonischen Talmud* ein Rabbi über den Rabbinern, «ein Meister des rabbinischen Gesetzes, der größte Weise seiner Generation» (Green, S. 646). Auffällig ist freilich, daß dessen ungeachtet weder Honi noch seine Enkel in den hier betrachteten Texten jemals ausdrücklich «Rabbi» genannt werden.

Zweierlei verrät der Ruhm jenes rabbinischen Magiers, Honis des Kreismachers, in der rabbinischen Literatur. Zunächst, was wir hier schon angedeutet haben, daß der Wundermann sich zweifellos beim Volke großer Beliebtheit erfreute. Vermutlich war er selbst ein Mann des Volkes, ein Bauer. Aber seine Magie war zu mächtig, und sein Wirken, und nicht zuletzt sein Tod, hatten ihn über die kleine Überlieferung des niederen Standes hinaus zu weit in die große Überlieferung der Großen emporgehoben, als daß man ihn hätte einfach außer acht lassen können. Also mußte man ihn so erklären, daß das, was er war und was er tat, dem Rabbinerstand zur Ehre gereichte. Das aber war noch aus einem zweiten Grunde wünschenswert, der seinen Ruhm in der *Mischna* und im *Babylonischen Talmud* um so erklärlicher macht. «Jetzt wurde nämlich die Macht, Regen zu bringen, die früher ein Vorrecht der Priester und des Kultus gewesen war, dem Rabbi und seiner Torah zugetraut», sagt diesbezüglich Green (S. 641). «Wenn man also einen Bericht über einen volkstümlichen Regenmacher in die Mischna aufnahm und diesen dabei in einen Rabbi verwandelte, konnte auch das als Beweis dafür gelten, daß die neue Religion der Rabbis an die Stelle der alten Religion der Priester getreten war.» Insgesamt illustriert die Karriere Honis, des Kreismachers und Regenzauberers, in der rabbinischen Literatur das Unbehagen bei Priestern, Rabbinern und allen anderen Verwaltern institutionalisierter Abhilfen gegen moralisches und natürliches Unheil angesichts eines einzelnen prophetischen oder charismatischen Magiers, dessen erfolgreiches Wirken nicht nur den Wert der von ihnen verwalteten Mittel in Frage stellen, sondern allzuleicht auf eine ausdrücklich ideologische Herausforderung ihrer Autorität hinauslaufen kann.

Hanina, Mann der Tat

Auch bei Würdigung der Geschichte des Hanina ben Dosa, eines Wundertäters, der wie Jesus von Nazaret vor der Zerstörung des zweiten Tempels im 1. Jahrhundert der christlichen Ära lebte, bedarf es der stratigraphischen Methode zur erhellenden Lektüre der rabbinischen Texte, die von ihm handeln. Ich gehe hier aus von den vorbereitenden

Arbeiten Geza Vermes' (1981, S. 72–80), der auch die in Frage kommenden Haupttexte bequem zugänglich gemacht hat (1972–1973a), verdanke aber noch mehr den zwingenden Analysen Seán Freynes (1980b) und Baruch Boksers (1985). Im übrigen wende ich die von Bill Green bei der Untersuchung der Überlieferung von Honi gewonnenen Erkenntnisse auf die Überlieferung von Hanina an und unterstelle den Rabbinern von vornherein, daß sie auch, wo sie von Hanina erzählen, zwei Hauptanliegen haben. Erstens, daß Magie Gebet werden muß, und zweitens, daß der Magier Rabbi werden muß. Also daß, wo wir im rabbinischen Schrifttum große Magier erwähnt finden, vorausgesetzt werden kann, daß diesen Anliegen Genüge geschehen ist (wie auch weiter vorausgesetzt werden kann, daß die Wundertaten kleinerer Magier, die die Autorität der Rabbiner nicht allzu sehr herausforderten, von den Verfassern dieser Schriften getrost mit Stillschweigen übergangen wurden).

Die Untersuchung zweier Hanina betreffender Textstellen mag uns zeigen, wie das in seinem Fall bewerkstelligt wurde.

> «Nachdem Rabbi Hanina ben Dosa gestorben war, verschwanden die Männer der Tat (Wundertäter).»
> (*Mischna, Sota* 9,15m; deutsch von H. Bietenhard in G. Beer und O. Holtzmann)

> «Man erzählt von Rabbi Hanina, Dosas Sohn, daß er betete für die Kranken und dabei sprach: der lebt, und der stirbt. Da sagten sie ihm: woher weißt du das? Er sprach zu ihnen: wenn geläufig ist mein Gebet in meinem Munde, so weiß ich es: der ist angenommen, wo nicht, so weiß ich, der ist verworfen.»
> (*Mischna, Berakot* 5,5; deutsch von O. Holtzmann in G. Beer und O. Holtzmann)

Wie man sieht, wird Hanina hier gleich ausdrücklich als Rabbi vorgestellt. Doch, sagt Vermes (1972–1973a, S. 62), «der Bemühungen ungeachtet, das Gegenteil als Tatsache hinzustellen, war höchstwahrscheinlich Hanina kein berufsmäßiger religiöser Lehrer, kein Rabbi». Und dieser Meinung stimmt Freyne zu: «Es scheint sehr wenig glaubwürdig, daß Hanina jemals als Rabbi fungierte, in dem engeren Sinne eines halachischen Lehrers, welchen Sinn aber der Titel nach dem Jahre 70 u. Z. normalerweise hat» (1980b, S. 224). Andererseits beharrt Freyne Vermes gegenüber zu Recht auf der Überzeugung, «daß ‹Mann der Tat› von *hasid* unterschieden werden sollte, wenn auch hinsichtlich Haninas eine Neigung bestand, die beiden Rollen einander anzugleichen» (1980b, S. 238). «In der Tat», versichert Dennis Berman, «unterscheiden die Quellen sorgfältig zwischen *hasidim* und ‹Männern der

Tat›.» Denn während der Mann der Tat ein Wundertäter oder Magier ist, ist «der Hasid ein eifriger Befolger der rituellen Vorschriften, von sehr gewissenhaftem Lebenswandel und von glühender Frömmigkeit, vollkommen rechtschaffen. Auch er gibt ein Vorbild für das tätige Leben, zeichnet sich aber durch seine Radikalität, seine geistliche Inbrunst und seinen Eifer für das Gesetz aus» (S. 17, 20). Wenn Hanina und Honi als *hasidim* bezeichnet wurden, geschah das zweifellos nur im Zuge ihrer posthumen Rabbinisierung, und die Bezeichnung sollte die moderne Forschung über den wahren Sachverhalt nicht täuschen.

An der hier zitierten Stelle aus der *Mischna* wird also Hanina hyperbolisch als der größte unter den «Männern der Tat» gepriesen. Er war Vermes zufolge, der in diesem Punkte sowohl Büchler als auch Safrai widerspricht, «kein Sozialarbeiter oder Beförderer der öffentlichen Wohlfahrt (wofür sich übrigens in den Quellen auch kein Beweis findet), sondern, wie schon seit langem geglaubt wird, der berühmteste Wundertäter im rabbinischen Judentum» (1972–1973a, S. 39).

Das zweite Zitat jedoch stellt mit aller wünschenswerten Deutlichkeit die Magie unter das Gebet und Hanina unter die Macht des Himmels. Hanina, sagt Vermes, «behauptet demütig, daß die Worte seines Gebets nicht seine eigenen, sondern ihm von Gott in den Mund gelegt sind, wenn sie Wirkung tun, und daß, wenn andererseits solche Inspiration nicht stattfindet und keine heilenden Worte aus seinem Munde kommen, dem Kranken nicht zu helfen ist, weil der Himmel dessen Heilung nicht beabsichtigt» (1972–1973a, S. 30). Ich bin indessen nicht wie Vermes davon überzeugt, daß Hanina die fragliche Erklärung wirklich zugeschrieben werden kann, denn in *Tosefta, Berakot* 3,3 lesen wir: «Rabbi Akiba sagt: Wenn jemandem sein Gebet in seinem Munde geläufig ist, so ist das ein gutes Zeichen für ihn, und wenn nicht, so ist das ein böses Zeichen für ihn» (E. Lohse und G. Schlichting, S. 34–35). Ich halte es für sehr viel wahrscheinlicher, daß ein Spruch des Rabbi Akiba dem Hanina in den Mund gelegt wurde, um dessen fromm rabbinische Gesinnung zu beweisen, als daß umgekehrt ein echter Spruch Haninas dem Rabbi Akiba zugeschrieben wurde.

So sehe ich hier keinen Anlaß, an meiner Voraussetzung zu zweifeln, daß man auch, wo von Hanina erzählt wird, nach der Regel verfuhr: Ein Mann der Tat muß in einen Mann des Gebets verwandelt werden; Heilungen müssen auf eine für die rabbinische Tradition akzeptable Weise in das Ermessen des Himmels gestellt werden. Da aber von Hanina sehr viel mehr und Unterschiedlicheres erzählt wird als von Honi, werde ich hier hauptsächlich zwei Geschehnisse seines Lebens untersuchen, von denen uns mehrere Erzählfassungen überliefert sind. Diese ermöglichen es uns, zumindest eine Phase dieses Verwandlungsvorgangs nachzuvollziehen. Ich ordne zu diesem Zweck die Zeugnisse nicht in der chronologischen Folge ihrer Abfassung an, sondern entsprechend dem Fortschritt der Rabbinisierung des Magiers.

Das ferne Kind

Überliefert ist, daß einst Hanina ein fernes Kind aus großer Gefahr errettete. Die früheste Fassung dieser Erzählung – diejenige nämlich, die den in der Folge zum Rabbiner verwandelten Magier noch am deutlichsten erkennen läßt – findet sich in einer vergleichsweise späten Quelle, dem *Babylonischen Talmud.*

A. «Die Rabbanan lehrten: Einst fiel die Tochter Nehunja des Brunnengräbers» (der Brunnen für die Pilger grub, die an den drei großen Festen nach Jerusalem wallten) «in einen großen Brunnen. Da berichtete man es R. Hanina b. Dosa. In der ersten Stunde sprach er zu ihnen: Friede, in der zweiten sprach er zu ihnen: Friede, in der dritten Stunde sprach er zu ihnen: sie ist bereits heraufgekommen.»

B. «Als man sie darauf fragte, wer sie heraufgebracht habe, erwiderte sie: Ein männliches Schaf, das von einem Greise geführt wurde, stellte sich zu mir ein.»

C. «Darauf sprachen sie zum ihm: Bist du denn ein Prophet? Er erwiderte ihnen: Ich bin weder ein Prophet noch Sohn eines Propheten, aber ich sage wie folgt: Sollte denn an einem Werk, an dem dieser Fromme sich abmüht, sein Kind verunglücken.»

D. «R. Aha sagte: Dennoch starb seine Tochter vor Durst. Es heißt nämlich: *rings um ihn stürmt es gewaltig*» (Psalm 50,3), «dies lehrt, daß es der Heilige, gepriesen sei er, mit seiner Umgebung haargenau nimmt.»
(*Babylonischer Talmud, Baba Qamma* 50a; Goldschmidt Bd. 7, S. 171)

Man beachte, daß die Erzählung der Tatsachen in dem hier mit A bezeichneten Abschnitt keines Gebets gedenkt. Es wird auch nicht deutlich, ob Hanina selbst das Mädchen auf wunderbare Weise errettete oder nur auf wunderbare Weise wußte, daß sie auf natürliche Weise von anderen gerettet werden würde. Jedenfalls dienen die in den Abschnitten B, C, D gegebenen Erläuterungen offenbar dem Zweck, das Wunder in seiner Ungeheuerlichkeit zu mäßigen. Dem Abschnitt B zufolge wurde das Mädchen nicht von Hanina, sondern von Abraham und Isaak gerettet (vgl. Genesis 22), wie auch eine Parallelstelle, *Jebomoth* 121b berichtet, an der Hanina selbst dem Mädchen die Frage stellt. Der eigenen Erklärung Haninas in Abschnitt C zufolge hatte dieser nur aus Vertrauen in die Gerechtigkeit und Güte Gottes gewußt, daß das Mädchen nicht an einem guten Werk ihres Vaters sterben würde. (Dieser Nehunja übrigens ist mutmaßlich der in der *Mischna, Schekalim* 5,1, erwähnte «Brunnengräber» gleichen Namens.) Hanina sagt (mit den Worten des Propheten Amos, 7,14) ausdrücklich, daß er kein Prophet ist. Schließlich entkräftet im letzten Abschnitt D der babylonische amoraitische Rabbi Aha bar Jacob die ganze Überlieferung. Damit nicht die Errettung der Tochter des Brunnengräbers vor dem Tode durch Ertrinken Gott etwa aufgenötigt scheinen möchte, behauptet er, daß derselbe diese zwar vor dem Ertrinken bewahrt, den Sohn des nämlichen Brunnengräbers aber habe verdursten lassen.

Das Bemerkenswerteste an diesem Komplex ist, daß man es für nötig hielt, der Erzählung von der Tat Haninas (der freilich schon dort wie selbstverständlich als Rabbi bezeichnet wird) nicht weniger als drei Erläuterungen anzuhängen, ehe man glaubte, die Erzählung passieren lassen zu können. Immerhin haben wir hier, da es sich bei den Erläuterungen um Zusätze handelt, die ursprüngliche Erzählung noch in einiger Reinheit und können sehen, was die Rabbiner dabei störte: daß da Hanina weder um ein Gebet ersucht wird noch ein Gebet spricht.

Im zweiten Stadium der Entwicklung der Erzählung von der Errettung des fernen Kindes handelt es sich bei diesem um einen Sohn Johanan ben Zakkais, des Gründers und ersten Leiters der rabbinischen Akademie in Jamnia oder Jawneh, der Stadt an der judäischen Küste, wo die Rabbiner nach der Zerstörung des zweiten Tempels im Jahre 70 n. Chr. Aufenthalt nahmen.

A. «Abermals ereignete es sich mit R. Hanina b. Dosa, daß er zu R. Johanan b. Zakkaj die Tora studieren ging, und da gerade der Sohn des R. Johanan b. Zakkaj erkrankte, sprach dieser zu ihm: Hanina, mein Sohn, flehe doch für ihn um Erbarmen, daß er genese! Da legte er sein Haupt zwischen seine Kniee und flehte für ihn um Erbarmen; und jener genas.»

B. «Hierauf sprach R. Johanan b. Zakkaj: Hätte der Sohn Zakkajs den ganzen Tag seinen Kopf zwischen seine Kniee geschlagen, man würde ihn nicht beachtet haben.»

C. «Da sprach seine Frau zu ihm: Ist denn Hanina bedeutender als du? Er erwiderte: Nein; allein, er ist wie ein Diener (der jederzeit Zutritt hat) vor dem König, ich aber wie ein Fürst (der nur zu bestimmten Zeiten vorgelassen wird) vor dem König.»
(*Babylonischer Talmud, Berakhoth* 34b; Goldschmidt Bd. 1, S. 156)

Die Erzählung in Abschnitt A weiß von gut ausgewogenen Verhältnissen. Hanina ist Schüler Johanans, und dieser spricht ihn als seinen Sohn an, doch vollbringt er auf Johanans Bitten ein Wunder. Bei dessen Würdigung wird im Abschnitt B zunächst der Lehrer zu seinem Nachteil mit dem wundertätigen Schüler verglichen, während die Betrachtung in Abschnitt C die Würde des Lehrers wiederherstellt. Bemerkenswert ist übrigens die Stellung, die der betende Hanina einnimmt: Elija «bückte sich zur Erde und tat sein Haupt zwischen seine Kniee», als er auf des Karmels Spitze Regen erbat – oder herbeizauberte (1. Könige 18,42).

Man darf natürlich der vorstehenden Erzählung keine historischen Angaben zur Biographie Haninas entnehmen wollen. Bei der Erzählung von dem angeblich am Sohne Johanans getanen Wunder handelt es sich tatsächlich um eine den nach der Zerstörung des Tempels veränderten Umständen angepaßte Neufassung der Erzählung von der Errettung der Tochter des Brunnengräbers. Daß auch unter diesen veränderten Umständen die Wunderkraft Haninas umstritten war, bezeugen auch diesmal der Erzählung angehängte Erläuterungen.

Das dritte Stadium der Entwicklung der Überlieferung wurde über eine Vorstufe erreicht, und der Vergleich der beiden Fassungen ist sehr lehrreich. Unter der Voraussetzung, daß der hier als Vater des kranken Kindes genannte Rabban Gamaliel nicht Gamaliel I. sein soll (welcher der Zeit vor der Zerstörung des zweiten Tempels angehört), sondern «Gamaliel II., der Lehrer, der sich in der Leitung der Akademie von Jawneh an die Stelle Johanan ben Zakkais setzte und auf der palästinensischen Szene des späten 1. und frühen 2. Jahrhunderts eine dominierende Rolle spielte» (Vermes, 1972–1973a, S. 59), ist hier zu entnehmen, daß auch die Anhänger des Überwinders Johanans sich das Prestige Haninas noch anzueignen bemüht waren, so daß sie nun in der Erzählung von Haninas Wundertätigkeit an die Stelle des Vaters des gefährdeten Kindes statt des Johanan ihren Meister setzten. Hier ist die erste Fassung dieser neuen Bearbeitung der Überlieferung:

> «Es geschah einst, daß, als ein Sohn des R. Gamliel erkrankte, dieser zwei Gelehrte zu R. Chanina b. Dosa in dessen Stadt sandte. Da sagte er (= R. Chanina) zu ihnen: Wartet hier auf mich, ich gehe hinauf in das Obergemach. Er ging hinauf in das Obergemach, kam herunter und sagte zu ihnen: Ich bin sicher, daß der Sohn des R. Gamliel von seiner Krankheit genesen wird. Man stellte fest, daß genau zur selben Zeit der (Kranke) von ihnen (= von den Hausleuten) Speise verlangt hatte.»
> (*Jerusalemer Talmud, Berakhoth* 9d; deutsch von Ch. Horowitz, Bd. 1, S. 156–157)

Man beachte, daß an dieser Stelle nirgends ausdrücklich gesagt wird, daß Gamaliel (Gamliel) den Rabbi Hanina (oder Chanina) gebeten hätte, für seinen erkrankten Sohn zu beten oder dieser für ihn gebetet hätte. Der Zusammenhang der Stelle mit der hier bereits betrachteten in der *Mischna* (*Berakot* 5,5), wo Hanina selbst seine anscheinenden Fähigkeiten als Wunder gottgegebenen Gebets erklärt, erlaubt freilich, das stillschweigend vorauszusetzen.

Jede Möglichkeit einer der rabbinischen Lehre widersprechenden Deutung ist in der zweiten Fassung dieser dritten Bearbeitung der Erzählung beseitigt. Man findet sie im *Babylonischen Talmud* übrigens vor der Bearbeitung, die Hanina dem Johanan gegenüberstellt.

A. «Die Rabbanen lehrten: Einst erkrankte der Sohn R. Gamliéls und er sandte zwei Schriftgelehrte zu R. Hanina b. Dosa, daß er für ihn um Erbarmen flehe. Als dieser sie sah, stieg er auf den Söller und flehte für ihn um Erbarmen. Beim Herabsteigen sprach er zu ihnen: Gehet, das Fieber hat ihn verlassen.»

B. «Da sprachen sie zu ihm: Bist du denn ein Prophet? Er erwiderte: weder bin ich ein Prophet, noch der Sohn eines Propheten; allein so ist es mir überliefert: ist mir das Gebet im Munde geläufig, so weiß ich, daß es angenommen, wenn nicht, so weiß ich, daß es gewirrt wurde.»

C. «Hierauf ließen sie sich nieder und schrieben die Stunde genau auf, und als sie zu R. Gamliél kamen, sprach er zu ihnen: Beim Kult, weder habt ihr verhindert noch vermehrt: genau dann geschah es, in jeder Stunde verließ ihn das Fieber, und er bat uns um Wasser zum Trinken.»

(*Babylonischer Talmud, Berakhoth* 34b; Goldschmidt Bd. 1, S. 155–156)

Hier wird anders als in der Fassung des *Jerusalemer Talmud* Haninas Gebet ausdrücklich erbeten und gewährt. Im Abschnitt B finden wir die Erklärung der Gewißheit des Beters, daß ihm sein Gebet von Gott selbst inspiriert und also von diesem erhört worden sei als Antwort auf die in der ersten Bearbeitung (*Babylonischer Talmud, Baba Qamma* 50a) der Erzählung der wunderbaren Rettung der Tochter des Brunnengräbers nachgestellten Frage, ob er ein Prophet sei. So ist der Magier gründlich rabbinisiert und kann ohne Gefahr zu dem großen Rabbi Gamaliel II. in Beziehung gesetzt werden.

Der Schlangenbiß

Ich eröffne die Erörterung der auf den Schlangenbiß bezüglichen Überlieferung mit einem Text der *Mischna*, wo von Hanina überhaupt nicht die Rede ist, sondern von der Inbrunst des Gebets der *hasidim*, der vorbildlichen Frommen der Vorzeit:

«Die Frommen der Vorzeit pflegten zu warten / eine Stunde lang und dann beteten sie, / damit sie richteten ihr Herz / auf ihren Vater, der da ist im Himmel. / Auch wenn der König seinen Gruß entbietet, / erwidert man nicht, / auch wenn eine Schlange sich ringelt / wider die Ferse, bricht man nicht ab.»
(*Mischna, Berakot* 5,1; deutsch von O. Holtzmann in G. Beer und O. Holtzmann)

Dann aber, in einem viel späteren Zeugnis, finden wir einen Hinweis darauf, daß die Erinnerung an die sich ringelnde Schlange eine Tat Haninas zum Ausgang hat.

A. «Die Rabbanen lehrten: Einst befanden sich an einem Orte eine Wasserschlange, die die Menschen verletzte, und als man zu R. Hanina b. Dosa kam und es ihm erzählte, sprach er zu ihnen: Zeiget mir ihr Schlupfloch. Als man ihm ihr Schlupfloch zeigte, setzte er seine Ferse auf die Öffnung des Schlupfloches; da kam sie heraus und biß ihn, aber die Wasserschlange krepierte.»
B. «Hierauf nahm er sie auf seine Schulter,»
C. «brachte sie ins Lehrhaus und sprach zu ihnen: Sehet, meine Kinder, nicht die Wasserschlange tötet, sondern die Sünde tötet.»
D. «In dieser Situation sagten sie: Wehe dem Menschen, dem eine Wasserschlange begegnet, und wehe der Wasserschlange, der R. Hanina b. Dosa begegnet.»
(*Babylonischer Talmud, Berakot* 33a; Goldschmidt Bd. 1, S. 147)

Hier geht es, wie Baruch Bokser hervorgehoben hat, nicht eigentlich um die Konzentration auf das Gebet, sondern um die Abwendung einer der Gemeinschaft drohenden Gefahr. «Der Bericht ist eine Wundergeschichte eines Typs, von dem Beispiele in der hebräischen Bibel, im Neuen Testament und anderswo häufig sind. Solche Geschichten haben drei Elemente: (a) ein Problem, auf das die Aufmerksamkeit einer Person, die es lösen kann, gelenkt wird; (b) die ‹übermenschliche› oder wunderbare Reaktion dieser Person auf die Herausforderung; und (c) die wunderbare Lösung des Problems» (S. 69–70). Außerdem enden solche Geschichten gewöhnlich mit einer Lobpreisung des Retters durch die Geretteten. Andererseits stören die hier mit B und C bezeichneten Abschnitte dieses Muster. Wie Bokser hervorhebt, wird an dieser Stelle durch die moralisierende Erklärung der Fluß der Erzählung zwischen dem Wunder und der Bewunderung desselben unterbrochen. Aber nicht nur das, die moralisierende Erklärung nimmt der einfachen Wundergeschichte auch den Sinn. «Denn wenn die drohende Gefahr durch die Sünden der Menschen verursacht ist, kann jeder die Gemeinschaft retten, und der für seine Wundertaten bekannte Hanina ist nicht erforderlich» (S. 70). Ich nehme deshalb an, daß wir es bei dem Abschnitt B, C mit einem moralisierenden Kommentar der Rabbiner zu tun haben (der sich eingedenk von Genesis 3 hier freilich aufgedrängt haben mag). Aber das nötigt uns, noch einen anderen Aspekt der Erzählung in Betracht zu ziehen. Die «Wasserschlange» der Erzählung (*arward* oder *hawarbar*) war ein doppelt unreines Geschöpf, denn als solches galt (Levitikus 11,29) jedenfalls die Schlange, und die fragliche war zudem, der Legende zufolge, eine Mischbildung aus Schlange und Eidechse. Dreifach unrein war dieses Wesen aber schließlich als Aas, nachdem es an dem Biß in Haninas Ferse krepiert war. Wie hätten also die Rabbiner dulden können, daß Hanina dieses unreine Ding in das Lehrhaus brachte? Ich möchte annehmen, daß der Abschnitt B des Berichts schon Teil der Erzählung war, die den Rabbinern zur Bearbeitung vorlag. Daß also wirklich der von rabbinischen Skrupeln ganz freie Hanina sich das Schlangenaas über seine Schultern legte als Beweis seines Sieges und der Kraft seiner Magie. Er selbst mag sogar die sprichwörtliche Formulierung am Ende des Berichts gefunden haben, die schließlich die Kraft dieser Magie sehr einprägsam rühmt. Die Rabbiner hätten in dem Fall, um der Geschichte den Stachel zu nehmen, nur die moralisierende Erläuterung C eingefügt, was jedoch offensichtlich nicht ausreichte zu verschleiern, daß beim Tode der Wasserschlange eine starke magische Kraft am Werke war.

Doch wo bei den Ermahnungen zu inbrünstigem Gebet – wie in der *Mischna, Berakot* 5,1 – die Tat Haninas als Beispiel angeführt wird, ist von deren ursprünglichem Charakter kaum noch etwas zu ahnen.

A. «Steht jemand beim Gebet auf der Straße oder auf einem Platz»
B. «so darf er einem Esel, einem Eseltreiber oder einem Topfhändler ausweichen, ohne (das Gebet) zu unterbrechen.»
C. «Geschehnis mit R. Hanina ben Dosa, daß er dastand und betete. Da biß ihn eine Schlange; aber er unterbrach (das Gebet) nicht.»
D. «Als seine Schüler kamen, fanden sie sie an der Öffnung ihres Schlupfloches tot.»
E. «Da sagten sie: Wehe dem Menschen, den eine Schlange gebissen hat! Wehe (jedoch) der Schlange, die den Ben Dosa gebissen hat!»
(*Tosefta, Berakot* 3,20; Lohse und Schlichting S. 47)

Die Schlange ist hier die nämliche wie in der ursprünglichen Wundergeschichte und verrät so die Herkunft des erbaulichen Beispiels aus dieser. Aber das Gebet, das Hanina spricht, als er von ihr gebissen wird, ist die Tefillah, das Gebet *par excellence*, das ‹Achtzehngebet›. Und Hanina hat Schüler wie jeder gute Rabbi. Die tot in der Öffnung ihres Schlupflochs gefundene Schlange ist etwas seltsam, aber jedenfalls ist einiges von der Unreinheit ihrer Berührung vermieden, wenn sie nicht unmittelbar beim Biß in die Ferse des Rabbis starb. Nur an dieser einen Stelle, wo sprichwörtlich gesagt ist, daß der Biß in seine Ferse für jede Schlange verhängnisvoll wäre, wird Hanina nicht beim Titel Rabbi genannt, sondern kurz und bündig: Ben Dosa (Vermes, 1972–1973a, S. 340).

Im dritten Stadium der Entwicklung ist die Geschichte von Hanina noch vollkommener mit den Ermahnungen zur Andacht beim Gebet in der *Mischna* verquickt, doch wird in dieser Fassung stillschweigend auch jedes besondere Verdienst Haninas geleugnet, das hier übrigens nicht als *arwad*, sondern als *chabharbar* (eine in bunten Farben schillernde giftige Schlange) identifiziert wird.

A. «Selbst wenn eine Schlange sich um seine Ferse ringelt, darf er (das Gebet) nicht unterbrechen.» (= *Mischna, Berakot* 5,1)

B.–D. (Wie muß sich der Bettler verhalten, wenn ein Skorpion, von dem Lebensgefahr droht, angreift? Oder wenn eine Schlange nicht schon um seine Ferse geringelt ist, sondern erst in aggressiver Absicht auf ihn zukommt?)

E. «Es wurde gelehrt: Wenn jemand auf der Straße oder auf einem öffentlichen Platz steht und betet, muß er zurücktreten, um einen Esel oder einen Wagen vorbeiziehen zu lassen; er darf aber nicht sein Gebet unterbrechen.» (Vgl. *Tosefta, Berakot* 3,20)

F. «Man erzählt von R. Chanina b. Dosa: Er stand einst und betete,»

G. «da kam ein Chabharbar und biß ihn, er unterbrach aber sein Gebet nicht.»

H. «Darauf gingen die Leute und fanden diesen Chabharbar tot neben dem Loch.»

I. «Da sagten die Leute: Wehe dem Menschen, den ein Chabharbar gebissen hatte, aber wehe dem Chabharbar, der R. Chanina b. Dosa gebissen hat.»

J. «Welche Bewandtnis hat es mit diesem Chabharbar?»

K. (Das Sprichwort sagt): «Wenn er einen Menschen gebissen hat – erreicht der Mensch als erster das Wasser, stirbt der Chabharbar; erreicht der Chabharbar als erster das Wasser, stirbt der Mensch.»

L. «Seine Schüler fragten ihn: Rabbi, hast du denn gar keinen (Schmerz) empfunden?»

M. «Darauf entgegnete er ihnen: Möge über mich (Böses) kommen, wenn ich an etwas anderes dachte als an das, worauf sich meine Gedanken im Gebet konzentrieren mußten.»

N. «R. Jicchaq b. Elazar sagte: Der Heilige, er sei gepriesen, hat für ihn (= R. Chanina b. Dosa) einen Quell unter seinen Fußsohlen entstehen lassen (damit er als erster das Wasser erreicht und gerettet wird), damit in Erfüllung gehe, was gesagt wurde: *Er erfüllt den Willen seiner Gottesfürchtigen, er hört ihr Schreien und hilft ihnen.*» (Psalm 145,19)
(*Jerusalemer Talmud, Berakot* 9a; Ch. Horowitz Bd. 1, S. 143–144)

Der hier vollzogene wesentliche Schritt ist die Verbindung von A mit F bis I. In H ist hier zwar nicht von Schülern die Rede, aber in I wird Hanina bei vollem Namen und Titel genannt. Der aramäische Zusatz J, K spielt das Wunder herunter. Hanina hat einfach rechtzeitig Wasser erreicht. Damit erklärt nicht eine besondere Magie, sondern die rechtzeitige Anwendung eines bekannten Hausmittels gegen Schlangengift seine glückliche Rettung. Die zweite Hinzufügung, L, M scheint mir eine Ermahnung zur Andacht beim Gebet zu enthalten. Doch fehlt der Erklärung Haninas sehr auffällig jeder Ausdruck magischer Gewißheit und wunderbar bestätigter Zuversicht. Endlich hat man in N die Versicherung, daß Gott Hanina gerettet hat, indem er ihm auf wunderbare Weise das Mittel, Schlangengift unschädlich zu machen, zur Verfügung stellte.

Es gibt bei der Verarbeitung der beiden Geschichten von dem fernen Kind und dem Schlangenbiß offenkundige Ähnlichkeiten. Zuerst ist vom Beten dabei nicht die Rede – am Ende erweisen beide Wunder nur die Macht des Gebets. In beiden Fällen zeigen die verschiedenen Fassungen der Erzählung auch ein gewisses Schwanken in der Haltung der Bearbeiter zu Hanina zwischen dem Bemühen, eine Magie zu entzaubern und zu leugnen, und dem Versuch, sie der rabbinischen Orthodoxie gefügig zu machen. Es ist niemals sicher oder leicht, einen Magier zu rabbinisieren.

Die erörterten beiden Fälle müssen uns für den Augenblick genügen, denn obwohl von Hanina noch ungefähr ein Dutzend weiterer Wunder erzählt werden, unter ihnen eine Folge von sieben (in aramäischer Sprache), die Einblick in das dörfliche Leben und dörfliche Magie gewähren, liegen uns doch die Erzählungen von diesen Wundern nicht in mehreren Fassungen vor, an denen man den Fortschritt der Verwandlung des Magiers in einen Rabbi ablesen könnte. Doch sei zum Abschluß immerhin das erste Wunder der erwähnten Folge hier vorgestellt.

A. «R. Hanina b. Dosa befand sich auf dem Wege, und es kam ein Regen. Da sprach er: Herr der Welt, die ganze Welt in Behagen und Hanina in Not! Da hörte der Regen auf. Als er nach Hause kam, sprach er: Herr der Welt, die ganze Welt in Not und Hanina in Behagen! Da kam Regen.»

B. «R. Joseph sprach: Was nützte nun bei R. Hanina b. Dosa das Gebet des Hochpriesters?»
(*Babylonischer Talmud, Taanith* 24b = *Joma* 53b; Goldschmidt Bd. 3, S. 722–723)

Zweifellos könnte die Rede in A als Gebet gedeutet werden. Doch befremden muß immerhin die Zuversicht, mit der Hanina sich dabei der ganzen übrigen Welt gegenüber der besonderen Rücksicht des Herrn empfiehlt. Jedenfalls wird seine Rede in B als Gebet gewürdigt; und derart in der rabbinischen Herde aufgenommen, kann Hanina unbesorgt über den Hohenpriester gestellt werden, dessen Amt freilich zur Zeit des Vergleichs zwischen beider Macht schon der Vergangenheit angehörte. Die von R. Joseph rhetorisch gestellte Frage aber ist letztlich doch diejenige, die sich bei der Gegenüberstellung von Charisma und Institution, individueller Magie und Gemeinschaftsritual zu allen Zeiten immer wieder erhebt.

Der Magier als Typus

Ob wir nun von Protestierern, Propheten, Banditen, Messiassen oder Revolutionären handeln, stets haben wir genügend Beispiele zur Hand, den Protestierer, Propheten, Banditen, Messias usw. als typischen Vertreter des niederen Volkes in Palästina des 1. Jahrhunderts n. Chr. zu charakterisieren. Aber Honi, seine beiden Enkel und Hanina, vier Magier in zwei Jahrhunderten, scheinen, selbst wenn man sie auf die Tradition von Elija und Elischa bezieht, als statistisches Material für die Definition eines Typus nicht genug herzugeben.

Geza Vermes hat sich bemüht, eine spezifisch nördliche oder galiläische Tradition «heiliger Männer» (oder *hasidim*) innerhalb des «charismatischen Judentums» aufzuweisen, die von Elija und Elischa ausging und zu der nicht nur Honi und Hanina, sondern auch Jesus von Nazaret gehörte (1981, S. 58–82). Mir scheint die Annahme höchst brauchbar, wenn ich auch der Meinung bin, daß sie in Einzelheiten der Berichtigung bedarf. Zunächst meine ich, daß diese «heiligen Männer» als *hasidim* nicht treffend bezeichnet werden können, denn eine sonderlich strenge Beobachtung der Religionsgesetze scheint kein Anliegen dieser Wundertäter gewesen sein. Bezeichnungen wie *hasid* oder *rabbi* und Hervorhebung des Gebets und der gesetzestreuen Religionsausübung waren vielmehr nur erforderlich, um diese volkstümlichen und berühmten Magier in die rabbinische Gemeinschaft einzubinden.

Dennoch haben wir es hier tatsächlich mit dem Typus eines Wundertäters zu tun, dessen Wirken sich unmittelbar von Gott bevollmächtigt weiß und der nicht auf die Vermittlung oder Unterstützung durch die Formen, Rituale und Institutionen angewiesen ist, durch die Gottes Macht gewöhnlich wirkt. Sodann muß die Annahme einer Beschränkung dieser Tradition auf den Norden des Landes differenziert werden. Elija und Elischa freilich wirkten allerdings im Norden, und wenn auch die Erzählungen von ihrem Wirken in heilige Schriften des Südens aufgenommen wurden, befinden sie sich in einem spürbaren Spannungsverhältnis zu der mosaischen Tradition – und vielleicht auch zu der Tempelreligion. Auch kann man den hier interessierenden späteren Wundertätern Verbindungen mit der Elija-Elischa-Tradition nachweisen. Honi macht Regen mittels eines Kreises wie Elischa auf dem Berge Karmel. Dieser aber tat es mit zwei voneinander unabhängigen Wundern: das Regenwunder (1. Könige 18,41–45) und das Grabenwunder um den Altar (1. Könige 18,30–38). Hanina betet mit dem Kopf zwischen den Knien (*Babylonischer Talmud, Berakhoth* 34b), genau wie es Elija tat (1. Könige 18,42); und er beherrscht den Regen (*Babylonischer Talmud, Taanith* 24b = *Joma* 53b), ebenso wie es Elija, Honi und dessen Enkel vermochten. Dennoch möchte ich die spätere Entwicklung dieser Tradition nicht auf die nördliche Herkunft beschränken, da die Honi und Hanina betreffenden Zeugnisse diesbezüglich sehr undeutlich sind. Sobald nämlich die wunderbaren Heilungen, Vermehrungen und anderen Wunder der Geschichten von Elija und Elischa in die Große Tradition aufgenommen waren, wird es um so schwieriger gewesen sein, die Magie, die in der Kleinen Tradition wurzelte, gänzlich auszurotten, und zwar nicht nur im Norden, sondern auch im Süden oder sonstwo in der jüdischen Welt. Ich nehme deshalb an, daß Magie und Zauberei beim niederen Volk weit verbreitet waren und daß die wenigen Wunder, von denen wir wissen, weil die Wundertäter, von denen sie berichtet werden, so hervorragend waren, daß es nötig schien, sie in die rabbinische Tradition einzuordnen. Der Rest von ihnen ist im Dunkel der Geschichte untergegangen, weil sie die der Oberklasse angehörigen Verfasser der uns überlieferten Bücher weder als Kuriosität noch als Problem, noch gar als Wert interessierten, wie zum Beispiel die Protestierer und Propheten, Banditen, Messiasse und Revolutionäre, von denen hier schon die Rede war und noch die Rede sein wird.

Der Hauptgegensatz besteht jedenfalls nicht zwischen Galiläa und Jerusalem, sondern zwischen dem Magier als Inhaber eigener Macht und dem Priester oder Rabbi, der von Amts wegen Machtbefugnis hat. Vor der Zerstörung des zweiten Tempels stand der Magier gegen den Tempel, danach gegen den Rabbi. Der Gegensatz konnte mehr oder weniger ausgesprochen sein. Es mochte durchaus vorkommen, daß ein Magier sich dieses Gegensatzes überhaupt nicht bewußt war, während ein anderer denselben programmatisch verkündete. Aber ebenso wie wir später finden werden, daß die Banditen, gleichviel ob sie daran dachten oder nicht, die Legitimität der politischen Herrschaft in Frage stellten, können wir davon ausgehen, daß die Magier durch ihr Wirken die Legitimität der geistlichen Obrigkeit in Zweifel setzten. Denn wenn die Macht eines Magiers Regen bringen kann, wozu braucht man dann die Macht einer Tempelpriesterschaft oder rabbinischen Akademie?

Den chiliastischen Traum aufführen

Richard Horsley unterschied bei der Untersuchung der von Josephus berichteten Fälle drei Typen der Prophezeiung, die exegetische, orakelhafte und chiliastische (1985, 1986c). Die erste klassifiziert er als elitär, die zweite als volksnah, doch hier interessiert vornehmlich die Prophezeiung des dritten Typs, und da möchte ich zuvor die verbreitete Annahme entkräften, daß die Apokalyptik und die Prophetie vorzugsweise elitäre und aristokratische Genres sind. Es gibt nämlich sehr wohl neben der elitären Apokalyptik auch eine bäuerliche und neben der aristokratischen Prophetie die populäre, also volksnahe und volkseigene.

«Ich bin versucht», räumt Jonathan Z. Smith ein, «die Apokalyptik als *Weisheit, der ein königlicher Patron fehlt,* zu definieren», und er hofft, daß diese Definition mindestens dazu diene, zugleich die «Jammer-Theorie» in Frage zu stellen, derzufolge Apokalyptik eine Antwort auf ins unerträgliche gesteigerte Leiden wäre, als auch «die neuerdings beliebte Theorie, nach der sie die Interessen der unteren Klassen spiegelte» (1975, S. 149). Smiths Anliegen ist verständlich; dennoch ist die Definition irreführend. Verständlich, weil die uns überlieferten apokalyptischen Texte sämtlich elitäre Interessen vertreten. Der Chiliasmus der Schriftgelehrten des Altertums war unvermeidlich elitär. Aber sollte es im alten Orient nicht auch einen anderen, einen populären und analphabetischen Chiliasmus gegeben haben? Wir müssen uns den chiliastischen Traum, den Traum vom tausendjährigen Reich, unter mindestens zwei Gestalten vorstellen, literarisch die eine, analphabetisch die andere, eine in Worten, die andere in Taten ausgeprägt, eine für die oberen, die andere für die unteren Klassen, eine für Schriftgelehrte, die andere für Bauern. Können wir sie uns nämlich vorstellen, werden wir Ausschau nach ihnen halten. Und was wir suchen, werden wir vielleicht finden. Jedenfalls sollten wir bedenken, daß jene Südseeinsulaner, die ihre Ernten vernichteten und Lagerschuppen für das *Cargo* bauten, das sie erwarteten, und Landebahnen anlegten für die Geisterflugzeuge, die die begehrten Güter bringen sollten, nicht weniger religiös und nicht irrationaler waren als die morgenländischen Schriftgelehrten des Altertums, die aus sagenhafter Überlieferung das Bild einer fabelhaften Zukunft woben, in der die Welt vollkommen und jeder an seinem Platz sein würde.

Volksprophetie und insbesondere solche chiliastischen Inhalts mag den Übergang von gewaltlosem Bauernprotest, wie wir ihn im vorigen Kapitel behandelt haben, zur Bildung jener bäuerlichen Räuberbanden, von denen im nächsten zu reden sein wird, erleichtert und beschleunigt haben. Zumindest ist die Vorstellung, daß chiliastische Prophetie zur bewaffneten Revolution geneigt machen könnte, durchaus naheliegend. Die von Josephus berichteten Prophezeiungen scheinen allerdings zur tätigen Mitwirkung bei dem zu gewärtigenden übernatürlichen gewaltsamen Umschwung nicht aufgerufen zu haben, aber da sie einen solchen gewaltsamen übernatürlichen Umschwung in Aussicht stellten, war es nur natürlich, daß schon die Prophezeiungen die Kolonialbehörden zu gewaltsamer Unterdrückung der Propheten und ihrer Anhänger provozierten.

Von den allgemeinen Voraussetzungen chiliastischer Prophetie und von jüdischer Apokalyptik im besonderen ist oben schon die Rede gewesen. Hier nun aber interessiert nicht länger die schriftlich überlieferte Apokalyptik der *Gefolgsklasse*, die jene uns vorliegenden Texte hervorbrachte, sondern die Volksapokalyptik der *bäuerlichen Klasse*, die sich in Taten äußerte. Damit soll selbstverständlich weder der Gefolgsklasse die apokalyptische Hoffnung auf eine bessere Zukunft abgesprochen noch behauptet werden, daß alle Bauern apokalyptische Träumer oder chiliastische Visionäre waren oder gar daß sie alle ihre Träume und Visionen in Taten umgesetzt hätten.

Richard Horsley hat in seinem Entwurf einer Typologie der sozialen Formen der verschiedenen Volksbewegungen in der Frühzeit der römischen Herrschaft in Palästina zwischen chiliastischen Propheten und messianischen Königen unterschieden. Chiliastische Propheten, findet er, sind keine Einzelgänger wie Amos oder Jesus ben Hananiah, noch sind sie Propheten mit einer kleinen Schar von Jüngern, wie es anscheinend Johannes der Täufer oder Jesus von Nazaret waren, sondern vielmehr Anführer größerer Bewegungen (von Hunderten oder Tausenden). Überdies verkünden sie nicht nur den Willen oder das Urteil Gottes, sondern führen als Bevollmächtigte Gottes zu erlösenden Taten. Schließlich werden diese Erlösungstaten als neue eschatologische Handlungen verstanden, die den großen in der Urzeit von Mose und Josua angeführten Erlösungstaten typologisch entsprechen und diese zum Muster haben (1985, S. 454 und Anm. 42). Unser Verständnis der von chiliastischen Propheten angeführten Bewegungen in der Frühzeit der römischen Herrschaft in Palästina sollte indessen die Erkenntnisse der vergleichenden Kulturanthropologie nicht unberücksichtigt lassen. Aufschlußreich scheint mir hierfür die Beobachtung Bryan Wilsons (bei der Untersuchung der Wechselwirkung zwischen Magie und Millenniumserwartung bei religiösen Protestbewegungen kolonisierter Völker), daß dem Chiliasmus im Anfangsstadium häufig magische Vorstellungen zugrunde liegen. «Wenn Eingeborene Melanesiens mit imitierten Gewehren exerzieren, folgt daraus noch keineswegs, daß sie einen Aufstand proben oder auch nur vorhaben» (S. 493). Denn die Logik dieser Handlung ist nicht, erst exerzieren wir mit Stöcken, dann kriegen wir echte Gewehre und dann greifen wir die Imperialisten an, sondern vielmehr, Imperialisten haben Macht und exerzieren in geschlossener Formation. Wenn also auch wir in geschlossener Formation exerzieren, werden auch wir Macht erhalten. Über den allgemeinen Erkenntnissen der vergleichenden Anthropologie darf man zwar nie den jeweiligen konkreten historischen Sonderfall aus dem Auge verlieren, dennoch sollten einen die Besonderheiten des gegebenen Einzelfalls nicht blind machen für allgemeine menschliche Konstanten. Die Juden besannen sich auf ihre eigenen alten Geschichten und suchten rituell die großen erlösenden Taten ihrer Vorzeit zu wiederholen: den Auszug aus der ägyptischen Gefangenschaft und die Ankunft im Gelobten Land. Andererseits, in einem anderen Land und in einer anderen Zeit, ahmten die Melanesier die Fremden nach, deren *Cargo* (nämlich Waren) sie als Abzeichen und Ausweise höherer Würde begehrten, und legten, wie Peter Worsley berichtet, große Gärten an, bauten Speicher, Landungsstege und Rollfelder, um für den Empfang der Güter, die nie eintreffen sollten, gerüstet zu sein. Sie sorgten für Flaggenmasten, Rundfunkantennen, Leitern, um mit Gott und den Ahnen in Verbindung zu kommen, und schätzten Papier, Bücher, die Bibel zugleich als Symbole und als Behältnisse des Geheimnisses, das man nur zu kennen brauchte, um *Cargo* zu bekommen (1968, S. 247–251). Aber ob nun die Phantasie des Volkes gegen die Traditionen der Imperialisten die eigene Überlieferung beschwört oder sich im Gegenteil der Traditionen der Imperialisten zu bemächtigen sucht, was sie daraus macht, wird nicht mit Federn auf Papier geschrieben, denn die Menschen schreiben es mit ihren Körpern auf die Erde, sie tun etwas, sie verkörpern etwas, sie führen etwas auf.

Von Johannes dem Täufer abgesehen, sind aus den Jahren zwischen 30 und 73 n. Chr. noch weitere Propheten, die beim Volk Gehör fanden, bekannt (die diesbezüglichen Angaben der Quellen findet man im Anhang 2 zusammengestellt). Einer dieser Propheten ist Samariter, die übrigen sind Juden; von diesen werden einige namentlich erwähnt, andere nicht, einige als Individuen gewürdigt, andere kommen nur in allgemeinen Angaben vor. Josephus hält sie alle durch die Bank für Betrüger, Zauberer, Hochstapler oder falsche Propheten.

Der erste Fall, den wir zu behandeln haben, ist der des samaritischen Propheten, der im Jahre 36 n. Chr. die Abberufung des Pilatus aus Jerusalem provozierte.

> «Unterdessen hatten auch die Samariter sich empört, aufgereizt von einem Menschen, der sich aus Lügen nichts machte und dem zur Erlangung der Volksgunst jedes Mittel recht war. Er forderte das Volk auf, mit ihm den Berg Garizin zu besteigen, der bei den Samaritern als heiliger Berg gilt, und versicherte, er werde dort die heiligen Gefässe vorzeigen, die von Moyses daselbst vergraben worden seien. Diesen Worten schenkten die Samariter Glauben, ergriffen die Waffen, sammelten sich in einem Dorfe mit Namen Tirathaba und zogen immer mehr Menschen an sich heran, um in möglichst grosser Anzahl auf den Berg rücken zu können. Pilatus jedoch kam ihnen zuvor und besetzte den Weg, den sie zurücklegen mussten, mit Reiterei und Fussvolk. Diese Streitmacht griff die Aufrührer an, hieb eine Anzahl von ihnen nieder, schlug den Rest in die Flucht und nahm noch viele gefangen, von welch letzteren Pilatus die Vornehmsten und Einflussreichsten hinrichten liess.»
> (Josephus, *Jüdische Altertümer,* 18,85–87; ohne Parallele in *Der jüdische Krieg*)

Kaum war aber der Aufstand niedergeworfen, berichtet Josephus weiter, beklagten sich Abgeordnete des Hohen Rats der Samariter bei Vitellius, dem römischen Legaten in Syrien, über das Verfahren des Pilatus. «Sie hätten sich nicht deshalb in Tirathaba versammelt, um sich gegen die Römer zu empören, sondern nur, um sich vor des Pilatus Ungerechtigkeiten zu schützen.» Vitellius gab ihrer Klage statt und befahl Pilatus, sich nach Rom zu begeben, um sich vor dem Kaiser wegen der von den Juden gegen ihn erhobenen Beschuldigungen zu verantworten. Ehe er in Rom anlangte, war indessen Tiberius schon gestorben.

Josephus sagt, wie man gelesen hat, daß die von jenem Lügenpropheten verführten Samariter zu den Waffen griffen, und daß Pilatus, indem er eine Anzahl von ihnen niederhauen ließ, einen Aufstand niederwarf. Wenn es sich aber wirklich so verhielt, ist kaum zu glauben, daß Vitellius den Klagen der Samariter stattgegeben und des Pilatus Amtsverwaltung zu untersuchen empfohlen haben solle, wie Josephus ebenfalls berichtet. Denn einen Aufstand niederzuschlagen wäre ja nur die Pflicht und Schuldigkeit des römischen Statthalters in Palästina gewesen. Wenn dagegen die Menge nicht bewaffnet und nicht in kriegerischer Absicht, sondern in chiliastischer Erwartung zusammengelaufen war, konnte dem Statthalter sein hartes Durchgreifen allerdings als grausame Willkür ausgelegt werden. Ich bin deshalb geneigt, die Wahrhaftigkeit des Geschichtsschreibers hinsichtlich der Bewaffnung der massakrierten Samariter zu bezweifeln. Und nicht deshalb allein. Auch weil es in Anbetracht der chiliastischen Erwartung dieser Menschen unwahrscheinlich ist, daß sie sich bewaffnet haben sollten, da sie doch offenbar erwarteten, ihre Unterdrücker durch die Intervention übernatürlicher Macht loszuwerden. Und endlich hat man auch noch Grund, die fraglichen Angaben des Josephus zu bezweifeln, weil dieser in den *Jüdischen Altertümern* aus seiner Abneigung gegen die Samariter keinen Hehl macht, wie schon Shaye Cohen bemerkt hat (1979, S. 241), und sie samt und sonders für Schurken zu erklären sich nicht scheut. Wir werden seinem diesbezüglichen Vorurteil noch deutlicher begegnen, wo die Ereignisse, die zur Abberufung eines anderen Statthalters, nämlich des Cumanus, im Jahre 52 n. Chr. führten, zu erörtern sein werden.

Alles in allem bin ich also nicht davon zu überzeugen, daß der samaritanische Prophet und seine Scharen bewaffnet waren. Sie sammelten sich zur Besteigung des heiligen Berges, als sie von den Römern angegriffen wurden, waren aber nicht auf der Höhe des Berges versammelt, um ihrerseits die Römer anzugreifen. Was freilich hätte geschehen können, wenn die vergrabenen heiligen Gefäße gefunden worden wären und den Propheten als den wiedergeborenen Mose ausgewiesen hätten, muß eine offene Frage bleiben.

Der nächste Prophet trat zwischen 44 und 46 n. Chr. unter Fadus auf, dem ersten römischen Prokurator, der ganz Palästina direkt verwaltete. Dieser Prophet wird namentlich sogar im Neuen Testament erwähnt, freilich auch bei Josephus, dessen Angaben übrigens präziser sind als die der Heiligen Schrift, wenngleich auch Josephus wie der Verfasser der Apostelgeschichte den Mann als Schwindler verunglimpft.

> «Noch während Fadus Landpfleger von Judaea war, bewog ein Betrüger mit Namen Theudas eine ungeheure Menschenmenge, ihm unter Mitnahme ihrer gesamten Habe an den Jordan zu folgen. Er gab sich nämlich für einen Propheten aus und behauptete, er könne durch sein Machtwort die Fluten des Jordan teilen und seinem Gefolge einen bequemen Durchgang ermöglichen. Durch solche Spiegelfechtereien gelang es ihm, viele zu täuschen. Indes duldete Fadus nicht, dass ihr sinnlosen Treiben Schaden stifte, indem er eine Abteilung Reiter gegen sie aussandte, die unversehens über sie herfiel, viele von ihnen tötete und andere in Gewahrsam brachte. Theudas

selbst geriet ebenfalls in Gefangenschaft, worauf er enthauptet und sein Kopf nach Jerusalem gebracht wurde.»
(Josephus, *Jüdische Altertümer*, 20,97–98; ohne Parallele in *Der jüdische Krieg*)

«Vor einiger Zeit nämlich trat Theudas auf und behauptete, er sei etwas Besonderes. Ihm schlossen sich etwa vierhundert Männer an. Aber er wurde getötet, und sein ganzer Anhang wurde zerstreut und aufgerieben.»
(Apostelgeschichte 5,36)

Die ursprüngliche Teilung des Roten Meers unter Mose und des Jordans unter Josua diente der Flucht aus der ägyptischen Gefangenschaft und eröffnete den Weg aus der Wüste in das gelobte Land der Freiheit. Man könnte deshalb annehmen, daß die Nachfolger des Theudas ihrem Propheten in die Wüste folgen wollten, nur um später, sei es mit eigener und natürlicher Waffengewalt, sei es mit Hilfe der himmlischen Heerscharen, das Gelobte Land von neuem zu erobern. Dagegen spricht allerdings, daß sie ihre gesamte Habe mitnahmen und anscheinend erwarteten, daß der Jordan sich übernatürlich teilte, um ihnen den Weg in die Wüste zu eröffnen. Denn das erweckt ja den Anschein, daß sie sich in dem gelobten Land ihrer Väter nun in ägyptischer Gefangenschaft fühlten und die Freiheit in der Wüste suchten. Doch war natürlich eine derartige Massenflucht, selbst wenn die Fliehenden unbewaffnet waren und nicht zu gewärtigen war, daß sie versuchen würden, das Land, das sie heute flohen, morgen mit Waffengewalt zurückzuerobern, ein Ereignis, daß die Behörden beunruhigen mochte. Die Reaktionen der Kolonialbehörden auf neue Bewegungen, die im wesentlichen thaumaturgisch orientiert sind, bestanden nach Bryan Wilson im wesentlichen darin, solche Bewegungen, insbesondere wenn sie zu Aktivitäten führen, die den gewohnten Betrieb stören, oft als politische Demonstrationen aufzufassen. «Religiöses Verhalten, besonders wenn es ekstatisch, spasmodisch und extensiv ist und die Unterbrechung normaler Aktivitäten (besonders der Arbeit) verursacht, wird gern mißverstanden» (S. 366). Tatsächlich verhält es sich aber wohl eher so, zumal das Fernbleiben vom Arbeitsplatz durchaus Teil der chiliastischen Strategie sein mag, daß die politische Obrigkeit dieses Verhalten als politisches nicht mißversteht, sondern nur allzu gut versteht. Unter diesen Umständen kann also auch, wenn die Auswanderer nicht bewaffnet waren, die brutale und blutige Unterdrückung der Bewegung durch die Obrigkeit nicht Wunder nehmen.

Während der Amtszeit des Felix von 52 bis 60 n. Chr. traten dem Bericht des Josephus zufolge drei chiliastische Propheten auf; von diesen spricht er sowohl im *Jüdischen Krieg* als auch in den *Jüdischen Alter-*

tümern. Wie stets, wenn er von bestimmten Ereignissen in beiden Werken spricht, müssen die beiden Fassungen seiner Berichte kritisch miteinander verglichen werden.

Der Fall des ersten dieser unter Felix auftretenden Propheten ist äußerst wichtig und verlangt sehr sorgfältige Untersuchung. Wie schon oben bemerkt, stiftet Josephus Verwirrung, indem er zwischen den Räubern oder Banditen, die die Landstraßen unsicher machten, und den *sicarii,* die in Jerusalem mordeten, zwischen bäuerlichen Freischärlern und städtischen Terroristen also, nicht unterscheidet. Hier ist nun von einer weiteren und gleichermaßen absichtlichen Vermengung des Geschichtsschreibers zu sprechen, derjenigen nämlich, bei der Räuber und Banditen mit Propheten oder, wie er sagt, Schwindlern und Betrügern gemein gemacht werden. Das miteinander Vermengte voneinander zu scheiden ist in diesem zweiten Fall genauso notwendig wie im ersten, denn auch diese Vermengung ganz verschiedener sozialer Erscheinungen hat viele Forscher in die Irre geführt. Man beachte etwa die Folge der Protagonisten, die er im zweiten Buch des *Jüdischen Krieges* und parallel dazu im zwanzigsten der *Jüdischen Altertümer* nacheinander auftreten läßt:

1. Räuber/Banditen	2,253	=	20,160–161
2. Sikarier/Terroristen	2,254–257	=	20,162–166
3. Schwindler/Propheten	2,258–263	=	20,167–172a
4. Räuber/Banditen	2,264–265	=	20,172b

Räuber und Schwindler werden dabei wiederholt in einen Topf geworfen, je einmal im *Jüdischen Krieg* und in den *Jüdischen Altertümern.*

1. «Die Zahl der von ihm gekreuzigten Räuber und der Einwohner, denen eine Verbindung mit diesen nachgewiesen werden konnte und die er darum bestrafte, stieg ins Ungeheure.»
2. «Das Land war abermals voll von Räubern und von Betrügern, die das Volk irreleiteten. Felix ließ von diesen wie von jenen tagtäglich eine große Anzahl ergreifen und hinrichten.»
(Josephus, *Der jüdische Krieg,* 2,253b; *Jüdische Altertümer,* 20,160b–161)

1. «... die Wundertäter und Räuber schlossen sich zusammen, verführten viele zum Abfall und ermutigten sie zum Freiheitskampf; diejenigen, die der römischen Herrschaft weiterhin gehorchen wollten, bedrohten sie mit dem Tode und behaupteten, man müsse die, die freiwillig die Knechtschaft vorziehen, mit Gewalt befreien. Sie verteilten sich in einzelnen Banden über das Land, raubten die Häuser der Vornehmen aus, töteten diese selbst und brannten die Dörfer nieder.»

2. «Jetzt reizten die Banditen abermals das Volk zum Kriege gegen die Römer, denen man keinen Gehorsam erweisen dürfe, und wo man auf ihre Hetzereien nicht einging, verheerten sie die Dörfer durch Brandstiftung und Plünderung.»
(Josephus, *Der jüdische Krieg* 2,264b–265a; *Jüdische Altertümer*, 20,172b)

Nun mögen tatsächlich Banditentum und Chiliasmus «die primitivsten Formen von Reformation und Revolution», wie Eric Hobsbawm versichert, «historisch zusammengehen» (1985, S. 29). Was uns aber Josephus bietet, ist keine Bestätigung dieser Erkenntnis, sondern eine rein literarische Zusammenstellung tatsächlich nicht zusammengehöriger Phänomene in erkennbarer Täuschungsabsicht. Ich gedenke deshalb, die chiliastische Prophetie, welche ich in diesem Kapitel behandle, und das Sozialbanditentum, auf das ich im nächsten Kapitel zu sprechen kommen werde, sorgfältig auseinanderzuhalten, sofern mir nicht im konkreten Fall Beweise für einen Zusammenhang zwischen Räubern und «Schwindlern» vorliegen.

Als zum zweiten Mal zu Felix' Amtszeit Propheten von sich reden machen, spricht Josephus von ihnen nur als von Schwarmgeistern und Betrügern, ohne Namen zu nennen. Denn nachdem er von den Sikariern berichtet hat, die in aller Öffentlichkeit unerkannt mordeten, fährt er fort:

«Außerdem bildete sich eine weitere Bande von nichtswürdigen Menschen, deren Hände zwar reiner, deren Gesinnung aber um so gottloser waren, die nicht weniger als die Meuchelmörder zur Zerstörung des Glücks der Stadt beitrugen. Sie waren nämlich Schwarmgeister und Betrüger, die unter dem Vorwand göttlicher Eingebung Unruhe und Aufruhr hervorriefen und die Menge durch ihr Wort in dämonische Begeisterung versetzten. Schließlich führten sie das Volk in die Wüste hinaus, dort wolle ihnen Gott Wunderzeichen zeigen, die die Freiheit ankündigen. Auf Felix machte dies den Eindruck, als handle es sich um den ersten Schritt zum Aufruhr, er sandte deshalb Reiter und Schwerbewaffnete aus und ließ eine große Menschenmenge töten.»

«Gleichzeitig traten auch Gaukler und Betrüger auf und beredeten die Menge, ihnen in die Wüste zu folgen, wo sie mit Gottes Beistand offenbare Zeichen und Wunder thun würden. Viele glaubten ihnen, mussten aber für ihren Unverstand schwer büssen, da Felix sie zurückholen und hinrichten liess.»
(Josephus, *Der jüdische Krieg*, 2,258–260; *Jüdische Altertümer*, 20,167b–168)

Obwohl Josephus die «gottlose Gesinnung» dieser «Schwarmgeister» tadelt, muß er doch einräumen, daß ihre Hände «reiner» waren als die der Sikarier, mit anderen Worten, daß diese Propheten keine Gewalt brauchten. Auch sie führten das Volk nach mosaischem Muster in die Wüste, wobei, wie schon bei dem Auszug der Anhänger des Theudas, fraglich bleibt, ob sie Palästina hinter sich lassen wollten, wie ihre von Mose geführten Ahnen die ägyptische Gefangenschaft verließen, oder daran dachten, es als neuerlich gelobtes Land zurückzuerobern. Mit Hinsicht auf das mosaische Muster sind vor allem zwei Ausdrücke des Geschichtsschreibers bemerkenswert (Barnett, S. 682–683; Horsley, 1985, S. 455). In dem Bericht aus dem *Jüdischen Krieg* ist die Rede von den «Wunderzeichen, die die Freiheit ankündigen», und das in den *Jüdischen Altertümern* erwähnte Versprechen, daß «sie mit Gottes Beistand offenbare Zeichen und Wunder tun würden». Denn als «Wunderzeichen, die die Freiheit ankündigen» findet man in den *Jüdischen Altertümern* die Plagen bezeichnet, die Mose vor dem Auszug auf Ägypten herabrief (2,327), während Mose, als er mit seinem Stabwunder die Zauberer der Ägypter beschämte, «mit Gottes Beistand offenbare Zeichen und Wunder» tat (2,286). So stellt Josephus, vielleicht ohne es zu wollen, die «Schwarmgeister» in die Tradition Moses.

Den dritten Propheten, der unter Felix erschien, nennt Josephus den «Ägypter», vielleicht weil der Betreffende wirklich aus Ägypten kam oder weil er, wie Horsley meint, wie ein neuer Mose oder Josua auftrat (1985, S. 458). Für diesen wurde, wie man in der Apostelgeschichte liest, von Claudius Lysias, dem römischen Tribunen in Jerusalem, der jüngst aus Caesarea dort eingetroffene und ihm als Verursacher eines Aufruhrs vorgeführte Apostel Paulus gehalten.

> «Einen noch größeren Schaden fügte den Juden der falsche Prophet aus Ägypten zu. Es kam nämlich ein betrügerischer Wundertäter ins Land, der sich selbst für einen Propheten ausgab und 30 000 Opfer seines Betruges um sich sammelte. Er führte sie auf Umwegen von der Wüste auf den sogenannten Ölberg, von dort hätte er mit Hilfe seiner bewaffneten Begleiter gewaltsam in Jerusalem eindringen, die römische Besatzung überrumpeln und sich zum Herrscher über das Volk aufwerfen können. Felix aber kam seinem Angriff zuvor und trat ihm mit den römischen Soldaten entgegen; auch das ganze Volk beteiligte sich an der Abwehr, so daß der Ägypter in dem folgenden Gefecht zwar mit Wenigen entfliehen konnte, die meisten seiner Anhänger aber getötet oder gefangen wurden. Der Rest zerstreute sich und jeder suchte sich zu Hause zu verbergen.»
>
> «Um diese Zeit kam auch ein Mensch aus Aegypten nach Jerusa-

lem, der sich für einen Propheten ausgab und das gemeine Volk verleiten wollte, mit ihm auf den Ölberg zu steigen, der in einer Entfernung von fünf Stadien der Stadt gegenüber liegt. Dort, sagte er, wolle er ihnen zeigen, wie auf sein Geheiss die Mauern Jerusalems zusammenstürzten, durch welche er ihnen dann einen Eingang in die Stadt bahnen würde. Als Felix davon Kunde erhielt, liess er die Besatzung alarmieren, machte mit einer starken Abteilung von Reitern und Fusssoldaten einen Ausfall aus Jerusalem und griff den Aegyptier und dessen Anhänger an. Von den letzteren fielen viertausend, und zweihundert wurden gefangen genommen; der Aegyptier selbst aber entkam aus dem Treffen und wurde unsichtbar.»
(Josephus, *Der jüdische Krieg,* 2,261–263; *Jüdische Altertümer,* 20,169–171)

«Dann bist du also nicht der Ägypter, der vor einiger Zeit die viertausend Sikarier aufgewiegelt und in die Wüste hinausgeführt hat?»
(Apostelgeschichte 21,38)

Man bemerke, wie auch der römische Tribun (oder Lukas, der Verfasser der Apostelgeschichte) die Anhänger dieses sogenannten Ägypters fälschlich mit den Sikariern identifizieren wollte. Dennoch haben wir in den Nachrichten über diesen, den Josephus einen «betrügerischen Wundertäter» nennt, das deutlichste Bild eines chiliastischen Propheten jener Zeit. So lesen wir, daß er die Menge seiner Anhänger aus dem Lande in die Wüste und von dort «auf Umwegen» auf den sogenannten Ölberg führte. Es scheint, daß der «Ägypter» die wunderbare Zerstörung Jerichos durch Josua in Jerusalem wiederholen wollte und «auf Umwegen», nämlich um die Stadt herum, auf den Ölberg zog, in der Hoffnung, damit ihre Mauern zum Einsturz zu bringen. Die Zahl seiner Anhänger wird kaum, wie Josephus angibt, bei dreißigtausend gelegen haben (der Stärke des im Herbst des Jahres 66 n. Chr. von den Aufständischen geschlagenen Heeres des syrischen Legaten Cestius Gallus), doch wenn auch die in der Apostelgeschichte genannte Zahl der Wahrheit vermutlich näher kommt, war sein Anhang jedenfalls gewaltig. Josephus erklärt nun im *Jüdischen Krieg,* wenn auch nicht ausdrücklich in den *Jüdischen Altertümern,* daß der Ägypter «mit Hilfe seiner bewaffneten Begleiter», seiner Leibwache, gewaltsam in Jerusalem eindringen und sich «zum Herrscher über das Volk aufwerfen» wollte. Daraus sollte aber nicht geschlossen werden, daß der chiliastische Prophet die Würde des messianischen Königs beanspruchte. Der Anspruch scheint mir eher eine Unterstellung des Geschichtsschreibers zu sein, der keine Gelegenheit versäumte, eine

These zu bestätigen, die zu beweisen, Shaye Cohen zufolge, ein Hauptanliegen seiner Geschichte des jüdischen Krieges war, daß nämlich «die revolutionären Führer ... üble Tyrannen» gewesen seien (1979, S. 240–241).

In den *Jüdischen Altertümern* erwähnt Josephus, daß auch unter Festus (zwischen 60 und 62 n. Chr.) «ein Gaukler» auftrat, «welcher der Menge Glückseligkeit und Befreiung von allem Elend verhieß», doch da er von diesem im *Jüdischen Krieg* überhaupt nicht spricht und in dem späteren Werk nur in aller Kürze wiederholt, was vorher schon von anderen Propheten ausführlicher gesagt worden ist, ist nicht auszuschließen, daß wir es hier mit einem Trugbild der Erinnerung zu tun haben.

> «Um diese Zeit trat wieder ein Gaukler auf, welcher der Menge Glückseligkeit und Befreiung von allem Elend verhiess, wenn sie ihm in die Wüste folge. Festus aber sandte sogleich gegen den Betrüger und dessen Anhang Abteilungen zu Fuss und zu Pferde aus, die den ganzen Haufen niedermachten.»
> (Josephus, *Jüdische Altertümer*, 20,188)

Es wäre freilich auch möglich, daß dieser ungenannte Prophet seinen Vorgängern so ähnlich sieht, weil sie alle das gleiche Muster nachahmten.

Schließlich berichtet Josephus noch von einem Propheten, der, als der Tempel schon brannte, mit seinen falschen Versprechungen den Tod vieler Menschen verschuldet habe.

> «Die Römer kamen auch zu der noch übriggebliebenen Halle des äußeren Tempelbezirks; dorthin aber hatten sich Frauen, Kinder und sonst allerlei Volk, an die 6000, geflüchtet. Ehe jedoch der Caesar über diese Leute eine Entscheidung getroffen hatte und ehe die Offiziere Befehle ausgegeben hatten, legten die Soldaten, von ihrer Raserei fortgerissen, Feuer an die Halle; so kam es, daß die einen zugrunde gingen, als sie sich aus der Glut herausstürzten, die anderen aber in ihr selbst. Gerettet aber wurde von so vielen kein einziger. Schuld an ihrem Verderben war ein falscher Prophet, der an jenem Tag auftrat und dem Volk in der Stadt verkündete, Gott befehle, zu dem Heiligtum hinaufzusteigen und die Zeichen der Rettung zu erwarten.»
> (Josephus, *Der jüdische Krieg*, 6,283–285)

Obwohl er das Volk nicht in die Wüste, sondern in den Tempel geführt hatte, kündigte auch dieser Prophet ihnen die mosaischen «Zeichen der Rettung» an.

Anschließend an diesen Bericht erklärt Josephus, daß diese falschen Propheten sämtlich von den «Tyrannen» eingesetzte Propagandisten gewesen seien:

> «Es gab damals überhaupt viele Propheten, die von den Tyrannen beim Volk eingesetzt wurden und verkündeten, daß man auf die Hilfe von Gott warten sollte, damit weniger Leute überliefen ... So ließ sich das elende Volk damals von Verführern und Betrügern, die sich fälschlich als Gesandte Gottes ausgaben, beschwatzen ...»
> (Josephus, *Der jüdische Krieg, 6,286a–288a)*

– anstatt den «Gelehrten der Heiligen Schrift» zu vertrauen, wie Josephus weiter erklärt, welche aus den Vorzeichen richtig herausgelesen hatten, daß die Stadt nicht gerettet, sondern zerstört werden sollte.

Nicht ganz sicher ist, was man von jenem Jonathan zu halten hat, von dem Josephus im 7. Buch des *Jüdischen Krieges* berichtet. Nach seinem Bericht über das heroische Sterben der Verteidiger von Masada, das die historischen Sikarier zu quasi-mythischen Helden werden ließ, erwähnt er, daß etliche dieser Meuchelmörder schon vorher nach Alexandrien entkommen waren und, wie zu erwähnen hier schon Gelegenheit war, als sie dort gefaßt wurden, die gleiche Prinzipientreue und Todesverachtung bewiesen wie die in Masada zurückgebliebenen. Dann aber fährt der Geschichtsschreiber fort:

> «Indessen griff der Wahnsinn der Sikarier geradezu wie eine Krankheit auch auf die Städte in Kyrene über. Es war nämlich ein gewisser Jonathan, ein sehr übler Mensch, von Beruf Weber, dorthin gekommen. Er verleitete nicht wenige unter den Armen, ihm anzuhängen. Mit dem Versprechen, ihnen Wunder und Erscheinungen zu zeigen, führte er sie hinaus in die Wüste. Catull schickte Reiterei und Fußvolk aus und bemächtigte sich leicht der wehrlosen Menge. Ein großer Teil kam sogleich unter den Händen der Römer um, während einige lebendig gefangengenommen und zu Catull abgeführt wurden.»
> (Josephus, *Der jüdische Krieg,* 7,437–440)

Was da von Jonathan berichtet wird, läßt ihn eher als unbewaffneten chiliastischen Propheten denn als Terroristenführer erscheinen. Ich vermute, daß Josephus auch hier zwei ihm gleichermaßen widerwärtige Erscheinungen nur deswegen miteinander verquickt hat, weil ihm beide zuwider waren. Jedenfalls berichtet der Geschichtsschreiber weiter, daß der römische Statthalter in der Cyrenaika, Catullus, als er endlich auch des zunächst entkommenen Anführers dieser Bewegung habhaft wurde, diesen dazu überredete, gewisse reiche Juden nicht nur in Libyen, sondern auch in Alexandrien und sogar in Rom, und unter diesen ihn selbst, den Geschichtsschreiber, der Beteiligung an umstürzlerischer Tätigkeit zu bezichtigen. Jonathan und seine Gesellen wurden in Ketten nach Rom gebracht und wiederholten dort die Beschuldigung der fraglichen prominenten Juden. Vespasian aber untersuchte den Tatbestand und sprach die zu Unrecht Beschuldigten «unter eifrigem Zureden von Titus» frei, während dem Jonathan die verdiente Strafe zuteil wurde (jedenfalls verdiente er sie nach Meinung des Geschichtsschreibers). «Er wurde nämlich zunächst gegeißelt und sodann bei lebendigem Leibe verbrannt.»

Alles in allem scheint mir dieser Bericht schließlich doch dafür zu sprechen, daß jener Jonathan ein chiliastischer Prophet gewesen war, ehe Catullus sich seiner bemächtigte und ihn für seine Zwecke einspannte.

9. Bandit und Messias

«Darum ging David von dort weg und brachte sich in der Höhle von Adullam in Sicherheit. Als seine Brüder und seine Familie davon hörten, kamen sie zu ihm hinab. Auch schlossen sich ihm viele Männer an, die unter Druck standen, sowie alle möglichen Leute, die Schulden hatten oder verbittert waren, und er wurde ihr Anführer. So waren etwa vierhundert Mann um ihn.»

1.Samuel 22,1–2

«Soziales Banditentum... ist eines der am weitesten verbreiteten sozialen Phänomene der Geschichte und von erstaunlicher Gleichförmigkeit, wo immer man es findet – überall, wo Gesellschaften auf Landwirtschaft (einschließlich der Weidewirtschaft) beruhen und großenteils aus Bauern und landlosen Arbeitern bestehen, die von jemand anderem – Grundherren, Städten, Regierungen, Advokaten oder selbst Banken – regiert, unterdrückt und ausgebeutet werden. Es zeigt sich in drei Hauptgestalten... als edler Räuber... als primitiver Widerstandskämpfer oder Guerilla... und womöglich auch als schreckenverbreitender Rächer.»

Eric J. Hobsbawm, *Bandits*, 1985, S. 20

Man denke sich die folgende vereinfachte Typologie der Gewalt: Protestierer und Magier handeln ohne Gewaltanwendung; chiliastische Propheten vermeiden menschliche Gewaltanwendung, weil sie sich auf wesentlich größere und wirksamere göttliche Gewaltanwendung verlassen; messianische Prätendenten rufen zu menschlicher Gewaltanwendung auf, doch soll diese von göttlicher Gewalt getragen sein; Banditen schließlich verlassen sich in der Hauptsache allein auf eigene Gewalttätigkeit. Doch muß immer bedacht werden, daß Gewalt in allen diesen Fällen Reaktion, nicht Initiative ist, das zweite, nicht das erste Stadium der Spirale der Gewalt. Wenn wir der Bewegung der Bauernunruhen in Palästina während des 1. Jahrhunderts folgen, finden wir, daß diese immer schwanken zwischen dem zweiten Stadium *Protest und Widerstand* und dem vierten Stadium, der offenen *Revolte*, bis zuletzt dieses vierte Stadium ganz vorherrscht (Horsley 1987).

Das ungeschminkte Gesicht des Agrarimperiums

Theoretische Grundlage für das Folgende ist die anregende Arbeit des britischen Sozialhistorikers Eric Hobsbawm, der vor etwa dreißig Jahren den Begriff des «Sozialbanditentums» prägte. Ein Kapitel seines zuerst 1959 unter dem Titel *Social Bandits and Primitive Rebels* erschienenen Werks über archaische Formen sozialen Protests im 19. und 20. Jahrhundert wurde 1969 zu einer Monographie über die Banditen erweitert (*Bandits*, 2. Auflage, 1985).

Hobsbawm deutete die von ihm als *social bandits* bezeichneten Räuber als primitive Sozialrevolutionäre. In dem 1959 erschienenen Werk, das den Begriff einführte, folgte dem Kapitel über «The Social Bandits» eines über «The City Mob». Denn, erklärte er, der städtische Mob sei revolutionär auf der gleichen Stufe des politischen Bewußtseins wie der ländliche Sozialbandit (1965, S. 118).

Was Sozialbanditen von gewöhnlichen Räubern einerseits und von Raubrittern andererseits unterscheidet, ist, nach Hobsbawm, daß sie bäuerliche Banditen waren, die vom Grundherrn und vom Staat als Verbrecher geächtet sind, doch innerhalb der bäuerlichen Gesellschaft verbleiben und vom Volk als dessen Helden und Vorkämpfer, als Kämpfer für die Gerechtigkeit, ja vielleicht sogar als Führer zur Befreiung angesehen werden und jedenfalls als Männer, die Bewunderung, Hilfe und Unterstützung verdienen (1985, S. 17). Überdies, wie schon zu Beginn dieses Kapitels zitiert, kommt soziales Banditentum in drei Hauptgestalten vor. Da ist zunächst der edle Räuber, dessen Typus der berühmte Robin Hood ist, sodann die kleine Einheit von Guerillakämpfern, als deren Typus Hobsbawm die Haiducken nennt (jene Freischärler der Balkanslawen, die deren türkischen Unterdrückern zusetzten), und endlich vielleicht der Schrecken verbreitende Rächer (1985, S. 20).

Man kann sich natürlich fragen, ob Robin Hood überhaupt existiert hat. Und ob jene edlen Räuber wirklich von den Reichen nahmen, um den Armen zu geben, oder ob sie nicht bestenfalls die Reichen einfach deshalb beraubten, weil die Armen nichts hatten, und den Armen von ihrer Beute abgaben, weil diese ihre Verwandten waren oder weil sie sich auf diese Weise deren schützendes Schweigen und deren Achtung sichern wollten. Aber selbst wenn es nicht einen einzigen dieser edlen Räuber jemals wirklich gegeben hätte, beweisen doch die Geschichten, die von Robin Hood und anderen erzählt werden, daß man solche Männer auf dem Lande brauchte, daß sie, wenn es sie wirklich gegeben hätte, das Bedürfnis der Bauern nach Wiederherstellung der Gerechtigkeit und Rache für erlittenes Unrecht befriedigt hätten.

Andererseits, und dieser Einwand ist gewichtiger, hat Anton Blok zu bedenken gegeben, daß Hobsbawm bei seiner vergleichenden Darstellung des Banditentums das Element sozialen Protests überbetont habe auf eine Weise, die geeignet sei, die Bedeutung der Verbindungen zu verdunkeln, die Banditen zu den Herrschenden unterhalten (1972, S. 502). Blok war im Jahre der Veröffentlichung dieser Kritik an der Universität Amsterdam mit einer Dissertation über die sizilianische Mafia promoviert worden. Banditen seien in der Regel keineswegs so klassenbewußt, wie Hobsbawms Darstellung glauben mache. «Anstatt die Armen und die Schwachen zu verteidigen, haben Banditen sehr oft diejenigen terrorisiert, über die sie sich erheben konnten und so zu ihrer Unterdrückung beigetragen» (S. 496). Überdies fand Blok, daß Banditen, um die Macht zu bewahren, die sie über die Bauernschaft, aus der sie kamen, erhob, sich gewöhnlich mit den Herrschenden so arrangierten, daß sie deren Protektion genossen. «Man könnte sagen», so Blok, «daß je erfolgreicher einer als Bandit ist, desto weitreichender die Protektion ist, die er genießt» (S. 498). Deshalb kommt, nach Meinung dieses Kritikers, die These Hobsbawms, Banditen seien Vorkämpfer der Revolution, nicht in Frage (S. 499). Banditen sind keine klassenbewußten Bauern, deren Rebellion der Beginn und das Muster einer umfassenden Erhebung des Landvolks werden könnte. Sie sind vielmehr individuelle Bauern, die sich nicht in ihr Los ergeben wollen, das ihnen bestenfalls Armut, schlimmstenfalls Hunger und Elend verheißt. Sie sind Bauern, die nach der Macht greifen und so das Niemandsland betreten, das diejenigen, die niemals Macht hatten, von denen trennt, die sie schon immer besaßen.

In seiner Erwiderung auf Bloks Kritik erklärte Hobsbawm, er habe stets auf die *soziale Ambivalenz* der Ökonomie und Politik des Banditentums hingewiesen. «Die ausschlaggebende Tatsache in der sozialen Lage des Banditen ist deren Zweideutigkeit», sagte er (mit einem Zitat aus der 1969 erschienenen, damals neusten Auflage seines Buches). «Er ist ein Außenseiter und ein Rebell, ein Armer, der die normalen Regeln der Armut nicht akzeptiert ... das zieht ihn zu den Armen. Er ist einer von ihnen. Es stellt ihn auch gegen die Hierarchie der Macht des Reichtums und des Einflusses. Er ist keiner von denen ... Zugleich aber wird der Bandit unvermeidlich in das Netz von Reichtum und Macht gezogen, denn im Gegensatz zu den anderen Bauern gewinnt er Reichtum und macht Macht geltend. Er ist ‹einer von uns›, der ständig im Begriff ist, einer von denen› zu werden» (1985, S. 87–88; 1972, S. 504). Im folgenden Jahr gab ihm eine Anthologie von Artikeln über Bauernbewegungen, Protest des Landvolks und sozialen Wandel Gelegenheit, auf diesen Punkt zurückzukommen. «Die soziale Zweideutigkeit des Banditentums, die wir in diesem Artikel betont haben, macht Banditen zu einem unsicheren Element in sozialen Bewegungen, die früher oder später sowohl die traditionelle Gesellschaft, zu der Banditen gehören, als auch die bestehende Struktur von Reichtum und Macht, in die erfolgreiche Banditen, wie proletarisch auch ihre Herkunft sein mag, einbezogen werden, herausfordern müssen» (1973b, S. 156–157).

Wenn ich also im folgenden von Banditen, Briganten oder Räubern spreche, gleichviel ob in meinen eigenen Worten oder aus Josephus zitierend, ist dabei immer an das von Hobsbawm chrakterisierte soziale Banditentum zu denken. Aber man sollte sich diese Banditen weniger so vorstellen, wie die Erzählungen von Robin Hood oder den Haiducken sie schildern, als Vorkämpfer der armen Leute gegen die Reichen, als Verteidiger der Bauern gegen die Grundbesitzer, gegen die fremden Unterdrücker, sondern sich eher die Zweideutigkeit ihrer Stellung zwischen Ohnmacht und Macht, zwischen bäuerlicher und herrschender Klasse – jene Ambivalenz also, die charakteristisch für sie ist – vor Augen halten. Hobsbawm hat dies, von Bloks Kritik provoziert, nochmals betont, aber auch schon von Anfang an bemerkt (Hobsbawm 1969 = 1985, S. 87–88; 1972, S. 504; 1973b, S. 156–157). Denn gerade in dieser sozialen Ambivalenz liegt die faszinierende Bedeutung des Banditentums.

In einem Artikel über «Banditen im Römischen Reich» hat Brent Shaw gezeigt, wie deren zweideutige Stellung zugleich die Ambivalenz der herrschenden Begriffe von Macht und Recht offenbarte. Die beiden Zitate, die er seiner Arbeit vorangestellt hat, illustrieren das Problem vortrefflich. Das erste aus dem *Gottesstaat* des Augustinus (4, 4) sagt: «Was anders sind also Reiche, wenn ihnen Gerechtigkeit fehlt, als große Räuberbanden? Sind doch auch Räuberbanden nichts anderes als kleine Reiche.» Und das nächste Zitat ist aus dem Evangelium des Lukas (23,33–43) und sagt, daß Jesus zwischen zwei Räubern gekreuzigt wurde. In einer Welt, in der Macht gleich Recht war, fiel es nicht schwer, in dem mit seiner Beute aus dem Osten zurückkehrenden Sulla, oder in Caesar, der an die dreißig Jahre später siegreich von seinen Schlächtereien aus dem Westen nach Hause kam, die großen Räuber zu erkennen, die sie waren.

Shaw beginnt seine Untersuchung mit einer Erörterung des Begriffs, den die Römer vom Kriege hatten. Bei diesem unterschieden sie den *bellum iustum,* der nicht der «gerechte Krieg» der christlichen Ethik war, sondern ein «richtiger» Krieg (nämlich zwischen souveränen Staaten), von dem *bellum servile,* einem Krieg gegen einen ungleichwertigen Gegner, etwa gegen Wilde oder aufständische Sklaven. Jede andere Art bewaffneter Gewalttätigkeit waren sie geneigt, «Räuberei» zu nennen, weil, so Shaw, die gesetzlichen Grundlagen für die Aburteilung illegitimer Gewaltanwendung sehr unzureichend entwickelt waren (S. 21). Doch was immer nun als «Räuberei» galt, es handelte sich dabei jedenfalls um ein in allen Gesellschaften, aus denen das römische Reich bestand, zu jeder Zeit übliches Phänomen (S. 8). Aus privaten Briefen und öffentlicher Literatur, aus formelhaften Sätzen in Grabschriften und Bedingungen der Nichterfüllung aufzählenden Zusätzen zu Verträgen schließt Shaw, daß das Banditentum auf dem Lande endemisch war und nicht nur in Italien und Judäa im 1. Jahrhundert der christlichen Ära existierte, sondern im ganzen Römischen Reich zeit seines Bestehens, wenn auch in unterschiedlicher Intensität (S. 10).

Wir können also voraussetzen, daß «Räuber, wenn ihre Zahl auch nie sehr groß gewesen sein mag», wie Shaw feststellt, im Römischen Reich zum Alltag gehörten. Aber wie konnten sie das, wenn ihre Zahl nie sehr groß war, und weshalb glaubten, wenn ihrer nicht viele waren, die Behörden ausgerechnet gegen Räuber mit so besonderer Härte durchgreifen zu müssen? Denn aus zwar späten, doch älteres Recht zusammenfassenden Gesetzessammlungen erhellt, daß des Banditentums Beschuldigte nicht die gleichen Rechte hatten wie andere Angeklagte und mit härteren Strafen rechnen mußten. So war es Bürgerpflicht, Banditen aufzuspüren, zu verfolgen und den örtlichen Behörden auszuliefern. In Ausübung dieser Pflicht war es jedem erlaubt, gegen solche Männer Gewalt anzuwenden, sie zu verletzen oder sogar zu töten. Die Gesetze gegen *iniuria* und Totschlag fanden in solchen Fällen gegen die Täter keine Anwendung (S. 19). Andererseits wurden des Banditentums Angeklagten keine der kleinen Vergünstigungen zugestanden, die anderen Delinquenten bewilligt wurden, etwa Strafaufschub an heiligen oder öffentlichen Feiertagen. Des Banditentums Angeklagte wurden vor dem Gericht des Statthalters der jeweiligen Provinz gewöhnlich in abgekürztem Verfahren und zu den strengsten Strafen verurteilt, den *summa supplicia,* also wilden Tieren vorgeworfen, lebendig verbrannt oder gekreuzigt. «Die Bestrafung von Banditen», erklärt Shaw (S. 2), «wurde eindeutig als staatliche Vergeltung und öffentlicher Terrorismus angesehen.» Weshalb also diese imperiale Gewalt ausgerechnet gegen Banditen, zumal wenn nie wirklich die Gefahr bestand, daß sie das Imperium umstürzen könnten?

Die Gründe zeigen sich bei Betrachtung der von Shaw angeführten Fälle von Banditentum. Man nehme etwa die im folgenden skizzierten drei Karrieren in verschiedenen Provinzen des Römischen Reichs und in verschiedenen Jahrhunderten. Zuerst in Spanien zwischen 150 und 130 v. Chr. die des Viriathus. Er begann als Schäfer, wurde erst Jäger, dann Bandit und zuletzt General. Dann die des Tacfarinas, der in Nordafrika während der zwanziger Jahre des 1. Jahrhunderts der christlichen Ära gleichfalls als Schäfer begann, dann Soldat wurde, dann aber, ehe endlich auch er Generalsrang erwarb, Bandit. Zuletzt die noch glänzendere Laufbahn des Thrakers Maximinus, zweihundert Jahre später. Maximinus fing ebenfalls als Schäfer an, wurde dann Bandit, Soldat und zuletzt Kaiser. Diese letzte, zugegeben späte und freilich nicht auf ein langes Regiment hinauslaufende, aber nichtsdestoweniger das höchste Staatsamt erreichende Karriere macht den Grund für die juristische Sonderbehandlung von Banditen offenbar. Denn da sieht man doch, daß ein Bandit schließlich nichts Schlechteres war als ein aufstrebender Kaiser und ein Kaiser nichts Besseres als ein arrivierter Bandit. Natürlich war die Macht des Kaisers gesetzlich legitimiert, aber der Unterschied zwischen der persönlichen Gewalt von Räuberbanden und der institutionalisierten Gewalt staatlicher Heere war theoretisch keineswegs leicht festzusetzen. Die soziale und rechtliche Zweideutigkeit des Banditen drohte den Staat selbst zu infizieren. Und das hatte sie von jeher getan und würde sie immer tun, bis das staatliche Gewaltmonopol nicht nur praktisch, sondern auch theoretisch absolut sein würde. Vierzig Jahre, bevor Maximinus von seinen Soldaten zum Kaiser ausgerufen wurde, soll sich folgendes zugetragen haben (Shaw, S. 43):

> «Ein Räuber namens Claudius, der Judäa und Syrien heimsuchte und dem man deshalb eifrigst nachspürte, fand sich eines Tages mit einigen Reitern, wie wenn er ein Militärtribun wäre, beim Kaiser ein, begrüßte und küßte ihn und wurde weder sogleich entdeckt noch späterhin aufgegriffen.»
> (Cassius Dio, *Römische Geschichte,* Epitome 75; deutsch von Otto Veh, 1987)

Eben ist also Septimius Severus bemüht, die Macht, die er erst kürzlich mit Gewalt ergriffen hat, wenn nicht zu legitimieren, so doch zu sichern, da besucht ihn der Räuber Claudius und küßt ihn als seinesgleichen. Wenn die Geschichte auch vielleicht nicht wahr ist, spricht sie doch sehr sinnfällig jene Wahrheit aus, daß es im Römischen Reich nicht leicht war, theoretisch zu begründen, was einen Kaiser von einem Räuberhauptmann, ein kaiserliches Heer von einer Räuberbande prinzipiell unterscheiden sollte.

Ramsay MacMullen spricht in seinem Buch über die Banditen als Feinde der römischen Ordnung von der im Römischen Reich weitverbreiteten Sympathie mit dem Leben und den Taten der Räuber als von einem Symptom des Nachlassens der Loyalität innerhalb der zivilisierten Gesellschaft. Auf diese Weise geriet einer, der arm und ausgestoßen mit anderen, denen es nicht besser ging, sein Leben am Rande der geordneten Verhältnisse fristen mußte, Schritt für Schritt jenseits der

Grenzen von Recht und Ordnung, indem er zuerst die Besitzenden beneiden und dann hassen lernte, die Räuber, die sich an diesen vergriffen, bewunderte, ihre Bekanntschaft suchte, ihnen Unterschlupf gewährte und sich ihnen am Ende gar anschloß (1966, S. 193). Doch ich halte Shaws Analyse für einsichtiger. Das Kernproblem ist nicht, was MacMullen als das «Nachlassen der Loyalität» bezeichnet, sondern «die Unfähigkeit des archaischen Staats, die eigene Autorität angemessen zu begründen» (Shaw, S. 32). Denn wie konnte der Staat den Unterschied etwa zwischen einem Soldaten, der ein ehemaliger Bandit war, und einem ehemaligen Soldaten, der Bandit geworden war, überzeugend definieren, wenn nicht zwingend zu beweisen war, daß der Kaiser und die Armee dem Räuber und seiner Bande ein Gewaltmonopol voraus hatten, das nicht allein quantitativ und praktisch, sondern theoretisch und von Rechts wegen bestünde?

So zeigt sich, daß zwar Banditen auf jeder Stufe römischer institutionalisierter Gewalt assimilierbar waren, Generäle, sogar Kaiser werden konnten, daß aber der privatunternehmerischen Gewalttätigkeit der Banditen der Staat mit repressiven Maßnahmen von ungewöhnlicher Schärfe zu begegnen suchte. «Selbst vom technisch legalen Gesichtspunkt des Staats», sagt Shaw, «wurden solche Männer nie einfach als gewöhnliche Verbrecher angesehen.» Banditen wurden im Halbschatten irgendwo zwischen Personen, die unter dem Gesetz standen (auf die Straf- und Zivilrecht anzuwenden waren, die einander übrigens weithin überlagerten), und Staatsfeinden klassifiziert. Jedenfalls standen sie eindeutig und im wörtlichen Sinn außerhalb des Gesetzes. Nicht allein die unterdrückten Bauern weigerten sich also, solche Männer als einfache Verbrecher anzusehen. Auch der Staat verweigerte den Banditen diesen Status, was sich in den römischen Gesetzen niederschlug, die den Banditen alle Rechte aberkennen, selbst diejenigen, die dem gewöhnlicher Strafsachen wegen Angeklagten noch zustanden. «Das heißt», schließt Shaw seine hier zusammengefaßte Darlegung, «der Bandit war eine Unperson» (S. 22–23). Eine zweideutige Erscheinung jedenfalls, könnte man hinzufügen, in einem noch viel umfassenderen Sinn als dem von Hobsbawm erklärten. Shaw sagt: «So ist denn gezeigt worden, daß das Banditentum unter ganz bestimmten historischen Voraussetzungen entstand und einer spezifischen politischen Struktur bedurfte, nämlich des Staates, und der unvollkommenen Entwicklung eben dieser Struktur. Nur unter diesen Voraussetzungen existiert Banditentum, und so hat es keine notwendige Verbindung mit dem Klassenphänomen, das dem Erscheinen des Banditentums vorangeht und das Verschwinden des Banditentums als einer charakteristischen Form sozialer Gewalt lange überdauert. Es ist dieser sonderbare Freiraum, den die unvollkommene Herrschaftsausübung archaischer Staaten ihnen eröffnet, der dieser Gruppe von Männern die Existenz gestattet, weshalb sie nur in Beziehung auf und im Gegensatz zum Staat definiert werden können. Es ist dieser ihnen zugängliche Raum, der es ermöglicht, diese Männer im Gegensatz zu gewöhnlichen Verbrechern als ‹Gesetzlose› oder ‹Banditen› zu definieren» (S. 49–50). Und dieser Freiraum, wollen wir dem hinzufügen, ist natürlich nicht nur praktisch, sondern auch theoretisch vorhanden, ist nicht nur eine zeitweilige Lücke außer Reichweite der Staatsgewalt, sondern eine ständige Lücke in der Rechtfertigung der Gewaltausübung des Staats. Ländliches Banditentum zeigt dem Agrarimperium das eigene ungeschminkte Gesicht, die eigene nackte Seele.

Ein Räuberhauptmann mit einer großen Schar

Die wichtigste Einsicht, die uns die diesen Gegenstand betreffenden Erkenntnisse der Sozialanthropologie zu bieten haben, macht uns also die zersetzende Zweideutigkeit der Existenzweise des Banditentums bewußt, die sich auf allen Ebenen geltend macht, in sozialer, ökonomischer, politischer wie in juristischer Hinsicht.

Von ihr wollen wir uns leiten lassen bei der Untersuchung der elf konkreten Fälle von Banditentum, auf die Josephus in seinen Historien zu sprechen kommt. (Um dem Leser den schnellen Überblick zu erleichtern, habe ich auch des Geschichtsschreibers diesbezügliche Angaben im Anhang 2 zusammengefaßt.) Wie wir sehen werden, behandelt Josephus einige dieser Fälle nur sehr summarisch, während er andere, deren Protagonisten er auch beim Namen nennt, recht ausführlich darlegt.

Die Grenzen und Höhlen Galiläas

Der palästinensische Bürgerkrieg der sechziger und fünfziger Jahre des 1. Jahrhunderts v. Chr. ging schließlich in dem römischen Bürgerkrieg des folgenden Jahrzehnts auf. «Wie auf einer Drehbühne», sagt treffend George Nickelsburg, «kehrten die Hauptpersonen des jüdischen Bürgerkriegs ein ums andere Mal ins Rampenlicht zurück zu unglückseligen Transaktionen mit den berühmten Figuren der letzten Jahre der Römischen Republik» (1981, S. 196). 49 v. Chr. ging der geschlagene Judas Aristobulus II. mit dem Tod ab. Ein Jahr später wurde auch der geschlagene Pompejus durch Mörderhand von der Bühne entfernt. Siegreich blieben in Rom Julius Caesar und in Palästina Johannes Hyrkanus II. zurück. Nicht lange natürlich. Schon lauerten Caesar die letzten Republikaner auf und dem Letzten der Hasmonäer die ersten Herodianer. Und die außergewöhnlich glückliche Hand Antipaters wie auch seines Sohns Herodes zeigte sich nicht daran, daß sie immer die Römer unterstützten, sondern daß sie bei den Kämpfen der Römer untereinander immer den Verlierer unterstützten und trotzdem gewannen, bis sie schließlich bei Oktavian, dem zukünftigen Augustus, sogar von vornherein auf den Richtigen tippten.

Der erste größere Fall sozialen Banditentums unter Herodes dem Großen ereignete sich an der galiläischen Grenze. Das heißt, die Räuber, die aus Syrien in das ehemals jüdische Gebiet der Dekapolis einfielen (Mary Smallwood, S. 44), waren die ersten, mit denen Herodes es zu tun kriegte, der damals noch nicht der Große genannt wurde; König war noch Hyrkanus II., und einstweilen war Herodes von dessen Reichsverweser, dem vom Caesar zum Landpfleger von Judäa bestellten Antipater, nur mit der Verwaltung Galiläas betraut worden. Dort aber fand der junge Mann, der von Natur entschlußkräftig war (sagt Josephus), bald Stoff für seinen Tatendrang.

> «Er griff nämlich den Räuberhauptmann Ezechias an, der mit seiner zahlreichen Bande die benachbarten Gebiete Syriens durchzog; als er ihn gefaßt hatte, tötete er ihn und viele von seinen Räubern.» (Josephus, *Der jüdische Krieg*, 1,204 = *Jüdische Altertümer*, 14,159)

Von der Reaktion der Regierung in Jerusalem auf dieses Verfahren gibt Josephus aber zwei ganz verschiedene Darstellungen. Seinem ersten Bericht im *Jüdischen Krieg* (1,208–215) zufolge wurde Herodes von Neidern am Hofe beschuldigt, «ohne daß Hyrkanus ein Gebot erlassen oder einen schriftlichen Auftrag gegeben hätte, so viele Menschen gegen das Gesetz der Juden getötet» zu haben. Gern ließ Hyrkanus den ihm selber viel zu selbstherrlichen Jüngling vor Gericht ziehen, mußte ihn aber freisprechen auf Befehl des Legaten von Syrien, Sextus Caesar, der Herodes dann zum Statthalter von Coelesyrien und Samaria ernannte. Einmal in dieser Position, beschloß Herodes sofort, Hyrkanus mit Waffengewalt vom Thron zu stoßen und konnte von der Ausführung dieses Plans nur durch gutes Zureden seines Vaters noch eben abgebracht werden. Das ist eine plausibel dargestellte Szene aus dem Machtkampf, in dem die Herrschaft von den Hasmonäern auf die Herodianer übergehen sollte, mit einem schwachen Hyrkanus am Anfang und einem mächtigen römischen Legaten am Ende. Doch in der zweiten Fassung, die Josephus seinem Bericht von diesen Vorkommnissen in den *Jüdischen Altertümern* gab, gibt es ein Detail, das sich in der obigen Darstellung nicht findet. Da nämlich sagt Josephus, nachdem er berichtet hat, wie Herodes wegen der gesetzwidrigen Hinrichtung jener Räuber von vornehmen Juden bei Hyrkanus verklagt wurde:

«Durch diese Anklage liess sich Hyrkanus denn auch bereden, besonders da sein Zorn noch durch die Mütter der von Herodes Gemordeten entfacht wurde. Denn diese liessen nicht nach, Tag für Tag im Tempel den König und das Volk zu bitten, sie möchten den Herodes für seine Thaten vor dem Synedrium zur Verantwortung ziehen.»
(Josephus, *Jüdische Altertümer*, 14,168)

Welcher Wert kommt dieser Angabe zu? Shaye Cohen meint, es sei wohl kaum noch zu entscheiden, ob Josephus die klagenden Mütter erfunden oder in seiner Quelle gefunden habe (1979, S. 51). Wenn Josephus sie wirklich nur zur Erhöhung des dramatischen Effekts seiner Szene eingeführt haben sollte, brauchten sie uns nicht weiter zu beschäftigen. Es gibt aber Indizien, die die Vermutung stützen, daß die fragliche Stelle (ebenso wie die Stellen 14,171–176 und 15,3–4) aus einer Quelle gezogen ist, die Josephus bei der Abfassung seiner Geschichte des jüdischen Krieges nicht benützt und vielleicht nicht gekannt hatte. Demnach wäre in dem Bericht der *Jüdischen Altertümer* jene erste Fassung, bei der die Anklage und der Freispruch des Herodes von Anfang bis Ende nur eine Angelegenheit der hohen Politik gewesen war, ergänzt und berichtigt worden durch eine zweite Quelle, der zu entnehmen war, daß auch «die Mütter der Gemordeten» den Verwalter Galiläas verklagten. Am Ausgang der Sache änderte dies freilich nichts, denn auch in seiner revidierten zweiten Fassung des Berichts erzählt Josephus, daß das Synedrium aus Angst den Angeklagten laufen ließ, obwohl der gerechte Sameas den Richtern und dem König prophezeite, sie würden diese Feigheit mit dem Tode büßen (14,171–176). Übrigens ist aber nur in dieser zweiten Fassung ausdrücklich erwähnt, daß Herodes vor dem Synedrium erschien.

Die Bitte der Mütter der Gemordeten, Herodes vor dem Synedrium zur Verantwortung zu ziehen, wird verständlich, wenn man annimmt, daß Ezechias ein beim Volk beliebter Sozialbandit war, ein Anführer von Bauern, die durch die von Pompejus veranlaßte Neuordnung Palästinas unter Fremdherrschaft geraten waren und vornehmlich in einem Gebiet operierten, das er unter syrische Verwaltung gestellt hatte. Ich halte diese Annahme jedenfalls für wahrscheinlicher als die Vermutung Mary Smallwoods, es habe sich beim Kern der Bande um die Reste der Parteigänger des Aristobulus gehandelt (S. 44), obwohl kürzlich auch Seán Freyne Vermutungen in dieser Richtung angestellt hat. Ihm zufolge hätte Ezechias dem hasmonäischen Adel angehört und also nicht für die Bauern Galiläas gekämpft, sondern Vergeltung für den Verlust seiner Besitzungen – und derjenigen anderer Adliger – zu erlangen gesucht (1988, S. 57). Dennoch wird bei diesen Vermutungen etwas Unwahrscheinliches vorausgesetzt. Denn zwar hatten in der Tat alle Hasmonäer Ursache, den Aufstieg des Herodes zu fürchten, doch kann man sich kaum vorstellen, daß Parteigänger des geschlagenen Aristobulus aus Galiläa Herodes bei dem siegreichen Hyrkanus in Jerusalem verklagt haben sollten. Und so meint auch Richard Horsley: «Josephus, der unsere einzige Quelle für diese und die mit diesen zusammenhängenden Ereignisse ist, schreibt nichts, das die Vermutung nahelegt, Ezechias und seine Gefährten wären hasmonäische Adlige gewesen» (1988, S. 186).

Das zweite Mal in seiner Karriere machten Herodes Sozialbanditen zu schaffen, als er, soeben von den Römern zum König ernannt, ungefähr zehn Jahre nach den eben besprochenen Ereignissen aus Rom nach Judäa zurückgekehrt war, um sich seines Reichs zu bemächtigen. Im Jahre 40 v. Chr. waren nämlich die Parther in Palästina eingefallen, hatten Hyrkanus II. abgesetzt und an seiner Stelle Antigonus, den Sohn Aristobulus' II., zum König gemacht. Daraufhin hatten die Römer Herodes die Chance gegeben, an dessen Stelle sich selbst zu setzen. Das gelang ihm schließlich, doch bis er Herr in seinem Reiche war, vergingen an die drei Jahre. Josephus versichert im *Jüdischen Krieg* (1,291), daß sich ihm schon bei seinem Kommen, «von geringen Ausnahmen abgesehen», ganz Galiläa anschloß; und in den *Jüdischen Altertümern* berichtet er, daß bald nach seiner Rückkehr, «mit wenigen Ausnahmen ..., ganz Galiläa auf seiner Seite» stand (14,395). Liest man weiter, findet man jedoch in dem einen wie in dem anderen Bericht, daß diese «geringen» oder «wenigen Ausnahmen» tatsächlich nicht zu unterschätzende Gegner waren, da zum Beispiel auch Sepphoris, das früher Aristobulus unterstützt hatte, jetzt zu dessen Sohn Antigonus hielt.

Herodes verfolgte in Galiläa zwei Ziele, aber die parallelen Berichte im *Jüdischen Krieg* und in den *Jüdischen Altertümern* (1,303–313 und 14, 413–430) halten diese auf zunächst verwirrende Weise nicht deutlich genug auseinander. Im *Jüdischen Krieg* heißt es, daß er hinging, «um die noch übrigen Stützpunkte Galiläas zu erobern und die Besatzungen des Antigonus zu vertreiben (1,303). Die Parallelstelle in den *Jüdischen Altertümern* (14,413) sagt sinngemäß dasselbe. Und dann fährt Josephus in beiden Fassungen fort:

> «Vor Sepphoris kam er im heftigen Schneegestöber an und nahm die Stadt ohne Kampf, da die Besatzung schon vor seinem Zugriff entflohen war ... dann brach er gegen die in Höhlen wohnenden Räuber auf, die weite Teile des Landes durchstreiften und den Einwohnern nicht weniger Not machten als ein Krieg. Er sandte drei Abteilungen Fußsoldaten und eine Schar Reiter gegen das Dorf Arbela voraus, während er selbst vierzig Tage später mit dem Rest seiner

Streitmacht eintraf. Die Feinde fürchteten indessen den Zugriff des Herodes nicht, traten ihm vielmehr mit den Waffen entgegen, sie verbanden die Erfahrung des Krieges mit der Kühnheit von Räubern... und brachten seinen linken Flügel zum Weichen... Er folgte ihnen, die dabei ständig Verluste an Toten hatten, bis zum Jordan und rieb einen großen Teil von ihnen auf, die übrigen aber flohen über den Fluß und zerstreuten sich, so daß Galiläa von seinen Schrecken befreit war bis auf eine Ausnahme: es waren von den Bewohnern der Höhlen noch manche übriggeblieben.»
(Josephus, *Der jüdische Krieg*, 1,304–307 = *Jüdische Altertümer*, 14,414–417)

Bei flüchtiger Lektüre dieses Texts könnte man meinen, daß die Banditen aus ihren Höhlen herunterkamen, den linken Flügel des Herodes durchbrachen, dann aber geschlagen, teils vernichtet, teils zerstört wurden, so daß zuletzt nur noch einige von ihnen in den Höhlen zurückblieben. Mir scheint aber, daß Josephus in seiner Erzählung die beiden Operationen des Herodes in Galiläa hier durcheinanderbringt. Denn offenbar zog zunächst Herodes mit dem größten Teil seiner Streitkräfte gegen die Anhänger des Antigonus und schickte gegen das Dorf Arbela (das nordwestlich von Tiberias lag) nur das erwähnte kleine Kontingent. Während er aber mit seiner Hauptmacht das Heer des Antigonus vernichtend schlug, richteten vor Arbela die zur Partisanenbekämpfung abkommandierten Einheiten nichts aus. Nicht die Räuber also trieb Herodes über den Jordan, sondern, obgleich diese, wie er sagt, «die Erfahrung des Krieges mit der Kühnheit von Räubern verbanden», die Soldaten des Antigonus. Den Räubern, die einstweilen noch unausgeräuchert in ihren Höhlen ausharrten, wandte Herodes persönlich sich erst zu, nachdem er das Gros seiner gegen Antigonus siegreichen Truppen in die Winterquartiere geschickt hatte, wie man nämlich bei Josephus des weiteren liest, wo dann auch nicht die Rede davon ist, daß dieses schon sein zweiter Zug gegen sie gewesen wäre. Auch gelang es ihm, die Räuber auf den ersten Streich zu vernichten, indem er ihre unzugänglichen Höhlen durch, wie man schon sagen kann, Luftlandetruppen stürmen ließ, nämlich Soldaten, die in Kästen an Ketten vom Gipfel des Berges zu den Höhleneingängen herabgelassen wurden. Josephus kann diesem Verfahren seine Bewunderung nicht versagen, rühmt aber in der ausführlichen zweiten Fassung seines Berichts (*Jüdische Altertümer*, 14,421–430) auch die heldenmütige Standhaftigkeit eines greisen Räubers, der seine sieben Söhne und seine Frau, die der Aufforderung des Herodes, sich zu ergeben, Folge leisten wollten, einen nach dem anderen und zuletzt seine Frau niederstieß und in den Abgrund stürzte, um sodann sich selbst den

Tod zu geben. Ist es zynisch, sich dadurch an die Legende der Verteidiger von Masada erinnert zu fühlen? Oder dabei an des Josephus eigenes Verhalten zu denken, als er selbst in den Höhlen Galiläas vor der Wahl stand, den Heldentod zu sterben oder sich zu ergeben?

Seán Freyne hält dafür, daß auch die heldenhaften Verteidiger der galiläischen Räuberhöhlen gegen Herodes von Adel waren und behauptet: «Ihr Banditentum kann als sozial bezeichnet werden, insofern es die letzten Anstrengungen einer sterbenden Klasse darstellt, ihre frühere Machtstellung im Leben Palästinas wiederzugewinnen» (1988, S. 58). Josephus aber macht in seinem Bericht deutlich, daß es galiläische Anhänger des Hasmonäers Aristobulus II. und seiner Söhne Alexander und Antigonus waren, die immer wieder versuchten, ihren Widersacher Hyrkanus II. und dessen herodianische Parteigänger zu schlagen. Man liest bei ihm, daß sie es 57 unter Alexander versuchten, 56 unter Aristobulus und Antigonus, 55 unter Alexander, 42 unter Antigonus und 40 v. Chr. noch einmal, diesmal mit parthischer Unterstützung, unter desselben Antigonus Führung. Bei diesen Aufständen handelte es sich ohne Zweifel um Unternehmungen des hasmonäischen Adels, Unternehmungen des Adels als Klasse, wenn sie auch die Unterstützung des Volkes oder der Bauernschaft haben mochten. Andererseits hat man es bei den Banditen des Jahres 47 an der syrischen Grenze und denen des Jahres 38 v. Chr. in den Höhlen bei Arbela sicherlich nicht mit Leuten von Adel, sondern mit Bauern zu tun. Denn gerade weil diese von Männern aus dem Volke angeführt wurden, nicht von Standespersonen, bezeichnet Josephus diese Leute als Banditen oder Räuber.

Ungewiß ist indessen, ob es sich auch bei den von Josephus (*Der jüdische Krieg*, 1,315–316; 326, 329, 330; *Jüdische Altertümer*, 14,432–433; 450, 452, 453) nur flüchtig erwähnten beiden Empörungen des Jahres 38 v. Chr. um bäuerlichen Widerstand handelte. Auszuschließen ist das nicht. Weil aber Josephus in diesen Fällen nicht von «Räubern» spricht, sollte man wohl in diesen Empörungen das letzte Aufflackern des Widerstands der Parteigänger der verlorenen Sache Aristobulus' II. und seiner Söhne sehen. Jedenfalls regierte wenig später mit eiserner Faust Herodes das Land.

Judäa – fortwährend Schauplatz räuberischer Streifzüge

Josephus macht für die Zeit zwischen 38 v. Chr. und 44 n. Chr. über Räuberbanden keine Angaben. Es mögen sehr wohl welche während dieser 82 Jahre ihre Streifzüge gemacht haben, aber ich will hier nur von dokumentierten Fällen reden.

Im Jahre 44 n. Chr. wurde beim Tode des Herodes Agrippa I. ganz Palästina unter direkte römische Verwaltung gestellt. Von dieser Zeit an hatte, wie Josephus uns wissen läßt, außer dem von 46 bis 48 n. Chr. amtierenden Tiberius Alexander, jeder römische Landpfleger mit Banditen zu kämpfen. Und wie wir sehen werden, trieb sogar während der Amtszeit jenes Tiberius Alexander, obwohl Josephus bei seinem Bericht über diese darauf nicht zu sprechen kommt, mindestens ein Bandit noch sein Unwesen, der schon dessen Vorgängern Sorgen gemacht hatte.

Der erste römische Landpfleger war Cuspius Fadus, der von 44 bis 46 n. Chr. amtierte. Josephus sagt, daß er in Ruhe über das Volk herrschen konnte, weil er dessen eigentümliche Sitten nicht verletzte (*Der jüdische Krieg*, 2,220). Doch konnte er erst in Ruhe herrschen (wie man bei der Lektüre der *Jüdischen Altertümer*, 20,5, erfährt), nachdem er «ganz Judaea von den Räuberhorden befreit» hatte. Denn nicht lange nach seiner Ankunft «... wurde auch der Räuberhauptmann Tholomaeus, der den Idumäern und Arabern beträchtlichen Schaden zugefügt hatte, gefesselt ihm vorgeführt und mit dem Tode bestraft, und bald war durch seine Energie ganz Judaea von den Räuberhorden befreit» (Josephus, *Jüdische Altertümer*, 20,5; keine Parallelstelle im *Jüdischen Krieg*).

Dieser Tholomaeus oder Ptolomäus hatte demnach seine Streifzüge hauptsächlich im idumäischen und nabatäischen Grenzgebiet unternommen wie achtzig Jahre früher Ezechias im syrischen Grenzgebiet, und dabei, wie man annehmen kann, da Josephus seinen Namen nennt, einen gewissen Ruhm erworben.

Ventidius Cumanus war Landpfleger von 48 bis 52 n. Chr., und wir hatten schon im vorigen Kapitel Gelegenheit, zwei verhältnismäßig friedliche Protestkundgebungen zu erwähnen, die während seiner Amtszeit stattfanden. Hier haben wir zwei Gewaltausbrüche zu betrachten, deren einer äußerst schwerwiegend war. Was den ersten angeht, einen Überfall auf einen römischen Beamten, weicht die zweite Fassung des Berichts darüber von der ersten auf bemerkenswerte Weise ab. In beiden Fassungen geht dem Bericht über diesen Zwischenfall die Schilderung der durch eine lästerliche Handlung eines römischen Soldaten verursachten Panik voraus, bei der in Jerusalem viele Juden den Tod gefunden hatten.

> «Auf dieses Unglück folgte eine andere Aufregung, die durch Räuber hervorgerufen wurde. Denn auf der Landstraße bei Bethhoron fielen Räuber über das Gepäck eines kaiserlichen Sklaven mit Namen Stephanus her und raubten es. Cumanus sandte eine Abteilung aus und gab den Befehl, die Bewohner der umliegenden Dörfer gefangen zu nehmen und vor ihn zu bringen; er machte ihnen den Vorwurf, die Räuber nicht verfolgt und festgenommen zu haben.» (Josephus, *Der jüdische Krieg*, 2,228–229)

«Noch aber war dieses Leid nicht vorüber, als auch schon ein anderes Unglück hereinbrach. Einige Unruhestifter nämlich griffen... den Stephanus... Cumanus... schickte... sogleich Soldaten ab mit dem Befehl, die benachbarten Dörfer zu plündern und die Vornehmsten aus denselben gefesselt ihm vorzuführen, damit sie zur Verantwortung gezogen würden. Bei dieser Plünderung...» (Josephus, *Jüdische Altertümer*, 20,113–115)

Von der zweiten Fassung zitiere ich nur die Stellen, in denen sie von der ersten bemerkenswert abweicht. Während in der ersten dreimal ausdrücklich von «Räubern» die Rede ist, macht die zweite nur «einige Unruhestifter» für den Überfall auf jenen Stephanus verantwortlich. In der zweiten Fassung wird ausdrücklich gesagt, daß der Landpfleger den Soldaten befahl, «die benachbarten Dörfer zu plündern» – was übrigens die hier schon besprochene Tat des Soldaten, der bei dieser Plünderung die Torah «unter den mannigfaltigsten Verhöhnungen und Schmähungen zerriß», in einem Licht erscheinen läßt, das sie verständlicher macht. Außerdem ließ sich der zweiten Fassung des Berichts zufolge Cumanus nicht die Bewohner, sondern «die Vornehmsten» aus jenen Dörfern gefesselt vorführen, was auf die Absicht einer strengeren Bestrafung schließen läßt. Mir scheint die unterschiedliche Akzentuierung der zweiten Erzählung von der auch sonst in den *Jüdischen Altertümern* bemerkbaren Tendenz des Verfassers zu zeugen, die Schuld sowohl der jüdischen revolutionären «Räuber» als auch der römischen Landpfleger am Unheil des jüdischen Krieges noch deutlicher herauszustellen als in seinem Buch *Der jüdische Krieg*.

Vergeltungsmaßnahmen gegen Dörfer, die versäumt hatten, Räuber zu verfolgen und gefangenzunehmen – und mithin als Stützpunkte des Sozialbanditentums verdächtigt wurden –, waren übrigens bei den Römern üblich. «Das Gesetz folgt der Annahme», sagt Brent Shaw in der oben schon zitierten Untersuchung, «daß Banditen eines Netzwerks von Helfern bedürfen und daß der Statthalter ihre Operationen nicht unterbinden kann, ohne ihre Basis anzugreifen. Ohne diese, sagt das Gesetz ausdrücklich, kann sich der Bandit nicht lange verbergen» (S. 14–16). Diese Unterstützung durch die Bauern erklärt, wie Eric Hobsbawm gesehen hat, den Mythos von der Unsichtbarkeit der Banditen und zeigt die Wahrheit hinter der Legende, daß Banditen nur durch Verrat zu fassen sind (1985, S. 50–51).

Der zweite Zwischenfall führte zu offenem Krieg und hatte im Jahre 52 n. Chr. die Abberufung des Cumanus von seinem Posten und schließlich seine Verbannung durch den Kaiser Claudius zur Folge. Über diese Vorkommnisse haben wir nicht allein die Berichte des Josephus (*Der jüdische Krieg*, 2,232–246; *Jüdische Altertümer*, 20,118–136), sondern einen kurzgefaßten auch in den *Annalen* des Tacitus. Dennoch ist es nicht ganz leicht, sich klarzumachen, was bei dieser Gelegenheit wirklich geschah.

Zunächst weil Tacitus in den *Annalen* (12,54) Josephus in zwei wichtigen Punkten widerspricht. Denn Tacitus sagt, die Provinz sei damals so geteilt gewesen: «Ventidius schaltete über den Stamm der Galiläer, Felix über den der Samariter», ehe er fortfährt: «Es wäre zu einem regelrechten Krieg in der Provinz gekommen, wenn nicht der syrische Statthalter Quadratus eingeschritten wäre» (Horneffer, S. 384). Ich halte aber die erste dieser beiden Behauptungen für falsch und erkläre sie mir aus dem Zusammenhang, in dem Tacitus auf die Angelegenheit zu sprechen kommt, nämlich nach einer Spitze gegen den Finanzminister des Kaisers Claudius, Pallas, den ein öffentlich (in Erz gegraben) ausgestellter Senatsbeschluß «mit dem Lobe alter Sparsamkeit» überhäufte, weil er (der dreihundert Millionen Sesterzen schwer war) bei einer Gelegenheit auf eine Zuwendung von fünf Millionen verzichtete. «Nicht so enthaltsam zeigte sich indes sein Bruder mit dem Beinamen Felix...», sagt dann Tacitus, an diese Würdigung der unverschämten Bescheidenheit des steinreichen Freigelassenen Pallas anknüpfend. Dieser Felix war also nach dem Dafürhalten des Geschichtsschreibers nicht besser als sein Bruder. In den *Historien* (5,9) sagt Tacitus denn auch, daß derselbe in Judaea «in jeglicher Form von Grausamkeit und Willkür das Recht eines Königs in dem Geiste eines Sklaven ausübte». Daß aber offenbar von den Missetaten des Felix dem Geschichtsschreiber keine Einzelheiten bekannt waren, während ihm über die unglückselige Amtswaltung des Cumanus genauere Informationen vorlagen, scheint der Grund zu sein, aus dem Tacitus den hassenswerten Felix einfach zu dessen Mitregenten machte. Ich bin deshalb der Meinung, daß aus dem Bericht im 12. Buch der *Annalen* alles über Felix Gesagte ausgeschieden werden kann und sich der Bericht tatsächlich nur auf die Amtszeit des Cumanus bezieht, der von 48 bis 52 v. Chr. Amtsvorgänger jenes Felix in Palästina war. Was aber Tacitus über die Ereignisse in Palästina unter Cumanus sagt – über den Konflikt zwischen Galiläa und Samaria, über Banditen, über das Eingreifen des Quadratus und die Abberufung des Cumanus –, verdient berücksichtigt zu werden, und damit auch die Behauptung, daß es zu einem regelrechten Krieg in der Provinz gekommen wäre, wenn nicht der syrische Statthalter Quadratus eingeschritten wäre.

Des weiteren ist zu klären, wie die unterschiedlichen Aussagen des Josephus über die Samariter in seinen beiden Berichten über die fraglichen Ereignisse zu deuten sind. Einen Wandel in seiner Einstellung zu den Samaritern konnten wir beim Vergleich der beiden Fassungen seines Berichts über den samaritischen Propheten und die Abberufung des Pontius Pilatus im Jahre 36 n. Chr. feststellen. Shaye Cohen hat sehr überzeugend nachgewiesen, daß, während der Verfasser des *Jüdischen Krieges* keine Feindseligkeit gegen die Samariter erkennen läßt, der Verfasser der *Jüdischen Altertümer* eindeutig anti-samaritisch gesinnt ist. So zeigt Cohen in einem detaillierten Vergleich (2,232–246 und 20, 118–136) an einem runden Dutzend Beispielen diese «Änderung einer neutralen in eine feindselige Haltung» (1979, S. 149). Die spätere Fassung gerade dieser Stelle ist ein vollkommenes Beispiel der Tendenzschriftstellerei des Josephus. Denn mit den erwähnten Änderungen will er den Leser davon überzeugen, «daß die Samariter Schurken sind, die den echten Juden immer nur Ärger gemacht haben» (S. 241). Dieser Meinungswandel ist ein Aspekt seines im Alter zunehmenden religiösen Nationalismus und überzeugteren Beharrens auf dem pharisäischen Standpunkt.

Damit aber nicht genug, unterscheiden sich die beiden Fassungen seines Berichts auch hinsichtlich des jüdischen Anteils an den Ereignissen. Im *Jüdischen Krieg* scheint es, als hätten die Juden nur eine Strafexpedition gegen Samaria im Sinn gehabt. Liest man die *Jüdischen Altertümer,* sieht die Sache sehr viel mehr nach einer Empörung gegen Rom aus. Natürlich war der Überfall ungesetzlich und insoweit indirekt und sekundär ein Akt der Empörung gegen Rom. Aber nach der Lektüre der *Jüdischen Altertümer* kann man sich fragen, ob er das nicht vielleicht von Anfang an war. Shaye Cohen, der jeden Tendenzwechsel in Josephus' Ansichten genauestens verzeichnet hat, kann nachweisen, daß dieser im *Jüdischen Krieg* zu zeigen bemüht war, daß sich für den Ausbruch des Krieges nur Einzelpersonen auf beiden Seiten verantwortlich gemacht hätten, obwohl er den jüdischen Räubern mehr Schuld daran gab als den römischen Landpflegern, während er in den *Jüdischen Altertümern* die Schuld am Kriege beiden Seiten in ziemlich gleichem Maße zuwies und auf beiden Seiten breitere Kreise daran beteiligte. Während also dem ersten Werk zufolge nicht alle Juden sich empörten, sondern nur eine kleine radikale Minderheit, nahmen nach der späteren Darstellung alle Juden an der Empörung teil, allerdings der Not gehorchend, nicht dem eigenen Triebe (1979, S. 237, 240, 241). Dementsprechend stellt Josephus die Vorkommnisse, mit denen Cumanus es zu tun bekam, im *Jüdischen Krieg* als einen versuchten Vergeltungsschlag gegen Samaria dar, trotz vieler Einzelheiten, die sich dieser Interpretation der Ereignisse nicht fügen. Denn, wenn Cumanus diesen Vergeltungsschlag verhinderte, wie erklärt sich die nachfolgende starke Zunahme des Banditentums? Wenn Quadratus nur kam, um eine erbetene richterliche Entscheidung zu treffen, wie erklärt sich die Langsamkeit seines Vorrückens von Tyrus nach Caesarea, nach Lydda, nach Jerusalem, und die Tatsache, daß sich am

Ende so viele hohe Beamte in Rom vor Gericht verantworten mußten? Der Verfasser der *Jüdischen Altertümer* andererseits macht keinen Hehl daraus, daß die fraglichen Unruhen eine Empörung gegen Rom waren, und in der Tat ist nur unter dieser Voraussetzung ganz verständlich, was er von den Ereignissen schon in seinem ersten Werk berichtet.

Der Anlaß zum Ausbruch der Unruhen war, wie Josephus in beiden Fassungen seines Berichts über diese Ereignisse mitteilt, ein Mord. Samariter ermordeten einen (*Der jüdische Krieg*, 2,232–233) oder sogar mehrere (*Jüdische Altertümer*, 20,118–119) galiläische Pilger, die auf dem Weg nach Jerusalem samaritisches Gebiet durchquerten. Beiden Fassungen des Berichts zufolge verlangten die angesehensten Juden Galiläas alsbald Genugtuung für diese Freveltat von Cumanus. Nur die Fassung des *Jüdischen Krieges* erklärt, daß dies geschah, «weil sich zahlreiche Galiläer zusammenrotteten, um gegen die Samariter Krieg zu führen» (2, 233). Und nur dem Leser der *Jüdischen Altertümer* (20,119) wird verraten, daß Cumanus nicht eingriff, weil die Samariter ihn bestochen hatten.

Was geschah, nachdem die den samaritischen Mördern entgangenen galiläischen Pilger die Nachricht von dem Vorgefallenen in Jerusalem bekanntgemacht hatten, findet man in den beiden historischen Werken des Josephus wie folgt berichtet:

> «Als die Kunde von dem traurigen Geschick des Ermordeten in Jerusalem bekannt wurde, gerieten die Massen in Weißglut; sie verließen das Fest, stürmten ohne Führer auf Samarien zu und wenn einer ihrer Volkshäupter sie aufhalten wollte, verweigerten sie den Gehorsam. An die Spitze ihres räuberischen und aufrührerischen Haufens stellte sich ein gewisser Eleazar, Sohn des Dinäus, und Alexander; sie fielen in das an den Bezirk von Akrabatene angrenzende Gebiet ein, mordeten ohne Rücksicht auf das Alter und brannten die Dörfer nieder.»
> (Josephus, *Der jüdische Krieg*, 2,234–235)

> «Auf die Nachricht von dieser That begaben sie die angesehensten Galiläer zu Cumanus und baten ihn, den Tod der Gefallenen zu rächen. Cumanus aber liess sich von den Samaritern mit Geld bestechen und schenkte den Klagen der Galiläer keine Beachtung. Hierüber erbittert, *riefen diese das ganze jüdische Volk zu den Waffen, um die Freiheit zu schützen. Denn die Knechtschaft, führten sie aus, sei schon an und für sich bitter genug; um wie viel unerträglicher müsse sie also sein, wenn noch schmachvolle Beleidigungen hinzukämen?* Um ihre Aufregung zu beschwichtigen, versprachen ihnen die Beamten, bei Cumanus die Bestrafung der Schuldigen zu erwirken. Darauf aber hörten sie

nicht, sondern sie griffen zu den Waffen, riefen des Dinaeus Sohn Eleazar, einen Räuber, der sich schon eine Reihe von Jahren im Gebirge umhertrieb, zu Hilfe und äscherten einige Dörfer der Samariter ein.»
(Josephus, *Jüdische Altertümer*, 20,120–121)

Ich habe in dem Zitat aus den *Jüdischen Altertümern* die Rede über Freiheit und Knechtschaft hervorgehoben, weil die Redner für den Leser des Werks leicht erkennbar die Ideen ihres Landsmanns Judas wiederholen (vergl. *Jüdische Altertümer*, 18,23). Damit erklärt der Geschichtsschreiber die Unruhen meines Erachtens wahrheitsgetreu als Empörung nicht nur über die Samariter, sondern letztlich gegen Rom, wenn mir auch die damit angedeutete Inspiration des Aufstands durch die «vierte Philosophie» zumindest fragwürdig zu sein scheint. Denn nicht Lehrer, sondern Banditen ergriffen bei dieser Gelegenheit die Initiative. Anführer der Massen war der Räuberhauptmann Eleazar (daß auch Alexander ihren räuberischen und aufrührerischen Zug mit anführte, erwähnt nur der Historiker des *Jüdischen Krieges*). Hier zeigt sich zum ersten Mal in einiger Deutlichkeit ein Bündnis zwischen Bauern und Banditen, und es erscheint dabei ein Räuberhauptmann als Rächer einer von den Behörden straflos geduldeten Missetat. Tatsächlich wäre der erste jüdisch-römische Krieg fast schon im Jahre 52 n. Chr. unter Cumanus ausgebrochen, angefangen von unten, den Bauern, unter Führung eines berühmten Banditen.

Gegen Eleazar war nun jedenfalls Cumanus zum Eingreifen genötigt, «nahm von den Leuten des Eleazar viele gefangen, eine noch größere Zahl tötete er», (*Jüdischer Krieg* 2,237) beziehungsweise «machte eine Menge von ihnen nieder und eine noch größere Zahl zu Gefangenen», wie man in den *Jüdischen Altertümern* liest (20,120). Beiden Fassungen seines Berichts zufolge konnten die Angesehenen und Vornehmen in Jerusalem die Aufständischen «im Hinblick auf die drohende Zerstörung ihrer Vaterstadt» beruhigen, womit gesagt sein soll, daß Cumanus die Oberhand behalten hätte. Indessen fährt der Historiker des *Jüdischen Krieges* an dieser Stelle (2,238) fort: «Viele verlegten sich aber auf das Räuberhandwerk, weil es ungefährlich erschien; über das ganze Land hin ereigneten sich Raubüberfälle, und die Wagemutigsten unternahmen gar offene Empörungsversuche.» Und in den *Jüdischen Altertümern* (20, 124) wird ebenfalls eingeräumt: «Von dieser Zeit an war Judaea fortwährend der Schauplatz räuberischer Streifzüge.» Hatte also Cumanus wirklich den Aufstand niedergeschlagen? Eleazar selbst hatte er jedenfalls nicht zu fassen bekommen, das gelang erst einige Jahre später seinem Nachfolger Felix. Und das Räuberunwesen nahm nach seinem Sieg über Eleazars Scharen vor Samaria nicht etwa ab, sondern, wie man in beiden Geschichten des Josephus liest, eher zu. Man hat deshalb den Eindruck, daß sein Sieg vor Samaria das Heer der Aufständischen nur in eine Vielzahl von im ganzen Land operierenden Guerillaeinheiten zersplitterte.

Jedenfalls schritt nun aus Syrien der dortige Legat Quadratus ein (*Der jüdische Krieg*, 2,239–246 und *Jüdische Altertümer*, 20,125–136). Die Frage ist, ob er, wie Tacitus behauptet, zur Unterdrückung eines Aufstands einschritt oder, wie Josephus versichert, um einen Rechtsstreit zu schlichten. Das von Josephus berichtete schrittweise Vorrücken des Legaten – über Tyrus, Caesarea und Lydda nach Jerusalem – paßt besser zu der Vorstellung eines zur Befriedung einer aufständischen Bevölkerung herannahenden Generals als zu der eines Richters, der zur Schlichtung eines Rechtsstreits gerufen wurde, zu der man sich bequemen muß, wenn man Josephus glauben will. Daß Quadratus mehr zu tun blieb, als Josephus offen sagt, deutet dieser denn auch in der zweiten Fassung seiner Erzählung zumindest an, um so auffälliger als diese Andeutung in der ersten Fassung fehlt. Man vergleiche die beiden Fassungen seines Berichts von der Ankunft des Quadratus in Jerusalem: «Quadratus», heißt es im *Jüdischen Krieg* (2,244b), «reiste ... von Lydda nach Jerusalem herauf, traf die Menge bei der Feier der ungesäuerten Brote in voller Ruhe an und kehrte nach Antiochien zurück.»

Dagegen ausführlicher in den *Jüdischen Altertümern* (20,133): «Er selbst begab sich, da er einen neuen Aufstand der Juden befürchtete, nach Jerusalem, fand das Volk aber ruhig bei der Feier eines religiösen Festes versammelt und kehrte in der Überzeugung, dass weitere Unruhen jetzt nicht zu erwarten seien, nach Antiochia zurück.»

Erst hier räumt Josephus ein, daß der Legat also wohl Ursache hatte, von der «vollen Ruhe», in der er die Menge in Jerusalem antraf, angenehm überrascht zu sein.

Quadratus schickte die Oberhäupter der Juden, nämlich Jonathan, der von 36 bis 37 n. Chr. Hohepriester gewesen war, den gegenwärtig amtierenden Hohepriester Ananias sowie dessen Sohn und Stellvertreter, Ananus, nach Rom, wo sie sich ebenso wie die Vornehmsten der Samariter und die höchsten römischen Beamten der Provinz, Cumanus selbst und ein Tribun namens Celer, wegen der Vorfälle vor dem Kaiser Claudius zu verantworten hatten. Claudius, von Agrippa II., vielleicht auch von seiner von diesem jüdischen Fürsten um Unterstützung gebetenen Gattin Agrippina beeinflußt, fand die Klage der Juden gerechtfertigt (auf welches Ergebnis auch Pallas eingewirkt haben mag. Eine Vermutung, die zwar von Josephus nicht ausgesprochen, einem aber nahegelegt wird durch die Tatsache, daß dessen Bruder Felix zum Nachfolger des Cumanus ernannt wurde). Claudius erkannte in den Samaritern die Urheber der gesamten Feindseligkeiten, ließ «diejenigen von ihnen, die sich bei ihm eingefunden hatten, hinrichten, schickte Cumanus in die Verbannung und ließ den Tribun Celer nach Jerusalem bringen, dort öffentlich durch die Stadt führen und dann enthaupten», wie Josephus im 6. Kapitel des 20. Buchs seiner *Jüdischen Altertümer* berichtet, von der Darstellung im 12. Kapitel des 2. Buchs des *Jüdischen Krieges* nur abweichend, indem dieser zufolge nicht ausdrücklich alle Samaritaner, «die sich bei ihm eingefunden hatten», sondern nur «drei der Mächtigsten unter den Samaritanern» hingerichtet wurden. Dieses Urteil beweist jedenfalls, daß uns Josephus und Tacitus nicht alle zur Beurteilung des Gangs der Ereignisse erforderlichen Informationen an die Hand geben. Denn nirgends erfahren wir, was dieser Celer (nicht zu verwechseln mit dem Soldaten, dessen provozierende Entblößung die Panik im Tempel verursachte) sich hatte zuschulden kommen lassen, eine so harte Bestrafung zu verdienen.

Dennoch kann aus den uns vorliegenden Informationen wohl geschlossen werden, daß im Jahre 52 n. Chr. die bäuerlichen Massen mit den Banditen gemeinsame Sache gegen den Staat machten und daß Josephus diesen Tatbestand bei seiner Darstellung in *Der jüdische Krieg* zu verschleiern bemüht war, während er bei der Abfassung der *Jüdischen Altertümer* immerhin Hinweise darauf nicht unterschlug. Ebenso ist nahezu sicher anzunehmen, daß Quadratus nach Palästina kam, um einen Aufstand niederzuschlagen, wie Tacitus sagt, und nicht nur, um einen Streit zu schlichten, wie man bei Josephus liest. Mithin scheint es, daß der erste römisch-jüdische Krieg um ein Haar schon im Jahre 52 n. Chr. ausgebrochen wäre, und zwar angefangen von Bauern und Banditen anstatt von Adligen und deren Gefolgschaft. Aber da nach Auffassung der Römer diese letzteren für Ruhe und Ordnung im Lande verantwortlich waren, mag Pallas sich gern dafür verwendet haben, sie zu retten, was er sich wohl mit der Ernennung seines Bruders Felix zum Nachfolger des Cumanus honorieren ließ. Das würde auch die Spannungen zwischen Jonathan und Felix erklären, die Josephus in den *Jüdischen Altertümern* erwähnt (20,162), da, wie es dort heißt, der Hohepriester den Landpfleger oft zurechtwies, «er solle Judaea besser verwalten, damit er selbst, der seine Ernennung von Caesar erbeten hatte, unter den Klagen des Volkes weniger zu leiden habe». Das sind natürlich nur Vermutungen, doch solche, zu denen die Widersprüchlichkeit der Quellen provoziert.

Jedenfalls amtierte dann von 52 bis 60 n. Chr. Felix als Landpfleger von Palästina. Bei der Beschreibung seiner Amtszeit kommt Josephus zweimal auf dessen Schwierigkeiten mit den Banditen zu sprechen. Dabei nennt er in jeweils einer der beiden Fassungen seiner Erzählung, aber an verschiedenen Stellen, Banditen und Propheten in einem Atemzug. Doch sollte man, wie schon oben erörtert, diese Hinweise auf die Mitwirkung von Propheten – oder, wie Josephus sagt, «Schwindlern» und «Betrügern» – an der Beunruhigung der Obrigkeit durch Räuber nicht für bare Münze nehmen.

> «Felix... fing den Räuberhauptmann Eleazar, der 20 Jahre lang das Land heimgesucht hatte, lebendig mit vielen seiner Spießgesellen und sandte sie nach Rom. Die Zahl der von ihm gekreuzigten Räuber und der Einwohner, denen eine Verbindung mit diesen nachgewiesen werden konnte und die er darum bestrafte, stieg ins Ungeheure.»
> (Josephus, *Der jüdische Krieg*, 2,253)

> «Die Verhältnisse Judaeas wurden inzwischen von Tag zu Tag zerrütteter. Denn das Land war abermals voll von Räubern und von Betrügern, die das Volk irreleiteten. Felix nun liess von diesen wie von jenen tagtäglich eine grosse Anzahl ergreifen und hinrichten. So nahm er auch Eleazar, den Sohn des Dinaeus, der eine ganze Räuberbande um sich gesammelt hatte, mit List gefangen. Er lockte ihn nämlich unter Zusicherung voller Straflosigkeit an seinen Hof und schickte ihn alsdann sogleich in Fesseln nach Rom.»
> (Josephus, *Jüdische Altertümer*, 20,161–162)

Hier kommen zwei Topoi aller Erzählungen von Banditen vor, nämlich die Komplizenschaft der Bauern mit den Banditen und die Verhaftung des Räuberhauptmanns durch Verrat, als welcher der Wortbruch des Landpflegers ja wohl gelten muß. Es hat den Anschein, als machten Felix die ihm von Cumanus hinterlassenen Probleme noch zu schaffen. Daß mit Eleazar nicht an Ort und Stelle kurzer Prozeß gemacht, der gefangene Räuberhauptmann vielmehr nach Rom geschickt wurde, zeigt, wie ernst man dort den Aufstand zur Amtszeit des Cumanus genommen hatte und wie ernst man das noch weiter andauernde Räuberunwesen nahm. Übrigens macht Josephus auf Eleazars Karriere zurückblickend im *Jüdischen Krieg* (2,253) eine Zeitangabe («... der 20 Jahre das Land heimgesucht hatte»), der zu entnehmen ist, daß das Räuberunwesen in Palästina nicht erst in den Jahren 44 bis 46 n. Chr. unter Fadus mit Tholomaeus anfing, sondern schon mindestens zehn Jahre früher, und vielleicht schon Pilatus, der von 26 bis 36 n. Chr. amtierte, zu schaffen machte.

Mit der Verhaftung Eleazars hatte auch Felix, wie sich bald zeigen sollte, das Land nicht von Banditen gereinigt. Wieder spricht Josephus in einer der beiden Fassungen seines Berichts über den binnen kurzem folgenden neuerlichen Ausbruch des Banditenunwesens vom Zusammenwirken von Propheten, die er hier «Wundertäter» nennt, mit den Räubern (was hier insofern nahelag, als dieser Bericht in beiden Fassungen auf die Erzählung vom Treiben des falschen Propheten aus Ägypten folgt).

> «Als hier Ruhe geschaffen worden war, trat die Entzündung, wie in einem kranken Körper, an anderer Stelle wieder auf. Denn die Wundertäter und Räuber schlossen sich zusammen, verführten viele zum Abfall und ermutigten sie zum Freiheitskampf; diejenigen, die der römischen Herrschaft weiterhin gehorchen wollten, bedrohten sie mit dem Tode und behaupteten, man müsse die, die freiwillig die Knechtschaft vorziehen, mit Gewalt befreien. Sie verteilten sich in einzelnen Banden über das Land, raubten die Häuser der Vornehmen aus, töteten diese selbst und brannten die Dörfer nieder, so daß von ihrem Wahnsinn ganz Judäa erfüllt wurde. Und dieser Krieg entbrannte mit jedem Tag von neuem.»
> (Josephus, *Der jüdische Krieg*, 2,264–265)

> «Jetzt reizten die Banditen abermals das Volk zum Kriege gegen die Römer, denen man keinen Gehorsam erweisen dürfe, und wo man auf ihre Hetzereien nicht einging, verheerten sie die Dörfer durch Brandstiftung und Plünderung.»
> (Josephus, *Jüdische Altertümer*, 20,172b)

Beiden Fassungen des Berichts ist zu entnehmen, daß das, was die Banditen eigentlich im Sinn hatten, eine Revolution war. Wieder, wie schon unter Cumanus, wurde zum «Freiheitskampf» aufgerufen. Man könnte also über meine oben gemachte Feststellung, daß der Krieg um ein Haar schon unter Cumanus im Jahre 52 n. Chr. angefangen hätte, noch hinausgehen und behaupten, daß vom Augenblick der Unruhe über den Pilgermord an der offene Ausbruch des schon schwelenden Krieges nur mit Mühe und Not eine Zeitlang verhindert worden sei.

Bemerkenswert ist zudem, daß «der Krieg», von dem Josephus in beiden Fassungen seines Berichts über den neuerlichen Ausbruch der «Entzündung» spricht, sich nicht nur gegen die römische Fremdherrschaft richtete, sondern auch gegen deren jüdische Kollaborateure, und daß die Unterwerfung der Bauern unter das kolonialistische Regime ebenso unerbittlich bestraft wurde wie diejenige des Adels.

Bei der Erzählung der Ereignisse während der Amtszeit des Landpflegers Festus (60 bis 62 n. Chr.) erwähnt Josephus, wie wir hier schon bei der Erörterung seiner Einschätzung der *Sicarii* sahen, Banditen nur einmal, und zwar um die Banditen, «welche allenthalben die Dörfer einäscherten und plünderten», irreführend mit den «sogenannten Sikariern» gleichzusetzen, die kleine Dolche führten, die «gekrümmt waren wie die römischen ‹sicae›, woher auch die Banditen den Namen Sikarier erhielten», also um städtische Terroristen und ländliche Banditen und nicht zuletzt auch chiliastische Propheten oder Betrüger zu einer undifferenzierten rebellischen Masse zu vermengen.

Von der Amtszeit des nächsten Landpflegers Albinus (62 bis 64 n. Chr.) erfährt man bei Josephus, daß diesen vorzüglich der Parteienstreit in Jerusalem beschäftigte. Claudius hatte im Jahre 65 n. Chr. den herodianischen Fürsten das Recht, die Hohenpriester zu ernennen, eingeräumt. Ananias, Sohn des Nebedaeus, war Hoherpriester von 48 bis 51 n. Chr. Dann aber, während der Jahre 59 bis 64, ernannte König Herodes Agrippa II. hintereinander nicht weniger als fünf Hohepriester oder setzte, um den gleichen Vorgang vom anderen Ende her zu beschreiben, hintereinander fünf Hohepriester ab. So amtierte Ismale, Sohn des Phabi, von 59 bis 61; Joseph Kami, Sohn des Simon, von 61 bis 62; Ananus, Sohn des Ananus, im Jahre 62; Jesus, Sohn des Damnaeus, von 62 bis 63; und Jesus, Sohn Gamaliels, von 63 bis 64. Da zuvor ein Hoherpriester über ein Jahrzehnt lang amtiert hatte, kann unter dem häufigen Wechsel während der folgenden fünfzehn Jahre die priesterliche Autorität in Jerusalem durchaus gelitten haben.

In seinem *Jüdischen Krieg* geht Josephus auf die Einzelheiten des Parteienstreits, von dem diese Ernennungen und Absetzungen zeugen, nicht näher ein, sondern bemerkt nur unbestimmt über die Parteihäupter, daß sich «jeder dieser Gesellen ... wie ein Räuberhauptmann oder Gewaltherrscher» mit einer eigenen Bande umgab (2,274–276). Doch in den *Jüdischen Altertümern,* wo Josephus, wie Shaye Cohen nachweist, sich nicht länger scheut, auch die höchsten Ränge der jüdischen Gesellschaft, die Hohenpriester und Adligen, der Mitschuld am Ausbruch des Krieges zu bezichtigen (1979, S. 157), wird der Geschichtsschreiber deutlicher. Da lesen wir von Streitigkeiten in der Priesterschaft, die schon unter Felix begannen und unter Albinus ihren Fortgang nahmen, einerseits zwischen Hohenpriestern und gewöhnlichen Priestern, andererseits zwischen amtierenden und ehemaligen Hohenpriestern (20,213), sowie zwischen den Hohenpriestern und dem Adel (20,214).

Der letzte Landpfleger vor Ausbruch des Krieges war von 64 bis 66 n. Chr. Florus. Eingedenk der Versicherungen Eric Hobsbawms und Anton Bloks, denen zufolge es nicht selten vorkommt, daß Angehörige der Oberschicht sich dazu bestechen lassen, Banditen Protektion zu gewähren, mag man nicht absolut unglaublich finden, was Josephus diesem Florus nachsagt, wenn es auch allerdings relativ unglaublich ist.

> «Einen einzelnen Mann zu erpressen schien ihm zu gering, ganze Städte plünderte er aus und große Volksteile richtete er zugrunde; es fehlte nur noch, daß er im ganzen Lande ausrufen ließ, allen sei das Rauben erlaubt, vorausgesetzt, daß er selbst seinen Anteil an der Beute erhalte. So kam es, daß auf Grund seiner Habgier alle Städte verödeten, und viele Bürger im Widerspruch zu den heimischen Sitten in Provinzen mit fremder Bevölkerung auswanderten.»
> (Josephus, *Der jüdische Krieg*, 2,278b–279)

> «Denn er war grausam und hartherzig und so unersättlich in seiner Habgier, dass er zwischen wenig und viel gar keinen Unterschied kannte und selbst mit Banditen zu teilen sich nicht scheute. Diese gingen daher in grosser Anzahl dem Raube nach, weil sie sicher sein konnten, dass ihnen gegen Abgabe eines Teiles der Beute nicht das mindeste zuleide geschah. Damit aber war das Mass des Elendes noch nicht voll, sondern da die unglücklichen Juden die Plünderungen seitens der Räuber nicht mehr ertragen konnten, mussten sie sämtlich ihre Wohnsitze verlassen und ihr Heil in der Flucht suchen, weil sie überall im Ausland ein besseres Los erhoffen durften. Kurz, Florus war es, der uns so weit brachte, dass wir den Krieg mit den Römern aufnahmen, weil wir lieber auf einmal als in langsamem Todeskampf untergehen wollten.»
> (Josephus, *Jüdische Altertümer*, 20,255b–257)

Mit diesen Anklagen gegen Florus endigt Josephus seinen Bericht über die *Jüdischen Altertümer*. Die Geschichte des *Jüdischen Krieges* im einzelnen hat er nur in dem Werk dieses Titels erzählt. Der Vergleich dieser beiden Erzählungen der gleichen Geschichte kann also nicht weiter fortgeführt werden. Ist zu glauben, wessen er Florus beschuldigt? Zumindest wird man angesichts des von den bäuerlichen Banditen zur Zeit des Felix bekundeten ideologischen Antiimperialismus bezweifeln dürfen, daß diese auf ganzer Linie mit Florus gemeinsame Sache machten. Und man sollte bedenken, daß sich den Luxus der Emigration wohl die Aristokratie, nicht aber die Bauern leisten konnten.

Ein Banditengeneral einer Banditenarmee

Während der Zeit zwischen dem Herbst des Jahres 66 und dem Sommer 67, zu Beginn des Krieges mit Rom, hielt Josephus sich ungefähr sechs Monate lang in Galiläa auf. Wie schon erwähnt, haben wir für die Zeit bis zur Ankunft Vespasians und Titus' im Frühjahr 67 außer den entsprechenden Kapiteln im *Jüdischen Krieg* eine zweite Quellschrift, zwar nicht mehr in seinen *Jüdischen Altertümern*, aber allerdings in seiner Autobiographie, seinem *Leben*. Wie schon angekündigt, werden wir auch zwischen den beiden Fassungen seiner Geschichte dieser Jahre vielsagende Unterschiede finden.

Im September 66 hatte der Landpfleger von Syrien, Cestius Gallus, ein Heer von 30 000 Mann einschließlich der XII. Legion, Fulminata, in voller Kampfstärke, von Antiochien nach Süden geführt. Im November jedoch geriet dieses Heer, nachdem Gallus aus nicht leicht erklärlichen Gründen die Belagerung von Jerusalem aufgehoben hatte, im Bethhoronpaß nordwestlich der Stadt in einen Hinterhalt und erlitt eine schwere Niederlage. Im Zuge der Maßnahmen, die man nun in Jerusalem traf – die Verwaltung des derart plötzlich unabhängig gewordenen Staats zu organisieren und dessen Verteidigung gegen den zu gewärtigenden römischen Vergeltungsschlag vorzubereiten –, wurde Josephus nach Galiläa entsandt. Die beiden Fassungen seines Berichts über seine Entsendung nach Galiläa und Ankunft daselbst zeigen jede eine gerade in der Unterschiedlichkeit beider unverkennbare Tendenz. Hier ist die erste Fassung:

> Man «ernannte Feldherren ... für die beiden Galiläa Josephus, ... Sohn des Matthias; seinem Bereich wurde auch Gamala unterstellt, die stärkste Festung der dortigen Gegend ... Josephus ... war ... vor allem darauf bedacht, das Wohlwollen der Bevölkerung zu erwerben ... Er bestimmte (eine) höchste Behörde für ganz Galiläa ... In der Einsicht, daß die Römer zuerst Galiläa angreifen würden, befestigte er die dazu geeigneten Plätze. Er hob auch aus Galiläa ein Heer von über 100 000 jungen Männern aus, die er alle mit gesammelten alten Waffen ausrüsten ließ.»
> (Josephus, *Der jüdische Krieg,* 2,568–576)

Die ganze Erzählung, von der das Zitat nur die Höhepunkte gibt, verständigt den Leser darüber, daß Josephus die Verwaltung von ganz Ober- und Untergaliläa fest in der Hand hatte und sich um alles persönlich kümmern konnte, um Rechtsfragen ebenso wie um militärische Angelegenheiten, daß er Zeit fand, alles Erforderliche zu tun, Städte zu befestigen, Rekruten auszuheben und andere auszubilden, sowie, und dies vor allem, sein Heer «nach römischer Weise» einzuteilen. All das aber vollbrachte er, wenn man ihm glauben darf, binnen weniger Monate mitten im Winter. Indessen hat man, wie Shaye Cohen sehr überzeugend nachweist, in dieser Erzählung nicht einen Bericht über das von Josephus tatsächlich Veranlaßte, sondern über das Wirken eines vorbildlichen römischen Generals (1979, S. 91–97). Josephus setzt sich hier als würdiger Gegner Vespasians in Szene und die Galiläer als ebenbürtige Gegner der Römer.

Die in Galiläa ausgehobenen 100 000 Mann erlaubten ihm die Aufstellung eines einsatzfähigen Heers von 60 000 Fußsoldaten und 350

Mann Reiterei, wie er im *Jüdischen Krieg* (2,583) mitteilt. Dieses Heer organisierte er, wie schon gesagt, «nach römischer Weise». Etwas weiter im Text (3,69), ehe er zu einer Würdigung der vortrefflichen Ausbildung, Disziplin, Bewaffnung und Kampfkraft des römischen Militärs kommt (3,70–109), gibt der Geschichtsschreiber des *Jüdischen Krieges* die Stärke der für den Angriff auf Galiläa im Frühjahr 67 von Vespasian und Titus in Ptolomais zusammengezogenen Truppenverbände an. Es standen da aber drei Legionen, nämlich die V., Macedonia, die X., Fretensis, sowie die XI., Apollinaris; dazu Hilfstruppen in solcher Menge, daß zum Einmarsch in Galiläa, dem Bericht des Josephus zufolge, sechzigtausend Mann gerüstet waren; das war ebensoviel wie er selber zur Verteidigung des Landes aufbot. Dem Leser wird also zu verstehen gegeben, daß die Heerführer auf beiden Seiten von gleicher Statur waren, die Stärke der Truppen auf beiden Seiten gleich und auch deren Ausbildungsstand der gleiche war, da römische Disziplin auf beiden Seiten herrschte. Die Verteidiger waren, wenn man Josephus folgt, gegenüber den Angreifern freilich insofern im Vorteil, als die Galiläer bisher jedem Angriffsversuch widerstanden hatten. «Denn die Galiläer sind von früher Jugend an kriegerisch und seit jeher zahlreich; weder Feigheit bei seinen Männern noch Männermangel hatten jemals das Land bedroht» (3,42–43). Alles war bis ins kleinste vorbereitet für den Großen Galiläischen Krieg gegen Rom.

Leider war aber dann die Reaktion der von Josephus geführten Truppen bei der ersten Feindberührung nicht die, die man demnach erwarten sollte.

> «Die Truppen, die sich um Josephus gesammelt und unweit von Sepphoris bei einer Stadt namens Garis ihr Lager aufgeschlagen hatten, zerstreuten sich, sobald sie hörten, daß der Krieg näher komme, in eiliger Flucht, obgleich die Römer sie noch gar nicht angegriffen hatten, das heißt also, nicht etwa kurz vor dem Kampf, sondern ehe ihnen die Feinde überhaupt zu Gesicht gekommen waren.»
> (Josephus, *Der jüdische Krieg*, 2,129)

Der Geschichtsschreiber, der das bekennt, empfiehlt also wohl selbst, seine früheren Vorstellungen über die Stärke und Qualität des von ihm aufgestellten Heers ins Reich der Phantasie zu bannen.

Was er dann in der Beschreibung seines *Lebens* von seinem Wirken in Galiläa sagt, macht einem das Bild der Lage dort im frühen Winter 66 wesentlich klarer.

> «Als die Männer, welche in Jerusalem an der Spitze standen, nach dem Siege über Cestius sahen, daß noch nicht ganz Galilaea von den

Römern abgefallen sei, vielmehr ein Teil des Landes sich ruhig verhielte, schickten sie mich ... nebst zwei anderen höchst wackeren Priestern, Joaza und Judas, dorthin mit dem Auftrag ab, die Übelgesinnten zur Niederlegung der Waffen zu bereden und ihnen klar zu machen, dass es besser sei, wenn nur der kräftigste Teil des Volkes sich derselben bediene ...

In Gischala entliess ich meine Mitgesandten nach Jerusalem und verwandte nun meine ganze Sorgfalt auf die Beschaffung von Waffen und die Befestigung der Städte. Zu diesem Zweck beschied ich die Tapfersten von der Räuberbande zu mir, weil ich die Unmöglichkeit, sie zu entwaffnen, einsah, und bewog das Volk, sie in Sold zu nehmen, indem ich darauf hinwies, dass es besser sei, ihnen freiwillig etwas zu zahlen, als Hab und Gut von ihnen plündern zu lassen. Hierauf liess ich die Räuber schwören, unser Gebiet nicht mehr betreten zu wollen, es sei denn, dass sie gerufen würden oder ihren Sold nicht empfangen hätten, und entliess sie mit dem Befehl, weder die Römer noch die Nachbarn anzugreifen. Es lag mir nämlich vor allem am Herzen, Galilaea den Frieden zu erhalten.»

(Josephus, *Leben*, 28–29, 77–78)

Wie man sieht, erinnerte sich Josephus hier weniger seiner Mission, Galiläa zum Kriege zu rüsten, als vielmehr seiner Bemühungen, dort den Frieden zu wahren. Und hier läßt er durchblicken, daß ihm dafür nur recht bescheidene Kräfte zur Verfügung standen – sowie, woher er diese Kräfte nahm.

Tatsächlich hatte Josephus in Obergaliläa, wo Gischala zu Johannes, dem Sohn Levis, hielt, nichts zu sagen, und nicht einmal in Untergaliläa galt sein Wort in auch nur einer der größeren Städte. Sepphoris war für Rom und gegen Josephus; Tiberias war aus sozioökonomischen Gründen gespalten, teils für, teils gegen Rom, doch nicht einmal die antirömische Partei erkannte Josephus völlig an. Gabara, an der Grenze Obergaliläas, war gegen Rom, doch für Johannes von Gischala, also auch gegen Josephus. Die einzige größere Siedlung, auf deren Unterstützung er sich verlassen konnte, war Tarichaeae (Magdala) am Westufer des Sees Gennesaret. Wie gelang es ihm also, sich zu halten, jedenfalls während der wenigen Monate vor der Ankunft der Legionen (Cohen, 1979, S. 214–221)?

Shaye Cohen meint: «Josephus erschien in Galiläa als Abgesandter der revolutionären Regierung in Jerusalem, aber ohne Truppen und ohne Geld. Er fand die Bauern willens, ihn gegen die Städte zu unterstützen, aber ihrerseits von Räuberbanden terrorisiert. Nun hätte er die Bauern zum Kampf gegen die Banditen führen können, aber das wäre, wie er selbst sagt, auf einen allgemeinen Bürgerkrieg hinausgelaufen (zweifellos hatten viele Bauern Verwandte bei den Banditen), in dem er zudem hätte unterliegen können. Schließlich waren ja im Gegensatz zu den Bauern die Banditen erfahrene Krieger, und es konnten sich im Gegensatz zu den Banditen die Bauern nicht leisten, ihre ganze Zeit aufs Kriegführen zu verwenden. Josephus unternahm es, das Problem wie folgt zu lösen: Die Bauern sollten hinreichende Mittel aufbringen, die Banditen in Sold zu nehmen, und Josephus würde dann ein Heer von Banditen anwerben unter der Bedingung, daß diese hinfort die Bauern nicht belästigten» (1979, S. 211–212).

Wenn mich Cohens Beurteilung der Lage, in der Josephus sich befand, und seine Rekonstruktion der von Josephus zu deren Bewältigung ergriffenen Maßnahmen nicht ganz überzeugt, so nicht deshalb, weil ich Räuber für prinzipiell edel und für unfähig hielte, armen Leuten ein Härchen zu krümmen, oder gar glaubte, daß alle jüdischen Banditen ideologisch gefestigte antirömische Revolutionäre gewesen wären. Wir wissen ja zum Beispiel aus dem *Leben* (104–111) von dem «Räuberhauptmann Jesus in der Gegend von Ptolomaïs», der von der prorömischen Stadt Sepphoris gedungen wurde, mit seinen achthundert Räubern die Beseitigung unseres Helden und Geschichtsschreibers in Angriff zu nehmen. Und wie dieser, rechtzeitig gewarnt, dem Räuberhauptmann eine Falle stellte, sich dann aber bereit erklärte, dem Gefangenen zu verzeihen, «wenn er seinen Sinn ändere und mir Treue gelobe», was Jesus tat, worauf Josephus ihm gestattete, seine Mannschaft wieder zu sammeln. Denken können wir uns über das so von Josephus selber Mitgeteilte hinaus, daß er den Sepphoritern ein Schnippchen schlug, indem er Jesus und seinen achthundert Räubern seinerseits eine Kleinigkeit dafür zahlte, Dienste lieber bei ihm anzunehmen.

Zu bezweifeln, daß Josephus Räuber anwarb, finde ich allerdings keinen triftigen Grund. Ich glaube aber nicht, daß er sich die Mittel, diese Söldner zu bezahlen, auf die Weise verschaffte, die Cohen annimmt. Wenn auch glaubhaft ist, daß sogar die Bauern unter den Räubereien, zum Beispiel des besagten Jesus und seiner Spießgesellen, litten, ist doch gewiß, daß die begüterten Kreise Räuber weit mehr zu fürchten hatten als jene. Bei den Besitzenden ist schließlich mehr zu holen als beim armen Mann. Dementsprechend kann man sich viel eher vorstellen, daß es die Besitzenden waren und nicht die Bauern, die es sich etwas kosten ließen, aus Banditen Soldaten zu machen. Ich nehme deshalb an, daß Josephus die begüterte Klasse besteuerte, um sein Söldnerheer von ehemaligen Banditen bezahlen zu können. Wenn ich aber so hinsichtlich der von Josephus erschlossenen Finanzquellen auch anderer Meinung bin als Cohen, halte ich doch das Verfahren, die Räuber als Söldner in Dienst zu nehmen, wie Cohen, für sehr wohlberaten. Damit befreite er jedenfalls die Juden von der ständigen Furcht vor räuberischen Überfällen, sicherte sich eine einigermaßen zuverlässige bewaffnete Mannschaft und zudem wohl auch die Erkenntlichkeit eines guten Teils der begüterten Klasse.

Unter dieser Voraussetzung sind dann die näheren Angaben, die der Geschichtsschreiber des *Jüdischen Krieges* über die Disziplinierung und die Zusammensetzung seines «römisch eingeteilten» Heeres macht, recht aufschlußreich.

> «... Schon vor Beginn des Kampfes, sagte er, wolle er ihre kriegerische Manneszucht daran erproben, ob sie von ihren gewohnten Bosheiten ablassen würden; nämlich von Diebstahl, Raub und Plünderung, vom Betrug der eigenen Landsleute und von jedem Versuch, in einer Schädigung der nächsten Blutsverwandten den eigenen Gewinn zu suchen ...
>
> Das einsatzfähige Heer hatte sich in einer Stärke von 60 000 Fußsoldaten um ihn geschart; Reiter waren es 350. Zu dieser Streitmacht kamen 4500 Söldner, auf die er am meisten vertraute, schließlich hatte er stets noch eine ausgewählte Leibwache von 600 Mann um sich. Die Verpflegung für das Heer, abgesehen von den Söldnern, brachten die Städte ohne Mühe auf.»
> (Josephus, *Der jüdische Krieg*, 2,581, 583–584)

Was von dem «einsatzfähigen Heer in einer Stärke von 60 000 Fußsoldaten» und 350 Reitern, dessen Verpflegung die Städte ohne Mühe aufbrachten, zu halten ist, sahen wir bereits; bestenfalls war es ein ideales Konstrukt, mit dessen Hilfe er sich imaginäre Hoffnungen auf einen möglichen Sieg machte. In Wirklichkeit standen Josephus höchstens jene ehemaligen Banditen zur Verfügung, denen er Sold zahlte. Zwar mußten diese ermahnt werden, «von ihren gewohnten Bosheiten abzulassen», doch waren sie es, «auf die er am meisten vertraute», eben weil sie real existierten und Geld von ihm nahmen, dessen Herkunft betreffend er sich allerdings ausschwieg. Ob es sich bei der erwähnten «ausgewählten Leibwache» wohl um die Leute des gewendeten Jesus handelte? Jedenfalls haben wir in diesen Angaben des Geschichtsschreibers des *Jüdischen Krieges* und seines eigenen *Lebens*, wenn wir sie zusammen nehmen, dessen Bekenntnis, daß er sich nur auf ein Heer von etwa fünftausend ehemaligen Banditen verlassen konnte, die freilich aus der Bauernschaft kamen und von einem Tag auf den anderen in dieser wieder verschwinden konnten, wenn es ihm nicht gelang, sie bei der Stange zu halten. Und das bringt uns zu der Frage nach der Haltung der Bauernschaft in ihrer Gesamtheit. Konnte Josephus auf deren Unterstützung rechnen? Wenn Josephus seine Machtbasis im engeren und unmittelbareren Sinn der geschickten Vermittlung der Interessen von Banditen und Begüterten verdankte, so im weiteren Sinn einer nicht weniger geschickten Manipulation ländlicher und städtischer Interessen. Das zeigt sich sehr augenfällig, wenn er von «den Galiläern» spricht.

Strenggenommen sind «die Galiläer» natürlich nicht mehr und nicht weniger als die Bewohner Galiläas. Doch Seán Freyne hat nachgewiesen, daß Josephus, wo er von seiner Tätigkeit in Galiläa während des Winters und Frühjahrs 66 bis 67 spricht, als «Galiläer» vorzüglich und im Unterschied zu den Sepphoritern und Bewohnern der anderen größeren Städte das Landvolk bezeichnet, das der vaterländischen Sache treu ergeben ist, «militant nationalistisch, aber nicht eigentlich revolutionär oder subversiv ... aggressiv, sogar militant: ja, aber revolutionär: nein» (1979–1980, S. 412). Ohne für den Augenblick auf seine Unterscheidung zwischen «Militanz» und «Revolution» einzugehen, gebe ich Freyne einstweilen recht in der Meinung, daß wo Josephus im hier interessierenden Zusammenhang von «Galiläern» spricht, die Bauern von Galiläa in Rede stehen. «Sie werden unterschieden von den Männern von Sepphoris, Tiberias und Gabara, das heißt von den Bürgern der drei größten Siedlungen in Galiläa, die niemals als *Galilaioi* bezeichnet werden» (1979, S. 206–207).

Freyne und Cohen sind übereinstimmend der Meinung, daß die galiläischen Bauern die Städter haßten. Dieser Haß der Bauern gegen die größeren Städte, besonders gegen Sepphoris und Tiberias, in geringerem Maße aber auch gegen Gabara und Gischala, ist nach Freynes Dafürhalten nicht allein aus der proömischen Haltung dieser Städte erklärlich, da eigentlich nur Sepphoris offen für die Römer Partei ergriff. «Andere innergaliläische Faktoren müssen dabei mitgewirkt haben», sagt er (1979–1980, S. 412). Josephus erklärt die fragliche Animosität gewöhnlich damit, daß diese Städte sich gegen ihn oder gegen den Krieg stellten. Doch mitunter läßt er ältere Ursachen des Ressentiments der Bauern gegen die Städter durchblicken. «Die Galiläer benutzten diese Gelegenheit, um ihren Hass gegen eine Stadt zu befriedigen, auf die sie sehr schlecht zu sprechen waren, und hatten nichts geringeres im Sinne, als die gesamte Einwohnerschaft, Bürger sowohl wie zufällig Anwesende, bis auf den letzten Mann umzubringen» (die fragliche Stadt war Sepphoris). «Auch Tiberias wäre von den Galiläern beinahe geplündert worden», sagt Josephus an anderer Stelle. «Denn sie haßten die Tiberienser nicht minder wie die Sepphoriten.» Dies, wie er etwas später bemerkt, weil sie «den Tiberiensern schon lange wegen gewisser Beleidigungen, die sie vor dem Kriege von ihnen erduldet hatten, abhold waren» (Josephus, *Leben*, 375, 384, 392).

Die von Freyne vermuteten «innergaliläischen Faktoren» des geringen Wohlwollens der Bauern für die Städter betreffend erläutert Cohen: «Sepphoris war damals die Verwaltungshauptstadt von Galiläa, und Tiberias hatte früher die gleiche Funktion gehabt. Der Haß der Galiläer gegen die Städte richtete sich zweifellos auch gegen Rom, das die bestehende Gesellschaftsordnung verteidigte, doch Sepphoris und Tiberias zu stürmen und zu brandschatzen war eine Sache, den imperialen Legionen die Stirn zu bieten aber eine ganz andere. Und während die Galiläer auf das eine die größte Lust hatten, scheuten sie doch das andere. So ist es kein Wunder, daß bei Ankunft der Römer ihre Kriegsbegeisterung schwand» (1979, S. 207).

Hier ist Gelegenheit, auf Freynes Behauptung, daß die Bauern Galiläas militant und nationalistisch, aber nicht subversiv und revolutionär gewesen seien, zurückzukommen. Man vergleiche zum Beispiel die unterschiedlichen Entwicklungen des Krieges in Judäa und Galiläa. In Judäa begann unwiderruflich der Aufstand im Tempel, und ein Angehöriger des Hohepriesteradels führte ihn an. Und in Judäa brachte der Krieg im Rahmen einer noch weiter gehenden politischen Revolution eine sehr gründliche soziale Revolution mit sich. Nicht so in Galiläa. Nicht dort war der Krieg zuerst ausgebrochen, und als auf dem Marsch nach Süden im Herbst des Jahres 66 Gallus Truppen nach Galiläa schickte, gab es dort, dem Bericht des Josephus in seiner Geschichte des *Jüdischen Krieges* zufolge, nur eine Schlacht gegen das «aufrührerische und räuberische Gesindel», bei der «mehr als 2000 getötet wurden» und nach welcher «keine Aufständischen mehr in Galiläa» zu finden waren (2,511–513). Selbst als der Hohepriesteradel Josephus zu diesem Zweck nach Galiläa entsandte, fand dieser dort Begeisterung für die politische Revolution schwer zu wecken. Zwar gewann er die Unterstützung der Bauern, die, wie wir sahen, nicht abgeneigt waren, die der Kollaboration mit den Römern verdächtigten Städte zu brandschatzen, solange sie zu dem Zweck nicht gegen römische Legionen kämpfen mußten, doch war die galiläische Bevölkerung nicht dazu aufgelegt, Krieg gegen Rom zu führen und, wie Shaye Cohen bemerkt: «niemand konnte sie für einen Krieg begeistern, den sie nicht wollte» (1979, S. 23). Doch wenn an politischer Revolution in Galiläa niemand sonderlich interessiert war, hätte es dort gleichwohl eine soziale Revolution geben können, wenn sich nicht Josephus ins Mittel gelegt hätte.

Der Haß der Bauern auf Verwaltungszentren wie Sepphoris und Tiberias oder Gabara, das wahrscheinlich, wie Mary Smallwood (S. 184, Anm. 12) meint, Hauptstadt einer Toparchie war, beweist, daß Zündstoff für eine soziale Revolution bereitlag oder zumindest, da der Begriff Revolution vielleicht doch zuviel Klassenbewußtsein bei den Bauern Galiläas voraussetzt, für einen sozialen Aufstand. Denn wenn die galiläischen Bauern noch nicht imstande waren, sich eine neue Gesellschaftsordnung vorzustellen, konnten sie sich sicherlich eine Welt, in der gewisse Verwaltungszentren in Schutt und Asche gelegt wären, sehr lebhaft vorstellen. Und so waren sie im Winter 66 bis 67 bereit zu einem Aufstand der Armen gegen die Reichen, der Bauern gegen den Adel, des Landes gegen die Städte. Doch nachdem er erfolgreich zwischen Banditen und Besitzbürgern vermittelt hatte, vermittelte mit nicht geringerem Erfolg Josephus auch zwischen Land und Stadt, zwischen Bauern und Städtern. Und wie verdrießlich sein häufiges Eigenlob einem zu Recht auch sein mag, sollte man ihm doch die Gerechtigkeit widerfahren lassen, einzuräumen, daß er allerdings für sich in Anspruch nehmen konnte, in Galiläa nicht als Tyrann geherrscht und keinen Bürgerkrieg angefangen zu haben. Hätte er sich erboten, seine Banditen und Bauern gegen die bedeutenderen Verwaltungszentren und die Besitzenden zu führen, es wäre vielleicht auch in Galiläa zu jener sozialen Revolution innerhalb einer politischen gekommen, die sich später in Judäa ereignete. Ich bin deswegen geneigt, dem Urteil Cohens, daß Josephus in Galiläa gescheitert sei, zu widersprechen (1979, S. 230). Zugegeben sei, daß er seinem Auftrag, die Provinz für die politische Revolution zu gewinnen, erfolgreicher hätte nachkommen können. Aber es gelang ihm, eine soziale Revolution zu verhindern. Und will man nicht davon ausgehen, daß es nur recht und billig gewesen wäre, wenn die ausgebeutete Bauernschaft ihre adligen Unterdrücker abgeschlachtet hätte, bis dann die Römer gekommen wären, sie ihrerseits abzuschlachten, wird man das sehr verdienstlich finden müssen.

Abschließend sei noch bemerkt, daß Josephus im *Jüdischen Krieg* Johannes von Gischala als «Räuber» (2,587) und «Anführer von Räubern» (2,593) bezeichnet. In seinem *Leben* aber nennt er den Mann nirgends so, da ihm offenbar nicht länger am Herzen lag, was nach Shaye Cohens Beobachtung ein Hauptmotiv bei der Niederschrift des *Jüdischen Krieges* gewesen war, nämlich «Johannes anzuschwärzen» (1979, S. 90). Johannes, Sohn des Levi, war jedenfalls kein aus der bäuerlichen Klasse aufgestiegener Räuberhauptmann. Er mag zwar am Ende in Obergaliläa Banditen geführt haben, aber das tat schließlich in Untergaliläa auch Josephus. Dessen Abneigung gegen Johannes mag nicht zuletzt gerade von dieser wahrgenommenen Ähnlichkeit mit ihm selbst hergerührt haben. Nach Lenskis oben erläuterten Begriffen sozialer Schichtung war Johannes Angehöriger der Händlerklasse und wichtig genug, von der Jerusalemer Obrigkeit zur Kenntnis genommen zu werden. So redet denn auch sowohl im *Jüdischen Krieg* (2, 590–592) als in seinem *Leben* (71–75) Josephus verächtlich von der eminenten Geschäftstüchtigkeit des Johannes. Johannes von Gischala war demnach der einzige Angehörige der Händlerklasse, der unseres Wissens, wie David Rhoads seinen Lebenslauf zusammenfaßt, «zunächst prorömisch war, sodann gemäßigt, wie Josephus, und erst später Revolutionär wurde» (S. 124).

Die Zeloten, wie sie sich nannten

Die Gelehrten reden nicht selten, als hätte es vom Jahre 6 bis zum Ausbruch des Krieges sechzig Jahre später eine einheitliche jüdische Widerstandsbewegung gegen Rom gegeben, deren Theorie auf der sogenannten «vierten Philosophie» Judas des Galiläers beruht und deren Praxis sich an der als «Zeloten» (oder «Eiferer») bekannten, organisierten Gruppe orientiert hätte. Diese irrtümliche Anschauung ist durchaus verständlich, da ja Josephus einige Mühe darauf verwendete, sie hervorzurufen. Wie wir aber bereits sahen, ist es nötig, die städtischen Sikarier sorgfältig von den ländlichen Banditen zu unterscheiden, und wir werden, angeleitet von Morton Smith (1971), David Rhoads und Richard Horsley (1979b, 1986b), sehen, daß die Zeloten nichts mit den Sikariern zu tun hatten, wohl aber zu den ländlichen Banditen Beziehungen unterhielten. Hinsichtlich dieser Zeloten sei hier gleich bemerkt, daß uns nicht die vereinzelten «Eiferer» interessieren werden, deren Josephus an verschiedenen Stellen seiner Geschichte gedenkt (*Der jüdische Krieg*, 2,444, 564, 651; *Jüdische Altertümer*, 20,47), sondern nur die politische Gruppierung der «Zeloten», auf die zuerst der Oberpriester Ananos, Sohn des Ananos, aufmerksam machte, als er das Volk gegen die Zeloten aufstachelte, wozu der Geschichtsschreiber bemerkt: «So nannten diese nämlich sich selbst, als ob sie edlen Zielen nachstrebten und nicht den schlimmen Taten, worin sie sich gegenseitig noch übertrafen» (Josephus, *Der jüdische Krieg*, 4,160–161).

Dies ist das erste Mal, daß eine organisierte Gruppierung mit dieser Bezeichnung bedacht wird. Josephus ereifert sich gegen diese Eiferer um so lieber, als es sich dabei um Leute niederen Standes handelte, soviel ist klar. Aber wo kamen sie her? Blättert man in seiner Geschichte zurück, findet man, daß von ihnen schon früher die Rede gewesen ist; sie waren es, die wider Recht und Gesetz einen Bauern zum Hohenpriester gemacht, die verschiedene der vornehmsten Männer Jerusalems, weil diese angeblich den Römern die Stadt hatten übergeben wollen, erst gefangengenommen und endlich ermordet hatten. Von der Ankunft dieser Leute in der Stadt aber findet man noch etwas weiter oben gesagt:

> «Nachdem sie von ihren Raubzügen über das ganze Land hin genug hatten, sammelten sich schließlich die Rädelsführer der überall zerstreuten Einheiten und stahlen sich so, eine Rotte von Schurken, zum Verderben der Stadt nach Jerusalem hinein ... Andere Räuber strömten vom Land in die Stadt, gesellten sich zu den schon darin befindlichen noch wilderen und ließen nun keine Gelegenheit zu Greueltaten mehr aus.»
> (Josephus, *Der jüdische Krieg*, 4,135, 138)

Man versteht die Gründe dafür vielleicht besser als der Geschichtsschreiber sie hier einsichtig macht, wenn man bei ihm weiter liest, wie Vespasian die Befriedung des Landes betrieb, nämlich wie Richard Horsley treffend sagt (1986b, S. 168–169), nach dem Prinzip «Verbrannte Erde» oder «Search and Destroy». Städte und selbst Marktflekken mochten kapitulieren, aber ließ man Dörfler kapitulieren? Adlige konnten sich ergeben. Aber Bauern?

> «Solange nun der Winter anhielt, sicherte er die unterworfenen Dörfer und Städtchen durch Besatzungen, wobei er in den Dörfern als Ortskommandanten Rottenführer, in den Städtchen Hauptleute einsetzte; außerdem baute er viele der zerstörten Orte wieder auf. Kaum daß der Frühling begann, rückte er an der Spitze der Hauptmacht seines Heeres von Caesaraea nach Antipatris, wo er innerhalb von zwei Tagen die Ordnung in der Stadt herstellte. Dann marschierte er am dritten Tag weiter, indem er die umliegenden Orte verwüstete und niederbrannte ... Er verheerte diesen Bezirk und den benachbarten durch Feuer ... brachte über 10 000 Menschen um, nahm über 1000 gefangen, vertrieb den Rest und legte als Besatzung in dies Gebiet eine nicht geringe Zahl seiner eigenen Truppen, die das ganze Bergland durchstreiften und verwüsteten ... Der Hauptteil der Bevölkerung kam dem Anmarsch der Römer zuvor und konnte sich aus Jericho in das Jerusalem gegenüber liegende Bergland flüchten; nicht wenige jedoch, die auf der Flucht zurückblieben, wurden niedergemacht ...»
> (Josephus, *Der jüdische Krieg*, 4,442–448)

Nachdem Titus Galiläa bereits erobert hatte, rückte während des Winters 67/68 Vespasian nach Judäa vor und stand im Frühjahr 68 tief in Judäa und Idumäa. Den Bauern blieb die Wahl zwischen Tod, Sklaverei, Flucht oder Banditentum. Der römische Vormarsch verjagte immer mehr Bauern von ihrem Land und trieb sie in die Räuberbanden und mit diesen, als nun die Schlinge um die Stadt sich zuzog, nach Jerusalem herein. So entstand die Koalition der Zeloten, die, wie Richard Horsley treffend bemerkt, ehe sie Zeloten wurden, Banditen, eigentlich aber Bauern waren (1986b, S. 174). Dieser Meinung ist auch Morton Smith, der sagt: «Die Wurzeln der Partei sind im judäischen Bauerntum zu suchen, und die Tatsache, daß sie als erstes die Vornehmsten der Stadt angriffen, sich des Tempels bemächtigten und zum Hohenpriester einen Landmann ihrer eigenen Art wählten, all das entspricht durchaus bäuerlicher Frömmigkeit» (1971, S. 17).

Mit der Koalition der Zeloten in Jerusalem trat also plötzlich der ländliche Bandit an die Spitze der Revolte. Nun entwickelte sich innerhalb der politischen eine soziale Revolution. Und obwohl die politische Revolution scheiterte, ist nicht sicher, daß die soziale ihre Ziele nicht doch erreichte.

Ein König ohne Dynastie?

Die von bäuerlichen Propheten geführten gewaltlosen und chiliastischen Bewegungen waren von der im Volke lebendigen Erinnerung der von Mose und Josua erzählten Geschichten inspiriert. Die von bäuerlichen Prätendenten auf die Würde des Messias geführten gewalttätigen und militärischen Bewegungen dagegen wollten wiederholen, was von Saul und David erzählt wurde. Während zweier Jahrhunderte, von Mose bis Samuel, war das Amt des Führers der Stämme Israel nicht erblich und die Nachfolge auch sonst nicht institutionell geregelt. Allein die charismatische Persönlichkeit des Prätendenten legitimierte dessen Berufung zur Führerschaft. Das Charisma, über das der zur Führung Berufene gebieten mußte, sei indessen nicht so sehr als mystische Qualität und Eigenschaft gewisser Persönlichkeiten verstanden, sondern vielmehr als Disposition zu einer sozialen Beziehung, als Fähigkeit, dem Volk aus der Seele zu sprechen. Eine charismatische Persönlichkeit in diesem Sinn könnte auch, wie es bei Peter Worsley geschieht (1968, S. XVIII), als «katalytische Persönlichkeit» bezeichnet werden, die imstande ist, «latente Solidaritäten in aktives Ritual und politische Aktion» umzuwandeln.

Als dann um das Jahr 1000 v. Chr. die damals schon über eiserne Waffen verfügenden Philister von ihren Wohnsitzen in den südlichen Küstenebenen aus begannen, die Israeliten zu bedrängen, erhob sich die Notwendigkeit, zum Zwecke der wirksameren Verteidigung gegen diese Gefahr die Krieger der Stämme Israels zu einem Heer zu vereinigen und die Führerschaft institutionell zu sichern – also einen König einzusetzen. Der tiefverwurzelte Stammesegalitarismus aber legte den Israeliten nahe, es mit einem charismatischen König zu versuchen, einem Monarchen ohne Dynastie, also ein Wahlkönigtum einzusetzen, wo jeder Thronfolger als Basis seiner Autorität der Zustimmung des Volkes bedurfte. Sollte es nicht möglich sein, scheinen die Israeliten gedacht zu haben, einen König zu haben als hätte man keinen, alle Vorzüge monarchischer Führung zu genießen, ohne die Nachteile monarchischen Regiments ertragen zu müssen? Die diesbezüglichen Kontroversen und die ambivalente Einstellung des Volkes zu der neuen Institution sind in den Berichten über die Wahl Sauls zum ersten König des Volkes Israel zu lesen. Einerseits scheint Saul von Gott selbst zu dieser Würde erwählt worden zu sein, wie der Prophet Samuel dem jungen Mann sagt, der auf der Suche nach den entlaufenen Eselinnen seines Vaters zu ihm kommt und den er zum König salbt: «Da nahm Samuel den Ölkrug und goß Saul das Öl auf das Haupt, küßte ihn und sagte: Hiermit hat der Herr dich zum Fürsten über sein Erbe gesalbt.» Freilich ist das Volk Israel das «Erbe» des Herrn, und der Herr hat ihn durch Samuel nur zum Fürsten über dasselbe gesalbt (1. Samuel 10,1). Aber das Volk hatte, die Warnungen Samuels in den Wind schlagend, gesprochen (1. Samuel 8,19–20): «Nein, ein König soll über uns herrschen. Auch wir wollen wie alle anderen Völker sein. Unser König soll uns Recht sprechen, er soll vor uns herziehen und soll unsere Kriege führen.» Und nachdem Samuel Saul gesalbt hat, spricht er zu den Kindern Israel: «Ihr aber habt heute euren Gott verworfen, der euer Retter in allen Nöten und Bedrängnissen war, und ihr habt gesagt: Nein, du sollst einen König bei uns einsetzen.» Sehr widerwillig haben sich der Herr und sein Prophet, der Richter Samuel, den Wünschen des Volkes gefügt. Nun wird das Los geworfen und trifft den bereits gesalbten Saul.

> «Und Samuel ließ alle Stämme Israels antreten (um das Los zu werfen). Das Los fiel auf den Stamm Benjamin. Darauf ließ er den Stamm Benjamin (geordnet) nach seinen Sippen antreten, und das Los fiel auf die Sippe Matri. Und schließlich fiel das Los auf Saul, den Sohn des Kisch.» (...)
>
> «Samuel machte dem Volk das Königsrecht bekannt, schrieb es in ein Buch und legte das Buch vor dem Herrn nieder.»
>
> (1. Samuel 10,20–21; 25)

Die Losentscheidung ist gewiß die einer Theokratie angemessene, denn sie wird letztlich Gott anheimgestellt und kann keine nach menschlichen Begriffen verfaßte Hierarchie begründen. Und gleichviel, ob die Erzählung von der Wahl des schon von Gott erwählten Saul durch das Los historischen Tatsachen entspricht oder nicht, das ideologische Modell des radikalen Egalitarismus in der Unterwerfung unter die göttliche Willkür spricht daraus mit aller wünschenswerten Deutlichkeit. Daß Samuel alle Rechte des Königreichs in ein Buch schrieb, das er vor den Herrn legte, gibt uns überdies zu verstehen, daß die nun begründete Monarchie keine absolute, sondern eine konstitutionelle sein sollte. Der jüdische Begriff des Königtums enthielt von Anfang an ein unverkennbar antimonarchisches und vielleicht sogar antirationales Element, die Vorstellung eines charismatischen oder nichtdynastischen Königs, den jedesmal aus allen Kindern Israels Gott selbst durch das Los wählen würde. Wenn einem aber eine solche Vorstellung zu weit hergeholt zu sein scheint, sollte man jenes Kapitel des 1. Buchs Samuel lesen, das auf das oben berichtete unmittelbar folgt. Dort steht zu lesen, daß nach dem unter Sauls Führung errungenen Sieg der Israeliten über die Ammoniter, alles Volk nach Gilgal ging und «Saul vor dem Herrn zum König» machte (1. Samuel 11,11–15). Der Wahl durch das Los folgte also die Wahl durch Akklamation, und wenn man das erste Verfahren theokratisch nennen kann, so ist das letztere jedenfalls demokratisch; monarchistisch ist aber keines von beiden zu nennen.

Wie diejenige Sauls geschah dann die Wahl Davids, der ihn ablöste. Es kam aber, da Saul sich weigerte, abzudanken, als die Zeit dafür reif war, zu einer Übergangszeit, in der David als Bandit in der Wildnis die Gelegenheit zur Machtübernahme abwarten mußte.

> «Darum ging David von dort weg und brachte sich in der Höhle von Adullam in Sicherheit. Als seine Brüder und seine Familie davon hörten, kamen sie zu ihm hinab. Auch schlossen sich ihm viele Männer an, die unter Druck standen, sowie alle möglichen Leute, die Schulden hatten oder verbittert waren, und er wurde ihr Anführer. So waren etwa vierhundert Mann um ihn.»
> (1. Samuel 22,1–2)

Auch David, der ideale König, also war vom Volke berufen und hatte als Bandit um den Thron kämpfen müssen. Banditentum und Königtum mochten also, wenn man an David dachte, sehr wohl eins zum anderen führen. Und so hatte, wenn auch in der Bibel viel geschrieben steht, diesen Sachverhalt zu verschleiern, die Tradition des Königtums beim Volke Israel, wie Richard Horsley sagt, «drei Haupteigentümlichkeiten: Das Königtum wurde verliehen durch die Wahl des Volkes oder durch Salbung; Bedingung desselben war, daß der König sich an gewisse sozialpolitische Prinzipien hielt; und die Salbung eines neuen Königs war gewöhnlich eine revolutionäre Tat» (1984, S. 477).

Messianische Prätendenten traten während der hier interessierenden Periode zweimal auf. Zunächst nach dem Tode Herodes des Großen im Jahre 4 v. Chr. und dann wieder während des Krieges mit Rom, 66 bis 70 n. Chr. Insgesamt waren ihrer fünf, doch gehörte einer von diesen, Manaem (oder Menachem), der Führer der Sikarier, der *Gefolgs*klasse an, nicht der *bäuerlichen*. (Man findet die diesbezüglichen Quellenangaben im Anhang 2 zusammengefaßt.)

Jeder konnte sich zum König machen

Nach dem Tode Herodes des Großen brachen überall in Palästina Aufstände aus, und man hat einen Begriff von deren Umfang, wenn man liest, daß der syrische Legat Quinctilius Varus zu deren Unterdrükkung drei Legionen und zahlreiche Hilfstruppen benötigte. Absehen werde ich hier von der Adelsrevolte in der Familie des Herodes (von der Josephus im *Jüdischen Krieg*, 2,78, und in den *Jüdischen Altertümern*, 17,298, berichtet) und desgleichen von den Kämpfen der idumäischen Veteranen des Herodes gegen dessen jüdische Truppen (*Jüdischer Krieg*, 2,55b; *Jüdische Altertümer*, 17, 269–270). Solche nach dem Tode eines Königs nicht ungewöhnlichen dynastischen Streitigkeiten und ethnischen Unruhen hätten die massiven Vergeltungsmaßnahmen, zu denen sich die Römer genötigt sahen, nicht erforderlich gemacht. Was aber die Lage in Palästina beim Tode des Herodes auszeichnete, war, daß überall im Lande messianische Prätendenten auftraten, die sämtlich, wie Richard Horsley sagt, «Leute niedriger Abstammung» waren (1984, S. 484), und in Galiläa, in Peräa, in Judäa, überall Volksaufstände stattfanden, so daß schließlich zweitausend Rädelsführer ans Kreuz geschlagen wurden. Und es gilt, hinter den vordergründigen dynastischen Intrigen im Hause des Herodes die messianische Inspiration dieser umfassenden Volksaufstände aufzudecken.

Josephus präsentiert seinen Lesern drei messianische Prätendenten – Judas in Galiläa, Simon in Peräa und Athronges in Judäa –, und das mit zunehmender Ausführlichkeit. Schon im *Jüdischen Krieg* (2,56–65) widmet er Simon doppelt so viele Worte wie dem Judas und Athronges wiederum doppelt so viele wie dem Simon, und das gleiche Verhältnis wahrt er in den *Jüdischen Altertümern* (17,271–284), wo er über alle drei zweimal so viel schreibt wie in seinem ersten Werk. Einleitend zu seiner Erörterung des Treibens dieser Leute findet man im *Jüdischen Krieg* eine allgemeine Feststellung, die er sinngemäß am Ende seines Berichts über deren Scheitern in den *Jüdischen Altertümern* wiederholt.

(1) «Zu gleicher Zeit geriet das Land auch an vielen anderen Stellen in Aufruhr, und die Lage der Dinge stachelte viele dazu auf, nach der Königswürde zu streben.»

(2) «So war Judaea eine wahre Räuberhöhle, und wo sich nur immer eine Schar von Aufrührern zusammenthat, wählten sie gleich Könige, die dem Staate sehr verderblich wurden. Denn während sie den Römern nur unbedeutenden Schaden zufügten, wüteten sie gegen ihre eigenen Landsleute weit und breit mit Mord und Totschlag.»

(Josephus, *Der jüdische Krieg*, 2,55a; *Jüdische Altertümer*, 17,285)

Wenn er in den *Jüdischen Altertümern* die Zustände «einer wahren Räuberhöhle» scheinbar nur auf Judäa beschränkt wissen will, während er in seinem ersten Werk von Aufruhr im ganzen Lande spricht, so resultiert diese Einschränkung vermutlich daraus, daß ihr der Bericht über die Umtriebe des Athronges in Judäa unmittelbar vorausging. Denn die Allgemeinheit dieses Unheils leugnet er auch in seinem späten Werk nicht. Was er aber weder in diesem noch in dem früheren überhaupt zur Sprache bringt, ist die messianische Sendung, auf die sich jene Prätendenten beriefen. Er macht keinen Versuch, die Tradition des jüdischen Volkskönigtums zu erläutern, auf die sich ein ländlicher Räuberhauptmann berufen konnte, um die Königswürde zu beanspruchen. Die Ursache dieses Stillschweigens liegt natürlich auf der Hand, und wir haben sie hier schon berührt. Für Josephus hatte Vespasian die apokalyptischen Verheißungen, die messianische Erwartung erfüllt. Und so hütete er sich, seine Leser mit der Erklärung zu befremden, daß man die Erfüllung dieser Verheißungen und Erwartung auch anderswoher hätte erwarten können, am wenigsten aus der untersten Schicht des jüdischen Volkes.

Der erste der drei von Josephus genannten messianischen Prätendenten ist Judas, Sohn des von Herodes dem Großen hingerichteten Räuberhauptmanns Ezechias, nicht zu verwechseln mit jenem anderen galiläischen Judas, der mit der Forderung, daß kein Herr sei außer Gott, die «vierte Philosophie» begründete.

(1) «In Sepphoris in Galiläa brachte Judas, der Sohn des Ezechias, der einst als Räuberhauptmann das Land durchstreift hatte und vom König Herodes überwältigt worden war, einen beträchtlichen Haufen zusammen, erbrach die königlichen Waffenlager, bewaffnete seine Anhänger und griff die an, die nach der Herrschaft strebten.»

(2) «Ferner sammelte ein gewisser Judas, der Sohn des Räuberhauptmanns Ezechias, der eine große Macht besaß und von Herodes nur mit Mühe niedergehalten worden war, bei Sepphoris, einer Stadt in Galiläa, eine Schar verkommener Menschen, griff damit das Zeughaus an, bemächtigte sich der daselbst befindlichen Waffen, teilte sie unter die Seinigen aus, raubte auch das dort aufbewahrte Geld und verbreitete allseitig Schrecken, indem er jeden, der ihm in die Hände fiel, plünderte und mit sich fortschleppte. Ja, er strebte sogar nach der Königsherrschaft und glaubte dieselbe nicht so sehr durch Tapferkeit, als vielmehr durch zügellose Zerstörungssucht erringen zu können.»

(Josephus, *Der Jüdische Krieg*, 2,56; *Jüdische Altertümer*, 17,271–272)

Die Unterschiede zwischen den beiden Texten weisen uns auf manches Wissenswerte hin. «In Sepphoris», sagt der Geschichtsschreiber des *Jüdischen Krieges,* habe Judas seinen Haufen zusammengebracht. Demnach hätte er ein städtischer Rebell gewesen sein können. Doch in den *Jüdischen Altertümern* heißt es, zweifellos präziser, daß er seine «Schar verkommener Menschen» nicht in, sondern «bei Sepphoris» sammelte, um das königliche Zeughaus in der Stadt zu plündern und anschließend aufs Land zurückzukehren. Denn Judas war ein bäuerlicher Bandit, den seine Anfangserfolge ermutigten, als messianischer Prätendent aufzutreten, wie es anderswo Simon und Athronges taten. Während aber, wo er das erste Mal auf ihn zu sprechen kommt, Josephus ihn als Räuberhauptmann unter anderen beschreibt, erfahren wir in dessen späterem Werk, daß Judas «sogar nach der Königsherrschaft» strebte, und aus den Schmähungen, mit denen der Geschichtsschreiber ihn bedenkt, hören wir auch die sozialen Ziele heraus, die Judas mit diesem politischen Anspruch verfolgte. Denn er raubte in Sepphoris nicht nur Waffen, sondern überdies Geld und widmete sich auch danach («indem er jeden, der ihm in die Hände fiel, plünderte») der Umverteilung des Reichtums. Übrigens scheint er Sympathisanten selbst in Sepphoris, der damaligen Hauptstadt Galiläas, gehabt zu haben, denn wie man bei Josephus weiter liest (*Jüdischer Krieg,* 2,68; *Jüdische Altertümer,* 17,289), brannten später die Römer die Stadt nieder und führten deren Bewohner in die Sklaverei.

Der zweite messianische Prätendent, von dem wir bei Josephus lesen (*Jüdischer Krieg,* 2,57–59; *Jüdische Altertümer,* 17,273–277a), war Simon, ein Sklave des Herodes, der in Peräa, östlich des Jordans, seinen Anspruch erhob. Von diesem wußte sogar Tacitus, der in den *Historien* (5,9) bemerkt, daß er, «ohne erst den Caesar (nämlich dessen Entscheidung über Testament und Nachfolge des Herodes) abzuwarten ... sich den Königstitel anmaßte».

(1) «In Peräa legte Simon, einer der königlichen Sklaven, im Vertrauen auf seine Wohlgestalt und Leibesgröße sich selbst das königliche Stirnband an. Bei seinen Streifzügen mit den Räubern, die er um sich gesammelt hatte, brannte er auch den königlichen Palast in Jericho nieder, dazu viele andere Landhäuser der Reichen, und erwarb sich leichte Beute aus den Feuersbrünsten. Er hätte schließlich noch jedes vornehme Gebäude niedergebrannt, wenn nicht Gratus, der Anführer der königlichen Fußtruppen, mit den trachonitischen Bogenschützen und den kampfgewohntesten Soldaten der Sebastener diesem Mann in den Weg geraten wäre.»

(2) «Auch ein gewisser Simon, ein Knecht des Königs Herodes und

> ein Mensch von hoher, schöner Gestalt, wollte aus der allgemeinen Verwirrung Nutzen ziehen und wagte sich die Königskrone aufzusetzen. Dann sammelte er eine Menge Abenteurer um sich, ließ sich von diesem sinnlosen Haufen als König begrüßen und glaubte von sich selber, daß er mehr wie alle anderen der Königsherrschaft würdig sei. Er plünderte darauf den Königspalast in Jericho und äscherte ihn ein, zündete auch noch an vielen anderen Orten die königlichen Schlösser an und überließ alles, was sich darin vorfand, seiner Mannschaft als Beute. Zweifellos hätte er noch schlimmeres Unheil angerichtet, wenn man nicht zeitig gegen ihn eingeschritten wäre.»
> (Josephus, *Der jüdische Krieg*, 2, 57–58; *Jüdsche Altertümer*, 17,273–274)

Häufig bezeichnet Josephus den messianischen Eifer des Volkes als «Wahnsinn» oder «Tollheit» und bemerkt verächtlich, daß die Anhänger Simons, als gegen sie eingeschritten wurde, «mehr tollkühn als kunstgerecht, ohne alle Ordnung» kämpften. Bedeutender aber ist, daß man durch die Beschreibung Simons das Bild Sauls, des ersten Königs von Israel, durchscheinen sieht. Denn von Saul ist gesagt:

> «Kein anderer unter den Israeliten war so schön wie er; er überragte alle um Hauptеslänge.»
> «Als er mitten unter das Volk trat, überragte er alle anderen um Haupteslänge.»
> (1. Samuel 9,2; 10,23)

Simon war wie Saulus «von hoher, schöner Gestalt», die dem Volk einen Begriff von der kriegerischen Tüchtigkeit gab, die es von seinen Führern verlangte, und ein unmittelbar einleuchtender Beweis seiner königgleichen Natur war, die oft genug den vom Volk gewählten König von dem dynastischen unterscheidet.

Ehe Josephus von Simon auf Athronges zu sprechen kommt, macht er in den *Jüdischen Altertümern* eine Bemerkung, die andeutet, was er für die Ursache des Zulaufs hält, den solche Prätendenten damals hatten:

> «Ein solcher Taumel war damals über das ganze Volk gekommen, weil es keinen eigenen König hatte, der durch eine gerechte und kraftvolle Regierung die Menge hätte lenken können, und weil die Ausländer, die zur Züchtigung der Aufständischen ins Land eingedrungen waren, durch ihren Übermut und ihre Habsucht das Üble nur noch verschlimmerten.»
> (Josephus, *Jüdische Altertümer*, 17,277b)

Mit dieser Bemerkung, die sich in der ersten Fassung seiner Erzählung nicht findet, räumt Josephus indirekt ein, daß diese Prätendenten messianischen Hoffnungen des Volkes entgegenkamen. Das Volk lief diesen Leuten zu, sagt er nun, weil es keinen eigenen König hatte, dessen gerechter und kraftvoller Regierung es sich hätte fügen können.

Der letzte und in beiden Fassungen der Erzählung des Josephus am ausführlichsten behandelte messianische Prätendent ist Athronges in Judäa.

(1) «Damals wagte es auch ein Hirt, nach der Königsherrschaft zu streben; er hieß Athrongaios. Es ermutigte ihn zu dieser Hoffnung seine Körperstärke und der todesverachtende Eifer seiner Seele, schließlich auch die Tatsache, daß er vier ihm gleichgeartete Brüder hatte. Er unterstellte jedem von ihnen eine bewaffnete Bande und verwendete sie als Feldherren und Satrapen für die Raubzüge, er selbst spielte den König und gab sich nur mit würdigeren Geschäften ab. Damals legte er sich also das königliche Stirnband an und konnte sich anschließend geraume Zeit behaupten, während er mit seinen Brüdern das Land durchstreifte.»

(2) «Hierauf vermass sich auch ein gewisser Athronges, ein Mann, der sich weder auf vornehme Herkunft, noch auf Tüchtigkeit und Reichtum berufen konnte, sondern ein einfacher Schafhirt war und sich durch nichts anderes als durch einen riesenhaften Körperbau und gewaltige Stärke auszeichnete, seine Hand nach der Krone auszustrecken. Dieser sehnte sich so sehr nach der Macht, anderen Schaden zufügen zu können, dass er, obgleich er beständig den Tod vor Augen sah, doch den Verlust des Lebens, den er sich durch seine Übelthaten zuziehen würde, für nichts achtete. Er hatte vier Brüder, welche, da sie ebenfalls von gewaltigem Körperbau und so handfest waren, dass sie jedem noch so schwierigen Unternehmen gewachsen schienen, seiner Meinung nach ihm sehr nützlich bei der Behauptung der errungenen Herrschaft sein konnten. Jeder von diesen vier Brüdern befehligte eine Rotte Abenteurer, da eine grosse Menschenmasse ihnen zugelaufen war, und als Anführer dieser Rotten liessen sie sich auf Gefechte ein und schlugen sich für Athronges. Er selbst aber setzte sich die Königskrone auf, hielt Rat, wie man die einzelnen Unternehmungen anzugreifen habe, und ordnete alles nach seiner Willkür an. So hielt er sich lange Zeit, führte den Titel König und that, was ihm beliebte.»

(Josephus, *Der jüdische Krieg*, 2,60–62; *Jüdische Altertümer*, 17,278)

Auch diesen König zeichnete, wie man sieht, die imponierende Gestalt aus, mit der Saul die Kinder Israel von seiner Berufung zum Amt ihres Königs überzeugt hatte, und wenn er nur, wie Josephus zutiefst mißbilligend bemerkt, ein einfacher Schafhirt war, so legitimierte ihn ja gerade das zur Nachfolge Davids. Wie in 1. Samuel 16,11 zu lesen, hütete David die Schafe, als er von Gott dazu ausersehen wurde, König zu sein an Sauls Statt.

Ein Purpurmantel im Tempel

Zwei jüdische Anführer des Kriegs gegen Rom waren messianische Prätendenten, Menachem, Sohn oder Enkel Judas, des Galiläers, und wie dieser ein Lehrer und mithin Angehöriger der Gefolgsklasse, der von adeligen jüdischen Rebellen schon kurz nach Ausbruch des Krieges getötet wurde; und Simon, Sohn des Gioras, der nach römischem Brauch als Anführer der Rebellen während des Triumphs der römischen Feldherrn, ehe die Sieger den Göttern ihr Dankopfer brachten, auf dem Forum in Rom erschlagen wurde.

Wie wir bereits sahen, war der Lehrer Manaem (oder Menachem) nach der Einnahme der Festung Masada mit seinen Anhängern, den Sikariern, die er mit den dort erbeuteten Waffen ausgerüstet hatte, nach Jerusalem zurückgekehrt und hatte dem adeligen Rebellen Eleazar, Sohn des Ananias, das Übergewicht über die regierungstreue Adelspartei verschafft, zu deren Führern Ananias, der Vater des Rebellen Eleazar, gehörte. Doch nachdem Manaem und seine Leute Ananias ermordet hatten, hatte Eleazar sich gegen diese Verbündeten gewandt, Manaem getötet und die überlebenden Sikarier aus der Stadt vertrieben, worauf diese dann Zuflucht in der Festung Masada gesucht hatten. Von der kurzen Glanzzeit des Manaem berichtet Josephus folgendes:

> (Manaem war) «... mit seinen nächsten Freunden nach Masada gezogen, hatte dort das Zeughaus des Herodes aufgebrochen und außer seinen Landsleuten auch noch andere Räuber bewaffnet, um diese als Leibgarde zu verwenden. Nun kam er wie ein König nach Jerusalem zurück, wurde Führer des Aufstandes und übernahm den Oberbefehl bei der Belagerung ... Die Männer um Eleazar trafen nun eine Verabredung und griffen ihn im Tempel an, als er stolz und im Schmuck königlicher Kleidung zum Gebet hinaufschritt, wobei ihm eine Schar bewaffnete Eiferer folgt.»
> (Josephus, *Der jüdische Krieg*, 2,434, 444)

Manaem war also nach Jerusalem zurückgekehrt nicht nur mit seinem Anhang von «Landsleuten», nämlich den Sikariern, die Städter waren wie er, sondern an der Spitze einer auf dem Lande rekrutierten bäuerlichen Miliz, mit jenen «anderen Räubern», von denen Josephus spricht. Und er kam «wie ein König» nach Jerusalem zurück und schritt dort «im Schmuck königlicher Kleidung» zum Gebet. Man könnte einwenden, daß der Geschichtsschreiber mit diesen Angaben nur habe ausdrücken wollen, daß Manaem sich gebärdete wie einer, der Macht über Leben und Tod beanspruchte. Doch tadelt Josephus solche Ansprüche gewöhnlich als «tyrannisch», und wirklich spricht er auch von der «Tyrannei» dieses «unerträglichen Tyrannen», nämlich eben dieses Manaem, an anderen Stellen seines Berichts (2,448, 442). Wenn er also hier sagt, daß jener «wie ein König» nach Jerusalem zurückkehrte und «königliche» Gewänder anlegte, ist das kaum anders zu verstehen, als daß Manaem nicht nur die Macht ergriff, sondern damit ein apokalyptisches Programm zu erfüllen trachtete und als Messias gelten wollte. Glaubwürdigkeit in den Augen seiner Anhänger verschaffte diesem Anspruch zweifellos die Eroberung der Festung Masada und der anfängliche Erfolg seiner Intervention in Jerusalem.

Ich stimme indessen Richard Horsley zu: «Sehr viel ernster und bedeutender als Manaems kurze Wirksamkeit war die messianische Bewegung, in deren Brennpukt Simon bar Giora stand, der schließlich der politisch-militärische Oberbefehlshaber der Belagerten und von den Römern als General und Staatsoberhaupt ihrer palästinensischen Gegner anerkannt wurde» (1984, S. 488). Simon war aus Gerasa in der transjordanischen Dekapolis gebürtig, und sein Zuname «Sohn des Proselyten» läßt wohl auf niedrige Herkunft schließen. Wir hören von ihm zuerst in dem Bericht des Geschichtsschreibers über den gescheiterten Versuch des syrischen Legaten Cestius Gallus, Jerusalem einzunehmen. Nachdem die Belagerten bei einem Ausfall die Römer frontal angegriffen und ihnen große Verluste zugefügt hatten, schließlich aber doch zurückgeschlagen worden waren, hatte Simon die Belagerer im Rücken angegriffen. Dabei, so Josephus (2,521), «zersprengte er einen großen Teil ihres Trosses und erbeutete viele Lasttiere, die er in die Stadt brachte». Später, in der Euphorie nach dem großen Sieg über Gallus, ernannten die adeligen Führer des Aufstands Befehlshaber für die übrigen Landesteile und unter diesen einen gewissen Johannes, Sohn des Ananias, dem «Gophna und Akrabetta» zugewiesen wurden, Gebiete nördlich von Jerusalem. Trotz der diesbezüglichen Feststellung (2,568) finden wir aber anderswo (2,652 und 4,503–507) Mitteilungen, aus denen hervorgeht, daß die Herrschaft in der fraglichen Gegend tatsächlich Simon hatte. «Im Kreise von Akrabatene sammelte Simon, der Sohn des Giora, viele Aufständische ... und plünderte nicht nur die Häuser der Reichen, sondern erlaubte sich auch körperliche Mißhandlungen.» Einerseits verbindet sich hier politische Revolution gegen Rom bereits mit sozialer Revolution gegen die Reichen. Andererseits ist aus dem hier Berichteten zu schließen, daß sich zuvor mit der «Körperkraft» und dem «Wagemut», die ihm auch Josephus zugesteht, der charismatische Führer gegen den beamteten durchgesetzt hat, denn von jenem Johannes, Sohn des Ananias, ist in diesem Zusammenhang nicht mehr die Rede. Allerdings mußte Simon, als aus Jerusalem Truppen gegen ihn geschickt wurden, fürs erste Zuflucht bei den Räubern nehmen (sagt Josephus), die schon in Masada saßen.

Ein Jahr später, nachdem die Zeloten und deren idumäische Verbündete die adligen Führer der Revolution in Jerusalem liquidiert hatten, verließ Simon Masada, und von da an nahmen die Ähnlichkeiten zwischen seiner Laufbahn und derjenigen Davids ständig zu.

> «(Er) setzte sich in das Bergland ab, verkündigte den Sklaven die Freiheit und den Freien Geschenke und sammelte auf diese Weise von allen Seiten her die schlechten Menschen um sich ... Da er nun auch für die festen Städte schon eine furchtbare Gefahr bedeutete, ließen sich viele angesehene Leute angesichts seiner Stärke und der nicht abreißenden Kette seiner Erfolge in das Verderben reißen: sein Heer bestand jetzt nicht mehr nur aus Sklaven und Räubern, sondern umfaßte auch eine stattliche Zahl von Bürgern, die ihm wie einem König gehorchten.»
> (Josephus, *Der jüdische Krieg*, 4,508, 510)

Wie David vor ihm war Simon Bandit, ehe er als General und sogar als König anerkannt wurde. Eine fernere Ähnlichkeit stellte Simons erste Eroberung in Idumäa her, denn «dort nahm er in überraschendem Angriff zuerst die kleine Stadt Hebron», wie Josephus mitteilt (4,529). Josephus erwähnt, daß man das Alter von Hebron auf 2300 Jahre berechne und berichtet, Hebron habe Abraham, dem Stammvater der Juden, nach seiner Wanderung aus Mesopotamien als Wohnsitz gedient. Im gegebenen Zusammenhang ist aber bedeutender, daß Hebron, wie Otto Michel bemerkt (S. 403), «die Stadt Davids» war, und daß nun Simon, wie vor ihm David, aus Hebron nach Jerusalem aufbrach.

> «Danach [als Saul und Jonathan tot waren] befragte David den Herrn: Soll ich in eine der Städte Judas hinaufziehen? Der Herr antwortete ihm: Zieh hinauf! David fragte: Wohin soll ich ziehen? Er antwortete: Nach Hebron. David zog also nach Hebron mit seinen beiden Frauen ... Dann kamen die Männer Judas (nach Hebron) und salbten David dort zum König über das Haus Juda.»
>
> «Alle Ältesten Israels kamen zum König nach Hebron; der König David schloß mit ihnen in Hebron einen Vertrag vor dem Herrn, und sie salbten David zum König von Israel ...

> In Hebron war er sieben Jahre und sechs Monate König von Juda, und in Jerusalem war er dreiunddreißig Jahre König von ganz Israel und Juda.»
> (2. Samuel 2,1–4; 5,3–5)

Wie hier, in Ankündigung der zu gewärtigenden dynastischen Kontinuität (denn in 2. Samuel 3,2–5 liest man, daß ihm Kinder geboren wurden in Hebron), Davids Frauen erwähnt werden, wird auch bei Josephus der Frau des Simon wiederholt gedacht. Und der Zorn Simons, nachdem ihm die Zeloten einen Hinterhalt gelegt und ihm seine Frau mit vielen ihrer Bediensteten geraubt hatten («wobei sie erwarteten, er werde unverzüglich die Waffen niederlegen und um die Rückgabe seiner Frau bitten») scheint von mehr als verletzter Gattenliebe zu zeugen, selbst angenommen, daß er nicht ganz so schrecklich war, wie Josephus ihn beschreibt (4,539–544).

Noch bedeutender aber als all das ist, was man von der strengen Disziplin liest, die Simon dann in Jerusalem hielt. Durch diese soll er sich besonders ausgezeichnet haben. Sie mag nur als Beweis seiner militärischen Führungsqualitäten genommen werden, hätte aber, von reinen Nützlichkeitserwägungen abgesehen, auch von einer Ideologie des heiligen Krieges inspiriert gewesen sein können, wie David Rhoads vermutet (S. 146). Mehr als die anderen revolutionären Führer mag Simon nicht nur eine politische, ja nicht nur eine rein soziale, sondern auch eine ideologisch heilige Revolution beabsichtigt haben. Nirgends zeigt sich vielleicht Simons messianisches Sendungsbewußtsein so deutlich wie in seiner letzten großen Gebärde.

Als die Römer die obere Stadt einnahmen, flüchtete, erzählt Josephus (7,26–28), Simon mit einigen seiner Getreuen in einen der finsteren unterirdischen Gänge hinunter. Sie waren mit Proviant versehen, der für viele Tage ausreichen konnte, und hofften, sich einen Tunnel graben zu können, durch den sie aus der Stadt entweichen könnten. Diese Hoffnung aber erwies sich als trügerisch. Man war mit dem Tunnel noch nicht weit gekommen, und die Lebensmittel drohten auszugehen.

> «Da zog nun Simon, um durch panischen Schrecken die Römer hintergehen zu können, weiße Unterkleider an, befestigte an diesen ein purpurnes Obergewand und erschien an dem Platz, an dem früher der Tempel stand, aus der Erde. Zuerst fielen diejenigen, die ihn sahen, in Schrecken und blieben stehen, dann gingen sie näher und fragten, wer er sei. Simon gab sich nicht zu erkennen, sondern ließ den Befehlshaber rufen.»
> (Josephus, *Der jüdische Krieg*, 7,29–31)

So wie der Geschichtsschreiber die Episode erzählt, ist sie voller Widersprüche. Simon hätte demnach, um aus der westlichen oberen Stadt zu entkommen, einen Tunnel in östlicher Richtung, auf den Tempelberg zu, graben lassen. Dann versuchte er angeblich, die Römer zu erschrecken, um die Gelegenheit wahrzunehmen, ihnen zu entfliehen. Wirklich fielen dann diejenigen, die ihn sahen, in Schrecken. Er aber dachte nicht daran zu entfliehen, sondern ließ den Befehlshaber rufen. Und er trug sein königliches Gewand. Plausibler wäre das Berichtete, wenn man voraussetzte, daß Simon absichtlich einen Tunnel nach Osten hätte graben lassen, einzig zu dem Zwecke, sich den Eroberern auf dem Tempelberg ergeben zu können; wie er es dann tat, im purpurnen Obergewand, als König der Juden. Es ist sicherlich bedeutsam, daß Josephus schließlich bereit war, den Selbstmord der Verteidiger von Masada zu verherrlichen, nicht aber den ganz ebenso absichtlichen und demonstrativen Opfergang Simons als König der Juden. Vielleicht hielt Josephus den Selbstmord der Sikarier für hinreichend exotisch und außerordentlich, niemanden zur Nachahmung zu inspirieren, während ihm Simons Beispiel Schule zu machen drohte, und er es deshalb der Mühe Wert hielt, seinen tieferen Sinn zu verschleiern. Jedenfalls kann man wie Otto Michel der Meinung sein, daß Simon die Bewunderung des Geschichtsschreibers eher verdient hätte (S. 408).

Soviel einstweilen von denen, die in den Jahren zwischen 4 v. Chr. und 70 n. Chr. mit dem Anspruch auftraten, der erwartete Messias des jüdischen Volkes zu sein. Immerhin sei angedeutet, daß die Geschichte dieser Erwartung mit Simons Tod nicht zu Ende war. Führer der Juden während des zweiten römisch-jüdischen Krieges, der 115 in Nordafrika begann, aber ehe er zwei Jahre später endete, auch auf Ägypten, Zypern und vielleicht sogar auf Palästina übergriff, sich jedenfalls bis in das erst kürzlich von den Römern eroberte Mesopotamien ausgebreitet hatte, war in der Kyrenaika ein gewisser Lukas (vielleicht identisch mit Andreas), «dem man den messianischen Titel eines ‹Königs› gab» (Smallwood, S. 397). Und der Führer der Juden im dritten römisch-jüdischen Krieg, dessen Schauplatz von 132 bis 135 wieder, wie der des ersten, auf Palästina beschränkt blieb, war Simon bar Kosiba. Er erhielt den Zunamen «Bar Kochba . . ., welchen messianischen Titel ihm Akiba gab, einer der führenden Rabbiner, der ihn als Messias anerkannte, trotz der Versicherung eines weniger zuversichtlichen Rabbis: ‹Gras wird auf deinen Wangen wachsen, Akiba, ehe der Sohn Davids kommt›» (Smallwod, S. 439).

10. Rebell und Revolutionär

«Man sieht gewisse wilde Tiere, männliche und weibliche, über das Land verstreut, schwarz, fahl und ganz sonnenverbrannt, an die Erde gefesselt, die sie durchwühlen und umgraben mit unbesieglicher Hartnäckigkeit; sie haben so etwas wie eine artikulierte Stimme, und wenn sie sich auf ihre Füße erheben, zeigen sie ein menschliches Gesicht und wirklich sind sie Menschen. Sie ziehen sich zur Nacht in Höhlen zurück, wo sie von schwarzem Brot, Wasser und Wurzeln leben; sie ersparen den anderen Menschen die Mühe zu säen, zu pflügen und zu ernten zum Leben und verdienen also, daß es ihnen an dem Brot, das sie gesät haben, nicht mangele.»

La Bruyère, *Les Caractères; De l'Homme*, 1694 (zit. bei Hobsbawm, *Peasants and Politics*, 1973, S. 6)

«Wir wollen, daß jeder arbeitet, wie wir arbeiten. Es sollte nicht länger Reiche und Arme geben. Alle sollten Brot für sich und ihre Kinder haben. Wir sollten alle gleich sein. Ich habe fünf kleine Kinder und nur ein kleines Zimmer, wo wir essen und schlafen und alles machen müssen, und so viele Herrschaften haben zehn oder zwölf Zimmer, ganze Paläste ... Es würde genügen, alles gemeinschaftlich zu machen und gerecht zu teilen, was produziert wird.»

Ungenannte Bäuerin aus Piana dei Greci in der Provinz Palermo während eines Bauernaufstands im Jahre 1893 im Gespräch mit einem Zeitungskorrespondenten aus Oberitalien (zit. bei Hobsbawm, *Primitive Rebels*, 1965, S. 183)

Wie man sich mit einem Blick auf die Zusammenfassung der diesbezüglichen Belegstellen im Anhang 2 vergegenwärtigen kann und aus den vorstehenden Erörterungen ersichtlich sein sollte, war innerhalb der hier interessierenden Zeitspanne die Wirksamkeit von Protestierern, Propheten, Banditen und Messiassen – und von den Magiern können wir das mit Bestimmtheit vielleicht nur deshalb nicht sagen, weil unsere Quellen deren Typus betreffend sehr unergiebig sind – in der Mitte des siebenten Jahrzehnts nach der Zeitenwende am größten. Unmittelbar vor und während des ersten römisch-jüdischen Krieges sahen wir in Jerusalem zuerst Sikarier aus der Gefolgsklasse, dann Protestierer, Orakel verkündende und chiliastische Propheten sowie Banditen und Messiasse, sowohl aus der *Gefolgs-* als auch aus der *bäuerlichen* Klasse. Zuletzt ist nun also dieser Krieg insgesamt ins Auge zu fassen, weniger zur Feststellung der Tatsachen seines Verlaufs als vielmehr um des Aufschlusses willen, den uns diese Tatsachen über die Typen und Verläufe der sozialen Unruhen zu geben versprechen, die ihm vorangingen und seinen Ausbruch veranlaßten. Bei dem Versuch, diese Typen sozialer Unruhe und die ihnen jeweils typisch entsprechenden Verläufe zu ermitteln, orientiere ich mich vergleichend an bestimmten historischen und soziologischen Mustern.

Eingeborenenaufstände gegen Rom

Stephen Dyson hat eine faszinierende vergleichende Beschreibung von fünf Eingeborenenaufständen (oder nationalen Erhebungen) gegen die römische Herrschaft veröffentlicht, die sämtlich innerhalb des hier interessierenden Zeitraums stattfanden. Der erste von Dyson behandelte Fall ist der des Vercingetorix aus dem Stamme der Arverner, der, nachdem er die gallischen Stämme geeinigt und Caesar eine Zeitlang erfolgreich mit Guerillaoperationen zugesetzt hatte, in Alesia eingeschlossen, zur Übergabe gezwungen und dann bei Caesars Triumph über Gallien im Jahre 46 v. Chr. hingerichtet wurde. Der zweite Fall ist der des Desidiaten Bato, der im Jahre 6 n. Chr. die Erhebung der Dalmater gegen die Römer anführte und diesen in Dalmatien und Pannonien, zwischen dem adriatischen Meer und der Donau, viel zu schaffen machte, denn es bedurfte, wie Dyson berichtet (S. 250), eines vierjährigen Krieges, der die Kräfte von fünfzehn Legionen und eines Heers von Hilfstruppen sowie die Kunst des besten römischen Generals, des Tiberius nämlich, beschäftigte, das Gebiet von neuem der römischen Herrschaft zu unterwerfen. Bato wurde nicht hingerichtet, sondern nach Ravenna verbannt. Der dritte von Dyson untersuchte Aufstand brach aus, als der zweite eben niedergeschlagen war, im Jahre 9 unserer Zeitrechnung P. Quinctilius Varus, der, wie man sich erinnern wird, im Jahre 4 v. Chr. in Palästina Ordnung geschaffen und zweitausend jüdische Aufständische gekreuzigt hatte, wurde von Arminius, dem Cherusker, aus seinem Sommerquartier in den unwegsamen Teutoburger Wald gelockt, wo er seine drei Legionen verlor und sich daraufhin genötigt fühlte, den Freitod zu suchen. Sechs Jahre vergingen, bis Germanicus, ein Neffe des neuen Kaisers Tiberius, in Germanien erschien, die den Römern von Arminius angetane Schmach zu rächen. Er mußte sich allerdings damit begnügen, Niederlagen zu vermeiden und Siege für sich zu reklamieren, so daß schließlich Arminius bis ins Jahr 19 n. Chr. überlebte. In diesem Jahr wurde er jedoch beschuldigt, die Königswürde anzustreben, was seinen Volksgenossen so zuwider war, daß sie ihn ermordeten (S. 255). Obwohl oder gerade weil seine Erhebung von den fünf betrachteten die einzige war, die nicht mit einer Niederlage endete, wurde Arminius als einziger unter den Anführern dieser Erhebungen von den eigenen Volksgenossen ermordet. Der vierte Aufstand, dem Dyson seine Aufmerksamkeit zuwendet, war derjenige der Boudicca, Königin der britannischen Icener, die, im Jahre 61 n. Chr., «eine der wenigen überlebenden Angehörigen der königlichen Geschlechter der unterworfenen Britannier» war (S. 262). Die von ihr geführten Icener, Trinobanten und Krieger etlicher anderer britannischer Völkerschaften, die sich dem Aufstand angeschlossen hatten, eroberten die Städte Camulodunum, Verulamium und Londinium und fügten dem Legaten Petilius eine schwere Niederlage zu, während der Statthalter Suetonius Paulinus sich auf einem Kriegszug nach der Insel Mona befand, wurden dann aber von dem zurückgekehrten Statthalter ihrerseits vernichtend geschlagen. Boudicca endete ihr Leben durch Gift, aber die überlebenden Aufständischen setzten den Kampf fort, bis wiederholte militärische Niederlagen, der Mangel an Lebensmitteln und die versöhnlichere Haltung eines neuen römischen Befehlshabers sie bewogen, die Waffen niederzulegen (S. 263). Während des Bürgerkriegs in Rom nach der Erhebung Vespasians empörte sich als letzter der von Dyson studierten Rebellen im Jahre 69 n. Chr. am Niederrhein der Bataverfürst Julius Civilis gegen die römische Herrschaft. Obwohl ihn die gallischen Stämme nicht unterstützten, wie er gehofft hatte, errang er bedeutende Anfangserfolge. Als jedoch Vespasian seine Herrschaft in Rom gefestigt hatte, wurde Petilius Cerialis angewiesen, den Aufstand zu beenden, und es gelang ihm teils mit militärischen Mitteln, teils auf diplomatischem Wege, denn es scheint, daß sich schließlich, nachdem ihm Straffreiheit zugesichert worden war, der Rebell ergab.

Beim Vergleich der fünf Aufstände war Dyson, wie er sagt, bestrebt, «jene gemeinsamen Eigentümlichkeiten aufzuspüren und hervorzuheben, die uns gestatten, von Beispielen eines charakteristischen sozialen Phänomens zu sprechen, die im allgemeinen auf gleiche Ursachen zurückzuführen sind und im wesentlichen ähnlich verlaufen», so daß wir «ein erklärbares Modell sozialen Handelns schaffen können». Er identifiziert acht derartig «wiederholte Eigentümlichkeiten» oder «hervorstechende Züge» von Eingeborenenaufständen gegen Rom. Erstens ereigneten sie sich alle nach der Einführung römischer Verwaltung, aber ehe die ältere nationale Sozialstruktur von Grund auf verändert war. Zweitens ereigneten sie sich in einer Periode zunehmender fiskalischer und administrativer römischer Kontrolle. Drittens wurden sie sämtlich von eingeborenen Führern geleitet, die es verstanden hatten, die Stämme in höherem Maße, als es zuvor üblich gewesen war, zu einigen. Viertens sind die Führer solcher Aufstände (auch diejenigen im zweiten Glied) fast immer Angehörige der schon am weitesten romanisierten Klasse ihrer Gesellschaften. Fünftens kann gesagt werden, daß diese Führer bei ihren Einigungsbestrebungen sich mitunter auf ältere Rechtssysteme oder neuere Versammlungsbräuche stützen konnten. Sechstens überraschten alle diese Aufstände die Römer, weil sie der Meinung gewesen waren, die Befriedung der einzelnen aufständischen Provinz sei ein für alle Mal abgeschlossen. Siebentens finden sich Anzeichen für «psycho-religiösen Massenwahn», etwa bei der Opferung gefangener römischer Centurionen und Tribunen während der Revolte des Arminius oder bei den Grausamkeiten gegen die römischen oder romanisierten Damen der höheren Stände in den von Boudiccas Heer eroberten römischen Städten Britanniens. Achtens war zwar die Dauer der fünf Aufstände unterschiedlich, doch diejenigen des Vercingetorix und der Boudicca überdauerten den frühen Verlust der ursprünglichen charismatischen Führer und waren also nicht gänzlich von ihnen abhängig (S. 267–268).

Endlich findet trotz vieler Ähnlichkeiten Dyson einen wesentlichen Unterschied zwischen diesen Eingeborenenaufständen gegen Rom und denjenigen, die sich im 19. und 20. Jahrhundert gegen den europäischen oder amerikanischen Imperialismus erhoben. «Der große Unterschied liegt in der Sphäre des religiösen Interesses. Das reflektiert einen tiefen Unterschied im Wesen des Akkulturationsprozesses. Der moderne Eingeborene muß sich auseinandersetzen sowohl mit einer überwältigenden politischen, militärischen, ökonomischen und sozialen Entität, als auch mit einer Religion, die organisiert, kultiviert und missionarisch ist... Abgesehen von Einzelfällen, wo sie Ritualen begegneten, die sie unmenschlich fanden, waren die Römer nicht daran interessiert, die Religion der Eingeborenen anzugreifen, und tatsächlich wurde ein Synkretismus überall gefördert» (S. 273). Er hat sicherlich recht insofern eine religiöse Komponente bei den Reaktionen der Eingeborenen gegen den weißen Kolonialismus und christlichen Imperialismus unserer Zeit sehr viel offensichtlicher ist; eben diese ist ja der Hauptgegenstand von Bryan Wilsons soziologischer Studie über religiöse Protestbewegungen bei Naturvölkern und in der Dritten Welt. Und doch findet man, daß der Analyse Dysons zufolge religiöse Assoziationen und Motivationen bei Bato zwar «fehlen», bei Vercingetorix «höchstens zu ahnen sind» und bei Boudicca «einige Elemente» liefern, von Hermann, dem Cherusker, aber «benützt» wurden und mit Civilis «deutlich in Verbindung zu bringen» sind (S. 271). Es mag deshalb besser sein, die Gegenwart religiöser Motivationen auch in jener antiken Situation, wo politisch-kultureller Kolonialismus noch nicht von einem ausdrücklich religiösen Imperialismus begleitet war, zu unterstreichen.

Eine Revolution innerhalb einer Revolution

Auf den ersten Blick erkennt man, daß der jüdische Aufstand der Jahre 66 bis 73 n. Chr. von dem Modell anderer Eingeborenenaufstände gegen Rom in mancher Hinsicht abweicht. Natürlich stehen hier religiöse Motive sehr viel mehr als anderswo im Vordergrund. Doch den hervorstechendsten Unterschied findet man, wenn man die Führer des jüdischen mit denen anderer Aufstände vergleicht. Die Führer der von Dyson untersuchten Aufstände gehörten sämtlich der romanisierten Oberschicht ihrer verschiedenen Stammesgesellschaften an. Und wenn auch Streitigkeiten unter ihnen durchaus vorkamen, wurden diese Führer doch den Römern gefährlich erst durch das in früherer Zeit nicht gewöhnliche Maß an Einmütigkeit, das sie unter ihren Stämmen zu verbreiten wußten.

Im Gegensatz dazu bedenke man jene hinreißende Stelle aus *Der jüdische Krieg*, (7,262–270), wo Josephus mit unübertrefflich giftigem Spott und bitterem Tadel die fünf Parteien der in Jerusalem belagerten Juden aufzählt, die nicht nur gegen die Römer vor den Toren kämpften, sondern auch eine gegen die andere innerhalb der Stadt: die Sikarier, die Leute Johannes' von Gischala, der Anhang Simons, des Sohns des Gioras, die Idumäer und die Zeloten, von denen seines Erachtens eine immer schlimmer als die andere gewesen sei. Warum entglitt ausgerechnet beim jüdischen Aufstand die Führung den Händen der romanisierten Oberschicht? Und woher kam bei den Juden die anscheinend unüberwindliche Neigung ihrer Führer, sich zu zerstreiten statt sich zu vereinigen? Zur Beantwortung dieser Fragen werden wir versuchen, uns der Einsichten zu bedienen, die uns vergleichende Untersuchungen von Revolutionen zu bieten haben.

1938 veröffentlichte Crane Brinton eine vergleichende Untersuchung der englischen Revolution von 1640, der amerikanischen von 1776, der französischen von 1789 und der russischen von 1917. Zwar gab er seiner Arbeit den Titel einer «Anatomie der Revolution» *(The Anatomy of Revolution)*, doch schränkte er schon in der Einleitung die Geltung dieses Anspruchs mit dem Hinweis ein, daß eine vollständige Soziologie der Revolutionen auch andere Arten der Revolution zu berücksichtigen hätte, namentlich drei: «Die von autoritären, oligarchischen und konservativen Regimes angezettelten Revolutionen, also Revolutionen ‹von rechts›, die territorial-nationalistischen Revolutionen und die gescheiterten Revolutionen» (S. 21). Und am Ende seiner Untersuchung verkennt er nicht, daß die dabei gewonnenen Erkenntnisse zur Anatomie anderer Revolutionen nicht ohne weiteres verwendbar sein würden. «Unsere vier Revolutionen verkörpern nur einen Typus der Revolution, und wir dürfen nicht versuchen, sie mit Verallgemeinerungen zu belasten, die für alle Revolutionen gelten sollen» (S. 262). Und dessen ungeachtet findet man bei der Lektüre seiner Untersuchung, daß die amerikanische Revolution den drei anderen, die er behandelt, weniger ähnelt als diese einander – daß man also an der Beschaffenheit des Typs zweifeln kann, den sie alle vier verkörpern sollen; zumal auch Brinton von «Extremisten» und «Gemäßigten» bei allen von ihm betrachteten Revolutionen in so unbestimmter Weise spricht, daß sich in seinen Beschreibungen deutliche Vergleichsmerkmale nirgends finden lassen.

Trotz dieser erheblichen Mängel haben vor einiger Zeit zwei Bibelwissenschaftler Brintons typologische Sequenz auf die jüdische Erhebung gegen Rom angewandt. Beide, Cecil Roth (1959, S. 514) und Tessa Rajak (1983, S. 126–143), sind der Meinung, daß die Revolution des jüdischen Krieges fünf von Brinton unterschiedene Entwicklungsstufen erkennen läßt. Die erste Stufe ist die *wirtschaftliche Reform*, die vorwiegend ökonomische und finanzielle Probleme ohne gewaltsamen Umsturz der bestehenden Regierung lösen soll. Enttäuschte Reformbestrebungen eskalieren dann zu *politischer Revolution*, zumal wenn sich bei der ersten militärischen Kraftprobe die Schwäche des bestehenden Regimes zeigt. Auf die politische folgte die *soziale Revolution*, die nach der Umwälzung an der Spitze der Gesellschaft auf tiefergreifenden sozialen Wandel drängt. Obwohl auch innerhalb der politischen Revolution mörderische Fraktionskämpfe keine Seltenheit sind, drängt insbesondere die soziale Revolution auf die nächste Stufe des revolutionären Prozesses, die *Schreckensherrschaft*. Endlich und besonders als Reaktion gegen die auf der vorigen Stufe gewöhnliche Anarchie wird die *Diktatur* eingesetzt, bei der einem Individuum die absolute Herrschaft anvertraut wird, zur Rettung der Revolution oder besser vielleicht zur Rettung der politischen vor der sozialen Revolution.

Es ist auf beeindruckende Weise offensichtlich, daß Brintons Stufenfolge durch die Ereignisse des jüdischen Krieges bestätigt wird, ganz gleich ob sie an den von ihm untersuchten modernen Revolutionen wirklich nachzuweisen ist oder nicht. Tatsächlich scheint diese Typologie am besten anwendbar zu sein auf doppelte Revolutionen, Revolutionen, bei denen innerhalb einer politischen Umwälzung eine soziale beginnt. Wenn etwa Brinton die «Herrschaft des Schreckens und der Tugend» in der amerikanischen Revolution aufzuspüren versucht, kommt dabei nicht mehr zum Vorschein als das Teeren und Federn «eines höchst unbelehrbaren Königstreuen» (S. 176). Welches Verfahren für den betroffenen Tory zwar zweifellos höchst unangenehm, aber schließlich doch mit den Maßnahmen Robespierres kaum zu vergleichen war. In der amerikanischen politischen Revolution kam keine soziale zum Vorschein, wie das in der jüdischen allerdings der Fall war. Die Ergebnisse von Brintons Untersuchung wären überhaupt klarer, wenn er stets, statt zwischen «extremistischen» und «gemäßigten» Revolutionen, zwischen den politischen und sozialen Elementen der Revolution unterschieden hätte.

In ihrem Werk über «Macht und Gesellschaft» (1950) unterschieden Harald Lasswell und Abraham Kaplan, ein Politologe und ein Philosoph, drei Typen von Revolutionen: Palastrevolutionen, politische Revolutionen und soziale Revolutionen. Die Autoren definieren eine *Palastrevolution* als einen gewaltsamen Herrscherwechsel, bei dem das Herrschaftssystem bestehen bleibt, also etwa den Übergang der Herrschaft von Caligula auf Claudius. Eine *politische Revolution* dagegen ist ihrer Definiton zufolge ein radikaler Wechsel des Regimes (der «Autoritätsstruktur»), während der Wechsel sich bei der *sozialen Revolution* auch auf die Herrschaftsform («Kontrollstruktur») erstreckt. Bei einer politischen Revolution, versichern Lasswell und Kaplan, werden allein die Autoritätsstrukturen verändert, die Kontrollmechanismen, auf die jene gründen, bleiben die des *ancien régime*. Als Beispiel einer solchen Revolution führen sie die amerikanische an, wo an die Stelle der Monarchie eine Republik gesetzt wurde, die herrschende Klasse aber die gleiche blieb wie vor der Revolution und die Eliten weiterhin aus der gleichen Schicht rekrutiert wurden (S. 272–273). Politische Revolutionen ziehen keineswegs immer soziale nach sich, doch bedürfen soziale gewöhnlich der politischen als Voraussetzung.

Man nehme also Lasswells und Kaplans Unterscheidung von politischer und sozialer Revolution und denke an Lenskis Stratifikation agrarischer Gesellschaften. Eine politische Revolution würde innerhalb der fünf von Lenski angenommenen oberen Klassen einer solchen Gesellschaft stattfinden, eine soziale Revolution aber wäre eine Erhebung der in seinem Schema unterschiedenen vier Unterklassen gegen jene fünf Oberklassen. Eine erfolgreiche soziale Revolution in einer Agrargesellschaft würde auf die Übernahme und Bewahrung der Regierungsgewalt durch die Bauern und Sklaven hinauslaufen müssen. Zwar hat Thomas Carney behauptet: «Tatsächlich hat es in der Antike Revolutionen nicht gegeben ... Auch war der Grad der Politisierung eines Bauern in der Antike von anderer Art als der seines modernen Gegenstücks. In der Tat existierten in der Antike, da es keine entwikkelten Ideologien gab, Bauern und Leibeigene in ländlichem Stumpfsinn» (S. 268–269). Trotz dieses Urteils aber und im Widerspruch dazu werde ich zum Schluß dieses Kapitels, in dem ich den Verlauf der von der Gefolgsklasse und von der bäuerlichen Klasse ausgehenden sozialen Unruhen in den einhundert Jahren vor dem Ausbruch des ersten römisch-jüdischen Krieges zu untersuchen beabsichtige, noch einmal auf die Wechselwirkungen zwischen politischer und sozialer Revolution in Palästina zu Beginn der christlichen Ära zu sprechen kommen und die Frage stellen, was die politische und die soziale Revolution bei all der Raserei und Wut der Kämpfe unter Schrecken, Grauen und Zerstörung damals bewirkt haben.

Zu Beginn des Krieges schien man allerdings keine Revolution, sondern eine Reform vorzuhaben. Während dieses «Stadiums der wirtschaftlichen Reform» erklärte das Volk dem König Herodes Agrippa II. noch, «sie wollten ja nicht mit den Römern, sondern nur mit Florus, durch den sie so viel erlitten hätten, Krieg führen» (*Der jüdische Krieg*, 2,403). Der König konnte die Unzufriedenen dazu bewegen, zum Beweis dieser friedfertigen Gesinnung die dem römischen Kaiser schuldigen Steuern einzutreiben, aber sie weigerten sich trotz des Versprechens der baldigen Abberufung des ihnen mißliebigen Statthalters, sich dessen Anordnungen im mindesten zu fügen. So war bald die zweite Stufe der *politischen Revolution* erklommen, auf der die Unzufriedenen gleich anfangs zwei glänzende militärische Erfolge hatten, als sie die in Jerusalem stationierte römische Kohorte nicht nur gegen das Versprechen, das Leben der Soldaten zu schonen, zur Übergabe bewegten, die Waffenlosen dann jedoch mitleidslos massakrierten, sowie, als es ihnen dann gelang, die von Cestius Gallus aus Syrien herangeführten Legionäre in eine Falle zu locken und vernichtend zu schlagen (*Der jüdische Krieg*, 2,449–456; 540–555).

Aber schon vor diesen Siegen gab es einen Versuch, die politische Revolution in eine soziale zu verwandeln. Wie schon erwähnt, begann der Aufstand damit, daß Eleazar, stellvertretender Hoherpriester und Sohn des früheren Hohenpriesters Ananias, der noch immer ein sehr mächtiger Mann war, die niedere Priesterschaft dazu anstiftete, sich zu weigern, das übliche tägliche Opfer für Rom zu bringen. Das führte zu einem Zerfall des herrschenden Priesteradels in zwei Parteien; Eleazar und die Aufständischen bemächtigten sich des Tempels und der unteren Stadt, während Ananias und die Loyalisten die westlich gelegene obere Stadt verteidigten. Keine dieser beiden Adelsparteien war aber allein imstande, die andere zu überwältigen, bis, wie Josephus im zweiten Buch seines *Jüdischen Krieges* (408 und 433–434) weiter berichtet, Manaem (oder Menachem), dem die Eroberung der Festung Masada durch einen Handstreich bei den Bauern das Ansehen eines messianischen Führers verschafft hatte, mit einer Gefolgschaft von Sikariern und Bauern nach Jerusalem zurückkehrte, dort für Eleazar Partei ergriff und ihm zum Sieg über die Loyalisten verhalf.

> «Am folgenden Tag war das Fest des Holztragens, bei dem die Sitte herrschte, daß alle Holz zum Altar herbeibringen, damit dem Feuer niemals die Nahrung ausgehe, denn es brennt immer, ohne zu ver-

löschen. Da schlossen nun die Aufrührer ihre Gegner von der Teilnahme am Gottesdienst aus; einen großen Haufen von Sikariern aber, der sich mit dem wehrlosen Volk eingeschlichen hatte – so nannte man jene Räuber, die unter ihren Gewändern Schwerter trugen –, nahmen sie in ihre Reihen auf und führten den Angriff um so heftiger. Da die Königlichen an Zahl und Kampfesmut unterlegen waren, mußten sie sich unter dem Druck der Feinde aus der Oberstadt zurückziehen. Die Eindringlinge brannten das Haus des Hohenpriesters Ananias und den Palast des Agrippa und der Berenike nieder; danach legten sie Feuer an das Archiv und beeilten sich, die Schuldverschreibungen der Gläubiger zu vernichten, um so die Eintreibung der Schulden unmöglich zu machen und die Menge der Schuldner auf ihre Seite zu ziehen, sowie die Armen, ohne daß diese noch etwas zu fürchten brauchten, gegen die Reichen aufzuwiegeln. Da die Archivwärter geflohen waren, konnten sie dort Feuer legen...

(Einige Tage später) wurde der Hohepriester Ananias, der sich im Wasserkanal der Königsburg versteckt hatte, von den Räubern hervorgezogen und so mit seinem Bruder Ezechias hingerichtet.»
(Josephus, *Der jüdische Krieg*, 2,425–427, 441)

Die Tatsachen sind sogar in der tendenziösen Darstellung des Geschichtsschreibers noch deutlich erkennbar. Manaem versuchte, die politische Revolution in den sozialen Bereich hinein zu erweitern, wurde aber dann, wie wir schon sahen und Josephus berichtet (2, 442–448), von Eleazar beseitigt. Die der *regierenden Klasse* angehörenden Führer der politischen Revolution hatten einen Führer aus der *Gefolgsklasse* daran zu hindern gewußt, die politische in eine soziale Revolution zu verwandeln. Die Sikarier zogen sich an den ihrer nunmehrigen militärischen Ohnmacht und zukünftigen mythologischen Apotheose angemessensten Ort, nämlich auf die bei einiger Wachsamkeit der Besatzung uneinnehmbare Felsenburg von Masada, aus der Revolution zurück.

Zu diesem Zeitpunkt ist die Revolution in Jerusalem unter Kontrolle der regierenden Klasse. Dieselbe lenkt nun sogar den Gang der Ereignisse vielleicht noch unbestrittener als vorher. Denn diese Wirkung mag das Gespenst der sozialen Revolution allerdings gehabt haben. Daß aber die regierende Klasse es ist, die den Gang der Ereignisse lenkt, muß daraus geschlossen werden, daß zwar einige Angehörige des Priesteradels gewillt sind, Cestius Gallus die Tore zu öffnen (2, 533), dann aber, nachdem der römische General unerklärlicherweise die Belagerung aufgehoben hat und vernichtend geschlagen worden ist, Maßnahmen zur Fortsetzung des Krieges vom Priesteradel in Jerusalem einmütig getroffen werden. Es war mithin Manaem und seiner Gefolgschaft nicht gelungen, die Revolution von der politischen auf die soziale Stufe zu heben. Das vollbrachten nicht die Sikarier, sondern erst später die Zeloten.

Die Zeloten waren, wie wir schon oben sahen (bei der Erörterung der Angaben des Josephus im vierten Buch seines *Jüdischen Krieges,* 130–138, 441–451, 486–490), eine Koalition von Banditen, die genötigt waren, in Jerusalem Zuflucht zu suchen, als im Winter des Jahres 67 und im Frühling des folgenden die «Verbrannte Erde-Strategie» Vespasians die Schlinge um die Stadt immer fester anzog. Sie waren, wie Richard Horsley sagt, «Bauern, die Banditen und endlich Zeloten wurden» (1986b, S. 174). In der Stadt verbündeten sie sich mit der niederen Priesterschaft, deren herausragender Vertreter Eleazar, der Sohn Simons, war, der zu den Parteigängern Eleazars, des Sohns des Ananias, gehört haben mag und jedenfalls (wie aus 2,564–565 zu schließen ist) an dem Sieg der Juden über die Truppen des Cestius Gallus beteiligt war. Und die Zeloten hoben die Revolution nicht nur von der politischen auf die soziale Stufe, sondern gleich auch auf die nächste der Schreckensherrschaft.

Ein Ereignis demonstriert paradigmatisch ihre soziale Ideologie eines theokratischen Egalitarismus, der Gleichheit aller unter der alleinigen Herrschaft Gottes. Josephus berichtet davon zuerst in kurzem Überblick (4,147–151), sodann sehr ausführlich (4,152–207). Was geschah, war, daß die Zeloten einen neuen Hohenpriester wählten, daß der ehemalige Hohepriester Ananias das Volk gegen sie aufhetzte und daß dann die Zeloten im inneren Tempel eingeschlossen wurden. Wie gewöhnlich bietet Josephus eine klare Beschreibung der Tatsachen und eine herabsetzende Würdigung der Motive der Täter.

> «In gleichem Maße wie das Volk der Hilflosigkeit und Angst verfiel, steigerte sich der Wahnsinn der Räuber, so daß diese schließlich sogar die Wahl der Oberpriester als ihre Aufgabe betrachteten. Sie erklärten die Ansprüche der Geschlechter für ungültig, aus denen der Reihe nach die obersten Priester ernannt worden waren, und setzten dafür unbedeutende Männer von niedriger Abstammung ein, damit sie so Spießgesellen für ihre Frevel gewönnen ... Zu diesen Greueltaten gesellte sich, schmerzhafter noch zu tragen als der angerichtete Schade, der Spott hinzu. Um den Grad der Bestürzung des Volkes zu erproben und zu prüfen, wieweit ihre Macht reichte, schickten sie sich an, die obersten Priester durch das Los zu bestimmen, obwohl, wie oben erwähnt, deren Amtsnachfolge aufgrund der Abstammung hätte erfolgen sollen. (Zur Rechtfertigung dieses Plans beriefen sie sich auf einen alten Brauch und behaupteten, in

alter Zeit sei der Hohepriester stets durch das Los bestimmt worden.) In Wirklichkeit bedeutete dieser Schritt die Auflösung des besser begründeten Rechts und eine Machenschaft, um sich an der Macht zu halten, indem man die höchsten Stellen selbst besetzte...

Deshalb beriefen sie eine der hochpriesterlichen Sippen, die Enjachin hieß, und warfen das Los für einen Hohenpriester. Zufällig traf dies Los auf einen Mann, mit dem die Ungesetzlichkeit dieser Wahl besonders deutlich in Erscheinung trat. Sein Name war Phanni (= Pinehas), Sohn des Samuel aus dem Dorfe Aphthia. Aufgrund seines bäurischen Wesens wußte er nicht einmal genau, was es mit dem hohepriesterlichen Amt für Bewandtnis habe, geschweige denn, daß er die Anforderung hochpriesterlicher Abstammung erfüllt hätte. Also schleppten sie ihn wider seinen Willen vom Lande herein und kleideten ihn, wie auf der Bühne, für eine ihm unpassende Rolle ein, indem sie ihm das heilige Gewand anlegten und ihn darüber belehrten, was er bei gegebener Gelegenheit zu tun habe. Für sie war dieser ungeheure Frevel nur Spott und Scherz, während den anderen Priestern, die von ferne diesem Spiel mit dem Gesetz zusehen mußten, die Tränen in die Augen traten und sie über die Auflösung der heiligen, ehrwürdigen Ämter seufzten.»
(Josephus, *Der jüdische Krieg*, 4,147–148, 153–157)

Zum besseren Verständnis dieses Berichts sei bemerkt: Hohepriester waren mindestens seit den Tagen Salomons bis in die ersten Jahrzehnte des 2. Jahrhunderts v. Chr. stets aus Zadoks Geschlecht gewählt worden. Die Hasmonäer allerdings nahmen schließlich das Amt des Hohenpriesters für sich selbst in Anspruch, obgleich sie nicht aus Zadoks Geschlecht stammten. Und seit den Tagen des Herodes war es zur Zeit des Ausbruchs der Revolte gegen Rom üblich, die Hohenpriester aus vier Sippen zu wählen, von denen sich ebenfalls keine zu Recht der Abstammung von Zadok rühmen konnte. Die «Ansprüche der Geschlechter..., aus denen der Reihe nach die obersten Priester ernannt worden waren», die Josephus durch das Verfahren der Zeloten so schändlich verletzt sieht, waren also nicht sehr alt. Die Zeloten dagegen ließen zwar das Los entscheiden, aber unter den Angehörigen «einer der hochpriesterlichen Sippen, die Enjachin hieß» und mithin wohl, wenn auch sonst von ihr nichts bekannt ist, von Zadok abstammte. Wenn sie also behaupteten, mit der Wahl des Hohenpriesters aus einer der hochpriesterlichen Sippen durch das Los einem alten Brauch zu folgen, so sprachen sie die Wahrheit. So jedenfalls wurde, wie man 1. Chronik 24,1–19, liest, die Reihenfolge der vierundzwanzig Priesterordnungen bestimmt, und durch das Los wurde ja auch Saul, der erste König der Kinder Israel, gewählt (1. Samuel 10,21).

Dieser Prozeß zeugte von einer egalitären Ideologie, wenn er auch den Kreis der Kandidaten in Anerkennung der Legitimität des überlieferten Anspruchs von Zadoks Geschlecht auf dessen Angehörige beschränkte. Daß der Brauch, das Los entscheiden zu lassen, zu Beginn der christlichen Ära noch durchaus Gültigkeit besaß, wird, wie Richard Horsley bemerkt hat, ebenso durch die «Gemeinderegel» der Essener (1 Q S 5,3) bezeugt, die bestimmt, daß das «Los bei jeder Angelegenheit betreffs des Gesetzes und des Besitzes und des Rechts» zur Entscheidungsfindung herangezogen werden soll, sowie durch die Apostelgeschichte (1,21–26), wo man liest, wie der Nachfolger des Judas in der Schar der Zwölf unter zwei Anwärtern durch das Los gewählt wurde. Was die Zeloten taten, ist also, aller tendenziösen Rhetorik des Geschichtsschreibers ungeachtet, durchaus wohlbegründet und durchdacht. Sie stellten die zadokische Legitimität wieder her und brachten das theokratische Wahlverfahren durch das Los wieder zu Ehren, offenbar in der Absicht, es auch in Zukunft beizubehalten. Überdies war der Gewählte nach Auffassung der Zeloten nicht nur ein neuer und legitimer Hoherpriester, sondern zugleich wurde mit diesem eine neue und legitime Regierung der Stadt und des Landes eingesetzt. Und in diesem Zusammenhang erscheint die Verbindung des rebellischen Priesters Eleazar, Sohn des Simon, mit den Zeloten sehr bedeutsam. Offenbar war er das Verbindungsglied zwischen ihnen und dem revolutionären Volk von Jerusalem als auch jenen Kreisen innerhalb der Priesterschaft, die gegen den illegitimen Priesteradel aufbegehrten, der seit nunmehr schon zweihundertfünfzig Jahren an der Macht war. Kein Wunder also, daß Ananius so heftig reagierte und Josephus so ätzend schrieb.

Ein weiteres Verfahren der Zeloten offenbart nicht weniger deutlich ihre ideologische Sicht der Dinge, als es zugleich unverkennbar ihre soziale Revolution auf die Stufe der *Schreckensherrschaft* hob, denn sie führten drei große Säuberungsaktionen gegen den Adel durch (Horsley, 1986b, S. 171–172).

Die erste dieser Säuberungen fand, wie im *Jüdischen Krieg* (4, 139–146) zu lesen ist, gleich nach ihrer Ankunft in der Stadt statt, noch ehe sie den neuen Hohenpriester gewählt hatten. «Antipas, einen Mann aus königlichem Geschlecht», dem «sogar die öffentlichen Gelder anvertraut worden waren», warfen sie ins Gefängnis, desgleichen Levias und Syphas, «beide auch aus königlichem Geschlecht, ferner andere Leute, die im ganzen Lande in hohem Ansehen standen». Diese wurden dann im Gefängnis umgebracht von Johannes, dem Sohn des Dorkas, und zehn anderen, die sie beschuldigten, sich verschworen zu haben, die Stadt den Römern zu übergeben.

Die zweite Säuberungswelle fand statt, als die vorübergehend durch einen Gegenangriff der Adelspartei unter Ananus in den inneren Tempel zurückgedrängten und dort eingeschlossenen Zeloten von den zu diesem Zweck in die Stadt gerufenen idumäischen Bauern befreit wurden. Die ersten Opfer der nun verbündeten Zeloten und Idumäer waren Ananus selbst und Jesus, der, wie jener von 62 bis 63, im Jahre 64 das Hohepriesteramt innegehabt hatte. Beide waren die bittersten Gegner der Zeloten gewesen.

> «Sie trieben ihren Frevel damit auf die Spitze, daß sie die Leichen unbeerdigt hinauswarfen, obwohl doch die Juden für die Beerdigung der Toten so sehr besorgt sind, daß sie sogar die Leichen der zum Kreuzestod Verurteilten vor Sonnenuntergang herunternehmen und beerdigen.»
> (Josephus, *Der jüdische Krieg*, 4,317)

Ihr Schicksal, «nackt zum Fraß der Hunde und wilden Tiere hinausgeworfen» zu sein, wird von Josephus betrauert und in gewissem Maße wiedergutgemacht durch eine lange Lobpreisung besonders des Ananus. Dann aber eskalierte die zweite Terrorwelle dramatisch. Die gesamte junge Mannschaft des Adels wurde eingekerkert, «wobei man», sagt Josephus (4,328), «ihre Hinrichtung aufschob, weil man hoffte, sie könnten sich ihrer (nämlich der zelotischen) Partei anschließen». Josephus berichtet, daß sie sich alle weigerten, gefoltert und endlich getötet wurden. «12 000 junge adelige Männer gingen auf diese Weise zugrunde.» Im letzten Stadium dieser zweiten Säuberung veranstalteten die Zeloten (weil es ihnen schließlich verleidet war, so ohne weiteres Menschen hinzuschlachten, so Josephus) einen Schauprozeß gegen einen gewissen Zacharias, Sohn des Baris, «einen besonders angesehenen Mann ..., außerdem war er reich». Die Zeloten beriefen «siebzig im öffentlichen Dienst stehende Männer in den Tempel, legten ihnen wie auf einer Bühne die Rolle von Richtern ohne jede Amtsgewalt bei und verklagten den Zacharias, er gebe die Sache des Volkes den Römern preis. Als die Richter ohne jede Amtsgewalt den Angeklagten freisprachen, machten die Zeloten gleich kurzen Prozeß mit ihm.»

Die dritte Säuberung veranstalteten die Zeloten, nachdem die Idumäer, mutmaßlich zu der Überzeugung gelangt, daß die *soziale Revolution* der Zeloten gescheitert sei und das aus dieser hervorgegangene *Terrorregime* seinen Zweck zu verfehlen anfinge, die Stadt verlassen hatten. Ehe sie das taten, hatten sie 2000 Häftlinge aus den Gefängnissen befreit, die aus der Stadt geflohen waren und sich draußen auf dem Lande dem wachsenden Heer des Simon, Sohn des Gioras, angeschlossen hatten. Als ersten richteten die Zeloten Niger, den Peräer, hin, «einen Mann, der sich in den Kämpfen gegen die Römer besonders tapfer gehalten hatte», und auch seiner Leiche verweigerten sie die

Beerdigung. Und am Ende, sagt Josephus (4,365), war keiner mehr von ihnen sicher, «keiner entging ihnen, es sei denn, er habe der alleruntersten Schicht angehört, entweder wegen seiner niedrigen Herkunft oder aufgrund von Schicksalsschlägen». Daß die adlige Führung gesonnen war, die *politsche Revolution* an die Römer zu verraten, wie ihr von den Zeloten unterstellt wurde, kann mit Sicherheit weder behauptet noch geleugnet werden. Jedenfalls wäre sie wohl bereit gewesen, in Kapitulationsverhandlungen mit den Römern einzutreten, und die Römer hätten sich, nach dem Gang der Dinge bei anderen nationalen Erhebungen gegen Rom zu urteilen, auf solche Verhandlungen auch wohl eingelassen. Zweifellos aber sannen die den Zeloten verhaßten Adeligen darauf, deren *soziale Revolution*, rückgängig zu machen. Vom Standpunkt der Zeloten war also unvermeidlich jeder Angehörige der Oberschicht nur als Feind ihrer Revolution wahrzunehmen.

Die egalitäre Ideologie der Zeloten machte sich schließlich auch innerhalb ihrer eigenen Partei geltend, insofern bei deren Führung einzelne kaum hervortraten. Hin und wieder erwähnt zwar Josephus einzelne Angehörige dieser Fraktion, gewöhnlich spricht er aber von den Zeloten im Plural, ohne irgend jemanden als ihren Hauptanführer zu nennen. Ganz anders als die Zeloten gebärdete sich in dieser Hinsicht Johannes von Gischala, der die Reste der galiläischen Aufständischen nach Jerusalem geführt hatte, wo er mit dieser Gefolgschaft kurz vor den Zeloten eingetroffen war. Er koalierte dann dort zwar von Fall zu Fall mit diesen, aber konnte sich nicht auf die Dauer mit ihnen anfreunden.

> «Johannes, der nach der Gewaltherrschaft strebte, hielt es bereits für unter seiner Würde, lediglich die gleiche Achtung zu genießen wie seine Genossen; er gewann kleinere Gruppen von den besonders Verwerflichen nach und nach für sich und machte sich vom Hauptverband der Zeloten frei. Immer widersetzte er sich den Richtlinien der übrigen, während er die eigenen in herrischer Weise als Befehle ausgab; somit war es klar, daß er auf alleinige Führung Anspruch erhob.»
> (Josephus, *Der jüdische Krieg*, 4,389–390)

Zuletzt natürlich stieg aus dem von den Zeloten egalitär administrierten *Terrorregime* die Revolution zur fünften und letzten Stufe, der *Diktatur*, auf, als Matthias, der amtierende Hohepriester, Simon, den Sohn des Gioras, in die Stadt einlud, und Simon mit stolzer Herablassung einwilligte, ihr Herrscher zu sein, wie Josephus erzählt (4,575): «. . . und rückte in die Stadt ein, um diese von den Zeloten zu befreien; dabei umjubelte ihn das Volk als seinen Retter und Beschützer.» Was hatten die Zeloten erreicht während des guten Jahres zwischen dem

Winter von 67 auf 68 und dem Frühling 69, während dessen sie die Herrschaft in Jerusalem innehatten und sich nach dem Tode Neros im Juni 68 auch einigermaßen ungestört von den Römern der Verwirklichung ihrer Ideale widmen konnten? Cecil Roth sieht in der Änderung der Devise auf den Münzen des Jahres 2 der revolutionären Ära – wo statt der Inschrift «Jerusalem, die Heilige», die man auf den Prägungen des Jahres 1 findet, nun «Freiheit Zions» steht – einen Beweis dafür, daß «während der sekundären extremeren Revolution, die im Winter 67/68 stattfand und bei der eine zweite jakobinische revolutionäre Bewegung die priesterlichen Gemäßigten, die bisher an der Spitze gestanden hatten, hinauswarf, und die Zeloten die Macht ergriffen», letztere die Münze in Jerusalem unter Kontrolle hatten (1962, S. 41–42). Aber war das alles, was sie erreichten?

Was sie brutal, aber gründlich vollbrachten, war die Vernichtung der adeligen Führungsschicht, deren Angelegenheit die politische Revolution zunächst vorzüglich gewesen war. Damit machten sie zugleich Verhandlungen mit Rom für die Zukunft unmöglich. Bei ihrer Ankunft verwandelte sich eine politische in eine soziale Revolution. Als dann Simon, der Sohn des Gioras, sie vertrieb, änderte die Revolution ihren Charakter in den eines heiligen Krieges. Verhandlungen waren nur während des ersten Stadiums, dem der politischen Revolution oder Rebellion, möglich und sogar erfolgversprechend gewesen. So hatte in Galiläa Vespasian Tiberias verschont, als die Rebellen unter Jesus, Sohn des Saphat (oder Sapphias), am Seeufer entlang nach Tarichaeae im Süden geflohen waren und «die Ältesten und Angesehensten der Einwohnerschaft» ihm «als Schutzflehende zu Füßen fielen und baten, daß er sie nicht mißachten und den Wahnsinn weniger Leute nicht der ganzen Stadt zuschreiben möchte» (Josephus, *Der jüdische Krieg*, 3, 447–452).

Jesus, Sohn des Sapphias, hatte, wie die Zeloten, über die politischen hinausgehende revolutionäre Ziele, denn in seinem *Leben* (66) erwähnt Josephus, «daß er sich an die Spitze einer Rotte von Matrosen und vermögenslosen Volkes gesetzt hatte». Was in Tiberias geschah, wäre auch in Jerusalem möglich gewesen, und vielleicht wären Stadt und Tempel erhalten geblieben, wenn die Zeloten nicht dafür gesorgt hätten, daß ein Verhandlungsfrieden mit Rom nicht zustande kommen konnte. Indem sie aber so jede Kapitulation verhinderten, eröffneten Bauern unter Bauernführern eine unvorhersagbare Zukunft für ihr Volk und ihre Religion. Es würde keine Kapitulation geben, und jenseits des zerstörten Tempels würde sich das Judentum erneuern müssen.

Bauernunruhen

Dieses Buch soll von Jesus von Nazaret handeln, einem Bauern, der um das Jahr 30 starb, und doch habe ich mich lange bei Ereignissen aufgehalten, die sich zwischen 66 und 73, also lange nach seinem Tode zutrugen. Ich habe das getan, weil meines Erachtens in der Revolution jener Jahre ein Feuer zum Ausbruch kam, das schon seit langem unter der Oberfläche schwelte und sogar schon wiederholt, hier und da, vor dem großen Brand aufgeflackert war. Ich bin keineswegs der Meinung, daß der jüdische Aufstand gegen Rom ein über ein Jahrhundert hinweg andauerndes Unternehmen gewesen wäre, das theoretisch auf der «vierten Philosophie» und der Ideologie der Sikarier und praktisch auf der Kampfbereitschaft der Zeloten basierte. Meines Erachtens haben sich Wissenschaftler, die dergleichen annehmen, von den, wie oben erörtert, häufig irreführenden Angaben des Josephus verleiten lassen. Aber andererseits meine ich nicht, daß bis in die letzen Jahrzehnte vor Ausbruch des Aufstands in Palästina tiefster Frieden geherrscht hätte, so daß uns die Untersuchung der Vorgänge während des Aufstands nichts lehren könnte über die Zeit, in der Jesus von Nazaret lebte. In dieser Meinung bestätigen mich Überlegungen, die ich Ted Robert Gurrs ausgezeichneter kulturübergreifender soziologischer Analyse der Ursachen sozialer Unruhen verdanke, aus der man erfährt, daß «ein Überblick über die Geschichten der europäischen Staaten und Reiche während der (1925) vergangenen vierundzwanzig Jahrhunderte zeigt, daß auf durchschnittlich fünf Jahre immer ein von blutigen inneren Unruhen erfülltes Jahr kam» (S. 3).

Gurr unterscheidet drei Hauptstufen politischer Gewalttätigkeit. Diese beginnt mit *Unruhen*, die er als «relativ spontan und unorganisiert» definiert, «mit starker Beteiligung der Bevölkerung», und bei denen es zu «gewalttätigen politischen Streiks» kommen kann, «zu Aufruhr und örtlich begrenzten Aufständen». Die folgende Stufe ist die der *Verschwörung*, die im Gegensatz zu jenen Unruhen stets «hoch organisiert und exklusiv ist und politische Mordanschläge, gezielten Terrorismus, kleine Guerillaoperationen, Meutereien, und Statsstreiche anzettelt und durchführt». Endlich kommt es möglicherweise «zu *innerem Krieg*, der, ebenfalls hoch organisiert, unter starker Beteiligung der Bevölkerung das Regime zu stürzen oder den Staat aufzulösen geführt wird, in höchstem Grade gewalttätig ist und sich in Terroraktionen und Guerillaoperationen großen Maßstabs, Bürgerkriegen und Revolutionen entfaltet» (S. 11). Wendet man diese Begriffe auf die hier interessierende Epoche an, findet man, daß in Palästina auf ein Jahrhundert der *Unruhen* in der Mitte der fünfziger Jahre mit den Sikariern eine Periode der *Verschwörung* folgte, die zu Ende war, als um 65

n. Chr. der *innere Krieg* begann, in den alle Klassen der Bevölkerung verwickelt waren. Man betrachte die im Anhang 2 zusammengestellten Hinweise auf innere *Unruhen*, die sich allein in den Geschichten des Josephus finden, seine Angaben über das Auftreten von Protestierern, Propheten, Banditen und Messiassen. Zunächst wird man finden, daß allein die derart dokumentarisch bezeugten Fälle (und zweifellos hat Josephus nicht alle erwähnt) über eine lange, schon 47 v. Chr. beginnende Zeitspanne verteilt sind. Schon 47 v. Chr. hört man von Banditen. Protestierer und Messiasse machen seit dem Jahre 4 v. Chr. von sich reden, Propheten erst in den dreißiger Jahren des 1. Jahrhunderts. Banditen findet man elfmal erwähnt, Propheten zehnmal, Protestierer siebenmal, und von fünf Prätendenten auf den Rang des Messias weiß Josephus. Es fehlte demnach in Palästina nicht an inneren Unruhen, schon lange ehe der römisch-jüdische Krieg ausbrach. Damit will ich keineswegs sagen, daß da ein unvermeidliches Schicksal seinen Gang ging, daß von den anfänglichen inneren Unruhen notwendig zur nächsten und übernächsten Stufe fortgeschritten werden mußte. Der große Krieg hätte vielleicht vermieden werden können. Andererseits hätte er aber, wenn zum Beispiel im Jahre 4 v. Chr. Varus so unzureichende Kräfte zur Verfügung gehabt und so ungeschickt operiert hätte wie Cestius im Jahre 65 n. Chr., der große Krieg sehr wohl schon siebzig Jahre früher ausbrechen können. Aber wie dem auch sei, Gurrs Sequenz von Unruhen, Verschwörung und Krieg hilft uns zu verstehen, wie die Ereignisse des Jahres 66 Licht auf weit zurückliegende Zustände werfen.

Hilfreich zum Verständnis des Aufkommens der Unruhen bei den Bauern Palästinas ist auch Gurrs Beschreibung der typischen Voraussetzungen sozialer Spannungen. Unzufriedenheit resultiert aus relativer Deprivation oder *wahrgenommener Entbehrung*, wenn also das, was man zugeteilt bekommt, offensichtlich weniger ist, als das, was einem zusteht. Und Unfrieden resultiert aus der Mensch und Tier angeborenen Neigung, Gewalt zu gebrauchen gegen den, der einem vorenthält, was man zu kriegen hat. Als «Frustrations-Aggressions-Theorie» formuliert: «Es gibt eine biologisch inhärente Tendenz bei Menschen und Tieren, den frustrierenden Agenten zu attackieren» (S. 33). Die Spannung aufgrund des Mißverhältnisses zwischen Erwartungen und den Möglichkeiten, diese zu befriedigen, kann sich auf dreierlei Weise ergeben. Die Entbehrung oder Beraubung kann wahrgenommen werden als *dekrementale Deprivation* (oder Schwundberaubung), wenn die Werterwartungen einer Gruppe relativ konstant bleiben, aber eine Abnahme der Möglichkeit, sie zu befriedigen, wahrgenommen wird; als *Ambitionsdeprivation* (oder Hoffnungsberaubung), wenn die Möglichkeit, Werte zu erlangen, mehr oder weniger konstant bleibt, aber die

Erwartungen steigen; endlich als *progressive Deprivation* (oder fortschreitende Beraubung), wenn man nach einer Periode, in der den steigenden Erwartungen zunehmend Möglichkeiten, dieselben zu befriedigen, entsprochen haben, diese letzten aber nicht länger zu –, sondern sogar abnehmen, während die Erwartungen weiter steigen (S. 46). Welcher dieser drei Typen der Deprivation, so ist nun zu fragen, provozierte die jüdische Revolution des Jahres 66 n. Chr.? Nicht ausgeschlossen werden kann natürlich, daß verschiedene Klassen verschiedene Arten von Entbehrung oder Beraubung wahrnahmen. Man könnte sich leicht eine Situation vorstellen, in der die (nach Lenskis Schichtenordnung) oberen Klassen progressive Deprivation erlebten, während die unteren dekrementale Deprivation erlitten. Doch will ich mich für den Augenblick auf die Untersuchung der Gründe zur Unzufriedenheit bei den Bauern beschränken und frage also: Welcher dieser drei Typen relativer Deprivation veranlaßte die massenhafte Beteiligung der Bauern an der doppelten – sozialen und politischen – Revolution, die im Jahre 66 n. Chr. begann?

Abermals ist hier auf die im Anhang 2 zusammengestellten Daten zu verweisen. Zeugt die jüdische Revolution von verbreiteter progressiver Deprivation bei den Bauern? Unsere Daten sprechen nicht dafür, daß während der Jahrzehnte vor Ausbruch des Krieges zugleich die Erwartungen der Bauern gestiegen wären und die Möglichkeiten, deren Befriedigung zu erlangen, zugenommen hätten, bis zu einer plötzlichen Enttäuschung der weiter steigenden Erwartungen. Sie zeugen vielmehr von fast in jedem Jahrzehnt des vorangegangenen Jahrhunderts wiederkehrenden Unruhen. Haben wir es also mit einem Fall von Ambitionsdeprivation zu tun? Haben vielleicht chiliastische Propheten bei den zuvor mit ihrem Los zufriedenen Bauern unerfüllbare Erwartungen geweckt? Doch einerseits weisen unsere Daten den Propheten nur als einen Typus von mehreren aus, in denen sich derzeit die Unruhe des Volkes verkörperte, und andererseits ist zu bedenken, was Gurr in seiner kulturübergreifenden Studie wiederholt betont: «... daß der verarmte Arbeiter und Bauer ... seiner Verarmung subjektiv inne sein muß, um für revolutionäre Ideologien aufgeschlossen zu sein» (S. 104), «... daß in dem Maße, in dem Menschen schon unzufrieden sind ..., sie stark zur ideologischen Bekehrung disponiert sind» (S. 121), «daß die Neigung der Menschen zu diesen Überzeugungen mit wachsender Unzufriedenheit zunimmt» (S. 198), und «... daß unzufriedene Menschen sich sehr viel leichter zu neuen Glaubenslehren bekehren lassen als zufriedene» (S. 357–358).

Es bleibt also dekrementale Deprivation als Erklärung für die Unruhen bei den Bauern, die in den Krieg des Jahres 66 führten, und es ist dies die nach Gurrs Modell überhaupt wahrscheinlichste Erklärung, da, wie er sagt, «dekrementale Deprivation wahrscheinlich am häufigsten in ‹traditionellen› Gesellschaften und in den traditionellen Segmenten von Übergangsgesellschaften» zu finden ist (S. 48). Das heißt, daß die Bauern des Existenzminimums beraubt wurden, mit dem sich einzurichten sie gewöhnt waren. Man bedenke jedoch, daß hier von relativer oder wahrgenommener Beraubung die Rede ist. Die palästinensischen Bauern, wie alle Bauern vor und nach ihnen, hatten stets nicht mehr als das zum Überleben absolut Notwendige, da ihnen diejenigen, die Macht über sie hatten, mehr als dies gar nicht zugestehen wollten. Mit diesem Existenzminimum hatten sie sich begnügt unter den Persern, den Ptolomäern, den Seleukiden, und nun mußten sie es unter den Römern. Schon seit fast einem halben Jahrtausend zahlten sie dem jeweiligen fremden Imperium und dem heimischen Tempel doppelte Steuern. Immer hatten Dürre und Hungersnöte sie geplagt. Dennoch hatten sie sich gegen die Perser oder die Ptolomäer nie erhoben. Sie erhoben sich gegen die Seleukiden, aber das geschah aufgrund extremer religionspolitischer Provokation und unter Führung der Hasmonäer, einer priesterlichen und höchstwahrscheinlich adeligen Familie, die ihrer eigenen *regierenden Klasse* angehörte. Was gegen die Römer geschah, war vollkommen anders und bedarf deshalb einer sehr genau auf diesen Einzelfall eingehenden Erklärung, besonders deshalb, weil, wie Peter Brunt sagt, «der Aufstand des Jahres 66 sich fast ebensosehr wie gegen die heidnische Fremdherrschaft gegen die eingeborenen Grundherren und Wucherer richtete» (S. 14). Es ist deshalb keine ausreichende Erklärung zu sagen, daß sie revoltierten, weil die Römer Imperialisten waren, sie drückend besteuerten und sie auf dem baren Existenzminimum hielten, wenn diese Gründe auch ein gewisses Maß von sozialer und politischer Moral für sich haben. Denn damit es zu *wahrgenommener Deprivation* bei ihnen kam, mußte man die Bauern noch unter das Niveau drücken, auf dem sie zuvor ihr Leben gefristet hatten, nicht in die Armut, die für sie «normal» war, sondern ins äußerste Elend. Viele Angehörige der bäuerlichen Klasse wurden offenbar so tief gedrückt, daß sie in die Klassen gerieten, die Lenski in seinem Modell der Schichtung von Agrargesellschaften als die *unreinen, verdorbenen* und *entbehrlichen* bezeichnet. Und das wirft die letzte Frage auf, der wir uns hier zu stellen haben: Was geschah während der Zeit der römischen Herrschaft in Palästina, das den Bauern das «normale» Existenzminimum schmälerte und deren relative, wahrgenommene und dekrementale Deprivation zur Folge hatte und schließlich in einen großen Bauernaufstand mündete?

Die beste und vielleicht sogar einzig mögliche Antwort auf diese Frage hat Martin Goodman gegeben. Er ging dabei von der Überzeugung aus, daß nicht ohne weiteres angenommen werden sollte, die

Abgaben für die Römer und den Tempel zur fraglichen Zeit seien drükkender gewesen als die Steuerlasten in Palästina zu anderen Zeiten oder gleichzeitig in anderen Gebieten des Römischen Reiches. Die damalige Wirtschaftskrise könne seiner Meinung nach nicht allein durch die Besteuerung verursacht worden sein, und so gelangte er zu dem Schluß, «daß sich damals sowohl die freien Kleinbauern als auch die Handwerker, das niedere Volk der Stadt Jerusalem, hoch verschuldeten, nicht nur weil sie Geld leihen mußten, um ihr Leben zu fristen, sondern ebenso sehr weil die reichen Landbesitzer ihr überschüssiges Einkommen gewinnbringend anlegen mußten» (1982, S. 418–419; siehe auch 1987, S. 56–58).

Goodmans Überzeugung hinsichtlich des Steuerdrucks scheint mir gut begründet. Man erinnere sich, daß Gerhard Lenski zufolge Agrarreiche durchschnittlich etwa zwei Drittel der bäuerlichen Produktion als Abgaben zu beanspruchen pflegten. Man vergleiche damit die von Douglas Oakman vorgenommene sorgfältige Analyse der im Palästina des 1. Jahrhunderts erhobenen Steuern, die seinen Erkenntnissen zufolge zwischen der Hälfte und zwei Drittel lagen. Die Frage ist natürlich nicht, ob eine derartige Besteuerung brutal ausbeuterisch war oder nicht. Natürlich war sie das und war es immer gewesen. Aber war sie schlimmer unter den Römern als zum Beispiel unter den Ptolomäern? Was war der eigentümliche Umstand der Lage der Bauern unter der Herrschaft der Römer, der den Aufstand provozierte? Obwohl Goodmans These noch durch weitere Untersuchungen zu erhärten wäre, spricht doch schon jetzt einiges dafür.

Zunächst mal «wissen wir, daß Herodes mit wenigstens zwanzig von seinen Unternehmungen in Palästina, schon was deren Umfang betraf, für seine Zeit Weltrekorde setzte ... und daß unter ihm das Land einen beispiellosen Wohlstand erlebte und beträchtliche Überschüsse erzielt werden konnten», wie uns Magen Broshi versichert (S. 31). Doch andererseits wissen wir, wie Martin Goodman feststellt, daß von diesen Überschüssen nur wenige Reiche profitierten, und da diese von ihren hohen Einnahmen nicht wirklich zu profitieren verstanden, nämlich ihr Geld nicht anzulegen wußten, die Armen am Ende von diesem Überfluß überhaupt keinen Gewinn hatten, sondern in vielen Fällen sogar darunter litten. «Es gab in der judäischen Wirtschaft nicht genügend Unternehmen, die eine Kapitalanlage lohnten ..., der reiche Adel scheint kaum in neue Manufakturindustrie- und Fernhandelsunternehmen investiert zu haben. Das Geld wurde stattdessen entweder im Land oder in Krediten angelegt» (1982, S. 419–421). Wo das Geld aber in Land angelegt wurde, machte es die ehemals freien Bauern erst zu Pächtern, dann zu Tagelöhnern, wenn nicht zu Sklaven. Noch schlimmer war aber, was das verliehene Geld anrichtete.

Aber wie konnte es? Gab es nicht den Wucher sehr einschränkende Bestimmungen im jüdischen Religionsgesetz? Exodus 22,25 und Deuteronomium 23,20 («Du darfst von deinem Bruder keine Zinsen nehmen») verboten ihn unter Juden. Aber abgesehen davon, daß man sich über das Gesetz hinwegsetzen konnte, gab es auch eine Methode, das Gesetz zu beachten und trotzdem sein Geld für sich arbeiten zu lassen. «Zinslose Darlehen, insbesondere in Getreide, sind älter als das biblische Gesetz, und es ist sehr wahrscheinlich, daß solche Darlehen bei vielen Landwirtschaft treibenden Völkern des alten Orients gebräuchlich waren», sagt nämlich Victor Tcherikover. «Bemerkenswert ist aber, daß zinslose Darlehen den Schuldner manchmal schwerer belasteten als verzinsliche, da solche Darlehen gewöhnlich nur für kurze Fristen gewährt wurden und der Schuldner hohe Vertragsstrafen zahlen mußte, wenn er nicht fristgerecht zurückzahlte» (Tcherikover et al., Bd. 1, S. 35–36). Das bedeutete praktisch, daß der Gläubiger an kurzfristigen zinslosen Darlehen sehr viel mehr verdienen konnte als an verzinslichen. Man erinnere sich des hier im 1. Kapitel zitierten Vertrages zwischen Saraeus und Tryphon. Und so sagt Martin Goodman von den unter solchen Bedingungen in Palästina gewährten Darlehen: «Wenn der Schuldner fristgerecht zurückzahlte, verlor der Gläubiger gar nichts und gewann einen dankbaren Freund. Überschritt der Schuldner die Frist, wurde den in der jüdischen Wüste gefundenen Dokumenten zufolge ein Bußgeld in Höhe von 20 Prozent des schuldigen Betrags fällig» (Goodman, 1982, S. 423). Das biblische Verbot, von jüdischen Brüdern Zinsen zu nehmen, konnten jüdische Wucherer so also mit Leichtigkeit umgehen.

Es gab aber bei den Juden für solche Geldgeschäfte noch eine weitere Schwierigkeit, und deren praktische Lösungen durch die Interessenten waren noch folgenschwerer. Der Bestimmung Deuteronomium 15,1–8 zufolge sollte jedes siebente Jahr ein «Erlaßjahr» sein und mußten die Gläubiger ihren Schuldnern die noch ausstehenden Schuldbeträge erlassen. Auch wurden (im Anschluß an die erwähnte Stelle) die Juden ermahnt, nicht etwa aus Anlaß der Nähe dieses Termins einem Bedürftigen ein Darlehen zu verweigern. Tatsächlich aber wurde natürlich der Kredit immer knapper, je näher ein solches «Brachjahr» rückte. Da den Bedürftigen genauso viel daran gelegen war, Geld zu leihen, wie den Reichen, es gewinnbringend zu verleihen, fand sich für diese Schwierigkeit eine Lösung in der zwischen Schuldner und Gläubigern geschlossenen Vereinbarung, die Eintreibung des Darlehens auch während des Erlaßjahres einem Gericht anzuvertrauen. Es wurde nämlich geltend gemacht, daß das biblische Gesetz zwar Einzelpersonen verbiete, nach Anbruch des Erlaßjahres noch Schuldforderungen zu stellen, nicht jedoch den Gerichten. Interessant ist nun, daß die Einführung dieser Klausel zur Überwindung der die Geldwirtschaft hemmenden Bestimmung des mosaischen Gesetzes (sie wurde *prosbul* genannt) dem großen Rabbi Hillel zugeschrieben wurde, der im ersten Jahrzehnt des 1. Jahrhunderts der christlichen Ära starb. Und Martin Goodman stellt fest: «Ob nun Hillel mit der Einführung des *prosbul* tatsächlich etwas zu tun hatte oder nicht, eines der in der jüdischen Wüste gefundenen Dokumente beweist jedenfalls, daß die Institution solcher Vereinbarungen schon zu Beginn der Regierungszeit Neros gebräuchlich und mutmaßlich auch von den Gerichten sanktioniert war» (1982, S. 422).

Da jedoch das Problem der Verknappung des Kredits beim Herannahen eines Erlaßjahres schon lange vor Hillels Zeit bestand, warum mußte die Welt auf ihn, oder wenigstens auf seine Zeit warten, es durch die Einführung des *prosbuls* gelöst zu sehen? Der Grund dieser späten Lösung des Problems scheint zu sein, daß erst zur Zeit Herodes des Großen nicht nur wie von jeher die Armen Kredit brauchten, sondern auch die Reichen daran interessiert waren, ihr Geld ohne Rücksicht auf Schonzeiten für sich arbeiten zu lassen. Das Gesetz wurde also zur Zeit des Rabbi Hillel, wenn nicht sogar auf dessen Anregung, geändert, weil erst zu dieser Zeit die Reichen eine derartige Änderung des Gesetzes wünschten.

So meint Goodman, «daß die judäische Gesellschaft von innen her an der ungleichen Verteilung des während der Jahre der *Pax Romana* von der heiligen Stadt Jerusalem aufgehäuften maßlosen Reichtums verfaulte» (1982, S. 426). Die aus der ungleichen Verteilung dieses Reichtums resultierenden Störungen des Wirtschaftslebens und sozialen Spannungen waren seines Erachtens in Jerusalem und Judäa spürbarer, denn, sagt er, «in entlegenen Gegenden Palästinas, wie etwa in Galiläa, war der Abstand zwischen den Wirtschaftsklassen nicht so groß» (1982, S. 417–418). Doch erinnere man sich gewisser Tatsachen, die oben bei der Erörterung des Wirkens des Josephus in Galiläa ans Licht kamen. So daß das von Josephus geführte Banditenheer und die bäuerlichen Massen, die ihn unterstützten, darauf brannten, Städte wie Sepphoris oder Tiberias, wo Steuern festgesetzt und Schuldverschreibungen aufbewahrt wurden, in Brand zu stecken. Und weiter, daß auch innerhalb dieser Städte die Entscheidung für oder wider den Krieg nur die ohnedies schon antagonistischen Klassen noch weiter entzweite. Wir sahen ja, daß es die größte Leistung des Josephus in Galiläa war, den Umschlag einer politischen Revolution in eine soziale verhindert zu haben. Und daß der andere bedeutende Führer der Revolution in Galiläa, Johannes von Gischala, der Händlerklasse angehörte, der, wenn ihm der Sinn danach stand, immer mit den Reichen reden und mit den Armen marschieren konnte. Allerdings gab es in

Galiläa zwischen 66 und 67 keine Schreckensherrschaft wie dann zwischen 68 und 70 in Judäa und Jerusalem. Das aber lag wohl weniger daran, daß es in Galiläa an sozioökonomischen Spannungen gefehlt hätte, sondern an der Führung der dortigen Massen, da Johannes und Josephus weder einen sozialen Krieg wollten, wie die Zeloten, noch einen heiligen, wie Simon, der Sohn des Gioras. Aber natürlich sollte dann durch die bäuerlichen Zeloten der jüdische Adel vernichtet, Kapitulationsverhandlungen unmöglich gemacht, der Tempel zerstört und jenseits des Schreckens ein neues Judentum empfangen werden, eine unter Schrecken geborene Schönheit.

DRITTER TEIL

Das Reich ohne Mittler

«Dann kehrte er nach seinem teueren Galiläa zurück und fand seinen himmlischen Vater wieder, mitten der grünen Hügel und Quellen, mitten der Kinderscharen und der Frauen, die mit freudiger Seele und der Engel Lobgesang im Herzen, das Heil Israels erwarteten . . .

Sein außergewöhnliches Zartgefühl für die Frauen trennte ihn nicht von der ausschließlichen Hingebung, die er für seine Idee hatte. Wie Franz von Assisi und Franz von Sales, behandelte auch er die Frauen, die sich demselben Werk widmeten wie er, als Schwestern . . . Doch ist es wahrscheinlich, daß diese ihn mehr liebten als sein Werk; er wurde sicherlich mehr geliebt, als er selbst liebte. So wie es oft bei erhabenen Naturen vorkommt, verwandelte sich bei ihm die Zärtlichkeit des Herzens in unendliche Sanftheit, in unbestimmte Poesie, in allgemeinen Reiz.»

Ernest Renan, *Das Leben Jesu*, 1863 (aus dem Französischen von Hans Helling, Leipzig o. J., S. 80, 82)

«Darum ist es gut, daß der historische Jesus den modernen stürzt, sich wider den modernen Geist erhebt und auch uns nicht den Frieden sendet, sondern das Schwert. Er ist nicht ein Lehrer und Grübler, sondern ein Gebieter und Herrscher. Darum, weil er dies seinem innersten Wesen nach ist, konnte er sich selbst als den Menschensohn erfassen. Das war nur der zeitlich bedingte Ausdruck dafür, daß er ein Gebieter und Herrscher ist. Die Namen, mit denen man ihn als solchen bezeichnete, Messias, Menschensohn, Gottessohn, sind für uns zu historischen Gleichnissen geworden. Wir finden keine Bezeichnung, die sein Wesen für uns ausdrücke. Als ein Unbekannter und Namenloser kommt er zu uns, wie er am Gestade des Sees an jene Männer, die nicht wußten, wer er war, herantrat. Er sagte dasselbe Wort: Du aber folge mir nach! Und stellt uns vor die Aufgaben, die er in unserer Zeit lösen muß. Er gebietet. Und denjenigen, welche ihm gehorchen, Weisen und Unweisen, wird er sich offenbaren in dem, was sie in seiner Gemeinschaft wirken, kämpfen und leiden dürfen, und als ein unaussprechliches Geheimnis werden sie erleben, wer er ist . . .»

Albert Schweitzer, *Von Reimarus zu Wrede. Eine Geschichte der Leben-Jesu-Forschung*, Tübingen 1906, S. 401

«Doch ist Jesus für das jüdische Volk ein *Lehrer hoher Sittlichkeit und ein Gleichnisredner ersten Ranges . . .*, zwar wurde seine Ethik infolge ihrer extremen Einstellung nur ein Ideal für Einzelne, ein Vorklang der künftigen Welt: der ‹Tage des Messias›, wenn das ‹Ende› über die ‹alte Welt› und die gegenwärtige Gesellschaftsordnung hereingebrochen sein wird. Sie ist keine Ethik für die Völker und Ordnungen dieser Welt, innerhalb deren die Menschen den Weg zu der messianischen Zukunft der Propheten und dem ‹Reich des Allmächtigen› des Talmud beschreiten können. Dieses jüdische Ideal ist allerdings ‹von dieser Welt› und wird sich nur allmählich und im Laufe vieler Generationen verwirklichen lassen. Doch ist seine Sittenlehre eine erhabene, gewählter und originaler in der Form als jedes andere hebräische ethische System. Auch seine wunderbaren Gleichnisse stehen ohne Beispiel da. Der Scharfsinn und die Kürze seiner Sprüche und wirkungsvollen Parabeln machen seine Ideen in außergewöhnlichem Maße zum Eigentum aller. Und wenn einst der Tag kommen wird, wo diese Ethik die Hülle ihrer mystischen und mirakelhaften Umkleidung abstreift, dann wird Jesu Buch der Ethik einer der erlesensten Schätze der jüdischen Literatur aller Zeiten sein.»

Joseph Klausner, *Jesus von Nazareth,* 1922 (aus dem Hebräischen von Walter Fischel, Berlin 1934, S. 574)

11. Johannes und Jesus

> «Stille ringsum. Da erscheint der Täufer und ruft: Tuet Buße, das Reich Gottes ist nahe herbeigekommen! Kurz darauf greift Jesus, als der, welcher sich als den kommenden Menschensohn weiß, in die Speichen des Weltrades, daß es in Bewegung kommt, die letzte Drehung mache und die natürliche Geschichte der Welt zu Ende bringe. Da es nicht geht, hängt er sich dran. Es dreht sich und zermalmt ihn. Statt die Eschatologie zu bringen, hat er sie vernichtet. Das Weltrad dreht sich weiter und die Fetzen des Leichnams des einzig unermeßlich großen Menschen, der gewaltig genug war, um sich als den geistigen Herrscher der Menschheit zu erfassen und die Geschichte zu vergewaltigen, hängen noch immer daran. Das ist sein Siegen und Herrschen.»
>
> Albert Schweitzer, *Von Reimarus zu Wrede. Eine Geschichte der Leben-Jesu-Forschung*, Tübingen 1906, S. 367

Zu Beginn des 20. Jahrhunderts hat Albert Schweitzer in einer glänzend geschriebenen und großartig durchgeführten Untersuchung der seit der Mitte des 18. Jahrhunderts unternommenen Bemühungen zur Entdeckung des historischen Jesus dieser Leben-Jesu-Forschung vorgeworfen, den ursprünglichen eschatologischen und apokalyptischen Propheten durch einen Lehrer der Ethik und Moral ihrer eigenen Erfindung ersetzt zu haben. Im zeitgenössischen Zusammenhang waren hinter diesem erklärten Gegensatz des Ethischen gegen das Eschatologische noch andere gegenwärtig, stand zugleich liberal gegen konservativ, natürlich gegen übernatürlich, Vernunft gegen Glauben, Geschichte gegen Mythos. Sieht man aber ab von dem Zusammenhang dieses Gegensatzpaares mit jenen für den Streit um die Aufklärung selbstverständlich viel wichtigeren anderen, findet sich, daß, soweit man die Überlieferung von Jesus zurückverfolgen kann, dort schon Jesus, der Weisheitslehrer, dem apokalyptischen Propheten der Eschatologie gegenübersteht. Freilich sprachen im 1. Jahrhundert die Parteigänger des einen wie des anderen aus dem Glauben an das Übernatürliche, und die Deutungen beider Seiten setzten einen mythischen Hintergrund voraus. Nicht zu leugnen ist desgleichen, daß man die beiden Anschauungen Jesu, als eines Weisheitslehrers und eines Propheten der letzten Dinge, miteinander verquickt und vereinigt finden kann. Doch wo sie einander entgegengesetzt sind, zeigen sich in ihnen die beiden nächstliegenden Weisen der Auseinandersetzung mit einer unannehmbaren Gegenwart. Man kann entweder in Weisheit auf das in der Vergangenheit verlorene Eden zurückgehen oder in apokalyptischer Weise vorwärts einen zukünftigen, nahe bevorstehenden Himmel anstreben. Drei Fälle, alle aus den fünfziger Jahren des ersten Jahrhunderts, geben Aufschluß über das Problem.

Um die Mitte des ersten Jahrhunderts

Der erste Fall kann zuverlässig in die frühen fünfziger Jahre datiert werden; höchstwahrscheinlich war es im Winter 53/54, daß Paulus aus Ephesus an die Gemeinde von Korinth schrieb, um sie vor Parteiungen zu warnen, wie sich deren bei den Korinthern gebildet hatten. «Es ist wahrscheinlich nicht falsch», wie Helmut Köster in seiner zusammenfassenden Würdigung jener Krise meint, «die Gegner in Korinth (die ‹starken Leute› in der Kirche) als Gnostiker oder Protognostiker zu bezeichnen, wenn die Bezeichnung deren Selbstverständnis charakterisieren soll. Doch sollten wir keine theoretische Begründung ihrer Anschauungen zu finden erwarten, keine Lehre, deren Begriffe denen der gnostischen Systeme des 2. Jahrhunderts vergleichbar wären. Die Korinther waren sich des Besitzes göttlicher Weisheit gewiß und meinten, diese sei ihnen durch bestimmte Apostel vermittelt worden, die sie durch die Taufe in das Christentum eingeweiht hatten ... Es ist auch möglich, daß sie sich auf Weisheitssprüche Jesu beriefen, denn Worte Jesu werden hier häufiger zitiert als in anderen Briefen des Paulus ... So wurden die Missionare, ja sogar Jesus selbst, zu Mystagogen und die Taufe ein Mysterien-Ritus» (1982, S. 121–122). Ich werde fünf Beispiele solcher «Weisheitssprüche Jesu» bei späterer Gelegenheit in Betracht ziehen, fürs erste soll uns die Bemerkung genügen, daß zu Beginn der fünfziger Jahre gegen das Verständnis der Korinther, die Jesus als Weisheitslehrer sahen, Paulus die apokalyptische Deutung Jesu setzt. «Die Zeit ist kurz», sagt er, 1. Korinther 7,29 und ebenda 7,31b, «die Gestalt dieser Welt vergeht.»

In diesem ersten Fall also schrieb Paulus an die Korinther und stellte deren gegenwärtigem und weisheitslehrendem Jesus seinen zukünftigen und apokalyptischen Jesus gegenüber. Stevan Davies hat gezeigt, daß das Thomasevangelium «verschiedene Logia enthält, die als Fragen und Antworten gefaßt sind, Fragen der Jünger als Gruppe und Antworten Jesu. Die Fragen betreffen vorzüglich die Zeit des Endes und die Natur Jesu. In beiden Fällen scheinen die Fragen der Jünger anzudeuten, daß es ihnen an Verständnis fehlt» (83). Fragen nach der Zeit des Endes erscheinen in den Komplexen 285 *Anfang und Ende* [1/1] sowie 8 *Wann und Wo* [1/5], aber die «Antwort, die Jesus darauf gibt, ist, daß das, was sie suchen, bereits gegenwärtig ist, daß ihr Irrtum darin besteht, es zu erwarten, anstatt sich zu bemühen, es zu entdekken» (83). Fragen nach der Natur Jesu erscheinen in 21 *Das Licht der Welt* [1/4], 37 *Neue Kleider* [1/3], 296 *Aus meinen Worten* [1/1], 42 *Die Schrift und Jesus* [1/3] und 53 *Die Zeit kennen* [1/2], aber «die Antworten, scheint Jesus zu sagen, sind dem Fragenden unmittelbar gegenwärtig»(83). Ein Beispiel aus 8 *Wann und Wo* [1/5] wird hinreichend sein, Stevan Davies' Meinung zu bestätigen, denn es enthält drei Fassungen der gleichen Überlieferungseinheit.

1) «Jesus sprach: Wenn die, die euch (ver)führen, euch sagen: Siehe, das Königreich ist im Himmel, so werden die Vögel des Himmels euch voraus sein. Wenn sie euch sagen: Es ist im Meer, so werden die Fische euch voraus sein. Aber das Königreich ist inwendig in euch und außerhalb von euch.»
2) «Seine Jünger sprachen zu ihm: An welchem Tag wird die Ruhe der Toten eintreten? Und an welchem Tag kommt die neue Welt? Er sprach zu ihnen: Jene (Ruhe), die ihr erwartet, kam (bereits); aber ihr kanntet sie nicht.»
3) «Seine Jünger sprachen zu ihm: An welchem Tage kommt das Königreich? ‹Er sprach:› Es kommt nicht, wenn man es erwartet. Sie werden nicht sagen: Siehe (jetzt ist es) hier, oder: Siehe (jetzt ist es) dort. Sondern das Königreich ist über die Erde ausgebreitet, und die Menschen sehen es nicht.»

Thomasevangelium 2 (3); 51; 113; (*Das Evangelium nach Thomas*, Koptisch und Deutsch von Johannes Leipoldt, 1967)

Auch in diesem Falle, wie im Brief des Paulus an die Korinther, kommen zwei unterschiedliche Anschauungen von Jesus innerhalb der christlichen Gemeinde zur Sprache. Im Thomasevangelium vertreten die Jünger Jesu selbst den falschen Standpunkt, der hier der apokalyptische ist, und an der Stelle 2 (3) geht Jesus so weit, über diejenigen zu spotten, die die Jünger in eine apokalyptische und himmlische Zukunft führen.

Nachdem wir im 1.Korintherbrief den apokalyptischen Propheten gegen den Weisheitslehrer und im Thomasevangelium den Weisheitslehrer gegen den apokalyptischen Propheten zur Geltung gebracht sahen, werden wir im dritten Fall, den uns die Spruchquelle Q bietet, die Verbindung einer apokalyptischen Schicht mit einer früheren Weisheitsschicht finden. John Kloppenborgs Analyse dieses Dokuments trennt zwei Hauptschichten der Komposition desselben, die ich in meinem Inventar der Jesus-Überlieferung (Anhang 1) als 1Q und 2Q bezeichnet habe. Die Schichtung zeugt von zwei aufeinanderfolgenden Stadien im Leben der Gemeinde. Im ersten, dessen Zeugnis man in 1Q hat, erwartete sie zwar Widerstand gegen ihre Mission, war aber äußerst zuversichtlich und hoffnungsvoll. Im zweiten, dem der soviel drohendere Ton von 2Q entspricht, war die Gemeinde sich des Scheiterns ihrer Mission bewußt. Wir sehen – wie Kloppenborg den Befund zusammenfaßt – «eine Gemeinde, die sowohl ein Ethos lehrte, das deutlich abwich von den Werten der größeren umgebenden Gesellschaft [dies in der primären oder Weisheitsschicht] und das Scheitern ihrer Mission bei den Zeitgenossen erfuhr [daher die sekundäre oder apokalyptische Schicht]» (1987, S. 325). Kloppenborg behauptet indessen nicht, daß *historisch* aufeinander folgende Deutungen Jesu diese beiden Schichten informieren. Er nimmt nur an, daß die beiden verschiedenen Deutungen zwei aufeinanderfolgenden Schichten der Komposition der Spruchquelle Q entsprechen. «Mit der Behauptung, daß bei Q die Weisheitskomponenten primär und daß die prophetischen Gerichtsankündigungen und Apophthegmata, die Jesu Konflikt mit ‹dieser Generation› beschreiben, sekundär sind, soll über die letztliche überlieferungshistorische Herkunft keines dieser Sprüche etwas ausgesagt werden. Denn es ist allerdings möglich, sogar wahrscheinlich, daß einige der Materialien der sekundären Kompositionsphase Worte des Herrn oder wenigstens sehr alt sind und daß einige der primären Elemente, was ihre Authentizität und überlieferungsgeschichtliche Herkunft angeht, als relativ jung bezeichnet werden müssen» (1987, S. 244–245).

Zusammengenommen machen die erhellenden Untersuchungen Kösters über 1.Korinther 1–4, Davies' über das Thomasevangelium und Kloppenborgs über die Spruchquelle Q (das heißt dreier meines Erachtens aus den fünfziger Jahren des ersten Jahrhunderts datierender Dokumente) deutlich, daß die Weisheits- und apokalyptische Auffassung Jesu schon sehr früh gut entwickelt gleichzeitig nebeneinander vorhanden waren. Bei beiden scheint es sich also um gleich ursprüngliche Auffassungen Jesu zu handeln. Daran ist beim Folgenden stets zu denken. Zwei andere Beobachtungen indessen sind nicht weniger wichtig, und auch auf sie werden wir später in diesem Kapitel zurückkommen.

Die erste ist, daß weder die apokalyptische Gestalt, die Paulus dem Weisheitslehrer der Korinther gegenüberstellt, noch die im Thomasevangelium erscheinende die Züge Jesu des Menschensohns zeigen, des bei Daniel 7,13 verheißenen rächenden Richters, während andererseits Jesus in der apokalyptischen sekundären Schicht der Spruchquelle Q durchaus als der verheißene Menschensohn zu erkennen ist. Das bedarf noch weiterer Erörterung. Zweitens aber ist bemerkenswert, daß aus Kloppenborgs Bestimmung der Schichten der Spruchquelle Q hervorgeht, daß alle Johannes den Täufer betreffenden Sprüche in die gleiche zweite Schicht gehören wie die apokalyptischen. Auch das bedarf fernerer Erörterung.

Johannes und der Kommende

Um das Jahr 30 hatte, Josephus zufolge, Herodes Antipas seine erste Gattin verstoßen, um Herodias zu heiraten, die Frau seines Halbbruders Herodes, und war danach von seinem verstoßenen Schwiegervater Aretas, dem König der Nabatäer, im Felde geschlagen worden.

> «Manche Juden waren übrigens der Ansicht, der Untergang der Streitmacht des Herodes sei nur dem Zorne Gottes zuzuschreiben, der für die Tötung Johannes des Täufers die gerechte Strafe gefordert habe. Den letzteren nämlich hatte Herodes hinrichten lassen, obwohl er ein edler Mann war, der die Juden anhielt, nach Vollkommenheit zu streben, indem er sie ermahnte, Gerechtigkeit gegeneinander und Frömmigkeit gegen Gott zu üben und so zur Taufe zu kommen. Dann werde, verkündigte er, die Taufe Gott angenehm sein, weil sie dieselbe nur zur Heiligung des Leibes, nicht aber zur Sühne für ihre Sünden anwendeten; die Seele nämlich sei dann ja schon vorher durch ein gerechtes Leben entsündigt. Da nun infolge der wunderbaren Anziehungskraft solcher Reden eine gewaltige Menschenmenge zu Johannes strömte, fürchtete Herodes, das Ansehen des Mannes, dessen Rat allgemein befolgt zu werden schien, möchte das Volk zum Aufruhr treiben, und hielt es daher für besser, ihn rechtzeitig aus dem Wege zu räumen, als beim Eintritt einer Wendung der Dinge in Gefahr zu geraten und dann, wenn es zu spät sei, Reue empfinden zu müssen. Auf diesen Verdacht hin ließ also Herodes den Johannes in Ketten legen, nach der Festung Machaerus bringen ... und dort hinrichten. Sein Tod aber war, wie gesagt, nach der Überzeugung der Juden die Ursache, weshalb des Herodes Heer aufgerieben worden war, da Gott in seinem Zorn diese Strafe über den Tetrarchen verhängt habe.»
> (Josephus, *Jüdische Altertümer*, 18,116–119)

Mit dieser höchst bemerkenswerten Darstellung nimmt Josephus Johannes gegen zweierlei Mißverständnis in Schutz.

Zunächst was den von Johannes praktizierten Ritus betrifft. Josephus erklärt ausdrücklich, daß Johannes die Taufe nicht als magischen Ritus verstand, der die Vergebung der Sünden bewirkte, sondern als physisches Symbol einer bereits hergestellten geistigen Realität. Vergleichbar also jenen «Waschungen mit kaltem Wasser bei Tag und bei Nacht», die Josephus selbst seinem *Leben*, 11, zufolge, mit Bannus in der Wüste vorgenommen hatte. Wenn das den Tatsachen entspräche, dürfte man sich allerdings wundern, warum der Ritus des Johannes gerade ihm schließlich den Beinamen ‹der Täufer› gab. Morton Smiths Interpretation ist sicherlich zutreffender: «Zur Zeit des Johannes war der einzige Ort, wo die Juden legal opfern durften, Jerusalem, und dort Opfer zu bringen war kostspielig. Die große Erfindung des Johannes war unter diesen Umständen die Einführung eines neuen, billigen, allgemein verfügbaren, göttlich autorisierten Ritus, der die Vergebung aller Sünden bewirkte. Seine Warnung vor dem kommenden Gericht war nicht neu. Das Gericht kündeten die Propheten schon seit achthundert Jahren an. Das Neue war die Versicherung, daß es etwas gab, das der einfache Mann mit Leichtigkeit tun konnte, um sich auf das katastrophale Kommen des Reichs Gottes vorzubereiten» (1973b, S. 208).

Sodann beugt Josephus jedem Mißverständnis der politischen Wirksamkeit des Täufers vor. Von dessen apokalyptischen Verkündigungen sagt er nichts und schreibt ihm nur allgemein hellenistische Frömmigkeit zu. Kein Wort von einem Aufenthalt in der Wüste oder am Ufer des Jordan. Doch muß Johannes im Herrschaftsbereich des Herodes Antipas verhaftet worden sein, also entweder in Galiläa oder in Peräa, und da er nach Machärus gebracht wurde, einer Festung an der südlichen Grenze des letzteren Gebiets, darf wohl angenommen werden, daß er sich am peräischen Ufer des Jordans in der Wüste aufhielt, als man ihn ergriff. Josephus läßt also unerwähnt, was dem Ritus des Johannes die explosive politische Ladung gibt: Die Leute gehen in die Wüste und werden bei der Rückkehr ins Gelobte Land im Jordan getauft. Und das erinnert gefährlich an gewisse chiliastische Propheten, die Josephus sehr wohl bekannt waren und die hier bereits im 8. Kapitel Gegenstand unseres Interesses gewesen sind, an jene Propheten, die in den Jahren zwischen 44 und 62 der christlichen Ära die Wüste und den Jordan beschworen, um eine neue und transzendentale Eroberung des Gelobten Landes zu erträumen (Anhang 2). Was immer in der Absicht des Johannes gelegen haben mag, die Befürchtung, daß ein Prophet, der die Wüste und den Jordan ins Spiel brachte und die Massen begeisterte, Unruhe stiften möchte, lag für Herodes Antipas zweifellos sehr nahe.

«Man darf wohl darauf hinweisen», bemerkt Louis Feldman, «daß hinsichtlich der Gründe für die Tötung Johannes des Täufers Josephus und die Evangelien einander genau genommen nicht widersprechen. Nur betonten die Christen die moralischen Vorwürfe, die er dem Herrscher machte, Josephus aber hebt die politischen Ängste hervor, die er bei Herodes erweckte» (675). Ich neige indessen zu der Auffassung, daß bei 197 *Herodes enthauptet Johannes* [2/2] die detaillierte Erzählung

Markus 6,14–29 dessen eigene Schöpfung ist, mittels welcher er gewisse Parallelen zwischen den Schicksalen Johannes' und Jesu demonstrieren und insbesondere nachweisen kann, wie beide auf Betreiben anderer von einer dazu eigentlich gar nicht geneigten Obrigkeit zu Tode gebracht wurden.

Weder Markus noch die Jakobs-Apokryphe 6,1–4 lassen freilich auch nur das geringste Interesse an den politischen Gründen der Enthauptung des Johannes erkennen. Aber das bringt uns von dem Johannes des Josephus zu dem Täufer der Jesus-Überlieferung.

Johannes tauft Jesus

Der erste und wichtigste hier zu berücksichtigende Komplex ist natürlich 58 *Johannes tauft Jesus* [1/3]. Er gehört in die primäre Schicht, ist von drei unabhängigen Zeugen verbürgt und in neun verschiedenen Texten überliefert. Er verrät indessen auch ein erhebliches Maß redaktioneller Bearbeitung zu einem Zweck, den ich hier – übrigens ohne jeden Zynismus – als den der «theologischen Schadensbegrenzung» bezeichnen will. Die Vorstellung, daß Johannes Jesus tauft, hat die Überlieferer sichtlich beunruhigt, da sie Johannes ja als den Größeren und Jesus als sündig erscheinen zu lassen geeignet war.

Der früheste Text ist das Hebräerevangelium, «dessen Berichte über Jesu Präexistenz, Kommen, Taufe und Versuchung abgekürzte mythologische Erzählungen sind», wie Ron Cameron charakterisiert. «Vorausgesetzt ist ihnen ein Mythos von der Herabkunft der göttlichen Weisheit, die sich entschieden in einem Vertreter des Menschengeschlechts verkörpert zum Zweck der Offenbarung und Erlösung der Menschheit. Ein derartiger Mythos war in der griechisch-römischen Welt weit verbreitet und liegt vielen der frühesten christologischen Formulierungen der Jesusgläubigen zugrunde» (1982, S. 84).

> «Es geschah aber, als der Herr aus dem Wasser heraufgestiegen war, stieg die ganze Quelle des heiligen Geistes auf ihn herab und ruhte auf ihm und sprach zu ihm: Mein Sohn, in allen Propheten erwartete ich dich, daß du kämst, und ich in dir ruhte. Denn du bist meine Ruhe; du bist mein erstgeborener Sohn, der du herrschst in Ewigkeit.»
> (Hebräerevangelium 2, NTA, Bd. 1, 1990, S. 146)

Damit die Aussage, der Herr sei aus dem Wasser heraufgestiegen, einen Sinn erhält, muß man wohl annehmen, daß diesem Fragment ein Bericht über die Taufe Jesu durch Johannes voranging. Aber in diesem Fall wäre die Kraft der mythologischen Darstellung Jesu hinreichend gewesen, Zweifel an seiner Erhabenheit über den Täufer gar nicht erst aufkommen zu lassen.

Ähnlich wird man bei der Würdigung der hier folgenden zweiten Gruppe von Texten finden, daß zwar Markus wohl zufrieden war in 1,9, von der Taufe zu berichten und dann in 1,10–11 die Epiphanie folgen zu lassen, daß Autoren aber, die von ihm abhingen, es sich angelegen sein ließen klarzustellen, daß diese Folge der Ereignisse als diejenige der Lösung auf das gelöste Problem zu verstehen sei. Denn allerdings konnte man dem Problem der Taufe Jesu ja aus dem Wege gehen, indem man das Ereignis leugnete oder verschwieg; man konnte es aber auch lösen, indem man die Taufe in Zusammenhang brachte mit der Erscheinung der Göttlichkeit des Herrn. Man verfolge diesen apologetischen Prozeß in den Texten:

> «Zusammen mit dem ganzen Volk ließ auch Jesus sich taufen. Und während er betete . . .»
> (Lukas 3,21 a)
> «Zu dieser Zeit kam Jesus von Galiläa an den Jordan zu Johannes, um sich von ihm taufen zu lassen. Johannes aber wollte es nicht zulassen und sagte zu ihm: Ich müßte von dir getauft werden, und du kommst zu mir? Jesus antwortete: Laß es nur zu! Denn nur so können wir die Gerechtigkeit (die Gott fordert) ganz erfüllen. Da gab Johannes nach.»
> (Matthäus 3,13–15)
> «Und da, heißt es, fiel Johannes vor ihm nieder und sprach: Ich bitte dich, Herr, taufe du mich. Er aber wehrte ihm und sprach: Laß; denn so geziemt es sich, daß alles erfüllt werde.»
> (Das Ebionäerevangelium 3; NTA, Bd. 1, 1990, S. 141)
> «Siehe, die Mutter des Herrn und seine Brüder sagten zu ihm: Johannes der Täufer tauft zur Vergebung der Sünden; laßt uns hingehen und uns von ihm taufen lassen. Er aber sprach zu ihnen: Was habe ich gesündigt, daß ich hingehe und mich von ihm taufen lasse? Es sei denn das, was ich gesagt habe, Unwissenheit (Unwissenheitssünde).»
> (Nazaräerevangelium 2; NTA, Bd. 1, 1990, S. 133)
> «Und Johannes bezeugte: Ich sah, daß der Geist vom Himmel herabkam wie eine Taube und auf ihm blieb. Auch ich kannte ihn nicht; aber er, der mich gesandt hat, mit Wasser zu taufen, er hat mir gesagt: Auf wen du den Geist herabkommen siehst und auf wem er bleibt, der ist es, der mit dem Heiligen Geist tauft. Das habe ich gesehen, und ich bezeuge: Er ist der Sohn Gottes.»
> (Johannes 1,32–34)

Man beachte zunächst, daß die Spruchquelle Q, wo die Predigt des Johannes viel mehr Beachtung findet als sein Taufen, die Taufe Jesu anscheinend überhaupt nicht erwähnt (Kloppenborg 1988, S. 16). Lukas erwähnt die Taufe im Vorübergehen, sehr in Eile, zu Jesu Gebet und der Epiphanie zu kommen. Matthäus und das Ebionäerevangelium stellen sich dem Problem und erklären die göttliche Notwendigkeit der Taufe. Das Nazaräerevangelium leugnet, daß sie jemals stattgefunden hätte. Bei Johannes ist dann die Taufe Jesu getilgt, und es bleibt nur die Offenbarung seiner göttlichen Natur.

Schließlich gibt es zwei Stellen in den Briefen des Ignatius von Antiochia, die beide glaubensbekenntnishaften Charakter haben und, wie William Schoedel sagt, «die Ereignisse von Jesu Erlösungswerk aufzählen» (S. 8).

> «... Jesus Christus ... der da wahrhaftig ist aus Davids Geschlecht nach dem Fleisch, Gottes Sohn nach Willen und Kraft Gottes, wahrhaftig geboren aus einer Jungfrau, getauft von Johannes, damit alle Gerechtigkeit von ihm erfüllt werde ...»
> (Ignatius, *An die Smyrnäer,* 1,1)
> «Denn unser Gott Jesus, der Christus wurde von Maria im Leibe getragen nach dem Heilsplan Gottes, aus Davids Samen zwar, und doch aus dem heiligen Geist; er wurde geboren und getauft, um durch sein Leiden das Wasser zu reinigen.»
> (Ignatius, *An die Epheser,* 18,2; deutsch von A. Lindemann und H. Paulsen, 1992)

Die beiden Texte geben unterschiedliche Erklärungen für Jesu Annahme der Taufe durch Johannes. Diejenige des ersten Textes muß von Matthäus abhängig sein, denn die «Gerechtigkeit» des Johannes betont dieser sowohl 3,14–15 als auch 21,32. Da jedoch, wie Helmut Köster zu bedenken gibt, außer dieser Stelle bei Ignatius nichts sonst so unzweifelhaft darauf hinweist, daß er Matthäus gelesen hätte, sollte man wohl eine indirekte Abhängigkeit annehmen in der Weise, daß das Glaubensbekenntnis, das Ignatius sich zu eigen machte, schon von der apologetischen Deutung des Matthäus beeinflußt war (1957, S. 59). Die Erklärung, die man in dem zweiten Text findet, steht nach Meinung William Schoedels der eigenen theologischen Welt des Ignatius näher (222). Sie verknüpft Jesu Taufe und Passion mythologisch, insofern dieser Erklärung zufolge Jesus durch seine Taufe die Tiefen des Wassers reinigt und durch sein Begräbnis die Tiefen der Erde.

Die Texte dieser ersten Einheit legen eine Schlußfolgerung nahe: Daß Jesus von Johannes getauft wurde, gehört zu den Dingen, die wir von beiden mit der größten Gewißheit wissen. Um zu verstehen, was diese Taufe bedeutete, müssen wir uns der Betrachtung einer anderen Gruppe von Texten zuwenden.

Die Botschaft des Johannes
Diese Gruppe von Texten betrifft 115 *Die Botschaft des Johannes* [1/2]. Bei der Betrachtung der fünf Texte dieser Überlieferungseinheit bemerkt man, wie höchst geschickt die Botschaft des Johannes von der bevorstehenden Herabkunft Gottes immer nachdrücklicher in ein Zeugnis von der Herabkunft Jesu geändert worden ist. Der früheste Text ist aus der Spruchquelle Q, wo die Rahmenerzählung Lukas 3,15–16a und 18 noch fehlt.

> «Ich taufe euch nur mit Wasser. Es kommt aber einer, der stärker ist als ich, und ich bin es nicht wert, ihm die Schuhe aufzuschnüren. Er wird euch mit dem Heiligen Geist und mit Feuer taufen. Schon hält er die Schaufel in der Hand, um die Spreu vom Weizen zu trennen und den Weizen in seine Scheune zu bringen; die Spreu aber wird er in nie erlöschendem Feuer verbrennen.»
> Lukas 3,16b–17 = Matthäus 3,11–12)

Die Beschreibung des Kommenden weist auf Gott als apokalyptischen Rächer, und erst später, nachdem man 143 *Die Johannes erteilte Antwort* [1/1] gelesen hat, denkt man an Jesus als den Kommenden. So kann denn in der Predigt, die der Verfasser der Apostelgeschichte, Lukas, dort dem Paulus in den Mund legt, 13,23–25, stillschweigend vorausgesetzt werden, daß Johannes von Jesus sprach.

Sodann findet sich in der unabhängigen Version des Berichts bei Markus 1,7–8 nichts dem Bild der apokalyptischen Tenne Entsprechendes, und da die diesbezügliche Prophezeiung fehlt, der Evangelist aber gleich anschließend, 1,9–11, auf Jesus zu sprechen kommt, liegt es für den Leser nahe, die Botschaft des Johannes auf Jesus zu beziehen. Schließlich findet man bei Johannes 1,24–31 alles unmißverständlich erklärt:

> «Ich taufe (nur) mit Wasser. Mitten unter euch steht der, den ihr nicht kennt und der nach mir kommt; ich bin es nicht wert, ihm die Schuhe aufzuschnüren ...
>
> Am Tag darauf sah er Jesus auf sich zukommen und sagte: Seht, das Lamm Gottes, das die Sünde der Welt hinwegnimmt. Er ist es, von dem ich gesagt habe: Nach mir kommt ein Mann, der mir voraus ist, weil er vor mir war. Auch ich kannte ihn nicht; aber ich bin gekommen und taufe mit Wasser, um Israel mit ihm bekannt zu machen.»
> (Johannes 1,26b–27. 29–31)

Damit ist der Interpretationsprozeß großartig vollendet. Weit entfernt davon, der Taufe zur Reinigung von eigenen Sünden zu bedürfen, nimmt Jesus vielmehr die Sünden der Welt hinweg. Und die auf den Kommenden bezügliche Prophezeiung des Johannes wird nun von diesem selbst ausdrücklich auf Jesus bezogen. Doch wenn man die hier versammelten Texte aufmerksam liest, sagen sie – wenn auch etwas widerstrebend –, daß die Verkündigung des Johannes ein unmittelbar bevorstehendes Eingreifen Gottes ankündigte, nicht das Kommen Jesu. Die Taufe und die Verkündigung bedingen einander: Allein durch die Taufe konnte man Vergebung seiner Sünden erlangen, ehe der angekündigte Feuersturm losbrechen würde. Die politischen Andeutungen, die in einer solchen Predigt lagen, müssen jedem klar gewesen sein. Zur Taufe braucht man nur Wasser, nicht notwendigerweise Jordanwasser, aber gleichviel wo getauft wurde, implizierte eine solche Taufe doch unvermeidlich Kritik des Tempelkults. Der Aufenthalt in der transjordanischen Wüste aber und die Taufe im Jordan kündigten kraft der symbolischen Besetzung gerade dieses Orts und dieses Wassers, wenn nicht ausdrücklich, so doch implizit politische Empörung an. Was immer also auch die Absicht des Johannes letztlich gewesen sein mag, hatte Antipas alle Ursache, beunruhigt zu sein. Die Mischung, mit der man es zu tun hatte, wo die Massen einem Propheten über den Jordan folgten, war jedenfalls explosiv genug, um vorbeugende Maßnahmen dringend erforderlich scheinen zu lassen.

In die Wüste

Die dritte Einheit, 51 *In die Wüste* [1/3], ist sehr viel schwieriger zu analysieren, sowohl äußerlich als auch innerlich. Die Fassung der Spruchquelle Q enthält die doppelten Fragen und Antworten, die bei Lukas 7,24–26 und Matthäus 11,7–9 stehen, und die Beziehung der Prophezeiung bei Maleachi 3,1 auf Johannes wie bei Lukas 7,27 und Matthäus 11,10. Andererseits findet man jedoch im Thomasevangelium 78 zwar die doppelte Frage, aber eine andere Antwort und keinen prophetischen Bezug, während Markus 1,2–3 den prophetischen Bezug herstellt, ohne einer der beiden Fragen oder Antworten zu gedenken. Überdies nennt die Fassung des Thomasevangeliums den Namen des Johannes nicht. Ich nehme an, daß in dem entsprechenden Komplex der Spruchquelle Q zwei ursprünglich voneinander unabhängige Einheiten miteinander verschmolzen sind, denen man, der einen im Thomasevangelium 78 und der anderen bei Markus 1,2–3, noch in ihrer je besonderen Fassung begegnet.

a) Fragen und Antworten über Johannes:
   1) Thomasevangelium 78
   2) 2Q: Lukas, 7,24–26 = Matthäus 11,7–9

b) Beziehung von Maleachi 3,1 auf Johannes:
  1) 2Q: Lukas 7,27 = Matthäus 11,10
  2) Markus 1,2–3

Mir geht es hier nur um die erste Überlieferungseinheit. Ich halte für deren bessere Version die der Spruchquelle Q bei Lukas 7,24–26 = Matthäus 11,7–9, wo sie mit der Versicherung schließt: «Ja, ich sage euch: Ihr habt sogar mehr gesehen als einen Propheten.»

In der Parallelfassung, Thomasevangelium 78, ist der Name des Johannes ausgelassen, so daß die Antwort verallgemeinernd sein kann und, statt positiv zu identifizieren, den Reichen die Fähigkeit abspricht, die Wahrheit zu erkennen: «Und sie werden die Wahrheit nicht erkennen können.» Doch selbst all das eingeräumt, was sagen Lukas 7,24–26 = Matthäus 11,7–9 über Johannes, warum wird es gesagt, wie es da gesagt ist – und könnte Jesus jemals etwas Derartiges gesagt haben?

Rein formal betrachtet scheint der Ausspruch ein Zwiegespräch vorauszusetzen und an Hörer gerichtet zu sein, die mutmaßlich mit Johannes sympathisieren. Es ist die Rede von dem Gegensatz zwischen Wüste und Palast und zwischen den beiden angemessenen und mutmaßlich dort anzutreffenden Bewohnern. Doch während derjenige Prophet genannt wird, den man in der Wüste zu finden erwarten würde, wird der Bewohner des Palasts nicht als König oder Höfling, Herrscher oder Minister bestimmt. Er wird nur metaphorisch charakterisiert, als sich im Winde biegendes Rohr, und als Person beschrieben, die «in herrlichem Gewande und in Prunk» lebt, als jemand, «der mit weichen Kleidern angetan ist». Aber auch angenommen, daß man ihn so richtig versteht, warum ist der Spruch so formuliert? Warum wird der in der Wüste lebende Prophet verglichen ausgerechnet mit dem «Mann», der im Palast wohnt? Die einzige Antwort ist, daß hier Johannes und Antipas miteinander verglichen werden sollen und daß man in dem Spruch eine unmittelbare Reaktion auf die Bestürzung hat, die sich bei den Anhängern des Johannes nach dessen Verhaftung und Hinrichtung verbreitete. Der Sprecher scheint den Glauben an die von Johannes verkündete Zukunft festhalten zu wollen, auch nach dessen Tod. Johannes ist, noch immer, für ihn nicht nur ein Prophet, sondern der letzte Prophet, der Prophet des Kommenden. Unter dieser Voraussetzung aber halte ich den Sprecher für Jesus. Der Spruch, so verstanden, bestätigt, was wir schon wissen, nämlich daß Jesus, indem er sich von Johannes taufen ließ, auch die apokalyptische Erwartung des Johannes angenommen und Johannes als den Propheten des Kommenden erkannt haben muß. Aber dieser Schluß muß im Zusammenhang mit der nächsten Einheit gesehen werden.

Größer als Johannes

Die vierte Einheit, 85 *Größer als Johannes* [1/2], ist sehr wichtig, weil, während eine Verbindung oder selbst Vergleichung von Johannes und Jesus in der Spruchquelle Q nicht überrascht, dieselbe im Thomasevangelium sehr unerwartet kommt.

> «Jesus sprach: Von Adam bis zu Johannes dem Täufer ist unter den von Frauen Geborenen keiner höher erhoben als Johannes der Täufer, daß seine Augen nicht brechen. Ich sagte aber: wer unter euch klein werden wird, wird das Königreich erkennen und sich über Johannes erheben.»
> (Thomasevangelium 46).
> «Ich sage euch: Unter allen Menschen gibt es keinen größeren als Johannes; doch der Kleinste im Reich Gottes ist größer als er.»
> (Spruchquelle Q: Lukas 7,28 = Matthäus 11,11)

Wenn dieser Spruch nur in der Spruchquelle Q stünde, könnte man ihn für eine Erfindung von deren Kompilator halten, der etwa mittels dieser Erfindung versucht haben könnte, die Weisheitsüberlieferungen von Jesus in Q1 mit den apokalyptischen Überlieferungen von Johannes in Q2 ins Gleichgewicht zu bringen. Doch findet man ihn auch im Thomasevangelium, das kein besonderes Interesse für Johannes bezeugt, weniger noch, wie der Spruch 52 ausdrücklich sagt, auf die Propheten Israels gibt und noch weniger sogar auf apokalyptische Erwartungen und Hoffnungen. Der Spruch gehört mithin zu den ältesten Überlieferungen, die wir haben. Und der unverkennbar polemischen Zuspitzung ungeachtet, geht es dabei kaum um die Abgrenzung einer Gemeinschaft, sondern um die verblüffend paradoxe Gegenüberstellung des Größten mit dem Geringsten. Nicht Johannes in der Wüste, sondern das Kind im Königreich (= Gottesreich) ist der Anfang der Zukunft.

Ich nehme an, daß diese beiden Aussagen über Johannes, die erste Hälfte von 51 *In die Wüste* [1/3] und die Gesamtheit von 85 *Größer als Johannes* [1/2], auf den historischen Jesus zurückgehen, und das erlaubt nur einen Schluß, nämlich den, daß zwischen diesen beiden Aussagen Jesus seine Anschauung der Sendung und Botschaft des Johannes änderte. Johannes' Erwartung des apokalyptischen Gottes, des Kommenden, aus der Sicht des reuigen Sünders, die Jesus anfänglich gelten lassen und in der Krise nach dem Tod des Täufers verteidigt hatte, schien endlich nicht mehr angemessen. «Jesus begann seine öffentliche Wirksamkeit», sagt in diesem Sinne Paul Hollenbach, «mit rückhaltloser Unterstützung des Johannes, seiner Botschaft und Bewegung, und ... Jesus entwickelte sehr früh seine eigene besondere Botschaft und Bewegung, die sich von denjenigen des Johannes deutlich unterschieden» (1982, S. 203).

Der apokalyptische Menschensohn

Diesen Schluß scheint allerdings ein naheliegender Einwand zu verbieten. Ist uns denn nicht, mindestens seitdem am Anfang dieses Jahrhunderts Albert Schweitzer unsere Aufmerksamkeit darauf gelenkt hat, bewußt, daß Jesus wiederholt das Kommen des Menschensohns ankündigte, einer ganz offenkundig apokalyptischen Gestalt, die er, wie es scheint, selbst anzunehmen gedachte? Mithin war Jesus genauso apokalyptisch wie Johannes der Täufer. Es drängt sich uns also die Frage auf: Sprach Jesus wirklich von sich selbst oder von irgendeinem anderen als dem kommenden «Menschensohn»? War der Mann, der einst am Gestade des Sees an jene Männer, die nicht wußten, wer er war, herantrat, ein apokalyptischer Visionär?

Ehe ich versuche, mich der Frage zu stellen, ein Wort zur Terminologie. Marcus Borg hat vor einiger Zeit definiert, das «Eschatologische» beinhalte als wesentliche Elemente die Vorstellung, daß die Welt selbst enden wird, sowie die Erwartung des Jüngsten Gerichts, der Auferstehung der Toten und des Anbruchs eines neuen Weltalters. *«Der eschatologische Jesus ist einer, der der baldigen Erfüllung dieser Erwartung gewiß war»*, erklärt Borg. «So werde ich den Begriff des ‹Eschatologischen› nicht im übertragenen Sinn verwenden, etwa zur Bezeichnung der Erwartung einer dramatischen Wende in der Geschichte Israels oder eines radikalen Wandels der Sensibilität eines Individuums, bei dem für das betroffene Individuum in gewissem Sinn ja ebenfalls die (alte) Welt endet» (1986, S. 81, Anm. 1). Ich dagegen ziehe es vor, in genau diesem von Borg genannten Sinn vom «apokalyptischen» Jesus zu sprechen. Den Begriff des «Eschatologischen» fasse ich weiter, so daß er neben der soeben definierten apokalyptischen Eschatologie auch andere Weisen der Negation der Welt in sich begreift, mystische, utopische, asketische, libertinäre und anarchistische, so daß nach meinen Begriffen alles Apokalyptische eschatologisch ist, aber nicht alles Eschatologische apokalyptisch. Die Verwendung des allgemeineren generischen neben dem besonderen spezifischen Begriff erleichtert einem, scheint mir, das Verständnis der Tendenz der diesem Kreis angehörigen spezifischen Vorstellungen, sich mit benachbarten, jedoch andersartigen, zu verquicken.

Bei der Erörterung der Texte über den kommenden Menschensohn spreche ich also vom apokalyptischen Jesus und frage, ob Jesus diese Gestalt vor dem Hintergrund eines nahe bevorstehenden Endes der Welt kommen sah, worunter er ein so übernatürlich offensichtliches

Eingreifen Gottes in die Geschichte erwartete, daß seine Gegner oder Feinde, Unterdrücker oder Verfolger, angesichts desselben sich wohl oder übel würden bekehren oder ihre Niederlage eingestehen müssen.

Einer wie ein Menschensohn

Die vier Visionen Daniels (Daniel 7, 8, 9, 10–12) sollten die in den Jahren 167 und 164 v. Chr. von dem syrischen König Antiochus IV. Epiphanes verfolgten frommen Juden der Zuversicht vergewissern, daß ebenso wie Babylonier, Meder, Perser und Griechen gekommen und gegangen waren, auch die Übermacht der Syrier nur vorübergehend sein würde. So sah Daniel im Traum, wie Gericht gehalten wurde über jene gottlosen Herren.

> «Ich sah immer noch hin; da wurden Throne aufgestellt, und ein Hochbetagter nahm Platz. Sein Gewand war weiß wie Schnee, sein Haar wie reine Wolle. Feuerflammen waren sein Thron, und dessen Räder waren loderndes Feuer... Das Gericht nahm Platz, und es wurden Bücher aufgeschlagen. Ich sah immer noch hin, bis das Tier [der griechische Imperialismus] – wegen der anmaßenden Worte, die das Horn [Antiochus IV Epiphanes] redete – getötet wurde. Sein Körper wurde dem Feuer übergeben und vernichtet... Immer noch hatte ich die nächtlichen Visionen: Da kam mit den Wolken des Himmels einer wie ein Menschensohn. Er gelangte bis zu dem Hochbetagten und wurde vor ihn geführt. Ihm wurden Herrschaft, Würde und Königtum gegeben. Alle Völker, Nationen und Sprachen müssen ihm dienen. Seine Herrschaft ist eine ewige, unvergängliche Herrschaft. Sein Reich geht niemals unter.»
> (Daniel 7,9–14)

«Einer wie ein Menschensohn» erscheint dem Visionär also beim Gericht über die früheren Weltbeherrscher, die da erschienen «einem Löwen ähnlich»... gleich «einem Bären»... gleich «einem Panther»: als Tiere, die aus dem Meer gestiegen waren. Und dieser, dem für alle Zukunft Gewalt, Ehre und Reich gegeben wird, kam «mit den Wolken des Himmels» und war doch – im Gegensatz zu den Tieren aus der chaotischen Tiefe des Meeres – «wie ein Menschensohn». Bei Daniel findet man die Bezeichnung dieses Künftigen also nicht als Titel, sondern als unterscheidende Beschreibung. Er glich einem Menschen, war wie ein Mensch, weiter ist an dieser Stelle nichts gesagt. Als «Menschensohn» findet man anderswo in der Schrift, zumal bei poetischen Gegenüberstellungen, den Menschen oft bezeichnet (so in Numeri 23, 19; Jesaja 51,12; Jeremia 50,40; 51,43; Psalm 80,18; 144,3). Im Brief an die Hebräer (2,6) findet man den Psalmisten (Psalm 8,5) mit der Frage zitiert: «Was ist der Mensch, daß du an ihn denkst, oder der Menschensohn, daß du dich seiner annimmst?»

Nach der Beschreibung der Vision (7,2–14) folgt im Buche Daniel dessen Erklärung (7,17–27) und dabei (Vers 18) die Verheißung: «Das Königtum aber werden die Heiligen des Höchsten erhalten, und sie werden es behalten für immer und ewig.» Die drei Formulierungen in Daniel 7,13, 18 und 27, wo es nacheinander heißt, daß «einer wie ein Menschensohn», die «Heiligen des Höchsten» und schließlich das «Volk der Heiligen des Höchsten» das Reich empfangen werden, «entsprechen also», wie John Collins bemerkt hat (1984a, S. 84) «drei Stufen einer multidimensionalen Realität». Der Erzengel Michael als Führer der himmlischen Heerscharen, diese himmlischen Heerscharen selbst und die verfolgten, aber frommen Juden sind alle dieser Realität hierarchisch eingeordnet. Doch abermals will ich darauf hinweisen, daß «einer wie ein Menschensohn» nicht als Titel für Michael als den diesen apokalyptischen Sieg personifizierenden Engel zu verstehen ist. Es handelt sich vielmehr um eine einfache Beschreibung. Er ist im Gegensatz zu denen, die wie Tiere aus der Tiefe sind, aus der Höhe und wie ein Mensch.

Zwei jüdische Texte aus dem 1. Jahrhundert der christlichen Ära, die an Daniels Beschreibung seiner Vision anknüpfen, vergewissern uns in der Überzeugung, daß die Beschreibung «wie ein Menschensohn» nicht als Titel verstanden wurde und mithin nicht so zu verstehen ist.

Der erste dieser Texte findet sich in dem *Buch der Gleichnisse*, das als zweiter Teil der fünfteiligen Anthologie überliefert ist, die wir als ‹Buch Henoch› kennen. In diesem Werk, das früh im 1. Jahrhundert verfaßt wurde, gibt es drei Parabeln (38–44, 45–57, 58–69) und einen doppelten Schluß (70 und 71). Die Gestalt des Menschensohns erscheint zum ersten Mal zu Beginn des 46. Kapitels:

> «Und ich sah dort (einen), der ein Haupt der Tage (= betagtes Haupt) hatte, und sein Haupt (war) wie Wolle so weiß, und bei ihm (war) ein anderer, dessen Gestalt wie das Aussehen eines Menschen (war)... Und ich fragte einen der Engel, den, der mit mir ging... wer er sei... Und er antwortete und sprach zu mir: Dies ist der Menschensohn, der die Gerechtigkeit hat und bei dem Gerechtigkeit wohnt... Und dieser Menschensohn, den du gesehen hast, wird die Könige und die Mächtigen hochreißen von ihren Ruhelagern und die starken von ihren Thronen...»
> (Henoch 46,1–4; deutsch von Siegbert Uhlig, 1984)

Es ist sehr bedeutsam, daß, wie schon John Collins hervorgehoben hat, hier nichts erkennen läßt, daß etwa «Menschensohn» ein wohlbekannter Titel wäre (1980, S. 112). Tatsächlich wird die Bezeichnung auch an dieser Stelle überhaupt nicht als Titel verwendet. Der Text beginnt mit einer unverkennbaren Anspielung auf Daniel 7,13, und dann wird der, «dessen Gestalt wie das Aussehen eines Menschen» war, als «der Menschensohn, der die Gerechtigkeit hat», identifiziert. Doch abgesehen davon, daß die Bezeichnung unverkennbar Daniel 7,13 voraussetzt, wird eine besondere Bedeutung derselben über die offensichtliche hinaus nirgends angedeutet. Und so ist, wo zukünftig von «Menschensohn» in einem besonderen Sinn die Rede ist, immer die Vision Daniels vorausgesetzt, was sich auch daraus erhellt, daß es meist heißt: «jener Menschensohn». Einen besonderen «Menschensohn» gibt es also nur in direkter Abhängigkeit von Daniel 7,13. Überdies hat der diesen Titel Führende noch andere Titel, heißt auch «Der Erwählte» oder «Der Gerechte» (zum Beispiel 53,6) und ist vielleicht auch im zweiten der Schlüsse des *Buchs der Gleichnisse* (71,14) mit dem himmlischen Henoch selbst identisch. Kurz gesagt also: Insofern überhaupt von einem «Menschensohn», der diese Bezeichnung als Titel beanspruchen könnte, geredet werden kann, handelt es sich um den, den Daniel in seinem Traumgesicht erblickte.

Das macht deutlich auch eine andere, später, gegen Ende des 1. Jahrhunderts n. Chr. verfaßte jüdische Apokalypse, die sieben Zukunftsvisionen beschreibt, welche, wie da fingiert wird, Esra noch während der babylonischen Gefangenschaft (6. Jahrhundert v. Chr.) zuteil wurden. Hier ist die sechste dieser Visionen:

> «Und es geschah nach den sieben Tagen, da träumte ich in der Nacht einen Traum.
>
> Siehe, ein gewaltiger Sturm erhob sich im Meer und erregte alle seine Wogen. Ich sah, und siehe, der Sturm führte aus dem Herzen des Meeres etwas wie die Gestalt eines Menschen herauf. Ich sah, und siehe, dieser Mensch flog auf den Wolken des Himmels. Wohin er sein Gesicht wendete und hinblickte, da zitterte alles, was er ansah. Wohin die Stimme seines Mundes ging, zerschmolzen alle, die seine Stimme hörten, wie das Wachs schmilzt, wenn es Feuer spürt.»
>
> (4 Esra 13,1–4; deutsch von Josef Schreiner, 1981)

Der Verfasser ist mit diesem Gesicht des Menschen aus dem Meer sowie auch dem vorhergehenden des Adlers zweifellos von Daniel 7 abhängig, aber wie ihm bei der Deutung der Adlervision von dem ihn belehrenden Engel versichert wird, soll er besser verstehen, was schon sein «Bruder Daniel» gesehen hat (4 Esra 12,10–12). Denn in der Folge der Reiche ist für ihn auch das römische zu berücksichtigen, das Daniel noch nicht zu kümmern brauchte. Und es gibt auch in seinen Visionen «mit dem davidischen Messias verbundene Motive, die bei Daniel keine Rolle spielten», wie schon John Collins erkannt hat (1984a, S. 166). Doch für den Augenblick soll uns die Beobachtung genügen, daß man von dem «wie ein Menschensohn» bei Daniel 7,13 ebensogut zu «diesem Menschen» bei 4 Esra 13,3 kommen kann wie zu «diesem Menschensohn» bei Henoch 46,4. Ihre Bedeutung ziehen beide Bezeichnungen einzig aus der Beziehung auf Daniel 7,13 («wie ein Menschensohn»).

Indirekt «ich selbst» sagen

Wenn aber «Menschensohn» in diesen an Daniel 7,13 anknüpfenden jüdischen Texten zweifellos nicht als Titel zu verstehen ist, so ist nicht weniger gewiß, daß in den christlichen Texten, wo Jesus von dem kommenden, zukünftigen oder apokalyptischen «Menschensohn» spricht, das eigentlich allgemein Menschliche als Titel in Anspruch genommen wird. Dieser Titel ist als Jesu bestimmteste Umschreibung seiner selbst zu verstehen. Wie mag es zu diesem seltsamen Bedeutungswandel gekommen sein?

Nun, auf diese Frage kann man erwidern, daß der vermeintliche Wandel durch den Sprachgebrauch sanktioniert war, insofern man, wenn man von sich selbst sprach, im Aramäischen zur Zeit Jesu sehr wohl hätte in der dritten Person «dieser Mensch» oder «dieser Menschensohn» sagen können; daß also, wenn Jesus von dem «Menschensohn» sprach, jeder verstanden hätte, daß er sich selbst meinte. Diese Antwort gibt Geza Vermes (1967, 1973b, S. 163–168, 188–191; 1978a; 1978b). Doch was er behauptet, wird von Joseph Fitzmyer vehement bestritten (1968, 1979a, 1979b). Beide Gelehrte sind der Meinung, daß es zur Zeit Jesu die Bezeichnung «Menschensohn» als Titel nicht gab. Sie stimmen auch darin überein, daß die Bezeichnung, ebenso wie die des «Menschen», mit der sie in den Texten oft parallel gestellt wird, den Begriff der menschlichen Art in der allgemeinsten Weise intendiert, wie in dem oben von uns zitierten Beispiel aus dem 8. Psalm. Nur daß Vermes darüber hinaus meint, daß man zur Zeit Jesu mit jenem *prima facie* nicht näher bestimmten «Menschensohn» sich selbst so hätte meinen können, wie man etwa im Deutschen auch unmißverständlich von sich selbst spricht, wenn man erklärt: «Man kann sich schließlich nicht alles gefallen lassen.» Fitzmyer wendet gegen Vermes' Argumente für diese Behauptung ein, daß keines der von Vermes angeführten Beispiele eines derartigen Sprachgebrauchs aus Texten des 1. Jahrhunderts komme, und überdies, daß «viele der von Vermes aus dem palästinensischen Talmud und der Genesis Rabbah zitierten und mit ‹ich› übersetzten Beispiele ohne weiteres auch als ‹ein Mensch› oder ‹Mensch› im allerunbestimmtesten und allgemeinsten Sinne übersetzt werden könnten» (1979b, S. 153). Ich selbst bin sogar der Meinung, daß alle von Vermes angeführten Beispiele (Vermes 1967, S. 320–328; 1973b, S. 163–168) so verstanden und übersetzt werden sollten. Mich überzeugt nicht einmal das von Fitzmyer akzeptierte Beispiel der aramäischen Parallelübersetzungen von Genesis 4,14. Im *Targum Neofiti* 1 sagt Kain: «Es ist mir unmöglich, mich zu verstecken.» Im *Cairo Targum B* sagt er: «Es ist dem Menschensohn unmöglich, sich zu verstecken» (Fitzmyer, 1979b, S. 152). Hier läßt Fitzmyer den «Menschensohn» als indirekte Selbstbezeichnung des Sprechers gelten. Der fragliche Satz läßt sich aber ebensowohl als allgemeine Feststellung verstehen. Und als Umschreibung für eine bestimmte Person ist der allgemeine Begriff mit Sicherheit nur in Fällen zu verstehen, in denen die Aussage sich auf den allgemeinen Begriff nicht beziehen kann. Zwar bin auch ich gemeint, wenn von allen Menschen die Rede ist, aber nicht alles, was von mir gesagt werden kann, kann von allen Menschen gesagt werden. Wenn ich etwa sage: «Bei diesem Wetter würde man doch keinen Hund vor die Tür jagen», meine ich, daß soviel Herz für seine Mitgeschöpfe jeder haben sollte, ich selbst genau wie jeder andere. Das «man» verweist also nicht in besonderer Weise auf mich selbst. Wenn ich aber sage: «Man kann doch nicht bei Woolworth einkaufen», soll das jedoch offenbar heißen, daß eine Person, die sich etwas Besseres leisten kann, als da zu haben ist, und Geschmack hat – wie ich –, das nicht tut. In dieser Aussage verweist das «man» in besonderer Weise auf mich selbst. Wenn Jesus also von dem «Menschensohn» im allgemeinen unbestimmten Sinn sprach, hätte er sich selbst damit nicht mehr als jeden anderen gemeint. Wo er in den Evangelien des Neuen Testaments Aussagen über den «Menschensohn» macht, betreffen diese aber zweifellos im besonderen Sinn ihn selbst. Doch hat man in diesen Aussagen das Ende, nicht den Anfang des Prozesses. Bis jetzt ist nicht zweifelsfrei bewiesen, daß im hebräischen oder aramäischen Sprachgebrauch üblich gewesen wäre, von «einem Menschensohn» zu reden, wenn man speziell sich selbst meinte. So «kann man sich» (mit Fitzmyer, 1979b, S. 154) «wohl fragen, ob man darauf verfallen wäre, einen solchen Sprachgebrauch zu vermuten und zu suchen, gälte es nicht, jene Reden Jesu im Neuen Testament zu erklären».

Demnach muß einstweilen angenommen werden, daß, wenn Jesus von dem «Menschensohn» sprach, seine Zuhörer zunächst nur verstehen konnten, daß vom Menschen im allgemeinen die Rede wäre. Es sei denn, aus dem Zusammenhang wäre hervorgegangen, daß «einer wie ein Menschensohn» gemeint sei, von dem man bei Daniel 7,13 liest. Ob das aber der Fall war, ist nun an Texten zu untersuchen, in denen Jesus vom apokalyptischen Menschensohn spricht.

Mit den Wolken des Himmels kommen

Das Inventar der Texte, in denen vom apokalyptischen «Menschensohn» die Rede ist, umfaßt achtzehn Überlieferungskomplexe, von denen sechs mehrfach bezeugt sind (Anhang 4). Wie gewöhnlich werde ich vor allem diese mehrfach bezeugten Komplexe zum Gegenstand meiner Untersuchung machen. Dabei begegnet aber eine auf den ersten Blick nicht sichtbare Schwierigkeit. Zunächst nämlich scheint das Verhältnis von sechs mehrfach bezeugten zu einem Dutzend nur einfach bezeugten Komplexen dem bei der Überlieferung insgesamt zu beobachtenden zu entsprechen. Doch bei näherem Zusehen zeigt sich, und das ist höchst bemerkenswert, daß nicht bei einem einzigen dieser sechs Komplexe der «Menschensohn» in mehr als einer einzigen Quelle vorkommt. Und wenn man das Inventar so erweitert, daß es über den apokalyptischen «Menschensohn» hinaus alle Erwähnungen des «Menschensohns» umfaßt, findet man, daß von vierzig Komplexen nur ein einziger mehr als eine Quelle für das Reden vom «Menschensohn» hat (Anhang 4). Mit anderen Worten: Während das Reden vom apokalyptischen «Menschensohn» nach dem Verhältnis 18 : 6 + 12 und vom «Menschensohn» überhaupt nach dem Verhältnis 40 : 14 + 26 dargestellt werden kann, ist das Wort «Menschensohn» selbst doch nur in dem Verhältnis 18 : 0 + 18 und 40 : 1 + 39 bezeugt. Dieses ungewöhnliche Verhältnis wird sich bei meiner Untersuchung als von ausschlaggebender Bedeutung erweisen.

Jesu apokalyptische Wiederkunft

Der erste zu untersuchende Komplex ist 2 *Jesu apokalyptische Wiederkunft* [1/6] wegen der äußerst hohen Zahl von Zeugnissen, die sich dafür verbürgen, wenn auch nur in einer einzigen der Quellen, nämlich bei Markus, der «Menschensohn» ausdrücklich genannt wird.

Die erste Quelle ist der erste Brief des Paulus an die Thessalonicher. Einige Mitglieder der Gemeinde in Thessalonich sind offenbar bestürzt, daß manche von ihnen schon vor der triumphalen Wiederkunft Jesu in der Parusie gestorben sind. Paulus versichert den Bestürzten, mutmaßlich gestützt auf ein prophetisches Wort des himmlischen Herrn, daß nicht die Lebendigen, sondern die Toten den apokalyptischen Christus als erste sehen werden, die Toten den Lebendigen also in nichts nachstehen, sondern diesen eher etwas voraushaben.

> «Brüder, wir wollen euch über die Verstorbenen nicht in Unkenntnis lassen, damit ihr nicht trauert wie die anderen, die keine Hoffnung haben. Wenn Jesus – und das ist unser Glaube – gestorben und auferstanden ist, dann wird Gott durch Jesus auch die Verstorbenen

zusammen mit ihm zur Herrlichkeit führen. Denn dies sagen wir euch nach einem Wort des Herrn: Wir, die Lebenden, die noch übrig sind, wenn der Herr kommt, werden den Verstorbenen nichts voraushaben. Denn der Herr selbst wird vom Himmel herabkommen, wenn der Befehl ergeht, der Erzengel ruft und die Posaune Gottes erschallt. Zuerst werden die in Christus Verstorbenen auferstehen; dann werden wir, die Lebenden, die noch übrig sind, zugleich mit ihnen auf den Wolken in die Luft entrückt, dem Herrn entgegen. Dann werden wir immer beim Herrn sein. Tröstet also einander mit diesen Worten!»
(1.Thessalonicher 4,13–18)

Man bemerke zunächst, daß Paulus dem zukünftigen Jesus den Titel «der Herr» gibt, welchen Titel er an der zitierten Stelle viermal wiederholt. Weder hier noch sonst irgendwo erwähnt er je den «Menschensohn». Weiter, daß offenbar nacheinander Christi Befehlsruf, die Stimme des Erzengels und die Posaunen Gottes die apokalyptische Wiederkunft des Herrn ankündigen werden. Schließlich heißt es, daß «wir, die Lebenden ... auf den Wolken in die Luft entrückt» werden sollen. Und das erinnert an Daniel 7,13. In der Tat ist bei 1.Thessalonicher 4,13–18 allein diese Erwähnung der Wolken vielleicht als Anspielung auf Daniel 7 zu verstehen. «Mit den Wolken des Himmels» kam «einer wie ein Menschensohn», und «auf den Wolken ..., dem Herrn entgegen», werden die Lebenden entrückt werden. Ich bin fast geneigt, diese Übereinkunft für zufällig zu halten, kann mich aber dennoch nicht dazu entschließen. Denn warum läßt Paulus der Bestimmung «auf den Wolken» gleich darauf die weitere «in die Luft» folgen? Wenn denn der gemeinte Ort zwischen Erde und Himmel ist, also in der «Luft», weshalb war es nötig, Wolken überhaupt zu erwähnen? Überdies findet man, wie wir gleich sehen werden, anderswo «Wolken» in unverkennbarem Bezug auf Daniel 7,13 erwähnt. Und das nötigt uns zu dem Schluß, daß es, wenn in der Tat 1.Thessalonicher 4,13–18 Daniel 7,13 zur Voraussetzung hat, für Paulus im Jahre 50 n. Chr. sehr wohl möglich war, sich die Wiederkunft Jesu als die Erfüllung jener Prophezeiung vorzustellen, ohne dabei von Jesus als «einem wie ein Menschensohn» zu sprechen, geschweige denn, ihm den *Titel* «Menschensohn» zu geben. Wenn das nur bei dieser einzigen Gelegenheit unterblieben wäre, könnte man sagen, Paulus habe hier den Titel «Menschensohn» einfach durch den anderen «der Herr» ersetzt. Aber bei der weiter unten zitierten Stelle Didache 16,6–8 haben wir den gleichen Fall. Es scheint also, daß es ursprünglich weniger auf einen bestimmten Ausdruck oder Titel ankam als vielmehr auf den ganzen Text, der ein Bild bot, in dem das Kommen nicht Gottes, sondern Jesu zum apokalyptischen Gericht vorstellbar war. Demnach wäre Daniels Vision nicht deshalb später besondere Bedeutung beigelegt worden, weil darin ein «Menschensohn» erschien, sondern umgekehrt: der Titel «Menschensohn» wäre zu seiner späteren Bedeutung gekommen, weil er in Daniels Vision vorkam.

All das ist sehr viel deutlicher bei der zweiten Quelle dieses Komplexes in 2 *Jesu apokalyptische Wiederkunft* [1/6]. Hier ist die Beziehung auf Daniel 7,13–14 unverkennbar, und «der Menschensohn» ist ebenso unverkennbar ein Titel Jesu.

> «Aber in jenen Tagen, nach der großen Not, wird sich die Sonne verfinstern, und der Mond wird nicht mehr scheinen; die Sterne werden vom Himmel fallen, und die Kräfte des Himmels werden erschüttert werden. Dann wird man den Menschensohn mit großer Macht und Herrlichkeit auf den Wolken kommen sehen. Und er wird die Engel aussenden und die von ihm Auserwählten aus allen vier Windrichtungen zusammenführen, vom Ende der Erde bis zum Ende des Himmels.»
> (Markus 13,24–27 = Matthäus 24, 29, 30c–31 = Lukas 21,25–28)

«Auf den Wolken» werden sie des Menschen Sohn kommen sehen, wo der Angabe des ersten Briefes an die Thessalonicher zufolge die Entrückten dem Herrn begegnen werden. Im ersten dieser beiden auf Daniel 7,13 bezüglichen und relativ sicher datierbaren Zeugnisse wird also «der Herr» als apokalyptischer Richter erwartet, während in dem zweiten, aus viel späterer Zeit, der Erwartete als «Menschensohn» bezeichnet wird. Das bedarf weiterer Erörterung, wie auch die Frage, weshalb Markus sagt, daß die Menschen den apokalyptischen Richter kommen *sehen* werden, Paulus aber nicht.

Die nächsten beiden Zeugnisse dieses Komplexes müssen gemeinsam gewürdigt werden, denn sie gehen auf ein und dieselbe Quelle zurück. Matthäus 24 schöpft aus drei verschiedenen apokalyptischen Quellen. 1) Matthäus 24,1–25, 29, 30b folgt Markus 13; 2) Matthäus 24,26–28, 37–51 ist 2Q entnommen; 3) Matthäus 24,10–12, 30a verrät eine auch bei Didache 16,3–8 nachweisbare Quelle (Kloppenborg, 1979).

> «Danach wird das Zeichen des Menschensohnes am Himmel erscheinen; dann werden alle Völker der Erde jammern und klagen.»
> (Matthäus 24,30a)
> «Und dann werden offenbar werden die Zeichen der Wahrheit: Zuerst das Zeichen der Öffnung am/im Himmel, danach das Zeichen des Trompetenstoßes, und drittens die Auferstehung der Toten. Nicht aller aber, sondern wie gesagt worden ist: ‹Es wird kommen

der Herr und alle Heiligen mit ihm.› Dann wird die Welt sehen den Herrn, kommend auf den Wolken des Himmels.»
(Didache 16,6–8; deutsch von A. Lindemann und H. Paulsen, 1992)

Die gemeinsame Quelle ist in Didache 16,6–8 sehr viel deutlicher als bei Matthäus 24,30a, weil die Stelle, an der sie dort erscheint, die Verse 29–31 nämlich, im übrigen ganz Markus 13,24–27 entnommen ist. Was uns hier aber interessieren muß, ist, daß Didache 16,6–8 wie 1. Thessalonicher 4,13–18 den erwarteten apokalyptischen Richter als «den Herrn» bezeichnet, während bei Matthäus 24,30a vom «Menschensohn» die Rede ist. Welcher von den beiden Texten gibt ihm den in der gemeinsamen Quelle genannten Titel? Es ist nicht einzusehen, warum Didache 16,6–8 den Titel «Menschensohn» hätte unterschlagen sollen, wäre er in der Quelle genannt; andererseits könnte Matthäus gerade an dieser Stelle, der unmittelbar (im nächsten Halbvers 24,30b) die aus Markus 13,26 übernommene Erwähnung des «Menschensohns» folgt, sehr wohl und mit gutem Grund den Hinweis auf ebendiesen «Menschensohn» hinzugefügt haben. Ich bin deshalb der Meinung, daß auch in diesem Fall in dem (freilich ebenfalls an Daniel 7,13 anknüpfenden) älteren Text der apokalyptische Richter als «der Herr» bezeichnet und erst in dem späteren «der Menschensohn» genannt wurde.

Die letzten beiden Zeugnisse für diesen Komplex 2 *Jesu apokalyptische Wiederkunft* [1/6] geben viel Aufschluß über diesen Umwandlungsprozeß.

«einer der Soldaten stieß mit der Lanze in seine Seite ..., damit sich das Schriftwort erfüllte ...: Sie werden auf den blicken, den sie durchbohrt haben.»
(Johannes 19,34.36–37)
«Siehe, er kommt mit den Wolken, und jedes Auge wird ihn sehen, auch alle, die ihn durchbohrt haben; und alle Völker der Erde werden seinetwegen jammern und klagen. Ja, amen.»
«und mitten unter den Leuchtern einen, der wie ein Mensch aussah; er war bekleidet mit einem Gewand, das bis auf die Füße reichte, und um die Brust trug er einen Gürtel aus Gold.»
«Dann sah ich eine weiße Wolke. Auf der Wolke thronte einer, der wie ein Menschensohn aussah. Er trug einen goldenen Kranz auf dem Haupt und eine scharfe Sichel in der Hand.»
(Offenbarung 1,7.13; 14,14)

Hier, bei Johannes 19 und Offenbarung 1,7, wird deutlich, weshalb bei Markus 13,26 und Didache 16,8 ausdrücklich gesagt wird, daß die Menschen den künftigen apokalyptischen Richter «sehen» werden. Beide Prophezeiungen, und die bei Matthäus 24,30a ausgesprochene desgleichen, bestätigen unverkennbar eine dem Propheten Sacharja zuteil gewordene Offenbarung.

> «Doch über das Haus David und über die Einwohner Jerusalems werde ich den Geist des Mitleids und des Gebets ausgießen. Und sie werden auf den blicken, den sie durchbohrt haben. Sie werden um ihn klagen, wie man um den einzigen Sohn klagt; sie werden bitter um ihn weinen, wie man um den Erstgeborenen weint.»
> (Sacharja 12,10)

Dem Text des Johannesevangeliums zufolge wurde diese Verheißung bei der Kreuzigung erfüllt und wird sich, wie die bei Daniel 7,13 gegebene, dem Text der Offenbarung 1,7 zufolge, bei der Parusie vollends erfüllen. «Sehen» und «blicken» ist in diesen Texten mit dem gleichen Verbum gesagt, das auch bei Markus 13,26 und Didache 16,8 steht. Mit anderen Worten, die Verbindung der Verheißungen bei Sacharja 12,10 und Daniel 7,13, auf die bei Johannes 19,37 nichts zurückweist, die der Offenbarung 1,7 aber unverkennbar vorausgesetzt sind, geben im geheimen dem «Sehen» der Menschen am Jüngsten Tag, wo immer bei den Schilderungen, die diesen antizipieren, davon gesprochen wird, den tiefen Sinn. Der Bogen von der Passion zur Parusie wurde zuerst bei Sacharja 12,10 geschlagen, und erst in der Folge wurde die Parusie der Vision Daniels 7,13 entsprechend vorgestellt.

Die beiden letzten aus der Offenbarung zitierten Texte (1,13 und 14,14) reden von Jesus wie Daniel 7,13 als von einem, der wie ein Menschensohn war, welches Wort ihm nicht als Titel beigegeben war, sondern ihn schlichtweg als die himmlische Gestalt dieser apokalyptischen Vision kennzeichnen sollte.

Zu schließen ist aus alledem zweierlei. Zunächst, daß die den «Menschensohn» betreffende Überlieferung keineswegs mit dem eigenen Worte Jesu begann, sondern erst nach der Kreuzigung bei der Meditation über Sacharja 12,10. Sodann wurde diese Prophezeiung mit der Vision Daniel 7,13 zusammengebracht und blieb schließlich als Ursprung dieser Überlieferung nur noch dadurch zu erahnen, daß sich das Verb «sehen» oder «blicken» in Zusammenhang mit dem kommenden Weltenrichter hartnäckig hielt. Andererseits ist festzustellen, daß, obwohl alle Daniel 7,13 voraussetzen, manche frühen Zeugen es nicht für erforderlich hielten, Jesus den Titel «Menschensohn» zu geben, während andere das taten. So sprechen Paulus und Didache 16 von Jesus als dem wiederkommenden «Herrn», während in der Offenbarung 1,13 sowie 14,14 die bei Daniel 7,13 gegebene Beschreibung «wie ein Menschensohn» aufgegriffen wird. Andererseits wird im Hebräerevangelium, in der Spruchquelle Q und bei Markus dem Herrn der Titel «Menschensohn» gegeben. Diese frühe Trennung wäre kaum zu erklären, wenn Jesus selbst unter Berufung auf Daniel 7,13 den Titel «Menschensohn» in Anspruch genommen hätte.

Vor den Engeln

Der zweite Komplex, dem wir uns zuwenden müssen, ist 28 *Vor den Engeln* [1/4], und auch hier ist der Titel «Menschensohn» nur einmal bezeugt, bei Markus.

Vor mehr als dreißig Jahren hat Ernst Käsemann im Neuen Testament «Sprüche des heiligen Gesetzes» aufgespürt, nämlich Androhungen oder Verheißungen dessen, was der Mensch von Gott am Jüngsten Tag zu gewärtigen hat, je nachdem, wie er auf Erden gehandelt hat. Diese Urteilssprüche ziehen ihre rhetorische Wirksamkeit nicht zuletzt aus der Verwendung des gleichen Verbums für das Jetzt und das Jenseits und zeugen von der zur Zeit ihrer Formulierung noch sehr lebendigen Naherwartung des Gerichts. Die Vollstreckung dieser Urteile durch Gott selbst wird angekündigt entweder ausdrücklich oder implizit, wo das zukünftige Geschehen ins Passiv gesetzt oder in einem Fluch ausgesprochen ist. Hier sind Beispiele aller drei Gestalten solcher Urteile aus dem 1. Brief des Paulus an die Korinther:

> «Wer den Tempel Gottes verdirbt, den wird Gott verderben.»
> «Wer das nicht anerkennt, wird nicht anerkannt.»
> «Wer den Herrn nicht liebt, sei verflucht.»
> (1. Korinther 3,17a; 14,38; 16,22a)

In allen drei Fällen wird hier gedroht, nicht verheißen. Ebenso negativ formuliert sind die Sprüche, die man in Galater 1,9 und Offenbarung 22,18–19 findet. Sowohl negativ als auch positiv ausgedrückt sind die apokalyptischen Sanktionen nach dem Muster von 60 *Maß für Maß* [1/3] wie 118, *Gericht für Gericht* [1/2], 370 *Gnade für Gnade* [3/2], 382 *Gabe für Gabe* [3/2], 441 *Verdammung für Verdammung* [3/1], 481 *Tat für Tat* [3/1] und 482 *Freundlichkeit für Freundlichkeit* [3/1]. Es hat den Anschein, als wären die ursprünglicheren Sanktionen negativ, doch wäre es jedenfalls sehr leicht, eine rein negativ formulierte Fassung in eine ausgewogene, sowohl negativ wie auch positiv ausgedrückte Gestalt umzuwandeln. So wird zum Beispiel bei 27 *Vergebung für Vergebung* [1/4] die ausschließlich positive Formulierung bei Markus von Matthäus verdoppelt zur ausgewogenen Gesamtheit aus sowohl positiver wie auch negativer. Alles in allem also waren die apokalyptischen Sanktionen Drohungen und Verheißungen, denen zufolge die irdischen Taten des Gläubigen von ähnlichen Taten Gottes im Himmel bestraft oder belohnt werden würden. Und die ursprüngliche Wirksamkeit dieser Gerichtssprüche setzte nicht bei der Erwartung des individuellen Todes des Gläubigen an, sondern bei der des als nahe bevorstehend vorgestellten Jüngsten Gerichts. Und in diesem sehr viel weiteren Zusammenhang, als ihn die Stellen, wo «der Menschensohn» zur Sprache kommt, für sich allein herstellen, muß der Komplex 28 *Vor den Engeln* [1/4] gewürdigt werden. Man betrachte zunächst diese beiden Zeugnisse.

(1) «Ich sage euch: Wer sich vor den Menschen zu mir bekennt, zu dem wird sich auch der Menschensohn vor den Engeln Gottes bekennen. Wer mich aber vor den Menschen verleugnet, der wird auch vor den Engeln Gottes verleugnet werden.»

(2) «Wer sich nun vor den Menschen zu mir bekennt, zu dem werde auch ich mich vor meinem Vater im Himmel bekennen. Wer mich aber vor den Menschen verleugnet, den werde auch ich vor meinem Vater im Himmel verleugnen.»
(Spruchquelle Q, 2Q: Lukas 12,8–9 = Matthäus 10,32–33)

Das sind, deutlich genug, apokalyptische Sanktionen in ausgewogen positiver und negativer Fassung; daran ist nichts Überraschendes. Doch gibt es zwei bemerkenswerte Unterschiede zwischen Lukas und Matthäus. Bei Lukas wird vom «Menschensohn» gesprochen, und was dieser tun wird, ist ins Passiv gesetzt, während bei Matthäus Jesus direkt von sich spricht und nicht sagt, was angetan werden wird, sondern was er tun wird. Sodann entspricht dem «vor den Menschen» auf Erden im Himmel bei Lukas «vor den Engeln», bei Matthäus aber «vor meinem Vater». Wie mag nun der Text der Spruchquelle, auf den beide zurückgehen, gelautet haben? Meines Erachtens könnte es da geheißen haben:

«Jeder, der sich zu mir bekennt vor den Menschen, wird anerkannt werden vor den Engeln meines Vaters; wer mich aber vor den Menschen verleugnet, wird verleugnet werden vor den Engeln meines Vaters.»
(Rekonstruktion der Spruchquelle Q 12,8–9)

So wäre aus der ursprünglichen Parallelität passiver Verbformen bei Matthäus die Parallelität von «Ich» und «Ich», bei Lukas des «Menschensohns» und einer verbliebenen Passivform geworden. Demnach war es Lukas, der den Titel hier einführte, und das wird er wohl getan haben, weil seine andere Quelle, das Markusevangelium, sie an dieser Stelle schon enthielt.

(1) «Denn wer sich vor dieser treulosen und sündigen Generation meiner und meiner Worte schämt, dessen wird sich auch der Menschensohn schämen, wenn er mit den heiligen Engeln in der Hoheit seines Vaters kommt.»

(2) «Der Menschensohn wird mit seinen Engeln in der Hoheit seines Vaters kommen und jedem Menschen vergelten, wie es seine Taten verdienen.»

(3) «Denn wer sich meiner und meiner Worte schämt, dessen wird sich der Menschensohn schämen, wenn er in seiner Hoheit kommt und in der Hoheit des Vaters und der heiligen Engel.» (Markus 8,38; Matthäus 16,27; Lukas 9,26)

Könnte aber Markus, da er unabhängig von der Spruchquelle Q ist, eine ursprünglichere Fassung des Spruchs bewahren, in der vom «Menschensohn» die Rede gewesen wäre? Das ist aus zwei Gründen unwahrscheinlich: einerseits, weil die grammatische Konstruktion als handelnde Person Gott erwarten läßt, oder ein Passiv, wie in der rekonstruierten Fassung der Spruchquelle; andererseits in Anbetracht der Formulierungen der beiden folgenden Aussagen aus einer jüngeren Überlieferungsschicht:

«Wer siegt, wird ebenso mit weißen Gewändern bekleidet werden. Nie werde ich seinen Namen aus dem Buch des Lebens streichen, sondern ich werde mich vor meinem Vater und vor seinen Engeln zu ihm bekennen.»
(Offenbarung 3,5)
«wenn wir standhaft bleiben, werden wir auch mit ihm herrschen; wenn wir ihn verleugnen, wird auch er uns verleugnen.»
(2.Timotheus 2,12)

Die letzten Teile dieser beiden Verse geben den gleichen Vorgang einmal positiv, einmal negativ gefaßt, und der Handelnde ist in beiden Fällen, einmal in der ersten Person selbst redend, einmal in der dritten Person eingeführt, Jesus.

Aus alledem kann geschlossen werden, daß 28 *Vor den Engeln* [1/4] sich über drei Stadien entwickelt hat. In der ersten Fassung, die diejenige der Spruchquelle Q gewesen zu sein scheint, war nur die passive Verbform gebraucht. Im zweiten Stadium wurde als Sprechender und Handelnder in der ersten oder als Handelnder in der dritten Person Jesus selbst eingeführt. Dieses Stadium hat man bei Matthäus 10,32–33 sowie, bei nur negativem Ausdruck, in 2.Timotheus 2,12b und, nur positiv ausgedrückt, in Offenbarung 3,5c. Das dritte Stadium ist erreicht, wo Markus 8,38 den «Menschensohn» in die alleinstehende negative Formulierung einsetzt, was dann den Gebrauch des Titels in der positiven Formulierung der ersten Hälfte der entsprechenden Aussage der Spruchquelle Q bei Lukas 12,8–9 zur Folge hat. Bei alledem sind wir von dem historischen Jesus weit entfernt. Die Form des Komplexes 28 *Vor den Engeln* [1/4] ist eine apokalyptische Sanktion der frühen Kirche. Erst Markus führte den Titel «Menschensohn» dabei ein. Und Markus durfte natürlich voraussetzen, daß der Leser, der ihm bis zu der fraglichen Stelle (8,38) gefolgt war, wissen würde, daß «der Menschensohn» kein anderer als Jesus selbst war.

Die Gefahr kennen

Der dritte Komplex 12 *Die Gefahr kennen* [1/4] bestätigt, was wir bei der Untersuchung der ersten beiden gefunden haben. Nur eine Quelle nennt Jesus den «Menschensohn», und diesmal handelt es sich dabei um die Spruchquelle Q. Wenn man auch auf eine unbekannte Gefahr gefaßt sein mag wie auf einen «Dieb in der Nacht», so überrascht es doch, Jesu apokalyptische Wiederkunft mit dem Eindringen eines solchen verglichen zu finden:

> «Deshalb sage ich: Wenn der Hausherr weiß, daß der Dieb kommt, wird er wachen, bis er kommt, und er wird ihn nicht sich hineingraben lassen in sein Haus, daß er seine Sachen weghole. Ihr aber wacht vor der Welt! Gürtet euch über euren Lenden mit großer Kraft, damit kein Räuber einen Weg finde, zu euch zu kommen. Denn den Nutzen (?), den ihr erwartet, werden sie finden.»
> «Jesus sprach: Selig der Mensch, der weiß, in welchem Teile (wo) die Räuber hereinkommen, daß (er) sich erhebe und sein (...) sammle und sich gürte über seiner Hüfte, bevor sie hereinkommen.»
> (Thomasevangelium 21b, 103)

Es scheint da eine Verschiebung des Bildes stattzufinden, insofern bei 103 geraten wird, des Ortes gewahr zu sein, wo ein Räubereinfall stattfinden könne, während bei 21b ermahnt wird, auf die Zeit acht zu haben, in der der Dieb einbrechen möge (Crossan, 1983a, S. 61–64). Anscheinend gab es einen Spruch wie den im Thomasevangelium 103, der über ein Zwischenstadium, wie bei 21b, auf Jesus bezogen wurde, wie in der Spruchquelle Q. Aber man vergleiche nun die letztere Fassung mit den anderen Zeugnissen dieses Komplexes.

> «Ihr selbst wißt genau, daß der Tag des Herrn kommt wie ein Dieb in der Nacht.»
> (1.Thessalonicher 5,2)
> «Der Tag des Herrn wird aber kommen wie ein Dieb. Dann wird der Himmel prasselnd vergehen, die Elemente werden verbrannt und aufgelöst, die Erde und alles, was auf ihr ist, werden (nicht mehr) gefunden.»
> (2.Petrus 3,10)
> «Bedenkt: Wenn der Herr des Hauses wüßte, in welcher Stunde der Dieb kommt, so würde er verhindern, daß man in sein Haus ein-

bricht. Haltet auch ihr euch bereit! Denn der Menschensohn kommt zu einer Stunde, in der ihr es nicht erwartet.»
(Spruchquelle Q, 2Q: Lukas 12,39–40 = Matthäus 24,43–44)
«Denk also daran, wie du die Lehre empfangen und gehört hast. Halte daran fest, und kehr um! Wenn du aber nicht aufwachst, werde ich kommen wie ein Dieb, und du wirst bestimmt nicht wissen, zu welcher Stunde ich komme.»
(Offenbarung 3,3)
«Siehe, ich komme wie ein Dieb. Selig, wer wach bleibt und sein Gewand anbehält, damit er nicht nackt gehen muß und man seine Blöße sieht.»
(Offenbarung 16,15)

Der Dieb ist «der Herr» bei Paulus, 1.Thessalonicher 5,2 sowie in dem mutmaßlich von Paulus abhängigen 2.Petrus 3,10. In der Offenbarung 3,3 und 16,15 ist der Dieb das «Ich» Jesu. Nur bei Q wird der Dieb als der «Menschensohn» identifiziert. Ich schließe daraus, daß der «Menschensohn» als «Dieb» nicht ursprünglich Teil der Überlieferung war, sondern dieser erst in der apokalyptischen Schicht der Spruchquelle Q hinzugefügt wurde.

Jakobus offenbart
Der vierte Komplex ist 30 *Jakobus offenbart* [1/3], bei dem gleichfalls der «Menschensohn» nur in einer Quelle vorkommt. Hier die drei Zeugnisse:

«Danach erschien er dem Jakobus, dann allen Aposteln.»
(1.Korinther 15,7)
«Die Jünger sprachen zu Jesus: Wir wissen, daß du von uns gehen wirst; wer wird (dann) groß sein über uns? Jesus sprach zu ihnen: An (dem) Orte, zu dem ihr (dann) gekommen seid, werdet ihr zu Jakobus dem Gerechten gehen, um dessetwillen der Himmel und die Erde entstanden.»
(Thomasevangelium 12)
«Als aber der Herr das Leintuch dem Knecht des Priesters gegeben hatte, ging er zu Jakobus und erschien ihm. Jakobus hatte nämlich geschworen, er werde kein Brot mehr essen von jener Stunde an, in der er den Kelch des Herrn getrunken hatte, bis er ihn von den Entschlafenen auferstanden sähe. Und kurz darauf sagte der Herr: Bringet einen Tisch und Brot! (...) Er nahm das Brot, segnete es und brach es und gab es Jakobus dem Gerechten und sprach zu ihm: Mein Bruder, iß dein Brot, denn der Menschensohn ist von den Entschlafenen auferstanden.»
(Hebräerevangelium 7)

Ich zitiere diese drei Stellen trotz ihres übrigens ganz unterschiedlichen Inhalts, weil sie offenbaren, daß dem Apostel Jakobus in einem Teil der früheren Überlieferung eine besonders bedeutsame Rolle zugeschrieben wird. Für den hier gegebenen Zusammenhang ist wichtig, daß der «Menschensohn» auch in diesem Komplex nur einmal bezeugt ist. Dabei ist nicht leicht zu sagen, wie die Selbstbezeichnung des Auferstandenen als «Menschensohn» im Hebräerevangelium zu verstehen ist, ob apokalyptisch oder irdisch, ob vom Schmerzensmann oder dem Auferstandenen die Rede ist. Wahrscheinlich sollten wir, wie auch der Gebrauch lehrt, den Johannes von dem Titel macht, zwischen diesen verschiedenen möglichen Bedeutungen nicht allzu genau zu unterscheiden versuchen.

Ein Zeichen begehren

Der fünfte Komplex ist 122 *Ein Zeichen begehren* [1/2], und die beiden Zeugnisse, die ihn bilden, unterscheiden sich wie diejenigen der bisher untersuchten, insofern eines den «Menschensohn» erwähnt, das andere nicht. Der neuesten Untersuchung von John Kloppenborg zufolge (1987, S. 128–134) sind die frühesten überlieferten Texte die folgenden:

> «Diese Generation ist böse. Sie fordert ein Zeichen; aber es wird ihr kein anderes gegeben werden als das Zeichen des Jona.»
> (Spruchquelle Q, 2Q: Lukas 11,29b =Matthäus 12,39b; 16,4)
> «Was fordert diese Generation ein Zeichen? Amen, das sage ich euch: Dieser Generation wird niemals ein Zeichen gegeben werden.»
> (Markus 8,12b)

Ich war einst geneigt, die Fassung des Markus für die ursprünglichere zu halten (1973, S. 6), habe mich inzwischen aber von Kloppenborg auf die Möglichkeit hinweisen lassen, daß Markus, da er die öffentliche Legitimation Jesu für Uneingeweihte verweigert, eine ursprünglich längere, das Zeichen des Jona betreffende Überlieferung zur einfachen Verweigerung eines Zeichens verkürzt haben könnte (1987, S. 129). Aber, das einmal angenommen, könnte nicht der ursprüngliche Text auch den folgenden von Markus ebenfalls ausgelassenen Vers enthalten haben?

> (1) «Denn wie Jona drei Tage und drei Nächte im Bauch des Fisches war, so wird auch der Menschensohn drei Tage und drei Nächte im Innern der Erde sein.»
> (2) «Denn wie Jona für die Einwohner von Ninive ein Zeichen war, so wird es auch der Menschensohn für diese Generation sein.»
> (Spruchquelle Q, 2Q: Matthäus 12,40 = Lukas 11,30)

Zunächst ist zu bemerken, daß die erste Fassung von Markus nicht überliefert, sondern von ihm selbst geschaffen ist, denn, wie Kloppenborg bemerkt, «Q weist nirgends ausdrücklich auf die Auferstehung hin» (1987, S. 132). Lukas behält die ursprüngliche Erklärung der Spruchquelle Q bei, daß wie einst für Jona so jetzt für Jesus gilt, daß das einzige Zeichen des nahen Gerichts die Predigt davon ist. Sodann kann aufgrund der Forschungen von Richard Edwards und Daryl Schmidt behauptet werden, daß der erklärende Hinweis eine Zutat der Spruchquelle Q zur Überlieferung ist, man also 2Q: Lukas 11,29b–30 = Matthäus 12,39b–40 nicht als ihr schon fertig gegebene Überlieferungseinheit ansehen kann. Schon vor über zwanzig Jahren machte Richard Edwards auf eine stilisierte Redegestalt der Spruchquelle Q aufmerksam, die er als «eschatologisches Korrelativ» bezeichnete (1969, 1971). Darin wurde die «Menschensohn»-Erwartung ausgesprochen. Beispiele, die man alle nur aus dieser Quelle hat, sind 174 *Wie der Blitz* [1/1], 175 *Wie zu den Zeiten Noahs* [1/1] und 176 *Wie zu den Zeiten Lots* [1/1]. Jedesmal wird ein Ereignis der Natur oder der biblischen Geschichte als Muster dessen genannt, was der rächende Menschensohn in naher Zukunft tun wird. So könnte auch hier, innerhalb des Komplexes 122 *Ein Zeichen begehren* [1/2] der Abschnitt 2Q: Lukas 11,30 = Matthäus 12,40 «*Wie Jona*» benannt werden. Edwards meinte, in den Sprüchen dieser Art eine Schöpfung der Q-Gemeinde sehen zu dürfen, doch sollte man ihr wohl nur eine Vorliebe für derartige Formulierungen zuschreiben. Daryl Schmidt hat nämlich bei einer Untersuchung der Septuaginta gezeigt, daß schon im Alten Testament eine spezifische Form gebraucht wird, die er als «prophetisches Korrelativ» bezeichnet. Irgendein Ereignis der Natur oder der biblischen Geschichte wird genannt als Muster dessen, was der rächende Gott in naher Zukunft tun wird. Zwei Beispiele mögen genügen:

> «Wie ein Hirt aus dem Rachen des Löwen / (von einem Schaf) nur zwei Wadenknochen rettet oder den Zipfel eines Ohres, so werden Israels Söhne gerettet, / die in Samaria auf ihrem Diwan sitzen / und auf ihren Polstern aus Damaskus.»
> (Amos 3,12)
> «Wie meine Hand die Königreiche der Götter erobert hat, / deren Götterbilder die von Jerusalem und Samaria übertrafen, wie ich es mit Samaria und seinen Göttern gemacht habe, / so mache ich es auch mit Jerusalem und seinen Göttern.»
> (Jesaja 10,10–11)

Ich schließe deshalb Edwards' und Schmidts Einsichten folgend, daß die Spruchquelle Q jenes «prophetische Korrelativ» als «apokalyptisches Korrelativ» angewandt hat, um vom zukünftigen Jesus als dem rächenden «Menschensohn» zu sprechen. «Wie» dies oder das in der Natur oder der biblischen Vergangenheit geschah, «so» würde entsprechend dies oder das geschehen, wenn der Menschensohn wiederkäme. So ist zwar das Zeichen Jonas älter als die Spruchquelle Q oder Markus, doch in Verknüpfung mit der Zukunft des Menschensohns erscheint es zuerst in der apokalyptischen Schicht von Q.

Die unbekannte Zeit

Der sechste Komplex, 188 *Die unbekannte Zeit* [2/4], vergleicht den Wiederkommenden nicht wie 12 *Die Gefahr kennen* [1/4] mit einem Dieb in der Nacht, sondern mit dem spät nachts heimkehrenden Hausherrn.

> «Seht euch also vor, und bleibt wach! Denn ihr wißt nicht, wann die Zeit da ist. Es ist wie mit einem Mann, der sein Haus verließ, um auf Reisen zu gehen: Er übertrug alle Verantwortung seinen Dienern, jedem eine bestimmte Aufgabe; dem Türhüter befahl er, wachsam zu sein. Seid also wachsam! Denn ihr wißt nicht, wann der Hausherr kommt, ob am Abend oder um Mitternacht, ob beim Hahnenschrei oder erst am Morgen. Er soll euch, wenn er plötzlich kommt, nicht schlafend antreffen. Was ich aber euch sage, das sage ich allen: Seid wachsam!»
> (Markus 13,33–37)
> «Seid also wachsam! Denn ihr wißt nicht, an welchem Tag euer Herr kommt.»
> (Matthäus 24,42)
> «Seid also wachsam! Denn ihr wißt weder den Tag noch die Stunde.»
> (Matthäus 25,13)
> «Legt euren Gürtel nicht ab, und laßt eure Lampen brennen! Seid wie Menschen, die auf die Rückkehr ihres Herrn warten, der auf einer Hochzeit ist, und die ihm öffnen, sobald er kommt und anklopft. Selig die Knechte, die der Herr wach findet, wenn er kommt. Amen, ich sage euch: Er wird sich gürten, sie am Tisch Platz nehmen lassen und sie der Reihe nach bedienen. Und kommt er erst in der zweiten oder dritten Nachtwache und findet sie wach – selig sind sie.»
> (Lukas 12,35–38)
> «Nehmt euch in acht, daß Rausch und Trunkenheit und die Sorgen des Alltags euch nicht verwirren und daß jener Tag euch nicht plötzlich überrascht, (so) wie (man in) eine Falle (gerät); denn er wird

über alle Bewohner der ganzen Erde hereinbrechen. Wacht und betet allezeit, damit ihr allem, was geschehen wird, entrinnen und vor den Menschensohn hintreten könnt.»
(Lukas 21,34–36)
«Wachet über eurem Leben. Eure Lampen sollen nicht verlöschen und eure Lenden sollen nicht erschlaffen. Sondern seid bereit. Ihr wißt nämlich nicht die Stunde, in welcher unser Herr kommt.»
(Didache 16,1)

Zunächst ist zu bemerken, daß wohl Markus 13,33–37 und Lukas 12,35–38 auf ein und derselben Parabel beruhen, obwohl beide durch die rhetorische Anrede die in der dritten Person gehaltene Parabel umgestaltet haben. Das ursprüngliche, von Markus mehr als von Lukas veränderte Gleichnis spricht von Dienern, die wach bleiben müssen, um dem Herrn die Tür zu öffnen, wenn er von einem Fest heimkehrt. Das Bild überzeugt nicht zuletzt, weil auch im Griechischen der «Herr», den die Christen erwarten, mit dem gleichen Wort bezeichnet wird wie der «Herr» des Hauses. So sagt denn auch die Fassung Didache 16,1, die ich für einen unabhängig überlieferten Rest jener Parabel halte, «unser Herr». Von besonderem Interesse ist jetzt aber, daß in allen diesen Zeugnissen der «Menschensohn» nur einmal, bei Lukas 21,34–36, erwähnt wird. Und Lukas, der Markus bei seiner früheren Verwendung der Parabel, 12,35–38, treuer gefolgt ist, hat in 21,34–36 bei der Wiederaufnahme derselben den «Menschensohn» offenbar um der dramatischen Steigerung des Ausdrucks willen eingefügt. Im übrigen ist bemerkenswert, daß Lukas einen dritten Vergleich der apokalyptischen Wiederkunft Jesu, mit einem Fallstrick, einführt. Alles in allem ist also auch für diesen Überlieferungskomplex festzustellen, daß dabei der «Menschensohn» erst in einem späteren Entwicklungsstadium vorkommt.

Damit liegt ein vorläufiges Ergebnis unserer Untersuchung vor. Nur sechs Texte, in denen vom apokalyptischen «Menschensohn» die Rede ist, sind mehr als einmal bezeugt. Nur in diesen Fällen ist es also möglich, einen Entwicklungsgang der Überlieferung aufzuspüren. Das haben wir zu tun unternommen. Und was sich dabei zeigt, ist sehr überraschend. Leicht könnte man sich ein apokalyptisches Gericht vorstellen, bei dem Jesus als Hauptzeuge der Anklage oder sogar als Ankläger erschiene. Aber in der ganzen Überlieferung wird Jesus stets als apokalyptischer Richter vorgestellt, weshalb also wohl schon früh Daniel 7,13 zur Begründung dieses Zukunftsbilds herangezogen worden sein muß. Wie dort der Alte dem, der «wie ein Menschensohn» war, Gewalt, Ehre und Reich gab, sollte Gott das apokalyptische Gericht Jesus überlassen. In Anbetracht dessen aber ist es erstaunlich, daß in diesen sechs Komplexen nicht ein einziges Mal die Bezeichnung Jesu als «Menschensohn» durch zwei voneinander unabhängige Zeugnisse belegt ist.

Freilich gibt es noch zwölf weitere Komplexe, in denen, jeweils nur einmal bezeugt, vom apokalyptischen «Menschensohn» die Rede ist. Ich gehe von der methodischen Annahme aus, daß diese, entsprechend dem Ergebnis der vorangegangenen Untersuchung, unmittelbar die Spruchquelle Q oder Markus zitieren oder mittelbar über Matthäus oder Lukas auf diese zurückgeführt werden können. Wenn man sich freilich auf einen nur einfach bezeugten Text wie 405 *Städte Israels* [3/1] oder 490 *Den Himmel offen* [4/1] als auf ein authentisches Wort Jesu berufen wollte, hätte man den Vorteil, daß die Schlüsse, die man daraus zöge, nicht als falsch erwiesen werden könnten, wenn auch den Nachteil, daß sie ebensowenig als richtig zu erweisen wären.

Irdischer und himmlischer Menschensohn

Ich bin also der Meinung, daß der Titel des apokalyptischen Richters, «Menschensohn», nicht von Jesus selbst in Anspruch genommen wurde, ja nicht einmal derjenige war, den ihm die frühen christlichen Gemeinden übereinstimmend gaben. Trotz unverkennbarer Anspielungen auf Daniel 7,13 benützt Paulus ihn nicht, er fehlt in der Quelle, die bei Didache 16 benützt ist, und die apokalyptischen Visionäre, gegen die das Thomasevangelium gerichtet ist, scheinen ihn nicht gebraucht zu haben. Dennoch ging er früh in die Überlieferung ein, wie sein Vorkommen in den voneinander unabhängigen Zeugnissen der Spruchquelle Q, dem Hebräerevangelium und bei Markus zeigt. Jedenfalls konnte Jesu Wiederkunft nach dem Muster der bei Daniel 7,13 beschriebenen Vision vorgestellt werden, ohne daß es dabei der Erwähnung des «Menschensohn» bedurft hätte. Weshalb wurde also der Titel überhaupt gebraucht? Weshalb ist die Bezeichnung «Menschensohn» so früh, so leicht und sogar so nachdrücklich zu einem besonderen Titel Jesu innerhalb gewisser Gemeinden und der von diesen begründeten Überlieferungen geworden?

Ich vermute, daß es in den frühen Überlieferungen Texte gab, in denen Jesus von sich als «Menschensohn» im allgemeinen Sinn sprach, und daß solche Texte den Gläubigen den Übergang von der Vorstellung Jesu als apokalyptischen Richter der Vision Daniels zu dessen Identifizierung mit dem von Daniel 7,13 geschauten «Menschensohn» erleichterten.

Füchse haben ihre Gruben

Der Komplex 101 *Füchse haben ihre Gruben* [1/2] ist äußerst wichtig, weil er, wie bereits erwähnt, unter allen vierzig «Menschensohn»-Komplexen der einzige ist, bei dem zwei voneinander unabhängige Zeugen für den Ausdruck bürgen.

> «Jesus sprach: Die Füchse haben ihre Gruben und die Vögel haben ihr Nest; aber der Sohn des Menschen hat keinen Platz, sein Haupt hinzulegen und sich auszuruhen.»
> (Thomasevangelium 86)
> «Als sie auf ihrem Weg weiterzogen, redete ein Mann Jesus an und sagte: Ich will dir folgen, wohin du auch gehst. Jesus antwortete ihm: Die Füchse haben ihre Höhlen und die Vögel ihre Nester; der Menschensohn aber hat keinen Ort, wo er sein Haupt hinlegen kann.»
> (Spruchquelle Q, 1Q: Lukas 9,57–58 = Matthäus 8,19–20)

In der zweiten Fassung ist «Menschensohn» zugleich Titel und Umschreibung; gemeint ist Jesus selbst. Doch gemeint ist der irdische und vergangene Jesus, nicht der zukünftige und apokalyptische Richter. Die dialektische Form des Textes war wohl durch dessen Stellung in der Spruchquelle Q bestimmt, wo er vermutlich unter drei ähnlichen Dialogen stand (Kloppenborg, 1988, S. 64). Man beachte zum Beispiel den strukturierenden Rhythmus: «Einer ... Jesus ... ein anderer ... Jesus ... ein anderer ... Jesus» und «Ich ... will dir folgen ... Folge mir nach! ... ich will dir nachfolgen ...», der die drei Zwiegespräche bei Lukas 9,57–62 gestaltet.

In der ersten Fassung allerdings ist die Form eines Spruches Jesu ohne Dialograhmen beibehalten. Und in diesem Spruch ist die Bezeichnung «Menschensohn» nicht als Umschreibung für den Sprecher gebraucht, geschweige denn als Titel in Anspruch genommen; gemeint ist damit nicht Jesus im besonderen, sondern der Mensch im allgemeinen. Dessen können wir ziemlich sicher sein, denn das Thomasevangelium ist, wie wir sahen, entschieden antiapokalyptisch, und, wenn dessen Kompilator oder Verfasser die Bezeichnung «Menschensohn» apokalyptischer Assoziationen verdächtigt hätten, hätten sie den Ausdruck zweifellos vermieden oder erläutert. Wenn sie ihn also an der zitierten Stelle unkommentiert stehenließen, so weil sie nicht fürchteten, daß er apokalyptisch mißverstanden werden könnte, sondern ihn als Synonym für den Menschen überhaupt gelten ließen, ebenso wie im Thomasevangelium 106 «Söhne des Menschen» einfach «Menschen» heißt (Köster, 1989a, S. 43). Der Spruch, Thomasevangelium 86, sagt – und diese Aussage kann verschieden interpretiert werden –, daß der Mensch, im Gegensatz zu den Tieren, keine feste Bleibe hat auf Erden. Keinen Platz, «sich auszuruhen», heißt es zuletzt. Und andere Sprüche des Thomasevangeliums, wo von «Ruhe» und «Ausruhen» die Rede ist (2,50,51,60), lassen den Begriff «Ruhe» als einen erscheinen, der denen, die dieses Evangelium zusammenstellten, von besonderer theologischer Bedeutung war. Aber abgesehen von diesem Schluß geht der Spruch auf Jesus zurück. Allerdings bedarf es zu seiner Interpretation noch der Untersuchung eines größeren Zusammenhangs. Doch so wie er steht, beweist er jedenfalls, daß schon die Spruchquelle Q mindestens einen Spruch enthielt, in dem Jesus sich der Bezeichnung «Menschensohn» bediente, und das wird den der Vision Daniels 7,13 gedenkenden Gläubigen nahegelegt haben, Jesus von sich selbst als von dem apokalyptischen «Menschensohn» sprechen zu hören.

Herr und Sabbat

Ähnlich liegt der Fall für den bei Markus überlieferten Komplex 220 *Herr und Sabbat* [2/1], der freilich nur einfach bezeugt ist, weshalb ich ihn hier nur ausnahmsweise, gegen meine methodischen Voraussetzungen verstoßend, berücksichtige, doch unter dem Vorbehalt, daß das, was sich aus ihm ergeben sollte, in jedem Fall der Bestätigung durch die aus mehrfach belegten Stellen gezogenen Erkenntnisse bedarf.

> «Und Jesus fügte hinzu: Der Sabbat ist für den Menschen da, nicht der Mensch für den Sabbat. Deshalb ist der Menschensohn Herr auch über den Sabbat.»
> (Markus 2,27 = [!] Matthäus 12,8 = [!] Lukas 6,5)

Einerseits ist hier «Menschensohn» ein Titel, den Jesus sich selbst gibt, wie schon an einer früheren Stelle bei Markus (2,10). Andererseits wird dieser Titel an dieser Stelle einigermaßen zurückgenommen, denn da der Sabbat «für den Menschen da» ist, ist dessen Herr nicht Jesus allein, sondern jeder Menschensohn. Ich nehme an, daß Matthäus und Lukas, jene ersten sehr sorgfältigen Leser des Markus, das Problem erkannten und es auf die gleiche Weise lösten, indem sie den ersten Teil des bei Markus überlieferten Spruchs («Der Sabbat ist für den Menschen da ...») unterdrückten. Ich habe das an anderer Stelle eingehend erörtert (1983a, S. 78–85) und wiederhole hier nur den Schluß, zu dem ich dabei gelangte. Es ist höchst unwahrscheinlich, daß Markus eine Überlieferung wie die in 2,27 mitgeteilte fand und den folgenden Vers hinzufügte. Es ist sehr viel wahrscheinlicher, daß er 2,27–28 zusammen fand und, weil er Wert auf den letzten Vers legte, den ersten durchgehen ließ. Jesu Rede 2,27–28 ist verständlich, aber nur unter der Voraussetzung, daß dem Redner nicht bewußt ist, daß er selber als «Menschensohn» in einem nicht gewöhnlichen besonderen

Sinn gilt. Denn schließlich ist da weiter nichts gesagt, als daß der Sabbat für die Menschen, nicht die Menschen für den Sabbat gemacht und mithin die Menschen Herren des Sabbats sind. Da mir meine methodische Voraussetzung verbietet, nur einfach bezeugte Aussagen als solche über den historischen Jesus gelten zu lassen, will ich hier nur feststellen, daß Markus offenbar eine Überlieferung kannte, in der Jesus die Formulierung «Menschensohn» gebrauchte, und die Gelegenheit nützte, Jesus von sich als den von Daniel geschauten apokalyptischen «Menschensohn» sprechen zu lassen.

Alle Sünden vergeben

Der Übergang vom «Menschensohn» im allgemeinen zum Titel «Menschensohn» ist im Thomasevangelium 86 recht glücklich bewerkstelligt, weniger glücklich bei Markus 2,27–28 und mit eher unglücklichen Konsequenzen in einem dritten Fall, wo gerade deshalb die Gewaltsamkeit des Bedeutungswandels sehr offen zutage liegt. Dieser Fall ist der des Komplexes 23 *Alle Sünden vergeben* [1/4], und ich zitiere die vier Hauptzeugnisse desselben in der Reihenfolge der fortschreitenden Veränderung des ursprünglichen Sinns.

> «Amen, das sage ich euch: Alle Vergehen und Lästerungen werden den Menschen[söhnen] vergeben werden, so viel sie auch lästern mögen, wer aber den Heiligen Geist lästert, der findet in Ewigkeit keine Vergebung, sondern seine Sünde wird ewig an ihm haften.»
> (Markus 3,28–29)
> «Und jeden Propheten, der im Geist redet, stellt nicht auf die Probe und fällt kein Urteil über ihn; denn jede Sünde wird vergeben werden, diese Sünde aber wird nicht vergeben werden.»
> (Didache 11,7)
> «Jedem, der etwas gegen den Menschensohn sagt, wird vergeben werden; wer aber den Heiligen Geist lästert, dem wird nicht vergeben.»
> (Spruchquelle Q: Lukas 12,10 =Matthäus 12,32)
> «Darum sage ich euch: Jede Sünde und Lästerung wird den Menschen vergeben werden, aber die Lästerung gegen den Geist wird nicht vergeben. Auch dem, der etwas gegen den Menschensohn sagt, wird vergeben werden; wer aber etwas gegen den Heiligen Geist sagt, dem wird nicht vergeben, weder in dieser noch in der zukünftigen Welt.»
> (Spruchquelle Q wie bei Lukas 12,10 und Markus 3,28–29 = Matthäus 12,31–32)
> «Jesus sprach: Wer den Vater lästern wird, dem wird man vergeben, und wer den Sohn lästern wird, dem wird man vergeben; wer aber

den heiligen Geist lästern wird, dem wird man nicht vergeben, weder auf Erden noch im Himmel.»
(Thomasevangelium 44)

Meines Erachtens liegt diesem Komplex ein Spruch Jesu zugrunde, der etwa sagt, was man bei Markus 3,28 im Originaltext liest, nämlich daß den Menschen[söhnen] (tois hyois tōn anthrōpōn) alle Sünden vergeben werden sollen. Dieses Versprechen wurde sehr früh eingeschränkt durch die Ausnahme von Sünden gegen den heiligen Geist, das heißt der Weigerung, denen zu glauben, die in Gottes Namen handeln und sprechen. Markus 3,28–30 zielte damit auf diejenigen, die Jesus beschuldigten, mit dem Satan im Bunde zu sein. Didache 11,7 warnt so vor Zweifeln an jedem Propheten, der im Geist redet. Aber während die semitische Bezeichnung des Menschen an dieser Stelle fortgefallen ist, hat man sie anderswo in gewendeter Bedeutung beibehalten und damit einen Strom erheblicher theologischer Konfusion in die Überlieferung eingespeist. Die «Menschensöhne» im generischen Sinne wurden schon in der Spruchquelle Q und bei Lukas 12,10 zum Titel «Menschensohn». Matthäus aber kombinierte beide Quellen, indem er die «Menschensöhne», die bei Markus 3,28 erwähnt sind, in «Menschen» änderte (12,31), dann aber, im folgenden Vers (12,32), die Umdeutung der Spruchquelle Q, auch «Menschensohn» als Titel übernahm. Das Ergebnis, wenn auch irgendwie erklärlich, ist eine gewiß sehr unglückliche Unterscheidung von verzeihlichen Sünden gegen Jesus als den «Menschensohn» und unverzeihlichen gegen den Heiligen Geist. Im Thomasevangelium 44 aber hat man diese verwirrende Unterscheidung überdies noch einer trinitarischen Formel akkommodiert, so daß da nun von läßlichen Sünden gegen den Vater und den Sohn die Rede ist und von Sünden gegen den Heiligen Geist, die nicht vergeben werden können.

Ich schließe deshalb, daß Jesu eigener Gebrauch der Bezeichnung «Menschensohn» als Synonym für «Menschen» es den Verfassern der Spruchquelle Q und des Markusevangeliums leichtmachte, Jesus von sich selbst als dem apokalyptischen «Menschensohn» reden zu lassen. Drei Überlieferungskomplexe zeugen davon: 101 *Füchse haben Gruben* [1/2] mit annehmbaren, 220 *Herr und Sabbat* [2/1] mit unannehmbaren und 23 *Alle Sünden vergeben* [1/4] mit unheilvollen theologischen Ergebnissen des angestrebten Bedeutungswandels. Möglicherweise sind andere bei diesem Prozeß auf der Strecke geblieben.

Endlich, nachdem die Bezeichnung eine Spannbreite hatte, die von Jesus, dem irdischen Menschensohn der Vergangenheit, bis zu Jesus, dem himmlischen Menschensohn der Zukunft, reichte, wurden noch zwei Fortentwicklungen möglich. Zunächst konnte der Ausdruck Jesus in den Mund gelegt werden, wo er von irdischen Menschen sprach und diese als «Menschensöhne» hätte bezeichnet haben können (Anhang 4). Das geschah ganz natürlich sowohl in der Spruchquelle Q als auch bei Markus. Die Bezeichnung «Menschensohn» ist den Reden erst bei der Redaktion dieser beiden Dokumente in der Überlieferung eingefügt. Die eigentliche Umdeutung aber ist das Werk des Markus und dient seiner Theologie, derzufolge das Bekenntnis zu dem demütigen, verborgenen, leidenden und verstoßenen Jesus absolute Voraussetzung dafür war, von dem als apokalyptischer Weltenrichter wiederkommenden Jesus angenommen zu werden. Es war also Markus und Markus allein, der den leidenden und auferstehenden Menschensohn schuf und Jesus die Worte des Komplexes 240 *Passions- und Auferstehungsprophezeiung* [2/1] in den Mund legte, die dann von Matthäus und Lukas übernommen und fortgesponnen wurden (Anhang 4). Eine andere Entwicklung findet man bei Johannes, der den Terminus wohl aus der synoptischen Tradition übernommen haben mag, ihm aber eine besondere Bedeutung gibt (Anhang 4).

Kinder und Jünger klagen

Ich habe behauptet, daß Johannes der Täufer ein apokalyptischer Prophet war, der seine Anhänger auf das unmittelbar bevorstehende Kommen Gottes vorbereitete, daß aber Jesus, der die Erwartung des Johannes anfänglich teilte, schließlich, nach der Hinrichtung des Täufers, davon abkam. Er unterschied dann nachdrücklich zwischen einem Nachfolger des Johannes und einem Angehörigen des Reiches. Er sprach niemals von sich selbst oder von sonst irgend jemandem als dem apokalyptischen Menschensohn, und man kann die Hypothese aufstellen, daß Jesus mit Johannes brach, weil er dessen apokalyptische Botschaft nicht mehr annehmen konnte. Diese Hypothese bedarf natürlich noch gründlicher Prüfung. Hier will ich nur nachzuweisen versuchen, daß der Unterschied zwischen Johannes und Jesus schon in der Überlieferung selbst zur Sprache kommt.

Der einzige bisher nicht behandelte Komplex, für den in der Johannes den Täufer betreffenden Überlieferung mehr als ein Zeugnis spricht, ist 106 *Fasten und Hochzeit* [1/2]. Wie wir sehen werden, besteht zwischen den beiden Zeugnissen für diesen Komplex ein bemerkenswerter Unterschied.

> «Sie sprachen zu ihm: Komm, wir wollen heute beten und fasten! Jesus sprach: Welches ist denn die Sünde, die ich tat, oder worin waren sie mir überlegen? Aber wenn der Bräutigam aus dem Brautgemach herauskommt, dann mögen sie fasten und beten.»
> (Thomasevangelium 104)

> «Da die Jünger des Johannes und die Pharisäer zu fasten pflegten, kamen Leute zu Jesus und sagten: Warum fasten deine Jünger nicht, während die Jünger des Johannes und die Jünger der Pharisäer fasten? Jesus antwortete ihnen: Können denn die Hochzeitsgäste fasten, solange der Bräutigam bei ihnen ist? Solange der Bräutigam bei ihnen ist, können sie nicht fasten. Es werden aber Tage kommen, da wird ihnen der Bräutigam genommen sein; an jenem Tag werden sie fasten.»
> (Markus 2,18–20)

Das Problem liegt darin, daß ein Gegensatz zwischen Johannes und Jesus, wie er sich im unterschiedlichen Verhalten ihrer Jünger spiegelt, nur im zweiten der überlieferten Berichte zur Sprache kommt. Meiner methodischen Voraussetzung zufolge dürfte ich mithin das Zeugnis des Markus dafür hier gar nicht berücksichtigen. Doch genau die gegensätzliche Haltung Johannes des Täufers und Jesu zur Askese, die hier angedeutet wird, kommt zur Sprache auch in dem Komplex 144 *Gerechtfertigte Weisheit* [1/1], der ebenfalls nur aus einer einzigen Quelle bekannt ist, bei der es sich in diesem Fall allerdings um die Spruchquelle Q handelt.

> «Mit wem soll ich also die Menschen dieser Generation vergleichen? Wem sind sie ähnlich? Sie sind wie Kinder, die auf dem Marktplatz sitzen und einander zurufen: Wir haben für euch auf der Flöte (Hochzeitslieder) gespielt, und ihr habt nicht getanzt; wir haben Klagelieder gesungen, und ihr habt nicht geweint. Johannes der Täufer ist gekommen, er ißt kein Brot und trinkt keinen Wein, und ihr sagt: Er ist von einem Dämon besessen. Der Menschensohn ist gekommen, er ißt und trinkt; darauf sagt ihr: Dieser Fresser und Säufer, dieser Freund der Zöllner und Sünder! Und doch hat die Weisheit durch alle ihre Kinder recht bekommen.»
> (Spruchquelle Q, 2Q: Lukas 7,31–35 = Matthäus 11,16–19)

Zwar ist uns in 144 *Gerechtfertigte Weisheit* [1/1] und 106 *Fasten und Hochzeit* [1/2] der Gegensatz zwischen dem Täufer und Jesus nur je einmal bezeugt, da so aber immerhin zwar nicht der Text, doch der Gegenstand der Aussage von zwei unabhängigen Zeugen garantiert wird, kann ich diesen nicht unberücksichtigt lassen.

Dem Komplex *Fasten und Hochzeit* [1/2] entnehme ich nur die aus seinen beiden Quellen überlieferte Feststellung Jesu, daß jetzt eine Zeit der Freuden und der Feier, nicht des Trauerns und des Fastens ist. Die bei Markus 2,20 gemachte Andeutung, daß Jesus selbst der Bräutigam ist, der bald hinweggenommen werden wird, lasse ich außer Betracht. Bei der Interpretation von 144 *Gerechtfertigte Weisheit* [1/1] nehme ich mit John Kloppenborg an, daß wohl Johannes und Jesus mit den rufenden Kindern zu identifizieren sind und die Menschen dieses Geschlechts mit denen, die ihrem Ruf nicht gehorchen, insbesondere da in Vers 35 Johannes und Jesus als Kinder der Weisheit charakterisiert werden (Kloppenborg, 1987, S. 111). Die Überlegenheit Jesu über Johannes wird nirgends ausdrücklich behauptet. Die Gegenüberstellung von Fasten und Feiern findet auf einer Ebene statt. Freilich tituliert Jesus sich als Menschensohn, und schon dieser apokalyptische Titel sichert ihm eine Sonderstellung. Fürs erste genügt es uns aber festzustellen, daß eine Überlieferung, die des Täufers asketische Strenge der Freigiebigkeit Jesu gegenüberstellt, uns sowohl in der Spruchquelle Q als auch bei Markus gegeben ist. Ich übernehme daraus für meine Arbeitshypothese, daß Johannes apokalyptische Askese praktizierte und Jesus nicht. Freilich wissen wir, wenn wir erfahren, daß er kein apokalyptischer Asket war, noch lange nicht, wer Jesus war.

Offene Kommensalität

Die Beschuldigung gegen Johannes den Täufer, von der wir in 144 *Gerechtfertigte Weisheit* [1/1] erfahren, ist die von altersher übliche, wenn es gilt, einen nicht autorisierten Bewerber um die Macht autoritär herabzusetzen, ehe man zu seiner autorisierten Vernichtung schreitet. Ebenso wird später, wie in 121 *Beelzebub-Streit* [1/2] bezeugt, Jesus selbst der Teufelei beschuldigt. Überraschend ist aber die gegen Jesus erhobene Beschuldigung, er sei ein Fresser und Weinsäufer, ein Liebhaber schlechter Gesellschaft, von der man bei der gleichen Gelegenheit wie von den Anklagen gegen Johannes erfährt. Ich bin nicht der Meinung, daß sie besser begründet war als die Anklage gegen Johannes. Doch was bot den Anklägern den Vorwand? Man kann sehen, welche Handlungen des Täufers den Vorwand zu einer Anklage wegen Hexerei lieferten. Welche Handlungen Jesu boten aber den Anlaß, ihn eines ausschweifenden Lebenswandels zu beschuldigen?

Die Antwort auf diese Frage mag aus der in 95 *Das Festmahl* [1/2] überlieferten Parabel zu ersehen sein. Ich habe diese Geschichte an anderer Stelle eingehend untersucht (1985, S. 39–52) und kann hier nur die Ergebnisse dieser Untersuchung zusammenfassen. Das Thomasevangelium 64 erleichtert die Deutung der Parabel durch den Zusammenhang mit den 63 und 65 erzählten Gleichnissen, in den sie dort gestellt ist, durch die Hinzufügung eines vierten Gasts (des zweiten, an den dort die Einladung des Herrn ergeht), der ebenfalls, wie zwei der anderen, als Grund, die Einladung abzulehnen, ein dringendes Geldgeschäft geltend macht, und insbesondere durch die Erklärung

Jesu am Ende: «Die Käufer und die (Händler werden) nicht hineinkommen zu den Plätzen meines Vaters.» Es sind die zölibatären und weltverleugnenden Asketen und nicht die in die Geschäfte des gewöhnlichen Lebens verwickelten Menschen, die an dem hohen Festmahl teilhaben werden. Bei Lukas 14,15–24 sind es, was zweifellos symbolisch zu verstehen ist, die «Schriftgelehrten und Pharisäer», die Jesus zu Tisch bittet und welche die Einladung zu dem Festmahl ablehnen, worauf zuerst die Ausgestoßenen Israels hereingebeten werden und dann auch noch von weiter her die Heiden. Lukas 14,21 (wie schon vorher 14,13) zählt als die rechten Gäste auf «die Armen, die Krüppel, die Lahmen, die Blinden». Schließlich findet man bei Matthäus 22,1–14 die Parabel, die bei diesem Evangelisten sehr bedeutend auf das ans Ende des vorigen Kapitels (21,33–46) gesetzte Gleichnis von den bösen Winzern folgt (46 *Die Pächter* [1/3]), so gewendet, daß die Zerstörung Jerusalems im Jahre 70 n. Chr. als Strafe für die Weigerung der Juden, sich zum Christentum des Matthäus zu bekennen, verstanden und überdies angedeutet wird, daß die Christenheit, der Matthäus angehörte, selbst innerlich gespalten ist und der noch ausstehenden Entscheidung Gottes beim Jüngsten Gericht harrt. Bei allen drei überlieferten Fassungen verraten der Zusammenhang, in den wir die Erzählung gestellt finden, und die unterschiedliche Entwicklung einzelner Motive derselben, daß die Erzähler bei der Wiedergabe das Gleichnis auf ihre jeweilige eigene Lage bezogen. Immerhin ist der Gang der Handlung im wesentlichen bei allen Erzählern der gleiche. Da will jemand ein Festmahl geben, das er offenbar nicht lange vorher angekündigt hat, schickt Diener mit der Einladung dazu in die Häuser seiner Freunde, muß hören, daß diese alle schon durch anderweitige Verpflichtungen gebunden sind und deshalb die Einladung höflich dankend ablehnen, worauf er Unbekannte von der Straße zu Tisch lädt. Bemerkenswert ist, daß bei Matthäus 22,9 der König seinen Knechten gebietet, «ladet alle, die ihr trefft, zur Hochzeit ein». Bei Lukas hat Jesus, schon ehe er erzählt, wie der Hausherr dem Knecht gebot, «die Armen und die Krüppel, die Blinden und die Lahmen» hereinzuführen, seinem pharisäischen Gastgeber geraten, «wenn du ein Essen gibst, dann lade Arme, Krüppel, Lahme und Blinde ein». Nun mag wohl jemand – heute wie damals – vernünftige Gründe dafür geltend machen, ausgerechnet den Ausgestoßenen der Gesellschaft ein Fest zu geben; er erwiese sich damit – auch bei den nach Begriffen von Ehre und Schande urteilenden Gesellschaften des Mittelmeerraums, bei diesen vielleicht sogar besonders auffällig – als edler Wohltäter. Freilich, wenn er es sich zur Gewohnheit machte, nur noch Unterprivilegierte und Behinderte bei sich zu bewirten, würden sich vielleicht gewisse negative soziale Konsequenzen für ihn daraus ergeben.

Aber an und für sich ist es weniger radikal gesellschaftskritisch, die Ausgestoßenen der Gesellschaft gelegentlich zu einem Festmahl einzuladen, als jeden Beliebigen von der Straße bei Tisch willkommen zu heißen. Damit wird nämlich die soziale Funktion des Tisches negiert, die ja darin besteht, daß bei Tisch sich zeigt, wer den Vorsitz hat, wer dem Vorsitzenden am nächsten sitzt, wer überhaupt mit dem Vorsitzenden essen darf. Die zufällige und offene Kommensalität oder Tischgeselligkeit, die der König zuletzt anordnet oder vielmehr zuläßt, mußte den Hörer der Parabel am meisten befremden. Unter diesen Umständen würden ja alle Klassen, Ränge, Grade und Geschlechter in bunter Reihe nebeneinander um den Tisch sitzen. Und deshalb liegt gerade in dieser Vision einer offenen Kommensalität und egalitären Mahlgemeinschaft eine unverkennbare Bedrohung jeder etablierten Gesellschaftsordnung. Natürlich haben wir es hier nur mit einer Geschichte zu tun, aber mit einer, die die Gesellschaftsordnung verunsichert. Der Tisch, wo man zum Essen zusammenkommt, ist ein mesokosmischer Spiegel der Gesellschaft. Und so läßt denn die Beschuldigung dessen, der die hergebrachten Tischsitten so wenig achtet, daß er auf keinerlei Rangordnung bei Tisch besteht, nicht auf sich warten: Jesus ist ein Fresser und Weinsäufer, der Zöllner und Sünder Freund. Mit einem Wort, er hat keine Ehre, scheut keine Schande. Das also ist die Beschuldigung, die ganz zu Recht den Zeugnissen zufolge, die wir in dem Komplex 113 *Essen mit Sündern* [1/2] überliefert finden, gegen Jesus vorgebracht wird.

Ich gruppiere sieben andere Komplexe um dieses Ideal einer offenen oder egalitären Kommensalität. So wie dieses Ideal in Parabeln empfohlen und praktisch verwirklicht wurde, war es eine Herausforderung der Gesellschaftsordnung nicht nur bei Tisch, sondern im großen Ganzen. Da ist zunächst und vor allem 19 *Was hineinkommt* [1/4], ein Komplex, dessen Zeugnisse allen Speiseverboten und Tischritualen jeden Wert absprechen. Das gleiche gilt von den Zeugnissen des Komplexes 102 *Innen und Außen* [1/2]. In beiden wird darauf beharrt, daß das Innere und was daraus nach draußen dringt viel wichtiger sind als das Äußere und was von außen eindringt. Es braucht nicht angenommen zu werden, daß Jesus sich insbesondere gegen die speziellen Speiserituale der pharisäischen Sekte wandte. Ein offener Tisch, an dem noch überdies alle bisher hinsichtlich der Speisen gültigen Verbote außer Kraft gesetzt sein sollen, verstößt gegen jede Gesellschaftsordnung, deren Hierarchien mit ihren unterschiedlichen Rängen sich in der herkömmlich beobachteten Tischordnung stets mehr oder weniger deutlich spiegeln. Natürlich brachte die von Jesus gelehrte und praktizierte Unordnung auch die Pharisäer auf, aber sie richtete sich nicht ausschließlich gegen diese. Daß sie die Pharisäer allerdings aufbrachte, ist in zwei anderen, gleichfalls auf den historischen Jesus zurückgehenden Überlieferungskomplexen bezeugt. Von den beiden Zeugnissen des Komplexes 84 *Andere hindern* [1/2] ist, wie ich ausführlicher an anderer Stelle begründet habe (1983a, S. 29–36), dasjenige im Thomasevangelium 102 wahrscheinlich das ursprünglichere, mit dem «Wehe!» über den sprichwörtlichen Hund in der Krippe, der die Rinder am Essen hindert. Und wenn die Sprüche des Komplexes 124 *Ehren und Grüßen* [1/2] zusammen mit der Aussage dieses Gleichnisses gelesen werden, wird die Parallelität von Speisevorschriften und sozialen Hierarchien ganz offensichtlich. Unterscheidungen und Diskriminierungen zwischen Gästen und Speisen stehen und fallen mit Unterscheidungen zwischen Plätzen bei Tisch und Grußformen. Tatsächlich haben wir es hier mit drei metonymisch und metaphorisch miteinander verbundenen Kulturebenen zu tun: Der Mikroebene der Speisen, der Mesoebene des Tisches und der Makroebene der Gesellschaft im großen Ganzen. Die Störung der Ordnung auf der untersten dieser Ebenen stört immer auch die der obersten. Schließlich richteten sich die in den Komplexen 76 *Splitter und Balken* [1/2], 80 *Der blinde Führer* [1/2] und 126 *Das Salz salzen* [1/2] überlieferten Worte Jesu wahrscheinlich nicht gegen seine Jünger, sondern gegen Amtsinhaber wie Schriftgelehrte, Lehrer und Pharisäer, insoweit es deren seinerzeit in den Dörfern Galiläas gab.

Abschließend sei zu diesem Gegenstand noch bemerkt, daß es hinsichtlich der Frage, ob Jesus für oder gegen die jüdischen Ritualgesetze war, sogar unter den Christen der ersten Generation offenbar schon Meinungsverschiedenheit geben konnte. Seine Stellung dazu muß einigermaßen unklar gewesen sein. Aufgrund der in den soeben genannten Komplexen überlieferten Aussagen nehme ich an, daß ihn solche Ritualgesetze nicht hinreichend interessierten, um sie anzugreifen oder anzuerkennen. Er ignorierte sie, und damit bestritt er ihnen die Gültigkeit natürlich auf die radikalste mögliche Weise. Später allerdings konnten dann manche seiner Anhänger sagen, daß er sie gelten ließ, weil er sie nicht anfocht, während andere sagen konnten, daß er gegen sie gewesen sein müsse, weil er sich nicht nach ihnen richtete. Offene Kommensalität negiert zutiefst die Unterscheidungen und Rangordnungen, die Frauen und Männern, Armen und Reichen, Heiden und Juden verschiedene Plätze anweisen. Und das auf einer Ebene, wo die Ritualgesetze jeder denkbaren zivilisierten Gesellschaft davon verletzt werden. Genau darin bestand die Herausforderung dieser offenen Kommensalität.

Aber wird mit dieser Sicht nicht vielleicht ein demokratischer Idealismus unserer Zeit anachronistisch auf das Wirken des historischen Jesus zurückprojiziert? Auf diese naheliegende Frage sei hier ein für allemal geantwortet, daß jener Egalitarismus nicht nur im bäuerlichen Judentum wurzelt, sondern, tiefer noch, in der bäuerlichen Gesellschaft überhaupt. «Die volkstümlichen Religionen und Kultur von Bauern in einer komplexen Gesellschaft sind nicht nur eine synkretisierte, domestizierte und lokalisierte Variante von größeren Gedanken- und Lehrgebäuden. Sie enthalten fast unvermeidlich die Samen eines alternativen symbolischen Universums, eines Universums, das seinerseits die soziale Welt, in der Bauern leben, etwas weniger unvermeidlich macht. Ein großer Teil dieses radikalen Symbolismus ist erklärlich nur als kulturelle Reaktion auf die Klassenlage des Bauerntums. Tatsächlich hat man in dieser symbolischen Opposition, was in vorindustriellen Agrargesellschaften einem Klassenbewußtsein am nächsten kommt. Es ist, als ob diejenigen, die die unterste Schicht der Gesellschaft bilden müssen, Kulturformen entwickeln, die ihnen Würde, Achtung und wirtschaftliche Sicherheit bieten, die ihnen und der Welt, so wie sie ist, fehlen. Eine reale Struktur der Ausbeutung produziert in der Volkskultur ihr eigenes symbolisches Spiegelbild.» Das zitiere ich aus einer faszinierenden Analyse von James Scott (1977, S. 224), der festgestellt hat, daß wie in Europa, so auch in Südostasien die Kleine Tradition auf so verschiedene Große Traditionen, wie es das Christentum, der Buddhismus und der Islam sind, ganz gleich reagiert, und der sehr überzeugend darlegt, daß bäuerliche Kultur und Religion tatsächlich eine Antikultur ist, die sowohl die religiösen als auch die politischen Eliten, die sie unterdrücken, qualifiziert. Es handelt sich dabei wirklich um eine reflexive und reaktive Inversion der ausbeuterischen Strukturen, denen überall das Bauerntum als solches unterworfen ist. «Die radikale Vision, von der ich spreche», sagt James Scott an der zitierten Stelle weiter, «ist überraschend gleichförmig trotz der ungeheuren Vielfalt der bäuerlichen Kulturen und der Unterschiede der Großen Traditionen, an denen sie teilhaben ... Auf die Gefahr hin, zu stark zu verallgemeinern, seien hier einige gemeinsame Züge dieses reflexiven Symbolismus beschrieben. Fast immer ist eine Gesellschaft der Brüderlichkeit impliziert, wo es weder Reiche noch Arme geben soll und keine Rang- oder Standesunterschiede (bis auf den einen Unterschied zwischen Gläubigen und Ungläubigen). Wo man erlebt, daß religiöse Institutionen Ungerechtigkeit rechtfertigen, mag die Abschaffung von Rang und Stand auch für die Geistlichkeit gefordert, die Ersetzung der religiösen Hierarchie durch die Gemeinschaft gleicher Gläubiger erträumt werden. Besitz soll gewöhnlich, wenn auch nicht immer, Gemeinschaftsbesitz sein. Alle ungerechten Steuer-, Pacht- und Tributforderungen sollen nichtig werden. Zu der vorgestellten Utopie mag auch eine ihren Überfluß aus freien Stücken darbietende Natur gehören ebenso wie eine radikal verwandelte menschliche Natur, aus der Gier, Neid und Haß verschwinden werden. Und wenn diese irdische Utopie eine ersehnte Zukunft antizipiert, beschwört sie oft zugleich auch ein mythisches Eden, aus dem die Menschheit sich verirrt hat» (1977, S. 225–226).

12. Reich und Weisheit

> «Eine große Substituierung der Rasse gab sich kund. Das Reich Gottes ist bestimmt: 1) für die Kinder und die ihnen gleichen; 2) für die Verachteten dieser Welt, die Opfer des gesellschaftlichen Hochmuts, der die guten, aber bescheidenen Menschen zurückstößt; 3) für die Ketzer und Schismatiker, Zöllner, Samariter, Heiden aus Tyrus und Sidon. Ein kräftiges Gleichnis erklärt diesen Appell an das Volk und rechtfertigt ihn [95 *Das Festmahl* (1/2)]... die Lehre, daß die Armen... allein erlöst werden, daß das Reich der Armen nahe sei, bildete also Jesu Lehre... Übrigens war das nichts Neues. Die exaltierteste und demokratischste Bewegung, deren die Menschheit sich erinnern kann – die einzige auch, die Erfolg hatte, denn sie hielt sich in den Grenzen des reinen Gedankens –, erregte seit langem schon das jüdische Volk... Die Propheten, wahre Tribunen, und in gewissem Sinne die kühnsten Tribunen, wetterten unaufhörlich gegen die Großen und stellten eine enge Verbindung zwischen den Wörtern ‹reich, gottlos, gewaltig, böse› einerseits her und andererseits zwischen ‹arm, sanft, demütig, fromm›.»
>
> Ernest Renan, *Das Leben Jesu*, 1863 (aus dem Französischen von Hans Helling, Leipzig o. J., S. 146–147)

Der Vergleich der Aussagen vom «Menschensohn» und vom «Reich» gelangt, wenn man dabei die Stratigraphie und Zahl unabhängiger Zeugnisse berücksichtigt, zu einem überraschenden Ergebnis. Das Inventar der Komplexe, innerhalb welcher der spezifische Begriff durch mindestens einen Text belegt ist, enthält 40:14+26 Einträge für «Menschensohn» (Anhang 4) und 77:33+44 für «Reich» (Anhang 5). Demnach weist schon die gröbste Statistik aus, daß der Begriff des «Reichs» häufiger und in einer größeren Zahl von mehrfach bezeugten Sprüchen erscheint. Es gibt aber noch spezifischere und bedeutsamere Unterschiede. Mehrfach bezeugt ist von 40 den «Menschensohn» betreffenden Aussagen nur eine einzige (40:1+39), während von den 77 das «Reich» nennenden zwölf von mehr als einem unabhängigen Zeugen überliefert sind (77:12+65). Von diesen zwölf ist eine mehrfach, sind zwei dreifach und die übrigen neun doppelt bezeugt (Anhang 5). Die Untersuchung dieser zwölf Komplexe sollte also die Vorstellung des von Jesus angekündigten Reichs nach menschlichem Ermessen am zuverlässigsten fundieren. Was ich in der Folge hier ausführen werde, beruht auf meinem Verständnis dieser zwölf Komplexe. Die Wichtigkeit des Begriffs «Reich» erhellt auch daraus, daß, während der «Menschensohn» außerhalb der kanonischen Evangelien nur zweimal erwähnt wird (in 2 *Jesu apokalyptische Wiederkunft* [1/6] und 490 *Der Himmel offen* [4/1] und außerhalb des Neuen Testaments nur einmal (in 386 *Nicht sehen und doch glauben* [3/2], vom «Reich» außerhalb der Evangelien dreißigmal innerhalb des Neuen Testaments und außerhalb desselben achtmal bei den apostolischen Vätern die Rede ist (Anhang 5). Ich schließe daraus, daß das «Reich» in der christlichen Überlieferung tiefer und breiter begründet ist als die Vorstellung des «Menschensohns».

Eine Bemerkung noch zum Wortgebrauch. Der Ausdruck «Reich Gottes» ist metaphorisch. Unter dem «Reich» verstanden Jesu Hörer die Herrschaft, unter der sie lebten. Die Herrschaft, die sie erlebten, war die Herrschaft von Menschen. Jesus sprach ihnen vom Reich Gottes, in dem die Menschen unter Gottes Herrschaft leben würden, vom Gottesstaat, der die Herrschaft von Menschen über Menschen transzendieren und richten würde. An diesen Unterschied ist immer zu denken, wo wir in der Überlieferung von Jesus dem Begriff des «Reichs» begegnen.

Ein Königreich der Niemande

Unserer methodischen Voraussetzung entsprechend ist wegen des vierfachen Zeugnisses, das wir dafür haben, zuerst der Komplex 20 *Das Reich und die Kinder* [1/4] zu betrachten (Crossan, 1983b). Zugleich mit dieser werde ich zwei andere Aussagen über das Reich untersuchen, nämlich die der Komplexe 43 *Selig die Armen* [1/3] und 199 *Reich und Reichtümer* [1/2].

Das Reich und die Kinder

Die erste der hier zu untersuchenden metaphorischen Aussagen über Kinder und das Reich hat Jesus, den uns vorliegenden Zeugnissen zufolge, angesichts von Kindern gemacht.

> «Jesus sah kleine (Kinder), die Milch bekamen. Er sprach zu seinen Jüngern: Diese Kleinen, die Milch bekommen, gleichen denen, die ins Königreich eingehen.»
> (Thomasevangelium 22,1–2)

In dieser Fassung folgt der rätselhaften Aussage eine Erläuterung, deren Hauptbegriff in dem Komplex 13 *Zwei zu einem* [1/4] vierfach belegt ist, die aber mindestens auf den ersten Blick nur weiter Rätsel an Rätsel reiht.

> «Sie sprachen zu ihm: Wenn wir klein sind, werden wir in das Königreich eingehen? Jesus sprach zu ihnen: Wenn ihr die zwei zu einem macht, und wenn ihr die Innenseite wie die Außenseite macht und die Außenseite wie die Innenseite und die Oberseite wie die Unterseite, und daß ihr den Mann und die Frau zu einem einzigen machen werdet, damit der Mann nicht Mann sei und die Frau nicht Frau, wenn ihr Augen an Stelle eines Auges macht und eine Hand an Stelle einer Hand und einen Fuß an Stelle eines Fußes, ein Bild an Stelle eines Bildes, dann werdet ihr (ins Königreich) eingehen.»
> (Thomasevangelium 22,3–4)

Wie schon oben erörtert, rät das Thomasevangelium davon ab, das Heil von einer apokalyptischen Zukunft zu erhoffen. Es predigt vielmehr die Besinnung auf die Vergangenheit, nicht nur auf die paradiesische Welt, die unterging, als Adam und Eva sündigten, sondern auf jene eigentliche Urzeit, da die beiden noch ungetrennt eins waren. Der Urmensch, dessen sich die um das Thomasevangelium versammelte Gemeinde zu erinnern suchte, war weder Mann noch Frau, sondern androgyn wie sein Schöpfer. In der Taufe aber, bei welcher der Täufling in Umkehrung des im Buche Genesis 1–3 berichteten Gangs der Ereignisse, «die Kleidung der Scham» ablegte (Smith, 1965–66), die zu tragen der gefallenen Menschheit geboten worden war, nahm jeder, gleichviel ob Mann oder Frau, die androgyne Urgestalt wieder an (Meeks). Diese theologische Auffassung, die aus dem ganzen Thomasevangelium spricht, tritt besonders deutlich nicht nur an der zitierten Stelle hervor, sondern desgleichen 21,1–2 und 37,1–2 sowie überall, wo, wie 4,2; 11,2; 16, 23, 49, 75, 106, die Rede davon ist, daß der Mensch einer, ein einziger oder ein einsamer werden soll (Klijn).

Die Wiedergeburt durch die Taufe hob allen Zwiespalt auf, den zwischen innerer Seele und äußerem Leib, den zwischen dem himmlischen androgynen Inbild Gottes und dessen entzweitem irdischen Gegenstück, insbesondere aber für das Thomasevangelium den Unterschied zwischen Frauen und Männern, so daß die geschlechtliche Differenzierung durch zölibatäre Askese negiert wurde. Das paßte natürlich zu der insgesamt asketischen Orientierung dieses Evangeliums, wo in gewissen Sprüchen (etwa 6,1; 14,1 und 27) die im Judentum geübte Askese verspottet wird, weil diese, mit dem Maß der erforderlichen gänzlichen Weltverachtung gemessen, sehr unvollkommen scheint. Und zieht man all das in Betracht, erklärt sich, weshalb die in das Reich berufenen Menschen mit Kindern verglichen werden. Das Kind, das, noch nicht geschlechtsreif, als ungeschlechtlich betrachtet wird, soll dem Christen, den das Thomasevangelium anspricht, Vorbild sein in genau dieser Hinsicht. Christen sollen asketische Zölibatäre sein, und das Reich der Kinder ist ein Reich der Zölibatäre.

Das zweite Zeugnis für 20 *Das Reich und die Kinder* [1/4] findet sich bei Markus 10,13–16, und Teile davon haben die beiden anderen Synoptiker übernommen, nur daß Matthäus 19,13–15 Markus 10,15 fortläßt, während Lukas 18,15–17 den bei Markus diesem folgenden Vers 10,16 übergeht. Auch bei der Gelegenheit, von der dieses Zeugnis berichtet, gaben Kinder Jesus den Anlaß, von Kindern auch im übertragenen Sinne und vom Reich zu sprechen.

> «Da brachte man Kinder zu ihm, damit er ihnen die Hände auflegte. Die Jünger aber wiesen die Leute schroff ab. Als Jesus das sah, wurde er unwillig und sagte zu ihnen: Laßt die Kinder zu mir kommen; hindert sie nicht daran! Denn Menschen wie ihnen gehört das Reich Gottes. Amen, das sage ich euch: Wer das Reich Gottes nicht so annimmt, wie ein Kind, der wird nicht hineinkommen. Und er nahm die Kinder in seine Arme; dann legte er ihnen die Hände auf und segnete sie.»
> (Markus 10,13–16)

Anlaß dieser Äußerungen sind Kinder, aber nachdem Jesus gesagt hat, «Menschen wie ihnen gehört das Reich Gottes», wiederholt er, wie um zu bekräftigen, daß nur, wer in gewissem Sinn ein Kind ist, für das Reich Gottes taugt: «wer das Reich Gottes nicht so annimmt wie ein Kind . . .» Wie ich anderswo (1983b, S. 83–87) ausführlicher begründet habe, bin ich deshalb der Meinung, daß, was bei Markus als bekräftigende und verallgemeinernde Wiederholung erscheint, der Vers 10,15 der überlieferte Spruch ist, zu dem er selbst, in bedeutungsvoller Parallele zu der in 9,36–39 geschilderten, die zitierte Szene erfand. Aus der Parallele erhellt, was Markus unter einem Reich der Kinder verstand, zumal in beiden Szenen die Jünger zurechtgewiesen werden, nicht zu glauben, sie hätten Anspruch auf die ersten Plätze im Reich, geschweige denn darauf, den Zugang dazu zu regeln. Markus hat das in Vers 9,36 sowie in Vers 10,15 über «Kinder» Gesagte bewußt miteinander in Zusammenhang gebracht; der Ausdruck «er nahm es/sie in seine Arme» an beiden Stellen legt dies nahe. Aus beiden Stellen (Markus 9,33–36 und 10,13–16) geht hervor, daß das, was das Kind für das Reich Gottes qualifiziert, dessen Machtlosigkeit ist, die Tatsache, daß es «der Letzte von allen und der Diener aller» ist. Ein Reich der Kinder ist ein Reich der Demütigen.

Der dritte Gewährsmann, der den Spruch in einer unabhängigen Fassung überliefert, ist Matthäus (Lindars, 1980–1981). Da dieser Evangelist den Vers Markus 10,15 bereits 18,3 verwendet, scheidet er ihn bei der Übernahme von Markus 10,13–16 in Matthäus 19,13–15 aus.

«In jener Stunde kamen die Jünger zu Jesus und fragten: Wer ist im Himmelreich der Größte? Da rief er ein Kind herbei, stellte es in ihre Mitte und sagte: Amen, das sage ich euch: Wenn ihr nicht umkehrt und wie die Kinder werdet, könnt ihr nicht in das Himmelreich kommen. Wer so klein sein kann wie dieses Kind, der ist im Himmelreich der Größte.»
(Matthäus 18,1–4)

Auch hier wird unmittelbar deutlich, was gemeint ist: Ein Reich der Kinder ist ein Reich der Demütigen.

Nicht weniger interessant ist der Gebrauch, den unser vierter Gewährsmann von der Überlieferung macht. Johannes verwendet Jesu Spruch über das Reich und die Kinder in dessen Zwiegespräch mit einem Pharisäer namens Nikodemus, der Belehrung bei ihm sucht, weil er Jesus einen gottgesandten Lehrer hat nennen hören, und da er die empfangene Belehrung nicht versteht, am Ende ironisch daran erinnert wird, daß doch er selbst sich als Lehrer Israels ausgegeben hätte. Das Gespräch ist aus drei Wechselreden aufgebaut, in denen Nikodemus allerdings nicht viel zu Worte kommt (wie aus der Länge der A1, B1, C1 bezeichneten Abschnitte gegen die derjenigen, die wir A2, B2, C2 bezeichnen, auf einen Blick zu ersehen ist).

«[A1] Es war ein Pharisäer namens Nikodemus, ein führender Mann unter den Juden. Der suchte Jesus bei Nacht auf und sagte zu ihm: Rabbi, wir wissen, du bist ein Lehrer, der von Gott gekommen ist; denn niemand kann die Zeichen tun, die du tust, wenn nicht Gott mit ihm ist. [A2] Jesus antwortete ihm: Amen, amen, ich sage dir: Wenn jemand nicht von neuem geboren wird, kann er das Reich Gottes nicht sehen. [B1] Nikodemus entgegnete ihm: Wie kann ein Mensch, der schon alt ist, geboren werden? Er kann doch nicht in den Schoß seiner Mutter zurückkehren und ein zweites Mal geboren werden. [B2] Jesus antwortete: Amen, amen, ich sage dir: Wenn jemand nicht aus Wasser und Geist geboren wird, kann er nicht in das Reich Gottes kommen. Was aus dem Fleisch geboren ist, das ist Fleisch; was aber aus dem Geist geboren ist, das ist Geist. Wundere dich nicht, daß ich dir sagte: Ihr müßt von neuem geboren werden. Der Wind weht, wo er will; du hörst sein Brausen, weißt aber nicht, woher er kommt und wohin er geht. So ist es mit jedem, der aus dem Geist geboren ist. [C1] Nikodemus erwiderte ihm: Wie kann das geschehen? [C2] Jesus antwortete: Du bist der Lehrer Israels und verstehst das nicht?»
(Johannes 3,1–10)

Hier also sind wie Kinder die in der Taufe aus Wasser und Geist Wiedergeborenen. Und das Reich der Kinder ist das Reich der Getauften.

So liegen uns alles in allem drei verschiedene Deutungen des in unterschiedlichen Zusammenhängen überlieferten Spruchs Jesu über die Kinder und das Reich vor. Daß er selbst, wenn auch die verschiedenen Deutungen die der Apostel sind, gesagt hat, daß allein den Kindern und solchen, die sind wie sie, das Reich offenstehe, nehme ich an. Aber was mögen die einfachen Bauern Galiläas über Kinder gedacht haben? Hätten sie sich einen als «wie ein Kind» bezeichneten Menschen sogleich als einen demütigen, unschuldigen, neuen, gläubigen vorgestellt? Man erinnere sich der im ersten Kapitel dieses Buchs zitierten Papyrusstücke und gedenke der seinerzeit ausgesetzten Säuglinge, die bestenfalls hoffen konnten, von jemandem vor dem Hungertode gerettet zu werden, der sie sich als Sklaven aufziehen wollte. Heidnische Autoren sollen zwar, wie man bei Menahem Stern liest (1976–1984, Bd. 1, S. 33; Bd. 2, S. 41), mit einigem Staunen bemerkt haben, daß die Juden unerwünschte Kinder nicht, wie es anderswo üblich war, einfach aussetzten. Dennoch war aber auch ihnen ein Kind ein Niemand, der jemand zu werden hoffen konnte nur insoweit das seinem Vater paßte und insofern dieser selbst jemand war. Das scheint mir die eigentliche Aussage des Spruchs zu sein, der sagt, daß das Reich den Kindern gehören soll. Ein Reich der Demütigen, der Zölibatären, der Getauften, davon konnte später gesprochen werden. Was zuallererst und sofort klargewesen sein muß, ist das: Ein Reich der Kinder ist ein Reich, in dem niemand was ist oder jeder ein Niemand. Wie Wendy Cotter (1989, S. 70) in Anbetracht der Stelle bei Lukas 7,31–35 (144 *Die gerechtfertigte Weisheit* [1/1]), wo Jesus sich selbst mit einem Kind vergleicht, sehr richtig bemerkt, gilt es nach den Ehrbegriffen der Mittelmeerbewohner von alters her als Beleidigung, jemanden mit einem Kind zu vergleichen. Wenn also jemand ausschließlich denen, die wie die Kinder nichts und niemand waren, das Reich Gottes verhieß, mußte er notwendig bei jedem, der was darstellte, und sei das noch so wenig, erheblichen Anstoß erregen. Daß aber Jesus die damalige Gesellschaftsordnung (wie weiterhin jede zukünftige mindestens bis auf den heutigen Tag) wirklich mit einer derartigen Erklärung angefochten hat, bestätigen zwei andere der von ihm überlieferten Aussagen über das Reich.

Selig die Armen

Die Seligpreisung der Armen, 43 *Selig die Armen* [1/3], ist ursprünglich so radikal, wie sie im Laufe der christlichen Jahrhunderte normal und sogar banal geworden ist.

«Jesus sprach: Selig die Armen! [*hēke*] Denn euch gehört das Königreich der Himmel.»
(Thomasevangelium 54)
«Selig ihr Armen [*ptōchoi*], denn euch gehört das Reich Gottes.»
(Spruchquelle Q, 1Q: Lukas 6,20)
«Selig, die arm [*ptōchoi*] sind vor Gott; denn ihnen gehört das Himmelreich.»
(Spruchquelle Q, 1Q: Matthäus 5,3)
«Hat Gott nicht die Armen [*ptōchous*] in der Welt auserwählt, um sie durch den Glauben reich und zu Erben des Königreichs zu machen, das er denen verheißen hat, die ihn lieben?»
(Jakobus 2,5)

Problematisch ist nicht nur die Qualifizierung der Armut «vor Gott» oder als «geistliche» (wie Luther die Stelle übersetzt) bei Matthäus, obwohl dieser Zusatz die Aufmerksamkeit vom Materiellen aufs Geistliche lenkt, vom Wirtschaftsleben auf das Religiöse. Die Hauptschwierigkeit finden wir hier nicht bei dem qualifizierenden Zusatz (von dem man als einer Hinzufügung des Matthäus absehen könnte), sondern bei dem qualifizierten Wort selbst, das wir mit «arm» übersetzen. Denn was verstand man zur Zeit Jesu unter diesem griechischen Wort «ptōchos»?

Die klassische Definition des Begriffs findet man im *Plutos* des Aristophanes, der letzten Komödie des großen Dichters, die mutmaßlich im Jahre 388 v. Chr. in Athen uraufgeführt wurde. Es geht dabei um folgendes: Da die Bösen reich und die Tugendhaften arm sind, muß offenbar Plutos, der Gott des Reichtums, blind und der Heilung im Tempel des Asklepios bedürftig sein. Die Unterscheidung zwischen *penia,* gewöhnlicher Armut, und Bettelei, *ptōcheia,* kommt zur Sprache, wo Chremylos gegen Penia, die als Göttin personifizierte ehrliche Armut, für Plutos, oder den Reichtum, plädiert.

CHREMYLOS:
Du, sag mir, was kannst du denn Gutes verleihn? – Brandblasen vom Ofen im Badhaus,
Und der Kinder Geplärr, die vor Hunger vergehn, und das Winseln und Keifen der Weiber,
Und die Läus' und die Wanzen und Mücken und Flöh' und die Schnaken und all das Geziefer,
Das summend und brummend das Ohr uns umschwirrt und tanzt um das Lager der Armen,
Und sie stacheln ihn auch und sie summen ihm zu: ‹Auf! rühre dich! Willst du verhungern?›
Statt des Mantels bescherst du den schäbigen Flaus, der zerrissen von oben bis unten,

Statt des Betts muß dienen die Binsenstreu, wo den Müden der Wanzen Gewimmel
Vom Schlaf aufjagt; statt des Teppichs: von Rohr ein Geflecht, ein verfaultes; als Kissen
Liegt unter dem Kopf ein gewaltiger Stein; Brot, Wecken, das wäre zu üppig,
Ein Malvensalat mag füllen den Bauch und das Kraut des geschossenen Rettichs.
Vom zerbrochenen Kruge das Oberstück ist der Schemel der Füße; der Backtrog
Ein gesprungenes Faß! – O wie herrlich, wie schön! Das sind sie, die prächtigen Güter,
Das ist *deine* Bescherung! Ich hab' es gezeigt, was die Sterblichen alles dir danken!

PENIA:
Mich glaubst du zu schildern, die Armut, und hast nur das Leben des Bettlers gezeichnet!

CHREMYLOS:
Nun, sagt man nicht immer: die Bettelei sei die leibliche Schwester der Armut?

PENIA:
Ihr sagt es, ihr stellet zusammen wohl auch Dionysios und Thrasybulos!
Mein Leben, bei Zeus, ist von ferne nicht gleich dem beschriebnen und wird es auch niemals:
Denn ein Bettler ist der, der von allem entblößt in Hunger und Kummer dahinlebt,
Arm aber, wer mäßig und sparsam ist und sein Leben fristet mit Arbeit
Und zum Überfluß freilich es niemals bringt, doch gesichert auch bleibt vor dem Mangel.
(Aristophanes, *Plutos* 535–554; deutsch von L. Seeger, 1953)

Chremylus beschreibt die Bettelei, oder Ptōcheia, und ihren Anhang, während Penia, oder die Armut, sich und die Ihren selbst beschreibt und dabei den größten Wert darauf legt, sich von der Bettelei zu unterscheiden. Diese Unterscheidung sei im folgenden aus der Sicht der Forschung näher bestimmt und erläutert.

«Die griechischen und lateinischen Ausdrücke, die gewöhnlich mit ‹arm› übersetzt werden, bedeuten selten Armut im Sinne der vollkommenen Mittellosigkeit, Bettelarmut», sagt Arthur Hands in seinem Buch über Wohltätigkeit und Sozialhilfe in Griechenland und Rom.

«Insbesondere wurden sie angewandt auf jene große Mehrheit der Bevölkerung jedes Stadtstaats, die, weil ihnen nicht das Einkommen aus dem Besitz eines großen Landguts zustand, jenes Maßes an Muße und Unabhängigkeit ermangelten, das als unabdingbare Voraussetzung für das Leben eines Edelmannes galt. Solche Leute hatten oft kleine Landgüter, die sie selbst bestellten, wenn auch vielleicht mit Hilfe von Tagelöhnern und Sklaven ... Als ‹arm› wurden diese Leute natürlich von Angehörigen der Oberschicht bezeichnet, die allein aus dem größten Teil der auf uns gekommenen klassischen Literatur spricht. Gewöhnlich sprachen sie von diesen ‹armen› Leuten in herablassendem, wenn nicht herabsetzendem Ton, es sei denn, die Rede wäre von freien Kleinbauern, denn deren Status wurde oft idealisiert und nicht ohne Neid gepriesen ... Leute, die man mit Ausdrücken bezeichnete, welche die völlige Mittellosigkeit und Bettelarmut der Bezeichneten bloßstellten, und in deren Nähe rückte man schon die besitzlosen Landarbeiter, idealisierte man dagegen selten. Ein solcher Ausdruck aber war das griechische Wort *ptōchos,* das einen Kauernden bezeichnete und daher einen Bettler» (S. 62–63).

Auch Sir Moses Finley kommt bei seiner Untersuchung des Wirtschaftslebens in der Antike auf den Unterschied der Bezeichnungen zu sprechen. «Die griechischen Wörter *ploutos* und *penia,* die gewöhnlich mit ‹Reichtum› und ‹Armut› übersetzt werden, geben bei Lichte besehen eher die Unterscheidung, die Thorstein Veblen in seinem Buch *The Theory of the Leisure Class* (1934, S. 15) als diejenige zwischen ‹Großverdienst› und ‹Plackerei› bezeichnet. Ein *plousios* war reich genug, von seinem Einkommen zu leben (nämlich von dem Einkommen aus seinem Besitz), ein *penēs* war das nicht. Der letztere mochte zwar nicht ganz besitzlos und strenggenommen gar nicht arm sein, er konnte wohl ein Landgut oder ein paar Sklaven besitzen, auch in einer Truhe etliche hundert Drachmen verwahren, aber er mußte sich nichtsdestoweniger selber placken, seinen Lebensunterhalt zu verdienen. *Penia* also war der Zustand der armen Leute, die arbeiten mußten, um ihr Auskommen zu haben, während die wirkliche Bettelarmut einen zum *ptōchos* stempelte, zum Bettler eben» (S. 41). Die *ptōchoi* aber pries Jesus selig, und auf die Anstößigkeit dieser Seligpreisung ist Gildas Hamel eingegangen. «Wenn auch der *penēs* dem *plousios* entgegengesetzt oder dessen Gegenteil war, so gehörten beide doch als Gegensätze und Gegenteile zusammen, während der *ptōchos* nirgends hingehörte, am Rande der Gesellschaft sein Leben fristete und in aller Augen als Außenseiter dastand. Die Armen und die Reichen gehörten der gleichen Welt an, lebten beide in geordneten Verhältnissen, von denen der Bettler ausgeschlossen war. Ein *ptōchos* war einer, der seine familiären und sozialen Verbindungen zum größten Teil oder gänzlich verloren hatte.

Da er Ressourcen, zu denen er selbst sehr wenig oder gar nichts beitrug, selten für längere Zeit an ein und demselben Ort anzapfen konnte, war der *ptōchos* meist auch Landstreicher... Wie sehr seine Erscheinung außer der Ordnung, wie unbequem seine Existenz für die griechisch-römische Welt war, zeigt sich nicht zuletzt in dem Bemühen vieler griechischer Autoren, das *ptōchos* der Evangelien wegzuerklären und die Seligpreisungen mit ihrer Vorstellung von der Gesellschaft zu harmonisieren. Dies geschah, indem man die Bedeutung des *ptōchos* auf die vielfältigste Weise vergeistlichte; auch, indem man den *penēs* dafür einsetzte, für den es schon in der hellenistischen Gesellschaft eine gewisse, freilich nicht sehr entwickelte Wertschätzung gab, die anzusprechen man hoffen konnte» (Gildas Hamel, S. 8, 39).

Was aus alledem zur Genüge deutlich werden sollte, ist die Radikalität der Seligpreisung der Bettelarmen. Aristophanes mochte wohl die Armut als Göttin auf die Bühne bringen, als göttliche Personifikation der bedürftigen, arbeitenden Bevölkerung und als deren Fürsprecherin gegen den faulen Müßiggang der Reichen, aber er hütete sich, die Bettelei zur Göttin zu machen, das nackte Elend in den Himmel zu heben. Genau das tat aber Jesus. Er sprach schockierend paradox von einem Reich nicht der Armen, sondern der Bettler und Landstreicher. Das geht ganz deutlich aus dem griechischen Text der Spruchquelle Q hervor, aus der Lukas 6,20 und Matthäus 5,3 geschöpft haben; nicht die *penētes,* sondern die *ptōchoi* sind da selig gepriesen. Dementsprechend findet man auch im koptischen Thomasevangelium das Adjektiv *hēke*. Die Seligpreisung der Armen in der Fassung des Thomasevangeliums ist in einem griechischen Paralleltext nicht überliefert, doch hat man die Abschnitte 3 und 29 des Thomasevangeliums sowohl in koptisch als auch in griechisch. Und in diesen beiden Abschnitten ist von Armut, allerdings tadelnd von selbstverschuldeter geistlicher Armut, die Rede, und da entspricht der *ptōchia* des griechischen Texts das koptische Abstraktum *mūt-hēke* (Emmel, S. 276, 289). Wir können deshalb ziemlich gewiß sein, daß der koptische Übersetzer in seiner griechischen Vorlage auch im Thomasevangelium 54 das Wort fand, das Lukas und Matthäus der Spruchquelle Q entnahmen. Wir können auch gewiß sein, daß der Verfasser des Thomasevangeliums nicht, wie Matthäus, glaubte, die gemeinte Bettelarmut sei eine geistliche. Für ihn war körperliche, am eigenen Leibe erfahrene Armut geistlicher Reichtum: körperlicher, handgreiflicher Reichtum geistliche Armut. Auch dem Tadel der Reichen im Brief des Jakobus 1,9–11 und 5,1–6 ist zu entnehmen, daß die 2,5 gepriesene Armut ganz buchstäblich und leibhaftig zu verstehen ist.

Nicht die Armen und die Armut also pries Jesus selig, sondern die Elenden und die Bettelei. In den Begriffen der von Gerhard Lenski aufgestellten Typologie der sozialen Schichtung von Agrargesellschaften sprach Jesus also von einem Königreich nicht der Bauern- und Handwerkerklasse, sondern der unreinen, verdorbenen und entbehrlichen Klassen.

Dieses Verständnis der Seligpreisung der Armen wird gestützt durch drei andere Seligpreisungen, die wir ebenfalls Jesus selbst verdanken: 59 *Selig die Traurigen* [1/3], das heißt die Weinenden und Trauernden, sowie 96 *Selig die Hungrigen* [1/2] sagen das gleiche wie 43 *Selig die Armen* [1/3] und fügen der Radikalität dieser Aussage nichts sonderlich Neues hinzu. Doch die vierte Seligpreisung, 48 *Selig die Verfolgten* [1/3], bedarf einer Erläuterung. Wenn man sie «als anschauliche Beschreibung der Verfolgung christlicher Prediger, die für ihren erhöhten Herrn sprechen», liest, muß man sie wohl der späteren Entwicklung zuschreiben, zumal «wenn ihre Formulierung von dem Versuch zeugt, die Eingrenzung der Innengruppe zu verstärken, indem man diese negativ als von der Außengruppe ausgegrenzt definiert oder positiv durch einen den Mitgliedern gemeinsamen Glauben oder *logos*, oder indem man sich auf eine transzendentale Erklärung für die Zugehörigkeit beruft (Auserwähltheit, Prädestination). Ein so entschiedener Abgrenzungsdiskurs ist dem historischen Jesus aber kaum zuzutrauen, scheint dieser doch die Menschen angezogen zu haben, gerade weil er solche Sprache ablehnte und zerstörte» (Kloppenborg, 1986, S. 36, 49). Betrachtet man aber die drei unabhängigen Zeugnisse für diesen Überlieferungskomplex, zeigt sich, daß von «Verfolgung» nicht ganz eindeutig die Rede ist. Im 1. Petrusbrief 3,14a kommt der Begriff der «Verfolgung» ebensowenig vor wie an der späteren Stelle 4,14; selig werden an der ersten Stelle gepriesen, die da leiden um der Gerechtigkeit willen, an der späteren die, die geschmäht, beschimpft werden wegen ihres Glaubens. Auch in der Spruchquelle Q mag der Begriff der Verfolgung gefehlt haben. Bei Lukas 6,22 preist Jesus selig die, welche leiden müssen, daß die Menschen sie «hassen ... aus ihrer Gemeinschaft ausschließen ... beschimpfen ...», die, deren Namen verworfen wird. Bei Matthäus 5,11 steht «beschimpft und verfolgt und auf alle mögliche Weise verleumdet». Aber in dem vorangegangenen Vers 5,10 hat Matthäus diese Seligpreisung schon in einer eigenen Formulierung gegeben: «Selig, die um der Gerechtigkeit willen verfolgt werden ...», ehe er die aus der Spruchquelle Q geschöpfte Fassung anführt, und so kann es sein, daß er das Verbum «verfolgen» aus dem vorangehenden Vers aufgegriffen und in den Text der Spruchquelle Q eingefügt hat, so daß man diesem bei Lukas 6,22b näher wäre. Jedenfalls heißt es im Thomasevangelium 68: «Ihr seid selig, wenn sie euch hassen und euch verfolgen ...»; und 69: «Selig sind die, die man verfolgte ...» Es scheint also, als hätte sich anstelle anderer Verben, die Geringschätzung, Zurückweisung und Haß ausdrücken, schließlich in der Überlieferung das Reden von der «Verfolgung» durchgesetzt. Ich nehme an, daß Jesus, zweifellos aus eigener Erfahrung sprechend, etwas sagte wie: «Selig sind die Mißhandelten und die Verstoßenen», was dann die frühen Gemeinden in Anbetracht ihrer eigenen zunehmend bedrohten Lage umwandelten in eine Seligpreisung der Verfolgten. Denn wie John Kloppenborg, der die Erfahrungen der Kyniker mit denen der frühen Christen verglichen hat, bemerkt: «... diejenigen, welche erklären, ‹Selig sind die Armen›, werden bald erleben, daß man sie haßt und beschimpft» (1986, S. 51).

Reich und Reichtum

Weitere Bestätigung findet meine Deutung von Jesu Verheißung darin, daß das Reich Gottes nur denen, die sind wie Kinder, gehören soll – daß nämlich das Reich Gottes da ist für die, die in den Reichen dieser Welt nichts darstellen und niemand sind –, in der Überlieferung von Jesu Worten über das Reich Gottes und weltlichen Reichtum, 199 *Reich und Reichtümer* [2/2]. Zwei unabhängige Zeugnisse liegen dafür vor; sie ist die einzige das Reich betreffende Überlieferung aus der zweiten Schicht, die derart doppelt bezeugt ist.

> «Da sah Jesus seine Jünger an und sagte zu ihnen: Wie schwer ist es für Menschen, die viel besitzen, in das Reich Gottes zu kommen! Die Jünger waren über seine Worte bestürzt. Jesus aber sagte noch einmal zu ihnen: Meine Kinder, wie schwer ist es, in das Reich Gottes zu kommen! Eher geht ein Kamel durch ein Nadelöhr, als daß ein Reicher in das Reich Gottes gelangt. Sie aber erschraken noch mehr und sagten zueinander: Wer kann dann noch gerettet werden? Jesus sah sie an und sagte: Für Menschen ist das unmöglich, aber nicht für Gott; denn für Gott ist alles möglich.»
> (Markus 10,23–27)
> «Die Reichen aber halten schwerlich mit den Knechten Gottes Gemeinschaft, aus Furcht von ihnen angebettelt zu werden; und solche Leute werden schwerlich in das Reich Gottes eingehen. Denn wie es schwer ist, mit nackten Füßen auf Disteln zu treten, ...»
> (*Hirt des Hermas*, Gleichnis 9, 20,2–3)

Matthäus 19,23–26 und Lukas 18,24–27 schließen sich Markus an, fassen allerdings die von diesem gebotene Szene etwas kürzer.

Insgesamt ist zu bemerken, daß dieser Spruch, obwohl er zweifellos die Reichen tadelt, nicht annähernd so radikal ist wie 43 *Selig die Armen* [1/2]. Allein und für sich genommen wäre er zwar als Aussage gegen die Reichen und für die Armen zu verstehen, doch nicht notwendigerweise für die Elenden. Nur in Verbindung mit den Sprüchen 20 *Das*

Reich und die Kinder [1/4] und 43 *Selig die Armen* [1/2], in denen die Elenden, die Bettler und Landstreicher selig gepriesen werden, erhält er sein volles Gewicht.

Doppelt bezeugt ist nur, daß die Reichen schwerlich in das Reich Gottes eingehen werden, nicht die Metapher vom Kamel und dem Nadelöhr. Hermas könnte freilich auf den Vergleich verzichtet haben, da er selbst ja metaphorisch von der Unfähigkeit der Reichen, mit nackten Füßen auf Disteln zu treten, spricht, wozu der fernere Vergleich der Reichen mit dem Kamel nicht gut gepaßt hätte. Aber bewiesen werden kann natürlich nicht, daß Jesus selbst schon diesen Vergleich gebrauchte, der frappiert, weil er weniger verurteilt als vielmehr humoristisch eine unleugbare Tatsache feststellt. Ob nun schon Jesus selbst oder erst Markus ihn gebrauchte, bemerkenswert ist doch, daß weder Haß noch Rachsucht aus diesem Vergleich spricht, vielmehr wird da belustigt festgestellt, daß die Vorstellung, die Reichen könnten in den Himmel kommen, nicht nur ganz unmöglich, sondern auch irgendwie komisch ist, als wollte einer versuchen, ein Kamel einzufädeln. Freilich müßte ich, um meiner methodischen Voraussetzung zu genügen, mindestens noch eine zweite Beglaubigung der Zuschreibung des Vergleichs an Jesus beibringen, ehe ich daran denken könnte, den aus demselben sprechenden schwarzen Humor eben diesem nachzurühmen, was also mangels der erforderlichen Gewähr einstweilen unterbleiben muß.

Fünf weitere Überlieferungskomplexe kritisieren den Besitz von Reichtümern. Der Komplex 94 *Der reiche Gutsbesitzer* [1/2] gibt ein Gleichnis, dem nicht zu entnehmen ist, daß der Gutsbesitzer sich irgendeine Missetat hätte zuschulden kommen lassen. Er ist wohlhabend und bemüht, seinen Besitz gut zu verwalten und zu mehren, weiter nichts. Aber er muß sich sagen lassen, daß ihm der Tod einen Strich durch die Rechnung machen kann. Der Spruch des Komplexes 99 *Schatz im Himmel* [1/2] sagt das gleiche, doch in der Fassung, in der er auf uns gekommen ist, liegt uns offenbar schon eine Ausdeutung der Worte Jesu durch die Überlieferer vor. Von der Fassung des Spruchs in der Spruchquelle Q sagt John Kloppenborg, daß man gewisse Parallelen zu dieser Ermahnung in der zeitgenössischen jüdischen Literatur finde, wo auch gesagt sei, daß man Schätze im Himmel sammeln soll durch gute Taten, namentlich durch Mildtätigkeit, wenn auch die Verachtung für das Anhäufen irdischer Schätze «etwas seltsam» sei (1987, S. 221). Diese Bemerkung mag den Entwicklungsgang des uns überlieferten Spruchs andeuten. Ich denke, daß Jesus etwa gesagt haben könnte: «Häuft keine Schätze an, denn Motten werden die Beutel fressen, die sie enthalten, und Diebe werden einbrechen, sie zu stehlen.» Im Thomasevangelium 76b wurde daraus die positive

Ermahnung, den Schatz zu suchen, der nicht verdirbt, sondern der bleibt. Bei der Übernahme der Fassung der Spruchquelle Q formulierte dann Matthäus 6,19–20 die Ermahnung sowohl negativ wie positiv, den vergänglichen irdischen Schätzen die dauerhaften im Himmel gegenüberstellend, während Lukas 12,33 die Betonung auf die positive Ermahnung, Almosen zu geben, legt. Der Komplex 86 *Zwei Herren dienen* [1/2] sagt, daß niemand zugleich Gott und Mammon dienen kann, und eine sehr viel radikalere Formulierung der gleichen Lehre hat man in dem Komplex 103 *Gib, ohne wieder zu fordern* [1/2]. Man soll demnach nicht nur keine Zinsen nehmen, sondern nicht einmal das geliehene Kapital zurückfordern. Und die Paradoxe in 31 *Erste und letzte* [1/3] und 40 *Haben und erhalten* [1/3] stellen die Reichen und Mächtigen als arm und machtlos dar; und umgekehrt die Armen und Machtlosen als reich und mächtig.

Ein Reich der Unerwünschten

Zu den zwölf Komplexen von Reden über das Reich, die mehrfach bezeugt sind, gehören fünf Parabeln, die eine sehr seltsame Sammlung von Gleichnissen bilden. Ich beginne meine Untersuchung bei dem am besten verbürgten dieser Gleichnisse.

Das Senfkorn

Die Parabel 35 *Das Senfkorn* [1/3] ist von allen, die Jesus zugeschrieben werden, die einzige, für die sich drei unabhängige Überlieferer verbürgen. Hier ihre Zeugnisse; das der Spruchquelle Q gebe ich in der Fassung des Lukasevangeliums.

> «Die Jünger sprachen zu Jesus: Sage uns, wem das Königreich der Himmel gleicht. Er sprach zu ihnen: Es gleicht einem Senfkorn. (Es ist) kleiner als alle Samen. Wenn es aber auf die Erde fällt, die man bearbeitet, sendet es einen großen Zweig aus und wird zum Schutze für die Vögel des Himmels.»
> (Thomasevangelium 20)
> «Er sagte: Wem ist das Reich Gottes ähnlich, womit soll ich es vergleichen? Es ist wie ein Senfkorn, das ein Mann in seinem Garten in die Erde steckte; es wuchs und wurde zu einem Baum, und die Vögel des Himmels nisteten in seinen Zweigen.»
> (Spruchquelle Q1 oder 2Q?: Lukas 13,18–19 = Matthäus 13,31–32)
> «Er sagte: Womit sollen wir das Reich Gottes vergleichen, mit welchem Gleichnis sollen wir es beschreiben? Es gleicht einem Senfkorn. Dieses ist das kleinste von allen Samenkörnern, die man in die Erde sät. Ist es aber gesät, dann geht es auf und wird größer als alle

anderen Gewächse und treibt große Zweige, so daß in seinem Schatten die Vögel des Himmels nisten können.»
(Markus 4,30–32 = Matthäus 13,31–32)

Die Überlieferung hat die ursprüngliche Parabel auf dreierlei Weise so verändert, daß eine und dieselbe Deutung dafür naheliegt. Zunächst in der Betonung des ursprünglich gegebenen Gegensatzes zwischen kleinem Senfkorn und großer Senfpflanze, so daß hauptsächlich gesagt zu sein scheint, daß aus kleinen Ursachen große Wirkungen folgen, wie Markus ziemlich wortreich vorführt. Zweitens, indem das Gewächs, welches das kleine Senfkorn hervorbringt, am Ende eher ein Baum als eine Senfpflanze zu sein scheint, jedenfalls in der Fassung, die Lukas und Matthäus der Spruchquelle entnahmen. Und die passend dazu unter seinen Zweigen wohnenden Vögel lenken dann die Gedanken des Hörers auf biblische Texte, wo Gottes Fürsorge gepriesen wird, wie in Psalm 104,12, oder die mächtige Zeder des Libanons als Symbol irdischen oder himmlischen Königtums vorgestellt wird, wie bei Daniel 4,10–12 und Ezechiel 31,3.6. Am deutlichsten findet man die durch die so gedeutete Parabel angesprochene Vorstellung vielleicht in den folgenden Prophetenworten:

«So spricht Gott, der Herr: Ich selbst nehme ein Stück vom hohen Wipfel der Zeder und pflanze es ein. Einen zarten Zweig aus den obersten Ästen breche ich ab, ich pflanze ihn auf einen hoch aufragenden Berg. Auf die Höhe von Israels Bergland pflanze ich ihn. Dort treibt er dann Zweige, er trägt Früchte und wird zur prächtigen Zeder. Allerlei Vögel wohnen darin; alles, was Flügel hat, wohnt im Schatten ihrer Zweige. Dann werden alle Bäume auf den Feldern erkennen, daß ich der Herr bin. Ich mache den hohen Baum niedrig, den niedrigen mache ich hoch. Ich lasse den grünenden Baum verdorren, den verdorrten erblühen. Ich, der Herr, habe gesprochen, und ich führe es aus.»
(Ezechiel 17,22–24)

Die Allegorie des Zedernbaumes stellt das winzige Israel als den großen apokalyptischen Baum so sinnfällig vor, daß sich angesichts dieser Allegorie unabweisbar die Frage nach der ursprünglichen und eigentlichen Bedeutung des Senfkorns in dem Gleichnis Jesu stellt, wie ich schon vor zwanzig Jahren zu bemerken Gelegenheit hatte. «Wenn man ein Bild des apokalyptischen Advent suchte, bot als solches sich der mächtige Zedernbaum der Überlieferung an. Sollte das Wachstum dieser Zukunft ausgedrückt werden, konnte man sich des gleichfalls überlieferten Bildes eines auf einen hohen Berg gepflanzten Zweigleins bedienen. Das Senfkorn aber gibt ein Kraut, das, auch wenn es noch so hoch schießt, keine Konkurrenz für die Zedern des Libanons ist. Wenn man eine Parabel mit einem Senfkorn anfängt, kann man nicht am Ende von einem Baum reden, geschweige denn von dem großen apokalyptischen, es sei denn, daß man damit die ganze apokalyptische Überlieferung verspotten will» (1973, S. 48). Ich gebe deshalb Brandon Scott recht, der in der besten neueren Untersuchung der Gleichnisse eben diese Meinung vertritt, daß nämlich das Gleichnis vom Senfkorn «die Erwartung des Reiches unter dem Symbol einer Zeder oder eines apokalyptischen Baums infrage stellt und verspottet» (S. 386).

Wenn positive Hinweise auf einen apokalyptischen Baum in der ursprünglichen Parabel zweifellos fehlten und diese erst später nicht sehr überzeugend hinzugefügt wurden, was mag es mit dem Gleichnis vom Senfkorn anfänglich auf sich gehabt haben?

In der Naturgeschichte des älteren Plinius lesen wir vom Senf, daß er wild und im Anbau prächtig wächst, und dazu die Bemerkung:

> «Ja, nach einmaliger Aussaat kann man das Land kaum wieder davon reinigen, weil der ausgefallene Samen sogleich wieder aufgeht.»
> (Plinius, *Naturgeschichte,* 19,54; deutsch von Ch. F. L. Strack, 1853–1855)

Es gibt also wilden Senf neben der Kulturpflanze, und selbst diese droht zum Unkraut zu werden, wenn man ihre ungestüme Fortpflanzung nicht verhindert. Douglas Oakman (1986, S. 124) hat kürzlich diese Auskunft des antiken Naturhistorikers bestätigt und daran erinnert, daß es neben dem weißen Senf *(sinapis alba)* und dem schwarzen *(brassica nigra),* die beide angepflanzt werden, noch den Ackersenf oder Hederich gibt, «der seit unvordenklichen Zeiten als Unkraut in den Kornfeldern wächst». Senf ist also sogar, wo man ihn im Garten kultiviert, gefährlich und auf jeden Fall schädlich, wo er zwischen dem Getreide wächst. An dem Gleichnis vom Senfkorn ist also wohl nicht hauptsächlich von Interesse, daß es klein ist und viel großes Kraut hervorbringt, sondern doch wohl auch, daß dieses Resultat nicht unbedingt wünschenswert ist.

Von den drei unabhängigen Fassungen dieses Gleichnisses Jesu spricht nur diejenige der Spruchquelle von einem absichtlich gepflanzten Senfkorn. Das geschieht, Matthäus zufolge, auf einem Feld, Lukas zufolge in einem Garten. Das Thomasevangelium und Markus scheinen ein Senfkorn anzunehmen, das unbemerkt auf die Erde fällt, keimt und groß genug wächst, den Vögeln des Himmels Schatten zu bieten. Ich möchte annehmen, daß der Garten, von dem Lukas spricht, nicht ursprünglich der Ort war, wo das Senfkorn keimte, zumal, wie

Brandon Scott bemerkt, die Aussaat von Senf in einem Garten gegen ein ausdrückliches Verbot der *Mischna* verstoßen hätte, wo, etwa 200 v. Chr., verfügt wurde, daß wegen der Neigung des Senfkrauts, zu wuchern und zu verwildern, Senf nicht in Gärten, sondern nur auf Feldern gepflanzt werden sollte, wo man ihn von anderen Saaten fernhalten kann (S. 374, 380). Ich werde aber vorsichtshalber sowohl Lukas wie auch die *Mischna* bei der gegenwärtigen Erörterung ausklammern und nur annehmen, daß das Kernbild des Gleichnisses, das Jesus erzählte, die Senfpflanze war, entweder der kultivierten, wenn auch immer noch verhältnismäßig gefährlichen Art, oder der durchaus unerwünschten und gefährlichen wilden. «Es ist schwer», wie Douglas Oakman richtig schließt, «den Schluß zu vermeiden, daß Jesus absichtlich die Herrschaft Gottes mit einem Unkraut vergleicht». Und sicherlich hat er auch recht in der Vermutung, daß die Bauern, die Jesus von den Vögeln reden hören, welche den Schatten der hochgeschossenen Senfpflanze suchen, zunächst einmal daran denken würden (was ja auch in der Parabel 34 *Der Sämann* [1/3] zur Sprache kommt), «daß Vögel die natürlichen Feinde der Saaten sind» (1985, S. 127).

Das Gleichnis lehrt also nicht hauptsächlich, daß Senf aus kleinem Korn sehr üppig ins Kraut schießt, sondern vielmehr, daß er immer droht sich einzuwurzeln, auch wo er unerwünscht ist, sich auf Kosten anderer Saat auszubreiten und Vögel anzuziehen, wo man Vögel nicht haben will. So aber, sagte Jesus, sei das Reich. Nicht wie die mächtige Zeder des Libanons und wenn auch nicht ganz wie ein gewöhnliches Unkraut, so doch wie ein Gewürzkraut mit einer gefährlichen Tendenz zu verwildern. Etwas, das man nur in kleinen, sorgfältig abgegrenzten Beeten würde ziehen wollen, wenn man imstande wäre, seiner Ausbreitung Einhalt zu gebieten.

Das gesäte Unkraut

Das Gleichnis 90 *Das gesäte Unkraut* [1/2], wie es bei Matthäus 13,24–30 erzählt wird, wird später (13,36–43a) ausführlich allegorisch interpretiert; und wenn man diese Deutung liest, ist es nicht leicht, sich ihr zu widersetzen. Sowohl die Parabel als auch die Deutung hätte Matthäus selbst erfunden haben können, doch verbietet sich diese Annahme, weil wir im Thomasevangelium folgendes finden:

> «Jesus sprach: Das Königreich des Vaters gleicht einem Menschen, der (guten) Samen hatte. Sein Feind kam in der Nacht und säte Unkraut auf den guten Samen. Der Mensch ließ sie das Unkraut nicht ausreißen. Er sagte zu ihnen: Daß ihr nicht hingeht, daß wir das Unkraut ausreißen und ihr mit ihm den Weizen ausreißt. Denn

> am Tage der Ernte wird das Unkraut offenbar werden. Man wird es ausreißen und verbrennen.»
> (Thomasevangelium 57)

Das Thomasevangelium bietet zwar keine Deutung des Gleichnisses, bringt aber dieses selbst im wesentlichen wie Matthäus. Tatsächlich scheint auch hier vorausgesetzt zu sein, daß die Knechte das Unkraut am liebsten gleich ausgerissen hätten, wie Matthäus erzählt. Wir müssen deshalb das Gleichnis nehmen, wie es ist, versuchen, von der Deutung des Matthäus abzusehen, und überlegen, was wohl ursprünglich damit gemeint gewesen sein mag.

Das Unkraut, das der Feind bei Nacht auf den guten Samen sät, wird bei Matthäus wie im Thomasevangelium *zizania* genannt und ist nach Douglas Oakman identisch «mit *lolium temulentum,* Taumellolch, einem an der Levante sehr verbreiteten lästigen Unkraut des Sommergetreides. Sein Samen ist giftig und im Mehl gesundheitsschädlich. Es ist deshalb nicht ohne weiteres einzusehen, daß es weise sein soll, das Unkraut mit dem Getreide zu ernten, da der giftige Taumellolch ja leicht die ganze Ernte verderben könnte. Das Unkraut gedeiht nicht in Lagen über 300 Meter Meereshöhe. Mit Vorliebe breitet es sich auf guten Weizenäckern aus, besonders in regenreichen Jahren. Trockenere Jahre begünstigen den Weizen gegenüber dem Unkraut» (1986, S. 116). Plinius der Ältere möchte diesen Lolch «lieber als zu den Krankheiten der Feldfrüchte, zu den Krebsschäden der Erde selbst zählen» *(Naturgeschichte,* 18, 44).

Als ich mich erstmals um die Deutung dieses Gleichnisses bemühte, meinte ich, daß es die Weisheit des Landbesitzers lehren sollte, der sich für das kleinere von zwei Übeln entschieden habe (1973, S. 64, 85). Doch finde ich die kürzlich von Oakman vorgebrachten Argumente vollkommen überzeugend und meine jetzt wie er, daß die Hörer, denen das Gleichnis ursprünglich zugedacht war, wohl diesen verhältnismäßig wohlhabenden Landbesitzer auch ein wenig auslachen sollten. Da Lolch auch ungesät unter dem Weizen wächst, war ja nur seine ungewöhnlich starke Verbreitung in einem bestimmten Feld vernünftigerweise – und nicht nur für die Phantasie eines an Verfolgungswahn leidenden Landwirts – als das Werk eines zielgerichtet handelnden Feindes zu erklären. Jedenfalls sitzt also der Mann in der Klemme. «Wenn er jäten ließe, sobald das Unkraut sich zeigte, bestände zwar die Gefahr, daß mit dem Lolch auch etwas Weizen ausgerauft würde», meint Oakman, «doch wäre das vielleicht doch das kleinere Übel» (1986, S. 118). Und so, sagt Jesus, ist das Himmelreich. Aus der Sicht der Wohlhabenden mit ihren Feldern besten Weizens und zahlreichen Knechten ist es ein schädliches Unkraut. Aber sie müssen sich damit abfinden. So stehen also Senf und Lolch, gewiß nicht ohne ein wenig ironischen Humors, als Bilder des Reiches, gesehen allerdings aus der Sicht der landlosen Armen.

Der Sauerteig

Das dritte Bild ist genauso schlimm, wenn nicht noch schlimmer. Die Parabel, die uns in dem Komplex 104 *Der Sauerteig* [1/2] überliefert ist, spricht von Sauerteig, vom Verstecken, von einer Frau, lauter Sachen, die in der sozialen Welt, der das Gleichnis zugedacht, negativ besetzte Vorstellungen anzuregen geeignet waren.

> «Jesus (sagte): Das Königreich des Vaters ist gleich (einer) Frau. Sie nahm ein wenig Sauerteig, (verbarg) ihn in dem Teig (und) machte davon große Brote. Wer Ohren hat, der höre.»
> (*Thomasevangelium* 96; an dieser Stelle zit. nach der Übersetzung von Beate Blatz, NTApo^6, 1990)
> «Außerdem sagte er: Womit soll ich das Reich Gottes vergleichen? Es ist wie der Sauerteig, den eine Frau unter einen großen Trog Mehl mischte, bis das Ganze durchsäuert war.»
> (Spruchquelle Q, 1 oder 2Q?: Lukas 13,20–21 = Matthäus 13,33)

Der wesentliche Punkt ist, «daß in der alten Welt Sauerteig als Symbol moralischer Korruption verstanden wurde», wie uns Brandon Scott belehrt, «da man ihn herstellte, indem man ein Stück Brot so lange an einem feuchten, dunklen Ort verwahrte, bis es Schimmel bildete». Überdies «wurde in Israel der Sauerteig mit dem unheiligen Alltag assoziiert, während die heiligen Festtage die Zeit der ungesäuerten Brote waren» (S. 324). Also auch hier ein auf den ersten Blick anstößiges und provozierendes Bild des Reiches. Zumal, wie Scott weiter darlegt, «die Frau als symbolische Struktur im Judentum wie in anderen mediterranen Kulturen mit Unsauberkeit, dem religiös Unreinen, assoziiert wurde. Die Reinheit wurde durch das Männliche symbolisiert.» Und die Frau *verbarg* den Sauerteig im Brot. Die Absichtlichkeit des Verbums, das ihre Tätigkeit wie eine verbotene und schändliche erscheinen läßt, sieht Scott um so klarer bewiesen, als es ihm nicht gelang, das Mischen des Mehls mit dem Sauerteig anderswo in der hebräischen oder griechischen Literatur so ausgedrückt zu finden (S. 326).

Neben Senf und Taumellolch also eine Frau, die Sauerteig in ihrem Teig verbirgt, als drittes anstößiges Bild des Reiches. Es ist da, ist natürlich, ist normal, ist nötig, aber die Gesellschaft hat ein Problem damit.

Die Perle

Das vierte Bild ist 98 *Die Perle* [1/2]. Dem Thomasevangelium zufolge verkaufte der Kaufmann «die Warenladung», um die Perle zu kaufen. Matthäus sagt, er «verkaufte alles, was er hatte».

> «Jesus sprach: Das Königreich des Vaters gleicht einem Kaufmann, der eine Warenhandlung hat. Als er eine Perle fand, da verkaufte jener Kaufmann, der klug war, die Warenladung und kaufte sich allein die Perle.»
> (Thomasevangelium 76,1)
> «Auch ist es mit dem Himmelreich wie mit einem Kaufmann, der schöne Perlen suchte. Als er eine besonders wertvolle Perle fand, verkaufte er alles, was er besaß, und kaufte sie.»
> (Matthäus 13,45–46)

Die erste dieser beiden Fassungen mag die ursprünglichere sein, denn wenn Matthäus sagt, der Kaufmann «verkaufte alles, was er hatte», so mag der Ausdruck bei ihm eine Wiederholung aus dem unmittelbar zuvor erzählten Gleichnis 108 *Der Schatz* [1/2] sein. Aber schließlich läuft ja auch der im Thomasevangelium berichtete Verkauf der «Warenladung», die der Kaufmann hatte, darauf hinaus, daß der Mann alles, was er hatte, für eine Perle hingab, worüber man sich jedenfalls wundern kann. Was wird er mit der Perle machen? Als Kaufmann kauft und verkauft er, jedesmal mit einer größeren oder kleineren Gewinnspanne – wenn die Geschäfte nicht allzu schlecht gehen –, nun aber sitzt er da mit einer Perle, die, anders als der Schatz des als nächstes zu behandelnden Gleichnisses, vollkommen nutzlos für ihn ist, solange es ihm nicht gelingt, sie zu Geld zu machen. Er hat also etwas ungeheuer Kostbares und vollkommen Nutzloses. Und das ist ein Bild des Reichs, das einem schon zu denken geben kann.

Der Schatz

Das Gleichnis des Überlieferungskomplexes 108 *Der Schatz* [1/2] ist uns in zwei sehr verschiedenen Fassungen überliefert, deren jede auf ihre Art ein ähnlich beunruhigendes Bild des Reiches gibt.

> «Jesus sprach: Das Königreich gleicht einem Menschen, der auf seinem Felde einen Schatz hat, (der verborgen ist) und von dem er nichts weiß. Und (als) er starb, hinterließ er ihn seinem (Sohne. Auch sein) Sohn wußte nichts. Er nahm jenes Feld und verkaufte es. Und der Käufer kam, pflügte (und fand) den Schatz. Er begann, Geld auf Zinsen zu geben denen, die er wollte.»
> (Thomasevangelium 109)
> «Mit dem Himmelreich ist es wie mit einem Schatz, der in einem

Acker vergraben war. Ein Mann entdeckte ihn, grub ihn aber wieder ein. Und in seiner Freude verkaufte er alles, was er besaß, und kaufte den Acker.»
(Matthäus 13,44)

Ich habe in einer früheren Arbeit die Meinung vertreten, daß von diesem Gleichnis Matthäus die ursprünglichere Fassung bietet, während das Thomasevangelium dasselbe abgewandelt habe, um es einer anderen alten jüdischen Geschichte über die Entdeckung eines verborgenen Schatzes anzupassen (1979, S. 106). Charles Hedrick hat demgegenüber die Priorität der Fassung des Thomasevangeliums behauptet. Und neuerdings hat Brandon Scott die Meinung geäußert, daß es sich bei beiden Fassungen um Variationen der gleichen ursprünglichen Struktur handele (S. 395).

Ich bin nichtsdestoweniger geneigt, bei meiner früheren Meinung zu bleiben, doch die beiden Fassungen sind so unterschiedlich, daß ich sie unter den von mir gemachten methodischen Voraussetzungen nicht als zwei unabhängige Zeugnisse für die gleiche Parabel in Anspruch nehmen kann. Dennoch kann man wohl mit Scott sagen, «daß die beiden Jesus zugeschriebenen Schatzgleichnisse den glücklichen Finder als Person betrachten, die Anstößiges und sogar Gottloses tut. Und das mag der Punkt sein, auf den es ursprünglich ankam» (S. 393). Matthäus zufolge verschafft sich der Finder den Schatz durch List, und nach der Darstellung des Thomasevangeliums wuchert er damit, gibt Geld auf Zinsen. Anders als das Gleichnis von der Perle bietet dasjenige vom Schatz im Acker wieder ein ziemlich anstößiges Bild des Reiches, das man da durch Methoden erworben sieht, die man als Ehrenmann und moralischer Mensch nicht billigen kann.

Ein Reich des Hier und Jetzt

Daß die Überlieferung des Komplexes 85 *Größer als Johannes* [1/2] ursprünglich auf Jesus zurückgeht und den Unterschied der Botschaften des Täufers und Jesu anzeigt, habe ich schon oben behauptet. Die Aussage des Überlieferungskomplexes 8 *Wann und wo* [1/5] stellt den Unterschied zwischen Jesu Anschauung des Reiches und des Johannes apokalyptischer Vision des Kommenden noch deutlicher fest.

Wann und wo

Obwohl uns dieser Spruch in fünf unabhängigen Fassungen überliefert ist, wird doch nur in zweien das Reich ausdrücklich erwähnt. Diese also sind hauptsächlich zu untersuchen. Sowohl Markus (13,21–23 = Matthäus 24,23–25) als auch 2Q (Lukas 17,23 = Matthäus 24,26) sagen, daß die Parusie Christi oder des Menschensohns durch keinerlei warnende Zeichen angekündigt werden wird, weil nur falsche Messiasse oder falsche Propheten solche Hinweise geben, oder weil die Parusie sich so unverhofft und plötzlich ereignen wird wie ein Blitz. In diesen Fassungen ist der Spruch auf die Parusie, nicht auf das Reich bezogen. Nachfolgend zitiere ich die beiden, wo vom Reich die Rede ist:

> «Seine Jünger sprachen zu ihm: An welchem Tage kommt das Königreich? (Er sprach:) Es kommt nicht, wenn man es erwartet. Sie werden nicht sagen: Siehe (jetzt ist es) hier, oder: Siehe (jetzt ist es) dort. Sondern das Königreich des Vaters ist über die Erde ausgebreitet, und die Menschen sehen es nicht.»
> (Thomasevangelium 113)
> «Als Jesus von den Pharisäern gefragt wurde, wann das Reich Gottes komme, antwortete er: Das Reich Gottes kommt nicht so, daß man es an äußeren Zeichen erkennen könnte. Man kann auch nicht sagen: Seht, hier ist es!, oder: Dort ist es! Denn: Das Reich Gottes ist (schon) mitten unter euch.»
> (Lukas 17,20–21)

In beiden Fassungen berichtigt Jesus die Vorstellungen derer, die ihn befragen. Vorzeichen des zukünftigen Reichs sind nicht falsch, weil sie irreführend sein oder zu spät kommen könnten, sondern weil sie auf jeden Fall zu spät kämen, denn das Reich ist schon gegenwärtig. Ich bin der Meinung, daß die polemische Berichtigung ursprünglich von Jesus den Anhängern Johannes' des Täufers zugedacht war, während die Bearbeiter des Thomasevangeliums zeitgenössische Apokalyptiker im Sinn gehabt haben werden. Zwei andere Sprüche des Thomasevangeliums, die an diesen anknüpfen und von denen der erste ebenfalls vom Himmelreich spricht, während im zweiten als Synonyme für diesen Ort apokalyptischer Erwartung die «Ruhe der Toten» und die «Neue Welt» genannt werden, formulieren die polemische Berichtigung falscher Vorstellungen vom Reich noch schärfer.

> «Jesus sprach: Wenn die, die euch (ver)führen, euch sagen: Siehe, das Königreich ist im Himmel, so werden die Vögel des Himmels euch voraus sein. Wenn sie euch sagen: Es ist im Meere, so werden die Fische euch voraus sein. Aber das Königreich ist Hinwendung in euch und außerhalb von euch.»
> «Seine Jünger sprachen zu ihm: An welchem Tage wird die Ruhe der Toten eintreten? und an welchem Tage kommt die neue Welt? Er sprach zu ihnen: Jene (Ruhe), die ihr erwartet, kam (bereits); aber ihr kanntet sie nicht.»
> (Thomasevangelium 3,1; 51)

Dem Spruch des Thomasevangeliums 3,1 ähnlich scheint eine leider sehr verstümmelt im *Dialog des Erlösers* 16 erhaltene Fassung dieser Belehrung zu sein, die übrigens in der *Dialogquelle* dieses Textes, wo derartige Parallelen am häufigsten sind, fehlt (Pagels und Köster; Emmel et al., S. 2, 8).

> «Und ich sage euch, (was) ihr sucht (und) fragt nach (siehe es ist) in euch.»
> (*Dialog des Erlösers* 16; deutsch von Beate Blatz, NTApo[6]; vorgeschlagene Ergänzung der Fragmente vom Verfasser)

Wessen es bedarf, ist also nicht eines Vorzeichens des zukünftigen Reiches, sondern der Erkenntnis des gegenwärtigen. Für Jesus ist ein Reich des Unkrauts und der Bettler ein Reich im Hier und Jetzt.

Ein Reich Gottes

Höchst bemerkenswert ist die große Vielfalt der bestimmten Zeugnisse, die sich dafür verbürgen, wie Jesus vom Reich Gottes sprach. In den Zeugnissen des Überlieferungskomplexes 85 *Größer als Johannes* [1/2] hat man die Ausdrücke «Reich», «Reich Gottes» und «Himmelreich»; im sogenannten Klemensbrief 12,1–16 (welche Stelle zu dem Überlieferungskomplex 13 *Zwei als einer* [1/3] gehört) findet man nebeneinander die Ausdrücke «Reich Gottes», «sein Reich» (Christi) und «meines Vaters Reich». Gibt es irgendeinen Hinweis, der uns helfen könnte, unter diesen Ausdrücken den ursprünglichsten zu identifizieren?

Einen solchen Hinweis mag man an der Zahl der Zeugnisse für die verschiedenen Ausdrücke ablesen (siehe die Zusammenstellung im Anhang 5). Das «Reich» allein kommt nie in zwei Quellen vor; das «Himmelreich» ist in keinem Fall zweimal bezeugt; «Reich des Vaters» kommt nur in zwei Quellen vor, wenn man «Vater... dein Reich komme» in 120 *Das Vaterunser* [1/3] als Quelle für diesen Ausdruck gelten lassen will. Doch andererseits haben wir den Ausdruck «Reich Gottes» mindestens in zwei und vielleicht in zwei weiteren doppelt unabhängig bezeugten Aussagen. Er findet sich des weiteren in 20 *Das Reich und die Kinder* [1/4] wie desgleichen in 199 *Reich und Reichtümer* [2/2]. Wenn, was wahrscheinlich der Fall ist, nicht Matthäus 13,31–32, sondern Lukas 13,18–19 den ursprünglichen Text der Spruchquelle Q beibehalten hat, haben wir den Ausdruck überdies in dem Komplex 35 *Das Senfkorn* [1/3]. Auch in dem Komplex 8 *Wann und wo* [1/5] ist er anzunehmen unter der Voraussetzung, daß die fragmentarische Zeile 15 des Papyrus Oxyrhynchus 654, «König...» zu «König(reich Gottes)» zu ergänzen ist, wofür gute Gründe sprechen, denn der gleiche

Ausdruck findet sich vollständig in den Zeilen 7–8 des Papyrus Oxyrhynchus 1. Beide Ausdrücke aus den griechischen Fragmenten des Thomasevangeliums wurden bei der koptischen Übersetzung der betreffenden Stücke 3 und 27 «absichtlich getilgt», wie Harold Attridge versichert (S. 100–101, 114, 118). Wenn deshalb einer der in den Quellen bezeugten Ausdrücke Jesus selbst zugeschrieben werden kann, dann mit der größten Wahrscheinlichkeit «Reich Gottes». Aber wie mögen seine Hörer den Ausdruck verstanden und sich dieses Reich Gottes gedacht haben? Sie hatten jedenfalls im allgemeinen zwei Möglichkeiten des Verständnisses; sie konnten entweder ein apokalyptisches Reich Gottes erwarten oder ein Reich Gottes in der Weisheit zu finden hoffen.

Das apokalyptische Reich Gottes

Obwohl die genaue Formulierung «Reich Gottes» in der jüdischen apokalyptischen Literatur der Zeit Jesu ebensowenig wie in der älteren erscheint, ist doch in dieser Literatur so häufig von Gott als König die Rede und von einem zukünftigen Reich der Gerechtigkeit und Heiligkeit, daß er in einem apokalyptischen Zusammenhang den Zeitgenossen Jesu ohne weiteres verständlich gewesen sein muß. Man erinnere sich etwa der drei oben zu Beginn des 6. Kapitels zitierten Texte, die man in die Zeit zwischen 50 v. Chr. und 50 n. Chr., ungefähr also in Jesu Lebenszeit, datieren kann.

Die *Psalmen Salomos,* gesammelt irgendwann nach 48 v. Chr., als der Leichnam des ermordeten Pompejus unbegraben an einem ägyptischen Strand lag, «bewahren eine der detailliertesten messianischen Erwartungen der letzten vorchristlichen Jahrhunderte» und, in der Tat, «die den Messias betreffenden Ideen in den Psalmen Salomos sind substantieller, als man deren in irgendeiner anderen erhaltenen jüdischen Schrift findet... der Messias wird hier identifiziert als Sohn Davids, der kommen wird, um ein ewig dauerndes Reich Gottes zu gründen» (OTP, Bd. 2, S. 643).

> «... und das Königtum unseres Gottes ist in Ewigkeit über den Heiden mit Gericht. Du, Herr, erwähltest David zum König über Israel, und du schworst ihm für seinen Samen in Ewigkeit, daß sein Königtum vor dir nicht aufhöre. ... Sieh zu, Herr, und richte ihnen auf ihren König, den Sohn Davids, zu der Zeit, die du ausersehen, o Gott, über Israel, deinen Knecht, zu herrschen ... und ihr König ist der Gesalbte des Herrn.»
> (*Psalmen Salomos* 17,3–4.21.32; deutsch von Svend Holm-Nielsen, 1977)

Dieses ewig währende Königtum Gottes ist apokalyptisch, nicht allerdings in dem Sinne, daß vor seiner Errichtung die Erde hätte zerstört und die Auserwählten himmelwärts hätten evakuiert werden müssen, denn da scheint eher so etwas wie der Himmel auf Erden verheißen zu sein, über den der Messias mit transzendenter und geistlicher Macht herrschen wird, Juden und Heiden unter seinem Regiment vereinend.

Die *Himmelfahrt Moses* wurde, wie man sich erinnern wird, obwohl schon unter den Hasmonäern verfaßt, in herodianischer Zeit durch die Hinzufügung der Kapitel 7 und 8 aktualisiert. Hier erscheint jedoch das apokalyptische Reich sehr viel jenseitiger, und an seiner Errichtung wirkt kein messianischer Mittler mit.

> «Und dann wird seine Herrschaft über seine ganze Schöpfung erscheinen, ... Denn (es wird auferstehen) der Himmlische vom Sitz seiner Herrschaft ... Und Gott wird dich (Israel) erhöhen, und er wird dir festen Wohnsitz am Sternenhimmel verschaffen, am Ort ihrer Wohnung. Und du wirst von oben herabblicken und deine Feinde auf Erden sehen ...»
> (*Himmelfahrt Moses* 10, 1, 3, 9; deutsch von Egon Brandenburger, 1976)

Dieser Schilderung zufolge scheint die Erde den Bösen überlassen worden zu sein, während die Gerechten in die Unsterblichkeit entrückt wurden.

Das dritte dieser apokalyptischen Dokumente, deren Abfassungszeit in einiger Nähe zu Jesu Lebenszeit angenommen wird, ist das *Buch der Gleichnisse* im «äthiopischen Henochbuch». Hier fehlt der Ausdruck «Königreich» (Gottes), und nur an einer Stelle wird Gott als «König» bezeichnet.

> «Und in jenen Tagen werden die Mächtigen und die Könige, die, die das Festland besitzen, seine Strafengel, denen sie ausgeliefert sind, bitten, daß man ihnen etwas Ruhe lassen möge, damit sie niederfallen und anbeten (oder: sich beugen) vor dem Herrn der Geister und ihre Sünden vor ihm bekennen. Und sie werden den Herrn der Geister preisen und verherrlichen, und sie werden sprechen: ‹Gepriesen sei der Herr der Geister, der Herr der Könige, der Herr der Mächtigen, der Herr der Reichen, der Herr der Herrlichkeit und der Herr der Weisheit ... Jetzt haben wir erkannt, daß wir den Herrn der Könige verherrlichen und preisen sollen und den, der da herrscht über alle Könige.»
> (1.Henoch 63,1–4; deutsch von Siegbert Uhlig, 1984)

Doch wären Ausdrücke wie «König» und «Königreich» zur Bezeichnung dieser letzten Herrschaft und Regierung des Herrn der Geister über die reuigen Imperien der Erde vielleicht zu schwach.

Auch die himmlische Gestalt, die Gott zum apokalyptischen Richter berufen hat, kommt hier vor. Der Berufene hat viele Namen und Titel; «der Messias» (48,10 und 52,4), «der Gerechte» (38,2), «der Gerechte und Auserwählte» (53,6) findet man ihn genannt, doch am häufigsten entweder «der Auserwählte» oder «jener Menschensohn», wobei sichtlich an denjenigen der Vision Daniels (7,13–14) zu denken ist, so zum Beispiel:

> «Und der Herr der Geister hat den Erwählten auf den Thron der Herrlichkeit gesetzt, und er wird alle Werke der Heiligen oben im Himmel richten, und ihre Taten werden auf der Waage gewogen werden...
>
> Sie werden erschrecken und werden ihr Angesicht senken, und Schmerz wird sie ergreifen, wenn sie jenen Menschensohn sitzen sehen auf dem Thron seiner Herrlichkeit. Und die Könige und Mächtigen und alle, die die Erde besitzen, werden den rühmen und verherrlichen und erhöhen, der alles beherrscht, was verborgen ist.»
>
> (1.Henoch 61,8; 62,6–7)

Auch hier fällt es angesichts der unverkennbaren Voraussetzung der Vision Daniels 7,13–14 kaum ins Gewicht, daß das «Reich Gottes» nicht ausdrücklich erwähnt wird. Unzweifelhaft ist ja von dem Wesentlichen dieses Begriffs die Rede: der letztendlichen, endgültigen und absoluten Herrschaft des Herrn der Geister und jenes Menschensohns über die zur Rechenschaft gerufene und reuige Welt.

Doch erinnere man sich der Schwierigkeiten, diese Prophezeiungen richtig in den Zusammenhang ihrer Zeit einzuordnen, der wir schon oben begegneten. Josephus hatte die messianische und apokalyptische Verheißung des Judentums in Vespasian erfüllt gesehen, da er auf jüdischem Boden zum Kaiser erklärt worden war. Seine Schriften verraten uns deshalb sehr wenig hinsichtlich der messianischen Prätentionen oder apokalyptischen Hoffnungen jüdischer Individuen oder Gruppen. Das gilt für *Gefolgseliten,* wie die Anhänger der Vierten Philosophie oder die Sikarier, und in noch höherem Maße für die bäuerlichen Aktivisten, wie chiliastische Propheten oder messianische Könige (Anhang 2). Wir wissen deshalb nicht, ob in diesen Unterschichtsgruppen hoffnungsvoll vom «Reich Gottes» gesprochen wurde. Doch bei der wohlweislichen Verschwiegenheit des Josephus in dieser Angelegenheit muß die Frage, ob nicht doch innerhalb ihrer je eigenen Großen oder Kleinen Traditionen Schriftgelehrte und Bauern unter dem «Reich Gottes» im wesentlichen das Gleiche verstanden, wenigstens offenbleiben.

Jedenfalls hätten Jesu Zeitgenossen den Ausdruck «Reich Gottes» sehr wohl im apokalyptischen Sinn verstanden haben können, und soweit wir wissen, dies sowohl in der Großen als auch in der Kleinen Tradition – bei der Gefolgsklasse, doch auch in der Bauernklasse, bei analphabetischen Aktivisten ebenso wie bei literarischen Eliten. Im einzelnen mochten die mit dem Begriff verbundenen Vorstellungen ziemlich unterschiedlich oder sogar unbestimmt sein. So mochte das kommende Reich sich einstellen mit Hilfe eines bewaffneten Aufstands oder ohne menschliches Zutun, den Untergang der alten Welt zur Voraussetzung haben oder nicht oder als Herrscher in der neuen Welt ein Messias erwartet werden oder nicht. Einig wäre man sich jedenfalls in der Erwartung eines göttlichen Eingriffs in den Gang der Dinge, der das Böse vertilgen, die Reiche der Heiden zerstören und die Herrschaft der Gerechtigkeit, den Staat der Heiligkeit errichten würde, unter denen hinfort die Menschheit für alle Zeit leben würde.

Das Reich Gottes im Lichte der Weisheit

Wenn jedoch gesagt wird, daß zu Jesu Lebzeiten der Ausdruck «Reich Gottes» sehr wohl apokalyptische Erwartungen wecken konnte, muß zugleich eingeräumt werden, daß man mit der Redewendung vom «Reich Gottes» auch zur Weisheit hätte mahnen können. Das «Reich Gottes» im damaligen jüdischen Denken stand als Begriff ebenso für gegenwärtiges ethisches Leben wie für apokalyptisch verheißene Zukunft. Der Tadel des schlechten Bestehenden, des Mißbrauchs königlicher Macht und imperialer Gewalt war in der einen wie in der anderen Vorstellung impliziert.

«Das Reden über *basileia* (Königreich, Königtum, Reich) war während der griechisch-römischen Periode nicht auf die Kreise jüdischer Apokalyptiker beschränkt, ja berührte nicht einmal ausschließlich jüdische Interessen», wie Burton Mack mit Recht zu bedenken gibt. «*Basileia* war ein Gegenstand von weitreichender Bedeutung, der ... in der Zeit nach Alexander ... überall innerhalb des hellenistischen Kulturgebiets die Gedanken beschäftigte ..., denn überall standen dort nun die Fragen nach dem rechten Umgang mit der Macht und den Privilegien, nach den Rechten und Pflichten ihrer Inhaber im Mittelpunkt des kritischen Interesses ... *Basileia* war, was Könige und Herrscher hatten: Souveränität, Majestät, Herrschaft, Macht, Gebiet ... Die abstrakten Modelle, mittels welcher man sich die praktischen Probleme, die aus den politischen Strukturen der Gesellschaft folgten, faßlich zu formulieren suchte, konnten ebensowohl dazu dienen, Grundfragen des Sozialverhaltens und des gesellschaftlichen Ethos' im allgemeinen durchzudenken ... Wer vom ‹König› sprach, brauchte nicht einen wirklichen König, Herrscher über ein Land oder eine Stadt im Sinn zu haben. ‹König› wurde zu einem abstrakten Begriff, unter den man den vornehmsten vorstellbaren Menschen faßte, den am reichsten begabten, tüchtigsten, tugendhaftesten, eine mythische Idealgestalt» (1987, S. 11–12).

Wie wir aus dem Jahrhundert um Christi Geburt jüdische Schriften haben anführen können, in denen ein apokalyptisches Reich Gottes angekündigt wurde, finden wir bei anderen Zeitgenossen Jesu das Reich Gottes in der Weisheit dargestellt. Tatsächlich kommt, wie Burton Mack feststellt, der Ausdruck *basileia tou theou* (das Reich Gottes) auch außerhalb der frühchristlichen Literatur mindestens dreimal vor, und wenn auch die Werke, in denen man ihn gefunden hat, nicht alle, wie er meint, der hellenistisch-jüdischen Literatur zuzurechnen sind (1987, S. 14; 1988, S. 73, Anm. 16), so weist uns doch seine Feststellung nichtsdestoweniger richtig darauf hin, daß zu Jesu Zeiten nicht nur Apokalyptiker vom Reich Gottes sprachen.

Kein Apokalyptiker war der jüdische Philosoph Philo von Alexandria, der im Jahre 45 n. Chr. starb. Zunächst sei hier mit zwei Zitaten aus seinen umfangreichen Schriften dargetan, wie er sich Gott als König des Universums dachte.

> «Wem gehört der Ring, die Garantie, der Stempel des Alls, die Uridee, mit der das ungeformte qualitätslose All signiert und geformt wurde? Wem auch die Kette, die Notwendigkeit, aller Dinge Folge und Beziehung, deren Verkettung unauflöslich ist? Wem auch der Stab, das Festgestemmte, das Unerschütterliche, das Wandlungslose, die Zurechtweisung, die Ermahnung, die Erziehung? Das Scepter, das Königtum, wem, wenn nicht allein Gott?»
> (Philo, *Über die Namensänderung,* 135; deutsch in *Werke,* 1962–1964, Bd. 6, S. 135)
> «... denn in Wahrheit schwebt ja die Seele des von Liebe zu Gott erfüllten Mannes von der Erde hinauf zum Himmel und wandelt beflügelt in der Höhe, voll Sehnsucht sich einzuordnen und sich zu bewegen in Gemeinschaft mit der Sonne und Mond und der hochheiligen und harmonisch bewegten Heerschar der anderen Himmelskörper, deren Führer und Leiter Gott ist, bekleidet mit unüberwindlicher, unentreißbarer königlicher Gewalt, durch die alles gerecht regiert wird.»
> (Philo, *Über die Einzelgesetze,* 1, 207; deutsch in *Werke,* 1962–1964, Bd. 2, S. 69)

Nur die Weisen haben an Gottes Königtum teil, und nur der Weise ist wahrhaftig ein König zu nennen. Dieses Königtum der Weisheit sieht Philo in Adam und Abraham exemplifiziert.

«Treffend schreibt er auch dem ersten Menschen die Namengebung zu; denn Sache der Weisheit und Königswürde ist dies; ein Weiser aber war er durch Selbstunterricht und durch eigene Belehrung, da er von Gottes Hand geschaffen war, und auch ein König; dem Herrn aber kommt es zu, jedem seiner Untergebenen einen Namen zu geben.»
(Philo, *Über die Weltschöpfung,* 148; deutsch in *Werke,* 1962–1964, Bd. 1, S. 80)
«Das Sichscheiden in Ursprünge bezieht sich nicht auf örtliche Gebiete, sondern auf die Königsherrschaft, damit er bei der Darstellung der Tugenden sogleich auch den sich ihrer bedienenden Weisen als König in Erscheinung treten lasse, der dazu erwählt worden ist nicht von Menschen, sondern von dem untrüglichen und unbestechlichen und allein freien Wesen. Es sagen nämlich zu Abraham die, die an ihm die Weisheit bemerkten: ‹Ein König von Gott bist du unter uns› (Genesis 23,6), womit sie für die sich mit Philosophie Beschäftigenden den Lehrsatz aufstellen, daß allein der Weise Herrscher und König und die Tugend unumschränkte Herrschaft und Königsgewalt ist.»
(Philo, *Über die Träume,* 243–244; deutsch in *Werke,* 1962–1964, Bd. 4, S. 267–268)
«. . . alle anderen Regierungen werden von Menschen eingesetzt, in Kriegszeiten, bei Feldzügen, infolge von manchem Bösen, das die Herrschsüchtigen einander zufügen, indem sie sich gegenseitig aufreiben und Fußvolk und Reiterei und Seetruppen gegeneinander aufstellen. Das Königtum des Weisen dagegen verleiht Gott, und wenn der Tugendhafte es erhält, so fügt er keinem etwas Böses zu, sondern vermittelt allen seinen Untergebenen den Besitz und Genuß des Guten, indem er ihnen Frieden und gesetzliche Ordnung verheißt.»
(Philo, *Über Abraham,* 261; deutsch in *Werke,* 1962–1964, Bd. 4, S. 49–50)

In alledem liegt natürlich Kritik an den real existierenden Königen impliziert. Andererseits betont Philo, daß nicht nur Weisheit, sondern auch Güte ein Königtum der Freiheit verleiht, das jedem Königtum des Zwanges unendlich überlegen ist, als natürliche und angeborene Eigenschaft im Gegensatz zu der bloß politischen und gewonnenen Herrschaft.

«Chaireas, ein gebildeter Mann, . . . wohnte in Alexandreia in Ägypten, und als ihm einmal Ptolomaios zürnte und über die Maßen drohte, hielt er die in seiner Natur begründete Freiheit für nicht geringer als das Königtum jenes. Daher antwortete er ihm: ‹Herr-

sche du über die Ägypter, ich kümmere mich nicht um dich. Mich beeindruckt nicht, daß du zürnst.› Die edlen Seelen nämlich besitzen etwas Königliches. Ihren strahlenden Glanz lassen sie durch den Geiz des Schicksals nicht verdunkeln. Dieses Königliche veranlaßt sie, als Gleichberechtigte mit Menschen von übergroßer Würde zu streiten, und stellt der Anmaßung Freiheit im Reden gegenüber.»
(Philo, *Über die Freiheit des Tüchtigen,* 125–126; deutsch in *Werke,* 1962–1964, Bd. 7, S. 35–36)

Letztlich ist jedoch das einzig legitime politische Reich dasjenige, das sich das Reich Gottes als Muster nimmt. Und nur hier kommt der vollständige Ausdruck *basileia tou theou* (Reich Gottes, Herrschaft Gottes) vor, in den Gedanken dessen, der die Gesetze bedenkt, die er seinem Volke gibt.

«... während die anderen Könige Stäbe, die sie (in der Hand) tragen, als Scepter führen, ist mein Scepter das Buch des Gesetzesanhangs, ein Stolz und ein Ruhm ohnegleichen, ein Abzeichen fehlloser Würde, die dem Urbilde der göttlichen Herrschaft nachgebildet ist.»
(Philo, *Über die Einzelgesetze,* 4, 164; deutsch in *Werke,* 1962–1964, Bd. 2, S. 294)

Für Philo also haben die Weisen und die Tugendhaften bereits Anteil an dem Königtum und Reich Gottes, und politische Reiche haben Anspruch auf diesen Titel nur, wenn ihre Gesetze den göttlichen nachgebildet sind.

Ähnliche Gedanken sprechen aus einem Werk, das vermutlich unter der Herrschaft des Kaisers Caligula (37–41 n. Chr.) entstand und in der lateinischen Bibel den Titel «Buch der Weisheit», in der griechischen Bibel den Titel «Weisheit Salomos» trägt. Hier zwei Schlüsseltexte aus diesem Werk; der erste tadelt die Könige der Erde.

«Der Herr hat euch die Gewalt gegeben, der Höchste die Herrschaft, er, der eure Taten prüft und eure Pläne durchforscht. Ihr seid Diener seines Reichs, aber ihr habt kein gerechtes Urteil gefällt...

Ihr [der Weisheit] Anfang ist aufrichtiges Verlangen nach Bildung; das eifrige Bemühen um Bildung aber ist Liebe. Liebe ist Halten ihrer Gebote; Erfüllen der Gebote sichert Unvergänglichkeit, und Unvergänglichkeit bringt in Gottes Nähe. So führt das Verlangen nach Weisheit zur Herrschaft hinauf.»
(Buch der Weisheit 6,3–4.17–20)

Die wahre und dauerhafte Herrschaft ist nicht diejenige, die jetzt auf Erden die Könige ausüben, sondern diejenige, die sie empfangen würden, wenn sie selbst sich der Herrschaft der Weisheit unterwürfen. Sie sind Könige ohne wahres Königtum, ohne wahres Reich, während Jakob andererseits das wahre Reich hatte, obwohl er kein König war.

> «Einen Gerechten, der vor dem Zorn des Bruders floh, geleitete sie auf geraden Wegen, zeigte ihm das Reich Gottes ...»
> (*Buch der Weisheit* 10,10)

Das Reich Gottes ist das ewig gegenwärtige Reich der Weisheit, das einerseits jedem zugänglich ist, der dem Ruf der Weisheit folgt, andererseits, alle bösen Herrscher dieser Welt strafend, transzendent gedacht werden muß. Ein drittes Beispiel dieser Überzeugung hat man in den *Sentenzen des Sextus,* einem Werk, das nicht hellenistisch-jüdisch ist, aber eine streng asketische Moral lehrt, insbesondere auch des Sexuallebens. Deswegen hat es wohl diejenigen angesprochen, welche die Bibliothek von Nag Hammadi sammelten und vergruben, denn in dieser Bibliothek hat man eine Fassung der *Sentenzen des Sextus* (157–180 und 307–397) gefunden (Wisse).

«Aufgrund äußerer Anzeichen ist man bei der Frage nach der Identität jenes Sextus, dem die fraglichen Sentenzen zugeschrieben werden, zu zwei einander vollkommen widersprechenden Antworten gelangt. Auf der einen Seite steht die Behauptung, daß es sich bei den Sentenzen um eine rein christliche Sammlung handele, andererseits daß sie das Werk eines dem Christentum vollkommen fern stehenden Heiden seien», berichtet Henry Chadwick. «Innere Anzeichen weisen aber darauf hin, daß die Wahrheit irgendwo in der Mitte zwischen diesen beiden extremen Meinungen liegt. Es scheint nämlich der Fall zu sein, daß ein christlicher Kompilator eine bereits fertig vorliegende heidnische Sammlung sorgfältig ediert, revidiert und modifiziert hat. Der größte Teil der gesammelten Texte verrät seine Herkunft aus der pythagoräischen Schule. Manche heidnischen Maximen hat der Bearbeiter christianisiert. Andererseits enthält die Sammlung auch christliche Maximen, die der Form nach ‹paganisiert› sind» (1959, S. 138). Jedenfalls wurden die *Sentenzen des Sextus,* eine Sammlung von 451 Sprüchen heidnischer Weisheit, mit geringfügigen Retuschen als christliche Weisheit dargeboten, «ein Bestseller, der in vier verschiedenen Sprachen jahrhundertelang von Christen überall zwischen Britannien und Mesopotamien gelesen wurde» (1959, S. IX). «Das einzige Thema der Maximen, vielseitig gewendet und abgewandelt, ist der Weg zu moralischer und geistlicher Vollkommenheit. Denn demjenigen, der diese erlangt, «ist eine göttliche Freiheit gegeben ..., so daß er, der sich gänzlich der Herrschaft Gottes unterworfen hat, die ganze Welt und seine Mitmenschen beherrschen wird ... Er, und er allein, besitzt jene wahre Freiheit, die ihn über alles erhebt, was ihn umgibt» (1959, S. 97–98).

«Was du am meisten ehrst, wird dich beherrschen. Ehre das Beste, so daß das Beste dich beherrschen wird. Wenn dich das Beste beherrscht, wirst du selbst beherrschen, was du willst.

Die Erkenntnis und Nachahmung Gottes ist die beste Weise, ihn zu ehren . . .

Ein weiser Mann vergegenwärtigt Gott der Menschheit. Von allen seinen Werken ist der Weise Gottes größter Stolz.

Was Gott gehört, gehört dem Weisen auch.

Ein weiser Mann hat Teil an Gottes Reich.»

(*Sentenzen des Sextus* 41–44, 307–311; Edwards und Wild, S. 20–21, 50–51)

Obwohl der Ausdruck *basileia,* der nur an dieser Stelle der Sammlung erscheint, von einem christlichen Bearbeiter hätte hinzugefügt worden sein können, hat doch Chadwick diese Zeile nicht in sein Verzeichnis von «Maximen, die notwendig einem christlichen Verfasser zuzuschreiben sind», aufgenommen (1959, S. 139). Und jedenfalls findet man ja den «Weisen» und «Gott» fast in jeder Zeile der zitierten Stücke.

Zur Abfassungszeit dieser Sammlung heidnischer Weisheitssprüche kann mit Sicherheit nur gesagt werden, daß die *Sentenzen des Sextus* christlichen Lesern spätestens zu Beginn des 2. Jahrhunderts vertraut waren: Daß also die Christen selbst von einem heidnischen Weisen lernen konnten, daß der Weise Teil hat an Gottes Reich, daß also das Reich Gottes, das andere nach einem apokalyptischen Umsturz erwarteten, schon in der Weisheit gegenwärtig zugänglich sein mochte.

Typologie des Reichs

Es ist jetzt sowohl möglich als auch nötig, bei den zur Zeit Jesu unter den Juden verbreiteten Vorstellungen vom Reich Gottes vier Typen zu unterscheiden. Denn nicht nur bot das in Zukunft erwartete Reich Gottes ein anderes Bild als das der Weisheit bereits gegenwärtige, diese beiden Bilder nahmen sich auch je nach dem Klassenstandpunkt verschieden aus, den einerseits die der Gefolgsklasse angehörigen Schriftgelehrten, andererseits die Bauern dazu einnahmen.

Das apokalyptische ist ein Reich der Zukunft, angewiesen auf das übermächtige Eingreifen Gottes in den Gang der Dinge zur Wiederherstellung der Gerechtigkeit und des Friedens auf einer von Ungerechtigkeit und Unterdrückung geplagten Erde. Die Gläubigen können sich und ihre Nächsten auf sein Kommen gefaßt machen, doch aufrichten wird dieses Reich Gott allein. Und obwohl die jenes zukünftige Reich betreffenden Offenbarungen sich auf Einzelheiten kaum festlegen, ist doch soviel sicher, daß sein Kommen objektiv sichtbar und faßbar für alle sein wird, Gläubige und Ungläubige gleichermaßen, wenn auch natürlich die einen dabei besser fahren werden als die anderen.

Das Reich Gottes der Weisen wird nicht in Zukunft, sondern gegenwärtig vorgestellt, als von jeher vorhandene Möglichkeit. Zutritt dazu erlangt man durch Weisheit oder Güte, Tugend, Gerechtigkeit, Freiheit. Dieses Reich Gottes, nicht jenseits der Welt, sondern in ihr, ist ein Reich der Ethik, doch sei hier sehr nachdrücklich darauf hingewiesen, daß dieses Reich nicht notwendig weniger eschatologisch gedacht wurde als das apokalyptische. Die Ethik des Reichs konnte sehr wohl die gängige hergebrachte Moral radikal in Frage stellen. Es wäre ein grober Fehler anzunehmen, daß, so wie ich den Begriff definiere, das Reich Gottes in der Weisheit weniger weltnegierend als das apokalyptische verfaßt wäre.

Oben aber hatten wir bereits Gelegenheit, zu unterscheiden zwischen den von rebellischen Angehörigen der Gefolgsklasse geschriebenen, *verkündeten* Apokalypsen und den *aufgeführten* Apokalypsen, als deren Darsteller chiliastische Propheten und vielleicht sogar messianische Prätendenten auftraten. Die schriftgelehrten Eliten schrieben, denn das war, was sie konnten, und die Bauernführer marschierten, denn das war, was sie konnten. Ich gestatte mir nicht, die eine Art besser zu finden als die andere. Die Große Tradition schreibt und verkündet, die Kleine Tradition marschiert und führt auf. Natürlich ist die erstere die geringfügig weniger gefährliche Tätigkeit. Aber wie dem auch sei, an der Verschiedenheit der Tätigkeiten, zu denen die apokalyptische Erwartung einerseits die Mittelschicht, andererseits die Unterklasse motivierte, kann kein Zweifel sein. Demgemäß sollte auch das in der Weisheit gesuchte Reich Gottes aus der Kleinen Tradition auf andere Weise gesucht werden als aus der Großen Tradition.

Wie in der großen Tradition dieses Reich Gottes als ideale Form der menschlichen Existenz in der gegebenen Gegenwart vorgestellt wurde, wissen wir recht gut. Diesbezüglich unterrichtet uns zum Beispiel Philo sehr umfassend. Was uns noch fehlt, ist eine deutliche Vorstellung des vierten Typus. Wie stellten sich die Bauern das Reich Gottes vor, das jederzeit in Reichweite der Weisheit läge? Wie konnten sie aus der Kleinen Tradition zur Vorstellung dieser Möglichkeit gelangen? Die Frage ist für mein Anliegen von höchster Wichtigkeit, denn ich meine, daß eben diese Vorstellung diejenige war, die Jesus lehrte. Was in seinen Gleichnissen und Sprüchen sich zeigt als das Reich Gottes jetzt und hier, für die Niemande und die Elenden, ein Reich wie Senfkraut, Taumellolch und Sauerteig, ist nämlich durchaus ein aufgeführtes, auf den Schauplatz gebrachtes und praktiziertes Reich, nicht nur ein verkündetes. Jedenfalls ist das die Hypothese, zu der ich einstweilen gelangt bin und die ich im nächsten Kapitel prüfen werde. Doch zuvor sind noch zwei mehrfach bezeugte Überlieferungskomplexe in Betracht zu ziehen, in denen vom Reich Gottes die Rede ist.

Vom Reich zur Liturgie

Unter den zwölf mehrfach bezeugten Komplexen, in denen Aussagen Jesu über das «Reich Gottes» überliefert sind, geben meines Erachtens nur zwei davon, nämlich 120 *Das Vaterunser* [1/3] und 13 *Zwei als einer* [1/4], nicht Worte des historischen Jesus wieder. Diese Meinung bedarf natürlich sorgfältiger Erklärung und Rechtfertigung. Beide betreffen rituelle Tätigkeiten, und das mag ein Hinweis darauf sein, daß diese Überlieferungen, zwar aus frühester Zeit und mehrfach bezeugt, dennoch aber nicht auf Jesus selbst zurückgehen, sondern aus den Ritualen der ältesten Christengemeinden hervorgegangen sind.

Das Vaterunser

Man kann vermutlich für 120 *Das Vaterunser* [1/2] außer den beiden in meinem Verzeichnis angegebenen noch ein drittes unabhängiges Zeugnis annehmen. Eine Fassung gibt Lukas 11,2–4, wo auf die Anrede des «Vaters» fünf Bitten folgen. Dies ist wahrscheinlich die Fassung der Spruchquelle Q, die jedoch Lukas in einen Rahmen seiner eigenen Erfindung eingefügt hat (11,1; siehe dazu Kloppenborg, 1987, S. 205–206; 1988, S. 84).

> «Jesus betete einmal an einem Ort; und als er das Gebet beendet hatte, sagte einer seiner Jünger zu ihm: Herr, lehre uns beten, wie schon Johannes seine Jünger beten gelehrt hat. Da sagte er zu ihnen: Wenn ihr betet, so sprecht: Vater, dein Name werde geheiligt. Dein Reich komme. Gib uns täglich das Brot, das wir brauchen. Und erlaß uns unsere Sünden; denn auch wir erlassen jedem, was er uns schuldig ist. Und führe uns nicht in Versuchung.»
> (1Q: Lukas 11,1–4 = [!] Matthäus 6,9–13)

Eine zweite Fassung ist in Matthäus 6,9–13 zu finden, doch mit einer Anrede «Unser Vater im Himmel» (Plural), gefolgt von sieben Bitten. Die beiden zusätzlichen Bitten sind: «Dein Wille geschehe, wie im Himmel, so auf der Erde» und, «sondern rette uns von dem Bösen». Es ist nicht sehr wahrscheinlich, daß Matthäus die Fassung der Spruchquelle Q seinerseits redigiert haben sollte, näher liegt die Annahme, daß er statt der dort überlieferten Fassung diejenige einsetzte, die in der Gemeinde, der er selbst angehörte, üblich war. Zu dieser Annahme noch geneigter macht einen die dritte Fassung, Didache 8,2b, die wie diejenige des Matthäus statt der fünf Bitten deren sieben hat.

Doch beginnt das Gebet hier mit der Anrede: «Unser Vater im Himmel» (Singular), was darauf schließen läßt, daß wir es hier mit einem unabhängigen Zeugnis für die von Matthäus in geringfügig redaktionell veränderter Form überlieferte Fassung des Gebets zu tun haben (Köster, 1957, S. 203–209).

Kann man die eine oder die andere Fassung auf den historischen Jesus zurückführen? Einerseits ist jedenfalls, wie Joseph Fitzmyer geschrieben hat, das Vaterunser «ein durchaus jüdisches Gebet, denn fast jedes Wort darin könnte auch ein frommer Jude sprechen ..., wenn auch viele der jüdischen Gebete, die heute zu solchen Vergleichen herangezogen werden, ... erst Jahrhunderte nach dem Neuen Testament formuliert sind». Andererseits, bemerkt der nämliche Gelehrte, «bewahren zwei Stellen in den Briefen des Paulus – Galater 4,6 und Römer 8,15 – eine frühe Überlieferung geistlich inspirierten Gebets, wo nicht nur die aramäische Anrede des Vaters, ‹abbā›, genannt ist, sondern auch eine Erinnerung daran, wie Jesus selbst sich an Gott wandte, zur Sprache kommt, und zwar auf eine Weise, die ihm ganz eigentümlich und in der vorchristlichen palästinensischen Tradition unbekannt war» (1981–1985, S. 960, 898). Überdies scheinen mir die Bitten jenes in der Weisheit zugängliche radikal ethische Reich zu erbitten, das in den übrigen zweifach bezeugten Überlieferungskomplexen aufscheint. Insbesondere wenn das «tägliche» Brot ganz wörtlich verstanden, nämlich gerade genug zu Essen und nicht mehr, erbeten wird, und die gegenseitige Schuldvergebung in Heller und Pfennig kalkulierbare Schulden betreffen soll. «Brot und Schulden waren ganz einfach», wie John Kloppenborg bemerkt, «die beiden unmittelbar drängendsten Nöte des galiläischen Bauern, Tagelöhners und nicht der Elite angehörenden Städters. Erleichterung von diesen beiden Sorgen waren die offensichtlichsten Wohltaten, die man von Gottes Regiment erhoffte» (1990, S. 192). Die Bitte um Schuldenerlaß ist besonders bedeutsam, da 27 *Vergebung für Vergebung* [1/4], 60 *Maß für Maß* [1/3] und 118 *Gericht für Gericht* [1/2] alle eine genaue Entsprechung zwischen der gegenseitigen Behandlung der Menschen untereinander und der, die Gott ihnen angedeihen läßt, voraussetzen. Die Annahme der in diesen drei Überlieferungseinheiten tradierten Lehrsprüche ist noch radikaler als die in dem Komplex 33 *Die goldene Regel* [1/3] überlieferte, denn hier wird ja gesagt, daß wir anderen tun sollen, was Gott uns tut, und Gott uns das tut, was wir anderen tun. Dabei ist kein Folge- oder Kausalverhältnis zwischen den einander entsprechenden Taten anzunehmen – wir sollen nicht tun, damit Gott tut –, sondern es wird vielmehr Simultanität und Gegenseitigkeit der Handlungen postuliert: Wir tun und Gott tut. Gott vergibt uns unsere Schulden, nämlich die Opfer und Strafen, die wir für unsere Sünden schulden, und wir vergeben unserem Nächsten ihre Schulden, nämlich erlassen diesem die Rückzahlung und die Konventionalstrafen, die sie uns für die gewährten Darlehen schulden.

Dennoch und obwohl das Vaterunser eine sehr frühe Zusammenstellung von Themen und Lehren der Predigt Jesu sein muß, glaube ich nicht, daß er selbst seine Jünger ein so bestimmt formuliertes Gebet gelehrt hat. Ich glaube auch nicht, daß er sie die einzelnen in dem Gebet zusammengestellten Bitten gelehrt hat. Hätte es ein derartig fest formuliertes Gebet gegeben, das Jesus selbst gelehrt hätte, würde ich erwarten, es noch vielfältiger bezeugt – und auch gleichförmiger überliefert zu finden. Überdies, und das mag noch wichtiger sein, scheint mir die Einigung auf eine so allgemeinverbindliche Form des Gebets erst möglich, wo eine Gruppe sich von der größeren Religionsgemeinschaft, in der sie entsteht, zu unterscheiden und sogar zu trennen beginnt. Und daß das Christentum sich schon zu Lebzeiten Jesu bis zu diesem Punkt entwickelt hätte, glaube ich nicht. Dennoch sei hier abermals festgestellt, daß jedenfalls das Vaterunser frei von apokalyptischen Erwartungen ist und, wenn man es nicht zu ausschließlich geistlich deutet, als schöne Zusammenfassung der in Jesu Vision vom Reiche Gottes enthaltenen Themen und Anliegen gelten kann.

Ich setze diesem zusammengestellten Gebet einen Spruch gegenüber, in dem wir zweifellos ein Wort des historischen Jesus haben. Das am häufigsten bezeugte Wort meines Inventars ist das in dem Komplex 4 *Fraget, suchet, klopft an* [1/6] überlieferte. Aber, abgesehen von der triadischen Struktur, ist der Spruch fast eine sprichwörtliche Binsenwahrheit. Angesichts der Vielzahl der Zeugnisse, die den Spruch Jesus zuschreiben, kann ich aber nicht glauben, daß die Überlieferer gerade ein so einfaches Sprichwort Jesus nur in den Mund gelegt und zugeschrieben haben sollten. Ich halte es also, vor allem in seiner ursprünglichen triadischen Formulierung, für das heitere und zuversichtliche Bekenntnis des Glaubens an den absoluten und unvermittelten Zugang zu Gott, den die Bewegung Jesu verkündet. Später ging das «suchet» einen Weg, das «fraget» einen anderen, und das weniger vielseitig verwendbare «klopft an» ging verloren (Crossan, 1988b; Köster, 1980b, S. 238–244).

Das Gleichnis des Komplexes 34 *Der Sämann* [1/3] bietet zunächst einen ähnlich offensichtlichen Allgemeinplatz. Daß beim Säen die beschriebenen drei Arten, das Saatgut ohne Gewinn zu verlieren, befürchtet werden müssen, kann bäuerlichen Hörern nicht neu gewesen sein. Doch worauf es ankommt ist, daß etliches dreißigfältig trägt, etliches sechzigfältig und etliches hundertfältig. Auch hieraus spricht also unbedingte heitere Zuversicht. Die Wurzeln davon offenbart die in dem Komplex 82 *Gegen Sorgen* [1/2] überlieferte Ermahnung, zu bedenken, daß Gott auch die Raben nährt, die nicht säen und nicht ernten, und die Lilien kleidet, die nicht spinnen. Wie F. Gerald Downing nachgewiesen hat, findet man in der stoisch-kynischen Schule ganz ähnliche Ermahnungen (1988, S. 70–71). Die Heiterkeit und Gewißheit, die Jesus seinen Jüngern mitteilte, floß nicht aus der Kenntnis verborgener Geheimnisse der Vergangenheit oder Zukunft, sondern aus der Beobachtung der Rhythmen der Natur hier und jetzt.

Zwei als einer

Den Überlieferungskomplex 13 *Zwei als einer* [1/4] haben wir bereits bei der Erörterung des Komplexes 20 *Das Reich und die Kinder* [1/4] in Betracht gezogen. Außer der Fassung des Thomasevangeliums 22,3–4 haben wir drei weitere unabhängige Zeugnisse dafür.

1a) «Denn ihr alle, die ihr auf Christus getauft seid, habt Christus (als Gewand) angelegt. Es gibt nicht mehr Juden und Griechen, nicht Sklaven und Freie, nicht Mann und Frau; denn ihr alle seid ‹einer› in Christus Jesus.»
(Galater 3,27–28)

1b) «Durch den einen Geist wurden wir in der Taufe alle in einen einzigen Leib aufgenommen, Juden und Griechen, Sklaven und Freie; und alle wurden wir mit dem einen Geist getränkt.»
(1. Korinther 12,13)

1c) «Belügt einander nicht; denn ihr habt den alten Menschen mit seinen Taten abgelegt und seid zu einem neuen Menschen geworden, der nach dem Bild seines Schöpfers erneuert wird, um ihn zu erkennen. Wo das geschieht, gibt es nicht mehr Griechen oder Juden, Beschnittene oder Unbeschnittene, Fremde, Skythen, Sklaven oder Freie, sondern Christus ist alles und in allen.»
(Kolosser 3,9b–11)

2) «Als Salome fragte, wann man das, was sie erfragt hatte, erkennen werde, sprach der Herr: Wenn ihr das Gewand der Scham mit Füßen treten werdet und wenn die zwei eins werden und das Männliche mit dem Weiblichen und weder männlich noch weiblich (sein wird).»
(Ägypterevangelium f [= 5b], NTApo^{6}, Bd. 1, S. 175–176)

3) «Als nämlich der Herr selbst von jemandem gefragt wurde, wann sein Reich kommen werde, sagte er: ‹Wenn die zwei Eines sein werden, und das Äußere wie das Innere, und das Männliche mit dem Weiblichen, weder männlich noch weiblich.› Die zwei aber sind Eines, wenn wir zueinander die Wahrheit sagen; und in zwei Leibern möge ungeheuchelt *eine* Seele sein. Und

‹das Äußere wie das Innere› meint dies: Die Seele nennt er ‹das Innere›; ‹das Äußere› aber nennt er den Leib. Auf welche Weise nun dein Leib sichtbar ist, so soll auch deine Seele offenbar sein in den guten Werken. Und ‹das Männliche mit dem Weiblichen, weder männlich noch weiblich› meint dies: Ein Bruder soll beim Anblick einer Schwester an sie nicht als an eine Frau denken, und nicht soll sie an ihn als einen Mann denken. Wenn ihr das tut, sagt er, wird das Reich meines Vaters kommen.»
(2. Klemensbrief 12,2–6; deutsch in: A. Lindemann und H. Paulsen, *Die Apostolischen Väter*, 1992, S. 165)

In den Paulusbriefen ist ausdrücklich gesagt, daß die Taufe es ist, die den beschriebenen paradiesischen Zustand wiederherstellt. Aber wie wir bereits bei der Untersuchung der entsprechenden Stelle des Thomasevangeliums sahen, ist die Taufe als Voraussetzung auch in den anderen Texten impliziert. Bemerkenswert ist nun, daß von den drei Arten des Unterschieds zwischen Menschen, die der Galaterbrief 3, 27–28 durch die Taufe aufgehoben findet – zwischen Juden und Heiden, Knecht und Freiem, Mann und Frau –, nur die ersten beiden in dem authentischen 1.Brief des Paulus an die Korinther 12,13 und in dem Paulus zugeschriebenen Kolosserbrief 3,9b–11 wiederkehren. Drei andere, doch ebenfalls in der Dreizahl genannte Unterschiede werden dem Ägypterevangelium f [=5b] und dem 2.Klemensbrief 12,2–6 zufolge aufgehoben. Bei der Erörterung des durch diesen Tatbestand erscheinenden Problems stütze ich mich auf den Befund der Analyse, welcher Dennis Ronald MacDonald (1978) diese Texte unterworfen hat.

Die ursprüngliche Fassung dieses Spruchs war vermutlich eine triadische Formulierung, wie man sie in unterschiedlicher Ausprägung im Ägypterevangelium f [= 5b], im 2. Klemensbrief 12,2–6 und, stark erweitert, im Thomasevangelium 22,3–4 findet. Doch ursprünglich betraf die dreifältige Formulierung nicht drei besondere Arten des Unterschieds, sondern auf triadische Art nur einen und denselben Unterschied. Und gleich welche Formulierung ursprünglich gebraucht und wie viele Gegensatzpaare aufgezählt wurden, sagte die ursprüngliche Fassung des Spruchs aus, daß in der zölibatären und asketischen Negierung der Sexualität die Welt durch die Aufhebung der Geschlechtlichkeit wiederhergestellt würde. Paulus indessen formulierte im Galaterbrief 3,27–28 die Aussage neu, so daß nun drei Gegensatzpaare genannt werden, unter denen das männlich–weibliche nur noch das letzte ist. Die Bearbeitung ist auch im Sprachlichen spürbar, insofern die ersten beiden Paare Jude–Grieche, Knecht–Freier strukturell ausgewogen («hier ist kein x noch y») und chiastisch, nämlich kreuzweise (übergeordnet/untergeordnet:untergeordnet/übergeordnet) geschlossen sind. Doch das ursprüngliche männlich/weibliche Paar steht außerhalb des geschlossenen Chiasmus in übergeordnet/untergeordnet-Folge in der Form, «hier ist kein x noch y». Überdies und noch bedeutsamer ergibt sich, wo Paulus den Spruch aus dem Galaterbrief 3,27–28 im 1.Korintherbrief 12,113 wiederholt, eine andere strukturelle Ausgewogenheit («x oder y») innerhalb der gleichen kreuzförmig angeordneten Konstruktion (übergeordnet/untergeordnet: untergeordnet/übergeordnet); schließlich sind auch in dem deuteropaulinischen Brief an die Kolosser 3,10–11 aus dem 1.Korintherbrief 12,13 nur diese beiden Gegensatzpaare übernommen.

Paulus war es also sehr viel mehr um die Gegensätze Jude–Grieche, Freier–Knecht zu tun als um den Unterschied zwischen Mann und Frau. Diese Dichotomie übernahm er im Galaterbrief 3,27–28 aus der Überlieferung, sah dann aber von ihr ab. Zwei ungeheure Ambiguitäten stoßen hier zusammen, zumal wenn man die Überlieferung im Lichte der modernen Überzeugung von der Gleichheit der Geschlechter liest.

Zunächst diejenige des Paulus. Einerseits konnte er aufgrund einer miserablen Auslegung von Genesis 1–2 verlangen, daß die korinthischen Frauen sich in der Kirche nicht unverschleiert zeigten, doch paßte er seinem elenden Argument dafür gleich auch dessen Widerlegung ein. Man vergleiche die Texte:

> «Denn der Mann stammt nicht von der Frau, sondern die Frau vom Mann. Der Mann wurde auch nicht für die Frau geschaffen, sondern die Frau für den Mann.»
>
> «Doch im Herrn gibt es weder die Frau ohne den Mann noch den Mann ohne die Frau. Denn wie die Frau vom Mann stammt, so kommt der Mann durch die Frau zur Welt; alles aber stammt von Gott.»
>
> (1.Korinther 11,8–9. 11–12)

Kein Wunder, daß man die ganze Stelle 1.Korinther 11,3–16 für eine Interpolation gehalten hat (Walker). Aber selbst wenn man sich zu dieser Annahme entschließen kann, bleibt doch der Widerspruch erhalten, und als spätere Interpolation fände man ihn noch unerklärlicher. Denn man beachte, wie die chiastische Sequenz Mann/Frau: Frau/Mann in den Versen 11,8–9 zweimal in dieser Ordnung wiederholt wird, dann aber, in den folgenden Versen 11,11–12, zwei weitere Male in umgekehrter Ordnung Frau/Mann: Mann/Frau. Man erinnere sich überdies der schönen Unvoreingenommenheit und Gegenseitigkeit der weiblich/männlich und männlich/weiblich formulierten Bestimmungen des 7. Kapitels des 1.Korintherbriefs. Ich vermute, daß die grundlegende und anfängliche Überzeugung des Paulus von der Gleichheit der Männer und Frauen in der Christengemeinde durch die unverschleiert und mutmaßlich ekstatisch betenden Frauen von Korinth erschüttert wurde, worauf er die befremdend zweideutige Position bezog, die er in der zitierten Stelle innehat. Immerhin war diese Position wenigstens noch zweideutig; die spätere deutero-paulinische Tradition beseitigte jede Zweideutigkeit und führte strenge Ungleichheit von Frauen und Männern in das Christentum ein.

Die asketische und zölibatäre Ambiguität ist meines Erachtens sehr viel schwerwiegender. Die Vorstellung einer ursprünglichen androgynen Beschaffenheit des Menschen nimmt sich auf den ersten Blick wie eine jede Ungleichheit der Geschlechter ausschließende Voraussetzung aus. Doch nur allzu oft wurde in der Praxis und manchmal sogar in der Theorie angenommen, daß der noch nicht geschlechtlich differenzierte Urmensch eben ein Mann gewesen sei. Unter dieser Voraussetzung mußten Frauen «Männer werden», um Gleichberechtigung zu erhalten. Und diese diskriminierende Voraussetzung stand vermutlich hinter der heftigen Reaktion des Apostels auf die barhäuptig betenden Frauen von Korinth, die sich (ohne zu Männern geworden zu sein) benahmen wie Männer. Das klassische Beispiel dieser Ambiguität, neben welchem die Haltung des Paulus fast unschuldig scheint, hat man in dem folgenden Zwiegespräch:

> «Simon Petrus sprach zu ihnen: Mariham möge von uns gehen. Denn die Frauen sind des Lebens nicht würdig. Jesus sprach: Siehe, ich werde sie ziehen, daß ich sie zum Manne mache, damit auch sie ein lebendiger Geist werde, der euch Männern gleicht. Denn jede Frau, wenn sie sich zum Mann machen wird, wird in das Königreich der Himmel eingehen.»
> (Thomasevangelium 114)

Letztlich sollten beide Ambiguitäten so aufgelöst werden, daß eindeutig wieder die Überlegenheit des Mannes behauptet und dessen Vorrang festgestellt wurde. Einerseits ist es bedauerlich, daß Paulus die Prioritäten im Galaterbrief 3,27–28 nicht umgekehrt gesetzt und den Unterschied des Geschlechts nicht ebenso wichtig genommen hat wie den der Religion. Andererseits lief die Forderung nach asketischem Zölibat insbesondere bei den Gnostikern schließlich bestenfalls auf eine Gleichheit hinaus, in der die Frauen ihre Weiblichkeit verleugnen mußten, schlimmstenfalls auf eine Gleichheit in der Verachtung des menschlichen Körpers im allgemeinen, besonders aber des weiblichen.

Der Proklamation der Aufhebung des Geschlechtsunterschieds durch die Taufe (und der daraus folgenden Möglichkeit eines Lebens der zölibatären Askese sowie der Verpflichtung des Christen, davon

Gebrauch zu machen) im Thomasevangelium 22,3–4 und im Ägypterevangelium f (= 5b) wurde im Galaterbrief 3,27–28 die Erklärung der Hinfälligkeit anderer Unterschiede zwischen den Menschen hinzugefügt; und während dort auf der Aufhebung dieser anderen Unterschiede beharrt wurde, war dann im 1. Korintherbrief 12,13 und in dem Brief an die Kolosser 3,10–11 von der Erledigung des Geschlechtsunterschiedes nicht mehr die Rede. Das war die eine Taktik. Die andere war, den Unterschied zwischen Männern und Frauen fortzumoralisieren, wie im 2.Klemensbrief 12,2–6. Die Erklärung der Aufhebung des Unterschieds erübrigte sich auch auf diese Weise. Aber hat Jesus selbst den Unterschied für aufgehoben erklärt? «Der genaue Ursprung des Spruchs selbst liegt noch in der halbdunklen Vergangenheit, obwohl er im Ägypterevangelium, im 2.Klemensbrief und im Thomasevangelium Jesus zugeschrieben wird. Die anthropologischen Vorstellungen und die Spekulation über die biblische Schöpfungsgeschichte, die dieser Spruch verrät, waren Jesus ganz fremd, doch dem alexandrinischen Judentum, zum Beispiel Philo, und dem korinthischen Christentum der Zeit, als Paulus den 1.Brief an die Korinther schrieb (53/54 n. Chr.), durchaus vertraut. Vielleicht hat Apollos in Korinth diese Ideen eingeführt, der wie Philo ein hellenistischer jüdischer Schriftgelehrter aus Alexandrien war» (Dennis MacDonald, S. 127–128).

Ich räume ein, daß der Spruch, so wie er uns überliefert ist, nicht dem historischen Jesus zugeschrieben werden kann. Doch ich meine, daß er ein Wort ausdeutet, das Jesus allerdings gesprochen hat. Jesu Königreich der Niemande und der Unerwünschten im Hier und Jetzt dieser Welt war zweifellos radikal egalitär verfaßt und machte derart geschlechtliche und soziale, politische und religiöse Unterschiede vollkommen unerheblich und überholt. Verschiedene christliche Gruppen mochten die Aufhebung des einen oder anderen dieser Unterschiede in den Mittelpunkt ihres Interesses stellen, so die Korinther die des Geschlechtsunterschieds, Paulus die des Unterschieds der Religion und des Standes. Gewöhnlich und letztlich verriet auch ein so beschränktes Interesse egalitäre Gesinnung, wenn auch nur hinsichtlich eines beschränkten Bereichs. Aber das gänzliche Fehlen jeder sozialen Differenzierung blieb die ursprüngliche Voraussetzung, an der sich alle späteren Bestimmungen, Interpretationen und Aktualisierungen des von Jesus verkündeten Reichs zu messen hatten.

Gegen die patriarchalische Familie

Wie verhält sich ein so radikaler sozialer Egalitarismus zur Familie? Gibt es eine Beziehung zwischen dieser allgemeinen Vision des Reichs

Gottes und den verschiedenen Überlieferungskomplexen, in denen Jesus fast gehässig gegen die Familie spricht?

Die Aussagen der Komplexe 24 *Selig der Leib* [1/4?] und 105 *Jesu wahre Familie* [1/2] sind uns nicht als einzelne Sprüche, sondern in Gesprächen überliefert.

> «Eine Frau aus der Menge sprach zu ihm: Selig der Leib, der dich trug, und die Brüste, die dich ernährten! Er sprach zu (ihr): Selig, die das Wort des Vaters [Lukas: ‹Gottes›] hörten und es in Wahrheit hüteten.»
> (Thomasevangelium 79,1–2)
> «Die Jünger sprachen zu ihm: Deine Brüder und deine Mutter stehen draußen. Er sprach zu ihnen: Die (Bewohner) dieser Plätze, die den Willen meines Vaters [Markus: Gottes] tun, das sind meine Brüder und (das ist) meine Mutter; sie werden in das Königreich meines Vaters hineinkommen.»
> (Thomasevangelium 99)

Das «Wort» und der «Wille» Gottes sind in diesen Texten identisch mit seinem «Reich», wie der so nur im Thomasevangelium überlieferte letzte Satz des letztzitierten Spruchs sehr deutlich anzeigt. Bei der Überlieferung des zweiten Komplexes 105 *Jesu wahre Familie* [1/2] hat Markus, der auch anderswo ein strenger Kritiker von dessen Familie ist, die Begegnung Jesu mit seiner Mutter und seinen Geschwistern in ein schärferes Licht gestellt. In seinem Bericht davon, den er schon 3,19b–21 mit der Schilderung des Unverstandes der Familie eröffnet, ehe er 3,22–30 zu dem Gespräch zwischen Jesus und den Seinen kommt, schiebt er dessen Antwort auf die Frage ein: «Wie kann ein Satan den anderen austreiben?» Wenn Markus 3,35 Jesus auch eine Schwester nennen läßt, so weist das wohl voraus auf die Frage derer, die sich in Nazaret über ihn ärgerten. «Leben nicht seine Schwestern hier unter uns?» (Markus 6,3). Aber von dieser Hinzufügung abgesehen, stimmen Markus 3,31–35 und das Thomasevangelium 99 darin überein, daß bei der Gelegenheit nur Jesu Mutter und seine Geschwister anwesend waren; «Brüder und Mutter» heißt es im Thomasevangelium zweimal, bei Markus dreimal «Mutter und Brüder». Vom Vater ist weder beim einen noch beim anderen die Rede. Dafür könnte man die verschiedensten Gründe vermuten: Joseph war an diesem Tage anderswo beschäftigt, schon verstorben, wurde von den Evangelisten unterschlagen zum Schutze der Jungfrauengeburt oder Gottes als des wirklichen Vaters Jesu. Ich halte für bemerkenswerter als die Abwesenheit des Vaters bei der berichteten Szene die Anwesenheit der Mutter. Jesus erklärt seine Jünger zu seiner wahren Familie. Aber diese Ersatzfamilie, die er in der von Markus abhängigen Fassung des 2.Klemensbriefes 9,11 nur als «meine Brüder» anredet, nicht wie bei Markus als «meine Mutter und meine Brüder», entbehrt jedenfalls wie die eigentliche eines sichtbar anwesenden Vaters.

Die in dem Komplex 74 *Frieden oder Schwert* [1/2] überlieferte Rede Jesu schildert, wie die geistliche Solidarität die patriarchalische Familie spaltet.

> «Meint ihr, ich sei gekommen, um Frieden auf die Erde zu bringen? Nein, sage ich euch, nicht Frieden, sondern Spaltung. Denn von nun an wird es so sein: Wenn fünf Menschen im gleichen Haus leben, wird Zwietracht herrschen: Drei werden gegen zwei stehen und zwei gegen drei, der Vater gegen den Sohn und der Sohn gegen den Vater, die Mutter gegen die Tochter und die Tochter gegen die Mutter, die Schwiegermutter gegen ihre Schwiegertochter und die Schwiegertochter gegen die Schwiegermutter.»
> (Spruchquelle Q, 2Q: Lukas 12,51–53 = Matthäus 10,34–36)

Die hier beschriebene Familie hat fünf Mitglieder, Vater, Mutter, Sohn, Tochter und die Frau des Sohns. «Man beachte», wie Bruce Malina rät, «daß kein Schwiegersohn erwähnt ist, denn die Frau zog zur Familie ihres Mannes, nicht der Mann zu derjenigen der Frau» (1981, S. 101). Recht verstanden sagt hier Jesus nicht, daß er die Familien in Gläubige und Ungläubige spalten wird. Die Spaltung bringt die Generationen gegeneinander auf, die beiden Eltern gegen die Kinder und die Kinder gegen die Eltern. Aber welche Generation ist auf Seiten Jesu? Die Kinder? Oder die Eltern? Das erfahren wir nicht. Und so ist letztlich hier nicht von Glauben oder Unglauben die Rede. Jesu Schilderung der die Familie spaltenden Feindschaft prangert nur wie Micha 7,6 die normalen Verhältnisse in der hierarchisch verfaßten Familie an. Die Zwietracht trennt nicht Gläubige und Ungläubige, sondern ganz einfach, wie ausdrücklich gesagt ist, die Generationen. Jesus sagt, er werde die patriarchalische Familie entzwei reißen, indem er Beherrschte und Herrschende gegeneinander aufbringen wird. Zweitens ist höchst bemerkenswert, daß die Trennlinie quer durch die Geschlechter verläuft. Die Fassung des Thomasevangeliums 16, wo es heißt, «denn es werden fünf sein, die in einem Haus sein werden», dann aber als Beispiel der allgemeinen Zerstrittenheit nur aufgeführt wird, wie «der Vater gegen den Sohn» stehen wird und umgekehrt, lenkt gerade durch die Unterschlagung der Frauen unsere Aufmerksamkeit auf deren Stellung in dem Streit. Sie können auf beiden Seiten stehen, bei Jesus gegen die Herrschenden oder umgekehrt. Davon wird noch ausführlicher zu handeln sein, wenn von Jesu Missionaren die Rede sein wird. Aber schon hier sei die Frage gestellt: Was wird aus den Frauen, wenn die patriarchalische Familie zerbricht?

Ebenso scharf wie in der Rede von *Frieden und Zwietracht* wird der patriarchalischen Familie in dem Spruch, den der Komplex 89 *Seine Familie hassen* [1/2] überliefert, jede Autorität abgesprochen. «Wenn jemand zu mir kommt und nicht Vater und Mutter, Frau und Kinder, Brüder und Schwestern, ja sogar sein Leben gering achtet, dann kann er nicht mein Jünger sein», heißt es bei Lukas 14,26. Bei Matthäus 10,37 werden «Vater oder Mutter», «Sohn oder Tochter» genannt, im Thomasevangelium 55 «Vater und... Mutter», «Brüder und... Schwestern», und im Abschnitt 101 desselben Evangeliums «Vater» und «Mutter». Hassen muß diese, nämlich sie verlassen, wer Jesu Jünger werden will oder – Jesu Jüngerin. Denn da auf der anderen Seite immer sowohl die weiblichen wie die männlichen Verwandten genannt sind, glaube ich nicht fehlzugehen in der Annahme, daß 89 *Seine Familie hassen* [1/2] im Lichte von 74 *Frieden oder Schwert* [1/2] zu lesen ist und also vorausgesetzt werden kann, daß Jesus die Alternative, die er ausdrücklich einem, der sein Jünger werden wollte, stellte, zugleich auch einer, die seine Jüngerin werden wollte, zu bedenken gab. Andererseits weigert sich Jesus in einem Erbschaftsstreit (97 *Die unmittelbare Erbschaft* [1/2]) Partei zu ergreifen: Solche Teilungen sind nicht seine Sache.

Schließlich ist da der Spruch des ungewöhnlich gut bezeugten Überlieferungskomplexes 15 *Gegen Scheidung* [1/4]. Das Scheidungsgesetz Deuteronomium 24, 1–4 ist ausschließlich von der Seite des Mannes formuliert: «Wenn ein Mann eine Frau geheiratet hat... ihr Ehemann geworden ist... ihr dann eine Scheidungsurkunde ausstellt... übergibt... fortschickt...» Da ist gesagt, wie ein Mann sich von seiner Frau, nicht wie eine Frau sich von ihrem Mann scheidet. Der letztere Fall kann auch außer Betracht bleiben, denn im Gegensatz zum griechischen, römischen oder ägyptischen Recht der Zeit Jesu gestattete es das jüdische der Frau nicht, ihrerseits die Scheidung zu verlangen. Und Ehebruch war ein ausschließlich weibliches Verbrechen gegen männliche Ehre und männliche Rechte. In Anbetracht dieser Rechtslage ist der in dem Komplex 15 *Gegen Scheidung* [1/4] überlieferte Spruch fast paradox. Weniger in der Fassung des 1. Korintherbriefes 7,10–11 und bei Markus 10,10–12, wo er, für ein größeres griechisch-römisches Publikum neu formuliert, sowohl dem Mann die Scheidung von der Frau als auch der Frau die Scheidung vom Mann verbietet, als in der ursprünglichen Fassung, in der Jesus direkt zum jüdischen Recht, das ein Recht allein des Mannes war, Stellung nimmt:

1) «Wer seine Frau aus der Ehe entläßt und eine andere heiratet, begeht Ehebruch; auch wer eine Frau heiratet, die von ihrem Mann aus der Ehe entlassen worden ist, begeht Ehebruch.»

(Spruchquelle Q, 1 (oder 2?) Q: Lukas 16,18 = Matthäus 5,31–32)

2) «Er antwortete ihnen: Wer seine Frau aus der Ehe entläßt und eine andere heiratet, begeht ihr gegenüber Ehebruch.»
(Markus 10,11)

3) «Wer aber seine Frau entläßt und eine andere heiratet, der begeht selber Ehebruch.»
(*Hirt des Hermas,* Gebot 4, 1, 6)

Am deutlichsten hat John Kloppenborg begriffen, was es hieß, in dem von der androzentrischen und sogar phallozentrischen Ehre-und-Schande-Ideologie beherrschten mediterranen Kulturkreis, wie es Jesus tat, vom Ehebruch des Mannes zu reden. «Indem er sagt, daß der Mann, der seine Frau verstößt und wieder heiratet, die Ehe bricht ... impliziert Jesus, daß Ehre nicht (nur?) *androzentrisch* ist (ich bediene mich des Ausdrucks nicht pejorativ, sondern rein deskriptiv), sondern (auch oder gleichermaßen) *gynezentrisch.* Ehre wird noch immer als Pseudoware aufgefaßt, doch als eine, die der Frau ebenso gehört wie dem Mann. Deshalb kann ein Mann der eigenen Frau die Ehre ‹rauben›, wenn er sich von ihr scheidet und wieder heiratet ... Im Palästina der Zeit Jesu, wo Frauen kein Recht hatten, ihrerseits die Scheidung zu verlangen, war die Würde der Frau nicht ... leicht zu wahren. Deshalb bedient sich Jesus des dramatischen Terminus ‹Ehebruch› auf so überraschende Weise. Er macht auf diese Weise deutlich, daß auch die Frau eine Ehre hat, die ebenso schutzwürdig und achtenswert ist wie die des Mannes, und daß die Frau nicht weniger verletzlich ist als der Mann.» (1990, S. 195) In diesem Spruch wendet sich Jesus nicht nur gegen die Scheidung. Will man die Scheidung verbieten, braucht man nur zu sagen, daß keine Scheidung rechtens ist, wie das in dem wesentlich weniger radikalen Spruch geschieht, der hier unter 252 *Mose und Scheidung* [1/2] katalogisiert ist. Wenn Jesus den wiederverheirateten Geschiedenen des Ehebruchs beschuldigt, wendet er sich vielmehr hauptsächlich gegen «die androzentrische Ehre, deren schädliche Auswirkungen weit über die Scheidungssituation hinausgingen. Denn sie war auch die Basis der Enthumanisierung von Frauen, Kindern und nicht-dominanten männlichen Wesen» (1990, S. 196). Wenn man 74 *Frieden oder Schwert* [1/2] in Zusammenhang mit 15 *Gegen Scheidung* [1/4] setzt, ergibt sich, daß Jesus die Kinder gegen die Eltern, die Frauen gegen ihre Männer setzt, mit anderen Worten, das «Reich» gegen das «Mittelmeer», gegen die mediterrane Ideologie. Aber nicht gegen das Mittelmeer allein.

13. Magie und Mahl

«Wer nichts ist als Visionär und Mystiker, wirkt nur auf Männer mit gleich starker visionärer Kraft, und sein Einfluß geht bald vorüber. Wer nichts als Lebensklugheit und Sinn für praktische Fragen besitzt, wirkt nur auf die Vernunft, während das Herz unberührt bleibt; nie aber wurde in dieser etwas Großes vollbracht, woran nicht das Herz begeisterten Anteil nahm. Nur wo mystischer Glaube mit praktischem Verstand gepaart ist, entsteht eine starke, dauernde Wirkung. Eine solche Doppelnatur war Jesus von Nazareth, und sie gerade wirkte auf seine Anhänger und durch deren Vermittlung auf die folgenden Generationen.»

Joseph Klausner, *Jesus von Nazareth* (aus dem Hebräischen von Walter Fischel, Berlin 1934, S. 569)

Jetzt sind die Erkenntnisse, die wir oben bei der Untersuchung verschiedener Bereiche der historischen Situation und der kulturellen Umwelt Jesu sowie einiger Aspekte seines Wirkens gewonnen haben, zueinander in Beziehung zu setzen, ehe wir im Verständnis seiner Botschaft fortschreiten können. Zunächst ist zu bedenken, was Bryan Wilson in seiner kulturübergreifend formulierten Typologie von Protestbewegungen bei kolonisierten Völkern feststellt. «Menschen suchen Erlösung vom Übel, das ihnen in vielerlei Gestalt erscheint. Übel ist Angst, Krankheit, Übel ist das Gefühl der eigenen Minderwertigkeit. Übel ist Trauer, Todesangst, Angst vor dem Zusammenbruch der gesellschaftlichen Ordnung. Und so suchen die Menschen Heilung, die Beseitigung böser Kräfte, das Gefühl, Zugang zur Macht zu haben. Sie suchen die Erhöhung des eigenen Status und Mehrung ihres Besitzes, wollen das Versprechen eines Lebens nach dem Tode, einer Reinkarnation oder der Auferstehung, zumindest aber die Beachtung seitens der Nachwelt, wenn nicht gar die Umwandlung der Gesellschaftsordnung (einschließlich der Wiederherstellung einer realen oder eingebildeten vergangenen Gesellschaftsordnung)... Von den verschiedenen Theodizeen, die geeignete Verheißungen organisieren und geeignete Tätigkeiten anordnen, um die verschiedenen gefürchteten Übel abzuwenden, sind bei den weniger entwickelten Völkern vor allem zwei weit verbreitet: die thaumaturgische und die revolutionistische.» (S. 492) Von besonderem Interesse ist für uns an dieser Stelle aber, was Wilson von der thaumaturgischen Antwort auf das menschliche Erlösungsverlangen sagt: «Die thaumaturgische Antwort... ist ein immer wiederkehrendes und bislang nicht zu unterdrückendes Angebot der Religion. Sie taucht in allen großen religiösen Traditionen auf und – kräftiger, sowie viel zuversichtlicher, durch die Tatsachen nicht Lügen gestraft zu werden – in den Bewegungen, die von der jeweils verbindlichen überlieferten Religion abweichen. Sie steht oft in einem Spannungsverhältnis zu der revolutionistischen Antwort.» (S. 131) Von den *Revolutionisten* haben wir im zweiten Teil dieses Buches so manches erfahren, hier werden uns jetzt die *Thaumaturgen* interessieren, die Wundertäter und Magier. Erinnern wir uns der im ersten Teil dieses Buchs erörterten Spannung zwischen den «Yuppies» und den «Hippies» des ersten nachchristlichen Jahrhunderts. Am Anfang bot ja das römische Kaiserreich nicht nur selbst freigelassenen Sklaven – wie dem zwar erfundenen, aber nichtsdestotrotz ganz lebenswahren Trimalchio – Gelegenheit, großen Reichtum anzuhäufen, sondern auch zu selbstgewählter programmatischer Armut, in welcher ein tatsächlich existierender freigelassener Sklave, der heiligmäßige Philosoph Epiktet, lebte. Der Kynismus als Gegenkultur zu der offiziellen war so weit verbreitet wie die griechisch-römische Kultur selbst. Gerald Downing hat denn 1988 auch ein Buch über «Christus und die Kyniker» veröffentlicht, das, wie der Untertitel sagt, «Jesus und andere radikale Prediger in der Tradition des 1. Jahrhunderts» behandelt.

Weiter ist bei der Betrachtung, die uns bevorsteht, zu berücksichtigen, was wir im zweiten Teil dieses Buchs über die Lage der palästinensischen Bauernschaft während des 1. Jahrhunderts der christlichen Ära erfahren haben. Wenn man Dick Horsleys Verzeichnis der bäuerlichen Protestierer, Propheten, Banditen und Messiasse zwischen 40 v. Chr. und 70 n. Chr. (s. Anhang 2) in die Kategorien der kulturübergreifenden soziologischen Untersuchung der Stadien politischer Empörung von Ted Robert Gurr einordnet, findet man, daß während der ganzen Lebenszeit Jesu – wie schon vor dieser und über seinen Tod hinaus – die palästinensische Bauernschaft ständig in dem ersten der drei von Gurr unterschiedenen Stadien, dem der «Unruhe» war, einer Unruhe, die Gurr definiert als «relativ spontan und unorganisiert... mit starker Beteiligung der Bevölkerung», so daß es dabei zu «gewalttätigen politischen Streiks» kommen kann, «zu Aufruhr und örtlich begrenzten Aufständen» (S. 11). Vor diesem Hintergrund ist nun zu würdigen, daß, wie wir sahen, Jesus das Reich Gottes nicht anrief als ein apokalyptisches Ereignis der nahen Zukunft, sondern als Lebensweise in der unmittelbaren Gegenwart. Bisher mag uns die Aufforderung zu dieser Lebensweise allerdings mehr von einer poetischen Vision als von einem sozialen Programm zu zeugen scheinen. Es gilt nun zu zeigen, wie das Reich, von dem Jesus sprach, nicht der Traum eines

Individuums, sondern ein Plan für die Gemeinschaft war. Bei der Zusammenschau des bisher im einzelnen Gemusterten wird sichtbar werden, daß Jesu Programm mit der Verknüpfung der Begriffe «Magie und Mahl» oder «Wunder und Tisch» bezeichnet werden kann. Die Verbindung von Magie und Mahl, Wunder und Tisch richtet sich direkt und absichtlich gegen die Verbindung von Patronat und Klientenwesen, Ehre und Schande, gegen das Herz der antiken mediterranen Gesellschaft, so wenigstens meine ich. Wenn sich diese Meinung als Irrtum erweisen sollte, wäre dieses Buch neu zu schreiben.

Magie als religiöses Banditentum

Wie man sich erinnern wird, hat Anton Blok die Meinung Eric Hobsbawms, daß jeder «Sozialbandit» etwas von dem edlen Räuber Robin Hood an sich habe, streng kritisiert. Ich habe gegen Blok eingewendet, daß seine Kritik zwar oberflächlich gesehen zutreffend, aber hinsichtlich des Kerns der Sache ganz verfehlt sei. Banditen mögen selten die Reichen berauben *und* die Armen beschenken, aber die Validität und Dauerhaftigkeit des Mythos vom edlen Räuber beruht fest auf der einen Tatsache, daß Banditen den Reichen das Gewaltmonopol rauben und es an die Armen verteilen sowie, noch bedeutender, auf der anderen, daß sie der strukturellen Gewalt der Herrschenden den Schleier der Moral rauben, mit der diese ihr Walten tarnt. Sie machen die Frage dringlicher: Was ist der moralische Unterschied zwischen einer Räuberbande und einem kaiserlichen Heer, zwischen einem bäuerlichen Banditen, der sein Glück macht, und einem imperialen Geschäftemacher auf dem Thron?

Ich meine nun, daß Magie sich zur Religion verhält wie Banditentum zur Politik. Wie das Banditentum die Legitimation der politischen Macht in Frage stellt, so die Magie die Legitimation der geistlichen Macht. Magie und Religion können, in der antiken wie auch in der gegenwärtigen Welt, voneinander unterschieden werden nur durch politische und präskriptive Definitionen, nicht aber durch substantielle, deskriptive oder neutrale. Religion ist offizielle und gutgeheißene Magie. Magie ist nichtoffizielle und nichtgutgeheißene Religion. Noch einfacher ausgedrückt: «Wir» praktizieren Religion, «sie» praktizieren Magie. Die Frage ist nicht, ob Magier für oder gegen die offizielle Religion sind. Von ihren Absichten ganz abgesehen, ist ihre bloße Existenz eine Herausforderung des Absolutheitsanspruchs der jeweils herrschenden Religion. So mußten, wie wir sahen, große jüdische Magier – wie Honi der Kreismacher oder Hanina ben Dosa – sorgfältig als Beter und Schriftgelehrte aufgeputzt werden, ehe sie für die wachsende Hegemonie der rabbinischen Tradition akzeptabel wurden.

Gerade weil Magie die Stellung einer subversiven, nicht offiziellen, mißbilligten und oft von der Unterklasse praktizierten Religion hat, spreche ich hier unumwunden von «Magie» oder «Zauberei», anstatt mich eines der dazu sich anbietenden Euphemismen zu bedienen. Elija und Elischa, Honi und Hanina waren Magier und Jesus von Nazaret desgleichen. Es ist höchst faszinierend zu sehen, wie christliche Theologen Jesus als Wundertäter beschreiben und dann versuchen, die von ihm gewirkten Wunder von denen der Zauberer abzugrenzen, als sei zwischen diesen und jenen ein substantieller Unterschied nachzuweisen. Angesichts der Tendenz ihrer Argumente muß angenommen werden, daß es ein ideologisches Bedürfnis gibt, die Religion und ihre Wunder vor der Magie und deren Wirkungen zu schützen.

Hans Dieter Betz fragt sich in der Einleitung zu der von ihm herausgegebenen Sammlung von Übersetzungen griechischer und demotischer Papyri mit magischen Beschwörungen, Formeln, Hymnen und Ritualen vom 2. Jahrhundert v. Chr. bis zum 5. Jahrhundert n. Chr., weshalb «die Magie . . . seit unvordenklichen Zeiten das Kommen und Gehen ganzer Religionen, die wissenschaftlichen und die technischen Revolutionen und die Triumphe der modernen Medizin überlebt hat». Seine Antwort auf die selbstgestellte Frage spricht von «Betrug» und «Täuschung» (je einmal), von «Irrtum» und «irreführen» (achtmal) und erwähnt «Requisiten», «Moden» und «Hokuspokus» (je einmal). Doch zwischen solchen abwertenden Ausdrücken stehen Sätze wie dieser: »Die Magie ist eine Kunst, die macht, daß die Leute, die sie praktizieren, sich eher besser als schlechter fühlen, die den Unsicheren die Illusion der Sicherheit verschafft, den Hilflosen das Gefühl, ihnen würde geholfen, den Hoffnungslosen den Trost der Hoffnung.» Und man beachte die Ambivalenz dieser letzten Sätze: «Natürlich ist alles Selbsttäuschung. Aber wer erträgt die nackte Realität, besonders wenn es die Möglichkeit gibt, ihr auszuweichen? Deshalb hat die Magie Wunder gewirkt und wirkt weiterhin Wunder, unbekümmert um die Skrupel der Wissenschaft. Diejenigen, deren Leben von Täuschung und Wahn abhängt, und die, welche ihnen liefern, was sie so nötig brauchen, sind in einer unauflöslichen Symbiose miteinander verbunden. Die Magie macht für die, die an sie glauben, ein unerträgliches Leben erträglich und ist für diejenigen, die sie praktizieren, ein einträgliches Geschäft» (1986, S. XLI, XLVII–XLVIII). Wäre man bereit, genau das gleiche zum Beispiel über die Wunder Jesu im besonderen und die Verheißungen der Religion im allgemeinen zu sagen? Und wenn nicht, warum nicht?

Howard Clark Kee vergleicht Medizin, Wunder und Magie, inwiefern sie in neutestamentlicher Zeit bekannt waren, erfahren und praktiziert wurden. «*Medizin* ist eine Methode der Diagnose menschlicher

Leiden sowie deren Behandlung aufgrund einer Theorie über den menschlichen Körper und genauer Untersuchung desselben, seiner Funktionen und der Störungen dieser Funktionen. Die Erwartung des *Wunders* setzt den Glauben voraus, daß man Heilung erlangen kann, wenn man sie von den Göttern erbittet und diese dementsprechend tätig werden, sei es unmittelbar oder durch einen ausgewählten Agenten. *Magie* ist eine Technik, mittels welcher durch Worte oder Handlungen eine gewünschte Wirkung erzielt wird, die in der Lösung des Problems des sich der Magie Bedienenden bestehen mag, aber auch die Schädigung des Feindes sein kann, der ihm das Problem aufgebürdet hat» (1986, S. 3). Mit anderen Worten: «Wenn die Technik allein wirksam ist zur Überwältigung einer feindlichen Macht, dann ist die Handlung magisch. Wenn man in der Wirkung das Wirken Gottes oder der Göttin sieht, ist sie wunderbar. Wenn aber die Hilfeleistung nur in der Befähigung des Körpers, seine natürlichen Funktionen zu erfüllen, besteht, ist sie medizinisch» (1986, S. 4). Diese Definitionen sind fair und vorurteilslos, wenn ich auch nicht sicher bin, mit ihrer Hilfe das Wunder von der Magie unterscheiden zu können, es sei denn, ich sollte annehmen, daß die Götter bei der Magie gar nichts zu suchen haben, aber Wunder tun ohne die geringste technische Hilfestellung dessen, der des Wunders bedarf. Doch im weiteren Gang seiner Erläuterungen beschreibt dann Howard Clark Kee Magie wiederholt als «zwingend» und «ausbeutend», obwohl der zwingende Charakter dieser Kunst in seiner ursprünglichen Definition nicht festgestellt ist. In dem Abschnitt, in dem er die griechisch-ägyptischen magischen Papyri behandelt, charakterisiert er die Zaubersprüche, die er dort findet, als «zwingend» und «nötigend», wenn er auch einräumt, daß die Texte anderer Papyri «eher bittend als fordernd und nötigend» sind und am Ende sogar einen «ganz frei von Elementen der Nötigung» findet. In seiner abschließenden Würdigung dieser Texte sagt er, zwar sei dabei die Trennungslinie zwischen Religion und Magie nicht mehr überall leicht zu ziehen, «doch herrscht bei diesem Material schließlich alles in allem die letztere vor, da der Zweck der Formeln ist, das gewünschte Ergebnis durch die Wiederholung der geeigneten Worte oder Taten zu erzwingen. Man strebt nicht an, den Willen der Gottheit zu erfahren, sondern deren Willen zu zwingen, sie zu nötigen, einem den Willen zu tun oder einen bösen Willen zu lähmen» (1986, S. 107–112). Der Unterschied zwischen dem Erflehen und Erbitten und dem Nötigen und Herbeizwingen ist zweifellos bedeutend, aber wo ist der Beweis, daß, wer um Wunder bittet, keinen Druck ausübt, und daß, wer den Göttern den Arm umdreht, sie dabei nicht bittet, sich das gefallen zu lassen?

Schließlich behauptet A. A. Barb, daß «der fundamentale Unterschied zwischen Magie und Religion noch immer der gleiche ist, der er von jeher war. Einerseits haben wir den religiösen Menschen, der in demütiger Unterwerfung unter die Gottheit betet und jeder seiner Bitten hinzufügt, ‹wenn es Dein Wille ist›. Andererseits haben wir den Magier, der versucht, die übernatürlichen Mächte zu zwingen, was er wünscht zu bewerkstelligen, und was er fürchtet abzuwenden.» Und daß demnach, trotz der im vorigen Jahrhundert beliebten evolutionären Hypothese, «die Religion sich nicht aus primitiver Magie entwikkelt, sondern, im Gegenteil, Magie von der Religion abgeleitet ist, die, von menschlichen Schwächen infiziert, zu sogenannter weißer Magie verkommt (welche die Griechen *theourgia* nannten: ‹göttliche Dinge wirken›), die dann allmählich verschmutzt und grau wird, um sich endlich in schwarze Magie zu verwandeln, die die Griechen *goētia* nannten, nach dem bösen Klang der Zaubersprüche» (S. 101). Die klassische Unterscheidung zwischen Erbitten und Erzwingen, die auch hier gemacht wird, soll als solche nicht bestritten werden. Aber ist sie ausreichend, um einen Unterschied zwischen Religion und Magie zu begründen? Man zweifelt daran um so mehr, als die Verfasserin wiederholt die Schritte der Obrigkeit gegen das Überhandnehmen der Magie mit gesundheitspolizeilichen Maßnahmen vergleicht, die dem Schutz des Volkes vor unbekömmlicher oder verdorbener und schädlicher Nahrung dienen sollen, so wenn sie etwa sagt: «Lebensmittelvergiftungen werden häufiger von importierten Lebensmitteln als von einheimischen Produkten verursacht, und so finden wir immer wieder, daß die engste Verbindung zwischen der Magie und fremden importierten Kulturen besteht» (S. 102). Oder: «Die Aufgabe des römischen Kaisers in seiner Eigenschaft als Amtsarzt zur Überwachung der Bekömmlichkeit der angebotenen übernatürlichen Nahrung wurde zunehmend schwieriger, da der synkretische Unrat der faulenden toten und sterbenden Religionen der gesamten alten Welt sich zu Bergeshöhen türmte, während bekömmliche übernatürliche Nahrung knapper und knapper wurde» (S. 104). Ich kann mich des Verdachts nicht erwehren, daß die Verfasserin hier schimpft, statt zu argumentieren, weil ihre theoretische Basis zur Unterscheidung von Religion und Magie ungenügend ist. Jedenfalls macht sie, wenn auch ungewollt, deutlich, daß der fragliche Unterschied praktisch vor allem der zwischen dem Bekömmlichen, das wir nach dem Willen der Obrigkeit kaufen sollen, und jenem Unbekömmlichen ist, das irgendeine Konkurrenz oder Opposition auf den Markt bringt.

Es gibt natürlich auch schon von jeher andere Stimmen, die fragen, wie wir «unseren» Wundertäter von «ihrem» Magier, «unser» Wunder von «ihrer» Magie unterscheiden können. John Hull räumte beim Vergleich der hellenistischen Magie und der synoptischen Tradition ein, daß «die Kategorie des Wunders, obwohl bei den mythologischen Formulierungen des Glaubens im Altertum unentbehrlich, für die Menschen jener Zeit nicht leicht von der Kategorie der Magie zu unterscheiden war. Heute können wir Magie nicht vom Wunder unterscheiden, wenn wir nicht das eigentlich Wunderbare des Wunders erheblich modifizieren» (S. 60). Morton Smith kommt bei dem Vergleich von Ausdrücken wie «Gottessohn», «göttlicher Mann» oder «Magier» in der Frühzeit des römischen Kaiserreichs zu dem Schluß, daß «der Unterschied zwischen den so bezeichneten Gestalten einer des sozialen Status' und des Erfolges ist ... Sobald die Erfordernisse des sozialen Status und des Ansehens erfüllt waren, galt der gleiche Mann seinen Bewunderern als ‹göttlicher Mann› oder ‹Gottessohn›, seinen Feinden als ‹Magier›. Alle drei Bezeichnungen gelten ein und demselben sozialen Typus, und dieser Typus ist charakterisiert durch Handlungen ... von der Art des größten Teils derjenigen, die in den Evangelien von Jesus berichtet werden» (1973b, S. 228–229). Eugene Gallagher, der sich mit diesem Klassifikationsproblem bei der Erörterung der Polemik des Celsus gegen Jesus und dessen Verteidigung durch Origenes beschäftigt hat, schließt, daß in der hellenistischen religiösen Welt «die inbrünstige Verkündigung wunderwirkender Fähigkeiten häufig bestritten wird durch die Behauptung, daß deren Leistungen nur der Magie geschuldet seien. Wenn die Anhänger eines beliebigen Prätendenten auf übernatürliche Fähigkeiten dessen Handlungen als Wunder erklärten, wollten dessen Widersacher und Verächter nichts als Magie am Werke sehen ... Nicht die Handlung selbst, sondern deren Bewertung liefert den Schlüssel zu den Kriterien. Die Tat, die dem einen Publikum Göttlichkeit beweist, kann einem anderen sehr wohl den bösen Einfluß von Dämonen beweisen. Wo es um die Kriterien geht, sollten solche Bewertungen, nicht Taten, den Ausschlag geben» (S. 23–33).

Der Unterschied zwischen den Qualitäten der Religion und der Magie, zwischen den Eigenschaften des Gottessohns oder göttlichen Manns und Wundertäters einerseits, des Magiers oder Zauberers andererseits, liegt also nie in diesen selbst, sondern nur in deren Einschätzung; je nachdem, ob die fraglichen Qualitäten und Eigenschaften offiziell gebilligt oder mißbilligt werden, wird die eine oder andere Bezeichnung dafür anwendbar. Zu einem ähnlichen Schluß gelangt beim Studium der Auseinandersetzung zwischen Heiden und Christen im 2. Jahrhundert Harald Remus. «Unter sprachlichem Gesichtspunkt können die Konflikte als Streit um Wörter bezeichnet werden. Die außerordentlichen Phänomene der eigenen Gruppe werden ‹Wunder› genannt, denen der rivalisierenden Gruppe wird diese Bezeichnung verweigert. Das ist ein soziologisches Urteil, und unsere Untersuchung hat gezeigt, daß soziale und kulturelle Faktoren eine grundlegende Rolle bei solchen Konflikten spielen und bei dem Versuch, diese zu verstehen, berücksichtigt werden sollten» (S. 182–183).

Die klarste und beste Erörterung der Magie im Lichte sowohl der anthropologischen Theorie als auch der griechisch-römischen Geschichte hat 1980 David Aune geliefert. Er beginnt mit der Darlegung der sich als *communis opinio* der modernen Anthropologen durchsetzenden Auffassung, wonach die ältere Dichotomie von Magie und Religion nicht nur irreführend, sondern die von ihr unterschiedenen Begriffe als strenge Kategorien überhaupt unbrauchbar seien (S. 1511). Nach einem Überblick über sozialanthropologische Theorien des abweichenden Verhaltens schließt er, daß man «jene Form abweichenden religiösen Verhaltens, bei der individuelle oder soziale Ziele mit Mitteln angestrebt werden, die nicht die von der herrschenden religiösen Institution normalerweise sanktionierten sind, als Magie bezeichnen könne». Allerdings fügt er diesem Kriterium ein zweites hinzu: «Mit religiös abweichendem Verhalten angestrebte Wirkungen sind magisch, wenn sie mittels der Manipulation übernatürlicher Kräfte so gut wie unfehlbar zustande kommen» (S. 1515). Mir scheint aber dieses Kriterium nichts zu taugen. Denn einerseits garantieren Magier den Erfolg ihrer Operationen nie so, daß sie sich anheischig machten, ihren Kunden bei Mißerfolg die Kosten zu erstatten; und wenn sie dem Interessenten das Blaue vom Himmel herunter versprechen, so deshalb, weil ihnen vielfältige Konkurrenz gebietet, für ihre Dienstleistungen Reklame zu machen. Andererseits ist bei einem so unbestritten religiösen Ritual wie der katholischen Messe die Transsubstantiation garantiert, was, wollte er Aunes zweites Kriterium anwenden, einem Außenstehenden das Recht gäbe, die Operation des Priesters als magisch zu bezeichnen. Aunes erstes Kriterium ist auch ohne das zweite völlig zureichend. Und wohl, weil ihm das selbst bewußt ist, kommt Aune denn auch bei seiner Zusammenfassung auf dieses zweite Kriterium nicht zurück. «1. Magie und Religion sind so eng miteinander verflochten, daß es so gut wie unmöglich ist, sie als unterschiedliche soziokulturelle Kategorien anzusehen. 2. Die strukturell-funktionale Analyse magisch-religiöser Phänomene verbietet eine negative Einstellung zur Magie. 3. Magie ist ein Phänomen, das der Matrix bestimmter religiöser Traditionen bedarf; Magie unterscheidet sich in dem Maße von Religion, wie sich jede Spezies von der übergeordneten Gattung unterscheidet. Jedes bestimmte magische System hat seinen Zusammenhang innerhalb einer religiösen Struktur in dem Sinne, daß es auf der gleichen religiösen Realitätskonstruktion beruht wie die Religion, in deren Kontext es steht. 4. Magie scheint ein religiöses Phänomen zu sein, das in menschlichen Gesellschaften ebenso weit verbreitet ist wie abweichendes Verhalten überhaupt» (S. 1516). Er läßt das nutzlose Kriterium außer acht, auch, wenn er zum Schluß sagt, er habe den Begriff der Magie «ohne jeden pejorativen Anklang» gebraucht, nur zur Bezeichnung der pragmatischen und religiös abweichenden Züge eines notwendigen und universal verbreiteten Elements religiöser Systeme (S. 1557). Religion als Gebet ohne Erfolgsgarantie und Magie als den Erfolg garantierende Technik der Nötigung der Götter können nicht länger unterschieden werden. Magie ist nur der Name, den jede herrschende Religion ihrem abweichlerischen Schatten gibt. Die einzig zuverlässige Definition der Magie ist schließlich die von Marcel Mauss vor inzwischen schon über neunzig Jahren in seiner *Esquisse d'une Théorie Générale de la Magie* gebotene, wo man magisch «jeden Ritus, der nicht Teil eines organisierten Kultus ist», genannt findet, ebenso «jeden privaten, geheimen, mysteriösen und zum Verbotenen tendierenden Ritus». Man sieht, daß Mauss «die Magie nicht durch die Formen ihrer Riten definiert, sondern durch die Bedingungen, unter denen diese ausgeführt werden und die deren Ort in der Gesamtheit der sozialen Sitten bestimmen» (S. 16).

Allerdings gibt es böse, unmenschliche, pathologische und schädliche Aspekte der Magie. Auch die Religion enthält solche Elemente, die, gleich wo man sie findet, festgestellt und genannt werden sollten. Zweifellos gibt es auch in beiden Bereichen Betrüger, Schwindler und Scharlatane, und auch diese sollten bloßgestellt und genannt werden. Solche Tatsachen entwerten keines der beiden Phänomene, ebensowenig wie die Existenz von Quacksalbern die ärztliche Kunst entwertet. So sollte auch nach der Wirksamkeit und Nützlichkeit sowohl der Religion als auch der Magie gefragt werden und dabei zwischen direkten Ergebnissen, wie Heilungen, Genesungen und Wiederherstellungen einerseits, und indirekten, wie Hoffnung, Tröstung, Lebensmut andererseits, unterschieden werden – bei beiden, der Religion ebenso wie der Magie. Hokuspokus kommt nicht allein bei rituellen Handlungen vor, sondern auch bei philosophischen Theorien, ideologischen Behauptungen und theologischen Systemen. Es mag eine Art von Hokuspokus für die analphabetischen Massen und eine andere für die schriftgelehrten Eliten geben, aber es bleibt Hokuspokus. Am Ende wird Jesus, ein volkstümlicher Magier des 1. Jahrhunderts n. Chr. in der Nachfolge etwa des Elija und des Elischa, sich allerdings von den professionellen Magiern, die jene magischen Papyri gebrauchten, unterschieden haben, aber das sollte aus dem Vergleich der Handlungen beider geschlossen werden und sich nicht aus den Mutmaßungen über ihre Motive ergeben. So sind also Religion und Magie, das religiöse Wunder und die magische Wirkung, substantiell nicht zu unterscheiden. Unterscheidungen können und sollten gemacht werden, aber innerhalb des magisch-religiösen

Komplexes, nicht zwischen Magie und Religion. Und vor allem sollte die präskriptive Unterscheidung, derzufolge *wir* eine Religion praktizieren, *sie* aber Magie, als das erkannt werden, was sie ist, nämlich eine rein politische Bewertung des offiziell gebilligten religiösen Verhaltens einerseits und des offiziell mißbilligten andererseits.

Ein Evangelium der Wunder?

Die Zeugnisse für die Wunder Jesu sind seltsam dürftig, wenn man sie etwa mit denen für seine Reden und Gleichnisse vergleicht. Als Quellen der Evangelien hat Helmut Köster neben Sammlungen von Sprüchen und einer Passionsgeschichte auch Sammlungen von Wundergeschichten angenommen (1982, Bd. 2, S. 48). Aber während man im Thomasevangelium eine derartige Spruchsammlung noch hat und auf die Existenz der Spruchquelle Q aus den synoptischen Evangelien schließen kann, ist die Existenz einer Sammlung von Wundergeschichten, aus der die Evangelisten hätten schöpfen können, schwer nachzuweisen. Zudem sind uns, während wir für manche Sprüche sechs unabhängige Zeugen aus der ersten Schicht haben, die Wunder Jesu nie öfter als von höchstens zwei Zeugen verbürgt. Und in dem einzigen Fall, wo vielleicht drei unabhängige Zeugen anzunehmen sind, handelt es sich um Zeugnisse aus der zweiten Schicht (s. Anhang 6). Man könnte fast annehmen, daß die Wundergeschichten der Überlieferung erst später eingefügt wurden und weniger für faktische Geschehnisse, als für bilderreiche Ausschmückungen zu halten seien. Ich bin jedoch der Meinung, daß man mit dieser Annahme im Irrtum wäre. Denn im Gegenteil, Wundergeschichten wurden schon sehr früh aus der Überlieferung getilgt und, insofern sie beibehalten wurden, einer sehr sorgfältigen Interpretation zum richtigen Verständnis unterzogen (Hull). Ein gründlicher Beweis dieser Behauptung würde eine umfassendere Untersuchung der vier kanonischen Evangelien erfordern, als gegenwärtig möglich ist, aber wenigstens für die hier zur Diskussion stehenden Wunder ist sie belegbar. Und ich schließe daraus, daß Jesus als Magier und Wundertäter ein höchst umstrittenes und problematisches Phänomen nicht nur für seine Feinde war, sondern sogar auch für seine Freunde.

Es gibt, so wie man diese gewöhnlich zählt, in den ersten elf Kapiteln des Evangeliums nach Johannes sieben Wunder (Mack, 1988, S. 221). Sie kommen zur Sprache in den Komplexen 349 *Wasser in Wein* [2/1], 119 *Heilung des fernen Knaben* [1/2], 127 *Krankheit und Sünde* [1/2], 3 *Brot und Fisch* [1/2], 128 *Auf Wasser gehen* [1/2], 129 *Heilung des Blinden* [1/2] und 130 *Erweckung des Toten* [1/2]. Man hat auch angenommen, daß Johannes diese Wunder aus einer zusammenhängenden Quelle schöpfte, und zwar schloß man das aus der Weise, in der ein erzählerischer Zusammenhang zwischen den beiden ersten hergestellt wird. Die Anfänge der ersten beiden Wundererzählungen sind verknüpft. «Am dritten Tage fand in Kana in Galiläa eine Hochzeit statt...», heißt es 2,1. Und: «Nach diesen beiden Tagen ging er von dort nach Galiläa... Jesus kam wieder nach Kana in Galiläa, wo er das Wasser in Wein verwandelt hatte», liest man 4,43.46. Ebenso die Schlußsätze: 2,11: «So tat Jesus sein erstes Zeichen, in Kana in Galiläa», entspricht 4,54: «So tat Jesus sein zweites Zeichen, und zwar nachdem er von Judäa nach Galiläa gekommen war.» Folglich «liegt die Wunderquelle deutlich bei Johannes 2,1–12a (die Hochzeit zu Kana), woran 4,46b–54a (der Sohn des königlichen Beamten in Kafarnaum) direkt angeschlossen ist», meint James Robinson (Robinson und Köster, S. 242). Ich meinerseits bin allerdings, wo irgendein Autor mir Ereignisse aufzählt, eher geneigt, die Zählung ihm selbst zuzuschreiben als anzunehmen, daß er sie aus seiner Quelle übernommen hätte. Zum Beispiel schließt Johannes 21,14 seinen Bericht über das Wunder, das ich als Komplex 190 *Menschenfischer* [2/3] katalogisiert habe, mit den Worten: «Dies war schon das dritte Mal, daß Jesus sich den Jüngern offenbarte, seit er von den Toten auferstanden war.» Aber dieser Rückbezug auf 20,19–23 und 26–29 ist kein Beweis für eine ursprüngliche Dreiheit der Erscheinungen, sondern erinnert nur nachträglich an die bereits abgeschlossene Einheit der Erzählung von diesen ersten beiden Erscheinungen im 20. Kapitel.

Ich vermute deshalb, daß es sich mit der ersten Gruppe der sieben Wunder ähnlich verhält. Die nur für die ersten beiden Wunder der Kette durchgeführte und wiederholte Zählung beweist weniger, daß die sieben Wunder in dieser Folge in seiner Quelle standen, sondern legt vielmehr die Vermutung nahe, daß 349 *Wasser in Wein* [2/1] und 119 *Heilung des fernen Knaben* [1/2] einer bereits gegebenen Folge von fünf Wundern vorangestellt wurden. Daß eine solche Folge existierte, schließe ich daraus, daß bei Markus und Johannes diese Wunder in der gleichen Reihenfolge stehen.

127 *Krankheit und Sünde* [1/2]	Markus 2,1–12	Johannes 5,1–18
3 *Brot und Fisch* [1/6]	Markus 6,33–44	Johannes 6,1–15
128 *Auf Wasser gehen* [1/2]	Markus 6,45–52	Johannes 6,16–21
129 *Heilung des Blinden* [1/2]	Markus 8,22–26	Johannes 9,1–7
130 *Erweckung des Toten* [1/2]	Geh. Markus 1v 20–2r11a	Johannes 11,1–57

Diese gleiche Reihenfolge könnte natürlich reiner Zufall sein, aber ich lasse sie – wenigstens hypothetisch – als den einzigen Hinweis darauf gelten, daß es früh schon neben nachweisbaren Sammlungen von Sprüchen auch Sammlungen der Wunder Jesu gab. Ob solche Sammlungen allerdings je zu einem Wunderevangelium zusammengestellt worden sind, ist eine Frage, die aufgrund allein eines solchen Hinweises nicht beantwortet werden kann. Ich verzichte absichtlich darauf, zur Unterstützung meiner Hypothese, daß Markus und Johannes die Reihenfolge der angegebenen fünf Wundererzählungen aus einer gemeinsamen Quelle übernahmen, geltend zu machen, daß, wie Paul Achtemeier nachweisen wollte, das Markusevangelium in seiner gegenwärtigen Gestalt von 4,35 bis 8,26 zwei Folgen von je fünf Wundern enthalte; wobei Markus nur in der ersten Folge die Heilung der Tochter des Jairus und die der blutflüssigen Frau zu einer Einheit verschmolzen, 229 *Heilung zweier Frauen* [2/1], sowie in der zweiten Folge ein Wunder, 129 *Heilung des Blinden* [1/2], umgestellt habe. Die ursprüngliche Reihenfolge der beiden Serien nimmt Achtemeier wie folgt an:

128 *Auf Wasser gehen* [1/2] Markus 4,35–41	128 *Auf Wasser gehen* [1/2] Markus 6,45–52
228 *Der Besessene von Gerasa* [2/1] Markus 5,1–20	129 *Heilung des Blinden* [1/2] Markus 8,22–26
229 *Heilung zweier Frauen* [1/2] Markus 5,11–24a, 35–43	237 *Heilung des fernen Mädchens* [2/1] Markus 7,24–30
229 *Heilung zweier Frauen* [1/2] Markus 5,24b–34	238 *Heilung des Taubstummen* [2/1] Markus 7,31–37
3 *Brot und Fisch* [1/6] Markus 6,33–44	3 *Brot und Fisch* [1/6] Markus 8,1–10

In jeder Serie folgen auf ein Meerwunder drei Heilungswunder, unter diesen je eine Dämonenaustreibung, und abgeschlossen wird jede Serie durch den Bericht von einer wunderbaren Speisung. Die Annahme dieser Serien empfiehlt sich, zumal uns die Wunder, die sie eröffnen und beschließen, an diejenigen des Mose erinnern und die jeweils mittleren drei den Wundern der nördlichen Propheten Elija und Elischa ähneln. Dennoch halte ich es für wahrscheinlicher, daß wir es bei Markus 8,1–10 mit einer Wiederholung des 6,33–44 zum ersten Mal berichteten Wunders zu tun haben, daß die Speisung der 7000 sozusagen eine Verdoppelung der Speisung der 5000 ist, und daß ebenso die Berichte vom Wunder Jesu beim Sturm auf dem See Gennesaret, Markus 4,35–41, und von Jesu Wandeln auf dem Wasser, Markus 6,45–52, aus ursprünglich einem vervielfältigt sind: Wie man weiß, ist ja die Wiederholung auch von Wörtern und Sätzen ein von Markus gern gebrauchtes Stilmittel (Neirynck, 1970; 1982, S. 83–142). Zudem bereiten die wiederholte Stillung des Sturms und die wiederholte Speisung sehr wirkungsvoll die Ankündigung des katastrophalen Scheiterns der Sendung Jesu beim letzten Abendmahl, Markus 8,14–21, vor und verdoppeln gleichsam die Unverzeihlichkeit der Schuld derer, die sich daran schuldig machen. Denn Jesus bringt ein Brot, das mehr als hinreichend ist, Juden sowohl als auch Heiden zu speisen (Kelber, S. 45–65). Ich halte deshalb die Parallelberichte für Beweise der Kunstfertigkeit des Markus, nicht der von Achtemeier postulierten Existenz zweier Serien von je fünf Wundern in seiner Quelle.

So gibt es einen Hinweis auf eine den Evangelisten vorliegende Sammlung von Wundern nur in der bei Markus und Johannes in der gleichen Reihenfolge aufgeführten Serie von fünf Wundern, die eine gemeinsame Quelle allerdings vermuten lassen. Es mag freilich andere derartige Sammlungen gegeben haben. Doch was wir wissen, reicht nicht aus, ein Wunderevangelium zu postulieren ähnlich dem Sprücheevangelium (der Spruchquelle Q), dessen Existenz man aus guten Gründen annimmt. Sollte das daran liegen, weil ein derartiges Wunderevangelium schon sehr früh aus der Überlieferung absichtlich getilgt wurde?

Opfer eines dämonischen Imperialismus

Die britische Anthropologin Mary Douglas ist in einer sehr anregenden Untersuchung der Beobachtung nachgegangen, daß der menschliche Körper als ein dem Makrokosmos der menschlichen Gesellschaft entsprechender Mikrokosmos aufgefaßt werden kann und in der Tat bei allen Völkern mehr oder weniger bewußt so aufgefaßt wird. Jeder erfährt die Gesellschaft, der er angehört, mit ihren Geboten und Verboten am eigenen Leibe. «Der menschliche Körper ist uns allen gemeinsam. Nur unsere sozialen Verhältnisse sind unterschiedlich. Die vom menschlichen Körper genommenen Symbole drücken unterschiedliche soziale Erfahrung aus» (S. VII). Sheldon Isenberg und Dennis Owen haben dazu ausgeführt: «Der Körper des Individuums wird ihm dargestellt und zur Kenntnis gebracht von der Gesellschaft, die sich ihm gewöhnlich zuerst in den Eltern manifestiert, dann in der Gruppe der Gleichaltrigen, vielleicht auch in den Schulen. Unsere Einstellung zu unseren Körpern beruht auf dem Bild, das die Gesellschaft von sich selbst hat. Wenn wir also in Erfahrung bringen können, wie eine Person die Funktionen jenes komplexen Systems, das ihr Körper ist, versteht, dessen Organisation, räumliche Anordnung und die Prioritäten seiner Bedürfnisse, können wir aufgrund dessen Einsicht nehmen in das Selbstverständnis der Gesellschaft, ihrer Eigenwahrnehmung, ihrer Organisation, Machtstruktur und Kosmologie» (S. 3). Und natürlich gilt das auch umgekehrt.

Man denke nun an die dämonische Besessenheit. Vom *Buch der Gleichnisse Henochs* (*Äthiopisches Henochbuch* 37–71), einem Werk, das er um die Zeitenwende datiert, stellt George Nickelsburg fest: «Auf der einen Seite stehen Gott, der himmlische Hofstaat, die Agenten seines

Gerichts ... und Gottes Volk ... Auf der anderen Seite stehen der oberste Dämon Azazel, dessen Engel und die Könige und die Mächtigen ..., denen die römischen Generale, Gouverneure, Triumvirn und Monarchen entsprechen, über deren Tätigkeit in Judäa wir aus den Quellen gut unterrichtet sind. Auch an die späten Hasmonäer und die Herodianer könnte der Verfasser gedacht haben» (1981, S. 215, 223). Für diesen Vertreter der Großen Tradition war also die Erfahrung des römischen Imperialismus diejenige einer dämonischen Besessenheit des Volkes Gottes. Wer sich von Dämonen besessen fühlt, beweist immer, wie hier am Rande bemerkt sei, eine gewisse Schizophrenie. Denn er räumt einer Macht, die zugegebenermaßen stärker als er selbst ist, Platz im eigenen Inneren ein, aber weigert sich, diese Macht als Teil seiner selbst anzuerkennen, denn sie gilt ihm als böse. Dennoch muß er diese Macht um ihre Stärke beneiden und diese begehren, zumindest um sie zu zerstören und sich von ihr zu befreien. Wie aber wurde diese schizophrene Erfahrung von dem in der Kleinen Tradition gebildeten niederen Volk gemacht, wie erschien diese soziale Besessenheit im Spiegel des individuellen physischen Körpers, auf welche Erscheinung man ja gefaßt sein muß, wenn der Intuition der britischen Anthropologin Mary Douglas zu trauen ist?

Ich beginne mit zwei Beispielen, einem alten und einem neuen. Das Beispiel aus dem Altertum ist die von Markus berichtete Geschichte, die ich unter der Signatur 228 *Der Besessene von Gerasa* [1/2] katalogisiere. Die Überlieferung ist aus der zweiten Schicht und nur einfach bezeugt. Ich zitiere sie deshalb nicht als ein vom Wirken des historischen Jesus, sondern nur als ein vom Geist der Zeit seiner Entstehung zeugendes Dokument.

> «Sie kamen an das andere Ufer des Sees, in das Gebiet von Gerasa. Als er aus dem Boot stieg, lief ihm ein Mann entgegen, der von einem unreinen Geist besessen war. Er kam von den Grabhöhlen, in denen er lebte. Man konnte ihn nicht bändigen, nicht einmal mit Fesseln. Schon oft hatte man ihn an Händen und Füßen gefesselt, aber er hatte die Ketten gesprengt und die Fesseln zerrissen; niemand konnte ihn bezwingen. Bei Tag und Nacht schrie er unaufhörlich in den Grabhöhlen und auf den Bergen und schlug sich mit Steinen. Als er Jesus von weitem sah, lief er zu ihm hin, warf sich vor ihm nieder und schrie laut: Was habe ich mit dir zu tun, Jesus, Sohn des höchsten Gottes? Ich beschwöre dich bei Gott, quäle mich nicht! Jesus hatte nämlich zu ihm gesagt: Verlaß diesen Mann, du unreiner Geist! Jesus fragte ihn: Wie heißt du? Er antwortete: Mein Name ist Legion; denn wir sind viele. Und er flehte Jesus an, sie nicht aus dieser Gegend zu verbannen.

Nun weidete dort an einem Berghang gerade eine große Schweineherde. Da baten ihn die Dämonen: Laß uns doch in die Schweine hineinfahren! Jesus erlaubte es ihnen. Darauf verließen die unreinen Geister den Menschen und fuhren in die Schweine, und die Herde stürzte sich den Abhang hinab in den See. Es waren etwa zweitausend Tiere, und alle ertranken. Die Hirten flohen und erzählten alles in der Stadt und in den Dörfern. Darauf eilten die Leute herbei, um zu sehen, was geschehen war. Sie kamen zu Jesus und sahen bei ihm den Mann, der von der Legion Dämonen besessen gewesen war. Er saß ordentlich gekleidet da und war wieder bei Verstand. Da fürchteten sie sich. Die, die alles gesehen hatten, berichteten ihnen, was mit dem Besessenen und mit den Schweinen geschehen war. Darauf baten die Leute Jesus, ihr Gebiet zu verlassen.»
(Markus 5,1–17)

Hier also wird ein Individuum kuriert, doch ist die gesellschaftskritische Symbolik der Erzählung kaum zu übersehen oder zu ignorieren. Der Dämon ist zugleich einer und viele, sein Name ist derjenige des Inbegriffs römischer Macht und Herrschaft: Legion. Legion wird ausgetrieben in eine Schweineherde und ersäuft sich im See. In einem packenden Bild stellt also die Erzählung die Erfüllung der kühnsten Träume jedes jüdischen Revolutionärs dar! Und man wird die Frage, ob der Teufelsaustreiber ersucht wurde, aus der Gegend zu verschwinden, weil man dort einen geheilten Besessenen nicht als akzeptablen Gegenwert für eine Herde Schweine einschätzte oder weil den Leuten die politische Symbolik des Vorgangs unheimlich war, wohl nicht eindeutig beantworten können.

Eine politische Dialektik zwischen besessenem Individuum und besessener Gesellschaft, zwischen dämonisch beherrschtem Mikrokosmos und dämonisch beherrschtem Makrokosmos, wie sie die Geschichte des gerasenischen Besessenen verrät, offenbart auch mein zweites Beispiel aus neuester Zeit. Bei den Lunda-Luvale-Stämmen der Barotse auf dem damaligen Staatsgebiet der britischen Kolonie Nordrhodesien gab es, wie Barrie Reynolds berichtet, ein *mahamba* genanntes Leiden, das als Besessenheit von Ahnengeistern diagnostiziert wurde, zugleich aber gab es eine moderne Abart dieses Leidens, die *bindele* genannt wurde. Die daran Erkrankten waren von anderen Geistern besessen, und in dem Leiden an diesen anderen Geistern spiegelte sich der Konflikt zwischen der Gesellschaft des Opfers und der Gruppe, die der fremde Geist, der in den Kranken gefahren war, vertrat. «*Bindele* ist aber der Name, den die Luvale den Europäern geben. Wer an *bindele* litt, war also vom Geist eines Europäers besessen» (S. 133). Reynolds berichtet weiter, daß 1944 ein Exorzist namens

Rice Kamanga, der sich später Chana I. nannte, eine Kirche gründete, deren Hauptanliegen die Heilung von *bindele* war, «eine zeitraubende Therapie, die bis zu fünf Monate dauern kann» (S. 135). Und so darf man wohl annehmen, daß wie die Besessenen in Nordrhodesien an *bindele*, diejenigen im römischen Palästina an *Legion* litten.

Ioan Lewis hat unsere Aufmerksamkeit auf die enge Verbindung zwischen Besessenheit und Unterdrückung gelenkt, wobei an die sexuelle und familiäre Unterdrückung der Frauen durch die Männer ebenso zu denken ist wie an die Unterdrückung ganzer Rassen und Völker durch imperialistische und kolonialistische Machthaber. Was die Besessenheit von Frauen angeht, findet sie, «daß die Besessenheitskulte der Frauen stets ... kaum verhüllte Protestkundgebungen gegen das herrschende Geschlecht sind ... In ihrer primären sozialen Funktion erweist sich also periphere Besessenheit als indirekt aggressive Strategie» (S. 31, 32). Andererseits, findet Lewis, sind «Gesellschaften, bei denen sich zentrale Besessenheitskulte halten, gewöhnlich solche, die aus kleinen amorphen sozialen Einheiten bestehen, die außergewöhnlich starker physischer Beanspruchung ausgesetzt sind, oder unterworfene Gemeinschaften, die das Joch fremder Unterdrükkung ertragen müssen» (S. 35). Lewis bezeichnet Gruppenbesessenheit, wie sie unter den beschriebenen Umständen vorkommt, als «indirekte Strategien der Wiedergutmachung», spricht auch von «Protestkulten» und sogar von «ritueller Empörung» (S. 88, 127).

An allen von Ioan Lewis untersuchten Fällen aus den verschiedensten Kulturen fallen gewisse beunruhigende Zweideutigkeiten auf. Da sind zunächst die Schamanen als geheilte Heiler, weibliche oder männliche Personen, die die Oberhand über die Geister oder Gottheiten gewonnen haben, von denen sie selbst besessen sind, und nun eine Gruppe von anderen um sich scharen, deren Dämonen sie ebenso wie ihre eigenen beherrschen können. Dann gibt es Fälle, in denen die Besessenen ausdrücklich nach den Abzeichen und Symbolen der Wesen, von denen sie besessen sind, verlangen, die Frau nach männlicher Kleidung, der Sklave nach der Peitsche des Herrn. Und zuletzt ist da «das Paradoxe der Stellung des Schamanen, dem man zutraut zu verursachen, was er durch eigenes Leiden zu heilen gelernt hat» (S. 201). Bei solchen Beschuldigungen hat man es natürlich mit einer Reaktion der über Gebühr provozierten Unterdrücker zu tun. «Es scheint, daß die Gereiztheit der manipulierten Herrschenden sich vorzüglich gegen diejenigen richtet, die bei diesem Spiel mit der Besessenheit eine positive, aktive und vor allem militante Rolle annehmen und so allerdings Gefahr laufen, die Geduld der Herrschenden übermäßig zu strapazieren. Diese Anführerinnen oder Führer aufsässiger Frauen oder deprimierter Männer, die, indem sie bei ihren Gefährten das Leiden an der

Besessenheit diagnostizieren und kurieren, dem ganzen System den Fortbestand sichern, sind die gefährlichsten Agenten des Dissenses und der potentiellen Subversion. Deshalb werden sie in Schach gehalten durch Anklagen der Hexerei, die darauf berechnet zu sein scheinen, sie zu diskreditieren und ihren Status zu mindern» (S. 122).

Das Ergebnis dieses Überblicks wird bestätigt durch spezifische Einzeluntersuchungen. Bei der Erörterung des Falles einer gewissen Alice Nona im westlichen Ceylon sagt Gananath Obeyesekere: «‹Repression›, ‹Projektion›, ‹Depression›, ‹Verlust des Selbstwertgefühls› sind abstrakte Begriffe, die zur Erklärung bestimmter psychischer Prozesse dienlich sind; das dämonologische Idiom andererseits verdinglicht und vermenschlicht diese Prozesse und setzt sie zu der religiösen Weltanschauung dieser Menschen in Beziehung. Die unzugänglichen Erfahrungen des Patienten werden ans Licht gebracht und existenziell realer gemacht sowohl für den Patienten selbst wie auch für die Kultur, in der sein Leiden stattfindet. Im modernen Westen wird Geisteskrankheit oft als idiosynkratische Pathologie betrachtet; hier wird sie in öffentlich verständliches kulturelles Idiom verwandelt. Das öffentliche Idiom erleichtert die Kommunikation zwischen dem Patienten, dem Spezialisten für das Ritual, der Familie und der größeren Gemeinschaft» (S. 104). Bei ihrer Untersuchung von vier Fällen unter Angehörigen der Pfingstgemeinden auf Trinidad fanden Colleen Ward und Michael Beaubrun, «daß die prädisponierenden kulturellen Sitten, Glaubensinhalte, Überlieferungen und abergläubischen Vorstellungen unter Umständen bei emotionaler Belastung als die auslösenden Faktoren dämonischer Besessenheit auftreten» (S. 207). Insgesamt sind diese kulturübergreifenden Erklärungen der Entstehung von Besessenheitskulten unter Bedingungen der Unterdrückung oder Depression höchst überzeugend, doch setzen sie sämtlich ein kulturelles Milieu voraus, in dem Besessenheit nicht vorwiegend negativ beurteilt wird, ein Milieu, mit anderen Worten, in dem Besessenheitskulte gedeihen können. Was aber, wenn die eigene Religion eines solchermaßen unter Druck stehenden Menschen diese (Flucht-)Möglichkeiten verbietet?

So veröffentlichte im Frühjahr 1921 der damalige Dekan der philosophischen Fakultät der Universität Tübingen, Traugott Konstantin Oesterreich, eine umfangreiche Sammlung von Fällen von Besessenheit bei primitiven Völkern im Altertum, im Mittelalter und in der Neuzeit. Er begann mit der Erzählung von dem gerasenischen Besessenen und benützte diesen Fall gewissermaßen als Archetyp. In einer 1976 veröffentlichten Gesamtdarstellung des Phänomens aus kulturanthropologischer Sicht hat indessen Erika Bourguignon festgestellt, daß die von Oesterreich hervorgehobene verblüffende Ähnlichkeit zwischen den Berichten des Neuen Testaments über Fälle von Besessenheit und den aus späteren Zeiten vorliegenden, in der er die Glaubwürdigkeit der Evangelienberichte bestätigt sah, tatsächlich teilweise daher rührt, daß die späteren Fälle den früheren nachgeahmt waren. So zeigt sich «das Phänomen des gespaltenen Bewußtseins und von Zwangshandlungen, denen das Opfer hilflos ausgeliefert zu sein scheint, vorzüglich bei christlichen oder jüdischen Fällen von Besessenheit. Tatsächlich ist uns das Phänomen bei der Durchsicht der ethnographischen Literatur über Hunderte von Gesellschaften außerhalb des judäochristlichen Kulturraumes nirgends begegnet. Dort kann man eher eine vollkommene Verwandlung finden, die scheinbare Ersetzung einer Persönlichkeit durch eine andere» (S. 3, 6). Das heißt natürlich, daß die Fälle des Neuen Testaments sowohl in individueller als auch in sozialer Hinsicht besonders schwerwiegende Störungen offenbaren.

Kürzlich hat Paul Hollenbach den Fall des Besessenen von Gerasa aufs neue untersucht (1981, S. 567). Er griff dabei auf Erkenntnisse der Sozialwissenschaften zurück, daß sich Phänomene der Besessenheit und des Exorzismus weltweit und fast in allen Menschheitsepochen finden lassen. Auch der Fall des Besessenen von Gerasa bestätigt, was der zeit- und kulturübergreifende Vergleich lehrt. Bei sozialpsychologischen Erklärungen, sagt Hollenbach, «werden als verursachende Umstände der Besessenheit oft Situationen sozialer Spannung wie die folgenden namhaft gemacht: Klassengegensätze aufgrund von wirtschaftlicher Ausbeutung, Konflikte zwischen Traditionen, wenn heilig gehaltene Traditionen ausgehöhlt werden, koloniale Unterwerfung und Revolution» (S. 573). Er illustriert das mit Beispielen aus Franz Fanons zuerst 1963 veröffentlichter Analyse von Fällen von Geisteskrankheit in Algerien während des Aufstands gegen Frankreich *(Les damnés de la terre)*. Besonders bedeutsam ist Fanons Bemerkung, daß «der Eingeborene eine unterdrückte Person ist, deren ständiger Traum es ist, der Unterdrücker zu werden» (Hollenbach, S. 573). Bei derart gemischten Gefühlen, gespaltenen Persönlichkeiten und schizoiden Träumen ist es kein Wunder, «daß die koloniale Situation der Unterwerfung und Empörung bei einem außerordentlich großen Anteil der Bevölkerung Geisteskrankheit provoziert» (S. 575). Nun ist da die Tatsache, daß «Geisteskrankheit als eine sozial akzeptable Form des indirekten Protests gegen die Unterdrückung oder als Flucht vor ihr angesehen werden kann». Mit dieser «Erlösung durch Besessenheit» «bringen sich jene Menschen, die auf keine andere Weise mit den grauenhaften sozialen und politischen Bedingungen umgehen konnten, die ihr Los waren, in eine auswegslose Lage». Zugleich bedroht diese «Flucht» «weder die soziale Stellung von ... mächtigen Unterdrückern noch den Staat selbst, die Polizei, den Arbeitgeber oder den Steuereinnehmer» (S. 576). Schließlich hebt Hollenbach etwas hervor, was für das richtige Verständnis der gegen Jesus erhobenen Anschuldigungen, mit dem Teufel im Bunde zu sein, sehr bedeutsam ist: weil Besessenheit offenbar ein abweichendes Verhalten ist, müssen Menschen, die irgendwie abweichendes Verhalten zeigen, zwangsläufig besessen sein. Es gibt ein «symbiotisches Verhältnis» zwischen «Besessenheit als Protest» der Schwachen gegen die Starken und der «Unterstellung von Besessenheit» als Mittel der Starken zur Disziplinierung der Schwachen (S. 574). Daher die unlogische Logik des besessenen Exorzisten.

Bei der Erörterung der von Jesus berichteten Dämonenaustreibungen müssen also immer zwei Faktoren berücksichtigt werden. Einerseits die fast schizoide Lage eines kolonisierten Volkes. Wenn sie sich dem Kolonialismus willig unterwerfen, wirken sie an ihrer eigenen Vernichtung mit. Wenn sie die Kolonialherren hassen und verachten, räumen sie ein, daß etwas ihnen Überlegenes und mithin in gewissem Maße Bewundernswertes hassenswert und verächtlich ist. Andererseits ist zu bedenken, daß koloniale Exorzismen immer zugleich weniger und mehr sind als Revolution, nämlich individualisierte symbolische Revolution.

Der Beelzebulstreit

Aufgrund meiner methodischen Voraussetzungen kann ich nur eine der von Jesus berichteten Dämonenaustreibungen als Tat des historischen Jesus in Betracht ziehen, doch der fragliche Fall – 121 *Der Beelzebulstreit* [1/2] – ist exemplarisch genug. Bei Markus folgt auf diese Einheit die hier unter der Signatur 81 *Des Starken Haus* [1/2] katalogisierte. Doch in der Spruchquelle Q folgt zuerst 150 *Durch wessen Macht* [1/1] und erst darauf 81 *Des Starken Haus* [1/2]. Es ist strittig, ob 81 *Des Starken Haus* [1/2] tatsächlich in der Spruchquelle vorlag, oder ob Lukas und Matthäus ihre Fassungen dieser Überlieferung nur unabhängig voneinander um dieses dem Markusevangelium entnommene Stück bereichert haben. Ich neige dazu, das letztere anzunehmen (1983a, S. 189), doch andere halten, wie John Kloppenborg (1988, S. 92) und besonders Philip Sellew (S. 100) bemerken, das erstere für wahrscheinlich. Für die hier angestellte Analyse ist es unerheblich, ob die eine oder andere Meinung zutrifft.

Zwischen den Darstellungen des Streits bei Markus und in der Spruchquelle Q gibt es einen wesentlichen Unterschied. Bei Markus 3,22–26 ist die Beschuldigung Jesu nicht durch einen bestimmten, eben vorausgegangenen Exorzismus provoziert, während der Spruchquelle folgend Lukas 11,14–15. 17–18 beginnt: «Jesus trieb einen Dämonen aus, der stumm war. Als der Dämon den Stummen verlassen hatte, konnte der Mann reden.» Matthäus wollte aus diesem einen Fall zwei

Wunder ziehen; so beginnt, ebenfalls Q folgend, Matthäus 9,32–34: «... brachte man zu Jesus einen Stummen, der von einem Dämon besessen war. Er trieb den Dämon aus, und der Stumme konnte reden.» Um das nun aber nicht wörtlich zu wiederholen, sagt der Evangelist bei der zweiten Erzählung dieses Wunders, auf die dann sein Bericht vom Beelzebulstreit folgt: «Damals brachte man zu ihm einen Besessenen, der blind und stumm war. Jesus heilte ihn, so daß der Stumme wieder reden und sehen konnte.» (Matthäus 12,22–26) Auf den Beelzebulstreit bezieht sich aber schon zwischendurch bei Matthäus die 10,25b mitgeteilte Bemerkung Jesu. In der Überlieferung war jedenfalls höchstwahrscheinlich ein konkreter Anlaß des Streits gegeben, den nur Markus fortgelassen hat, weil er den Bericht darüber an einer Stelle einführt, wo eine solche Einleitung von der Parallele zwischen dem Unverstand der Familie Jesu und der feindseligen Unterstellung der Schriftgelehrten abgelenkt hätte, um die es dem Evangelisten dort zu tun war.

> «Jesus trieb einen Dämon aus, der stumm war. Als der Dämon den Stummen verlassen hatte, konnte der Mann reden. Alle Leute staunten. Einige von ihnen aber sagten: Mit Hilfe von Beelzebul, dem Anführer der Dämonen, treibt er die Dämonen aus... Doch er wußte, was sie dachten, und sagte zu ihnen: Jedes Reich, das in sich gespalten ist, wird veröden, und ein Haus ums andere stürzt ein. Wenn also der Satan mit sich selbst im Streit liegt, wie kann sein Reich dann Bestand haben?»
> (Spruchquelle Q: Lukas 11,14–15.17–18a = Matthäus 9,32–34; 12,22–26)

Das erste für die Interpretation wichtige Element ist, daß in beiden Zeugnissen die Anklage auffällig ähnlich formuliert ist, und daß zuerst Beelzebul genannt wird, zuletzt Satan. In der ersten Bezeichnung hat sich, wie Joseph Fitzmyer bemerkt, «der Name eines alten kanaanitischen Gottes erhalten, der ‹Baal, der Fürst› oder ‹Baal der hohen Wohnung› bedeutet» (1981–1985, S. 920). Aber aus diesem Namen spricht gewiß die Stimme der Kleinen Tradition, bei diesem Namen kannte man den Teufel auf dem Lande. Zum besseren Verständnis außerhalb der Region, in welcher der Streit stattfand, mußte dann dem Oberteufel der Name Satan gegeben werden.

Ein zweites wichtiges Element ist die Verbindung, die Jesus herstellt zwischen Reich, Haus und Satan. Obwohl die ersten beiden Ausdrücke nur gewählt sein könnten, um daran zu demonstrieren, wie Zwietracht in den Untergang führt, können sie auch auf die politisch-sozialen Dimensionen des Exorzismus hinweisen. Satan herrscht jetzt, wie Douglas Oakman die Stelle gedeutet hat, durch Reiche und Häuser, vielleicht zum Beispiel durch das Haus des Herodes und das Römische Reich. Die Assoziation ist schwach, indirekt und implizit, aber wahrscheinlich weder unabsichtlich noch harmlos.

Eine letzte Erwägung. Man fragt sich, weshalb die Gegner Jesu eine so vernichtende Antwort geradezu herausgefordert haben? Wie konnte man es auch nur für möglich halten, daß einer mit dem Teufel, von dem er selbst besessen ist, anderen den Teufel austreibt? Eine mögliche Antwort liefert die Beobachtung von Ioan Lewis, daß die Herrschenden oft in einiger Verzweiflung die schamanistischen Heiler beschuldigten, selbst Hexerei zu praktizieren, das heißt zu verursachen, was sie heilten. Eine andere Antwort liegt vielleicht in George Peter Murdocks «Theorien der Krankheit», einer umfassenden Bestandsaufnahme der Vorstellungen vom Wesen der Krankheit bei einer statistisch aussagefähigen Stichprobe der Kulturen der Welt und Interpretation derselben. Murdock unterscheidet zwischen *Krankheit*, «unter welchen Begriff hier vor allem die durch Viren oder Bakterien übertragbaren Krankheiten fallen», und *Leiden* «als Begriff für jede ernstere Beeinträchtigung der Gesundheit, sei diese nun verursacht durch eine ansteckende Krankheit, psychosomatische Störung, Organversagen, Gewalteinwirkung oder vorgeblichen Zufall oder übernatürlichen Eingriff» (S. 6). Er räumt ein, «daß in den Glaubenssystemen der Völker den Leiden in sehr überwiegendem Maße übernatürliche Ursachen zugeschrieben werden» (S. 26). Aber diese Tatsache scheint ihn nicht weiter zu beunruhigen, denn offenbar hält er es für ausreichend, darauf hinzuweisen, daß «Magie illusorische Technik» ist, «Wissenschaft dagegen die bewundernswerteste Komponente dessen, was den Menschen geistig umgibt» (S. 53). Jedenfalls merkt er an, daß unter übernatürlichen Krankheitsursachen der «Geisterangriff ..., das direkte feindliche, willkürliche oder strafende Wirksamwerden eines böswilligen oder beleidigten übernatürlichen Wesens» (S. 20) «fast weltweit eine der ersten Stellen einnimmt ..., am auffälligsten im Mittelmeerraum» (S. 73–74). Doch gibt es neben dieser eine andere Erklärung übernatürlich verursachter Leiden durch *Hexerei*, die «im ganzen Mittelmeerraum so gut wie überall im Schwange ist, außerhalb desselben aber erstaunlich selten vorkommt» (S. 21), so daß man aus guten Gründen «den Mittelmeerraum als einen Kulturkreis bezeichnen könnte, zu dessen eigentümlichsten und tiefstbegründeten Wesenszügen der Glaube an die Verursachung des Leidens durch Hexerei gehört» (S. 58). Es sind diese beiden Erklärungen, von denen die erste fast universale Gültigkeit hat, die zweite jedenfalls für den Kulturkreis, welcher Schauplatz des Beelzebulstreits war, die dabei zueinander in Widerspruch gerieten. Der leidende Mann ist besessen und deshalb Opfer eines Geisterangriffs. Jesus heilt ihn. Wie also kann man Jesus verleumden? Er ist ein Hexer, selbst von einem bösen Geist besessen (Malina und Neyrey). Unglücklicherweise kann aber beides nicht gleichzeitig bei einem und demselben Ereignis der Fall sein.

Ereignis und Prozeß beim Wunder

«Zur Wunderüberlieferung der Evangelien gehören», wie David Aunes gründlich dokumentierte Zusammenfassung lehrt, «Berichte von sechs Dämonenaustreibungen, siebzehn Heilungen und acht wunderbaren Eingriffen in die Natur, die sogenannten Naturwunder. An zweiter Stelle stehen die allgemeinen Beschreibungen von Jesu Wundertätigkeit, Erwähnungen der von seinen Jüngern vollbrachten Wunder, Erwähnungen bestimmter Wunder, auf die nur angespielt wird, ohne daß sie beschrieben werden, und verschiedene Leistungen Jesu, die von übernatürlichen Kräften zu zeugen scheinen. Schließlich haben wir, was sich wie Reste von Anschuldigungen ausnimmt, mit denen der historische Jesus der Hexerei bezichtigt wurde.» (S. 1523–1524; siehe auch Theissen, 1983; Kee, 1983)

Mein eigenes Inventar der Wunder Jesu verzeichnet zweiunddreißig Fälle, von denen neun mehrfach bezeugt sind (Anhang 6). Nur diese neun, von denen wir einen, 121 *Der Beelzebulstreit* [1/2], bereits untersucht haben, will ich hier in Betracht ziehen. Drei andere werden gewöhnlich als Naturwunder, nicht als Heilungswunder eingestuft, nämlich 3 *Brot und Fisch* [1/6], 128 *Auf Wasser gehen* [1/2] und 190 *Menschenfischer* [2/3]. David Aune ist der Meinung, daß die meisten sogenannten Naturwunder «freie Erfindungen der frühen Kirche» waren (S. 1538). Ich stimme ihm zu, aber die Charakterisierung bedarf einer Erklärung. Diese schiebe ich auf bis zum letzten Kapitel, wo die Frage des Naturwunders und der apostolischen Autorität ausführlicher behandelt werden kann. So kommen hier fürs erste also nur fünf Wunder in Betracht.

Bei diesen interessiert mich das an den Berichten abzulesende Verhältnis zwischen dem Ereignis und dem Prozeß des Wunders. Unter *Ereignis* verstehe ich die tatsächliche und historische Heilung eines leidenden Individuums in einem bestimmten Augenblick. Als *Prozeß* bezeichne ich das umfassendere sozioreligiöse Phänomen, das durch ein solches individuelles Ereignis symbolisiert wird. Dabei fällt auf, daß ebenso wie der Prozeß an ein solches Ereignis anknüpfen kann, umgekehrt auch der Prozeß ein Ereignis provoziert.

Das ist schließlich weiter nicht überraschend. Die grundlegende symbolische Interaktion, die in der von Mary Douglas postulierten Parallelität des Körpers und der Gesellschaft angenommen wird, bringt mit sich, daß, wie in einem den Körper betreffenden Wunder immer sozialer Symbolismus gegenwärtig ist, auch das individuelle Wunder immer soziale Bedeutung hat. Es ist leicht und sogar unvermeidlich, in beide Richtungen zu gehen, vom Körper zur Gesellschaft und vom Ereignis zum Prozeß, sowie umgekehrt, vom Prozeß und der Gesellschaft zum Ereignis und zum Körper. Und es besteht durchaus die Möglichkeit, dabei nicht zu wissen, in welche Richtung man sich bewegt. Denn es gibt kein einfaches Wunder – und keine private Magie.

Vom Ereignis zum Prozeß

Unter diesem Aspekt betrachte ich drei der neun mehrfach bezeugten Wunder, nämlich die der Überlieferungskomplexe 110 *Heilung eines Aussätzigen* [1/2], 127 *Krankheit und Sünde* [1/2] und 129 *Heilung eines Blinden* [1/2].

Heilung eines Aussätzigen

Die Erzählung, die Gegenstand des Komplexes 110 *Heilung eines Aussätzigen* [1/2] ist, ist vielleicht nur einmal bezeugt und sollte deshalb hier gar nicht berücksichtigt werden. Ich habe früher die Vermutung geäußert, daß Markus «sehr wohl abhängig» vom Text des Egertonevangeliums sein könnte (1985, S. 75), und Frans Neirynck hat dagegen eingewandt, daß der Text des Papyrus Egerton 2 jedenfalls nachsynoptisch sei und eine Bekanntschaft des Verfassers mit den drei synoptischen Evangelien verrate, von denen er jedenfalls das des Lukas fast mit Sicherheit gekannt habe (1985, S. 159; siehe auch 1989, S. 161–167). In jedem Fall wäre so die Annahme zweier unabhängiger Zeugnisse für den Komplex 110 *Heilung eines Aussätzigen* [1/2] hinfällig. Ob aber Markus das Egertonevangelium kannte oder nicht, wird sich vermutlich nie entscheiden lassen, weshalb ich meine früher geäußerte diesbezügliche Meinung zurückziehe. Ich bin aber noch immer fest davon überzeugt, daß der Verfasser des Texts, von dem uns der Papyrus Egerton 2 ein Fragment bewahrt, die kanonischen Evangelien nicht kannte. Und so meine ich jetzt, daß Markus (und Johannes) nicht den Text des Papyrus Egerton 2, sondern nur die Überlieferungen kannten, die er enthält. So lasse ich denn provisorisch gelten, daß die Heilung des Aussätzigen von zwei unabhängigen Zeugen überliefert sei, im Egertonevangelium und bei Markus.

> «Und siehe, ein Aussätziger nahte sich (ihm) und sagte: Meister Jesus, mit Aussätzigen wandernd und essend mit (ihnen) in der Herberge; aus(sätzig wurde) auch ich. Wenn (du) nun (willst), werde ich rein. Sofort (sagte) der Herr (zu ihm): Ich will's, sei rein.

(Und alsbald) wich der Aussatz von ihm. Es sprach aber zu ihm Jesus: Gehe hin und zeige dich (den Priestern) und bringe (für die) Reinigung dar, wie (Moses angeordnet) hat, und sündige nicht mehr...»
(Egertonevangelium pr35–47; Papyrus Egerton 2 und Papyrus Köln 225; Bell und Skeat, 1935a, S. 10–11; 1935b, S. 30, Gronewald, S. 140; Cameron, 1981, S. 74; Neirynck, 1989, S. 163–164; Daniels, S. 25; deutsch nach NTApo[6], Bd. 1, S. 84–85)

«Ein Aussätziger kam zu Jesus und bat ihn um Hilfe; er fiel vor ihm auf die Knie und sagte: Wenn du willst, kannst du machen, daß ich rein werde. Jesus hatte Mitleid mit ihm; er streckte die Hand aus, berührte ihn und sagte: Ich will es – werde rein! Im gleichen Augenblick verschwand der Aussatz, und der Mann war rein. Jesus schickte ihn weg und schärfte ihm ein: Nimm dich in acht! Erzähl niemand etwas davon, sondern geh, zeig dich dem Priester und bring das Reinigungsopfer dar, das Mose angeordnet hat. Das soll für sie ein Beweis (meiner Gesetzestreue) sein. Der Mann aber ging weg und erzählte bei jeder Gelegenheit, was geschehen war; er verbreitete die ganze Geschichte, so daß sich Jesus in keiner Stadt mehr zeigen konnte; er hielt sich nur noch außerhalb der Städte an einsamen Orten auf. Dennoch kamen die Leute von überallher zu ihm.»
(Markus 1,40–45 = Matthäus 8,1–4 = Lukas 5,12–16)

Beide Texte stimmen in zwei Eigentümlichkeiten überein. Beide überliefern die ungewöhnliche Formulierung der Bitte und der Gewährung des Erbetenen: «Wenn du willst», «Ich will es». Was fügen diese Erklärungen der einfachen Bitte und deren tätiger Gewährung hinzu? Mir scheint durch sie die bemerkenswerte Zweideutigkeit der angesprochenen Vorstellung von der Reinigung hervorgehoben zu werden, die zugleich als Heilung ein «Rein-Machen» ist und als Wiederherstellung der sozialen Existenz des Geheilten ein «Rein-Sprechen». Der Aussätzige, der von Jesus Reinigung in diesem doppelten Sinn erhofft, setzt dessen Kraft und Autorität so hoch wie die des Tempels, wenn nicht höher. Er traut ihm zu, ihn nach Belieben nicht allein rein zu machen, sondern auch reinzusprechen. Doch andererseits wird ebenso übereinstimmend wie das diesbezügliche Zwiegespräch zwischen dem Aussätzigen und Jesus von dem Verfasser des Egertonevangeliums und von Markus berichtet, daß Jesus dem Gereinigten zuletzt gebot, sich dem Priester zu zeigen und für seine Reinigung zu opfern, was Mose geboten hat. Die den Aussätzigen betreffenden gesetzlichen Vorschriften beginnen mit der Erklärung: «Wenn sich auf der Haut eines Menschen eine Schwellung, ein Ausschlag oder ein heller Fleck bildet, liegt

Verdacht auf Hautaussatz vor. Man soll ihn zum Priester Aaron oder zu einem seiner Söhne, den Priestern, führen. Der Priester ...» (Levitikus 13,2). Später ist stets nur von «dem Priester» in der Einzahl die Rede, aber der einleitende Verweis auf einen der Söhne Aarons, die Priester waren, rechtfertigt auch den Plural des Egertonevangeliums. Demnach gehorcht hier Jesus genauestens, wie den Juden Deuteronomium 24,8–9 eingeschärft wird, den bei Aussatz zu beobachtenden levitischen Reinheitsvorschriften. Beide Aussagen, daß Jesus nicht nur rein machen, sondern ebensogut wie ein Priester «rein urteilen» konnte, sowie daß er genaue Beobachtung des den Aussatz betreffenden levitischen Gesetzes gebot, müssen in der Quelle zu finden gewesen sein, aus der Markus und der Verfasser des Egertonevangeliums schöpften. Gleichwohl scheinen sie in klarem Widerspruch zueinander zu stehen. Denn demnach wäre ja Jesus zugleich über die levitischen Reinheitsgebote erhaben und ein gewissenhafter Befolger derselben. Wie ist dieser Widerspruch aufzulösen?

Meines Erachtens ist es zu dem Widerspruch in der Quelle des Markus- und des Egertonevangeliums auf etwa die folgende Weise gekommen. In der ältesten Fassung des Berichts von der Heilung des Aussätzigen wird man von Jesus nur als von dem gehört haben, der wie die Priester des Tempels reinigen und rein urteilen konnte. Dann wurde diese Geschichte, die an diejenige der Heilungen Mirjams durch Mose (Numeri 12,1–15) und des syrischen Feldhauptmanns Naaman durch Elischa (2.Könige 5,9–14) erinnert, in zwei entgegengesetzte Richtungen ausgelegt.

Die Fassung der gemeinsamen Quelle hatte die Aufhebung der mosaischen Reinigungsvorschriften durch die Tat Jesu, auf welche die erste Erzählung dieser Heilung hinauslief, bereits zurückgenommen durch die angehängte Ermahnung des Geheilten, die gesetzlichen Vorschriften zu erfüllen. Die beiden uns vorliegenden Texte gestatten uns, den damit in die Erzählung eingeführten Widerspruch deutlicher zu erkennen, als er vermutlich in deren gemeinsamer Quelle ausgesprochen war. Denn der Verfasser des Egertonevangeliums ist bestrebt, Jesus als den gesetzestreuen Lehrer erscheinen zu lassen, der zuletzt den Geheilten ermahnt, den Vorschriften Genüge zu tun. Dem einleitenden Bekenntnis des Aussätzigen in der Erzählung dieses Autors entnimmt man nämlich, daß der Mann «mit Aussätzigen wandernd und essend» erkrankt war, weil er, unwissend oder ungehorsam, die gesetzlichen Vorschriften mißachtet hatte. Und Jesu Ermahnung, «sündige nicht mehr ...», die er auch bei Johannes 5,14 und 8,11 ausspricht, läßt erkennen, daß er solches «Sündigen» gegen das Gesetz mißbilligt. Markus andererseits sucht gegen die vorsichtige Einschränkung des Autoritätsanspruches Jesu schon in seiner Quelle die ursprüngliche Aussage der Erzählung zur Geltung zu bringen. Bei ihm hat der Aussätzige gläubiges Vertrauen in die Kräfte und die Autorität Jesu. Jesus heilt ihn durch seine Berührung und befiehlt ihm zwar, sich dem Priester zu zeigen und zu opfern, was Mose geboten hat, doch soll der Geheilte dies tun als «Beweis ... für sie». Ein solcher «Beweis» kann als Herausforderung der priesterlichen Autorität aufgefaßt werden, so daß der Geheilte den Priestern zeigen soll, wer Jesus ist und was er vermag. Für Markus war Jesus demnach eben gerade nicht, als was der Verfasser des Egertonevangeliums ihn darstellt: er war kein gesetzestreuer Jude.

Drei Anmerkungen zu dieser Analyse. Daß Jesus den Aussätzigen «berührte», könnte von Markus dem ihm vorliegenden Bericht hinzugefügt worden sein. Es könnte jedoch ebensowohl in seiner Quelle erwähnt und somit der Grund für die abschließende Ermahnung zur Einhaltung der Gesetze gewesen sein, die in dem Fall den Zweck gehabt hätte, Jesus vor dem «Mißverständnis» zu bewahren, die gesetzliche Reinheit geringzuschätzen. Das Egertonevangelium hätte dann die Erwähnung der Berührung übergangen, während Markus sie übernommen hätte. David Aune hat festgestellt: «Obwohl Jesu exorzistische und therapeutische Technik keiner strengen oder unabänderlichen Regel folgt, kann doch im allgemeinen davon ausgesagt werden, erstens, daß Jesus niemals von Dämonen besessene Individuen berührte, während er die Kranken und Gebrechlichen gewöhnlich eben durch die Berührung heilte, und zweitens, daß Jesu gebieterisches Wort vielleicht das bezeichnendste Mittel war, das er sowohl bei Dämonenaustreibungen als auch bei Heilungen anwandte» (S. 1529). Doch «in der hellenistischen Tradition wird die Berührung als heilender Ritus zwar in Legenden und Geschichten von den Göttern angewandt, aber nur höchst selten von menschlichen Wundertätern» (S. 1533). Wenn also die Berührung die vorzugsweise von Jesus angewandte magische Technik war, was war zu erwarten, wenn ihn ein Aussätziger um Heilung bat? Er würde ihn berühren, ohne sich um die solche Berührung verbietenden Reinheitsvorschriften zu kümmern. Die Möglichkeit, daß Markus die Berührung nicht frei erfunden, sondern schon in seiner Quelle erwähnt gefunden hat, ist also nicht auszuschließen. Sodann könnte diese «Berührung» die Textvariante «Und er ward zornig» (Schniewind) für «Jesus hatte Mitleid» bei Markus 1,41a erforderlich gemacht und auch den Zusatz 1,43 «Und Jesus bedrohte ihn und trieb ihn alsbald von sich» (Übersetzung Martin Luthers) provoziert haben. Es gibt zwar keinen direkten Beweis, daß dieser Satz (den Schniewind übersetzt: «Und er fuhr ihn an und trieb ihn sogleich weg») dem Text des Evangelisten von einem späteren Redakteur hinzugefügt wäre, aber einerseits fehlt er in den Parallelstellen Matthäus 8,3 und Lukas 5,13, und andererseits hat bisher niemand erklären können, zu welchem Zweck Markus selbst diesen Satz hätte geschrieben haben sollen.

Krankheit und Sünde

Man kann die bei Markus 2,1–12 und bei Johannes 5,1–7.14 berichteten Heilungen sehr wohl als verschiedene Ereignisse auffassen (Brown, 1966–1970, Bd. 1, S. 209). Trotz der offenkundigen Unterschiede des Orts und der Einzelheiten der Handlung bin ich aber der Meinung, daß aus den beiden Berichten, die ich unter der Bezeichnung 127 *Krankheit und Sünde* [1/2] katalogisiere, die Überlieferung von einem und demselben Ereignis spricht. Die Ähnlichkeiten beider Erzählungen, die mich davon überzeugen, sind: Das Leiden ist bei beiden das gleiche; der Leidende muß sich tragen lassen; Jesus gebietet ihm, aufzustehen, sein Bett zu nehmen und fortzugehen; zuletzt und vor allem aber ist bemerkenswert, daß in beiden Erzählungen Krankheit und Sünde in Beziehung gesetzt werden. Das geschieht programmatisch bei Markus 2,5–9 und einigermaßen zusammenhanglos bei Johannes 5,14, doch daß dieser es überhaupt geschehen läßt, obwohl Jesus bei ihm (9,1–3) die Beziehung der Krankheit zur Sünde ausdrücklich leugnet, kann fast als Beweis dafür gelten, daß diese seiner eigenen Theologie widersprechende Aussage die Autorität der ältesten Überlieferung für sich hat. In dieser Verbindung von Krankheit und Sünde liegt, zumal in Anbetracht der Verhältnisse in Palästina zur Zeit Jesu, eine schreckliche Ironie. Die exzessive Besteuerung verurteilte arme Leute zu ständigem Hunger, der nicht nur Unterernährung, sondern auch die daraus folgenden körperlichen und seelischen Leiden mit sich brachte. Da jedoch die religiös-politische Obrigkeit die unerträglichen Steuerlasten für den beklagenswerten Zustand der Volksgesundheit nicht verantwortlich machen konnte, machte sie die Kranken für ihre Leiden selbst verantwortlich, indem sie ihnen vorhielt, sie hätten sich diese durch ihre Sünden zugezogen. Heilung dieser durch Sünden verursachten Leiden war aber bestenfalls im Tempel zu erwarten. Und damit wurden weitere Gebühren fällig und die Staatseinnahmen vermehrt. Die armen Leute waren also der Obrigkeit nur desto hilfloser ausgeliefert, je schlechter es ihnen ging. Als dann Johannes der Täufer mit einem magischen Ritus und Jesus mit der magischen Berührung die Menschen von ihren Krankheiten heilten, erklärten sie damit (zumindest implizit und stillschweigend) deren Sünden für vergeben oder für nicht existent. Sie stellten mit ihrer Handlungsweise nicht das medizinische Monopol der Ärzte in Frage, sondern das religiöse Monopol der Priester. All das war religiös-politisch subversiv.

In der Erzählung des Markus hat der Kranke Freunde, die ihn tragen, und mit heroischer Anstrengung bringen diese ihn zu Jesus.

«Als Jesus ihren Glauben sah, sagte er zu dem Gelähmten: Mein Sohn, deine Sünden sind dir vergeben! Einige Schriftgelehrte aber, die dort saßen, dachten im stillen: Wie kann dieser Mensch so reden? Er lästert Gott. Wer kann Sünden vergeben außer dem einen Gott? Jesus erkannte sofort, was sie dachten, und sagte zu ihnen: Was für Gedanken habt ihr im Herzen? Ist es leichter, zu dem Gelähmten zu sagen: Deine Sünden sind dir vergeben!, oder zu sagen: Steh auf, nimm deine Tragbahre, und geh umher?»
(Markus 2,5–9 = Matthäus 9,2b–5 = Lukas 5,20–23)

Damit ist die Herausforderung in aller Deutlichkeit ausgesprochen. Die Obrigkeit wird bei ihrer eigenen Theologie gepackt. Wenn Krankheit eine göttliche Strafe für Sünden ist, hat derjenige, der die Krankheit heilt, die Sünden vergeben und göttliche Macht bewiesen.

Die Erzählung des Johannes unterscheidet sich von der des Markus in vielen Einzelheiten. Seinem Bericht zufolge kann der Leidende niemanden finden, der ihn trägt. Und dann ist da der unerklärte Satz 5,14: «Später traf ihn Jesus im Tempel und sagte zu ihm: Jetzt bist du gesund; sündige nicht mehr, damit dir nicht noch Schlimmeres zustößt.» Johannes hält sich bei dem Gegenstand der Sünde und der Vergebung derselben nicht auf. Vielmehr berichtet er (5,9b–18), daß Jesus den Gichtbrüchigen aufstehen und sein Bett tragen ließ an einem Sabbat und deshalb von den Juden verfolgt wurde, die ihm endlich vorwarfen, daß er sich «Gott gleichstellte». Der Vorwurf der Verletzung des Sabbat ist in diesem Zusammenhang bei Johannes vollkommen neu und weder bei Markus 2,1–12 noch bei Johannes 5,1–9a, 14 zu finden. Der Vorwurf andererseits, daß Jesus sich «Gott gleichstellte», ist freilich wohl auch in der von Markus 2,7 berichteten Anklage wegen Gotteslästerung enthalten.

Ich meine also, daß die Überlieferung, schon ehe sie Markus und Johannes erreichte, vom Ereignis zum Prozeß fortgeschritten war, von der Heilung der Krankheit zur Vergebung der Sünden, zu Fragen über das Wesen göttlicher Macht. Doch der gelähmte Gichtbrüchige war am Anfang.

Heilung des Blinden

Auch die beiden von mir als Überlieferungseinheit 129 *Heilung des Blinden* [1/2] katalogisierten Berichte bei Markus 8,22–26 und bei Johannes 9,1–1 (Brown, 1966–1970, S. 379) könnten von verschiedenen Ereignissen reden. Auch sie fasse ich aber, wenngleich zögernder, als unabhängige Fassungen einer und derselben Überlieferung auf, hauptsächlich weil bei beiden Blindheit und Speichel vorkommen.

Der Bericht des Markus ist weder von Lukas noch von Matthäus übernommen worden. Sie haben auch die Überlieferungseinheit 238 *Heilung des Taubstummen* [2/1] nicht berücksichtigt. Da die beiden bei Markus 7,33 und 8,23 berichteten Wunder von Jesus mit seinem Speichel gewirkt werden, kann man vermuten, daß ihnen dies Verfahren nicht geheuer war. Morton Smith, der darauf hinweist, daß «die Wundergeschichten der Evangelien viele Einzelheiten magischer Prozeduren erkennen lassen», nennt als Beispiel die Verwendung des Speichels bei der Heilung des Blinden und des Taubstummen (1973b, S. 223), und David Aune sagt, diese Technik sei jüdischen und griechisch-römischen Praktikern der Magie wohlbekannt gewesen (S. 1537).

> «Sie kamen nach Betsaida. Da brachte man einen Blinden zu Jesus und bat ihn, er möge ihn berühren. Er nahm den Blinden bei der Hand, führte ihn vor das Dorf hinaus, bestrich seine Augen mit Speichel, legte ihm die Hände auf und fragte ihn: Siehst du etwas? Der Mann blickte auf und sagte: Ich sehe Menschen; denn ich sehe etwas, das wie Bäume aussieht und umhergeht. Da legte er ihm nochmals die Hände auf die Augen; nun sah der Mann deutlich. Er war geheilt und konnte alles ganz genau sehen. Jesus schickte ihn nach Hause und sagte: Geh aber nicht in das Dorf hinein!»
> (Markus 8,22–26)

Die magischen Züge dieser Operation werden hervorgehoben durch die Einsamkeit außerhalb des Dorfes, in der Jesus dieselbe vornimmt. Die abschließende Warnung vor der Rückkehr in das Dorf könnte der Überlieferung von Markus hinzugefügt worden sein, als Gebot, die Heilung geheimzuhalten, um Jesu Wunder vor Mißverständnis zu bewahren. Doch daß die Heilung in der Abgeschiedenheit stattfindet, wie Markus, zweifellos der überlieferten Erzählung folgend, berichtet, ist schon an sich ein beredtes Zeugnis der gefährlichen Außerordentlichkeit magischen Heilens.

Johannes hatte einige Mühe, sich dieses Wunders zu bedienen. Es ist fast zu physisch. Deshalb traut er sich in diesem Falle nicht, erst die überlieferte Geschichte zu erzählen und dieser dann eine symbolisch-geistliche Auslegung folgen zu lassen, die dem Ereignis den Charakter eines Zeichens gibt. Vielmehr unterbricht er sich wiederholt schon bei der Erzählung des Ereignisses, wie um sich zu vergewissern, daß wir nicht die Spucke wichtiger nehmen als den Geist.

> «Unterwegs sah Jesus einen Mann, der seit seiner Geburt blind war. Da fragten ihn seine Jünger: Rabbi, wer hat gesündigt? Er selbst? Oder haben seine Eltern gesündigt, so daß er blind geboren wurde? Jesus antwortete: Weder er noch seine Eltern haben gesündigt, son-

dern das Wirken Gottes soll an ihm offenbar werden. Wir müssen, solange es Tag ist, die Werke dessen vollbringen, der mich gesandt hat; es kommt die Nacht, in der niemand mehr etwas tun kann. Solange ich in der Welt bin, bin ich das Licht der Welt. Als er dies gesagt hatte, spuckte er auf die Erde; dann machte er mit dem Speichel einen Teig, strich ihn dem Blinden auf die Augen und sagte zu ihm: Geh und wasch dich in dem Teich Schiloach! Schiloach heißt übersetzt: Der Gesandte. Der Mann ging fort und wusch sich. Und als er zurückkam, konnte er sehen.»
(Johannes 9,1–7)

In den Reden Jesu und der Jünger ist die verborgene Bedeutung des Wunders schon zusammengefaßt, ehe noch von diesen berichtet werden kann. Schon ehe er auf den Boden spuckt, ist Jesus der Gesandte. Und nachdem der Speichel angewandt wurde, vollendet Schiloach (das heißt Gesandter) die Heilung. Abermals und äußerst glanzvoll erweist sich ein physisches Ereignis für einen Menschen als geistlicher Prozeß für die Welt. Dennoch war am Anfang der Speichel.

Vom Prozeß zum Ereignis

Unter diesem Aspekt betrachte ich von den neun mehrfach bezeugten Wundern die beiden in den Komplexen 118 *Heilung eines fernen Knaben* [1/2] und 130 *Erweckung des Toten* [1/2] überlieferten. Beide Fälle könnten auch in der Bewegung vom Ereignis zum Prozeß aufgefaßt werden. Aus meiner Sicht aber verraten sie ihr Wesentliches in der Bewegung vom Prozeß zum Ereignis.

Heilung des fernen Knaben

Die Erzählung von dem aus der Ferne geheilten Knaben findet sich bei Johannes 4,46b–53 und, der Spruchquelle Q entnommen, bei Lukas 7, 1–2.6–10 sowie bei Matthäus 8,5–10.13. Die Verse 3–5 bei Lukas 7 sind vermutlich eigene Erfindung des Apostels, und die Worte Jesu, die Matthäus 8,11–12 referiert, sind mutmaßlich aus einem anderen Zusammenhang genommen (Kloppenborg, 1988, S. 50). Man erinnere sich übrigens des von Hanina ben Dosa gewirkten ähnlichen Wunders, auf das wir oben, im 8. Kapitel, schon zu sprechen kamen.

«In Kafarnaum lebte ein königlicher Beamter; dessen Sohn war krank. Als er hörte, daß Jesus von Judäa nach Galiläa gekommen war, suchte er ihn auf und bat ihn, herabzukommen und seinen Sohn zu heilen; denn er lag im Sterben. Da sagte Jesus zu ihm: Wenn ihr nicht Zeichen und Wunder seht, glaubt ihr nicht. Der Beamte bat ihn: Herr, komm herab, ehe mein Kind stirbt. Jesus

erwiderte ihm: Geh, dein Sohn lebt! Der Mann glaubte dem Wort, das Jesus zu ihm gesagt hatte, und machte sich auf den Weg. Noch während er unterwegs war, kamen ihm seine Diener entgegen und sagten: Dein Junge lebt. Da fragte er sie genau nach der Stunde, in der die Besserung eingetreten war. Sie antworteten: Gestern in der siebten Stunde ist das Fieber von ihm gewichen. Da erkannte der Vater, daß es genau zu der Stunde war, als Jesus zu ihm gesagt hatte: Dein Sohn lebt. Und er wurde gläubig mit seinem ganzen Haus.»
(Johannes 4,47–53)

«Als er nach Kafarnaum kam, trat ein Hauptmann an ihn heran und bat ihn: Herr, mein Diener liegt gelähmt zu Hause und hat große Schmerzen. Jesus sagte zu ihm: Ich will kommen und ihn gesund machen. Da antwortete der Hauptmann: Herr, ich bin es nicht wert, daß du mein Haus betrittst; sprich nur ein Wort, dann wird mein Diener gesund. Auch ich muß Befehlen gehorchen, und ich habe selber Soldaten unter mir; sage ich nun zu einem: Geh!, so geht er, und zu einem andern: Komm!, so kommt er, und zu meinem Diener: Tu das!, so tut er es. Jesus war erstaunt, als er das hörte, und sagte zu denen, die ihm nachfolgten: Amen, das sage ich euch: Einen solchen Glauben habe ich in Israel noch bei niemand gefunden... Und zum Hauptmann sagte Jesus: Geh! Es soll geschehen, wie du geglaubt hast. Und in derselben Stunde wurde der Diener gesund.»
(Spruchquelle Q: Matthäus 8, 5–10.13 = Lukas 7, 1–2.6b–10)

Beide Erzählungen sind offensichtlich der gleichen Quelle entnommen, denn das griechische Wort *pais* bedeutet sowohl «Kind» als auch «Sklave, Knecht, Bursche, Diener». Johannes hat es in der ersten Bedeutung genommen, in der Spruchquelle Q findet man es in der zweiten.

Die beiden Erzählungen führen überhaupt in unterschiedliche Richtungen, lassen aus dem einen Ereignis verschiedene Prozesse entstehen. Bei Johannes ist der Vater des kranken Knaben, der «königliche Beamte», nicht als Heide bezeichnet und also mutmaßlich ein jüdischer Beamter des Herodes Antipas. Er redet unmittelbar mit Jesus. Doch wie bei Johannes 2,23–25 die Juden in Jerusalem und 4,44–45 die Juden in Galiläa wird 4,48 auch dieser Beamte gescholten, nur glauben zu wollen, wo «Zeichen und Wunder» seien. In der Darstellung des Johannes steht dieser Mann als Verkörperung des falschen Glaubens, eines Glaubens, der Wunder nur als solche nimmt und sie nicht als Zeichen zu lesen weiß. Das genaue Gegenteil symbolisiert die Haltung des heidnischen Offiziers in der Erzählung der Spruchquelle. Nachdem dieser Mann bekannt hat, «Herr, ich bin es nicht wert...», lobt Jesus solchen Glauben, wie er ihn in Israel nirgends gefunden habe. Hier wird ersichtlich, wie das Evangelium auch den Heiden zugedacht ist, während zugleich die Ungläubigkeit Israels getadelt wird (Kloppenborg, 1987, S. 117–121).

Von diesem Wunder wird also einerseits erzählt, um ungenügenden Glauben bloßzustellen, andererseits, um vorbildlichen Glauben belohnt zu sehen. Doch gibt es neben diesem Prozeß zwischen falschem und rechtem Glauben noch einen zweiten zwischen Juden und Heiden. Johannes, der die Juden wegen ihres mangelnden Verständnisses der Zeichenhaftigkeit der Wunder tadelt, sagt nicht, daß der Beamte Heide ist, und gestattet uns, ihn als typischen galiläischen Juden zu nehmen. Im Verständnis der Spruchquelle Q ist er Heide, und seine Anerkennung Jesu läßt dessen Ablehnung seitens der Juden deshalb nur um so schlimmer erscheinen. Doch Lukas setzt diesen Prozeß noch weiter fort.

Sowohl bei Johannes als auch bei Matthäus hat der Bittsteller Gelegenheit, mit Jesus selbst zu sprechen, und hört mit eigenen Ohren dessen Antwort. Aber bei Lukas 7,3–6a wird von zwei verschiedenen Gesandtschaften berichtet, die der Bittsteller zu Jesus schickt, so daß dieser Darstellung zufolge der Bittsteller und Jesus nie von Angesicht zu Angesicht miteinander gesprochen hätten.

> «Als der Hauptmann von Jesus hörte, schickte er einige von den jüdischen Ältesten zu ihm mit der Bitte, zu kommen und seinen Diener zu retten. Sie gingen zu Jesus und baten ihn inständig. Sie sagten: Er verdient es, daß du seine Bitte erfüllst; denn er liebt unser Volk und hat uns die Synagoge gebaut. Da ging Jesus mit ihnen. Als er nicht mehr weit von dem Haus entfernt war, schickte der Hauptmann Freunde und ließ ihm sagen: Herr, bemüh dich nicht! Denn ich bin es nicht wert...»
> (Lukas 7,3–6a)

Während Matthäus 8, 5–10.13 offenbar die Überlieferung der Spruchquelle Q wiedergibt, hat Lukas den Abschnitt 7,3–6a wohl aus eigener Erfindung gestaltet (Fitzmyer, 1981–1985, S. 648–649). Mittels dieser Erfindung wird verhindert, daß Jesus und der heidnische Gläubige einander persönlich begegnen, zugleich erscheint uns dieser von ferne Glaubende als Vorläufer der heidnischen Gottesfürchtigen in der Apostelgeschichte und namentlich des Centurions Cornelius, von dem in 10, 1–11.18 berichtet ist. So dient das von Lukas der Überlieferung Hinzugefügte dazu, seine eigene Auffassung der Heidenmission vorzubereiten.

Eine letzte Frage: Die Wunder, von denen die Überlieferungskomplexe 119 *Heilung des fernen Knaben* [1/2] und 237 *Heilung des fernen Mädchens* [2,1] handeln, sind die einzigen, die Jesus für Heiden und aus der Ferne vollbrachte. Und beide Wunder geschehen (wenn auch nicht als einzige unter den Wundern Jesu) zugunsten von Kindern. Die Vermutung ist kaum abzuweisen, daß diese beiden – von einem Vater für seinen Sohn und von einer Mutter für ihre Tochter – erbetenen Wunder als programmatische Rechtfertigung der späteren Heidenmission zu verstehen sind, also ein von Jesus vorweggenommener Anfang derselben. Ich halte es deshalb für recht wahrscheinlich, daß wir es hier mit einer Bewegung nicht vom Ereignis zum Prozeß, sondern, umgekehrt, mit einer vom Prozeß zum Ereignis zu tun haben. Die frühen christlichen Gemeinden versetzten ihre eigene Tätigkeit symbolisch zurück in die Lebenszeit Jesu.

Erweckung des Toten

Das «Geheime Evangelium des Markus» kennt man nur aus Zitaten in einem Brief, den Klemens von Alexandrien (um 150–215 n. Chr.) an einen gewissen anderweitig nicht bekannten Theodoros richtete. Von diesem Brief kennt man nur ein Fragment, das in der Mitte des 18. Jahrhunderts auf die drei unbedruckten letzten Seiten einer 1646 erschienenen Ausgabe der Werke des Ignatius von Antiochien abgeschrieben worden ist. Und dieses Fragment kennt man nur in Fotografien, die von dem seither verschollenen Fund dessen glücklicher Finder, Morton Smith, aufnahm. Er hatte das um diesen handschriftlichen Eintrag bereicherte Exemplar der genannten Ausgabe der Werke des Ignatius von Antiochien während eines Aufenthalts im griechisch-orthodoxen Kloster Mar Saba auf halbem Wege zwischen Bethlehem und dem Toten Meer im Sommer 1958 entdeckt (Morton Smith, 1973b, S. 445–453).

Die beiden Überlieferungseinheiten, die Klemens zitiert, sind 130 *Erweckung des Toten* [1/2] und 255 *Familie des von den Toten Erweckten* [2/1]. Das Hauptproblem, das bei der Würdigung der Zitate zu klären ist, ist deren Verhältnis zum kanonischen Markusevangelium. Handelt es sich dabei, wie Klemens seinem Korrespondenten mitteilt, um Stellen einer «geistlicheren» Erweiterung des Markusevangeliums durch den «geheimen Markus» oder um Zusammenfassungen des «geheimen» Markusevangeliums durch den Verfasser des kanonischen, wie von manchen zeitgenössischen Forschern behauptet wird (Köster, 1983; Schenke, 1984)? Welche Fassung, ist also zu fragen, kann als die ursprüngliche gelten, die des «geheimen» oder die des «kanonischen» Markus? Hier das erste der beiden Zitate des Klemens, das von der Erweckung des Toten handelt, die uns gegenwärtig interessiert.

«Und sie kommen nach Bethanien. Und dort war eine Frau, deren Bruder gestorben war. Und sie kam und fiel vor Jesus nieder und spricht zu ihm: Sohn Davids, erbarme dich meiner. Die Jünger aber tadelten sie. Und erzürnt ging Jesus mit ihr weg, in den Garten, wo das Grabmal war; und sogleich hörte man aus dem Grabmal eine laute Stimme; und Jesus trat hinzu und wälzte den Stein von der Tür des Grabmals weg. Und sogleich ging er hinein, wo der Jüngling war, streckte die Hand aus und richtete ihn auf, indem er ihn an der Hand faßte. Der Jüngling aber blickte auf zu ihm und liebte ihn und begann ihn zu bitten, er möge bei ihm bleiben. Und als sie herausgegangen waren aus dem Grab, gingen sie in das Haus des Jünglings; denn er war reich. Und nach sechs Tagen beauftragte ihn Jesus; und am Abend kommt der Jüngling zu ihm, nur mit einem Hemd auf dem bloßen Leibe bekleidet. Und er blieb bei ihm jene Nacht; denn es lehrte ihn Jesus das Geheimnis des Reiches Gottes. Und von dort ging er weg und kehrte an das andere Ufer des Jordans zurück.»
(Geheimes Evangelium nach Markus 1v 20–2r11a; Smith, 1973b, S. 445–453; Cameron, 1982, S. 7071; deutsch von H. Merkel, NTApo[6], 1190, Bd. 1, S. 92)

Ich habe meine eigene Einschätzung dieses Texts anderswo ausführlich begründet (1985, S. 89–121; 1988a, S. 283–284) und erlaube mir deshalb, hier nur das Ergebnis meiner diesbezüglichen Untersuchungen vorzutragen: Erstens, daß meines Erachtens das kanonische Markusevangelium eine zensierte Fassung des «Geheimen Markusevangeliums» ist, also daß der fragliche Text 130 *Erweckung des Toten* [1/2] in der ersten Fassung dieses Evangeliums, der von Klemens so genannten «geheimen», stand. Zweitens, daß dieser Text vermutlich bei dem an nackten Täuflingen vollzogenen Taufritus der Gemeinde des Markus Verwendung fand und deshalb von manchen Gläubigen erotisch verstanden wurde. Die Klemens bekannten Karpokratianer des 2. Jahrhunderts waren nicht die einzigen oder auch nur die ersten unter den frühen Christen, die solche Taufen homosexuell auffaßten. Proto-Karpokratianer gab es in der unmittelbaren Umgebung des Evangelisten. Ich bin deshalb, drittens, der Meinung, daß aus der zweiten Ausgabe des Evangeliums, der uns als das kanonische Markusevangelium bekannten Fassung, die Geschichte getilgt wurde. Ich meine aber, viertens, daß diese zweite Ausgabe auf die erste sehr rasch folgte, und sehr wohl noch von Markus selbst veranstaltet worden sein mag. Fünftens scheint mir, daß die Zensur sich nicht darauf beschränkte, die anstößige Geschichte ersatzlos zu streichen, sondern diese vielmehr in Stücke zerlegte, die anderswo untergebracht wurden, so daß die wunderbare Auferweckung eines Toten bei Markus 16,1–8 Teil des Überlieferungskomplexes 275 *Das leere Grab* [2/1] wurde und die nächtliche Initiation in den Bericht über die Gefangennahme Jesu, Markus 14,51–52, Eingang fand. Diese Zerlegung der Geschichte und anderweitige Verwendung ihrer Teile sollte offenbar den Eindruck befördern, daß es sich bei ihr nicht um einen ursprünglichen Bestandteil des Evangeliums, sondern um ein aus unterschiedlichen Stücken desselben erstelltes Pasticchio handle. Da denn, wie ich sechstens annehme, auch die verworfene erste Fassung im Umlauf blieb und auch die erotische Ausdeutung der hier interessierenden Stelle nicht in Vergessenheit geriet, so gab es in Alexandrien um das Jahr 200 den «geheimen» Markus, den «kanonischen» und schließlich den «erotischen» nebeneinander. Dies weil, siebentens, anzunehmen ist, daß der anstößige Text aus dem «geheimen» Markusevangelium in der Taufliturgie gebraucht wurde, so daß man ihn nicht einfach ausmerzen konnte. Für die Taufliturgie war der Text aus zwei Gründen wichtig: Jesus war nicht wie Johannes ein Täufer, sondern ein Heiler. Es gab deshalb in der Überlieferung keine Geschichte einer von Jesus vollzogenen Taufe, die man hätte verwenden können. Die Geschichte einer wunderbaren Auferweckung von den Toten aber empfahl sich als Symbol für die wunderwirkende Kraft der vom geistlichen Tod erweckenden Taufe. In der Praxis der Kirche hörte also der Täufling die Geschichte und erlebte deren Wiederholung während der nächtlichen Vorbereitung auf die Taufe, die er dann im Morgengrauen nackt empfing. «Das Geheimnis des Reichs Gottes» war die Bedeutung der Wiedergeburt durch die Taufe, in der der Mensch die «Kleider der Scham», von denen man Genesis 3 liest, abwarf, und wie neu erschaffen aus den Wassern des Chaos, gleich der Welt am Anfang der Schöpfungsgeschichte, auferstand. «Nach sechs Tagen» ist nicht aus dem historischen Leben Jesu genommen, sondern aus der alexandrinischen Taufpraxis, denn, wie Thomas Talley bemerkt, «es ist ein besonderer Aspekt der koptischen Tradition, daß sie den sechsten Tag der sechsten Woche zum Tag der Taufe bestimmt, unter Berufung darauf, daß dies der Tag gewesen sei, an dem Jesus seine Jünger getauft hätte» (S. 44).

Was aber die homosexuelle Auffassung des Taufakts betrifft, so mag einem deren rechtes Verständnis eine Parallele aus einer der Satiren des Lukian von Samosata erleichtern. Man wird sich erinnern, wie Lukian im Falle des Peregrinus Proteus kein Mittel der bösartigen Satire scheute, einen Typus zu charakterisieren, der ihm mißliebig war. In dem jetzt zu betrachtenden Fall bot er diese Mittel auf gegen einen gewissen Alexander, der in Paphlagonien an der Küste des Schwarzen Meers in Abonuteichos (das heutige Ineboli), zwischen 150 und 170 n. Chr. ein Orakel des dort in einer menschenköpfigen Schlange namens Glykon verkörperten Gottes Asklepios betrieb.

«Ungeachtet er die Päderastie allen und jeden als etwas Unheiliges untersagt hatte, wußte der wackere Mann doch solche Verfügungen zu treffen, daß ihm selbst nichts dadurch abging. Er befahl nämlich allen Städten im Pontos und in Paphlagonien, ihm alle drei Jahre eine Anzahl junger Orakeldiener zu schicken, die er beim Gottesdienste zum Absingen der Hymnen gebrauchen könnte; und zwar mußten hierzu nach genauer Prüfung die edelsten, schönsten und wohlgebildetsten ausgesucht werden. Diese schloß er zu seiner Bedienung bei sich ein und erlaubte sich alle möglichen Ausschweifungen mit ihnen, nicht anders, als ob er sie für sein Geld gekauft hätte. Außerdem hatte er auch zum Gesetz gemacht, daß niemand, der über achtzehn Jahre alt war, sich die Freiheit nehmen durfte, ihn mit einem Kusse zu grüßen, sondern er reichte allen übrigen seine Hand zum Küssen hin; er selbst aber küßte nur die Schönen und Blühenden, die daher auch zum Unterschied die Freunde innerhalb des Kusses hießen.»
(Lukian, *Alexander oder Der falsche Prophet,* 41; deutsch von C. M. Wieland, 1789, hrsg. von H. Floerke, 1922, Bd. 3, S. 43)

Die Anschuldigung des Satirikers betrifft, wie man sieht, weniger die homosexuelle Praxis an sich als vielmehr deren heuchlerisches Verbot durch den falschen Propheten. Aber auch angenommen, daß der Prophet sich die jungen Orakeldiener nicht aus den ihm von Lukian bösartig unterstellten Motiven hätte schicken lassen, scheint doch das ganze Verfahren in eine Aura heiliger Homosexualität gehüllt, da ja von Alexander eine göttliche Macht physisch auf seine jungen Schützlinge und nach deren Heimkehr auch auf deren Heimatorte ausstrahlen sollte. In der Intimität der Initiation des Jüngers durch den Meister mischten sich Magisches, Mystisches und Erotisches. In diesem Zusammenhang muß die erotische Auffassung des Taufritus verstanden werden. Diese Auffassung mag schon in den frühen fünfziger Jahren des 1. Jahrhunderts in Korinth die vorherrschende gewesen sein. Und man kann sich fragen, ob die Grenze zwischen dem Mystischen und dem Physischen nicht vielleicht in diesen Worten des ersten Briefs an die Korinther gezogen wird.

«Es wurde mir nämlich, meine Brüder, von den Leuten der Chloë berichtet, daß es Zank und Streit unter euch gibt. Ich meine damit, daß jeder von euch etwas anderes sagt: Ich halte zu Paulus – ich zu Apollos – ich zu Kephas – ich zu Christus. Ist denn Christus zerteilt? Wurde etwa Paulus für euch gekreuzigt? Oder seid ihr auf den Namen des Paulus getauft worden? Ich danke Gott, daß ich niemand von euch getauft habe, außer Krispus und Gaius, so daß keiner sagen kann, ihr seiet auf meinen Namen getauft worden. Ich habe

> allerdings auch die Familie des Stephanas getauft. Ob ich sonst noch jemand getauft habe, weiß ich nicht mehr. Denn Christus hat mich nicht gesandt zu taufen, sondern das Evangelium zu verkünden, aber nicht mit gewandten und klugen Worten, damit das Kreuz Christi nicht um seine Kraft gebracht wird.»
> (1.Korinther 1,11–17)

Jesus selbst war kein Täufer, und der nackte Empfang der Taufe war nicht schon an sich erotisch. Dieser Taufritus wurde ja auch von der Gemeinde des Thomasevangeliums praktiziert, das als ideale Lebensweise für den Christen die zölibatäre Askese lehrt: Freilich war es leicht, sehr, sehr leicht, als Initiationsritual zu deuten, das die Sexualität heiligte und sogar zu homosexueller Intimität einlud. Diese Deutung machte die Zerstückelung der Überlieferungseinheit 130 *Erweckung des Toten* [1/2] erforderlich und die Ersetzung des «geheimen» Markusevangeliums durch den solche Deutungen nicht mehr herausfordernden «kanonisch» gewordenen Text.

Im Falle des «geheimen» Markusevangeliums führte der Prozeß zum Ereignis. Der geistliche Prozeß der Taufe führte zur Schöpfung eines physischen und wunderbaren Ereignisses. Ich bin der Meinung, daß eine ähnliche Entwicklung an dem Gebrauch, den Johannes 11 von der Geschichte macht, abzulesen ist. Doch bei ihm ist das Ereignis die Gabe des ewigen Lebens durch Jesu.

> «Marta sagte zu Jesus: Herr, wärst du hier gewesen, dann wäre mein Bruder nicht gestorben. Aber auch jetzt weiß ich: Alles, worum du Gott bittest, wird Gott dir geben. Jesus sagte zu ihr: Dein Bruder wird auferstehen. Marta sagte zu ihm: Ich weiß, daß er auferstehen wird bei der Auferstehung am Letzten Tag. Jesus erwiderte ihr: Ich bin die Auferstehung und das Leben. Wer an mich glaubt, wird leben, auch wenn er stirbt, und jeder, der lebt und an mich glaubt, wird auf ewig nicht sterben. Glaubst du das? Marta antwortete ihm: Ja, Herr, ich glaube, daß du der Messias bist, der Sohn Gottes, der in die Welt kommen soll.»
> (Johannes 11,21–27)

Aller Wahrscheinlichkeit nach hat man es hier mit einer stark bearbeiteten Fassung der Totenerweckungserzählung aus dem «geheimen» Markusevangelium zu tun, wozu nicht postuliert werden muß, daß Johannes unmittelbar aus Markus geschöpft hat. Ich nehme an, daß die Überlieferungseinheit 130 *Erweckung des Toten* [1/2] nur die letzte in einer Sammlung von Wundererzählungen war, die Markus und Johannes beide unabhängig voneinander benützten. Der erste fügte die nächtliche Initiation hinzu, der letztere das Zwiegespräch über das ewige Leben. Beide spezifizierten einfach, was in der überlieferten Erzählung schon impliziert war: Jesus erweckt die Toten zum Leben. Ein dauernder geistlicher Prozeß nimmt die Gestalt eines einzigen physischen Ereignisses an.

Vom Wunder zu Tisch

Jesus war Exorzist und Heiler. Die Überlieferungseinheiten 121 *Beelzebulstreit* [1/2], 110 *Heilung eines Aussätzigen* [1/2], 127 *Krankheit und Sünde* [1/2] und 129 *Heilung des Blinden* [1/2] halte ich für tatsächlich durch die Ereignisse des Lebens Jesu bestätigte Zeugnisse. Seine Vision des Reiches wäre nur ein ekstatischer Traum, ohne unmittelbare sozialen Konsequenzen geblieben, wären da nicht diese Dämonenaustreibungen und Heilungen. Diese brachten das Reich auf den Boden der politischen Realität. Aber von den mehrfach bezeugten Wunderberichten stellt keiner zwischen dem Reich und der Heilung einen direkten Bezug her. Diesen Bezug gilt es nun herauszustellen und in den Zusammenhang zu rücken, der seine programmatische soziale Funktion offenbart. Zwei mehrfach bezeugte Komplexe aus der ersten Schicht sind dafür in Betracht zu ziehen: 1 *Sendung und Botschaft* [1/7] und 50 *Die Ernte ist groß* [1/3]. Um einem Mißverständnis der siebenfachen Bezeugtheit, die ich dem ersten dieser beiden Komplexe zugestehe, vorzubeugen, sei gleich gesagt, daß die Hauptursache, um die es bei der fraglichen Überlieferungseinheit geht, die Verbindung von Magie und Mahl, Wunder und Tisch, Leidensgefährtenschaft und Tischgenossenschaft, uns in drei voneinander unabhängigen Quellen überliefert ist.

> «Und wenn ihr in alle Länder hineingeht und in den Gegenden reist, so eßt, wenn sie euch aufnehmen, was sie euch vorsetzen werden! Heilt die Kranken, die unter ihnen sind.»
> (Thomasevangelium 14,2)

> «Danach suchte der Herr zweiundsiebzig andere aus und sandte sie zu zweit voraus in alle Städte und Ortschaften, in die er selbst gehen wollte. Er sagte zu ihnen: Die Ernte ist groß, aber es gibt nur wenig Arbeiter. Bittet also den Herrn der Ernte, Arbeiter für seine Ernte auszusenden. Nehmt keinen Geldbeutel mit, keine Vorratstasche und keine Schuhe! Grüßt niemand unterwegs! Wenn ihr in ein Haus kommt, so sagt als erstes: Friede diesem Haus! Und wenn dort ein Mann des Friedens wohnt, wird der Friede, den ihr ihm wünscht, auf ihm ruhen; andernfalls wird er zu euch zurückkehren. Bleibt in diesem Haus, eßt und trinkt, was man euch anbietet; denn wer arbeitet, hat ein Recht auf seinen Lohn. Zieht nicht von einem Haus

in ein anderes! Wenn ihr in eine Stadt kommt und man euch aufnimmt, so eßt, was man euch vorsetzt. Heilt die Kranken, die dort sind, und sagt den Leuten: Das Reich Gottes ist euch nahe. Wenn ihr aber in eine Stadt kommt, in der man euch nicht aufnimmt, dann stellt euch auf die Straße und ruft: Selbst den Staub eurer Stadt, der an unseren Füßen klebt, lassen wir euch zurück; doch das sollt ihr wissen: Das Reich Gottes ist nahe.»
(Spruchquelle Q, 1Q: Lukas 10, 1–2.4–11 = Matthäus 10, 7.10b.12–14)

«Er rief die Zwölf zu sich und sandte sie aus, jeweils zwei zusammen. Er gab ihnen die Vollmacht, die unreinen Geister auszutreiben, und er gebot ihnen, außer einem Wanderstab nichts auf den Weg mitzunehmen, kein Brot, keine Vorratstasche, kein Geld im Gürtel, kein zweites Hemd und an den Füßen nur Sandalen. Und er sagte zu ihnen: Bleibt in dem Haus, in dem ihr einkehrt, bis ihr den Ort wieder verlaßt. Wenn man euch aber in einem Ort nicht aufnimmt und euch nicht hören will, dann geht weiter, und schüttelt den Staub von euren Füßen, zum Zeugnis gegen sie. Die Zwölf machten sich auf den Weg und riefen die Menschen zur Umkehr auf. Sie trieben viele Dämonen aus und salbten viele Kranke mit Öl und heilten sie.»
(Markus 6,7–13 = Matthäus 10, 1.8–10a.11 = Lukas 9,1–6)

Jene erste flüchtige Erwähnung im Thomasevangelium 14,2 ist sehr bedeutsam, da ein besonderes Interesse an Heilungen dort sonst nirgends vorkommt. Die Fassung von Q hat sich offenbar am reinsten bei Lukas 10,1–2.4–11 erhalten. Die dritte Fassung bei Markus 6,7–13 hat Lukas in 9,1–6 übernommen, so daß er zwei Fassungen der «Aussendungsrede» hat. Matthäus andererseits kombinierte, was einerseits Q, andererseits Markus zu entnehmen war, indem er jeweils kurze Abschnitte aus beiden Quellen so zusammenstellt, daß sich eine einzige Gesamtfassung der «Aussendungsrede» daraus ergibt (Kloppenborg, 1988, S. 72). Diese drei Texte geben meines Erachtens das Hauptsächliche der uns hier beschäftigenden Angelegenheit und offenbaren, wie ich zu zeigen hoffe, das Herz der Jesus-Bewegung am deutlichsten.

Mission

Ich spreche in voller Absicht von der Aussendung oder «Mission» der Jünger. Wir haben es hier nicht nur mit einer bloßen Lebensweise zu tun, und sei es auch eine Lebensweise, die eine Botschaft in sich trägt oder sich einer solchen verschrieben hat. Dennoch sollten wir uns davor hüten, schon in diese ältesten Zeugnisse alle Konsequenzen des paulinischen Missionsgedankens hineinzulesen, geschweige denn den der späteren christlichen Evangelisation.

Wer genau wird hier ausgesandt? Die Antwort auf die von den Jüngern im Thomasevangelium 6,1 gestellte Frage scheint ursprünglich nicht unmittelbar in 6,2–4 zu folgen, sondern erst weiter unten (14,1–3).

(1) «Seine Jünger fragten ihn und sprachen zu ihm: Willst du, daß wir fasten? und in welcher Weise sollen wir beten (und) Almosen geben? und welches Essen sollen wir beobachten?»

(2) «Jesus sprach zu ihnen: Wenn ihr fastet, werdet ihr euch Sünde erzeugen, und wenn ihr betet, wird man euch verurteilen, und wenn ihr Almosen gebt, werdet ihr euren Geistern Böses antun. Und wenn ihr in alle Länder hineingeht und in den Gegenden reist, so eßt, wenn sie euch aufnehmen, was sie euch vorsetzen werden! Heilt die Kranken, die unter ihnen sind! Denn was in euren Mund hineinkommen wird, wird euch nicht verunreinigen; aber was aus eurem Mund herauskommt, das wird euch verunreinigen.»
(Thomasevangelium 6,1 sowie 14,1–3)

Wenn es sich, was in Anbetracht der Parallelen von Frage und Antwort anzunehmen ja sehr naheliegt, so verhält, wie wir vermuten, sind die Ermahnungen der Antwort in 14,1–3 allerdings an die Jünger gerichtet. Doch das bringt uns nicht viel weiter. Im Zusammenhang des Thomasevangeliums geht es ja an dieser Stelle auch nicht um die Sendung der Jünger, sondern um das Essen, das sie «beobachten» sollen.

Noch weniger hilfreich ist die Spruchquelle Q. Q/Lukas 10,1 ist eine Komposition des Lukas (Kloppenborg, 1988, S. 72; Fitzmyer, 1981–1985, S. 842), und Matthäus 10,1 ist von Markus 6,7 abgeleitet. Wir können also nicht wissen, an wen jene Aussendungsrede in Q gerichtet war.

Bei Markus 6,7 und, diesem unmittelbar folgend, bei Matthäus 10,1 sowie Lukas 9,1 und indirekt aus dieser Quelle auch bei Lukas 22,35, sind die Zwölf die Sendboten oder Missionare. Aber dafür gibt es nur dieses einzige unabhängige Zeugnis bei Markus, weshalb ich hier, meiner methodischen Voraussetzung getreu, von diesem keinen Gebrauch machen kann. Es gibt auch, wie Jirair Tashjian bemerkt, «keinen zwingenden Beweis dafür, daß für Q die Zwölf von Bedeutung waren» (S. 188). Nichts berechtigt uns deshalb zu der Annahme, daß ursprünglich zu Beginn der in Q überlieferten Aussendungsrede die Jünger angeredet wurden und man diese Anrede nur später aus irgendwelchen Gründen fortgelassen hätte.

So kann man die Missionare nur sehr allgemein als Nachfolger oder

Jünger Jesu identifizieren. Sie sollten weder als die (Zweiund-)siebzig des Lukas noch als die Zwölf des Markus identifiziert werden. Ich nehme nicht einmal an, daß es eine besondere oder einzige Aussendung von Missionaren gegeben hat. Die «Mission» mag für alle, die tätig an der Jesus-Bewegung teilnehmen wollten, mehr oder weniger selbstverständlich gewesen sein. Dabei ist in der Umgebung Niedergaliläas durchaus nicht etwa an weite Reisen zu denken. «Man ist in Niedergaliläa», wie Andrew Overman uns in Erinnerung ruft, «nie weiter als einen Tagesmarsch von dem entlegensten Ort des Landes entfernt» (S. 165). Ich frage mich, ob nicht die ersten, die Jesus aussandte, *geheilte Heiler* waren? Gab er diesen Auftrag ausdrücklich vielleicht jenen, die er geheilt hatte und für seine Bewegung gewinnen wollte? Sandte er die Geheilten aus, andere zu heilen, wie sie geheilt worden waren? Und könnte uns vielleicht die vergleichende anthropologische Untersuchung thaumaturgischer Bewegungen helfen, diese Frage zu beantworten?

Doch zuvor ist ein kleineres Problem zu untersuchen, das mir, seiner Unscheinbarkeit ungeachtet, dennoch größtes Interesse zu verdienen scheint. Bei Markus 6,7 werden die Zwölf «jeweils zwei zusammen» ausgesandt, eine Bestimmung, die weder bei Matthäus 10,1 noch bei Lukas 9,1 wiederholt wird. Sie kehrt in geringfügig abweichender Formulierung des griechischen Textes allerdings bei Lukas 10,1 wieder. In Anbetracht der offensichtlich sehr freien Redaktion dieses Kapitelanfangs ist es höchst unwahrscheinlich, daß Lukas diese Angabe aus Q entnommen hat. Eher darf man wohl annehmen, daß Lukas an dieser Stelle Markus 6,7 folgt. Und die Angabe des Markus könnte dann erklärt werden durch den späteren rabbinischen Brauch, stets in Paaren zu reisen (Fitzmyer, 1981–1985, S. 846). Dieser Brauch war mutmaßlich in dem jüdischen Verfahren begründet, jeweils zwei Bevollmächtigte zu stellen, weil, wie in Deuteronomium 19,15 vorgeschrieben, eine Rechtssache «die Aussage von zwei ... Zeugen» erforderlich machte (was auch Numeri 35,30 zur Bedingung der Glaubwürdigkeit macht). Doch da nichts darauf hinweist, daß schon vor der Zerstörung des Tempels Rabbiner von Ort zu Ort wanderten, konnte Markus, der jedenfalls nicht lange nach der Zerstörung des Tempels schrieb, das Beispiel der paarweise wandernden Rabbis kaum schon vorschweben. Aber ganz gleich, wie nun die Herkunft und Bedeutung dieser Bestimmung zu erklären sein mag, dürfte ich sie hier nicht berücksichtigen, wenn sie wirklich nur bei Markus 6,7 unabhängig bezeugt wäre.

Wenn ich dennoch zögere, von ihr abzusehen, so wegen einer Frage, die Paulus im ersten Brief an die Korinther stellt (9,5), kurz bevor (9,14) auch er, unabhängig, des Aussendungsbefehls Jesu gedenkt.

> «Haben wir nicht das Recht, eine gläubige Frau *(adelphēn gynaika)* mitzunehmen, wie die übrigen Apostel und die Brüder des Herrn und wie Kephas?»
> (1.Korinther 9,5)

In welchem Verhältnis dachte sich Paulus den Missionar zu der *adelphē gynē*, wörtlich also «Schwesterfrau», die mit umherzuführen ihm gestattet sein sollte? Dachte er an Ehefrauen? Und wenn ja, wie sollte mit den Kindern solcher Paare verfahren werden? Meines Erachtens ist der Ausdruck genau so zu verstehen, wie er im griechischen Text steht: Diese Schwesterfrau war eine weibliche Sendbotin, die mit einem männlichen reiste, so daß sie in den Augen der Welt als dessen Ehefrau gelten konnte. Auf diese Weise konnte am ehesten in einer Welt männlicher Macht und Gewalttätigkeit den reisenden Missionarinnen sozialer Schutz garantiert werden. War also nicht vielleicht das der ursprüngliche Zweck der paarweisen Aussendung, nämlich die Aussendung auch von Missionarinnen zu ermöglichen? Mir ist wohl bewußt, wie verwegen diese Vermutung ist. Aber ich meine, sie muß aus zwei Gründen gewagt werden. Erstens, weil der Ausdruck des Paulus einer besseren Erklärung bedarf als nur die Vermutung, er habe damit den Charakter einer christlichen Ehefrau bezeichnen wollen. Und zweitens, weil die offene Kommensalität, die Jesus lehrte, notwendig auch die Frauen einbeziehen mußte. Wie aber konnten Missionarinnen in der bäuerlichen Gesellschaft Galiläas wirken? Ich glaube nicht, daß Frauen allein in die Häuser hätten gehen können, und meine, daß ihnen dazu eine solche «Schwesterfrau»-Beziehung zu einem Glaubensgenossen nicht nur die beste, sondern auch die einzige Möglichkeit bot.

Wenn das ruchbar würde, würde man solche Frauen als «Huren» bezeichnen, wie man mit dieser Bezeichnung alle außerhalb der gesellschaftlichen Konventionen lebenden und sich der normalen gesellschaftlichen Kontrolle entziehenden Frauen zu brandmarken pflegte. Und in dem Falle würde man Jesus nachsagen, daß er sich mit «Huren» herumtreibe.

Die von mir unter der Signatur 50 *Die Ernte ist groß* [1/3] katalogisierte Überlieferung trägt zu einer genaueren Identifizierung der Missionare nicht viel bei.

(1) «Die Ernte ist groß; aber der Arbeiter sind wenige. Bittet aber den Herrn, daß er Arbeiter in die Ernte sende.»
(Thomasevangelium 73)

(2) «Er sagte zu ihnen: Die Ernte ist groß, aber es gibt nur wenig Arbeiter. Bittet also den Herrn der Ernte, Arbeiter für seine Ernte auszusenden.»
(Spruchquelle Q, 1Q: Lukas 10,2 = Matthäus 9,37–38)

(3) «Sagt ihr nicht: Noch vier Monate dauert es bis zur Ernte? Ich aber sage euch: Blickt umher und seht, daß die Felder weiß sind, reif zur Ernte.»
(Johannes 4,35)

Obwohl die dritte Fassung vielleicht nicht der gleichen Überlieferungseinheit angehört, ist die Übereinstimmung der ersten beiden auffällig. Ich wüßte nicht, weshalb der Spruch sich nicht ebenso wie der Befehl, der uns in dem Überlieferungskomplex *1 Sendung und Botschaft* [1/7] bezeugt ist, auf die Aussendung der Jünger beziehen sollte, und glaube auch nicht, daß eine solche Aussendung zu Jesu Lebzeiten nur einmal stattgefunden hat. Sehr viel wahrscheinlicher ist, daß beide Anweisungen während der Frühzeit der Jesus-Bewegung alltäglich gegeben wurden.

Jedenfalls verstehe ich den Erfolg Jesu und seiner Jünger mit Hilfe der Erkenntnisse jenes Forschungszweigs, den Arthur Kleinman und Lilias Sung als «die kulturübergreifende Erforschung der Eingeborenen-Heilkunst» bezeichnet haben. Die beiden Autoren unterscheiden, wie der oben angeführte Murdock, zwischen «*Krankheit*, verstanden als unmittelbare Störung biologischer und psychologischer Prozesse...» einerseits und dem *Leiden* andererseits, unter welchem Begriff sie «alle sekundären psychosozialen und kultureigentümlichen Antworten auf die Herausforderung durch die Krankheit» fassen, mithin die Reaktionen des Patienten, seiner Familie und seiner sozialen Umwelt auf die Krankheit. «Idealerweise», erklären sie, «sollte die ärztliche Behandlung dem Leiden ebenso wie der Krankheit gelten. Tatsächlich haben, bis vor wenigen Jahrzehnten ihre Fähigkeit, Krankheit unter Kontrolle zu bringen, dramatisch zuzunehmen begann, die Ärzte versucht, zugleich mit der Krankheit das Leiden zu behandeln. Gegenwärtig aber finden wir die moderne professionelle Gesundheitsfürsorge geneigt, die Krankheit, nicht aber das Leiden zu behandeln; während im allgemeinen die vorwissenschaftlichen Systeme der Heilkunst, die man zusammenfassend als Ethnomedizin bezeichnen kann, die Krankheit zwar nicht, aber das Leiden zu behandeln wissen» (S. 8). Mit anderen Worten, wenn man krank ist, ist man bei den heutigen Ärzten und im Krankenhaus besser aufgehoben, was aber das Leiden angeht, können einem dabei der Schamane und der Tempel besser helfen. Die Autoren gründen ihre These auf einer Untersuchung der Praxis von etwa fünfundzwanzig Schamanen aus Stadt und Land auf der Insel Taiwan sowie von etwa fünfhundert Patienten, deren Krankengeschichten sie über längere Zeit verfolgt haben. «Aufgrund des von uns dargebotenen Materials ziehen wir den vielleicht überraschenden Schluß, daß in den meisten Fällen den eingeborenen Heilpraktikern die Heilung gelingen muß», sagen sie, «weil sie hauptsächlich drei Typen von Störungen behandeln: 1. akute, selbst-begrenzte (natürlich abklingende) Krankheiten, 2. nicht lebensbedrohende chronische Krankheiten, bei denen es weniger auf die Behandlung der Krankheit ankommt als vielmehr auf diejenige des Leidens, und 3. sekundäre somatische Folgen minderer psychologischer Störungen und interpersonaler Probleme. Krankheitsbehandlung spielt bei der Fürsorge in solchen Fällen kaum eine Rolle.» Aus dieser Erkenntnis, daß den Schamanen unter so beschaffenen Bedingungen die Heilung gelingen muß, ziehen die Autoren aber die nicht weniger verblüffende Folgerung, daß in den meisten derartigen Fällen die moderne wissenschaftliche Medizin Heilung nicht herbeizuführen vermag. Denn, sagen sie, «der Arzt ist geschult, das Leiden systematisch zu ignorieren. Damit verzerrt schon die Ausbildung des wissenschaftlich gebildeten Mediziners seine Wahrnehmung. Diese Begrenzung des Blickfelds zahlt sich aus bei der Anwendung medizinischer Technik und medikamentöser Behandlung von Krankheiten, auf einem vergleichsweise kleinen, wenn auch entscheidend wichtigen Gebiet des ärztlichen Aufgabenbereichs also, während sie auf dem viel weiteren Feld der psychosozialen und kulturellen Behandlung des Leidens Versagen zur Folge hat» (S. 24). Nicht zu leugnen ist natürlich die offenbare Gefahr, daß im Falle einer Krankheit wie Krebs der Schamane den wissenschaftlichen Mediziner so lange fernhält, bis der Patient der Krankheit erlegen ist. Doch kann der Schamane auch dem Patienten noch helfen, dessen Fall die wissenschaftliche Medizin als hoffnungslos aufgegeben hat.

Es könnte sich sogar empfehlen, wie jüngst in einem Überblick über die bisherigen Ergebnisse der Erforschung der Ethnomedizin Allan Young vorgeschlagen hat, außer den Begriffen der «Krankheit» und des «Leidens» noch einen dritten einzuführen, den des «Übels». So daß als «Krankheit» die «organischen Pathologien und Abnormalitäten», als «Leiden» aber die Art und Weise bezeichnet würde, «wie Krankheit und Übel in das individuelle Bewußtsein gelangen», das «Übel» aber das Ende eines Prozesses wäre, «durch welchen besorgniserregenden biologischen Symptomen und Verhaltensstörungen, zumal solchen, die durch Krankheiten hervorgerufen würden, sozial verständliche Bedeutungen gegeben werden» (S. 270). Das Leiden personalisiert die Krankheit, und beide sozialisiert die Benennung des Übels. Young schlägt einen diese Triade zusammenfassenden Oberbegriff nicht vor, aber der Begriff «Ungesundheit» könnte dazu dienen. Es wird nämlich, wie in einem ebenfalls erst jüngst veröffentlichten anderen Überblick über die neuere diesbezügliche Forschung Peter Worsley bemerkt, vorausgesetzt, daß *Ungesundheit* «nicht in einem biomechanischen Rahmen stattfindet, der die Natur vom Übernatürlichen, die soziale Welt von der natürlichen oder das physische Individuum von seinem sozialen Nährboden trennt, sondern im Spannungsverhältnis aller vier in gegenseitiger Abhängigkeit zueinander stehenden Kategorien: Natur, Übernatur, Gesellschaft und Person» (1982, S. 317). Diese Voraussetzung gilt noch im größten Teil der modernen Welt, und wo das nicht mehr der Fall ist, wie in der hochtechnisierten westlichen Medizin, könnte sich das sehr wohl als schädlich und beeinträchtigend für die Gesundheitsfürsorge erweisen. Aber wie dem auch sei, jedenfalls erkläre ich mir den Erfolg der Heilpraktik der Jesus-Bewegung in ihren Anfängen aufgrund der Lehren, die aus der neuesten ethnomedizinischen Forschung zu ziehen sind. Damals wie heute neigten natürlich die Geheilten dazu, die Kraft des Heilers voller Bewunderung stark zu vergrößern. Doch weder Schwärmerei und Übertreibung noch Reklame und Propaganda konnten und können die Leistung, die tatsächlich nachweisbar ist, in Mißkredit bringen.

Kleidung

Einiges über die streng beachtete Kleiderordnung derjenigen, die einen alternativen kynischen Lebensstil pflegten, ist schon oben im 4. Kapitel gesagt worden. F. Gerald Downing (1988, S. 47–48) und Leif Vaage (1987, S. 314–326) haben bei ihren Untersuchungen über «andere radikale Prediger des 1. Jahrhunderts» und das «Ethos und die Ethik einer wandernden Intelligenz» Zeugnisse über die Tracht der ersten Propagandisten der Jesus-Bewegung zusammengetragen, auf die ich mich bei den nachfolgenden Bemerkungen über diesen Gegenstand stütze.

Der Aussendungsbefehl, so wie ihn das Thomasevangelium 14,2 wiedergibt, enthält hinsichtlich der Tracht und Ausrüstung der Missionare keine Anweisungen. Aus der Spruchquelle Q hat man bei Lukas 10,4 drei Verbote: Geldbörse, Tasche, Sandalen (dazu ein viertes als Maßregel für das Verhalten der Missionare unterwegs: sie sollen niemanden grüßen). Vier Verbote nennt Markus 6,8–9: Brot, Tasche, Geld, zwei Untergewänder. Erlaubt sind demzufolge Wanderstab und Sandalen. Matthäus und Lukas, die aus Markus und der Spruchquelle Q schöpfen und zusammenstellen, was sie in beiden finden, kommen jeder auf fünf Verbote. Bei Matthäus 10,9–10 werden Geld, Tasche, zwei Untergewänder, Sandalen und Stab dem Sendboten Jesu untersagt. Daß jener, wie bei Markus erwähnt, auch kein Brot bei sich führen soll, sagt Matthäus zwar nicht ausdrücklich, doch ist wohl in dem Verbot der Tasche dasjenige des darin etwa mitzuführenden Brots inbegriffen. Lukas 9,3 verbietet den Wanderstab, die Tasche, das Geld und das zweite Untergewand. Die Sandalen erwähnt er nicht, vielleicht weil sich diesbezüglich seine Quellen widersprechen, denn während Sandalen der Spruchquelle zufolge nicht zulässig sind, findet man sie bei Markus erlaubt. Beide, Matthäus und Lukas, lösen also den Widerspruch zwischen der Verbotsliste der Spruchquelle Q und den von Markus überlieferten Regelungen, die zweierlei ausdrücklich erlauben, verschieden auf. Indessen wird man wohl annehmen dürfen, daß beide dem Geist der ursprünglichen Regelung näher sind als Markus. Denn zweifellos fände man bei Markus dem Sendboten Wanderstab und Sandalen nicht ausdrücklich bewilligt, wenn nicht zuvor auch sie ihm verboten gewesen wären. In Didache 11,6 findet man denn dem Apostel auch gestattet, Brot als Wegzehrung zu erbitten und mitzuführen, Geldspenden allerdings anzunehmen bleibt ihm weiterhin verboten. («Wenn aber der Apostel weggeht, soll er nichts mitnehmen außer Brot, bis er übernachtet; wenn er aber um Geld bittet, ist er ein Pseudoprophet.)

Insgesamt finden wir also in den Texten sieben Einzelheiten der Tracht, Ausrüstung und des Verhaltens der Apostel unterwegs erwähnt: Geld oder Geldbörse, Sandalen, Tasche, Brot, Stab, das zweite Untergewand, das Grüßen. All das ist den Wanderpredigern zunächst verboten, wenn auch Markus das bei Q noch ausgesprochene Verbot der Sandalen aufhebt und Didache auch das bei Markus noch nicht gestattete Brot als Wegzehrung zuläßt. Allerdings sind die drei letztgenannten Gegenstände der Verordnungen nur aus je einer Quelle zur Sprache gebracht. Vom Stab und den zwei Untergewändern wissen wir nur von Markus, das Grüßen erwähnt nur, aus der Spruchquelle schöpfend, Lukas. Ich werde deshalb hier vorzüglich die ersten vier Gegenstände in Betracht ziehen, die in mehr als zwei unabhängigen Zeugnissen erwähnt werden: Geld oder Geldbörse, Sandalen, Tasche, Brot. Und die diesbezüglichen Bestimmungen betreffend, fällt mir beim Vergleich zur Kleiderordnung der die griechisch-römische Weltordnung hinterfragenden Kyniker alsbald ein bemerkenswerter Unterschied auf.

Was nämlich den Verzicht auf Geldbörse und Sandalen betrifft, weist Leif Vaage nach, daß die Kyniker mit Geld grundsätzlich nichts zu tun haben wollten und grundsätzlich barfuß gingen (1987, S. 318, 321). Die Tasche (oder der Ranzen) und das Brot darin gehörten aber zur kynischen Grundausrüstung. Die für den Kyniker typische *pēra*, so Leif Vaage, «galt als Abzeichen kynischer Selbstgenügsamkeit und kynischer Verachtung für die herkömmlichen Formen der sozialen Absicherung» (1987, S. 319–320). Sie hatten, was sie brauchten, immer bei sich im besagten Ranzen. Wie der Stab war also auch diese *pēra* unverzichtbarer Bestandteil der kynischen Uniform. Doch eben diesen Ranzen verbieten sowohl die Spruchquelle Q als auch Markus den Aposteln Jesu. Ich nehme an, daß das Verbot auf Jesus selbst zurückgeht und im Zusammenhang des funktionalen Symbolismus der von ihm ins Leben gerufenen sozialen Bewegung erklärt werden muß.

Ort

Bemerkenswerterweise wechselt der Ort, an den die Sendboten geschickt werden, in den drei Hauptzeugnissen, die uns diesbezüglich vorliegen, von Text zu Text oder sogar innerhalb eines Textes.

Abweichend von den anderen Quellen bestimmt das Thomasevangelium 14,2 zunächst sehr umfassend den Aposteln «alle Länder» zum Ziel, redet des weiteren aber dann mit dem griechischen Lehnwort *chōra* von ländlichen Gegenden, was man so verstehen kann, als sollten die Städte ausgeschlossen bleiben. Markus nennt in 6,10 ausdrücklich ein «Haus», im folgenden Vers werden aber Anweisungen gegeben für den Fall, daß ein «Ort» die Apostel nicht aufnimmt. Doch wird das so zu verstehen sein, daß in einem Ort, wo die Gegenwart der Prediger nicht erwünscht ist, das Haus, in das sie andernfalls hätten einkehren sollen, ihnen natürlich nicht offen stünde. Bei Lukas aber werden zuerst in 10,5–7 Anweisungen für das Verhalten bei Ankunft und Verweilen in einem «Haus» gegeben, dann in 10,8–11 für den Fall der Aufnahme oder Abweisung in einer «Stadt». Ich war früher der Ansicht, daß man es bei diesem Nebeneinander von Haus und Stadt mit einer Verquickung verschiedener Traditionen durch den Evangelisten zu tun hätte (Crossan, 1986, S. 53–54), verstehe es nun aber als Zeugnis des historischen Erwachsens der Stadt-Mission aus der Haus-Mission. Drei Indizien sind bemerkenswert. «Wenn ihr in eine Stadt kommt und man euch aufnimmt, so eßt, was man euch vorsetzt», heißt es bei Lukas 10,8. Es wird also vorausgesetzt, daß sie die Gastfreundschaft eines der Häuser jener Stadt, in der man sie aufnimmt, in Anspruch nehmen werden. Matthäus, der die Angaben der Spruchquelle Q und des Markusevangeliums miteinander verbindet, sagt 10,11–12a: «Wenn ihr in eine Stadt oder in ein Dorf kommt, erkundigt euch, wer es wert ist, euch aufzunehmen; bei ihm bleibt, bis ihr den Ort wieder verlaßt. Wenn ihr in ein Haus kommt, dann wünscht ihm Frieden.» Und später, 10,14, sagt Matthäus: «Wenn man euch aber in einem Haus oder in einer Stadt nicht aufnimmt und eure Worte nicht hören will, dann geht weg, und schüttelt den Staub von euren Füßen.» Drittens ist interessant, wie Lukas, Markus folgend, aber schon überleitend zu den Q entnommenen Angaben seines nächsten Kapitels 9,4 sagt: «Bleibt in dem Haus, in dem ihr einkehrt», im folgenden Vers aber fortfährt: «Wenn euch aber die Leute in einer Stadt nicht aufnehmen wollen, dann geht weg...» Es scheint demnach, daß aus der Haus-Mission, von der Markus einzig spricht, sich bald eine Stadt-Mission entwickelt hat, so daß bei Lukas 10,5–7 und 10,8–11 beide Stadien der Evangelisationsmethode nebeneinander genannt werden können.

Die Möglichkeiten der Aufnahme und Abweisung werden in allen drei Quellen antithetisch gegenübergestellt und erwogen. Im Thomasevangelium 14,2 findet man die Möglichkeit der Abweisung nur impliziert in der Form der Anweisung für das Verhalten im Fall der Aufnahme: «Wenn sie euch aufnehmen...» Markus sieht die Möglichkeit, daß die Apostel in einem Haus nicht aufgenommen werden, ausdrücklich vor, während die Spruchquelle Q ausdrücklich die Verweigerung der Gastfreundschaft sowohl in einem Haus als auch in einer Stadt als Möglichkeit in Betracht zieht.

1. Aufnahme	Markus 6,10	Q: Lukas 10,5, 6a, 7	Q: Lukas 10,8–9
2. Abweisung	Markus 6,11	Q: Lukas 10,6b	Q: Lukas 10,10–11

Ich sehe diese Unterschiede als Indizien einer systematischen Erweiterung des angegebenen Ziels von «Haus» über «Stadt» zu «Land». «Wenn ihr in alle Länder hineingeht..., so eßt..., was sie euch vorsetzen werden.» Noch in dieser Formulierung ist das ursprünglich genannte Ziel, das Haus, in dem einem was zu essen vorgesetzt wird, vorausgesetzt. Der Erweiterungsprozeß mag schon, wo Markus sowohl vom «Haus» als auch vom «Ort» spricht, seine Spuren hinterlassen haben, obwohl die textliche Überlieferung des letzteren Ausdrucks nicht ganz sicher ist. Ich glaube also, daß das von Markus und Q übereinstimmend genannte «Haus» das ursprünglich angegebene Ziel war: Jesus sandte seine Sendboten in Häuser, nicht in Städte oder Länder.

Das ist bedeutsam, weil es eine von derjenigen der kynischen Wanderprediger verschiedene Strategie offenbart. Denn Walter Liefeld, der den «Wanderprediger als sozialen Typus im Römischen Reich» untersucht hat, zitiert zur Illustration der Methoden dieser Leute aus einer Rede des Dion Chrysostomos folgendes (S. 183–184):

> «Denn ein Teil von ihnen wagt sich überhaupt nicht unter die Menge und ist nicht bereit, das Risiko auf sich zu nehmen, vielleicht, weil er die Hoffnung, die Massen besser zu machen, bereits aufgegeben hat. Die anderen üben in dem, was man Auditorium nennt, ihre Stimme und haben als Publikum Leute, die im Bund mit ihnen stehen und ganz an sie gewöhnt sind. Dann gibt es in der Stadt eine nicht unbedeutende Zahl von sogenannten Kynikern...

An Kreuzungen, engen Winkeln und Tempeltüren sammeln sie Straßenjungen, Seeleute und dergleichen Volk um sich und machen ihnen etwas vor, reißen eine Posse und einen Witz nach dem anderen und tischen ihnen die bekannten Antworten auf, die auf dem Markt zu haben sind.»
(Dion Chrysostomos, *Reden*, 32, 8–9; deutsch von Winfried Elliger, 1976)

Philosophische Wanderprediger suchten demnach stets die Stadt, den Marktplatz, das Fest, die Menge, selbst wenn einige von ihnen sich aus den obengenannten Gründen nur an ein beschränktes Publikum wandten. Von den Kynikern insbesondere stellt denn Liefeld auch fest: «Die Kyniker hielten sich ländlichen Gegenden fern und bevorzugten das größere Publikum (und vermutlich die größere Unterstützung), die sie in den Städten fanden» (S. 213).

Jesus aber schickt seine Sendboten nicht in die Städte, sondern aufs Land. Im Gegensatz zum griechisch-römischen städtischen Kynismus ist der seinige, wenn man so will, ein jüdischer und ländlicher. Und daß dieser jüdische und ländliche Kynismus auch übrigens nicht ganz die Ziele dessen verfolgte, der sich auf Diogenes von Sinope berief, erhellt aus dem Verbot des Ranzens: Denn die Sendboten sollten nicht Selbstgenügsamkeit beweisen, sondern in einer ganz eigentümlichen Weise auf die Kommensalität mit denen, die zu heilen sie auszogen, angewiesen sein.

Kommensalität und Tischgemeinschaft

Wir setzen die Untersuchung der drei oben zitierten Texte fort und kommen nun zu der Beobachtung, daß allen drei Zeugnissen zufolge die Apostel angewiesen waren, nicht sich von Almosen zu nähren, sondern die Tischgemeinschaft mit ihren Gastgebern, die Kommensalität zu suchen. Die Missionare tragen keinen Ranzen, denn sie sollen weder Nahrung noch Kleidung noch sonst irgend etwas erbetteln. Mit denen, zu denen sie kommen, teilen sie ein Wunder und ein Reich und empfangen im Austausch dafür einen Platz am Tisch und im Haus. Hier haben wir meines Erachtens das Wesentliche der ursprünglichen Jesus-Bewegung, die ein egalitäres Teilen aller geistlichen und materiellen Ressourcen zum Prinzip hatte. Ich lege auf diese Beobachtung den größten möglichen Nachdruck und bin überzeugt, daß die Materialität und Spiritualität, das Faktische und das Symbolische dieser Tischgemeinschaft untrennbar miteinander verbunden sind. Die Mission der Jünger Jesu wies diese nicht auf die großen Handelswege, auf denen später Paulus von einer Großstadt zur anderen reiste. Und doch mutete sie ihnen die weiteste Reise zu, die man in der griechisch-römischen Welt machen konnte und vielleicht in der Welt überhaupt machen kann, diejenige über die Schwelle des Hauses eines fremden Landmanns.

Die Bedeutung der Gemeinschaft von Haus und Tisch ist von der modernen vergleichenden Kulturanthropologie gründlich untersucht worden. «Gerade wegen der komplexen gegenseitigen Abhängigkeit kultureller Kategorien gehört gewöhnlich die Nahrung zu den wichtigsten Kennzeichen der Unterschiede zwischen sozialen Gruppen», stellt Gillian Feeley-Harnik (S. 10) fest. Und nach einem «Überblick über die relevante anthropologische und soziologische Literatur» findet Lee Edwards Klosinski: «Die gemeinsame Mahlzeit ist eine Transaktion, mit der eine Reihe von gegenseitigen Verpflichtungen einhergeht und die ein komplexes Geflecht von Beziehungen begründet. Sehr auffällig ist die Eignung der Speisen, diese Beziehungen zu symbolisieren wie auch die Grenzen sozialer Gruppen zu bezeichnen... Der Austausch von Speisen gehört zu den grundlegenden Formen menschlicher Interaktion. Immer ist er von einer Reihe von Verpflichtungen, zu geben, zu empfangen und zu vergelten, begleitet. Diese Transaktionen stellen das Individuum in Zusammenhänge sozialer Verpflichtungen. Der Austausch von Speisen ist ein Symbol für menschliche Interaktion: Essen ist ein Verhalten, das Gefühle und Beziehungen symbolisiert, Status und Macht vermittelt und die Grenzen der Gruppenidentität ausdrückt» (S. 56–57, 58). Und ergänzend sei hier nachdrücklich darauf hingewiesen, daß Kommensalität nicht Almosengeben ist und Almosengeben nicht Kommensalität. Großzügiges Almosengeben mag die letzte große Zuflucht des Gewissens vor dem Schrecken der offenen Kommensalität sein.

Aber wie die ursprünglich sehr strengen Anweisungen hinsichtlich der Tracht und Ausrüstung der Missionare später gelockert und statt der Häuser den Aposteln Städte zum Ziel gesetzt wurden, suchte man später statt der Kommensalität Unterstützung. Das aber war ein wesentlicher Wandel, denn während die Tischgemeinschaft die Unterstützung voraussetzt, schließt die Unterstützung die Kommensalität nicht notwendig sein. Jesu Aufforderung zur Kommensalität wurde schon in der Spruchquelle Q von der mutmaßlich sprichwörtlichen Bemerkung begleitet: «Der Arbeiter ist seiner Speise wert», wie man bei Matthäus 10,10 (in der Übersetzung Martin Luthers) liest. Zwar sagt Lukas 10,7 statt dessen, «ein Arbeiter ist seines Lohnes wert», ich bin aber, aus Gründen, auf die ich unten noch einzugehen gedenke, zu der Annahme geneigt, daß Q von «Speise» sprach.

Auf sehr interessante Weise anders ist Paulus verfahren (vgl. 1. Korinther 9,1–18). Wie Ronald Hock gezeigt hat, stritten sich seinerzeit die griechischen Wanderprediger philosophischer Lehren darüber, ob sie ihren Lebensunterhalt durch Gebühren für ihre Vorträge, durch Bettelei oder Arbeit bestreiten sollten. Paulus nun entschied sich wie gewisse Kyniker und gegen das in der griechisch-römischen Welt verbreitete Vorurteil gegen Leute, die ihr Brot im Schweiße ihres Angesichts aßen, dafür, nicht auf Kosten der Gemeinden, denen er predigte, zu leben, sondern sich sein Brot mit seiner Hände Arbeit zu verdienen. «Man könnte in der Tat behaupten», schließt Hock, «daß Paulus, indem er predigte und arbeitete, verwirklichte, was für die Kyniker nur ein Ideal war» (1974, S. 165). Darum geht es im 1. Korintherbrief 9,1–18. Paulus weigert sich, das den Aposteln zugestandene Recht auf Essen und Trinken wahrzunehmen, obwohl er 9,14 sagt, der Herr habe «denen, die das Evangelium verkündigen, geboten, vom Evangelium zu leben». Ich nehme an, daß Paulus sich an dieser Stelle des Spruchs, der Arbeiter sei seiner Speise wert, erinnert. Aber Jesus ermahnte zur Kommensalität, nicht zum Annehmen von Almosen oder Lohn, von Honoraren oder Gebühren, und indem Paulus sich weigerte, dergleichen zur Vergeltung seiner Predigttätigkeit anzunehmen, widersetzte er sich zwar den inzwischen ausgebildeten Konventionen seiner Glaubensbrüder, nicht aber der Lehre Jesu selbst. Die Logik der ursprünglichen Mission Jesu forderte nicht Wohltätigkeit, sondern Tischgemeinschaft. Und diese Vision einer egalitären Gemeinschaft dürfte Paulus vollkommen eingeleuchtet haben.

Eine andere und sehr komplexe Verschiebung der ursprünglichen Bestimmungen hinsichtlich der Mission findet man in der Didache 11–13, und damit bezeugt diese frühe Kirchenordnung, daß der Gemeinde ortsansässige Bischöfe und Diakone lieber waren als wandernde Apostel, Propheten und Lehrer. Stephen Patterson hat mittels einer stratigraphischen Analyse des Textes der fraglichen drei Kapitel der Didache die Entwicklung des Selbstverständnisses der Gemeinde, die sich diese Kirchenordnung gab, nachgezeichnet. In der ersten und ältesten Schicht ist 11,4–12 von Wanderpredigern und Wanderpropheten die Rede. Ihnen soll Gastfreundschaft und Kommensalität zuteil werden, aber höchstens für zwei Tage. 11,3 ist gesagt, wie wir schon sahen, daß Aposteln Gastfreundschaft für höchstens diese Dauer zu gewähren ist, und 11,6 heißt es, daß sie bei der Abreise nur Brot als Wegzehrung erhalten sollen. Diese ältere Schicht ist nun in eine neuere eingebettet, nämlich 11,1–12, 2a, wo über die Wanderprediger gesagt wird (ehe die Anweisung aus der älteren Schicht 11,4–12 folgt): «Aber hinsichtlich der Apostel und Propheten verfahrt nach der Weisung des Evangeliums.» Einer dritten Schicht gehören schließlich die im Anschluß an 11,1–12, 2a gegebenen Bestimmungen an (12,2b–13,7), die für Flüchtlinge gelten sollen, nicht allein für Propheten und Lehrer, sondern auch für einfache Handwerker, die den Wunsch äußern, sich in der Gemeinde *niederzulassen*.

> «Jeder wahrhaftige Prophet aber, der sich bei euch niederlassen will, ist seiner Nahrung wert. Ebenso ein wahrer Lehrer: Auch der ist, wie der Arbeiter, seiner Nahrung wert. Jeden Erstling nun des Ertrages von Kelter und Tenne, von Rindern und Schafen ... Teig ... Wein und Öl ... Geld ... Kleidung ... jeglichem Besitz gib gemäß dem Gott.»
> (Didache 13,1–17; deutsch in A. Lindemann und H. Paulsen, *Die apostolischen Väter*, 1992)

Wie immer nun die soziale Realität hinter diesen frommen Ermahnungen ausgesehen haben mag, jedenfalls sollten seßhafte Lehrer, nicht Wanderprediger, so großzügig an den Produkten der gesellschaftlichen Arbeit beteiligt werden. Der auffällige Wechsel von dem entschieden zurückhaltenden Willkommensgruß, der nach Didache 11 den Wanderpredigern zuteil werden soll, zu dieser Ermahnung zur Generosität gegenüber niedergelassenen Propheten und Lehrern erklärt sich vielleicht daraus, daß die Gemeinde zu der Zeit, da sie sich ihre Gemeindeordnung gab, sich größerer Stabilität erfreute, die sie einer nun ortsansässigen Autoritätsstruktur verdankte, wie Patterson meint (S. 258).

> «Wählt euch nun Episkopen und Diakone, würdig des Herrn, Männer, mild und ohne Geldgier und wahrhaftig erprobt, denn sie leisten für euch ja auch den Dienst des Propheten und Lehrers. Verachtet sie also nicht. Denn sie sind die ehrenvoll ausgezeichneten unter euch, gemeinsam mit den Propheten und Lehrern.»
> (Didache 15,1–2)

Seßhafte Episkopen und Diakone sind an die Stelle der wandernden Propheten und Lehrer getreten, und die Zeiten, da, wie Patterson treffend formuliert hat, «schon beim Anklopfen des wandernden Radikalen die alte Welt verschwand und das Himmelreich gekommen war», gehörten bereits der Vergangenheit an.

Schließlich wird in 1.Timotheus 5,18b zugunsten der Gemeindeältesten daran erinnert, daß der Arbeiter seines Lohnes wert ist.

> «Älteste, die das Amt des Vorstehers gut versehen, verdienen doppelte Anerkennung, besonders solche, die sich mit ganzer Kraft dem Wort und der Lehre widmen. Denn die Schrift sagt: Du sollst dem Ochsen zum Dreschen keinen Maulkorb anlegen, und: Wer arbeitet, hat ein Recht auf seinen Lohn.»
> (1.Timotheus 5,17–18)

Doch noch einmal sei darauf hingewiesen, daß, wie gerechtfertigt und sogar nötig Ermahnungen wie diese auch sein können, Kommensalität ein Phänomen ganz anderer Natur ist als die hier angemahnte Unterstützung.

Die Verschiebung des Interesses von der Einladung zur Tischgemeinschaft zur Auslobung eines Gehalts für die Sendboten Jesu zeigt sich, wie mir scheint, bei unseren Zeugen, in drei Stadien:

Kommensalität:	1) Thomasevangelium 14,2; 2) Q: Lukas 10,7; 3) Markus 6,10
Speise (Sprichwort):	1) 1.Korinther 9,4; 2) Q?: Matthäus 10,10b; 3) Didache 13,1; 4) *Dialog des Erlösers* 53b
Lohn (Sprichwort):	1) Q?: Lukas 10,7b; 2) 1.Timotheus 5,18b

«Maria sagte . . ., und ‹der Arbeiter verdient sein Essen›», heißt es in dem koptischen *Dialog des Erlösers* 53b (NTApo[6]; Bd. 1, S. 251). Sie bedient sich zur Bezeichnung des Essens des griechischen Lehnworts *trophē* (Emmel et al., S. 78). Und es ist die derart dreifache Erwähnung des Essens in der zweiten Folge und die einfache in der dritten, die mich überzeugt, daß in der Spruchquelle Q von «Speise», nicht von «Lohn» die Rede war. Dennoch, wenn auch die Spruchweisheit, die den Arbeiter seiner Speise für wert hielt, der ursprünglichen Vorstellung offener Tischgemeinschaft noch näher war als in der Fassung, wo «Lohn» die «Speise» ersetzte, so erleichterte sie doch mit dem Hinweis auf den Verdienst des Arbeiters schon die Abkehr von der offenen Kommensalität und Einführung eines Gehalts, wie sie ausdrücklich allerdings nur bei Lukas und im 1.Timotheusbrief zur Sprache kommt.

Doch für Jesus war Kommensalität nicht nur eine Strategie zur Unterstützung der Mission. Für den Unterhalt der Apostel hätte auch durch Spenden, Lohn oder Gebühren irgendwelcher Art gesorgt werden können. Oder die Apostel hätten sich, nach gutem alten kynischen Brauch, was sie zum Leben brauchten, zusammenbetteln können. Vielmehr war Kommensalität eine Strategie zum Aufbau oder Wiederaufbau der bäuerlichen Gemeinschaft nach Prinzipien, welche die bisher gültigen von Ehre und Schande, diejenigen des Patronats und Klientenwesens, außer Kraft setzen sollten. Diesen neuen Prinzipien zufolge, die in der offenen Tischgemeinschaft zugleich praktiziert und symbolisiert wurden, sollten geistliche und materielle Macht schon auf der niedrigsten Ebene von allen gleich geteilt werden. Dazu sollten die Apostel durch ihre äußere Erscheinung, ihre Tracht und Ausstattung nur mit dem Nötigsten, ebenso ermutigen wie durch ihr Verhalten im Hause und bei Tisch derjenigen, die sie besuchten.

Heilen

Daß die Apostel heilen sollten, sagen unsere wichtigsten drei Zeugnisse übereinstimmend und sogar mit dem gleichen Verbum. Selbst das koptische Thomasevangelium bedient sich 14,2 ebenso des griechischen Lehnworts *therapeuein* für «heilen» wie Lukas 10,9. Bei Markus 6,7b heißt es, daß Jesus den Aposteln «Vollmacht, die unreinen Geister auszutreiben» gab, und 6,13, die Apostel «trieben viele Dämonen aus und salbten viele Kranke mit Öl und heilten sie». Das Wort «heilen» hat also Markus stehenlassen, wenn er auch im übrigen die überlieferten Verse an dieser Stelle sehr eigenmächtig redigiert und so die Anweisung zu heilen in eine Beschreibung der Ausführung dieser Anweisung verwandelt hat. Wie den bei Markus 8,22–26 erwähnten Speichel als Medium der heilenden Kraft Jesu, haben Matthäus 10,1 und Lukas 9,1.6 auch das bei Markus an der soeben betrachteten Stelle 6,13 erwähnte Öl, das die Apostel zum Heilen gebrauchten, in ihre Nacherzählung nicht aufgenommen.

Bei den anderen Zeugnissen des Komplexes 1 *Sendung und Botschaft* [1/7] steht das Heilen nicht im Vordergrund. In seinem 1. Brief an die Korinther spricht Paulus 9, 12.14.16.18 nicht vom Heilen, sondern von der Predigt des Evangeliums. In der Didache 13 sind die Apostel schon niedergelassene Propheten. Und im 1. Brief des Paulus an Timotheus 5,18 ist der Arbeiter, der seines Lohnes wert ist, einer derjenigen, die sich «dem Wort und der Lehre widmen». Dieser Wandel war vermutlich unvermeidlich, denn wie Bryan Wilson aufgrund seiner siebenfältigen Typologie religiösen Widerstands gegen imperialistische Aggression feststellt, «fällt es thaumaturgischen Bewegungen, deren wichtigstes Anliegen ja der Stand der Gnade und Gesundheit des Individuums ist, außerordentlich schwer, sich eine dauerhafte Organisation und Leitung und somit Beständigkeit zu geben» (S. 91). Es gelingt ihnen jedenfalls nicht leicht, eine «stabile Sektenorganisation des Typs zu begründen, wie man sie bei konversionistischen, revolutionistischen und introversionistischen Bewegungen findet» (S. 100). Doch diese Kombination von Magie und Mahlzeit, Wunder und Tisch, mit der egalitären Gemeinschaft geistlicher Macht und materiellen Besitzes legte immerhin ein Fundament, auf das die Zukunft bauen konnte.

Reich

Unsere wichtigsten drei Zeugnisse stimmen überein in der Behauptung der Zusammengehörigkeit von Magie und Mahlzeit, Heilen und Essen, Mitleid und Tischgemeinschaft, von spirituellem und materiellem Egalitarismus. Weniger gewiß ist die Zusammengehörigkeit der

Mahlzeit und des Wunders mit dem Reich. Im Thomasevangelium 14,2 ist das Reich nicht erwähnt. Ausdrücklich gedenkt seiner die Spruchquelle Q, deren Ausdruck Lukas 10,9 mit der Erklärung wiedergibt: «Das Reich Gottes ist euch nahe» (in der deutschen Einheitsübersetzung; Rengstorff übersetzt: «Nahe gekommen ist die Herrschaft Gottes»). Matthäus 10,7b hat statt dessen: «Das Himmelreich ist nahe» (so die Einheitsübersetzung; Schniewind bietet: «Genaht ist die Herrschaft des Himmels»). Bei Markus 6,12 steht nur: «Die Zwölf machten sich auf den Weg und riefen die Menschen zur Umkehr auf.» Ich meine aber, daß diese Stelle im Lichte der ersten Botschaft Jesu gelesen werden sollte, so wie Markus 1,14–15 diese zusammenfaßt: «Nachdem man Johannes ins Gefängnis geworfen hatte, ging Jesus wieder nach Galiläa; er verkündete das Evangelium Gottes und sprach: Die Zeit ist erfüllt, das Reich Gottes ist nahe. Kehrt um, und glaubt an das Evangelium!» Diese Formulierung ist, wie ihre Veränderung durch Matthäus 4,17 und Auslassung durch Lukas bezeugen, eigentümlich für die Theologie des Markus und setzt voraus, wie Werner Kelber überzeugend nachgewiesen hat, daß für Markus das Reich bereits jetzt und hier gegenwärtig ist, doch auf eine verborgene und unscheinbare Weise, so daß die Buße und Umkehr erforderlich sind, auch nur die Möglichkeit der Aufnahme zu schaffen (S. 7–11). Bei Markus steht, wenn man 6,12 im Zusammenhang mit 1,14–15 liest, die Botschaft, daß das Reich im verborgenen schon gegenwärtig ist und uns auffordert, Buße zu tun und zu glauben. Ich meine deshalb, daß die Predigt von der Gegenwart des Reichs in der Quelle stand, die Markus für seinen Bericht von der Aussendung der Jünger 6,6b–13 benützte, daß er sich aber, da er schon in seiner programmatischen Zusammenfassung der Botschaft Jesu 1,14–15 vom Reich gesprochen hatte, 6,12 darauf beschränkte, durch alleinige Wiederholung der Aufforderung, Buße zu tun, an die schon verkündete Botschaft zu erinnern. Es gibt zwei kleine Hinweise, durch welche die Wahrscheinlichkeit dieser Annahme gestärkt wird. Die genau gleiche Wendung, das Reich Gottes «ist nahe gekommen» (im Griechischen *ēggiken*), wird sowohl von Markus 1,15a gebraucht als auch von Lukas 10,9 (11b) und Matthäus 10,7 aus der Spruchquelle Q entnommen. Überdies hat Lukas 9,2 und 6 bei der Übernahme des Berichts von Markus dessen in 6,12 gebrauchte Wendung, «und riefen die Menschen zur Umkehr auf», durch «er sandte sie aus mit dem Auftrag, das Reich Gottes zu verkünden» und sie «verkündeten das Evangelium» ersetzt. Zuletzt sollte man vielleicht noch bedenken, daß das in dem auf das Reich Gottes bezüglichen Satz von allen drei Evangelisten gebrauchte griechische Verbum (*ēggizein* = sich nähern, nahen) bei allen drei Evangelisten im Perfekt steht und sich somit, wie Kelber (S. 11) bemerkt, auf ein Ereignis beziehen kann, das in der Vergangenheit geschah, aber noch die Gegenwart betrifft. Insoweit die Erklärung «Das Reich Gottes ist nahe herbeigekommen» die Botschaft Jesu wiedergibt, sagt sie, daß das Reich Gottes nahe ist nicht im Sinne der Verheißung einer Zukunft, sondern als Hinweis auf ein gegenwärtiges Reich, dessen Macht das Erlebnis des gemeinschaftlich erfahrenen Wunders und der gemeinschaftlich genossenen Mahlzeit offenbart.

Wandern

Seit der Veröffentlichung der bahnbrechenden Untersuchungen Gerd Theissens über den urchristlichen «Wanderradikalismus» in den frühen 70er Jahren dauern die Auseinandersetzungen über das von Theissen beleuchtete Phänomen an. Worin bestand dieser «Wanderradikalismus», und wie fügt er sich in das Bild ein, das wir bisher von der Eigenart der von Jesus ins Leben gerufenen Bewegung gewonnen haben?

Die Bezeichnung deutet zunächst darauf hin, daß es sich bei dem in Rede stehenden Radikalismus um einen prinzipiell und programmatisch wandernden handeln könnte, daß also das Wandern und sogar Vagabundieren der Apostel selbst radikal, Teil ihrer radikalen Botschaft wäre. Aber inwiefern? An sich selbst radikal wäre freilich das Reisen, wenn niemand sonst von Ort zu Ort reiste. Doch haben wir ja schon gesehen, daß der «Wanderprediger» als «sozialer Typus im Römischen Reich» (wie ihn Walter Liefeld in seinem Buch beschreibt) durchaus seinen Platz hatte. War nicht also doch die Unbehaustheit der Missionare vielleicht nur eine Nebenfolge ihrer Missionstätigkeit, die sie schließlich nur «in alle Welt» hingehend entfalten konnten? Oder hatte wirklich der urchristliche Wanderradikalismus in der Unbehaustheit seiner Existenz einen Teil des Sinns, den er propagierte? Man kann das zugeben und über diesen Sinn dennoch streiten. Denn man könnte behaupten, daß die Unbehaustheit der Missionare denen, die zu belehren sie kamen, die Unbehaustheit des Menschen in einer grundsätzlich fremden Welt hätte vor Augen führen sollen. Ich aber bin der Meinung, daß einer diese Botschaft viel deutlicher vermitteln könnte, wenn er bliebe, wo ihn jeder kennt und, zum Beispiel, in einem Fasse Wohnung nähme.

Den radikalen Sinn des Wanderns der urchristlichen Missionare sehe ich vielmehr darin, daß dieses Wandern dem symbolischen Ausdruck des unvermittelten Egalitarismus diente, den sie verkündeten. Weder Jesus noch seine Jünger lassen sich an irgendeinem Ort nieder, um nicht in irgendeinem vermittelten sozialen Gefüge Platz zu nehmen. Eben das hätte man von Heilern eigentlich erwarten sollen, daß sie irgendwo Aufenthalt nähmen, eine Gruppe von Anhängern um sich sammelten und die Kranken zu sich kommen ließen. Statt dessen gehen sie selbst zu den Leuten und müssen sozusagen jeden Morgen von neuem anfangen.

Die Erzählung vom Anfang des Lehrens Jesu bei Markus 1,16–38 ist durch kein anderes unabhängiges Zeugnis verbürgt, und ganz abgesehen davon, daß ich mich also aufgrund meiner methodischen Voraussetzung nicht auf sie berufen dürfte, glaube ich auch nicht, daß wir sie als Bericht aus dem Leben des historischen Jesus verstehen dürfen. Wenn ich dennoch hier daran erinnere, so nur, weil sie mir sehr treffend zu illustrieren scheint, in welchem Sinne das Wandern der urchristlichen Missionare einen jede Vermittlung ausschließenden Egalitarismus zum Ziel hatte. Dieser Erzählung zufolge fordert Jesus Petrus und andere auf, ihm nachzufolgen, verkündet seine Lehre in Kafarnaum in der Synagoge «wie einer, der göttliche Vollmacht hat, nicht wie die Schriftgelehrten» und kehrt im Hause des Petrus ein, dessen Schwiegermutter er heilt. Am Abend aber, nach Ende des Sabbats, versammelt sich die ganze Stadt vor der Tür des Hauses mit allerlei «Kranken und Besessenen». Wer die Verhältnisse im Mittelmeerraum kennt, weiß, was nun geschehen wird und bereits geschieht. Das Haus des Petrus wird der Ort, wohin sich zu wenden hat, wer Heilung durch Jesus sucht, und Petrus wird als Mittler und Makler fungieren zwischen Jesus und denen, die Hilfe suchen. Was aber geschieht?

> «In aller Frühe, als es noch dunkel war, stand er auf und ging an einen einsamen Ort, um zu beten. Simon und seine Begleiter eilten ihm nach, und als sie ihn fanden, sagten sie zu ihm: Alle suchen dich. Er antwortete: Laßt uns anderswohin gehen, in die benachbarten Dörfer, damit ich auch dort predige; denn dazu bin ich gekommen.»
> (Markus 1,35–38)

Lukas, der den Bericht von Markus übernimmt, verdirbt den letzten Satz, indem er Jesus sagen läßt: «. . . denn dazu bin ich gesandt worden» (4,43). Petrus aber hätte, wenn Markus ihm Gelegenheit dazu gegeben hätte, dem Herrn zweifellos erwidert, daß es viel vernünftiger wäre, in Kafarnaum zu bleiben und auf die Menschenmenge zu warten, die, durch den sich ausbreitenden Ruhm angezogen, zweifellos vor seinem Hause sich einfinden würde. Auch gemäß den Erkenntnissen der Psychosoziologie des Heilens und der Anthropologie der Magie wäre das vernünftiger gewesen. Schließlich war so auch Johannes der Täufer verfahren. Doch Jesus verläßt das Haus des Petrus.

Die ganze Erzählung ist eine Schöpfung des Markus und soll die aus der Sicht dieses Evangelisten nicht miteinander zu vereinbarenden

Vorstellungen Jesu und seines ersten Jüngers von der Mission vorführen. Ich entnehme ihr nur den darin ausgesprochenen Gegensatz zwischen der Unmittelbarkeit des Wanderns und dem Mittlerwesen, das die feste Adresse begünstigt, denn er weist darauf hin, worin das eigentlich Radikale des Wanderradikalismus besteht. Im Lichte dessen, was wir über das Wesen der Mission Jesu und seiner Jünger schon erfahren haben, offenbart das Wandern der Apostel seine Radikalität in seiner Verbindung mit dem Heilen, der Magie, dem Wunderwirken. Das egalitäre Teilen spiritueller und materieller Gaben, des Wunders und des Tischs, darf keinen festen Ort haben, weil es anders binnen kurzem auch nur wieder ein hierarchisch organisiertes Geschäft hervorbringen würde.

Ich betrachte zuletzt zwei mehrfach verbürgte Überlieferungskomplexe, in denen ich die Botschaft eines unmittelbaren Egalitarismus, der die Makler ausschließt, Jesus nicht nur von Markus zugeschrieben finde (und vielleicht nur, weil diesem daran gelegen war, Petrus ins Unrecht zu setzen), sondern als Botschaft des historischen Jesus lese. Zunächst den gut bezeugten Komplex 22 *Prophet im eigenen Land* [1/4]. Woher nämlich kommt im Grunde die Spannung zwischen Jesus, seiner Heimatstadt Nazaret und seiner Familie, besonders seinen Brüdern? Es liegt nahe anzunehmen, die Ursache sei gewesen, daß die Seinigen nicht an ihn glaubten, und daß Jesus sich deshalb von ihnen und der patriarchalischen Familie überhaupt lossagte. Der nicht weniger naheliegende Einwand gegen diese Erklärung ist der Hinweis auf die Tatsache, daß schon bald nach Jesu Tod seine Familie und insbesondere Jakobus erheblichen Einfluß in der frühen Kirche hatten. Weshalb hätte der noch jüngst ungläubige Jakobus nach dem Tod des Bruders ein Führer von dessen Gemeinde werden sollen? Mir scheint, daß tatsächlich die Spannung zwischen Jesus und den Seinen nicht aus deren Unglauben resultiert, sondern vielmehr davon zeugte, daß sie sich von Jesus um die ihnen ihres Erachtens von Rechts wegen zustehenden «Maklergebühren» betrogen fühlten. Wenn Jesus ein bekannter Magier, Heiler oder Wundertäter war, hätte jedenfalls zunächst seine unmittelbare Familie und des weiteren seine Stadt erwartet, auch ihrerseits von seinem Ruhm und seinen Gaben in privilegierter Weise zu profitieren. Jeder mediterrane Bauer hätte es für eine Selbstverständlichkeit gehalten, daß ein System von Patronats- und Klientenverhältnissen von Jesus aus über dessen unmittelbare Familie und den Heimatort bis in die Welt hinaus wirksam geworden wäre. Doch indem er Nazaret und seiner Familie den Rücken kehrte, verweigerte sich Jesus dieser Zumutung, und das, nicht Glauben oder Unglauben, war das Problem. In dem Zeugnis des Überlieferungskomplexes 22 *Propheten im eigenen Land* [1/4] hat man nur die Vergewisserung, daß die

Beobachtung, die Gegenstand des Komplexes 74 *Frieden oder Schwert* [1/2] ist, aus Jesu eigener Erfahrung gezogen ist.

Dessen Gegnerschaft gegen das Maklerwesen ist schließlich durch den Spruch bezeugt, der Gegenstand des Überlieferungskomplexes 10 *Den, der gesandt hat, empfangen* [1/5] ist. Bei der Erörterung des Aussendungsbefehls im vorigen Kapitel mußte nach Möglichkeit vermieden werden, diesen von den verwickelten Realitäten der späteren städtischen Mission und der Heidenmission her zu verstehen. Ebenso darf man die uns hier beschäftigende Aussage Jesu, will man sie recht verstehen, nicht im Lichte der späteren Kirchengeschichte lesen. Zwar scheint der Satz «Wer mich aufnimmt, nimmt den auf, der mich gesandt hat» (Matthäus 10,40), himmlische Präexistenz des Gottessohns – vor seiner Entsendung auf die Erde – vorauszusetzen, aber daß er sich einen «Gesandten» nennt, ist nicht notwendig in diesem Sinne zu verstehen. Man erinnere sich etwa des oben zitierten Worts des Philosophen Epiktet: «Seht, Gott hat euch einen Mann gesandt, euch zu zeigen, daß es (nämlich das Leben in freiwilliger Armut) möglich ist.» Andererseits könnte man die Aussage so verstehen, als würde damit eine Hierarchie postuliert, in der Jesus, der von Gott Gesandte, zwischen Gott und den Jüngern, die er seinerseits aussendet, seinen Platz hätte. Tatsächlich negiert aber dieser Text jedes derartige Patronats- und Klientenverhältnis. Doch wird das nur klar, wenn man die ganze Aussage bedenkt, derzufolge die Apostel sich zu Jesus verhalten wie Jesus zu Gott; da immer der, der gesandt hat, empfangen wird. Die Blickrichtung nicht auf den Gesandten, sondern auf den, der gesandt hat, nicht also auf den Missionar, sondern auf Gott, ist verloren, wo nur ein Teil des Spruchs überliefert wird. Und von den zehn Texten aus fünf Quellen, die diesen Komplex bilden, überliefern nur die Hälfte den das doppelte Verhältnis nennenden vollständigen Spruch; so Lukas 10,16: «Wer euch ablehnt, der lehnt mich ab, wer aber mich ablehnt, der lehnt den ab, der mich gesandt hat.» Entsprechend auch Matthäus 10,40, wie Lukas an der zitierten Stelle der Spruchquelle Q folgend. Ebenso Markus 9,37: «Wer ein solches Kind um meinetwillen aufnimmt, der nimmt mich auf; wer aber mich aufnimmt, der nimmt nicht nur mich auf, sondern den, der mich gesandt hat», woher Lukas 9,47–48 genommen ist und desgleichen Matthäus 18,2.5, doch heißt es dort nur, «wer ein solches Kind um meinetwillen aufnimmt, der nimmt mich auf», während man bei Johannes 13,20 wieder den ganzen Spruch findet. In der Didache 11,4–5 und in des Ignatius Brief an die Epheser 6,1 andererseits wird nur das Verhältnis zwischen Jesus und den Missionaren genannt und bei Johannes 5,23b und 12,44b nur das Verhältnis Jesu zu Gott. Bemerkenswert ist weiter als Indiz für die Tendenz der Überlieferung, daß sowohl bei Markus 9,37 (...nimmt nicht nur mich auf, sondern den, der mich gesandt hat») als auch bei Johannes 12,44b («. . . glaubt nicht an mich, sondern an den, der mich gesandt hat») Jesus sein Verhältnis zu Gott mit einer entschiedenen Verneinung ausdrückt, daß aber weder Matthäus 18,5 noch Lukas 9,48 bei der Übernahme der Aussage des zitierten Verses die negative Formulierung, die sie bei Markus hat, beibehalten haben. Auch bei Johannes 5,23b und 13,20 gibt es keine Verneinungen, die der oben zitierten parallel zu setzen wären. Diese war den guten Leuten vermutlich etwas zu stark. Ich nehme also an, daß der Spruch über das doppelte Verhältnis der Missionare zu Jesus und Jesu zu Gott, vielleicht als doppelte Verneinung formuliert, «nicht euch, sondern mich, nicht mich, sondern Gott», im Munde des historischen Jesus eine Ermahnung war, nie zu vergessen, daß es letztlich weder auf die Missionare noch auf ihn selbst, Jesus, sondern allein auf Gott ankomme. Später freilich konnte er dann anders verstanden werden, besonders wenn man ihn nicht vollständig zur Kenntnis nahm. Die von mir unter der Signatur 61 *Jünger und Knecht* [1/3] katalogisierte Überlieferung andererseits ist vermutlich jünger und scheint Zeugnis eines Stadiums der Entwicklung der Gemeinde zu sein, in welchem den Jüngern nicht mehr versichert werden mußte, daß sie vor Gott dem Jesus gleich seien, sondern vielmehr, daß sie diesem nichts voraus hätten und sich also nach ihm richten sollten: «Der Jünger steht nicht über seinem Meister; jeder aber, der alles gelernt hat, wird wie sein Meister sein» (Lukas 6,40).

Die Botschaft eines offenen Geheimnisses

Die Mission, von der ich im vorigen Abschnitt gesprochen habe, war, wie ich deutlich gemacht zu haben hoffe, nicht allein die der Apostel Jesu, sondern ebensowohl dessen eigene Sendung. Was ich also von der Kleidung und wandernden Lebensweise der Apostel, von Wunderheilungen und Tischgemeinschaft gesagt habe, gilt deshalb wie für seine Jünger auch für Jesus selbst. Und es sollte auch klargeworden sein, daß die Mission, mit der Jesus und seine Jünger gesandt waren, keine einmalige Sache, sondern eine dauernde Aufgabe, ein Alltagsberuf war. Ich will deshalb jetzt zum Schluß dieses Kapitels eine Reihe von Überlieferungskomplexen betrachten, in denen von Jesus und seinen Jüngern zugleich, also von der Bewegung, die Rede ist, die Jesus in Gang setzte. Denn wie hier noch einmal betont sei: Der historische Jesus hatte sowohl eine ideale Vision als auch ein soziales Programm.

Die Sprüche, die Gegenstand der ersten dieser Komplexe sind, verweisen auf die Offenheit, Deutlichkeit, Verständlichkeit der Botschaft Jesu. Die rätselhafte Aufforderung 9 *Wer Ohren hat* [1/5] sollte, so wie der historische Jesus sie aussprach, gewiß weiter nichts bedeuten als: «Ihr habt Ohren. Macht Gebrauch davon. Was ich sage, ist so klar und offensichtlich wie möglich; ihr braucht nur hinzuhören. Es ist nicht verborgen, geheimnisvoll, kryptisch oder mysteriös. Es ist offensichtlich, und vielleicht ist das Problem, daß es zu offensichtlich ist. Hört also zu!» Ähnlich zu verstehen ist die Aufforderung, die Zeichen der Zeit zu erkennen (53 *Zeichen der Zeit* [1/3]). Jeder weiß die Anzeichen des sich zusammenbrauenden Wetters am Himmel zu lesen, sagt Jesus da. Seine eigene Botschaft ist ebenso deutlich. Zweifellos hat der historische Jesus derart auf die Naturbeobachtung verwiesen, anstatt sich auf eine prophetische Schriftstelle zu berufen, wenn auch der Verweis von der Botschaft auf den Boten im Thomasevangelium 91,2 und der tadelnde Ton des Hinweises bei Matthäus 16,2–3 von den Bearbeitern der Überlieferung hinzugefügt worden sein wird.

Vier andere Sprüche gehen in die gleiche Richtung, sagen aber weiter, daß die Botschaft, die Jesus seine Jünger zu verkünden anweist, auch aus ihrem Munde unmißverständlich sein wird. Als «Licht der Welt» bezeichnet Jesus der Überlieferung zufolge (21 *Das Licht der Welt* [1/4]) einerseits sich selbst (bei Johannes 8,12), andererseits seine Jünger (bei Matthäus 5,14a). Ich glaube, daß der historische Jesus dergestalt ekstatisch übertreibend nicht von sich, sondern von seinen Jüngern gesprochen hat. Auch der Spruch, der Gegenstand des Überlieferungskomplexes 36 *Licht und Scheffel* [1/3] ist, ermahnt ja die Jünger, ihrem Licht zu trauen. Und die Sprüche, die ich unter den Signaturen 78 *Die Stadt auf dem Berg* [1/2] und 79 *Auf den Dächern predigen* [1/2] katalogisiert habe, geben der gleichen Vision Ausdruck. Die Missionare haben eine Botschaft, die weder privat noch geheim, verborgen oder okkult ist.

Die in fünf weiteren Komplexen überlieferten Äußerungen würde ich nicht so zuversichtlich wie die bisher zitierten dem historischen Jesus zuschreiben, obwohl sie den Sinn, den wir in den bisher besprochenen fanden, aufgreifen und erweitern, allerdings mit gnostischer Tendenz. Der Spruch, der Gegenstand des Komplexes 66 *Weise und Verständige* [1/2] ist, erklärt bereits, daß jenes Offensichtliche den vermeintlich Weltklugen allerdings verborgen ist. Die Aussagen der Komplexe 45 *Vater und Sohn* [1/3] und 52 *Joch und Last* [1/3] betonen die Bedeutung Jesu für die Lehre der wahren Weisheit. Der Komplex 67 *Verborgen seit Anbeginn der Welt* [1/2] sagt, daß die seit Anbeginn der Welt verborgene Wahrheit nunmehr offensichtlich wird. Von besonderem Interesse ist die Überlieferung 14 *Auge, Ohr, Herz* [1/4], weil sie von vier unabhängigen Zeugen verbürgt ist. Doch hat William Stroker nachweisen können, daß es sich dabei um eine alte jüdische Tradition handelt, die Jesus in verschiedenen Kreisen und zu verschiedenen

Zeiten zugeschrieben worden ist (1970, S. 278–279). Alle fünf hier genannten Sprüche stammen denn auch, wie Helmut Köster mit guten Gründen vermutet, wahrscheinlich aus einer verlorenen Weisheitsschrift, die den Korinthern bekannt war und die sie im Zusammenhang ihrer Weisheitstheologie benützten. Köster meint, daß dieses Buch vermutlich einer Autorität des Alten Testaments zugeschrieben wurde, und daß, nachdem es von gnostisch geneigten Christen zu Zeiten des Paulus benutzt worden war, Stücke aus diesem Weisheitsbuch in die Überlieferung der Sprüche Jesu eingingen (1980b, S. 249–250). Jesu Verkündigung eines offenen und unvermittelten Zugangs zu Gott war so ersetzt worden durch die Lehre von einer geheimen und seit Anfang der Welt verborgenen Weisheit, die allein den Einfältigen und Demütigen offenbart werden sollte. Die gleiche Haltung spricht, wie mir scheint, aus der Überlieferungseinheit 92 *Das Geheimnis wissen* [1/2].

Und ähnlich liegt der Fall 32 *Das Verborgene offenbart* [1/3], bei dem sich die Mehrdeutigkeit der Sprüche dieser Art auf den ersten Blick zeigt. Denn wenn man Markus 4,22: «Es gibt nichts Verborgenes, das nicht offenbar wird, und nichts Geheimes, das nicht an den Tag kommt», apokalyptisch verstehen kann, liegt im Thomasevangelium 4(5),2 der Zusammenhang nahe, den gleichen Spruch weisheitlich zu deuten, und das gilt auch für seine Wiederholung im folgenden Abschnitt dieses Evangeliums, wo es heißt: «Denn sie (eure Taten) sind alle vor dem Himmel offenbar. Denn es gibt nichts Verborgenes, das nicht geoffenbart wird.» Man kann freilich in der Erklärung auch nur einen Hinweis auf eine Erfahrungstatsache lesen, und in diesem Sinne macht Jesus die Bemerkung nicht nur bei Lukas 12,2, sondern es hat sie, wie ich meine, auch der historische Jesus gemacht. Nichts bleibt auf die Dauer geheim. Aber was er zu sagen hat, soll auch nicht geheim bleiben, sondern veröffentlicht, allen offenbar gemacht werden.

Eine weitere Reihe von Sprüchen betonen die Neuheit der Offenbarung Jesu. Diesen Gegensatz zwischen dem Neuen und dem Alten findet man natürlich in allen Schichten der Jesus-Überlieferung ausgesprochen, doch ist er in der ersten in sehr allgemeinen Bildern formuliert, so in den Sprüchen 87 *Alten Wein trinken* [1/2] und 88 *Flicken und alte Schläuche* [1/2]. Da wird das Alte getadelt, aber weniger spezifisch als in den Sprüchen, die die patriarchalische Familie und die mächtigen Reichen kritisieren. Die Sprüche konnten deshalb im Gang der Überlieferung auf ganz bestimmte Gegenstände angewandt werden, waren aber ursprünglich nichts weiter als alltägliche, offensichtliche Beispiele zur Darstellung der radikalen Neuheit der Botschaft Jesu.

Das gleiche Thema der von Jesus gestellten radikalen Alternative zum Hergebrachten, die jeden vor die Wahl stellt, ist der Gegenstand der drei Gleichnisse 71 *Das Fischernetz* [1/2], 75 *Die Erntezeit* [1/2] und 107 *Das verlorene Schaf* [1/2]. Das erste Gleichnis rät im Thomasevangelium 8,1 sehr sinnfällig, die rechte Wahl zu treffen. Bei Matthäus 13,47–50 ist es als Gleichnis der Weltgeschichte entwickelt, in der es die Heilsgeschichte zu erkennen gilt. Auch die Ermahnung, zur rechten Zeit zu ernten, liest sich in den Zusammenhängen, in die sie einerseits das Thomasevangelium 21,4, andererseits Markus 4,26–29 stellt, ganz verschieden. Nichts könnte die Schwierigkeit, selbst die Zeugnisse aus der ersten Überlieferungsschicht richtig zu bewerten, sinnfälliger illustrieren. Jesus konnte ein Sprichwort oder Gleichnis aus dem Alltag anführen, das nur in dem Gebrauch, den er davon machte, einen radikalen Sinn entfaltete, nämlich daß seine Vision, Botschaft und Aufforderung so offensichtlich, gewöhnlich und notwendig sei wie diese oder jene Sache oder Tätigkeit; daß ihm nachzufolgen so vernünftig sei, wie daß ein Fischer den besseren Fisch wählt, oder daß der Landmann erntet, wenn die Ernte reif ist. Doch ebenso leicht konnte die Überlieferung in diese allgemeinverständliche Bilder Hinweise auf eine seit Anbeginn der Welt in der Verborgenheit anwesende Weisheit hineininterpretieren wie auch eine Ankündigung der letzten Dinge, die beim nahe bevorstehenden Ende der Zeiten offenbart werden sollten. Jesus behauptete wie die Kyniker, daß zum rechten Leben nur die Weisheit des gesunden Menschenverstandes erforderlich sei, die allen zugänglich ist, die Ohren haben zu hören und Augen zu sehen. So verhält es sich auch bei dem Gleichnis 107 *Das verlorene Schaf* [1/2], wenn auch hier die Allgemeinverständlichkeit weniger offen auf der Hand liegt. Denn würde wirklich ein Hirt neunundneunzig Schafe ungehütet lassen, wie man der Erzählung zufolge annehmen muß, um auf die Suche nach einem verlorenen Schaf zu gehen? Im Thomasevangelium 107 ist (weil offenbar der Nacherzähler da ein Problem gesehen hat) das verlorene Schaf deshalb «das größte», und der Hirt sagt, als er es wiedergefunden hat: «Ich liebe dich mehr als die neunundneunzig.» Doch hat gewiß der historische Jesus mit diesem Gleichnis nur die Offensichtlichkeit der Radikalität in die Radikalität der Offensichtlichkeit verkehrt. Warum soll nicht ein Schaf so wichtig sein wie neunundneunzig? Warum soll man sich nicht weigern, eine hierarchische Entscheidung zu treffen? Warum sollte nicht zum Beispiel das Reich Gottes ein Reich der Gleichheit sein?

Zu dieser zweiten Reihe gehören auch die Gleichnisse 46 *Die Pächter* [1/3] und 47 *Der verworfene Stein* [1/3]. Für beide Erzählungen nehme ich zwei den schriftlichen Fassungen vorausliegende Entwicklungsstadien an. In der Geschichte von den Pächtern wird zuerst nur von dem Sohn des Gutsbesitzers ohne Vergleich mit Jesus selbst die Rede gewesen sein. Sodann wurde die Geschichte allegorisch auf Jesus hin gedeutet. Und dann konnte sie in zwei Richtungen ausgelegt werden: Entweder insgesamt auf ein glückliches Ende hin, wie im *Hirt des Hermas,* Gleichnis 5,2,4–7, wo die Pächter (der Knecht) und der Sohn den Weinberg gemeinsam erben, oder man deutete die Tötung des Sohns als Allegorie der Passion Jesu, in welchem Fall der Erzählung ein Hinweis auf die Auferstehung hinzugefügt werden mußte. Da die realistische Erzählung selbst das nicht zuließ, wurde ihr als der fehlende Hinweis das Gleichnis vom verworfenen Stein hinzugefügt. Jesus, der getötete Sohn und verworfene Stein, steht als Eckstein von den Toten auf.

Die Vereinigung der beiden Gleichnisse ist bei Markus 12,1–12 schon vollkommen durchgeführt, denn die rhetorische Frage 12,9a und die darauf antwortende Strafandrohung 12,9b schließen das zweite an das erste an, das 12,10 wie ein letztes Wort zu diesem eingeführt wird: «Habt ihr nicht das Schriftwort gelesen...» Im Thomasevangelium aber hat dessen Redakteur die beiden Gleichnisse entweder versehentlich oder absichtlich zwar aufeinander folgen lassen, doch so voneinander getrennt, als bestünde keine engere Beziehung zwischen ihnen (65, 66). Ich werde hier nur 46 *Die Pächter* [1/3] in Betracht ziehen, das Gleichnis, das Jesus gebraucht hat, nicht 47 *Der verworfene Stein* [1/3], der, wie Barnabas 6,4 zu erkennen gibt, ein frühkirchlicher Beitrag zur Überlieferung ist. Welchen Sinn aber könnte das Gleichnis von den Pächtern (oder Weingärtnern) für Jesus gehabt haben?

Natürlich ist es nicht unmöglich, daß Jesus es als Gleichnis des Schicksals erzählte, das er selbst erwartete. Nach der Hinrichtung Johannes des Täufers und angesichts der Unruhe, die sein eigenes Wirken erregte, bedurfte es keines übernatürlichen Wissens, die Möglichkeit eines solchen Endes in Betracht zu ziehen. Ja, er hätte sehr naiv sein müssen, nicht mit der Möglichkeit zu rechnen, wie Johannes der Täufer zu enden. Dennoch halte ich diese Erklärung, daß Jesus bei dem Sohn des Gutsbesitzers, der von seinen Pächtern erschlagen wird, an sich selbst dachte, nicht für sehr plausibel. Denn wie hätten die Weingärtner hoffen sollen, sich ausgerechnet durch seine Ermordung den Weinberg anzueignen? Die Probleme andererseits, die, von jedem Symbolismus abgesehen, die Erzählung schon vordergründig aufwirft, dürften Jesu bäuerlichen Zuhörern, die genau wußten, was sie von den Gutsbesitzern, deren Boden sie bearbeiteten, zu erwarten hatten, sehr vertraut gewesen sein. Ich neige deshalb dazu, das Gleichnis als eine auf die politische Situation, in der Jesus auftrat, bezügliche Belehrung zu lesen. Angenommen, daß das Gleichnis, wie es ursprünglich der Fall gewesen zu sein scheint, mit dem Tod des Sohnes endete – was hätten sich galiläische Bauern wohl dabei gedacht? Einige vielleicht: Richtig so. Manche: Er hat nur gekriegt, was er verdient hat. Andere: Aber was wird der Vater nun als nächstes tun? Manche: So sollte man's mit allen Gutsbesitzern machen. Andere: Aber was ist, wenn sie Soldaten schicken?

Die Sprüche und Gleichnisse dieser dritten Gruppe geben deutlicher als die vorangehenden zu verstehen, daß, wer die Vision oder Sendung Jesu annimmt, mit Widerstand, Feindseligkeit, Gefahr rechnen muß. Schon der oben behandelte ursprüngliche Aussendungsbefehl machte die Voraussetzung, daß die Sendboten hier Aufnahme finden, dort aber auf Ablehnung treffen könnten: Wenn sie euch aufnehmen, bleibt im Hause und eßt, was sie euch vorsetzen. Wenn sie euch ablehnen, schüttelt den Staub ihres Aufenthalts von euren Füßen. Ich glaube übrigens nicht, daß dieses Staub-von-den-Füßen-Schütteln als feierliche eschatologische Verfluchung aufzufassen war, denn es ist, wie Leif Vaage feststellt, «ja doch eine recht erheiternde, wenn nicht gar umwerfend komische Gebärde, wenn man sie sich buchstäblich vorstellt. Und die Komik war vielleicht nicht unbeabsichtigt» (1987, S. 342). Wenn man die Anweisung in dem Sinne versteht, den sie wahrscheinlich hatte, nämlich «falls sie euch ablehnen, macht euch nichts daraus», empfiehlt sie ein Verhalten, das Jesu eigenem gleicht, als man ihn wegen des Zinsgroschens aufs Glatteis führen wollte (55 *Caesar und Gott* [1/2]). Anstatt die ihm gestellte Fangfrage, ob man nun dem Caesar Steuern zahlen solle oder nicht, eindeutig zu beantworten, wies er nur auf das Bild des Caesars, das der Münze, die er sich zeigen ließ, eingeprägt war, und sagt: «Gebt dem Caesar, was des Caesars ist, und Gott, was Gottes ist.» Welche Antwort einerseits leichtsinnig der Frage ausweicht, andererseits aber die tiefsinnigsten Deutungen zuläßt, wie man weiß.

Doch keines der bisher betrachteten Zeugnisse klagt unmißverständlich eine bestimmte Gruppe von äußeren Widersachern an oder läßt innere Spannungen hinsichtlich der Abgrenzung der Nachfolger Jesu von ihrem sozialen Umfeld erkennen. Eine solche trotzige Abwehrhaltung spricht vielleicht aus der Aufforderung, das Heiligtum nicht den Hunden zu geben, die eigenen Perlen nicht vor die Säue zu werfen (54 *Hunde und Säue* [1/3]), in welchem Fall sie nicht dem historischen Jesus zugeschrieben werden könnte, dem sie fremd war. Dennoch machte dieser sich keine Illusionen jener Art, daß die ganze Welt nur darauf wartete, das Licht dämmern zu sehen oder von seinem Erscheinen zu hören. Wenn er sagt: «Ich bin gekommen, um Feuer auf die Erde zu werfen . . .» (72 *Feuer auf Erden* [1/2]), bedient er sich ja eines nicht eben harmlosen Bilds. Brandstifter sind nicht immer willkommen und die Behörden gewöhnlich darauf bedacht, Feuer zu löschen. Was Jesus 81 *Des Starken Haus* [1/2], zur Wachsamkeit mahnend, sagt, weist ebenfalls auf die seine Mission bedrohenden Gefahren hin, ohne jedoch deshalb die Unvermeidlichkeit des Scheiterns derselben vorauszusetzen. Ein Spruch des historischen Jesus in der gleichen warnenden Absicht könnte denn auch die Ermahnung sein, listig wie die Schlangen und sanft wie die Tauben vorzugehen (38 *Schlangen und Tauben* [1/3]), kaum allerdings die tröstende Versicherung, daß den Jüngern vor der Obrigkeit und den Gewaltigen der Heilige Geist beistehen würde (62 *Der Geist vor Gericht* [1/3]), denn dieser Spruch setzt ja bereits eine staatliche Verfolgung voraus.

Endlich sind da die beiden Maßregeln, daß, wer sein Leben retten will, es verliert (63 *Sein Leben retten* [1/3]), und daß, wer nicht sein Kreuz tragen will, Jesus nicht nachfolgen kann (44 *Sein Kreuz tragen* [1/3]). In dem ersten dieser beiden Sprüche wird allerdings mit dürren Worten die Notwendigkeit behauptet, um des eigenen Lebens willen das eigene Leben hinzugeben. Bemerkenswert ist gleichwohl die Entwicklung dieses Spruchs in der Überlieferung.

(1) «Wer sein Leben zu bewahren sucht, wird es verlieren; wer es dagegen verliert, wird es gewinnen.»
(Spruchquelle Q, 1Q: Lukas 17,33 = Matthäus 10,39)

(2) «Denn wer sein Leben retten will, wird es verlieren; wer aber sein Leben *um meinetwillen und um des Evangeliums willen* verliert, wird es retten.»
(Markus 8,35 = Matthäus 16,25 = Lukas 9,24)

(3) «Wer an seinem Leben hängt, verliert es, wer aber sein Leben *in dieser Welt* gering achtet, wird es bewahren bis ins *ewige Leben*.»
(Johannes 12,25)

Die von mir hier hervorgehobenen näheren Erklärungen sind zweifellos Zusätze der Evangelisten. Doch die einfache, von Lukas aus der Spruchquelle Q übernommene Fassung gibt sicherlich die Worte des historischen Jesus wieder. Reich sein ist arm sein. Arm sein ist reich sein. Sein Leben verlieren ist, es retten. Sein Leben retten ist, es verlieren.

Den nach dem Bericht bei Markus 8,34 den Jüngern gegebenen Befehl: «Wer mein Jünger sein will, der verleugne sich selbst, nehme sein Kreuz auf sich und folge mir nach» möchte man auf den ersten Blick für eine nachträgliche Erinnerung der Jünger des Gekreuzigten halten. Man täte das unbesorgt, wenn nur Markus ihn überliefert hätte. Doch 44 *Sein Kreuz tragen* [1/3] ist überdies sowohl im Thomasevangelium 55,2b und aus der Spruchquelle Q bei Lukas 14,27 und Matthäus 10,38 bezeugt, in Quellen mithin, die kein großes Interesse an der historischen Kreuzigung Jesu verraten. Und bedenkenswert ist in diesem Zusammenhang der folgende Text:

> «Wenn du gekreuzigt werden willst, warte nur ab. Das Kreuz wird kommen. Wenn es vernünftig scheint, sich darein zu ergeben, und die Umstände angemessen sind, dann sei es durchgeführt, und deine Rechtschaffenheit sei bewahrt.»
> (Epiktet, *Dissertationes*, 2.2, 20; Oldfather Bd. 1, S. 228–231)

Es ist also nicht erforderlich, den Spruch Jesu als Prophezeiung zu nehmen oder als nachträglich erfundene Prophezeiung zu erklären. Jesus erörterte vielmehr – wie, nach den Worten Leif Vaages, Epiktet – «die möglichen Konsequenzen des Lebens entsprechend einer bestimmten Philosophie ... Die Kosten einer bestimmten Lebensführung werden ... anschaulich vorgestellt ... Das geschilderte Schicksal ... scheint als Folge einer solchen sozialen Herausforderung und eines derartig empörenden Verhaltens allerdings denkbar» (1989, S. 173).

14. Tod und Begräbnis

«Ruhe nun in deiner Glorie, edler Vollbringer! Dein Werk ist vollendet, deine Göttlichkeit begründet. Fürchte nicht mehr, durch einen Fehler den Bau deines Strebens zusammenbrechen zu sehen. Fortan außer dem Bereich der Gebrechlichkeit, wirst du von der Höhe göttlichen Friedens auf die unendlichen Folgen deines Wirkens herabsehen. Um den Preis einiger Stunden des Leidens, die deine große Seele nicht einmal berührt haben, hast du die vollkommenste Unsterblichkeit erkauft. Jahrtausende wird die Welt von dir reden! Panier unserer Widersprüche, wirst du das Zeichen sein, um das der heftige Kampf gekämpft werden wird. Tausendmal mehr lebend, tausendmal mehr geliebt seit deinem Tode, als während der Tage deines Erdenwallens, wirst du in einer Weise zum Eckstein der Menschheit werden, daß deinen Namen aus der Welt vertilgen so viel hieße, wie die Welt in ihrer Grundveste erschüttern. Zwischen dir und Gott soll nicht mehr unterschieden werden. Gänzlicher Überwinder des Todes, nimmst du von deinem Reiche Besitz, wo dir auf der hehren Bahn, die du dir vorgezeichnet hast, Jahrhunderte lang Verehrer folgen werden.»

Ernest Renan, *Das Leben Jesu,* 1863 (deutsch von Hans Helling, Leipzig o. J., S. 300)

In einem höchst anregenden Artikel über die Autobiographie des Magiers Thessalos hat Jonathan Smith 1977 darauf aufmerksam gemacht, daß schon im 2. Jahrhundert v. Chr. ein tiefgreifender Wandel die alte Welt zu verändern begann. Schon damals, sagt er, hätten sich die Erwartungen der Gläubigen, die früher ganz in den Tempel gesetzt wurden, dem Magier zugewandt. «Statt eines heiligen Orts wird man in Zukunft einen heiligen Mann aufsuchen, um Zugang zur Gottheit zu erhalten, und dieser Magier wird im großen ganzen als Unternehmer ohne festes Amt tätig sein und hauptsächlich zu ‹proteischen Gottheiten› in Beziehung stehen, deren auffälligste Eigentümlichkeit ihre plötzlichen und dramatischen Autophanien sein werden», erklärt er. Und weiter: «Aufschlußreich ist, daß die hebräischen Schriften der Bibel, für die beiden großen Traditionen, die sie wert halten, in den uns vorliegenden spätantiken Redaktionen nicht mit dem gleichen Text enden. Die jüdische Sammlung endet mit der Verheißung der Wiederherstellung des Tempels und des Tempeldiensts in Jerusalem nach der babylonischen Gefangenschaft (2. Chronik 36,23). Die christliche Sammlung aber endet mit der Verheißung der Wiederkehr des *magus* Elija (Maleachi 4,5), welche Verheißung dann Johannes der Täufer erfüllt, der das archaische Wasserritual der Reinigung in ein magisches Ritual der Erlösung umdeutet. Der Tempel und der Magier waren eine der charakteristischen Antinomien des religiösen Lebens der Spätantike. Die Spannung zwischen den beiden Polen dieser Antinomie trug viel zu dessen außerordentlicher Kreativität bei» (1977, S. 233, 238–239). Freilich, sobald der Magier, anstelle des Tempels als Institution akzeptiert, zur Amtsperson wurde, gab man ihm auch die amtlichen Titel des Rabbis, Priesters, Mönchs, und die Rolle des Magiers stand abermals für alternative Investition oder subversive Opposition zur Verfügung.

Nicht allein Johannes der Täufer, sondern auch und in noch höherem Maße Jesus paßt sehr wohl in diese umfassende Antinomie. Johannes bot eine Alternative zum Tempeldienst, doch an einem bestimmten Ort, nämlich statt auf dem Zion oder in Jerusalem in der Wüste. Jesus dagegen war, wie wir sahen, nicht seßhaft oder ortsgebunden, wanderte vielmehr von Ort zu Ort, und anstatt die Menschen zu sich kommen zu lassen, kam er zu ihnen. Darin lag eine noch radikalere Herausforderung der niedergelassenen Autorität des Tempels in Jerusalem, und das Wandern spiegelte und symbolisierte die egalitäre Herausforderung des Wanderers. Gleichgültig also, was Jesus selbst hinsichtlich des Tempels dachte, sagte und tat, war er dessen funktionaler Gegner, bot eine Alternative dazu, Ersatz für den Tempel. Seine Beziehung zum Tempel kann letztendlich weder mit diesem oder jenem Spruch noch mit dieser oder jener Handlung in Zusammenhang gebracht werden. Doch soll nichtsdestoweniger, das bisher Gesagte vorausgesetzt, gefragt werden: Gibt es Beweise dafür, daß Jesus tatsächlich irgend etwas sagte oder tat, das von einer Feindschaft gegen den Tempel in Jerusalem zeugt? Und gibt es Beweise dafür, daß dergleichen Worte oder Taten zu seiner Kreuzigung und zu seinem Tod führten?

Ich werde dieses Haus zerstören

Die Überlieferung, die ich unter der Signatur 49 *Tempel und Jesus* [1/3] katalogisiert habe, ist außerordentlich kompliziert und umstritten. Umstritten ist schon die erste Fassung:

> «Ich werde (dies?) Haus (zerstören), und niemand wird es (wieder) aufbauen können.»
> (Thomasevangelium 71)

Vom Tempel ist ausdrücklich in diesem Spruch nicht die Rede, doch wie Stephen Patterson kürzlich erklärt hat, «gestattet die strukturelle Ähnlichkeit (zu den anderen Zeugnissen, die diesen Überlieferungskomplex *Tempel und Jesus* bilden) die Annahme, daß es sich dabei allerdings um eine Fassung des sogenannten ‹Tempelworts› handele ... Ob das Fehlen eines ausdrücklichen Hinweises auf den Tempel im Thomasevangelium 71 ursprünglich oder Ergebnis einer späteren Bearbeitung des Texts ist, ist nicht leicht zu entscheiden. Ich neige aber zur Vermutung, daß der Schluß des Spruchs bei Thomas, «und niemand wird es wieder aufbauen können», ein späterer Zusatz ist, da in den verschiedenen anderen Fassungen vom Wiederaufbau des Tempels die Rede ist. Die Tatsache, daß der Tempel nie wieder aufgebaut wurde, brachte solche Prophezeiungen mit der Zeit in Schwierigkeiten. Diesen Schwierigkeiten konnte man begegnen wie Johannes 2,21, wo das Wort auf die Auferstehung bezogen wird, oder indem man, wie Thomas, die Prophezeiung widerrief» (S. 109–110).

Wie Stephen Patterson bin ich der Meinung, daß das «Haus» des Spruchs ursprünglich der Tempel in Jerusalem war, selbst wenn man es im Thomasevangelium in irgendeiner anderen Bedeutung verstanden wissen wollte. Da in allen drei Zeugnissen zu diesem Überlieferungskomplex der Gegensatz des Zerstörens und Wiederaufbauens gemacht wird, darf man wohl annehmen, daß er diese Überlieferung schon vom Ursprung her begleitet. Ich halte aber die fragliche Stelle des Thomasevangeliums, den Schluß des Abschnitts 71, «und niemand wird es wieder aufbauen können», nicht wie Patterson für eine spätere Verkehrung der ursprünglichen Prophezeiung in ihr Gegenteil, sondern für die ursprünglichste Fassung derselben, die wir haben: Ich werde dieses Haus so gründlich zerstören, daß der Wiederaufbau unmöglich sein wird. Und also sind als spätere Fassungen der Prophezeiung meines Erachtens im Gegenteil diejenigen anzusehen, die diesen Wiederaufbau in irgendeinem Sinne verheißen. Es ist deshalb von höchstem Interesse, daß das Thomasevangelium, das übrigens für die Passion Jesu wenig Interesse bekundet, diesen Spruch dennoch beibehalten hat. Freilich, wenn das einerseits zu beweisen scheint, daß wir in dieser Überlieferung einen Spruch des historischen Jesus haben, macht es andererseits auch zweifelhaft, in welcher Beziehung dieser Spruch zur Passion Jesu steht.

Problematisch ist auch die Fassung der Überlieferung bei Markus, nicht allein was die unmittelbar zu dem Komplex 49 *Tempel und Jesus* [1/3] gehörigen Texte angeht, sondern auch den Zusammenhang, den das ganze 13. Kapitel seines Evangeliums dafür herstellt. Ich beginne mit der Betrachtung dieses Kapitels, wobei ich der Analyse Werner Kelbers folge (S. 109–128). Markus behauptet, daß obwohl Jesus die physische Zerstörung des Tempels prophezeit (13,1–2), er doch niemals gesagt habe, diese Zerstörung werde sein Werk sein und werde sich bei seiner, Jesu, Wiederkehr am Ende der Zeit ereignen. Er sagte vielmehr nach dem Zeugnis des Markus 13,24, zwischen der Zerstörung des Tempels und seiner Wiederkunft werde eine gewisse, nicht sehr lange Zeit vergehen. Die Gemeinde des Markus lebte zu eben jener Zeit und verwarf jene falschen, aber christlichen Propheten, die während des ersten römisch-jüdischen Krieges der Jahre 66–70 n. Chr. Jesu Wiederkunft bei der von ihm zu bewirkenden Zerstörung des Tempels prophezeit hatten. Markus trennt also sehr absichtlich und unverkennbar alles, was, seiner Schilderung 13,5–23 zufolge, zur Zerstörung des Tempels führte, von allem, das entsprechend seiner Darstellung 13,24–27 der Parusie Jesu vorangehen wird. Und er legt diesen Abriß der seinerzeit teils schon vergangenen, teils noch aus der Zukunft erwarteten Geschichte Jesus als Prophezeiung selbst in den Mund. Das wären Markus zufolge die Worte gewesen, die an jenem Tag auf dem Ölberg tatsächlich ausgesprochen wurden.

Die gleiche Polemik scheint dann auch später (14,55–59 und 15,29–32a) wirksam zu werden, als Jesus vor den «Hohenpriestern und dem ganzen Hohen Rat» folgender Worte beschuldigt wird:

(1) «Ich werde diesen von Menschen erbauten Tempel niederreißen und in drei Tagen einen anderen errichten, der nicht von Menschenhand gemacht ist.»
(2) «Ich kann den Tempel Gottes niederreißen und in drei Tagen wieder aufbauen.»
(Markus 14,58 = Matthäus 26,61)

Markus wiederholt (14,55.56.59) viermal, daß die Beschuldigung falsch gewesen sei: «. . . falsche Aussagen über ihn . . . die Aussagen stimmten nicht überein . . . falsche Zeugen . . . auch in diesem Fall stimmten die Aussagen nicht überein.» Für Markus beschreibt der Gegensatz «Zerstörung – Wiederaufbau» die Folge «Zerstörung – Parusie», und die Zeitangabe «drei Tage» bedeutet, daß die Parusie nach der Zerstörung nicht lange auf sich warten lassen wird. Bei Matthäus wird das zu einer allgemeinen Berufung Jesu auf göttliche Macht, Lukas läßt es ganz fort. Markus zufolge ist es gänzlich falsch und wahrheitswidrig zu behaupten, Jesus habe eine Verbindung der Zerstörung des Tempels mit seiner eigenen Wiederkunft prophezeit. Schließlich sind es nur die ungläubigen Spötter unter dem Kreuz, die sagen:

> «Ach, du willst den Tempel niederreißen und in drei Tagen wieder aufbauen? Hilf dir doch selbst, und steig herab vom Kreuz.»
> (Markus 15,29b–30 = Matthäus 27,40–41)

Man sollte weder falschen Zeugen noch spottenden Feinden glauben, sagt Markus. Doch all dieser intensiven Schadensbegrenzungsmaßnahmen ungeachtet, verraten die Kapitel 13–15 des Markusevangeliums die Tatsache, daß in gewissen christlichen Kreisen die Überzeugung verbreitet war, Christus habe, die Zerstörung des Tempels betreffend, irgend etwas gesagt oder getan. Desgleichen erwartete man in diesen Kreisen die Parusie im Zusammenhang mit der Belagerung Jerusalems im Jahre 70 n. Chr. Woher kam diese Gewißheit?

Die Antwort gibt die Erzählung bei Markus 11,15–19 von dem, was oft und ganz unzutreffend als die Reinigung des Tempels bezeichnet wird. Denn zunächst und im allgemeinen ist zu bemerken, daß das Kaufen und Verkaufen und Geldwechseln in den äußeren Höfen des Tempels vollkommen in Ordnung und nicht im mindesten frevlerisch war. Diese Aktivitäten waren die absolut notwendigen Begleiterscheinungen der fiskalischen Basis, auf welcher der Tempelkult beruhte, und des Opferwesens, das sein Zweck war. Sodann ist unverkennbar, daß Markus selbst weiß, daß Jesus den Tempel nicht nur reinigte, sondern symbolisch zerstörte. Denn nicht ohne Hintersinn hat er die Erzählung davon zwischen die Berichte von Jesu Verfluchung des fruchtlosen Feigenbaums (11,12–14) und dessen Verdorren (11,20) gestellt; wie der nutzlose Feigenbaum zerstört wurde, so, symbolisch, der nutzlose Tempel.

(A) «Dann kamen sie nach Jerusalem. Jesus ging in den Tempel und begann, die Händler und Käufer aus dem Tempel hinauszutreiben; er stieß die Tische der Geldwechsler und die Stände der Taubenhändler um und ließ nicht zu, daß jemand irgend etwas durch den Tempelbezirk trug.»

(B) «Er belehrte sie und sagte: Heißt es nicht in der Schrift: Mein Haus soll ein Haus des Gebetes für alle Völker [Jesaja 56,7] sein? Ihr aber habt daraus eine Räuberhöhle gemacht [Jeremia 7,11].» (Markus 11,15–17)

Zunächst ist zu bemerken, daß Tat und Wort, Handlung und Erklärung aufeinander folgen. Die Handlung ist natürlich keine physische Zerstörung des Tempels, dennoch aber ein sehr bewußter symbolischer Angriff. Sie zerstört den Tempel, indem sie dessen Geschäfte stört. Zur Rechtfertigung der Handlung werden zwei Sprüche der Propheten zitiert, von denen der erste den Tempel zweimal als das «Haus» Gottes bezeichnet. Die Rechtfertigung mag freilich ein Zusatz des Evangelisten sein, doch weil dabei vom Tempel als von einem «Haus» die Rede ist, bin ich in Anbetracht der oben gewürdigten Stelle des Thomasevangeliums 71 nicht geneigt, das ohne weiteres anzunehmen.

Wenn man indessen das zerstörerische Wort im Thomasevangelium 71 und die zerstörerische Tat bei Markus 11,15–16 miteinander vergleicht, stellt sich einem die Frage, welche Richtung die Entwicklung nahm? Schritt sie vom Wort zur Tat fort oder, umgekehrt, von der Tat zum Wort? Brachte die Tat das Wort als ihre Summe hervor oder das Wort die Tat als sein Zeichen?

Noch problematischer ist der Bericht des Johannes, aber dennoch mag uns dieser Bericht behilflich sein, die Antwort auf die soeben gestellte Frage zu finden.

(A) «Im Tempel fand er die Verkäufer von Rindern, Schafen und Tauben und die Geldwechsler, die dort saßen. Er machte eine Geißel aus Stricken und trieb sie alle aus dem Tempel hinaus, dazu die Schafe und Rinder; das Geld der Wechsler schüttete er aus, und ihre Tische stieß er um. Zu den Taubenhändlern sagte er: Schafft das hier weg, macht das Haus meines Vaters nicht zu einer Markthalle!»

(B) «*Seine Jünger erinnerten sich* an das Wort der Schrift: Der Eifer für dein Haus verzehrt mich.»

(C) «Da stellten ihn die Juden zur Rede: Welches Zeichen läßt du uns sehen als Beweis, daß du dies tun darfst? Jesus antwortete ihnen: Reißt diesen Tempel nieder, in drei Tagen werde ich ihn wieder aufrichten. Da sagten die Juden: Sechsundvierzig Jahre wurde an diesem Tempel gebaut, und du willst ihn in drei Tagen wieder aufrichten? Er aber meinte den Tempel seines Leibes. Als er von den Toten auferstanden war, *erinnerten sich seine Jünger,* daß er dies gesagt hatte, und sie glaubten der Schrift und dem Wort, das Jesus gesprochen hatte.»
(Johannes 2,14–22)

Auf die Wichtigkeit der berichteten Vorgänge und Reden weisen die von mir hervorgehobenen Erklärungen, daß die Jünger sich dieser Vorgänge und Reden später verstehend erinnerten, die der Evangelist jedem der beiden Teile seines Berichts folgen läßt. Man darf diese ausdrücklichen Erklärungen wohl als Indiz dafür werten, daß, was da getan und gesagt wurde, nicht sofort verstanden, sondern erst im Lichte späterer Ereignisse verständlich wurde.

Zunächst aber ist die Tatsache von Interesse, daß in allen drei unabhängigen Zeugnissen von dem «Haus» die Rede ist: im Thomasevangelium 71 als Gegenstand einer von keiner Tat begleiteten Rede Jesu, dann auch bei Markus 11,17 (aus Jesaja 56,7 zitiert) und bei Johannes 2,16 (zweimal als Jesu eigenes Wort und einmal aus Psalm 69,10). Bei Markus wie auch bei Johannes dient es zur Erklärung einer Handlung Jesu. Ich schließe deshalb provisorisch, daß die *Handlung* ursprünglich, und das heißt wenigstens schon vor der Abfassung der uns vorliegenden drei Zeugnisse, mit irgendeiner das «Haus» betreffenden Äußerung einherging.

Zweitens macht der doppelte Hinweis auf die spätere Erinnerung der Jünger bei Johannes 2,17 und 22 den Leser auf die Tatsache aufmerksam, daß es im Bericht des Johannes sowohl eine Handlung gibt, bei deren Erklärung von einem «Haus» die Rede ist, auf eine Weise, die erst späterer Erinnerung ganz verständlich wird (2,14–17), als auch einen weiteren Spruch (2,19), der zu seinem richtigen Verständnis der späteren Erinnerung bedarf. Und dieser zweite Spruch lautet: «Reißt diesen Tempel nieder, in drei Tagen werde ich ihn wieder aufrichten.» Die Ähnlichkeit zu Markus 14,58 ist nicht zu übersehen: «Ich werde diesen von Menschen erbauten Tempel niederreißen und in drei Tagen einen anderen errichten, der nicht von Menschenhand gemacht ist.» Für Markus ist das natürlich eine falsche Unterstellung, bei der die tatsächliche Zerstörung des Tempels mit Jesu Parusie in Zusammenhang gebracht werden soll. Für Johannes ist es keine Prophezeiung, weder eine wahre noch eine falsche, sondern eine Herausforderung. Der Spruch bezieht sich nicht auf etwas, das Jesus dem Tempel antun wird, sondern vielmehr auf etwas, das sie mit seinem Leib tun werden.

Ich vermute, daß die älteste Überlieferung von einer *Handlung* sprach, die, wie die bei Markus 11,15–16 und Johannes 2,14–16a berichteten Handlungen, als symbolische Zerstörung des Tempels anzusehen war, und ein *Wort* mitteilte, wie das im Thomasevangelium 71 erhaltene, das die Absicht bekundete: ich werde dieses Haus so gründlich zerstören, daß niemand es wieder aufbauen kann. Später scheint mir dann die Überlieferung die Handlung von dem Wort getrennt und beide unterschiedlich ausgedeutet zu haben. Anstatt des ursprünglich dazugehörigen Worts fand man zur Erklärung der Handlung unterschiedliche andere Worte bei den Propheten. Das ursprüngliche, nun aus dem Zusammenhang mit der Handlung gelöste Wort wurde auf die Parusie bezogen, wie wir wissen, weil Markus diese Beziehung bestreitet, oder, wie bei Johannes zu lesen, der auch die andere Deutung kennt, auf die Auferstehung des Gekreuzigten von den Toten.

Ich bin also der Meinung, daß eine auf die symbolische Zerstörung des Tempels hinauslaufende Handlung und eine diesen Sinn der Handlung erklärende Rede allerdings dem historischen Jesus zugeschrieben werden können; daß aber die auf die tatsächliche Zerstörung des Tempels vorausweisenden Prophetenworte sowie Verweise auf die Auferstehung oder die Parusie Jesu spätere Erklärungen einer Handlung sind, die von Anfang an rätselhaft schien und noch rätselhafter scheinen mußte, als dann der Tempel tatsächlich zerstört wurde.

Weniger gewiß, als daß eine solche Handlung stattgefunden hat und ein solches Wort gesprochen worden ist, scheint mir jedoch die Annahme, daß diese Handlung und dieses Wort unmittelbar die Verhaftung und Hinrichtung Jesu zur Folge hatten. Nichts im Thomasevangelium weist darauf hin. Markus allerdings behauptet es 11,18 ausdrücklich: «Die Hohenpriester und die Schriftgelehrten hörten davon und suchten nach einer Möglichkeit, ihn umzubringen. Denn sie fürchteten ihn, weil alle Leute von seiner Lehre sehr beeindruckt waren.» Doch läßt das Zeugnis des Johannes diese Versicherung problematisch erscheinen. Bei Markus zieht Jesus, bekanntlich nur ein einziges Mal, am Ende, nach Jerusalem hinauf. Bei Johannes andererseits trifft man ihn dort fast in jedem Kapitel. Ich glaube aber, daß die Einheiten des «Zeichenevangeliums», auf dem das uns vorliegende Johannesevangelium beruht, häufig Jerusalem als den Ort des Widerstands und der Erfüllung nannten, so daß viele Einheiten gewissermaßen «in Jerusalem» geschahen. Erst als die Gesamtheit der überlieferten Berichte und Sprüche als fortlaufende Erzählung gestaltet wurde, mußten die galiläischen, samaritischen und judäischen Schauplätze in Zusammenhang gebracht werden, wodurch dann der Eindruck entstand, Jesus sei ständig nach oder von Jerusalem unterwegs gewesen. Indessen beweist das keineswegs, daß nicht auch die einzige Reise nach Jerusalem, von der Markus erzählt, auf ebenso rein literarische und kompositorische Gründe dieses Evangelisten zurückzuführen ist.

Es gibt also nicht mehrere unabhängige Zeugnisse dafür, daß die symbolische Zerstörung des Tempels Jesu Hinrichtung unmittelbar zur Folge hatte. Eine Vermutung will ich mir, im Bewußtsein, damit gegen meine methodische Voraussetzung zu verstoßen, nichtsdestoweniger gestatten. Ich bin mir nicht sicher, ob arme galiläische Bauern zu allen großen Festen des Tempels nach Jerusalem reisen konnten. Ich halte es deshalb für sehr wohl möglich, daß Jesus nur ein einziges Mal nach Jerusalem kam und, nachdem er in Galiläa spirituellen und ökonomischen Egalitarismus gepredigt hatte, dort im Tempel als dem Sitz und Symbol des sowohl in religiöser als auch in politischer Hinsicht Nicht-Egalitären, des Patronalen und sogar der Unterdrückung von der Entrüstung hingerissen wurde. Mit der symbolischen Zerstörung des Tempels aktualisierte er nur, was er schon zuvor in seiner Predigt gelehrt, in seinen Heilungen bewirkt und in seiner Mission offener Tischgemeinschaft verwirklicht hatte.

Doch die Atmosphäre im Tempel zur Zeit des Paschafests, zumal unter Pontius Pilatus, war entschieden explosiver als im ländlichen Galiläa und selbst unter Antipas, und bei dem ersten Anzeichen von Unruhen, hätte das römische Militär sofort eingegriffen. Für diese Annahme kann ich mich freilich auf kein meinen methodischen Vorgaben entsprechend zulässiges Zeugnis berufen. Ich mache sie also mit der gebotenen Zurückhaltung. Doch die Fragen: Warum gerade dann? Warum da? Warum so? sind auf keiner zuverlässigen Grundlage zu beantworten. Um zusammenzufassen: Ich glaube also, daß die symbolische Zerstörung nur die logische Konsequenz der Verbindung von Wunder und Tisch, von offenem Heilen und offenem Essen war. Ich glaube, daß sie sich tatsächlich ereignet hat; und daß sie, *wenn* sie während des Paschafests geschah, leicht zur Verhaftung und Hinrichtung *hätte* führen können.

Tut dies zu meinem Gedächtnis

Schon in zwei Fällen, denen der Überlieferungskomplexe 120 *Das Vaterunser* [1/2] und 13 *Zwei als einer* [1/4], haben wir gesehen, daß mitunter Teile der Überlieferung, obgleich sie aus der ersten Schicht stammen und mehrfach unabhängig bezeugt sind, sich, wenn sie auch Prinzipien oder Praktiken, Themen oder Anliegen des historischen Jesus zusammenfassen, nicht auf diesen selbst zurückführen lassen, sondern sich als Schöpfungen früher Christengemeinden erweisen. Einen dritten derartigen Fall werden wir nun bei der Untersuchung des Überlieferungskomplexes 16 *Abendmahl und Eucharistie* [1/4] kennenlernen. Ehe wir diese Untersuchung eröffnen, müssen wir allerdings zweitausend Jahre eucharistische Theologie und die uns so vertraute Ikonographie des letzten Abendmahls beiseite tun. Den Weg, auf dem es zur Ausbildung dieser Theologie und dieser Ikonographie gekommen ist, hoffe ich, mit einer Charakteristik seiner fünf Hauptstadien markieren zu können. Tatsächlich haben wir zwar bei Johannes 6,51–58 noch ein sechstes Stadium, doch bis zu diesem Stadium brauchen wir den Weg nicht zu verfolgen, um zu demonstrieren, daß der Überlieferungskomplex 16 *Abendmahl und Eucharistie* [1/4] nicht auf den historischen Jesus zurückgeführt werden kann.

Die kulturanthropologische Untersuchung des Essens und insbesondere der griechisch-römischen Tischsitten gibt uns einen Begriff vom ersten dieser Stadien. «Die wichtigste Einsicht, welche die Anthropologie des Essens gewährt», erklärt Lee Edward Klosinski in der Zusammenfassung der Ergebnisse seiner Untersuchung über die ‹Mahlzeiten bei Markus› (1988), «ist, daß Essen geeignet ist, zugleich als Gegenstand menschlicher Transaktionen zu dienen und menschliche Interaktion, Verhältnisse und Beziehungen zu symbolisieren. Essen geben und nehmen schafft Verpflichtungen. Es entstehen dabei Strukturen der Gegenseitigkeit und Reziprozität. Beziehungen und die Konturen von Gruppenidentitäten werden dabei definiert... In der griechisch-römischen Antike... gab die Kommensalität den Grenzen der Gruppe konkreten Ausdruck, erleichterte soziale Identifikation und diente als Mittel der Mediation des sozialen Status und der sozialen Macht» (S. 205–206). Überdies unterschieden sich, wie Dennis Smith nachgewiesen hat, «Mahlzeiten, die man im Hause eines Privatmanns, bei einer Versammlung von Philosophen, bei einem Opfer, in einer Gesellschaft oder bei einem Treffen von Christen genoß, weniger der Form nach, als vielmehr in den Deutungen, die man diesen Formen im jeweils gegebenen Zusammenhang zuschrieb» (1980, S. 2).

Die derart allgemein verbindliche Form des Mahls hatte zwei voneinander unterschiedene Teile, das *deipnon* und das *symposion*. Bei dem *deipnon*, dem eigentlichen Gastmahl, aß man Brot und verschiedene Gemüse und, wenn das Gastmahl besonders üppig war, Fisch und Fleisch. «Es gab viele unterschiedliche Sorten Brot, welches das Grundnahrungsmittel war», erfahren wir von Smith. Das an die Mahlzeit gewöhnlich anschließende Symposion oder Trinkgelage wurde nach dem Abräumen der Tische mit einem Trankopfer eröffnet (S. 11–13). Bei jeder Mahlzeit wurde also erst gegessen, dann ein Trankopfer gebracht, dann getrunken, Brot gebrochen und Wein getrunken.

Das nächste zu unterscheidende Stadium ist die offene Kommensalität oder Tischgemeinschaft, also der von Jesus und seinen Nachfolgern bei Tisch praktizierte radikale soziale Egalitarismus, den sie auch von denjenigen erwarteten, denen sie unentgeltlich Heilung ins Haus brachten. Unter diesen Umständen wird es selbstverständlich ein letztes Abendmahl Jesu und seiner nächsten Vertrauten gegeben haben, nämlich eine Mahlzeit, die sich dann im Rückblick als die letzte gemeinsame erwies. Aber mehr wird vor dem Tode Jesu nicht stattgefunden haben. Daß ein letztes Abendmahl vom historischen Jesus von vorneherein als ein für alle Zeiten gültiges rituelles Muster beabsichtigt worden war, nehme ich nicht an. Meine Ansicht gründet sich auf die Betrachtung der zu dem Überlieferungskomplex 16 *Abendmahl und Eucharistie* [1/4] gehörigen Abschnitte 9–10 der Didache.

In der Didache oder ‹Lehre der zwölf Apostel› nämlich, die Helmut Köster (1982, Bd. 2, S. 158) zufolge die älteste christliche Kirchenordnung ist, da sie bereits gegen Ende des 1. Jahrhunderts in Syrien aufgesetzt wurde, haben wir das dritte Stadium der Entwicklung der christlichen Abendmahlsfeier. In den betreffenden Abschnitten 9–10 werden, wie sie uns jetzt vorliegen, zwei ganz verschiedene Eucharistiefeiern charakterisiert, so daß die ältere der beiden Formen dort heute an zweiter Stelle steht (Riggs, S. 93). Daß es sich dabei um ursprünglich verschiedene Liturgien handelt, ergibt sich aus der beiden gemeinsamen Vierteiligkeit wie auch aus gewissen beiden gemeinsamen Themen und Formulierungen. Ich werde in meinen Zitaten solche Übereinstimmungen hervorheben. Daß Didache 10 ursprünglicher ist als Didache 9, verraten die Titel, die Jesus in den beiden Fassungen der Abendmahlsfeier gegeben werden. In Didache 10 finden wir Jesus als Kind (oder den Knecht) Gottes bezeichnet, welcher Titel, Joachim Jeremias zufolge, schon von der ältesten palästinensischen Christengemeinde benützt wurde, doch in der Kirche der Heidenchristen nur fortlebt «als fest im Eucharistiegebet, in der Doxologie und bei der Beichte verankerte liturgische Formel» (1967, S. 703). Kind (Knecht) Gottes finden wir Jesus auch in Didache 9,2–3 genannt, doch 9,4 ist er bereits Jesus Christus. Ich gebe nachfolgend den Text beider Rituale wieder, doch mit Unterscheidung der vier Teile eines jeden, und zwar so, daß Didache 10 immer vor dem entsprechenden Stück aus Didache 9 steht. Es sei aber gleich darauf hingewiesen, daß man in beiden Texten Hinweise auf das Paschamahl, das letzte Abendmahl oder irgendeine Verbindung zwischen diesem und dem Tode Jesu vergeblich suchen würde.

Das erste beiden gemeinsame Element ist der *eröffnende Befehl:*

(1) «Nach der Sättigung aber sagt folgendermaßen Dank.»
(2) «Betreffs der Danksagung aber: sagt folgendermaßen Dank.» (Didache 10,1; 9,1)

Bei dem älteren Ritual handelt es sich um ein einfaches Dankgebet *nach* einer gemeinsamen Mahlzeit. Das jüngere wurde «den Kelch betreffend» gebetet, also zu Beginn des Symposions.

Das zweite gemeinsame Element beider Fassungen ist eine *doppelte Danksagung.* Man beachte die von mir hervorgehobenen gleichen Formulierungen der älteren und der jüngeren Fassung der Liturgie.

(1) «*Wir danken dir,* heiliger *Vater,* für deinen heiligen Namen, den du hast Wohnung nehmen lassen in unseren Herzen, und für die *Erkenntnis* und den Glauben und die Unsterblichkeit, *die du uns kundgemacht hast durch Jesus, deinen Knecht (oder: Sohn). Dir (sei/ist) die Herrlichkeit bis in Ewigkeit.* Du Herr, Allmächtiger, hast alles geschaffen um deines Namens willen; Speise und Trank hast du den Menschen gegeben zum Genuß, damit sie dir Dank sagen; uns aber hast du geschenkt geistliche Speise und Trank und ewiges Leben durch deinen Knecht (oder: Sohn). Vor allem *sagen wir dir Dank,* weil du mächtig bist. *Dir (sei/ist)* die Herrlichkeit bis in Ewigkeit.»
(2) «Zuerst den Kelch betreffend: *Wir danken dir,* unser Vater, für den heiligen Weinstock Davids, deines Knechts, *den du uns kundgemacht hast durch Jesus, deinen Knecht (oder: Sohn). Dir (sei/ist) die Herrlichkeit in Ewigkeit!* Betreffs des gebrochenen Brotes aber: Wir danken dir, unser Vater, für das Leben und die *Erkenntnis, die du*

uns gemacht hast durch Jesus, deinen Knecht (oder: Sohn). Dir (sei/ist) die Herrlichkeit bis in Ewigkeit.»
(Didache 10,2–4; 9,2–3)

Einerseits ist unverkennbar, daß die spätere Fassung vom Inhalt der früheren viel übernommen hat. Andererseits ist da aber der hochbedeutende Unterschied, daß, während in dem älteren Gebet die doppelte Danksagung zuerst geistlichen Gaben wie Erkenntnis, Glauben und Unsterblichkeit gilt und dann erst für Speise und Trank gesprochen wird, man in dessen späterer Fassung erst für den Kelch und dann für das Brot dankt. In dem früheren Gebet ist von Brot und Wein oder dem Kelch und dem Brot ja überhaupt nicht die Rede. Daß in der späteren Fassung zuerst für den Kelch und dann erst für das Brot gedankt wird, mag freilich auf den ersten Blick befremden. Denn da man, wie oben dargelegt, damals gewöhnlich erst nach dem Essen trank, sollte man auch für die Danksagungen die umgekehrte Reihenfolge erwarten. Nichtsdestoweniger werden in 1. Korinther 10,16 und 21 Kelch und Brot ebenfalls in dieser Reihenfolge genannt und desgleichen bei Lukas 22,17–19a (diese Stelle ist allerdings nicht unproblematisch, wie man bei Bruce Metzger, S. 173–177, erörtert findet). Doch hat Aaron Milavec darauf hingewiesen, daß die in der Didache vorgeschriebenen Gebete im Ritual und in der Rhetorik nach dem Muster der ältesten jüdischen Gebete verfaßt sind. «Es ist zum Beispiel bedeutsam, daß sowohl die Didache als auch die Mischna einen besonderen Segen je für den Wein und das Brot vorschreiben, und zwar so, daß vor dem Brot der Kelch gesegnet werde.» Im Lichte gewisser Stellen der Mischna, wie Berakot 6,1; 7,3 und besonders 8,8, kann allerdings angenommen werden, daß «im 1. Jahrhundert an verschiedenen Orten die Reihenfolge unterschiedlich beobachtet wurde», so daß wie bei den Juden dann auch bei den Judenchristen hier zuerst der Kelch, dort aber zuerst das Brot gesegnet wurde (S. 112–113).

Auf jeden Fall zeigt Didache 9, wie ein Eucharistiegebet nach dem Mahl in das Mahl hineingenommen und ausdrücklich auf dessen beide Bestandteile bezogen wurde, gleichviel in welcher Reihenfolge. Doch wird dabei mit keinem Wort auf das Paschamahl, das letzte Abendmahl oder überhaupt den Tod Jesu angespielt.

Das dritte beiden Fassungen des Gebets gemeinsame Element ist ein *apokalyptisches Gebet*, das, wie man sehen wird, in der älteren Fassung viel ausführlicher als in der jüngeren ist.

(1) «Gedenke, Herr, *deiner Kirche*, sie zu bewahren vor allem Bösen und sie zu vollenden in deiner Liebe, und *führe sie zusammen* von den vier Winden – die geheiligte – in *dein Reich*, das du für sie bereitet hast. Denn *dein ist die Macht und die Herrlichkeit bis in*

Ewigkeit. Es komme Gnade, und es vergehe diese Welt. Hosianna dem Gotte Davids.»

(2) «Wie dieses gebrochene Brot zerstreut war auf den Bergen, und zusammengebracht ist es eins geworden, so soll *deine Kirche zusammengebracht werden* von den Enden der Erde *in dein Reich. Denn dein ist die Herrlichkeit und die Macht* durch Jesus Christus *bis in Ewigkeit.*»
(Didache 10,5–6; 9,4)

In diesem Fall ist klar, daß, wie in dem oben betrachteten, die Bestimmung «durch Jesus Christus» der späteren Fassung der Doxologie hinzugefügt worden ist. Denn nun ist Jesus, der Sohn (Knecht) Gottes, Jesus der Gesalbte, der Christus. Noch bedeutender ist die Tatsache, daß, obwohl in Didache 9 das Brot bereits symbolisch verstanden wird, ein Bezug auf den Leib des Gekreuzigten dabei keineswegs zu erkennen ist. Wie die auf den Äckern in den Bergen ausgesäten vielen Körner endlich sich zu einem Brot verbinden, möge Gottes Kirche zusammengebracht werden.

Das vierte gemeinsame Element ist die *Forderung der Würdigkeit.* In den älteren Texten werden dem Unwürdigen warnend apokalyptische Sanktionen angedroht – wenigstens implizit –, doch in dem späteren wird als Bedingung der Würdigkeit nur die Taufe genannt.

(1) «Wenn jemand heilig ist, komme er. Wenn er es nicht ist, tue er Buße. Maran atha. Amen.»

(2) «Niemand aber soll essen und auch nicht trinken von eurer ‹Eucharistie› als die, die getauft worden sind auf den Namen des Herrn. Denn gerade darüber hat der Herr gesprochen: Gebt nicht das Heilige den Hunden.»
(Didache 10,6b; 9,5)

Die ältere Fassung ist nach innen, der Gemeinde zugewandt und stellt, trotz der angespannten apokalyptischen Erwartung, den Unheiligen die Möglichkeit der Buße vor. Die spätere Fassung ist nach außen gewandt; insofern sie die Ungetauften den Hunden gleichstellt, hat sie vorzüglich ausgrenzende Funktion. Darin hat man eine Bestätigung dafür, daß der Spruch des Überlieferungskomplexes 54 *Hunde und Säue* [1/3] nicht dem historischen Jesus zugeschrieben werden darf.

Zwei wichtige Schlüsse können aus dieser Erörterung der Didache 9–10 gezogen werden. Zunächst hat man in dem älteren Gebot Didache 10 ein Zeugnis für ein eucharistisches Mahl, bei dem weder Brot und Wein oder Kelch noch sonst irgend etwas rituelle Bedeutung hat. Das jüngere Gebot Didache 9 nimmt Brot und Wein in einer rituellen Funktion wahr, doch beweist es, daß noch spät im 1. Jahrhundert mindestens manche der (süd-?)syrischen Christen eine Eucharistiefeier mit Kelch und Brot pflegten, bei der nichts an das Paschamahl, das letzte Abendmahl oder an die Passion erinnerte. Ich kann mir nicht vorstellen, daß diese Christen von der Möglichkeit, ihr Eucharistiemahl als Gedenkfeier an das letzte Abendmahl zu begehen, wußten und absichtlich keinen Gebrauch von dieser Möglichkeit machten. Ich kann nur annehmen, daß diese Möglichkeit nicht von Anfang an für jedermann gegeben war, also nicht feierlich, förmlich, ein für alle Mal von Jesus selbst eingesetzt wurde. Natürlich hat man es schon in der Didache 9–10 mit einer Ritualisierung der offenen Tischgemeinschaft Jesu und seiner ersten Nachfolger zu tun. Das ist zwar nicht unbedingt verwerflich, doch wird man, zumal angesichts der Würdigkeitsforderung in der späteren Fassung Didache 9,5, nicht leugnen können, daß bei dieser Ritualisierung etwas verlorenging; denn da sitzen nur noch die Heiligen am Tisch, und die Hunde zu füttern ist verboten.

Das vierte Stadium der Entwicklung der Eucharistie findet man in dem Gebrauch, den Paulus von der vorpaulinischen Tradition in 1.Korinther 10–11 macht. Ich möchte vorausschicken, daß dieses vierte Stadium dem dritten nicht notwendig in einem zusammenhängenden Entwicklungsgang gefolgt sein muß, daß die Gemeinde, die sich die Didache gab, nicht notwendig zu einer früheren Zeit bestanden hat als die präpaulinische. Es genügt die Erkenntnis, daß die Existenz dieser verschiedenen Stadien es sehr unwahrscheinlich macht, daß der historische Jesus die Einsetzungsworte der Abendmahlsfeier am Vorabend seines Todes selbst gesprochen hat. Auch Paulus war von der Wichtigkeit egalitärer Kommensalität, der für jeden offenen Tischgemeinschaft, überzeugt und tadelte die Korinther, dieselbe nicht zu praktizieren. Der Untersuchung Dennis Smiths zufolge scheint es in Korinth drei Abweichungen von den urchristlichen Tischsitten gegeben zu haben: separat zu essen, verschieden große Portionen zu essen und sich einer Rangordnung entsprechend zu Tisch zu setzen (S. 194). Doch kennt Paulus eine Überlieferung, derzufolge beim eucharistischen Mahl Brot und Wein den Leib und das Blut des Herrn symbolisieren.

> «Denn ich habe vom Herrn empfangen, was ich euch dann überliefert habe: Jesus, der Herr, nahm in der Nacht, in der er ausgeliefert wurde, Brot, sprach das Dankgebet, brach das Brot und sagte: Das ist mein Leib für euch. Tut dies zu meinem Gedächtnis! Ebenso nahm er nach dem Mahl den Kelch und sprach: Dieser Kelch ist der Neue Bund in meinem Blut. Tut dies, sooft ihr daraus trinkt, zu meinem Gedächtnis! Denn sooft ihr von diesem Brot eßt und aus dem Kelch trinkt, verkündet ihr den Tod des Herrn, bis er kommt.» (1.Korinther 11,23–26)

Hier wird der Wein, wie es üblich war, «nach dem Mahl» ausgeschenkt. Burton Mack aber macht uns darauf aufmerksam, daß die Verwendung der Begriffe «Leib» und «Blut» als Symbole für einen Tod als wichtiger Hinweis zu beachten ist. «Sie haben Sinn nur in der Tradition des martyrologischen Denkens. Einen ganzen Menschen würde man sonst ‹Leib und Seele› nennen. Wäre nur von seinem physischen Körper die Rede, würde man von ‹Fleisch und Blut› sprechen. Aber ‹Leib› und ‹Blut› heißt es in martyrologischen Texten» (1988, S. 118). Wenn Brot und Wein zu Leib und Blut werden, wird notwendig «der Tod des Herrn verkündet». So sind wir nun fortgeschritten von der offenen Tischgemeinschaft zu Jesu Lebzeiten zu einem allgemeinen eucharistischen Mahl zunächst noch ohne, später mit besonderer Hervorhebung von Brot und Wein und schließlich zu einer Gedächtnisfeier mit symbolischer Teilnahme an der Passion Jesu, welche dieser selbst ausdrücklich am Vorabend seines Todes eingesetzt hätte. Das fünfte und letzte Stadium hat man bei Markus 14,22–25, woher es Matthäus 26,26–29 übernommen hat, wie auch Lukas 22,15–19a, der jedoch 22,19b–20 überdies den Text 1.Korinther 11,23–26 einflocht (Mack, 1988, S. 300–301).

> «Während des Mahls nahm er das Brot und sprach den Lobpreis; dann brach er das Brot, reichte es ihnen und sagte: Nehmt, das ist mein Leib. Dann nahm er den Kelch, sprach das Dankgebet, reichte ihn den Jüngern, und sie tranken alle daraus. Und er sagte zu ihnen: Das ist mein Blut, das Blut des Bundes, das für viele vergossen wird. Amen, ich sage euch: Ich werde nicht mehr von der Frucht des Weinstocks trinken bis zu dem Tag, an dem ich von neuem davon trinke im Reich Gottes.»
> (Markus 14,22–25)

Das Ritual wird wie bei Paulus ausdrücklich mit der Passion Jesu verbunden sowohl durch seine Begründung im letzten Abendmahl Jesu und seiner Jünger als auch kraft der symbolischen Gleichsetzung von Brot und Wein mit Leib und Blut, wobei auffällig die stärkere Betonung von Wein und Blut ist. Indessen ist jetzt die Eucharistiefeier auch ein Paschamahl. Und obwohl nun das Ritual in keinerlei Beziehung zu den griechisch-römischen Tischsitten mehr zu stehen scheint, da nicht mehr, wie bei Paulus, gesagt wird, daß der Kelch «nach dem Mahl» gesegnet wird, spielt doch der Ausdruck, «das für viele vergossen wird», unmißverständlich auf das bei den Heiden vor dem zweiten Teil des Abendmahls übliche Trankopfer an. Am bemerkenswertesten ist aber, daß bei Markus zur Wiederholung und zum Gedächtnis nicht zweimal aufgefordert wird, sondern an Stelle dieser Aufforderungen jene abschließende apokalyptische Erklärung tritt: «Amen, ich sage euch...» Wie Burton Mack (1988, S. 298–306) und sein Schüler Lee Edward Klosinski (S. 193–213) so deutlich gezeigt haben, läuft die Darstellung des Markus praktisch auf eine Gegnerschaft zur Institution des eucharistischen Mahls hinaus. Im größeren kompositorischen Zusammenhang des Markusevangeliums bringt der Bericht von Jesu letztem Abendmahl die Unfähigkeit der Jünger, Jesu Symbolismus des Mahls zu verstehen, auf einen Höhepunkt. Markus hat, wie Klosinski ausführt, «drei Bootsfahrten Jesu und seiner Jünger (4,35–41; 6,45–52 und 8,13–21), drei Heilungen (7,31–37; 8,22–26 und 10,46–52) sowie zwei Speisewunder und das letzte Abendmahl (6,3–44; 8,1–10; 14,17–26) zu progressiven triadischen Strukturen gestaltet, und zwar so, daß das jeweils letzte Glied dieser Dreiheiten den Höhepunkt angibt, auf den die beiden vorhergehenden hinauslaufen» (S. 207–208). In der näheren Folge geht der Schilderung des letzten Abendmahls bei Markus 14,22–25 die Prophezeiung des Verrats durch Judas mit einem dreifachen Hinweis auf die gemeinsame Mahlzeit voraus: «... als sie nun bei Tisch waren und aßen ... einer von denen, die zusammen mit mir essen ... Einer von euch Zwölf, der mit mir aus derselben Schüssel ißt...» Und 14,23 sagt Markus, «und sie tranken alle daraus», wie um alle Jünger mit dem Verräter gemein zu machen. Diesen Hinweisen folgend, lese ich die Stelle 14,21–25 im Zusammenhang der polemischen Theologie des Markus so, daß Markus sich mit seiner Darstellung gegen ein institutionalisiertes eucharistisches Ritual wendet, das Juden und Heiden nicht zum gleichen Tisch zuläßt (Kelber, S. 45–65), und das in seiner Liturgie die Gegenwart Jesu hier und jetzt betont, anstatt auf sein baldiges Kommen zu verweisen. «Markus ist zwischen zwei Auffassungen der christlichen Tischgemeinschaft gefangen», erklärt Klosinski. «Die eine verstand die Kommensalität als Fortsetzung der Tischgemeinschaft, deren man sich aus der Zeit Jesu erinnerte, doch die andere Auffassung bediente sich der Begriffe der eucharistischen Elemente aus dem Christuskult. Markus selbst bedient sich dieser Sprache, verkehrt aber deren frühere Bedeutung» (S. 203).

Ein Punkt zum Schluß: «Unter den beengten Verhältnissen der mediterranen alten Welt mußte das Himmelreich notwendig etwas mit Essen und Trinken zu tun haben», so Peter Brown. Er fährt fort: «Zu den tiefgreifendsten Veränderungen der Mentalität, die im Zusammenhang mit der Ausbreitung des Christentums in der mittelmeerischen Welt erfolgten, gehört vielleicht, daß dabei ein einziges Mahl (die Eucharistie) privilegiert wurde, das trotz des Anspruchs, alle Menschen zu einer *menschlichen* Gesellschaft zu verbinden, dennoch, und zwar schon früh, aller Assoziationen mit grobsinnlich faßbarem Nahrungsüberfluß beraubt wurde. Vorher war als selbstverständlich angenommen worden, daß man sich in jeder Gemeinschaft von Zeit zu Zeit zum Genuß der raren Nahrung und Muße versammelte, und man hatte sich bemüht, hin und wieder in Muße bei einem guten Essen die geizige Natur zu beschämen» (S. 22–23). Man sollte sehr sorgfältig abwägen, was verloren und was gewonnen wurde, als Jesu reale Mahlzeit bei offener Tischgemeinschaft in der christlichen Kommensalität zu einem Ritual wurde. Man sollte auch, was bisher nie geschehen ist, den Unterschied zwischen einer Ritualisierung der Speisung von Tausenden mit Brot und Fisch und derjenigen einer Mahlzeit im kleinen Kreis der Jünger mit Brot und Wein erwägen. Ich werde auf jene Speisungen der Tausende noch zurückkommen. Hier nur so viel: Der Geruch jener Tausende, und mehr noch der des Fischs, hält uns mit beiden Füßen auf dem Boden der Tatsachen des mediterranen Mangels und der menschlichen Bedürfnisse. Browns abschließende Warnung ist heilsam: «Eine christliche Kirche, der zunehmend die Wohlgenährten zugetan waren und in der zunehmend strenge Männer zur Führung gelangten (wie etwa Origenes im 3. Jahrhundert), die aus freier Wahl, nicht aus Notwendigkeit fasteten, war in den folgenden Jahrhunderten immer mehr versucht, die Sexualität (einen Trieb, der oft Muße und regelmäßige Eßgewohnheiten voraussetzt) anstelle der Gier – und des dunklen Schattens der Gier in einer Welt beschränkter Ressourcen und Hungersnöte – als das dauerhafteste und beunruhigendste Symptom der menschlichen Schwäche zu betrachten. Vielleicht ist die Zeit reif dafür, die nur scheinbar absurden Träume mediterraner Menschen vom Nahrungsüberfluß von neuem in Betracht zu ziehen, um durch deren Sorgen wenigstens einen Weg zu humaneren und vernünftigeren Gegenständen der Besorgnis zu finden» (S. 24). «Zu meinem Gedächtnis», natürlich, aber bitte ohne wirkliches Essen, ohne offene Tischgemeinschaft, nicht für die Massen und nicht so reichlich, daß Körbe voller Reste übrigbleiben.

Die Passion als Erzählung

Hier wenigstens, meint der gesunde Menschenverstand, sollte es kaum Probleme geben. Wenn auch die voneinander abweichenden Fassungen der Sprüche und Wunder Jesu einem die Entscheidung hinsichtlich des jeweils tatsächlich Gesagten und Geschehenen schwermachen, haben wir doch eine zusammenhängende Geschichte der Passion in den vier Berichten, die davon handeln. Die Evangelienerzählungen bis zur Passion verraten ja durch die Künstlichkeit der zwischen ihren Teilen hergestellten Zusammenhänge, daß sie aus zusammenhanglos überlieferten Einzelheiten konstruiert sind. Bei den Berichten von der Passion ist das nicht der Fall. Diese Saga, gleichviel ob man ihr glaubte oder sie ablehnte, hat sich in Malerei und Skulptur,

Bühnenstücken und Filmen, im ausdrücklichen Zitat und in der versteckten Anspielung, tief in der abendländischen Imagination niedergeschlagen. Erzählerischer Realismus ist dabei für historische Genauigkeit genommen worden. Wie sonst, fragt der gesunde Menschenverstand, käme es zu so allgemeiner Übereinstimmung der Zeugen hinsichtlich der Abfolge der Ereignisse, abgesehen von kleineren Widersprüchen zwischen den Augenzeugen, die sich aus den persönlichen Interessen und blinden Stellen in der Erinnerung des einzelnen erklären lassen? Doch gibt es Probleme, die unter dem harmonischen Parallelismus der Passionsberichte der vier Evangelisten, Matthäus, Markus, Lukas und Johannes, eine grundlegendere Schwierigkeit verraten.

Prophezeiung oder Geschichte?

Drei kurze Abschweifungen, ehe wir fortfahren. Die erste soll zu jenen Essenern von Qumran gehen, die wir oben nur von weitem im Blickfeld gehabt haben. Diese von Angehörigen der *priesterlichen* Klasse (nach Lenskis Typologie) geführte Sekte suchte, über ihre vergangene Geschichte und zukünftige Bestimmung meditierend, Tradition und Situation in Beziehung zu setzen. Der Zweck dieser Bemühung war nicht hauptsächlich nach außen gewandte Apologetik oder Polemik, obwohl sie natürlich auch dazu dienen konnte. Vornehmlich ging es dabei aber um den Gewinn eines Selbstverständnisses, um den Versuch, die Gegenwart zu rechtfertigen und die Zukunft zu projektieren, und zwar auf der einzig denkbaren Grundlage, der biblischen Überlieferung. Bei dieser Exegese fanden, wie sich aus Geza Vermes neuer Einleitung zu den Qumran-Dokumenten ergibt, zwei Methoden Verwendung. Da sind zunächst exegetische Schriften, die einzelne Bücher der Bibel auslegen, von denen Vermes siebzehn Beispiele nennt. Sodann aber andere, die in der Absicht, darzulegen, wie diese einander gegenseitig erläutern, biblische Texte verschiedener Herkunft zusammenstellen. Diese Methode fand Vermes in sechs Fällen angewandt (1985, S. 66). Ich nenne das erste Verfahren *sequentiell,* das zweite *testimonial.*

Die erste und bei der Mehrzahl der uns vorliegenden Texte angewandte Methode bestand darin, einen biblischen Text Vers für Vers so zu erläutern, daß eine Beziehung auf die Geschichte der Sekte offenbar wurde. Exegesen dieser Art werden auf hebräisch *pescherim* genannt, Deutungen. Ein Beispiel ist die fortlaufende Deutung des Propheten Nahum 2,11–3, 1, aus der ich hier wegen seiner ungewöhnlich direkten Identifikation der prophetischen Bilder mit historischen Situationen nur den Kommentar zu den Versen 2, 11b–12 zitiere.

«Dorthin ist der Löwe gegangen, die Löwin, der Jungleu, (ohne daß jemand aufschreckt. (2, 12) Seine Deutung bezieht sich auf De)metrios, den König von Jawan, der begehrte, nach Jerusalem zu kommen nach dem Rat derer, die nach glatten Dingen suchen. (...) die Könige Jawans von Antiochos bis zum Auftreten der Herrscher der Kittäer, und danach wird zertreten werden (...) *Der Löwe raubte für den Bedarf seiner Jungen und würgte für seine Löwinnen Beute.* (2, 13) (... Seine Deutung) bezieht sich auf den Löwen des Zorns, der durch seine Mächtigen und durch die Männer seines Rates schlug *(... Und er füllte mit Raub) seine Höhle und sein Lager mit Beute.* (2, 13). Seine Deutung bezieht sich auf den Löwen des Zorns, (... Ra)che an denjenigen, die nach glatten Dingen suchen, als er Menschen lebendig aufhängte (...) in Israel vorher.»
(4 QpNah 1; Vermes, 1968, S. 231–232; deutsch von Eduard Lohse, 1986)

Das Ereignis, auf das der Kommentator die Worte des Propheten bezog, war die Niederlage des syrischen Herrschers Demetrius III. Eukaerus (95–78 v. Chr.) in der Schlacht bei Sichem im Jahre 88 v. Chr., nach welcher der Sieger, der Hasmonäer Alexander Jannäus (103–76 v. Chr.), an den Pharisäern schreckliche Rache nahm, die «glatte Dinge suchend» den «König von Jawan» (nämlich von Griechenland, wie der Kommentator den hellenistischen Monarchen nennt) gegen ihn, dessen erbitterte Gegner sie waren, unterstützt hatten. «Als er nämlich mit seinen Buhldirnen an einem in die Augen fallenden Ort schmauste, ließ er gegen achthundert dieser Gefangenen kreuzigen und, während sie noch lebten, ihre Frauen und Kinder vor ihren Augen niedermetzeln», berichtet Josephus. «Damit vollzog er für das erlittene Unrecht eine so grausame Strafe, wie ein Mensch sie je ersonnen haben mochte.» (*Jüdische Altertümer*, 13, 14) Vermes ergänzt (vielleicht deshalb) die Lücke am Ende des zitierten Texts, «wie es nie geschehen war», Fitzmyer aber setzt statt dessen, «wie es Brauch war von altersher in Israel» (1978, S. 500). Immerhin ist bei solchen fortlaufenden Auslegungen der (im Zitat hervorgehobene) biblische Text relativ leicht von der Auslegung zu unterscheiden.

Die zweite Methode, die bei den uns vorliegenden Texten wesentlich seltener angewandt ist, besteht in einer Auswahl einzelner Verse aus verschiedenen Büchern der Bibel – oder aus verschiedenen Kapiteln des gleichen Buchs –, die, zu einer Anthologie zusammengestellt, als Zeugnisse auf bestimmte Themen oder Ereignisse bezogen werden. Solche Sammlungen von Beweisstellen werden oft als *testimonia* oder *florilegia* bezeichnet. Ein derartiges Dokument hat man in der von Allegro (1956) als *4 Q Testimonia* und von Vermes (1968, S. 247–249) als *A*

Messianic Anthology bezeichneten Sammlung, die in der vierten Höhle in Qumran gefunden wurde. Hier sind fünf biblische Texte zusammengestellt, nämlich Deuteronomium 5,28–29; 18,18–19; Numeri 24,15–17; Deuteronomium 33,8–11 und eine erweiterte Fassung von Josua 6,26. Beim Vergleich der *4 Q Testimonia* mit dem *Robert-Papyrus*, einer im 4. Jahrhundert n. Chr. in Faijum in Ägypten kompilierten Anthologie, bemerkt Joseph Fitzmyer, daß beide ohne Einleitungsformeln oder Erläuterungen zum Text zusammengestellt seien. Und er schloß daraus: «Während die Zusammenstellungen von *testimonia*, die man bei den Kirchenvätern findet, als das Ergebnis der katechetischen und missionarischen Tätigkeit der frühen Christen angesehen werden können, beweisen doch die *4 Q Testimonia*, daß die Zusammenstellung von alttestamentarischen Texten aus verschiedenen Büchern ein vorchristliches literarisches Verfahren war, das in der Frühphase der Ausbildung des Neuen Testaments sehr wohl nachgeahmt worden sein mag. Es ähnelt so stark den Zusammenstellungen von Zitaten bei den Verfassern des Neuen Testaments, daß es schwerfällt zu bestreiten, daß die *testimonia* gewisse Teile des Neuen Testaments beeinflußt haben» (1957, S. 531, 534).

Aber wie die *sequentiellen* biblischen Texte eng miteinander verknüpfte Kommentare erzeugten, so stehen ihnen die *testimonialen* darin nicht nach. Als Beispiel eines derartigen Dokuments kann vielleicht das von Allegro als *4 Q Florilegium* (1958) und von Vermes als *A Midrash on the Last Days* 1968, S. 245–247; 1985, S. 80) bezeichnete Stück gelten. Hier sind drei Bibelstellen, nämlich 2.Samuel 7,10–14, Psalm 1,1 und Psalm 2,1 mit erläuterndem Kommentar, in dem andere Bibelstellen ausdrücklich herangezogen sind, zusammengefaßt. Der nachfolgend zitierte Abschnitt ist charakteristisch:

> «Eine Aus(le)gung von: *Wohl dem Manne, der nicht wandelt im Rat der Gottlosen* (Ps. 1,1). Die Deutung des Wor(tes bezieht sich auf) diejenigen, die abgewichen sind vom Wege (...) wie geschrieben steht im Buche des Propheten Jesaja im Blick auf das Ende (der) Tage: *Und dann, als mich (die Hand) ergriff, (brachte er mich davon ab, zu gehen auf dem Wege) dieses* Volkes (Jes. 8,11). Sie sind es, über die im Buche des *Ezechiel*, des Propheten, geschrieben steht, *daß (sie sich) nicht (mehr verunreinigen sollen) (durch) ihre (G)ötzen* (Ez. 37,23; vgl. 44,10). Dies sind die Söhne Zadoks und die Mä(nn)er (ihres) Ra(t)es (...) nach ihnen dem Rat der Gemeinschaft.»
>
> (*4 Q Florilegium* 14–17; Vermes, 1968, S. 246–247; deutsch von Eduard Lohse, 1986)

Vermes ergänzt die Lücke am Anfang des Texts mit den Worten «die abgewichen sind vom Wege des Volkes» und die Lücke am Ende so, daß der letzte Satz unseres Zitats bei ihm sinngemäß besagt: «Sie sind die Söhne Zadoks, die ihren eigenen Rat suchen und ihrer eigenen Neigung folgen, getrennt vom Rat der Gemeinschaft.» Die Hervorhebungen und Identifizierungen der Bibelstellen im Text der hier gedruckten Übersetzung erleichtern dem Leser das Unternehmen, den kommentierten Text vom Kommentar zu unterscheiden. Doch beide sind miteinander so verflochten, daß es anders nicht leicht wäre zu entscheiden, wo die Prophezeiung endet und die als deren Erfüllung geschehene Geschichte oder zu gewärtigende Zukunft anfängt. Derartige Schriftauslegung bewies für die Gläubigen den prophetischen Blick auch des Auslegers. Und wenn manche diesen Blick dem Lehrer der Rechtschaffenheit und seinen Jüngern, den Essenern von Qumran, zutrauten, so andere dem Jesus von Nazaret und seinen galiläischen Jüngern.

Eine zweite Abschweifung soll uns mit Jesus in der Rolle eines solchen zugleich prophetischen, doch auch zutiefst schriftgelehrten Exegeten bekannt machen. Der Bericht von der dreimaligen Versuchung Jesu (139 *Jesus dreimal versucht* [1/1]) kommt, da nur einmal unabhängig bezeugt, aus methodischen Gründen für unsere Untersuchung der Überlieferung vom historischen Jesus nicht in Frage. Wir wollen indessen daran nur demonstrieren, wie Jesus von den frühen Christen Fähigkeiten zugeschrieben wurden, die der historische Jesus zweifellos nicht hatte. Der Bericht der dreimaligen Versuchung, den Matthäus 4,3–11 und Lukas 4,3–13 der Spruchquelle Q verdanken, stellt Magie und Exegese in Gegensatz zueinander. Wunder werden als solche des Teufels abgewertet, die Kunst, Steine in Brot zu verwandeln, gilt wenig, denn «der Mensch lebt nicht vom Brot allein ...» Jesus überwindet Satan, der ihn mit einem Zitat aus dem 91. Psalm (11–12) versucht, sich von den Zinnen des Tempels zu stürzen, mit drei Zitaten aus dem Buch Deuteronomium (8,3; 6,16; 6,13). In diesem Gegensatz der rechten Exegese zur teuflischen Magie offenbart sich aber bei näherem Zusehen ein Klassengegensatz. Denn wenngleich die *bäuerliche* Klasse (nach der Typologie Lenskis) bestimmt nicht die einzige war, die Magie zu schätzen wußte, bedurfte es doch zur Würdigung der sich im korrekten Zitieren der Schrift offenbarenden Schriftgelehrtheit einer Bildung, die nur Angehörige der *Gefolgsklasse* besaßen. Den Bauern mochten aus ihrer Kleinen Tradition die Hauptthemen der Großen Tradition bekannt sein, aber als Analphabeten hätten sie das hier von Satan und Jesus vorgeführte exegetische Duell nicht zu schätzen gewußt. Zu dem Sieg, den man Jesus in dieser Szene über Satan davontragen sieht, gehörte nicht nur eine erhebliche Belesenheit in der Schrift, sondern auch exegetisches Geschick. Man darf also wohl annehmen, daß diesen Sieg dem der *bäuerlichen* Klasse angehörigen Jesus ein Gläubiger zugeschrieben hat, der seinerseits der Gefolgsklasse angehörte.

Und somit ist nun Gelegenheit zu einer dritten Abschweifung, zu den Gegenständen der Überlieferungskomplexe 26 *Jesus von einer Jungfrau empfangen* [1/4] und 7 *Aus Davids Geschlecht* [1/5], die uns, so gut sie bezeugt sind, keinerlei Auskunft über den historischen Jesus geben.

Vergleicht man die langen Berichte über Jesu Geburt bei Matthäus 1–2 und Lukas 1–2, findet man, daß sie außer den Namen Jesus, Maria und Joseph nur die jungfräuliche Empfängnis und die Geburt in Betlehem gemeinsam haben. Matthäus führt Prophetenworte an, die durch diese Ereignisse bestätigt werden. Johannes erinnert nur an eine die Geburt in Betlehem betreffende Prophezeiung.

> «Dies alles ist geschehen, damit sich erfüllte, was der Herr durch den Propheten gesagt hat: Seht, die Jungfrau wird ein Kind empfangen, einen Sohn wird sie gebären, und man wird ihm den Namen Immanuel geben, das heißt übersetzt: Gott ist mit uns.»
> (Matthäus 1,22–23; vgl. Jesaja 7,14)

> «Sie antworteten ihm: in Betlehem in Judäa; denn so steht es bei dem Propheten: Du, Betlehem im Gebiet von Juda, bist keineswegs die unbedeutendste unter den führenden Städten von Juda; denn aus dir wird ein Fürst hervorgehen, der Hirt meines Volkes Israel.»
> (Matthäus 2,5–6; vgl. Micha 5,1)

> «Andere sagten: Er ist der Messias. Wieder andere sagten: Kommt denn der Messias aus Galiläa? Sagt nicht die Schrift: Der Messias kommt aus dem Geschlecht Davids und dem Dorf Betlehem, wo David lebte?»
> (Johannes 7,41–42)

Lukas dagegen versagt sich so ausdrückliche oder auch nur summarische Anspielungen. Seine Berufung auf Jesaja 7,14 (Lukas 1,27 und 31) ist von sehr viel indirekterer Art, wie Barnabas Lindars hervorhebt (1961, S. 214). Doch wenn man den Bericht über die Geburt in Betlehem bei Lukas heranzieht, findet man, daß dieser Evangelist den prophetischen Hintergrund, den er ausdrücklich nicht zur Sprache bringt, bei der Schilderung des historischen Vordergrunds sehr sorgfältig durch die Ereignisse zu bewahrheiten trachtet.

> «In jenen Tagen erließ Kaiser Augustus den Befehl, alle Bewohner des Reiches in Steuerlisten einzutragen. Dies geschah zum erstenmal; damals war Quirinius Statthalter von Syrien. Da ging jeder in seine Stadt, um sich eintragen zu lassen. So zog auch Josef von der

Stadt Nazaret in Galiläa hinauf nach Judäa in die Stadt Davids, die Betlehem heißt; denn er war aus dem Haus und Geschlecht Davids. Er wollte sich eintragen lassen mit Maria, seiner Verlobten, die ein Kind erwartete. Als sie dort waren, kam für Maria die Zeit ihrer Niederkunft, und sie gebar ihren Sohn, den Erstgeborenen. Sie wikkelte ihn in Windeln und legte ihn in eine Krippe, weil in der Herberge kein Platz für sie war.»
(Lukas 2,1–7)

Das kann sich als Erklärung des befremdenden Umstands, daß Jesus von Nazaret in Betlehem zur Welt gekommen sein sollte, sehr wohl hören lassen, es sei denn, der Hörer hat auch nur den blassesten Schimmer von römischer Geschichte und römischer oder sonst irgendeiner Bürokratie (Schürer/Vermes, Bd. 1, S. 399–427). Erstens gab es einen allgemeinen Zensus, wie der Evangelist ihn als Grund der Reise der Eltern angibt, unter Augustus nicht. Zum zweiten: Der von dem syrischen Legaten P. Sulpicius Quirinius angeordnete palästinensische Zensus aber fand in den Jahren 6 bis 7 n. Chr. statt, etwa ein Jahrzehnt nach Jesu Geburt also. Denn Veranlassung dazu gab, wie wir oben (im 6. Kapitel) sahen, die Einführung der direkten römischen Verwaltung in dem zuvor von Archelaus beherrschten Gebiet. Drittens aber, und vor allem, spricht gegen die Darstellung des Evangelisten, daß, selbst angenommen, Augustus hätte einen Zensus angeordnet und P. Sulpicius Quirinius hätte diese Volkszählung auf dem damals noch von Archelaus regierten Gebiet zu der angegebenen Zeit durchgeführt, es doch üblich war, die Steuerpflichtigen da, wo sie wohnten und arbeiteten, nicht an den Orten ihrer Geburt und Herkunft zu registrieren. Es wäre ja ganz offenbar auch wenig zweckdienlich gewesen, Steuerpflichtige da erfassen zu wollen, wo sie kein Geld verdienten. Und die in Oxyrhynchos gefundenen Papiere des jüngeren Tryphon bestätigen uns, daß in der Tat die römischen Steuerbeamten nicht so unvernünftig verfuhren. Des jüngeren Tryphon Bruder, Thoönis, wurde bei der Zählung zwischen 11 und 12 n. Chr., einjährig, als zur Großfamilie des älteren Tryphon gehörig registriert. Doch später, im Jahre 44 n. Chr., wurde festgestellt, daß er nicht mehr in Oxyrhynchos tätig und anderswohin verzogen sei.

Lukas indessen wollte offensichtlich Jesu Geburt in die «römische Geschichte» einordnen und derart die Erfüllung einer Prophezeiung aktenkundig machen; er wollte die Anspielung auf Prophezeiungen durch den historischen Bericht über die Erfüllung derselben ersetzen. Wenn die Einzelheiten dieses Berichts so schlecht zusammenpassen, daß sie gelehrten Streit über deren historische Wahrscheinlichkeit oder administrative Plausibilität verursachen, um so besser. Noch immer streitet man über Augustus und Jesus, und was er bezweckte, erreicht demnach Lukas noch heute. Den gleichen Vorgang werden wir bei der Untersuchung des Werdegangs der Passionsgeschichte beobachten können. Auch der oder die Verfasser des «Kreuzevangeliums», das die erste «historische Erzählung» der Passion Jesu bot, ging oder gingen von den Prophezeiungen aus. Aber statt an diese ausdrücklich zu erinnern, erfand er oder erfanden sie eine den Prophezeiungen konforme Geschichte.

Unter Pontius Pilatus

Daß Jesus unter Pontius Pilatus gekreuzigt wurde, nehme ich als bewiesene Tatsache. Gewißheit diesbezüglich hat man nicht allein dadurch, daß die Christen diese Kreuzigung wohl kaum erfunden hätten, wenn sie nicht stattgefunden hätte; es verbürgen sich für die Tatsache überdies auch zwei verhältnismäßig frühe voneinander unabhängige Zeugen, ein jüdischer um 93/94 n. Chr. und ein römischer aus den ersten Jahrzehnten des folgenden Jahrhunderts.

Denn von Jesus ist allerdings die Rede in Flavius Josephus' *Jüdischen Altertümern* (18, 63), und Bekanntschaft mit Jesus setzt auch die Erwähnung der Steinigung des Jakobus in dem gleichen Werk (20, 200) voraus. Dieses «Testimonium Flavianum» hat eine ungeheure Bibliographie (zu der erst kürzlich Louis Feldman, S. 679–703, sehr einleuchtende Erläuterungen veröffentlicht hat) provoziert, zahllose Abhandlungen und Bücher, die von einer heftigen Kontroverse zeugen, deren Hauptpunkte man neuerdings bei John Meier hervorragend erörtert und erläutert findet. Denn leider ist der Bericht des Josephus über Jesus zu schön, um wahr zu sein, zu bekenntnishaft, um unparteiisch, zu christlich, um jüdisch zu sein. Der Bericht scheint demnach in seiner Gesamtheit oder mindestens teilweise von den christlichen Überlieferern, die uns die Werke des Josephus erhalten haben, interpoliert worden zu sein. Hier sind die fraglichen Texte; man beachte, daß der zweite Text mindestens einen früheren und mehr ins einzelne gehenden vorauszusetzen scheint.

(1) «Um diese Zeit lebte Jesus, ein weiser Mensch, *wenn man ihn überhaupt einen Menschen nennen darf*. Er war nämlich der Vollbringer ganz unglaublicher Thaten und der Lehrer aller Menschen, die mit Freuden die Wahrheit aufnahmen. So zog er viele Juden und auch viele Heiden an sich. *Er war der Christus* [d. h.: der Gesalbte, der Messias]. Und obgleich ihn Pilatus auf Betreiben der Vornehmsten unseres Volkes zum Kreuzestod verurteilte, wurden doch seine frühen Anhänger ihm nicht untreu.

Denn er erschien ihnen am dritten Tage wieder lebend, wie gottgesandte Propheten dies und tausend andere wunderbare Dinge von ihm vorherverkündigt hatten. Und noch bis auf den heutigen Tag besteht das Volk der Christen, die sich nach ihm nennen, fort.»

(2) «Er [Ananias, der Hohepriester] versammelte daher den hohen Rat zum Gericht [62 n. Chr. während des Interregiums zwischen den Präfekten Festus und Albinus] und stellte vor dasselbe den Bruder des Jesus, der Christus genannt wird, mit Namen Jakobus, sowie noch einige andere.»

(Josephus, *Jüdische Altertümer*, 18, 63; 20, 200)

Die in meinem Zitat kursiv fett hervorgehobenen Worte sind allerdings als Interpolationen anzusehen, die den (nach dem Urteil John Meiers) «ziemlich neutralen – oder sogar absichtlich mehrdeutigen – Ton» der ursprünglichen Beschreibung des Josephus ins bekenntnishaft Christliche steigern.

1971 machte Shlomo Pines, ein Forscher an der Hebrew University von Jerusalem, auf eine arabische Fassung des ersten der beiden hier interessierenden Texte aufmerksam, die er in einer *Kitāb al'Unwān* oder «Buch des Titels» überschriebenen Weltgeschichte fand, welche um die Mitte des 10. Jahrhunderts ein gewisser Agapius, der damalige melkitische Bischof der phrygischen Stadt Hierapolis, verfaßt hatte.

«Ähnlich Josephus (Yūsīfūs), der Hebräer. Denn er sagt in den Abhandlungen, die er über die Regierung (?) der Juden geschrieben hat: ‹Zu dieser Zeit war da ein weiser Mann namens Jesus. ***Seine Lebensführung war gut, und (er) war als tugendhaft bekannt (oder: seine Gelehrtheit/Wissenschaft war hervorragend).*** Und viele unter den Juden und von den anderen Nationen wurden seine Jünger. Pilatus verurteilte ihn zur Kreuzigung und zum Tode. Aber diejenigen, die seine Jünger geworden waren, ließen nicht von ihrer Jüngerschaft. **Sie berichteten, daß er ihnen drei Tage nach seiner Kreuzigung erschienen sei und daß er lebendig war; demnach war er vielleicht der Messias, von dem die Propheten Wunderdinge geweissagt haben.»**

(Shlomo Pines, 10–11, 16)

Man könnte behaupten, daß man hier, ungeachtet der Tatsache, daß christliche Überlieferer und Übersetzer aus dem Griechischen ins Syrische und schließlich ins Arabische damit umgegangen sind, gleichwohl die ursprüngliche und unverfälschte Aussage des Historikers der *Jüdischen Altertümer* vor sich hat. Doch man beachte die Stellen, die ich in Fettdruck hervorgehoben habe. Der kursiv fett gesetzte Satz könnte als Zusammenfassung des von Josephus über die Worte, Lehren, Taten und Wunder Jesu Gesagten aufgefaßt werden. Doch der fett und gerade gesetzte Schluß des Abschnitts enthält zwei der drei allzu christlich anmutenden Behauptungen des in griechischer Sprache überlieferten Texts, die Zweifel herausfordern. «Wir haben deshalb zwei Möglichkeiten in Erwägung zu ziehen», meint Pines. «Entweder liegt uns in der Fassung des Agapius eine zwar weniger gründliche als die in der Überlieferung des ganzen Werks vorgenommene, dennoch aber christliche Zensur vor, oder sie kann als völlig unzensiert gelten ... Mir scheint die erste dieser beiden Hypothesen die wahrscheinlichere zu sein, doch kann ich zwingende Gründe für diese Annahme nicht nennen ..., so daß man beim jetzigen Stand der Forschung sehr wohl der gegenteiligen Meinung sein kann» (S. 70). Doch können wir wahrscheinlich noch weiter gehen als Pines. Eine gute Interpolation ist im Unterschied zum Kommentar eines Bearbeiters ein Unternehmen, das erhebliche Behutsamkeit erfordert. Ausdrücke wie «sie berichteten» über die Auferstehung und «vielleicht» im Zusammenhang mit dem Messias in der arabischen Fassung dienen der Christianisierung eines jüdischen Textes, den man als Zeugnis eines Juden zu erhalten trachtet, zweifellos besser als die offen bekenntnishaften Erklärungen des griechischen Textes, weil sie weniger Mißtrauen herausfordern. Und daß die Behauptung, Pilatus habe das Urteil über Jesus «auf Betreiben der Vornehmsten unseres Volkes» gefällt, in der arabischen Fassung fehlt, ist wohl ebenfalls nicht nur Ergebnis der Nachlässigkeit eines Abschreibers, sondern eines berechnenden Eingriffs. Ich stimme deshalb James Charlesworth darin zu, daß auch die arabische Fassung christliche Veränderungen aufweist, «wenn diese auch in der arabischen Fassung geschickter ausgeführt sind als in der griechischen» (1988, S. 96). Es ist wahrscheinlich das beste, den arabischen Text des Agapius sozusagen nur als Fußnote zur Überlieferungsgeschichte zu berücksichtigen, wie es John Meier tut mit der Bemerkung: «Ich bezweifle, daß diese arabische Handschrift des 10. Jahrhunderts die ursprüngliche Gestalt des Testimoniums bewahrt, insbesondere weil sie Sätze enthält, die ... wahrscheinlich spätere Erweiterungen oder Varianten des Textes sind» (S. 89, Anm. 36). Was uns bleibt, ist also der griechische Text der *Jüdischen Altertümer*, abzüglich der in meinem Zitat fett hervorgehobenen christlichen Zusätze. Das aber ist nicht wenig. So nahmen sich Jesus und das frühe Christentum aus in den Augen eines sehr vorsichtigen, diplomatischen, kosmopolitischen römischen Juden zu Beginn des letzten Jahrzehnts des 1. Jahrhunderts: Wunder und Lehren, Juden und Griechen, «die Vornehmsten unseres Volkes» und Pilatus, Kreuzigung und Fortleben.

Der römische Zeuge ist Cornelius Tacitus, der, nachdem er in seinen *Historien* den Niedergang der Flavier beschrieben hatte, in seinen *Annalen* den des nachfolgenden kaiserlichen Geschlechts abhandelte.

Die *Historien* hatte er im ersten Jahrzehnt des 2. Jahrhunderts verfaßt, an den *Annalen* arbeitete er vielleicht noch zu Beginn der dreißiger Jahre. Im 15. Buch dieses Werkes erwähnt Tacitus, daß ein Gerücht keinen Geringeren als Nero selbst für den schrecklichen Brand, der Rom im Jahre 64 n. Chr. verwüstete, verantwortlich machte.

> «Um ihm ein Ende zu machen, schob er daher die Schuld auf andere und strafte mit ausgesuchten Martern die wegen ihrer Verbrechen verhaßten Leute, die das Volk Christen nennt. Der Stifter dieser Sekte, Christus, ist unter der Regierung des Tiberius durch den Prokurator Pontius Pilatus hingerichtet worden. Der unheilvolle Aberglaube wurde dadurch für den Augenblick unterdrückt, trat später aber wieder hervor und verbreitete sich nicht bloß in Judäa, wo er entstanden war, sondern auch in Rom, wo alle furchtbaren und verabscheuungswürdigen religiösen Gebräuche, die es in der Welt gibt, sich zusammenfinden und geübt werden.»
> (Tacitus, *Annalen*, 15, 44; deutsch von August Horneffer, 1964)

Ich bin also der Meinung, daß an der Tatsache der Kreuzigung Jesu unter Pontius Pilatus nicht zu zweifeln ist. Fraglich ist nur die Herkunft jener fast journalistisch ausführlichen Passionsberichte, einschließlich der im Wortlaut zitierten Dialoge und Erklärungen der Beteiligten, die wir in den Evangelien lesen. Entsprechen diese Berichte den Ereignissen, oder erfüllen sie die Prophezeiungen? Haben wir es bei diesen Erzählungen mit prophetischer Geschichtsdeutung oder mit geschichtlicher Einkleidung der Prophetie zu tun? Sind da konkrete historische Ereignisse auf Prophetie bezogen oder ist da vielmehr eine konkrete Prophetie nur historisch aktualisiert? Der Unterschied zwischen Prophetie und Geschichte möge aus diesen beiden Äußerungen über die Passion Jesu deutlich werden:

(1) «Denn vor allem habe ich euch überliefert, was auch ich empfangen habe: Christus ist für unsere Sünden gestorben, gemäß der Schrift.»
(1.Korinther 15,3)

(2) «Ich preise Jesus Christus ... wahrhaftig unter Pontius Pilatus und dem Tetrarchen Herodes für uns angenagelt im Fleisch.»
(Ignatius, *An die Smyrnäer* 1,2; deutsch von A. Lindemann und H. Paulsen, 1992)

In beiden Fällen starb Jesus für uns, doch im ersten «nach der Schrift», im zweiten auf Befehl des Pilatus und des Antipas.

Die nachfolgende Darstellung beruht auf meiner früheren und wesentlich umfassenderen Untersuchung der Ursprünge der Erzählungen von der Passion und Auferstehung Jesu (1988a). Ich gelangte dabei zu dem Schluß, daß Jesu nächste Jünger von der Passion, bis auf die Tatsache der Kreuzigung, nichts wußten, daß sie geflohen waren und deren Einzelheiten betreffend keine Zeugen fanden, im übrigen auch mit der viel ernsteren Frage beschäftigt waren, ob dieser Tod womöglich alles zunichte machte, was Jesus gesagt und getan hatte, alles, das sie angenommen und geglaubt hatten. Des weiteren folgt dann seitens jener Nachfolger Jesu, die über die erforderliche Bildung und Schriftgelehrtheit verfügten, ein intensives Schriftstudium ähnlich dem, das die Essener in Qumran betrieben. Dabei wurden Verse und Bilder entdeckt, die auf die Passion insgesamt anwendbar schienen, freilich nicht auf Einzelheiten, da ihnen solche Einzelheiten ja nicht erinnerlich waren. Dann wurde die Möglichkeit wahrgenommen, aus den konkreten Einzelheiten der verschiedenen insgesamt auf die Passion Jesu beziehbaren Prophetenworte einen zusammenhängenden und folgerichtigen Ablauf der Ereignisse der Passion herauszulesen. Aber zu diesem Zweck mußte eine umfassende Form oder Gestalt der Erzählung erfunden oder gefunden und zur Organisation solcher Einzelheiten passend abgewandelt werden. Wenn man dann eine so konstituierte Passionsgeschichte erzählen konnte, war es möglich, durch die Hinzufügung historischer Einzelheiten deren Glaubwürdigkeit zu erhöhen. Kurzum, die Entwicklung der Passionsgeschichte, die uns bei den Evangelisten vorliegt, ging folgendermaßen vonstatten: Zuerst war nur die *historische Passion* so im allgemeinen und von ferne bekannt, wie man sie bei Josephus und Tacitus erwähnt findet. Darauf folgt die Entwicklung der *prophetischen Passion* aus einer Vielzahl verschiedener prophetischer Schriftstellen, die sich auf die oder jene Weise auf die nur allgemein bekannte Tatsache der Kreuzigung Jesu beziehen ließen, wie das etwa im Barnabasbrief geschieht. Schließlich wurden diese vielfachen und verschiedenen Versuche, das, was geschehen war, aus der Schrift zu erweisen, zu einer zusammenhängenden Erzählung des Geschehenen organisiert. Ich äußerte am Ende der Untersuchung, die mich zu diesen Schlüssen führte, überdies die Vermutung, daß wir es bei der Passionserzählung nur mit einem einzigen Überlieferungsstrom zu tun haben, der aus dem «Kreuzevangelium», das uns im Petrusevangelium eingebettet überliefert ist, von Markus aufgenommen wurde, von dem dann Matthäus und Lukas die Erzählung übernahmen, während die Fassung, die ihr Johannes gab, beweist, daß er sie aus allen drei synoptischen Evangelien geschöpft hat. Andere Rekonstruktionen sind zweifellos möglich, doch scheint mir diese die Daten mit dem geringsten Aufwand zufriedenstellend zu erklären (siehe Anhang 7).

Der geopferte Bock

Zur Prüfung meiner Hauptthese stelle der Leser sich in die Zeit des ersten Karsamstags zurückversetzt vor, einen Tag, der etwa fünf oder zehn Jahre andauern wird. Umgeben von gewissen Nachfolgern Jesu, die keineswegs Bauern sind, nicht interessiert an Wundern und ebensowenig darauf bedacht, Sprüche Jesu zu sammeln, zu bewahren oder neu zu schaffen, aber sehr ins Studium der heiligen Schrift vertieft, um die Vergangenheit zu verstehen, die Gegenwart einzufordern und die Zukunft kommen zu sehen. Was findet man bei diesem Bemühen, was bringt man hervor? Ich fasse die Überlieferungseinheit 131 *Verspottung Jesu* [1/2] ins Auge, die als paradigmatisches Zeugnis derart intensiven exegetischen Studiums dienen kann.

Der Barnabasbrief ist Helmut Köster zufolge ein Beispiel frühchristlicher allegorischer Interpretation des Alten Testaments im Genre der Schriftgnosis. Die dabei angewandte Methode der Auslegung sei, so Köster, derjenigen des Hebräerbriefs sehr ähnlich, und auch Barnabas sei um ein Verständnis der soteriologischen Bedeutung des Todes Jesu aus der Schrift bemüht, wobei an der apokalyptischen Erwartung festgehalten werde. Und weiter schließt Köster aus dem Umstand, daß man im Barnabasbrief neutestamentliche Schriften weder ausdrücklich noch stillschweigend benützt findet, daß es sich bei diesem um ein vielleicht sogar noch vor Ende des 1. Jahrhunderts n. Chr. entstandenes Werk handle. Das von Barnabas gebotene Material mache mit den ersten Stadien eines Prozesses bekannt, dessen Fortsetzung man im Petrusevangelium und später bei Matthäus beobachten könne und der bei Justin dem Märtyrer seinen Abschluß finde (1982, Bd. 2, S. 276–277). Das Interessanteste aber ist, daß man bei Barnabas 7 die biblische Grundlage nicht nur für die Passion Jesu, sondern auch für die innere Verbindung von Passion und Parusie dargelegt findet. An dieser Stelle sind nicht nur Schriftstellen als Prophezeiungen der Passion Jesu gedeutet, sondern auf eine Weise angeordnet, daß sie als Prophezeiungen der Passion und der Parusie gelten können, der Wiederkunft Christi als Folge der Passion Jesu.

Man lese womöglich das fragliche 7. Kapitel des Barnabasbriefes wiederholt und stelle sich vor, wie es auf jene frühen Christen gewirkt haben mag, die von der Passion Christi noch nicht wußten, was uns aus den vier kanonischen Evangelien vertraut ist, sondern nur, was im Barnabasbrief gesagt wird. Ich kann zwar hier nicht das ganze Kapitel zitieren, doch einen Begriff von der Eigenart des Texts mag schon ein einzelner Abschnitt geben.

«Achtet auf das, was er befohlen hat: *‚Nehmet zwei schöne und gleichartige Böcke und bringt (sie) dar, und der Priester soll den einen zum Brandopfer für die Sünden nehmen.›* Was sollen sie aber mit dem anderen machen? *‚Verflucht›*, sagt er, *‚sei der andere›*. Gebt acht, wie (darin) das Abbild Jesu offenbart wird. *‚Und speit (ihn) alle an und durchbohrt (ihn) und legt ihm scharlachrote Wolle um sein Haupt, und so soll er in die Wüste getrieben werden.› Und wenn es so geschieht, bringt der Träger den Bock in die Wüste und nimmt die Wolle ab und legt sie auf einen Strauch, der Brombeerstrauch heißt,* dessen Früchte wir auch zu essen pflegen, wenn wir sie auf dem Felde finden. So sind die Früchte allein des Brombeerstrauches süß. Was bedeutet dies nun? Gebt acht: *‚Den einen (heißt es), auf dem Altar, den anderen (nennt er) verflucht›*, und (er sagt) daß der Verfluchte bekränzt wird, da ***sie ihn ja dann an dem Tage mit dem scharlachroten Gewand um sein Fleisch sehen werden*** und sagen werden: Ist das nicht der, den wir einst kreuzigten, nachdem wir ihn verhöhnt und ***durchbohrt*** und angespien hatten? Wahrlich der war es, der damals sagte, daß er Gottes ***Sohn*** sei. Denn wie (ist dieser) jenem gleich? Zu diesem Zweck (heißt es): *‚gleiche Böcke, schöne, übereinstimmende›*, damit, wenn *sie* ***ihn*** einst kommen ***sehen,*** erschrecken über die Gleichheit mit dem Bock. Siehe also das Abbild des künftig leidenden Jesus. Was (bedeutet es) aber, daß sie die Wolle mitten in die Dornen legen? Ein Abbild Jesu für die Gemeinde ist (damit) gegeben, daß (nämlich) wer die scharlachrote Wolle aufheben will, viel leiden muß, weil der Dorn schrecklich ist, und daß er sich ihrer unter Drangsalen bemächtigen muß. So müssen, sagt er, diejenigen, die mich sehen wollen und mein Reich erreichen wollen, mich unter Drangsal und Leiden annehmen.» (Barnabas 7,6–12; deutsch von A. Lindemann und H. Paulsen, *Die Apostolischen Väter*, 1992, S. 43–45)

Die vier Fragen dieses Texts lassen zwei voneinander getrennte und, wie ich meine, aufeinanderfolgende Schichten erkennen, die ich auf unterschiedliche Weise typographisch hervorgehoben habe.

Zunächst ist da eine Schicht aus Sacharja, die aus zwei Stellen dieses prophetischen Buchs entwickelt sein mag, nämlich einerseits aus Sacharja 12,10–14 und andererseits aus Sacharja 3,1–5. Ich habe diese Schicht des Texts fett kursiv hervorgehoben. Die Stelle Sacharja 12,10–14 ist ausdrücklich zitiert bei Matthäus 24,10–12 und 30a, einer von Markus 13,25–26 unabhängigen Quelle (Kloppenborg, 1979) wie auch bei Johannes 19,34–37.

«Doch über das Haus David und über die Einwohner Jerusalems werde ich den Geist des Mitleids und des Gebets ausgießen. ***Und sie werden auf den blicken, den sie durchbohrt haben.*** Sie werden um ihn ***klagen***, wie man um den einzigen Sohn klagt; sie werden bitter um ihn weinen, wie man um den Erstgeborenen weint...

Das Land wird trauern, jede Sippe für sich: die Sippe des Hauses...; die Sippe des Hauses...; die Sippe des Hauses...; die Sippe des Hauses...; alle überlebenden ***Sippen*** [Stämme], jede Sippe für sich und ihre Frauen für sich.»
(Sacharja 12,10–14)

«Danach wird das Zeichen des Menschensohnes am Himmel erscheinen; dann werden alle ***Völker*** [Stämme] der Erde jammern und ***klagen***.»
(Matthäus 24,30a)

«...sondern einer der Soldaten stieß mit der Lanze in seine Seite, und sogleich floß Blut und Wasser heraus. Und der, der es gesehen hat, hat es bezeugt, und sein Zeugnis ist wahr. Und er weiß, daß er Wahres berichtet, damit auch ihr glaubt. Denn das ist geschehen, damit sich das Schriftwort erfüllte: Man soll an ihm kein Gebein zerbrechen. Und ein anderes Schriftwort sagt: ***Sie werden auf den blicken, den sie durchbohrt haben.»***
(Johannes 19,34–37)

Hier ist durch die Anwendung des Prophetenworts vom Durchbohren und Blicken und Klagen die Verbindung der Passion mit der Parusie hergestellt. Und diese Verbindung wird verstärkt und entwickelt durch die Verbindung von Sacharja 12,10–14 mit einer früheren Stelle aus dem gleichen Buch, nämlich Sacharja 3,1–5. Diese Stelle bezog sich ursprünglich auf Josua (Jesus!), den ersten Hohenpriester nach dem Ende der babylonischen Gefangenschaft im Jahre 538 v. Chr., eine Gestalt, die sehr wohl die Verbindung von Zerstörung und Erlösung symbolisieren konnte. Sacharja 12,10 in Verbindung mit 3,1–5 fand unabhängig Verwendung auch in der Offenbarung des Johannes 1,7, wo 1,13 die Vision Christi folgt.

«Jeschua hatte nämlich schmutzige Kleider an, als er vor dem Engel stand. Der Engel wandte sich an seine Diener und befahl: Zieht ihm die schmutzigen Kleider aus! Zu ihm aber sagte er: Hiermit nehme ich deine Schuld von dir und bekleide dich mit festlichen Gewändern. Und ich befehle: Man soll ihm einen reinen Turban aufsetzen. Da setzten sie ihm den reinen Turban auf und bekleideten ihn mit Festgewändern [griechisch: ***einem langen Gewand***], und der Engel des Herrn stand dabei.»
(Sacharja 3,3–5)

«Siehe, er kommt mit den Wolken, und ***jedes Auge wird ihn sehen, auch alle, die ihn durchbohrt haben: und alle Völker [Stämme] der Erde werden seinetwegen jammern und klagen.*** Ja, amen ... und mitten unter den Leuchtern einen, der wie ein Mensch aussah; er war bekleidet ***mit einem [langen] Gewand,*** das bis auf die Füße reichte, und um die Brust trug er einen Gürtel aus Gold.» (Offenbarung 1,7.13)

Die Verbindung der die Passion und die Parusie symbolisierenden Motive des Durchbohrens, Sehens, Klagens, Entkleidens, Bekleidens konnte Barnabas einer ihm bereits fertig gegebenen Überlieferung entnehmen.

Die Zusammenschau einer zweiten Schicht von prophetischen Bildern mit dieser dem Propheten Sacharja entnommenen ersten war ebenfalls schon traditionell, als Barnabas davon Gebrauch machte. Die beiden Zustände des zuerst mit unreinen Kleidern, dann mit Feierkleidern angetanen Josua/Jesus wurden dabei parallel gesetzt zu den beiden Böcken des großen Versöhnungstages. Diese zweite Schicht habe ich in meinem Zitat aus dem Barnabasbrief 7 durch geradestehenden Fettdruck hervorgehoben. Auch Justin der Märtyrer hat Mitte des 2. Jahrhunderts die beiden Böcke auf Passion und Parusie Jesu bezogen und diese Beziehung deutlicher als Barnabas erklärt.

«Die ***beiden*** für die Fasten befohlenen ***Böcke***, welche ähnlich sein mußten, und von denen der eine verstoßen wurde, der andere als Opfer diente, verkündeten das zweimalige Erscheinen Christi: das erste Erscheinen, soferne die Ältesten eures Volkes und die Priester ihn verstoßen, Hand an ihn gelegt und ihn getötet haben, seine zweite Parousie dagegen, sofern ihr an dem gleichen Orte Jerusalem ***ihn, den ihr entehrt habt, erkennen werdet.*** Ein Opfer war er für alle Sünder, welche gleich denen, die an Jesus glaubten, Buße tun wollen und gemäß den Worten des Isaias fasten, indem sie die Fesseln erzwungener Vereinbarungen sprengen und ebenso all das übrige beobachten, was von ihm aufgezählt wird und auch von mir erwähnt wurde.

Das wisset ihr, daß auch das für die Fasten vorgeschriebene Opfer der ***beiden Böcke*** nur in Jerusalem hat dargebracht werden dürfen.» (Justinus Martyr, *Dialog mit dem Juden Tryphon,* 40; deutsch von Ph. Haeuser, 1917).

Bemerkenswert an dem nach dem Muster der fortlaufenden *Pescher*-auslegungen der Essener das Ritual Einzelheit für Einzelheit mit der Passion und Parusie Jesu vergleichenden Erklärung des Barnabasbriefes ist aber, daß der Exeget dabei anstatt der sehr allgemein gehaltenen

Vorschriften für das große Versöhnungsfest Leviticus 16 ein sehr viel detaillierteres Ritual im Auge hat, das eigens zum Zweck seiner Vergleichung erfunden zu haben man ihn verdächtigen würde, wäre es nicht aus einigen Erwähnungen in der *Mischna*, der mündlich überlieferten rabbinischen Tora, bekannt, die zuerst am Ende des 2. Jahrhunderts n. Chr. kodifiziert wurde. Aus diesen Erwähnungen wissen wir, daß die Böcke gleich und übereinstimmend sein mußten, daß dem Sündenbock scharlachrote Wolle ums Haupt gelegt werden mußte, daß er beschimpft wurde, ehe man ihn in die Wüste trieb, und daß, ehe man ihn dort tötete, die scharlachrote Wolle dazu diente, ihn mit den Hörnern an einen Felsen zu binden (Crossan, 1988a, S. 118–119). Barnabas vergleicht also nicht die Prophezeiungen Sacharjas mit den Vorschriften in Leviticus 13, sondern mit einem aus diesen entwickelten Ritual, von dem er vermutlich aus einer literarischen Quelle Kenntnis hatte.

Der Vergleich der Bekleidung und Krönung Josuas mit der «Bekleidung» und «Krönung» des Sündenbocks ist mit viel Scharfsinn durchgeführt. Die «scharlachrote Wolle um sein Haupt» weist einerseits auf das «scharlachrote Gewand», andererseits auf die «Krönung» oder «Bekreuzigung»: so wird der Sündenbock Josua gleich und Josua Jesus in seiner Parusie.

Zuletzt weicht übrigens der Ausleger in einem Punkte ab von dem in der *Mischna* faßbaren Sündenbockritual, das ihm offenbar vorschwebt. Sei es, daß er die Beschreibung des Rituals mißverstanden oder absichtlich abgewandelt hat (die Möglichkeit eines sprachlichen Mißverständnisses erörtert Prigent, S. 105), jedenfalls läßt er die scharlachrote Wolle nicht an einen Felsen binden, sondern auf einen dornigen Brombeerstrauch legen und gibt dazu die folgende Erklärung:

> «Ein Abbild Jesu für die Gemeinde ist (damit) gegeben, daß (nämlich) wer die scharlachrote Wolle aufheben will, viel leiden muß, weil der Dorn schrecklich ist, und daß er sich ihrer unter Drangsalen bemächtigen muß. So müssen, sagt er, diejenigen, die mich sehen wollen und mein Reich erreichen wollen, mich unter Drangsal und Leiden annehmen.»
> (Barnabas 7,11b)

Dieser letzte Spruch, 483 *Nur unter Leiden* [3/1], wird Jesus sonst von niemandem zugeschrieben. Möglicherweise handelt es sich dabei um eine freie Wiedergabe der Aussage 44 *Sein Kreuz tragen* [1/3]. Wie dem auch sei, ich bin der Meinung, daß der Ausleger, wenn ihm die Geschichte der Dornenkrönung Jesu bekannt war, kaum so ungeschickt gewesen wäre, aus Jesus als einem mit Dornen Gekrönten einen Gekrönten unter Dornen zu machen. Ich glaube denn auch darlegen zu können, wie vielmehr umgekehrt das Bild des Barnabasbriefs – Jesus als Gekrönter unter Dornbüschen – am Anfang stand und die Vorstellung des dornengekrönten Jesus anregte, so daß aus Jesus, dem in die Wüste getriebenen Sündenbock, Jesus, der beschimpfte und verspottete König wurde.

Wie geschickt man auch die im Barnabasbrief 7 praktizierte Textauslegung finden und wie zwingend einem auch die Beziehung der herangezogenen Stellen auf die Passion und Parusie Jesu erscheinen mag, eine gute Geschichte oder auch nur zusammenhängende Erzählung kommt dabei nicht heraus, geschweige denn der glaubwürdige Bericht von einem historischen Ereignis. Man vergleiche damit nur etwa die folgende historische Anekdote: Philo berichtet, wie der alexandrinische Pöbel Agrippa I. verspottete, als dieser, von Gaius Caligula zum König der Juden erhoben, auf dem Heimweg im August 38 n. Chr. in Alexandrien anlangte.

> «Da lebte ein Geisteskranker namens Carabas, dessen Leiden nicht in tierische Wildheit ausbrach (dieses kennt kein Pardon für die Patienten selbst und diejenigen, die ihnen nahe kommen). Seine Krankheit verlief ruhiger und sanfter. Er brachte Tag und Nacht unbekleidet auf den Straßen zu und scheute weder Hitze noch Frost, Kinder und müßige Burschen trieben ihr Spiel mit ihm. Die nahmen den unglücklichen Menschen mit ins Gymnasium und stellten ihn auf einen erhöhten Platz, wo er allen sichtbar war; sie stülpen ihm ein Blütenbüschel von Papyrus als Krone auf den Kopf und umhüllen seinen Körper mit einer Matte als Mantel; anstatt eines Szepters gibt ihm einer ein kurzes Stück einheimischen Papyrus, das er am Wegrand gesehen und abgerissen hatte. Und als er nun wie bei Bühnenpossen die Zeichen der Herrschaft trug und zum König geschmückt war, stellten sich junge Leute mit Stöcken auf den Schultern wie Lanzenträger rechts und links als Leibwache auf. Dann traten andere vor ihn hin, teils als wollten sie ihm huldigen, teils wie um einen Prozeß zu führen, teils als suchten sie in öffentlichen Angelegenheiten seinen Rat. Dann brach die ringsum stehende Menge in ein unsinniges Geschrei aus: ‹Marin›, riefen sie – so wird angeblich bei den Syrern der Herrscher genannt; denn sie wußten, daß Agrippa ein Syrer war und über einen großen Teil Syriens herrschte.»
> (Philo, *Gegen Flaccus*, 36–39; deutsch in *Werke*, Bd. 7, 1964, S. 137)

Hier wird der arme irre Carabas als König aufgeputzt und hofiert, nicht um ihn selbst zu demütigen und zu verspotten (weshalb man ihm auch nichts zuleide tut), sondern einem anderen zum Spott. Immerhin, ein Anspruch auf königliche Würde wird lächerlich gemacht.

Nun stelle man sich vor, es dächte jemand bei diesem Bericht von diesem Ereignis in Alexandrien oder einem ähnlichen Vorkommnis anderswo an eine prophetische Exegese wie die des Barnabasbriefs und suchte ein dieser Exegese entsprechendes Ereignis zu schildern. Mir scheint, wie ich in meiner früheren Untersuchung (1988a, S. 114–159) ausführlicher begründet habe, daß bei einem solchen Versuch sehr wohl herauskommen könnte, was man im folgenden Bericht aus dem apokryphen Petrusevangelium hat. Man beachte die von mir hervorgehobene chiastische Struktur dieses Texts, die dem Leser einschärft, nicht zu übersehen, worauf es dem Verfasser ankommt.

(A) «Sie aber nahmen den Herrn und stießen ihn eilends und sprachen: Lasset uns den Sohn Gottes schleifen, da wir Gewalt über ihn bekommen haben.
(B) Und sie legten ihm ein Purpurgewand um
(C) und setzten ihn auf den Richterstuhl und sprachen: Richte gerecht, o König Israels!
(B) Und einer von ihnen brachte einen Dornenkranz und setzte ihn auf das Haupt des Herrn.
(A) Und andere, die dabeistanden, spien ihm ins Angesicht, und andere schlugen ihm auf die Wangen, andere stießen ihn mit einem Rohr, und etliche geißelten ihn und sprachen: Mit solcher Ehre *wollen wir den Sohn Gottes* ehren.»

(Petrusevangelium 3,6–9; deutsch von Christian Maurer, NTApo^{6}, Bd. 1, S. 185)

Nichts an der Oberfläche dieser Beschreibung verrät, daß es sich dabei nicht um einen einfachen journalistischen Bericht von der historischen Geißelung Jesu handelt. Daß damit erfüllt wird, was die Propheten verheißen haben, findet man nirgends auch nur angedeutet. Bemerkenswert ist allerdings, daß die Geißelung der Verurteilten vor der Kreuzigung zwar durchaus gewöhnlich war, in dem uns vorliegenden Bericht aber nur am Rande zu interessieren scheint, während andererseits jedes Wort dieses Berichts voller prophetischer Anklänge ist, die sich mit direkten und ausdrücklichen Zitaten aus anderer frühchristlicher Literatur belegen lassen. Außer einer möglichen Anspielung auf den Psalm 118,13 im Abschnitt A, einer wahrscheinlicheren auf Jesaja 58,2 im Abschnitt C und einer unverkennbaren auf Jesaja 50,6–7 (speien, schlagen, stießen, geißelten) im Abschnitt A sind auch die oben betrachteten Erinnerungen an Sacharja 3,1–5 sowie 12,10 (kleiden, krönen, durchbohren) in der Beschreibung gegeben. Selbst einen Hinweis auf den Sündenbock hat man in dem Satz: «... stießen ihn mit einem Rohr ...»

Ich bin der Meinung, daß diese Beschreibung des Petrusevangeliums als paradigmatischer Fall des Übergangs von der prophetischen zur erzählten Passion gelten kann. Die Meditation über die Passion begann mit dem Nachdenken über einzelne Prophezeiungen, wie zum Beispiel Jesaja 50,6–7, deren jede auf die ganze Passion Jesu angewendet wurde. Man beachte etwa die Worte «den wir einst kreuzigten» im Barnabasbrief 7,9. Ich wiederhole, daß nicht jede Prophezeiung auf bestimmte Einzelheiten des Geschehens bezogen wurde, da es solche Einzelheiten einstweilen noch gar nicht gab. Vielmehr wurden die verschiedenen einzelnen prophetischen Aussagen typologisch angeordnet, so daß eine zusammenhängende meditative Exegese daran anknüpfen konnte. Man lese etwa über die Beziehung zwischen dem Opfer einer roten Färse und dem Tode Jesu im Barnabasbrief 8,2 die Aussage, «das Kalb ist Jesus». Doch diese Exegesen betonten noch nur die Passion. Danach wurden dyadische Strukturen entwickelt, welche den Bezug einzelner Prophezeiungen sowohl auf die Passion als auch auf die Parusie gestatteten, wie bei Sacharja 12,10–14 und 3,1–5, oder das Ritual des Versöhnungsfests um die beiden Böcke. Damit war es möglich geworden, einen aus der Vergangenheit in die Gegenwart und weiter in die Zukunft weisenden Sinn darzustellen. Schließlich wurden aus diesen prophetischen Komplexen historisch anmutende Erzählungen gebildet, und zwar so überzeugend, daß ihnen der Ursprung aus der Prophetie kaum noch anzumerken war. Ich halte es für durchaus möglich, daß der Bericht des Petrusevangeliums 3,6–9 älter ist als der größere Komplex, von dem er jetzt einen Teil bildet. Grund für diese Annahme ist, daß dem Verfasser der Präzedenzfall des Carabas – oder jedenfalls das Muster, dem die Alexandriner in diesem Fall folgten – bekannt gewesen sein muß und daß er bei der Konstruktion seines Berichts von diesem Muster so geschickt Gebrauch zu machen wußte, daß er auf eine erschöpfende Bestätigung der Prophetie hinausläuft. Wie dem aber auch sei, die Verspottung Jesu wurde dann, so wie sie im Petrusevangelium 3,6–9 erzählt ist, von der gesamten kanonischen Überlieferung aufgenommen. Ich halte es durchaus für möglich, daß der erste Schritt von der Prophetie zur «Geschichte», von Jesus im Bilde der beiden Böcke des Versöhnungsfestes zu Jesus, dem verspotteten König, geschah, ehe man sich andere Einzelheiten der Passionsgeschichte zurechtgelegt hatte; so daß nach diesem ersten Schritt noch ein weiter Weg zu gehen war, ehe man im einzelnen zu erzählen wußte, was auf Golgatha geschah.

Muster für eine Passionserzählung

Wenn man den scharfsinnigen Anwendungen von Prophetenworten und typologischen Korrelationen, die der Barnabasbrief zu bieten hat, im einzelnen zu folgen versucht, begreift man, daß damit denjenigen, denen die Voraussetzungen fehlen, dergleichen gelehrte Übungen nach Wert zu schätzen, ziemlich viel zugemutet wird. Aber welches Muster stand zur Verfügung, die vertrauten Prophezeiungen nicht nur in einer umfassenden exegetischen Synthese zusammenzufassen, sondern in eine Geschichte zu übersetzen, die jeder, der sie hörte, verständlich finden würde?

Es gab ein solches Muster, das sich hier zur Benutzung empfahl. Um die Mitte des 1. Jahrhunderts waren andere Christen, denen weniger an der Bestätigung der Prophetie und der Liturgie als an der Erinnerung des Lebens Jesu gelegen war, mit der Sammlung, Erweiterung und Erfindung von Aussprüchen Jesu beschäftigt. Zwei derartige Sammlungen sind uns überliefert, und an beiden kann man wenigstens zwei verschiedene Schichten ihrer Ausbildung nachweisen. Das Thomasevangelium, von dessen griechischer Fassung drei unvollständige Exemplare in Oxyrhynchos gefunden wurden, ehe das in Nag Hammadi entdeckte Exemplar eines koptischen Textes es in seinem ganzen Umfang bekannt machte, «legt die Vermutung nahe», wie Stephen Patterson meint, «daß eine schon vor dem Tode des Jakobus im Jahre 62 n. Chr. angelegte Sammlung zu einer späteren Zeit auf ihren gegenwärtigen Umfang erweitert wurde» (S. 171). Auch die uns bei Matthäus und Lukas überlieferte Spruchquelle Q ist vielleicht mit der Zeit erweitert worden, als nämlich die Gemeinde, deren Glaubenssätze sie enthält, ihre Mission bei den Juden als gescheitert ansah und zu dem weisheitlichen Grundbestand der Sammlung der veränderten Stimmung der Gläubigen entsprechend apokalyptische Aussagen hinzukamen (Kloppenborg, 1987). Es könnte so in Palästina eine im Süden, in Jerusalem, und eine im Norden, in Galiläa, überlieferte Sammlung von Jesus-Worten gegeben haben, die später in Syrien zu Quellen der östlichen, in Edessa gepflegten, und der westlichen, in Antiochien vorherrschenden Überlieferung geworden wären. Aber gleich wie man den Weg der Überlieferung im einzelnen nachzeichnen mag, gewiß ist jedenfalls, daß um die Mitte des 1. Jahrhunderts frühe Christen die Worte Jesu als Worte göttlicher Weisheit sammelten und sich seiner als der Verkörperung eben dieser göttlichen Weisheit erinnerten. Solche Sammlungen dienten aber nur der Darstellung Jesu als des göttlichen Weisheitslehrers, als Muster einer zusammenhängenden Passionsgeschichte taugten sie selbstverständlich nicht.

Es gab jedoch einen Typus der Überlieferung einer Weisheitslehre, der nicht nur, wie die bisher betrachteten Sammlungen von Worten Jesu, eine Anthologie der Weisheit des Lehrers bot, sondern diese im Rahmen einer zusammenhängenden Erzählung entfaltete. Ein Beispiel dieses Typus hat man in der Geschichte von Ahiqar, «einer der bekanntesten und am weitesten verbreiteten Geschichten der alten Welt des Mittelmeers». Die Entstehungszeit dieser Geschichte wird im 7. bis

6. Jahrhundert v. Chr. angenommen. «Das Werk besteht aus zwei Teilen. Der erste erzählt die Geschichte Ahiqars, des weisen Schreibers und Beraters der Könige von Assyrien. Der hochbetagte Weise beschließt, da er keinen Sohn hat, der ihm nachfolgen könnte, seinen Neffen Nadin zu adoptieren und diesen alle seine Weisheit zu lehren. So wird der junge Mann erzogen, dem König Esarhaddon (681–669 v. Chr.) vorgestellt, und schließlich übernimmt er die Hofämter seines Onkels. Der undankbare Nadin hat aber nun nichts Eiligeres zu tun, als seinen Onkel beim König anzuschwärzen und diesem einzureden, daß der alte Mann ihn vom Thron zu stürzen plane. Außer sich vor Zorn befiehlt der König, Ahiqar zu töten. Doch ist der mit der Vollstreckung des Todesurteils beauftragte Beamte ein alter Freund Ahiqars, der ihm einst das Leben gerettet hat. Die beiden verabreden also, den König zu täuschen, anstelle Ahiqars soll ein Sklave getötet werden ... Zwar ist das Ende des ersten Teils verloren, doch kann man annehmen, daß nicht nur Ahiqars Leben gerettet, sondern daß schließlich der Weise auch vom König in Gnaden wieder aufgenommen, der böse Neffe Nadin aber nach Verdienst bestraft wird. Der zweite Teil enthält die Weisheit Ahiqars, eine Sammlung von etwas über hundert Sprüchen, Rätseln, Fabeln, Belehrungen und anderen kurzen Äußerungen der verschiedensten Art in kunterbuntem Durcheinander ... Zur Sprache kommen eine Vielzahl von Gegenständen, wie die Wohlerzogenheit, die rechte Achtung für den König, Klugheit im Reden, und viele einzelne Sprüche erinnern an solche aus der Bibel und aus anderen alten morgenländischen Quellen» (OTP, Bd. 2, S. 479–480).

Gleichviel wie man sich den Ursprung der beiden Teile des *Ahiqar* erklärt, sicher ist, daß sie späterer weisheitlicher Überlieferung im Rahmen der biblischen ein doppeltes Muster boten. Gewöhnlich wurde allerdings nur jeweils eine Hälfte dieses doppelten Musters imitiert. Die Anthologie des zweiten Teils diente jüdischen Sammlungen wie den Sprüchen Salomos (Buch der Sprichwörter) und dem Buch des Predigers Salomo (Kohelet) zum Vorbild und weiter der Spruchquelle Q sowie dem Thomasevangelium, wie James Robinson dargelegt hat (Robinson und Köster, S. 71–113). Doch hat George Nickelsburg gezeigt, wie das Muster der Erzählung des ersten Teils Verwendung gefunden hat bei jüdischen Geschichten wie derjenigen von Joseph, Genesis 37–50, derjenigen der Märtyrer, 2. Makkabäer 7, sowie desgleichen bei christlichen Geschichten wie den Erzählungen von der Passion im Petrusevangelium und bei Markus im 14. und 15. Kapitel (1972; 1980). Mit der letzten Hypothese haben wir uns nun zu befassen.

In meiner früheren Untersuchung der Passionsüberlieferung (1988a, S. 297–334) habe ich die Meinung geäußert, innerhalb des von Nickelsburg angenommenen narratologischen Modells der Passionserzählung sollten zwei Grundmuster unterschieden werden, deren Entwicklung in der jüdischen und frühchristlichen Überlieferung nachzuweisen ist. Ich nenne diese Grundmuster «Gerettete Unschuld» und «Gerechtfertigtes Martyrium» und ordne diesen beiden Typen von Erzählungen die bei Nickelsburg genannten Beispiele wie folgt zu:

Die archetypische Geschichte des *Ahiqar* behandelt vollkommen das Thema der «Geretteten Unschuld». Es gibt darin fünf Hauptmotive: Eine *Situation*, in welcher der Unschuldige, meist bei Hof, fälschlich unter *Anklage* gestellt wird, woraus eine ungerechte *Verurteilung* zum Tode folgt. Ehe aber das Todesurteil vollstreckt werden kann, kommt es zur *Errettung*, nach welcher die *Wiederherstellung* des früheren Standes des Unschuldigen, wenn nicht gar dessen Erhebung zu einem noch höheren folgt, während die ungerechten Ankläger ihre Strafe erhalten. Diese Struktur weist Genesis 37–50, die Geschichte Josephs, auf (ebenso auch im Psalm 105,16–22), desgleichen die Geschichte des Tobias im Buch Tobit 1,18–22, diejenige Daniels in der Löwengrube, Daniel 6, und diejenige der drei Freunde im Feuerofen, Daniel 3, die Geschichte Esthers in dem nach ihr benannten Buch, die Geschichte Susannas aus den der griechischen Übersetzung des Buches Daniel hinzugefügten Erzählungen und die der ägyptischen Juden im 3. Buch der Makkabäer. Das ist ein langer Überlieferungsstrom, der von etwa 500 v. Chr. bis etwa in die Mitte des 1. Jahrhunderts n. Chr. fließt. In allen diesen Geschichten wird stets die gefährdete *Unschuld gerettet*, durch göttliches Eingreifen werden die Unschuldigen vor dem drohenden Tode bewahrt. Diese Tradition mag überzeugend am ehesten für Menschen gewesen sein, die sozialen Druck und Diskriminierung zu ertragen hatten, ohne jedoch mörderische Verfolgung erleben zu müssen.

Das Thema des «Gerechtfertigten Martyriums» ist eine Art absichtsvolles Gegengewicht zu dem etwas zu positiv ausgefallenen Erzählmotiv der «Geretteten Unschuld». Auch nach diesem Muster erzählend wird Erlösung und Errettung verheißen, aber nicht vom Tode, sondern nach dem Tode, die Erhaltung nicht in dieser Welt, sondern über den Tod hinaus und jenseits der Welt im Himmel. Und erst dort, nicht schon hier, sollen die ungerechten Feinde und bösen Peiniger der Unschuld bestraft werden. Das erfahren die Mutter und ihre sieben Söhne in 2 Makkabäer 7 und der archetypische Gerechte im Buch der Weisheit 1–5. Trotz ihrer Unschuld greift Gott nicht ein, um sie vom Tode zu erretten und ihre Verfolger zu bestrafen. Erlösung und Bestrafung finden jenseits dieser Welt statt und sind von hier aus nicht mit Augen zu sehen, sondern wahrnehmbar nur für den Glauben.

Gerettete Unschuld

Ich meine, wie in der erwähnten früheren Untersuchung näher begründet (1988a, S. 297–334), daß die verstreuten Hinweise der Propheten auf die Passion Jesu zuerst nach dem Muster der Erzählung von der «Geretteten Unschuld» zu einer vollständigen Passionsgeschichte vereint wurden. Auf diese Weise erwies sich aber nicht allein die prophezeite Passion als historisch bereits eingetroffenes Ereignis, sondern überdies auch die Auferstehung, deren unmittelbare Beziehung auf die Passion schon bei der Auslegung der Prophetenworte auf die Passion und die Parusie als selbstverständlich vorausgesetzt worden war. Nach diesem Muster entstand, was ich das «Kreuzevangelium» nenne, die ursprüngliche Passionserzählung, die uns in den nachfolgend aufgeführten drei eng miteinander verknüpften Einheiten erhalten ist.

(1) Kreuzigung und Kreuzabnahme	Petrusev. 1,1–2 und 2,5b–6, 22
(2) Grab und Wächter	Petrusev. 7,25 und 8,28–9,34
(3) Auferstehung und Bekenntnis	Petrusev. 9,35–10,42 und 11,45–49

Diese drei Akte stehen in konsequenter Folge. Jesus wird vom Volk selbst gekreuzigt, doch aufgrund der Wunder bei seinem Tode wird dem Volk seine Identität fraglich. Dies zwingt die Führer des Volkes, das Grab bewachen zu lassen, auf daß jüdische Führer und römische Soldaten Zeugen der Auferstehung werden; und das veranlaßt die römischen Führer zum Bekenntnis ihres Irrtums, während die jüdische Führung trachtet, das Geschehene vor dem Volk geheimzuhalten.

Diese Erzählung weist die fünf Motive von der «Geretteten Unschuld» auf.

(1) Situation	War vermutlich näher bestimmt, als man dem fragmentarischen Anfang der Geschichte, die uns erhalten ist, entnehmen kann (Petrusevang. 1,1).
(2) Anklage	Ebenfalls verloren, aber impliziert in den Titeln «König von Israel» und «Sohn Gottes» (Petrusevang. 3,6.7b.9)
(3) Verurteilung	Spott, Kreuzigung, bewachtes Grab. (Petrusevang. 1,1–2; 2,5b–6,22; 7,25; 8,28–9,34)
(4) Errettung	Auferstehung in Gegenwart seiner Feinde. (Petrusevang. 9,35–10,42)
(5) Wiederherstellung	Centurio und Pilatus bekennen, daß Jesus Sohn Gottes ist. (Petrusevang. 11,45–49)

Wesentliche Bedingung des Musters der Erzählung der «Geretteten Unschuld» ist, daß Errettung und Wiederherstellung im Beisein und zum Verdruß der Feinde des fälschlich Angeklagten geschehen, wie das etwa in der Erzählung von Daniel in der Löwengrube (Daniel 6) der Fall ist. Dementsprechend müssen Jesu Feinde am Grabe und Zeugen seiner Auferstehung sein und bei Pontius Pilatus über die Auferstehung berichten. Die gänzliche Wiederherstellung der Würde des Angeklagten erfolgt in dem Augenblick, da der höchste römische Beamte im Lande bekennt: «Wahrlich, er war Gottes Sohn.» Die Erwartung eines solchen Bekenntnisses seitens des Erzählers setzt übrigens zur Zeit der Erzählung in der Mitte des 1. Jahrhunderts eine erstaunliche Zuversicht voraus, denn es sollten ja noch mehr als drei Jahrhunderte vergehen, ehe sich die römische Obrigkeit zu diesem Bekenntnis verstand und also die Zuversicht des Erzählers von der «geretteten Unschuld» in diesem Punkt bestätigte. Davon, daß Jesus «vom Tode» auf ungewöhnliche Weise errettet wird, soll weiter unten noch die Rede sein.

Was die Erzählung des Petrusevangeliums weiter auszeichnet, ist, daß sie sich alle Erinnerungen an Prophetenworte so einverleibt hat, daß ihr die Propheten, die gleichwohl aus ihr sprechen, nicht mehr ohne weiteres anzuhören sind. Wenn man nicht die Prophezeiungen der Passion schon anderswo ausdrücklich ausgelegt gefunden hätte, man würde sie hier kaum wiedererkennen, obwohl die meisten Motive der Erzählung sich bei den Propheten nachweisen lassen, zum Beispiel:

(1) Die Obrigkeit bei Gericht	Petrusevangelium 1,1	aus Psalm 2,1
(2) Spott und Folter	Petrusevangelium 3,9	aus Jesaja 50,6–7 und Sacharja 12,10
(3) Tod zwischen Dieben	Petrusevangelium 4,10a	aus Jesaja 53,12
(4) Die Stille	Petrusevangelium 4,10b	aus Jesaja 50,7; 53,7
(5) Würfeln um die Kleider	Petrusevangelium 4,12	aus Psalm 22,18
(6) Sonnenfinsternis	Petrusevangelium 5,15	aus Amos 8,9
(7) Der Trunk von Galle und Essig	Petrusevangelium 5,16	aus Psalm 69,21
(8) Der Todesschrei	Petrusevangelium 5,19	aus Psalm 22,1

Der gewöhnliche Leser mag freilich die Hinweise auf diese prophetischen Quellen der Erzählung wenig überzeugend und die angeführten Bibelstellen an den Haaren herbeigezogen finden. Nur läßt sich eben nachweisen, daß alle aufgeführten Motive und Bibelstellen bereits bei den Auslegungen der Prophezeiungen der Passion berücksichtigt sind, die schon vor dem ersten Versuch einer Erzählung der Passionsgeschichte unternommen und später neben den Erzählungen und unabhängig von diesen fortgesetzt, ja noch gepflegt wurden, als der evangelische Kanon schon ausgebildet war (Crossan, 1988a).

Ein großer Teil dieser Erzählung oder Historisierung der prophezeiten Ereignisse ist von schöner Naivität, wenn nicht, im Gegenteil, was auch nicht auszuschließen ist, in apokalyptischer und polemischer Absicht tendenziös. Man kann, denke ich, nicht daran zweifeln, daß die ersten Christen von der Passion nur wußten, daß sie stattgefunden hatte. Der oder die Verfasser des «Kreuzevangeliums» schrieb oder schrieben von einem Standpunkt, von dem aus der römischen politischen Obrigkeit in dem Fall der Kreuzigung Jesu kaum etwas vorzuwerfen war, um so mehr aber der jüdischen religiösen Obrigkeit, die auch dafür verantwortlich gemacht wird, daß dem jüdischen Volk verborgen blieb, was wirklich geschah. Sie setzten aber weiter voraus, daß eine Kreuzigung bei Jerusalem von Herodes Antipas angeordnet werden konnte und daß dieses Urteil nicht von Soldaten, sondern vom Volk vollstreckt wurde. Ich halte diese beiden Annahmen für äußerst unwahrscheinlich, doch mögen gebildete galiläische Christen etwa in Sepphoris in der Mitte des 1. Jahrhunderts sie wohl einleuchtend gefunden haben. Sepphoris war von 57 oder 55 v. Chr. bis 19 n. Chr. die römische Hauptstadt Niedergaliläas gewesen. Herodes Antipas entzog der Stadt im Jahre 19 n. Chr. dieses Privileg, um es seiner eigenen, am See Gennesaret neu erbauten Hauptstadt Tiberias zu übertragen. Dann aber wurde Sepphoris um 54 n. Chr. von dem römischen Prokurator Felix wieder in seinen früheren Rang erhoben. Im ersten römisch-jüdischen Krieg, der zwölf Jahre später ausbrach, hielt daraufhin Sepphoris zu den Römern, in den Jahren 67–68 wurden dort sogar Münzen mit der Aufschrift Eirenopolis («Friedensstadt») geprägt. Für die Christen von Sepphoris war nun die unmittelbare politische Realität die galiläische, nicht die judäische, und die Herodianer kümmerten sie weniger als die römischen Prokuratoren. Und diesem Horizont entsprechend, erzählten sie, sei es politisch naiv oder schlau polemisierend, ihre Geschichte von der «geretteten Unschuld» Jesu.

Niedergefahren zur Hölle

Nun zu der Besonderheit, in der die von Jesus erzählte Geschichte der «Geretteten Unschuld» von dem Muster abweicht. Wie es das Muster verlangt, müssen seine Feinde die Wiederherstellung der Würde des Angeklagten hier und jetzt, auf Erden, mit ansehen und sich gefallen lassen. Doch wenn auch von Jesu Tod nicht ausdrücklich die Rede ist, muß doch, wie es im Petrusevangelium 5,19b heißt, gesagt werden, daß er «aufgenommen» wurde. Er wurde also nicht – wie sonst die Helden der Erzählungen nach diesem Muster – vor dem Tode gerettet.

Das mußte natürlich eingeräumt werden, da Jesu Tod am Kreuz ja gerade die erklärungsbedürftige einzige Tatsache war, von der die Erzählung ausging. Seine Auferstehung betreffend müssen sich aber die Jünger Jesu gefragt haben: Welchen Sinn soll sein Sterben gehabt haben, wenn er so kurz darauf wieder von den Toten auferstehen sollte, fast als wäre er nur scheintot gewesen? Die frühe – und, wie ich meine, sehr frühe – Antwort der Christen auf diese beunruhigende Frage war meines Erachtens diejenige, die Gegenstand des Überlieferungskomplexes 29 *Niedergefahren zur Hölle* [1/5?] ist.

Jean Daniélou zufolge war «die Höllenfahrt für die jüdische Christenheit ein Ereignis von höchster Bedeutung» (Bd. 1, S. 233), und Henry Chadwick sagt in seiner Untersuchung der spät im 1. Jahrhundert verfaßten *Oden Salomos*, daß «die Höllenfahrt der entscheidende Moment im Erlösungsprozeß war» (1970, S. 268). Denn in der Scheol, im Hades, in der Hölle erwarteten die Seelen der heiligen und rechtschaffenen, der verfolgten und gemarterten Juden ihre ihnen für das Ende verheißene Erlösung. Und dorthin fuhr Jesus hinab, als er begraben ward, um zu erlösen «die da schliefen», wie man sie nannte, und sie zu triumphaler Auferstehung und gemeinsamer Himmelfahrt zu führen. Doch so wichtig das einst war, im Neuen Testament ist davon nirgends die Rede (Dalton, 1965), und nur die knappe Feststellung des apostolischen Glaubensbekenntnisses, «hinabgestiegen in das Reich des Todes», erinnert noch daran. Dafür, daß die anfänglich so wichtige Vorstellung von der Höllenfahrt Jesu in der Folge fast aus dem Bewußtsein der Christenheit verdrängt wurde, lassen sich mehrere Gründe nennen. Zunächst einmal entsprach diese Vorstellung ja ganz besonders den Erwartungen der Judenchristen, und die Zukunft des Christentums lag nicht bei diesen. Sodann war diese Vorstellung mit ihren drei ineinander verketteten Motiven stark mythologisch: Da gab es eine *Täuschung*, in welcher es den Dämonen möglich war, Jesus, da sie nicht wußten, wer er war, zu kreuzigen, eine *Fahrt in die Unterwelt*, welche der eigentliche Zweck seines Todes und Begräbnisses war, und eine *Beraubung*, bei der Jesus als Gottessohn die Gefängnistore der Hölle aufbricht und sich selbst sowie alle seine gerechten Vorgänger dort befreit. Dies alles verursachte im Laufe der ferneren Entwicklung des Christentums viele theologische Schwierigkeiten. Mußten die Gerechten bereuen? Wurden sie getauft? Wurde ihnen eine Vorzugsbehandlung zuteil? In welchem Verhältnis stand ihre Erlösung zu derjenigen gewöhnlicher Christen? Schließlich drängte sich ja auch die Frage auf, und sie mag die meisten Schwierigkeiten verursacht haben: Wie war es möglich, daß sich Jesus den Seelen der Gerechten in der Unterwelt offenbarte, um sie alsbald ins Himmelreich zu führen, zu gleicher Zeit – also zwischen der Auferstehung und der Himmelfahrt –

aber den Jüngern hier auf Erden erschien, um ihnen ihren offiziellen Auftrag zu geben und die apostolische Autorität zu verleihen? Ich vermute, daß vor allem dieser Schwierigkeit wegen die Vorstellung von der Höllenfahrt Christi an den Rand des christlichen Bewußtseins verdrängt wurde, wie auch die folgende einigermaßen verzweifelte Lösung des Problems erkennen läßt:

> «Diese Apostel und Lehrer, die den Namen des Gottessohnes gepredigt hatten und in Kraft des Gottessohnes und im Glauben an ihn entschlafen waren, (haben) auch den früher Entschlafenen gepredigt und ihnen das Siegel der Predigt gegeben . . .»
> (*Hirt des Hermas*, Gleichnis 9, 16, 5; deutsch von A. Lindemann und H. Paulsen, 1992, S. 513)

Der apostolische Auftrag ging also nicht nur in die Zukunft, sondern auch in die Vergangenheit, und die Gerechten in der Unterwelt, nicht Jesus selbst, nahmen ihn dort wahr. Aber das war später, als die Mythologie der Theologie unbequem zu werden begann. Für die Verfasser des «Kreuzevangeliums» lagen die Dinge einfacher. Dem Petrusevangelium (10,39–42) zufolge verläßt Jesus sein Grab in triumphaler Auferstehung und Himmelfahrt und hinter ihm drein kommen, mutmaßlich in einer riesigen kreuzesförmigen Prozession, die Gerechten. Gott sagt oder Jesus fragt: «Hast du den Entschlafenen gepredigt?» Und sie bejahen das anstelle des Gefragten («und es wurde vom Kreuze her die Antwort laut: ‹ja›»). Ich werde im nächsten Kapitel zu dieser Szene zurückkehren. Fürs erste genügt es festzuhalten, daß die Höllenfahrt Jesu zum Zweck der Beraubung der dämonischen Unterwelt als Erklärung der Notwendigkeit seines Todes und Begräbnisses dienen mußte, die er erlitt, obwohl er nach dem Muster der Erzählung von der «Geretteten Unschuld» im Angesicht seiner Feinde und zu deren Bestürzung vom Tode eigentlich errettet wurde.

Gerechtfertigtes Martyrium

Mit dem «Kreuzevangelium» wurde also die Auslegung der Prophezeiungen der Passion zur Erzählung der Passionsgeschichte, die diese Prophezeiungen bestätigte. Und diese Geschichte handelte nicht mehr nur von der Passion und der Parusie, auf welche die Ausleger die prophetischen Texte in erster Linie bezogen hatten, sondern ließ auf die Passion Auferstehung und Himmelfahrt folgen. Sie suchte sogar das Unvorstellbare zu beschreiben: Jesus, den Auferstandenen, der die aus der Hölle erlösten Gerechten in den Himmel führt. Und die unvorstellbare Konsequenz dieses Wunders: Jesus ersteht von den Toten, Rom bekehrt sich.

Von den Autoren, deren Schriften uns überliefert sind, hat meines Erachtens als erster der Evangelist Markus vom «Kreuzevangelium» Gebrauch gemacht. Nichts weist, soweit ich sehe, darauf hin, daß Markus seine Passionserzählung aus einer anderen Quelle als dieser hätte schöpfen können. Freilich machte sich die eigene Kreativität des Evangelisten geltend, insofern er die Erzählung des «Kreuzevangeliums» nicht unverändert übernahm. Im Gegenteil gestaltete er sie um nach einem anderen als dem Muster der «Geretteten Unschuld», das der Abfassung des «Kreuzevangeliums» zugrunde lag, nämlich dem des «Gerechtfertigten Martyriums». Kein rettendes Wunder ereignete sich, Jesus vor seinem Tode oder nach seiner Auferstehung hier auf Erden über seine Feinde triumphieren zu lassen. Erst bei der Parusie sollte Markus 13,26 und 14,62 zufolge Jesu siegreiche Auferstehung offenbar werden. Und wie die Wiederherstellung der Würde des gekreuzigten Jesus erst von der Zukunft zu erwarten wäre, so auch die Rechtfertigung seiner verfolgten Anhänger. Es gab keine Errettung vom Tode, sondern Erlösung durch den Tod, keine Wiederherstellung diesseits, sondern im Himmelreich jenseits des Grabes. Es kam nicht auf das rettende Wunder an, sondern auf den exemplarischen Tod. In dieser Absicht mußte Markus sowohl die sichtbare Auferstehung leugnen als auch das römische Bekenntnis der Gottessohnschaft Jesu angesichts dieser Auferstehung. Er tat dies, indem er die betreffenden Berichte des «Kreuzevangeliums» zwar nicht unterschlug, wohl aber in einen anderen Zusammenhang stellte. Die Auferstehung und Himmelfahrt Jesu in Begleitung zweier himmlischer Wesen wird bei Markus 9,2–8 zu der von Petrus, Jakobus und Johannes bezeugten Erscheinung des Elija und des Mose bei dem verklärten Jesus. Und zwar bekennt auch bei Markus der römische Hauptmann: «Wahrhaftig, dieser Mensch war Gottes Sohn» (15,39), doch nicht als Zeuge seiner Auferstehung wie im Petrusevangelium 11,45, sondern seines Todes.

Abgesehen von dieser Neuordnung des Erzählten nach einem neuen Muster führte Markus die Erzählung des Kreuzevangeliums auch weiter aus. Anstatt des im Petrusevangelium 1,1–2 sehr summarisch beschriebenen allgemeinen Gerichtsverfahrens (das von Psalm 2,1 inspiriert ist) gibt es bei Markus deren zwei, ein religiöses vor dem jüdischen Synedrium und ein politisches vor dem römischen Statthalter. Das erklärt, wie in den Texten der Überlieferungseinheit 65 *Pilatus und Antipas* [1/3] und in anderen frühchristlichen Traditionen die Verantwortung für die Verurteilung Jesu zwischen Pilatus und Herodes Antipas hin- und hergeschoben wird (Crossan, 1988a, S. 33–113). Ich glaube, wie gesagt, nicht, daß Jesu Anhänger von diesem Gerichtsverfahren mehr wußten, als ganz allgemein und aufgrund von Prophezeiungen wie in Psalm 2,1 zu erwarten war. Und ich möchte mich nicht festlegen hinsichtlich des Ranges in der römischen Bürokratie, den einer erklommen haben mußte, um die Vollmacht zu haben, mit einem hergelaufenen bäurischen Störenfried, wie Jesus einer war, kurzen Prozeß zu machen. Es ist sogar zweifelhaft, ob in einem solchen Fall zur Anordnung der Vollstreckung des Urteils auch nur der Schein einer Gerichtsverhandlung erforderlich war. So schwer dem Christen diese Vorstellung auch sein mag, ist doch sehr wahrscheinlich, daß man mit Jesus nicht viel Federlesens gemacht hat. Für Markus aber war von großem Interesse, wie Christen sich angesichts politischer und religiöser Verfolgung zu verhalten hätten (wie etwa aus Markus 13,9 hervorgeht), und die Erzählung der Passion Jesu gab ihm Gelegenheit, für beide Fälle beispielhaftes Verhalten zu beschreiben. Die Kreativität dieses Evangelisten ist meines Erachtens kaum zu überschätzen, aber das sollte einen nicht hindern, die von ihm beschriebenen Gerichtsverhandlungen als das anzusehen, was sie sind: meisterhafte theologische Fiktionen. Kaum zu überschätzen sind desgleichen die schrecklichen Konsequenzen der Übertragung des rituellen Hohns und Spotts, der rituellen Schläge und Stöße, mit denen am Versöhnungsfest der Sündenbock in die Wüste getrieben wurde, auf das Verhalten des Volks von Jerusalem während der Passion Jesu, wie es bei der Historisierung der Exegese, die man im Barnabasbrief 7,8–9 findet, zuerst im Petrusevangelium 2,5b–3,9, dann bei Markus 14,65 und 15,19 geschah. Als theologische Fiktion war diese Übertragung freilich großartig, doch das jüdische Volk mußte einen entsetzlichen Preis dafür zahlen.

Im übrigen trachtete Markus bei seiner Bearbeitung des Kreuzevangeliums überall nach Herstellung von Wahrscheinlichkeit. So hat bei ihm Herodes Antipas nichts mehr zu sagen, und die letzte Entscheidung über die Verurteilung Jesu liegt bei Pontius Pilatus. Auch wird das Urteil der Kreuzigung nicht vom jüdischen Volk, sondern von Soldaten vollstreckt. Daraus ergab sich allerdings ein Problem, denn es war ihm keineswegs darum zu tun, die Juden von der Schuld am Tode Jesu freizusprechen. Pilatus muß zwar das letzte Wort haben, denn anders wäre die Erzählung historisch nicht plausibel, doch soll nicht ihm das ungerechte Urteil über Jesus zur Last gelegt werden. Markus löst dieses Problem durch die Erfindung der Geschichte von Barabbas (15,6–15). Ich glaube nicht für einen Augenblick, daß diese Geschichte wirklich passiert sein könnte, daß es eine derartige traditionelle Amnestie anläßlich des Paschafests je gegeben hat oder hätte geben können, oder daß Pilatus in diesem einen Fall von seiner gewöhnlichen Verfahrensweise zur Verhinderung von Unruhen abgesehen hätte. Wenn etwa Philo erörtert, was integre Regierungsbeamte an Festtagen zum Kreuzestod verurteilten Verbrechern gewähren können und sollten, fallen ihm nur zwei Möglichkeiten ein: ein Aufschub der Vollstrekkung, aber nicht die Aufhebung des Urteils, und die Genehmigung eines Familienbegräbnisses der Hingerichteten.

> «Soweit nämlich die Oberen dem Staat in rechter Weise dienen und ihre Gönner nicht scheinbar, sondern wirklich ehren, sollten sie keinen Verurteilten züchtigen, bevor nicht diese bedeutsamen Geburts- und Festtage der kaiserlichen Personen vorbei sind ... Ich habe auch schon von solchen gehört, die gekreuzigt wurden, die man aber, weil solche Feiertage bevorstanden, vom Kreuz abnahm und den Verwandten gab, damit sie ein würdiges Begräbnis erhielten, wie es Brauch ist. Denn auch die Toten sollten vom Geburtstag des Kaisers einen Vorteil haben und zugleich die Heiligkeit des Festes gewahrt werden. Flaccus aber ließ die am Kreuz Gestorbenen nicht abnehmen und befahl, auch die Lebenden zu kreuzigen, denen die Festzeit einen kurzen, wenn auch nicht unbegrenzten Strafaufschub bot, nicht allerdings den Straferlaß schlechthin.»
> (Philo, *Gegen Flaccus*, 81–84; deutsch in *Werke*, Bd. 7, 1964, S. 146)

Nur einen Aufschub, nicht Aufhebung des Urteils hätte der ägyptische Statthalter Flaccus bei der fraglichen Gelegenheit – es ging um dessen Verhalten bei den Ausschreitungen gegen die Juden während der Feier anläßlich des Geburtstages des Kaisers Gaius Caligula am 31. August des Jahres 38 n. Chr. – gewähren können und sollen. Ich glaube nicht, daß Pilatus oder sonst irgendein römischer Statthalter anläßlich eines Fests irgendeinen, dessen Freilassung die Menge begehrte, aus dem Gefängnis hätte entlassen können. Aber die demnach von ihm selbst frei erfundene Paschaamnestie ist für Markus eine treffliche Lösung seines Problems, erlaubt sie ihm doch eine symbolische Zusammenfassung der Ereignisse der vergangenen Jahrzehnte. Sie wählten damals den Banditen. Sie wählten als ihren Anführer lieber den gewalttätigen Revolutionär als den friedfertigen Jesus, und so kam es denn, sagt Markus, wie es kommen mußte, nämlich zu dem unseligen Krieg des Jahres 66 gegen Rom. Und so hat die Geschichte von Barabbas ihre historische Wahrheit, obwohl sie tatsächlich nie passiert ist.

Markus gab, indem er die nach dem Muster der «Geretteten Unschuld» erzählte Passionsgeschichte des «Kreuzevangeliums» in eine Erzählung nach dem Muster des «Gerechtfertigten Martyriums» übertrug, das Beispiel, dem die übrigen Evangelisten folgten. Ich sehe keinen Anlaß, für Matthäus, Lukas oder Johannes eine von Markus unabhängige Passionstradition zu postulieren; zwar war das «Kreuzevangelium», aus dem Markus schöpfte, auch ihnen zugänglich, wie manche Einzelheit verrät, die sie direkt daraus übernahmen, doch folgten sie im allgemeinen Markus.

Ein ehrbarer Ratsherr

Wir wissen von Josephus, daß im Laufe des 1. Jahrhunderts der christlichen Ära vor den Stadtmauern von Jerusalem Tausende von Juden gekreuzigt wurden, angefangen von den 2000, die Varus im Jahre 4 v. Chr. kreuzigen ließ (wie in den *Jüdischen Altertümern*, 2, 75 zu lesen ist) bis zu den «fünfhundert oder mehr», die Titus an einem Tage des Jahres 70 n. Chr. zu kreuzigen befahl (wofür Josephus sich in seinem *Jüdischen Krieg*, 5, 450 verbürgt). Doch bisher ist auf dem in Frage kommenden Gelände nur ein einziges Skelett eines solchen Gekreuzigten gefunden worden (Haas; Naveh; Tzaferis; Yadin). Der mindestens vierundzwanzig, höchstens achtundzwanzig Jahre alt gewordene Mann, dessen sterbliche Überreste im Juni 1968 im Nordwesten Jerusalems gefunden wurden, war gestorben, die Arme an das Querholz gebunden, beide Füße seitlich an den Stamm des Kreuzes genagelt; in der rechten Ferse steckte noch ein eiserner Nagel, die Beine waren nicht gebrochen. Er war in einer der Nischen eines Felsengrabes beigesetzt, und später, nachdem das Fleisch verwest war, waren seine Knochen in einen Knochensarg gelegt worden (Zias & Sekeles). Sogar von dem Grab selbst abgesehen waren solche kleinen Särge zur Bestattung von Knochen «ein kostspieliger Luxus..., den sich nicht jede Familie leisten konnte» (Tzaferis, 1970, S. 30). Der junge Gekreuzigte, dessen sterbliche Überreste man aufgefunden hat, war also wohl ein Ausnahmefall. Seine Familie hatte genug Geld, Macht und Einfluß, nicht um sein Leben zu retten, doch wenigstens um seinen Leichnam zu erhalten und ihn anständig begraben zu können. Daß Gekreuzigte gewöhnlich nicht auf ein anständiges Begräbnis rechnen konnten, weiß man unter anderem aus der oben zitierten Erörterung der Maßnahmen des Flaccus am Geburtstag des Kaisers im Jahre 38 n. Chr. in Philos Schrift gegen diesen römischen Statthalter in Ägypten.

Normalerweise werden die Soldaten, die das Urteil vollstreckten, das Kreuz bis zum Tode des Gekreuzigten bewacht und diesen dann selbst begraben haben. Die Wache war erforderlich, um die Rettung des Verurteilten zu verhindern und die abschreckende Wirkung des langsamen und gräßlichen Sterbens der Hingerichteten zu garantieren. Josephus zum Beispiel berichtet, daß er nach dem Fall Jerusalems drei seiner Freunde von ihren Kreuzen abnehmen lassen konnte, und daß, obwohl zwei von ihnen unter den Händen des Arztes starben, der dritte überlebte (*Leben*, 421). In den meisten Fällen werden aber die Angehörigen der Gekreuzigten selbst deren Leichen nicht zum Begräbnis erhalten haben.

Aus all dem ergab sich für die frühe Christenheit eine fast unerträgliche Schwierigkeit, die in den Texten des Überlieferungskomplexes 70

Begräbnis Jesu [1/2] deutlich werden. Wenn, wie ich behaupte, die Jünger Jesu bei seiner Verhaftung geflohen waren und von seinem weiteren Schicksal nur wußten, daß er gekreuzigt worden war, wußten sie auch nicht, wo und ob er überhaupt anständig begraben wurde. Die einzige Hoffnung diesbezüglich lag bei der strengen Bestimmung des jüdischen Gesetzes:

> «Wenn jemand ein Verbrechen begangen hat, auf das die Todesstrafe steht, wenn er hingerichtet wird und du den Toten an einen Pfahl hängst, dann soll die Leiche nicht über Nacht am Pfahl hängen bleiben, sondern du sollst ihn noch am gleichen Tag begraben; denn ein Gehenkter ist ein von Gott Verfluchter. Du sollst das Land nicht unrein werden lassen, das der Herr, dein Gott, dir als Erbbesitz gibt.»
> (Deuteronomium 21,22–23)

Die unausgesprochene Hoffnung, die das «Kreuzevangelium» voraussetzt, ist, daß Jesus diesem Gebot entsprechend von den Juden, die ihn kreuzigten, begraben wurde. Das Begräbnis selbst wird zwar nicht beschrieben, aber es ist deutlich, daß diejenigen, die ihn hingerichtet, ihn auch begraben haben, schon weil sie den Zorn des Himmels fürchteten, im Falle sie diese Pflicht versäumten.

> «Es war aber Mittag, und eine Finsternis bedeckte ganz Judäa. Und sie gerieten in Angst und Unruhe darüber, daß die Sonne schon untergegangen sei, da er ja noch am Leben war. (Denn) es steht ihnen geschrieben, die Sonne dürfe nicht über einem Getöteten untergehen. Und einer unter ihnen sprach: ‹Gebet ihm Galle mit Essig zu trinken.› Und sie mischten es und gaben ihm zu trinken. Und sie erfüllten alles und machten das Maß der Sünden über ihr Haupt voll... Und da zogen die Juden die Nägel aus den Händen des Herrn und legten ihn auf die Erde. Und die ganze Erde erbebte und große Furcht entstand. Da leuchtete die Sonne (wieder), und es fand sich, daß es die neunte Stunde war.»
> (Kreuzevangelium im Petrusevangelium 5,15–17; 6,21–22; deutsch von Christian Maurer, NTApo^6, Bd. 1, S. 186)

Der Überlieferungskomplex 11 *Die schwerste Sünde* [1/4] wird hier so gedeutet, daß man den Gekreuzigten absichtlich vergiftete, um seinen Tod zu beschleunigen und sein Begräbnis vor Sonnenuntergang zu ermöglichen. Deshalb aber dürfen dann die Leser auch glauben, daß Jesus wenigstens anständig begraben wurde, wenn auch nur von seinen Feinden.

Von diesem Anfang, an dem ein Begräbnis Jesu nur durch Feinde möglich schien, schritt die Überlieferung fort zur Annahme eines Begräbnisses des Gekreuzigten durch seine Freunde, ja sogar der königlichen Einbalsamierung seiner Leiche. Aber wie konnte man diese Wendung plausibel machen? Wenn diejenigen, die ihn begruben, Macht hatten, konnten sie nicht seine Freunde sein. Wenn sie seine Freunde waren, hatten sie keine Macht. Auch in diesem Falle war es Markus, der einen Ausweg aus dem Dilemma fand. Er erfand 15,43 Josef von Arimathäa, einen vornehmen Ratsherrn, «der auch auf das Reich Gottes wartete». Diesen entsandte er zu Pilatus. Er war für die ihm zugedachte Aufgabe bestens qualifiziert, zugleich ein Angehöriger der jüdischen Führungselite («ein vornehmer Ratsherr») und doch Jesus verbunden als einer, «der auch auf das Reich Gottes wartete». Muß ich sagen, daß Markus, indem er den Namen dieses angeblichen Vermittlers nennt, in meinen Augen dessen Existenz nicht plausibler, sondern eher noch zweifelhafter macht? Sowohl Lukas als auch Matthäus lassen sich bei ihrem Umgang mit dieser von Markus entdeckten Figur ein gewisses Unbehagen anmerken, denn wie konnte der Mann zugleich der jüdischen Obrigkeit angehören und ein gläubiger Christ sein? Matthäus 27,57 versucht, dieses Problem zu lösen, indem er Josefs Christenglauben hervorhebt: «Gegen Abend kam ein reicher Mann aus Arimathäa namens Josef; auch er war ein Jünger Jesu.» «Damals gehörte zu den Mitgliedern des Hohen Rates ein Mann namens Josef, der aus der jüdischen Stadt Arimathäa stammte. Er wartete auf das Reich Gottes und hatte dem, was die anderen beschlossen und taten, nicht zugestimmt, weil er gut und gerecht war.» Johannes 19,38 sagt, daß diese jüdische Respektsperson ihre Sympathien für den Umstürzler geheimhielt: «Josef von Arimathäa war ein Jünger Jesu, der aus Furcht vor den Juden nur heimlich ...» Im folgenden Vers, nachdem Pilatus dem Josef von Arimathäa gestattet hatte, den Leichnam vom Kreuz zu nehmen, fügt er aber noch hinzu: «Es kam auch Nikodemus, der früher einmal Jesus bei Nacht aufgesucht hatte. Er brachte eine Mischung aus Myrrhe und Aloe, etwa hundert Pfund.» So wird demnach nun also Jesus königlich einbalsamiert, nicht mehr nur in ein Leichentuch gehüllt und hastig irgendwo beigesetzt. Schließlich, als das Petrusevangelium das «Kreuzevangelium» in Einklang mit der kanonisch gewordenen Überlieferung der Synoptiker zu bringen suchte und dabei neben Pilatus auch Herodes Antipas wieder eine Rolle bei dem Drama spielen ließ (siehe dazu Anhang 7), ergab sich die folgende wunderbare Szene:

> «Es stand aber daselbst Joseph, der Freund des Pilatus und des Herrn, und als er sah, daß sie ihn kreuzigen würden, kam er zu Pilatus und bat um den Leib des Herrn zum Begräbnis. Und Pilatus sandte zu Herodes und bat um seinen Leib. Und Herodes sprach:

‹Bruder Pilatus, auch wenn niemand um ihn gebeten hätte, würden wir ihn begraben, da ja auch der Sabbat aufleuchtet. Denn es steht im Gesetz geschrieben, die Sonne dürfe nicht über einem Getöteten untergehen.›»
(Petrusevangelium 2,2–5a; NTApo[6], Bd. 1, S. 185)

Da ist nun Josef ein Freund des Pilatus und Jesu. Josef geht zu Pilatus, Pilatus schickt zu Antipas. All das aber, weil *tatsächlich niemand wußte, was mit dem Leichnam Jesu geschehen war*, und die Anhänger des Gekreuzigten bestenfalls hatten hoffen können, daß er entsprechend dem mosaischen Gebot von seinen Henkern begraben worden war. So malte man sich wie das Begräbnis auch das Grab später unterschiedlich aus. Markus 15,46 spricht von einem «Grab, das in einen Fels gehauen war». Bei Matthäus 27,60 legte Josef den Toten «in ein neues Grab, das er für sich selbst in einen Felsen hatte hauen lassen». Lukas 23,53 sagt, er «legte ihn in ein Felsengrab, in dem noch niemand bestattet worden war». Johannes 19,41 will wissen, daß dieses Grab sich in einem Garten befand, «an dem Ort, wo man ihn gekreuzigt hatte». Aber all diese mehr oder weniger präzisen Angaben können die bei näherem Zusehen offenbare Tatsache nicht verschleiern, daß am Ostermorgen diejenigen, die sich für dessen Verbleib interessierten, nicht wußten, wo der Leichnam Jesu geblieben war, während diejenigen, die das wußten, sich für Jesu Leichnam nicht interessierten. Weshalb sollten selbst die Soldaten sich erinnern, wo sie diesen Niemand verscharrt hatten? Indessen berichtet Matthäus 27,19, mutmaßlich dem verschollenen Anfang des «Kreuzevangeliums» folgend, daß, als Pilatus auf dem Richterstuhl saß, seine Frau zu ihm schickte und ihm sagen ließ: «Laß die Hände von diesem Mann, er ist unschuldig. Ich hatte seinetwegen heute nacht einen schrecklichen Traum.» Wirklich passiert ist das natürlich nicht. Nichtsdestoweniger hätte die Frau alle Ursache gehabt, schlecht zu träumen, wenn sie geahnt hätte, was dem Römischen Reich bevorstand.

15. Auferstehung und Autorität

«Man hat gemeint, daß die eingestandene Eschatologie die Bedeutung dieser Worte für unsere Zeit aufheben würde, und war daher fieberhaft bemüht, das nicht eschatologisch Bedingte an ihnen zu entdecken. Wenn man Sprüche fand, die dem Wortlaut nach nicht direkt mit der Eschatologie zusammenhängen mußten, freute man sich, als hätte man sie in ihrem vollen Werte aus dem kommenden Zusammenbruch gerettet.

Nun besteht aber das Ewige der Worte Jesu gerade darin, daß sie aus einer eschatologischen Weltanschauung heraus gesprochen und von einem Geiste aufgestellt sind, für den die damalige irdische Welt, ihre geschichtlichen und gesellschaftlichen Zustände schon nicht mehr existierten. Sie passen daher, wie sie sind, in jede Welt, denn in jeder Welt heben sie den, der ihnen ins Auge zu sehen wagt und nicht daran deutelt und dreht, aus seiner Zeit und seiner Welt heraus und machen ihn innerlich frei, daß er geschickt wird, in seiner Welt und seiner Zeit schlichte Kraft Jesu zu sein ... Warum es dem Einzelgeist ersparen, daß er für sich durch die Weltverneinung Jesu hindurch muß, mit ihm Schritt für Schritt um die Wertung der Güter und Kulturgüter ringen muß, und in diesem Kampfe niemals Ruhe finden darf?»

Albert Schweitzer, *Von Reimarus zu Wrede. Eine Geschichte der Leben-Jesu-Forschung*, Tübingen, 1906, S. 400

Selbst dem Leser, dem quellenkritische Fragen gänzlich fernliegen, wird der Bruch auffallen, der die Berichte der Evangelisten über die Passion und das Begräbnis Jesu von ihren Aussagen über die Auferstehung und die Erscheinungen des Auferstandenen trennt. Denn während man die Erzählungen der verschiedenen Evangelisten bis zu der Stelle, wo das Grab leer gefunden wird, sehr leicht in Übereinstimmung bringen kann, häufen sich, alles weitere betreffend, die Widersprüche. Wenn man annehmen will, daß die verschiedenen Berichte Erinnerung der nämlichen Ereignisse sind, wird man es sehr seltsam finden müssen, daß, während bis zum Tode und zum Begräbnis Jesu sich alle ziemlich genau des gleichen Gangs der Dinge erinnerten, hinsichtlich der Wunder, die darauf folgten, der Rückkehr Jesu von den Toten, bei welcher er den Missionsauftrag der Jünger bestätigte und erneuerte, jeder eine andere Geschichte zu erzählen hatte.

Auch diesbezüglich resümiere ich hier die Ergebnisse meiner schon oben angeführten früheren Untersuchung (1988a, S. 335–403). Ich nehme einen einzigen Überlieferungsstrom an, auf dem die Passions- und Auferstehungstraditionen aus dem «Kreuzevangelium» zunächst ins Markusevangelium gelangten und dann aus diesen beiden Quellen ins Matthäus- und Lukasevangelium, während Johannes Einzelheiten von allen früheren Erzählern der Geschichten übernahm. Doch obwohl die Passionsgeschichte des «Kreuzevangeliums» im allgemeinen von allen späteren Bearbeitern des Stoffes übernommen wurde, ließ sich keiner von diesen dessen Bericht von der Auferstehung gefallen. Markus konnte ihn nicht gelten lassen, weil seine Theologie den Zusammenhang von Passion und Parusie betonte. Die Auferstehung war für Markus nur der Beginn der Abwesenheit Jesu und der Erwartung seiner triumphalen Wiederkehr. Diese Zeit der Abwesenheit Jesu war für die Gemeinde eine Zeit des Leidens in Nachahmung seines Leidens und der gläubigen Hoffnung auf den Tag der Parusie. In dieser Zeit würde er den Gläubigen nicht erscheinen, und wer von Erscheinungen Jesu nach seiner Auferstehung sprach, forderte jene Irrtümer heraus, zu denen die bei Markus 13,5–6 und 13,21–22 getadelten falschen Propheten und falschen Christusse verführten. Wie schon oben bemerkt, glaubt ja bei Markus der römische Hauptmann nicht der Erscheinung des auferstandenen Jesus wegen, sondern wegen seines exemplarischen Sterbens; und die Verklärung, die Markus schildert, ist nicht als Hinweis auf die zukünftige Auferstehung, sondern auf die Parusie, Jesu Wiederkehr am Ende der Zeiten, zu verstehen. Die Stelle Markus 9,9–10 versetzt die Erscheinung des Auferstandenen, wie sie im «Kreuzevangelium» beschrieben wird, in die Zeit vor Jesu Tod.

Matthäus, Lukas und sogar Johannes allerdings berichten von Erscheinungen des Auferstandenen. Weshalb übernehmen also auch sie nicht den ganzen Bericht des «Kreuzevangeliums» einschließlich seiner Darstellung der Auferstehung und Himmelfahrt? Der Grund ist offenbar nicht, daß sie die Erscheinungen des Auferstandenen mißbilligten. Johannes 20,19–29 berichtet ja von Erscheinungen Jesu sogar noch nach seiner Himmelfahrt, bei deren letzter er den ungläubigen Thomas wissen läßt: «Selig sind, die nicht sehen und doch glauben.» Nein, was die späteren Evangelisten bei der Darstellung des «Kreuzevangeliums» störte, war vielmehr, daß dieser zufolge Jesus sich den gerechten Verstorbenen in der Unterwelt glorreich offenbart und die Patriarchen und Propheten ins Himmelreich geführt hatte, und das war nicht leicht in Übereinstimmung zu bringen mit ihrer Überzeugung, daß der Auferstandene den Jüngern erschienen war und ihnen apostolische Autorität verliehen hatte. Jesus müßte, wenn man der Darstellung des «Kreuzevangeliums» glauben wollte, nach der Himmelfahrt auf die Erde zurückkehren und seinen Jüngern erscheinen, oder die erlösten Toten mußten während seiner Unterredungen mit den Aposteln irgendwo auf ihn warten. Das Problem war, daß das «Kreuzevangelium» mit sublimer Einfalt erklärte: Jesus erstand von den Toten, und Rom bekehrte sich. Später erhob sich aber die Frage, wie die Bekehrung Roms bewerkstelligt werden sollte. Wer sollte die Bekehrung durchführen? Und wer sollte diejenigen, die sie durchführen, führen?

Mahl und Meer

Wenn ich recht gehe in der Annahme, daß die bei Markus geschilderte Verklärung Jesu ihr Muster in dem Auferstehungsbild des «Kreuzevangeliums» hat, stellt sich die naheliegende Frage, ob auch andere derartige Erscheinungen Jesu nach der Auferstehung von den Evangelisten ähnlich in die Zeit seines Lebens auf Erden vorverlegt worden sind. Mir scheinen solche Verlegungen stattgefunden zu haben bei den Geschichten, die Gegenstand der Überlieferungskomplexe 3 *Brot und Fisch* [1/6], 190 *Menschenfischer* [2/3] und 128 *Auf Wasser gehen* [1/2] sind. Diese Annahme beruht auf zwei miteinander verbundenen Hypothesen. Die erste besagt, daß wir es in diesen drei Fällen mit solchen zu tun haben, bei denen das Ereignis Ergebnis des Prozesses ist, nicht umgekehrt der Prozeß an ein Ereignis anknüpft. Die zweite Hypothese setzt die oben erörterte Unterscheidung der Heilungswunder und der Naturwunder Jesu voraus und besteht in der Annahme, daß die letzteren insgesamt, einschließlich der drei, die Gegenstand der genannten Überlieferungskomplexe sind, ursprünglich nicht dem Zweck dienten, die Macht Jesu über die Natur zu demonstrieren, sondern dem, die Autorität der Kirchenführung zu begründen und insbesondere die Unterordnung der unteren Ränge dieser Führung unter die oberen anzumahnen. Nicht zufällig, scheint mir, sind nämlich die Jünger, die bei den Heilungswundern nur als Publikum in Erscheinung treten, bei diesen Naturwundern stets selbst beteiligt, sei es als tätige Mittler derselben, sei es, weil diese ihnen zuliebe geschehen.

Ich beginne mit 1.Korinther 15,1–11, denn da spricht Paulus von den Erscheinungen des Auferstandenen bereits sehr früh, im Winter des Jahres 53/54.

> «Ich erinnere euch, Brüder, an das Evangelium, das ich euch verkündet habe. Ihr habt es angenommen; es ist der Grund, auf dem ihr steht. Durch dieses Evangelium werdet ihr gerettet, wenn ihr an dem Wortlaut festhaltet, den ich euch verkündet habe. Oder habt ihr den Glauben vielleicht unüberlegt angenommen? Denn vor allem habe ich euch überliefert, was auch ich empfangen habe: Christus

ist für unsere Sünden gestorben, gemäß der Schrift, und ist begraben worden. Er ist am dritten Tag auferweckt worden, gemäß der Schrift, und erschien dem Kephas, dann den Zwölf.

Danach erschien er mehr als fünfhundert Brüdern zugleich; die meisten von ihnen sind noch am Leben, einige sind entschlafen. Danach erschien er dem Jakobus, dann allen Aposteln. Als letztem von allen erschien er auch mir, dem Unerwarteten, der «Mißgeburt». Denn ich bin der geringste von den Aposteln; ich bin nicht wert, Apostel genannt zu werden, weil ich die Kirche Gottes verfolgt habe. Doch durch Gottes Gnade bin ich, was ich bin, und sein gnädiges Handeln an mir ist nicht ohne Wirkung geblieben. Mehr als sie alle habe ich mich abgemüht – nicht ich, sondern die Gnade Gottes zusammen mit mir. Ob nun ich verkündige oder die anderen: das ist unsere Botschaft, und das ist der Glaube, den ihr angenommen habt.»
(1.Korinther, 15,1–11)

Man beachte hier zunächst die wiederholte Versicherung «gemäß der Schrift», die an die biblische Basis erinnert, auf der, wie ich dargelegt habe, die frühesten Berichte von der Passion und Auferstehung beruhen. Man beachte des weiteren, mit welchem Nachdruck Paulus betont, auch er sei ein Apostel. Ob er gleich der letzte und der geringste sei, sei er doch ebenso ein Apostel wie die früher ausgesandten. Der Empfang der Offenbarung von Christus stiftet, Paulus zufolge, die apostolische Autorität; wann und wo diese Offenbarung geschieht, ist gleichgültig. Es wird keine Frist genannt, vor oder nach der Himmelfahrt, jederzeit kann man von Gott und Christus zum Apostelamt berufen werden. Man beachte schließlich, wem Christus sich nach des Paulus Bericht außer ihm selbst, und vor ihm, gezeigt hat: Kephas oder Simon Petrus, den Zwölf, den fünfhundert Brüdern, Jakobus und allen Aposteln.

Das Auffälligste an dieser Liste ist, wie man oft hervorgehoben hat, die fast konkurrierende Nebeneinanderstellung des Kephas und der Zwölf, des Jakobus und aller Apostel. Es scheint auch, daß die Liste drei Kategorien von Personen nennt, denen Jesus erschien: Die fünfhundert Brüder sind die Gemeinde, die Zwölf oder die Apostel werden als Führungsgruppe hervorgehoben, Kephas und Jakobus sind die namentlich genannten Oberhäupter dieser Gruppen. Diese drei Kategorien – Gemeinde, Führungsgruppe, Führer – werden im folgenden Verwendung finden bei einer Deutung der die sogenannten Naturwunder betreffenden Überlieferungskomplexe, die ergeben wird, daß man es bei diesen ursprünglich nicht nur mit Berichten vom Auferstandenen Herrn zu tun hat, sondern mit solchen von Erscheinungen

Jesu, bei denen er Autorität verlieh und Führungsaufgaben verteilte. Ich hoffe, durch die Verknüpfung mit den drei Komplexen 3 *Brot und Fisch* [1/6], 190 *Der Menschenfischer* [2/3] und 128 *Auf Wasser gehen* [1/2] nachweisen zu können, daß von Erscheinung zu Erscheinung die dabei verliehene Autorität allmählich von der Gemeinde über die Führungsgruppe auf den einzelnen Führer übertragen wurde.

Brot und Fisch

Wenn Jesus selbst ein Mahl, bei dem Brot und Wein sein Leib und sein Blut hätten sein sollen, als Ritus eingesetzt hätte, wäre, wie ich oben ausgeführt habe, das gänzliche Fehlen jedes Hinweises auf diese Institution in den eucharistischen Texten der Didache 9–10 kaum zu erklären. Die Ritualisierung wurde also angeregt von der Erinnerung nicht eines letzten Abendmahls, sondern vielmehr der offenen Tischgemeinschaft, zu der Jesus zu seinen Lebzeiten jeden zuließ. Die Brot-und-Fisch-Eucharistie der frühen Tradition läßt das noch erkennen. Denn wie hätte diese Geltung erlangen können, wenn damals der Brot-und-Wein-Symbolismus schon privilegiert gewesen wäre? Zwar sollte schließlich die Eucharistie mit Brot und Wein als alleingültige Form durchgesetzt werden, doch in der ersten Zeit des Christentums war die Eucharistie mit Brot und Fisch eine Alternative dazu, die ebensowohl zum allgemein verbindlichen Ritual hätte werden können. Richard Hiers und Charles Kennedy haben gezeigt, daß auf Gemälden an den Wänden der frühesten christlichen Katakomben in Rom – aus den letzten Jahren des 2. Jahrhunderts – häufig Tischgesellschaften von sieben oder elf Männern, mutmaßlich Aposteln, dargestellt sind, die gerade dabei sind, zwei Fische und fünf Brotlaibe miteinander zu teilen, und daß diese beiden Fische und fünf Brote auch als Schmuck bei frühchristlichen Grabschriften erscheinen (S. 21–23). Die beiden Autoren halten es «für ziemlich gewiß . . ., daß vielleicht schon von Jesus selbst, jedenfalls aber schon von sehr frühen und wahrscheinlich jüdischen Christen das Mahl von Brot und Fisch, von dem wir in den Evangelien lesen, als eucharistische Antizipation – wenn nicht sogar als epiphanische Partizipation – des seligen Lebens der Tischgemeinschaft im Reich Gottes verstanden wurde» (S. 45). Überdies kennt man aus den Katakomben und an frühchristlichen Sarkophagen keine Darstellungen des Letzten Abendmahls (Irwin, S. 25). Meines Erachtens wurde also nach Jesu Tod der zu seinen Lebzeiten von ihm geübten offenen Kommensalität mit Ritualen gedacht, bei denen entweder Brot und Fisch oder Brot und Wein als Symbole dienten. Die Wahl unterschiedlicher Symbole mag ursprünglich den unterschiedlichen Neigungen von Judenchristen und Heidenchristen Rechnung getragen haben. Doch könnte man, wie schon oben angedeutet, der Meinung sein, daß Brot und Fisch für die Massen, und zwar so reichlich, daß noch Körbe voll davon übrigblieben, eine angemessenere Ritualisierung des Lebens Jesu wäre als das Brot und der Wein des Abendmahls, die nur an Gläubige ausgeteilt werden, und keineswegs im Überfluß.

Wie dem auch sei, von großem Interesse ist bei der Untersuchung des Überlieferungskomplexes 3 *Brot und Fisch* [1/6], wie sich bei dem eucharistischen Mahl, das Gegenstand der fraglichen Tradition ist, die *Gemeinde*, die *Führungsgruppe* und der *bestimmte Führer* zueinander verhalten. Ich unterscheide bei meiner Untersuchung nicht zwischen Brot-und-Fisch-Eucharistien vor und nach dem Tode Jesu. Für solche zu Lebzeiten Jesu gibt es zwei unabhängige Zeugnisse bei Markus 6,33–44 und Johannes 6,1–15, für solche nach der Auferstehung ebenfalls zwei bei Lukas 24,30–31 und 42–43 und Johannes 21,9 und 12–13. Diese Brot-und-Fisch-Eucharistien und ihre Einsetzungsgeschichten wurden formuliert, ehe jemand daran dachte, eine Lebensgeschichte Jesu zu schreiben, und sich mithin die Frage stellte, ob etwas «vor» oder «nach» seinem Tode geschehen wäre.

Man betrachte also zuerst Jesu Brot-und-Fisch-Eucharistie mit der *Gemeinde*. Davon ein deutliches Bild zu gewinnen ist verständlicherweise am schwierigsten, weil die Erinnerung daran weitgehend verdrängt worden ist. Immerhin scheint, was uns überkommen ist, von sehr frühen Traditionen zu zeugen, denen zufolge der Auferstandene ein rituelles Mahl von Brot und Fisch mit der ganzen gläubigen Gemeinde genoß, also von der eucharistischen Gegenwart des auferstandenen Herrn ohne jede diskriminierende Hervorhebung einer Führerschaft der Gläubigen im allgemeinen oder eines bestimmten Führers im besonderen. Einerseits sind da die fünfhundert Brüder (1. Korinther 15,6) deutlich unterschieden von Führungsgruppen und bestimmten einzelnen Führern, wobei Brot und Fisch aber unerwähnt bleiben. Andererseits hat man die beiden Wanderer nach Emmaus bei Lukas 24,13–35, die bestenfalls als symbolische Minimalvertretung der Gemeinde aufzufassen sind, aber vielleicht eine Erinnerung an eine ursprüngliche Gemeindeeucharistie von Brot und Fisch bewahren. Diese Erzählung ist deshalb einer genaueren Betrachtung zu unterziehen.

Bei Lukas 24 hat man, wie sich da zeigt, eine auf zwei Szenen verteilte Brot-und-Fisch-Eucharistie. In der ersten Szene erscheint Jesus den «zwei von den Jüngern» auf dem Wege von Jerusalem nach Emmaus und wird während des eucharistischen Mahls, bei dem nur Brot gebrochen wird (soweit man von dem Evangelisten erfährt), von ihnen erkannt. Doch nach ihrer Rückkehr in die Stadt, während sie noch mit den Elfen und den anderen Jüngern sprachen, erscheint Jesus abermals, und «sie gaben ihm ein Stück gebratenen Fisch; er nahm es und aß es vor ihren Augen» (24,42–43). Man beachte aber die chiastische Struktur der Komposition des Lukas:

> (A) *Schrift*: «Da sagte er zu ihnen: Begreift ihr denn nicht? Wie schwer fällt es euch, alles zu glauben, was die Propheten gesagt haben. Mußte nicht der Messias all das erleiden, um so in seine Herrlichkeit zu gelangen? Und er legte ihnen dar, ausgehend von Mose und allen Propheten, was in der gesamten Schrift über ihn geschrieben steht.» (24,25–27)
> (B) *Brot*: «Und als er mit ihnen bei Tisch war, nahm er das Brot, sprach den Lobpreis, brach das Brot und gab es ihnen. Da gingen ihnen die Augen auf, und sie erkannten ihn; dann sahen sie ihn nicht mehr.» (24, 30–31)
> (C) *Simon Petrus*: «Noch in derselben Stunde brachen sie auf und kehrten nach Jerusalem zurück, und sie fanden die Elf und die anderen Jünger versammelt. Diese sagten: Der Herr ist wirklich auferstanden und ist dem Simon erschienen.» (24,33–34)
> (B) *Fisch*: «Sie staunten, konnten es aber vor Freude immer noch nicht glauben, Da sagte er zu ihnen: Habt ihr etwas zu essen hier? Sie gaben ihm ein Stück gebratenen Fisch; er nahm es und aß es vor ihren Augen.» (24,41–43)
> (A) *Schrift*: «Dann sprach er zu ihnen: Das sind die Worte, die ich zu euch gesagt habe, als ich noch bei euch war: Alles muß in Erfüllung gehen, was im Gesetz des Mose, bei den Propheten und in den Psalmen über mich gesagt ist. Darauf öffnete er ihnen die Augen für das Verständnis der Schrift. Er sagte zu ihnen: So steht es in der Schrift: Der Messias wird leiden und am dritten Tag von den Toten auferstehen.» (24,44–46)

Einerseits sind die drei Erscheinungen so angeordnet, daß die dem Simon Petrus zuteil gewordene die zentrale Stellung einnimmt, und es bleibt absichtlich unbestimmt, ob nicht diese vielleicht noch vor derjenigen, von der die aus Emmaus zurückkehrenden Jünger berichten, stattgefunden hat. Andererseits ist der Herr bei den anderen beiden Gelegenheiten, wo erst Brot, dann Fisch auf den Tisch kommt, erst «zwei von den Jüngern», dann den «Elf und den anderen Jüngern» erschienen, welche Formulierung an die des Verses 9 erinnert, wo die Auferstehung «den Elf und den anderen Jüngern» verkündigt wird. Mit anderen Worten, es gelten diese Erscheinungen nicht einer *Führungsgruppe*, sondern der *Gemeinde*, die in Jerusalem besteht und von der je zu zweien Sendboten ausgehen. Selbst das apostolische Amt wird der *gesamten Gemeinde* übertragen, einschließlich natürlich der zwölf Apostel, aber nicht auf diese beschränkt.

Ich glaube also, daß Lukas eine ursprünglich mit der *ganzen Gemeinde* gefeierte Brot-und-Fisch-Eucharistie in eine Broteucharistie, bei der sich die Anwesenheit, und ein Fischessen, bei dem sich die körperliche Gegenwart des Auferstandenen kundtat, zerlegte, ohne jedoch einstweilen die Beziehung des Geschehens auf die *ganze Gemeinde* zu leugnen, wie er dieselbe verstand, nämlich als die Gesamtheit der Jünger in Jerusalem, aus der je zu zweien Missionare ausgingen. Daß die Broteucharistie (24,13–35) eine für Lukas eigentümliche Form ist, erhellt aus seiner Beschreibung der Eucharistie als «Brechen des Brotes» in der Apostelgeschichte 2,42 und 46; 20,7 und 11; 27,35. Daß der Fisch-Beweis gleichfalls von Lukas (24,36–43) ausgebildet wurde, beweist dessen Fehlen in anderen Berichten von der gleichen Szene, sowohl in der von Lukas abhängigen Fassung bei Johannes 20,19–21 als auch in der unabhängigen des Ignatius von Antiochien, die man in dessen Brief an die Smyrnäer 3,2b–3 findet (18 *Den Jüngern offenbart* [1/4]). Später freilich, bei der summarischen Bearbeitung dieser Erzählungen in der Apostelgeschichte 1,1–26, sollte zwar 1,4 das gemeinsame Mahl noch Erwähnung finden, doch wurden nun die Apostel, zuerst 1,2 deren elf, dann 1,26 wieder zwölf, als Führungsgruppe sehr merklich hervorgehoben. Die Apostelgeschichte bietet bereits das Bild einer klar organisierten Hierarchie von der *Gemeinde* (1,14–15) über die *Führungsgruppe* (1,2 und 26) bis hinauf zu dem *bestimmten Führer* (1,15). Dennoch verbirgt sich hinter Lukas 24,13–43, wenn auch dort nun das Fischessen des Auferstandenen als naiver Beweis für dessen physische Realität herhalten muß, die Tradition einer Brot-und-Fisch-Eucharistie, eines Mahls, bei dem der Auferstandene Herr der *gesamten Gemeinde* gegenwärtig war.

Deutlicher ist uns ein Bild überliefert, das uns ebenfalls eine Brot-und-Fisch-Eucharistie Jesu mit der *gesamten Gemeinde* zeigt, aber so, daß dabei eine *Führungsgruppe* eine wichtige Mittlerrolle spielt. Davon wissen wir aus der gemeinsamen Quelle der Geschichten, die Markus 6 und Johannes 6 von der Vervielfältigung der Brote und Fische erzählen. Markus erzählt die Geschichte zweimal, nicht nur 6,33–44, sondern noch einmal 8,1–10. Frans Neirynck hat bereits «die doppelten Ausdrücke im Markusevangelium» (1970; 1982, S. 83–142) sehr eingehend gewürdigt, doch gibt es überdies auch ganze Textabschnitte, die eine ähnliche Vorliebe für Parallelität, Ausgewogenheit und Dualität erkennen lassen. Bei den beiden Berichten über die Speisungen von Tausenden handelt es sich um eine solche von dem Evangelisten in kompositorischer Absicht vorgenommene Verdoppelung einer ihm nur einfach überlieferten Tradition. Obwohl Robert Fowler den Bericht 8,1–10 der Überlieferung zuschreibt und meint, daß Markus analog zu diesem denjenigen 6,33–44 erfunden habe, halte ich im Gegenteil das

Umgekehrte für wahrscheinlich. Das 6,33–44 berichtete Wunder entnahm Markus wie Johannes 6,1–15 der oben erörterten fünfteiligen «Wunderquelle». Diesem entsprechend gestaltete Markus dann 8,1–10 das zweite Wunder, in Anbetracht dessen das Unverständnis der Jünger 8,14–21 dann um so zweifelhafter anmuten muß. Doch können wir im gegebenen Zusammenhang von der Absicht, die Markus bei seiner Verdoppelung des Brot-und-Fisch-Wunders bestimmte, absehen, denn was hier interessiert, ist, daß sowohl bei Markus als auch bei Johannes eine Bewegung von Jesus zu den Jüngern und von da zu der Menge erkennbar ist oder, in meinen Begriffen, von Jesus zur *Führungsgruppe* und von da zur ganzen *Gemeinde*.

Die Erzählung enthält fünf Hauptelemente: Die *Frage* kommt bei Markus 6,35 von den Jüngern, bei Johannes 6,5 aber von Jesus; die *Nahrungsmittel* kommen bei Markus 6,38 von den Jüngern, bei Johannes 6,9 aber von einem «kleinen Jungen»; die *Zubereitung* ist bei Markus 6,39 Sache Jesu, bei Johannes 6,10 kümmern sich in seinem Auftrag die Jünger darum; die *Verteilung* nimmt bei Markus 6,41 die Jüngerschaft vor, bei Johannes 6,11 aber Jesus selbst; und beim *Einsammeln* der Reste sehen wir im Markusevangelium 6,43 im griechischen Text ein nicht näher bestimmtes Kollektiv am Werk, während bei Johannes 6,12 sich auf Jesu Geheiß darum die Jünger kümmern. Da die beiden Bearbeitungen in keinem dieser fünf Elemente übereinstimmen, ist nicht zu entscheiden, wo sie ihrer Quelle folgten und wo nicht. Sehr bemerkenswert ist aber die Übereinstimmung in der Anordnung der Elemente, des Umrisses der Erzählung. Es muß ein Wandel stattgefunden haben, bei dem das *unmittelbare Handeln Jesu* rückblickend ersetzt wurde durch das *Handeln der Jünger in Jesu Auftrag*. Dabei wurde die Brot-und-Fisch-Eucharistie für die *ganze Gemeinde unmittelbar aus Jesu Hand* verwandelt in eine von einer *Führungsgruppe* ausgeteilte. Die Erwähnung von Andreas und Philippus bei Johannes 6,7–8 mag sogar schon auf bestimmte *einzelne Führer* hinweisen.

Schließlich gibt es einen Fall, bei dem von einer Brot-und-Fisch-Eucharistie Jesu und seiner Jünger berichtet wird, ohne daß von der *Gemeinde im ganzen* überhaupt die Rede ist. Hier wird die *Führungsgruppe* in den Vordergrund gestellt. Diesen Fall sehen wir bei Johannes 21,9 und 12–13, welche zu dem Überlieferungskomplex 3 *Brot und Fisch* [1/6] gehörige Stelle der Evangelist mit einer Erzählung aus dem Überlieferungskomplex 190 *Menschenfischer* [2/3] so verbunden hat (21,1–8), daß ihre Eigenständigkeit nicht gleich ins Auge fällt. Daß die beiden Abschnitte ursprünglich getrennt waren, zeigt sich an den verschiedenen griechischen Wörtern, mit denen einerseits 21,1–8, andererseits 21,9 und 12–13 vom Fisch die Rede ist. *Ichthys* heißt es in der ersten Hälfte des Texts, *opsarion* in der zweiten. In 21,10 aber steht *opsarion* vor *ichthys* in 21,11. Das könnte zwar reiner Zufall sein, doch steht in der Parallele zu Johannes 21,1–8 bei Lukas 5,1–11 ebenfalls *ichthys*, während bei der eucharistischen «Vervielfältigung» bei Johannes 6,9 und 11 von *opsarion* die Rede ist. Man beachte überdies, wie 21,11 Petrus allein tut, was 21,8 die Jünger im Verein tun. In dem Stadium der Redaktion der Überlieferung, das wir hier vor uns haben, stehen schon *bestimmte einzelne Führer* im Vordergrund.

Zusammenfassend kann also gesagt werden, daß die Brot-und-Fisch-Eucharistie ursprünglich die Gemeinschaft der Gläubigen der fortdauernden Anwesenheit des Auferstandenen versicherte. Die offene Tischgemeinschaft überdauerte als ritualisiertes Mahl. Als dann erzählende Evangelien verfaßt wurden, ordnete man die diesbezügliche Überlieferung zeitlich teils vor der Passion ein, wie es die Markus 6 und Johannes 6 gemeinsame Quelle tat, teils, wie es bei Lukas 24 und Johannes 21 geschehen ist, nach der Auferstehung. Und wenn uns nicht alles täuscht, folgte die Überlieferung stets der Tendenz, dabei statt der ursprünglich unmittelbar beteiligten *gesamten Gemeinschaft der Gläubigen* eine *Führungsgruppe* und schließlich *einzelne Führer* stellvertretend kommunizieren zu lassen.

Hier ist noch ein wichtiger Umstand in Betracht zu ziehen. Bei den rituellen Mahlzeiten der Essener in Qumran herrschte eine nicht egalitäre, sondern hierarchisch gegliederte Ordnung. Diese Gruppe hatte sich unter priesterlicher Leitung in ein «Kloster» an der Nordwestküste des Toten Meeres zurückgezogen, weil ihres Erachtens die Usurpation des Hohenpriesteramts durch die hasmonäischen Herrscher Jonathan und Simon zwischen 152 und 134 v. Chr. den Tempel verunreinigt hatte. Ich zitiere zwei Auszüge aus Tischordnungen, die man in der ersten der Höhlen fand (1 Q), wo die Gruppe während des ersten römisch-jüdischen Krieges von 66–73 n. Chr. ihre kostbare Bibliothek verbarg. Der erste stammt aus der sogenannten *Gemeinderegel*, der zweite aus ihrem nur fragmentarisch erhaltenen Anhang, der *Gemeinschaftsregel*. Beide Handschriften werden um das Jahr 100 v. Chr. datiert.

> «Und wenn sie den Tisch richten, um zu essen, oder den Most, um zu trinken, soll der Priester seine Hand zuerst ausstrecken, um den Lobspruch zu sagen über den Erstling des Brotes und des Mostes.» (1 Q S6, 4–5; Vermes, 1968, S. 81; Lohse, 1986, S. 23)
>
> «Und (wenn) sie sich zusammenfinden zum gemeinsamen (Ti)sch (oder um den Mo)st (zu trinken), und der gemeinsame Tisch ist gerüstet, (und) der Most (ist gemischt) zum Trinken, (so darf keiner) seine Hand (ausstrecken) nach dem Erstling des Brotes und (des Mostes) vor dem Priester; denn (er soll) den Segen sprechen über

dem Erstling des Brotes und des Most(es. Und er soll) zuerst seine Hand (ausstrecken) nach dem Brot, und dana(ch soll) der Messias Israels seine Hände nach dem Brot ausstrecken. (Und danach) sollen sie (den Segen) sprechen, die ganze Gemeinde der Gemeinschaft, je(der entsprechend) seiner Würde.»
(1 Q Sa2, 17–21; Vermes, 1968, S. 121; Lohse, 1986, S. 51)

Hier werden Hierarchie, Vorrangstellung und eine Ordnung der Würde angestrebt und vorgestellt. Jesu Tischgemeinschaft verwirklichte ganz andere Vorstellungen. Die vier Schlüsselworte bei Markus 6,41, «nahm... sprach den Lobpreis... brach... gab», kehren bei demselben Evangelisten 14,22 wieder, wo er vom letzten Abendmahl berichtet. Ähnlich werden die Worte «nahm... sprach das Dankgebet... brach... reichte es...» aus dem Abendmahlsbericht des Lukas 22,19 bei Lukas 24,30 wiederholt. Und die Worte aus der Beschreibung der Speisung der Fünftausend im Johannesevangelium 6,11, «nahm... sprach das Dankgebet... teilte aus... ebenso mit den Fischen...», kehren in einem – 6,53–58 näher beleuchteten – eucharistischen Kontext wieder in dem Bericht von der Erscheinung des Auferstandenen am See Gennesaret, Johannes 21,13: «nahm... gab... ebenso den Fisch». Ich glaube deshalb, daß die frühen Christengemeinden bei der Ritualisierung des Gehalts der offenen Kommensalität Jesu auch eine bedeutende Eigentümlichkeit derselben beibehielten, von der noch nicht die Rede gewesen ist. Man erinnere sich daran, was oben aus der Anthropologie des Essens mitgeteilt wurde. Es ist unabdingbare Voraussetzung zum richtigen Verständnis des Mahlsymbolismus Jesu. In allen Gesellschaften, einfachen und komplexen, ist das Essen die primäre Gelegenheit zum Anknüpfen und zur Pflege von menschlichen Beziehungen, so Peter Farb und George Armelagos. «Wenn der Anthropologe herausfindet, wo, wann und mit wem gegessen wird, kann er daraus fast alles übrige, was die zwischen den Angehörigen der Gesellschaft bestehenden Beziehungen betrifft, schließen... Zu wissen, was, wo, wie, wann und mit wem die Leute essen, heißt den Charakter ihrer Gesellschaft kennen» (S. 4,211). Von den Speisesitten im griechisch-römischen Kulturkreis bemerkt Dennis Smith etwa, daß «die Gewohnheit, bei Tische zu liegen, Bedienung erforderlich machte..., weshalb eigentlich nur Leute sie sich leisten konnten, die Dienerschaft hatten.» Er unterrichtet uns auch darüber, daß der Gastgeber auf den unterschiedlichen Status seiner Gäste manchmal hinwies, indem er Gästen niederen Ranges Speisen und Getränke minderer Qualität vorsetzen ließ (S. 35, 37). Verben wie «nahm», «dankte», «brach», «gab», wie sie die Erzähler von Jesu Tischgemeinschaft verwenden, sind deshalb tiefbedeutend und mögen sehr wohl an die ursprüngliche offene Tischgemeinschaft erinnern. Sie verweisen ja auf eine Verteilung, bei der jedem das gleiche zuteil wird. Und etwas noch Wichtigeres sagen sie aus. Die ersten Worte, «nahm... sprach das Dankgebet» (oder den Lobpreis), insbesondere das zweite, nennen Handlungen des Herrn, die letzten beiden, «brach... gab», insbesondere das zweite, solche des Dieners. Jesus als Herr und Gastgeber spielte die Rolle des Dieners, und alle teilen das gleiche Mahl als Gleiche unter Gleichen. Aber damit ist die Symbolik des Geschehens noch nicht ganz entschlüsselt. Die Mehrzahl der Nachfolger Jesu werden gewußt, aber selten erlebt haben, daß in besserer Gesellschaft Diener die Speisen auftragen. Die Männer unter ihnen werden aber die Zubereitung der Speisen und Bedienung bei Tisch von Frauen erwartet haben. Jesus, indem er die Seinen bei Tisch bediente, diente also nicht nur in der Rolle des Dieners, sondern auch in der Frauenrolle. Auch auf den weiblichen Dienst bei Tisch verweisen die Worte «brach... gab». Jesus lag nicht zu Tisch und ließ sich bedienen, sondern servierte allen Tischgenossen einschließlich seiner selbst das gleiche wie eine Hausfrau. Natürlich viel später, aber ganz legitimerweise wurde Jesus, der auf Erden bei Tisch servierte, selbst zur Speise – ebenso wie die Frau Nahrung nicht nur zubereitet, sondern selbst nährende Mutter ist (Caroline Walker Bynum).

Auf Wasser gehen

Ich vertrete in diesem Kapitel die These, daß Jesu «Naturwunder» in Wahrheit dogmatische Aussagen über kirchliche Autorität sind, wenn sie auch alle den Sieg des Auferstandenen über den Tod zur Voraussetzung haben, der natürlich das größte aller «Natur»-Wunder ist. Wenn diejenigen, die Jesus während seines Lebens auf Erden nachgefolgt waren, ihm nicht nach seinem Tode nachgefolgt wären und nach seiner Kreuzigung nicht die Fortdauer seiner Gegenwart geglaubt und erlebt hätten, wäre alles vorbei gewesen. Das *ist* die Auferstehung, die fortdauernde Gegenwart des vergangenen Jesus in einer radikal neuen und transzendenten Weise gegenwärtiger und zukünftiger Existenz inmitten einer fortdauernden Gemeinschaft. Aber wie diesem Phänomen *Ausdruck* verleihen? Und, welche Frage für jede von einem nunmehr Verstorbenen begründete Bewegung ja ebenfalls sehr wichtig ist, was war Jesu Wille hinsichtlich der einzuschlagenden Richtung der Gemeinschaft, welche Autoritätsstruktur sollte sie erhalten, wer sie führen? Und welchen Ausdruck sollte man *diesem* Phänomen verleihen?

Man erinnere sich der oben schon gelegentlich zitierten Beobachtungen von Außenstehenden. Tacitus, ein Gegner und Verächter der jüdischen Sekte, sagt, der verderbliche Aberglaube dieser Leute habe sich bereits von Judäa bis nach Rom verbreitet. Josephus drückt sich vorsichtiger und neutraler aus und stellt nur fest, daß Jesu frühere Anhänger ihm auch nach seiner Kreuzigung treu blieben. «Und noch bis auf den heutigen Tag besteht das Volk der Christen, die sich nach ihm nennen, fort.» Paulus häufte in 1. Korinther 15 die Vergleiche in dem Bemühen, die Existenzweise des Auferstandenen zu erklären, beharrte aber darauf, daß «Fleisch und Blut (...) das Reich Gottes nicht erben [können]; das Vergängliche erbt nicht das Unvergängliche». Doch konnten Lukas (24,39) und Ignatius in dem Brief an die Smyrnäer (3,2b–3) davon berichten, daß der Auferstandene mit Händen zu greifen gewesen sei und daß er mit den Jüngern nicht nur in symbolischer Eucharistie, sondern in augenscheinlicher Tatsächlichkeit gespeist habe. Andererseits erzählt dann Johannes 20,24–29 (386 *Nicht sehen und doch glauben* [3/2]) die Geschichte vom ungläubigen Thomas fast als Satire gegen solches Verlangen nach handfesten Beweisen. «Selig sind, die nicht sehen und doch glauben.»

Wir haben soeben gesehen, wie solcher Glauben und solche Erfahrung aus den Erzählungen des Überlieferungskomplexes 3 *Brot und Fisch* [1/6] sprechen. Die Erzählungen des Komplexes 128 *Auf Wasser gehen* [1/2] stellen ebenfalls die Erfahrung des Auferstandenen fest, wenn auch die Ereignisse, von denen sie handeln, sich nicht sowohl vor als auch nach dem Tode des Herrn zugetragen haben sollen, wie die soeben untersuchten, sondern nur zu dessen Lebzeiten. Dennoch war die diesbezügliche Überlieferung mit derjenigen des Komplexes 3 *Brot und Fisch* [1/6] bereits in der von Markus und Johannes benützten «Wunderquelle» verbunden. Gewisse Indizien dafür, daß die Überlieferung ursprünglich den Auferstandenen betraf, kommen zum Vorschein, wenn man die Fassung der Erzählung bei Markus mit denen der Überlieferungskomplexe 3 *Brot und Fisch* [1/6] und 190 *Menschenfischer* [2/3] vergleicht, die vor und nach der Auferstehung angesiedelt sind. Bei Markus 6,48b kam Jesus «in der vierten Nachtwache» über das Wasser, also gegen Morgen; bei Johannes 21,4 stand der Auferstandene am Ufer, «als es schon Morgen wurde». Er kam bei Tagesanbruch nach der von Gefahren und fruchtloser Mühe erfüllten Nacht. Bei Markus 6,48 wollte der auf dem See Wandelnde an den Jüngern vorübergehen, ähnlich bei Lukas 24,28–29 der Auferstandene auf dem Wege nach Emmaus. Die Jünger müssen den Anfang machen, sich an den Herrn wenden mit ihrer Bitte. Aber zuerst, «als sie ihn über den See gehen sahen, meinten sie, es sei ein Gespenst, und schrien auf», heißt es bei Markus 6,49; ebenso bei Lukas 24,37: «Sie erschraken und hatten große Angst, denn sie meinten, einen Geist zu sehen.» Und sowohl bei Markus 6,50 als auch bei Lukas 24,39 nimmt Jesus den Jüngern die Furcht mit der Erklärung: «Ich bin es.»

Die ursprüngliche Bedeutung der Erzählung ist bei Johannes 6,16–21 offenbarer als bei Markus 6,45–52. Johannes stellt die Jünger in den Vordergrund. Gegen den Wind fahrend, kamen sie nicht voran, aber kaum haben sie Jesus an Bord genommen, «war das Boot am Ufer, das sie erreichen wollten». Es ist nicht einmal ausgemacht, wie Julian Hills von der Marquette University mir gelegentlich zu bedenken gab, daß dieser Erzählung zufolge Jesus *auf* dem Wasser wandelte. Das griechische Wort ist *epi*, und dieses Wort wird an der Stelle Johannes 6,19 zwar gewöhnlich so verstanden, als sei Jesus *auf* dem See gewandelt, aber bei Johannes 21,1 übersetzt man das gleiche Wort so, daß Jesus sich den Jüngern *am* See abermals offenbarte. So kann, von der Parallelstelle bei Markus 6,45–52 abgesehen, Johannes 6,16–21 so verstanden werden, daß die Jünger von dem widrigen Wind genötigt wurden, der Küste zu folgen, bis sie «fünfundzwanzig oder dreißig Stadien» von dem Ort, von dem sie abgefahren waren, Jesus an Bord nahmen. Dieser Hinweis soll nicht das Wunder schmälern, sondern hervorheben, worauf es bei der Erzählung ankommt. Nämlich nicht auf die Macht Jesu, sondern auf die Ohnmacht der seines Beistands beraubten Jünger. Bei Markus jedoch wird die majestätische Macht Jesu hervorgehoben, was dazu dient, das schuldhafte Mißverstehen der Jünger, ihre Kleingläubigkeit ins hellste Licht zu setzen. Denn hier wie überall war es Markus darum zu tun, den Beweis anzutreten, daß die Jünger ohnmächtig waren nicht nur ohne Jesu Beistand, sondern sogar, wo sie diesen hatten. Aber ursprünglich wollte die Erzählung nicht nur sagen, daß Jesus auf dem See wandeln und dessen Wogen glätten konnte, sondern daß er eben das tun könnte und würde, um den Jüngern zu helfen, ihren Auftrag zu erfüllen. Und natürlich war das Wandeln auf dem See auch ein schönes Bild der Auferstehung, des Sieges über den Tod. Es war der auferstandene Jesus, der den Jüngern beistand und damit ihre Autorität bestätigte.

Seine polemische Theologie leitete Markus auch bei der Verdoppelung des Meerwunders, das bei ihm ja vor der soeben betrachteten Fassung (6,45–52) schon in einer anderen (4,35–41) vorkommt. Derart kann er von einer doppelten Folge von Meerwunder und wunderbarer Speisung berichten, zuerst 4,35–41 und 6,33–44, dann 6,45–52 und 8,1–10. Die Lehre aus dieser doppelten Demonstration wird 8,14–21 gezogen: Zweimal haben die Jünger diese Wunder nun schon erlebt und wollen noch immer nicht verstehen, daß es nur ein einziges Brot gibt, das aber mehr als ausreichend ist für Juden und Heiden gleichermaßen und miteinander (Kelber, S. 45–65).

Von Interesse für die Erhellung des ursprünglichen Zusammenhangs der Überlieferungskomplexe 128 *Auf Wasser gehen* [1/2] und 3 *Brot und Fisch* [1/6] ist ein Zeugnis außerhalb unseres Inventars, in dem die Wunder des Gehens über den See und der Speisung der Fünftausend in umgekehrter Reihenfolge genannt werden. Es handelt sich dabei um einen Abschnitt der christlichen *Sibyllinischen Orakel*, eines Werkes mit ungewisser Entstehungszeit, das jedoch meines Erachtens von den kanonischen Evangelien unabhängig ist. Da wird von den Taten des zukünftigen Erlösers also folgendes prophezeit:

> «Die Winde besänftigt er durch sein Wort, beruhigt das Meer,
> Das rasende, und geht mit den Füßen des Friedens im Glauben darüber.
> Mit fünf Broten und einem Seefisch
> Sättigt er fünftausend Menschen in der Wüste,
> Und mit allen übrigen Brocken füllt er zwölf Körbe zur Hoffnung der Völker.»
> (*Sibyllinische Orakel*, 8,273–278; deutsch von Ursula Treu, $NTApo^6$, Bd. 2, 1989, S. 611)

Nicht allein hat man hier das Meerwunder vor dem Speisungswunder, bei der Beschreibung des Meerwunders werden auch Wind und Wellen in einem Atemzug erwähnt (und: beruhigt), während Markus 6,45–52 nur vom Wind, 4,35–41 nur von den Wellen spricht. Überdies findet man in der *Epistula Apostolorum*, einem zwischen 160 und 170 verfaßten Werk, das fraglos von den kanonischen Evangelien abhängig ist, eine sehr bemerkenswerte Aufstellung der Wunder Jesu, in der außer solchen, die auch in den kanonischen Evangelien bezeugt sind, andere stehen, von denen der Kompilator aus anderen Quellen zu wissen scheint (*Epistula Apostolorum*, 4–5; deutsch von C. Detlef G. Müller, $NTApo^6$, Bd. 1, 1990, S. 208–209). Die Struktur dieser Aufstellung sehe ich (ein wenig abweichend von dem Ergebnis der bahnbrechenden Analyse Julian Hills', 1985, S. 61–62; 1990a, S. 46; siehe auch 1990b) wie nachfolgend angegeben.

(1) Einzelnes ausführlich mitgeteiltes Wunder mit Dialog: Schüler + «dann» + ausführlich mitgeteiltes Wunder ohne Dialog und drei summarisch erwähnte Wunder: Kana, Tote, Lahme, verdorrte Hand.
(2) Einzelnes ausführlich mitgeteiltes Wunder mit Dialog: Blutfluß + «dann» + vier summarisch erwähnte Wunder: Taube, Blinde, Besessene, Aussätzige.
(3) Einzelnes ausführlich mitgeteiltes Wunder mit Dialog: Legion + «dann» + einzelnes (?) ausführlich mitgeteiltes Wunder ohne Dialog: Meer.

(4) Einzelnes ausführlich mitgeteiltes Wunder mit Dialog: Denar + «dann» + einzelnes ausführlich mitgeteiltes Wunder ohne Dialog: Speisung der Fünftausend.

Ich habe ein Fragezeichen hinter das in der Aufstellung verzeichnete Meerwunder gesetzt – war es ein einzelnes oder ein doppeltes? Im Text heißt es davon: «Und weiterhin wandelte er auf dem Meer, und es bliesen die Winde, und er schalt sie, und die Wogen des Meeres beruhigten sich.» Die allgemeine Struktur der Aufstellung läßt an dieser Stelle ein einzelnes Wunder erwarten. Ich bin der Meinung, daß der Verfasser Jesu Wandeln auf dem Meer hier als ein einzelnes Wunder hinstellt, ob er gleich vielleicht wußte, daß Markus von zwei derartigen Wundern berichtet. Wenn es sich, vom Zeugnis des Markus abgesehen, bei dem Wandeln auf dem Meer ursprünglich um ein einmaliges Wunder handelte, würde das erklären, weshalb frühchristliche Wunderlisten die Meerwunder, wie Julian Hills gezeigt hat, als «Gegenstücke» behandelten, «ganz unabhängig von denen, die ihnen im Neuen Testament entsprechen und von denen sie sehr wohl abgeleitet sein mögen» (1985, S. 68; 1990a, S. 50). Die kreative Interaktion intrakanonisch unabhängiger Wunderlisten und intrakanonisch abhängiger Wundergeschichten bedarf einer noch weit eingehenderen Untersuchung (siehe Frankfurter, sowie Hills, 1990b).

Die genannten Beobachtungen machen mich jedenfalls schon zu dem Schluß geneigt, daß sich der Gegenstand der Überlieferungseinheit 128 *Auf Wasser gehen* [1/2] aus dem Komplex 3 *Brot und Fisch* [1/6] zu einem natürlichen Paar von Wundern entwickelte, deren Verhältnis und Reihenfolge (*Meer* und *Mahl*) man aus der Exodustradition kennt, die im Psalm 78,13.21–29 zusammengefaßt ist. Wenn es sich so verhält, mag in der von Markus und Johannes benützten «Wunderquelle» die Reihenfolge (*Mahl* und *Meer*) unter dem Eindruck der nicht an den Exodus anknüpfenden Folge vergleichbarer Wunder im Psalm 107,4–9.23–32 umgekehrt worden sein.

Menschenfischer

Der letzte der drei Komplexe, 190 *Menschenfischer* [2/3], und Berichte, die zu diesem Überlieferungskomplex gehören, sprechen wie diejenigen des Komplexes 3 *Brot und Fisch* [1/6] von der Zeit teils vor der Passion, teils nach der Auferstehung. Meiner These zufolge bekräftigt diese Überlieferung ein weiteres Mal, daß die Jünger symbolisch durch den Auferstandenen in ihrem Apostelamt bestätigt wurden. Keine der drei Überlieferungen handelt wirklich von einer Illusion, Halluzination, Vision oder Geistererscheinung. Die betreffenden Erzählungen bestätigen vielmehr symbolisch die fortdauernde Anwesenheit Jesu, und zwar der *Gemeinde im allgemeinen*, den *Führungsgruppen* oder bestimmten und sogar miteinander konkurrierenden *einzelnen Führern*.

Was den Komplex 190 *Menschenfischer* [2/3] betrifft, so hat Matthäus die ganz unmirakulöse Erzählung des Markus im wesentlichen übernommen, während Lukas sie durch eine ganz andere und wunderbare Fassung des Themas ersetzt hat.

> «Als Jesus am See von Galiläa entlangging, sah er Simon und Andreas, den Bruder des Simon, die auf dem See ihr Netz auswarfen; sie waren nämlich Fischer. Da sagte er zu ihnen: Kommt her, folgt mir nach! Ich werde euch zu Menschenfischern machen. Sogleich ließen sie ihre Netze liegen und folgten ihm. Als er ein Stück weiterging, sah er Jakobus, den Sohn des Zebedäus, und seinen Bruder Johannes; sie waren im Boot und richteten ihre Netze her. Sofort rief er sie, und sie ließen ihren Vater Zebedäus mit seinen Tagelöhnern im Boot zurück und folgten Jesus nach.»
> (Markus 1,16–20 = Matthäus 4,18–22)

> «*Als Jesus am Ufer des Sees Gennesaret stand, drängte sich das Volk um ihn und wollte das Wort Gottes hören. Da sah er zwei Boote am Ufer liegen. Die Fischer waren ausgestiegen und wuschen ihre Netze. Jesus stieg in das Boot, das dem Simon gehörte, und bat ihn, ein Stück weit vom Land wegzufahren. Dann setzte er sich und lehrte das Volk vom Boot aus. Als er seine Rede beendet hatte,* sagte er zu Simon: Fahr hinaus auf den See! Dort werft eure Netze zum Fang aus! Simon antwortete ihm: Meister, wir haben die ganze Nacht gearbeitet und nichts gefangen. Doch wenn du es sagst, werde ich die Netze auswerfen. Das taten sie, und sie fingen eine so große Menge Fische, daß ihre Netze zu reißen drohten. Deshalb winkten sie ihren Gefährten im anderen Boot, sie sollten kommen und ihnen helfen. Sie kamen, und gemeinsam füllten sie beide Boote bis zum Rand, so daß sie fast untergingen. Als Simon Petrus das sah, fiel er Jesus zu Füßen und sagte: Herr, geh weg von mir; ich bin ein Sünder. Denn er und alle seine Begleiter waren erstaunt und erschrocken, weil sie so viele Fische gefangen hatten; *ebenso ging es Jakobus und Johannes, den Söhnen des Zebedäus, die mit Simon zusammenarbeiteten. Da sagte Jesus zu Simon: Fürchte dich nicht! Von jetzt an wirst du Menschen fangen. Und sie zogen die Boote an Land, ließen alles zurück und folgten ihm nach.*»
> (Lukas 5,1–11)

Markus bietet ein Diptychon: Simon und Andreas werfen ihre Netze aus und verlassen sie dann; Jakobus und Johannes sitzen mit ihrem Vater im Boot und verlassen dann Boot und Vater. Das Gleichnis, das aus beiden Tafeln dieses Doppelbilds spricht, sagt: wie sie zuvor Fische fischten, werden sie nun Menschen fischen. Man ist heute geneigt, die Wahl dieses Gleichnisses nicht besonders glücklich zu finden (denn wer will schon wie ein Fisch gefangen werden?).

Der Bericht des Lukas ist weniger plakativ. Er steht etwas später in seiner Erzählung und ist komponiert aus Abschnitten der Berichte des Markus 1,16–20 sowie 4,1–2 mit einer ganz unabhängigen Wundergeschichte, Lukas 5,4–9. Anfang und Schluß dieser Geschichte sind ersetzt durch die im Zitat hervorgehobene Bearbeitung, welche Lukas dem bei Markus entlehnten Material angedeihen ließ (vergl. Fitzmyer, 1981–1985, S. 559–569). Nichtsdestoweniger steht auch hier Simon im Mittelpunkt, und abgesehen von den aus Markus übernommenen Söhnen des Zebedäus (5,10) werden andere Jünger nicht namentlich genannt. In der zweiten Hälfte dieses Verses ist sogar allein von Simon die Rede, wie es wohl schon in der Quelle des Lukas der Fall war. Auch das von Lukas gewählte Gleichnis ist viel besser als das des Markus. Allein fangen Petrus und seine Gesellen gar nichts, doch als Jesus erscheint und ihnen Anordnungen gibt, machen sie einen reichen Fang. Hier findet also der Fortschritt nicht vom Fischfang zum Menschenfang statt, sondern von der Erfolglosigkeit der auf sich selbst gestellten Fischer zum Erfolg der von Jesus angeleiteten. Markus selbst, der das symbolische Wunder des glücklichen Fischfangs unterschlug, könnte es durch die nicht eben glückliche Metapher von den «Menschenfischern» ersetzt haben.

Die letzte Fassung dieser Geschichte weicht von denen des Markus und Lukas noch auffälliger ab als diese voneinander.

> «Danach offenbarte sich Jesus den Jüngern noch einmal. Es war am See von Tiberias, und er offenbarte sich in folgender Weise. Simon Petrus, Thomas, genannt Didymus (Zwilling), Natanaël aus Kana in Galiläa, die Söhne des Zebedäus und zwei andere von seinen Jüngern waren zusammen. Simon Petrus sagte zu ihnen: Ich gehe fischen. Sie sagten zu ihm: Wir kommen auch mit. Sie gingen hinaus und stiegen in das Boot. Aber in dieser Nacht fingen sie nichts. Als es schon Morgen wurde, stand Jesus am Ufer. Doch die Jünger wußten nicht, daß es Jesus war. Jesus sagte zu ihnen: Meine Kinder, habt ihr nicht etwas zu essen? Sie antworteten ihm: Nein. Er aber sagte zu ihnen: Werft das Netz auf der rechten Seite des Bootes aus, und ihr werdet etwas fangen. Sie warfen das Netz aus und konnten es nicht wieder einholen, so voller Fische war es. Da sagte der Jünger, den Jesus liebte, zu Petrus: Es ist der Herr! Als Simon Petrus hörte, daß es der Herr sei, gürtete er sich das Obergewand um, weil er nackt war, und sprang in den See. Dann kamen die anderen Jünger mit dem Boot – sie waren nämlich nicht weit vom Land

entfernt, nur etwa zweihundert Ellen – und zogen das Netz mit den Fischen hinter sich her. Als sie an Land gingen, sahen sie am Boden ein Kohlenfeuer und darauf Fisch und Brot. Jesus sagte zu ihnen: Bringt von den Fischen, die ihr gerade gefangen habt. Da ging Simon Petrus und zog das Netz an Land. Es war mit hundertdreiundfünfzig großen Fischen gefüllt, und obwohl es so viele waren, zerriß das Netz nicht. Jesus sagte zu ihnen: Kommt her und eßt! Keiner von den Jüngern wagte ihn zu fragen: Wer bist du? Denn sie wußten, daß es der Herr war. Jesus trat heran, nahm das Brot und gab es ihnen, ebenso den Fisch.»
(Johannes 21,1–13)

Der wunderbare Fischfang ist nur eine Variante von Lukas 5,4–9a, wie die allgemeine strukturelle Ähnlichkeit verrät sowie der eigentümliche Gebrauch des Namens Simon Petrus bei Lukas 5,8 und Johannes 21,7. Zwar werden hier insgesamt sieben Jünger erwähnt, aber der erstgenannte ist 21,2 Simon Petrus, der auch, 21,3, die Handlung in Gang setzt und trotz der Konkurrenz des «Jüngers, den Jesus liebte» (wodurch der Evangelist sich selbst zur Geltung bringt) sowohl beim Fischfang 21,7 als auch dann beim Mahl als Protagonist der Jüngerschar erscheint.

Dächte man nur an die chronologische Folge der Evangelien, also daran, daß Markus vor Lukas, dieser vor Johannes schrieb, könnte man zu der Meinung gelangen, daß die Überlieferung des Komplexes 190 *Menschenfischer* [2/3], an ein von Markus tradiertes Herrenwort anknüpfend, die bei Lukas gegebene symbolische Wundergeschichte ausbildete, die schließlich von Johannes in die zugespitzte Situation nach der Auferstehung versetzt wurde. Doch alle Indizien weisen in die genau umgekehrte Richtung. Johannes bewahrt die ursprünglichste Gestalt der Geschichte, das Wunder wurde im Laufe der Überlieferung nicht hinzugefügt, sondern getilgt. Wenn etwa Petrus bei Lukas 5,8 seine Sünden bekennt, so ist das in dem bei diesem Evangelisten gegebenen Zusammenhang viel weniger verständlich, als wenn man den von Johannes angenommenen voraussetzte, da nach der Auferstehung Petrus ja zu bereuen hatte, den Herrn dreimal verleugnet zu haben. So wird bei einem Kohlenfeuer, Johannes 21,9 und 15–17, Petrus den Herrn dreimal bestätigen, so wie er ihn früher bei einem anderen Kohlenfeuer, 18,17–18 und 25–26, dreimal verleugnet hatte. Die Geschichte des Überlieferungskomplexes 190 *Menschenfischer* [2/3] ist deshalb ein Gegenstück zu derjenigen des Komplexes 128 *Auf Wasser gehen* [1/2] und übermittelt die gleiche Botschaft wie diese: Wenn man auch die ganze Nacht rudert, kommt man doch ohne Jesus nicht vorwärts; wenn man auch die ganze Nacht fischt, fängt man doch ohne Jesus nichts. Aber natürlich rudert und fischt die Führungsgruppe der Apostel, und ihr wird die Unterstützung des Auferstandenen zuteil. Sie auch verteilen Brot und Fisch und sammeln nach dem Mahl die Reste ein (nicht allerdings in den oben zitierten *Sibyllinischen Orakeln* 8,275–278).

Die Genannten und die Ungenannten

Zwar gilt, wie eingangs dargelegt, meine Untersuchung in erster Linie mehrfach bezeugten Komplexen aus der ersten Schicht der Jesus-Überlieferung. Erst auf ihrer Grundlage soll zur Erforschung späterer Schichten und zur Prüfung von nur einmal unabhängig bezeugten Traditionen fortgeschritten werden. Diese methodische Absicherung erweist sich jedoch als unzuverlässig, wo zu beurteilen ist, ob die in einem Komplex oder Text namentlich genannten Individuen die Rolle, die sie in der Erzählung spielen, auch in Wirklichkeit innehatten. Ich spreche nicht von der bekannten Tendenz jeder Überlieferung, anfänglich ungenannten Individuen später Namen zu geben. Ich spreche vielmehr von dem Phänomen, von dem wir oben bei der Lektüre 1.Korinther 15,5 und 7 ein Beispiel sahen. Dort weisen ja die Namen des Kephas und Jakobus, insbesondere wenn man Überlieferungskomplexe wie 6 *Petrus offenbart* [1/5] und 30 *Jakobus offenbart* [1/3] berücksichtigt, auf Fragen, Debatten, ja selbst Kontroversen über Leitung, Führerschaft und Autorität innerhalb der frühen Christengemeinden hin. Und derartige Spannungen brachten Auseinandersetzungen nicht nur über Führerpersönlichkeiten, sondern auch über den Typus der Gemeindeführung und das Geschlecht der Führer mit sich.

Konflikte zwischen *Persönlichkeiten* liegen bereits in den frühen fünfziger Jahren in den ersten beiden Kapiteln des Briefes an die Galater zutage, wo Paulus gegenüber den Autoritäten in Jerusalem und Antiochien seine unabhängige und gleiche Stellung zu behaupten trachtet. Sichtbar wird ein solcher Konflikt auch im Thomasevangelium 13–14. Die dort geschilderte Übertragung der Autorität von Jakobus auf Thomas scheint friedlich und unstrittig, aber in dem letzteren der genannten Abschnitte wird Thomas ausdrücklich über Petrus und Matthäus erhoben.

Eine Auseinandersetzung über den *Typus* der Führung verrät vielleicht die Dialektik zwischen Petrus und dem Jünger, den Jesus liebte, in den Kapiteln 20–21 des Johannesevangeliums. Denn scheint in diesen Szenen nicht ein Streit zwischen institutionaler und charismatischer, zwischen hierarchischer und egalitärer, zwischen patronaler und demütiger Führerschaft ausgetragen zu werden?

Spannungen zwischen den *Geschlechtern* kommen zum Vorschein bei der Nennung des Geschlechts derjenigen, die in den Logienevangelien Gelegenheit erhalten, Jesus Fragen zu stellen. Im Thomasevangelium zum Beispiel sind es in den Abschnitten 6, 12, 18, 20, 24, 37, 43, 51, 52, 53, 99, 113 «die Jünger», welche mit Jesus sprechen und bei ihm Rat suchen. Doch an drei Stellen werden die Namen der Fragenden genannt: Maria im Abschnitt 20, Salome im Abschnitt 61 und im Abschnitt 114 Petrus. Die Frage, die Petrus da aufwirft, ist aber für den hier erörterten Zusammenhang äußerst bedeutend.

> «Simon Petrus sprach zu ihnen: Mariham möge von uns gehen! Denn die Frauen sind des Lebens nicht würdig. Jesus sprach: Siehe, ich werde sie ziehen, daß ich sie zum Manne mache, damit auch sie ein lebendiger Geist werde, der euch Männern gleicht. Denn jede Frau, wenn sie sich zum Manne machen wird, wird in das Königreich der Himmel eingehen.»
> (Thomasevangelium 114)

Im Thomasevangelium werden also als Fragende zwei Frauen namentlich genannt, und der einzige namentlich genannte Mann, der zu fragen Gelegenheit hat, bittet darum, eine der beiden aus der Gemeinschaft auszuschließen, und zwar, weil sie eine Frau ist. Wer fragt, führt, ein Fragender ist ein Führer, und Simon Petrus versucht, Maria eine führende Rolle zu verweigern. Auf lange Sicht ist ihm das ja gelungen.

Es gibt gegen die Hervorhebung dieser Tendenz einen naheliegenden Einwand. Denn sind nicht die Namen der Frauen am leeren Grab genannt? Erschien nicht Matthäus 28,8–10 und Johannes 20,14–18 zufolge Jesus zuerst namentlich genannten Frauen? Wird damit nicht die Wichtigkeit der Rolle, die in den frühen Gemeinden Frauen spielten, bezeugt und ausgewiesen? Insbesondere scheint das doch der Fall zu sein bei Markus 16,1–8, wo das erste der kanonischen Evangelien mit dem Bericht von der Anwesenheit namentlich genannter Frauen am leeren Grab schließt.

Ich schließe dieses Buch mit einem Blick auf die Genannten und die Ungenannten am Ende des ursprünglichen Markusevangeliums. Dabei soll mich nicht interessieren, daß, wie Bruce Metzger erinnert, «in den Handschriften vier Schlüsse des Evangeliums nach Markus vorkommen» (S. 122). Meine Frage ist nicht, ob auf 16,1–8 ursprünglich noch ein fernerer Schluß folgte, sondern ob der jedenfalls als ursprünglich angenommene Schluß 16,1–8 wirklich so schon von Anfang an im Markusevangelium stand. Der Grund aber, aus dem mir das fraglich zu sein scheint, ist das Problem, das uns das «Geheime Markusevangelium» stellt.

Das «Geheime Markusevangelium» ist, wie wir schon oben sahen, eine Fassung des Markusevangeliums, von der man aus einem Zitat in einem nur als Fragment erhaltenen Brief des Klemens von Alexandrien, geschrieben gegen Ende des 2. Jahrhunderts, Kenntnis hat. Das Fragment wurde 1958 von Morton Smith in dem griechisch-orthodoxen Kloster Mar Saba zwischen Betlehem und dem Toten Meer entdeckt (1960; 1973a; 1973b; 1982). Obwohl wir aufgrund der Kürze des Zitats hinsichtlich möglicher anderer Unterschiede auf Vermutungen angewiesen sind, weicht jedenfalls, wie das fragliche Zitat zeigt, das «geheime» vom kanonischen Markusevangelium an mindestens zwei wichtigen Stellen ab (Smith, 1973b, S. 446–453; Cameron, 1982, S. 70–71). Zunächst stand da nach dem Abschnitt 10,32–34 des kanonischen Texts eine frühere Fassung der bei Johannes 11 gegebenen Erzählung, derzufolge ein ungenannter junger Mann von den Toten auferweckt wird und dann nachts zu Jesus kommt, nur mit einem Hemd bekleidet, bereit zur Taufe (bei der er, wie oben erörtert, hätte nackt sein müssen). Zweitens las man in dem «geheimen» Text nach dem Abschnitt 10,46a des kanonischen, wie Jesus sich weigerte, die Familie des jungen Mannes zu empfangen.

> «Und sie kamen nach Jericho. Als er mit seinen Jüngern und einer großen Menschenmenge Jericho wieder verließ ...»
> (Markus 10,46)

> «Er kommt nach Jericho. Und es waren dort die Schwester des Jünglings, den Jesus liebte, und seine Mutter und Salome; und Jesus nahm sie nicht auf.»
> (Das ‹geheime Evangelium› nach Markus 2r,14–16; deutsch von H. Merkel, NTApo^6, Bd. 1, 1990, S. 92)

Beim Vergleich dieser beiden Stellen zeigt sich das Problem des Verhältnisses der beiden Texte zueinander. Der von Klemens gegebenen Erklärung zufolge war das kanonische oder öffentliche Markusevangelium für die Katechumenen, die zur Vorbereitung auf die Taufe «Unterweisung Empfangenden», bestimmt, zuerst verfaßt worden, als zweites dann das «geheime», «ein geistlicheres Evangelium» zum Nutzen derer, die schon durch die Taufe der Vervollkommnung teilhaftig geworden waren. Der Vergleich der beiden oben zitierten Stellen läßt diese Erklärung aber einigermaßen zweifelhaft erscheinen. Es scheint vielmehr, als sei aus dem kanonischen Text ein Ereignis vollkommen getilgt, das selbst in der von Klemens aus dem «geheimen» Text zitierten Parallelstelle nur noch andeutungsweise aufscheint, entweder weil Klemens unvollständig zitiert, oder weil bereits der von ihm zitierte Text es nicht ausführlich referierte. Der Vergleich der beiden Fassungen macht es sehr wahrscheinlich, daß der kanonische Text von dem «geheimen» abgeleitet ist, nicht umgekehrt, also der geheime sozusagen als Glosse zum kanonischen verfaßt ist. Dieser Meinung ist auch Helmut Köster, nach dessen Auffassung der wesentliche Unterschied zwischen den beiden Versionen darin besteht, daß der Bearbeiter des kanonischen Textes die Geschichte der Erweckung des jungen Mannes von den Toten und den Hinweis auf diese Geschichte (der Markus 10,46 fällig gewesen wäre) getilgt hat. Klemens von Alexandrien glaubte, wie Köster weiter ausführt, daß Markus zuerst das kanonische (oder: «öffentliche») Evangelium schrieb und erst dann das «geheime» für Eingeweihte. Er selbst, Köster, halte aufgrund seiner Beobachtungen aber das «kanonische» Evangelium für eine expurgierte Fassung des «geheimen», da denn Spuren des Verfassers des «Geheimen Evangeliums» nach Markus dem kanonischen Evangelium noch anzumerken sind (1983, S. 56–57). Verschiedene andere Forscher, etwa Hans-Martin Schenke (1984), Marvin Meyer (1990) und ich selbst (1986, 1990), stimmen Köster zu in der Meinung, daß Klemens das Verhältnis der beiden Texte zueinander nicht richtig angibt und daß der kanonische Text des Evangeliums nach Markus aus dem «geheimen» entwickelt ist, nicht umgekehrt. Allerdings sind wir über den Verlauf dieser Entwicklung sehr verschiedener Meinung.

Gestützt auf die Beobachtung, daß wir die frühesten sicheren Zitate aus Markus erst gegen Ende des 2. Jahrhunderts bei Irenäus und Klemens von Alexandrien finden und daß die älteste bekannte Handschrift des Markusevangeliums in einem Papyrus aus der Mitte des 3. Jahrhunderts überliefert ist (P 45), der die Texte aller vier kanonischen Evangelien enthält, zieht Helmut Köster die Schlußfolgerung, daß der älteste erreichbare Text des Markusevangeliums uns überall da erhalten ist, wo Matthäus und Lukas den Text ihrer Quelle übereinstimmend wiedergeben, selbst wenn die entsprechenden Stellen des unter dem Namen des Markus überlieferten Evangeliums davon abweichen – sei es, daß die Formulierung bei Markus eine andere ist als die der übereinstimmenden Texte der Evangelisten, die aus Markus geschöpft haben, sei es, daß bei Lukas und Matthäus Wörter, Sätze oder ganze Perikopen fehlen, die uns im kanonischen Markusevangelium gegeben sind (1990, S. 21). Aufgrund dieser Anschauung nahm Köster drei aufeinander folgende Bearbeitungen des Markusevangeliums an. Deren älteste wäre die von ihm als «Proto-Markus» bezeichnete, die in längeren oder kürzeren Ausgaben Matthäus und Lukas bekannt war. Darauf wäre dann das «geheime» Markusevangelium gefolgt, eine theologisch motivierte Bearbeitung des Stoffs, die außer den beiden Stellen, die man im Brief des Klemens zitiert findet, noch eine Reihe von anderen Neuerungen gegenüber dem Werk des «Proto-

Markus» enthielt, die in das kanonische Markusevangelium übernommen wurden, aber dem «Proto-Markus» noch unbekannt waren, wie das Fehlen der betreffenden Einzelheiten sowohl bei Matthäus als auch bei Lukas beweise. Als letzte Bearbeitung folgte schließlich die kanonisch gewordene Fassung des Evangeliums, aus der die zwei im Brief des Klemens zitierten Stellen getilgt wurden, weil sie dem erotischen Mißverständnis des Evangeliums, zu dem zumal die Karpokratianer neigten, Vorschub hätten leisten können.

Köster geht sicherlich nicht fehl in der Annahme, daß die von der Textkritik gemachte Voraussetzung, die ältesten Handschriften des Markusevangeliums gäben notwendig dessen autographischen Archetyp wieder, «erstaunlich naiv» genannt werden kann (1989b, S. 19). Doch ist gegen die von ihm selbst gemachte Voraussetzung zu sagen, daß von Markus abweichende, aber untereinander mehr oder weniger übereinstimmende Stellen bei Lukas und Matthäus keinesfalls ohne weiteres als Zeugnisse eines älteren Zustands des Markusevangeliums genommen werden können. In jedem einzelnen Fall muß die Möglichkeit einer gleichen Redaktion der fraglichen Stelle seitens beider späterer Evangelisten gegen die einer späteren Korruption der Markus-Tradition abgewogen werden. Ich will damit nicht behaupten, daß der Text des Markusevangeliums nicht stellenweise entstellt überliefert und verdorben ist. Köster hat zweifellos recht, von der Unvermeidlichkeit solcher Entstellungen überzeugt zu sein. Doch die Zweiquellentheorie des Verhältnisses der synoptischen Evangelien nimmt an, daß Matthäus und Lukas jeder für sich und unabhängig voneinander die Entscheidung trafen, Markus und die Spruchquelle Q miteinander zu verbinden, und zwar entschied jeder für sich, aus diesen beiden Quellen eine neue Komposition zu gestalten. Beide schätzten also Markus nur als Quelle, nicht als erzählendes Evangelium. Sie schrieben es um und wären vermutlich höchst überrascht gewesen, es heute mit ihren Arbeiten als kanonisches Evangelium eigenen Werts überliefert zu finden. Je charakteristischer etwas im Evangelium nach Markus für Markus ist, seien es Eigentümlichkeiten der Syntax oder theologische Lehrmeinungen, desto wahrscheinlicher ist, daß Matthäus und Lukas es nicht unverändert übernehmen. Wo sie dies aber abändern, ist die Wahrscheinlichkeit, daß ihre Änderungen übereinstimmen, genauso groß wie die, daß dabei jeder zu einer besonderen Lösung gelangt. Wenigstens ist das meines Erachtens die Lehre aus dem monumentalen Verzeichnis «geringerer Übereinstimmungen», das Frans Neirynck analysiert hat (1974). Um es noch einmal zu sagen: Selbstverständlich werden wir angesichts geringfügiger Übereinstimmungen von Matthäus und Lukas in der Abweichung von dem uns überlieferten Text des Markusevangeliums die Möglichkeit in Erwägung ziehen müssen, daß an der jeweils fraglichen Stelle Matthäus und Lukas einen besseren Text desselben bewahren. Aber dabei sollte immer auch zugleich die Möglichkeit erwogen werden, daß Matthäus und Lukas unabhängig voneinander den Text des Markus auf die gleiche Weise abgeändert haben könnten. Was aber die von Köster postulierten verschiedenen «Ausgaben» des «Proto-Markus» betrifft, deren einer Matthäus hätte entnehmen können, was uns als Markus 6,45–8,26 zugänglich ist, Lukas in der von ihm benützten Ausgabe aber nicht vorlag, so finde ich diese Annahme nicht sehr plausibel. Soll die von Lukas benützte Ausgabe eine gekürzte gewesen sein oder die von Matthäus herangezogene eine vermehrte? Die Möglichkeit einer gekürzten Fassung würde ich gelten lassen; wenn es sie gäbe, wäre sie freilich nicht von großem Interesse. Wollen wir aber annehmen, daß Matthäus eine vermehrte Ausgabe vorlag, wirft das viele Fragen auf. Wie und warum wurde diese Ausgabe vermehrt? Wie war der textliche, theologische und generische Bestand des Werkes vor und nach dieser Vermehrung? Aus welchem Grund wurde insbesondere der Abschnitt 6,45–8,26 der kürzeren Fassung hinzugefügt? Lag dieser Abschnitt schon früher als selbständige Einheit vor? Die Annahme einer ursprünglichen Fassung des Markusevangeliums, in der dieser Abschnitt fehlte, bringt sehr viel größere Schwierigkeiten mit sich als die andere, daß nämlich Lukas es für das beste hielt, diesen Abschnitt nicht in seine Erzählung zu übernehmen, zum einen im Hinblick auf jenen zweiten Band seines Evangeliums, den wir als die «Apostelgeschichte» kennen, zum anderen vielleicht auch, um die tadelnde Darstellung der Jünger durch Markus, die in dem fraglichen Abschnitt ihren ersten Höhepunkt hat, etwas abzumildern. Nicht, daß ihm emphatische Weitschweifigkeit an sich zuwider gewesen wäre (man denke nur an Petrus in der Apostelgeschichte 10,1–48 und 11,1–18 oder Paulus, Apostelgeschichte 9,1–29; 22,1–21 sowie 26, 9–23), aber er wird manches an Markus 6,45–8,26 nicht gebilligt haben und behielt sich zudem das, was ihm gefiel, für den zweiten Band vor. Schließlich verstehe ich in dieser Theorie auch die angebliche Logik der Endredaktion des kanonischen Markusevangeliums nicht, bei der, um dem von den Karpokratianern gepredigten Mißverständnis keinen Vorschub zu leisten, nach Markus 10,34 die Auferweckung des jungen Mannes von den Toten gestrichen worden wäre, während Markus 14,51–52 die Begegnung des fast nackten jungen Mannes mit Jesus – also gerade der in der gefürchteten Hinsicht gefährliche Teil dieser Geschichte – stehengeblieben wäre, und zwar ausgerechnet im Abschlußhöhepunkt des Evangeliums (16,5).

Mein eigener Gegenvorschlag nimmt nur zwei Fassungen des Markusevangeliums an. Die ursprüngliche könnte zutreffend als die «geheime» bezeichnet werden, denn sie enthielt die Episoden von der

Erweckung des jungen Mannes von den Toten, von seiner nackten Initiation und von Jesu Haltung zu dessen Angehörigen. Ich neige sehr dazu anzunehmen, daß in dem Text, der Klemens vorlag, von der Begegnung Jesu mit der Familie des Jünglings sehr viel mehr gesagt war, als er zitiert – daß sein Satz, «Jesu nahm sie nicht auf», nur seine eigene und vielleicht schon zensierende Zusammenfassung des diesbezüglichen Berichts ist. Aber wie dem auch sei, die Schilderung der Begegnung des nackten Täuflings mit Jesus wird wohl alsbald von seiten des libertinischen Prä- oder Protognostizismus erotisch gedeutet worden sein. Ich nehme an, daß derartige Tendenzen schon um die Mitte des 1. Jahrhunderts wirksam waren. Einige der Gegner des Paulus in Korinth jedenfalls vertraten sie (MacRae, 1978; 1980). Ich halte es mithin nicht für nötig zu glauben, daß die Gefahr einer «karpokratischen» Deutung dieser Erzählung erst mit dem Auftreten des Karpokrates im 2. Jahrhundert entstanden wäre. Nun meine ich, wie schon oben erwähnt und anderswo ausführlich begründet (1985, S. 89–121), daß es, um das gefährliche Mißverständnis zu verhindern, nicht genügte, die betreffende Erzählung in einer expurgierten Ausgabe des Evangeliums einfach zu streichen. Die Gegner, die sich auf die Erzählung berufen wollten, hatten ja bereits den unexpurgierten Text und hätten also angesichts jener gereinigten Neuausgabe immer darauf hinweisen können. Statt dessen wurde also die Erzählung nicht einfach gestrichen, sondern in ihre Bestandteile zerlegt, und diese wurden dann neu in den Text eingeordnet, so daß zukünftig jedem, der sich auf die anstößige Erzählung berufen wollte, bedeutet werden konnte, sie sei aus jenen verstreuten Teilen gefälscht. Marvin Meyer hat meine Erklärung eine «ziemlich exzentrische Theorie» genannt (S. 137). Die Charakterisierung lasse ich gerne gelten. Die Frage ist nur: Trifft sie mich oder den Evangelisten?

Trifft sie den Evangelisten, so hat dieser die Reste der anstößigen Erzählung des «geheimen» Evangeliums so verteilt, daß in dem kanonischen Text nur 14,51–52 an die Initiationsszene erinnert, 16,1–8 an die Auferstehung. Das «Grab» bei Markus 16,2.3.5.8 schreibt sich von dem «Grab» im «geheimen» Evangelium nach Markus 1v26; 2r 1.2.6 her. Die Frage: «Wer könnte uns den Stein vom Eingang des Grabes wegwälzen?», Markus 16,3, greift den Bericht des «geheimen» Markus an der Stelle 2r,1–2 auf, wo es heißt, «und wälzet den Stein von der Tür des Grabmals weg». «Der Jüngling» im Grabe bei Markus 16,5 aber ist kein anderer als der, von dem beim «geheimen» Markus 2r 3.4.6 die Rede ist. Doch stellt sich bei dieser Annahme ein Problem, das ich bei meiner früheren Behandlung dieser Angelegenheit nicht gesehen habe (1976; 1988a, S. 283–284). Es erhebt sich nämlich die Frage: Falls wirklich der Schluß des kanonischen Markusevangeliums dergestalt zustande kam, wie sah dann der Schluß des «geheimen» Markusevangeliums, der ursprüngliche Schluß des Evangeliums aus? Gab es ursprünglich am Schluß dieses Evangeliums vielleicht überhaupt kein leeres Grab?

Gegen solche Zweifel, ob es ursprünglich kein leeres Grab gab, kann man einwenden, daß für ein leeres Grab ja immer noch die dort anwesenden Frauen sprechen. Doch fällt mir diese Frauen betreffend nun eine merkwürdige Koinzidenz auf, die ich früher nicht bemerkt habe. Beim «geheimen» Markus 2r,14–16 werden drei Frauen identifiziert als «die Schwester des Jünglings, den Jesus liebte, und seine Mutter und Salome». Bei Markus 15,40 werden ebenfalls drei Frauen erwähnt: «Maria aus Magdala, Maria, die Mutter von Jakobus dem Kleinen und Joses, sowie Salome». Markus 15,47 ist von Maria aus Magdala und Maria, der Mutter des Joses, die Rede. Markus 16,1 spricht von «Maria aus Magdala, Maria, die Mutter des Jakobus, und Salome». Kann das Zufall sein? Natürlich werden im kanonischen Markusevangelium noch viele andere Namen genannt, aber wie das «geheime» führt es drei Frauen an. Beide nennen an den zitierten Stellen zuerst eine Frau (mit oder ohne Angabe ihres Namens), dann eine Mutter (mit oder ohne Angabe ihres Namens) und, endlich, Salome. Ich bin deshalb der Meinung, daß wir es auch bei den drei Frauen am leeren Grab im kanonischen Text des Evangeliums mit einer Übernahme aus der anstößigen Episode des «geheimen» zu tun haben. Die drei Frauen standen ebensowenig wie der Jüngling im Grab am Schluß des «geheimen» Evangeliums. Was also hat da gestanden?

Meines Erachtens endete das Markusevangelium ursprünglich mit dem Bekenntnis des Hauptmanns: «Wahrhaftig, dieser Mensch war Gottes Sohn» (Markus 15,39). Alles weitere, von 15,40 bis 16,8, ist spätere Zutat. Ich kann natürlich für diese Annahme keine Beweise aus den Handschriften anführen, wenn auch bekannt ist, daß sich in der frühen Kirche viele daran versucht haben, einen neuen Schluß für das Markusevangelium zu erfinden. Nichtsdestoweniger stimmt meine Annahme gut zur Theologie des Markus, für die Glauben und Hoffnung angesichts der Verfolgung und des Todes sehr viel wichtiger sind als Visionen, Erscheinungen und sogar Offenbarungen.

Wenn meine Annahme zutrifft, stellte Markus seine Erzählung der Passion zwischen das Bekenntnis einer ungenannten Frau (14,3–9) und das des ungenannten römischen Hauptmanns (15,39). Jesus hatte seinen Jüngern wiederholt seinen Tod und seine alsbaldige Auferstehung angekündigt. Sie hatten ihm nicht geglaubt, insonderheit nicht, daß er würde sterben müssen. Aber die ungenannte Frau glaubte an seinen baldigen Tod, und sie salbte ihn in symbolischer Vorbereitung darauf, da, wie der «geheime» Markus sehr wohl wußte, eine Gelegenheit, den Leichnam zu salben, sich nicht ergeben würde. Ihr Lohn ist Jesu Wort: «Amen, ich sage euch: überall auf der Welt, wo das Evangelium verkündet wird, wird man sich an sie erinnern und erzählen, was sie getan hat» (vergl. die Anspielung auf diese Stelle im Titel von Elisabeth Schüssler Fiorenzas Buch).

Der römische Hauptmann, den das im Petrusevangelium 8,31 erhaltene «Kreuzevangelium», das von Markus meiner Ansicht nach benutzt wurde, Petronius nennt, wird am Ende der Passionsgeschichte ebenso wie die Frau am Anfang nicht beim Namen genannt. So vertraute Markus denn am Ende mehr als den beim Namen genannten Jüngern Petrus, Jakobus und Johannes, mehr auch als den ihm namentlich bekannten Anhängerinnen Jesu, Maria Magdalena, Maria, der Mutter des Jakobus und Joses, und Salome einer ungenannten Frau und einem ungenannten Mann, möglicherweise einer jüdischen Frau und einem heidnischen Mann. Die Zukunft Jesu lag für Markus bei beiden Geschlechtern, aber eher bei deren namenlosen Vertretern als bei den namhaften.

Epilog

«Als Narziß starb, waren die Blumen des Feldes untröstlich und baten den Fluß um einige Tropfen Wasser, um ihn zu beweinen. ‹Oh›, erwiderte der Fluß, ‹wenn alle meine Wassertropfen Tränen wären, hätte ich doch selbst nicht genug, Narziß zu beweinen. Ich liebe ihn.›

‹Oh!› erwiderten die Blumen des Feldes, ‹wie könntest du auch Narziß nicht geliebt haben. Er war schön.› ‹War er schön?› fragte der Fluß. ‹Und wer sollte das besser wissen als du? Jeden Tag, wenn er sich über dein Ufer beugte, spiegelte er seine Schönheit in deinen Wassern.› Wilde hielt einen Augenblick inne. ‹Wenn ich ihn liebte›, erwiderte der Fluß, ‹so war das, weil, wenn er sich über meine Wasser beugte, ich die Spiegelung meiner Wasser in seinen Augen sah.›»

Oscar Wilde, *Der Jünger*, nach einer Erinnerung André Gides. André Gide, Œuvres Complètes, Paris 1932–1939, Bd. 3, S. 476–477

«Der Terminus ‹Charisma› bezeichnet weniger die Qualität einer Person als einer Beziehung; er sagt aus, daß dem damit begabten Führer seine Gefolgschaft ergeben ist, daß diese seine Persönlichkeit billigt, dient also der Bezeichnung einer von der Gesellschaft verliehenen Macht ... Charisma ist ein soziologischer, kein psychologischer Begriff ... er bezeichnet die Ausgewogenheit von Anspruch und Zustimmung – so ist er kein dynamischer, für kausale Erklärungen tauglicher Begriff; er bezieht sich vielmehr auf einen bereits gegebenen Zustand, in dem der Führer bereits als solcher anerkannt ist, nicht auf die Kraft eines Mannes, die Ereignisse in eine bestimmte Richtung zu lenken.»

Bryan Wilson, *Magic and the Millennium*, 1973, S. 499

Der *historische* Jesus muß im Zusammenhang des Judentums seiner Zeit verstanden werden. Doch dieses Judentum war, wie die moderne Forschung immer nachdrücklicher betont, sehr schöpferisch, vielseitig und vielgestaltig. Gegen Ende des 2. Jahrhunderts n. Chr. finden wir das rabbinische Judentum bereits – wie das katholische Christentum – bemüht, seine Vergangenheit nach dem eigenen Bilde umzugestalten, so daß es später in diesem wie in dem anderen Falle schwer sein würde, die ursprüngliche Vielfalt wahrzunehmen. Dennoch ist es sicherlich falsch, sich das Judentum der Zeit Jesu als einheitlich, normativ oder auch nur vorherrschend rabbinisches vorzustellen. Auch hilft einem die Unterscheidung zwischen palästinensischem Judentum und dem in der Diaspora nicht weiter. Denn diese Unterscheidung ist nur geographisch, nicht ideologisch. Welchen ideologischen Unterschied gab es zum Beispiel zwischen jenen beiden Juden des 1. Jahrhunderts, von denen einer aus der Diaspora, der andere aus Palästina stammte, nämlich zwischen dem Philosophen Philo von Alexandrien und dem Historiker Josephus? Es gab in der Welt und Zeit Jesu nur eine Art des Judentums, und das war hellenistisches Judentum, ein Judentum, das in Auseinandersetzung mit der griechisch-römischen Kultur stand, einer Kultur, die bewaffnete Macht und imperiale Ambition auf ihrer Seite hatte.

Jesus und das Judentum

Es gibt allerdings innerhalb des hellenistischen Judentums eine Unterscheidung, die mir noch immer gültig und nützlich zu sein scheint, diejenige zwischen exklusivem und inklusivem Judentum, zwischen exklusiven und inklusiven Reaktionen auf den Hellenismus. Ich bediene mich dieser Begriffe selbstverständlich in einem durchaus wertneutralen Sinn. Ich bin keineswegs der Meinung, daß Exklusivität immer falsch und Inklusivität immer richtig ist. Exklusivität kann im äußersten Fall zu Versteinerung, zu Isolation und letztlich zu Irrelevanz führen. Inklusivität, zu weit getrieben, hat Abdankung, Prinzipienverrat und Zerfall zur Folge. Exklusiv nenne ich das Judentum, insoweit es bestrebt war, seine alten Traditionen so unverändert wie möglich zu bewahren und dem ideologischen Hellenismus möglichst wenige Zugeständnisse zu machen. Inklusiv nenne ich die gegenläufige Tendenz, die Sitten der Väter den hellenistischen so weit wie möglich anzupassen. Tatsächlich ist natürlich das Feld der Wechselwirkungen zwischen verschiedenen Kulturen ein Kontinuum zwischen den Extremen der Exklusivität und Inklusivität, bei denen jedes Volk, das auf dem einen oder anderen beharren wollte, die Seele seiner Religion oder Kultur verlieren würde. Vergegenwärtigen kann man sich diese Auseinandersetzung zwischen dem Judentum und dem Hellenismus bei der Lektüre von Victor Tcherikovers *Corpus Papyrorum Judaicarum* und zweier anderer Sammlungen von Texten der Zeit, nämlich Menahem Sterns *Greek and Latin Authors on Jews and Judaism* und James Charlesworths *The Old Testament Pseudepigrapha*. Da erfährt man nämlich, was jeweils die Juden über die Heiden und die Heiden über die Juden dachten und sagten. Beide Seiten hatten, wie man mit Bedauern feststellt, viel Negatives übereinander zu sagen, doch wird auch manches Positive laut, und jedenfalls sind alle diese Äußerungen ja Zeugnisse einer verstärkten Interaktion der Kulturen. Tatsächlich scheint heidnischer Antijudaismus oft von jüdischen Missionserfolgen provoziert worden zu sein, so derjenige des Philosophen Seneca, der in den sechziger Jahren des 1. Jahrhunderts n. Chr. zornig schrieb: «Die Sitten dieser verfluchten Rasse haben so großen Einfluß erlangt, daß sie jetzt schon überall auf der Welt angenommen werden. Die Besiegten haben den Siegern Gesetze gegeben» (*De Superstitione*; Stern, Bd. 1, S. 431).

Hier müssen wenige Beispiele genügen, die Hauptgegenstände dieser Auseinandersetzung zwischen Religionen und Kulturen zu veranschaulichen. Deren erster war natürlich Gott. Gegen Ende des 2. Jahrhunderts v. Chr. verfaßte ein alexandrinischer Jude einen vorgeblichen *Brief des Aristeas an Philokrates*, den George Nickelsburg als «die positivste Einschätzung der Griechen und der griechischen Kultur sowie der Möglichkeit einer friedlichen und für beide Seiten ersprießlichen Koexistenz von Juden und Griechen ... in unserer gesamten Literatur» gewürdigt hat (1981, S. 165), während John Collins ihn als «Unabhängigkeitserklärung des Diaspora-Judentums» liest (1983, S. 85). Der jüdische Verfasser läßt den vorgeblich heidnischen Verfasser dieses Briefes erklären, daß die Juden «den gleichen Gott verehren – den Herrn und Schöpfer des Universums – wie alle anderen Menschen, wie auch wir selbst, oh König, obwohl wir ihn bei verschiedenen Namen nennen wie Zeus oder Dis» (*Aristeas* 15; APOT, Bd. 2, S. 96; deutsch *Aristeas* 16, APAT: «Als Bewahrer und Schöpfer des Alls verehren sie nämlich Gott und den (verehren) alle Menschen: wir nennen ihn nur anders ‹Zeus›»). Dieses außerordentliche Zugeständnis eines Juden an die Heiden macht im folgenden Jahrhundert umgekehrt ein Heide den Juden. Von den Werken dieses Marcus Terentius Varro, der die Verfolgungen, denen er sich noch als von Caesar amnestierter Pompejaner unter dem zweiten Triumvirat von neuem ausgesetzt sah, überlebte, um, wie Menahem Stern ihm bescheinigt, «der größte Gelehrte des republikanischen Rom und ein Vorläufer der augustäischen religiösen Restauration» zu werden (Bd. 1, S. 207), ist so gut wie nichts erhalten, doch berichtet der heilige Augustinus, daß «Varro den Gott der Juden für keinen anderen als Jupiter hielt, da er meinte, gleich welchen Namen man ihm später gäbe, sei er doch derselbe, wenn man darunter denselben verstünde ... Da die Römer nun gewöhnlich nichts Höheres als Jupiter verehren ... und diesen als König aller Götter achten, und er bemerkte, daß die Juden den höchsten Gott verehren, hielt er diesen notwendig für Jupiter» (*Res Divinae*, Stern, Bd. 1, S. 210).

Andererseits verspotteten natürlich die Juden die «Bilder von hölzernen und steinernen abgeschiedenen Göttern», denen die Heiden Verehrung zollten (*Sibyllinische Orakel*, 3, 588, APAT, Bd. 2, S. 196), während die Heiden wissen wollen, daß die Juden in ihrem Tempel in

Jerusalem einen Eselskopf anbeteten (Apion, *Aegyptiaca*; Stern, Bd. 1, S. 410).

Ein weiterer Hauptgegenstand war die Moral. Diesbezüglich finden wir jüdische Autoren, die angesichts heidnischer Lasterhaftigkeit keinen Hehl aus ihrem Abscheu machen und sich zur eigenen moralischen Vortrefflichkeit gratulieren. Doch es gibt auch andere, die sich nicht scheuen, den Heiden gute Seiten zuzugestehen, und anerkennen, daß diese im Grunde den gleichen moralischen Prinzipien verpflichtet sind wie die Juden. Und eben diesen Einstellungen begegnen wir umgekehrt auch bei den Heiden. In der Mitte des 2. Jahrhunderts v. Chr. wird im 3. Buch der *Sibyllinischen Orakel* den Phöniziern, Ägyptern, Römern, Griechen, Persern, Galatern und Asiaten insgesamt vorgehalten, daß sie «unkeusch mit der männlichen Jugend sich mischend» und in vieler anderer Hinsicht «das heilige Gesetz des großen Gottes» übertreten, so auch Ehebruch und die Tötung Ungeborener und Neugeborener ohne Skrupel praktizieren (*Sibyllinische Orakel*, 3, 594–600, 764–766; APAT, Bd. 2, S. 196 ff.). Aber dann unternimmt es – mutmaßlich in Alexandrien etwa zwischen 30 v. Chr. und 40 n. Chr. – ein Jude, dessen Namen wir nicht kennen, unter dem Pseudonym Phokylides, der schon damals ein berühmter heidnischer Dichter des Altertums war (er soll in der Mitte des 6. Jahrhunderts v. Chr. in Milet gelebt haben), auch hinsichtlich dieser Handlungen die jüdische Moral zu predigen. Die in jonische Hexameter gefaßten *Sprüche des Pseudo-Phokylides* verurteilen das «ehebrecherische Bett» und tadeln Frauen, die das ungeborene Kind in ihrem Leib töten, Neugeborene den Hunden und Geiern zum Fraß vorwerfen, sowie den Geschlechtsverkehr von Männern mit Männern (178, 184, 185, 191; OTP, Bd. 2, S. 580–581). Das sprach nun zwar nur vorgeblich ein Heide, doch wird mit dieser Fiktion einer inklusiveren Vorstellung des Verhältnisses zwischen Judentum und Heidentum das Wort geredet und die Überzeugung ausgesprochen, daß es zur Erkenntnis der rechten ethischen Grundsätze nicht notwendig einer ausschließlich jüdischen Offenbarung bedarf, da das allgemein zugängliche natürliche Gesetz auf den gleichen Grundsätzen beruht.

Andererseits berichtet im 1. Jahrhundert n. Chr. der Geschichtsschreiber Diodorus Siculus, wie um 132 v. Chr., als nach langer Belagerung der syrische König Antiochus VII. Sidetes den Widerstand der Verteidiger Jerusalems brach und der Hasmonäer Johannes Hyrkanus in Übergabeverhandlungen mit ihm eintreten wollte, seine Berater dem Belagerer rieten, den Besiegten keine Zugeständnisse zu machen und sie am besten mit Stumpf und Stiel auszurotten, da Mose, der Gründer von Jerusalem und Gesetzgeber der jüdischen Nation, die Juden ein für allemal menschenfeindliche und gesetzwidrige Sitten gelehrt habe. Sie empfahlen also dem syrischen König, «die ganze Rasse auszurotten oder wenigstens ihre Gesetze abzuschaffen und sie zu zwingen, andere Bräuche anzunehmen» (*Bibliotheca Historica;* Stern, Bd. 1, S. 183). Doch nicht alle Heiden verteufelten Mose, nicht einmal in Syrien. Numenios von Apamea, der gegen Ende des 2. Jahrhunderts n. Chr. in der Nachfolge des Pythagoras und Platos philosophierte und ein Vorläufer der Neuplatoniker war, hielt neben Pythagoras Mose für einen der ältesten Weisheitslehrer der Menschheit. «Was ist Platon», fragte er, «wenn nicht Mose, der attisches Griechisch spricht?» (Stern, Bd. 2, S. 209).

Wenn man die religiösen Verhältnisse bei den Juden zu Jesu Lebzeiten betrachtet, ohne sich von den Vereinfachungen des späteren rabbinischen Judentums oder des katholischen Christentums den freien Blick verstellen zu lassen, lassen sich drei Fragen nicht leicht abweisen. Erstens, was wäre, wenn sie sich selbst überlassen geblieben wäre, aus der Dialektik des exklusiven und inklusiven Judentums hervorgegangen? Zweitens, wäre, sich selbst überlassen, das Judentum im Interesse einer Mission bei den griechisch-römischen Heiden zu Kompromissen hinsichtlich etwa der Beschneidung bereit gewesen? Oder wäre, wenn ihm das Heidentum in ethischen und theologischen Fragen entgegengekommen wäre, das Judentum zur Gemeinschaft von Tisch und Bett mit Heiden bereit gewesen? Drittens, wäre, sich selbst überlassen, das Judentum fähig gewesen, das Römische Reich zu bekehren? Schwierige Fragen sind das, aber wir sollten ihnen nicht ausweichen, schon um uns angesichts dieser Fragen von den Vorurteilen des rabbinischen Judentums und jenes katholischen Christentums freizumachen, die uns eben diese Fragen so lange unmöglich gemacht haben. Schwierig sind sie, weil der Prozeß der Auseinandersetzung des Judentums mit dem Heidentum tatsächlich nicht sich selbst überlassen blieb. Innerhalb von fünfundsechzig Jahren erhob sich in Palästina, Ägypten und Libyen sowie abermals in Palästina das Judentum dreimal gegen Rom, zuerst von 70–73, dann von 113–115 und endlich von 132–135 n. Chr. Diese Kriege hatten zweierlei zur Folge, das für die Zukunft des Judentums und des Christentums vielleicht von gleicher Wichtigkeit war. Erstens wurde der Tempel in Jerusalem zerstört, und die Juden wurden aus Judäa verbannt. Zweitens wurde das ägyptische Judentum vernichtet. Das erleichterte den Übergang vom levitischen zum rabbinischen Judentum und brachte das exklusive Judentum zur Vorherrschaft über das inklusive. Ich will diese Einschätzung, die zutreffend oder unzutreffend sein mag, jedenfalls als wertneutrale Beurteilung einer historischen Tatsache verstanden wissen, bei der keinerlei moralische Kritik oder religiöser Tadel beabsichtigt ist.

Ein bäuerlicher jüdischer Kyniker

Diese schwierigen Fragen sind wichtig aus zwei Gründen. Der erste ist, daß Jesus meines Erachtens ein Vertreter nicht des exklusiven, sondern des inklusiven Judentums war. Dabei strebte er natürlich nicht die elitäre, gelehrte und raffinierte philosophische Synthese eines Philo von Alexandrien an. Er war vielmehr ein Vertreter jener bäuerlichen, volkstümlichen, mündlichen philosophischen Praxis, die man als jüdischen Kynismus (oder kynisches Judentum) bezeichnen könnte. Was für ein Kynismus das war, haben wir im vierten Kapitel dieses Buches untersucht. Er war vorzüglich eine Lebensform, Widerstand gegen die Zwänge der mediterranen Kultur, gegen die Herrschaft von Ehre und Schande, von Patronat und Klientenwesen, und zwar weniger in der Theorie als in der Praxis eines Lebensstils, im Aussehen, in der Kleidung, beim Essen, in der ganzen Lebensführung. Diese Kyniker waren sozusagen Hippies in einer Welt augusteischer Yuppies. Johannes dem Täufer und seinen Anhängern war dieser Lebensstil gänzlich fremd. Jesus und seine Anhänger verwirklichten ihn auf ihre Weise. Denn die Kyniker der griechisch-römischen Welt agierten auf dem Marktplatz, nicht auf dem Lande, sprachen mehr als den Bauern den Städter an. Es gab bei ihnen auch kaum so etwas wie eine Gemeinschaftsdisziplin, und gemeinschaftliches Handeln lag nicht in ihren Möglichkeiten. Dieser kynische Individualismus war Jesus und seinen Anhängern fremd. Wir haben im zweiten Teil dieses Buches gefunden, daß in der bäuerlichen Welt Palästinas während des unruhigen 1. Jahrhunderts der christlichen Ära eine Reihe von Gestalten als repräsentativ gelten können: Der Räuberhauptmann, der sein Heil mit eigenen Gewalttaten zu begründen sucht; der messianische Prätendent, der es von menschlichen und göttlichen Gewalttaten erwartet; der chiliastische Prophet, der das Heil allein von göttlichen Gewalttaten erhofft; und der Protestierer, der auf gewaltlosen Widerstand setzt. Neben diesen sahen wir aber noch den Magier, obwohl das spätere rabbinische Judentum sein Bild aus der Geschichte zu tilgen ziemlich erfolgreich bemüht gewesen ist. Jesus verkörpert diesen Typus eher als etwa den des chiliastischen Propheten, was nicht zuletzt der Vergleich seines Wirkens mit demjenigen Johannes des Täufers lehrt, der allerdings ein chiliastischer Prophet war, und wenn er gleich seine Anhänger nie *über* den Jordan führte, diese doch zweifellos *am* Jordan um sich scharte, und mit der Taufe *im* Jordan den Seinen nicht nur Reinigung von ihren Sünden, sondern auch Befreiung aus der Knechtschaft verhieß. Jesus wirkte auf andere Weise. Die ihn betreffenden Zeugnisse aus der ältesten Überlieferungsschicht leiten uns zu der Einsicht, daß Magie und Mahl die Mittel seines Wirkens waren, und daß er Heiler und Kyniker war.

Der historische Jesus war also ein bäuerlicher jüdischer Kyniker. Sein Heimatort lag der griechisch-römischen Stadt Sepphoris nahe genug, die Annahme zu gestatten, daß ihm der Kynismus nicht unbekannt geblieben ist. Doch suchte er nicht die Marktplätze der Städte auf, sondern die Weiler und Dörfer Untergaliläas. Seine Strategie, die er ausdrücklich auch seinen Jüngern empfahl, war es, die Botschaft vom Reich Gottes durch *kostenloses Heilen* und *gemeinsames Essen* zu verbreiten, und dieser religiöse und ökonomische Egalitarismus negierte die hierarchische und patronale Normalität der jüdischen Religion und der römischen Macht und setzte sie zugleich außer Kraft. Und damit man ihn nicht selbst nun für den neuen Makler eines neuen Gottes hielt, nahm er nirgends, weder in Nazaret noch in Kafarnaum, dauernd Aufenthalt, sondern kam und ging überall als Wanderer. Er war weder Makler noch Mittler, sondern paradoxerweise der Verkünder der Botschaft, daß es weder zwischen Gott und den Menschen noch zwischen den Menschen untereinander Makler und Mittler geben sollte. Wunder und Gleichnis, Heilen und Essen sollten die einzelnen in unvermittelte leibliche und geistliche Berührung mit Gott bringen und in unvermittelte geistliche und leibliche Berührung miteinander. Er verkündete, mit einem Wort, das keines Vermittlers bedürftige, unmittelbar gegebene Reich Gottes.

Jesus und das Christentum

Dieses Buch handelt vom historischen Jesus, nicht von den Anfängen des Christentums. Dennoch kann ich es nicht ohne einen Hinweis auf das abschließen, was nach Jesus geschah.

Die Voraussetzungen für die schnelle Verbreitung des Christentums sind schon in den vorstehenden Abschnitten dieses Epilogs angedeutet. Erforderlich dafür waren sowohl die ideologische Ausrichtung und die praktische Missionserfahrung des inklusiven Judentums als auch die andauernde Gegenwart Jesu. Jesus, als bäuerlicher jüdischer Kyniker, bewegte sich bereits auf dem Lande unter dem bäuerlichen Volk, innerhalb der vom inklusiven Judentum angestrebten Synthese jüdischer und heidnischer Tradition. Aber die fernere Verbreitung seiner Botschaft, vom Lande in die Städte, aus Palästina in die Diaspora und vielleicht aus dem Aramäischen ins Griechische, konnte ebenfalls Bahnen folgen, die das inklusive, missionarische Judentum vorgezeichnet hatte. Gegen Ende des 1. Jahrhunderts gingen aus derselben Matrix zwei große Religionen hervor, das rabbinische Judentum und das frühe Christentum. Jede der beiden erklärte, die einzige legitime Erbin des Judentums zu sein, und jede hatte Texte und Überlieferungen, die diesen Anspruch begründeten. Tatsächlich war jede der beiden eine gleichermaßen gültige, eine gleichermaßen überraschende und gleichermaßen großartige Fortsetzung des Judentums aus der Vergangenheit in die Zukunft. Wäre Mose um 200 n. Chr. aus seinem ewigen Schlummer erwacht, wer weiß, welche der beiden ihn mehr überrascht hätte? Ich betone noch einmal, daß, wenn ich zwar das exklusive Judentum mit dem rabbinischen, das inklusive mit dem Christentum historisch verknüpft sehe, mir nichts ferner liegt, als damit eine der beiden Alternativen auf- oder abwerten zu wollen. Der Mensch bedarf des partikularen wie des Universalen. Unmenschlich ist nur der absolute Partikularismus und der absolute Universalismus. Bei beiden Extremen läuft der Mensch Gefahr, seine Seele zu verlieren. Und so sind diese beiden Fragen berechtigt und notwendig: Hat das Judentum das Römische Reich nicht bekehrt, weil das Judentum nicht entgegenkommend genug war? Und: Hat das Christentum das Römische Reich bekehrt, weil es zu entgegenkommend war?

Damit verknüpft ist eine weitere Frage: Ist ein Begriff vom historischen Jesus von dauernder Bedeutung für das Christentum? Ich bin der Meinung, daß im Innersten des Christentums stets, offen oder verborgen, eine Dialektik zwischen einem historisch verstandenen Jesus und einem theologisch verstandenen Christus stattfindet. Das Christentum ist immer auch die Religion Jesu. Schon das Neue Testament enthält ein Spektrum unterschiedlicher theologischer Interpretationen, deren jede unterschiedliche Aspekte des historischen Jesus – oder eines als historisch erinnerten Jesus – in den Mittelpunkt stellt. So mögen im Rahmen einer bestimmten Überlieferung nur die Sprüche oder nur die Wunder oder nur die Passion zur Sprache kommen, aber vorausgesetzt wird bei jeder Überlieferung ein entsprechend existierender historischer Jesus, der etwas sagte, etwas tat und eine Passion erlitt. Ich meine deshalb, daß unterschiedliche Anschauungen des historischen Jesus sich dialektisch zu unterschiedlichen theologischen Deutungen verhalten, und daß schon das Neue Testament von der Unvermeidlichkeit dieser Pluralität zeugt. Aber jede Analyse eines historischen Jesus muß entsprechend den Kriterien der historischen Wissenschaft der Zeit, der sie dienen soll, vorgenommen werden, und das Ergebnis muß eben diesen Kriterien entsprechend kritisierbar sein. Wer wissenschaftlich vom historischen Jesus handeln will, darf sich nicht auf die Offenbarung berufen. Die Kritik aber eines mit den Mitteln der wissenschaftlichen Forschung begründeten Bildes Jesu kann nützlich sein, auch wo sie es als unhaltbar erweist. Denn wenn die Geschichtswissenschaft einer so bedeutenden Gestalt nicht gerecht werden könnte, wäre das ein Zeichen für ihre eigene Belanglosigkeit. Muß ich eigens sagen, daß die Vorstellungen des 19. Jahrhunderts von einer unparteiischen, leidenschaftslosen, objektiven historischen Forschung in Wirklichkeit nur verschiedene Formen sozialer Macht und imperialistischer Kontrolle methodisch verschleiert haben? Ich gehe davon aus, daß der historische Jesus nicht ein für allemal festzustellen ist, daß es immer verschiedene Anschauungen eines historischen Jesus geben wird, ebenso die unterschiedlichen Christusbilder, die auf diese zurückgehen. Aber vor allem steht für mich die Überzeugung, daß kein Christentum auf das Bekenntnis verzichten kann: So sehen wir den damaligen Jesus als den heutigen Christus, weil die Dialektik zwischen verschiedenen Anschauungen Jesu und verschiedenen Bildern Christi (des Sohns, des Herrn, der Weisheit...) sowohl die Tradition als auch den Kanon wesentlich bestimmt, und immer stattgefunden hat und wahrscheinlich sich in alle Zukunft fortsetzen wird.

Aber wie kann man das Reden von einem Reich ohne Mittler, von der Verkündigung des unmittelbaren Gottes mit christlichen Überzeugungen versöhnen, wie etwa der im 1.Timotheusbrief 2,5 ausgesprochenen: «Denn: Einer ist Gott, einer auch Mittler zwischen Gott und den Menschen: der Mensch Jesus Christus.»? Oder im Brief an die Hebräer 9,15: «Und darum ist er der Mittler eines neuen Bundes; sein Tod die Erlösung von den im ersten Bund begangenen Übertretungen bewirkt, damit die Berufenen das verheißene ewige Erbe erhalten»? Oder, im gleichen Brief 12,24, mit der Ermahnung der Gemeinde zu bedenken, daß sie gekommen sei «zum Mittler eines neuen Bundes, Jesus, und zum Blut der Besprengung, das mächtiger ruft als das Blut Abels»? Ich sehe da keinen unausgleichbaren Widerspruch. Das Christentum bestimmt Jesus als «wahren Gott» und «wahren Menschen» zugleich. Das Göttliche offenbarte sich in ihm selbst, dem Menschlichen, unmittelbar. Es gibt also keinen unaufhebbaren Widerspruch zwischen dem historischen Jesus und dem definierten Christus. In der Verehrung Christi wurde Jesus nicht verraten. Ob das der Fall war, als die Kirche von Christus zu Konstantin fortschritt, ist eine andere Frage. Es ist nicht ausgeschlossen, daß die Vorstellung Jesu als eines Maklers und Mittlers den Christen diesen Fortschritt erleichterte. Wenn das aber der Fall war, wird man von einem bedauerlichen Mißverständnis sprechen müssen (siehe zu dieser Frage Malina, 1987). Jedenfalls kann man wohl die Beschreibung des Festmahls zum Beschluß des Konzils von Nizäa durch Eusebius als Christ heute nicht mehr ohne einiges Unbehagen lesen.

> «Abteilungen der Leibwache und Soldaten standen mit blanken Schwertern am Tor des Palasts, und mitten durch diese Männer schritten die Gottesmänner in das Innerste der kaiserlichen Wohnräume, wo etliche des Kaisers Tischgenossen waren, während die anderen auf Lagern zu dessen beiden Seiten ruhten. Man hätte dort

ein Schattenbild des Reiches Christi zu sehen meinen können, einen Traum anstatt der Wirklichkeit.»
(Eusebius, *Vita Constantini*, 3,15; Brown, 1982, S. 16)

Noch immer stellt sich das Reich im Bilde einer Mahlgemeinschaft dar, aber nun einer Gemeinschaft von Herrschenden, der mit dem Kaiser zu Tisch liegenden Bischöfe, die sich wie dieser bedienen lassen. Vielleicht war der ‹Verrat› Jesu im Christentum unvermeidlich, wenn nicht seine Spur sich hätte zwischen den Hügeln Niedergaliläas verlieren sollen. Aber mußte dieser ‹Verrat› so bald und so gründlich erfolgen? Hätte sich die Dialektik zwischen Jesus und Christus in Jesus Christus nicht behaupten können?

Der Jesus, von dem ich hier gesprochen habe, ist eine Rekonstruktion. Inwiefern berührt eine wissenschaftliche Rekonstruktion kirchlichen Glauben, was hat die Universität mit der Kirche zu tun?

Das Problem wurde sehr offensichtlich, als vor einigen Jahren Robert Funk vom Westar Institute ein Jesus-Seminar einberief, das herausfinden sollte, inwieweit die Wissenschaftler imstande wären, sich auf Worte des historischen Jesus zu einigen. Gelehrte, die seine Einladung annahmen, trafen sich fünf Jahre lang zweimal jährlich zur Erarbeitung eines Inventars jener Überlieferungseinheiten, die ihres Erachtens auf den historischen Jesus zurückgingen, und sie sonderten die Einheiten aus, in denen sie Schöpfungen der frühen Tradition oder der Evangelisten zu erkennen meinten. Nach der Diskussion der für oder wider die Zuverlässigkeit der verschiedenen Überlieferungseinheiten vorgetragenen Argumente wurde über jede Einheit abgestimmt. Abgestimmt wurde mit farbigen Glasperlen. Vier Farben bedeuteten vier verschiedene Meinungen. Rot hieß: «Jesus hat gesagt.» Rosa: «Jesus hat etwas Derartiges gesagt.» Grau: «Jesus hat es nicht gesagt, aber seine Gedanken sprechen daraus.» Schwarz: «Jesus hat es nicht gesagt, Inhalt oder Richtung der Aussagen gehören einer späteren oder anderen Tradition an.» Die farbigen Perlen und die Wahlurnen hatten zweifellos den Zweck, diese Abstimmung für die Medien interessant zu machen, denn ein Anliegen bei den Veranstaltern des Seminars war es, die Öffentlichkeit auf die Probleme und Schwierigkeiten wie auch auf die Ergebnisse der neuesten Forschung über den historischen Jesus aufmerksam zu machen. Doch nicht nur Laien, sondern auch Gelehrte wandten sich schon gegen den Versuch, über Jesus abzustimmen, und bestritten die Legitimität oder Nützlichkeit eines rekonstruierten historischen Jesus. Es war, als fände man eine Endabstimmung der Fachgelehrten diesem Gegenstand irgendwie nicht ganz angemessen. Der Versuch, die Glaubwürdigkeit dessen, was von Jesus überliefert ist, auf einer vierteiligen Skala zu bewerten, wurde als anmaßend verspottet oder als blasphemisch verworfen. Doch weiß man, wenn es auch den Laien unbekannt sein mag, daß schon der griechische Text des Neuen Testaments, auf dem jede moderne Übersetzung basiert, eine Rekonstruktion ist und im Ergebnis auf einer Abstimmung von Experten beruht. Und auch bei dieser Abstimmung wurde nach einer vierfach unterteilten Skala entschieden. Die dritte Auflage des *Greek New Testament* (griechischer Text des NT) der United Bible Societies bewertet umstrittene Lesungen im kritischen Apparat mit den Buchstaben A, B, C und D. «Mittels der Buchstaben A, B, C und D», wird in der Einleitung erklärt, «haben die Herausgeber das Maß der relativen Gewißheit ihrer Entscheidung, aufgrund sowohl textkritischer als auch historischer Erwägungen diese oder jene Lesung zu bevorzugen, anzudeuten versucht. Der Buchstabe A bedeutet, daß der Text als fast unstrittig gelten kann, während B gewisse Zweifel anzeigt. Bei dem Buchstaben C ist zu verstehen, daß es erhebliche Zweifel gibt, ob die in den Text aufgenommene Lesung wirklich besser ist als die in den Apparat verbannten. D aber zeigt noch stärkere Zweifel an der für den Text gewählten Lesung» (Aland et al., S. XII–XIII). So wird zum Beispiel der Bericht über das Letzte Abendmahl bei Lukas 22,17–20 mit C bewertet, und in seiner Erläuterung der Stelle spricht Bruce Metzger von Meinungen der Mehrheit und der Minderheit der Herausgeber (S. 173–177). Ob man nun mit bunten Perlen oder mit Druckbuchstaben abstimmt, Hände hebt oder mit den Köpfen nickt, es bleibt dabei, daß Einigung über gelehrte Rekonstruktionen nur auf dem Abstimmungswege zu erzielen ist. Zuverlässiger als auf diesem Wege sind historische Rekonstruktionen nicht zu bestätigen. Daß letzte Gewißheit dabei kaum zu erlangen ist, wird dem Leser desto eher einleuchten, wenn er erfährt, daß die ältesten überlieferten Handschriften des Neuen Testaments (mit einer einzigen, für die Textkritiker irrelevanten Ausnahme) erst aus der Zeit um das Jahr 200 n. Chr. datieren. So warnt denn auch Helmut Köster: «Die Probleme der Rekonstruktion der Textgeschichte der kanonischen Evangelien im ersten Jahrhundert der Überlieferung sind immens. Die Annahme, daß die Rekonstruktion des besten Archetyps für die Handschriftüberlieferung mehr oder weniger mit dem mutmaßlichen Autographen übereinstimmt, steht auf sehr schwachen Füßen. Die ältesten bekannten Archetypen sind von den Autographen durch mehr als ein Jahrhundert getrennt. Die textkritische Untersuchung klassischer Texte hat ergeben, daß gerade während des ersten Jahrhunderts der Überlieferung die schwerwiegendsten Entstellungen und Verfälschungen stattfinden. Textkritiker der Schriften des Neuen Testaments haben in dieser Hinsicht erstaunliche Naivität bewiesen» (1989b, S. 19). Ähnlich François Bovon (S. 20): «Wir müssen lernen, die Evangelien des neutestamentlichen Kanons, so wie sie vor 180 n. Chr. existierten, in demselben Licht zu sehen, in dem wir die Apokryphen betrachten. Zu dieser frühen Zeit waren auch die Evangelien, was die Apokryphen später geblieben sind. Wie die Apokryphen waren die Evangelien des Neuen Testaments noch nicht kanonisch, sie zirkulierten noch nicht als unzertrennliche Sammlung [zum Beispiel findet man im Papyrus 45 nur Lukas und Johannes]; und wo die vier Evangelien zusammengestellt wurden, geschah das noch in keiner bestimmten Reihenfolge [im Codex Bezae etwa ist die Reihenfolge Matthäus, Johannes, Lukas und Markus].»

Dieses Buch bietet also den Versuch einer Rekonstruktion des historischen Jesus. Und selbst wer die bei der Rekonstruktion angewandte Methode gelten läßt und das verwendete Material zu dem Versuch tauglich findet, mag sehr wohl das Ergebnis meiner Bemühungen ablehnen, um eine andere Rekonstruktion vorzuschlagen. Doch kann man den Versuch einer Rekonstruktion des historischen Jesus nicht an sich, die Rekonstruktion nicht als bloße Rekonstruktion ablehnen. Denn etwas anderes ist nicht zu haben. Für den gläubigen Christen sind das Leben des Gottesworts und der Text des Gottesworts gleichermaßen Gegenstände der historischen Rekonstruktion, bei der relative Zuverlässigkeit der Überlieferung bewertet werden muß, sei es mit roten, rosa, grauen und schwarzen Perlen, sei es nach dem Abc. Wer jedoch nicht an etwas zu glauben vermag, das Ergebnis einer Rekonstruktion ist, dem bleibt vielleicht am Ende überhaupt nichts, an das er glauben könnte.

ANHANG

Anhang 1

Inventar der Überlieferung in chronologischer Schichtung der Zeugnisse und nach Zahl der unabhängigen Textzeugen

A. Chronologische Schichtung

Erste Schicht (30–60 n. Chr.)

1 *Erster Brief des Paulus an die Thessalonicher* (1. Tess.). Geschrieben in Korinth in den späten fünfziger Jahren des 1. Jahrhunderts (Köster, 1982, Bd. 2, S. 112).

2 *Brief des Paulus an die Galater* (Gal.). Geschrieben in Ephesus, vielleicht während des Winters 52/53 (Köster, 1982, Bd. 2, S. 116).

3 *Erster Brief des Paulus an die Korinther* (1. Kor.). Geschrieben in Ephesus während des Winters 53/54 (Köster, 1982, Bd. 2, S. 121).

4 *Brief des Paulus an die Römer* (Röm.). Geschrieben in Korinth während des Winters 55/56 (Köster, 1982, Bd. 2, S. 138).

5 *Thomasevangelium I* (ThEv I). Eine Sammlung von Jesusworten, die nur in Einzelfällen durch ein gleiches Thema, einen gleichen Ausdruck lose miteinander verbunden sind. Obwohl die Sammlung mehrere Dialoge enthält, gibt es darin keinen Bericht über das Wirken, die Passion und die Auferstehung Jesu. Das Thomasevangelium war unvollständig bekannt aus Bruchstücken dreier griechischer Handschriften, die um die letzte Jahrhundertwende in Oxyrhynchos gefunden wurden (P. Oxy. 1,654, 655; Van Haelst, Nr. 593–595), bis zur Entdeckung einer koptischen Übersetzung des gesamten Texts unter den 1945 oder 1946 in Nag Hammadi gefundenen Codices (CG II, 2; Lambdin; Cameron, 1982, S. 23–28; Leipoldt, 1967; Blatz, in NTApo^6, Bd. 1, 91–113). An der Sammlung sind zumindest zwei Schichten zu unterscheiden. Der Grundstock dazu wurde gelegt in den fünfziger Jahren des 1. Jahrhunderts, vielleicht in Jerusalem unter der Aufsicht des Jakobus (s. ThEv 12). Nach dessen Martyrium im Jahre 62 gelangte die Sammlung – vielleicht mit der Gemeinde, die dieselbe angelegt hatte – nach Edessa. Dort in Syrien wurde ihr eine zweite Schicht hinzugefügt, vielleicht schon in den sechziger oder siebziger Jahren des gleichen Jahrhunderts. Für die Sprüche insbesondere dieser zweiten Schicht verbürgt sich Thomas (s. ThEv 13). Die Sammlung ist unabhängig von den kanonischen Evangelien (Davies; Crossan, 1985; doch besonders Patterson). Die beiden Schichten sind vielleicht zu identifizieren wie folgt: Der älteren, mit Jakobus zu assoziierenden Schicht sind vorzüglich jene Sprüche zuzurechnen, die auch in anderen Quellen unabhängig bezeugt sind (ThEv I), während die zweite Schicht aus jenen Worten besteht, die uns nur in dieser Sammlung oder doch nur in der allgemeinen Thomasüberlieferung vorliegen (ThEv II). Diese grobe Unterscheidung bedarf zweifellos der Verfeinerung, hebt aber immerhin schon die Tatsache hervor, daß ein großer Teil dieser Sammlung sehr alt ist.

6 *Evangelium Egerton* (EvEger). Das sogenannte Evangelium Egerton ist aus ei-

nem einzigen Codex bekannt, von dem Fragmente in London und Köln bewahrt werden. Das umfangreichere von diesen, der Papyrus Egerton 2 (P. Lond. Christ. 1; van Haelst, Nr. 586), besteht aus siebenundachtzig beschädigten Zeilen auf zwei großen Bruchstücken, einem sehr viel kleineren und einem Fetzen. Der Papyrus Köln 255 (Inv. 608) vervollständigt das größere der Bruchstücke des Papyrus Egerton durch zwölf Zeilen vom unteren Blattrand. Das Evangelium Egerton wurde erstmals 1935 von H. I. Bell und T. C. Skeat ediert. Die Anordnung und Numerierung dieser Ausgabe (1935a, S. 8–12; 1935b, S. 29–32; Cameron, 1982, S. 74–75) ist inzwischen überholt durch die von M. Gronewald vorgeschlagene (S. 138–142 und Tafel 5). Gronewald, der eine Abhängigkeit des Evangeliums Egerton von den kanonischen Evangelien annimmt, ändert allerdings die Reihenfolge der Fragmente zu 1, 3, 2. Doch die herkömmliche Ordnung 1, 2, 3 ist wohl neutraler und deshalb vorzuziehen, so daß man gegenwärtig wohl die beste Ausgabe des Texts bei Daniels findet (s. 12–16). Die Handschrift ist verschieden datiert worden – zwischen dem frühen 2. und dem frühen 3. Jahrhundert –, doch die ursprüngliche Komposition, die unabhängig von den kanonischen Evangelien ist, könnte ein Werk schon der fünfziger Jahre des 1. Jahrhunderts sein.

7 *Papyrus Vindobonensis Graecus 2325* (P. Vindob. G 2325). Dieses Fragment eines siebenzeiligen Textes aus dem 3. Jahrhundert wurde 1885 von G. Bickell in der Papyrussammlung Erzherzog Rainer in Wien gefunden und ist nach dem ägyptischen Herkunftsort des Teils der Sammlung, zu dem es gehört, auch als das «Fajjumfragment» bekannt (van Haelst, Nr. 589); veröffentlicht von Bickell (1887) und Wessely (1907, 1946). Eine deutsche Übersetzung gibt Schneemelcher NTApo^6, Bd. 1, S. 87. Trotz der von Schneemelcher und anderen daran geäußerten Zweifel bin ich mit Bickell, Wessely und Harnack (1889) der Meinung, daß der Text von den kanonischen Evangelien unabhängig ist. Im griechischen Originaltext wird dies deutlicher als in der englischen Übersetzung (Hennecke et al., Bd. 1, S. 115–116; James S. 25).

8 *Papyrus Oxyrhynchus 1224* (P. Oxy. 1224). Zwei während des Winters 1903/04 von B. P. Grenfell und A. S. Hunt in Behnesa in Mittelägypten, dem einstigen Oxyrhynchos, gefundene und 1914 zuerst veröffentlichte Fragmente eines griechischen Papyrusbuches. Die Seiten dieses Buches waren numeriert, und da zwischen dem ersten und zweiten gefundenen Bruchstück dreißig Seiten fehlen, könnten die gefundenen Fragmente verschiedenen Texten angehören. Die Handschrift wird Anfang des 4. oder Ende des 3. Jahrhunderts datiert (Grenfell und Hunt, 1914, S. 1–10 und Tafel 1; van Haelst, Nr. 587; Text der S. 175–176 deutsch von W. Schneemelcher in NtApo^6, Bd. 1, S. 85–86). Das erste Fragment ist sehr klein, das zweite jedoch umfangreich genug, seine Unabhängigkeit von den kanonischen Evangelien zu beweisen.

9 *Hebräerevangelium* (HE). Bruchstücke dieses Evangeliums sind uns in sieben Zitaten bei Klemens von Alexandrien, Hieronymus und anderen überliefert. Es ist unabhängig von den kanonischen Evangelien (Köster, 1982, Bd. 2, S. 223–224). Während der fünfziger Jahre des 1. Jahrhunderts in Ägypten verfaßt, handelt es von der Präexistenz, dem Kommen und der Auferstehung Jesu als der Inkarnation göttlicher Weisheit (Deutsche Übersetzung der Bruchstücke von P. Vielhauer und G. Strecker, NTApo^6, Bd. 1, 142–147).

10 *Spruchquelle Q*. Bei Matthäus und Lukas überliefert. Eine Spruchsammlung, wie sie auch das Thomasevangelium bietet. Während der fünfziger Jahre vielleicht in Tiberias in Galiläa verfaßt, gab auch diese Sammlung keinen Bericht

von der Passion oder der Auferstehung, setzt aber den gleichen Mythos der göttlichen Weisheit voraus wie das Thomasevangelium und das Hebräerevangelium. Die Sammlung entstand vielleicht in drei aufeinanderfolgenden Schichten: Einer weisheitlichen (1 Q), einer apokalyptischen (2 Q) und einer letzten, die eine Einleitung zu der ganzen Sammlung bieten soll (3 Q). Dieser Einteilung entsprechend wird die Spruchquelle Q hier zitiert (Kloppenborg, 1987; 1988).

11 *Wundersammlung.* Bei Markus und Johannes überliefert. Von den bei Johannes 2–9 berichteten sieben Wundern sind fünf (Joh. 5, 6 [zwei], 9 und 11) bei Markus (2, 6 [zwei], 8 und in dem Fragment des «geheimen Evangeliums» nach Markus) in der gleichen Reihenfolge aufgeführt. Sammlungen von Taten Jesu wurden wie Sammlungen seiner Sprüche schon während der fünfziger Jahre des 1. Jahrhunderts zusammengestellt.

12 *Apokalyptische Quelle.* Nachweisbar in der Didache 16,3–8 und bei Matthäus 24, 10–12. Diese den Verfassern der ältesten erhaltenen christlichen Gemeindeordnung und Matthäus gemeinsame apokalyptische Quelle findet man von Markus 13 nicht benutzt (Kloppenborg, 1979).

13 *Kreuzevangelium.* Überliefert in dem apokryphen «Petrusevangelium» (PE). Es enthielt wenigstens eine zusammenhängende Erzählung der Kreuzigung und der Kreuzabnahme (PE 1,1–2, und 2,5b–6,22), des Begräbnisses und der Wache am Grabe (PE 7,25 und 8,28–9,34) sowie der Auferstehung und des Zeugnisses seitens der Wächter (PE 9,35–10,42 und 11,45–49). In den fünfziger Jahren des 1. Jahrhunderts vielleicht in Sepphoris in Galiläa verfaßt, ist dieses Kreuzevangelium die einzige Quelle der Berichte der kanonischen Evangelien über die Passion (Crossan, 1985; 1988a); wenn nicht Köster recht hat, der annimmt, daß eine einzige Passionsquelle sowohl von dem Verfasser des Petrusevangeliums als auch von Markus und Johannes benutzt wurde (Köster, 1990, S. 220).

Zweite Schicht (60–80 n. Chr.)

14 *Ägypterevangelium* (Ägev.) Von diesem Evangelium sind uns in Zitaten hauptsächlich bei Klemens von Alexandrien nur wenige Bruchstücke erhalten, die aber ihre Unabhängigkeit von den kanonischen Evangelien beweisen. Die Dialogform war bei diesem Evangelium offenbar weiter ausgebildet als beim Thomasevangelium (Köster, 1980b, S. 255–256), beide jedoch predigten die gleiche zölibatäre Askese zur Wiederherstellung des Menschen in seiner ursprünglichen Einheit und Reinheit vor dem Fall in die Geschlechtlichkeit (MacDonald). Das Ägypterevangelium entstand in Ägypten vielleicht bereits in den sechziger Jahren des 1. Jahrhunderts.

15 *Das geheime Evangelium nach Markus* (Geh. Mk.) Die erste Fassung des Markusevangeliums enthielt die Berichte der Überlieferungseinheit 130 *Erweckung des Toten* [1/2] aus dem 1958 von Morton Smith entdeckten Fragment dieses «geheimen» Evangeliums 1v20–2r 11a nach Markus 10,32–34; und 255 *Familie des von den Toten Erweckten* [2/1], Geh. Mk. 2r14b–21b nach Markus 10,35–46a (Smith, 1973a; 1973b). Diese Fassung entstand in den frühen siebziger Jahren des 1. Jahrhunderts, doch wurde die Erzählung von der Liebe des unter die Lebenden zurückgerufenen Jünglings zu Jesus von libertinischen Gnostikern, Vorläufern der Karpokratianer, wie sie auch Paulus in Korinth begegneten, alsbald in ihrem Sinne gedeutet (Crossan, 1985).

16 *Markusevangelium* (Mk.). In der zweiten Fassung des Markusevangeliums wurde die zu anstößigen Deutungen Anlaß bietende Episode getilgt, doch nicht so, daß sie ersatzlos gestrichen worden wäre; vielmehr wurden die Einzelheiten dieser Episode in der Erzählung anders eingeordnet. Dies mag noch vor Ende der siebziger Jahre geschehen sein (Crossan, 1985; siehe aber Köster, 1983).

17 *Papyrus Oxyrhynchus 840* (P. Oxy. 840). Dieses Bruchstück eines Berichts über ein Streitgespräch zwischen Jesus und einem pharisäischen Hohepriester ist formal ausgebildeter als die Dialoge im Evangelium Egerton oder bei Markus 7 und ist aufgrund dessen später in die achtziger Jahre des 1. Jahrhunderts datiert worden (Cameron, 1982, S. 53).

18 *Thomasevangelium II* (ThEv II). Siehe die Erläuterungen oben zu Thomasevangelium I (ThEv I).

19 *Dialogsammlung* (DialSot). Überliefert in dem «Dialog des Erlösers», NHC III, 5, deutsch in NTApo[6], S. 245–253). Die Zwiegespräche Jesu mit Judas, Matthäus und Mariam, aus denen der größere Teil dieses Dokuments besteht, sind entwickelt in Erweiterung einer Sammlung von Sprüchen Jesu, die von den kanonischen Evangelien unabhängig ist. Diese Quelle ist noch deutlich erkennbar im «Dialog des Erlösers» 125,23–127,18; 131,19–132,15; 137,3–147,22 (Pagels und Köster; Emmel et al.) und zeigt die Dialogform deutlicher als das Thomasevangelium und die Spruchquelle Q (Köster 1980b, S. 255–256).

20 *Zeichenevangelium* oder *Buch der Zeichen*. Überliefert im Johannesevangelium. Bei Johannes 2–14 findet man eine Reihe von Wundern, die der älteren Sammlung von Wunderberichten entnommen sind (siehe oben Nr. 11), durch Sprüche Jesu aus einer unabhängigen Sammlung so erläutert, daß die physischen Wunder als Zeichen lesbar werden, die auf eine geistliche Wirklichkeit verweisen. Diese Sammlung ist unabhängig von den synoptischen Evangelien. Weniger leicht zu entscheiden ist, ob sie Aussagen über Johannes den Täufer enthielt, und noch schwieriger ist die Frage, ob in ihr die Passion und Auferstehung zur Sprache kamen. Wenn das «Buch der Zeichen» diesbezüglich schwieg, muß angenommen werden, daß Johannes darüber von den Synoptikern unterrichtet war.

21 *Brief des Paulus an die Kolosser* (Kol.). Höchstwahrscheinlich nicht von Paulus selbst, sondern nach dessen Tod in seinem Namen von einem seiner Schüler verfaßt (Köster, 1982, Bd. 2, S. 261–267).

Dritte Schicht (80–120 n. Chr.)

22 *Matthäusevangelium* (Mt.). Um das Jahr 90 in Antiochien verfaßt. Neben anderen Quellen standen dem Verfasser für den Bericht über das Wirken Jesu bis zur Passion das Markusevangelium und die Spruchquelle Q zur Verfügung; während er bei der Erzählung von der Passion und Auferstehung Markus und dem Kreuzevangelium folgte (Crossan, 1988a).

23 *Lukasevangelium* (Lk.). Möglicherweise schon in den neunziger Jahren verfaßt, jedenfalls vor Johannes 1–20, denn Johannes benutzte den Bericht des Lukas über Passion und Auferstehung. Neben vielen anderen Quellen benutzte auch Lukas, wie Matthäus, das Markusevangelium und die Spruchquelle Q sowie für seinen Bericht über Passion und Auferstehung außer dem Markusevangelium das Kreuzevangelium (Crossan, 1988a).

24 *Offenbarung des Johannes* (Offb.). In Kleinasien gegen Ende des 1. Jahrhunderts von einem Kirchenführer namens Johannes verfaßt, den mutmaßlich unter

Domitian die römischen Behörden auf die Insel Patmos verbannt hatten (Köster, 1982, Bd. 2, S. 250).

25 *Erster Brief des Klemens* (1. Klem.). Im Namen der römischen Kirche von deren Sekretär an die Kirche in Korinth gerichtet, nicht lange nach der domitianischen Verfolgung der Jahre 96–97. Unabhängig von den kanonischen Evangelien (Köster, 1957, S. 4–23; 1982, Bd. 2, S. 287–292).

26 *Barnabasbrief* (Barn.). Gegen Ende des 1. Jahrhunderts verfaßt. Der Verfasser sucht der hebräischen Schrift nicht nur ein tieferes Verständnis des Ritualgesetzes abzugewinnen, sondern insbesondere auch Prophezeiungen des Leidens und Sterbens Jesu. Der Brief ist unabhängig von den kanonischen Evangelien und sucht die Deutung der Passion aus der Prophetie, welcher entsprechend im Kreuzevangelium die Passion erzählt wurde (Köster, 1957, S. 124–158; 1982, Bd. 2, S. 276–279; Crossan, 1988 a).

27 *Didache* 1,1–3 a und 2,2–16,2 (Did.). Die älteste erhaltene Kirchenordnung, gegen Ende des 1. Jahrhunderts in Syrien verfaßt. Sie handelt von Tugenden und Lastern, Ritualen und Gebeten, Ämtern und Funktionen und ist, abgesehen von dem später eingefügten Abschnitt 1,3 b–2,1 (Layton, 1968), unabhängig von den kanonischen Evangelien. In der Tat mag umgekehrt die apokalyptische Quelle von Did. 16,3–5 auch von Markus (Mk. 13, siehe dazu Köster, 1957, S. 159–241 und 1983, Bd. 2, S. 158–160) oder, was wahrscheinlicher ist, von Matthäus (Mt. 24, siehe Kloppenborg, 1979) benutzt worden sein.

28 *Hirt des Hermas* (Herm. Vis.; Herm. Man.; Herm. Sim.). Die um das Jahr 100 in Rom verfaßte Schrift, gegliedert in Geschichte (Vis.), Gebote (Man.) und Gleichnisse (Sim.), ermahnt zu einer apokalyptischen Erneuerung des moralischen Lebens. Sie ist unabhängig von den kanonischen Evangelien (Köster, 1957, S. 242–256; 1982, Bd. 2, S. 257–261).

29 *Brief des Jakobus* (Jak.). Geschrieben in Syrien um das Jahr 100, belegt dieser Brief die noch immer große Autorität des Jakobus in der Jerusalemer Gemeinde. Er tadelt Mißverständnisse der Lehren des Paulus (Köster, 1982, Bd. 2, S. 156–157).

30 *Johannesevangelium* (Joh.). Die erste Fassung des Johannesevangeliums wurde zu Beginn des 2. Jahrhunderts verfaßt, zu einer Zeit, da bereits die synoptischen Evangelien sich großer Autorität erfreuten. Der Verfasser vereinigte das Zeichenevangelium mit den Berichten der Synoptiker über die Passion und Auferstehung. Indessen bediente er sich des Kreuzevangeliums und der Berichte der Synoptiker bei der Darstellung der Passion und Auferstehung sehr schöpferisch (Crossan, 1988 a). Das älteste erhaltene Fragment des Johannesevangeliums ist um 125 zu datieren.

31–37 *Ignatiusbriefe*. An die Epheser (Ign. Eph.), an die Magnesier (Ign. Mag.), an die Traller (Ign. Tr.), an die Römer (Ign. Röm.), an die Philadelphier (Ign. Phil.), an die Smyrnäer (Ign. Smy.), an Polykarp (Ign Pol.). Geschrieben aus Smyrna und der Troas um 110 während Ignatius, Bischof von Antiochien, als Gefangener nach Rom geschafft wurde, wo ihn das Martyrium erwartete. Unabhängig von den kanonischen Evangelien (Köster, 1957, S. 24–61; 1982, Bd. 2, S. 279–287).

38 *Erster Brief des Petrus* (1. Petr.). Der dem Apostel pseudoepigraphisch zugeschriebene Brief aus Rom an die Christengemeinden in «Pontus, Galatien, Kappadozien, Asien und Bithynien» sollte diese während der Verfolgung um das Jahr 112 ermutigen, von der man in den Briefen des jüngeren Plinius an Trajan ein anschauliches Bild hat. «Ich fragte sie, ob sie Christen wären. Ge-

standen sie es ein, fragte ich sie zum zweiten und dritten Mal und drohte mit der Todesstrafe; blieben sie bei ihrer Erklärung, ließ ich sie hinrichten», schrieb etwa Plinius aus Bithynien an den Kaiser (Briefe 10,96; siehe Köster, 1982, Bd. 2, S. 292–297).

39 *Brief des Polykarp an die Philipper* 13–14 (Pol. Phil.). Polykarp, der schon zu Zeiten des Ignatius Bischof von Smyrna war, starb als Märtyrer um das Jahr 160. Pol. 13–14 ist früher geschrieben als Pol. 1–12 und begleitete eine von der Kirche in Philippi erbetene Abschrift der Briefe des Ignatius nicht lange nach dessen Martyrium (Harrison, 1936; Köster, 1957, S. 112–113; 1982, Bd. 2, S. 306–308).

40 *Erster Brief des Johannes* (1. Joh.). Aufgrund einander widerstreitender – katholischer und gnostischer – Auslegungen des Johannesevangeliums kam es zu einer Spaltung der johanneischen Gemeinde. Dieser Brief bestätigt die katholische Auffassung (Brown, 1979; 1982). Von der entgegengesetzen zeugen die «Johannesakten» (Köster, 1982, Bd. 2, S. 192–198; Cameron, 1982, S. 87–96).

Vierte Schicht (120–150 n. Chr.)

41 *Johannesevangelium* II (Joh.). Daß es zu einer zweiten Fassung des Johannesevangeliums gekommen ist, zeigt am deutlichsten das in der zweiten Fassung hinzugefügte Kapitel 21, wo der Einfluß nicht nur der synoptischen, sondern auch der speziell petrinischen Tradition sehr spürbar ist. Zahlreiche andere Stellen, wie etwa 1, 1–18; 6, 51b–58; 15–17, sowie die Erwähnungen des «Jüngers, den Jesus liebte», mögen dem Evangelium ebenfalls in der zweiten Fassung hinzugefügt worden sein.

42 *Apostelgeschichte* (Apg.). Obwohl vermutlich als zweiter Band des Lukasevangeliums geplant, wohl später als dieses verfaßt.

43 *Apokrypher Jacobusbrief* (Ap.Jak.). Dieses in Nag Hammadi gefundene Dokument entstand wahrscheinlich während der ersten Hälfte des 2. Jahrhunderts (Cameron, 1982, S. 55–57; 1984; Williams, 1985). Es zeigt Spuren einer bis in die fünfziger Jahre des 1. Jahrhunderts zurückgehenden, also nicht von den kanonischen Evangelien abhängigen Überlieferung von Sprüchen Jesu.

44 *Erster Brief des Paulus an Timotheus* (1. Tim.). Die drei pseudoepigraphisch dem Apostel Paulus zugeschriebenen Pastoralbriefe 1. Timotheus, 2. Timotheus und Titus wurden irgendwo in der Ägais während der friedlichen Jahre nach 120 von dem gleichen Verfasser versandt. Der erste Brief an Timotheus ermahnt zur Sittenreinheit und warnt vor dem «ungeistlichen losen Geschwätze» und dem «Gezänke der falsch berühmten Kunst» der Gnostiker (Köster, 1982, Bd. 2, S. 297–305).

45 *Zweiter Brief des Paulus an Timotheus* (2. Tim.). In der Form eines Vermächtnisses verfaßt, war dieser Brief ursprünglich der letzte der drei Hirtenbriefe, handelte aber vorzüglich, wie die anderen beiden, von sittlicher Beständigkeit und Amtstreue und ermahnte zu treuer und standhafter Führung des Lehramts und zu einem rechtschaffenen Wandel (Köster, 1982, Bd. 2, S. 297–305).

46 *Zweiter Brief des Petrus* (2. Pet.). Der dem Apostel pseudoepigraphisch zugeschriebene Brief schöpft aus 1. Petrus und Judas. Er wurde verfaßt im zweiten Viertel des 2. Jahrhunderts (Köster, 1982, Bd. 2, S. 295–297).

47 *Brief des Polykarp an die Philipper* 1–12 (Pol.). Er wurde einige Jahrzehnte nach Pol. Phil. 13–14 um das Jahr 140 verfaßt. Abhängig von Matthäus und Lukas (Harrison, 1936; Köster, 1957, S. 112–123; 1982, Bd. 2, S. 306–308).

48 *Zweiter Brief des Klemens* (2. Klem.). In den Handschriften dem Verfasser des ersten Klemensbriefes zugeschrieben, doch um 150 verfaßt, mag diese von den kanonischen Evangelien des Matthäus und Lukas abhängige Abhandlung die erste antignostische Schrift aus Ägypten sein (Köster, 1957, S. 62–111; 1982, Bd. 2, S. 233–236).

49 *Nazaräerevangelium* (NE). Bei diesem handelte es sich um eine freie Übersetzung und Bearbeitung des griechischen Matthäusevangeliums ins Aramäische oder Syrische, doch kennt man von dem Werk nur Bruchstücke aus Zitaten bei den griechischen Kirchenvätern (die es in griechischer Sprache zitieren). Als Abfassungszeit wird die Mitte des 1. Jahrhunderts angenommen (Köster, 1982, Bd. 2, S. 201–202; Cameron, 1982, S. 97–98).

50 *Ebionäerevangelium* (EE). Die sieben bekannten Auszüge aus diesem Evangelium sind sämtlich als Zitate bei Epiphanius, der gegen Ende des 4. Jahrhunderts gegen die Häretiker schrieb, überliefert. Es scheint um die Mitte des 2. Jahrhunderts verfaßt worden zu sein. Der oder die Verfasser haben aus Matthäus und Lukas, vielleicht auch aus Markus geschöpft (Köster, 1982, Bd. 2, S. 202–203; Cameron, 1982, S. 103–104).

51 *Didache* 1,3b–2, 1 (Did.). Um die Mitte des 2. Jahrhunderts wurde der Kirchenordnung dieser Abschnitt eingefügt, in dem aus Matthäus, Markus und Lukas gezogene Sprüche Jesu das Bemühen erkennen lassen, die verschiedenen Fassungen derselben bei den Evangelisten zu harmonisieren (Layton, 1968).

52 *Petrusevangelium* (PE). Der um die Mitte des 2. Jahrhunderts entstandene Text ist zusammengestellt aus dem Kreuzevangelium und Stücken aus den kanonischen Evangelien wie: Joseph und Begräbnis (6,23–24), Frauen und Jüngling (12,50–13,57), Jünger und Erscheinung (14,60). Diese neue Einheiten sind mittels der folgenden Überleitungstexte in das Kreuzevangelium eingefügt: Bitte um Begräbnis (2,3–5a), Ankunft des Jünglings (11,43–44) und Handeln der Jünger (7,26–27 sowie 14,58–59). Das Werk zeugt wie die beiden Fassungen des Johannesevangeliums von dem synoptischen und petrinischen Einfluß in der Tradition des westlichen Syriens (Crossan, 1988a).

B. Unabhängige Bezeugtheit

Von den in eckige Klammern gesetzten Zahlen über jedem der vier Abschnitte des folgenden Verzeichnisses gibt die erste die Gesamtzahl der Überlieferungseinheiten der jeweiligen Schicht an. Hinter dem Doppelpunkt steht die Zahl der mehr als einmal unabhängig bezeugten Einheiten aus dieser Gesamtzahl, zu der mit dem +Zeichen der nur je einmal bezeugte Rest addiert wird.

Die Gesamtzahl der Einheiten aus allen vier Schichten beträgt 552. Von diesen sind 180 mehr als einmal unabhängig bezeugt, 33 vielfach, 42 dreifach, 105 doppelt. 342 Einheiten sind nur je einmal unabhängig bezeugt. Alles in allem sind also nur ungefähr ein Drittel der Überlieferungseinheiten mehr als einmal unabhängig bezeugt [522:180 + 342].

Jede Überlieferungseinheit habe ich mit einem Plus- (+) oder Minuszeichen (−) versehen, je nachdem, ob sie meines Erachtens auf den historischen Jesus zurückgeht oder aus späterer Jesus-Tradition stammt. Das Pluszeichen bezieht sich natürlich nicht notwendig auf alle Zeugnisse eines gegebenen Überlieferungskomplexes, sondern soll nur meine Überzeugung andeuten, daß späterer Veränderungen und Entwicklungen ungeachtet der Kern des Komplexes von Jesus stammt. Überlieferungskomplexe, die nicht von Worten Jesu, sondern von Taten und Ereignissen berichten, habe ich mitunter mit dem Zeichen ± versehen. Damit soll gesagt sein, daß die fragliche Tat, das fragliche Ereignis zwar nicht zu einer bestimmten Zeit an einem bestimmten Ort wie berichtet geschah, sich zutrug (deshalb −), doch als dramatische Historisierung eines Prozesses zu verstehen ist, der über eine viel längere Zeit tatsächlich vonstatten ging (deshalb +).

Erste Schicht [186:131 + 55]

a) Vielfache unabhängige Bezeugtheit [29]

1+ *Sendung und Botschaft:* (1a) 1. Kor. 9,14; (1b), 1. Kor. 10,27; (2) ThEv. 14,2; (3) 1 Q; Lukas 10,(1),4–11 = Mt. 10,7.10b.12–14; (4) Mk. 6,7–13 = Mt. 10,1.8–10a.11 = Lk. 9,1–6; (5) Dial. Sot. 53b [139,9–10]; (6) Did. 11–13 [siehe 11,4–6 und 13,1–2]; (7) 1. Tim. 5,18b.

2− *Jesu apokalyptische Wiederkehr:* (1) 1. Thess. 4,13–18; (2) Did. 16,6–8; (3) Mt. 24,30a; (4) Mk. 13,24–27 = Mt. 24,29.30b–31 = Lk. 21,25–28; (5a) Offb. 1,7; (5b) Offb. 1,13; (5c) Offb. 14,14; (6) Joh. 19,37.

3± *Brot und Fisch:* (1?) 1. Kor. 15,6; (2) Joh. 6,1–15; (3a) Mk. 6,33–44 = Mt. 9,36; 14,13b–21 = Lk. 9,11–17; (3b) Mk. 8,1–10 = Mt. 15,32–39; (4) Lk. 24,13–33.35; (5) Lk. 24,41–43; (6) Joh. 21,9.12–13.

4+ *Fraget, suchet, klopfet an:* (1a) ThEv. 2 und P. Oxy. 654,2; (1b) ThEv. 92,1; (1c) ThEv. 94; (2) HE 4ab; (3) 1 Q: Lk. 11,9–10 = Mt. 7,7–8; (4) Mk. 11,24 = Mt. 21,22; (5a) Dial. Sot. 9–12; (5b) Dial. Sot. 20d; (5c) Dial. Sot. 79–80; (6a) Joh. 14,13–14; (6b) Joh. 15,7; (6c) Joh. 15,16; (6d) Joh. 16,23–24; (6e) Joh. 16,26.

5+ *Kreuzigung Jesu:* (1) 1. Kor. 15,3b; (2a) PE 4,10 – 5,16.18–20; 6,22; (2b) Mk. 15,22–38 = Mt. 27,33–51a = Lk. 23,32–46; (2c) Joh. 19,17b–25a.28–36; (3) Barn. 7,3–5; (4a) 1. Klem. 16,3–4 (= Jesaja 53,1–12); (4b) 1. Klem. 16,15–16 (= Ps. 22,6–8); (5a) Ign. Mag. 11; (5b) Ign. Trall. 9,1b; (5c) Mag. Ign. Smyrn. 1,2.

6± *Petrus offenbart:* (1) 1. Kor. 15,5a; (2a) Lk. 24,12; (2b) Joh. 20,2–10; (3) Lk. 24,34; (4) Ign. Smy. 3,2a; (5) Joh. 21,15–23.

7± *Aus Davids Geschlecht:* (1a) Röm. 1,3; (1b) 2. Tim. 2,8; (2) Mt. 2,1–12; (3) Lk. 2,1–20; (4) Joh. 7,41–42; (5a) Ign. Smy. 1,1a; (5b) Ign. Eph. 18,2c; (5c) Ign. Tr. 9,1a.

8+ *Wann und wo:* (1a) ThEv. 3,1 und P. Oxy. 654.3,1; (1b) ThEv. 51; (1c) ThEv. 113; (2) 2 Q: Lk. 17,23 = Mt. 24,26; (3) Mk. 13,21–23 = Mt. 24,23–25; (4?) Dial. Sot. 16; (5) 1 Q?: Lk. 17,20–21.

9+ *Wer Ohren hat:* (1a) ThEv. 8,2; (1b) ThEv. 21,5; (1c) ThEv. 24,2; (1d) ThEv. 63,2; (1e) ThEv. 65,2; (1f) ThEv. 96,2; (2a) Mk. 4,9 = Mt. 13,9 = Lk. 8,8b; (2b) Mk. 4,23 = Mt. 13,43b; (3) Mt. 11,15; (4) Lk. 14,35b; (5) Offb. 2,7.11. 17.29; 3,6.13. 22; 13,9.

10+ *Den, der gesandt hat, empfangen:* (1) 1 Q: Lk. 10,16 = Mt. 10,40; (2) Mk. 9,36–37 = Mt. 18,2.5 = Lk. 9,47–48a; (3) Did. 11,4–5; (4a) Joh. 5,23b; (4b) Joh. 12,44–50; (4c) Joh. 13,20; (5) Ign. Eph. 6,1.

11− *Die schwerste Sünde:* (1) 1. Thess. 2,15; (2) PE 5,17; (3) Mt. 23,32–33; (4a) Barn. 5,11; (4b) Barn. 14,5.

12− *Die Gefahr kennen:* (1a) 1. Thess. 5,2; (1b) 2. Petr. 3,10; (2a) ThEv. 21,3; (2b) ThEv. 103; (3) 2 Q: Lk. 12,39–40 = Mt. 24,43–44; (4a) Offb. 3,3b; (4b) Offb. 16,15a.

13− *Zwei als einer:* (1a) Gal. 3,27–28; (1b) 1. Kor. 12,13; (1c) Kol. 3,10–11; (2) ThEv. 22,3–4; (3) EvEger 5b; (4) 2. Klem. 12,1–6.

14– *Auge, Ohr, Herz:* (1a) 1. Kor 2,9a; (1b) 1. Klem. 34,8; (2) ThEv. 17; (3) 2 Q: Lk. 10,23–24 = Mt. 13,16–17; (4) Dial. Sot. 47a [140,1–4].
15+ *Gegen Scheidung:* (1) 1. Kor. 7,10–11; (2) 1 oder 2? Q: Lk. 16,18 = Mt. 5,31–32; (3) Mk. 10,10–12 = Mt. 19,9; (4) Herm. Man. 4,1,6b.10.
16– *Abendmahl und Eucharistie:* (1a) 1. Kor. 10,14–22; (1b) 1. Kor. 11,23–25; (2) Mk. 14,22–24 = Mt. 26,26–29 = Lk. 22,15–19a [19b–20]; (3) Did. 9,1–4; (4) Joh. 6,51b–58.
17± *Auferstehung Jesu:* (1) 1. Kor. 15,4b; (2) PE 9,35–10,40; (3) Barn 15,9; (4a) Ign. Mag. 11,1c; (4b) Ign. Tr. 9,2a; (4c) Ign. Smy. 1.2b.
18± *Den Jüngern offenbart:* (1) 1. Kor. 15,5b. 7b; (2) Mt. 28,16–20; (3a) Lk. 24,36–39; (3b) Joh. 20,19–21; (4) Ign. Smy. 3,2b–3.
19+ *Was hineinkommt:* (1) ThEv. 14,3; (2) Mk. 7,14–15; (3) Mt. 15,10–11; (4a) Apg. 10,14b; (4b) Apg. 11,8b.
20+ *Das Reich und die Kinder:* (1) ThEv. 22,1–2; (2) Mk. 10,13–16 = Mt. 19,13–15 = Lk. 18,15–17; (3) Mt. 18,3; (4) Joh. 3,1–5.9–10.
21+ *Das Licht der Welt:* (1) ThEv. 24,1–3 und P. Oxy. 655,24d, (2) Mt. 5,14a; (3a?) Dial. Sot. 14; (3b?) Dial. Sot. 34; (4a) Joh. 8,12; (4b) Joh. 11,9–10; (4c) Joh. 12,35–36.
22+ *Prophet im eigenen Lande:* (1) ThEv. 31 und P. Oxy. 1.31; (2) Mk. 6,1–6a = Mt. 13,53–58; (3) Lk. 4,16–24; (4) Joh. 4,44.
23+ *Alle Sünden vergeben:* (1) ThEv. 44; (2) 2 Q: Lk. 12,10 = Mt. 12,32a; (3) Mk. 3,28–30 = Mt. 12,31.32b; (4) Did. 11,7.
24+ *Selig der Leib:* (1) ThEv. 79,1–2; (2) 1 Q?: Lk. 11,27–28; (3?) Joh. 13,17; (4?) Jak. 1,25b.
25– *Verrat des Petrus angekündigt:* (1) P. Vindob. G. 2325; (2a) Mk. 14,26–31 = Mt. 26,30–35; (2b) Joh. 13,36–38; (3) Lk. 22,31–34; (4) Barn. 5,12.
26+ *Jesus von einer Jungfrau empfangen:* (1) HE 1; (2) Mt. 1,18–25; (3) Lk. 1,26–38; (4a) Ign. Eph. 7,2; (4b) Ign. Eph. 18,2a; (4c) Ign. Eph. 19,1; (4d) Ign. Smy. 1,1b.
27+ *Vergebung für Vergebung:* (1) 1 Q: Lk. 11,4a = Mt. 6,12; (2) Mk. 11,25 (26) = Mt. 6,14–15; (3) Lk. 6,37c; (4a) 1. Klem. 13,2b; (4b) Pol. Phil. 2,3b.
28– *Vor den Engeln:* (1a) 2 Q: Lk. 12,8–9 = Mt. 10,32–33; (1b) 2. Klem. 3,2 [aus Mt. 10,32]; (2) Mk. 8,38 = Mt. 16,27 = Lk. 9,26; (3) Offb. 3,5; (4) 2. Tim. 2,12b.
29± *Niedergefahren zur Hölle:* (1a) PE 10,41–42; (1b) Mt. 27,52–53; (2) Herm. Sim. 9,16,5; Ign. Mag. 9,2; (4a?) 1. Petr. 3,19–20; (4b?) 1. Petr. 4,6.

b) Dreifache unabhängige Bezeugtheit [36]

30± *Jakobus offenbart:* (1) 1. Kor. 15,7a; (2) ThEv. 12; (3) HE 7.
31+ *Erste und Letzte:* (1) ThEv. 4,2 und P. Oxy. 654,4,2; (2) 2Q: Lk. 13,30 = Mt. 20,16; (3) Mk. 10,31 = Mt. 19,30.
32+ *Das Verborgene offenbart:* (1) ThEv. 5,2 und P. Oxy. 654,5,2; (1b) ThEv. 6,4 und P. Oxy. 654,6,4; (2) 1 Q: Lk. 12,2 = Mt. 10,26; (3) Mk. 4,22 = Lk. 8,17.
33– *Die goldene Regel:* (1) ThEv. 6,3a und P. Oxy. 654,6,3a; (2) 1Q: Lk. 6,31 = Mt. 7,12; (3) Did. 1,2b.
34+ *Der Sämann:* (1) ThEv. 9; (2) Mk. 4,3–8 = Mt. 13, 3b–8 = Lk. 8,5–8a; (3) 1. Klem. 24,5.
35+ *Das Senfkorn:* (1) ThEv. 20,1–2; (2) 1 oder 2? Q: Lk. 13,18–19 = Mt. 13,31–32; (3) Mk. 4,30–32 = Mt. 13,31–32.
36+ *Licht und Scheffel:* (1) ThEv. 33,2; (2) 2Q: Lk. 11,33 = Mt. 5,15; (3) Mk. 4,21 = Lk. 8,16.

37– *Neue Kleider:* (1) ThEv. 37 und P. Oxy. 655,37; (2a) Dial. Sot. 49–52; (2b) Dial. Sot. 84–85; (3) EvEger 5a.

38+ *Schlangen und Tauben:* (1) ThEv. 39,2 und P. Oxy. 655,39,2; (2a) Mt. 10,16b; (2b) NE 7; (3) Ign. Pol. 2,2.

39– *Ausgerissene Pflanzen:* (1) ThEv. 40; (2) Mt. 15,12–13; (3a) Ign. Trall. 11,1b; (3b) Ign. Phil. 3,1b.

40+ *Haben und Erhalten:* (1) ThEv. 41; (2) 2Q: Lk. 19,(25–)26 = Mt. 25,29; (3) Mk. 4,25 = Mt. 13,12 = Lk. 8,18b.

41– *Bäume und Herzen:* (1) ThEv. 45; (2a) 1Q: Lk. 6,43–45 = Mt. 7,16–20; (2b) Mt. 12,33–35; (3) Ign. Eph. 14,2b.

42– *Die Schrift und Jesus:* (1) ThEv. 52; (2) EvEger 1 [5–23]; (3a) Joh. 5,39–47; (3b) Joh. 9,29.

43+ *Selig die Armen:* (1) ThEv. 54; (2a) 1Q: Lk. 6,20 = Mt. 5,3; (2b) Pol. Phil. 2,3e; (3) Jak. 2,5.

44+ *Sein Kreuz tragen:* (1) ThEv. 55,2b; (2) 1Q: Lk. 14,27 = Mt. 10,38; (3) Mk. 8,34 =Mt. 16,24 = Lk. 9,23.

45– *Vater und Sohn:* (1) ThEv. 61,4; (2) 2Q: Lk. 10,22 = Mt. 11,27; (3a) Joh. 3,35b; (3b) Joh. 13,3a.

46+ *Die Pächter:* (1) ThEv. 65; (2) Mk. 12,1–9.12 = Mt. 21,33–41.43–46 = Lk. 20,9–16.19; (3) Herm. Sim. 5,2,4–7.

47– *Der verworfene Stein:* (1) ThEv. 66; (2) Mk. 12,10–11 = Mt. 21,42 = Lk. 20,17–18; (3) Barn. 6,4.

48+ *Selig die Verfolgten:* (1a) ThEv. 68; (1b) ThEv. 69,1; (2a) 1+2Q: Lk. 6,22–23 = Mt. 5,11–12; (2b) Mt. 5,10; (2c) Pol. Phil. 2,3f; (3a) 1. Petr. 3,14a; (3b) 1. Petr. 4,14.

49+ *Tempel und Jesus:* (1) ThEv. 71; (2a) Mk. 14,55–59 = Mt. 26,56–61; (2b) Mk. 15,29–32a = Mt. 27,39–43 = (!) Lk. 23,35–37; (2c) Apg. 6,11–14; (3) Joh. 2,18–22.

50+ *Die Ernte ist groß:* (1) ThEv. 73; (2) 1Q: Lk. 10,2 = Mt. 9,37–38; (3) Joh. 4,35.

51+ *In die Wüste:* (1) ThEv. 78; (2) 2Q: Lk. 7,24–27 = Mt. 11,7–10; (3) Mk. 1,2–3 = Mt. 3,3 = Lk. 3,4–6 = (?) Joh. 1,19–23.

52– *Joch und Last:* (1) ThEv. 90; (2) Mt. 11,28–30; (3) Dial. Sot. 65–68.

53+ *Zeichen der Zeit:* (1) ThEv. 91,1–2; (2a) 2Q: Lk. 12,54–56 = Mt. 16,2–3; (2b) NE 13; (3?) Joh. 6,30.

54– *Hunde und Säue:* (1) ThEv. 93; (2) Mt. 7,6; (3) Did. 9,5.

55+ *Kaiser und Gott:* (1) ThEv. 100; (2) EvEger 3a [50–57a]; (3) Mk. 12,13–17 = Mt. 22,15–22 = Lk. 20,20–26.

56– *Lippen ohne Herzen:* (1) EvEger 3c [61b–66]; (2) Mk. 7,6–7 = Mt. 15,7–9; (3) 1. Klem. 15,2.

57+ *Für und Wider:* (1) P. Oxy. 1224, 2ri, Zeilen 2b–5; (2) 2Q: Lk. 11,23 = Mt. 12,30; (3) Mk. 9,40 = Lk. 9,50b.

58+ *Johannes tauft Jesus:* (1) HE 2; (2a) Mk. 1,9–11 = Mt. 3,13–17 = Lk. 3,21–22; (2b) NE 2; (2c) EE 4; (2d) Joh. 1,32–34; (2e) Ign. Smy. 1,1c; (3c) Ign. Eph. 18,2d.

59+ *Selig die Traurigen:* (1) 1Q: Lk. 6,21b = Mt. 5,4; (2) Dial. Sot. 13–14; (3) Joh. 16,20.22.

60– *Maß für Maß:* (1a) 1Q: Lk. 6,38b,c = Mt. 7,2b; (2) Mk. 4,24b; (3a) 1. Klem. 13,2g; (1a/3b) Pol. Phil. 2,3d.

61– *Jünger und Knecht:* (1) 1Q: Lk. 6,40 = Mt. 10,24–25; (2) Dial. Sot. 53c; (3a) Joh. 13,16; (3b) Joh. 15,20.

62– *Der heilige Geist wird euch lehren:* (1) 1Q: Lk. 12,11–12 = Mt. 10,19–20; (2) Mk. 13,11 = Mt. 10,19–20 = Lk. 21,14–15; (3) Joh. 14,26.

63+ *Sein Leben retten:* (1) 1 Q: Lk. 17,33 = Mt. 10,39; (2) Mk. 8,35 = Mt. 6,25 = Lk. 9,24; (3) Joh. 12,25–26.
64− *Die letzten Tage:* (1) Did. 16,3–5; (2) Mt. 24,10–12; (3a) Mk. 13,3–10.12–20. = Mt. 24,3–22 = Lk. 21,7–13.16–24; (3b) Mt. 10,17–18; (3c) Lk. 17,31–32.
65− *Pilatus und Antipas:* (1a) PE 1,1 und 11,46; (1b) Mt. 27,24–25; (1c) Lk. 23,6–16; (2) Ign. Smy. 1,2; (3) Apg. 4,24–28.

c) Doppelte unabhängige Bezeugtheit [66]

66− *Weise und Verständige:* (1) 1. Kor. 1,19; (2a) 1 Q: Lk. 10,21 = Mt. 11,25–26; (2b) NE 9.
67− *Von Ewigkeit verborgen:* (1) 1. Kor. 2,7; (2) Mt. 13,35.
68± *Den Dämonen verborgen:* 1. Kor 2,8; (2) Ign. Eph. 19,1b.
69− *Glauben und Berge:* 1. Kor. 13,2; (2) Mk. 11,22–23 = Mt. 21,21.
70+ *Begräbnis Jesu:* (1) 1. Kor. 15,4a; (2a) PE 5,15b; 6,21; (2b) Mk. 15,42–47 = Mt. 27,57–61 = Lk. 23,50–56; (2c) Joh. 19,38–42; (2d) PE 2,3–5a; 6,23–24.
71+ *Das Fischernetz:* (1) ThEv. 8,1; (2) Mt. 13,47–48.
72+ *Feuer auf Erden:* (1) ThEv. 10; (2) 1 Q?: Lk. 12,49.
73− *Wer ist Jesus:* (1) ThEv. 13; (2a) Mk. 8,27–30 = Mt. 16,13–20 = Lk. 9,18–21; (2b) NE 14; (2c) Joh. 6,67–69.
74+ *Frieden und Schwert:* (1) ThEv. 16; (2) Lk. 12,51–53 = Mt. 10,34–36.
75+ *Erntezeit:* (1) ThEv. 21,4; (2) Mk. 4,26–29.
76+ *Splitter und Balken:* (1) ThEv. 26 und P. Oxy. 1,26; (2) 1 Q: Lk. 6,41–42 = Mt. 7,3–5.
77− *Zwei und drei:* (1) ThEv. 30 und P. Oxy. 1,30; (2) Mt. 18,20.
78+ *Die Stadt auf dem Berg:* (1) ThEv. 32 und P. Oxy. 1,32; (2) Mt. 5,14b.
79+ *Auf den Dächern predigen:* (1) ThEv. 33,1; (2) 1 Q: Mt. 10,27 = Lk. 12,3.
80+ *Der blinde Führer:* (1) ThEv. 34; (2) 1 Q; Lk. 6,39 = Mt. 15,14b.
81+ *Des Starken Haus:* (1) ThEv. 35; (2) Mk. 3,27 = Mt. 12,29 = Lk. 11,21–22.
82+ *Gegen Sorgen:* (1) ThEv. 36 und P. Oxy. 655,36; (2) 1 Q: Lk. 12,22–31 = Mt. 6,25–33.
83− *Zu spät suchen:* (1) ThEv. 38,2 ; (2) Joh. 7,34a.36b.
84+ *Andere hindern:* (1a) ThEv. 39,1 und P. Oxy. 655,39, 1; (1b) ThEv. 102; (2) 2 Q: Lk. 11,52 = Mt. 23,13.
85+ *Größer als Johannes:* (1) ThEv. 46; (2) 2 Q: Lk. 7,28 = Mt. 11,11.
86+ *Zwei Herren dienen:* (1) ThEv. 47,2; (2a) 1 oder 2? Q: Lk. 16,13 = Mt. 6,24; (2b) 2. Klem. 6,1.
87+ *Alten Wein trinken:* (1) ThEv. 47,3; (2) Lk. 5,39.
88+ *Flicken und alte Schläuche:* (1) ThEv. 47,4; (2) Mk. 2,21–22 = Mt. 9,16–17 = Lk. 5,36–38.
89+ *Seine Familie hassen:* (1a) ThEv. 55,1–2a; (1b) ThEv. 101; (2) 1 Q: Lk. 14,25–26 = Mt. 10,37.
90+ *Gesätes Unkraut:* (1) ThEv. 57; (2) Mt. 13,24–30.
91− *Genommen oder gelassen:* (1) ThEv. 61,1; (2) 2 Q: Lk. 17,34–35 = Mt. 24,40–41.
92− *Das Geheimnis Wissen:* (1) ThEv. 62,1; (2a) Geh. Mk. f2r10; (2b) Mk. 4,10–12 = Mt. 13,10–11.13–15 = Lk. 8,9–10.
93− *Geheimhaltung:* (1) ThEv. 62,2; (2) Mt. 6,3b.
94+ *Der reiche Gutsbesitzer:*(1) ThEv. 63,1; (2) 1 Q?: Lk. 12,16–21.
95+ *Das Festmahl:* (1) ThEv. 64,1–2; (2) 2 Q: Lk. 14,15–24 = Mt. 22,1–13.
96+ *Selig die Hungrigen:* (1) ThEv. 69,2; (2) 1 Q: Lk. 6,21a = Mt. 5,6.

97+ *Die umstrittene Erbschaft:* (1) ThEv. 72,1–3; (2) 1 Q?: Lk. 12,13–15.
98+ *Die Perle:* (1) ThEv. 76,1; (2) Mt. 13,45–46.
99+ *Schatz im Himmel:* (1) ThEv. 76,2; (2) 1 Q: Lk. 12,33 = Mt. 6,19–20.
100− *Jerusalem betrauert:* (1) ThEv. 79,3; (2) Lk. 23,27–31.
101+ *Füchse haben Höhlen:* (1) ThEv. 86; (2) 1 Q: Lk. 9,58 = Mt. 8,19–20.
102+ *Innen und außen:* (1) ThEv. 89; (2) 2 Q: Lk. 39–41 = Mt. 23,25–26.
103+ *Gib, ohne wieder zu fordern:* (1) ThEv. 95; (2a) 1 Q: Lk. 6,30.34.35b = Mt. 5,42; (2b) Did. 1,4b,5a.
104+ *Der Sauerteig:* (1) ThEv. 96,1; (2) 1 oder 2? Q: Lk. 13,20–21 = Mt. 13–33.
105+ *Jesu wahre Familie:* (1) ThEv. 99; (2a) Mk. 3,20–21.31–35 = Mt. 12,46–50 = Lk. 8,19–21; (2b) 2. Klem. 9,11; (2c) EE 5.
106+ *Fasten und Hochzeit:* (1) ThEv. 104; (2) Mk. 2,18–20 = Mt. 9,14–15 = Lk. 5,33–35.
107+ *Das verlorene Schaf:* (1) ThEv. 107; (2) 1 oder 2? Q: Lk. 15,3–7 = Mt. 18,12–14.
108+ *Der Schatz:* (1) ThEv. 109; (2) Mt. 13,44.
109− *Stunde nicht gekommen:* (1) EvEger. 2a [26–34]; (2a) Joh. 7,30; (2b) Joh. 8,20; (2c) Joh. 10,31; (2d) Joh. 10,39.
110+ *Heilung eines Aussätzigen:* (1) EvEger 2b [35–47]; (2a) Mk. 1,40–45 = Mt. 8,1–4 = Lk. 5, 12–16; (2b) Lk. 17,11–19.
111− *Nicht alle, die zu mir sagen, Herr, Herr ...:* (1) EvEger 3b [57b–61a]; (2a) 1 Q: Lk. 6,46 = Mt. 7,21; (2b) 2. Klem. 4,2.
112− *Jesu neue Lehre:* (1) P. Oxy. 1224, 2vi, Zeilen 1–5; (2) Mk. 1,27b.
113+ *Essen mit Sündern:* (1) P. Oxy. 1224, 2vii, Zeilen 1–7; (2a) Mk. 2,13–17a = Mt. 9,9–12 = Lk. 5,27–31; (2b) EE 1c; (2c) Lk. 15,1–2.
114+ *Liebet eure Feinde:* (1) P. Oxy. 1224, 2ri Zeilen 1–2a; (2a) 1 Q: Lk. 6,27–28.35a = Mt. 5,43–44; (2b) Pol. Phil. 12,3a; (2c) Did. 1,3b.
115+ *Die Botschaft des Johannes:* (1a) 2 Q: Lk. 3,15–18 = Mt. 3,11–12; (1b) Apg. 13,24–25; (1c) Joh. 1,24–31; (2) Mk. 1,7–8.
116± *Versuchung Jesu:* (1) 3 Q: Lk. 4,1–2a = Mt. 4,1–2a; (2) Mk. 1,12–13.
117− *Besser als Sünder:* (1a) 1 Q: Lk. 6,32–35 = Mt. 5,45–47; (1b) 2. Klem. 13,4a [aus Lk. 6,32]; (1c) Did. 1,3b; (2) Ign. Pol. 2,1.
118− *Gericht für Gericht:* (1a) 1 Q: Lk. 6,37a = Mt. 7,1–2a; (2a) 1. Klem. 13,2e; (2b) Pol. Phil. 2,3a.
119± *Heilung des fernen Knaben:* (1) 2 Q: Lk. 7,1–2 [3–6a].6b–10 = Mt. 8,5–10.13; (2) Joh. 4,46b–53.
120− *Das Vaterunser:* (1a) 1 Q: Lk. 11,(1)2–4 = (!) Mt. 6,9–13; (1b) NE 5; (1c) Pol. Phil. 7,2a; (2) Did. 8,2b.
121+ *Beelzebulstreit:* (1a) 2 Q: Lk. 11,14–15.17–18 = Mt. 12,22–26; (1b) Mt. 9,32–34; (2) Mk. 3,22–26.
122− *Zeichenforderung:* (1a) 2 Q: Lk. 11,29–30 = Mt. 12,38–40; (1b) Mt. 16,4a; (1c) NE 11; (2a) Mk. 8,11–13 = Mt. 16,1.4b = Lk. 11,16.
123− *Des Leibes Licht:* (1) 2 Q: Lk. 11,34–36 = Mt. 6,22–23; (2) Dial. Sot. 8.
124+ *Ehren und Grüßen:* (1) 2 Q: Lk. 11,43 = Mt. 23,6b–7a; (2) Mk. 12,38–40 = Mt. 23,5–7 = Lk. 20,45–46.
125− *Heulen und Zähneklappern:* (1a) 2 Q: Lk. 13,28a = Mt. 8,12b; (1b) Mt. 13,42b; (1c) Mt. 13,50b; (1d) Mt. 22,13b; (1e) Mt. 24,51b; (1f) Mt. 25,30b; (2) Dial. Sot. 14e.
126+ *Das Salz salzen:* (1) 1 Q: Lk. 14,34–35a = Mt. 5,13; (2) Mk. 9,50a.
127+ *Krankheit und Sünde:* (1) Joh. 5,1–9a.14; (2) Mk. 2,1–12 = Mt. 9,1–9 = Lk. 5,17–26.

128± *Auf Wasser gehen:* (1) Joh. 6,16–21; (2a) Mk. 6,45–52 = Mt. 14,22–27; (2b) Mk. 4,35–41 = Mt. 8,18.23–27 = Lk. 8,22–25.
129+ *Heilung des Blinden:* (1) Joh. 9,1–7; (2) Mk. 8,22–26.
130± *Erweckung des Toten:* (1) Joh. 11,1–44; (2a) Geh. Mk. 1v20–2r11a; (2b) Mk. 14,51–52.
131– *Verspottung Jesu:* (1a) PE 3,6–9; (1b) Mk. 15,16–20a = Mt. 27,27–31a; (1c) Joh. 19,1–3; (2a) Barn. 5,14; (2b) Barn. 7,7–11.

d) Einfache unabhängige Bezeugtheit [55]

132– *Ein Saatwunder:* (1) EvEger 4 [67–82].
133– *Vision Jesu:* (1) P. Oxy. 1224, 2rii, Zeilen 1–5.
134– *Geist als Mutter:* (1) HE 3.
135– *Freude in der Liebe:* (1) HE 5.
136– *Einander betrauern:* (1) HE 6.
137+ *Warnung des Johannes:* (1) 2Q: Lk. 3,7–9a = Mt. 3,7–10b.
138– *Der gefällte Baum:* (1a) 2Q: Lk. 3,9b = Mt. 3,10b; (1b) Mt. 7,19.
139– *Jesus dreimal versucht:* (1a) 3Q: Mt. 4,2b–11 = Lk. 4,2b–13; (1b) NE 3.
140+ *Die andere Wange:* (1a) 1Q: Lk. 6,29 = Mt. 5,38–41; (1b) Did. 1,4a.
141– *Wie auch euer Vater:* (1a) 1Q: Lk. 6,36 = Mt. 5,48; (1b) Pol. Phil. 12,3b.
142– *Fels oder Sand:* (1) 1Q: Lk. 6,47–49 = Mt. 7,24–27.
143– *Antwort an Johannes:* (1) 2Q: Lk. 7,18–23 = Mt. 11,2–6.
144– *Gerechtfertigte Weisheit:* (1) 2Q: Lk. 7,31–35 = Mt. 11,16–19.
145+ *Laßt die Toten:* (1) 1Q: Lk. 9,59–60 = Mt. 8,21–22.
146+ *Wer zurück sieht:* (1) 1Q?: Lk. 9,61–62.
147+ *Schafe unter Wölfen:* (1a) 1Q: Lk. 10,3 = Mt. 10,16a; (1b) 2. Klem. 5,2.
148– *Verdammte Städte:* (1) 2Q: Lk. 10,12–15 = Mt. 11,15.20–24.
149+ *Gute Gaben:* (1) 1Q: Lk. 11,11–13 = Mt. 7,9–11.
150+ *Durch wessen Macht:* (1) 2Q: Lk. 11,19–20 = Mt. 12,27–28.
151– *Der wiederkehrende Dämon:* (1) 2Q: Lk. 11,24–26 = Mt. 12,43–45.
152– *Von Heiden gerichtet:* (1) 2Q: Lk. 11,31–32 = Mt. 12,41–42.
153– *Zehnter und Gericht:* (1) 2Q: Lk. 11,42 = Mt. 23,23.
154– *Wie Gräber:* (1) 2Q: Lk. 11,44 = Mt. 23,27–28.
155– *Helfen mit Lasten:* (1) 2Q: Lk. 11,45–46 = Mt. 23,4.
156– *Gräber der Propheten:* (1) 2Q: Lk. 11,47–48 = Mt. 23,29–31.
157– *Gesandte der Weisheit:* (1a) 2Q: Lk. 11,49–51 = Mt. 23,34–36; (1b) NE 17.
158– *Wen fürchten:* (1a) 1Q: Lk. 12,4–5 = Mt. 10,28; (1b) 2. Klem. 5,4b.
159+ *Gott und die Sperlinge:* (1) 1Q: Lk. 12,6–7 = Mt. 10,29–31.
160+ *Herz und Schatz:* (1) 1Q: Lk. 12,34 = Mt. 6,21.
161– *Herr und Haushalter:* (1) 2Q: Lk. 12,42–46 = Mt. 24,45–51a.
162– *Vor dem Gericht:* (1a) 2Q: Lk. 12,57–59 = Mt. 5,25–26; (1b) Did. 1,5b.
163– *Die enge Pforte:* (1) 1Q: Lk. 13,23–24 = Mt. 7,13–14.
164– *Die geschlossene Tür:* (1) 2Q: Lk. 13,25 = Mt. 25,1–12.
165– *Weichet alle von mir:* (1a) 2Q: Lk. 13,26–27 = Mt. 7,22–23; (1b?) 2. Klem. 4,5; (1c?) NE 6.
166– *Patriarchen und Heiden:* (1) 2Q: Lk. 13,28–29 = Mt. 8,11–12.
167– *Jerusalem angeklagt:* (1) 2Q: Lk. 13,34–35 = Mt. 23,37–39.
168+ *Himmelreich und Gewalt:* (1a) 1 oder 2? Q: Lk. 16,16 = Mt. 11,12–14; (1b) NE 8.
169– *Nicht der kleinste Buchstabe:* (1) 1 oder 2? Q: Lk 16,17 = Mt. 5,18.
170– *Wehe der Versuchung:* (1) 1 oder 2? Q: Lk. 17,1 = Mt. 18,7.

171– *Tadeln und Vergeben:* (1) 1 oder 2? Q: Lk. 17,3 = Mt. 18,15.
172+ *Unbegrenzte Vergebung:* (1a) 1 oder 2? Q: Lk. 17,4 = Mt. 18,21–22; (1b) NE 15a, b.
173– *Kraft des Glaubens:* (1) 1 oder 2? Q: Lk. 17,5–6 = Mt. 17,20.
174– *Wie der Blitz:* (1) 2 Q: Lk. 17,24 = Mt. 24,27.
175– *Wie in den Zeiten Noahs:* (1) 2 Q: Lk. 17,26–27 = Mt. 24,37–39a.
176– *Wie in den Zeiten Lots:* (1) 2 Q: Lk. 17,28–30 = Mt. 24,39b.
177– *Leichnam und Geier:* (1) 2 Q: Lk. 17,37 = Mt. 24,28.
178+ *Das anvertraute Geld:* (1a) 2 Q: Lk. 19,(11)12–24.27 = Mt. 25,14–28; (1b) NE 18.
179– *Auf zwölf Thronen:* (1) 2 Q: Lk. 22,28–30 = Mt. 19,28.
180– *Frage des Pilatus:* (1a) PE prae-1, 1 aus dem späteren 3,6,9 (Sohn Gottes) und 3,7; 4,11 (König von Israel); (1b) Mk. 15,1–5 = Mt. 27,1–2.11–14 = Lk. 23,1–5; (1c) Joh. 18,28–38; 19,4–16.
181– *Das Volk bereut:* (1a) PE 7,25 (!); 8,28; (1b) Lk. 23,48.
182– *Wachen an Jesu Grab:* (1a) PE 8,29–33; (1b) Mt. 27,62–66; (1c) NE 22.
183– *Menge besucht das Grab:* (1) PE 9,34.
184± *Jesu Erklärung:* (1a) PE 9,35–10,40; (1b) Mk. 9,2–10 = Mt. 17,1–9 = Lk. 9,28–36; (1c) 2 Petr. 1,16–18.
185– *Die Wächter berichten:* (1a) PE 11,45–49; (1b) Mt. 28,11–15.
186± *Apostolische Trauer:* (1) PE 7,26–27; 14,58–59.

Zweite Schicht [178:26 + 152]

a) Vielfache unabhängige Bezeugtheit [3]

187– *Gerechte und Sünder:* (1a) Mk. 2,17b = Mt. 9,13b = Lk. 5,32; (1b) 2. Klem. 2,4; (2) Lk. 19,10; (3) Barn. 5,9; (4) 1. Tim. 1,15b.
188– *Die unbekannte Zeit:* (1a) Mk. 13,33–37; (1b) Mt. 24,42; (1c) Mt. 25,13; (2) Lk. 12,35–38; (3) Lk. 21,34–36; (4) Did. 16,1.
189– *Besser nicht geboren:* (1) Mk. 14,17–21 = Mt. 26,20–25 = Lk. 22,14.21–23, (2) 1. Klem. 46,8a; (3) Herm. Vis. 4,2,6b; (4a) Joh. 6,70–71; (4b) Joh. 13,18–19; (4c) Joh. 13,21–30.

b) Dreifache unabhängige Bezeugtheit [5]

190± *Menschenfischer:* (1a) Mk. 1,16–20 = Mt. 4,18–22; (1b) EE 1b; (2) Lk. 5,4–11; (3) Joh. 21,1–8.
191+ *Führer als Knecht:* (1a) Mk. 9,33–35 = Mt. 18,1.4 = Lk. 9,46.48b; (1b) Mk. 10,41–45 = Mt. 20, 24–28; (1c) Mt. 23,11; (2) Lk. 22,24–27; (3) Joh. 13,1–17.
192+ *Frau mit Salböl:* (1a) Mk. 14,3–9 = Mt. 26,6–13; (2a) Lk. 7,36–50; (1b/2b) Joh. 12,1–8; (3) Ign. Eph. 17,2.
193– *Pharisäer wie Blinde:* (1) P. Oxy. 840,2b; (2a) Mt. 15,14a; (2b) Mt. 23,16a.17a.19a.24a.26a; (3) Joh. 9,41b.
194– *Fleisch und Geist:* (1) Joh. 3,6–8; (2) Ign. Phil. 7,1; (3) Dial. Sot. 35.

c) Doppelte unabhängige Bezeugtheit [18]

195– *Frau und Geburt:* (1a) EvEger 1; (1b) EvEger 2; (1c) EvEger 3; (1d) EvEger 4; (1e) EvEger 6; (2a) Dial. Sot. 58–59; (2b) Dial. Sot. 90–95.
196± *Auf dem Schiff:* (1) Mk. 4,1–2 = Mt. 13,1–3a = Lk. 8,4; (2?) Lk. 5,1–3.

197+ *Herodes enthauptet Johannes:* (1) Mk. 6,17–29 = Mt. 14,3–12a = (!) Lk. 3,19–20; (2) Ap. Jak. 6,1–4.
198– *Mühlstein und Ärgernis:* (1) Mk. 9,42 = Mt. 18,6 = Lk. 17,2; (2) 1. Klem. 46,8b.
199+ *Reich und Reichtümer:* (1a) Mk. 10,23–27 = Mt. 19,23–26 = Lk. 18,24–27; (1b) NE 16b; (2) Herm. Sim. 9,20,1–4.
200– *Hundertfältiger Lohn:* (1) Mk. 10,28–30 = Mt 19,27.29 = Lk. 18,28–30; (2) Ap. Jak. 4,1a.
201– *Das wichtigste Gebot:* (1) Mk. 12,28–34 = Mt. 22,34–40.46b = Lk. 10,25–28; (2) Did. 1,2a.
202– *Sohn Davids:* (1) Mk. 12,35–37 = Mt. 22,41–46a = Lk. 20,41–44; (2) Barn. 12,10–11.
203– *Gebet gegen Versuchung:* (1a) Mk. 14,32–42 = Mt. 26,36–46 = Lk. 22,39–46; (1b) Joh. 12,27; (1c) Pol. Phil. 7,2b; (2) Ap. Jak. 4,1b.
204– *Lebendes Wasser:* (1) P. Oxy 840,2c; (2) Joh. 4,14.
205– *Nicht den Tod schmecken:* (1) ThEv. 1 und P. Oxy. 654,1; (2) Joh. 8,51–52.
206– *Sich selbst kennen:* (1) ThEv. 3,2 und P. Oxy. 654,3,2; (2) Dial. Sot. 30.
207– *Begraben und wieder auferstanden:* (1) P. Oxy. 654,5; (2) Oxyrhynchus Leichentuch [van Haelst Nr. 596].
208– *Leben und Tod:* (1a) ThEv. 11,1–2a; (1b) ThEv. 111,1; (2) Dial. Sot. 56–57.
209– *Das Brautgemach:* (1) ThEv. 75; (2) Dial. Sot. 50b.
210– *Ort des Lebens:* (1) Dial. Sot. 27–30; (2) Joh. 14,2–12.
211– *Die Plage des Tages:* (1) Dial. Sot. 53a; (2) Mt. 6,34b.
212– *Selig seid ihr, so ihr's tut:* (1) Joh. 13,17; (2) Jak. 1,25b.

d) Einfache unabhängige Bezeugtheit [152]

213+ *Johannes der Täufer:* (1a) Mk. 1,4–6 = Mt. 3,1.4–6 = Lk. 3,1–3; (1b) EE 2–3a.
214– *Reich und Buße:* (1a) Mk. 1,14–15 = Mt. 4,12.17 = Lk. 4,14–15 = (?) Joh. 4,1–3; (1b) Mt. 3,2.
215± *In der Synagoge von Kafarnaum:* (1a) Mk. 1,21–28 = (!) Mt. 4,13–16 = Lk. 4,31–37; (1b) Mt. 7,28–29; (1c) Joh. 2,12.
216± *Die Schwiegermutter des Petrus:* (1a) Mk. 1,29–31 = Mt. 8,14–15 = Lk. 4,38–39; (1b) EE 1a.
217± *Heilungen und Dämonenaustreibungen:* (1) Mk. 1,32–34 = Mt. 8,16–17 = Lk. 4,40–41.
218± *In die nächsten Städte:* (1a) Mk. 1,35–39 = Mt. 4,23 = Lk. 4,42–44; (1b) Joh. 2,12.
219– *Korn und Sabbat:* (1) Mk. 2,23–26 = Mt. 12,1–7 = Lk. 6,1–4.
220± *Herr und Sabbat:* (1a) Mk. 2,27–28 = Mt. 12,8 = Lk. 6,5.
221– *Hand und Sabbat:* (1a) Mk. 3,1–6 = Mt. 12,9–14 = Lk. 6,6–11; (1b) NE 10.
222± *Er heilte viele:* (1) Mk. 3,7–10 = Mt. 4,24–25 = Lk. 6,17–19.
223– *Dämonen zum Schweigen gebracht:* (1) Mk. 3,11–12 = Mt. 12,15–16 = Lk. 4,41.
224– *Wahl der zwölf Jünger:* (1a) Mk. 3,13–19a = Mt. 10,2–4 = Lk. 6,12–16; (1b) EE 1d; (1c) Apg. 1,13b.
225– *Den Sämann deuten:* (1) Mk. 4,13–20 = Mt. 13,18–23 = Lk. 8,11–15.
226– *Hören und gehorchen:* (1) Mk. 4,24a = Lk. 8,18a.
227– *In Gleichnissen reden:* (1) Mk. 4,33–34= Mt. 13–34.
228– *Der Besessene von Gerasa:* (1) Mk. 5,1–20 = Mt. 8,28–34 = Lk. 8,26–39.
229+ *Heilung zweier Frauen:* (1) Mk. 5,21–43 = Mt. 9,18–26 = Lk. 8,40–56.
230+ *Umher in die Dörfer:* (1) Mk. 6,6b = Mt. 9,35 = Lk. 8,1.
231– *Herodes über Jesus:* (1) Mk. 6,14–16 = Mt. 14,1–2 = Lk. 9,7–9.

232− *Rückkehr der Jünger:* (1) Mk. 6,30–32 = Mt. 14,12b–13a = Lk. 9,10.
233± *Heilungen in Gennesaret:* (1) Mk. 6,53–56 = Mt. 14,34–36.
234− *Ungewaschene Hände:* (1a) Mk. 7,1–5 = Mt. 15,1–2; (1b) Lk. 11,37–38.
235− *Gebote Gottes und Vorschriften der Menschen:* (1a) Mk. 7,8–13 = Mt. 15,3–6; (1b) NE 12.
236− *Was herauskommt:* (1) Mk. 7,17–23 = Mt. 15,15–20.
237± *Heilung des fernen Mädchens:* (1) Mk. 7,24–30 = Mt. 15,21–23.25–28.
238+ *Heilung des Taubstummen:* (1) Mk. 7,31–37 [siehe Mt. 15,29–31].
239− *Sauerteig der Pharisäer:* (1) Mk. 8,14–21 = Mt. 16,5–12 = (!) Lk. 12,1.
240− *Passions- und Auferstehungsprophezeiung:* (1a) Mk. 8,31–33 = Mt. 16,21–23 = Lk. 9,22; (1b) Mk. 9,9b = Mt. 17,9b; (1c) Mk. 9,12b = Mt. 17,12b; (1d) Mk. 9,30–32 = Mt. 17,22–23 = Lk. 9,43b–45; (1e) Lk. 17,25; (1f) Mk. 10,32–34 = Mt. 20,17–19 = Lk. 18,31–34; (1g) Mt. 26,1–2; (1h) Mk. 14–21 = Mt. 26,24 = Lk. 22,22; (1i) Mk. 14,41 = Mt. 26,45b; (1j) Lk. 24, 7.
241− *Welchen Gewinn?:* (1a) Mk. 8,36 = Mt. 16,26a = Lk. 9,25; (1b) 2. Klem. 6,2.
242− *Preis des Lebens:* (1) Mk. 8,37 = Mt. 16,26b.
243− *Es stehen etliche hier:* (1) Mk. 9,1 = Mt. 16,28 = Lk. 9,27.
244− *Elija ist gekommen:* (1) Mk. 9,11–13 = Mt. 17,10–13.
245± *Heilung des besessenen Knaben:* (1) Mk. 9,14–29 = Mt. 17,14–21 = Lk. 9,37–43a.
246+ *Fremder als Teufelsbanner:* (1) Mk. 9,38–39 = Lk. 9,49–50a.
247− *Ein Becher Wasser:* (1) Mk. 9,41 = Mt. 10,42.
248− *Hand, Fuß und Auge:* (1a) Mk. 9,43–48 = Mt. 18,8–9; (1b) Mt. 5,29–30.
249− *Mit Feuer gesalzen:* (1) Mk. 9,49.
250− *Salz und Frieden:* (1) Mk. 9,50b.
251− *Jesus nach Judäa:* (1) Mk. 10,1 = Mt. 19,1–2 = (!) Lk. 9,51.
252− *Mose und Scheidung:* (1) Mk. 10,2–9 = Mt. 19,3–8.
253− *Der reiche Mann:* (1a) Mk. 10,17–22 = Mt. 19,16–22 = Lk. 18,18–23; (1b) NE 16a.
254− *Taufe Jesu:* (1a) 10,35–40 = Mt. 20,20–23; (1b) Lk. 12,50.
255+ *Familie des von den Toten Erweckten:* (1a) Geh. Mk. 2r 14b–16; (1b) Mk. 10,46a.
256± *Heilung des Bartimäus:* (1a) Mk. 10,46b–52 = Mt. 20,29–34 = Lk. 18,35–43; (1b) Mt. 9,27–31.
257− *Einzug in Jerusalem:* (1a) Mk. 11,1–10 = Mt. 21,1–9 = Lk. 19,28–40; (1b) Joh. 12,9–19.
258− *Eintritt in den Tempel:* (1) Mk. 11,11a = Mt. 21,10–11.
259− *Bethanien bei Nacht:* (1) Mk. 11,11b = Mt. 21,17 = Lk. 21,37–38.
260− *Der verfluchte Feigenbaum:* (1) Mk..11,12–14.20–21 = Mt. 21,18–20.
261− *Mit welcher Macht?:* (1) Mk. 11,27–33 = Mt. 21,23–27 = Lk. 20,1–8.
262− *Von der Auferstehung:* (1) Mk. 12,18–27 = Mt. 22,23–33 = Lk. 20,27–40.
263− *Der Witwen Häuser:* (1) Mk. 12,40 = Mt. 23,14 = 20,47.
264− *Der Witwe Scherflein:* (1) Mk. 12,41–44 = Lk. 21,1–4.
265− *In dieser Generation:* (1) Mk. 13,28–32 = Mt. 24,32–36 = Lk. 21,29–33.
266− *Verschwörung gegen Jesus:* (1) Mk. 14,1–2 = Mt. 26,3–5 = Lk. 22,1–2.
267− *Das Judas versprochene Geld:* (1a) Mk. 14,10–11 = Mt. 26,14–16 = Lk. 22,3–6; (1b) Joh. 13,27a.
268− *Die Paschavorbereitung:* (1a) Mk. 14,12–16 = Mt. 26,17–19 = Lk. 22,7–14; (1b) EE 7.
269± *Verhaftung Jesu:* (1a) Mk. 14,43–50 = Mt. 26,47–56 = Lk. 22,47–53; (1b) Joh. 18,1–12.20.
270− *Frage des Priesters:* (1a) Mk. 14,53.60–65 = Mt. 26,57.62–8 = Lk. 22,54a.63–71; (1b) Joh. 18,13–14.19–24.

271– *Petrus verleugnet Jesus dreimal:* (1a) Mk. 14,54.66–72 = Mt. 26,58.69–75 = Lk. 22,54b–62; (1b) NE 19; (1c) Joh. 18,15–18.25–27.
272– *Barabbas wird begnadigt:* (1a) Mk. 15,6–15 = Mt. 27,15–23.26 = Lk. 23,18–25; (1b) Joh. 18,39–40; (1c) Apg. 3,13–14; (1d) NE 20.
273– *Simon von Zyrene:* (1a) Mk. 15,20b–21 = Mt. 27,31b–32 = Lk. 23,26; (1b!) Joh. 19,17a.
274– *Frauen bei der Kreuzigung:* (1a) Mk. 15,40–41 = Mt. 27,55–56 = Lk. 23,49; (1b) Joh. 19,25b–27.
275– *Das leere Grab:* (a) Mk. 16,1–8 = Mt. 28,1–10 = Lk. 24,1–11; (1b) Joh. 20,1,11–18; (1c) PE 11,44; 12,50–13,57.
276– *Die große Qual:* (1) P. Oxy. 840,1.
277– *Reinigung durch Wasser:* (1) P. Oxy. 840,2a.
278– *Mann und Kind:* (1) ThEv. 4,1 und P. Oxy. 654,4,1.
279– *Unter Euren Augen:* (1) ThEv. 5,1 und P. Oxy. 654,5,1.
280– *Über das Lügen:* (1) ThEv. 6,2.3b und P. Oxy. 654,6,2.3b.
281– *Mann und Löwe:* (1) ThEv. 7 und P. Oxy. 654,7.
282– *Zwei und eins:* (1) ThEv. 11,2b.
283– *Fasten, Beten, Almosen:* (1) ThEv. 6,1; 14,1.
284– *Euer Vater:* (1) ThEv. 15.
285– *Anfang und Ende:* (1) ThEv. 18,1–3.
286– *Selig, wer vorher ward, ehe er wurde:* (1) ThEv. 19,1.
287– *Steine und Bäume:* (1) ThEv. 19,2.
288– *Kinder auf dem Feld:* (1) ThEv. 21,1–2.
289– *Die wenigen Auserwählten:* (1) ThEv. 23.
290± *Liebe deinen Bruder:* (1) ThEv. 25.
291– *Fasten und Sabbat:* (1) ThEv. 27 und P. Oxy 1,27.
292– *Betrunken, blind und leer:* (1) ThEv. 28.
293– *Fleisch und Armut:* (1) ThEv. 29.
294– *Wunsch zu hören:* (1) ThEv. 38,1 und P. Oxy. 655,38,1.
295+ *Werdet Vorübergehende:* (1) ThEv. 42.
296– *Von meinen Worten:* (1) ThEv. 43.
297+ *Pferde und Bogen:* (1) ThEv. 47,1.
298– *Einheit und Berg:* (1a) ThEv. 48; (1b) ThEv. 106.
299– *Einsam und auserwählt:* (1) ThEv. 49.
300– *Wenn sie fragen:* (1) ThEv. 50.
301– *Die wahre Beschneidung:* (1) ThEv. 53.
302– *Der Welt überlegen:* (1a) ThEv. 56; (1b) ThEv. 80.
303+ *Selig der Leidende:* (1) ThEv. 58.
304– *Hört nun:* (1) ThEv. 59.
305– *Samariter und Lamm:* (1) ThEv. 60.
306– *Jesus und Salome:* (1) ThEv. 61,2–5.
307– *Das All kennen:* (1) ThEv. 67.
308– *Aus euch selbst:* (1) ThEv. 70.
309– *Die Zisterne:* (1) ThEv. 74.
310– *Licht und All:* (1) ThEv. 77,1.
311+ *Stein und Holz:* (1) ThEv. 77,2 und P. Oxy. 1,77,2.
312– *Reichtümer und Macht:* (1) ThEv. 81.
313– *Nahe beim Feuer:* (1) ThEv. 82.
314– *Des Vaters Licht:* (1) ThEv. 83.
315– *Die Urbilder:* (1) ThEv. 84.

316– *Adams Tod:* (1) ThEv. 85.
317– *Leib und Seele:* (1) ThEv. 87.
318– *Engel und Propheten:* (1) ThEv. 88.
319– *Damals und jetzt:* (1) ThEv. 92,2.
320+ *Der leere Krug:* (1) ThEv. 97.
321+ *Der Mörder:* (1) ThEv. 98.
322– *Der Hurensohn:* (1) ThEv. 105.
323– *Aus meinem Munde:* (1) ThEv. 108.
324+ *Die Welt finden:* (1) ThEv. 110.
325– *Sich selbst finden:* (1) ThEv. 111,2.
326– *Fleisch und Seele:* (1) ThEv. 112.
327– *Petrus und Maria:* (1) ThEv. 114.
328– *Weise und rechtschaffen:* (1) Dial. Sot. 4–7.
329– *Auf Macht verzichten:* (1) Dial. Sot. 19–20.
330– *Diese verarmte Welt:* (1) Dial. Sot. 25–26.
331– *Stein und Wort:* (1) Dial. Sot. 31–34.
332– *Gottesschau:* (1) Dial. Sot. 41–46.
333– *Die wahre Regel:* (1) Dia. Sot. 47–50.
334– *Fülle und Mangel:* (1) Dial. Sot. 54–55.
335– *Lebende und Tote:* (1) Dial. Sot. 56–57.
336– *Ort der Abwesenheit:* (1) Dial. Sot. 60–64.
337– *Liebe und Güte:* (1) Dial. Sot. 73–74.
338– *Schätze der Welt:* (1) Dial. Sot. 69–70.
339– *Der vollkommene Sieg:* (1) Dial. Sot. 71–72.
340– *Liebe und Güte:* (1) Dial. Sot. 73–74.
341– *Glauben und Wissen:* (1) Dial. Sot. 75–76.
342– *Den Ort erreichen:* (1) Dial. Sot. 77–78.
343– *Alles verstehen:* (1) Dial. Sot. 81–82.
344– *Euer Vater:* (1) Dial. Sot. 86–87.
345– *Übrig geblieben:* (1) Dial. Sot. 88–89.
346– *Die aufgelösten Werke:* (1) Dial. Sot. 97–98.
347– *Geist und Licht:* (1) Dial. Sot. 99–102.
348– *Die Werke verstehen:* (1) Dial. Sot. 103–104.
349– *Wasser in Wein:* (1) Joh. 2,1–11.
350– *Jesus zu Nikodemus:* (1) Joh. 3,11–21.
351– *Die samaritische Frau:* (1) Joh. 4,1–42.
352– *Über den Vater:* (1) Joh. 5,19–38.
353– *Brot des Lebens:* (1) Joh. 6,22–50.
354– *Murren gegen Jesus:* (1) Joh. 6,59–66.
355– *Jesus auf dem Laubhüttenfest und im Tempel:* (1) Joh. 7,1–52; 8,12–59.
356– *Blindheit und Augenlicht:* (1) Joh. 9,8–41.
357– *Leben für andere:* (1 a) Joh. 10,1–21; (1 b) Joh. 15,13; (1 c) Joh. 3,16.
358– *Tempelweihfest in Jerusalem:* (1) Joh. 10,22–42.
359– *Heiden besuchen Jesus:* (1) Joh. 11,20–36 a.
360– *Glauben an Jesus:* (1) Joh. 11,36 b–50.
361– *Zeit der Verklärung:* (1) Joh. 12,20–24.28–34.
362– *Prophezeiungen des Unglaubens:* (1) Joh. 12,37–43.
363– *Jesu Rede beim letzten Abendmahl:* (1) Joh. 13,31–17,26.
364± *Diese aber sind aufgeschrieben:* (1 a) Joh. 20,30–31; (1 b) Joh. 21,25.

Dritte Schicht [123:23 + 100]

a) Vielfache unabhängige Bezeugtheit [1]

365– *Geben und nehmen:* (1) 1. Klem. 2,1; (2) Did. 1,5; (3) Herm. Man. 2,4b; (4) Apg. 20,35b.

b) Dreifache unabhängige Bezeugtheit [1]

366– *Selig die Sanftmütigen:* (1) Mt. 5,5; (2) Barn. 19,4; (3) Did. 3,7.

c) Doppelte unabhängige Bezeugtheit [21]

367± *Geburt Jesu:* (1a) Mt. 1–2; (1b) NE 1; (2a) Lk. 1–2; (2b) EE 3b.
368– *Genealogie Jesu:* (1) Mt. 1,1–17; (2) Lk. 3,23–38.
369– *Stern der Offenbarung:* (1) Mt. 2,1–12; (2) Ign. Eph. 19,2–3.
370– *Gnade für Gnade:* (1) Mt. 5,7; (2a) 1. Klem. 13,2a; (2b) Pol. Phil. 2,3c.
371+ *Gebet und Vergebung:* (1) Mt. 5,23–24; (2) Did. 14,2.
372+ *Gegen Schwüre:* (1a) Mt. 5,33–37; (1b) Mt. 23,22; (2) Jak. 5,12.
373– *Über das Beten:* (1) Mt. 6,5–6; (2) Did. 8,2a.
374– *Über das Fasten:* (1) Mt. 6,16–18; (2) Did. 8,1.
375– *Binden und Lösen:* (1a) Mt. 16,19; (1b) Mt. 18,18; (2) Joh. 20,23.
376– *Macht des Gebets:* (1) Mt. 18,19; (2) Ign. Eph. 5,2b.
377– *Fähig zu empfangen:* (1) Mt. 19,12b; (2) Ign. Smy. 6,1b.
378– *Berufen und auserwählt:* (1) Mt. 22,14; (2) Barn. 4,14b.
379+ *Erhöhung und Erniedrigung:* (1) Mt. 23,12; (2a) Lk. 14,11; (2b) Lk. 18,14.
380– *Selbstmord des Judas:* (1) Mt. 27,3–10; (2) Apg. 1,15–20a.
381± *Lehren und Taufen:* (1) Mt. 28, 16–20; (2) Did. 7,1.
382– *Gabe für Gabe:* (1) Lk. 6,38a; (2) 1. Klem. 13,2d.
383– *Des Dieners Pflicht:* (1) Lk. 17,7–10; (2) Herm. Sim. 5,2,4–7.
384– *Die Heuchelei hassen:* (1) Did. 4,12; (2) Ap. Jak. 6,7.
385– *Letzter Gewinn aus dem Glauben:* (1) Did. 16,2b; (2) Barn. 4,9.
386– *Nicht sehen und doch glauben:* (1) Joh. 20, 24–29; (2a) Ap. Jak. 8,3; (2b) Ap. Jak. 3,3–5.
387– *Ort von dem:* (1) PE 13,56b; (2a) Ap. Jak. 2,2a; (2b) Ap. Jak. 9,5b.

d) Einfache unabhängige Bezeugtheit [100]

388– *Bergpredigt:* (1) Mt. 5,1–2.
389– *Selig die Reinen:* (1) Mt. 5,8.
390– *Selig die Friedfertigen:* (1) Mt. 5,9.
391– *Eure guten Werke:* (1) Mt. 5,16.
392– *Nicht gekommen aufzulösen:* (1) Mt. 5,17.
393– *Nur eines von den kleinsten Geboten:* (1) Mt. 5,19.
394– *Größere Rechtschaffenheit:* (1) Mt. 5,20.
395– *Gegen Zorn:* (1a) Mt. 5,21–22; (1b) NE 4.
396– *Gegen Lüsternheit:* (1) Mt. 5,27–28.
397– *Gerechtigkeit vor den Leuten:* (1) Mt. 6,1.
398– *Almosen:* (1) Mt. 6,2–3a. 4.
399– *Heiden und Gebet:* (1) Mt. 6,7–8.

400– *Sorge des morgigen Tages:* (1) Mt. 6,34a.
401– *Wie Schafe:* (1) Mt. 7,15.
402– *Barmherzigkeit, nicht Opfer:* (1) Mt. 9,13a.
403– *Israels verlorene Schafe:* (1a) Mt. 10,5b–6; (1b) Mt. 15,24.
404– *Geben ohne Bezahlung:* (1) Mt. 10,8b.
405– *Städte Israels:* (1) Mt. 10,23.
406– *Herr und Hausgenossen:* (1) Mt. 10,25b.
407– *Empfang und Lohn:* (1) Mt. 10,41.
408– *Lehren und predigen:* (1) Mt. 11,1.
409– *Mein erwählter Diener:* (1) Mt. 12, 17–21.
410– *Aus deinen Worten:* (1) Mt. 12,36–37.
411– *Erklärung des ausgesäten Unkrauts:* (1) Mt. 13,36–43a.
412– *Erklärung des Fischernetzes:* (1) Mt. 13,49–50.
413– *Petrus sinkt:* (1) Mt. 14,28–33.
414– *Zu seinen Füßen:* (1) Mt. 15,29–31 [siehe Mk. 7,31–37].
415– *Das demütige Kind:* (1) Mt. 18,4.
416– *Daß ihr nicht jemand von diesen Kleinen verachtet:* (1) Mt. 18,10.
417– *Exkommunikation:* (1) Mt. 18,16–17.
418+ *Der gnadenlose Knecht:* (1) Mt. 18,23–34.
419+ *Die Arbeiter im Weinberg:* (1) Mt. 20,1–15.
420– *Auf Moses Stuhl:* (1) Mt. 23,1–3.
421– *Über Titel:* (1) Mt. 23,8–10.
422– *Für einen Proselyten:* (1) Mt. 23,15.
423– *Gegen Spitzfindigkeit:* (1) Mt. 23,16–22.
424– *Mücken und Kamele:* Mt. 23,24.
425– *Das Jüngste Gericht:* (1) Mt. 25,31–46.
426– *Schriftgelehrter zum Himmelreich gelehrt:* (1) Mt. 13,51–52.
427+ *Verschnitten um des Himmelreichs willen:* (1) Mt. 19,10–12a.
428+ *Die beiden Söhne:* (1) Mt. 21,28–32.
429– *Die Tempelsteuer:* (1) Mt. 17,24–27.
430– *Aus dem Munde der Unmündigen:* (1) Mt. 21,14–16.
431– *Empfängnis des Johannes:* (1) Lk. 1,5–25.
432– *Geburt des Johannes:* (1) Lk. 1,57–80.
433– *Der zwölfjährige Jesus:* (1) Lk. 2,41–52.
434– *Sittenlehre des Johannes:* (1) Lk. 3,10–14.
435– *Heiden vorgezogen:* (1) Lk. 4,25–27.
436– *Arbeiten am Sabbat:* (1) Nach Lk. 6,1–4 im Codex Beza [D].
437– *Weh euch Reichen:* (1) Lk. 6,24.
438– *Weh euch, die ihr satt seid:* (1) Lk. 6,25a.
439– *Weh euch, die ihr lacht:* (1) Lk. 6,25b.
440– *Weh euch, wenn euch alle Menschen loben:* (1) Lk. 6,26.
441– *Verdammnis für Verdammnis:* (1) Lk. 6,37b.
442– *Erweckung des Sohns der Witwe:* (1) Lk. 7,11–17.
443– *Zurückweisung des Täufers:* (1) Lk. 7,29–30.
444± *Frauen mit Jesus:* (1) Lk. 8,2–3.
445– *Ungastliche Samariter:* (1) Lk. 9,52–55.
446– *Rückkehr der Siebzig:* (1) Lk. 10,17–20.
447+ *Der gute Samariter:* (1) Lk. 10,29–37.
448– *Martha und Maria:* (1) Lk. 10,38–42.
449+ *Freund um Mitternacht:*(1) Lk. 11,5–8.

450– *Gegner lauern Jesus auf:* (1) Lk. 11,53–54.
451– *Kleine Herde:* (1) Lk. 12,32.
452– *Viel und mehr:* (1) Lk. 12,47–48.
453– *Bereuen oder verderben:* (1) Lk. 13,1–5.
454+ *Der unfruchtbare Baum:* (1) Lk. 13,6–9.
455– *Krüppel und Sabbat:* (1) Lk. 13,10–17.
456– *Nach Jerusalem gehen:* (1) Lk. 13,22.
457– *Jesus und Herodes:* (1) Lk. 13,31–33.
458– *Wassersucht und Sabbat:* (1) Lk. 14,1–6.
459– *Platz am Tisch:* (1) Lk. 14,7–10.
460– *Die Ausgestoßenen einladen:* (1a) Lk. 14,12–14; (1b) Lk. 14,21b.
461+ *Der Turmbauer:* (1) Lk. 14,28–30.
462+ *Der kriegführende König:* (1) Lk. 14,31–32.
463– *Allem entsagen:* (1) Lk. 14,33.
464+ *Das verlorene Geldstück:* (1) Lk. 15,8–10.
465+ *Der verlorene Sohn:* (1) Lk. 15,11–32.
466+ *Der ungerechte Haushalter:* (1) Lk. 16,1–7.
467– *Die Kinder dieser Welt:* (1) Lk. 16,8.
468– *Der ungerechte Mammon:* (1) Lk. 16,9.
469– *Die Treuen und die Ungetreuen:* (1a) Lk. 16,10–12; (1b) 2. Klem. 8,5b [aus Lk. 16,10a].
470– *Was großartig ist unter den Menschen, ein Greuel vor Gott:* (1) Lk. 16,14–15.
471+ *Der reiche Mann und der arme Lazarus:* (1) Lk. 16,19–31.
472– *Es wird die Zeit kommen:* (1) Lk. 17,22.
473+ *Der ungerechte Richter:* (1) Lk. 18,1–8.
474+ *Pharisäer und Zöllner:* (1) Lk. 18,9–14.
475– *Das Heil des Zachäus:* (1) Lk. 19,1–9.
476– *Das Bekenntnis der Jünger:* (1) Lk. 19,28–40.
477– *Zerstörung Jerusalems:* (1) Lk. 19,41–44.
478– *Zwei Schwerter genug:* (1) Lk. 22,35–38.
479– *Der verheißene Geist:* (1a) Lk. 24,44–49; (1b) Apg. 1,1–8; (1c) Joh. 20,19–22.
480± *Himmelfahrt Jesu:* (1a) Lk. 24,50–52; (1b) Apg. 1,9–11.
481– *Tat für Tat:* (1) 1. Klem. 13,2c.
482– *Freundlichkeit für Freundlichkeit:* (1) 1. Klem. 13,2f.
483– *Nur unter Leiden:* (1) Barn. 7,11b.
484– *Versammlungen in Vorbereitung:* (1) Did. 16,2a.
485– *Jünger finden Jünger:* (1) Joh. 1,35–42.
486– *Jesus und Nathanael:* (1) Joh. 1,43–51.
487– *Jesus tauft:* (1) Joh. 3,22–36.

Vierte Schicht [35:0+35]

a) Einfache unabhängige Bezeugtheit [35]

488– *Im Anfang:* (1) Joh. 1,1–18.
489– *Matthias ersetzt Judas:* (1) Apg. 1,20b–26.
490– *Die Himmel offen:* (1) Apg. 7,55–56.
491– *Reich und Fülle:* (1) Ap. Jak. 2,1–4.
492– *Erfüllt werden:* (1) Ap. Jak. 3,6–9.
493– *Reich und Kreuz:* (1) Ap. Jak. 4,1b–5,5.

494– *Das Haupt der Prophetie:* (1) Ap. Jak. 6,1–4.
495– *Heimlich und öffentlich:* (1) Ap. Jak. 6,5.
496– *Übertrefft sogar mich:* (1) Ap. Jak. 6,6.
497– *Der Dattelpalmenschößling:* (1) Ap. Jak. 6,8.
498– *Himmelfahrt und Gleichnisse:* (1) Ap. Jak. 6,9–10.
499– *Weizenkorn:* (1) Ap. Jak. 6,11.
500– *Der Sohn bedarf des Vaters:* (1) Ap. Jak. 6,15b.
501– *Über Selbstquälerei:* (1) Ap. Jak. 6,16.
502– *Es ist leichter:* (1) Ap. Jak. 6,17.
503– *Kummer und Sorge:* (1) Ap. Jak. 6,18.
504– *Wäre ich gesandt worden:* (1) Ap. Jak. 6,19.
505– *Euretwegen bin ich herabgekommen:* (1) Ap. Jak. 6,22b.
506– *Wehe euch, die ihr einen Fürsprecher nötig habt:* (1) Ap. Jak. 7,2b.
507– *Vergleicht euch mit Fremden:* (1) Ap. Jak. 7,3a.
508– *Seele und Fleisch:* (1) Ap. Jak. 7,7.
509– *Nicht viele haben das Himmelreich gefunden:* (1) Ap. Jak. 7,8.
510– *Lebensähre:* (1) Ap. Jak. 8,1–2.
511– *Schützendes Haus:* (1) Ap. Jak. 8,4.
512– *Zum Vater:* (1) Ap. Jak. 8,5.
513– *Die nicht sind:* (1) Ap. Jak. 8,6.
514– *Laßt nicht das Himmelreich in euch veröden:* (1) Ap. Jak. 8,7a.
515– *Wie Jesus werden:* (1) Ap. Jak. 8,7b.
516– *Reich und Leben:* (1) Ap. Jak. 9,1–4.
517– *Dreimal Heil denen:* (1) Ap. Jak. 9,9.
518– *Klein und groß:* (1) 2. Klem. 8,5a.
519– *Erwählt und gegeben:* (1) NE 23.
520– *Laßt ab zu opfern:* (1) EE 6.
521– *Der Ehebrecherin wird vergeben:* (1) Joh. 7,53–8,11.
522– *Später zum Markusevangelium hinzugefügte Schlüsse:* (1) kürzerer Schluß (nach Mk. 16,1–8); (2) längerer Schluß (= Mk. 16,9–20); (3) Freer Logion (nach Mk. 16,14).

Anhang 2

Typen und Verlauf der Bauernunruhen im frühen römischen Palästina

A. Protestierer (7 Fälle zwischen 4 v. Chr. und 65 n. Chr.)

(1) 4. v. Chr.: Bei Archelaus gegen Steuern und Verantwortliche für Hinrichtungen unter Herodes, in JK 2,4 = JA 17,204–205; (2a) 26/27 n. Chr.: Bei Pilatus, gegen Feldzeichen mit dem Bild des Kaisers in Jerusalem, in JK 2,169–174 = JA 18,55–59; (= 2b?) 26/27 n. Chr.: Bei Pilatus gegen Schilde mit dem Bild des Kaisers in Jerusalem, in Philo, *Gesandtschaft an Gaius*, 299–305; (3) 26–36 n. Chr.: Bei Pilatus, gegen die Verwendung von Tempeleinnahmen zum Bau einer Wasserleitung in Jerusalem, in JK 2,175–177 = JA 18,60–62; (4) 39–41 n. Chr.: Bei Petronius, gegen die Absicht, eine Statue Caligulas im Tempel aufzustellen, in JK 2,185–203 = JA 8,261–309 sowie Philo, *Gesandtschaft an Gaius*, 203–348; (5) 48–52 n. Chr.: Bei Cumanus, wegen sittenwidrigen Betragens eines römischen Soldaten im Tempel, in JK 2,224–227 = JA 20,108–112; (6) 48–52 n. Chr.: Bei Cumanus wegen Schändung einer Torahrolle durch einen römischen Soldaten, in JK 2,229–231 = JA 20,115–117; (7) 65 n. Chr.: Bei Cestius Gallus, gegen den Statthalter Florus, in JK 2,280–281.

B. Propheten (10 Fälle zwischen etwa 30 n. Chr. und 73 n. Chr.)

(1) um 30 n. Chr.: Johannes der Täufer, in JA 18,116–119; (2) 36 n. Chr.: Der samaritische Prophet, in JA 18,85–89; (3) 44–46 n. Chr.: Theudas, in JA 20,97–98 sowie Apg. 5,36; (4) 52–60 n. Chr.: Nicht näher bezeichnete Propheten, in JK 2,258–260 = JA 167b–168; (5) 52–60 n. Chr.: Der ägyptische Prophet, in JK 2,261–263 = JA 20,169–171 sowie Apg. 21,38; (6) 60–62 n. Chr.: Nicht näher identifizierter Prophet, in JA 20,188; (7) 62–70 n. Chr.: Jesus, Sohn des Ananias, in JK 6,300–309; (8) 70 n. Chr.: Nicht näher identifizierter Prophet, in JK 6,283–285; (9) 70 n. Chr.: Propheten, von denen man Näheres nicht erfährt, in JK 6,286; (10?) 73 n. Chr.: Jonathan der Weber, in JK 6,437–450.

C. Banditen (11 Fälle zwischen 47 v. Chr. und 68/69 n. Chr.)

(1) 47 v. Chr.: Ezechias, ein Räuberhauptmann, in JK 1,204–207 = JA 14,159–179; (2) 37 v. Chr.: Galiläische Räuberhöhlen, in JK 1,304–313 = JA 14,414–430; (3) 44–46 n. Chr.: Tholomäus, ein Räuberhauptmann, in JA 20,5; (4) 48–52 n. Chr.: Banditen in der Nähe von Beth-Horon, in JK 2,228–229 = JA 20,113–114; (5) 51–52 n. Chr.: Eleazar, Sohn des Deinäus und Alexander, Anführer einer Empörung, in JK 2,232–246 = JA 20,118–136; (6) 52–60 n. Chr.: Eleazar, Sohn des Deinäus, wird nach zwanzigjähriger räuberischer Tätigkeit verhaftet, in JK 2,253 = JA 20,161; (7) 60–62

n. Chr.: Auftreten nicht näher identifizierter Banditen, in JK 2,271; (8) 64–66 n. Chr.: Auftreten nicht näher identifizierter Banditen, in JK 2,278b–279 = JA 20,255b–257; (9) 66–67 n. Chr.: Banditenheer unter Josephus' Befehl in Galiläa, in JK 2,568–576 = *Leben*, 77–78; (10) 66–67 n. Chr.: Jesus, Räuberhauptmann in der Gegend von Ptolomais, in *Leben*, 104–111; (11) 68–69 n. Chr.: Zeloten und Banditen koalieren in Jerusalem, in JK 4,135–138 (siehe auch 4,442–448).

D. Messiasse (5 Fälle zwischen 4 v. Chr. und 68–70 n. Chr.)

(1) 4. v. Chr.: Judas, Sohn des Räuberhauptmanns Ezechias in Galiläa, in JK 2,56 = JA 17,271–272; (2) 4 v. Chr.: Simon, ein Sklave des Herodes in Peräa, in JK 2,57–59 = JA 17,273–277a; (3) 4. v. Chr.: Athronges, der Schäfer, in Judäa, in JK 2,60–65 = JA 17,278–284; (4) 66 n. Chr.: Menachem, Enkel oder Sohn Judas, des Galiläers (Angehöriger der Gefolgsklasse als Bauernführer), in JK 2,433–434(= 408,425), 444; (5) 68–70 n. Chr.: Simon, Sohn des Gioras (bar Giora), in JK 2,521; 2,652–654 = 4,503–507; 4,508–510; 4,529; 7,26–36,154.

Anhang 3

Inventar der Aussagen über Johannes den Täufer [18:6 + 12]

Erste Schicht [8:5 + 3]

(1) 58 *Johannes tauft Jesus* [1/3]; (2) 51 *In die Wüste* [1/3]; (3) 115 *Die Botschaft des Johannes* [1/2]; (4) 85 *Größer als Johannes* [1/2]; (5) 106 *Fasten und Hochzeit* [1/2]; (6) 143 *Antwort an Johannes* [1/1]; (7) 144 *Gerechtfertigte Weisheit* [1/1]; (8) 168 *Himmelreich und Gewalt* [1/1].

Zweite Schicht [5:1 + 4]

(1) 197 *Herodes enthauptet Johannes* [2/2]; (2) 213 *Johannes der Täufer* [2/1]; (3) 231 *Herodes über Jesus* [2/1]; (4) 244 *Elija ist gekommen* [2/1]; (5) 261 *Mit welcher Macht?* [2/1].

Dritte Schicht [5:0 + 5]

(1) 428 *Die beiden Söhne* [3/1]; (2) 431 *Empfängnis des Johannes* [3/1]; (3) 432 *Geburt des Johannes* [3/1]; (4) 443 *Zurückweisung des Täufers* [3/1]; (5) 487 *Jesus tauft* [3/1].

Anhang 4

Inventar der Aussagen über den «Menschensohn» [40:14 + 26]

Dieses Inventar muß der folgenden Besonderheit wegen sehr sorgfältig gelesen werden: Von einer einzigen Ausnahme abgesehen, kommt hier in allen Fällen, wo mehr als ein Zeugnis sich für eine Überlieferungseinheit verbürgt, der Ausdruck «Menschensohn» nur in einem dieser Zeugnisse vor. Die Ausnahme, der einzige Fall, in dem der Ausdruck zweimal unabhängig bezeugt ist, ist der Komplex 101 *Füchse haben Höhlen* [1/2]. Mit Hinsicht auf den Ausdruck «Menschensohn» ist also das Verhältnis zwischen mehrfacher und einfacher Bezeugtheit für die hier zusammengestellten Komplexe nicht wie oben angegeben, sondern 40:1 + 39.

A. Apokalyptische Aussagen über den «Menschensohn» [18:6 + 12]

Erste Schicht [9:5 + 4]

(1) 2 *Jesu apokalyptische Wiederkehr* [1/6]; «Menschensohn» aber nur bei Mk.; (2) 28 *Vor den Engeln* [1/4], «Menschensohn» nur bei Mk.; (3) 12 *Die Gefahr kennen* [1/4], «Menschensohn» nur bei Q; (4) 30 *Jakobus offenbart* [1/3], «Menschensohn» nur bei HE 7; (5) 122 *Zeichenforderung* [1/2], «Menschensohn» nur bei Q; (6) 179 *Auf zwölf Thronen* [1/1]; (7) 174 *Wie der Blitz* [1/1]; (8) 175 *Wie zu den Zeiten Noahs* [1/1]; (9) 176 *Wie zu den Zeiten Lots* [1/1].

Zweite Schicht [3:1 + 2]

(1) 188 *Die unbekannte Zeit* [2/4], «Menschensohn» nur bei Lk. 21,34–36; (2) 243 *Es stehen etliche hier* [2/1]; (3) 270 *Frage des Priesters* [2/1].

Dritte Schicht [5:0 + 5]

(1) 411. *Erklärung des ausgesäten Unkrauts* [3/1]; (2) 405 *Städte Israels* [3/1]; (3) 425 *Das Jüngste Gericht* [3/1]; (4) *Es wird die Zeit kommen* [3/1]; (5) 473 *Der ungerechte Richter* [3/1].

Vierte Schicht [1:0 + 1]

(1) 490 *Die Himmel offen* [4/1].

B. Aussagen über den irdischen «Menschensohn» [10:8 + 2]

Erste Schicht [5:4 + 1]

(1) 101 *Füchse haben Höhlen* [1/2], «Menschensohn» in beiden Quellen; (2) 23 *Alle Sünden vergeben* [1/4], «Menschensohn» nur in Q; (3) 73 *Wer ist Jesus?* [1/2], «Menschensohn» nur in Mt. 16,13–20; (4) 48 *Selig die Verfolgten* [1/3], «Menschensohn» nur bei Lk. 6,22–23; (5) 144 *Gerechtfertigte Weisheit* [1/1], «Menschensohn» nur in Q.

Zweite Schicht [4:3 + 1]

(1) 187 *Rechtschaffenheit und Sünder* [2/4], «Menschensohn» nur bei Lk. 19,10; (2) 191 *Führer als Knecht* [2/3], «Menschensohn» nur bei Mk.; (3) 127 *Krankheit und Sünde* [2/2], «Menschensohn» nur bei Mk.; (4) 220 *Herr und Sabbat* [2/1].

Dritte Schicht [1:1 + 0]

(1) 386 *Nicht sehen und doch glauben* [3/2], «Menschensohn» nur bei Ap. Jak. 3,3–5.

C. Aussagen über den leidenden und auferstehenden Menschensohn [2:0 + 2]

Zweite Schicht [2:0 + 2]

(1) 240 *Passions- und Auferstehungsprophezeiung* [2/1], «Menschensohn» nur bei Mk.; (2) 269 *Verhaftung Jesu* [2/1], «Menschensohn» nur bei Lk. 22,47.

D. Johanneische Aussagen über den «Menschensohn» [10:0 + 10]

Zweite Schicht [10:0 + 10]

(1) 486 *Jesus und Nathanael* [2/1]; (2) 350 *Jesus zu Nikodemus* [2/1]; (3) 352 *Über den Vater* [2/1]; (4) 353 *Brot des Lebens* [2/1]; (5) 354 *Murren gegen Jesus* [2/1]; (6) 355 *Jesus auf dem Laubhüttenfest und im Tempel* [2/1]; (7) 356 *Blindheit und Augenlicht* [2/1]; (8) 361 *Zeit der Verklärung* [2/1]; (9) 362 *Prophezeiungen des Unglaubens* [2/1]; (10) 363 *Jesu Rede beim letzten Abendmahl* [2/1].

Anhang 5

Inventar der Aussagen über das «Reich» [77:33 + 44]

Dieses Verzeichnis ist aus dem gleichen Grund ebenso sorgfältig zu lesen wie das der Aussagen über den «Menschensohn». Ich habe es nützlich gefunden, die Aussagen über das «Reich» zunächst in einem «Allgemeinen Inventar» zusammenzustellen, das alle Überlieferungskomplexe angibt, in denen mindestens eine Quelle den fraglichen Begriff nennt. Ich gebe in jedem Fall die betreffende Quelle oder den Text an, in dem er erscheint, es sei denn, er erschiene in allen Zeugnissen des genannten Überlieferungskomplexes. Diesem «Allgemeinen Inventar» lasse ich ein «Besonderes Inventar» folgen, in das nur diejenigen Komplexe aufgenommen sind, in denen mehr als eine unabhängige Quelle vom «Reich» spricht. Während das Verhältnis zwischen mehrfach und einfach unabhängig bezeugten Komplexen im «Allgemeinen Inventar» 77:33 + 44 beträgt, so gilt für das «Besondere Inventar» das Verhältnis 77:12 + 65.

A. Allgemeines Inventar der Aussagen über das «Reich» [77:33 + 44]

Erste Schicht [43:28 + 15]

(1) 1 *Sendung und Botschaft* [1/7], «Reich» nur in Q, vielleicht allerdings auch in der Quelle von Mk., vergl. Mk. 6,12 mit Mk. 1,15 und beachte Lk. 9,2; (2) 3 *Brot und Fisch* [1/6], «Reich» nur bei Lk. 9,11; (3) 5 *Kreuzigung Jesu* [1/5], «Reich» nur bei Lk.; (4) 8 *Wann und wo* [1/5], «Reich» nur in zwei Quellen, nämlich 1a, 1c und 5; (5) 16 *Abendmahl und Eucharistie* [1/4], «Reich» nur bei Mk.; (6) 13 *Zwei als einer* [1/4], «Reich» nur in den Quellen 1,3; (7) 20 *Das Reich und die Kinder* [1/4], «Reich» in allen vier Quellen; (8) 26 *Jesus von einer Jungfrau empfangen* [1/4], «Reich» nur bei Lk.; (9) 35 *Das Senfkorn* [1/3], «Reich» in allen drei Quellen; (10) 46 *Die Pächter* [1/3], «Reich» nur bei Mt.; (11) 43 *Selig die Armen* [1/3], «Reich» in allen drei Quellen; (12) 48 *Selig die Verfolgten* [1/3], «Reich» nur bei Mt. 5,10; (13) 120 *Das Vaterunser* [1/2], «Reich» in beiden Quellen 1a, 2; (14) 70 *Begräbnis Jesu* [1/2], «Reich» nur bei Mk.; (15) 111 *Nicht alle, die zu mir sagen, Herr, Herr...* [1/2], «Reich» nur bei Mt.; (16) 71 *Das Fischernetz* [1/2], «Reich» nur bei Mt.; (17) 73 *Wer ist Jesus?* [1/2], «Reich» nur bei Mt.; (18) 75 *Erntezeit* [1/2], «Reich» nur bei Mk.; (19) 82 *Gegen Sorgen* [1/2], «Reich» nur bei Q; (20) 84 *Andere hindern* [1/2], «Reich» nur bei Mt. 23,13; (21) 85 *Größer als Johannes* [1/2], «Reich» in beiden Quellen; (22) 90 *Gesätes Unkraut* [1/2], «Reich» in beiden Quellen; (23) 92 *Das geheime Wissen* [1/2], «Reich» nur bei Mk.; (24) 95 *Das Festmahl* [1/2], «Reich» nur aus Q; (25) 98 *Die Perle* [1/2], «Reich» in beiden Quellen; (26) 104 *Der Sauerteig* [1/2], «Reich» in beiden Quellen; (27) 105 *Jesu wahre Familie* [1/2], «Reich» nur im ThEv. 99; (28) 108 *Der Schatz* [1/2], «Reich» in beiden Quellen; (29) 291 *Fasten und Sabbat* [1/1]; (30) 299 *Einsam und Auserwählt;* [1/1]; (31) 313 *Nahe beim Feuer* [1/1]; (32) 320 *Der leere Krug* [1/1]; (33) 321 *Der Mörder* [1/1]; (34) 327 *Petrus und Maria* [1/1]; (35) 145 *Laßt die Toten* [1/1], «Reich» nur bei Lk.; (36) 146 *Wer zurück sieht* [1/1]; (37) 150

Durch wessen Macht [1/1]; (38) 164 *Die geschlossene Tür* [1/1]; (40) 168 *Reich und Gewalt* [1/1]; (41) 178 *Das anvertraute Geld* [1/1], «Reich» nur bei Lk.; (42) 179 *Auf zwölf Thronen* [1/1], «Reich» nur bei Lk.; (43) 180 *Die Frage des Pilatus* [1/1], «Reich» nur bei Joh.

Zweite Schicht [14:5 + 9]

(1) 191 *Führer als Knecht* [2/3], «Reich» nur bei Mt. 18,1.4; (2) 64 *Die letzten Tage* [2/3], «Reich» nur bei Mt. 24,14 und Lk. 21,31; (3) 199 *Reich und Reichtümer* [2/2], «Reich» in beiden Quellen; (4) 200 *Hundertfältiger Lohn* [2/2], «Reich» nur bei Lk.; (5) 201 *Das wichtigste Gebot* [2/2], «Reich» nur bei Mk.; (6) 214 *Reich und Buße* [2/1], «Reich» nur bei Mk. und Mt.; (7) 218 *In die nächsten Städte* [2/1], «Reich» nur bei Mt. und Lk.; (8) 225 *Den Sämann deuten* [2/1], «Reich» nur bei Mt.; (9) 230 *Umkehr in die Dörfer* [2/1], «Reich» nur bei Mt. und Lk.; (10) 243 *Es stehen etliche hier* [2/1], «Reich» bei allen Zitaten aus Mk.; (11) 248 *Hand, Fuß und Auge* [2/1], «Reich» nur bei Mk.; (12) 254 *Jesu Taufe* [2/1], «Reich» nur bei Mt.; (13) 257 *Einzug in Jerusalem* [2/1], «Reich» nur bei Mk.; (14) 265 *In dieser Generation* [2/1], «Reich» nur bei Lk.

Dritte Schicht [10:0 + 10]

(1) 393 *Nur eines von den kleinsten Geboten* [3/1]; (2) 394 *Größere Rechtschaffenheit* [3/1]; (3) 411 *Erklärung des ausgesäten Unkrauts* [3/1]; (4) 426 *Schriftgelehrter zum Himmelreich gelehrt* [3/1]; (5) 418 *Der gnadenlose Knecht* [3/1]; (6) 427 *Verschnitten um des Himmelreichs willen* [3/1]; (7) 419 *Die Arbeiter im Weinberg* [3/1]; (8) 428 *Die beiden Söhne* [3/1]; (9) 425 *Das Jüngste Gericht* [3/1]; (19) 451 *Kleine Herde* [3/1].

Vierte Schicht [10:0 + 10]

(1) 491 *Himmelreich und Fülle* [4/1]; (2) 492 *Erfüllt werden* [4/1]; (3) 493 *Reich und Kreuz* [4/1]; (4) 497 *Der Dattelpalmenschößling* [4/1]; (5) 499 *Das Weizenkorn* [4/1]; (6) 504 *Es ist leichter* [4/1]; (7) 509 *Nicht viele haben das Himmelreich gefunden* [4/1]; (8) 510 *Lebensähre* [4/1]; (9) 514 *Laßt nicht das Himmelreich in euch veröden* [4/1]; (10) 516 *Himmelreich und Leben* [4/1].

B. Besonderes Inventar der Aussagen über das «Reich»

Hier sind nur die zwölf Komplexe erfaßt, in denen mindestens zwei unabhängige Zeugnisse den Begriff «Reich» anführen. Die genaue Zahl der Zeugnisse wird durch die Ziffer nach dem Gleichheitszeichen (=) im Titel jedes Komplexes bezeichnet (z. B. vier Zeugnisse im Komplex 20 *Das Reich und die Kinder* [1/4 = 4]. Die Komplexe sind, nach der Anzahl der unabhängigen Zeugnisse geordnet, einzeln aufgeführt, ein Asterisk bezeichnet diejenigen, in denen der Begriff «Reich» vorkommt. Die in eckigen Klammern nachgestellten Buchstaben geben an, in welcher Form er gebraucht ist: R = Reich, RG = Reich Gottes, RV = Reich des Vaters, HR = Himmelreich.

Erste Schicht [11]

1) 20 *Das Reich und die Kinder* [1/4 = 4]: *(1) ThEv. 22,1–2 [R]; *(2) Mk. 10,13–16 [RG] = Mt. 19,13–15 [HR] = Lk. 18,15–17 [RG]; *(3) Mt. 18,3 [HR]; *(4) Joh. 3,1–10 [RG].
2) 35 *Das Senfkorn* [1/3 = 3]: *(1) ThEv. 20,1–2 [HR]; (2) 1 oder 2? Q: Lk. 13,18–19 [RG] = Mt. 13,31–32 [HR]; (3) Mk. 4,30–32 [RG] = Mt. 13,31–32 [HR].

3) 43 *Selig die Armen* [1/3 = 3]: *(1) ThEv. 54 [HR]; *(2a) 1 Q: Lk. 6,20 [RG] = Mt. 5,3 [HR]; *(2b) Pol. Phil. 2,3e [RG]; *(3) Jak. 2,5 [R].
4) 8 *Wann und wo* [1/5 = 2]: *(1a) ThEv. 3,1 [R] und P. Oxy. 654,3,1 [H? RG?]; (1b) ThEv. 51 [–]; *(1c) ThEv. 113 [RV]; (2) 2 Q: Lk. 17,23 [–] = Mt. 24,26 [–]; (3) Mk. 13,21–23 [–] = Mt. 24,23–25 [–]; Dial. Sot. 16 [–]; *(5) Lk. 17,20–21 [RG].
5) 13 *Zwei als einer* [1/4 = 2]: (1a) Gal. 3,27–28; (1b) 1. Kor. 12,13; (1c) Kol. 3,10–11; *(2) ThEv. 22,3–4 [R]: (3) EvEger 5b [–]; *(4) 2. Klem. 12,1–6 [RG, sein R, R, meines V].
6) 120 *Das Vaterunser* [1/2 = 2]: *(1a) 1 Q: Lk. 11, (1)2–4 [RV] = (1) Mt. 6,9–13 [RV]; (1b) NE 5 [–]; (1c) Pol. Phil. 7,2a [–]; *(2) Did. 8,2b [KV].
7) 85 *Größer als Johannes* [1/2 = 2]: *(1) ThEv. 46 [R]; *(2) 2 Q: Lk. 7,28 [RG] = Mt. 11,11 [HR].
8) 90 *Das gesäte Unkraut* [1/2 = 2]: *(1) ThEv. 57 [RV]; *(2) Mt. 13,24–30. [HR].
9) 98 *Die Perle* [1/2 = 2]: *(1) ThEv. 76,1 [RV]; *(2) Mt. 13,45–46 [HR].
10) 104 *Der Sauerteig* [1/2 = 2]: *(1) ThEv. 96,1 [RV]; *(2) 1 oder 2? Q: Lk. 13,20–21 [RG] = Mt. 13,33 [RG].
11) 108 *Der Schatz* [1/2 = 2]: *(1) ThEv. 109 [R]; *(2) Mt. 13,44 [HR].

Zweite Schicht [1]

(1) 199 *Reich und Reichtümer* [1/2 = 2]: *(1a) Mk. 10,23–27 [RG] = Mt. 19,23–26 [HR/RG] = Lk. 18,24–27 [RG]; *(1b) NE 16b [HR]; *(2) Herm. Sim. 9,20,1–4 [RG].

C. Inventar weiterer Texte, in denen der Begriff «Reich» erscheint

(1) Apg. 1,3.6; 8,12; 14,22; 19,8; 20,25; 28,23.31; (2) Paulus: 1. Thess. 2,12; Gal. 5,21; 1. Kor. 4,20; 6,9–10; 15,24.50; Röm. 14,17; (3) Pseudo Paulus: 2. Thess. 1,5; Eph. 5,5 (!); Kol. 1,13 (!); 2. Tim. 4,1.18; (4) Andere neutestamentliche Texte: Hebr. 2,8; 11,23; 12,28; Jak. 2,5; 2. Petr. 1,11 (!); Offb. 1,6.9; 5,10; 11,15 (!); 12,10; (5) Apostolische Väter: 1. Klem. 42,3; 50,3; 2. Klem. 9,6; Ign. Phil. 3,3 [aus 1. Kor. 6,9–10]; Pol. Phil. 5,3 [aus 1. Kor. 6,9–10]; Barn. 4,13; Herm. Sim. 9,15,3; 9,29,2.

Anhang 6

Inventar der Wunder Jesu [32:9 + 23]

Erste Schicht [9:8 + 1]

(1) 3 *Brot und Fisch* [1/6]; (2) 110 *Heilung eines Aussätzigen* [1/2]; (3) 119 *Heilung des fernen Knaben* [1/2]; (4) 121 *Beelzbulstreit* [1/2]; (5) 127 *Krankheit und Sünde* [1/2]; (6) 128 *Auf Wasser gehen* [1/2]; (7) 129 *Heilung des Blinden* [1/2]; (8) 130 *Erweckung des Toten* [1/2]; (9) 184 *Verklärung Jesu* [1/1].

Zweite Schicht [19:1 + 18]

1) 190 *Menschenfischer* [2/3]; (2) 215 *In der Synagoge von Kafarnaum* [2/1]; (3) 216 *Die Schwiegermutter des Petrus* [2/1]; (4) 217 *Heilungen und Dämonenaustreibungen* [2/1]; (5) 221 *Hand und Sabbat* [2/1]; (6) 222 *Er heilte viele* [2/1]; (7) 223 *Dämonen zum Schweigen gebracht* [2/1]; (8) 228 *Der Besessene von Gerasa* [2/1]; (9) 229 *Heilung zweier Frauen* [2/1]; (10) 231 *Herodes über Jesus* [2/1]; (11) 233 *Heilungen in Gennesaret* [2/1]; (12) 237 *Heilung des fernen Mädchens* [2/1]; (13) 238 *Heilung des Taubstummen* [2/1]; (14) 245 *Heilung des besessenen Knaben* [2/1]; (15) 246 *Fremder als Teufelsbanner* [2/1]; (16) 256 *Heilung des Bartimäus* [2/1]; (17) 260 *Der verfluchte Feigenbaum* [2/1]; (18) 269 *Verhaftung Jesu* [2/1]; (19) 349 *Wasser in Wein* [2/1].

Dritte Schicht [4:0 + 4]

(1) 428 *Die Tempelsteuer* [3/1]; (2) 441 *Erweckung des Sohns der Witwe* [3/1] ; (3) 454 *Krüppel und Sabbat* [3/1]; (4) 458 *Wassersucht und Sabbat* [3/1].

Anhang 7

Schichten im Petrusevangelium

Im Petrusevangelium, wie es uns heute vorliegt, sind drei Schichten zu unterscheiden (Crossan, 1988a). Die nachfolgende Tabelle gibt deren Titel und faßt ihren Inhalt zusammen.

Ursprüngliche Schicht	Redaktionsschicht	Intrakanonische Schicht
(1a) Kreuzigung und Kreuzabnahme (1,1–2 sowie 2,5b–6,22)	(2a) Bitte um Erlaubnis zum Begräbnis (2,3–5a) = Vorbereitung auf 3b	(3a) Joseph und das Begräbnis (6,23–24)
(1b) Grab und Wächter (7,25 sowie 8,28–9,34)	(2b) Ankunft des Jünglings (11,43–44) = Vorbereitung auf 3b	(3b) Frauen und Jüngling (12,50–13,57)
(1c) Auferstehung und Bekenntnis (9,35–10,42 sowie 11,45–49)	(2c) Tun der Jünger (7,26–27 sowie 14,58–59) = Vorbereitung auf 3c	(3c) Jünger und Erscheinung (14,60...)

Hier nun der Text des Petrusevangeliums (nämlich des 1887 bei Akhmim in Oberägypten gefundenen Fragments in der Übersetzung von Christian Maurer, NTApo[6], Bd. 1, S. 185ff.), in dem wir diese Schichten mit den angegebenen Untertiteln typographisch gegeneinander abgesetzt haben. Der ursprüngliche Text des «Kreuzevangeliums» (1a, b, c) ist normal gesetzt, die Redaktions- oder Verbindungsschicht (2a, b, c) fett gerade, die intrakanonische Schicht fett kursiv.

(1a) Kreuzigung und Kreuzabnahme [Anfang]

[1,1] Von den Juden aber wusch sich keiner die Hände, weder Herodes noch einer seiner Richter. Und als sie sich nicht waschen wollten, stand Pilatus auf. 2. Und da befiehlt der König Herodes, den Herrn abzuführen, indem er ihnen sagt: «Was ich euch befohlen habe, an ihm zu tun, das tut.»

(2a) Bitte um Erlaubnis zum Begräbnis

[2,3] Es stand aber daselbst Joseph, der Freund des Pilatus und des Herrn, und als er sah, daß sie ihn kreuzigen würden, kam er zu Pilatus und bat um den Leib des Herrn zum Begräbnis. 4. Und Pilatus sandte zu Herodes und bat um seinen Leib. 5. Und Herodes sprach: «Bruder Pilatus, auch wenn niemand um ihn gebeten hätte, würden wir ihn begraben, da ja auch der Sabbat aufleuchtet. Denn es steht im Gesetz geschrieben, die Sonne dürfe nicht über einem Getöteten untergehen.»

(1 a) Kreuzigung und Kreuzabnahme [Schluß]

[2,5b] Und er übergab ihn dem Volke am Tag vor den ungesäuerten Broten, ihrem Feste. [3/6] Sie aber nahmen den Herrn und stießen ihn eilends und sprachen: «Lasset uns den Sohn Gottes schleifen, das wir Gewalt über ihn bekommen haben.» 7. Und sie legten ihm ein Pupurgewand um und setzten ihn auf den Richtstuhl und sprachen: «Richte gerecht, o König Israels!» 8. Und einer von ihnen brachte einen Dornenkranz und setzte ihn auf das Haupt des Herrn. 9. Und andere, die dabei standen, spieen ihm ins Angesicht, und andere schlugen ihm auf die Wangen, andere stießen ihn mit einem Rohr, und etliche geißelten ihn und sprachen: «Mit solcher Ehre wollen wir den Sohn Gottes ehren.»

[4,10] Und sie brachten zwei Übeltäter und kreuzigten den Herrn mitten zwischen ihnen. Er aber schwieg, wie wenn er keinen Schmerz empfände. 11. Und als sie das Kreuz aufgerichtet hatten, schrieben sie darauf: Dies ist der König Israels. 12. Und sie legten die Kleider vor ihm nieder und teilten sie unter sich und warfen das Los über sie. 13. Einer aber von den Übeltätern schalt sie und sprach: «Wir sind ins Leiden geraten um der Freveltaten willen, die wir begangen haben. Dieser aber, der der Heiland der Menschen geworden ist, was hat er euch zu Leide getan?» 14. Und sie wurden zornig über ihn und befahlen, daß ihm die Schenkel gebrochen würden, damit er unter Qualen sterbe.

[5,15] Es war aber Mittag, und eine Finsternis bedeckte ganz Judäa. Und sie gerieten in Angst und Unruhe darüber, daß die Sonne schon untergegangen sei, da er ja noch am Leben war. (Denn) es steht ihnen geschrieben, die Sonne dürfe nicht über einem Getöteten untergehen. 16. Und einer unter ihnen sprach: «Gebet ihm Galle mit Essig zu trinken.» Und sie mischten es und gaben ihm zu trinken. 17. Und sie erfüllten alles und machten das Maß der Sünden über ihr Haupt voll. 18. Viele aber gingen mit Lichtern umher, da sie meinten, es sei Nacht, (und) fielen hin. 19. Und der Herr schrie auf und rief: «Meine Kraft, o Kraft, du hast mich verlassen!» Und indem er dies sagte, wurde er aufgenommen. 20. Und zu derselben Stunde riß der Vorhang des Tempels zu Jerusalem entzwei.

[6] 21. Und da zogen die Juden die Nägel aus den Händen des Herrn und legten ihn auf die Erde. Und die ganze Erde erbebte und große Furcht entstand. 22. Da leuchtete die Sonne (wieder), und es fand sich, daß es die neunte Stunde war.

(3 a) Joseph und das Begräbnis

23. Die Juden aber freuten sich und gaben seinen Leib dem Joseph, damit er ihn beerdige, da er ja all das Gute geschaut hatte, das er (= Jesus) getan hatte. 24. Er nahm aber den Herrn, wusch ihn, hüllte ihn in eine Leinwand und brachte ihn in sein eigenes Grab, genannt Josephs Garten.

(1 b) Grab und Wächter [Anfang]

[7,25] Da erkannten die Juden und die Ältesten und die Priester, welch großes Übel sie sich selbst zugefügt hatten, und begannen zu klagen und zu sagen: «Wehe über unsere Sünden, das Gericht und das Ende Jerusalems ist nahe herbeigekommen.»

(2c) Tun der Jünger [Anfang]

[7,2] Ich aber trauerte mit meinen Genossen, und verwundeten Sinnes verbargen wir uns, denn wir wurden von ihnen gesucht als Übeltäter und solche, die den Tempel anzünden wollten. 27. Wegen all dieser Dinge fasteten wir und saßen trauernd und weinend da Nacht und Tag bis zum Sabbat.

(1b) Grab und Wächter

[8,28] Als sich aber die Schriftgelehrten und Pharisäer und Ältesten miteinander versammelten und hörten, daß das ganze Volk murre und sich an die Brust schlage und sage: «Wenn bei seinem Tode diese überaus große Zeichen geschehen sind, so sehet, wie gerecht er war!», 29. da fürchteten sie sich und kamen zu Pilatus, baten ihn und sprachen: 30. «Gib uns Soldaten, damit wir sein Grab drei Tage lang bewachen, damit nicht seine Jünger kommen und ihn stehlen und das Volk glaube, er sei von den Toten auferstanden, und uns Böses antue.» 31. Pilatus aber gab ihnen den Hauptmann Petronius mit Soldaten, um das Grab zu bewachen. Und mit diesen kamen Älteste und Schriftgelehrte zum Grabe. 32. Und alle, die dort waren, wälzten zusammen mit dem Hauptmann und den Soldaten einen großen Stein herbei und legten ihn vor den Eingang des Grabes 33. und legten sieben Siegel an, schlugen ein Zelt auf und hielten Wache. [9,34] Frühmorgens, als der Sabbat anbrach, kam ein Volkshaufe aus Jerusalem und der Umgebung, um das versiegelte Grab zu sehen.

(1c) Auferstehung und Bekenntnis [Anfang]

[9,35] In der Nacht aber, in welcher der Herrntag aufleuchtet, als die Soldaten, jede Ablösung zu zweit, Wache standen, erscholl eine laute Stimme im Himmel, 36. und sie sahen die Himmel geöffnet und zwei Männer in einem großen Lichtglanz von dort herniedersteigen und sich dem Grabe nähern. 37. Jener Stein, der vor den Eingang des Grabes gelegt war, geriet von selbst ins Rollen und wich zur Seite, und das Grab öffnete sich, und beide Jünglinge traten ein. [10,38] Als nun jene Soldaten dies sahen, weckten sie den Hauptmann und die Ältesten – auch diese waren nämlich bei der Wache zugegen. 39. Und während sie erzählten, was sie gesehen hatten, sehen sie wiederum drei Männer aus dem Grabe herauskommen und die zwei den einen stützen und ein Kreuz ihnen folgen, 40. und das Haupt der zwei bis zum Himmel reichen, dasjenige des von ihnen an der Hand Geführten aber die Himmel überragen. 41. Und sie hörten eine Stimme aus den Himmeln rufen: «Hast du den Entschlafenen gepredigt?», 42. und es wurde vom Kreuze her die Antwort laut: «Ja.»

(2b) Ankunft des Jünglings

[11,43] Jene erwogen nun miteinander, hinzugehen und dies dem Pilatus zu melden. 44. Und während sie noch beratschlagten, sieht man wieder, wie die Himmel sich öffnen und ein Mensch heruntersteigt und ins Grab hineingeht.

(1c) Auferstehung und Bekenntnis [Ende]

[11,45] Als die Leute um den Hauptmann dies sahen, eilten sie in der Nacht zu Pilatus und verließen das Grab, das sie bewachten, und erzählten alles, was sie gesehen hatten, voller Unruhe und sprachen: «Wahrhaftig, er war Gottes Sohn.» 46. Pilatus antwortete und sprach: «Ich bin rein am Blute des Sohnes Gottes, ihr habt solches beschlossen.» Da traten alle zu ihm, baten und ersuchten ihn dringend, dem Hauptmann und den Soldaten zu befehlen, niemandem zu sagen, was sie gesehen hatten. 48. «Denn es ist besser für uns», sagten sie, «uns der größten Sünde vor Gott schuldig zu machen, als in die Hände des Judenvolkes zu fallen und gesteinigt zu werden.» 49. Pilatus befahl nun dem Hauptmann und den Soldaten, nichts zu sagen.

(3b) Frauen und Jüngling

[12,50] In der Frühe des Herrntages nahm Maria Magdalena, die Jüngerin des Herrn – aus Furcht wegen der Juden, da (diese) vor Zorn brannten, hatte sie am Grabe des Herrn nicht getan, was die Frauen an den von ihnen geliebten Sterbenden zu tun pflegten – 51. mit sich ihre Freundinnen und kam zum Grabe, wo er hingelegt war. 52. Und sie fürchteten, die Juden würden sie sehen, und sprachen: «Wenn wir auch an jenem Tage, da er gekreuzigt wurde, nicht weinen und klagen konnten, so wollen wir solches wenigstens jetzt an seinem Grabe tun. 53. Wer aber wird uns auch den Stein, der an den Eingang des Grabes gelegt ist, wegwälzen, damit wir hineingelangen, uns neben ihn setzen und tun, was sich gehört? – 54. denn der Stein war groß – und wir fürchten, daß uns jemand sieht. Und wenn wir es nicht können, so wollen wir wenigstens am Eingang niederlegen, was wir zu seinem Gedächtnis mitbringen, wollen weinen und klagen, bis wir wieder heimgehen.» [13,55] Und als sie hineingingen, fanden sie das Grab geöffnet. Und sie traten herzu, bückten sich nieder und sahen dort einen Jüngling sitzen mitten im Grabe, anmutig und bekleidet mit einem hell leuchtenden Gewande, welcher zu ihnen sprach: 56. «Wozu seid ihr gekommen? Wen sucht ihr? Doch nicht jenen Gekreuzigten? Er ist auferstanden und weggegangen. Wenn ihr aber nicht glaubt, so bückt euch hierher und seht den Ort, wo er gelegen hat, denn er ist nicht da. Denn er ist auferstanden und dorthin gegangen, von wo er gesandt worden ist.» 57. Da flohen die Frauen voller Entsetzen.

(2c) Tun der Jünger

[14,58] Es war aber der letzte Tag der ungesäuerten Brote, und viele gingen weg und wandten sich nach Hause, da das Fest zu Ende war. 59. Wir aber, die zwölf Jünger des Herrn, weinten und trauerten, und ein jeder, voller Trauer über das Geschehene, ging nach Hause.

(3c) Jünger und Erscheinung

[14,60] Ich aber, Simon Petrus, und mein Bruder Andreas nahmen unsere Netze und gingen ans Meer. Und es war bei uns Levi, der Sohn des Alphäus, welchen der Herr...

Bibliographie

Abkürzungen

AAA = American Anthropological Association; AnBib = Analecta Biblica; ANF = The Ante-Nicene Fathers (Roberts et al.); ANRW = Aufstieg und Niedergang der römischen Welt (Temporini und Haase); APAT = Apokryphen und Pseudoepigraphen des Alten Testaments (Kautzsch); APOT = Apocrypha and Pseudoepigrapha of the Old Testament (Charles); ARA = Annual Review of Anthropology

BA = Biblical Archaeologist; BAR = Biblical Archeology Review; BASOR = Bulletin of the American Schools of Oriental Research; BETL = Bibliotheca Ephemeridum Theologicarum Lovaniensium; BZNW = Beihefte zur ZNW

CA = Current Anthropology; CAH = The Cambridge Ancient History (Cook et al.); CBQ = Catholic Biblical Quarterly; CG = Coptic Gnostic Library; CRINT = Compendia Rerum Iudaicarum ad Novum Testamentum (Safrai und Stone)

ETL = Ephemerides Theologicae Lovanienses

HR = History of Religions; HTR = Harvard Theological Review; HTS = Harvard Theological Studies

IEJ = Israel Exploration Journal

JA = Flavius Josephus, Jüdische Altertümer (H. Clementz); JAAR = Journal of the American Academy of Religion; JBL = Journal of Biblical Literature; JJS = Journal of Jewish Studies; JK = Flavius Josephus, Der jüdische Krieg (O. Michel und O. Bauernfeind); JR = Journal of Religion; JSJ = Journal for the Study of Judaism; JSNT = Journal for the Study of the New Testament; JSS = Journal of Semitic Studies; JSSR = Journal for the Scientific Study of Religion

LCL = Loeb Classical Library

NHC = Nag Hammadi Codices; NHS = Nag Hammadi Studies; NT – Novum Testamentum; NTApo^6 = Neutestamentliche Apokryphen (E. Hennecke und W. Schneemelcher), 6. Auflage; NTD = Das Neue Testament Deutsch, (P. Althaus und J. Behm); NTS = New Testament Studies

OTP = The Old Testament Pseudepigrapha (Charlesworth)

PEQ = Palestine Exploration Quarterly; P. Oxy. = Oxyrhynchus Papyri (Grenfell und Hunt)

SBL = Society of Biblical Literature; SBLDS = SBL Dissertation Series; SBLMS = SBL Monograph Series; SBLRBS = SBL Resources for Biblical Study; SBLSBS = SBL Sources for Biblical Studies; SBLSCS = SBL Septuagint and Cognate Studies; SBLSP = SBL Seminar Papers; SBLTT = SBL Texts and Translations; SBT = Studies in Biblical Theology; SC = The Second Century; SNTSM = Society for New Testament Studies Monograph Series; SSM = Social Science and Medicine

TS = Theological Studies; TU = Texte und Untersuchungen zur Geschichte der altchristlichen Literatur

ZkT = Zeitschrift für katholische Theologie; ZNW = Zeitschrift für die neutestamentliche Wissenschaft; ZTK = Zeitschrift für Theologie und Kirche

Literatur

P. J. Achtemeier, Toward the Isolation of Pre-Markan Miracle Catenae, JBL 89, 1970, S. 265–291
P. J. Achtemeier, The Origin and Function of the Pre-Markan Miracle Catenae, JBL 91, 1972, S. 198–221
K. Aland et al., The Greek New Testament, 3. Aufl., New York 1975
J. Allegro, Further Messianic References in Qumran Literature, JBL 75, 1956, S. 182–187
J. Allegro, Fragments of a Qumran Scroll of Eschatological Midrāšî, JBL 77, 1958, S. 350–354
P. Althaus und J. Behm (Hrsg.), Das Neue Testament Deutsch, Neues Göttinger Bibelwerk, Göttingen 1936
Die apostolischen Väter, griechisch-deutsche Parallelausgabe, neu übers. und hrsg. von A. Lindemann und H. Paulsen, Tübingen 1992
Aristophanes, Sämtliche Komödien, übers. von L. Seeger, 2 Bde., Zürich 1952–1953
H. W. Attridge, The Gospel According to Thomas, Appendix, The Greek Fragments, in: Nag Hammadi Codex II, 2–7, 2 Bde., hrsg. von Bentley Layton, Bd. 1, Nag Hammadi Studies 20–21, The Coptic Gnostic Library, Leiden 1989, S. 96–128.
D. E. Aune, Magic in Early Christianity, ANRW 2, 23, 1980, S. 1507–1557
Aurelius Augustinus, Vom Gottesstaat, hrsg. und übers. von W. Thimme, 2. Bde., Zürich 1955
M. Avi-Yonah, The Caesarea Inscription of the Twenty-four Priestly Courses, in: The Teacher's Yoke, Studies in Memory of Henry Trantham, hrsg. von E. J. Vardaman und J. L. Garrett, Jr., Waco 1964, S. 46–57
B. Bagatti, Excavations in Nazareth, Bd. 1, From the Beginning till the XII Century, übers. von E. Hoade, Publications of the Studium Biblicum Franciscanum 17, Jerusalem 1969
D. R. S. Bailey, Cicero, New York 1971
E. Baneth (Übers. und Hrsg.), Die sechs Ordnungen der Mischna, Berlin 1927
A. A. Barb, The Survival of the Magic Arts, in: The Conflict Between Paganism and Christianity in the Fourth Century, hrsg. von Arnaldo Momigliano, Oxford 1963, S. 100–125
P. W. Barnett, The Jewish Sign Prophets – A. D. 40–70, Their Intentions and Origin, NTS 27, 1980–1981, S. 679–697
G. Beer und O. Holtzmann (Hrsg.), Die Mischna, Text, Übersetzung und ausführliche Erklärung, Berlin – New York – Gießen 1912
J. Behm (Übers. und Hrsg.), Die Offenbarung des Johannes, NTD 11, 6. Aufl., Göttingen 1953
H. I Bell und T. C. Skeat, Fragments of an Unknown Gospel and Other Early Christian Papyri, London 1935 (a)
H. I. Bell und T. C. Skeat, The New Gospel Fragments, London 1935 (b)
K. Berger (Übers. und Hrsg.), Das Buch der Jubiläen, JSHR 2, 3, Gütersloh 1981
D. Berman, Hasidim in Rabbinic Traditions, in: SBLSP, 1979, 2 Bde., hrsg. von P. J. Achtemeier, Bd. 2, S. 15–33
H. D. Betz (Hrsg.), The Greek Magical Papyri in Translation, Including the Demotic Spells, Chicago – London 1986
H. W. Beyer (Übers. und Hrsg.), Die Apostelgeschichte, NTD 5, 5. Aufl., Göttingen 1949

Die Bibel, Einheitsübersetzung der Heiligen Schrift, Gesamtausgabe, Psalmen und Neues Testament, Ökumenischer Text, hrsg. von der Katholischen Bibelanstalt, der Deutschen Bibelgesellschaft und dem Österreichischen Katholischen Bibelwerk, Stuttgart – Klosterneuburg 1993 (zitierte Ausgabe)

Die Bibel oder die ganze Heilige Schrift des Alten und Neuen Testaments nach der deutschen Übersetzung Dr. Martin Luthers, neu durchgesehen, Stuttgart 1936

Die Bibel nach der Übersetzung Martin Luthers, Bibeltext in der revidierten Fassung von 1984, hrsg. von der EKD und vom Bund der Evangelischen Kirchen in der DDR, Stuttgart 1985

G. Bickell, Ein Papyrusfragment eines nichtkanonischen Evangeliums, ZkT 9, 1885, S. 498–504

G. Bickell, Zu dem Papyrusevangelium, ZkT 10, 1886, S. 208–209

G. Bickell, Das nichtkanonische Evangelienfragment, in: Mittheilungen aus der Sammlung der Papyrus Erzherzog Rainer, hrsg. von J. Karabacek, Bd. 1, Nr. 3–4, Wien 1887, S. 53–61

A. Blok, The Peasant and the Brigand, Social Banditry Reconsidered, Comparative Studies in Society and History, 1972, S. 494–503

J. Boissevain, Patrons as Brokers, Sociologische Gids. 16, 1969, S. 379–386

J. Boissevain, Friends of Friends, Networks, Manipulators and Coalitions, New York 1974

J. Boussevain et al., Toward an Anthropology of the Mediterranean, CA 20, 1979, S. 81–93

B. M. Bokser, Wonder-Working and the Rabbinic Tradition, The Case of Hanina ben Dosa, JSJ 16, 1985, S. 42–92

M. J. Borg, Conflict, Holiness and Politics in the Teachings of Jesus, Studies in the Bible and Early Christianity 5, New York – Toronto 1984

M. J. Borg, A Temperate Case for a Non-eschatological Jesus, Forum 2/3, 1986, S. 81–102

E. Bourguignon, Possession, Chandler and Sharp Series in Cross-cultural Themes, San Francisco 1976

F. Bovon, The Synoptic Gospels and the Noncanonical Acts of the Apostles, HTR 81, 1988, S. 19–36

S. G. F. Brandon, Jesus and the Zealots, A Study of the Political Factor in Primitive Christianity, New York 1967

F. Braudel, La Méditerranée et le Monde Méditerranéen à l'époque de Philippe II., 2. Aufl., Paris 1966

C. Brinton, The Anatomy of Revolution, New York 1938; deutsch: Die Revolution und ihre Gesetze, Frankfurt am Main 1959

M. Broshi, The Role of the Temple in the Herodian Economy, JJS 38, 1987, S. 31–37

P. R. L. Brown, Response to «The Problem of Miraculous Feedings in the Graeco-Roman World», by Robert M. Grant, in: Protocol of the Forty-second Colloquy (14. März 1982), Center for Hermeneutical Studies in Hellenistic and Modern Culture, The Graduate Theological Union and the Univ. of California, Berkeley 1982, S. 16–24

R. E. Brown, The Gospel According to John, I–XII and XIII–XXI., 2 Bde., Garden City 1966–1970

R. E. Brown, The Relation of ‹The Secret Gospel of Mark› to the Fourth Gospel, CBQ 36, 1974, S. 466–485

R. E. Brown, The Community of the Beloved Disciple, New York 1979

P. A. Brunt, Josephus on Social Conflicts in Roman Judaea, Klio 59, 1977, S. 149–153

A. Büchler, Types of Jewish-Palestinian Piety from 70 B. C. E.–70 C. E., The Ancient Pious Man, (1922), New York 1968
C. W. Bynum, Jesus as Mother, Studies in the Spirituality of the High Middle Ages, Publications of the Center for Medieval and Renaissance Studies, UCLA, 16, Berkeley – Los Angeles 1982
C. W. Bynum, Holy Feast and Holy Fast, The Religious Significance of Food to Medieval Women, Berkeley – Los Angeles 1987
R. D. Cameron, The Other Gospels, Non-canonical Gospel Texts, Philadelphia 1982
R. D. Cameron, Sayings Traditions in the Apocryphon of James, HTS 34, Philadelphia 1984
R. D. Cameron, Seeing Is Not Believing, The History of a Beatitude in the Jesus Tradition, Forum 4/1, 1988, S. 47–57
Th. F. Carney, The Shape of the Past, Models and Antiquity, Lawrence 1975
E. Cary (Hrsg.), Dio's Roman History, 9 Bde., LCL, Cambridge Mass. 1905–1906
H. Chadwick, The Sentences of Sextus, A Contribution to the History of Early Christian Ethics, Cambridge 1959
H. Chadwick, Some Reflections on the Caracter and Theology of the Odes of Solomon, in: Kyriakon, Festschrift Johannes Quasten, 2 Bde., hrsg. von P. Granfield und J. A. Jungmann, Münster 1970 (Bd. 1, S. 266–270)
R. H. Charles (Hrsg.), The Apocrypha and Pseudepigrapha of the Old Testament, 2. Bde., Oxford 1913
J. H. Charlesworth, Jesus Within Judaism, New Light from Exciting Archeological Discoveries, New York 1988
J. H. Charlesworth (Hrsg.), The Old Testament Pseudepigrapha, 2 Bde., Garden City 1983–1985
B. D. Chilton, A Galilean Rabbi and His Bible, Jesus' Use of the Interpreted Scripture of His Time, Wilmington 1984
Marcus Tullius Cicero, Ad Familiares, An seine Freunde, lateinisch-deutsch, hrsg. von H. Kasten, München 1964
Marcus Tullius Cicero, De officiis, Vom rechten Handeln, übers. von K. Büchner, Zürich 1953
Marcus Tullius Cicero, Gespräche in Tusculum, übers. von K. Büchner, Zürich 1952
S. J. D. Cohen, Josephus in Galilee and Rome, His Vita and Development as a Historian, Columbia Studies in the Classical Tradition 8, Leiden 1979
S. J. D. Cohen, From the Maccabees to the Mishnah, Philadelphia 1987
S. J. D. Cohen, Roman Domination, The Jewish Revolt and the Destruction of the Second Temple, in: Ancient Israel, A Short History from Abraham to the Roman Destruction of the Temple, hrsg. von H. Shanks Washington 1988, S. 205–235
J. W. Cohoon und H. L. Crosby (Hrsg.), Dio Chrysostom, 5 Bde., LCL, Cambridge Mass. 1932–1951
J. J. Collins, The Heavenly Representative, The ‹Son of Man› in the Similitudes of Enoch, in: Ideal Figures in Ancient Judaism, Profiles and Paradigms, hrsg. von J. Collins und G. W. E. Nickelsburg, SBLSCS 12, Chico 1980
J. J. Collins, Between Athens and Jerusalem, Jewish Identity in the Hellenistic Diaspora, New York 1983
J. J. Collins, The Apocalyptic Imagination, An Introduction to the Jewish Matrix of Christianity, New York 1984 (a)
J. J. Collins, Daniel with an Introduction to Apocalyptic Literature, Forms of the Old Testament Literature 20, Grand Rapids 1984 (b)
F. H. Colson et al., Philo, 12. Bde., LCL, Cambridge Mass. 1929–1962

S. A. Cook, F. E. Adcock und M. P. Charlesworth, The Augustan Empire, 44 B. C. to A. D. 70. Bd. 10 der CAH, Cambridge 1934
P. B Corbett, Petronius, New York 1970
W. J. Cotter, The Cildren in the Market-place, NT 24, 1987, S. 289–304
W. J. Cotter, Children Sitting in the Agora, Q (Luke) 7,31–35, Forum 5/2, 1989, S. 63–82
J. D. Crossan, In Parables, The Challenge of the Historical Jesus, New York 1973
J. D. Crossan, Empty Tomb and Absent Lord (Mark 16,1–18), in: The Passion in Mark, Studies on Mark 14–16, hrsg. von H. Kelber, Philadelphia 1976
J. D. Crossan, Finding is the First Act, Trove Folktales and Jesus' Treasure Parable, Semeia Supplements 9, Pittsburgh 1979
J. D. Crossan, In Fragments, The Aphorisms of Jesus, San Francisco 1983 (a)
J. D. Crossan, Kingdom and Children, A Study in the Aphoristic Tradition, Semeia 29, 1983 (b), S. 75–95
J. D. Crossan, Four Other Gospels, Shadows on the Contours of Canon, Minneapolis 1985
J. D. Crossan, Sayings Parallels, A Workbook for the Jesus Tradition, Foundations and Facets, Philadelphia 1986
J. D Crossan, The Cross That Spoke, The Origins of the Passion Narrative, San Francisco 1988 (a)
J. D. Crossan, Aphorism in Discourse and Narrative, Semeia 43, 1988 (b), S. 121–140
J. D. Crossan, Thougts on Two Extracanonical Gospels, Semeia 49, 1990, S. 155–168
G. Dalton, Peasantries in Anthropology and History, CA 13, 1970, S. 385–415
W. J. Dalton, Christ's Proclamation to the Spirits, A Study of I Peter 3,18–4,6, AnBib 23, Rom 1965
H. Danby, The Mishnah, London 1967
J. Daniélou, Histoire des doctrines chrétiennes avant Nicée, Paris o. J.; englisch: A History of Early Christian Doctrine Before the Council of Nicaea, übers. von J. A. Baker und D. Smith, 3 Bde., Philadelphia 1964–1977
J. B. Daniels, The Egerton Gospel, lts Place in Early Christianity, Diss., Claremont Graduate School, bei J. M. Robinson, Ann Arbor, Michigan 1989
F. W. Danker, Benefactor, Epigraphic Study of a Graeco-Roman and New Testament Semantic Field, St. Louis 1982
S. L. Davies, The Gospel of Thomas and Christian Wisdom, New York 1983
J. Davis, The People of the Mediterranean, An Essay in Comparative Social Anthropology, London 1977
W. H. Davis, Greek Papyri of the First Century, Chicago 1933
W. I. Davisson und J. E. Harper, European Economic History, Bd. 1, The Ancient World, New York 1972
Cassius Dio, Römische Geschichte, übers. von O. Veh, 5 Bde., Zürich – München 1985–1987
Diogenes Laërtius, Leben und Meinungen berühmter Philosophen, übers. von O. Apelt, 2. Aufl., Hamburg 1967
Dion Chrysostomos, Sämtliche Reden, übers. von W. Elliger, Zürich – Stuttgart 1967
M. Douglas, Natural Symbols, Explorations in Cosmology, New York 1970; deutsch: Ritual, Tabu und Körper, Sozialanthropologische Studien in Industriegesellschaft und Stammeskultur, Frankfurt am Main 1974
F. G. Downing, Cynics and Christians, NTS 30, 1984, S. 584–593
F. G. Downing, Jesus and the Threat of Freedom, London 1987

F. G. Downing, Christ and the Cynics, Jesus and Other Radical Preachers in First-Century Tradition, Sheffield 1988
D. R. Dudley, A History of Cynicism, From Diogenes to the 6th Century A. D., (1937), Reprint Hildesheim 1967
M. Durry, Éloge funèbre d'une matrone romaine (Éloge dit de Turia), Paris 1950
S. L. Dyson, Native Revolts in the Roman Empire, Historia 20, 1971, S. 239–274
S. K. Eddy, The King Is Dead, Studies in the Near Eastern Resistance to Hellenism, 334–31 B. C., Lincoln 1961
D. R. Edwards, First Century Urban/Rural Relations in Lower Galilee, Exploring the Archeological and Literary Evidence, in: SBLSP 27, hrsg. von D. J. Lull, Atlanta 1988, S. 169–182.
R. A. Edwards, The Eschatological Correlative as a «Gattung» in the New Testament, ZNW 60, 1969, S. 9–20
R. A. Edwards, The Sign of Jonah in the Theology of the Evangelists and Q., SBT 2/18, Naperville 1971
R. A. Edwards, A. Wild, The Sentences of Sextus, SBLTT 22, Chico 1981
S. N. Eisenstadt und R. Lemarchand (Hrsg.), Political Clientelism, Patronage and Development, Contemporary Political Sociology 3, Beverly Hills 1981
S. N. Eisenstadt und L. Roniger, Patron-Client Relations as a Model of Structuring Social Exchange, Comparative Studies in Society and History 22, 1980, S. 42–77
S. N. Eisenstadt, Patrons, Clients and Friends, Interpersonal Relations and the Structure of Trust in Society, Themes in the Social Sciences, Cambridge 1984
S. Emmel, Indexes of Words and Catalogues of Grammatical Forms, in: Nag Hammadi Codex II, 2–7, 2 Bde., hrsg. von Bentley Layton, Bd. 1, Leiden 1989, S. 261–336
S. Emmel, H. Köster und E. Pagels, Nag Hammadi Codex III, 5, The Dialogue of the Savior, NHS 26, Leiden 1984
I. Epstein, The Babylonian Talmud, 35 Bde., London 1935–1952
H. R. Fairclough, Horace, Satires, Epistles, Ars Poetica, LCL, Cambridge Mass. 1926
H. Falk, Jesus the Pharisee, A New Look at the Jewishness of Jesus, New York 1985
P. Farb und G. Armelagos, Consuming Passions, The Anthropology of Eating, Boston 1980
G. Feeley-Harnik, The Lord's Tables, Eucharist and Passover in Early Christianity, Symbol and Culture, Philadelphia 1981
L. H. Feldmann, Josephus and Modern Scholarship (1937–1980), New York 1984
J. Finegan, The Archaeology of the New Testament, The Life of Jesus and the Beginning of the Early Church, Princeton 1969
M. Finley, The Ancient Economy, Berkeley – Los Angeles 1973
J. A. Fitzmyer, «4 Q Testimonia» and the New Testament, TS 18, 1957, S. 513–537
J. A Fitzmyer, Review of An Aramaic Approach to the Gospels and Acts, 3. Aufl., hrsg. von Matthew Black, CBQ 30, 1968, S. 417–428
J. A. Fitzmyer, Crucifixion in Ancient Palestine, Qumran Literature, and the New Testament, CBQ 40, 1978, S. 493–513
J. A. Fitzmyer, Another View of the ‹Son of Man› Debate, JSNT 4, 1979 (a), S. 58–68
J. A. Fitzmyer, The New Testament Title ‹Son of Man› Philologically Considered, in: A Wandering Aramean, Collected Aramaic Essays SBLMS 25, Missoula 1979 (b), S. 143–160
J. A. Fitzmyer, The Gospel According to Luke, 2 Bde., Garden City 1981–1985

D. Flach (Übers. und Hrsg.), Die sogenannte Laudatio Turiae, Darmstadt 1991
R. M. Fowler, Loaves and Fishes, The Function of the Feeding Stories in the Gospel of Mark, SBLDS 54, Chico 1981
D. T. M. Frankfurter, The Origin of the Miracle-List Tradition and Its Medium of Circulation, in: SBLSP 29, hrsg. von D. J. Lull, Atlanta 1990, S. 344–374
S. Freyne, The Galileans in die Light of Josephus' Vita, NTS 26, 1979–1980, S. 397–413
S. Freyne, Galilee from Alexander the Great to Hadrian, 323 B. C. E. to 145 C. E., A Study of Second Temple Judaism, Wilmington 1980 (a)
S. Freyne, The Charismatic, in: Ideal Figures in Ancient Judaism, Profiles and Paradigms, hrsg. von J. Collins und G. W. E. Nickelsburg, SBLSCS 12, Chico 1980 (b), S. 223–258
S. Freyne, Bandits in Galilee, A Contribution to the Study of Social Conditions in First-Century Palestine, in: The Social World of Formative Christianity and Judaism, hrsg. von J. Neusner, P. Borgen, E. S. Frerichs, R. Horsley, Philadelphia 1988, S. 50–68
E.-V. Gallagher, Divine Man or Magican? Celsus and Origen on Jesus, SBLDS 64, Chico 1982
Aulus Gellius, Attische Nächte, übers. und hrsg. von F. Weiß, 2 Bde. (Leipzig 1875), Darmstadt 1965
E. Gellner und J. Waterbury (Hrsg.), Patrons and Clients in Mediterranean Societies, London 1977
D. Georgi (Übers. und Hrsg.), Weisheit Salomos, JSHR 3, 4, Gütersloh 1980
D. D. Gilmore, Anthropology of the Mediterranean Area, ARA 11, 1982, S. 175–205
D. D. Gilmore (Hrsg.), Honor and Shame and the Unity of the Mediterranean, Washington 1987
L. Goldschmidt, Der babylonische Talmud, 2. Aufl., Berlin 1964–1967
M. Goodman, The First Jewish Revolt, Social Conflict and the Problem of Debt, JJS 33, 1982, S. 422–434
M. Goodman, State and Society in Roman Galilee, A. D. 132–212, Totowa 1983
M. Goodman, The Ruling Class of Judaea, The Origins of the Jewish Revolt Against Rome, A. D. 66–70, Cambridge 1987
W. S. Green, Palestinian Holy Men, Charismatic Leadership and Rabbinic Tradition, ANRW 2, 19, 1979, S. 619–647
B. P. Grenfell und A. S. Hunt, The Oxyrhynchus Papyri, Teile 1–2, Nr. 1–207, London 1898–1899, S. 208–400
B. P. Grenfell und A. S. Hunt, Uncanonical Gospel, in: The Oxyrhynchus Papyri, Teil 10, Nr. 1224–1350, London 1914, S. 1–10 und Tafel 1
M. Gronewald, Unbekanntes Evangelium oder Evangelienharmonie (Fragment aus dem ‹Evangelium Egerton›), in: Kölner Papyri (P. Köln), Bd. 6, Abhandlungen der Rheinisch-Westfälischen Akademie der Wissenschaften, Sonderreihe Papyrologica Coloniensia 7, Opladen 1987, S. 136–145
T. R. Gurr, Why Men Rebel, Princeton 1970
N. Haas, Anthropological Observations on the Skeletal Remains from Giv'at ha Mivtar, IEJ 20, 1970, S. 38–59, Tafeln 18–24
C. R. Haines (Übers. und Hrsg.), The Correspondence of Marcus Cornelius Fronto with Marcus Aurelius Antonius, Lucius Verus, Antonius Pius, and Various Friends, LCL, Cambridge Mass. 1919–1920
G. H. Hamel, Poverty und Charity in Roman Palestine, First Three Centuries C. E., Ann Arbor, 1983

A. R. Hands, Charities and Social Aid in Greece and Rome, Aspects of Greek and Roman Life, London 1968
A. Harnack, Anhang: Das Evangelienfragment von Fajjum, in: A Resch, Agrapha, Aussercanonische Evangelienfragmente, TU 4, Leipzig 1889, S. 481–497
D. J. Harrington, The Jewishness of Jesus, Facing Some Problems, CBQ 49, 1987 (a), S. 1–13
D. J. Harrington, The Jewishness of Jesus, Bible Review 3.1 (Frühjahr 1987b), S. 33–41
P. N. Harrison, Polycarp's Two Epistles to the Philippians, Cambridge 1936
C. W. Hedrick, The Treasure Parable in Matthew and Thomas, Forum 2/2, 1986, S. 41–56
D. Hellholm (Hrsg.), Apocalypticism in the Mediterranean World and the Near East, Proceedings of the International Colloquium on Apocalypticism, Uppsala, 12. – 17. August 1979, Tübingen 1983
E. Hennecke und W. Schneemelcher (Hrsg.), Neutestamentliche Apokryphen in deutscher Übersetzung, 2 Bde., 6. Aufl., Tübingen 1989–1990
M. Heseltine (Übers. und Hrsg.), Petronius, LCL, Cambridge Mass. 1913
R. D. Hicks (Übers. und Hrsg.), Diogenes Laërtius, Lives of Eminent Philosophers, 2 Bde., LCL, Cambridge Mass. 1925
R. H. Hiers und Ch. A. Kennedy, The Bread and Fish Eucharist in the Gospels and Early Christian Art, Perspectives in Religious Studies 3, 1976, S. 20–47
J. V. Hills, Tradition and Composition in the «Epistula Apostolorum», Ann Arbor, 1985
J. V. Hills, Tradition and Composition in the Epistula Apostolorum, Harvard Dissertations in Religion 24, Minneapolis 1990 (a)
J. V. Hills, Tradition, Redaction, and Intertextuality, Miracle Lists in Apocryphal Acts as a Test Case, in: SBLSP 29, hrsg. von D. J. Lull, Atlanta 1990 (b), S. 375–390
E. J. Hobsbawm, Primitive Rebels, Studies in Archaic Forms of Social Movement in the 19th and 20th Centuries, New York 1965; Erstveröffentlichung 1959 unter dem Titel: Social Bandits and Primitive Rebels; deutsch: Sozialrebellen, Archaische Sozialbewegungen im 19. und 20. Jahrhundert, Neuwied – Berlin 1962
E. J. Hobsbawm, Social Banditry, Reply, Comparative Studies in Society and History 14, 1972, S. 503–505
E. J. Hobsbawm, Peasants and Politics, Journal of Peasant Studies 1, 1973 (a), S. 3–22
E. J. Hobsbawm, Social Banditry, in: Rural Protest, Peasant Movements and Social Change, hrsg. von H. A. Landsberger, New York 1973 (b), S. 142–157
E. J. Hobsbawm, Bandits, (1969), 2. Aufl., Middlesex 1985
R. F. Hock, The Working Apostle, An Examination of Paul's Means of Livelihood, Ann Arbor 1974
R. F. Hock, Simon the Shoemaker as an Ideal Cynic, Greek, Roman, and Byzantine Studies 17, S. 41–53
R. Höistadt, Cynic Hero and Cynic King, Uppsala 1948
P. W. Hollenbach, Jesus, Demoniacs, and Public Authorities, A Socio-Historical Study, JAAR 99, 1981, S. 567–588
P. W. Hollenbach, The Conversion of Jesus, From Jesus the Baptizer to Jesus the Healer, ANRW 2.25, 1982, S. 196–219
S. Holm-Nielsen (Übers. und Hrsg.), Die Psalmen Salomos, JSHR 4, 2, Gütersloh 1977
W. D. Hooper und J. H. B. Ash (Hrsg.), Marcus Porcius Cato, On Agriculture. Mar-

cus Terentius Varro, On Agriculture, in: Cato and Varro, De Re Rustica, LCL, Cambridge Mass. 1934, S. 1–157 und 159–529
I. W. J. Hopkins, The City Region in Roman Palestine, PEQ 12, 1980 S. 19–32
Quintus Horatius Flaccus, Sämtliche Gedichte, lateinisch-deutsch, hrsg. von B. Kytzler, Stuttgart 1992
Ch. Horowitz (Übers. und Hrsg.), Der Jerusalemer Talmud in deutscher Übersetzung, Bd. 1, Berakhoth, Tübingen 1975
N. Horsfall, Some Problems in the ‹Laudatio Turiae›, Bulletin of the Institute of Classical Studies, 30, London 1983, S. 85–98 und Tafeln 9–15
G. H. R. Horsley (Hrsg.), New Documents Illustrating Early Christianity, A Review of the Greek Inscriptions and Papyri published in 1976–79, 4 Bde., North Ryde 1981–1987
R. A. Horsley, Josephus and the Bandits, JSJ 10, 1979 (a), S. 37–63
R. A. Horsley, The Sicarii, Ancient Jewish Terrorists, 1979 (b), JR 59, S. 435–458
R. A. Horsley, Ancient Jewish Banditry and the Revolt against Rome, A. D. 66–70, CBQ 43, 1981, S. 409–432
R. A. Horsley, Popular Messianic Movements Around the Time of Jesus, CBQ 46, 1984, S. 471–493
R. A. Horsley, Like One of the Prophets of Old, Two Types of Popular Prophets at the Time of Jesus, CBQ 47, 1985, S. 435–463
R. A. Horsley, High Priests and the Politics of Roman Palestine, A Contextual Analysis of the Evidence in Josephus, JSJ 17, 1986 (a), S. 23–55
R. A. Horsley, The Zealots, Their Origin, Relationships and Importance in the Jewish Revolt, NT 28, 1986 (b), S. 159–192
R. A. Horsley, Popular Prophetic Movements at the Time of Jesus, Their Principal Features and Social Origins, JSNT 26, 1986 (c), S. 3–27
R. A. Horsley, Jesus and the Spiral of Violence, Popular Jewish Resistance in Roman Palestine, San Francisco 1987
R. A. Horsley, Bandits, Messiahs, and Longshoremen, Popular Unrest in Galilee around the Time of Jesus, in: SBLSP 27, hrsg. von D. J. Lull, Atlanta 1988, S. 183–199
R. A. Horsley, Sociology and the Jesus Movement, New York 1989
R. A. Horsley und J. S. Hanson, Bandits, Prophets, and Messiahs, Popular Movements in the Time of Jesus, Minneapolis 1985
J. M. Hull, Hellenistic Magic and the Synoptic Tradition, SBT 2/28, Naperville 1974
R. Humphries, The Loves, The Art of Beauty, The Remedies for Love, and The Art of Love, Bloomington 1957
A. S. Hunt und C. C. Edgar (Hrsg.), Select Papyri, 3 Bde., LCL, Cambridge Mass. 1932–1941
K. M. Irwin, Response to ‹The Problem of Miraculous Feedings in the Graeco-Roman World›, by Robert M. Grant, in: Protocol of the Forty-second Colloquy (14. März 1992), Berkeley 1982, S. 25–27
S. R. Isenberg, Power Through Temple and Torah in Greco-Roman Palestine, in: Christianity, Judaism and Other Greco-Roman Cults, Studies for Morton Smith at Sixty, hrsg. von Jacob Neusner, Leiden 1975
S. R. Isenberg und D. E. Owen, Bodies, Natural and Contrived, The Work of Mary Douglas, Religious Studies Review 3, 1977, S. 1–17
M. R. James, The Apocryphal New Testament, Oxford 1924, 2. Aufl. 1953
J. Jeremias, Pais Theou, in: Theological Dictionary of the New Testament, hrsg. von G. Friedrich und G. W. Bromiley, Bd. 5, Grand Rapids 1967, S. 677–717

J. Jeremias, Jerusalem in the Time of Jesus, An Investigation into Economic and Social Conditions during the New Testament Period, Philadelphia 1969

L. T. Johnson, The New Testament's Anti-Jewish Slander and the Conventions of Ancient Polemic, JBL 108, 1989, S. 419–441

Flavius Josephus, De Bello Judaico, Der jüdische Krieg, zweisprachige Ausgabe der sieben Bücher, hrsg. von O. Michel und O. Bauernfeind, 4 Bde., Darmstadt 1959–1969

Flavius Josephus, Jüdische Altertümer, übers. von H. Clementz, 11. Aufl., Wiesbaden 1993

Flavius Josephus, Kleinere Schriften, Selbstbiographie, Gegen Apion, Über die Makkabäer, übers. von H. Clementz, Köln 1960

Justinus Martyr, Dialog mit dem Juden Tryphon, übers. und hrsg. von Ph. Haeuser, Kempten – München 1917

E. Käsemann, Sentences of Holy Law in the New Testament, in: E. Käsemann, Testament Questions of Today, Philadelphia 1969, S. 66–81

E. Kautzsch (Hrsg.), Die Apokryphen und Pseudoepigraphen des Alten Testaments, 2 Bde., Tübingen 1990

H. C. Kee, ‹Becoming a Child› in the Gospel of Thomas, JBL 82, 1963, S. 307–314

H. C. Kee, Miracle in the Early Christian World, A Study in Sociohistorical Method, New Haven 1983

H. C. Kee, Medicine, Miracle and Magic in New Testament Times, SNTSMS 55, New York 1986

W. H. Kelber, The Kingdom in Mark, A New Place and a New Time, Philadelphia 1974

W. Kierdorf, Laudatio Funebris, Interpretationen und Untersuchungen zur Entwicklung der römischen Leichenrede, Beiträge zur klassischen Philologie 106, Meisenheim 1980

J. Klausner, Jesus von Nazareth, aus dem Hebräischen übers. von W. Fischel, Berlin 1934

A. Kleinman und L. H. Sung, Why Do Indigenous Practitioners Successfully Heal?, SSM 13 B/1, 1979, S. 7–26

A. F. J. Klijn, ‹Single One› in the Gospel of Thomas, JBL 81, 1962, S. 271–278

J. S. Kloppenborg, Didache 16,6–8 and Special Matthean Tradition, ZNW 70, 1979, S. 54–67

J. S. Kloppenborg, Blessing and Marginality, The ‹Persecution Beatitude›, in Q, Thomas and Early Christianity, Forum 2/3, 1986, S. 36–56

J. S. Kloppenborg, The Formation of Q, Trajectories in Ancient Wisdom Collections, Studies in Antiquity and Christianity, Philadelphia 1987

J. S. Kloppenburg, Q Parallels, Synopsis, Critical Notes, and Concordance, Foundations and Facets Reference Series, Sonoma 1988

J. S. Kloppenborg, Alms, Debt and Divorce, Jesus' Ethics in Their Mediterranean Context, Toronto Journal of Theology 6, 1990, S. 182–200

L. E. Klosinski, The Meals in Mark, Ann Arbor 1988

H. Köster, Synoptische Überlieferung bei den Apostolischen Vätern, TU 65, Berlin 1957

H. Köster, Dialog und Sprachüberlieferung in den gnostischen Texten von Nag Hammadi, in: EvTheol. 39, 1979, S. 532–556

H. Köster, Apocryphal and Canonical Gospels, HTR 73, 1980 (a), S. 105–130

H. Köster, Gnostic Writings as Witnesses for the Development of the Sayings Traditions, in: The Rediscovery of Gnosticism, Proceedings of the International Confe-

rence on Gnosticism at Yale, New Haven, 28. – 31. März 1978, Bd. 1, Leiden 1980 (b), S. 238–256 (Diskussion, S. 256–261)
H. Köster, Einführung in das Neue Testament, Berlin 1980 (c)
H. Köster, Introduction to the New Testament, 2 Bde., Philadelphia 1982
H. Köster, History and Development of Mark's Gospel (From Mark to Secret Mark and ‹Canonical› Mark), in: Colloquy on New Testament Studies, A Time for Reappraisal and Fresh Approaches, hrsg. von B. Corley, Macon, Georgia 1983, S. 35–57 (siehe auch: Seminar Dialogue with Helmut Köster, S. 59–85)
H. Köster, Überlieferung und Geschichte der frühchristlichen Evangelienliteratur, in: ANRW 25, 2, 1984, S. 1463–1542
H. Köster, Tractate 2, The Gospel According to Thomas, Introduction, in: Nag Hammadi Codex II, 2–7, 2 Bde., hrsg. von B. Layton, Bd. 1, NHS 20–21, The Coptic Gnostic Library, Leiden 1989 (a), S. 38–49
H. Köster, The Text of the Synoptic Gospels in the Second Century, in: Gospel Traditions in the Second Century, Origins, Recensions, Text, and Transmission, hrsg. von W. L. Petersen, Notre Dame, Indiana 1989 (b), S. 19–37
H. Köster, Ancient Christian Gospels, Their History and Development, London – Philadelphia 1990
A. L. Kroeber, Anthropology, Race, Language, Culture, Psychology, Prehistory, New York, 1948
K. Lake (Hrsg. und Übers.), The Apostolic Fathers, 2 Bde., LCL, Cambridge Mass. 1912–1913
T. O. Lambdin, The Gospel According to Thomas, in: Nag Hammadi Codex II, 2–7, 2 Bde., hrsg. von Bentley Layton, Bd. 1, NHS 20–21, The Coptic Gnostic Library, Leiden 1989, S. 52–93
V. Lanternari, Movimenti religiosi di libertà e di salvezza dei popoli opressi, Mailand 1960; deutsch von F. Kollmann, Freiheits- und Heilsbewegungen unterdrückter Völker, Neuwied – Berlin 1968
H. D. Lasswell und A. Kaplan, Power and Society, A Framework for Political Inquiry, New Haven 1950
B. Layton, The Sources, Date and Transmission of «Didache» 1.3b–2.1, HTR 61, 1968, S. 343–383
M. R. Lefkowitz und M. B. Fant, Women's Life in Greece and Rome, A Source Book in Translation, Baltimore 1982
J. Leipold (Übers. und Hrsg.), Das Evangelium nach Thomas, koptisch und deutsch, Berlin 1967
J. P. Lémonon, Pilate et le gouvernement de la Judeé, Textes et Monuments, Études Bibliques, Paris 1981
G. E. Lenski, Power and Privilege, A Theory of Social Stratification, New York 1966
B. Levick, The Government of the Roman Empire, A Sourcebook, London 1985
I. M. Lewis, Ecstatic Religion, An Anthropological Study of Spirit Possession and Shamanism, Pelican Anthropology Library, Baltimore 1971
N. Lewis, Life in Egypt Under Roman Rule, Oxford 1983
W. L. Liefeld, The Wandering Preacher as a Social Figure in the Roman Empire, Ann Arbor 1967
L. R. Lind (Hrsg.), Latin Poetry in Verse Translation, From the Beginnings to the Renaissance, Boston 1957
B. Lindars, New Testament Apologetic, The Doctrinal Significance of the Old Testament Quotations, London 1961

B. Lindars, John and the Synoptic Gospel, A Test Case, NTS 27, 1980–1981, S. 287–294
T. R. W. Longstaff, Nazareth and Sepphoris, Insights into Christian Origins, Anglican Theological Review 11, 1990, S. 8–15
E. Lohse (Übers. und Hrsg.), Die Texte aus Qumran, 4. Aufl., München 1986
E. Lohse und G. Schlichting (Übers. und Hrsg.), Berakot (Rabbinische Texte, Lieferung 22), Stuttgart 1956
Lukan, Der Bürgerkrieg, lateinisch-deutsch, übers. und hrsg. von G. Luck, Berlin 1985
Lukian, Sämtliche Werke, übers. von C. M. Wieland, hrsg. von H. Floerke, 5 Bde., 2. Aufl., Berlin 1922
C. E. Lutz, Musonius Rufus ‹The Roman Socrates›, Yale Classical Studies 10, New Haven 1947
D. R. MacDonald, There Is No Male and Female, The Fate of a Dominical Saying in Paul and Gnosticism, Harvard Dissertation in Religion 20, Philadelphia 1987
B. L. Mack, The Kingdom Sayings in Mark, Forum 3/1, 1987, S. 3–47
B. L. Mack, A Myth of Innocence, Mark and Christian Origins, Philadelphia 1988
R. MacMullen, Enemies of the Roman Order, Treason, Unrest, and Alienation in the Empire, Cambridge Mass. 1966
R. MacMullen, Roman Social Relations, 50 B. C. to A. D. 384, New Haven – London 1974
G. W. MacRae, Nag Hammadi and the New Testament, in: Gnosis, Festschrift für Hans Jonas, hrsg. von B. Aland u. a., Göttingen 1978, S. 144–157
G. W. MacRae, Why the Church Rejected Gnosticism?, in: Jewish and Christian Self-Definition, Bd. 1, The Shaping of Christianity in the Second and Third Centuries, hrsg. von E. P. Sanders, Philadelphia 1980, S. 126–133
A. J. Malherbe, The Cynic Epistles, A Study Edition, SBLSBS 12, Missoula 1977
B. J. Malina, The New Testament World, Insights from Cultural Anthropology, Atlanta 1981
B. J. Malina, Patron and Client, The Analogy behind Synoptic Theology, Forum 4/1, 1987, S. 2–32
B. J. Malina und J. H. Neyrey, Calling Jesus Names, The Social Value of Labels in Matthew, Social Facets, Sonoma 1988
M. Mauss, Esquisse d'une théorie générale de la magie (1902–1903), in: M. Mauss, Sociologie et Anthropologie, Paris 1966
W. A. Meeks, The Image of the Androgyne, Some Uses of a Symbol in Earliest Christianity, HR 13, 1974, S. 165–208
J. P. Meier, Jesus in Josephus, A Modest Proposal, CBQ 52, 1990, S. 76–103
N. Meisner (Hrsg. und Übers.), Aristeasbrief, in: JSHR 2,1, Gütersloh 1973
B. M. Metzger, A Textual Commentary on the Greek New Testament, New York 1971
M. A. Meyer, The Youth in the Secret Gospel of Mark, Semeia 49, 1990, S. 129–153
E. M. Meyers, Galilean Regionalism as a Factor in Historical Reconstruction, BASOR 220/221, 1975–1976, S. 93–101
E. M. Meyers, The Cultural Setting of Galilee, The Case of Regionalism and Early Judaism, ANRW 2, 19, 1979, S. 686–702
E. M Meyers, E. Netzer und C. L. Meyers, Sepphoris, ‹Ornament of all Galilee›, BA 49, 1986, S. 4–19
E. M. Meyers und J. F. Strange, Archaeology, the Rabbis, and Early Christianity, The Social and Historical Setting of Palestinian Judaism and Christianity, Nashville 1981

O. Michel, Studien zu Josephus, NTS 14, 1967–1968, S. 402–408

O. Michel und O. Bauernfeind (Hrsg. und Übers.), Flavius Josephus, De Bello Judaico, Der jüdische Krieg, 4 Bde., Darmstadt 1959–1969

A. Milavec, The Pastoral Genius of the «Didache», An Analytical Translation and Commentary, in: Religious Writings and Religious Systems: Systemic Analysis of Holy Books in Christianity, Islam, Buddhism, Greco-Roman Religions, Ancient Israel, and Judaism, Bd. 2, Christianity, hrsg. von J. Neusner, E. S. Frerichs und A. J. Levine, Atlanta 1989, S. 89–125

L. Mumford, The City in History, Its Origins, Its Transformations, and Its Prospects, New York 1961; deutsch: Die Stadt in der Geschichte, Köln – Berlin 1963

G. P. Murdock, Theories of Illness, A World Survey, Pittsburgh 1980

Nag Hammadi Codices, Leiden 1977

J. Naveh, The Ossuary Inscriptions from Giv'at ha-Mivtar, IEJ 20, 1970, S. 33–37, Tafeln 11–17

F. Neirynck, Duality in Mark, Contributions to the Study of the Markan Redaction, BETL 31, Löwen 1970

F. Neirynck, The Minor Agreements of Matthew and Luke Against Mark with a Cumulative List, BETL 37, Gembloux 1974

F. Neirynck, Evangelica, Gospel Studies – Études d'Évangile, Collected Essays, hrsg. von F. van Segbroeck, BETL 60, Löwen 1982

F. Neirynck, Papyrus Egerton 2 and the Healing of the Leper, ETL 61, 1985, S. 153–160

F. Neirynck, The Apocryphal Gospels and the Gospel of Mark, in: The New Testament in Early Christianity (La réception des écrits néotestamentaires dans le christianisme primitif), hrsg. von J.-M. Sevrin, BETL 86, Löwen 1989, S. 123–175

E. Nestle (Hrsg.), Novum Testamentum Graece cum apparatu critico, novis curis elaboraverunt E. Nestle et K. Aland, 25. Aufl., Stuttgart 1963

N. Neusner (Übers. und Hrsg.), The Tosefta, New York 1977

G. W. E. Nickelsburg, Resurrection, Immortality, and Eternal Life in Intertestamental Judaism, HTS 26, Cambridge Mass. – London 1972

G. W. E. Nickelsburg, The Genre and Function of the Markan Passion Narrative, HTR 73, 1980, S. 153–184

G. W. E. Nickelsburg, Jewish Literature Between the Bible and the Mishnah, Philadelphia 1981

D. E. Oakman, Jesus and Agrarian Palestine, The Factor of Debt, in: SBLSP 24, hrsg. von K. H. Richards, Atlanta 1985, S. 57–73

D. E. Oakman, Jesus and the Economic Questions of His Day, Studies in the Bible and Early Christianity 8, Lewiston-Queenston 1986

D. E. Oakman, Rulers' Houses, Thieves, and Usurpers, The Beelzebul Pericope, Forum 4/3, 1988, S. 109–123

G. Obeyesekere, The Idiom of Demonic Possession, A Case Study, SSM 4, 1970, S. 97–111

T. K. Oesterreich, Die Besessenheit, Langensalza 1921

W. A. Oldfather (Hrsg. und Übers.), Epictetus, The Discourses as Reported by Arrian, the Manual, and Fragments, 2 Bde., LCL, Cambridge Mass. 1925–1928

C. H. Oldfather, C. L. Sherman, C. B. Welles, R. M. Geer und F. R. Walton (Hrsg. und Übers.) Diodorus of Sicily, Library of History, 12 Bde., LCL, Cambridge Mass. 1933–1967

J. A. Overman, Who Were the First Urban Christians? Urbanization in Galilee in the First Century, in: SBLSP 27, hrsg. von D. J. Lull, Atlanta 1988, S. 160–168

Publius Ovidus Naso, Liebeskunst, lateinisch-deutsch, übers. und hrsg. von N. Holzberg, 2. Aufl., München – Zürich 1988
E. Pagels und H. Köster, Report on the Dialogue of the Savior, in: Nag Hammadi and Gnosis: Papers Read at the First International Congress on Coptology (Kairo, Dezember 1976), hrsg. von R. McL. Wilson, NHS 14, Leiden 1978, S. 66–74
S. J. Patterson, The Gospel of Thomas Within the Development of Early Christianity, Ann Arbor 1988
J. G. Peristiany (Hrsg.), Honour and Shame: The Values of Mediterranean Society, London – Chicago 1966, Reprint 1974
Petronius, Satyrica, Schelmengeschichten, lateinisch-deutsch, hrsg. und übers. von K. Müller und W. Ehlers, München 1965
Philo von Alexandria, Werke in deutscher Übersetzung, hrsg. von L. Cohn, I. Heinemann, M. Adler und W. Theiler, 7 Bde., Berlin 1962–1964
S. Pines, An Arabic Version of the Testimonium Flavianum and Its Implications, Publications of the Israel Academy of Sciences and Humanities, Jerusalem 1971
J. A. Pitt-Rivers, The People of the Sierra, New York, 1954
J. A. Pitt-Rivers, The Fate of Shechem or the Politics of Sex, Essays in the Anthropology of the Mediterranean, Cambridge Studies in Social Anthropology 19, Cambridge 1977
Cajus Plinius Secundus (der Ältere), Naturgeschichte, übers. von C. F. L. Strack, 3 Teile (Bremen 1853–1855), Darmstadt 1968
Gaius Plinius Caecilius Secundus (der Jüngere), Briefe, lateinisch-deutsch, hrsg. von H. Kasten, München 1968
J. M. Potter, M. N. Diaz und G. M. Foster (Hrsg.), Peasant Society, A Reader, Boston 1967
E. Pound, Homage to Sextus Propertius, London 1934
P. Prigent, L'Épître de Barnabé I–XVI et ses sources, Les Testimonia dans le Christianisme primitif, Paris 1961
Properz, Gedichte, lateinisch-deutsch, übers. und hrsg. von R. Helm, Berlin 1965
H. Rackham, W. H. S. Jones und D. E. Eichholz (Hrsg.), Pliny, Natural History, 10 Bde., LCL, Cambridge Mass. 1938–1963
T. Rajak, Josephus, The Historian and His Society, London 1983
R. Redfield, Peasant Society and Culture, Chicago 1956
H. Remus, Pagan-Christian Conflict over Miracle in the Secound Century, Patristic Monograph Series 10, Cambridge Mass. 1983
E. Renan, La vie de Jesus, Paris 1863; deutsch: Das Leben Jesu, übers. von H. Helling, Leipzig o. J.
K. H. Rengstorff (Übers. und Hrsg.), Das Evangelium nach Lukas, NTD 3, 7. Aufl., Göttingen 1955
B. Reynolds, Magic, Divination and Witchcraft Among the Barotse of Northern Rhodesia, Robins Series 3, Berkeley – Los Angeles 1963
D. M. Rhoads, Israel in Revolution, Philadelphia 1976
J. W. Riggs, From Gracious Table to Sacramental Elements, The Tradition-History of Didache 9 and 10, SC 4, 1984, S. 83–101
A. Roberts, J. Donaldson und A. C. Coxe, The Ante-Nicene Fathers, 10 Bde., New York 1926
J. M. Robinson und H. Köster, Trajectories Through Early Christianity, Philadelphia 1971; deutsch: H. Köster und J. M. Robinson, Entwicklungslinien durch die Welt des frühen Christentums, Tübingen 1971
B. B. Rogers (Hrsg. und Übers.), Aristophanes, 3 Bde., LCL, Cambridge Mass. 1924

J. C. Rolfe (Hrsg. und Übers.), The Attic Nights of Aulus Gellius, 3 Bde., LCL, Cambridge Mass. 1927
M. I. Rostowtzew, Gesellschaft und Wirtschaft im römischen Kaiserreich, Leipzig 1931
C. Roth, The Jewish Revolt Against Rome, The War of 66–70 C. E., Commentary 27, 1959, S. 513–522
C. Roth, The Historical Implication of the Jewish Coinage of the First Revolt, IEJ 12, 1962, S. 33–46
W. H. D. Rouse (Hrsg. und Übers.), The Moral Discourses of Epictetus, New York 1910
G. E. M. de Ste. Croix, Suffragium, From vote to Patronage, British Journal of Sociology 5, 1954, S. 33–48
G. E. M. de Ste. Croix, Karl Marx and the History of Classical Antiquity, Arethusa 8, 1975, S. 7–41
S. Safrai, The Teaching of Pietists in Mishnaic Literature, JSS 16, 1965, S. 15–33
S. Safrai und M. E. Stone (Hrsg.), Compendia Rerum Iudaicarum ad Novum Testamentum, 10 Bde., Assen – Philadelphia 1974
R. P. Saller, Personal Patronage Under the Early Empire, Cambridge 1982
E. P. Sanders, Jesus and Judaism, Philadelphia 1985
F. Sayre, The Greek Cynics, Baltimore 1948
H.-M. Schenke, The Mystery of the Gospel of Mark, SC 4, 1984, S. 65–82
L.-H. Schiffman, Sectarian Law in the Dead Sea Scrolls, Courts, Testimony and the Penal Code, Chico 1983
D. Schmidt, The LXX Gattung ‹Prophetic Correlative›, JBL 96, 1977, S. 517–522
S. W. Schmidt, L. Guasti, C. H. Landé und J. C. Scott (Hrsg.), Friends, Followers, and Factions, A reader in Political Clientelism, Berkeley – Los Angeles 1977
J. Schneider, Of Vigilance and Virgins, Honor, Shame and Access to Resources in Mediterranean Societies, Ethnology 9, 1971, S. 1–24
W. R. Schoedel, Ignatius of Antioch, A Commentary on the Letters of Ignatius of Antioch. Hermeneia, A Critical and Historical Commentary on the Bible, Philadelphia 1985
J. Schreiner (Übers. und Hrsg.), Das 4. Buch Esra, JSRH 5, 4, Gütersloh 1981
E. Schürer, Geschichte des jüdischen Volkes im Zeitalter Jesu Christi, 3 Bde., Leipzig 1901–1904; englisch: The History of the Jewish People in the Age of Jesus Christ (175 B. C.–A. D. 135), 3 Bde., hrsg. von G. Vermes u. a., Edinburgh 1973–1987
E. Schüssler Fiorenza, In Memory of Her, A Feminist Theological Reconstruction of Christian Origins, New York 1983
A. Schweitzer, Von Reimarus bis Wrede, Eine Geschichte der Leben Jesu-Forschung, Tübingen 1906
B. B. Scott, Hear Then the Parable, A Commentary on the Parables of Jesus, Minneapolis 1989
J. C. Scott, Protest and Profanation, Agrarian Revolt and the Little Tradition, Theory and Society 4, 1977, S. 1–38, 211–246
J. C. Scott, Weapons of the Weak, Everyday Forms of Peasant Resistance, New Haven 1985
J. C. Scott, Domination and the Arts of Resistance, Hidden Transcripts, New Haven 1990
P. H. Sellew, Beelzebul in Mark 3, Dialogue, Story or Sayings Cluster?, Forum 4/3, 1988, S. 93–108

L. Annaeus Seneca, Philosophische Schriften, lateinisch-deutsch, hrsg. und übers. von M. Rosenbach, 5 Bde., Darmstadt 1989
B. D. Shaw, Bandits in the Roman Empire, Past and Present 105, 1984, S. 5–52
A. N. Sherwin-White, The Letters of Pliny, A Historical and Social Commentary, Oxford 1966
F. W. Shipley (Hrsg. und Übers.), Velleius Paterculus, Compendium of Roman History and Res Gestae Divi Augusti, LCL, Cambridge Mass. 1924
E. M. Smallwood, The Jews Under Roman Rule, From Pompey to Diocletian, Studies in Judaism in Late Antiquity 20, Leiden 1976
D. E. Smith, Social Obligation in the Context of Communal Meals, A Study of the Christian Meal in 1 Corinthians in Comparison with Graeco-Roman Communal Meals, Th. D. Diss., Harvard University 1980
J. Z. Smith, The Garments of Shame, HR 5, 1965–1966, S. 217–238
J. Z. Smith, Wisdom and Apocalyptic, in: Religious Syncretism in Antiquity: Essays in Conversation with Geo Widengren, hrsg. von B. A. Pearson, Missoula 1975, S. 131–156
J. Z. Smith, The Temple and Magician, in: God's Christ and His People, Studies in Honour of Nils Alstrup Dahl, hrsg. von J. Jervell und W. A. Meeks, Oslo 1977, S. 233–247
M. Smith, Palestinian Judaism in the First Century, in: Israel, Its Role in Civilization, hrsg. von Moshe Davis, New York, 1956, S. 67–81
M. Smith, Monasteries and their Manuscripts, Archaeology 13, 1960, S. 172–177
M. Smith, Zealots and Sicarii, Their Origins and Relation, HTR 64, 1971, S. 1–19.
M. Smith, The Secret Gospel, The Discovery and Interpretation of the Secret Gospel According to Mark, New York 1973 (a); deutsch: Auf der Suche nach dem historischen Jesus, Frankfurt am Main – Berlin – Wien 1974
M. Smith, Clement of Alexandria and a Secret Gospel of Mark, Cambridge Mass. 1973 (b)
M. Smith, Jesus the Magician, New York 1978; deutsch: Jesus der Magier, München 1981
M. Smith, Clement of Alexandria and Secret Mark, The Score at the End of the First Decade, HTR 75, 1982, S. 449–461
J. Schniewind (Hrsg. und Übers.), Das Evangelium nach Markus, NTD 1, 7. Aufl., Göttingen 1956
J. Schniewind (Hrsg. und Übers.), Das Evangelium nach Matthäus, NTD 2, 7. Aufl., Göttingen 1954
M. Stern, Greek and Latin Authors on Jews and Judaism, Publications of the Israel Academy of Sciences and Humanities, 3 Bde., Jerusalem 1976–1984
H. Strathmann (Übers. und Hrsg.), Das Evangelium nach Johannes, NTD 4, 8. Aufl., Göttingen 1955
W. Dettwiller Stroker, The Formation of Secondary Sayings of Jesus, Ann Arbor 1970
W. Dettwiller Stroker, Extracanonical Sayings of Jesus, SBLRBS 18, Atlanta 1989
R. Syme, The Roman Revolution, London 1939, 1952
Publius Cornelius Tacitus, Die historischen Versuche, Agricola, Germania, Dialogus, übers. und hrsg. von K. Büchner, Stuttgart 1955
Tacitus, Annalen, übers. von A. Horneffer, Stuttgart 1964
Tacitus, Historien, übers. von W. Sontheimer, Stuttgart 1959
T. J. Talley, Liturgical Time in the Ancient Church, The State of Research, Studia Liturgica 14, 1982, S. 34–51
J. S. Tashjian, The Social Setting of the Mission Charge in Q, Ann Arbor 1987

V. A. Tcherikover, A. Fuks und M. Stern (Hrsg.), Corpus Papyrorum Judaicarum, 3 Bde., Cambridge Mass. 1957–1964

H. Temporini und W. Haase, Aufstieg und Niedergang der römischen Welt, Geschichte und Kultur Roms im Spiegel der neueren Forschung, 3 Teile, Berlin – New York 1972

H. S. J. Thackeray et al., Josephus, 9 Bde., LCL, Cambridge Mass. 1926–1965

G. Theissen, Legitimation und Lebensunterhalt, Ein Beitrag zur Soziologie urchristlicher Missionare, NTS 21, 1974–1975, S. 192–221

G. Theissen, Wanderradikalismus, Literatursoziologische Aspekte der Überlieferung von Worten Jesu im Urchristentum, ZkT 70, 1973, S. 245–271

G. Theissen, Studien zur Soziologie des Urchristentums (1979), 2. erweiterte Aufl., Tübingen 1983

S. L. Thrupp (Hrsg.), Millennial Dreams in Action, Studies in Revolutionary Religious Movements, New York 1970

V. Tzaferis, Jewish Tombs at and near Giv'at ha-Mivtar, Jerusalem, IEJ 20, 1970, S. 18–32, Tafeln 9–17

V. Tzaferis, Crucifixion – The Archaeological Evidence, BAR 11/1, 1985, S. 44–53

S. Uhlig (Übers. und Hrsg.), Das äthiopische Henochbuch, JSHR 5, 6, Gütersloh 1984

L. E. Vaage, Q: The Ethos and Ethics of an Itinerant Intelligence, Ann Arbor 1987

L. E. Vaage, Q 1 and the Historical Jesus, Some Peculiar Sayings (7,33–34; 9,57–58; 59–60; 14,26–27), Forum 5/2, 1989, S. 159–176

J. van Haelst, Catalogue des Papyrus Littéraires Juifs et Chrétiens, Série Papyrologie 1, Paris 1976

E. J. Vardaman, Introduction to the Caesarea Inscription of the Twentyfour Priestly Courses, in: The Teacher's Yoke, Studies in Memory of Henry Trantham, hrsg. von E. J. Vardaman und J. L. Garrett, Jr., Waco 1964, S. 42–45

T. Veblen, The Theory of the Leisure Class, An Economic Study of the Evolution of Institutions, New York 1934

C. Velleius Paterculus, Historia Romana, Römische Geschichte, lateinisch-deutsch, übers. und hrsg. von M. Geibel, Stuttgart 1989

Vergil, Aeneis, lateinisch-deutsch, hrsg. und übers. von J. Götte, München 1959

Vergil, Landleben, Bucolica, Georgica, Catalepton, lateinisch-deutsch, hrsg. und übers. von J. und M. Götte, München 1970

G. Vermes, The Use of בר נשא/בר נש in Jewish Aramaic, in: An Aramaic Approach to the Gospels and Acts, 3. Aufl., hrsg. von M. Black, Oxford 1967, S. 310–328

G. Vermes, The Dead Sea Scrolls in English, Baltimore 1968

G. Vermes, Hanina ben Dosa, A Controversial Galilean Saint from the First Century of the Christian Era, JSS 23, 1971, S. 28–50 und 24, 1973 (a), S. 51–64

G. Vermes, Jesus the Jew, A Historian's Reading of the Gospel, New York 1973 (b)

G. Vermes, The ‹Son of Man› Debate, JSNT 1, 1978 (a), S. 19–32

G. Vermes, The Present State of the ‹Son of Man› Debate, JJS 29, 1978 (b), S. 123–134

G. Vermes, Jesus the Jew, Rev. Ausg., Philadelphia 1981

G. Vermes, Jesus and the World of Judaism, Philadelphia 1984

G. Vermes und P. Vermes, The Dead Sea Scrolls, Qumran in Perspective, Rev. Ausg., Philadelphia 1985

P. Veyne, Vie de Trimalcion, Annales 16, 1961, S. 213–247

P. Vielhauer, ΑΝΑΠΑΥΣΙΣ, Zum Gnostischen Hintergrund des Thomasevangeliums, in: P. Vielhauer, Aufsätze zum Neuen Testament, 2 Bde., München 1965–1979, Bd. 1, S. 215–234

W. O. Walker, Jr., The ‹Theology of Woman's Place› and the ‹Paulinist› Tradition, Semeia 28, 1983, S. 101–112
C. A. Ward und M. H. Beaubrun, The Psychodynamics of Demon Possession, JSSR 19, 1980, S. 201–207
D. Wender, Roman Poetry from the Republic to the Silver Age, Carbondale 1980
K. Wengst, Pax Romana, Anspruch und Wirklichkeit, Erfahrungen und Wahrnehmungen des Friedens bei Jesus und im Urchristentum, München 1986; englisch von J. Bowden, Pax Romana and the Peace of Jesus Christ, Philadelphia 1987
C. Wessely, Le fragment relatif au reniement de Saint Pierre appartenant à la collection de l'Archiduc Rainer, in: Les plus anciens monuments du Christianisme écrits sur papyrus, Textes grecs édités traduits et annotés, Bd. 1, Patrologia Orientalis, Bd. 4, Teil 2, hrsg. von R. Graffin, Paris 1907, 1946, S. 173–177
J. L. White, Light from Ancient Letters, Foundations and Facets, New Testament, Philadelphia 1986
F. E. Williams, The Apocryphon of James, in: Nag Hammadi Codex I (The Jung Codex), 2 Bde., hrsg. von H. W. Attridge, NHS 22–23, The Coptic Gnostic Library, Leiden 1985, Bd. 1, S. 13–53 und Bd. 2, S. 7–37
W. G. Williams (Übers. und Hrsg.), Cicero, Letters to His Friends, 4 Bde., LCL, Cambridge Mass. 1927
B. R. Wilson, Magic and the Millennium, A Sociological Study of Religious Movements of Protest Among Tribal and Third-World Peoples, New York 1973
E. O. Winstedt (Hrsg. und Übers.), Cicero, Letters to Atticus, 3 Bde., LCL, Cambridge Mass. 1912–1918
F. Wisse, The Sentences of Sextus (XII, 1), in: The Nag Hammadi Library in English, hrsg. von M. M. Meyer, New York 1977, S. 454–459
E. Wistrand, The So-called Laudatio Turiae, Introduction, Text, Translation, Commentary, Studia Graeca et Latina Gothoburgensia 34, Göteborg – Lund 1976
E. R. Wolf, Peasants, Foundations of Modern Anthropology Series, Englewood Cliffs 1966
P. Worsley, The Trumpet Shall Sound, A Study of ‹Cargo› Cults in Melanesia, 2. erweiterte Aufl., New York 1968
P. Worsley, Non-Western Medical Systems, ARA 11, 1982, S. 315–348
W. C. Wright (Hrsg.), Julian, 3 Bde., LCL Cambridge Mass. 1913–1923
Y. Yadin, Epigraphy and Crucifixion, IEJ 23, 1973, S. 18–22
A. Young, The Anthropologies of Illness and Sickness, ARA 11, 1982, S. 257–285
J. Zias und E. Sekeles, The Crucified Man from Giv'at ha-Mivtar, A Reappraisal, IEJ 35, 1985, S. 22–27

Register

Personen

Texte

I. Jüdische Texte

2. *Apokryphen, Pseudoepigraphen, Targume*

3. *Qumran*

6. *Rabbinische Schriften*

II. Heidnische Texte

III. Christliche Texte

1. Kanonische Schriften

Komplexe

Das Werk Albert Schweitzers
im Verlag C. H. Beck

Aus meiner Kindheit und Jugendzeit
159. Tausend. 1991. 91 Seiten mit 13 Abbildungen. Paperback (Beck'sche Reihe Band 439)

Kultur und Ethik
77. Tausend. 1991. 372 Seiten. Leinen (Beck'sche Sonderausgabe)

Lesebuch
Herausgegeben von Harald Steffahn. 2. Auflage. 1986. 409 Seiten. Leinen

Gespräche über das Neue Testament
Herausgegeben von Winfried Döbertin. 2., durchgesehene Auflage. 1994. 217 Seiten. Paperback (Beck'sche Reihe Band 1071)

Straßburger Predigten
Herausgegeben von Ulrich Neuenschwander. 3., unveränderte Auflage. 1993. 175 Seiten. Paperback (Beck'sche Reihe Band 307)

Albert Schweitzer/Helene Bresslau
Die Jahre vor Lambarene
Briefe 1902–1912
Herausgegeben von Rhena Schweitzer Miller und Gustav Woytt. 1992. 406 Seiten mit 19 Abbildungen. Leinen

Selbstzeugnisse
Aus meiner Kindheit und Jugendzeit. Zwischen Wasser und Urwald. Briefe aus Lambarene. 8. Auflage. 1988. 397 Seiten. Leinen (Beck'sche Sonderausgabe)

Das Christentum und die Weltreligionen
Zwei Aufsätze zur Religionsphilosophie. Mit einer Einführung in das Denken Albert Schweitzers von Ulrich Neuenschwander. 3., unveränderte Auflage. 1992. 125 Seiten. Paperback (Beck'sche Reihe Band 181)

Die Ehrfurcht vor dem Leben
Grundtexte aus fünf Jahrzehnten. Herausgegeben von Hans Walter Bähr. 6. Auflage. 1991. 167 Seiten. Paperback (Beck'sche Reihe Band 255)

Die Weltanschauung der indischen Denker
Mystik und Ethik
Nachdruck der 3., neugefaßten Ausgabe, 1987. IX, 218 Seiten. Paperback (Beck'sche Reihe Band 332)

Friede oder Atomkrieg
Vier Schriften
Mit einem Vorwort von Erhard Eppler. 3. Auflage. 1984. 100 Seiten. Paperback (Beck'sche Reihe Band 241)